U0729698

海域使用论证案例评析

海域管理培训教材编委会　编

海洋出版社

2014 年 · 北京

图书在版编目（CIP）数据

海域使用论证案例评析/海域管理培训教材编委会编 . —北京：海洋出版社，2014.11

海域管理培训教材

ISBN 978 – 7 – 5027 – 8894 – 0

Ⅰ.①海…　Ⅱ.①海…　Ⅲ.①海域使用管理法 – 案例 – 培训 – 教材　Ⅳ.①D993.5

中国版本图书馆 CIP 数据核字（2014）第 128866 号

责任编辑：钱晓彬

责任印制：赵麟苏

海洋出版社　出版发行

http：//www. oceanpress. com. cn

北京市海淀区大慧寺路 8 号　邮编：100081

北京旺都印务有限公司印刷　　新华书店发行北京所经销

2014 年 11 月第 1 版　2014 年 11 月北京第 1 次印刷

开本：787mm×1092mm　1/16　印张：46.75

字数：890 千字　定价：140.00 元

发行部：62132549　邮购部：68038093　总编室：62114335

海洋版图书印、装错误可随时退换

海域管理培训教材编委会

主　任：张宏声
副主任：潘新春
主　编：潘新春
副主编：关道明　丁　磊　阿　东　司　慧
编　委：刘立芬　古　妩　张志华　张绍丽
　　　　刘百桥　于永海　胡恩和　谢　健
　　　　王健国　吴建政　黄发明　杨顺良

序

  海域管理作为一项史无前例的开创性工作，在国内外没有现成的模式和经验可以借鉴，走过了从无到有、从小到大的光辉历程。1993 年，国家海洋局会同财政部根据国务院的批复颁发了《国家海域使用管理暂行规定》。2001 年，全国人大常委会正式审议通过了《中华人民共和国海域使用管理法》。自 2002 年 1 月 1 日《海域使用管理法》实施以来，在党中央、国务院的正确领导下，在沿海地方人民政府的大力支持下，各级海洋主管部门坚持依法行政，不断开拓创新，全面实施《海域使用管理法》三项基本制度，构建了海域管理法律法规、区划规划、技术支撑三大体系，赢得了国际上的广泛赞誉。十多年来，我们加快了配套制度建设，积极推动海域管理地方立法，健全了海域管理法律法规体系；组织编制并报请国务院批准了全国海洋功能区划，扎实推进地方海洋功能区划编制，从实际出发出台了区域用海规划制度，完善了海洋功能区划规划体系；规范了海域使用论证、海域动态监测、海域价值评估技术领域，建设并运行了国家海域动态监视监测管理系统，成立了国家、省、市三级海域动态监管中心，构建了海域管理技术支撑体系。

  在各级海洋主管部门的共同努力下，海域管理在实践中历经了"三个转变"，取得了显著成效：即从单一项目管理向宏观调控管理的转变，会同国家发改委建立了围填海计划管理制度，完善了用海预审，加强了海域资源供给的宏观调控，有力推动了沿海区域发展战略规划的实施；从行政审批为主向行政审批与市场配置相结合的转变，国家海洋局全面施行了海砂开采海域使用权市场化出让，沿海地方依法推进海域使用权招标拍卖，完善了海域资源市场化配置机制，有效保障了国家和地方重大项目用海需求；从重审批轻监管向审批与监管并重的转变，组织开展"海盾"专项执法行动，全面实施海域动态监视监测，切实强化海域使用事中事后监管，严肃查处非法用海行为，规范了海域使用秩序，维护了包括渔民在内的各类用海者的合法权益，促进了沿海地区的社会稳定。

  党的十八大做出了建设海洋强国的战略部署。2013 年 8 月，习近平总书记在主持中央政治局第八次集体学习时高屋建瓴地指出，建设海洋强国是中国特色社会主义事业的重要组成部分，号召全社会进一步关心海洋、认识海洋、经略海洋；必须坚持走依海富国、以海强国、人海和谐、合作共赢的和平发展道路，全面推进建设海洋强国战略的实施。总书记的重要讲话，为海洋事业发展指明了前进方向，为海洋强国建设描绘了宏伟蓝图。与此同时，中央审时度势，做出了重组国家海洋局的重大决策，批准了国家海洋局"三定"方案，强化了海域综合管理职责，管理范围不断拓展，行政职能不断强化。

当前和今后一段时期，海域综合管理要以党的十八大及十八届三中全会精神为指引，认真贯彻落实党中央"五位一体"建设布局，坚持国家海洋局党组"五个用海"要求，划定蓝色国土开发利用管理生存线、生态线、保障线。海域是公共资源，也是国有资产，海域综合管理的使命就是要站在整个国家的高度，对有限的海域资源进行合理的配置，通过发挥市场在资源配置中的决定性作用，使其得到充分的利用，为国民经济和社会发展做出应有的贡献。这就需要我们在海域管理工作中认真总结工作经验，全面履行管理职责，加快转变政府职能，不断强化海洋综合管控，进一步深化"三个结合"：即理论与实践相结合、传承与创新相结合、管理与技术相结合。

有鉴于此，为加强理论研究，深化管理实践，海域管理司组织编写了一批培训教材。我真诚地希望，这批教材的出版能有助于各级海洋管理人员和相关技术人员提升政策与业务水平，能有助于广大用海者增强依法用海、科学用海、集约用海意识，能有助于广大海洋爱好者深入了解海域管理制度与实践。

"长风破浪会有时，直挂云帆济沧海。"在新的历史起点上，海洋强国建设的嘹亮号角正在吹响，海洋事业发展的宏伟蓝图已经绘就，海洋综合管理的有利东风扑面而来。让我们满怀崇高的历史使命感、强烈的政治责任感、时不我待的事业紧迫感，励精图治，引领创新，扎实推进海域管理工作，为早日建成海洋强国，实现中华民族伟大复兴而不懈努力。

国家海洋局副局长：

2014 年 9 月

前　言

　　我国海域使用论证工作起始于 20 世纪 90 年代初，2001 年颁布的《海域使用管理法》正式确立了海域使用论证的法律地位。海域使用论证作为海域管理的重要技术支撑，其主要任务是对项目用海的必要性、可行性和合理性进行综合分析评估，为海域使用申请审批提供科学决策依据。多年的实践证明，海域使用论证已成为贯彻落实科学发展观，合理配置海域资源，实现科学用海、科学管海的重要抓手。

　　近年来，国家制定了一系列沿海地区战略发展规划，东部率先发展战略深入实施，用海需求不断增长，用海类型和方式不断增多，用海矛盾日益突出。同时，随着我国海洋经济总量持续增加，海洋产业结构加快转型，迫切需要加强海域开发利用的综合协调，海域管理形势正面临深刻变化，海域使用论证工作也进入了一个新的发展阶段。为全面提高海域使用论证从业人员的理论修养和业务素质，准确理解掌握海域使用论证的相关政策规定、技术规范和基本方法，我们组织了海域使用论证方面的专家学者，对多年海域使用论证研究成果和实践经验进行了归纳总结，编制完成了《海域使用论证案例评析》，作为海域管理培训教材之一。

　　《海域使用论证案例评析》选取了具有代表性的 16 个典型海域使用论证案例，在分析点评基础上汇编完成。教材着重分析总结了不同用海类型项目海域使用特点、国家相关行业产业政策与海域使用管理政策把握、海域使用论证重点的辨识与确定等，并对论证报告书编制中应关注的重点，进行了逐一梳理总结和点评，同时指出案例编写的优点和尚需进一步完善的内容。教材编制体现了以下几方面特点：选材广，涵盖了多数常见用海项目类型；选例精，案例从众多海域使用论证报告中精选出来，有一定代表性；重点突出，在编写中注重不同用海类型项目特色、特点的分析与总结，有很强的实践指导意义。

　　参加本书编写的人员分别为：案例1（集装箱及散杂货码头项目用海）张永华；案例2（石油化工码头项目用海）肖玉仲、袁仲杰；案例3（滨海火电厂项目用海）于永海、张志华；案例4（核电项目用海）黄发明、张志华；案例5（海上风电项目用海）徐敏；案例6（人工岛项目用海）杨顺良；案例7（跨海桥梁项目用海）谢健、郑兆勇；案例8（海底电缆管道项目用海）于永海；案例9（海砂开采项目用海）张永华；案例10（围海养殖项目用海）徐敏；案例11（旅游娱乐项目用海）谢健、纪鹏、赵明利；案例12（排污项目用海）黄发明；案例13（海底隧道工程项目用海）肖玉仲、袁仲杰；案例14（油气开采项目用海）刘有刚、索安宁；案例15（农业围垦项目用海）杨顺良；案例16（区域建设规划用海）刘有刚。统稿工作由于永海、张永华、徐敏、袁道伟完成。

　　限于编著者的水平，本书难免存在不足之处，恳请广大读者批评指正。

编　　者

2013 年 11 月

目　　次

案例 1　集装箱及散货码头
项目案例评析

1.1　集装箱及散货码头项目及用海特点

1.1.1　相关政策规定

国务院《关于印发全国海洋经济发展"十二五"规划的通知》（国发〔2012〕50号），提出要有序推进沿海港口建设，完善布局，拓展功能，着力提升港口保障能力和服务水平。重点推进煤炭、原油、液化天然气、铁矿石和集装箱等主要货类运输码头建设。到2015年，沿海港口深水泊位达到2214个。推进港口企业规模化、集约化经营，鼓励发展公用码头。加强港口深水航道、防波堤等公共基础设施和集疏运系统建设。

国家有关部门对港口建设管理以及码头的建设和布局出台了众多的法律、法规、政策、规定等。主要包括《中华人民共和国港口法》（2003年6月28日，主席令第五号）、《中华人民共和国海上交通安全法》（1983年9月2日主席令第七号）、《交通运输"十二五"发展规划》（交规划发〔2011〕191号）、《关于促进沿海港口健康持续发展的意见》（交规划发〔2011〕634号）、《"十二五"综合交通运输体系规划》（国发〔2012〕18号）、《产业结构调整指导目录（2011年本）》等。各省市地方也根据区域发展需求制定了地方的港口建设和发展规划。

《交通运输"十二五"发展规划》（交规划发〔2011〕191号）关于水路交通提出要继续有序推进沿海港口基础设施建设，优化沿海港口结构与布局，着力拓展港口功能，提升港口的保障能力和服务水平。强化主要港口的核心地位，继续推进主要港口大型综合性港区建设。推进新港区开发，统筹规划、科学推进服务于区域经济发展的新港区开发。完善煤炭、外贸进口原油、外贸进口铁矿石和集装箱等主要货类运输系统港口布局，提升沿海地区港口群现代化水平。"十二五"时期沿海港口规划新增深水泊位约440个，重点推进煤炭、原油、铁矿石和集装箱码头建设。

《关于促进沿海港口健康持续发展的意见》（交规划发〔2011〕634号）提

出积极促进港口协调发展，有序推进专业化运输系统码头建设，稳步实施新港区开发，继续推进港口结构调整与资源整合，大力加强港口集疏运体系建设，着力推动港口转型升级，切实加强港口规划管理，切实加强港口岸线使用管理。

《"十二五"综合交通运输体系规划》（国发〔2012〕18号）中提出积极发展水路运输。完善港口布局，提升沿海港口群现代化水平，推进航运中心建设，加快实施长江等内河高等级航道工程。推进环渤海、长江三角洲、东南沿海、珠江三角洲、西南沿海港口群规模化、专业化协调发展。推进与区域规划、产业布局相关的新港区开发和老港区迁建。加强港口深水航道、防波堤等公共基础设施和集疏运系统建设。

《全国沿海港口布局规划》（中华人民共和国交通部，2006年9月）制定的全国沿海港口布局的具体方案是：根据不同地区的经济发展状况及特点、区域内港口现状及港口间运输关系和主要货类运输的经济合理性，将全国沿海港口划分为环渤海、长江三角洲、东南沿海、珠江三角洲和西南沿海5个港口群体，强化群体内综合性、大型港口的主体作用，形成煤炭、石油、铁矿石、集装箱、粮食、商品汽车、陆岛滚装和旅客运输8个运输系统的布局。

《产业结构调整指导目录（2011年本）》中第二十五条水运鼓励性项目中包括：① 深水泊位（沿海万吨级、内河千吨级及以上）建设；② 沿海深水航道和内河高等级航道及通航建筑物建设；③ 沿海陆岛交通运输码头建设；④ 大型港口装卸自动化工程；⑤ 海运电子数据交换系统应用；⑥ 水上交通安全监管和救助系统建设；⑦ 内河船型标准化；⑧ 老港区技术改造工程；⑨ 港口危险化学品、油品应急设施建设及设备制造；⑩ 内河自卸式集装箱船运输系统；⑪ 水上高速客运；⑫ 港口龙门吊油改电节油改造工程；⑬ 水上滚装多式联运；⑭ 水运行业信息系统建设；⑮ 国际邮轮运输及邮轮母港建设。

《全国海洋功能区划（2011—2020）》要求：深化港口岸线资源整合，优化港口布局，合理控制港口建设规模和节奏，重点安排全国沿海主要港口的用海。堆场、码头等港口基础设施及临港配套设施建设用围填海应集约高效利用岸线和海域空间。维护沿海主要港口、航运水道和锚地水域功能，保障航运安全。港口的岸线利用、集疏运体系等要与临港城市的城市总体规划做好衔接。港口建设应减少对海洋水动力环境、岸滩及海底地形地貌的影响，防止海岸侵蚀。港口区执行不劣于四类海水水质标准。航道、锚地和邻近水生野生动植物保护区、水产种质资源保护区等海洋生态敏感区的港口区执行不劣于现状海水水质标准。

1.1.2　集装箱及散杂货码头主要类型

根据运输货品的性状不同，大致可分为以下三种类型。

（1）件杂货、多用途码头

件杂货运输是一种最早的传统运输工艺，主要用于运输有包装或者无包装的成件货物，如钢材、卷铁、盘条、木材、设备等。多用途码头也是以件杂货装卸工艺为基础、兼装卸集装箱等其他货物的码头设施。

（2）集装箱码头

集装箱码头包括港口水域及码头、堆场、货运站、办公生活区等陆域范围的能够容纳完整的集装箱装卸操作过程的具有明确界限的场所。

（3）干散货码头

干散货码头装卸的大都是散的、杂的货物，形状不规则。主要用于运输散装谷物、煤炭、矿石、散装水泥、矿物性建筑材料及化学性质比较稳定的块状或粒状货物。

1.1.3 集装箱及散货码头项目用海要求与特点

1.1.3.1 港口码头的一般特点

1.1.3.1.1 港口的组成

港口一般由港口水域、码头岸线和港口陆域组成。

（1）港口水域

港口水域包括锚地、航道、回旋水域和码头前沿水域等。

锚地是专供船舶等待靠泊码头、接受检疫、进行水上装卸作业以及避风的指定水域，可分为港外锚地和港内锚地。港口通常为装载危险品的油船等船只设有单独的锚地。

航道是为船舶进出港口提供特定的安全航行通道。多数情况下，近海自然水深不能满足船舶吃水要求，航道一般需要人工开挖。

回旋水域是船舶靠离码头、进出港口需要转头或改换航向时使用的水域，其大小与船舶尺度、转头方式、水流和风速风向有关。

码头前沿水域也称为港池，是供船舶靠离码头和装卸货物用的毗邻码头的水域。

（2）码头岸线

码头岸线是港口水域和陆域的交接线，是港口生产活动的中心。

（3）港口陆域

港口陆域包括装卸作业地带、辅助作业地带和发展预留用地。装卸作业地带一般设有堆场、仓库、铁路、道路、站场、通道等；辅助作业地带有车库、工具房、变电站、修理厂、作业区办公室、消防站、通信设施、给排水设施等；堆场和仓库供货物在装船前或卸船后短期存放。

1.1.3.1.2　码头主要布置形式

（1）顺岸式布置

码头前沿线与自然大陆岸线平行或成较小角度的布置型式，是常见的布置型式，尤其适合于港口规模不大，可利用岸线富裕、水域宽度有限制的港口。其优点是利用天然岸线建设码头，工程量小，泊位可占用的陆域面积较大，便于仓库、堆场以及其他辅助设施的布置，大型装卸机械可以灵活调度，适合于杂货及集装箱作业。但每个泊位占用的水、陆域面积较多，相同的岸线可布置的泊位数较少。

（2）突堤式布置

码头前沿线与自然岸线形成较大角度的布置型式。在天然海湾及人工掩护的水域建设港口，由于受到水域范围的限制，采用突堤式布置，可建设的泊位数较多。这种布置型式的优点是不仅可以节省岸线资源，在一定的水域范围内可建设较多泊位，而且可以减少防波堤长度，使整个港区布置紧凑，便于集中管理。

散货码头因其输运方式采用管道或其他连续式输送方式，码头与储存场地可以保持较远距离，常采用窄突堤式布置型式。对于杂货、集装箱或其他类似货物作业，一般需要一定的堆存能力，窄突堤往往难以满足，因此，具备两侧同时作业的宽突堤布置型式逐渐替代了窄突堤。

（3）蝶式布置

随着煤炭、矿石等货物海上长距离运输量的逐步加大，运输船舶日趋大型化发展，对港口水深要求越来越高，为适应这一趋势，港口逐步向外海发展，碟式布置型式的应用日趋广泛。蝶式码头常布置在离自然岸线较远的深水区，通常在码头前沿设置大型装卸机械，堆场或罐区设置在后方陆域，码头通过廊桥或通道与后方陆域联通。蝶式码头布置一般为开敞式，不设防波堤。

1.1.3.1.3　码头的主要结构形式

（1）重力式结构码头

重力式码头是依靠自身重量维持稳定，要求地基有较高的承载能力。重力式码头一般由基础、墙身、墙后回填和码头设备等组成。重力式码头施工顺序包括基础开挖、抛石、夯实、整平、墙身制安、上部结构和附属设施安装等。

（2）高桩结构码头

高桩码头建筑物是通过桩基将码头上部荷载传递到地基深处的持力层上，适用于软土层较厚的地基。一般由基桩、上部结构、接岸结构、岸坡和码头设施等组成。施工主要包括：水下挖泥、桩基施工、码头下抛填、挡土墙施工、码头后方抛填、面层施工等。

（3）板桩结构码头

板桩码头建筑物主要是由连续的打入地基一定深度的板形状构成的直立墙体，在墙体上部一般由锚碇结构加以锚碇。该码头具有结构简单、用料省、造价低、施工方便的优点，但耐久性较差。板桩结构对地质条件适应性强。

板桩码头建筑物主要包括板桩墙、拉杆、锚碇结构、导梁、帽梁和码头设备等。

重力式和高桩式结构适用于大型深水码头，板桩结构主要适用于水深较浅的码头。

1.1.3.1.4　港口陆域尺度

（1）码头泊位尺度

泊位尺度包括泊位长度、宽度和水深三个方面。尺度的确定应依据有关规范以设计船型的尺度为基本依据，并考虑适当的富余量，以保障船舶在码头作业的安全。

（2）陆域纵深的确定

码头陆域纵深指码头岸线陆侧直接用于港口生产和辅助生产用地的尺度。受后方地形条件的限制，多数港口陆域不是规则的图形，不具备统一的纵深尺度，一般所说的陆域纵深是指码头前沿线（突堤式码头自根部算起）至后方港界线的平均宽度，数值上等于单位长度码头岸线拥有的土地面积。陆域纵深的确定应根据泊位性质、货种、运量、装卸工艺及集疏运条件等综合考虑。

集装箱码头堆场作业模式的不同使得堆场面积具有更大的弹性。我国集装箱码头一般堆场容量大，堆箱层数多，堆场密度高。根据调查，用于集装箱装卸、堆存的港口作业用地的陆域纵深一般在 $450 \sim 650$ m。我国沿海港口的集装箱码头的陆域纵深已超过 1 000 m，从使用功能看，超出了纯粹的集装箱堆存、装卸，已经扩展到仓储、物流和其他相关产业。

（3）码头陆域布置

1）件杂货、多用途码头。件杂货码头由数个泊位（一般 $3 \sim 8$ 个）组成一个作业区，陆域布置基本趋于定型化。件杂货码头生产区纵深不宜小于 250 m，可分为以下三个部分。

A. 码头前沿作业地带，范围为自码头前沿至前方库（场），包括前沿通道及门机、货物接卸操作场（有时包括临时堆场）以及库（场）道路，其总宽度宜为 $40 \sim 50$ m，可根据地形条件及工艺布置做适当调整。

B. 前方库（场）区，包括库（场）及铁路（或公路）装卸作业地。前方库

（场）的长度一般为泊位长度减 20 ~ 30 m，宽度通常为 40 ~ 60 m，库（场）后铁路作业站台（或平台）的宽度宜为 7 ~ 9 m，再加上铁路装卸线占用的宽度，即构成前方库（场）区的总宽度。

C. 后方库（场）区，一般紧邻前方库（场）区布置，供货物集中和疏运的周转，应满足设计船型一次载货量的需要。

除上述生产区外，码头还需要设置辅助生产管理机构。

由于车载货量差异较大，必须设置缓冲存储区，以加快车船周转。此外，进出口货种繁多，到发地各异，在库（场）还需要分类、核查，履行必要的验关和发货手续。码头库场对加快车船周转，提高港口通过能力是十分重要的。

库（场）面积的确定一般参考《海港总平面设计规范》。一般而言，停靠 1.5 万吨级杂船的泊位，临近前沿部分的前方库场面积不宜小于 10 000 ~ 12 000 m², 相当于容纳混合货物 6 000 ~ 8 000 t。

随着传统的多甲板杂货船运力逐步减少，件杂货码头也逐渐向多用途杂货码头转变。多用途码头具有以下特点：①装载货物类型比较多，从集装箱到各种包装形式的杂货，乃至散货；②纵深大，以适应多类型货物存储，特别是集装箱占用场地很大。

2）集装箱码头。集装箱码头陆域布置基本上已形成典型模式。专业化的集装箱码头，均采用封闭式管理，要求在布置上便于与周边其他作业区建筑物实现隔离。

集装箱码头装卸作业地带一般包括：

A. 码头前沿作业地带。该区主要布置集装箱船舶装卸机械，包括集装箱岸桥海侧轨道至码头前沿段、岸桥轨间段、舱盖板等临时堆放区和码头前沿道路等。目前，国内集装箱码头前沿作业地带宽度大多在 45 ~ 80 m 之间。

B. 集装箱堆场。这是集装箱码头进行集装箱装卸、交接、存放以及保管的场地。为提高码头作业效率，有些集装箱码头将堆场分为前方堆场和后方堆场。前方堆场位于码头前沿和后方堆场之间，主要用于出口或进口集装箱的临时堆放，其堆放面积应为该泊位可靠泊的最大船舶载箱量的 2 倍。

集装箱堆场所需平面箱位数和面积大小取决于泊位运量、到港集装箱平均堆存期、堆箱层数和装卸系统等因素。

C. 拆装箱库、货运站。

D. 大门、港内道路、通道及调度管理中心。集装箱运输作为一种高效率和高效益的运输方式，已遍及世界所有海运国家，我国集装箱港口规模已位居世界前列。2010 年，在全球十大集装箱港口中，我国港口占据六席，其中上海、香港和深圳分别位居第一位、第三位和第四位。目前，我国已经基本形成华北地区和环渤海地区的大连、天津、青岛港口群,华东地区的宁波和上海港口群,华南地区的深圳和广州港口群的发展格局。

以集装箱运输的货物主要为机械设备、化工原料、有色金属、轻工医药、农林牧渔五大类。随着杂货运输的集装箱化,更多的杂货最终将以集装箱的形式运输,从而促使集装箱港口规模不断扩大。另外随着集装箱船舶的大型化,集装箱港口建设朝大型化、深水化方向发展。我国沿海大型集装箱港口如上海、深圳、青岛、天津等,不断兴建 15 m 深水港区,已具备接纳 10 000 TEU 以上船舶的能力。

3)干散货码头。干散货包括散装谷物、煤炭、矿石、散装水泥、矿物性建筑材料及化学性质比较稳定的块状或粒状货物。干散货通常是大宗的,因此,一般设专用码头。

专业化散货码头陆域主要包括码头前沿地带,储存库(场)及装卸车设施,辅助设施及管理区。由于干散货货物之间物理性质差异比较大,装卸使用的机械、装卸工艺、对场地的要求区别也比较大,所以干散货码头通常按货种进行专业分工,以确保作业的效率。近年来,我国干散货港口建设发展很快,散货船舶吨位越大效率越高,达到 $20 \times 10^4 \sim 40 \times 10^4$ t。这就要求码头具备相应的水深条件,前沿水深一般达到 $-25 \sim -15$ m。专业干散货码头主要有以下几种。

A. 煤炭专业码头:以煤炭装卸为对象的专业码头通常又分为煤炭装船码头和卸船码头,两类码头的机械配置、码头布局和装卸工艺有非常大的区别。

大型煤炭装船专业码头,设备的系列化、自动化程度很高。煤炭一般从煤矿通过铁路运输到码头,然后通过自动倾倒装置,将煤炭从火车车皮倾倒到大型皮带输送机上,皮带输送机将煤炭直接装入船舱。

煤炭卸船专业码头系列化程度也很高。码头前沿可以装备链斗式装卸机进行连续作业,也可以配备其他设备进行卸煤作业。堆场一般设置在高架皮带传送机的两侧。

B. 散粮专业码头:散粮专业码头也可分为装船专业码头和卸船专业码头。现代散粮卸船专业码头通常配置真空吸粮机,利用负压进行连续式的散粮装卸作业,然后通过皮带输送机将散粮装入筒仓。运用各种方式,实现散粮的出栈。有的码头还配备粮食灌包流水线,可以完成散粮的灌包作业,便于粮食的下一步存储或运输。

C. 矿石专业码头:矿石专业码头的设备装置和煤炭专业码头有很多相似之处,但矿石的比重比煤炭大得多,因此对堆场地面有一定的强度要求,堆放高度也比较低。

1.1.3.2　海域使用特点

1.1.3.2.1　工程主要用海方式

根据《海域使用分类》（HY/T 123—2009），集装箱及散杂货码头海域使用类型一级类为交通运输用海（编码3），二级类包括港口用海（编码31）、航道用海（编码32）、锚地用海（编码33）和路桥用海（编码34）。涉及的水工工程主要包括：填海造地、码头、防波堤、护岸以及港池、航道与锚地和路桥建设等。一级用海方式可能包括填海造地（编码1）、构筑物（编码2）、围海（编码3）和开放式（编码4）四类；二级用海方式包括：建设填海造地（编码11）（堆场和形成有效岸线的码头泊位等）、非透水构筑物（编码21）（没有形成有效岸线的非透水码头泊位、防波堤、护岸、路桥等）、透水构筑物（编码23）（开敞式码头、栈桥式码头或透水路桥等）、港池（编码31）、专用航道和锚地（编码44）等。

1.1.3.2.2　资源环境影响

（1）悬浮物扩散对资源环境的影响

1）填海造地施工悬浮物的影响：填海造地施工一般采用先围堰后回填的施工工艺，可以有效降低悬浮物产生的强度；施工过程中悬浮物的产生主要来源于围堰施工过程和溢流口的泥沙溢流。在进行分析预测时，应根据各自产生的悬浮物源强分别计算。围堰施工悬浮物污染一般按连续点源考虑。

2）码头或港池航道基础开挖（疏浚）的悬浮物影响：地基为非基岩时，一般会采用挖泥船直接开挖。挖泥船一般分为绞吸式、耙吸式、抓斗式、链斗式或铲斗式等，抓斗式、链斗式或铲斗式挖泥船需配备一定数量的驳船进行疏浚土的运输，不同类型的挖泥船由于其施工工艺、作业方式不同，施工过程中产生的悬浮物强度和影响范围存在较大差异。

（2）水下爆破对资源环境的影响

在港口工程基础处理时，水下爆破主要有以下几种方式。

1）基岩爆破：对于风化程度较低的基岩进行水下爆破。

2）爆破夯实：通过爆破的方式使地基和基础得到密实。

3）爆炸排淤填石：采用爆炸方法排除淤泥质软土换填块石。该方法具有施工速度快、块石落地效果好等特点，广泛应用于防波堤、围堰、护岸、驳岸、滑道、围堤、码头后方陆域形成等工程。适用的地质条件为淤泥质软土地基，置换的软基厚度一般为4～12 m。随着施工技术的发展，目前已经有爆炸处理超厚淤泥的成功经验。

基岩爆破所产生的冲击波对海水水质和渔业资源的影响比较大，炸礁量、炸礁施工工艺等决定其影响强度和范围。水下爆破还会产生大量的悬浮泥沙。

1.1.4 集装箱及散货码头项目论证重点把握

根据《海域使用论证技术导则》，集装箱及散货码头项目用海论证重点一般包括：选址合理性、用海方式和布局合理性、用海面积合理性及资源环境影响。

1.1.4.1 项目选址合理性

（1）自然条件

从风、雨雾、冰等气象条件，潮汐、波浪、近岸海流等海象条件以及海底地形地貌、基岩埋深、岩土性质、掩护条件等分析论述项目选址与自然条件的适宜性。大风、浓雾及海冰灾害会使港口作业天数减少；下雨对于粮食、水泥、化肥、农药、棉花等散货的装卸影响很大。天然水深如果可以满足港口要求，会大大节约港口建设成本，一般而言，在岩石上开挖航道和港池是不可取的。水域地质条件好，岩土承载力高，可以降低投资。

近年来稳定增长的国际贸易海运量和对规模经济的追求，促进了散杂货运输船舶大型化，导致港口水深要求加大，从而使港口航行水深要求主导了新港址的选择。

（2）社会经济条件

分析港口及企业或城市发展现状，如现有货运能力、货运种类、存在问题、需求等；与现有集疏运条件的衔接情况，例如是否可以有效地利用现有的集疏运条件、节约成本等；查明海域开发利用现状，重点分析新建码头与周边海域使用项目的协调性，是否存在不可调和的用海矛盾等；分析港口建设是否符合海洋功能区划和港口规划等。

1.1.4.2 项目用海方式和平面布置合理性

（1）用海方式合理性

港口码头的用海方式主要包括城镇填海造地（堆场等）、透水构筑物、非透水构筑物（码头）、港池、蓄水等。一般来说，调整各部分用海方式的可能性较小。

（2）平面布置合理性

港口码头布局的合理性应重点从以下几方面分析。

1）应尽量减少对水动力环境的不利影响，避免港口淤积或海岸侵蚀等；

2）应体现集约节约利用岸线海域空间资源的理念。尽量减少对岸线的占用和填海造地的面积。

3）应尽量避免对周边海域其他用海活动的影响。大型散杂货码头一般选址在水深条件好的海域，这里往往也是港口建设项目比较多的地方，用海面积需求比较大，港口码头的布置应通过优化布局来避免对其他码头作业的影响。

1.1.4.3　用海面积合理性

集装箱及散杂货码头，由于装卸货物的种类及装卸工艺不同，码头平面布置会有很大的差异。工程用海一般涉及填海造地，且用海面积相对较大。项目用海面积应符合《海港总平面设计规范》（JTJ 211—99）要求，并通过优化项目平面布局减少填海造地面积。

（1）码头规模

包含泊位数量、水深及装卸设备的数量、技术性能和技术状态等。港口其他设施的规模一般需要与码头规模配套或相互协调。

（2）陆域面积

主要取决于泊位年通过能力、货物特性、集疏运条件等因素。煤炭、矿石及其大宗散货库场面积应根据年货运量、货物特性、品种、机械类型和工艺布置等因素确定。确定品种时，应考虑港口的实际情况，在满足工艺设计合理条件下，宜适当留有余地；散粮、散装水泥筒仓容积的计算应根据年货运量、货物特性、筒仓型式和工艺布置要求确定；对大型散货专业化码头陆域面积的确定，必要时可通过数值模拟计算确定码头各环节的合理规模。

1.1.4.4　项目用海的资源环境影响

1）分析预测项目建设对海域水动力环境和冲淤环境的影响，应重点关注地形地貌与冲淤环境的改变，是否会对周边沙滩、潮汐通道、重要生态与渔业资源以及周边的海洋开发活动产生影响；

2）分析预测码头、港池、航道等基础开挖处理和码头泊位建设、陆域回填所产生的悬浮物对水质的影响，应重点关注悬浮泥沙的扩散对周边开发活动和重要生态与渔业资源等海洋敏感保护目标产生的影响；

3）如果有水下爆破，还应分析预测爆破冲击波对海洋生物资源的影响。

1.1.5　港口码头项目宗海图编绘要点

关注要点：

港口码头用海一般包括码头、防波堤、堆场、港池、航道等。码头的形式多样，一般有顺岸码头、凸堤码头、"T"形码头、"L"形码头、"F"形码头和蝶形码头等。按照用海方式，码头、防波堤一般为透水构筑物或非透水构筑物；堆场一般为建设填海造地；港池为围海，锚地、航道用海方式为开放式用海。

图1-1为一凸堤式港口码头宗海界址图范例，宗海界址图清楚反映了本项

目由码头、港池两个用途单元组成的宗海界址点分布状况、界址线范围及宗海图斑平面形状，码头用海方式为透水构筑物，港池用海方式为围海。

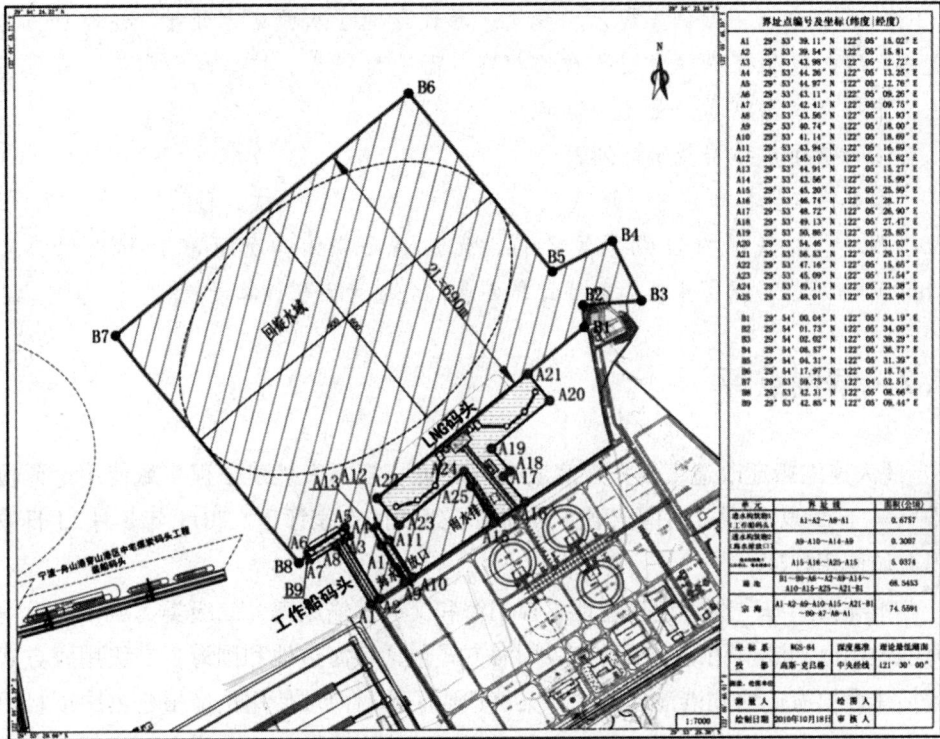

图 1-1　港口码头宗海界址图案例

优点：

（1）宗海界址图分宗

案例由码头和港池组成，且港池与码头具有相邻界址线。按照宗海图分宗原则，具有相邻宗海界址线，且属于同一业主的宗海可不单独设宗，本案例将码头、港池设置为一宗海，符合宗海图分宗原则。

（2）界址点确定

依据《海籍调查规范》：以透水或非透水方式构筑的码头（含引桥），以码头外缘线为界；有防浪设施围圈的港池，外侧以防波堤、围堰、堤坝基床的外缘线及口门连线为界，内侧以海岸线及构筑物用海界线为界；开放式码头港池，以码头前沿线起垂向以 2 倍设计船长且包含船舶回旋水域的圆形切线连线形成的闭合区域。本案例中港池界址范围界定符合以上规定。

不足：

（1）界址点标注

本案例用海单元界址点标注的编号次序依次为：码头（透水构筑物）、港池（围海），符合《海籍调查规范》规定。界址点标注从西南方开始，逆时针方向连续顺编，但没有统一采用阿拉伯数字，而是将码头、护岸堆场和港池分别标注，不符合《海籍调查规范》规定。

（2）界址点编号及坐标列表

本案例中坐标单位采用度（°）、分（′）、秒（″）格式，秒（″）后保留了2位小数，小数点保留位数不足3位，无法满足宗海单元面积计算中以公顷（hm^2）为单位，保留4位小数的计算要求，会增大面积计算误差。

1.2　案例点评

《大连港搬迁改造工程大连湾散杂货及集装箱码头扩建工程海域使用论证报告书》于2009年通过由国家海洋咨询中心组织的专家评审。2011年8月23日取得海域使用权证。

本项目用海一级类包括造地工程用海和交通运输用海，二级类为城镇建设填海造地用海和港口用海；项目一级用海方式包括填海造地和围海，二级用海方式包括建设填海造地和港池、蓄水。案例选取了项目海域使用论证报告书中项目用海必要性，项目用海平面布置、主要尺度、结构形式和施工方案，项目用海合理性分析等内容，并根据编写需要进行了适当的调整和删减。

1.2.1　项目用海基本情况

1.2.1.1　项目位置

大连港位于辽东半岛南端，地处渤海海峡北侧，其港区主要分布在黄海沿岸的大连湾和大窑湾内，拥有我国北方地区最好的深水岸线资源，是我国沿海地区主枢纽港之一和东北地区最大的综合性港口。本项目拟选址在大连市大连湾北端的红土堆子湾内，紧邻现有的大连湾和尚岛东港区，对面为大连市经济技术开发区（图1-2）。

1.2.1.2　用海事由

大连湾作业区（和尚岛东港区）是在20世纪80年代由国家支持开发的优良深水港湾。该区域紧邻大连市经济技术开发区和大连保税区，经济发展比较活跃，运输网络迅速发达，配套设施相对完善。在港口发展规划的指导下和国际海运船舶大型化、集约化发展的大潮中，大连湾港区已经逐步成为了大连港发展的重心，初步形成了大宗干散货、滚装和一般散杂货等专业化程度较高的货物集散中心。目前，大连湾作业区的散、杂货通过能力为 $1\,300\times10^4$ t/a，其中散货 350×10^4 t/a，杂货 950×10^4 t/a，2007 年，大连湾作业区吞吐量为 964.5×10^4 t，其中散货 347×10^4 t，杂货 617.5×10^4 t。

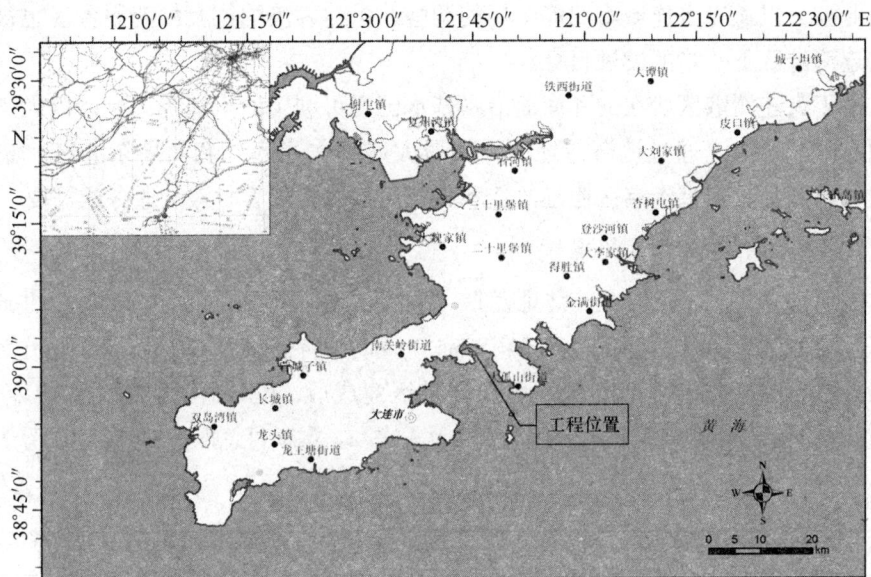

图 1-2　项目用海相对位置示意图

大连湾作业区仅有一个滚装泊位，虽然已经经营了 10 年，但由于受到种种因素的限制，大连湾滚装业务存在着基础配套设施不完备等问题。目前，港区内仅有一个安检大厅，并且与滚装码头相距甚远，滚装码头还缺少停车场、客运综合楼及滚装服务设施。随着大连港大港区滚装货源逐步向大连湾作业区转移，现有的不完善的配套服务设施难以承接大量转移来的滚装车辆，也难以适应大连城市发展的需要。

按照《大连港总体规划》的要求及国家的相关批复，大连港集团将对大港区、黑嘴子港区和大连湾港区的现有功能做出调整：大港区以内贸集装箱和客运滚装运输为主，兼顾国际邮轮服务和物流服务功能；黑嘴子港区近期保留城市生活物资运输功能，远期结合城市规划相应进行功能调整；大连湾作业区（和尚岛东港区）以散、杂货和汽车滚装运输为主，港区的现状经局部改造和调整后主要以煤炭和杂货运输为主。截至 2012 年，大连港件、散杂货作业业务将几乎全部集中到大连湾核心作业区。据预测，2010 年、2012 年大连湾作业区散杂货吞吐量将分别将达到 1 700 × 10⁴ t 和 2 000 × 10⁴ t。到 2015 年，大连湾港区散、杂货吞吐量将达到 2 200 × 10⁴ t，其中包括散货 720 × 10⁴ t、杂货 1 480 × 10⁴ t。

显然，现有的泊位难以满足未来大连湾作业区内吞吐量增长的需要。因而，亟待通过新建泊位来提高大连湾作业区的港口通过能力，以便更好地承接大港区和黑嘴子作业区件散杂货运力的转移。此外，为了改善拓展大连湾作业区的客货滚装业务，以适应大连城市功能结构的调整，扩建客滚泊位及配套服务区也被列入大连湾港区下一步的发展目标。

由于大连湾港区所在的和尚岛沿岸基本已无可利用的土地资源，所以大连港集团有限公司决定通过填海造地的方式对大连湾作业区（和尚岛东港区）进行扩建，以满足大连港老港区搬迁改造和大连湾港区拓展客货滚装业务的需要。

1.2.1.3　项目建设内容和规模

本项目拟建设泊位 10 个（详见表 1 – 1），形成码头岸线长度 2 225.5 m，并通过填海造地的方式形成配套港区 169.547 8 hm²。同时，将征用 97.692 7 hm² 海域作为新建码头的港池（见图 1 – 3）。整个泊位及港区建成后，设计通过能力为：杂货 645 × 10⁴ t/a、滚装车辆 40 万辆/a、旅客 120 万人次/a。本项目总投资 330 252 万元。

表 1 – 1　项目建设内容和规模统计

序号	项　目	组　成　情　况
1	主体工程	杂货泊位 7 个（1 万吨级泊位 3 个、2 万吨级 4 个）；滚装泊位 3 个（1 万 GT 一个和 2 万 GT 泊位两个）；港池疏浚量为 493 × 10⁴ m³（其中 400 × 10⁴ m³ 通过海上浮管及陆域管线吹填至码头后方，93 × 10⁴ m³ 外抛至老偏岛东侧的指定抛泥点。另外，基槽挖泥量为 60 × 10⁴ m³，全部外抛）
2	辅助工程	客运站（5 000 m²）、安检大厅（660 m²）、安检监控室（180 m²）
3	储运工程	港区内铁路线 2 230 m（新增到发线 4 股、新增码头装卸线 11 股）；堆场面积 17.95 × 10⁴ m²，仓库面积 37.55 × 10⁴ m²；加油站 200 m²，廊道 1 025 m
4	办公室及生活设施	劳务工候工楼（1 000 m²）、劳务工公寓（8 300 m²）、业务楼（6 500 m²）、海事办公楼（600 m²）、库场办公楼（600 m²）、固机办公楼（700 m²）、流机办公楼（800 m²）、汽车队办公楼（800 m²）、前方食堂（1 600 m²）、后方食堂（2 000 m²）
5	公用工程	固机维修间（600 m²）、固机材料库（400 m²）、流机维修间（600 m²）、流机材料库（400 m²）、汽车维修间（600 m²）、汽车队材料库（400 m²）、变电所（450 + 400 + 448 + 336）m²、泵房（135 m²）等
6	环保工程	生活污水处理站（72 m²）及地埋式生活污水处理站

补充说明：在工可研编制之初，本项目共设计了 11 个泊位，即比现有主体工程多一个 22 号泊位（1 万 GT 滚装泊位），但由于其拟用海域占用了原有大连市开发区南部滨海项目已经申请的水域，经研究决定 22 号不包括在本项目建设内容中，也不包括在本次征海范围。

图 1-3　项目周边岸线情况及工程平面布置概况

1.2.1.4　申请用海面积和用海期限

本项目申请用海面积为 267.240 5 hm^2，其中填海造地面积 169.547 8 hm^2、港池用海面积 97.692 7 hm^2。申请用海期限为 50 年。

1.2.1.5　自然环境条件

大连湾是一个半封闭型的典型基岩海湾，三面陆地所环抱，仅东南面与黄海相通。大孤山半岛大孤山渔港南端至黄白嘴岸段，岸线曲折，长约 110 km。其中由码头、堆渣、岸堤工程等组成的人工海岸占据大部分。全湾总面积约 174 km^2，海底地貌类型单调。湾内水深自西北向东南递增，5～15 m 等深线几乎占据整个海湾，15～30 m 等深线在湾口密集。湾口朝向东南，宽 11 km，其间有三山岛天然屏障，风浪掩护条件好。进出该湾有大三山、小三山、三山三条天然水道，平均水深在 25 m 以上。在长约 110 km 岸线中适宜的港口岸线约 48.6 km。大连湾经过近一个世纪的开发，已形成我国北方最密集的港口群。除了综合性港口——大连港外，还建有 16 个地方和企业货主码头，是我国重要的内外贸易口岸和物资集散地。

根据地质勘察资料，拟建区域钻孔勘察深度范围内，上部第四系覆盖层为

① 淤泥、淤泥质粉质黏土、圆砾（N19 号钻孔见块石，为现有码头抛石垫层）；② 粉土、粉砂；③ 圆砾；④ 粉质黏土；⑤ 圆砾；⑥ 粉质黏土、粗砂、圆砾；⑦ 圆砾混粉质黏土、粉质黏土、中砂等，下部基岩为震旦系南关岭组泥灰岩、石灰岩；⑧ 风化泥灰岩，由上至下风化程度逐渐减低，最下层⑧3 为中风化泥灰岩，场区分布基本连续。

1）场地内淤泥及淤泥质粉质黏土的强度低且极不稳定，对拟建各建筑物的稳定性均有不利影响，应进行清淤处理。

2）拟建场区内粉土和砂土为可液化土层，液化等级轻微－严重。建议采取挖除等方法进行处理，以消除其对建筑物稳定性的影响。

3）拟建场区的⑦圆砾混粉质黏土层多呈中密－密实状，在需挖除的地段宜爆破松动后机械开挖。

4）场区海水对混凝土结构具中等腐蚀，对钢筋混凝土中钢筋具强腐蚀，对钢结构具中等腐蚀。场地部分地段岩溶较发育，在钻孔控制外的地段，仍有岩溶出现的可能。

5）拟建场区基底岩石分布连续，除个别地段风化层较厚、岩溶较发育外，基岩埋深相对较浅。勘察控制深度内未见有断裂构造通过，构造稳定性良好。场地适宜建筑。

6）拟建码头宜选用⑧3 中风化岩石作为地基持力层，但场区内岩石风化程度在空间上变化较大，且部分地段岩溶较发育，造成中风化岩面起伏较大，在设计和施工时应充分注意。

1.2.1.6　海域开发利用现状

项目所在的红土堆子湾沿岸由西到东依次分布着华能电厂温排水口、鹤圣丰海珍品养殖厂、九九集团养殖厂、修船厂、底播养殖区，从红土堆子湾湾底到大孤山西岸已经形成人工护岸，护岸内为开发区西岸填海部分，原有的日清码头、电厂灰场和其他开发项目已经被回填土填平，原有使用功能已经不存在。具体情况如下。

华能电厂温排水口：温排水流量 20.0×10^4 m³/h，温升 10.0℃，长年连续排放。

鹤圣丰海珍品养殖厂和九九集团养殖厂：均为个体养殖户，主要生产在养殖房内进行，养殖大菱鲆鱼、牙鲆鱼、海参等。近年来，由于受温排水和海水水质变差的影响，生产效益较之以前大为降低。

修船厂：主要修理渔船，每到冬季有十余支渔船在此停泊，本工程建设后修船厂仍计划在此经营。

底播养殖区：多年前，湾底的底播养殖环境较好，有一些海珍品养殖活动。但近年来随着水质的恶化，已经没有养殖户在此在进行投苗养殖，而是采取自然生长定期捕捞的方式，渔获一些海产品，主要为蚬子，有时也有部分海珍品。

1.2.2　项目用海论证内容及点评

1.2.2.1　项目用海必要性

1.2.2.1.1　区位条件

大连港位于辽东半岛南端，地处渤海海峡北侧，与山东省隔海相望，处于正在兴起的东北亚经济圈中心。依托独特的地理和区位，大连港发展海峡滚装运输具有不可被周边其他港口替代的优势；地处大连湾的和尚岛港区是以跨海客货滚装（货运为主）运输为核心的综合性港区，主要承担辽宁东部、东北腹地及部分中心城区的汽车滚装运输任务，功能以货运滚装为主。其区位优势主要体现在以下两个方面。

（1）两地产业结构的差异性

渤海湾滚装运输之所以长期存在，并且货物源源不断地流动，其深层次原因在于两地的产业结构的差异性。众所周知，东北三省是我国重要的重工业基地之一，钢铁、汽车、石化和重型机械装备是地方经济的支柱，对外输出的一般是机械设备，对内输入的一般是轻工产品；在山东省，纺织、机械、食品、化工、冶金和建材是全省的六大行业，年增加值占规模以上工业产值的60%以上。两地产业结构的互补性和特殊地理位置决定了两岸滚装货物的长期存在。经调研分析，该市场滚装货物中，钢铁、设备和五金占4.9%，装饰材料、石材和木材占3.3%，粮食、果蔬和水产品占7.4%，服装、废纸、废品和其他辅料占16.4%，其余的68%为日用杂货品。由此，预计未来大连市的滚装市场不会出现萎缩，只是吞吐量增幅有所减缓。

（2）城市发展重心的迁移

根据《大连市城市总体规划》，未来大连市的城市规模向北扩大，市重心逐步北移，大连湾地区将形成新的城市组团，这一地区的人流量和车流量都将大规模聚集。与此同时，大连市已经着手准备在北部的南关岭地区建设大连市新的火车站，并将之纳为哈大客运专线工程的一个重要部分。大连市重心北移和新火车站的建设都将带来大量的物流、客流，使南关岭地区成为大连市连接东北区域及内陆地区重要的交通枢纽，带动大连市货物运输的中心也随之向城市北部区域转移（见图1－4）。由此可见，未来大连湾将成为大连市重要的物资和人员的集聚地，本工程的建设将有利于未来新增的物资和人员及时集散，减少过境的货流和客流直接进入市区而造成市中心的交通压力，有利于大连市中心交通状况的改善。

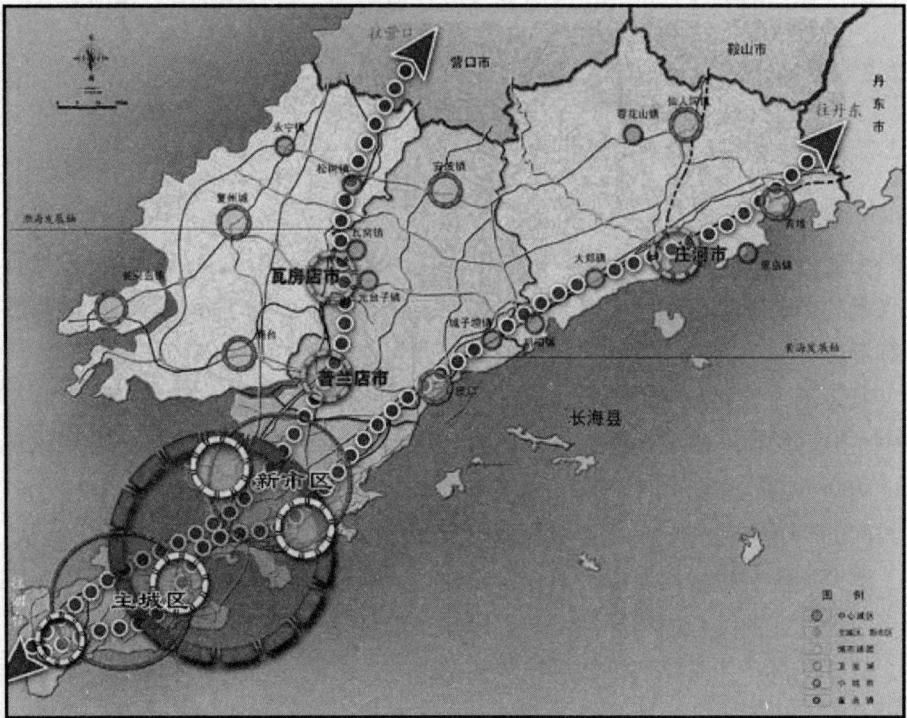

图 1 - 4　大连城区规划分布图

1.2.2.1.2　社会经济条件

（1）大连市城市建设发展的需要

1）大港区搬迁改造的需要。根据大连市城市规划和大连港总体规划，为了适应大连市城市和工业的发展，需要对位于大连市内的老港区进行布局调整。根据大连港港区功能调整的安排，大港区通过不断改造逐步调整为以国际客运、国内客滚运输和商贸旅游为主，大港区现有的袋粮、钢铁等其他杂货将主要转移到大连湾作业区。

2）黑嘴子港区搬迁的需要。随着国家振兴东北老工业基地战略的实施，大连市造船工业进入大发展时期，特别位于是大连湾臭水套内的大连造船厂，还肩负着加快和保障国防建设的任务，由于大连造船厂的扩建占用了黑嘴子港区海域和岸边区域，使得黑嘴子港区的钢材、木材、杂货的运输功能只得转移到大连湾作业区。

为了避免因上述老港改造带来货源流失，大连港集团需要在大连湾作业区进行必要的扩建，以适应老港区搬迁改造和大连湾港区未来发展的需要。

（2）大连港向集中化、专业化发展的需要

《大连港总体规划》（以下简称《规划》）指出，大连港把"一岛三湾"（大孤山半岛、大窑湾、鲇鱼湾、大连湾）综合运输港区建设成为两大核心港区之一，同时构建集装箱、石油、铁矿石、粮食、商品汽车、陆岛滚装和旅客运输等七大专业化中转运输系统。目前，除了杂货以外，大连港已初步形成层次分明的专业化港区，包括大窑湾的集装箱和商品汽车港区，鲇鱼湾的液体化工港区，大孤山南侧的进口铁矿石散货港区，大孤山西侧的散粮港区。仅有杂货却分散在大港区、黑嘴子作业区和大连湾作业区等不同的作业区内。根据《规划》，大连湾作业区将以散、杂货和汽车滚装运输为主。因此，本项目的建设将扩大大连湾作业区杂货码头的规模，使本港区按照规划的要求，逐步发展成为以钢材、机械设备、木材、袋粮、煤炭等为主的散、杂货专业作业港区。

项目建成后既能承接其他港区因功能调整而转移来的货源，也能满足东北老工业基地振兴带来的钢铁、机械设备等件杂货运输需求，从而形成一个相对集中的现代化的专业港区，起到完善东北亚国际航运中心结构的作用。

（3）大连华能电厂发展的需要

大连华能电厂是我国第一个"一流火力发电厂"，自投产以来，接连创造同类机组连续安全运行世界最好水平。2007年总发电量达到102.27×10^8 kWh，上网电量达到98.27×10^8 kWh，年需港口供给煤炭350×10^4 t。其生产所需燃煤均通过大连湾和尚岛港区3号煤炭运输专用泊位直接运抵厂区。随着发电量对逐年增加，3号专用煤炭泊位已经难以独立完成运输任务，现有10号泊位分担部分卸煤任务，但是由于设备专业化程度低，大大影响了码头运输能力的发挥。

根据大连城市发展需求，华能大连电厂三期工程4台机组有望在"十一五"内实施，届时煤炭需求量将有大幅增加。据此预测，2010年和2020年大连港煤炭吞吐量分别为600×10^4 t和800×10^4 t。因此，从满足城市用电需求的角度考虑，大连湾港区迫切需要通过新建泊位和对原有泊位进行功能调整才能满足大连华能电厂的发展需要。

1.2.2.1.3 项目用海必要性

从工程性质来看，本工程属于港口工程，要建设优良的港口，需要依赖较好的水深地形条件，考虑到大连的具体情况，沿海建设港口更有利于大连港的发展，且大连湾作业区位于大连湾红土堆子湾内，属于基岩海岸，更是建设港口的理想选择。另外，大型港区的建设需要配套征用海域作为其专用港前和回旋水域，以保障船舶到港和离港的安全，这部分用海也是港口工程所必须的。

从工程周边情况及地形条件看，工程后方为和尚岛、庞家屯和华能电厂（见图1－5）。和尚岛的北部已被《大连市海洋功能区划》（2006）列为旅游风景区，该区域所含的海岸和周边山体等被限定进行与旅游度假区相关的开发活动。和尚岛的中部为大连华能电厂所占用，其周边剩余土地资源也被规划为电厂三期及远期扩能预留区。华能电厂以北则为一些自然村屯和新建住宅区，包括湾捕村、庞家屯、电厂家属区、碧海人家等，也已不适宜在临近进行港区的开发。此外，振连路跨海桥梁段已经在大连湾现有港区以北600 m开始修筑。分析可知，大连湾港区后方已经基本无土地空间资源可用于港口的开发。同时，由于振连路跨海桥梁的修筑，将大连湾港区扩建的可利用岸线资源限定在了500 m左右的范围，这连老港区搬迁改造的要求都难以满足，更谈不上对大连湾作业区的扩建了。况且，根据相关单位对沿岸水深地形的勘测结果，拟选区域沿岸水深较浅，只有到达红土堆子湾中部水深条件才较适宜进行港区建设。采用延伸式填海造地的方式不但可以缓解陆域空间紧张的矛盾，满足港区建设用地的需要；还利于结合码头建设形式的变化，有效延长岸线的长度，满足建设大型化、专业化泊位的需要；同时，还能有效适应水深条件的变化，降低施工工程量。

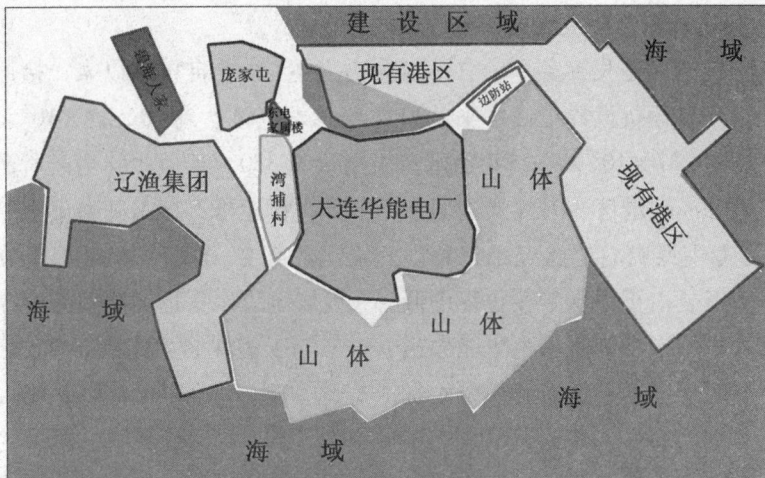

图1－5　项目周边情况示意图

综上可知，无论是从工程自身性质还是其周边具体情况来看，项目用海都是必要的。

1.2.2.1.4　项目用海紧迫性

（1）大连湾作业区通过能力亟待提高

目前，大连湾作业区的散、杂货通过能力为 $1\,300 \times 10^4$ t/a，其中散货

350×10^4 t/a，杂货 950×10^4 t/a，2007 年，大连湾作业区吞吐量为 964.5×10^4 t，其中散货 347×10^4 t，杂货 617.5×10^4 t。如果仅从当前的数字来看，大连湾作业区通过能力已经满足货物运输需求，但从未来趋势看，大连湾作业区的通过能力有待提高。由前述分析可知，近 3 年来，作业区的钢铁吞吐量年均增长 88.2%，未来大连湾作业区将继续承担其他作业区的转移任务，预计 2015 年散、杂货吞吐量将达到 $2\,200 \times 10^4$ t，其中散货 720×10^4 t，杂货 $1\,480 \times 10^4$ t，显然现有的泊位难以满足未来吞吐量的增长需要。所以，亟待通过新建泊位来提高大连湾作业区的港口通过能力，更好地承接其他作业区的货物转移。

（2）大连湾作业区堆存能力不足

扩大港区堆存能力是提高港口竞争能力的主要手段。随着运输船舶大型化发展趋势，货物集中到港数量不断增加，要求港口拥有大量的库（场）设施与其相匹配。另外，港口间的竞争也非常激烈，大连港为了降低货主运输成本，采取了引货直接进港堆存的经营战略，延长货物在港堆存时间。据调查，货物堆存期延长这种现象在国内普遍存在。由此可见，要实现引货直接进港、吸引货源、提高港口竞争力经营策略，港区必须拥有大量的库场设施。

（3）大连湾作业区滚装设施有待完善

目前，大连湾作业区仅有一个滚装泊位，虽然已经经营了 10 年，但由于受到种种因素的限制，大连湾滚装业务存在着基础配套设施不完备等问题。目前，港区内仅有一个安检大厅，并且与滚装码头相距甚远，滚装码头还缺少停车场、客运综合楼及滚装服务设施。随着大港区滚装货源逐步向大连湾作业区转移，现有不完善的配套服务设施难以承接大量转移来的滚装车辆，也难以与周边滚装码头形成强有力的竞争。同时，还造成了大量设备和资源的浪费。

如上所述，为了更好地承接大连港大港区、黑嘴子等老港区杂货业务的转移，大连湾作业区的杂货通过能力亟待提高。另外，扩建堆场也是满足靠泊船舶大型化、专业化的必要条件。因而，项目建设具有紧迫性。

关注要点：

港口建设类项目用海的必要性应分别从港口腹地经济发展、港口布局等方面分析论述，从港口建设的特点阐述项目用海的必要性，其重点是分析论述港口码头及配套工程建设及用海的必要性。从区位条件来说，港口选址一般应处在交通要冲，腹地广阔的地方，港口所在的城市和靠近港口的地区应该经济比较发达；港口所在的地区要具备便利的铁路、公路等现代化运输网。

优点：

从东北三省与山东省产业结构的差异性分析了大连港发展海峡运输所具有的绝对优势；从大连城市总体规划的市重心北移战略阐述了大连湾港区扩建的必要

性；从大连港自身发展需要分析了港口扩建的紧迫性和必要性；从周边企业华能电厂对煤炭供应的需求分析了港口扩建的必要性。由东北腹地经济到周边企业的发展需求逐一分析阐述，项目建设必要性分析比较贴切。

不足：

本项目完成时间较早，没有完全按照项目建设必要性和项目用海必要性两方面来进行分析。

1.2.2.2　项目用海平面布置、主要尺度、结构形式和施工方案

1.2.2.2.1　项目用海平面布置

（1）水域平面布置

1）杂货泊位：考虑从现有码头向北建设一宽突堤。突堤南侧，由岸侧向海侧布置1个1万吨级杂货泊位（12号泊位）和1个2万吨级杂货泊位（13号泊位），码头前沿线与现有码头垂直；突堤东侧布置2个2万吨级杂货泊位（14号、15号泊位），码头前沿线与现有码头一致。突堤北侧由海侧向岸侧布置1个2万吨级杂货泊位（16号泊位）和1个1万吨级杂货泊位（17号泊位），码头前沿线与14号、15号泊位前沿线垂直；18号泊位前沿线与16号、17号泊位前沿线垂直，顺岸布置。突堤东西向长386.5 m，南北向宽475 m（见图1-6）。

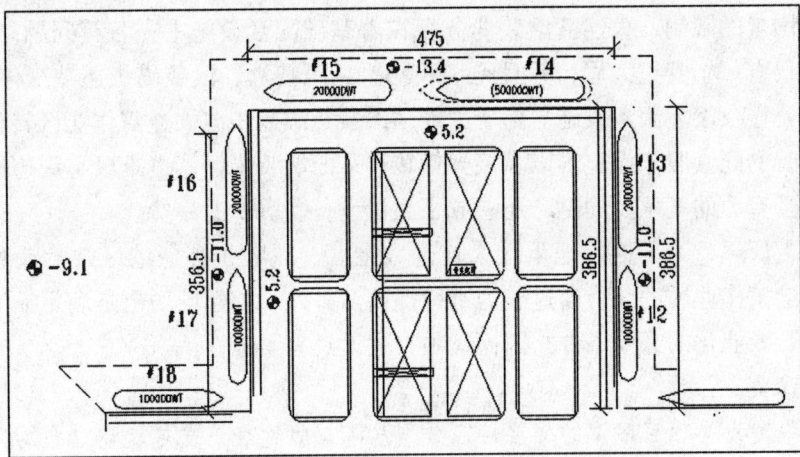

图1-6　杂货泊位平面布置示意图

2）滚装泊位：滚装泊位考虑由杂货18号泊位向北顺岸布置两个2万GT和一个1万GT滚装泊位，码头前沿线走向与18号泊位前沿线一致。在1万GT滚装泊位北侧向海侧伸出一个窄突堤，突堤与顺岸泊位相垂直，突堤南侧布置一个1万GT滚装泊位。4个泊位总体为"L"形布置，由南向北依次为19—21号泊

位。19 号、20 号泊位考虑兼靠 3 万 GT 滚装船。19—21 号泊位为三个顺岸布置的艉开式滚装泊位，船艉处分别设置滚装接卸平台，船艉与平台的间距均取 9 m。19 号、20 号泊位共用一个滚装接卸平台，平台顺岸长 76 m，宽 30 m。21 号泊位为 1 万 GT 北侧艉开式泊位，平台长 50 m，宽 35 m。三个泊位岸线总长为 744 m（见图 1 - 7）。

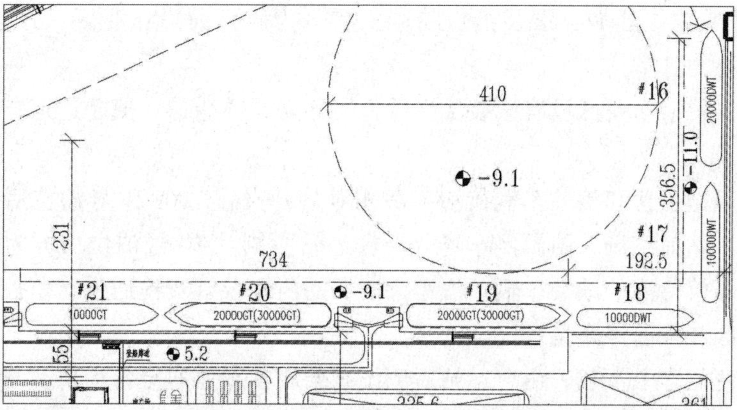

图 1 - 7 滚装泊位平面布置示意图

3）码头前沿停泊水域：12 号、13 号泊位，码头前沿停泊水域宽度按 2 倍 2 万吨级杂货船船宽设计为 51 m；14 号、15 号泊位，码头前沿停泊水域宽度近期按 2 倍 2 万吨级杂货船船宽设计为 51 m，远期根据需要拓宽至 65 m，以满足 5 万吨级船舶停靠。16 号、17 号泊位，码头前沿停泊水域宽度按照 2 倍 2 万吨级杂货船船宽设计为 51 m；18 号泊位，码头前沿停泊水域宽度按照 2 倍 1 万吨级杂货船船宽设计为 44 m。19~21 号泊位，停泊水域的宽度按 2 倍 3 万 GT 客滚船宽取值为 60 m。

4）回旋水域：12 号、13 号泊位的回旋水域设在码头正前方，与现有码头共用调头水域，直径 332 m；14 号、15 号泊位的回旋水域设在码头前方，直径 332 m；16—21 号泊位前方设置可满足 3 万 GT 滚装船舶的回旋水域，直径 410 m。

（2）陆域平面布置（主要为填海形成的陆域）

1）杂货库场：本工程陆域范围为泊位后方与现有陆域边界之间的区域，通过回填形成。另外，本工程西南侧的开山区也属于杂货堆场区。本方案宽突堤堆场作业采用固定轨道式龙门吊，堆场总面积 37.55×10⁴ m²，布置仓库面积 17.95×10⁴ m²。

本工程的疏港主通道位于工程陆域的最北侧，与港外疏港路碧海路相连通。

生产、生产辅助及生活辅助建筑物主要有业务楼、候工楼、流机库、固机库、地磅房、加油站、给水泵房、职工公寓、食堂以及变电所等。其中业务楼、候工楼、职工公寓及食堂布置在场区的后方，临近疏港路；流机库和加油站相邻布置；地磅房布置在进港道路的南侧；固机库和固机办布置在厂区的前方，方便大机的检修。

2）滚装泊位陆域：滚装泊位陆域主要分为码头前沿作业区、客运站区域、滚装车辆待泊区。

在码头前沿作业区设有滚装接岸设备、移动式登船梯、消防通道、高架旅客廊道。

对客运站运营和滚装车辆待泊考虑相对分开设置。在 21 号泊位后方区域布置客运站、站前广场、附属停车场等。客运站西侧及 20 号泊位后方为汽车待渡场，用于停放待泊的滚装车辆。汽车待渡场的西侧设有安检通道、监控室、地磅房、查验区和检前停车场。

为方便旅客上下船，由客运站后侧设高架旅客廊道通至各泊位，与地面车流形成立体交叉，跨越上下船的车道，提高旅客登船的安全性、舒适性。

汽车待渡场设进出口各一个，车辆由设置在西南侧的入口进入场内待泊后再由东南侧的出口上船。待渡场的东南侧道路一分为二，中间用隔离带隔开，北侧为上船车道，南侧为下船出港车道。进出客运站的普通车辆和滚装车辆采用分流管理。接送旅客的社会车辆由振连路与港区连接的市政道路驶入到达站前广场。滚装车辆由碧海路进入港区后直接由安检通道进入汽车待渡场，车位呈南北向布置。部分带客人的滚装车将旅客送到站前广场后向西侧绕行至安检入口处，其他接送旅客的社会车辆由沿碧海路修建的辅道继续向前到达站前广场。本方案客运站建筑面积 5 000 m²，建筑走向与顺岸泊位垂直。

3）港区铁路：大连湾站位于大连湾港区，于 2001 年 5 月开通使用，是大连湾港口水陆货物换装运输的枢纽，担任大连湾港车流的集散任务，主要办理水陆货物转运，装卸车辆的取送等调车作业及按货主要求对部分进港煤炭及出口玉米的检斤计量等作业。既有大连湾站设有 10 股道，年运输能力为 600 × 10⁴ t。

本次计划实施的改建方案对既有铁路设施予以充分利用。根据大连湾港区总体规划及铁路近远期运量预测，在既有车站北侧进行改建，改建规模为新增到发线 4 股、新增码头装卸线 11 股、同时考虑增设工务线及机车整备线等其他线路，新增到发线有效长度均满足 1 050 m，符合大连枢纽整体规划要求。改建采用由西向东延长方案，即改建工程向码头方向延长，以提高码头装卸作业效率，确保铁路运输能力与港区发展相适应。并在此基础上结合新增杂货码头装卸工艺特点对码头装卸作业线合理布局。改建后，近期年输送能力 1 375 × 10⁴ t，远期年输送能力 1 535 × 10⁴ t（见表 1 - 2）。

表 1 - 2　填海形成的陆域平面布置情况

序号	名称	单位	面积
1	库场净面积	×10⁴ m²	55.5
2	滚装区面积	×10⁴ m²	22.2
3	前方作业区	×10⁴ m²	8.0
4	道路面积	×10⁴ m²	30.9
5	辅建区面积	×10⁴ m²	7.8
6	绿化面积	×10⁴ m²	7.2
7	铁路线占用	×10⁴ m²	15.1
8	预留区面积	×10⁴ m²	17.6
	合　　计		164.3*

＊：上述用海面积 164.3 hm² 为陆上红线方案，没有计算坡脚，由于本工程的西北侧为斜坡护岸，所以申请用海面积计算坡脚后为 169.547 8 hm²。

4）疏港公路：由于本项目不直接与陆域相连，所以根据规划到达新港的货物、车辆和旅客将通过两种方式进出港区。一种方式通过老港区的疏港公路直接达到振兴路，实现车辆进入大连市或沈大高速目的。另一种方式是通过新港区与正在建设中的振连路大桥的互通，最终实现集疏港车辆直接由新港区登上振连路进出大连市区。无疑振连路大桥的建设以及实现与新建港区的互通，是保障本项目未来高效运营的关键。现阶段，振连路大桥的主体设计方案已经确定并正在施工，而与本项目的互通方案还未最终完成，本次申请用海中将不包括与振连路大桥互通的用海部分。

5）煤码头已有环保设施及处理量。港区目前大气污染物的排放主要集中在 3 号泊位（煤码头）处卸煤作业时产生的扬尘，排放量约为 700 t/a，主要采取洒水和定时清扫的方式降低起尘率。港区内现已建成一座处理能力 80 t/d 的生活污水处理站，生活污水处理站主体污水处理工艺采用 CASS 工艺，考虑了大连湾港区煤码头输煤廊道冲洗用水的处理。码头面、输煤廊及机械冲洗水量约 45 t/d。

1.2.2.2.2　项目用海主要尺度

（1）泊位长度

杂货泊位：12 号、13 号、16 号、17 号泊位按照满足 2 万吨级船舶靠泊需要设计，泊位总长度均取 386.5 m。14 号、15 号泊位按照 2 个 2 万吨级杂货泊位设计，同时考虑满足 5 万吨级船舶停靠，故 14 号、15 号泊位总长度取 475 m。18 号泊位按照 1 万吨级杂货泊位设计长度取 192.5 m。

滚装泊位：19~21 号三个泊位采用连片式结构，按照 2 个 2 万吨级和 1 个 1 万吨级滚装泊位设计，2 个 2 万吨级可兼靠 3 万吨级船舶，设计长度取 734 m。

（2）码头面高程

参考紧邻本工程的已建大连湾杂货泊位和长生码头工程，结合《海港总平面设计规范》（JTJ 211—99）的要求，码头面高程取 5.2 m。

（3）码头前沿停泊水域设计底标高

综合考虑水域基岩埋深情况以及岸线使用，经计算，12 号、13 号泊位前沿底标高为 -10.5 m，结合基岩埋深，前沿设计底标高取为 -11.0 m；14 号、15 号泊位前沿底标高按照满足 5 万吨级船舶满载停靠计算，取为 -13.4 m；16 号、17 号泊位前沿底标高为 -10.5 m，结合基岩埋深，前沿设计底标高取为 -11.0 m；18 号泊位前沿底标高为 -9.1 m。19~21 号泊位前沿底标高为 -7.7 m。

结合本区域的地质条件，考虑南侧杂货泊位工程的水域使用情况，由于紧邻的杂货泊位工程停泊区水域设计底标高为 -9.1 m，且该海区岩面较深，为使两工程衔接顺畅和结构上施工方便，并为滚装泊位未来预留一定的能力提升空间，故滚装泊位水域设计底标高同杂货泊位保持一致，取为 -9.1 m。

（4）航道宽度和底标高

目前，大连湾港区航道已延伸到本工程南侧的长生码头水域，进出港的船舶可以利用大连湾港区现有的外航道——和尚岛航道进入港区，本工程只需将现有航道与杂货、客滚码头港池水域衔接即可。

长生码头外侧的和尚岛航道为单向航道，有效宽度 150 m，底标高 -13.4 m，航道长度 6 236 m。本工程航道宽度近期也按单向航道设计，经计算，按照《海港总平面设计规范》（JTJ 211—99）要求，取航道有效宽度 150 m 可以满足 3 万 GT 滚装船通航的需要。

本工程航道及港池设计底标高取为 -9.1 m，本工程现有外航道底标高 -13.4 m，可以满足设计船型全天候通航。由于现有码头水域设计底标高 -9.1 m，本工程水域近期取与现有码头水域底标高相同，设计船型需乘潮调头。1 万吨级杂货船所需乘潮水位为 1.38 m，2 万吨级杂货船所需乘潮水位为 2.78 m。

（5）锚地

大连港现有货轮锚地在本港区航道附近，水深 -11.0 m 左右，可满足本工程需要。

1.2.2.2.3 结构形式

(1) 杂货泊位 (12 号、13 号、16 号、17 号、18 号泊位)

杂货码头主体结构采用钢筋混凝土矩形沉箱结构,沉箱顶标高为 2.50 m,底标高为 -11.00 m,沉箱尺寸为长×宽×高 = 16.25 m×11.00 m×13.50 m,单个沉箱重量约为 1 100 t,沉箱内抛填 10～100 kg 块石,沉箱后设 10～100 kg 抛石棱体,抛石棱体上设二片石垫层及混合倒滤层。沉箱上现浇混凝土胸墙,胸墙上设 550 KN 系船柱、1150H 标准反力鼓形橡胶护舷;码头后回填开山石 (见图 1-8)。码头主要以⑦圆砾混粉质黏土作为持力层,抛石基床采用 10～100 kg 块石,基床厚度 3.00～5.00 m,个别点基床厚度达到 7.00 m。

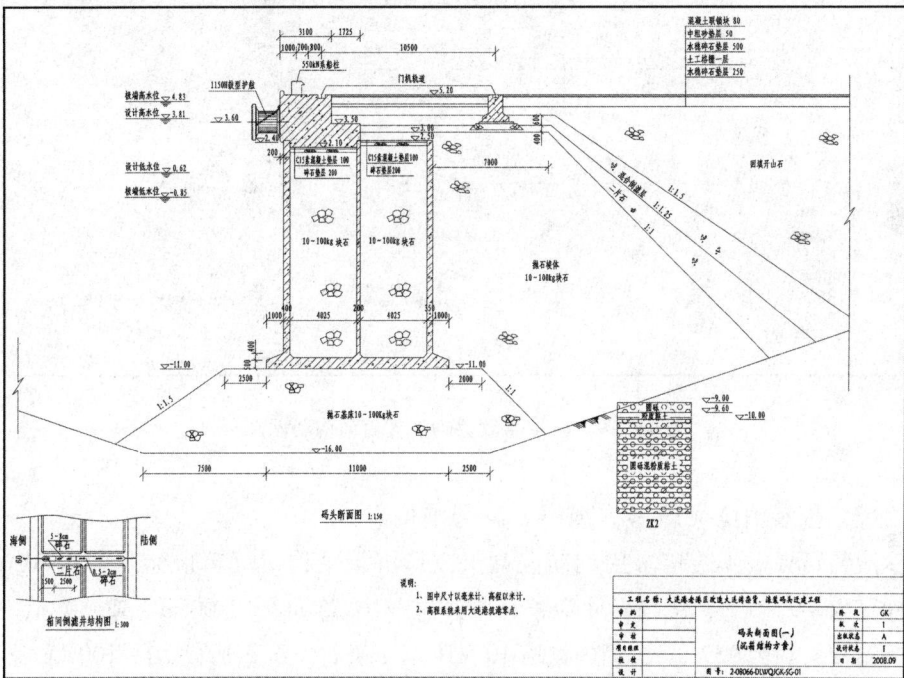

图 1-8 杂货码头沉箱结构断面图

(2) 杂货兼散货泊位 (14 号、15 号泊位)

由于 14 号、15 号泊位兼做 5 万 DWT 散货泊位,所以采用重力式沉箱结构。码头以⑦1 圆砾混粉质黏土作为持力层,抛石基床采用 10～100 kg 块石,基床厚度 6.00 m。码头主体结构采用钢筋混凝土矩形沉箱结构,沉箱尺寸为长×宽×高 = 16.00 m×13.00 m×15.90 m,单个沉箱重量约为 1 370 t。沉箱内抛填 10～100 kg 块石,沉箱后设 10～100 kg 抛石棱体,抛石棱体上设二片石垫层及混合倒滤层。沉箱上现浇混凝土胸墙，胸墙上设 750 kN 系船柱、1250H 标准反力鼓形橡胶护舷，码头后回填开山石（见图 1-9）。

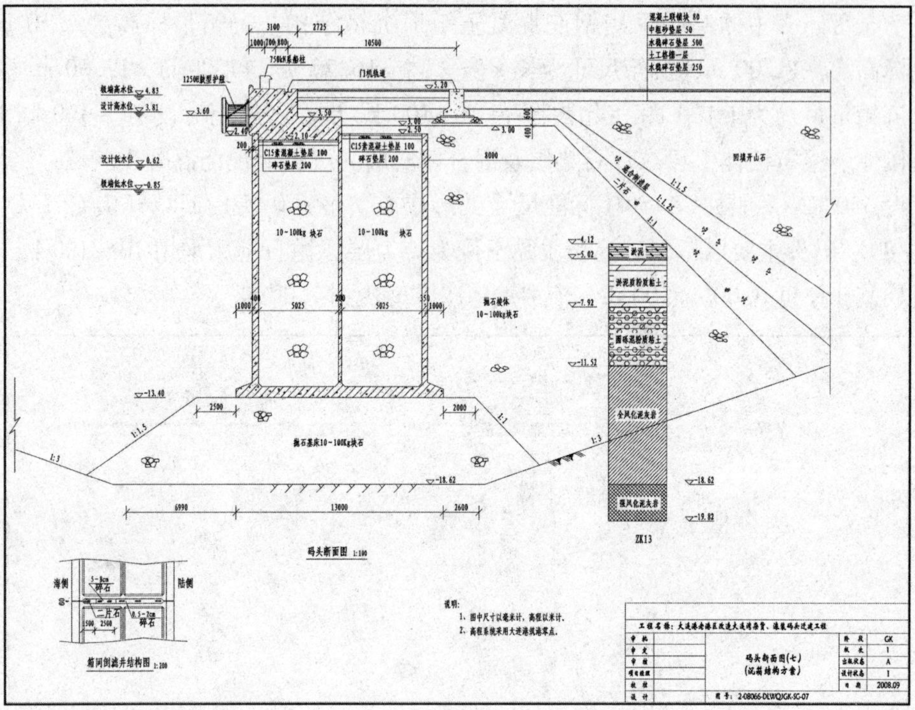

图 1-9　杂货兼散货码头沉箱结构断面图

（3）滚装泊位（19 号、20 号、21 号泊位）

滚装码头主体结构采用钢筋混凝土矩形沉箱结构，沉箱顶标高为 2.50 m，底标高为 -9.80 m，沉箱尺寸为长×宽×高 = 16.25 m×10.00 m×12.30 m，单个沉箱重量约为 957 t。沉箱内抛填 10~100 kg 块石，沉箱后设 10~100 kg 抛石棱体，抛石棱体上设二片石垫层及混合倒滤层。沉箱上现浇混凝土胸墙，并设置系船柱、护舷等码头附属设施（见图 1-10）。码头主要以⑦₁圆砾混粉质黏土及⑧₃中风化泥灰岩作为持力层，抛石基床采用 10~100 kg 块石，基床厚度 1.00~5.00 m，基床抛石外侧采用 100~200 kg 大块石护底。

本工程滚装 21 号泊位码头前沿线附近基槽开挖需局部炸礁，炸礁范围为 480 m²，炸礁量约 700 m³，炸礁厚度 1~2 m，所需炸药用量约 1.5 t。

（4）护岸

本项目护岸采用抛石斜坡结构，护岸长度为 2 749.51 m，护岸顶高程 5.20 m，边坡坡度 1:1.5（见图 1-11）。

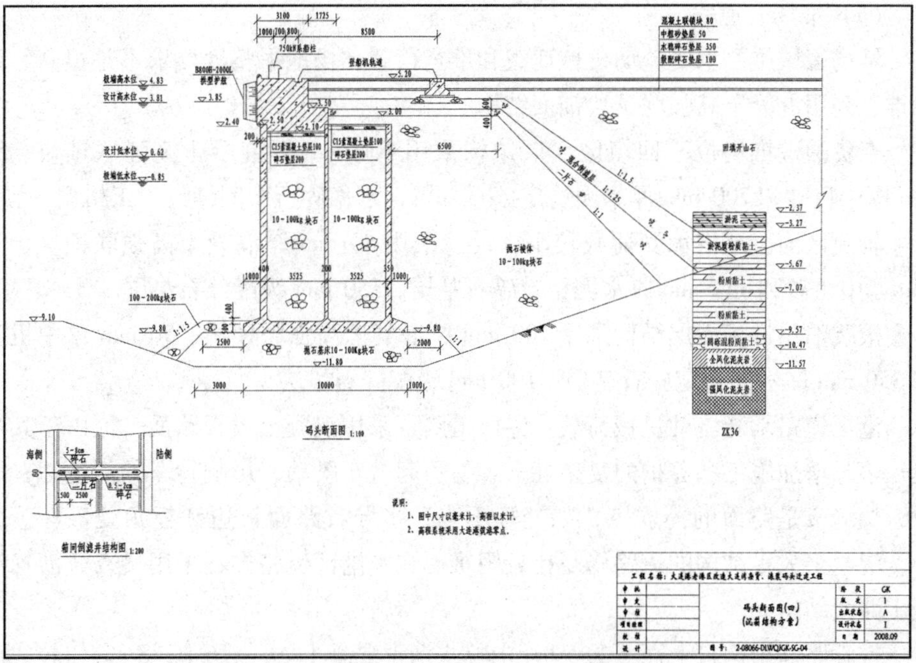

图 1-10　滚装码头沉箱结构断面图

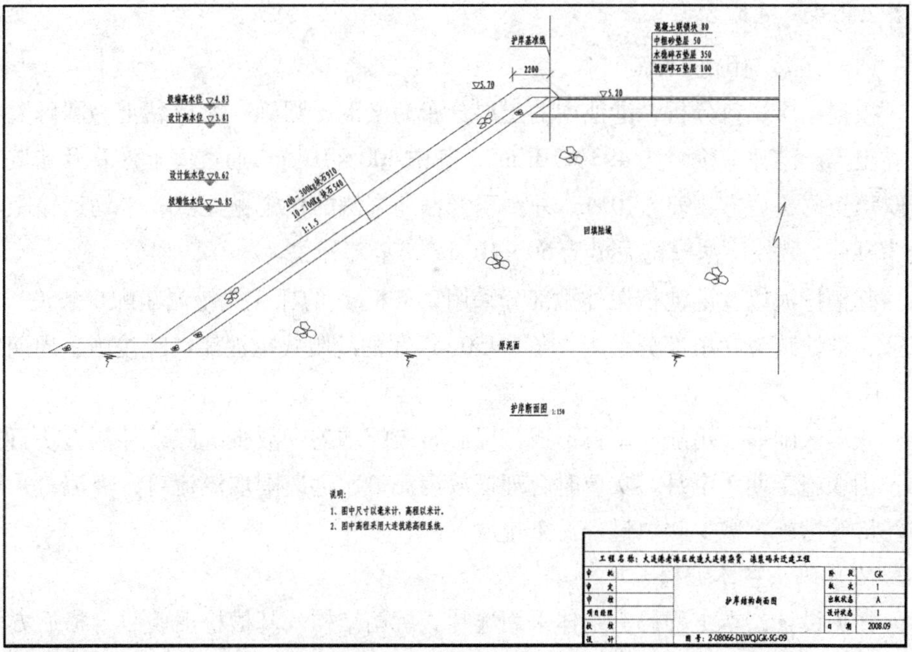

图 1-11　护岸结构断面图

（5）堆场、道路

堆场区域主要承受流动机械荷载和堆货荷载，场地平整度要求不是很高。设计推荐采用混凝土高强联锁块铺面结构。

杂货泊位堆场位于回填区面层结构采用 100 mm 厚混凝土高强联锁块、50 mm 厚中粗砂和 700 mm 厚水泥稳定碎石基层，水稳碎石中间铺设土工格栅一层。

辅建区面层结构承受荷载较小，设计采用 80 mm 厚混凝土高强联锁块、50 mm 厚中粗砂和 350 mm 厚水泥稳定碎石基层、150 mm 级配碎石垫层。

滚装泊位堆场面层结构采用 100 mm 厚混凝土高强联锁块、50 mm 厚中粗砂和 350 mm 厚水泥稳定碎石基层、100 mm 级配碎石垫层。

港区道路承受流动机械荷载。港区道路可采用混凝土大板路面，但由于其接缝较多，增加施工和养护的复杂性，容易引起行车跳动，影响行车的舒适性；同时，接缝又是路面的薄弱点，如处理不当，将导致路面板边和板角处破坏。另外，混凝土大板结构的道路修复比较困难。在本港区道路推荐采用贯入式沥青混凝土路面结构。

推荐路面结构自上而下为 5 cm 中粒式沥青混凝土 AC – 16 Ⅰ，8 cm 粗粒式沥青混凝土 AC – 30 Ⅰ、60 cm 水泥稳定碎石基层。

扩建工程宗海界址图见图 1 – 12。

1.2.2.2.4　施工方案

（1）疏浚与围堰工程

根据地质资料分析，港池内的土层分布为淤泥、圆砾、粉质黏土、圆砾混粉质黏土等。港池疏浚量为 $493 \times 10^4 \ m^3$，其中 $400 \times 10^4 \ m^3$ 通过海上浮管及陆域管线吹填至码头后方，$93 \times 10^4 \ m^3$ 外抛至老偏岛东侧的指定抛泥点，平均运输距离约 36 km。另外，基槽挖泥量为 $60 \times 10^4 \ m^3$，全部外抛。

基槽挖泥以及港池挖泥外抛部分采用 2 条 8 m^3 的抓斗式挖泥船配 6 条 500 m^3 泥驳，港池疏浚吹填部分采用 4 条 1 450 m^3/h 的绞吸式挖泥船。疏浚施工周期约 3 个月。

吹填区围堰采用陆上抛石形成，堤心石级配均匀，减少缝隙，外侧大块石护面，围堰施工期 2 个月。吹填时合理摆放泻泥口，远离围堰溢流口；溢流口采取防污屏等措施，减少吹填过程污染排放。

（2）码头主体工程

根据设计，本工程码头主体采用连片式沉箱结构。基槽挖泥验收合格后方驳运 10 ~ 100 kg 块石进行码头基床抛填并夯实整平。拟在位于甘井子的沉箱预制场进行沉箱预制，沉箱达到设计强度后下水并拖运至工程现场进行安放。沉箱安放

界址点编号	经度（度）	纬度（度）
1	121°44′05.81″	39°01′55.68″
2	121°44′04.54″	39°01′55.12″
3	121°44′03.92″	39°01′55.96″
4	121°44′00.13″	39°01′54.41″
5	121°43′14.97″	39°01′39.67″
6	121°43′12.97″	39°01′38.00″
7	121°43′12.18″	39°01′37.72″
8	121°43′18.98″	39°01′21.80″
9	121°43′18.83″	39°01′21.32″
10	121°43′18.45″	39°01′20.92″
11	121°44′19.29″	39°01′15.19″
12	121°44′23.13″	39°01′09.91″
13	121°44′34.05″	39°01′14.81″
14	121°44′33.86″	39°01′15.06″
16	121°44′47.82″	39°01′21.27″
17	121°44′38.03″	39°01′34.65″
18	121°44′24.07″	39°01′28.44″
19	121°44′15.76″	39°01′39.80″
20	121°44′16.84″	39°01′40.28″
21	121°44′15.27″	39°01′42.42″
22	121°44′14.19″	39°01′41.94″
23	121°44′06.01″	39°01′53.12″
24	121°44′07.27″	39°01′53.68″
25	121°44′11.03″	39°01′55.44″
26	121°44′19.72″	39°01′54.61″
27	121°45′03.20″	39°01′29.96″
28	121°45′25.85″	39°00′51.95″
29	121°45′01.76″	39°00′57.10″
30	121°44′43.53″	39°01′13.27″
31	121°44′36.72″	39°01′05.15″
32	121°44′34.88″	39°01′14.45″
		39°01′13.65″

单元	界址线	面积（公顷）
填海边坡	1～2～22-23-1	163.8014
港池	14-13-32～15-14	96.8275
宗海	1…13-32-31…23-1	262.6289

坐标系	WGS-84	深度基准	1985国家高程	首经线	123°30′
投影方式	高斯投影	高程投影	中央投影		XXX
测量单位	XXXXXXXXX	绘图人	XXX	审核人	XXX
测量人	XXX	绘图	XXXX.XX		
测绘日期	XXXX.XX				

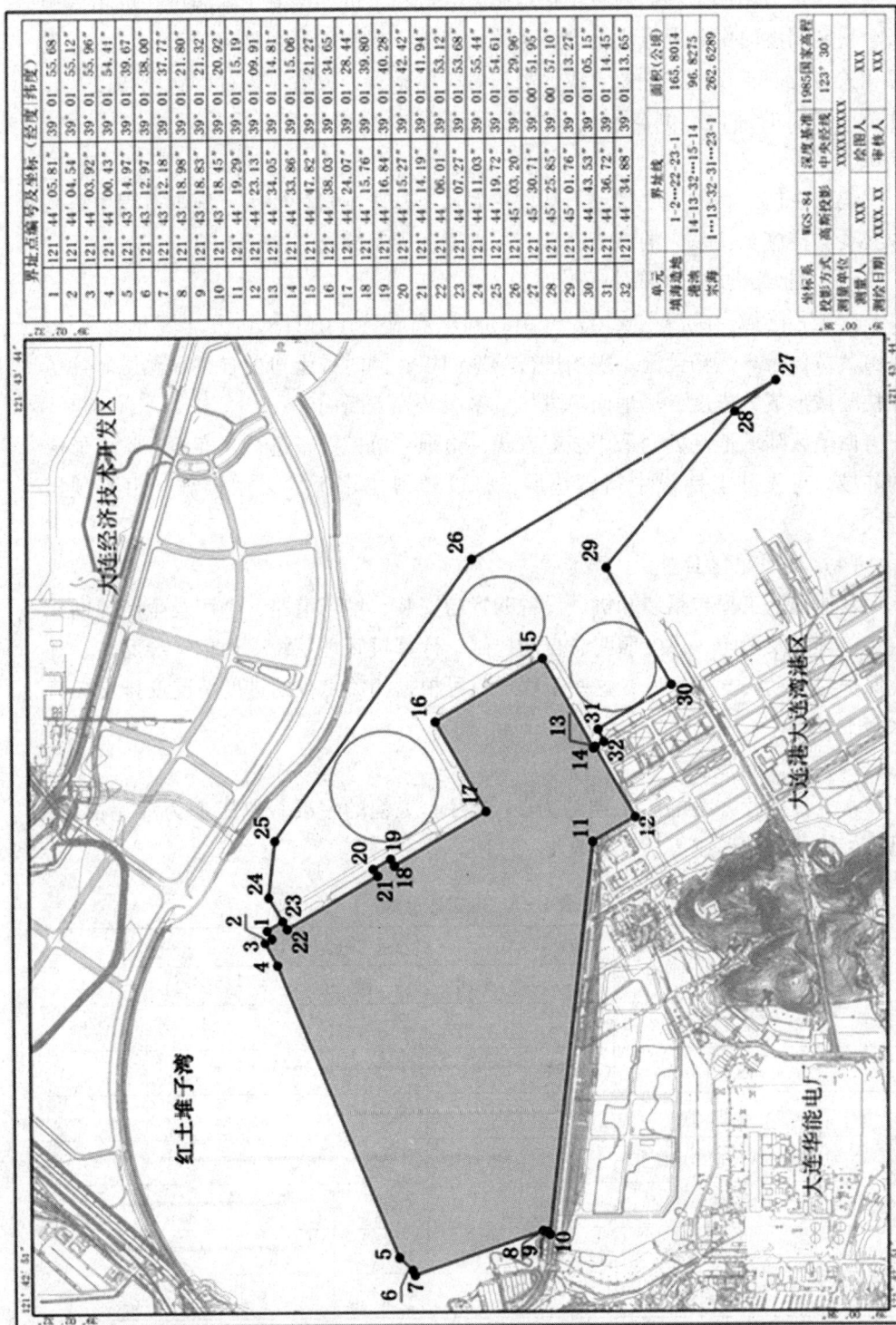

图1-12　大连港老港区搬迁改造大连湾杂货及滚装泊位扩建工程宗海界址图

后须尽快进行箱内、箱后抛石及护坦抛石。沉箱上部的混凝土胸墙可在沉箱后抛石至一定高度时由陆上或水上进行浇筑，浇筑工程中需要根据工艺设备、水、电等相关专业要求预埋铁件及管线。沉箱后棱体抛石完成后需进行碎石倒滤层及二片石倒滤层的铺设，倒滤层铺设完成后即可大面积进行开山石回填形成后方陆域。

码头主体工程的主要特点是基槽挖泥量及基床抛石量较大，施工过程中需采取必要的措施加快基床的施工进度，尽量避免因基槽施工拖延工期。

（3）陆域形成及地基处理工程

本工程陆域由疏浚土吹填及开山石回填形成。开山石从后方陆域开山采石，可由装载机装车运输至施工现场进行场地回填，同时推土机配合整平碾压。为了加快陆域形成的进度，场地回填可尽量多展开施工断面。

回填区陆域地基处理采用强夯方式，由强夯机械设备进行夯实整；吹填形成的陆域，首先陆上铺设中粗砂垫层，打设塑料排水板后采用堆载开山石预压方式。

（4）其他配套工程

其他配套工程包括装卸机械设备购置与安装、堆场道路、生产及生产辅助建筑、给排水及消防、供电照明、自动控制、计算机管理系统、通信、导助航、环境保护与劳动安全卫生等，这些工程项目可根据相关工程的进度情况安排交叉流水施工。

（5）施工进度

本工程推荐方案的施工期约为 24 个月。工程的主要控制工期为港池挖泥、码头主体及陆域形成等（详见表 1-3）。

表 1-3　施工进度表

序号	工程项目名称	施工进度（月）					
		1~4	5~8	9~12	13~16	16~20	21~24
1	施工准备	▬					
2	码头工程		▬▬▬▬▬▬▬▬▬▬				
3	疏浚工程		▬▬▬▬▬▬				
4	陆域形成及道路堆场工程		▬▬▬▬▬▬▬▬▬▬▬▬				
5	生产及生产辅助建筑工程				▬▬▬▬▬▬▬▬		
6	工艺设备及其他配套工程				▬▬▬▬▬▬▬▬		
7	竣工验收						▬

关注要点：

在项目平面布置章节应全面介绍项目的布置情况，包括主体工程、配套工程、辅助工程等，说明各部分相互的依托关系，附具有水深的总平面布置图；主要涉海构筑物典型结构形式、尺度等，附典型剖面图。

施工方案应针对各部分用海工程说明主要施工方法、土石方平衡、物料来源和施工计划等。对于有基础处理、疏浚、吹填等工程，还应给出具体的疏浚位置、深度，施工机具如基础处理所采用的方法，施工船的效率，所处理土石方的去向及运输船舶等，并给出溢流口位置等内容。对于涉及水下爆破的应说明爆破位置、爆破方式、爆破土方量、炸药用量等基本参数。

优点：

依次介绍了码头主体工程、港池、航道、港口配套陆域的平面布置、主要尺度及施工方案，非常清晰。

不足：

1）施工方法还应该更为完善。比如，缺少具体需要疏浚的海域位置以及各部分疏深深度、疏浚顺序等；

2）缺少溢流口具体位置（在影响预测分析部分才给出）；

3）根据介绍，工程滚装 21 号泊位码头前沿线附近基槽开挖需局部炸礁，炸礁面积为 480 m^2，炸礁量约 700 m^3，炸礁厚度 1～2 m，所需炸药用量约 1.5 t。在施工方案中没有给出更具体的方案（此部分也是在影响预测部分才给出）。

1.2.2.3 项目用海合理性分析

1.2.2.3.1 选址合理性分析

大连港老港区搬迁改造大连湾杂货及滚装泊位扩建工程为交通运输用海，项目选址既要充分考虑社会经济条件的适宜性，又要兼顾对自然环境条件的影响。本项目选址的合理性主要体现在以下几个方面。

（1）符合海洋功能区划

本项目建设选址位于大连湾红土堆子湾内。根据《辽宁省海洋功能区划》（2004）和《大连市海洋功能区划》（2006）的规定，项目所在海域位于大连湾—大窑湾海域大连半岛南部黄白嘴子至大地半岛南端区域，本区主要功能为港口，兼顾临港工业及旅游，港界线以内水域及以外的航道、锚地，禁止浮筏养殖和设置网具。因此，本建设项目用海选址完全符合辽宁省和大连市海洋功能区划。

（2）符合相关规划

在第三章与相关规划的分析中，项目组收集了大量国家、省、市的相关规划，具体涉及《全国海洋经济发展规划纲要》（2001—2010）、《全国沿海港口布局规划》（2006）、《辽宁省国民经济和社会发展第十一个五年规划纲要》、《辽宁老工业基地振兴规划》（2003）、《辽宁省海洋经济发展"十一五"规划》（2006）、《大连市国民经济和社会发展第十一个五年规划纲要》（2006）、《大连市老工业基地振兴规划纲要》（2004）、《大连城市发展规划（2003—2020）》、《大连市港口岸线利用规划》、《大连港总体规划》10项。这些规划从不同角度阐述了未来港口项目发展的方向，而反观本次大连港老港区搬迁改造大连湾杂货及滚装泊位扩建项目，无一例外地融入了这些规划中的指导思想，使得它们在这项工程的实施中得到了较好的体现。

譬如："适当建设区域性港口码头，改扩建部分老港口码头，并调整结构和功能"、"发展大宗散货的中转储运设施"、"主布局陆岛滚装、旅客运输"、"实现大连港老港区突出现代航运服务功能"、"形成以大孤山半岛和大窑湾、鲇鱼湾、大连湾构成的'一岛三湾'港口群为核心"、"以大连湾港区为重点的钢铁、化肥、成套设备等散杂货及煤炭转运中心，年处理能力 $2\,000 \times 10^4$ t"等内容。

总体来看，本项目的建设与相关规划具有较好的符合性，并能达到尽快落实各项相关规划要求的目的。

（3）充分利用周边自然和环境条件

1）海底地形地貌条件分析。场区原始地貌为水下岸坡，东南一侧受现有码头开挖影响形成一最大高差约 8.0 m 的斜坡，海底地势向东侧海里微倾。基底岩石为震旦系南关岭组泥灰岩、石灰岩（Zn）。

据工可研阶段勘察资料，场区所在构造部位属于大孤山穹窿构造北端。区内小断裂构造发育，大孤山逆掩断层呈北东向延伸。据区域地质资料，西侧和尚岛范围有 3 条北北东向断裂通过，产状较陡，但其规模较小，延伸不远。该断裂第四纪以来无继承性活动迹象，不属于发震断裂。本次勘察钻探深度范围内未见断裂构造。

2）工程地质条件分析。场地内淤泥及淤泥质粉质黏土的强度低且极不稳定，对拟建各建筑物的稳定性均有不利影响，应进行清淤处理。拟建场区内粉土和砂土为可液化土层，液化等级轻微－严重。建议采取挖除等方法进行处理，以消除其对建筑物稳定性的影响。拟建场区的⑦圆砾混粉质黏土层多呈中密－密实状，在需挖除的地段宜爆破松动后机械开挖。场区海水对混凝土结构具中等腐蚀；对钢筋混凝土中钢筋具强腐蚀；对钢结构具中等腐蚀。场地部分地段岩溶较发育，在钻孔控制外的地段，仍有岩溶出现的可能。拟建场区基底岩石分布连续，除个别地段风化层较厚、岩溶较发育外，基岩埋深相对较浅。勘察控制深度内未见有断裂构造通过，构造稳定性良好。场地适宜建筑。拟建码头宜选用⑧3 中风化岩石作为地基持力层，但场区内岩石风化程度在空间上变化较大，且部分地段岩溶较发育，造成中风化岩面起伏较大，在设计和施工时应充分注意。

3）风、降水、雾、浪条件。本工程船舶作业受波浪影响的波向有：SE、ESE、N、NNE、NE、E向，顺岸泊位处横浪向是E向，顺浪向是SE、N向，统计和尚岛（1983年）实测波浪资料，E向 $H_{4\%} \geqslant 0.6$ m的频率为0.14%，N向 $H_{4\%} \geqslant 1.0$ m的频率为0.91%；因此，波浪影响顺岸泊位处船舶作业的天数为4.0 d/a；突堤泊位处横浪向是SE、N向，顺浪向是E向，E向 $H_{4\%} \geqslant 1.0$ m的频率为0，N向 $H_{4\%} \geqslant 0.8$ m的频率为1.33%；因此，波浪影响突堤泊位处船舶作业的天数为5.0 d/a。降水对船舶作业的影响天数为7 d/a。大风对船舶作业的影响天数为23.0 d/a。雾对船舶作业的影响天数为23.5 d/a。

根据以上计算、分析，得出影响顺岸（滚装）泊位处和突堤（杂货）泊位处船舶作业的年作业天数分别为310天和311天，符合港口运营的要求。

4）泥沙冲淤对港区的影响分析。本项目附近已建码头工程的运行实践表明，工程区域附近无泥沙来源，工程实施后泥沙回淤轻微。

总体上讲，工程用海选址区域的自然和环境条件较适宜工程建设，特别是水深、海底地形地貌、工程地质等都十分优越，风、海流、波浪、冲淤条件也较为适宜，雾天、风、海流在个别时段对港口运营有所影响，但是可以通过人为控制的手段加以规避。因此，从区域自然和环境条件上讲，项目用海选址是合理的。

（4）充分利用周边集疏运条件

铁路方面：由于大连湾港区早在2001年5月已经开通使用，是大连湾港口水陆货物换装运输的枢纽，担任大连湾港车流的集散任务，主要办理水陆货物转运，装卸车辆的取送等调车作业及按货主要求对部分进港煤炭及出口玉米的检斤计量等作业。既有大连湾站设有10股道，年运输能力为 600×10^4 t。本次港区扩建后，只需要在原有铁路的基础上进行适当延长，并在港内增加几条线路和装卸站即可，不需要进行大型的外部铁路建设，大大节约了资金和时间。

（5）服务周边产业的发展

本项目的散货货种主要为煤炭，主要供给对象为大连华能电厂。随着大连华能电厂发电量对逐年增加，现有的专用煤炭泊位已经难以独立完成运输任务，其他泊位分担部分卸煤任务，但是由于设备专业化程度低，效率大大降低。

根据大连城市发展需求，华能大连电厂三期工程4台机组有望在"十一五"内实施，届时煤炭的需求量将从现阶段的每年 350×10^4 t，增至每年 600×10^4 t 甚至 800×10^4 t。

从电力供给的作用来看，它是国民经济发展命脉，因此确保电力煤炭的及时供给，对于周边产业的发展具有重要意义。从这个角度看，本项目选址于此地建设是对周边产业发展的有力支持,是合理的。

(6) 对大港区和黑嘴子港区搬迁的合理性

根据大连市城市规划和大连港总体规划,为了适应大连市城市和工业的发展,需要对位于大连市内的老港区进行布局调整。根据大连港港区功能调整的安排,大港区通过不断改造逐步调整为以国际客运、国内客滚运输和商贸旅游为主,大港区现有的袋粮、钢铁等其他杂货将主要转移到大连湾作业区。随着国家振兴东北老工业基地战略的实施,大连市造船工业进入大发展时期,特别是位于大连湾臭水套内的大连造船厂,还肩负着加快和保障国防建设的任务,由于大连造船厂的扩建占用了黑嘴子港区海域和岸边区域,使得黑嘴子港区的钢材、木材、杂货的运输功能只得转移到大连湾作业区。

为了避免因上述老港改造带来货源流失,大连港集团需要在大连湾作业区进行必要的扩建,以适应老港区搬迁改造和大连湾港区未来发展的需要。

简而言之,因为老港区搬迁至大连湾港区,既可实现大连湾作业区对杂货运输能力的转移和集约,又可促进城市在环境、安全以及商务方面的发展,所以老港区的搬迁是合理的。另外,大连湾作业区的扩建选址于此,有利于利用已建成的大量资源和条件,符合相关规划的要求,所以也是合理的。

(7) 依托周边施工条件

大连湾现有作业区于大连湾和尚岛西岸,本项目建设前有 11 个泊位和港区已竣工。本项工程可以以大连湾现有港区作依托,对工程水上施工十分有利。

首先,可以依托大连湾现有港区提供施工期间需要的水、电、通信保证及辅助生活设施场地。其次,大连地区的地材蕴藏量大,市区附近即有采石场多个,大连港在建工程产生大量开山料,工程用砂、石料等建材丰富。再次,本项目大型沉箱在甘井子预制厂完成,拖运至现场,运距在 20 km 以内。小型预制构件如透空方块、梁、板、扭王字块和栅栏板等在现场的后方场地预制或在工作船码头后方场地预制,用船吊运安装。另外,本地区有多家经验丰富的水运施工企业,陆域施工队伍也较多,且在大连湾常年施工。因此,本工程的施工队伍、施工技术力量选择的余地较大,该工程施工任务的完成具有较好的保障。

综合分析,本项目用海的选址是合理的。

关注要点:

港址是一个港口建设的重要基础,直接关系到港口各阶段发展建设的投资大小、建设速度、运营效益和船舶航行安全,乃至城市发展。港口选址要从宏观经济发展的角度考虑,按照自然条件和经济发展需求,一般应从地理位置、港区自然条件、岸线使用现状、后方集疏运条件、港口腹地经济发展水平、城市依托条件、城市总体规划、海洋功能区划等进行分析。该项目属搬迁改造工程,在选址问题上，重点应关注项目建设的工程可行性，项目用海海域的水深地形、工程地质、波浪潮流、泥沙等自然条件能否满足港口规划建设规模的要求以及项目与周边岸线和海域的开发利用现状的协调情况。

1.2.2.3.2　用海方式合理性分析

本项目用海方式分为填海造地、非透水构筑物用海、港池用海三类。

（1）填海合理性分析

本项目采用了延伸式填海的方式，进行了场区建设。由于陆域空间资源已经被和尚岛旅游区、保留区、华能电厂三期及远期扩能预留区和碧海人家居民住宅区等占用，海上又有振连路跨海桥梁段已经在大连湾现有港区以北600 m开始修筑，因而，要拓展足够的空间资源来满足未来老港区搬迁改造以及大连湾作业区的建设，只有采用延伸式填海的方式。综上所述，采用延伸式填海造地的方式不但可以缓解陆域空间紧张的矛盾，满足港区建设用地的需要；而且有利于结合码头建设形式的变化，有效延长岸线的长度，满足建设大型化、专业化泊位的需要，所以可以认定选择延伸式填海造地的方式建设港口的场区是合理的用海方式。

值得注意的是，本次延伸式填海的施工起点并没有拟选在和尚岛沿岸的西侧，而是计划在现有大连湾作业区的西北侧。在项目完工后，将会保留和尚岛西侧的600 m的自然岸线不被破坏，同时还在其前端留下了百余米的水域宽度。可见，这种填海方式有助于保护自然岸线资源。

综上可知，场区的用海方式是合理的。当然，这一填海方式也存在可以改进的方面，譬如：在新、老港区之间打开一条人工河，这样不但可以保持红土堆子湾湾内水流的循环，而且可以保障华能电厂的温排水照常通过。温排水的不断注入又进一步促进的水流的循环，同时也节省了温排水管道铺设的资金。

（2）非透水构筑物用海合理性分析

尽管采用延伸式填海使得可利用的码头岸线有所增长，但是如果单独采用顺岸式的码头布置，还是难以达到建设足够泊位完成未来集疏运任务的要求。为此，设计单位拟选了建设突堤码头的方案。

突堤码头的建设使得原本只能容纳一艘2万吨和一艘5万吨杂货船靠泊的岸线，最终又可多容纳两艘2万吨和两艘1万吨同时靠泊。其对生产能力提升的贡献显而易见，因此，认为这一非透水构筑物用海方式是合理的。

（3）港池用海合理性分析

本项目拟选的用海位置位于大连湾内的红土堆子湾内。项目建设位于弱流区，总体上受波浪及水流影响较小，且前方还有原有港区的掩护，在充分考虑了满足船舶安全靠泊的前提下，项目的港池选择港池用海。港池用海相比有防波堤等用海，对海洋生态环境的影响很低，用海范围也可随需要进行相对灵活的调整。因而，在保证安全靠泊和离港的基础上，选择港池用海是合理的。

关注要点：

一般港口用海均包括填海、透水构筑物或非透水构筑物用海、港池用海等几种海域使用类型，结合项目所处海洋自然环境条件特征及周边海域的开发利用类型、特点，分析项目用海方式、平面布局与规模等的合理性。

优点：

本项目从陆域土地资源的不足分析说明项目填海的合理性；同时，又从保护自然岸线和维护湾内水流循环的角度分析了填海布置方式的合理性。

1.2.2.3.3　用海面积合理性分析

（1）项目用海面积的合理性

2008 年 12 月，大连港集团有限公司向国家海洋局提交了本项目的《大连港老港区搬迁改造大连湾杂货及滚装泊位扩建工程海域使用申请书》，总计申请用海面积 267.240 5 hm²，其中包括填海造地用海 169.547 8 hm²、港池用海 97.692 7 hm²（具体见表 1 - 4）。以下论证项目组将依据大连港集团申请用海的面积及用途，对本项目用海面积的合理性进行分析。

表 1 - 4　项目申请用海方式、申请面积和具体用途简介

序号	使用方式	面积（hm²）	具体用途
1	填海造地	169.547 8	码头后方场区建设
2	港池	97.692 7	船舶停靠和回旋

1）码头部分填海面积的合理性：

A. 码头类型和规模选择的合理性。本次大连湾作业区扩建的目的是为了承接老港区件、散货搬迁任务以及新建客滚中心，因此，码头的类型选择散、件杂货码头和客滚码头是合理的。

a. 散、件杂货码头分析：据统计，大连湾作业区共有散、杂货泊位 10 个，码头通过能力为 1 300×10⁴ t/a，其中通用散杂货泊位 9 个、专业煤炭泊位 1 个。杂货泊位设计能力 950×10⁴ t/a，煤炭专业泊位通过能力 350×10⁴ t/a。

按工可研预测，到 2012 年大港区和黑嘴子作业区货物转移后，大连湾作业区的散、杂货吞吐量任务将达到 2 000×10⁴ t，将出现大约 700×10⁴ t 集疏运能力的缺口。至 2015 年港区吞吐量任务将达到 2 200×10⁴ t，集疏运缺口将达到 900

$\times 10^4$ t。

考虑大连湾作业区将形成大规模的散、杂货港区，本工程建成后将对全港区进行作业统筹协调安排（主要是对煤炭专用泊位的调整、改造），可研对港区的既有泊位通过能力进行重新核算。据预测，2012 年为大连湾作业区吞吐量缺口达 635×10^4 t，2015 年完成 5 号泊位改造后，吞吐量缺口 645×10^4 t。

b. 客滚码头分析：大连市客运滚装市场未来仍将主要由大连港集团、辽渔集团和新海航运三家共同经营。其中，大连港集团经过资源调整后，大港客运站将主要从事国内客运和国际滚装业务，大连湾作业区主要承接大港客运站和香炉礁码头转移来的市内和周边县市的汽车滚装业务，并兼顾东北腹地市场。

据预测，在汽车滚装市场上，辽渔集团主要服务于东北腹地企业，在大连市滚装市场上牢牢占据 40% 的份额；新海航运则主要服务于市内物流企业，受市内交通和物流产业布局调整的影响，其滚装市场的竞争中处于逐年下滑的趋势，未来仅能保持 8% 左右的市场份额；大连港大连湾滚装码头兼有原香炉礁港区和大港客运站两部分的转移量，未来的市场份额将逐步扩大至 30% 左右；大港客运站在大连湾滚装码头建成后，货滚将逐步转向大连湾，所以客运站的滚装吞吐量将在 2010 年后逐步萎缩。

在客运市场上，大港客运站将继续保持客运主力的地位，市场份额保持在 50% 左右的比例，大连港大连湾作业区滚装码头、辽渔集团滚装码头、新海航运滚装码头以其主营的滚装业务也保留一定的客运市场份额。

大连湾客运和滚装吞吐量 2012 年分别为 90 万人次和 30 万辆，2015 年则分别为 120 万人次和 40 万辆。考虑大连湾 5 号滚装泊位在 2012 年左右将改造成煤炭专业化泊位，届时大连湾滚装运输将全部由本工程承担。预测本工程 2012 年客运和滚装吞吐量分别为 60 万人次和 20 万辆，2015 年则分别为 120 万人次和 40 万辆。

c. 散、杂货泊位通过能力：泊位通过能力按《海港总平面设计规范》公式计算。

$$p_t = \frac{T_y}{\dfrac{t_z}{t_d - \sum_t} + \dfrac{t_f}{t_d}} \times \frac{G}{K_B}, \quad t_z = \frac{G}{p}$$

式中：P_t——泊位年通过能力（t）；

T_y——泊位年营运天数，310 d；

G——设计船型的实际装载量，14 号、15 号泊位 5 000 t，其余泊位 4 000 t；

p——设计船时效率，14 号、15 号泊位钢铁 500 t/h，粮食 150 t/h；

其余泊位钢铁 400 t/h、粮食 120 t/h、其他件杂 100 t/h；

K_B——港口生产不平衡系数，1.35；

t_z——装卸一艘设计船型所需的时间（h）；

t_d——昼夜小时数，24 h；

$\sum t$——昼夜非生产时间之和，4 h；

t_f——船舶的装卸辅助作业时间之和，6 h。

通过计算，12 号、13 号泊位通过能力为 180×10^4 t/a，14 号、15 号泊位通过能力为 210×10^4 t，16 号、17 号泊位通过能力为 195×10^4 t/a，18 号泊位通过能力为 95×10^4 t/a。即 7 个泊位通过能力为 680×10^4 t/a。

d. 滚装货泊位通过能力：滚装车辆通过能力按下式计算。

$$P_t = \frac{T_y \times N_1 \times N_2}{K_B}$$

式中：P_t——车辆年通过能力（辆）；

T_y——泊位年营运天（d），311 d；

N_1——每天最大靠泊艘次（艘次），取 2；

N_2——每艘船最大装卸车辆数（辆），1 万 GT 泊位平均 $80 \times 2 = 160$ 辆，2 万 GT 泊位平均 $120 \times 2 = 240$ 辆；

K_B——不平衡系数，取 1.25。

通过计算，3 个泊位滚装车辆通过能力总计 40 万辆次/a。

旅客通过能力按下式计算。

$$P_人 = \frac{T_y \times N_1 \times N_平}{K_B}$$

式中：$P_人$——旅客年通过能力（人次）；

T_y——泊位年营运天（d），311 d；

N_1——每天最大靠泊艘次（艘次），取 2；

$N_平$——每艘次平均上下旅客人数，平均取 800 人次；

K_B——不平衡系数，取 1.5。

通过计算，3 个泊位旅客通过能力总计 132 万人次/a。

参考上述分析结果可知，本项目拟建设的 7 个杂货吞吐能力能够满足未来港区集疏运量增加 645×10^4 t/a，增加的客滚泊位也能满足滚装车辆增加到 40 万辆/a 和旅客增加到 120 万人次/a 的要求，所以港区集疏运规模的选择是合理的。另外，通过表 1-5 可知，各个泊位的规模能够较好地满足各类货种和客滚运输的要求，泊位的分配也是合理的。

表 1 - 5　各泊位吞吐量安排

序号	泊位名称	泊位吨级（万 DWT、万 GT）	泊位数量（个）	吞吐量（×10⁴ t/a、万辆次/a、万人次/a）				
				钢铁	粮食	其他件杂	车辆	旅客
1	12 号、13 号	1 ~ 2	2	135	40	—	—	—
2	14 号、15 号	2	2	150	50	—	—	—
3	16 号、17 号	1 ~ 2	2	170		15	—	—
4	18 号	10 000	1	75	—	10	—	—
5	19 号、20 号	20 000	2				40	120
6	21 号	10 000	2					
7	合计		11	645			40	120

B. 码头布置合理性分析。码头泊位长度应满足船舶安全靠离作业和系缆的要求。拟建码头项目共设杂货泊位 7 个，客货滚装泊位 3 个。其中，为了提高岸线资源的利用率，在 12—17 号泊位采用了突堤式结构。根据《海港总平面设计规范》（JTJ 1211—99）局部修订（设计船型尺度部分），顺岸式泊位长度是按下式计算的。

端部泊位 $L_b = L + 1.25d$

中间泊位 $L_b = L + 1.25d$

式中：L_b——泊位长度（m）；

　　　 d——富裕长度（m），采用表 1 - 6 中的数值。

表 1 - 6　富裕长度 d 取值表

船长 L/（m）	< 40	41 ~ 85	86 ~ 150	151 ~ 200	201 ~ 230	> 230
船舶间距 d/（m）	5	8 ~ 10	12 ~ 15	18 ~ 20	22 ~ 25	30

注：按照规范，10 000 t 设计船长取 146 m，20 000 t 设计船长取 166 m。

a. 杂货泊位：12 号、13 号泊位总长度：1.25 × 146 + 19 + 166 + 19 = 386.5 m。

14 号、15 号泊位总长度：19 + 166 + 19 + 166 + 19 = 389 m。

突堤两侧均布置泊位，考虑到方便突堤作业区的使用，适当加大突堤宽度，另一方面考虑到 14 号、15 号泊位前沿基岩埋深较大，为了适应船舶大型化发展趋势，加大突堤宽度至可以满足 5 万吨级船舶停靠。综合考虑，突堤宽度按照同时停靠一艘 3 万吨级船舶和一艘 5 万吨级船舶确定，22 + 223 + 22 + 192 + 18 =

477 m。可以满足停靠的其他船型组合：2 艘 4 万吨，或 1 艘 5 万吨 + 2 艘 2 000 t，或 1 艘 4 万吨 + 1 艘 5 000 t + 1 艘 1 000 t。

综合考虑，14 号、15 号泊位总长度取为 475 m。14 号、15 号泊位通长结构均按照 5 万吨级设计，前沿水深均能满足 5 万吨级船舶满载停靠。

16 号、17 号泊位长度：$1.25 \times 146 + 19 + 166 + 19 = 386.5$ m。16 号、17 号泊位通长结构均按照 2 万吨级设计，前沿水深均能满足 2 万吨级杂货船满载停靠。

18 号泊位长度：$1.25 \times 146 + 20/2 = 192.5$ m。

b. 滚装泊位：

本工程主要考虑靠泊艉开式滚装船舶，根据其工艺特点确定泊位长度。

$$L_b = d + L + L_j + L_w$$

式中：L——设计船长（m）；

L_j——船尾与平台间距，取 9 m；

L_w——平台长度（m）；

d——富裕长度（m）。

19 号、20 号、21 号泊位总长度：$50 + 9 + 167 + 20 + 192 + 9 + 76 + 9 + 192 + 10 = 734$ m。

从以上的计算结果可以看出，无论是杂货泊位还是滚装泊位的长度计算方法均符合规范，能够满足船舶安全靠离作业和系缆的要求，由于码头采用重力式沉箱结构，建成后将形成有效岸线，因此该部分用海方式属于填海，码头泊位长度 2 174.5 m 符合《海港总平面设计规范》（JTJ 211—99）布局的设计要求，是合理的。

2）场区填海面积的合理性。本项目建设的场区主要用于客货滚装区、散杂货堆场、配套集疏运设施以及绿化面积组成（见表 1 – 7）。以下将对港区各部分的用海面积的合理性作逐一分析。

表 1 – 7　填海形成的陆域平面布置情况

序号	名称	单位	面积
1	库场净面积	$\times 10^4$ m^2	55.5
2	滚装区面积	$\times 10^4$ m^2	22.2
3	散杂货前方作业区	$\times 10^4$ m^2	8.0
4	道路面积	$\times 10^4$ m^2	30.9
5	辅建区面积	$\times 10^4$ m^2	7.8

序号	名称	单位	面积
6	绿化面积	$\times 10^4$ m²	7.2
7	铁路线占用	$\times 10^4$ m²	15.1
8	预留区面积	$\times 10^4$ m²	17.6
合　计			164.3

A. 库场面积分析：按《海港总平面设计规范》计算钢铁、粮食仓库、堆场所需的容量及面积。

$$E = \frac{Q_h K_{BK} K_r}{T_{yk} \alpha_K} t_{dc}, A = \frac{E}{q K_K}$$

式中：E——库场所需容量（t）；

Q_h——年吞吐量（t），钢铁 530×10^4 t、粮食 90×10^4 t、其他件杂 25×10^4 t；

K_{BK}——库场不平衡系数，1.3；

K_r——货物最大入库场比例，货物全部入库场堆存，其中入库钢铁 25%、粮食 100%；

t_{dc}——货物在库场平均堆存期（d），40 d；

T_{yk}——库场年营运天数，360 d；

α_k——库场容积利用率，1；

A——库场总面积（m²）；

q——单位或有效面积的货物堆存量，钢铁 3.5 t/m²，粮食 2 t/m² 粮食，其他件杂 1 t/m²；

K_K——库场总面积利用率，堆场 60% 仓库 70%。

通过计算，设计所需堆场 37.55 hm²，仓库 17.95 hm²。总面积为 55.5 hm²。由上述计算可知，库场用海面积合理。

B. 散、杂货港前作业区面积分析：按《海港总平面设计规范》要求，港前作业区范围应为码头前沿向后 50～60 m，本项目区 55 m。前面已经计算散杂货码头岸线长为 1 440.5 m，且该长度是合理的。因此，可计算出散、杂货港前作业区的面积为 8.0 hm²，且用海面积也是合理的。

C. 滚装区面积分析：按《海港总平面设计规范》要求，滚装区也需要布置港前作业区，范围也按码头前沿向后 50～60 m，计算可知码头前沿区域需要 4.5 hm²。主要布置滚装升降桥接卸平台、客运高空廊道、客运登船机、作业车道等；客运区域 4.1 hm²，主要布置客运站（5 000 m²）、站前站后广场（3.6 hm²）等；车辆滚装区域 13.6 hm²，布置车辆待渡场（车位 442 个）、车辆安检设施、待检车辆停车场等。根据分析，滚装区总用海面积 22.2hm²，对功能的分配符合要求，用海面积具有合理性。

D. 铁路线占用面积分析：铁路装卸线长度按下式计算。

$$L_\text{t} = \frac{Q_\text{t} L_\text{ch} K_\text{B}}{365 n_\text{p} G_\text{ch} K_\text{z}}$$

式中：L_t——所需铁路装卸线的有效长度（m）；

$\quad\quad n_\text{p}$——铁路每昼夜取送车次数，取 4 次；

$\quad\quad G_\text{ch}$——车辆平均载重吨，取 55 t/辆；

$\quad\quad L_\text{ch}$——车辆平均长度，14 m；

$\quad\quad K_\text{z}$——装卸线利用系数，取 0.7；

$\quad\quad Q_\text{t}$——铁路年运量，645 万 t；

$\quad\quad K_\text{B}$——港口生产不平衡系数，1.35。

通过计算，所需铁路装卸线的有效长度 2 170 m。实际布置铁路装卸线有效长度为 2 230 m，根据大连湾港区总体规划及铁路近远期运量预测，在既有车站北侧进行改建，改建规模为新增到发线 4 股、新增码头装卸线 11 股、同时考虑增设工务线及机车整备线等其他线路。装卸线有效长均满足 1 050 m，取平均车道宽 7.4 m，计算如下：

（2 230 m ×4 +1 050 m ×11）×7.4 m = 15.1 hm²

通过核算可知，铁路线占用海面积为 15.1 hm² 是合理的。

E. 辅建区及其他占用面积分析：辅建区包括办公区、生活区、流机维修区、固机维修区、汽车队以及加油站、变电所、地磅房等占地。根据可研阶段的设计，这部分构筑物的总占地面积为 3.6 hm²，根据相关建设规范的要求，配合各个场所的实际使用需求，取辅建区的建筑面积为 7.8 × 10⁴ m²。

为了保证港区作业车流畅通，根据不同区域车流量的不同，分别设置 7 ~ 25 m 不同宽度的道路，主要分为主干道、支干道以及作业车道等。据计算，道路面积取 30.9 × 10⁴ m² 能够满足滚装区和杂货区运输的需要。

按照设计《港口工程环境保护设计规范》（JTJ 231—94）的要求，港区的绿化面积应大于 5%，按照这一要求港区分散布置了绿化面积 7.2 hm²，加上滚装区布置的站前广场面积约为 3.0 hm²，总绿化面积达 10.2 hm²，占总填海面积的 5.98%。

由于港区库场建设的面积是按照至 2015 年的预测量进行布置的，且码头建成后，后方陆域已无可拓展空间，考虑到港区的长期发展，项目还预留了库场面

积 $17.6 \times 10^4 \, \text{m}^2$。

由上面分析的五个方面可知，本项目的用海平面布置比较紧凑，场区填海面积是合理的。

3）港区面积的合理性。港池用海面积的大小主要取决于能否满足船舶安全通航的需要，且不至于影响其他用海项目功能的发挥。

码头港池用海包括停泊水域和回旋水域两大部分。根据《海籍调查规范》5.4.3.1 条："开敞式码头港池（船舶靠泊和回旋水域），以码头前沿线期垂直向外不少于 2 倍设计船长且包含船舶回旋水域的范围为界。"本项目码头前沿停泊水域宽度按照 2～2.5 倍取值，综合各类船型（表 1 - 8），统一确定为73 m。

表 1 - 8 到港船船型主尺度表

船型	船舶吨级	船型主尺度			
		总长（m）	型宽（m）	型深（m）	满载吃水（m）
杂货船	10 000（DWT）	146	22.0	13.1	8.7
	20 000（DWT）	166	25.2	14.1	10.1
客货滚装船	10 000（GT）	167	26.0	13.7	6.3
	20 000（GT）	192	27.0	15.2	6.7
	30 000（GT）	205	29.4	17.9	7.2

本海区为弱流区，总体上受波浪及水流影响较小，且前方还有原有港区的掩护。根据《海港总平面设计规程》（JTJ 211 - 91）4.2.3 条，对于有掩护的水域，港作拖船条件较好的码头，回旋水域圆直径按 2 倍设计船长考虑，因此，码头回旋水域圆直径分别按照 2 万吨级（DWT）、2 万吨级（DWT）、3 万吨级（GT）2 倍设计船长考虑，因此，码头回旋水域圆直径分别取 332 m、332 m 和 410 m。

本项目港池边界确定上，除了取回旋水域的切线边界外，其余北侧边界是根据开发区海上运动中心项目所征海域边界确定，南侧边界根据和尚岛专用航道起始点边界确定。按照规范，在这一港池用海范围内，能够保障本港区船舶靠泊和离港的安全。本项目港池用海面积符合《海籍调查规范》和《海港总平面设计规范》要求，是经济合理的。

综合上述码头、场区和港池面积分析结论可知，本项目用海面积是合理的、适宜的。

（2）项目海域使用测量说明

1）宗海测量相关说明：根据《海籍调查规范》，进行本工程海域使用测量。

2）宗海界址点的确定方法：

A. 填海造地。1—10 号界址点是根据本项目水工设计的边界确定，考虑了抛石斜坡护岸的堆石外缘线。10—16 号界址点是已经形成人工岸线（经过现场实测校核），确定为本项目的陆域用海边界。16—26 - 1 号界址点根据本项目水工设计（即 11—21 号泊位）的边界确定。

B. 港池。25—26—27 号界址点是根据大连市开发区海上运动中心项目所征海域边界的外缘线确定的。27—31 号界址点是根据本项目出航设计方案规划的边界确定的，本次征海后将与原有的和尚岛东港区航道对接，满足新建 12—21 号泊位通过专用航道通航的需要。31—34—15 号界址点是根据 12 号、13 号泊位共用回旋水域的切线确定。15—25 号界址点是根据本项目水工设计（即 11—21 号泊位）的边界确定。

3）宗海图的绘图方法：

A. 宗海界址图的绘制方法。利用建设单位提供的设计图纸、交通部海上安全监督局海图绘制的数字化地形图作为宗海界址图的基础数据，在中望 CAD2007 界面下，形成由地形图、项目填海及用海布置图等为底图，以填海及用海界限形成不同颜色区分的用海区域。

B. 宗海位置图的绘制方法：宗海位置图采用海军航保部 2006 年 2 月出版、图号为 11384 的海图，图式采用 GB 12319—1998，WGS—84 坐标系，深度（米）以理论最低潮面为基准，高程（米）以 1985 年国家高程为基准，比例尺为 1:50 000。将上述图件作为宗海位置图的底图，根据海图上附载的方格网经纬度坐标，将用海位置叠加之上述图件中，并填上《海籍调查规范》上要求的其他海籍要素，形成宗海位置图。

4）宗海界址点坐标及面积的计算方法：

A. 宗海界址点坐标的计算方法：根据数字化宗海界址图上所载的界址点北京 54 平面坐标及当地已知控制点坐标计算的坐标转换参数，利用相关测量专业的坐标换算软件，将各界址点的平面坐标换算成 WGS—84 坐标，其中投影采用高斯 1.5°带投影、中央子午线为 121.5°。

B. 宗海面积的计算方法：本次宗海面积计算采用坐标解析法进行面积计算，即利用已有的各点平面坐标计算面积。借助于中望 CAD2007 的软件计算功能直接求得用海面积。

C. 宗海面积的计算结果：根据《海籍调查规范》及本项目用海的实际用海类型，共分为三部分。由 1—25 号点组成的填海造地用海，面积为

169.547 8 hm^2；由 26—34 至 15—26 号点组成的港池用海，面积为 97.692 7 hm^2，总计用海面积为 267.240 5 hm^2。

（3）项目用海结论

综合专家和论证项目组对本项目用海的意见和建议后，根据本项目周边的建设发展情况，结合本项目自身特点，界定本次用海如下：

1）本项目建设采用设计方案一，即无涵洞方案。

2）本项目总计申请用海面积 267.240 5 hm^2，其中包括回填造陆 169.547 8 hm^2、港池 97.692 7 hm^2。

3）本次申请用海不包括原有设计中的 22 号泊位。

4）本次申请用海不包括港区与振连路大桥互通部分，该部分待设计完善另行申请。

本项目占用岸线长度 1 974.01 m，全部为大连湾和尚岛东港区建港已形成的人工岸线。本项目完成后将形成新人工岸线 4 325.53 m，其中码头岸线2 228.46 m。

在确定项目申请用海方案及岸线使用情况后，依据《海域使用分类》（HY/T 123）和《海籍调查规范》（HY/T 124）的规定，采用与《辽宁省海岸线图》（待批稿）核对后的岸线，进行了宗海位置图和宗海界址点图的绘制。绘图采用 WGS—84 坐标系、高斯投影、1985 国家高程，利用了中望 CAD2007 软件。并通过 CAD 自动计算的方式对面积进行了核算。

关注要点：

用海面积合理性分析是港口建设项目海域使用论证的重点和难点。港口类型多样，规模不等，装卸工艺不同，所依托的陆域和海域资源环境特点及开发利用现状不同，因而使得港口的平面布置、海域使用面积等存在较大的差异。用海面积一般依据《海港总平面设计规范》（JTJ 211—99）、《港口工程环境保护设计规范》（JTJ 231—94）等进行合理性分析。随着现代港口功能的拓展，许多大型港口已经增加了临港工业、保税、贸易信息服务与咨询等多种功能，使得面积合理性的分析更加复杂化。

海域使用面积合理性分析一般包括面积合理性分析和用海面积量算。

优点：

报告书依据有关技术规范分别分析了港口各部分用海面积的合理性，分析依据充分，内容全面，结论可信。

在用海面积的量算部分，报告书分别说明了港口各部分界址的确定方法和依据；说明了界址图的绘制方法，给出了绘图所采用的底图、比例尺及所使用的制图软件；给出了宗海界址点坐标及面积的计算方法，说明了所采用的坐标系、坐标转换方式等有关参数；最后依据《海籍调查规范》绘制了项目海域使用界址图，给出各部分海域使用坐标和面积。报告书该部分内容全面、表述非常清晰准确。

不足：

对项目还预留了库场面积 $17.6 \times 10^4 \mathrm{~m}^2$ 的依据分析不够充分。

案例2 石油化工码头项目案例评析

2.1 石油化工码头项目及用海特点

2.1.1 相关管理政策

石油、天然气及石化产业在国民经济中占有重要地位，关系到国家经济安全、政治安全和国防安全，同时也关系到环境安全、人民身体健康和社会安定，为此国家有关部门出台了多部法律法规予以引导规范。

《产业结构调整指导目录（2011）》（修订）鼓励类第七条石油、天然气包括原油、天然气、油砂、成品油的储运和管道输送设施及网络建设；另外，在化工园区建设时还要关注化工、纺织、轻工等产业政策。

国务院《关于印发全国海洋经济"十二五"规划的通知》（国发〔2012〕50号）在港口建设方面提出：有序推进沿海港口建设，完善布局，拓展功能，着力提升港口保障能力和服务水平。重点推进煤炭、原油、液化天然气、铁矿石和集装箱等主要货类运输码头建设。

《交通运输"十二五"发展规划》（交规划发〔2011〕191号）关于水路交通提出要完善煤炭、外贸进口原油、外贸进口铁矿石和集装箱等主要货类运输系统港口布局，提升沿海地区港口群现代化水平。"十二五"时期沿海港口规划新增深水泊位约440个，重点推进煤炭、原油、铁矿石和集装箱码头建设。

2013年1月，环保部出台了《化学品环境风险防控十二五规划》。规划中要求"新建化工企业必须全部进入工业园区。提高工业园区建设标准，加强园区环境风险预警、防控、应急体系建设"。在关于规划化工园区建设和发展专题中，进一步明确指出："'十二五'期间新建化工企业必须全部进入化工园区，严禁在园区外审批新建，现有化工企业应逐步向符合条件的化工园区集中。"

2.1.2 石油化工码头类型

由于石油化工产品种类繁多，形态不同，且性质差异极大，因而石化产品运输时选择的船舶种类也各不相同。对于性质比较稳定的固态石化产品而言，通常选择干、散货船舶运输。考虑到散货化学品的运输量及成本，运输船舶多为中、小型船舶。据统计，我国运输固态石化产品的散货船主要集中在 5 000～10 000 载重吨。对性质稳定性较差、具有挥发性，且呈现液体状的石化产品，通常按照其类型选择液体化工船运输。据统计，我国液体化工品船主要集中在 3 000～5 000 载重吨，未来国内沿海航线将主要采用 5 000 吨级船型。作为石化产业原料的石油和天然气等则多选择大型或超大型船舶运输。此外，集装箱船舶运输也是石化产品运输的重要途径，特别是针对价值量相对较高，易损、易被盗窃的高价产品。在集装箱的选择上，多选择散货集装箱和液体货集装箱作为石化产品运输的载体。由于集装箱中的货品在运输过程中相对隔离、分区放置，可以一船多用，因而其采用的船型一般也不再由运输量相对较小的石油化工品决定。

固体化工散货与普通散货运输大致相同，在此不再赘述。重点介绍液体散货码头。

（1）原油码头

航行于国际航线的原油船吨位较大，吃水较深。从安全的角度考虑，一般原油码头都采用远离市区和其他港区、天然水深较大的新辟作业区。

原油码头多采用开敞式布置，有单点系泊和固定式码头 2 种。

1）单点系泊。是在海中设一装卸油的专门浮筒，浮筒通过软管与海底管线相连，海底管线通至陆域油罐区。油船到港口系在浮筒上，并将浮筒之上油管与船上接油口连接，这样船与陆域罐区间即可进行装卸作业。单点系泊的最大特点是建造周期短、投产快。

2）固定式码头。固定式码头可采用多种布置形式，当需要两侧靠船时，可采用直线式布置。为改善横缆的系缆条件，固定式码头多采用蝶形布置。固定式码头与陆上罐区之间可采用栈桥或水下管线连接，以解决原油及压舱水的输送问题。一般而言，码头距岸 700～1 000 m 以内，栈桥连接较适宜。

（2）LPG、LNG 专用码头

LPG、LNG 属危险品，极易挥发并引起爆炸，因此需设专用码头，并布置在城市年常风向的下风侧，且应与其他码头保持足够的安全距离。该类码头常采用蝶式布置形式。

LPG、LNG 码头陆域组成与油码头类似，可采用陆上布置和离岸布置，从安全和土地利用的角度考虑，最好采用离岸方式。码头操作平台至接收站储罐的净距离不应小于 150 m。

2.1.3 项目用海要求与特点

石油化工类项目用海大致分为 2 种类型，一类是以原油及 LPG、LNG 的运输与储存为主的用海项目，海上主要包括码头建设用海、取排水口设施用海及取排水用海，陆域一般配套有原油及 LPG、LNG 储罐等配套设施。另一类是石化园区建设用海，这类用海较单纯的石油化工原料的运输与存储用海面积更大，平面布置更为复杂。

目前，石化项目通常要求在已经完成了石化园区的总体规划、控制性规划、规划环评等工作的基础上开展项目建设工作。如果石化项目进入的是一个成熟的化工园区，往往已经具备了必要的配套辅助设施，比如具备了公用港池、锚地、航道等，甚至包括公共的取排水口、码头。从项目建设程序上，通常项目已完成了工程地质初勘、安全通航论证、安全评价等前期工作。化工园区一般是以石油、天然气为基础的有机合成工业，即以石油和天然气为起始原料。随着技术及经济的发展，炼油和化工往往形成联合开发的运作模式。石化企业产出的化工产品有数千种之多，很多化工产品成为其他企业的原料被输入或输出。考虑到接卸化工品种类和船型的差异，新建的大型石化项目通常需同时建设一个或多个石化专用码头。

石化项目对海域空间资源的需求，一方面体现在石化项目需依托港口，满足对石化生产原料石油和天然气的输入以及石化产品通过港口对外的输出。因此，具有宜港岸线资源、深水航道资源和较好掩护条件等海域，成为石化项目选址的重要条件。

同时，在陆域空间资源不足的条件下，填海造地成为对厂区所需空间补足，实现厂区建设和满足安全生产的保障。因此，近岸滩涂资源和浅海资源为石化项目建设提供了必备的土地资源保障。沿海择址实现"前港后厂"的运营模式，已成为石化建设项目的优化运作模式和优先选择。

另外，考虑到石化项目的危险性及环境敏感性，石化项目选址一般避开密集生活区、旅游区及环境保护区等敏感区，远离大陆的海岛已成为石化项目的热点建设区。

大型石化产业，特别是基本有机化工（即石油和天然气为起始原科）生产过程，需要大量的循环冷却水，对水资源的消耗较大。在我国水资源日益枯竭，特别是沿海区域水资源枯竭速度加快的前提下，开发利用海水资源成为石化企业解决自身耗水的重要途径。因此，石化项目一般要在海域设置取、排水口。

2.1.4　石油化工码头项目论证重点把握

根据《海域使用论证技术导则》（国海发〔2010〕22 号）附录 D，石油化工码头项目的论证重点应参照交通运输用海中的港口用海（二）来确定。根据前述分析，石油化工码头项目通常伴随着石化项目建设，石化项目用海类型属工业用海中的其他工业用海，其论证重点应参照工业用海中的海水综合利用用海（二）分析确定。

依据导则，石化项目用海论证重点可归列于表 2 - 1 中，针对具体项目应针对所在海域资源环境条件特点来综合分析确定。

表 2 - 1　海域使用论证重点选择表（节选）

用海类型		论证重点						
		用海必要性	选址（线）合理性	用海方式和布置合理性	用海面积合理性	海域开发利用协调分析	资源环境影响 *	用海风险
工业用海	其他工业用海，如水产品加工厂、化工厂、钢铁厂、海上各类工厂用海，促淤冲淤、浅海水库、海床底温泉、海底地下水开发用海等	▲	▲	▲	▲		▲	
	海水综合利用用海（二），如利用海水降温、增温，海水脱硫，工业海水利用等		▲	▲			▲	
交通运输用海	港口用海（二），如液体化工、原油、成品油、天然气（含 LNG、LPG）、其他危险品码头及引桥、平台、港池、堤坝、堆场等		▲	▲		▲		▲
	航道、锚地用海，如主航道、支航道，锚地、避风锚地等（含灯桩、立标及浮式航标灯等海上航行标志所使用的海域）		▲			▲		

　　*：资源环境影响分析可依据项目用海特点和所在海域环境特征，选择水动力环境、地形地貌与冲淤环境、水质环境、沉积物环境、生态环境中的一个或数个内容作为论证重点。

石化项目用海的论证应重点关注以下几个方面。

（1）海域开发利用的协调性分析

位于石化园区或者石化港区的项目，一般周边海域开发程度较高，亦或是完成了区域的海域使用规划。在这种情况下，确保项目用海与周边海域开发利用具有较好的协调性显得十分重要。譬如：新建项目与已建项目之间是否留有足够的安全距离，项目用海是否占用其他项目用海的空间资源，项目用海是否符合区域通航安全的要求，项目用海是否对未来周边海域的开发利用构成影响等。

（2）用海方式、平面布置和面积合理性

石化项目用海主要包括厂（罐）区的填海造地、码头建设用海、取排水口及输水（油、气）管线用海和港池、航道用海。其中，厂（罐）区填海造地应重点关注用海面积的合理性，主要从用海是否符合工业用地的行业标准和相关设计规范，是否存在减少占用海域空间资源的可能性。码头用海应重点从对整个港区水动力和冲淤环境、对周边海洋环境的影响等，分析其用海方式与平面布局的合理性。取排水口平面布置方案直接关系到温排水对其自身取水及周边相关敏感目标的影响，需通过取排水口平面布置方案比选与优化，充分论证平面布置的合理性。港池、航道用海重点论证平面布置的合理性，如在公共港区内，应关注是否存在与公共水域的冲突，对周边开发产生影响等。

（3）项目用海风险分析

一是石化项目论证时，应注意收集总体规划论证阶段和规划环评阶段的相关专题预测资料，引述有助于支撑海域使用论证风险分析的结论。二是应该从单体项目用海风险与规划中风险分析的差别入手，在风险中集中体现单体特点，譬如对特征危险物质的预测与分析。三是注重项目论证中的用海风险分析与规划环评的风险分析的差别，强化项目用海存在主要风险的识别及应急预案与应采取的有效对策措施。

2.2　案例点评

本项目于 2012 年 2 月 24 日由国家发改委正式立项，报告书于 2012 年 6 月 14 日完成专家评审，2012 年 7 月完成报告书修改，预计 2013 年末正式投入生产。

案例为典型的石化工业用海论证项目，包括配套石化码头透水构筑物用海，港池、蓄水用海，取、排水口用海三种用海方式。案例分析主要选摘了报告书中概述、项目用海基本情况、项目用海必要性、利益相关者分析和项目用海合理性分析等章节内容，并依据编制需要进行了适当删减和整合。

2.2.1　项目用海基本情况

2.2.1.1　项目位置

恒力集团（大连长兴岛）石化园区位于辽宁省大连市长兴岛临港工业区西部石化区内。恒力石化 PTA 项目是恒力石化园区一期建设的主要内容，选址于整个石化园区的北部，用地面积约 156.4 hm²。PTA 项目北侧为恒力码头作业区，南侧为石化园区二期发展用地，东侧紧邻长兴岛西滨海路，西侧为长兴岛北港区石化园区护岸。本次拟建的 PTA 项目配套工程包括配套石化码头工程和取、排水口工程两部分（见图 2-1）。

2.2.1.2　用海事由

恒力集团现有聚酯年生产能力 165×10^4 t，约需 PTA 产品 140×10^4 t/a。按

照生产计划，集团将在近年内拟新建 80×10^4 t 的聚酯装置，这将进一步增加 PTA 产品消耗 68×10^4 t/a。届时，恒力集团每年生产所需的 PTA 产品总量将达到 208×10^4 t。

为确保企业未来能够拥有更加安全可靠的原料来源，形成从 PTA 开始，包括聚酯、纺织、制衣等完整的产业链，增强企业发展的灵活性和抗风险能力，提高企业的市场竞争能力，2010 年 1 月，恒力集团与大连市政府、长兴岛管委会正式签署协议，总投资 250 亿元人民币的恒力集团（大连长兴岛）石化园区项目正式落户长兴岛北港工业区，着力发展 PTA 生产能力。

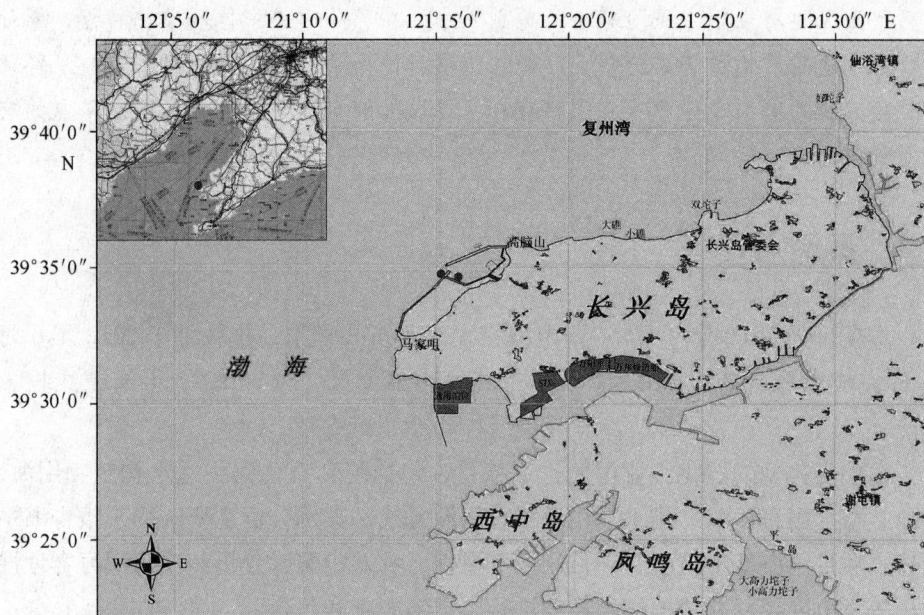

图 2-1　本项目码头和取、排水口位置示意图

根据规划，恒力集团（大连长兴岛）石化园区项目将分两期进行建设。首期，率先投资建设两套 120×10^4 t/a PTA 生产装置，以解决 PTA 产品的自给问题。

按照工艺设计要求，为辅助两套 120×10^4 t/a PTA 装置的生产运行，需要建设两项涉海配辅设施，具体包括：

1）配套石油化工码头一座（含 10 万吨级泊位 2 个，兼 5 000 吨级泊位 4 个）；

2）循环冷却水（海水）取、排水口各一处。

由上述两项建设内容共同组成本次大连长兴岛恒力石化 PTA 项目配套工程。

2011年3月30日，国家海洋局下发《关于同意大连长兴岛恒力石化PTA项目配套工程项目开展海域使用论证工作的通知》（海管函［2011］116号，以下简称《通知》）。

在此基础上，本项目海域使用论证工作全面展开。

2.2.1.3　项目建设内容、规模、投资情况

2.2.1.3.1　配套石化码头建设内容、规模及投资情况

本项目建设配套石油化工码头1座。总长度645 m，码头部分长320 m，栈桥部分长325 m。回旋水域直径为500 m，码头前沿停泊水域及回旋水域底高程均为−16.0 m。

表2−2　化学品船设计船型一览表

船型（DWT）	船长（m）	型宽（m）	型深（m）	满载吃水（m）	备注
30 000	183	32.2	17.6	11.9	设计船型
10 000	127	20.0	11.0	8.4	兼顾船型
5 000	114	17.6	8.8	7.0	设计船型
3 000	99	14.6	7.6	6.0	兼顾船型

码头两侧设置10万吨级液体化工泊位2个（也可满足4艘5 000吨级以下液体化工船舶同时靠泊）。码头设计船型包括10万吨级、1万吨级油品运输船以及3万吨级、1万吨级、5 000吨级、3 000吨级液体化工品运输船。

表2−3　成品油船设计船型一览表

船型（DWT）	船长（m）	型宽（m）	型深（m）	满载吃水（m）	备注
100 000	246	43.0	21.4	14.8	设计船型
10 000	141	20.4	10.7	8.3	兼顾船型

根据1个10万吨级和2个5 000吨级组合，占用泊位的比例各占50%来计算，码头年设计通过能力641×10^4 t。其中，石脑油158×10^4 t，PX262×10^4 t，其他化工品221×10^4 t。

码头为一级码头，液体化工品和油品的危险性分类为甲B类。

本项目配套码头工程总投资42 159.86万元。

表 2 - 4　本项目配套码头工程主要建设内容及规模

工程类别	项目名称	内容	备注
码头工程	码头（座）	1	（1）码头双侧设置泊位。共设 6 个装卸泊位编号，其中 1 号、2 号、5 号、6 号 4 个泊位，可双侧同时靠泊 4 艘 5 000 吨级以下船舶装卸船作业；3 号、4 号泊双侧靠泊船舶，一次可同时完成 2 艘船型为 1 万吨级~10 万吨级船舶装卸操作。 （2）按照 1 个 10 万吨级和 2 个 5 000 吨级组合占用泊位的比例各占 50% 计算，泊位年设计通过能力合计 641×10⁴ t，其中石脑油为 158×10⁴ t，PX 为 262×10⁴ t，其他化工品 221×10⁴ t
	单侧泊位吨级（t）	100 000（兼靠 3 000 吨级船舶）	
	吞吐能力（×10⁴ t）	628	
	码头总长度（m）	320	
	栈桥长度（m）	325	
水工工程	工作平台（个）	1	工作平台采用高桩梁板结构。平台平面尺寸长 98 m，宽 45 m，顶面高程 +7.0 m
	系缆墩（个）	6	泊位共设 6 个系缆墩，2 个舾舰系缆墩，4 个横缆墩，墩台顶面高程 +4.5 m，码头北端 3 个系缆墩兼作人行桥墩，其他兼作架管桥墩
	管架桥、人行桥（个）	1	各墩及平台之间采用预应力钢筋混凝土简支梁桥连接。架管桥桥面宽度 12 m，人行桥桥面宽度 3 m，桥面标高均为 7.00 m
水工工程	栈桥（个）	1	栈桥采用预应力混凝土简支 T 梁，共 8 跨，栈桥墩 7 个，结构形式与系缆墩基本相同
土建工程	综合楼（座）	1	在工作平台上建设一座 375.36 m² 的二层综合楼，尺寸为 10.2 m×18.4 m，包括有泡沫库房、泡沫泵房、机柜间、操作间、更衣室等
管道工程	管廊带（个）	1	输油管道采用 3 层管架敷设，布置在栈桥的一侧，宽度 6 m，正常跨度为 7.0~8.0 m，至码头岸边接口位置长度 578 m。敷设有 18 根管道，其中 14 根工艺管道、1 根消防管道、3 根公用系统管道
	泊位输油臂/软管（台/根）	10/12	DN400，5 台；DN400，3 台；DN300，2 台；DN250 软管，12 根

工程类别	项目名称	内容	备注
环保工程	生活污水收集设施（套）	1	在综合楼内设置密闭的收集容器，安全地收集泊位上的生活污水，收集后定时运往自建污水处理厂处理
	含油污水收集设施（套）	1	操作组立附近设置6处高度为150 mm的挡液坎，收集挡液坎内的冲洗油污水及初期含油雨污水，用泵将含油污水抽送到泊位上的5 m³污油罐，定期装槽车至园区的污水处理厂处理
	压舱水接卸设施（套）	1	接卸油船向陆地排放压舱水。设置DN350的压舱水线，输送含油污水到园区内的污水处理厂，再进行灭活和污水处理，达到排放标准后排放
消防工程	消防配套设施（套）	1	码头上设置消防设施有2套高架消防水炮、2套泡沫炮和防热辐射水幕及调压式消火栓。从码头接岸点接出两条管道，其中消防水管道为DN400，消防泡沫管道为DN300，管道从地上敷设到工作平台前沿

2.2.1.3.2 取、排水口建设内容、规模及投资情况

本次建设恒力石化PTA项目采用板式换热器及透平凝汽器，选用冷源为海水。为此，大连长兴岛恒力石化PTA项目配套建设取、排水口工程各一处。取水口位于恒力石化园区污水处理站和热电厂之间的西护岸外侧，排水口位于恒力石化园区热电厂与码头作业区之间的西护岸外侧，取、排水口之间间距730 m。

取、排水工程作为PTA工程的一个重要组成部分，直接关系到PTA装置的正常运行。根据《恒力石化一期项目PTA工程海水取水单元初步设计说明书》（东北电力设计院，2010年9月）测算，本工程最大供水流量为117 000 m³/h，共设9台海水泵。单台海水泵流量14 600 m³/h，扬程30 m，其中8台运行1台备用。

取水口：布置6条取水暗渠流道，每条流道长127.8 m。每条沟的过水能力按照额定流量的1.3倍25 740 m³/h设计。沟内设计最大流速为0.51 m/s。

排水口：由连接井、排水管、放水井等组成。连接井布置在厂内，将排水暗沟与排水管相衔接，连接井的尺寸为$L \times B \times H = 20.0 \text{ m} \times 6.0 \text{ m} \times 6.33 \text{ m}$。排水管为6根DN2400混凝土管穿越防浪墙，每根排水管内的排水流速为$V = 1.20 \text{ m/s}$。排水口的尺寸$L \times B = 29.8 \text{ m} \times 26.5 \text{ m}$，这样在极端低水位

-1.40 m情况下，排水口流速为 $V = 0.21$ m/s，满足取水温升及排水消能、稳定的要求。

取、排水口温升差 10℃。冬季取水量为 117 000 m^3/d，夏季取水量为100 000 m^3/d。

本项目取、排水口工程总投资 1.3 亿元。

2.2.1.4　项目申请用海情况

（1）申请用海面积

本项目申请用海面积为 34.839 1 hm^2，用海类型包括港口用海和海水综合利用用海两类，用海方式包括透水构筑物、港池蓄水、取排水口三类。本项目申请用海具体情况详见表 2-5。

表 2-5　本项目申请用海情况统计表

序号	用海单元		申请用海面积（hm^2）	用海方式	用海类型
1	码头工程（含栈桥）		2.718 9	透水构筑物	港口用海
2	港池、回旋水域		28.535 1	港池、蓄水	
3	取水口	取水设施	0[1]	—	海水综合利用用海
		水域	1.621 4	取、排水口	
4	排水口	排水设施	0.069 9[2]	港池、蓄水	
		水域	1.896 8	取、排水口	
总申请用海面积			34.839 1 hm^2		

说明：

[1] 取水口管线穿过长兴岛恒力石化园区护岸工程，敷设至其护坡坡坦上，未超出其已经申请用海范围，故本次未申请取水设施用海、取水管道用海。

[2] 排水口管线敷设情况与取水口相同，故未申请排水管道用海。但是为保护防波堤安全、减小排放温排水的影响范围，本项目在排水口末端修建了放水井设施，起到蓄水、缓冲作用，其用海边界部分超出护岸工程坡脚，故本次申请排水口设施用海，用海方式为港池、蓄水。

本项目以长兴岛北港区石化园区护岸及西围堰为依托进行建设，因此，本项目建设不占用海岛自然岸线。

本项目配套石油化工码头工程和取、排水口工程申请用海宗海位置图和宗海界址图分别参见图 2-2 和图 2-3。

（2）申请用海期限

本项目申请用海期限为 50 年。

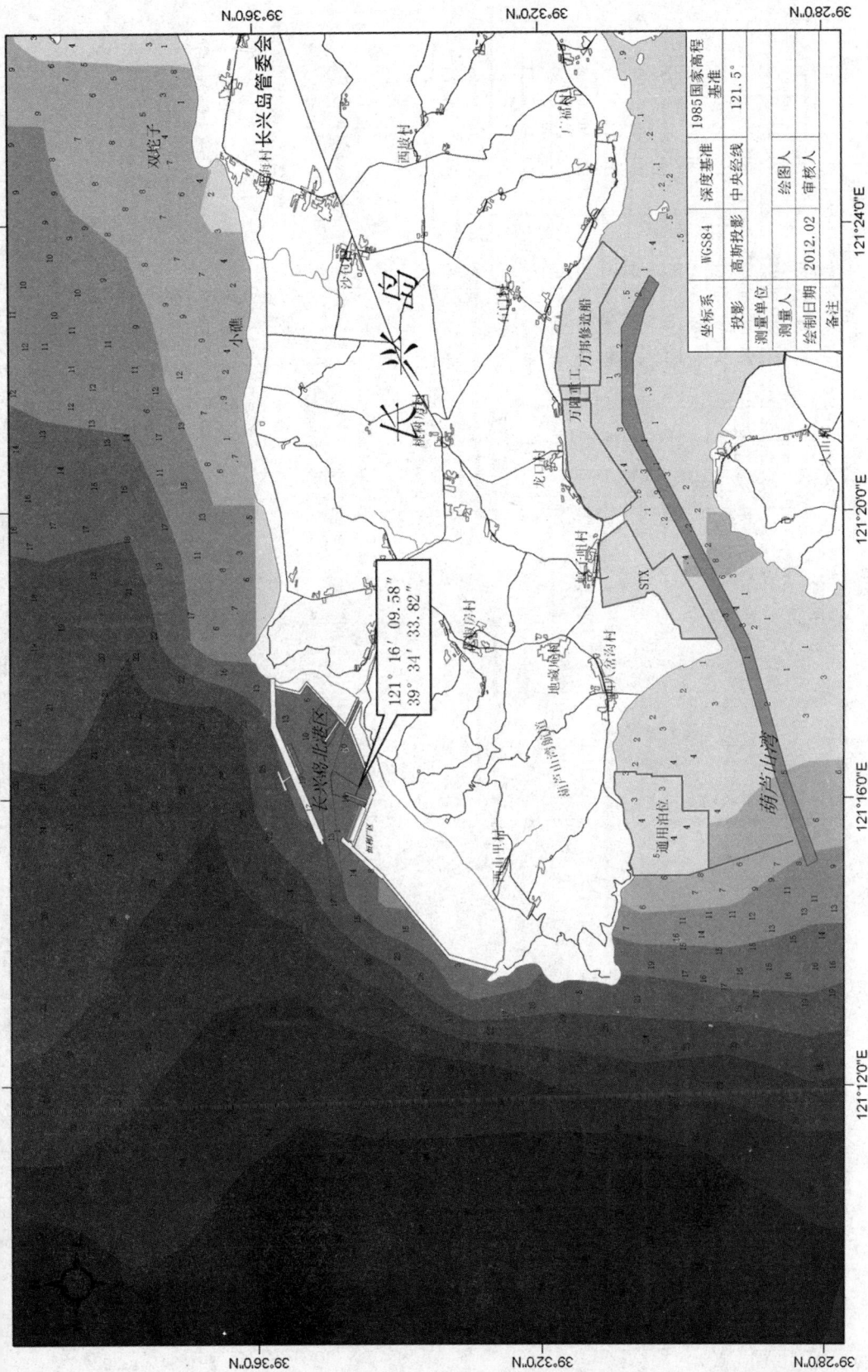

图2-2a 本项目配套石油化工码头工程总布海位置图

界址点编号及坐标（纬度｜经度）		
	（纬度	经度）
1	39° 34′ 28.80″	121° 15′ 52.92″
2	39° 34′ 27.39″	121° 15′ 56.48″
3	39° 34′ 46.02″	121° 16′ 03.74″
4	39° 34′ 45.60″	121° 16′ 05.55″
5	39° 34′ 35.67″	121° 16′ 01.67″
6	39° 34′ 26.72″	121° 15′ 58.19″
7	39° 34′ 33.82″	121° 16′ 09.58″
8	39° 34′ 56.06″	121° 16′ 23.71″
9	39° 34′ 57.76″	121° 16′ 18.17″
10	39° 34′ 56.19″	121° 16′ 03.94″
11	39° 34′ 32.66″	121° 15′ 54.84″
12	39° 34′ 30.75″	121° 15′ 53.64″
13	39° 34′ 30.59″	121° 15′ 53.81″
14	39° 34′ 30.39″	121° 15′ 53.88″
15	39° 34′ 30.19″	121° 15′ 53.83″

单元	界址线	面积（公顷）	备注
透水构筑物	2-3-4-5-6-2	2.7189	栈桥、码头
港池	1-2-3-4-5-7～14-15-1	28.5351	港池、回旋水域
宗海	1-2-6-5-7～14-15-1	31.2540	宗海

坐标系	WGS84	深度基准	马家嘴理论最低潮面
投影	高斯投影	中央经线	121.5°
测量单位		绘图人	
测量人		审核人	
绘图日期	2012年02月		

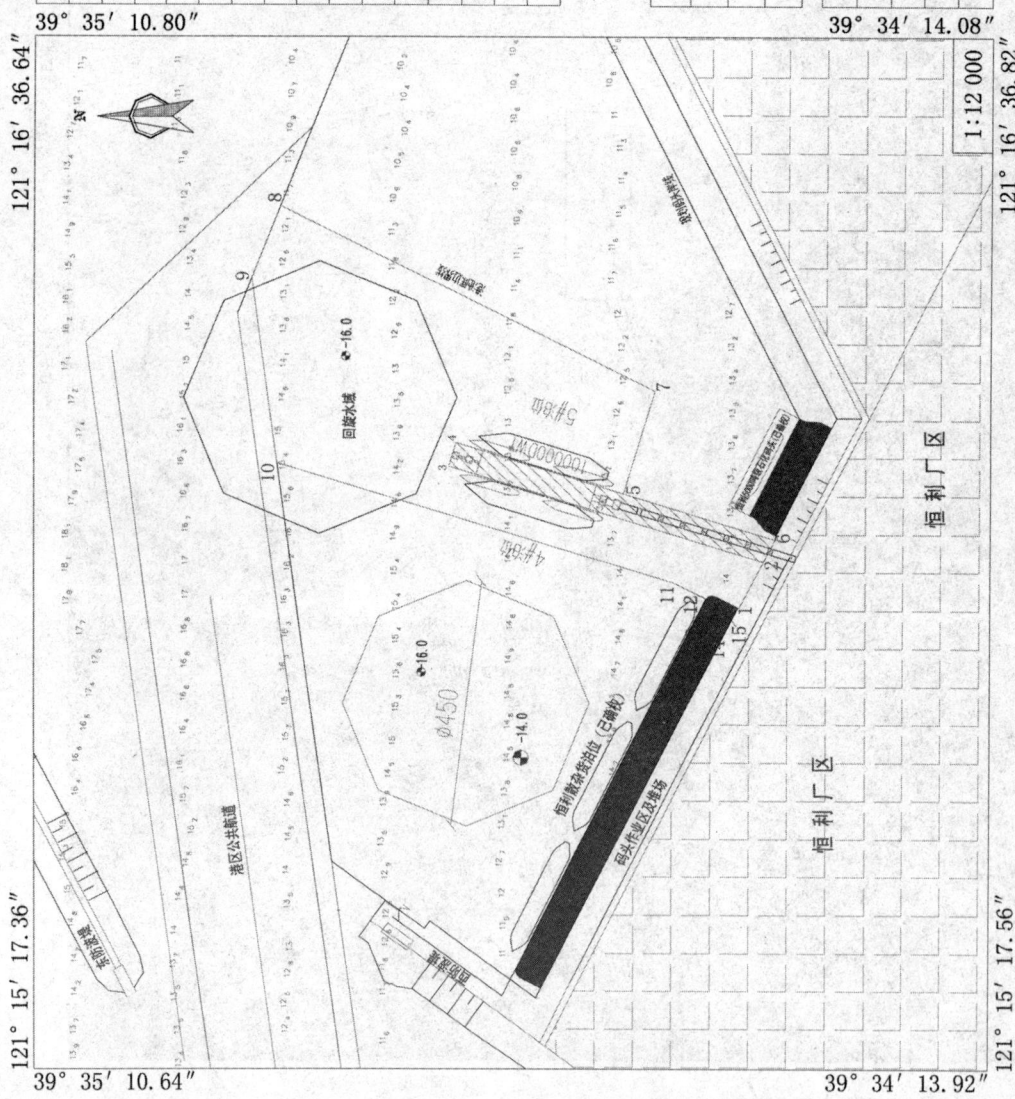

图2-2b 本项目配套石油化工码头工程宗海界址图

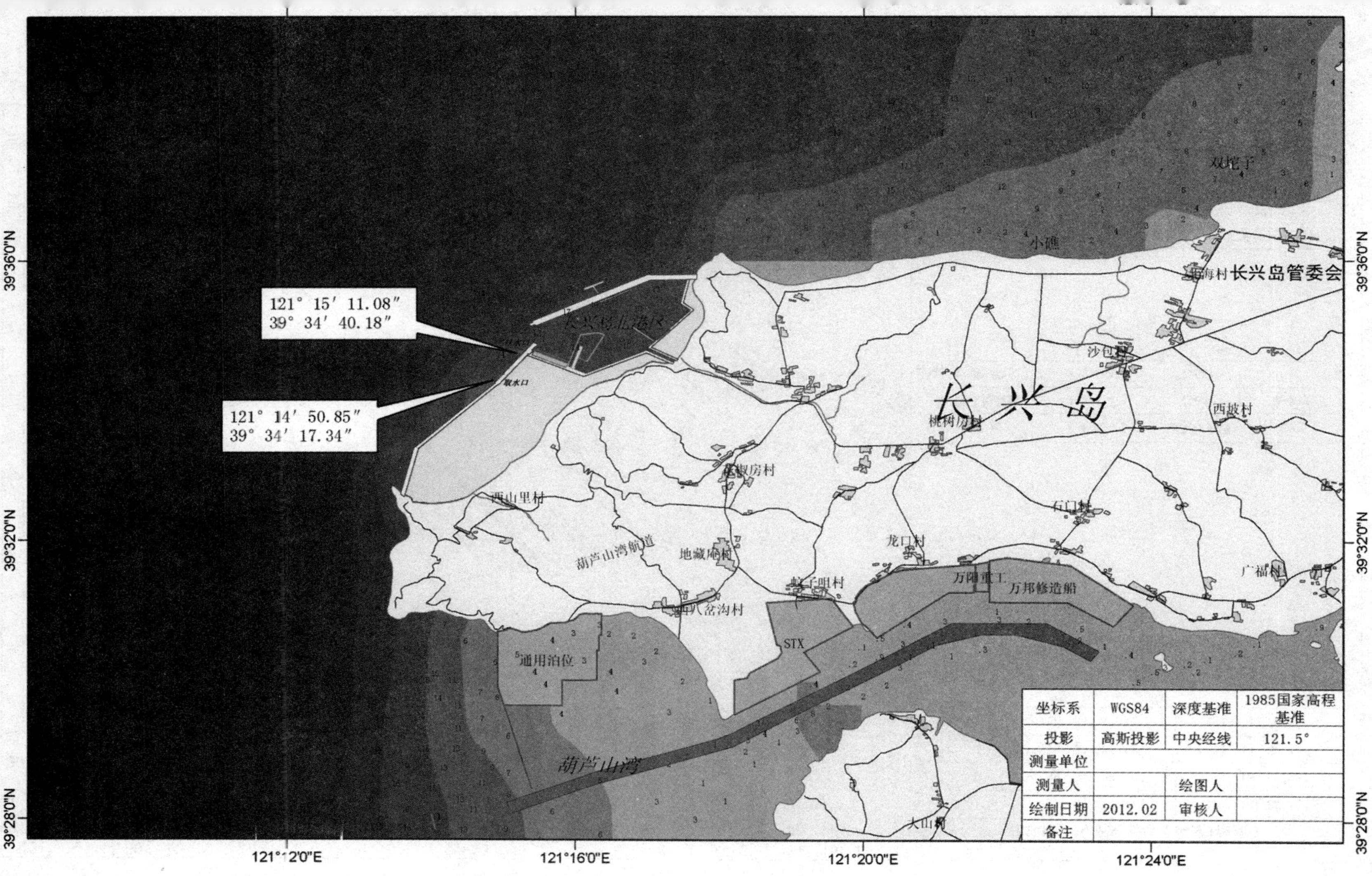
39°36'0"N
39°32'0"N
39°28'0"N
121°12'0"E
121°16'0"E
121°20'0"E
121°24'0"E
121° 15′ 11.08″
39° 34′ 40.18″
121° 14′ 50.85″
39° 34′ 17.34″
取水口
长兴岛
长兴岛管委会
双坨子
小礁
沙包村
西坡村
桃树房村
石门村
龙口村
广福村
西山里村
地藏庙村
葫芦山湾航道
八岔沟村
万阳重工
万邦修造船
STX
通用泊位
葫芦山湾
大山村
坐标系
WGS84
深度基准
1985国家高程基准
投影
高斯投影
中央经线
121.5°
测量单位
测量人
绘图人
绘制日期
2012.02
审核人
备注

图2-3a 本项目取、排水口工程宗海位置图

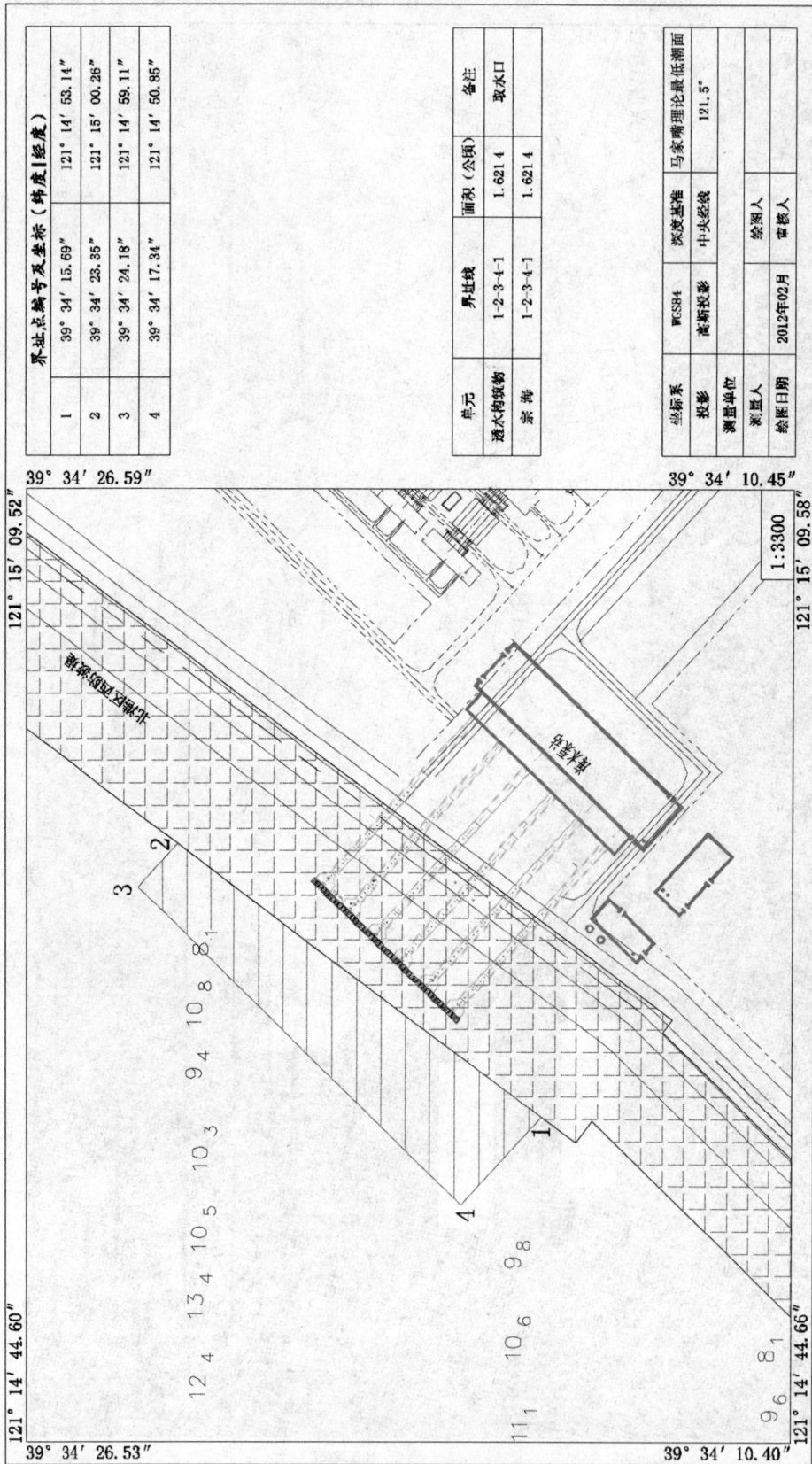

界址点编号及坐标（纬度|经度）			备注
1	39° 34′ 15.69″	121° 14′ 53.14″	取水口
2	39° 34′ 23.35″	121° 15′ 00.26″	
3	39° 34′ 24.18″	121° 14′ 59.11″	
4	39° 34′ 17.34″	121° 14′ 50.85″	

单元	界址线	面积（公顷）	备注
透水构筑物	1-2-3-4-1	1.621 4	
宗海	1-2-3-4-1	1.621 4	

坐标系	WGS84	深度基准	马家嘴理论最低潮面
投影	高斯投影	中央经线	121.5°
测量单位		绘测人	
测量人		审核人	
绘图日期	2012年02月		

图2-3b 本项目取水口工程宗海界址图

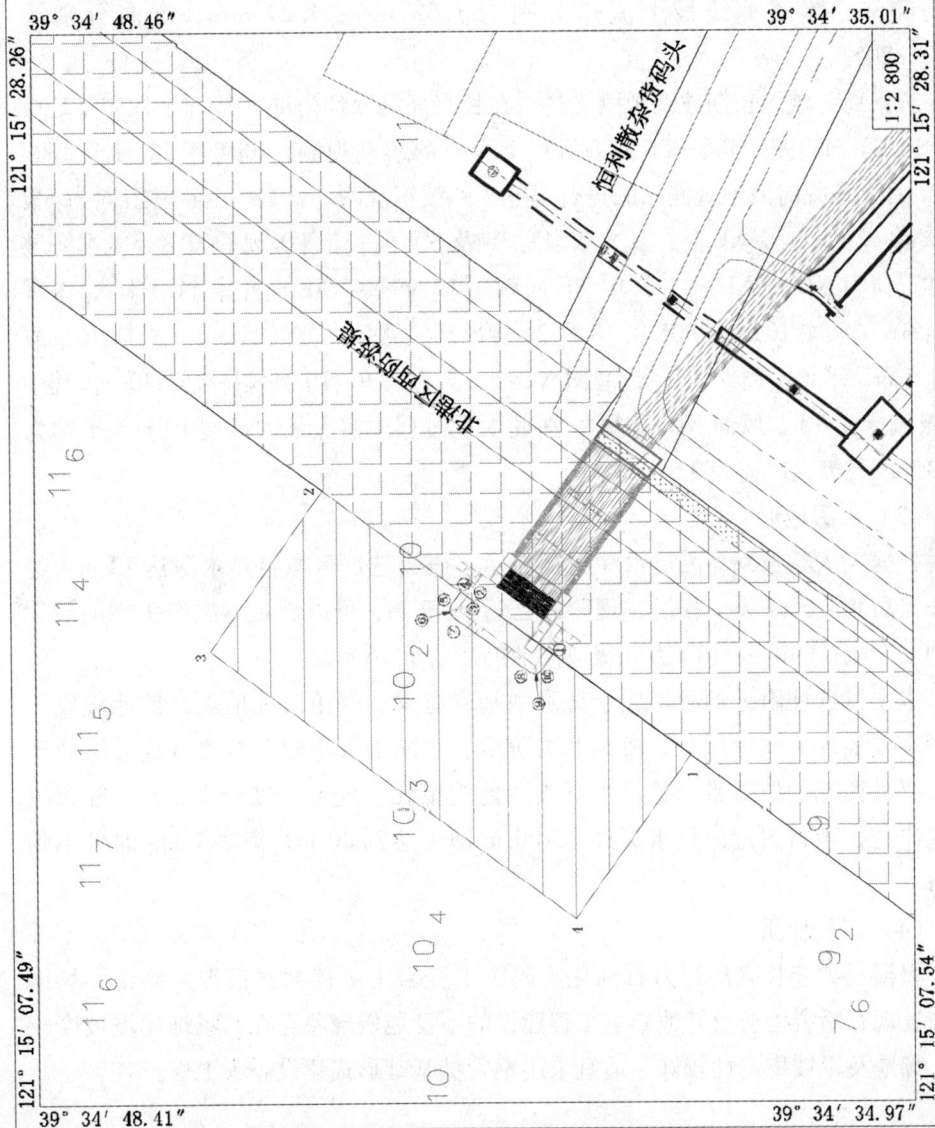

界址点编号及坐标（纬度/经度）		
1	39° 34′ 38.41″	121° 15′ 14.25″
2	39° 34′ 44.02″	121° 15′ 19.39″
3	39° 34′ 45.76″	121° 15′ 16.27″
4	39° 34′ 40.18″	121° 15′ 11.08″
①	39° 34′ 40.52″	121° 15′ 16.21″
②	39° 34′ 41.68″	121° 15′ 17.29″
③	39° 34′ 41.71″	121° 15′ 17.24″
④	39° 34′ 41.92″	121° 15′ 17.43″
⑤	39° 34′ 42.06″	121° 15′ 17.18″
⑥	39° 34′ 42.08″	121° 15′ 17.03″
⑦	39° 34′ 42.01″	121° 15′ 16.91″
⑧	39° 34′ 40.91″	121° 15′ 15.89″
⑨	39° 34′ 40.78″	121° 15′ 15.83″
⑩	39° 34′ 40.69″	121° 15′ 15.90″

单元	界址线	面积（公顷）	备注
透水构筑物	①-②~⑩-①	0.0669	泄水设施
用海	1-①-⑩-③~④-②-3-4-1	1.8968	永堤
	1-①~④-2-3-4-1	1.9637	

坐标系	WGS84	深度基准	马家嘴理论最低潮面
投影	高斯投影	中央经线	121.5°
调查单位		绘图人	
测量人		审核人	
绘图日期	2012年02月		

图2-3c 本项目排水口工程宗海界址图

2.2.1.5　海域自然环境条件

（1）气象条件

根据对气象资料的统计分析，综合各种影响因素，扣除重叠影响，泊位不同吨级船型的作业天数如下：5 万～10 万吨级油船，码头年作业天数 318 天；2 万～4 万吨级油船，码头年作业天数 305 天；3 000～1 万吨级油船，码头年作业天数 283 天。

（2）水文条件

本海域潮流性质属于正规半日潮流。该工程附近海域潮流基本呈往复流，各测站涨、落潮流基本沿岸线流动，大、小潮涨、落潮流向基本一致。实测大潮期间涨、落潮垂线最大流速分别为 1.58 m/s、1.27 m/s，流向分别为 22°、220°。

长兴岛海域无长期波浪观测资料。在长兴岛马家嘴南部（地理坐标39°32′N，121°14′E）于 1983 年 5—11 月进行过 7 个月的短期观测，2004 年 12 月至 2007 年 11 月在该临时波浪观测站的进行了三年的波浪观测。长兴岛全年常浪向为 SW 向，冬、春偏 N 及 NE 向；夏、秋多为 W 及 SW 向；年平均波高 0.8 m。本海域的常浪向为 NE—NNE 向（其中 NE 向频率14.9%、NNE 向频率11.1%），次常浪向 SW，频率10%。2005 年 10 月 21 日出现实测最大波高 5.2 m，对应 $H_{1/10}$ 波高 4.5 m，平均波周期 7.3 s，波向 NE 向，该过程 9—10 级风持续近 30 h，其中 10 级风持续 6 h，风向 NE—NNE，在此大风过程中实测最大风速 10 min 平均为 29.3 m/s，极大风速为 32.0 m/s。

（3）水深地形

根据《大连长兴岛测量水深图》显示，码头选址区域自然水深达 12 m。经过长兴岛北港区疏浚工程后，现阶段已达到 17 m，可以满足本次码头靠泊最大船型安全航行的需要（10 万吨级成品油船舶要求 16 m）。

本项目选址附近的海岸属于岛礁型基岩海岸、岬角海蚀地貌，按地貌成因类型主要表现为剥蚀低丘、海蚀Ⅱ级阶地、海蚀Ⅰ级阶地。本项目选址海域属于长兴岛西侧的坡陡带，缺乏水下浅滩地貌单元，地形坡度较大，5 m 等深线直逼岸边，项目附近海域水深离岸 400 m 即可达到 20 m，离岸 1 km 即可达到 30 m。

（4）工程地质

根据《大连长兴岛恒力石油化工码头工程岩土工程勘察报告》结论：场地内未发现有断裂构造及其他影响工程建设的不良地质现象存在，场地岸坡坡度较小，场地及岸坡稳定性较好。适宜采用钢管桩基础形式建设码头工程。

根据《大连港长兴岛北港区自然条件分析、潮位计算与潮流泥沙数学模型研究》结论：长兴岛北港区港内，平均淤积强度约为 0.11 m/a。经计算，50 年一遇波浪作用下港池航道的 24 小时骤淤厚度均小于 1 cm，说明码头工程区域没有骤淤问题。

（5）自然灾害

按照发生概率对项目选址潜在自然灾害风险进行分析后，认为海冰灾害风险是该区域影响码头安全的主要潜在风险。《长兴岛海冰调查分析报告》结论显示：本区流冰的主要流向为 SSW，占 24%；次之为 NNE，占 23%，再次为 SW 向，占 17%。根据数模试验的结果，北港区建成后，东、西防波堤构成新岸线形成了凸型海岸，防波堤外侧水深大，总体上讲不适宜流冰的停留。正常天气条件下，进入北港区港池内流冰基本不会存留，但大风天会存留堆积。《大连长兴岛恒力石化项目配套石油化工与散杂货码头工程通航安全评估报告》指出：港池内堆积的海冰将对本工程船舶进出港和靠离泊作业产生较大的影响。

2.2.1.6　海域开发利用现状

本项目所在的高脑山至马家嘴子岸线是长兴岛最为优质的深水岸线。在北港区规划实施前，原有西花沟和西山里两处渔港分布，主要为附近渔民出海捕捞所用。无养殖等其他用海活动。随着长兴岛临港工业区的开发建设，特别是长兴岛北港区和西部石化区规划的启动，在 2007—2008 年间，长兴岛临港工业区管委会对北港区规划范围内的两处渔港以及附近的世耀村进行了整体搬迁，自此，该区内无与北港区建设冲突的海洋开发活动。目前，光汇、恒力等多家企业已经进驻北港区和石化园区（工程所在海域开发现状见图 2 –4）。

图2-4 项目所在海域使用现状示意图（2010年10月5日）

（1）北港区海域使用现状

2009年，长兴岛北港区正式进入工程建设阶段。截至2012年年初，北港区内共有5家企业申报海域使用项目15项。其中，港区基础性建设工程5项，港口码头建设项目10项，共计申请建设泊位20个。本项目拟建的码头工程是北港区内，除规划预留岸线外，按照规划实施的最后一个大型码头工程（见表2-6和图2-5）。

表2-6 长兴岛北港区海域使用现状调查情况

序号	用海项目名称	用海单位	建设内容	进展情况
1	长兴岛北港区防波堤工程	大连长兴岛开发建设投资有限公司	防波堤	已建成
2	长兴岛北港区石化园区护岸工程		护岸工程	已建成
3	长兴岛北港区东围堰		东围堰	已建成
4	长兴岛北港区西围堰		西围堰	已建成
5	大连港长兴岛30万吨级原油码头工程	大连长兴岛港口投资发展有限公司	1个30万吨级原油泊位	论证完成已报批
6	大连港长兴岛10万吨级原油码头工程		1个10万吨级原油泊位	论证完成已报批
7	大连港长兴岛北港区石油罐区		石油罐区	建设中
8	大连港长兴岛北港区光汇石油大型液体散货码头工程	连长兴岛光汇石油码头有限公司	泊位7个，1个30万吨级、2个10万吨级、2个5万吨级、2个1万吨级	论证完成已报批
9	大连港长兴岛北港区光汇石油小型液体散货码头工程		6个5 000吨级液体散货泊位	论证工作完成，已报批
10	大连长兴岛恒力石化项目配套2万吨级散杂货码头工程	恒力石化（大连）有限公司	1个20 000吨级散杂货泊位	论证完成建设中
11	长兴岛恒力项目配套散杂货码头工程		3个50 000吨级散杂货泊位	论证完成建设中
12	大连长兴岛恒力石化项目配套5 000吨级石化码头工程		1个5 000吨级石油化工泊位	论证完成已报批
13	大连港长兴岛恒力石化园区项目		石化园区	园区土地平整工作完成
14	大连港长兴岛北港区疏浚工程	大连长兴岛港兴土地开发有限公司	港区疏浚工程	环评已报批

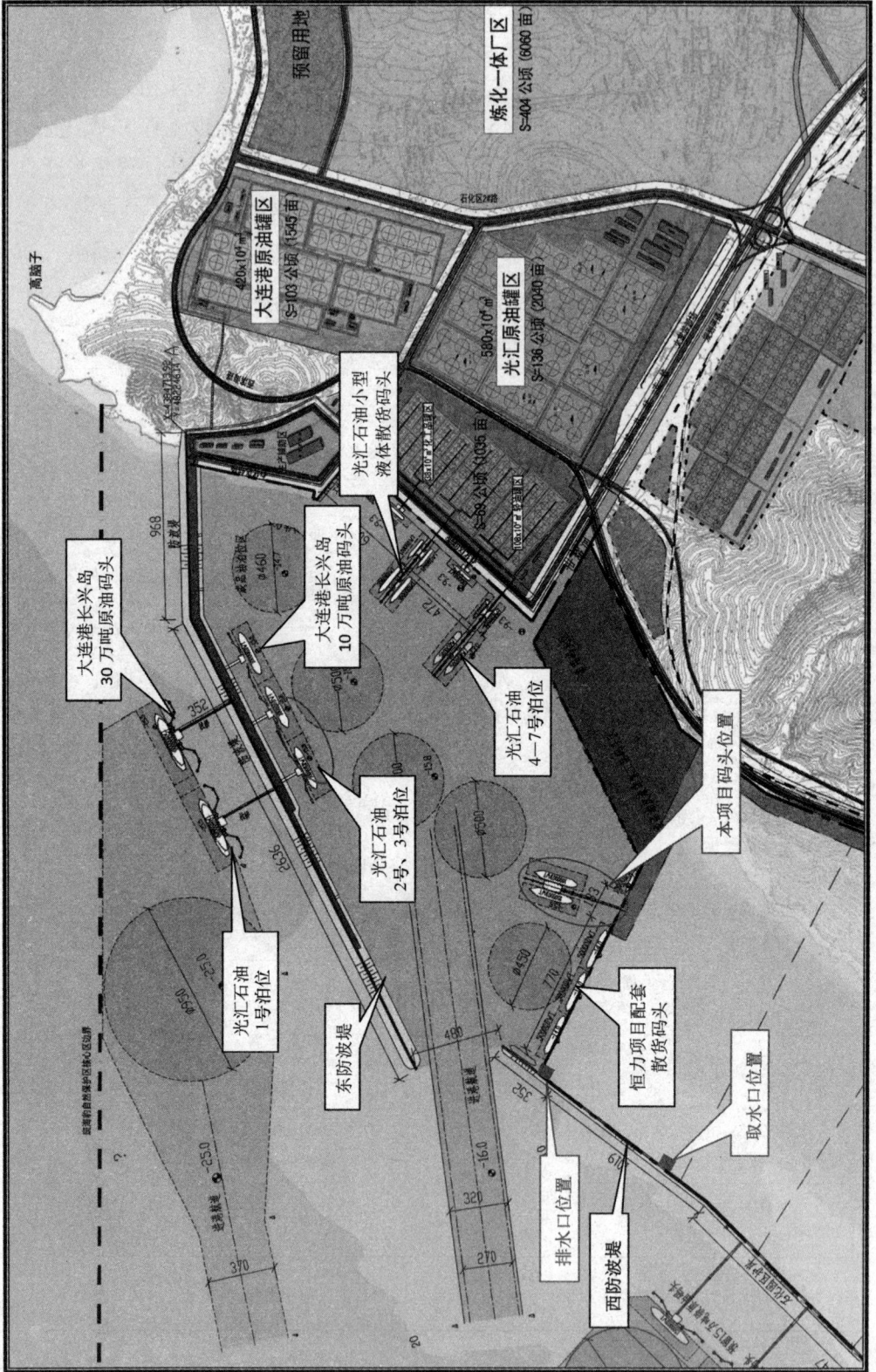

图2-5 长兴岛北港区产业布局示意图

（2）大连斑海豹国家自然保护区海域使用现状

大连斑海豹自然保护区为国家级保护区，保护对象为国家二级保护野生动物斑海豹，辽东湾东部沿岸是斑海豹十分重要的栖息地，大连斑海豹国家自然保护区位于辽东半岛西部海域，保护区总面积 67.227 5 $\times 10^4$ hm^2，包括核心区 27.849 $\times 10^4$ hm^2，缓冲区 27.16 $\times 10^4$ hm^2，实验区 12.218 5 $\times 10^4$ hm^2。

（3）油气勘探海域使用现状

本工程位于中国石油化工股份有限公司所属的"渤海湾盆地辽东凹陷东部油气勘查"探矿权范围内。该探矿权许可证由国土资源部颁发，范围南起大连市旅顺南部海域，北至营口仙人岛附近海域，离岸距离在 5 ~ 45 km 之间不等，总面积约 5 691 km^2（图 2 − 6）。整个长兴岛及其附近 5 km 海域均在该探矿权范围内。

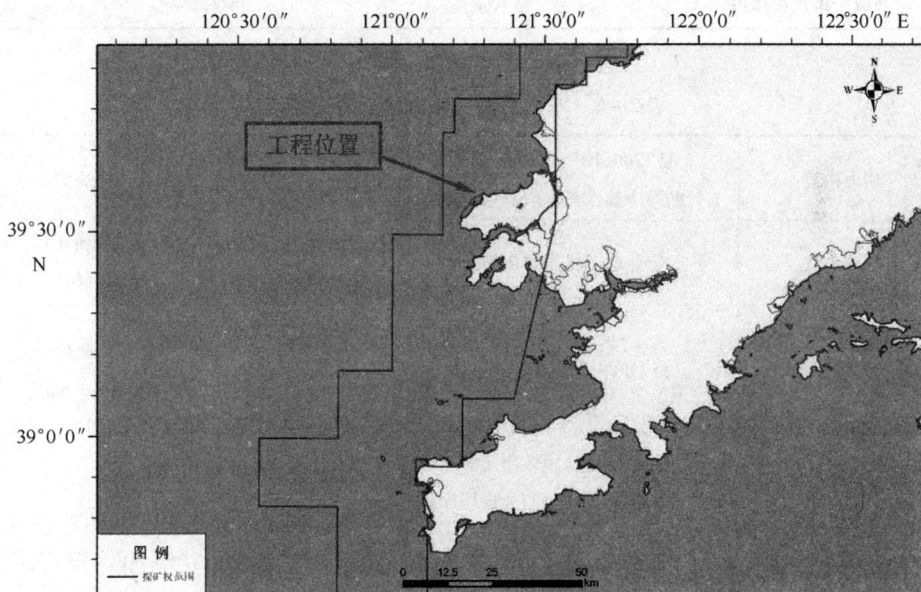

图 2 − 6 本工程与探矿权范围相对位置关系图

2.2.2 项目用海论证内容及点评

2.2.2.1 论证工作等级和论证重点

（1）论证工作等级

根据《海域使用论证技术导则》（国海发〔2010〕22 号）中"海域使用论证等级判断依据"（见表 2 − 7）的要求，对本项目包括的用海内容、用海方式、用海规模以及项目所在海域特征进行分析、整理，在此基础上，对不同用海内容的论证等级进行逐一判定（见表 2 − 8）。

表 2-7　海域使用论证等级判断依据

用海方式		用海规模	所在海域特征	论证等级
透水构筑物用海	其他透水构筑物用海	构筑物长轴长度大于 1 000 m 或用海面积大于 10 hm²	所有海域	一
		构筑物长轴长度 200～1 000 m 或用海面积 4～10 hm²	敏感海域	一
			其他海域	二
		构筑物长轴长度小于 200 m 或用海面积小于 4 hm²	所有海域	三
围海用海	港池用海	用海面积不小于 100 hm²	所有海域	二
		用海面积小于 100 hm²	所有海域	三
工业取、排水口用海		所有规模	所有海域	二

表 2-8　本项目海域使用论证等级界定

用海内容	2 套 120×10⁴ t/a PTA 装置循环冷却水海水取排水口	2 个 10 万吨级石油化工码头	
用海方式	工业取、排水口用海	构筑物用海中的其他透水构筑物用海	围海用海中的港口用海
用海规模	117 400 m³/h（正常）	码头长度 320 m 栈桥长度 325 m 总长度 645 m	港池面积 28.535 1 hm²
所在海域特征	长兴岛北港区石化园区西防波堤外侧海域，取、排水口与大连国家级斑海豹保护区核心区最近直线距离为 2.3 km，与缓冲区直线距离 9.3 km	长兴岛北港区内，港区处于半封闭状态，有防波堤掩护，码头前沿距离口门处约 1 km	
论证工作等级	一级	二级	三级

根据"同一项目用海按不同方式、用海规模所判定的等级不一致时，就高不就低原则确定论证等级"，本项目论证工作等级界定为一级。

（2）论证重点

本项目拟建配套石化码头和海水取、排水口，用海类型分属于交通运输用海和工业用海，据此与《海域使用论证技术导则》（国海发〔2010〕22 号）附录 D "论证重点参照表"进行对比，初步确定本项目论证重点包括以下几项：用海必要性、选址合理性、用海方式和布置合理性、用海面积合理性、资源环境影响及风险分析等。

在此基础上，考虑本项目周边海域开发利用现状、区域和行业用海规划要求等因素，对本项目论证重点进行如下调整：

1）由于恒力石化厂区已经有多座大型码头在建，其中还包括与本次拟建码头同类的石油化工码头。此时，继续建设码头是否确有必要需详细论证。故将"码头建设用海必要性"列为本次论证重点。

2）《大连长兴岛临港工业区区域建设用海总体规划》（一期）、《大连港长兴岛港区总体规划》和《长兴岛北港区控制性详细规划》已经通过并实施，长兴岛北港区各个企业所属码头岸线已经确定，且在陆续实施。特别是本次码头选址岸线为恒力集团最后一段所属岸线，具有唯一性，故不将"码头选址合理性"和"码头用海平面布置合理性"列为本次论证重点。

3）本项目位于长兴岛北港区内，周边海洋开发活动较多，且在港区外有大连斑海豹自然保护区、中国石油油气勘探区等，为此考虑将海域开发协调性分析列为本次论证重点。

4）由于《大连长兴岛临港工业区区域建设用海总体规划（一期）海域使用论证》和《大连长兴岛临港工业区规划环境影响评价》已经对区域项目用海风险进行了分析，并已通过国家审批。考虑本次拟建码头位于北港区港池内，故不将"码头用海对资源环境的影响"和"码头用海风险"列为本次论证重点。

依据本项目拟建码头和取、排水口用海类型、用海方式和用海规模，结合考虑长兴岛北港区周边海域资源环境现状以及区域、行业用海规划要求，最终确定本项目论证重点如下：

A. 码头建设用海必要性；

B. 海域开发利用协调性；

C. 取、排水口选址合理性；

D. 码头和取、排水口用海方式合理性；

E. 取、排水口用海平面布置合理性；

F. 码头用海面积合理性。

关注要点：

论证重点的确定综合反映了论证项目组对论证项目的整体把握水平，论证重点应结合项目工程类型、主要工程内容及所在海域资源环境特征、周边海域开发利用情况等综合分析确定。

优点：

项目的论证等级判断条理清晰，层次分明。项目论证重点的确定以导则为依据，并充分考虑了项目自身的特点和周边区域的海域开发现状，对项目的论证重点总体把握较准确。

2.2.2.2　项目用海必要性

本报告论证的石化码头工程和循环冷却水取、排水口工程属于恒力石化园区 PTA 项目的配套工程。在项目建设必要性方面，配套工程与主体工程具有较高的依存度。为此，本章节将首先分析恒力石化 PTA 项目建设的必要性，在此基础上再分别阐述配套石化码头、取排水口建设和用海必要性。

（1）恒力石化 PTA 项目建设必要性

1）项目建设符合国家纺织产业相关政策。

《中华人民共和国国民经济和社会发展第十二个五年计划纲要》指出："轻纺行业要强化环保和质量安全，加强企业品牌建设，提升工艺技术装备水平。"

《纺织工业"十二五"规划》明确提出"通过技术创新、管理创新、资本创新，发展壮大一批具有知识产权、品牌和资源整合能力强的纺织大企业、大集团。鼓励有实力的化纤企业向上游延伸，并积极利用海外资源，整合发展自用原料，通过兼并重组和自身发展，形成 20 家以上年产值超过 100 亿元且具有明显竞争优势的大型化纤企业，其中 3~4 家产值突破 500 亿元。"

从恒力集团企业实力分析，2010 年，恒力集团销售额 325 亿元，在当年中国纺织工业协会化纤行业企业竞争力排名中名列第一，符合国家鼓励的"有实力的化纤企业"。而从本次建设 PTA 项目角度分析，PTA 生产行业是聚酯行业的上游产业，主要原料符合国家鼓励"整合发展自用原料"的范畴。从企业发展角度分析，致力于打造国际知名品牌、销售收入超 500 亿元是恒力集团的发展目标，建设 PTA 项目是其实现这一目标的重要保障。

根据《产业结构调整指导目录（2011 年本）》，国家限制 100×10^4 t/a 以下精对苯二甲酸（PTA）项目，而本次建设的 PTA 项目单套装置的规模为 120×10^4 t/a。不属于《产业结构调整指导目录（2011 年本）》限制类范畴，符合国家产业政策要求。此外，本次将配套建设的液体化工品码头两侧泊位的最大接卸能力均为 10 万吨级，属于《产业结构调整指导目录（2011 年本）》中鼓励类范畴。

综上所述，项目建设符合《中华人民共和国国民经济和社会发展第十二个五年计划纲要》、《纺织工业"十二五"规划》和《产业结构调整指导目录（2011 年本）》等国家相关产业政策的要求。

2）项目建设符合区域经济发展的需要（略）。

3）项目产品符合市场发展的需要（略）。

4）项目建设符合企业自身发展的需要（略）。

5）小结。项目建设符合《中华人民共和国国民经济和社会发展第十二个五年计划纲要》、《纺织工业"十二五"规划》和《产业结构调整指导目录（2011年本)》等国家相关产业政策的要求。

根据预测，我国PTA产品短缺的现状具有长期性，建设恒力石化PTA项目是适应市场发展需求的，也符合企业自身向上游产业发展的要求。项目建成后，除了能够满足恒力集团自身对原料PTA的需求外，还可以借助廉价的海运条件输送至我国东部其他聚酯企业，将在很大程度上促进我国东部地区化纤产业的发展，提升我国化纤产品在世界市场的竞争力。

综上，恒力石化PTA项目建设是非常必要的。

（2）配套石化码头建设和用海必要性

1）PTA项目产品、原料运输方式分析。由《恒力石化2×120万吨/年PTA装置及其配套设施可行性研究报告》（中国纺织工业设计院，2010年5月）提供的"工艺流程说明"可知，生产PTA所用的主要原料包括对二甲苯（PX）、醋酸、乙二醇、醋酸正丙酯、甲醇、粗甲醇、45%液碱、柴油、二甘醇共计9种，在产品生产和销售过程中涉及船舶、汽车、火车、管道4种运输方式（详见表2-9和表2-10）。

表2-9　PTA项目产品及原料运输方式统计

序号	物料名称	运输方式	序号	物料名称	运输方式
1[①]	精对苯二甲酸（PTA）	船、汽车、火车	6	甲醇	汽车
2	对二甲苯（PX）	船、厂内管道	7	粗甲醇	汽车
3	醋酸	船	8	45%液碱	汽车
4	乙二醇	船	9	柴油	槽车
5	醋酸正丙酯	汽车	10	二甘醇	槽车

注：① 精对苯二甲酸（PTA）产品船运部分不通过本次拟建码头外运，相关分析说明见下文。

表2-10　配套自产PX项目产品及原料运输方式统计

序号	物料名称	运输方式	序号	物料名称	运输方式
1[①]	对二甲苯（PX）	管道	5	轻石脑油	船
2	石脑油	船	6[②]	液化石油气	船
3[②]	重芳烃	船	7	苯	船
4	抽余油	船			

注：① 对二甲苯（PX）通过管道全部供给PTA项目；②重芳烃和液化石油气产品通过5 000吨级石化码头外运，相关分析说明见下文。

从运量规模来看，船舶运输在各种运输方式中占据主导地位，直接关系到生产运行的安全、稳定性，具体情况如下。

A. 生产 PTA 所用的二甲苯（PX）来自外运和自产两种途径：外运二甲苯（PX）由东亚、东南亚等地购买，经船舶运至石化园区；自产二甲苯（PX）的主要原料为石脑油，需从东亚、东南亚等地购买，经船舶海运至石化园区；而二甲苯生产过程产出的小品种化工品，如重芳烃、抽余油、轻石脑油、液化石油气、苯等，也需通过船舶外销到江浙沿海地区。

B. 生产 PTA 所用的醋酸、乙二醇主要来自江浙沿海地区、东南亚和日韩地区，需通过船舶运输方式至石化园区。

C. 部分生产终产品 PTA 也需要通过船舶运输的方式销售到江浙沿海地区。

经统计，在恒力 PTA 项目（含原材料 PX 生产）产品、原料中，需要通过码头以船舶方式输入、输出的共计 10 种，包括 PTA、PX、醋酸、乙二醇、石脑油、轻石脑油、抽余油、苯、重芳烃和液化石油气。除此之外，为 PTA 项目生产服务的热电厂所需的煤炭也将通过码头海运。

综上，只有充分利用恒力石化园区有限的港口岸线资源，建设充足、完备的石化配套码头设施，才能有效保障恒力 PTA 项目的安全、稳定运行。

2）恒力石化园区港口吞吐量需求分析。根据上文分析结论，可将恒力石化园区对港口吞吐量的需求分为五大类：

A. PTA 产品输出对港口吞吐量的需求：考虑本期年产 240×10^4 t PTA 项目和远期预留 440×10^4 t PTA 项目达产后，部分 PTA 产品经港口出运。

B. PTA 生产原料运输对港口吞吐量的需求：包括 PX、醋酸和乙二醇。

C. PX 自产过程所需的原料（石脑油）运输对港口吞吐量的需求。

D. PX 自产过程产出的小品种化工品外运对港口吞吐量的需求：包括重芳烃、轻石脑油、抽余油、液化石油气、苯等。

E. 园区热电厂所需燃料（煤炭）对港口吞吐量的需求。

经统计，恒力石化园区石油液体化工品吞吐量需求为 695×10^4 t/a，散货为吞吐量需求 497×10^4 t/a（包括 PTA 产品 407×10^4 t/a 和煤炭 90×10^4 t/a），具体需求见表 2 - 11。

3）恒力石化园区内配套码头建设现状分析。在本码头拟建之前，恒力集团已经对石化园区位于北港区港池内的岸线进行了开发利用，现阶段已建和在建泊位共计 5 个，包括散杂泊位 4 个和小型石化码头 1 个（具体情况详见表 2 - 12）。其中，散杂货码头设计吞吐量为 524×10^4 t/a，主要承担园区 PTA 项目所需燃煤的输入和 PTA 产品的外运。小型石化码头设计吞吐量 70×10^4 t/a，近期主要承担 PTA 项目原料的运输，远期承担少量 PTA 项目原料的运输和部分小品种化工产品的外运（具体情况详见表2-13）。

表2-11 恒力石化园区港口吞吐量需求统计

方式	分类	品种	运量（×10⁴ t/a）		运地
			近期	远期	
运进	PTA 生产原料	对二甲苯（PX）	160	280	东亚、东南亚
		醋酸	14	25	江浙沿海地区、东南亚、日韩地区
		乙二醇	12	30	江浙沿海地区、东南亚、日韩地区
	PX 生产原料	石脑油	—	150	中东、东亚、东南亚
	燃料	煤炭	90		秦皇岛港、锦州港、营口港
运出	PTA 产品	精对二苯甲酸	33	407	江浙沿海地区，其余通过公路和铁路运输
	PX 自产过程产出化工产品	重芳烃		16	外销东南亚、日韩地区
		轻石脑油		25	外销东南亚、日韩地区
		液化石油气		19	外销东南亚、日韩地区
		抽余油		80	内销江浙沿海地区、外销日本、韩国
		苯	—	70	内销江浙沿海地区、外销日本、韩国

表2-12 恒力石化园区内在建、拟建码头情况统计

序号	类型	设计规模	泊位数	设计吞吐量	主要运输货种及吞吐量
1	散杂货码头	20 000 吨级	1 个	120×10⁴ t/a	煤炭吞吐量 90×10⁴ t/a PTA 吞吐量 33×10⁴ t/a
2		50 000 吨级（兼 5 000 吨级）	3 个	404×10⁴ t/a	PTA 吞吐量 407×10⁴ t/a
3	石化码头	5 000 吨级	1 个	70×10⁴ t/a	近期为 PX、醋酸、乙二醇，远期为 PX、醋酸、乙二醇、重芳烃和液化石油气

表2-13 恒力石化园区内 5 000 吨级石化码头运量统计

集疏运方向	品种	运量（×10⁴ t/a）		运地
		近期	远期	
运进	对二甲苯（PX）	44	20	东亚、东南亚
	醋酸	14	5	东南亚、日韩地区
	乙二醇	12	10	东南亚、日韩地区

续表

集疏运方向	品种	运量（×10⁴ t/a）		运地
		近期	远期	
运出	重芳烃	—	16	东南亚、日韩地区
	液化石油气	—	19	东南亚、日韩地区
合计		70	70	

4）恒力石化园区配套码头吞吐能力缺口分析。通过恒力石化园区吞吐量需求分析和现有配套码头吞吐能力对比，不难看出，相对于园区 PTA 项目的近、远期建设规模而言，现有配套码头在吞吐能力方面存着十分明显缺口。经核算，恒力石化园区远期石油液体化工品吞吐量需求为 695×10^4 t/a，扣除 5 000 吨级石化码头 70×10^4 t/a 的吞吐能力后，远期吞吐能力缺口为 625×10^4 t/a（见表 2 – 14）。近期吞吐能力缺口为 186×10^4 t/a。

表 2 – 14　恒力石化园区配套码头吞吐能力缺口分析

运输方式	品种	运量（×10⁴ t/a）		运地
		近期	远期	
运进	对二甲苯（PX）	160	260	伊朗、东南亚、欧美
	石脑油	—	150	中东、东亚、东南亚
	醋酸	14	20	江浙沿海地区
	乙二醇	12	20	江浙沿海地区
运出	轻石脑油	—	25	江浙沿海地区
	抽余油	—	80	内销江浙沿海地区、外销日本、韩国
	苯	—	70	内销江浙沿海地区、外销日本、韩国
合计		186	625	

5）配套石油化工码头工程建设和用海必要性分析。经上述分析整理，可得出以下几点结论。

A. 对 PTA 项目工艺流程的分析可知，各个生产环节原料输入、产品输出对船舶海运具有很高的依存度，海运货种数量达到 11 种（含煤炭）。

B. 恒力石化园区内针对 PTA 项目已建和在建配套泊位 5 个。其中，4 个散杂泊位将能满足 PTA 项目近、远期规划对煤炭输入和 PTA 产品输出的需求。1 个石化泊位将仅能满足少量 PTA 生产原料输入和小品种化工产品输出的需要，与满足 240×10^4 t/a PTA 项目及远期规划的吞吐能力要求相差甚远。

C. 现有配套码头在吞吐能力方面存着十分明显缺口。近期吞吐能力缺口为 186×10^4 t/a，远期吞吐能力缺口为 625×10^4 t/a。

D. 现阶段，在必须海运的原料和产品中，多达7种尚不具备码头输运条件。这些货种在吞吐量需求方面也存在较大的差异。

据此，为配合恒力石化园区内 $2 \times 120 \times 10^4$ t/a PTA项目建设规划的如期实施，迫切需要利用园区在长兴岛北港区内仅有的一段港口岸线资源，配套建设一座具备多品种石油化工产品综合接卸能力的大型石油化工品码头。

综上，本项目拟建一座配套石油化工码头的用海是必要的。

（3）取、排水口建设和用海必要性

1）长兴岛淡水资源和供给情况分析。据调查，长兴岛岛内淡水资源匮乏，不能满足岛内不断增长的需水要求；岛外淡水资源不足，莲花水库为长兴岛镇水源，"引莲入岛"工程于2002年竣工，现日供水量仅为 0.6×10^4 m³/d；以东风水库作为水源的大连长兴岛临港工业区（应急）供水工程项已经投产，设计规模达到 10×10^4 m³/d，东风水库只作为岛内应急水源，供水期限仅为3年；由辽宁省进行建设的大伙房水库调水工程拟为长兴岛配水 20×10^4 m³/d，目前输水管线正在敷设。根据估算，长兴岛水资源仍存在缺口，目前规划的调水工程无法满足长兴岛的发展，水资源对长兴岛未来发展具有明显的限制作用。

根据《长兴岛北港区控制性详细规划》，采用各单位用地指标法估算，北港区规划实施预计总用水量达到 22.5×10^4 m³/d。其中，生活用水量为 5.4×10^4 m³/d，生产用水量约为 17.1×10^4 m³/d。按照规划，需引入再生水/中水及海水淡化水作为区内主要水源，以扭转目前淡水资源短缺的现状。

《长兴岛北港区控制性详细规划环境影响评价报告书》（大连环境科学设计研究院，2010年12月）指出：本规划实施应当采取"量水而行"的原则，限制发展规模，限制高耗水产业，水资源梯级使用，加强中水回用，同时采用海水直接利用和海水淡化等非传统水源水资源缺口问题。

综上，长兴岛北港区的淡水资源已经不具备供给PTA项目冷却水的能力，只能通过海水直接利用方式解决用水问题。

2）PTA项目循环冷却系统用水量分析。在PTA生产过程中，系统中的板式换热器及透平的凝汽器需要大量冷水与封闭的循环冷却系统进行换热，以确保整个生产系统的正常运行。设计资料显示，2套 120×10^4 t/a PTA装置的冷却水用量将达 11.7×10^4 m³/h。未来随着远期PTA项目和PX项目的相继建成，冷却水的用量还将成倍增加。

3）取、排水口建设和用海必要性。从上述分析可知，本次PTA项目的冷却用水量非常大，2套 120×10^4 t/a PTA装置即可达到 11.7×10^4 m³/h，随着远期

PTA 项目和 PX 项目的相继建成，冷却水的用量还将成倍增加。而长兴岛内及周边地区淡水资源十分有限，根据《长兴岛北港区控制性详细规划》，分配给北港区的淡水资源满足已经入驻企业的生活用水和基本工业用水都十分紧张，已经没有能力再提供淡水资源作为冷却水利用。

现阶段，取用海水作为冷却水源的工艺已经相当成熟，恒力集团又是临海建设，在这种情况下，取用海水作为冷却水成为唯一可行的方法。

由此，作为海水冷却系统的重要组成部分，取、排水口建设和用海显然是必要的。

关注要点：

项目用海必要性分析是判断项目用海是否可行的重要依据之一。对于社会影响和环境影响较大的石化项目来说，用海必要性是否充分显得尤为重要。项目建设必要性是项目用海必要性分析的基础，但在分析时应避免照搬照抄仅能宏观反映项目建设必要性与意义的项目可研报告的必要性分析内容，应充分体现项目占用海域资源的必要性，用海必要性编写应避免"假大空"，应根据具体项目情况进行分析论述。

优点：

1）论证的总体思路清晰。报告书认为石化码头工程和循环冷却水取、排水口工程属于恒力石化园区 PTA 项目的配套工程。在项目建设必要性方面，配套工程与主体工程具有较高的依存度。为此，首先分析恒力石化 PTA 项目建设的必要性，并据此分别阐述配套石化码头、取、排水口建设和用海必要性。

2）项目建设必要性分析内容全面、合理。根据恒力石化 PTA 项目的行业类别、特征等，选择四个方面对 PTA 项目建设必要性进行重点分析。包括：① 项目建设是否符合国家纺织产业相关政策；② 项目建设是否符合东部地区、长兴岛地区区域经济发展的需要；③ 项目建设是否符合企业自身发展的需要；④ 项目产品是否符合市场发展的需要。

3）码头项目用海必要性分析角度合理。报告书从四个方面分析了码头用海的必要性。① PTA 项目产品、原料运输方式；② 恒力石化园区港口吞吐量需求；③ 恒力石化园区内配套码头建设现状；④ 恒力石化园区配套码头吞吐能力是否存在缺口。

4）取、排水项目用海必要性：根据收集到的资料，分析了长兴岛淡水资源供给紧张的现状，并进一步从工艺角度说明 PTA 项目海水系统的可行性，进而分析说明了作为海水冷却系统的重要组成部分，取、排水口建设和用海的必要性。

2.2.2.3　开发利用现状与利益相关者分析

（1）利益相关者界定

按照《海域使用论证技术导则》（国海发〔2010〕22 号）对利益相关者的定义，下面将对"受到本项目用海影响而产生直接利益关系的单位和个人"进行界定。同时，还将就本项目用海过程中涉及的航道通航、渔业资源等公共利益影响，明确协调责任部门。

针对本项目用海可能对周边海域开发活动造成的影响，进行如下分析。

1）对北港区恒力石化园区护岸工程的影响分析。北港区恒力石化园区护岸工程是大连长兴岛开发建设投资有限公司于 2011 年申请用海后修建完成的，目的是保护恒力石化园区建设。本项目取排水口设施建设需要对该公司所属的护岸工程进行开挖和改造，工程建成后还将和该公司共用护岸工程已征海域。综上，取排水口工程建设将使得护岸工程的局部结构发生改变，运营期因海域使用权属问题可能对两工程的维护、管理造成影响。因此，作为护岸工程海域使用权人——大连长兴岛开发建设投资有限公司被列为本项目的利益相关者。

2）对北港区通航影响分析。本项目拟建排水口和码头与航道距离较近（由于码头港池及回旋水域已经疏浚完毕，从码头工程前端起算），分别为 280 m 和 270 m。而排水口与航道的最近距离超过 1 km。因此，下面重点对排水口和码头可能对通航造成的影响进行分析。

A. 施工期对北港区通航的影响分析。从码头和取水口施工使用的船舶来看，主要包括打桩船、8 m^3 抓斗挖泥船、1 000 吨级驳船，船长为 40 ~ 65 m。船舶回旋半径一般为船长的 2 ~ 2.5 倍，所以施工船舶对公共航道通航的影响不大。况且，拟建码头西侧为恒力所属港池水域，东侧为尚未启动的规划水域，作业宽度较大，也相对降低了占用航道的几率。但施工船舶进出港区必须经由航道，将给港内其他作业船舶的通航带来一定的影响。

B. 运营期对北港区通航的影响分析。根据排水口运营期排水量计算，温排水对周边海域流速影响的范围在 20 ~ 30 m，远不能到达航道水域，故不会对航道通航造成影响。

根据本项目码头设计，其回旋水域有几乎一半位于公共航道内。根据《大连长兴岛恒力石化项目配套石油化工与散杂货码头工程通航安全评估报告》（大连海事大学，2011 年 2 月）结论，对航道通航有一定影响，需通过事先制定合理的进出港计划加以解决。

此外，本项目码头工程建成后，还需要使用大连长兴岛临港工业区划定的 3

号锚地作为到港码头待泊锚地。

通过上述分析可知，本项目码头西侧为恒力所属港池水域，东侧为尚未启动的规划水域，北侧为公共航道。项目建设和营运期的影响主要表现为对公共航道通航的影响。北港区公共航道、公共港池、尚未启动的规划水域以及大连长兴岛临港工业区公共锚地均属于大连长兴岛临港工业区港口与口岸局管理。为此，本报告将大连长兴岛临港工业区港口与口岸局列为协调责任部门。

3）对中国石油化工股份有限公司探矿权的影响分析。中国石油化工股份有限公司所属的"渤海湾盆地辽东凹陷东部油气勘查"探矿权证书由国土资源部颁发，因此，该公司拥有在此范围内对油气矿产资源进行勘查的权利。由于油气资源是国家重要的战略能源，应首先保障其用海要求。本项目对上述探矿权的影响主要表现在两方面：① 工程建设施工以及运营期过往船只可能对海上的油气勘探产生一定的干扰；② 未来一旦在工程附近海域发现并开采油气资源，则油气开采可能与本工程产生用海矛盾问题。因此，为了保障中国石油化工股份有限公司的油气勘探权益，本报告书将中国石油化工股份有限公司列为利益相关者。

4）对大连斑海豹国家级自然保护区管理、维护的影响分析。2011年2月，由恒力石化（大连）有限公司委托辽宁省海洋水产科学研究院编制完成的《恒力石化PTA项目及配套码头工程对大连斑海豹国家级自然保护区影响专题评价报告》通过农业部组织的专家评审并获得批复。报告书及批复意见确认："PTA工程建设期和运营期所产生的废气、废水、固体废弃物、噪声、事故风险等对斑海豹及保护区会产生一定不利影响。"

为此，本报告将负责斑海豹保护区管理的大连市渔政监督管理局和大连斑海豹国家级自然保护区管理局列为协调责任部门。

综上，本项目用海涉及的利益相关者2个，分别为大连长兴岛开发建设投资有限公司和中国石油化工股份有限公司；协调责任部门3个，分别为大连长兴岛临港工业区港口与口岸局和大连市渔政监督管理局、大连斑海豹国家级自然保护区管理局。

经统计、整理，本项目用海利益相关者及用海协调责任部门基本情况分别见表2-15和表2-16。

表 2 – 15　用海利益相关者基本情况

序号	利益相关者	具体位置	利益相关内容	损失程度	备注
1	大连长兴岛开发建设投资有限公司	与长兴岛恒力石化园区厂区西边界紧邻。《大连长兴岛北港区石化园区护岸工程海域使用权证书》划定范围，见报告书附件 21	（1）取排水口设施建设需要对该公司所属的护岸工程进行开挖和改造（2）工程建成后，还将和该公司共用护岸工程已征海域	管函敷设、排水设施修建将局部改变护岸工程原有结构	放水井的设置将可避免长期排水对护岸结构稳定性的影响
2	中国石油化工股份有限公司	《渤海湾盆地辽东凹陷东部油气勘查探矿权证书》划定范围	本项目用海位于该公司探矿权范围内。项目征海后，在其用海范围内排斥探矿用海，使探矿范围缩减	本项目用海将使得该公司所属探矿权范围缩减 34.839 1 hm²	在本项目之前，长兴岛北港区内多家单位已经该公司进行了协调

表 2 – 16　用海协调责任部门相关情况

序号	协调责任部门	相关影响	备注
1	大连长兴岛临港工业区港口与口岸局	（1）施工期码头和取排水口建设过程施工船舶进出港区对公共航道通航具有一定影响（2）码头调头水域部分使用北港区内的公共航道（3）本项目码头待泊船舶需要使用长兴岛港区 3 号锚地，面积 2 km²	《长兴岛北港区控制性详细规划通航安全评估报告》、《大连长兴岛恒力石化项目配套石油化工与散杂货码头工程通航安全评估报告》均由大连海事大学编制完成，并通过了海事部门组织的专家评审
2	大连市渔政监督管理局和大连斑海豹国家级自然保护区管理局	项目建设及运营对斑海豹及保护区产生一定影响	《恒力石化 PTA 项目及配套码头工程对大连斑海豹国家级自然保护区影响专题评价报告》通过专家评审，经农业部批复

（2）与利益相关者协调分析

1）与大连长兴岛开发建设投资有限公司的协调分析。

A. 协调内容：① 护岸与取、排水设施海域使用权限问题；② 护岸和取、排水设施维护问题。

B. 可协调性分析：长兴岛北港区恒力石化园区护岸工程是为辅助恒力石化园区开发建设的，是长兴岛管委会招商引资协议中的一部分。恒力石化取、排水设施也是园区建设的必要组成部分。二者在建设、使用目的方面不存在冲突，具备可协调性。

C. 建议协调方式：沟通协商，签署书面协议。

D. 协调要求：① 恒力石化（大连）有限公司应主动与大连长兴岛开发建设投资有限公司进行沟通、协商，将详细用海方案提交对方审核，与对方就海域使用权问题、用海结构安全维护问题签订书面确认；② 建议双方共同制定一份《恒力石化园区护岸和取、排水设施管理维护方案》，详细明确未来双方在维护、管理中的责任和义务。

E. 协调进展情况：至报告书截稿，双方已经就相关问题达成协议。

2）与中国石油化工股份有限公司的协调分析。

A. 协调内容：对本项目海域使用范围、用途进行确认，并就因项目建设造成该公司探矿活动影响问题进行协商。

B. 可协调性分析：本项目码头及取排水口选址位于《大连长兴岛临港工业区区域建设用海总体规划（一期）》石化园区港区范围内，在规划阶段已经与中国石油化工股份有限公司就探矿权影响问题进行了协调，本项目之前大连港 30×10^4 t原油码头项目、光汇大型液体散货码头项目等已经就相关问题与该公司进行了协调，并达成了协议。因此，两家单位就本项目用海问题具备可协调性。

C. 建议协调方式：沟通协商，签署书面协议。

D. 协调要求：恒力石化（大连）有限公司应主动与中国石油化工股份有限公司进行沟通、协商，将项目用海范围、用途明确告知对方，就本项目用海对油气探矿活动影响问题与对方进行协商，并应签订书面协议。

E. 协调进展情况：至报告书截稿，双方已经达成了协议。

（3）与责任部门协调分析

1）与大连长兴岛临港工业区港口与口岸局协调分析。

A. 协调内容：① 共用部分公共航道作为码头回旋水域；② 申请使用长兴岛临港工业区 3 号公共锚地。

B. 建议协调方式：提出书面申请，并进行沟通协商。

C. 协调要求：① 向长兴岛临港工业区港口与口岸局提交关于码头回旋水域占用公共航道情况的书面说明材料，请其确认、批复；② 向长兴岛临港工业区港口与口岸局提交使用长兴岛临港工业区 3 号公共锚地的书面申请材料，请其确认、批复。

D. 协调进展情况：至报告书截稿，已就上述问题向长兴岛临港工业区港口与口岸局提出书面申请，并得到该局批准。

2）与大连市渔政监督管理局协调分析。

A. 协调内容：① 项目用海对斑海豹保护区可能造成的影响及风险防范问题；② 项目用海对海洋生态及渔业资源损失的补偿问题。

B. 建议协调方式：沟通协商、签署书面协议，并进行货币补偿。

C. 协调要求：① 编制大连斑海豹国家级自然保护区影响专题评价报告，并通过有关部门审批；② 针对项目建设对斑海豹保护区可能造成的影响、风险防范以及对海洋生态、渔业资源影响进行评估，经相关管理部门认可后，双方签订协议书，并根据评估结果进行货币补偿。

D. 协调进展情况：至 2011 年 3 月，已经完成上述全部协调工作。相关批复、意见和协议见本报告书附件（略）。

（4）分析结论与建议

至本报告截稿，恒力石化（大连）有限公司已经完成与大连长兴岛临港工业区港口与口岸局、大连市渔政监督管理局和大连斑海豹国家级自然保护区管理局 3 个协调责任部门的协调工作。已经与大连长兴岛开发建设投资有限公司进行沟通、协商，对方表示对工程积极支持，相关书面文件正在整理中。尚未与中国石油化工股份有限公司进行接洽、沟通。

建议尽快与中国石油化工股份有限公司进行接洽、沟通，针对本项目对该公司探矿权影响问题达成书面协调协议。

关注要点：

恒力石化 PTA 项目配套工程主要包括配套码头和取、排水口，位于已建的港口区域内。应重点关注：① 新建码头施工期对原有码头运营的影响与协调；② 新建码头前沿停泊水域、回旋水域、航道等用海与整个港区其他码头泊位用海是否存在重叠区域，是否会相互影响，是否可以协调；③ 取、排水口与防波堤的协调性如何，取排水是否存在对周边现有开发活动的影响；④ 项目建设对斑海豹保护区的影响与协调；⑤ 项目建设占用中石油拥有探矿权的海域，是否可以协调等。

优点：

利益相关者、责任协调部门界定清晰、准确。特别是在利益相关者分析中，明确给出了协调内容、可协调性分析、建议协调方式、协调要求和协调进展情况的分析内容。

不足：

在利益相关者界定中，应将拟建项目产生的各种影响分析结果，叠加成图，直观反应本项目开发对周边海洋开发活动的影响范围和程度。

2.2.2.4　用海面积合理性分析

本项目申请用海面积为 34.839 1 hm^2，用海类型为其他工业用海，用海方式包括透水构筑物、港池蓄水、取、排水口三类。本项目申请用海具体情况详见表2–17。

本项目配套石油化工码头工程和取、排水口工程申请用海宗海位置图和宗海界址图分别参见图2–2和图2–3。

表2–17　本项目申请用海情况统计

序号	用海单元		申请用海面积（hm^2）	用海方式	用海类型
1	码头工程（含栈桥）		2.718 9	透水构筑物	其他工业用海
2	港池、回旋水域		28.535 1	港池、蓄水	
3	取水口	取水设施	0[1]	—	
		水域	1.621 4	取、排水口	
4	排水口	排水设施	0.069 9[2]	港池、蓄水	
		水域	1.896 8	取、排水口	
总申请用海面积			34.839 1 hm^2		

说明：[1] 取水口管线穿过长兴岛恒力石化园区护岸工程，敷设至其护坡坡坦上，未超出其已经申请用海范围，故本次未申请取水设施用海、取水管道用海。

[2] 排水口管线敷设情况与取水口相同，故未申请排水管道用海。但是为保护防波堤安全、减小排放温排水的影响范围，本项目在排水口末端修建了放水井设施，起到蓄水、缓冲作用，其用海边界部分超出护岸工程坡脚，故本次申请排水口设施用海，用海方式为港池、蓄水。

（1）码头用海面积合理性

在本项目中，配套石化码头的主要功能是为 PTA 项目原材料运入和产品出运提供依托。PTA 项目的原料产地、生产规模、目标市场及对港口依存度，直接决定了本次码头用海的规模。为此，以下将从用海面积是否满足项目用海需求、用海面积是否符合行业设计标准两方面，分析、论证码头用海面积的合理性。

1）从船型设计规模角度分析码头用海规模合理性。

A. PTA 项目产品、原料运地分析。PTA 项目7种原料输入地主要为中东、东南亚、东亚、江浙沿海地区，产品输出地主要为东亚、江浙沿海地区。因此，航线类型涵盖了近海支线、近洋干线和远洋干线（见表2–18）。

表 2 - 18   本项目拟建石化码头各类货种运地统计

运输方式	品种	运地
运进	对二甲苯（PX）	伊朗、东南亚、欧美
	石脑油	中东、东亚、东南亚
	醋酸	江浙沿海地区
	乙二醇	江浙沿海地区
运出	轻石脑油	江浙沿海地区
	抽余油	内销江浙沿海地区、外销日本、韩国
	苯	内销江浙沿海地区、外销日本、韩国

B. 液体化工品运输船型发展趋势分析。据英国 Drewry 航务咨询公司统计，截至 2006 年 4 月底，全球液体化学品船共计 2 831 艘，载重吨总计 5 561 × 10^4 t。其中，载重吨 3 × 10^4 t 以上的大型液体化学品船在整个液体化学品船队中的比例高达 66%，载重吨 4 × 10^4 t 以上的船比例高达 40%。统计资料显示：化学品船舶呈船龄年轻化、大型化的发展趋势。载重吨越大的船所占比例越高，载重吨 4 × 10^4 t 以上的大型化学品船将成为未来船型发展的主流。

根据分析，3 000 ~ 1 万载重吨的船舶是近海支线的主力，2 万 ~ 5 万载重吨的船舶则是近洋至远洋干线的主力，5 万 ~ 8 万载重吨的船舶则是远洋干线的主力，且随着全球贸易的增长，在远东地区以及阿拉伯湾—远东航线上将逐步出现 10 万载重吨以上超大型成品油及液体化工船。

C. 石化码头设计规模合理性分析。

a. 进口 PX：主要来源于伊朗、日本、韩国、新加坡、马来西亚等中东、东亚、东南亚国家，运输以远洋和近洋为主。PX 运输的主流船型为 1 万 ~ 3 万吨级，据世界液体化学品船船队现状与发展趋势的分析并结合本项目运量，进口主力船型采用 3 万吨级船舶，兼顾船型采用 1 万吨级船舶。

b. 进口石脑油：主要来源于中东和东南亚，所以运输以远洋为主。石脑油运输的主流船型为 5 万 ~ 10 万吨级，根据世界液体化学品船船队现状与发展趋势的分析并结合运量，进口主力船型采用 10 万吨级船舶，兼顾船型采用 1 万吨级船舶。

c. 小品种化工原料和产品：主要运地和销售地主要集中在江浙沿海地区，所以运输以近海航线为主。主流船型为 3 000 ~ 5 000 吨级。部分产品也将外销至韩国、日本，因此兼顾船型采用 1 万吨级船舶。

通过上述分析可知，本次石化码头的设计规模应该满足接卸远洋运输主力船型的需要，且综合考虑未来航运业发展因素。拟建石化码头未来将接卸的最大船舶来自中东远洋航线，主要为石脑油、PX 运输船舶，主力船型最大为 10 万吨级船舶。因此，本次 PTA 项目配套的石化码头两侧均最大设计 10 万吨泊位是合理的，符合实际需求。

考虑到园区运行后，通过该石化码头进、出园区的化工原料、产品种类较多，且运量、运输船舶大小不一，码头设计还可满足双侧同时靠泊 4 艘 5 000 吨级以下船舶以及两侧大、小船型组合停靠的需要。这将有助于提升码头整体作业效率，保障 PTA 项目生产的稳定运行。因此，石化码头两侧多泊位组合设计是合理的，符合实际需求。

综上，从船型设计规模角度分析，本项目拟建石化码头的用海规模合理性。

2）从相关行业设计标准角度分析码头用海规模合理性

A. PTA 项目对拟建石化码头吞吐能力的要求。通过对恒力石化园区配套码头吞吐能力缺口分析可知：就恒力石化园区 PTA 项目的近、远建设规模而言，现有配套码头在吞吐能力方面存着十分明显缺口。近期吞吐能力缺口为 186×10^4 t/a，远期吞吐能力缺口为 625×10^4 t/a（见表 2 – 19）。

对长兴岛北港区内恒力石化园区所属岸线进行分析后可知，仅在在建 5 万吨级杂货码头和 5 000 吨级石化码头之间剩余一段岸线。按照规划要求，可在此建设一座大型突堤石油化工码头。

为此，本次拟建石化码头吞吐能力必须满足 PTA 项目的近、远期建设规模的集疏运要求（即码头吞吐能力不低于 625×10^4 t/a），且具备满足多种原料、产品接卸的能力。

表 2 – 19 恒力石化园区配套码头吞吐能力缺口分析

运输方式	品种	运量（$\times 10^4$ t/a）	
		近期	远期
运进	对二甲苯（PX）	160	260
	石脑油	—	150
	醋酸	14	20
	乙二醇	12	20
运出	轻石脑油	—	25
	抽余油	—	80
	苯	—	70
合计		186	625

B. 从行业标准角度分析，码头用海规模是否满足实际需求。本项目拟建石油

化工码头1座，在该码头上设置10万吨级双侧靠泊液体化工泊位2座（向下兼靠0.3万吨级船舶），码头总长度645 m。为满足多品种化工原料、产品运输船舶的接卸，共设计了6个编号（1~6号）的装卸泊位。其中，1号、2号、5号、6号泊位可满足双侧同时靠泊4艘5 000吨级以下油轮装卸船作业；3号、4号泊位满足可双侧靠泊油轮，即一次可同时完成2艘船型为10万吨级或1万吨级大油船的装卸操作。这种设计可以兼顾三种作业方式（①2艘大船同时作业；②4艘小船同时作业；③1艘大船、2艘小船同时作业），是合理的，符合实际需求。

根据《石油化工码头装卸工艺设计规范》（JTS 165—8—2007）中提供的泊位年通过能力计算公式［见式（2-1）和式2-2)]，当考虑单侧仅停泊一艘1万吨级以上船舶时，通过能力计算见表2-20；当考虑单侧同时停泊2艘5 000吨级以下船舶时，单个泊位通过能力计算见表2-21。

$$P_t = \frac{1}{\sum \frac{\alpha_i}{P_{si}}} \qquad (2-1)$$

$$P_{si} = \frac{T_y G t_d}{t_z + t_f + t_p} \rho \qquad (2-2)$$

式中：P_t——泊位年通过能力；

P_{si}——与α_i相对应的泊位通过能力（t）；

α_i——各种船型船舶装卸量占泊位年装卸总量的百分比（%）；

T_y——年营运天数（d）；

G——设计船型实际载货量，（t）；

t_d——昼夜小时数，取24 h；

t_z——装卸一艘设计船型所需的净装卸时间（h）；

t_f——装卸辅助作业时间（h）；

t_p——排压仓水时间（h）；

ρ——泊位利用率。

依据本工程建设规模，考虑自然条件、船型船设备配置等综合因素，按照1个10万吨级和2个5 000吨级组合占用泊位的比例各占50%计算，泊位年设计通过能力合计641×10^4 t，满足PTA项目近、远期建设规模对拟建码头吞吐能力不低于625×10^4 t/a的要求。

同时，石脑油、PX以及其他化工品等各类货种的码头设计吞吐量也能够满足PTA项目近、远期集疏运需求。其中，石脑油为158×10^4 t、PX为262×10^4 t、其他化工品为221×10^4 t，满足PTA项目石脑油150×10^4 t、PX为260×10^4 t，其他化工品为215×10^4 t的吞吐量要求。

表 2 – 20　10 万吨级泊位通过能力计算

项目	石脑油卸船						PX 卸船			化工品装船	
船舶吨级（万吨）	10	8	5	3	2	1	3	2	1	2	1
实载率	0.9	0.9	0.9	0.9	0.9	0.9	0.9	0.9	0.9	0.9	0.9
泊位利用率	0.6	0.6	0.6	0.6	0.6	0.6	0.6	0.6	0.6	0.6	0.6
占用泊位时间（h）	27	25	18	16	15	14	16	15	14	14	11
辅助时间（h）	7	7	7	6	6	5	6	6	5	6	5

表 2 – 21　10 万吨级泊位通过能力计算

项目	石脑油卸船						PX 卸船			化工品装船	
年营运天数（d）	318	318	318	305	305	305	283	305	283	305	283
运量比例（%）	15	9	6	2	1	1	30	10	5	13	8
各船型通过能力（万吨）	1 212	1 030	824	539	376	193	539	376	193	395	229
分船型运量（万吨）	69·	42	28	9	5	5	139	46	23	60	37
分类运量（万吨）	158						208			97	
综合通过能力（万吨）	463										

表 2 – 22　5 000 吨级泊位通过能力计算

项目	PX 卸船		醋酸卸船		化工品装船	
船舶吨级	5 000	3 000	5 000	3 000	5 000	3 000
实载率	0.9	0.9	0.9	0.9	0.9	0.9
泊位利用率	0.6	0.6	0.6	0.6	0.6	0.6
占用泊位时间（h）	12	11	12	11	10	10
辅助时间（h）	5	5	5	5	5	5
年营运天数（d）	283	283	283	283	283	283
运量比例（%）	15	15	15	10	25	20
各船型通过能力（万吨）	108	69	108	69	122	73
分船型运量（万吨）	13.5	13.5	13	9	22	18
分类运量（万吨）	27		22		40	
综合通过能力（万吨）	89					

综上，从行业标准角度分析，拟建石化码头用海规模能够满足 PTA 项目近、远期建设对码头集疏运的实际需求。因此，拟建石化码头用海规模是合理的。

（2）港池、回旋水域面积的合理性

本项目码头工程的最大设计船型为 10 万吨成品油船，船长为 246 m，本次回旋水域设计直径为 500 m，符合《海港总平面设计规范》（JTJ 211—99）中有掩护港区回旋水域直径按 2 倍设计船长计算的原则。在申请用海方案中，扣除本次回旋水域位于公共航道内的部分，其余部分均界定为本次用海的港池、回旋水域，面积为 28.535 1 hm^2。

通过分析，论证项目组认为：虽然与本项目相邻的北港区东侧岸线尚未开发利用，但是根据相关规划未来也将用作港口岸线（见图 2 - 7），与本项目间需要预留必要的公共水域。为此，参考已批复的《大连港长兴岛北港区光汇石油大型液体散货码头工程宗海图》《大连长兴岛恒力石化项目配套 5000 吨级石油化工码头工程项目宗海图》对北港区港池内用海的界定原则，即"仅征用必要的停泊水域，不征用未来成为公共水域的回旋水域"，对本项目申请用海方案中的港池、回旋水域用海部分做出调整。调整后，本次用海的仅包括港池水域，面积为 8.083 8 hm^2。

经过修改后的申请用海方案，不但兼顾了本次用海的排他性，也充分考虑了北港区港池内水域使用的特点，停泊水域宽度取 2 倍船宽是符合《海港总平面设计规范》（JTJ 211—99）的，故本次申请的港池用海面积是合理的。

（3）取、排水口用海面积合理性

1）取水口用海面积合理性。本项目取水口宽度是由引水暗沟的单沟设计宽度和暗沟数量决定的，二者均根据两套 120×10^4 t/a PTA 装置输水能力需满足 117 000 m^3/h 的要求，严格参照《火力发电厂水工设计规范》（DL/T 5339—2006）计算得出，每条沟的过水能力按照额定流量的 1.1 倍设计。然后，按照《海籍调查规范》（HY/T 124—2009）对海水综合利用取水口用海的规定："以取水设施外缘线外扩 80 m 形成的矩形范围为界"构成本项目取水口用海面积 1.621 4 hm^2。由上述分析可知，本项目取水口设计符合实际需求，用海面积合理。

2）排水口用海面积合理性。本项目排水口由连接井、排水管、放水井等组成。其中，连接井布置在厂内；排水管穿越防浪墙，与护岸工程用海重合；仅有放水井的一部分坐落于防波堤用海的之外。

界址点编号及坐标（纬度|经度）		
1	39°34′28.80″	121°15′52.92″
2	39°34′27.39″	121°15′56.48″
3	39°34′46.02″	121°16′03.74″
4	39°34′45.60″	121°16′05.55″
5	39°34′35.67″	121°16′01.67″
6	39°34′26.72″	121°15′58.19″
7	39°34′33.82″	121°16′09.58″
8	39°34′56.06″	121°16′23.71″
9	39°34′57.76″	121°16′18.17″
10	39°34′56.19″	121°16′03.94″
11	39°34′32.66″	121°15′54.84″
12	39°34′30.75″	121°15′53.64″
13	39°34′30.59″	121°15′53.81″
14	39°34′30.39″	121°15′53.88″
15	39°34′30.19″	121°15′53.83″

单元	界址线	面积（hm²）	备注
透水构筑物	2-3-4-5-6-2	2.7189	栈桥、码头
港池	1-2-3-4-5-7~14-15-1	28.5351	港池、回旋水域
崇海	1-2-6-5-7~14-15-1	31.2540	

坐标系	WGS84	深度基准	马家嘴理论最低潮面
投影	高斯投影	中央经线	121.5°
测量单位		绘图人	
绘图日期	2012年02月	审核人	

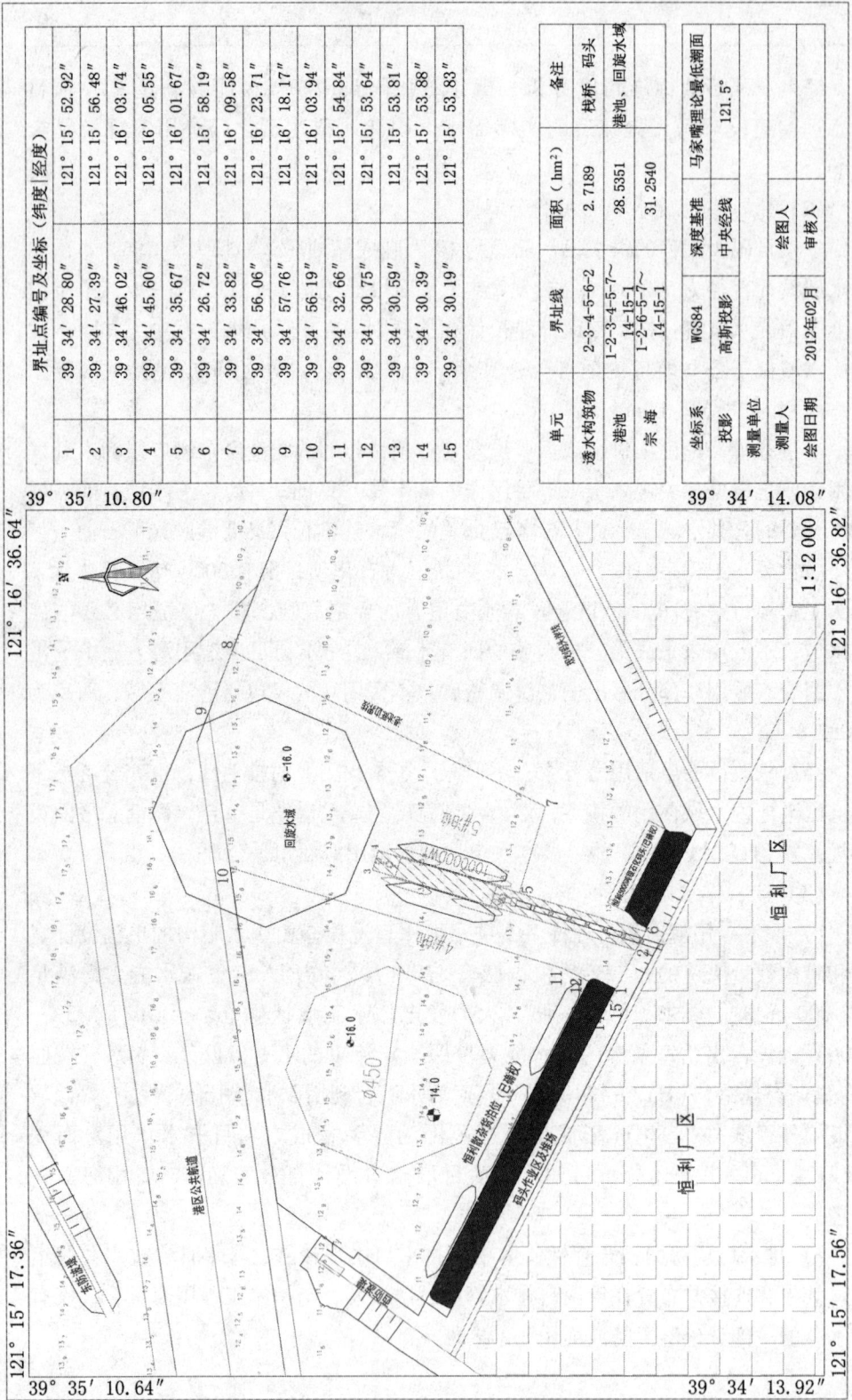

图2-7a 本项目配套石油化工码头工程崇海界址图港池、回旋水域调整前

界址点编号及坐标	(纬度)	(经度)
1	39°34′28.80″	121°15′52.92″
2	39°34′27.39″	121°15′56.48″
3	39°34′26.72″	121°15′58.19″
4	39°34′26.61″	121°15′58.46″
5	39°34′27.33″	121°15′58.95″
6	39°34′27.93″	121°15′59.87″
7	39°34′29.42″	121°16′00.85″
8	39°34′29.97″	121°15′59.45″
9	39°34′36.29″	121°16′01.92″
10	39°34′35.48″	121°16′05.37″
11	39°34′45.11″	121°16′09.12″
12	39°34′45.91″	121°16′05.67″
13	39°34′46.33″	121°16′03.86″
14	39°34′47.13″	121°16′00.44″
15	39°34′32.66″	121°15′54.84″
16	39°34′30.75″	121°15′53.64″
17	39°34′30.59″	121°15′53.81″
18	39°34′30.39″	121°15′53.88″
19	39°34′30.19″	121°15′53.83″

单元	界址线	面积（hm²）	用海方式
栈桥、码头	2-3-8-9-12~15-2	2.7639	透水构筑物
停泊水域	1-2-13~19-1	5.1697	港池
	3-4-5-6-7-8-3	0.2474	
宗海	9-10-11-12-9	2.6667	
	1-2~19-1	10.8477	

坐标系	WGS84	深度基准	马家嘴理论最低潮面
投影	高斯投影	中央经线	121.5°
测量单位		绘图人	
测量人		审核人	
绘图日期	2012年07月		

39°35′10.80″ 121°16′36.64″

121°15′17.36″ 39°35′10.64″

39°34′14.08″ 121°16′36.82″

121°15′17.56″ 39°34′13.92″

1:12 000

回旋水域

恒力厂区

港区公共航道

码头作业区及堆场

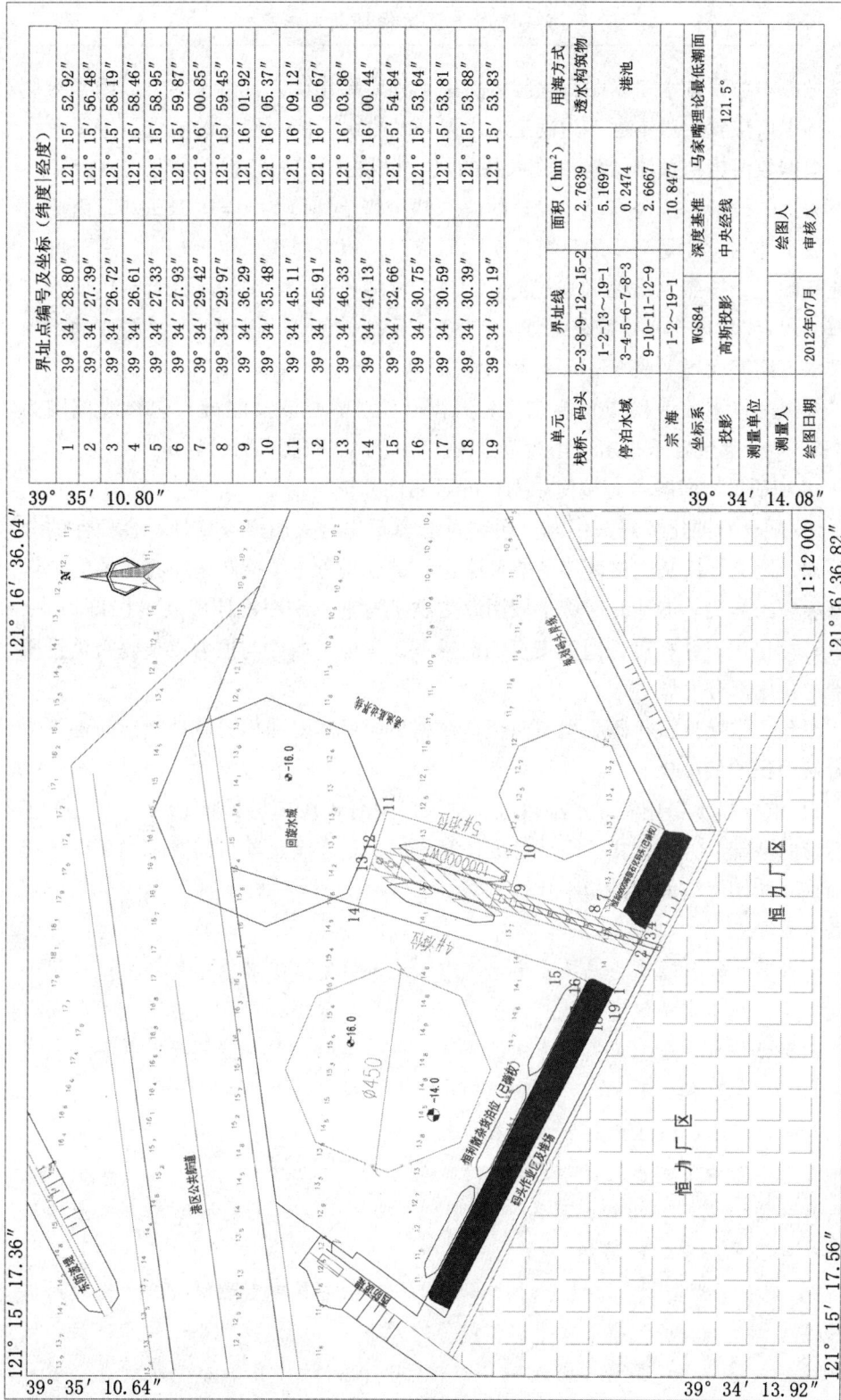

图2-7b 本项目配套石油化工码头工程宗海界址图港池、回旋水域调整后

考虑本项目排水口紧贴石化园区护岸工程坡脚建设，且由于多方面因素致使取、排水口位置相对不远，为满足取水温升及排水消能、稳定的要求设置了放水井。根据数值模拟预测结构，放水井的尺寸以将排水口流速降低至 $V = 0.5$ m/s以下为目的的设计，按现有尺寸设计的放水井可将流速降为 $V = 0.21$ m/s。由此可见，放水井的设计是必要的且符合实际需求，其用海面积 0.069 9 hm^2 是合理的。在此基础上，按照《海籍调查规范》（HY/T 124—2009）对海水综合利用取水口用海的规定："以排水设施外缘线外扩 80 m 形成的矩形范围为界"，构成的本项目排水口用海面积 1.896 8 hm^2 是合理的。

根据温排水数值模拟预测结果，升温 4℃水体所波及的最大包络线范围为 0.7 hm^2，全部包含于排水口用海范围内，因此，不需要再另行界定。

（4）项目用海减少海域使用面积的可能性分析

1）配套石油化工码头用海。通过对配套石化码头用海必要性、合理性的分析可知，码头规模是由接卸船舶船型决定，重点是考虑了接卸运输石脑油的远洋大型船舶的需要。港池和回旋水域用海按照《海港总平面设计规范》（JTJ 211—99）计算得出，并在确保通航安全的前提下，考虑了西侧与恒力散杂码头项目所属港池公用部分海域。

因此，本项目石化码头用海面积是在满足项目需要和相关设计规范前提下使用海域面积的最小化。

2）取、排水口用海。本项目取、排水口用海是在满足 2 套 PTA 生产装置正常运营的基础上，根据相关设计标准计算得出，是在满足项目需要和相关设计规划前提下使用海域面积的最小化。

关注要点：

大型石化项目通常由码头、港池、取、排水口用海等部分组成，当厂区用地空间不足时还需实施填海造地。因此，用海面积合理性分析，通常是该类型用海项目的论证重点，且应依用海方式的不同，依据其用海特点分别分析论证。

1）厂区填海面积合理性分析：从厂区布局入手，考察其是否符合相关工业设计规范的要求，是否满足安全风险防范的要求。同时，可对比同类石化企业其占地面积与投资强度、收益等的关系进行类比分析。由于厂区填海将不可逆地改变海洋环境，考虑"集约、节约"用海的要求，厂区工艺设备应为《产业结构调整指导目录》中的鼓励类。

2）码头用海面积合理性分析：码头用海面积主要决定于码头的规模和用海方式两方面。码头的规模取决于接卸船型的大小，而船型的大小取决于产品和原料种类、数量、运地距离（即航距）及国际、国内液体化工品船队状况。用海方式则取决于码头设计工艺、发展趋势和周边的协调关系等。在用海面积分析时，应按照上述逻辑顺序逆向进行分析。并综合分析码头用海是否满足自身发展需求，是否满足相关设计规范的原则。

3）港池、航道用海面积分析：一般情况下，港池、航道用海面积的确定，仅需按照设计船型，并结合《海港总平面设计规范》的要求即可。值得注意的是，大部分石化企业位于石化园区的公共港区内，在公共港区内确定排他性水域，应特别慎重，需充分考虑保障周边企业对公共空间资源的需求。

4）取排水口用海面积合理性分析：除了取排水口基本用海范围的界定外，需要关注排水造成的温升包络线与取排水口用海范围的关系，需给出叠置图进行综合判断。

优点：

论证报告层次分明，思路清晰，抓住了石化项目的特点，论证具有针对性。

1）石化码头用海面积合理性分析：从PTA项目的原料产地、生产规模、目标市场及对港口依存度，分析论证了码头用海规模的合理性，并据此从用海面积是否满足项目用海需求和是否符合恒业设计标准两方面，分析论证了码头用海面积的合理性。

2）港池用海面积合理性分析：不但兼顾了本次用海的排他性，也充分考虑了北港区港池内水域使用的特点。

3）取、排水口用海面积合理性分析：兼顾考虑了防波堤、护坦等结构物的用海需求，将温排水数值模拟预测结果与排水口用海进行了对比分析。

考虑本项目排水口紧贴石化园区护岸工程坡脚建设，且由于多方面因素，导致取排水口位置相对较近，为满足取水温升及排水消能、稳定的要求设置了放水井。根据数值模拟预测结果，放水井的尺寸以将排水口流速降低至 $V = 0.5 \text{ m/s}$ 以下为目的设计，按现有尺寸设计的放水井可将流速降为 $V = 0.21 \text{ m/s}$。由此可见，放水井的设计是必要的且符合实际需求，其用海面积 $0.069\,9 \text{ hm}^2$ 是合理的。在此基础上，按照《海籍调查规范》（HY/T 124—2009）对海水综合利用取水口用海的规定："以排水设施外缘线外扩80 m形成的矩形范围为界"，构成的本项目排水口用海面积 $1.896\,8 \text{ hm}^2$，用海面积界定合理。

根据温升4℃水体的最大包络线范围为 0.7 hm^2，包含了排水口用海范围，因此，排水口用海不需另行界定。

不足：

报告书在取排水口用海合理性分析中，没有将预测的4℃温升线矢量化，与排水口宗海图进行叠加分析。

案例 3 滨海火电厂项目案例评析

3.1 滨海火电厂项目及用海特点

3.1.1 相关政策规定

目前，高效、清洁、低碳已经成为世界能源发展的主流方向，世界能源将逐步跨入石油、天然气、煤炭、可再生能源和核能并驾齐驱的新时代。在我国电力能源结构中，火力发电比例占 70%~80%，煤炭是中国的主要能源，以煤为主的能源结构在未来相当长时期内难以改变。根据国家有关电力发展规划，今后乃至相当长的一段时间，以煤为主要燃料的火力发电仍是各地电力的主要方向之一，而且除布置建设坑口火力发电外，今后燃煤电厂将更多地布置在有港口码头优势的滨海地区。

国家有关部门对火力发电建设、技术要求出台了众多的法律、法规、政策、规定等，用以规范火力发电厂的建设和布局。其中主要的有《产业结构调整指导目录（2011 年）》、《能源发展"十二五"规划》、国家计委《关于进一步做好热电联厂项目建设管理工作的规定》（计基础［2003］369 号）、《关于发展热电联产的规定》（［2000］1268 号）、国家发展与改革委员会《关于燃煤电站项目规划和建设的有关要求的通知》（发改能源［2004］864 号）、国家发改委、建设部《关于印发〈热电联产和煤矸石综合利用发电项目建设管理暂行规定〉的通知》（发改能源［2007］141 号）等。

其中《产业结构调整指导目录（2011 年）》明确规定"单机 60 万 kW 及以上超临界、超超临界机组电站建设和采用 30 万 kW 及以上集中供热机组的热电联产以及热、电、冷多联产"为鼓励性项目。《能源发展"十二五"规划》明确指出：稳步推进大型煤电基地建设，统筹水资源和生态环境承载能力，按照集约化开发模式，采用超临界、循环硫化床、高效节水等先进适用技术。合理布局港口、路口电源和支撑性电源，严格控制在环渤海、长三角、珠三角地区新增除"上大压小"和热电联产之外的燃煤机组。"十二五"时期，全国新增煤电机组 3 ×10^8 kW，其中热电联产 7 000 ×10^4 kW、低热值煤炭资源综合利用 5 000

$\times 10^4$ kW。积极发展热电联产,加快淘汰落后的小火电机组。

国家发改委《关于燃煤电站项目规划和建设的有关要求的通知》明确规定现阶段在电站布局上优先考虑以下项目:利用原有厂址扩建项目和"以大代小"老厂改造项目;靠近电力负荷中心,有利于减轻电网建设和输电压力的项目;利用本地煤炭资源建设坑口或矿区电站以及港口、铁道路口等运输条件较好的电站项目;有利于电网运行安全,多方向、分散接入系统的项目。《热电联产和煤矸石综合利用发电项目建设管理暂行规定》明确热电联产应当以集中供热为前提。在不具备集中供热条件的地区,暂不考虑规划建设热电联产项目。以工业热负荷为主的工业区应当尽可能集中规划建设,实现集中供热。

3.1.2　火电厂主要类型

火电厂是利用煤、石油、天然气作为燃料生产电能的工厂。它的基本生产过程是燃料在锅炉中燃烧加热使水成为蒸汽,将燃料的化学能转变成热能,蒸汽压力推动汽轮机旋转,热能转换成机械能,然后汽轮机带动发电机旋转,将机械能转变成电能。

火电厂按燃料分有燃煤发电厂、燃油发电厂、燃气发电厂、余热发电厂和以垃圾及工业废料为燃料的发电厂。按蒸汽压力和温度分有中低压发电厂(3.92 MPa,450 kWh),高压发电厂(9.9 MPa,540 kWh),超高压发电厂(13.83 MPa,540 kWh),亚临界压力发电厂(16.77 MPa,540 kWh),超临界压力发电厂(22.11 MPa,550 kWh)。按原动机分有凝气式汽轮机发电厂,燃气轮机发电厂,内燃机发电厂,蒸汽–燃汽轮机发电厂等;按输出能源分有凝汽式发电厂(只发电),热电厂(发电兼供热);按发电厂装机容量分有小容量发电厂(100 MW 以下),中容量发电厂(100 M~250 MW),大中容量发电厂(250 M~1 000 MW),大容量发电厂(1 000 MW 以上)。凝气式电厂按照煤电运协调发展规划又分为矿口电厂(坑口电厂和矿区电厂)和港口电厂、路口电厂。坑口电厂,即点对点采用皮带运煤;矿区电厂,即采用匡铁或汽车运煤,运距在 50 km以内;港口与路口电厂,前者指来煤经海、河中转运输;后者指缺煤省界附近铁道来煤的电厂。

根据发改委能源〔2004〕823 号文件的规定,火电厂建设执行六条优先原则:

1) 扩建项目,包括以大代小技改项目和老厂改造项目;

2) 靠近用电负荷中心;

3) 靠近煤炭资源,建设坑口电厂以及港口、铁道路口等煤炭运输条件优越的电厂;

4）采用高参数、大容量、高效率的发电机组；

5）符合当前环境保护、节约用水和热电联产政策的项目；

6）有利于电网安全，多方向分散接入电力系统的项目。

六条优先中第三条的坑口电厂原意指矿口电厂，即包括坑口电厂和矿区电厂，第五条的项目中，后专门发文增加了煤矸石发电综合利用的项目也应优先。

3.1.3　滨海火电厂项目用海特点与要求

滨海火力发电厂建设工程内容主要包括：发电机组主厂房、灰场、卸煤码头、综合（重件运输）码头及取排水口等配套工程建设。通常滨海火力发电厂区和灰场建设用地主要利用滩涂资源适度实施围填海造地，同时近岸海域应能提供电厂取水、排水的环境条件。因此，火电类项目用海要求有较充足的滩涂资源、适宜的深水岸线资源，海面较开阔，潮流顺畅，有足够的环境容量，水动力交换活跃，离生态保护区、旅游区和城镇有一定距离，对周边资源环境和开发活动影响小。

灰渣综合利用国家不仅提倡而且已列入"评优"条件，成为电厂建设可批性的因素之一。东部沿海地区的大城市，做到100%应无问题，已出现将过去在灰场暂时储存的灰渣挖出使用；西部人烟稀少地区，灰渣利用途径与数量有限，一般在30%以下；其余广大地区一般灰渣利用率多在30%~70%范围内，或者在50%左右。城市热电厂与非城市所在地区的凝气式电厂相比，一般灰渣利用率会高一些。电厂灰场建设规定灰场储存年限如下：

1）当灰渣能够全部综合利用时，只建设1年储量的备用灰场；

2）当灰渣利用率很差，例如在30%以下时，应征用10年储量的灰场，但应分期建设，工程量按储灰3年计列；

3）当灰渣利用率为50%左右时，应征用5年左右储量的灰场，工程量可适当减少；

4）从选厂和确定建设规模的要求出发，近期、近远期灰场应能容纳按规划容量计算20年左右的灰渣量，以保证在不利情况下也能满足电厂全寿期的要求，并应取得地方政府主管部门预留的承诺。

依据《海域使用分类》（HY/T 123—2009）和《海籍调查规范》（HY/T 124—2009），滨海火电厂工程用海类型属工业用海中的电力工业用海，其用海方式一般包括：填海造地（用于电厂厂区、施工场地、废弃物处置——贮灰场）、透水和非透水构筑物用海（码头、引堤、栈桥、取排水管道等）、围海（用于电厂建设大件和燃料煤运输停泊水域、港池）、开放式用海（温排水）和其他方式（取、排水口用海）等。

　　从用途和用海方式角度，滨海火电厂开发利用海域空间和海岸线资源一般包括：近岸滩涂资源，用于厂区与灰场等填海造地或项目建设必要的土地资源；深水岸线资源，用于煤炭运输港口码头建设；近岸海域资源，用于取排水口建设和电厂冷却循环用海水的取水与温水排放，码头构筑物建设与港池、航道用海等。

　　从主要工程内容角度，滨海火电厂建设海洋资源环境影响特征为：填海造地与码头建设对工程区海域水动力、泥沙运动以及岸滩稳定产生影响以及施工期炸礁、疏浚施工产生的悬浮物，施工船舶产生的生活污水和油污水等，对海洋生态及海域环境造成的影响；运营期温排水（余氯）对周边海域环境、海洋开发活动的影响等。

3.1.4　火电项目论证重点把握

3.1.4.1　海域使用论证关注要点

（1）取排水平面布置与结构方案的合理性

　　滨海火电厂取排水平面布置与结构方案的合理性，通常是海域使用论证的重点内容，同时也是项目工程可行性研究与初步设计阶段的重点工作内容之一，但两者关注的角度与侧重点略有不同。

　　滨海火电厂初步设计取排水专题研究内容一般包括以下方面。

　　1）电厂取水安全。取水口设计在任何海况条件下，均应确保提供满足电厂正常生产运行的用水量，火力发电厂供水水源的设计保证率为97%。

　　2）避免温排水对取排水产生影响。取排水口平面布置距离、位置及工程结构方案的设计，需充分考虑排水温升对电厂自身取水的影响，以保障电厂的运行效率。

　　3）减少对海洋生态环境的影响和动迁补偿费用。取排水口位置的选择与工程结构方案设计，应避开保护区及重要环境敏感区，避免取排水对保护区、重要海洋生态和渔业资源的影响。同时，规划设计项目尽可能避开已有的开发活动，以减少项目动迁成本。

　　4）工程结构安全。取排水口设计应充分保障运营期工程结构的安全，取排水口不宜建设在不良地质环境区，与航道、船舶掉头区要保持足够的安全距离，力求避免因受海床滑塌、海底蚀淤及船舶碰撞等可能产生的取排水构筑物的损毁等。

　　5）经济可行性。取排水方案比选阶段成本投入也是初步设计阶段考虑的重要指标之一。取排水口位置及选线等除了保障正常的安全生产外，还要对经济可行性进行充分的比选论证，包括取排水方式是采用明渠还是暗渠，是采用全潮取水还是半潮取水等。

海域使用论证应主要从节约集约使用海域与岸线资源，减少项目用海对海洋资源环境和周边海洋开发活动的影响以及项目用海与海洋功能区划和相关涉海规划的协调性等方面，分析并论证项目取排水口平面布置的合理性。论证报告应充分利用和分析项目工程可行性或初步设计阶段的相关专题研究成果，从海域使用论证关注的重点，探讨进一步优化取排水平面布置与结构方案的可能性。

（2）温排水资源环境影响分析

滨海火电项目的运行需以冷却水为载体将废热释放到海洋中，通常 1 000 MW 装机温排水的排放量约为 $30 \sim 40 \ m^3/s$，大量的温排水一方面改变了排水口附近海域的流场，另一方面使排水口附近的局部海域水温不同程度地上升，会对海洋生态环境产生影响。温排水扩散取决于海况、地形、潮汐、海流及排水口形态、排水量、流速等多种因素，论证报告应建立有效的数值模型来预测温排水的扩散范围，通过海域资源环境与开发现状调查，深入分析温排水对主要海洋环境敏感目标与开发活动的影响情况。

一般认为余氯对海洋生物的毒性安全阈值为 0.02 mg/L，热电厂项目通常还需分析余氯对海洋生态环境的影响。

（3）填海造地平面布置与规模的合理性

绝大多数滨海火电厂的建设，都需要通过一定规模的填海造地解决电厂厂区和灰场建设的用地需求，部分电厂可能还涉及港口码头和煤堆场用地的填海造地。论证报告应充分论证厂区与灰场等建设围填海用海的理由与规模。

通过同类型规模的电厂建设类比分析项目厂区、灰场、码头和堆场建设填海造地规模的合理性是可取的方法，同时还应论证项目所在海域的海岸形态与地貌特征，分析其平面布局的合理性。分期建设的电厂应充分论证本期项目为后期项目建设申请或预留一定规模围填海理由的必要性与合理性。

（4）码头与堆场

码头与堆场建设可参照港口码头建设的相关要求论证其合理性，同时应考虑码头布置与取排水口布置的协调性与安全性问题。

（5）其他方面

1）船舶碰撞溢油风险、海冰灾害、航道与取排水口淤积等风险防范的应急预案和风险防范措施。

2）取排水口、取排水明（暗）渠、温排水等用海方式界址点线确定的合理性等。

3.1.4.2　海域使用论证重点

根据《海域使用论证技术导则》，滨海火电项目用海论证重点一般包括：用海必要性、选址（线）合理性、用海方式和布局合理性、资源环境影响及用海风险。

除依据导则并结合项目所处海域环境条件特征筛选论证重点外，滨海火电厂项目还应关注下述内容或从下述的角度对相关内容开展论证分析工作。

（1）与海洋功能区划和相关规划的符合性

取排水口、温排水及厂区与灰场建设填海造地等电厂建设选址、布局与海洋功能区划和相关规划的符合性，项目用海方式和温水排放与功能区划管理要求的符合性等。

（2）利益相关者协调性分析

火电厂用海方式一般包括开放式用海（温排水用海）、其他方式（取、排水口用海）、填海造地用海、构筑物用海（透水与非透水构筑物用海）等多种用海方式，项目建设区域分布和影响范围广，需从温排水与余氯排放、水动力与冲淤环境改变、悬浮泥沙扩散与围填海占用等多方面、多因素分析项目用海的利益相关情况。

（3）用海方式、面积与平面布置合理性

火电厂建设用海方式一般包括一定规模的围填海用于厂区建设和灰场建设，温排水占用一定规模的近岸海域和岸线资源，需对其用海方式与用海面积的合理性及其对海域滩涂空间资源和岸线资源占用的合理性进行深入分析。取排水口平面布置方案直接关系到温排水对其自身取水及周边相关敏感目标的影响，需通过取排水口平面布置方案比选与优化，充分论证取排水口平面布置的合理性。

（4）资源环境影响

重点分析论证项目建设运营期温水和余氯排放对周边生态环境的影响。

3.1.5 滨海火电项目宗海图编绘要点

滨海火电项目用海方式包括了填海造地（用于电厂厂区、施工场地、废弃物处置——贮灰场）、透水和非透水构筑物用海（码头、引堤、栈桥、取排水管道等）、围海（用于电厂建设大件和燃料煤运输停泊水域、港池）、开放式用海（温排水）和其他方式（取、排水口用海）等。项目用海方式表现为类型多样且用海单元分布分散的特点。宗海图编绘除按通常的要求给出宗海位置图、宗海界址图，为便于清晰反映宗海内部单元的关系，还须给出宗海平面布置图。这里的宗海平面布置图是指反映用海项目内部单元及与相邻宗海平面位置关系的图件。如图3-1所示。

填海造地宗海界址图是当前宗海界址图编绘中比较常见的一种，按照围填海

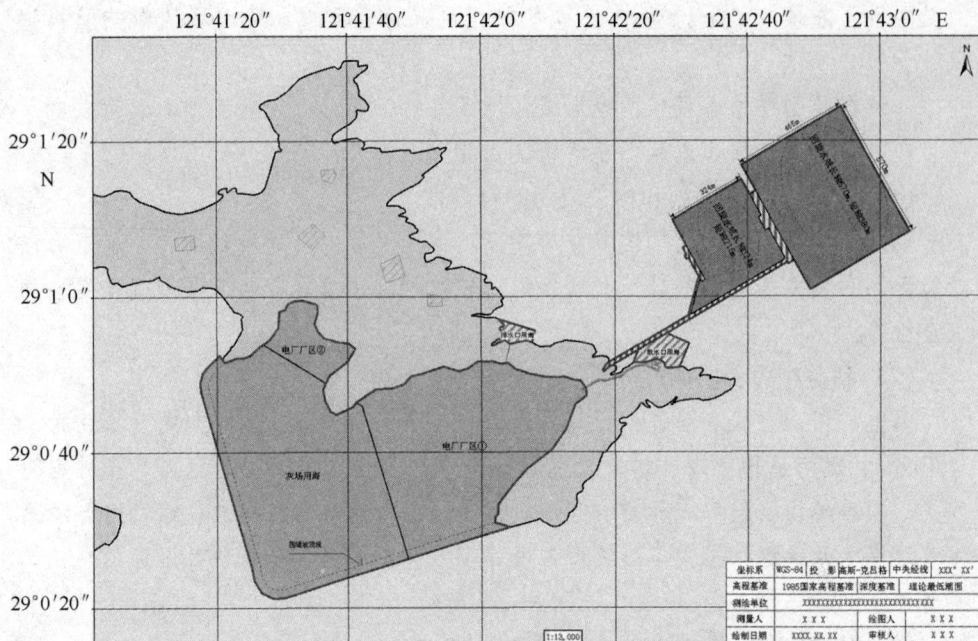

图 3-1　滨海火电项目宗海平面布置图

造地方式，可以划分为顺岸式围填海造地、人工岛式围填海造地和区块组团式围填海造地。根据《海籍调查规范》，顺岸式围填海造地陆域以填海造地前的海岸线为界，海域以堤坝基床或回填物倾埋水下的外缘线为界；人工岛式围填海造地以人工岛四周堤坝基床水下外缘线为界。

图 3-2 所示为顺岸式围填海造地宗海界址图。图中清楚地反映了围填海造地宗海的界址点分布状况、界址线范围及宗海图斑平面形状。

（1）宗海界址图分宗

按照宗海图分宗原则，围填海造地宗海图需要单独设宗。因此，本范例需将属于同一业主且具有共用界址线分别用于电厂厂区、灰场的围填海造地宗海界址图单独设宗。

（2）界址点标注

范例宗海界址图主要界址点界定明确，标注清晰。界址点标注从西南角开始，逆时针顺序标注，对于弧形界址区域，图中增加了界址点数量，以减少界址点直线连线产生的面积误差。

（3）相邻宗海

范例的相邻宗海有排水口用海，取水口用海、综合码头港池等，相邻宗海界址图斑与本案例主要体现的围填海造地宗海界址图斑色彩有明显区别。

（4）宗海内部单元、界址线与面积列表

宗海内部单元按具体用海单元用途填写，内部单位与"宗海及内部单元记录表"中的内部单元用途名称一致。宗海内部单元面积单位为"hm²"，小数点后保留 4 位。界址线采用连接界址线的界址点加"－"表示，界址点首、尾相同，对于界址点较多且连续编号的用海单元，采取中间省略的方式。

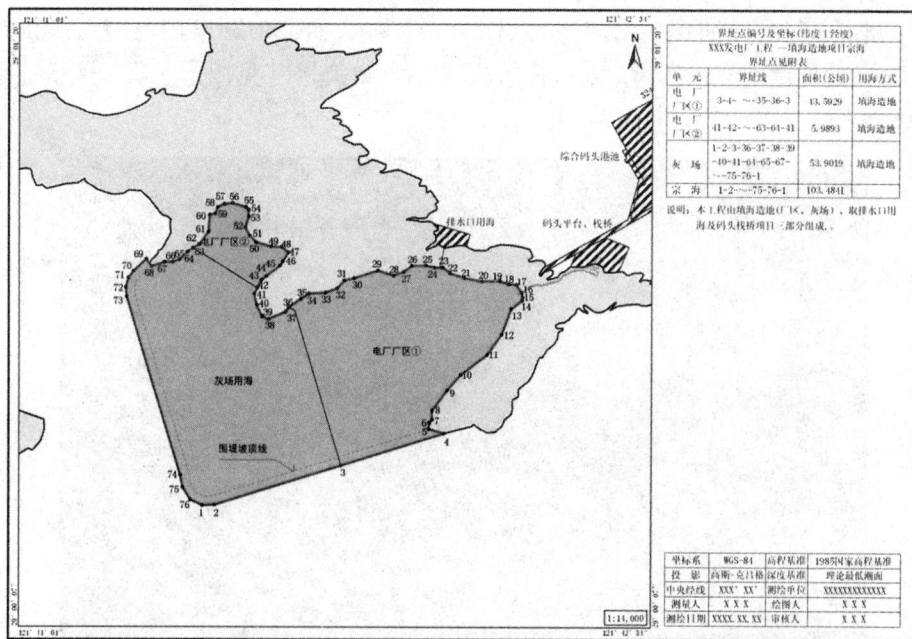

图 3－2　围填海造地宗海界址图

3.2　案例点评

选摘案例项目的海域使用论证报告书 2010 年 12 月 17 日完成专家评审，2011 年 5 月完成修改稿。项目于 2012 年 8 月 16 日获得国家发改委核准。

案例为典型的滨海火电用海论证项目，用海内容包括厂区建设填海造地用海、灰场建设废弃物处置填海造地用海、煤炭运输综合码头建设透水构筑物用海、港池开放式用海以及取、排水口其他方式用海等用海方式。案例分析主要选摘了报告书中概述、项目用海基本情况和项目用海合理性分析等章节内容，并依据案例编制需要进行了适当删减和整合。

3.2.1　项目用海基本情况

3.2.1.1　项目位置

浙江台州电厂为"上大压小"新建项目（以下简称电厂）选址于浙江沿海中部三门湾湾口西南岸段宫前湾牛山涂（渔西涂一部分）滩涂（见图3-1），隶属台州市三门县浬浦镇，南向距台州市区 37 km，西北向距三门县城海游镇约 34 km，北向离宁波市区约 146 km，南临三门湾口海域（见图 3-3）。该厂址中心地理坐标为 29°02′N，121°42′E。

图 3-3　项目用海位置及三门湾牛山涂及附近地形形势

3.2.1.2　用海事由

浙江台州电厂始建于 1982 年，其中一至三期工程（6×135 MW 燃煤发电机组）运行时间已达到或接近规定的关停年限，根据国务院批转发改委，能源办《关于加快关停小火电机组若干意见的通知》（国发〔2007〕2 号）精神以及浙江省委、省政府关于建设"生态浙江"和"节能减排"的指示精神，原则上不得在城市规划和建成区新建或改、扩建燃煤发电机组。根据当地规划异地扩建将更有利于电厂运行，不但可满足浙江省用电负荷不断增长的需求，而且也可有效地节能减排，改善环境。因此，浙江省发展改革委会同浙江省能源局、浙江省经济和信息化委员会，向国家能源局提出《关于要求开展浙江台州第二发电厂"上大压小"项目前期工作的请示》，并获得同意由浙江省能源集团负责开展这项前期工作。

根据台州电厂关停异地重建"上大压小"的需求，浙江浙能台州第二发电厂"上大压小"新建项目选址于浙江沿海中部台州市三门县三门湾湾口西南岸段宫前湾牛山涂，建设规模一期 $2 \times 1\,000$ MW，并留有扩建 $2 \times 1\,000$ MW 的余地，项目用海有电厂的厂区及灰场围填海造地，卸煤码头、综合码头、取排水口等涉海工程。根据《中华人民共和国海域使用管理法》的规定，海域属国家所有，任何单位和个人在中华人民共和国内水、领海持续使用特定海域 3 个月以上的排他性用海活动，可向海洋行政主管部门提出申请，依法使用海域。为此，浙江省能源集团有限公司向国家海洋局提出项目海域使用申请并获得同意开展海域使用论证工作后，由浙江浙能台州第二发电厂筹建处委托国家海洋局第二海洋研究所进行浙江浙能台州第二发电厂"上大压小"新建项目海域使用论证工作。

3.2.1.3 项目建设内容和规模

电厂拟建装机容量 $2 \times 1\,000$ MW 超超临界燃煤发电机组，并留有扩建 $2 \times 1\,000$ MW 的余地。厂址和灰场拟申请围填海造地面积 108.364 4 hm^2，建设 3.5 万吨级卸煤码头泊位 1 个，3 000 吨重件运输码头泊位 1 个，取、排水口各 1 个。电厂工程建设计划投资 815 564 万元；总工期 42 个月。

项目用海平面布置如下。

（1）围海工程用海平面布置

根据拟建电厂厂区总体规划平面布置方案，厂址和灰场围填海安排在三门湾湾口西南岸段宫前湾牛山涂东部滩涂，围堤由两条堤坝组成，呈"L"形平面布置，堤线总长 2 025.18 m。围填海区内厂区和灰场采用一条隔堤分离，长度为 860 m（图 3-4）。

（2）取、排水口工程平面布置

1）取水口。电厂循环冷却系统采用海水直流冷却方式，淡水水源采用海水淡化，取海水流量 65 m^3/s，海水淡化所需流量占其中的 0.1%。取水口布置在厂区东侧小牛嘴基岩岬角区段（见图 3-4），采用明渠取水，由引水隧洞、连接井、自流箱涵引至循泵房前池，进而由循环水管沟送到主厂房。引水明渠为一期、二期合用 1 条，长度约 280 m。

2）排水口。排水口布置在厂区东北侧、长栏嘴基岩岬角南面基岩区段（见图 3-4），采用敞开式岸边直接排放。为了减小排水口流速，采用喇叭口形排水口。

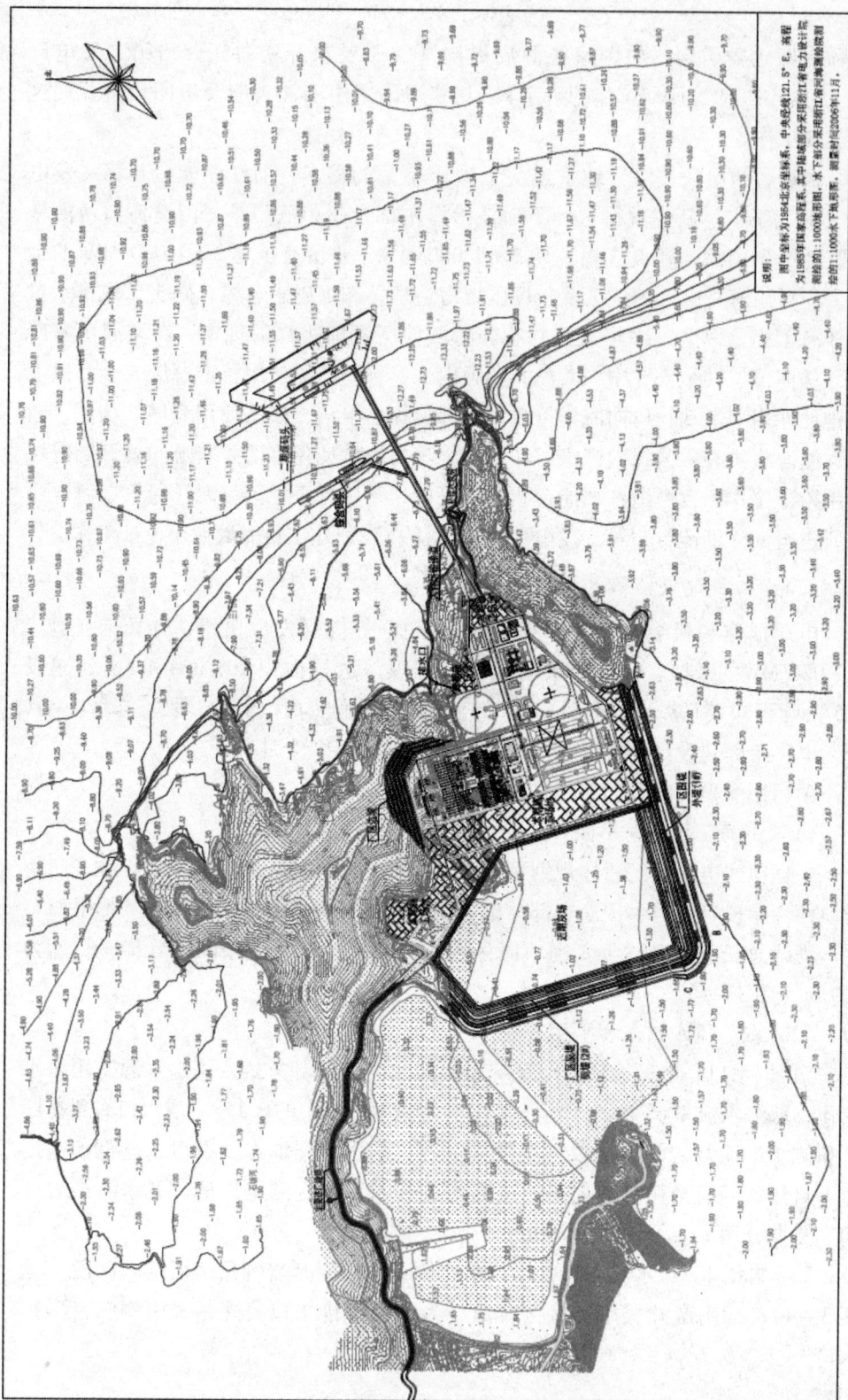

图3-4 电厂(牛山厂址)厂区总体规划(现方案)

（3）码头工程平面布置

码头分卸煤码头和综合码头呈反 "F" 形布置在厂区东面海域，栈桥与小牛山基岩岬角根部衔接；3 000 吨级综合码头布设在距离卸煤码头平台后沿约325 m 处（见图3-4）。

卸煤码头平台长317 m，宽28 m，设置辅助平台60.0 m×15.0 m；综合码头平台长156 m，宽17 m，另设辅助平台15.0 m×9.0 m。

推荐常规型3.5 万吨级散货船作为近期卸煤码头设计船型，船长190 m，宽30.5 m，满载吃水深度11.2 m；推荐0.3 万吨级散货船作为综合码头设计船型，船长108 m，宽16 m，满载吃水深度6 m。

卸煤码头前沿泊位及港池局部疏浚面积约28 571 m²，疏深3.5 m，总方量约 10×10^4 m³。

3.2.1.4 申请用海面积和用海期限

本工程的海域使用类型为工业用海中的电力工业用海。用海方式包括填海造地用海、废弃物处置填海造地用海、码头等透水构筑物用海、港池及取、排水口用海。项目申请用海总面积为 181.437 1 hm²，其中，填海造地用海 62.589 1 hm²，废弃物处置填海造地用海45.775 3 hm²，透水构筑物用海2.818 6 hm²（码头用海 2.730 0 hm²，取水口 0.008 6 hm²），开放式用海42.660 8 hm²（港池39.301 5 hm²，取水口3.359 3 hm²），温排水用海27.593 3 hm²。

申请用海期限为50 年。

3.2.1.5 自然环境条件

项目用海区域潮汐性质属不正规半日浅海潮，平均潮差4.16 m 左右；潮流属不正规半日浅海潮流，运动形式以往复流为主，厂址前沿最大垂线平均流速为 1.03 ~ 1.06 m/s；拟建电厂附近海域的常波向为 ESE—SSE 向，平均波高 0.3 m 左右，强波向为 NNW 向；厂址前沿平均含沙量为 0.029 ~ 0.165 kg/m³。

项目选址于三门湾口南侧的牛山，沿岸陆域地貌形态主要由高低丘陵构成，这些岩体岬角突于海中，岬角间则形成沿岸岙湾，并由泥沙淤积成洋市涂、后坑涂、渔西涂等潮滩，由于小牛嘴的挑流作用在其前沿形成了牛山深槽，适合布置电厂码头和取水口；工程海域的海底沉积物主要为黏土质粉砂，工程区位于基岩海岸和滩涂，工程地质条件相对稳定；根据水下地形资料分析，三门湾口在自然状态下处于淤积状态。

项目用海海域经2007 年1 月至2010 年7 月间4 次调查表明，除活性磷酸盐部分超三类和无机氮超四类水质标准外，其他监测要素均符合一类海水水质标准；沉积物要素均能满足一类沉积物环境质量标准；除牡蛎样品的铅含量超过一类标准，其余各类生物体各评价指数均小于 1；2008 年春季和夏季拖网和张网调查鉴定渔业资源生物共 108 种。浮游植物有 117 种，平均细胞丰度为 32.65×10^3 个/m^3，多样性指数平均 1.58 ～ 2.26；浮游动物有 88 种，多样性指数平均 2.5，平均生物量为 109.7 mg/m^3；鱼卵和仔鱼密度均值 2.8 个/m^3 和 3.3 个/m^3；底栖生物 118 种，平均生物量和栖息密度为 17.4 g/m^2 和 95.5 个/m^2，多样性指数为 1.54 ～ 1.90，潮间带底栖生物 75 种，平均生物量和栖息密度为 2 488.49 g/m^2 和 1 921.78 个/m^2，多样性指数均值为 1.70 ～ 1.96。工程海域外为猫头洋渔场，也是传统上东海大黄鱼等主要经济物种的主要产卵场，主要渔业种类为暖水性和暖温性物种。

工程海域附近分布有港口资源、滩涂资源、渔业资源、水产种质资源（贝类自然苗种、鳗苗、蟹苗等）和滨海旅游资源等。

3.2.1.6　海域开发利用现状

三门湾是一个相对独立的自然地理单元和生态系统，拥有港口、滩涂、滨海旅游、海洋渔业等优势资源，但与浙江沿海的象山港和乐清湾等其他海湾相比，该湾的海洋资源开发明显滞后，近年来三门县三门湾海洋资源得到重视开发，重点发展临港产业，项目用海所在及附近海域的海洋资源开发简况见图 3 - 5。

（1）港口开发利用现状

健跳港是台州港的一个港区，该港区分为下沙塘作业区，龙山深水港作业区，七市塘作业区，洋市涂作业区，牛山作业区。目前港口开发主要集中在健跳港内，现有客、货、渔、油码头泊位 9 个，泊位总长 347 m，其中千吨级泊位 2 个，其余为 300 ～ 500 吨级泊位，最大吨位为 5 000 吨级军民两用码头。

健跳江内为国家二级群众渔港，在健跳黄门峡西侧建有 500 吨级和 300 吨级渔业码头各 1 座，港内可停泊 2 500 艘渔船。

健跳港内七市塘、下沙塘作业区，船舶修造业发展较快，目前有健跳船舶修造，华龙造船，台州海滨船舶修造及皓支造船，金茂船业有限公司等企业，拥有万吨级船坞，5 000 吨级船台及 5 000 吨级舾装码头。

另外蒲西有 300 吨级客货码头 3 座，方山有 500 吨级码头一座。

（2）锚地开发利用现状

三门湾内现有锚地四处，即大甲山锚地、猫头锚地、蛇蟠锚地、猫头水道小轮锚地。

表 3 − 1　健跳港区现有锚地位置及基本条件概况

锚地名称	锚地水域范围	底质	水深（m）	面积（km²）
三门大甲山待泊锚地	29°01.50′N/121°48.07′E，29°02.80′N/121°45.00′E 29°02.80′N/121°47.00′E，29°01.50′N/121°46.80′E	泥	9 ~ 12	6.5
三门湾猫头驳载锚地	29°07.50′N/121°38.50′E，29°06.80′N/121°38.50′E 29°06.20′N/121°39.50′E，29°06.90′N/121°39.50′E	泥	12 ~ 25	2
三门蛇蟠水道避风锚地	29°07.57′N/121°34.17′E，29°07.98′N/121°35.47′E 29°07.57′N/121°35.47′E，29°07.98′N/121°34.17′E	泥	5 ~ 11	1.4
三门猫头水道小船锚地	29°04.50′N/121°40.40′E，29°04.50′N/121°41.20′E 29°05.80′N/121°40.00′E，29°05.80′N/121°39.20′E	泥	5 ~ 9	1.7

（3）滩涂资源开发利用现状

三门湾岸线曲折，环境隐蔽，风浪较小，滩面平坦宽广，缓慢淤涨，涂质细软肥沃，水产资源丰富，具有围涂造地，水产养殖和传统贝类苗种培育等多种功能，宜进行多功能综合开发利用。

三门县滩涂资源面积现有 115.133 3 km²（17.27 万亩①），适宜滩涂养殖，是三门县进行传统贝类苗种培育的场所。滩涂资源为三门县拓展生活和生产空间提供潜在的土地资源，1950—2007 年，围涂造地面积共 92 km²（13.8 万亩），已开发为种植、园地、养殖及工业、城镇用地。大面积的围涂有花鼓屿塘（7 000 亩）、蛇蟠塘（1—4 期 19 000 亩）、六敖北塘（5 230 亩）、六敖南塘（3 500 亩），呑口塘（3 200 亩）、红旗塘（4 000 亩）、三角塘塘（9 700 亩），跃进塘（6 500 亩），猫头塘（1 000 亩），晏站塘（19 100 亩）等。主要作为养殖、城镇、港口物流及临港工业用地。

（4）海洋渔业资源开发利用现状

项目用海所在海域的牛山涂，滩涂养殖主要养殖品种缢蛏和紫菜，局部高滩暂养缢蛏幼苗，苗种源于泗淋乡浦坝港滩涂，每年冬至投放苗种，到翌年清明节前后收苗向市场出售。据现场调访，草头村和木杓村滩涂养殖年纯收益分别约 200 万元和 35 万元。小牛嘴至南嘴头岸段近岸海域有少量村民自发季节性张网捕鳗苗和蟹苗。

---

① 1 亩 = 1/15 hm²。

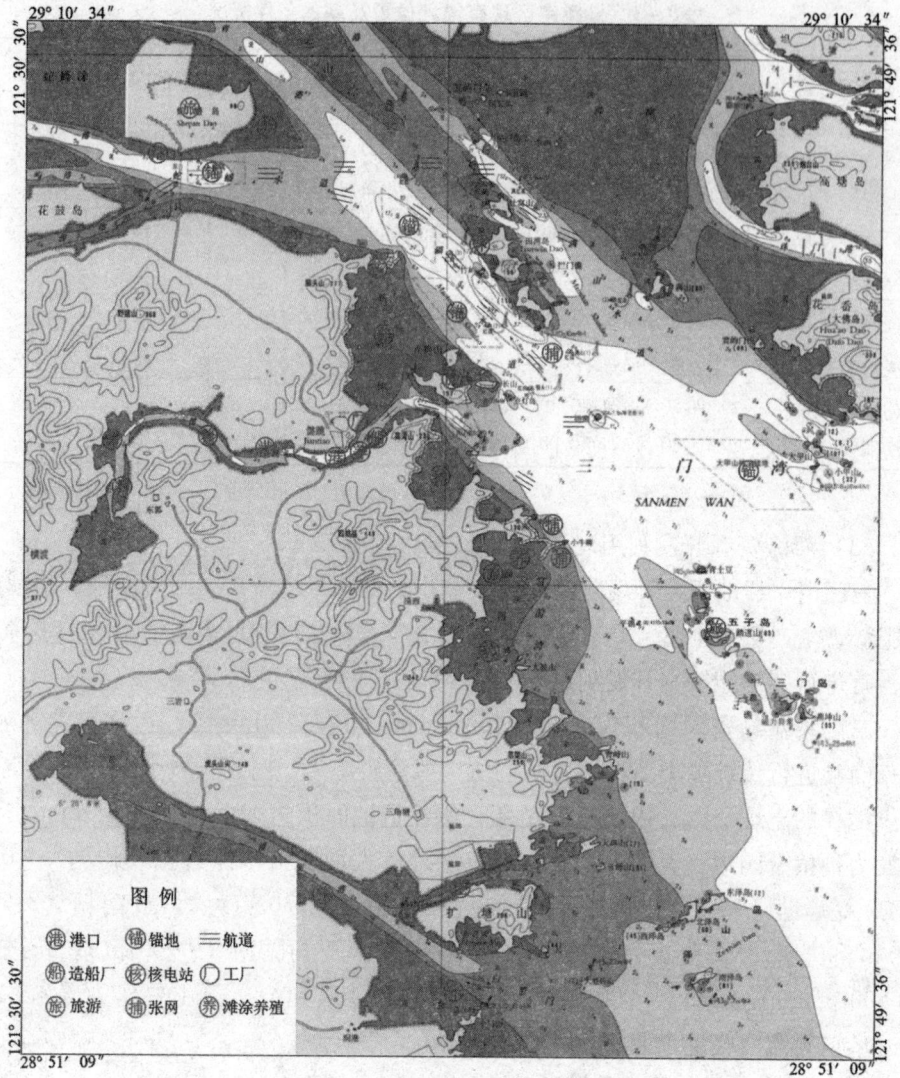

图 3 – 5　项目用海所在及附近海域海洋资源开发现状

3.2.2　项目用海论证内容及点评

3.2.2.1　项目用海基本情况

3.2.2.1.1　项目位置

项目位于浙江沿海中部三门县三门湾口门南侧的牛山，所在地隶属台州市三门县浬浦镇，西距三门县城约 34 km，北距三门核电厂约 11 km，南临三门湾口海域（见图 3 – 6）。厂址中心地理坐标为 29°02′N，121°42′E。

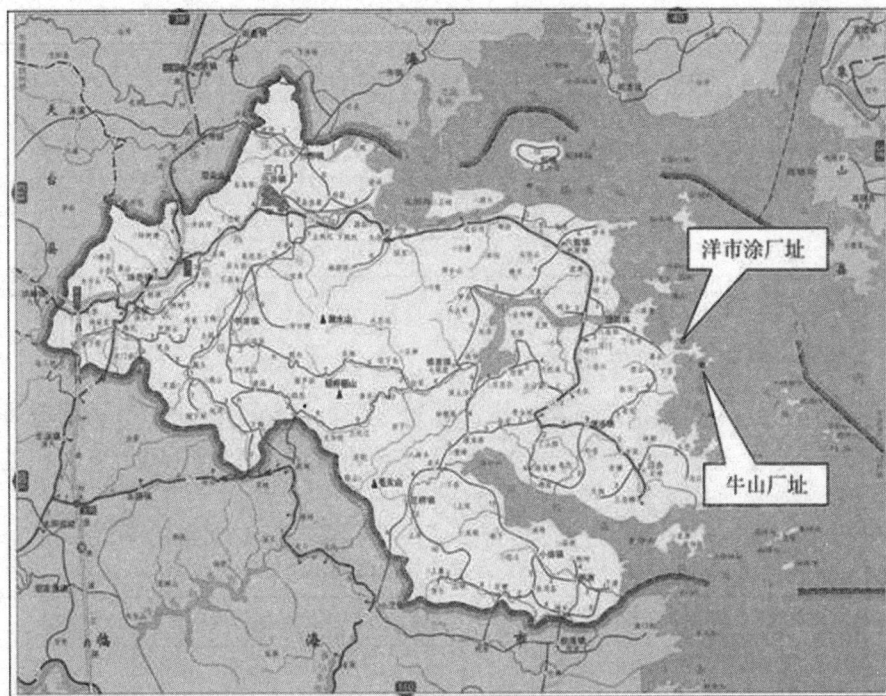

图 3-6 项目用海位置

3.2.2.1.2 主要建设内容

根据拟建电厂总平面布置初步确定，厂区场地标高为 5.91 m，本期主厂房坐落在山体缓坡，需要开挖，包括厂区、施工区、基槽、循环水隧洞等；其余场地位于滩涂，需要回填，包括厂区、施工区、东西围堤、隔堤、进厂道路、混凝土骨料用料等。拟建电厂挖填土石方平衡见表 3-2。由表 3-2 显示，厂区、厂区边坡、施工区、施工区边坡、循环水隧洞和基槽等挖方量为 655×10^4 m³，松散系数为 1.26，实际挖方 825×10^4 m³，厂区土石方量综合平衡。

表 3-2 拟建电厂挖填土石方平衡   单位：$\times 10^4$ m³

序号	挖方		序号	填方	
	名称	方量		名称	方量
1	厂区	350	1	厂区	210
2	厂区边坡	85	2	施工区	160
3	施工区	120	3	东西围堤及隔堤用料	300
4	施工区边坡	50	4	其他区域用料	75

续表

序号	挖方		序号	填方	
	名称	方量		名称	方量
5	循环水隧洞	35	5	混凝土骨料	80
6	基槽	15.0			
合计		655	合计		825

3.2.2.1.3　项目申请用海面积及期限

根据电厂厂区平面布置方案，用海项目有厂区及施工场地和灰场围填海造地，码头、港池及取、排（温排放）水口等 5 种类型。各类申请用海面积见表 3-3。宗海位置见图 3-7，宗海界址见图 3-8。

表 3-3　电厂涉海工程用海面积统计

序号	用海方式	电厂设施	面积（hm²）	界定方法	备注
1	建设填海造地用海	厂区及施工场地	62.589 1	按 5.3.1，以岸线及基床外缘线为界	
2	废弃物处置填海造地用海	灰场	45.775 3		
3	透水构筑物用海	码头平台及栈桥	2.730 0	按 5.4.2.5（3）a），以码头外缘线为界，参照图 C18	
		取水口	0.088 6	按 5.4.2.5，以透水构筑物垂直投影外缘线为界，参照图 C34	
4	开放式用海	港池	39.301 5	按 5.4.2.5（3）b），码头前沿船舶回旋水域的范围为界，参照图 C18	
		取水口	3.359 3	按 5.4.2.5（6）外扩 80 m 为界，参照图 C34	
5	其他	温排水	27.593 3	按 5.4.2.5（7）以温升 4℃最大包络线为界	污水达标排放用海
电厂本期用海面积			181.437 1		5 310 m

注：界定方法参照《海籍调查规范》。

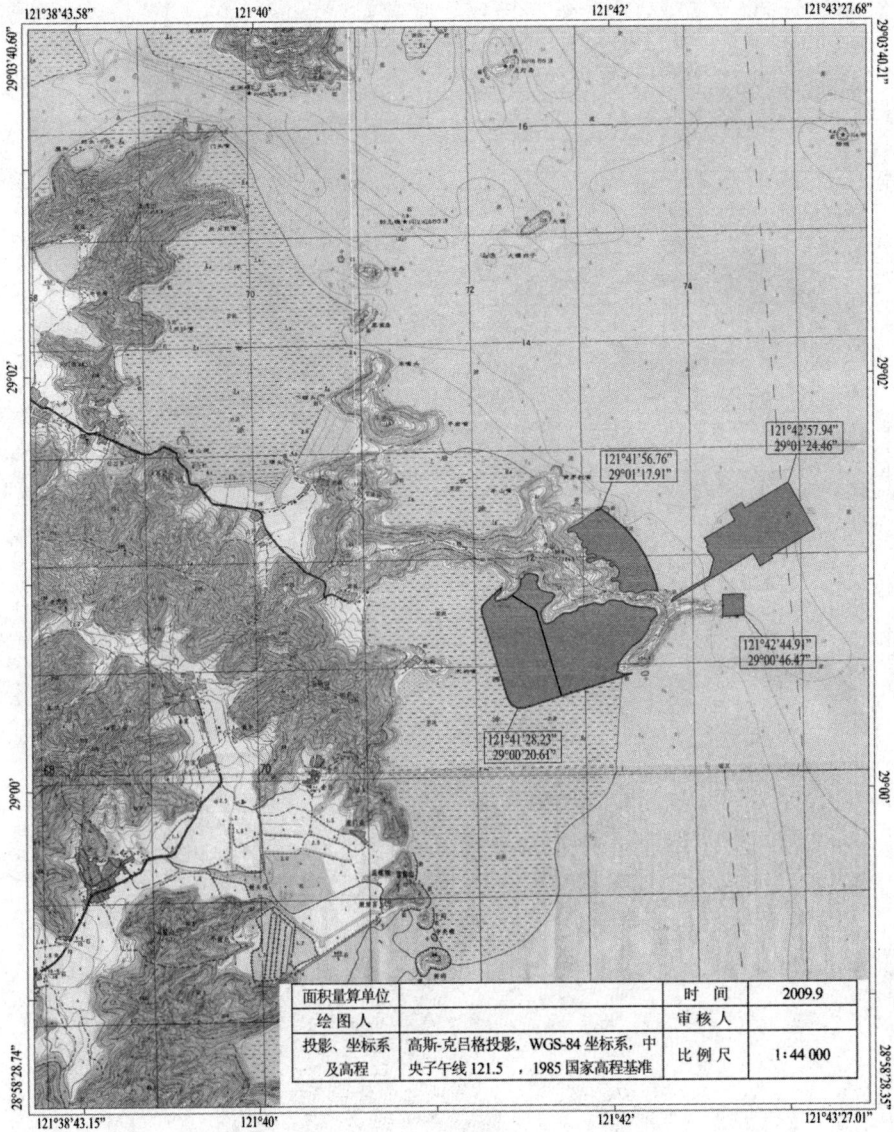

图 3-7　项目申请用海宗海位置

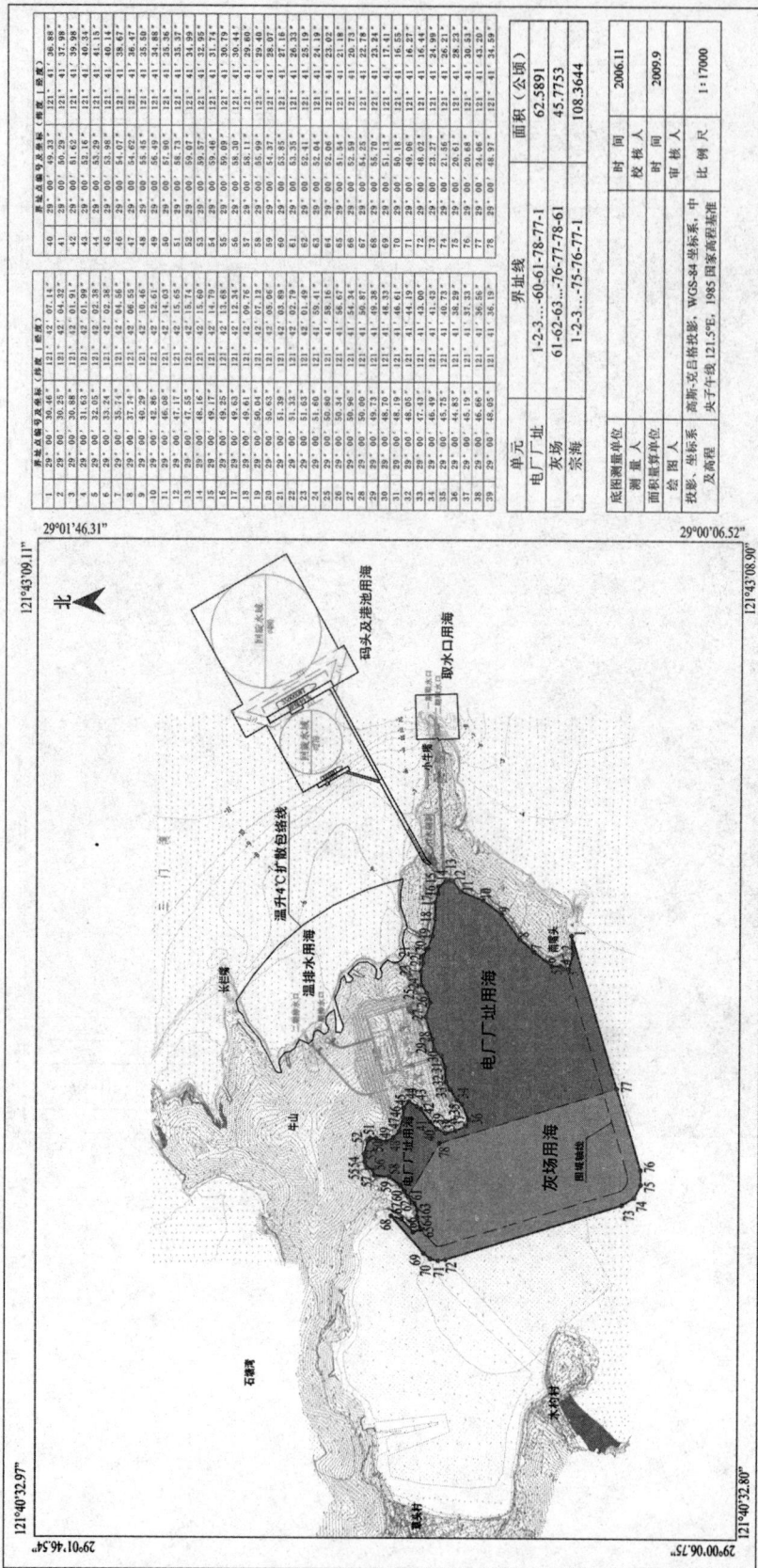

	界标点编号及座标（角度 / 经度 / 秒度）				界标点编号及座标（角度 / 经度 / 秒度）		
1	29° 00′ 30.46″	121° 42′ 07.14″	40	29° 00′ 49.33″	121° 41′ 36.88″
2	29° 00′ 30.25″	121° 42′ 04.32″	41	29° 00′ 50.29″	121° 41′ 37.98″
3	29° 00′ 30.88″	121° 42′ 01.91″	42	29° 00′ 51.62″	121° 41′ 39.98″
4	29° 00′ 31.63″	121° 42′ 01.99″	43	29° 00′ 53.16″	121° 41′ 40.34″
5	29° 00′ 32.05″	121° 42′ 02.38″	44	29° 00′ 53.29″	121° 41′ 41.15″
6	29° 00′ 33.24″	121° 42′ 02.38″	45	29° 00′ 53.98″	121° 41′ 40.14″
7	29° 00′ 34.56″	121° 42′ 04.36″	46	29° 00′ 54.07″	121° 41′ 38.67″
8	29° 00′ 35.14″	121° 42′ 06.55″	47	29° 00′ 54.62″	121° 41′ 38.67″
9	29° 00′ 40.29″	121° 42′ 10.46″	48	29° 00′ 54.92″	121° 41′ 34.88″
10	29° 00′ 42.86″	121° 42′ 12.61″	49	29° 00′ 56.49″	121° 41′ 35.36″
11	29° 00′ 46.08″	121° 42′ 14.63″	50	29° 00′ 57.90″	121° 41′ 35.37″
12	29° 00′ 47.17″	121° 42′ 15.65″	51	29° 00′ 58.73″	121° 41′ 34.99″
13	29° 00′ 47.55″	121° 42′ 15.74″	52	29° 00′ 59.07″	121° 41′ 34.99″
14	29° 00′ 49.17″	121° 42′ 14.79″	53	29° 00′ 59.46″	121° 41′ 31.74″
15	29° 00′ 48.16″	121° 42′ 13.68″	54	29° 00′ 59.57″	121° 41′ 30.79″
16	29° 00′ 49.83″	121° 41′ 56.67″	55	29° 00′ 59.46″	121° 41′ 30.44″
17	29° 00′ 49.61″	121° 42′ 09.76″	56	29° 00′ 59.07″	121° 41′ 29.60″
18	29° 00′ 50.04″	121° 42′ 07.12″	57	29° 00′ 58.11″	121° 41′ 29.40″
19	29° 00′ 50.63″	121° 42′ 05.06″	58	29° 00′ 55.99″	121° 41′ 28.07″
20	29° 00′ 50.96″	121° 42′ 02.79″	59	29° 00′ 54.37″	121° 41′ 28.07″
21	29° 00′ 51.33″	121° 42′ 02.79″	60	29° 00′ 53.85″	121° 41′ 22.78″
22	29° 00′ 51.63″	121° 42′ 01.49″	69	29° 00′ 53.35″	121° 41′ 23.24″
23	29° 00′ 51.60″	121° 41′ 59.41″	70	29° 00′ 52.41″	121° 41′ 25.19″
24	29° 00′ 50.55″	121° 41′ 58.67″	71	29° 00′ 52.04″	121° 41′ 24.19″
25	29° 00′ 50.34″	121° 41′ 56.67″	72	29° 00′ 51.08″	121° 41′ 24.82″
26	29° 00′ 50.96″	121° 41′ 54.34″	73	29° 00′ 52.59″	121° 41′ 20.73″
27	29° 00′ 49.73″	121° 41′ 49.38″	74	29° 00′ 54.25″	121° 41′ 22.78″
28	29° 00′ 48.70″	121° 41′ 49.38″	75	29° 00′ 55.70″	121° 41′ 23.24″
30	29° 00′ 48.76″	121° 41′ 48.70″	76	29° 00′ 55.13″	121° 41′ 17.41″
31	29° 00′ 48.19″	121° 41′ 46.61″	77	29° 00′ 50.18″	121° 41′ 16.55″
32	29° 00′ 48.05″	121° 41′ 44.19″	72	29° 00′ 49.06″	121° 41′ 16.27″
33	29° 00′ 46.49″	121° 41′ 43.00″	73	29° 00′ 49.02″	121° 41′ 16.64″
34	29° 00′ 46.49″	121° 41′ 43.00″	74	29° 00′ 21.86″	121° 41′ 26.21″
35	29° 00′ 45.25″	121° 41′ 40.73″	75	29° 00′ 20.61″	121° 41′ 28.23″
36	29° 00′ 44.83″	121° 41′ 38.29″	76	29° 00′ 20.88″	121° 41′ 28.23″
37	29° 00′ 45.19″	121° 41′ 37.33″	77	29° 00′ 24.06″	121° 41′ 43.20″
38	29° 00′ 46.66″	121° 41′ 36.56″	78	29° 00′ 48.97″	121° 41′ 34.59″
39	29° 00′ 48.05″	121° 41′ 36.19″			

单元	界址线	面积（公顷）
电厂厂址	1-2-3…-60-61-78-77-1	62.5891
灰场	61-62-63…-76-77-78-61	45.7753
宗海	1-2-3…-75-76-77-1	108.3644

底图测量单位		时 间	2006.11
测 量 人		校 核 人	
面积底图单位		时 间	2009.9
绘 图 人		审 核 人	
投影、坐标系 及高程	高斯-克吕格投影，WGS-84 坐标系，中 央子午线 121.5°E，1985 国家高程基准	比 例 尺	1∶17000

图3-8a 项目申请用海厂址、灰场用海宗海界址

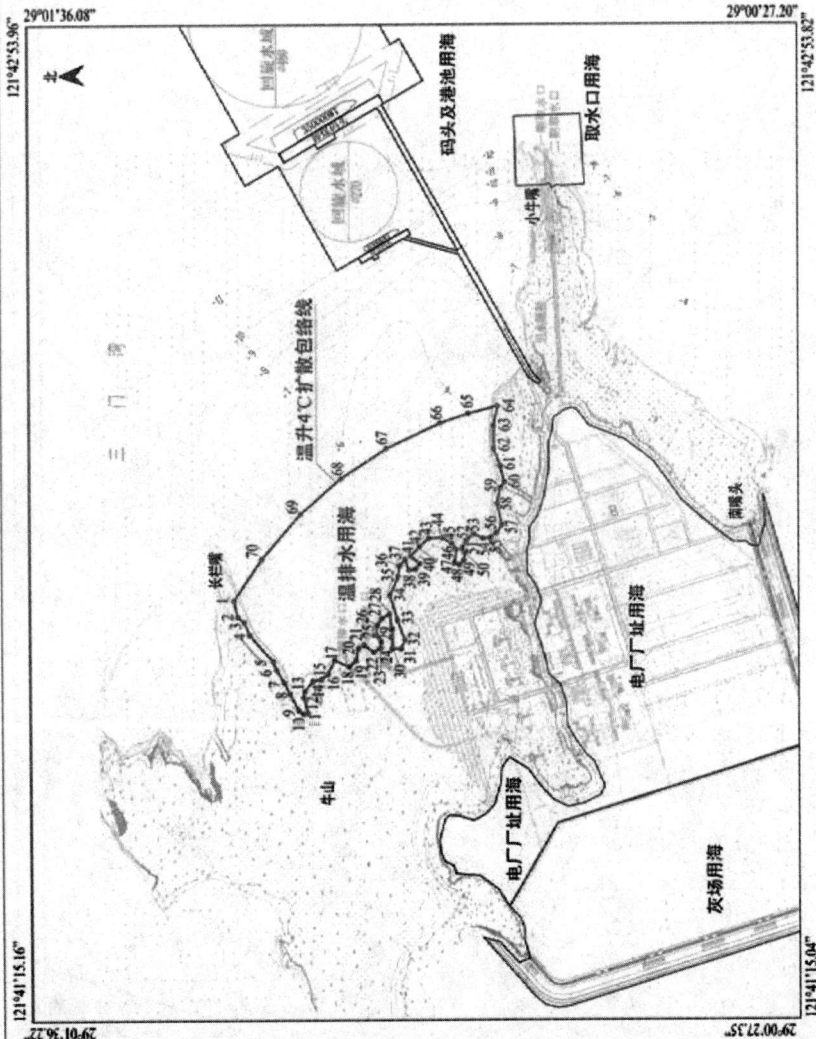

界址点编号及坐标（纬度｜经度）		
36	29° 01' 17.91"	121° 42' 03.03"
37	29° 01' 17.83"	121° 42' 02.31"
38	29° 01' 16.95"	121° 42' 02.18"
39	29° 01' 16.50"	121° 42' 03.61"
40	29° 01' 14.43"	121° 42' 03.21"
41	29° 01' 14.15"	121° 42' 03.98"
42	29° 01' 13.43"	121° 41' 03.21"
43	29° 01' 12.96"	121° 00' 00.39"
44	29° 01' 12.17"	121° 00' 59.15"
45	29° 01' 11.31"	121° 00' 59.28"
46	29° 01' 11.70"	121° 00' 57.90"
47	29° 01' 11.60"	121° 00' 57.58"
48	29° 01' 10.87"	121° 00' 57.14"
49	29° 00' 09.49"	121° 00' 57.01"
50	29° 00' 07.55"	121° 00' 55.98"
51	29° 00' 06.79"	121° 00' 54.84"
52	29° 00' 05.38"	121° 00' 54.20"
53	29° 00' 04.72"	121° 00' 53.85"
54	29° 00' 04.80"	121° 00' 54.24"
55	29° 00' 05.44"	121° 00' 53.99"
56	29° 00' 06.10"	121° 00' 53.59"
57	29° 00' 06.40"	121° 00' 56.33"
58	29° 00' 04.68"	121° 00' 54.84"
59	29° 00' 03.96"	121° 00' 54.51"
60	29° 00' 03.69"	121° 00' 54.19"
61	29° 00' 03.60"	121° 00' 56.76"
62	29° 00' 02.60"	121° 00' 06.14"
63	29° 00' 02.09"	121° 00' 08.21"
64	29° 00' 03.21"	121° 00' 11.91"
65	29° 00' 03.60"	121° 00' 15.42"

界址点编号及坐标（纬度｜经度）		
1	29° 01' 59.70"	121° 41' 59.76"
2	29° 01' 55.13"	121° 41' 54.63"
3	29° 01' 54.07"	121° 41' 53.34"
4	29° 01' 50.72"	121° 41' 48.68"
5	29° 01' 48.62"	121° 41' 47.52"
6	29° 01' 47.52"	121° 41' 45.87"
7	29° 01' 45.53"	121° 41' 45.61"
8	29° 01' 45.61"	121° 41' 47.12"
9	29° 01' 48.35"	121° 41' 49.47"
10	29° 01' 50.15"	121° 41' 50.79"
11	29° 01' 52.01"	121° 41' 52.34"
12	29° 01' 51.69"	121° 41' 51.90"
13	29° 01' 52.64"	121° 41' 53.29"
14	29° 01' 54.26"	121° 41' 55.41"
15	29° 01' 54.95"	121° 41' 53.92"
16	29° 01' 51.90"	121° 41' 52.85"
17	29° 01' 52.85"	121° 41' 54.34"
18	29° 01' 57.24"	121° 41' 59.12"

面积（公顷）27.5933　27.5933

单元	温升4℃	宗海
界址点	1-2-3…68-69-70-1	1-2-3…68-69-70-1
面积（公顷）	27.5933	27.5933

底图测量单位		时间	2006.11
	校核人		
面积测量单位		时间	2009.9
	校核人		
投影、坐标系及高程	高斯-克吕格投影、WGS-84坐标系、中央子午线121.5°E、1985国家高程基准	比例尺	1:12000

北

回填水域

码头及港池用海

取水口用海

温升4℃扩散包络线

温排水用海

电厂址用海

灰场用海

牛山

长栏礁

小牛礁

图3-8b　项目申请用海温升4℃用海宗海界址

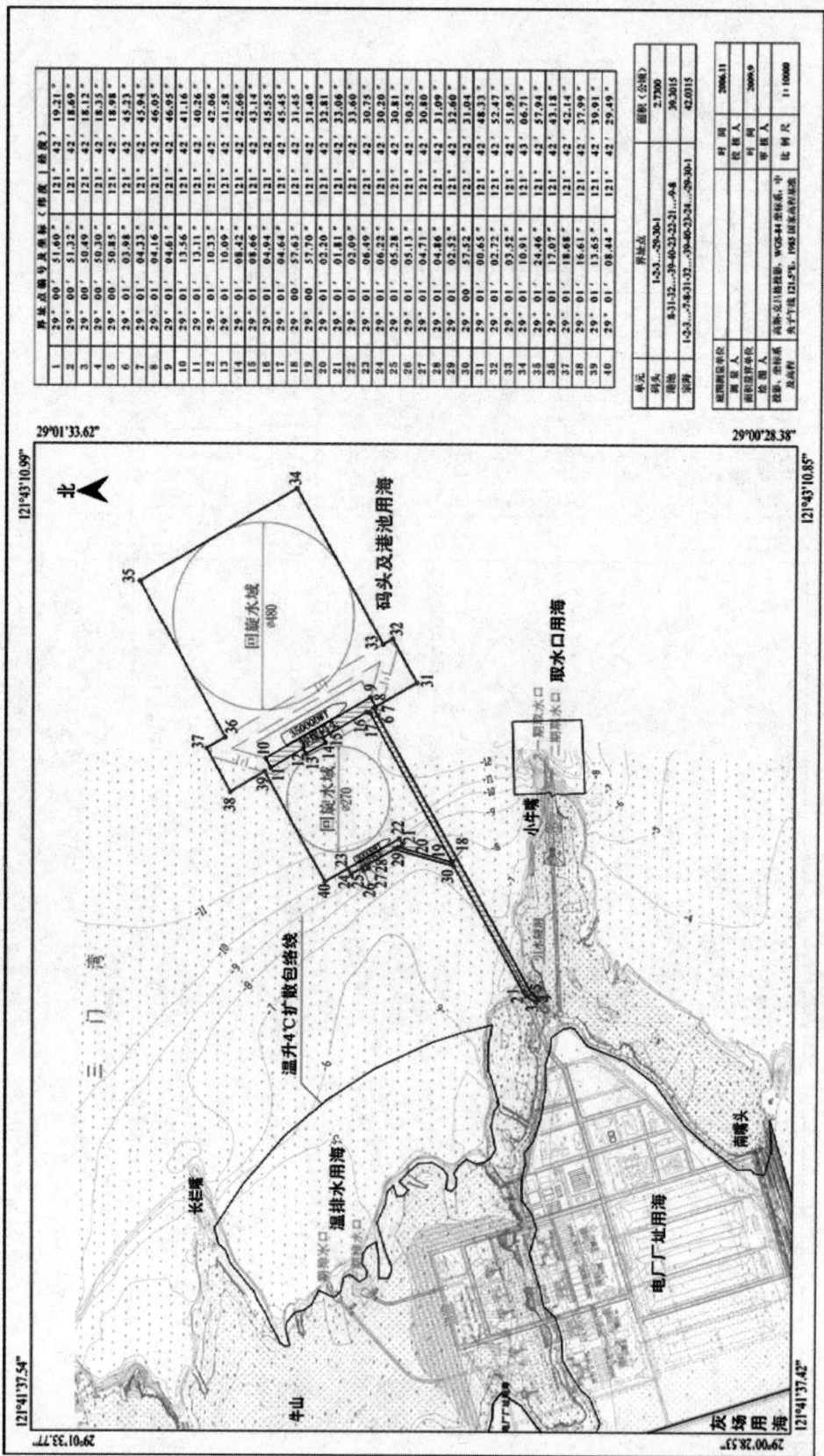

图3-8c 项目申请用海码头用海宗海界址

界址点编号	经度（度 分 秒）			纬度（度 分 秒）		
1	29°	00'	51.60"	121°	42'	19.21"
2	29°	00'	51.32"	121°	42'	18.69"
3	29°	00'	50.49"	121°	42'	18.12"
4	29°	00'	50.30"	121°	42'	18.35"
5	29°	00'	50.85"	121°	42'	18.98"
6	29°	01'	03.98"	121°	42'	45.23"
7	29°	01'	04.33"	121°	42'	45.94"
8	29°	01'	04.16"	121°	42'	46.05"
9	29°	01'	04.61"	121°	42'	41.16"
10	29°	01'	13.56"	121°	42'	40.26"
11	29°	01'	13.11"	121°	42'	42.06"
12	29°	01'	10.33"	121°	42'	41.58"
13	29°	01'	10.09"	121°	42'	42.66"
14	29°	01'	08.42"	121°	42'	43.14"
15	29°	01'	08.66"	121°	42'	45.45"
16	29°	01'	04.94"	121°	42'	31.45"
17	29°	01'	04.64"	121°	42'	31.40"
18	29°	00'	57.70"	121°	42'	32.81"
19	29°	00'	57.70"	121°	42'	33.06"
20	29°	01'	02.20"	121°	42'	33.60"
21	29°	01'	01.81"	121°	42'	30.75"
22	29°	01'	02.09"	121°	42'	30.20"
23	29°	01'	06.49"	121°	42'	30.81"
24	29°	01'	06.22"	121°	42'	30.52"
25	29°	01'	05.28"	121°	42'	30.40"
26	29°	01'	05.13"	121°	42'	30.20"
27	29°	01'	04.71"	121°	42'	30.75"
28	29°	01'	04.86"	121°	42'	31.09"
29	29°	00'	02.52"	121°	42'	32.60"
30	29°	01'	57.52"	121°	42'	31.04"
31	29°	01'	00.65"	121°	42'	48.33"
32	29°	01'	02.72"	121°	42'	52.47"
33	29°	01'	03.52"	121°	42'	51.95"
34	29°	01'	10.91"	121°	43'	65.71"
35	29°	01'	24.46"	121°	42'	57.94"
36	29°	01'	17.07"	121°	42'	43.18"
37	29°	01'	18.88"	121°	42'	42.14"
38	29°	01'	16.61"	121°	42'	37.99"
39	29°	01'	13.65"	121°	42'	30.91"
40	29°	01'	08.44"	121°	42'	29.49"

单元	界址点	面积（公顷）
码头	1~5...29~30-1	2.7300
港池	8~31-32...39~40-23-21...9-8	39.3015
采薄	1~5...7~8-31-32...39~40-23-24...29~30-1	42.0315

制图时间 2006.11　绘图时间 2009.9　比例尺 1:10000

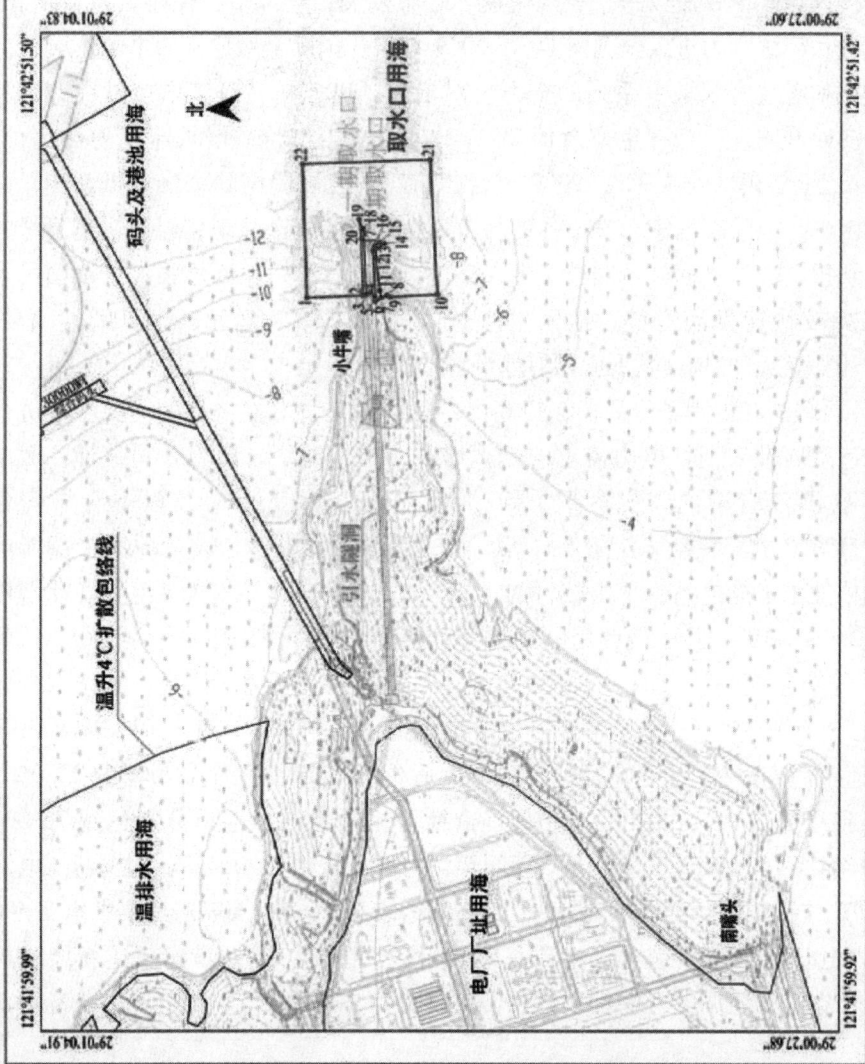

图3-8d 项目申请用海取水口用海宗海界址

界址点编号	及坐标（纬度｜经度）					
1	29°	00′	52.38″	121°	42′	37.80″
2	29°	00′	49.78″	121°	42′	37.90″
3	29°	00′	49.61″	121°	42′	37.97″
4	29°	00′	49.43″	121°	42′	38.07″
5	29°	00′	49.24″	121°	42′	37.86″
6	29°	00′	49.20″	121°	42′	37.60″
7	29°	00′	48.94″	121°	42′	37.80″
8	29°	00′	48.68″	121°	42′	37.91″
9	29°	00′	48.52″	121°	42′	37.82″
10	29°	00′	46.35″	121°	42′	37.95″
11	29°	00′	49.00″	121°	42′	38.16″
12	29°	00′	49.19″	121°	42′	39.83″
13	29°	00′	49.17″	121°	42′	40.33″
14	29°	00′	48.79″	121°	42′	40.59″
15	29°	00′	49.03″	121°	42′	40.63″
16	29°	00′	49.24″	121°	42′	40.49″
17	29°	00′	49.32″	121°	42′	40.23″
18	29°	00′	49.77″	121°	42′	41.35″
19	29°	00′	49.96″	121°	42′	41.84″
20	29°	00′	49.86″	121°	42′	40.82″
21	29°	00′	46.67″	121°	42′	44.91″
22	29°	00′	52.57″	121°	42′	44.70″

单元	界址线	面积（公顷）	合计
取水口构筑物①	2-3-18-19-20-2	0.0438	0.0886
取水口构筑物②	6-7-11-12…-16-17-6	0.0448	
开放式用海	1-2-20-19-18-3-4-5-6-17-16…-12-11-7-8-9-10-21-22-1	3.3593	3.3593
合计	1-2-3…-9-10-21-22-1	3.4479	3.4479

底图测绘单位		时间	2006.11
测量人		校核人	
面积量算单位		时间	2009.9
绘图人		审核人	
投影、坐标系及高程	高斯-克吕格投影，WGS-84坐标系，中央子午线121.5°E，1985国家高程基准	比例尺	1:6000

3.2.2.1.4　项目用海要求

拟建电厂属于滨海火力发电厂性质。如前所述，除发电机组主厂房建设外，还有灰场、卸煤码头、综合（重件运输）码头及取排水口等配套工程建设，其中厂区和灰场用海（地）主要利用滩涂资源适度实施围填海造地。因此，本项目用海要求有较充足的滩涂资源、适宜的深水岸线资源、海面较开阔、潮流顺畅、有足够的环境容量、水动力交换活跃、离生态保护区、旅游区和城镇有一定距离，对周边资源环境影响小。

3.2.2.1.5　项目用海必要性

（1）项目建设的必要性

1）国民经济快速发展的需要。浙江省地处我国东南沿海，交通便利，商品经济活跃。自改革开放以来，经济快速、健康发展，连续多年保持两位数增长，经济总量和经济实力进入全国前四名，2009 年虽受国际金融危机冲击的影响，但浙江省委和省政府采取一系列的全力应对措施，迅速扭转经济增速过快下滑势头，经济回升向好，全省生产总值 22 832 亿元（当年价，增长速度为可比价，下同），比上年仍增长 8.9%。2009 年台州市经济发展受国际金融危机影响，面临较大困难，但随着国家、省市各项刺激政策效应的逐渐显现，经济快速下滑的势头得到扭转，经济回升基础进一步夯实，企稳向好趋势不断增强，全市国民经济仍保持较快速发展态势，地区生产总值达 2 025.47 亿元，比 2008 年增长 8.5%。国民经济的快速发展必须有能源作支撑。

2）缓解浙江电力紧张局面，提高电网运行稳定性和经济性的需要。经济社会的快速发展带来浙江电力需求的迅猛增长，根据浙江省电力公司估计，截至 2009 年底浙江省境内装机容量为 56 160 MW，其中 6 MW 及以上装机容量 50 250 MW（含华东直属、直调的新安江、富春江水电站，天荒坪抽水蓄能电站、桐柏抽水蓄能电站、秦山核电二、三期的 6 960 MW）；2009 年全省社会用电量为 2 471 × 10^8 kWh，统调用电量 2 065 × 10^8 kWh，同比增长分别为 6.4% 和 5.3%；全省最高负荷为 41 000 MW，统调最高负荷为 37 120 MW，同比增长分别为 6.5% 和 9.1%；全省从华东和区外电网购入的电量为 434 × 10^8 kWh，占全省用电量的 17.6%，统调口径最高购电负荷 9 020 MW，占全省负荷的 22.0%。按浙江省经济发展速度预测，2015 年全社会用最高电力电量分别达到 76 000 MW、4 450 × 10^8 kWh，"十二五"期间年均将增长 9.9%、9.4%。根据浙江电网"十二五"规划，"十二五"期间规划将新增装机 16 200 MW，其中水电 1 500 MW，煤电 8 900 MW（包含本电厂一期），核电 5 800 MW。考虑上述新增装机后，浙江省全省统调电力电量平衡预测，不考虑本工程，到 2015 年，在备用率为 10%、15% 的情况下，全省电力缺口分别为 4 280 MW、7 490 MW，经统调燃煤机组利用小时数为 5 500 h 的情况下，电量缺口为 483×10^8 kWh；考虑本工程，到 2015 年，在备用率为 15% 的情况下，全省电力缺口为 5 490 MW，经统调燃煤机组利用小时数为 5 500 h 的情况下，电量缺口为 373×10^8 kW。

由区域电力平衡结果显示，"十二五"期间，台温电网仍有 810 M ～ 1 540 MW 的电力缺口，本项目的建设可以就近满足台温电网的用电需求。

因此，本项目的实施能增强浙江省电网的自供能力，减少省际间的大功率交换，可以有效地降低电网运行的损耗，不仅提高了电网运行的经济性，还可避免在系统故障情况下的大功率缺额状况，从而提高电网运行的安全稳定性。

3）提高效率，节能减排，改善环境的需要。浙江是一次性能源缺乏的地区，煤炭主要是从外地引进，如何提高燃料的使用效率、降低单位国内生产总值的能耗是国家十分重视的课题。1 000 MW 超超临界机组热效率高，单位煤耗低（约 272 g/kWh）而原机组设计发电标准煤耗为 318 g/kWh，减少 46 g/kWh，按 810 MW 机组每年 5 500 h 计算，可节约标准煤 20.5×10^4 t/a。

4）促进三门县经济社会发展。台州市经济发展总体呈南强北弱的空间布局，浙江浙能台州第二发电厂"上大压小"新建项目的实施推进台州市南北协作，互动发展，促进台州市东北部三门县滨海经济发展，优化产业结构，努力实现三门经济从"山谷"经济向滨海经济跨越。

（2）项目用海必要性

拟建电厂属于滨海电厂性质，选址于浙江沿海中部三门湾口西南岸段的宫前湾牛山涂，沿岸陆域以低山丘陵为主，土地资源稀缺，人多地少矛盾突出，通过利用宫前湾牛山涂滩涂资源适度围填海工程成陆提供电厂部分厂区、施工场地及灰场的用地，是缓解项目所在海域沿岸人多地少和区域建设用地与保护耕地的矛盾的有效途径，需要使用相应的滩涂海域；电厂燃煤和大型设备通过海上运输可大大减少成本，利用深水岸线资源修建码头工程，也需要使用相应的海域；电厂循环冷却系统水源直取自三门湾海水，温排水也直排于三门湾海域，分别利用深水和浅水的岸段资源建设取、排水口工程及排水口温排放水，亦需要使用相应的海域。上述工程都涉及一定面积的海域，因此，该电厂用海也是十分必要的。

3.2.2.1.6　论证重点

本项目海域使用论证的重点确定为：项目用海的必要性、自然环境资源适宜性、与海洋功能区划的符合性、与相关产业规划的一致性、与利益相关者的协调性、项目用海的合理性、主要不利影响和可行性等。

关注要点：

从区域经济发展、产业政策和电力需求等方面阐述项目建设的必要性；结合滨海火电项目建设对海域资源的实际需求以及项目拟申请海域的岸线、海湾、滩涂等空间资源特征条件，分析项目用海的理由与必要性；滨海火电项目用海类型与方式多样，应准确把握工程建设内容分析的全面性与合理性；综合滨海火电项目用海特点及项目所在海域资源环境条件与开发现状等，合理分析并确定本项目论证重点。

优点：

1）从国家能源"上大压小"发展战略、电源结构优化需要、区域经济发展需求和节能减排等方面阐述了项目建设的必要性；从工程选址陆域和海域空间资源与环境条件以及项目煤码头建设对深水岸线、厂区与灰场建设对海域滩涂和取排水对近岸海域环境条件等海域资源的需求等方面，分析了项目拟申请使用海域资源的理由与必要性。项目用海必要性分析角度合理。

2）项目建设包括厂区与灰场建设填海、取排水口、码头等，用海内容与用海方式多样，报告书采用表格与图件相结合的形式，给出了项目各用海方式的用海面积与位置的需求情况，项目用海需求表述内容清晰。

3）采用行政区划与遥感影像两类图件给出了项目用海的空间地理位置，同时示出了与本项目选址密切相关的三门核电项目的位置关系。厂区总体规划图中清晰地给出了项目主厂区、灰场、码头、取排水口等主要工程的平面布置与位置关系，并叠加了必要的海岸线、海湾、陆域及水深地形等重要地理要素信息，项目用海位置图、项目平面布置图及项目申请用海的宗海位置图、宗海界址图等图件编绘清晰、合理。

不足：

针对项目类型与资源环境条件特征，项目论证重点聚焦在项目用海选址与平面布置的合理性、填海造地用海规模的合理性、利益相关者的协调性和海洋功能区划的符合性对本项目来说更具针对性与合理性。

3.2.2.2　项目用海合理性分析

3.2.2.2.1　项目用海选址合理性

拟建电厂工程是贯彻落实国务院"国发〔2007〕2号"文件明确指出"促进各省（区、市）小火电机组关停工作，优化电源结构"和浙江省发改委、浙发改能源〔2007〕319号文件同意"台州发电厂实施'上大压小'异地建设三门牛山涂电厂（即本电厂）"精神的重要举措。利用三门湾口西南岸段宫前湾牛山涂东部滩涂资源通过围填海造地拓展电厂厂区和灰场用地，利用该湾小牛嘴前沿深槽及附近岸段分别建设电厂码头和取、排水口。从适应社会条件，自然资源、环境条件，区域生态环境系统和周边其他用海活动及选址方案比选等方面分析，本项目用海选址是合理的。

（1）项目用海选址适应社会条件

1）区位条件优越。本电厂选址于浙江沿海中部三门湾口西南岸段宫前湾内牛山涂的东半部即下牛脚以东滩涂，这是 20 世纪 80 年代在浙江沿海电厂选址中确定的五个厂址之一，地理坐标为 29°02′N，121°42′E，向东南距台州市约 47 km，往北距健跳镇约 6 km、三门核电厂直线距离约 11 km、三门县城约 34 km、宁波市区约 140 km。

电厂厂址西、北、东三面环山，西侧为无名山（高程 249 m）和炮台山（高程 254 m），北侧为牛山（高程 130 m），东侧为小牛山南嘴头（高程 51.4 m）和小牛山嘴（山顶高程 52.7 m）。从小牛山南嘴头往南至笔架山嘴为宫前湾，该湾西侧从南嘴头至大被山为渔西涂，其中从南嘴头至木杓嘴连线以北为牛山涂，海域无永久性建筑物，无任何拆迁工程；自 20 世纪 80 年代末被选为浙江省沿海电厂厂址之一以来，保护较好。宫前湾西侧为三门县乡级康庄路，从该路沿牛山南侧由浙江省电力公司在 20 世纪 90 年代前期修建的进厂专用公路，长 3 km，宽 3.5 m，拓宽加固处理后，即可作为正式进厂公路。通过康庄路接 74 省道分别至甬台温、上三线高速公路入口仅 47 km，距 2009 年建成并投入运行的甬台温铁路三门县站 35 km，交通方便；在多年可行性论证的浙江沿海疏港公路从健跳经海门至大麦屿建成后，与其相距 5 km 左右，交通将更趋便捷。电厂厂址岸段属于台州港健跳港区牛山作业区，电厂专用码头建成后，对现有的航道只要延伸局部航段可开通，船舶可利用已有或规划锚地待泊作业。1997 年前电厂厂址已通路、通电、通水、通邮，局部水下立堤，副堤已分别施工 400 m 和 350 m，海涂软基处理完成 394 m，这些设施保存完好，为电厂建设打下了良好基础。

2）电厂接近负荷中心且出线便捷。浙江省经济总量和发展速度均列全国的前几位，国民经济的快速增长必须有能源支撑，按浙江省经济发展速度预测，至 2010 年、2015 年、2020 年，全社会用电量和最高用电负荷分别达到 $3\,050×10^8$ kWh，50 000 MW，$4\,000×10^8$ kWh，68 000 MW、$4\,700×10^8$ kWh，83 000 MW。根据浙江电网"十一五"规划，"十一五"期间新增装机 22 910 MW，"十二五"期间新增装机 6 215 MW，考虑新增装机后，全省统调电网仍有较大缺口，拟建电厂可在保证国民经济可持续健康发展，增强浙江省电网的自供能力，减少省际间大功率交换，降低电网运行的损耗，提高电网运行的经济性和安全稳定性等方面将发挥更重要作用。

拟建电厂考虑近期以 500 kV2 回线路接入 500 kV 回浦变，线路长度约 2 ×

52 km，远期考虑增加 500 kV2 回线路接入浙南西部电网，线路走向基本上可沿山脊线而避免对城镇的影响。

3) 电厂适应"上大压小"异地重建选址的有关国家政策。台州发电厂一至三期工程（6×135 MW 燃煤发电机组），总装机 810 MW。其中 1 号机组投产于1982 年 12 月，6 号机组投产于 1988 年 4 月，其运行时间已达到或接近国务院批转发改委、能源办《关于加快关停小火电机组若干意见的通知》（国发〔2007〕2 号）中规定的关停年限，浙江省委、省政府关于建设"生态浙江"和"节能减排"的一系列指示，也要求台州发电厂一至三期工程机组开展关停和改建工作。根据国家发改委和国家环保总局（环发〔2003〕59 号）文的规定，原则上不得在城市规划和建成区新建或改、扩建燃煤发电机组，台州电厂位于台州城市建成区，若原有机组拆除后原址建设燃煤机组，不符合国家政策，在距原厂址 47 km的三门县三门湾口西南岸段宫前湾内牛山涂，异地建设经济效益高的 1 000 MW超超临界机组电厂，选址是适合的。

(2) 项目选址适宜自然资源、环境条件

本电厂选址于三门湾口西南岸段宫前湾牛山涂，周边海域有五子岛、三门岛、花岙岛、高塘岛及南田岛等众多岛屿散布，对外海波浪入侵起到一定的阻挡作用，为电厂建设卸煤码头创造了良好的泊稳环境，年作业天数 310 天。牛山向东突出于海中，形成基岩岬角，由于小牛山嘴挑流形成了牛山深潭，−11 m 等值线圈闭长轴 1.8 km，形成约 2 km 长的深水岸线，为本电厂修建 3.5 万吨级卸煤码头提供了水深岸段。牛山涂西、北、东三面环山，滩涂向东南开口，这些山体对 N、NE、SW 向常风向起到一定的阻挡作用，在这里拟建电厂的环境相对较隐蔽。牛山涂总面积 212.3 hm^2，高程在 −1.3～1.8 m 之间，属于中、高滩涂，长期处于缓慢淤积状态，围填后的面积满足拟建电厂使用的要求。电厂厂址范围内下牛脚（山体）由晶屑凝灰岩组成，平整后可布置机组汽机房和锅炉房，工程地质条件较好。电厂厂址及邻近地区地震活动具有强度和频度低，震级小的特点，厂址 50 年超越概率 10% 地震动峰值加速度小于 0.05 g，相应的基本烈度小于 Ⅵ度；另据厂址地震安全性评价报告表述，50 年超越概率 10% 的水平地震动峰值加速度为 0.028 g，相应的基本烈度为 Ⅴ度，属相对稳定地区。电厂厂址堤基和码头桩基的岩土上部属于软土地层结构，厚度变化较大，为沉降、变形和稳定性的控制层，这种地层结构在工程可行性研究时已考虑，堤基采用爆破置换法的工程措施处理；中、下部地层结构无明显的不良地质作用，并有较好土工性质的土层，码头桩基在深水区和浅水区分别采用 PHC 管桩和嵌岩灌注桩型。项目所在海域水质较好，监测要素大多满足二类标准海水，但活性磷酸盐、有机氮严重超标（超Ⅳ类）；生物多样性属于中等；地貌形态属于海湾型潮汐通道的局部滩涂或浅水岙湾，潮流强度适中，水流顺畅，水交换能力较强，有利于温排水扩散稀释，泥沙来源、含沙量与浙江北部沿海相比均相对偏小，有利于电厂涉海工程布设。上述自然资源、环境条件均适宜本电厂工程建设。

（3）项目选址适应区域生态环境系统

项目选址与"生态浙江"建设相适应。电厂厂址绝大部分场地和灰场通过三门湾口西南岸段宫前湾牛山涂适当的围填海造地来实现，部分滩涂地貌改变为能源工业的主要用地，自然岸线形态改变为人工海岸形态，这虽然将相应减少宫前湾牛山涂的滩涂面积，但局部仍保持宫前湾的平面形态和自然岸线形态特征。利用小牛山嘴前沿深潭通过隧洞采用明渠取水，采用栈桥和高桩梁板式结构平台组合码头整体工程，利用基岩岸段通过隧洞采用岸边敞开式直排放循环冷却水，这些取、排水口和码头工程建设基本不会改变区域地貌和自然岸线的总体形态特征。项目用海所在及附近海域鱼类占绝对优势，其中莱氏舌鳎、棘头梅童鱼、皮氏叫姑鱼、龙头鱼、脊尾白虾、日本蟳、口虾蛄、小黄鱼、刀鲚、哈氏仿对虾、三疣梭子蟹等为优势种；鱼卵春季只有 55% 的测站检出，平均丰度为 2.0 个/m^3，冬季未鉴定出，说明不是鱼类典型产卵场所。周边海域属于港口航道区，局部滩涂养殖区，但并不是浅水养殖区。据数值模拟预测结果，温排水扩散温升 1° 最大包络线限于南嘴头至洋市湾湾口（洋市涂潮滩前缘）沿岸海域，余氯扩散范围更小，基本未波及项目用海周边滩涂养殖区，说明对该类功能区生态环境影响不大；电厂涉海工程建设后对三门湾的纳潮量几乎保持不变，对潮流速和海床冲淤变化仅限于拟建堤岸前沿和码头及其附近上下游约 5 km 左右的海域，但不会改变三门湾湾口及整个海湾的潮流流场和海床冲淤性质。因此，项目用海不会改变其所在海域属于海湾型潮汐通道地貌的平面形态特征，仍保持应有功能作用，潮流畅通，维持水交换能力。

（4）项目选址适应周边其他用海活动

浙江省、台州市和三门县三级海洋功能区划对项目用海周边海域主导功能定位为港口、航道和锚地区，滩涂养殖区，旅游区，而不是浅海养殖区。项目用海码头建设将加快《台州港总体规划》健跳港区牛山作业区的实施，在一定程度上可促进港口、航道和锚地功能区的发展，但从数值模拟预测结果分析看，在电厂填海筑堤南北端和码头工程上下游附近局部引起一定的淤积，对宫前湾牛山涂西部滩涂不纳入本电厂填海造地范围的养殖区、小型渔船锚泊地和木杓沙滩海滨休闲基地的使用功能可能带来轻度影响，但后两者无海域使用权证。对于这种影响，建设单位应采取积极主动的态度尽快与这些功能区使用者或管理部门取得联系落实协调，并按照相关政策妥善处理。另外，电厂涉海工程建成后，其沿岸海域部分浅水区将失去村民自发进行季节性张网捕鳗蟹苗的功能（虽然村民无海域使用权证）这应引起建设单位重视。建议建设单位采取积极主动的态度尽快与这些捕捞渔民取得联系进行协商，并根据相关政策妥善解决。

（5）项目选址方案比选

从1987年开始，浙江省电力设计院，华东电力设计院在浙江开展沿海电厂厂址初步可行性研究时，就同时选择了牛山厂址和洋市涂厂址，两个厂址基本上同步、同深度研究，直至2007年5月和2010年9月分别进行本电厂工程可行性研究时，仍然对牛山厂址和洋市涂厂址进行对比研究，认为这两个厂址方案均具备建设2×1 000 MW超超临界燃煤发电机组的条件。牛山厂址与洋市涂厂址仅相距5 km左右，在区域地质构造上，同处于个华南褶皱系，浙东南褶皱带温州－临海坳陷黄－象山断坳内，地震基本烈度为Ⅴ度；在地理位置上，同属一个三门湾口海域，海洋水动力环境近乎相同。因此，着重从与规划的协调性、场地组成、基础条件、厂区地貌形态组合、工程地质条件、码头取水口区海床冲淤、填海造地平面型态、主要涉海工程用海情况等因素综合比较分析，认为牛山厂址条件优于洋市涂厂址条件。这说明在工程可行性阶段，牛山厂址作为推荐电厂厂址较合理，而洋市涂厂址作为备选电厂厂址较合适，两个厂址的比较因素见表3-4。

表3-4　牛山和洋市涂两厂址建厂条件比较

序号	比较因素	牛山厂址	洋市涂厂址
1	与规划的协调性	区域规划为电厂性质，向北离三门核电厂距离（10 km）满足要求	区域规划为临港工业区，向北离三门核厂距离（10 km）不满足要求
2	基础条件	厂址周围已经建有部分围堤，可充分利用，加快建设进度	新建
3	厂区地貌形态组合	基岩海岸滩涂岙湾	基岩人工海岸滩涂岙湾
4	工程地质条件	浅表淤泥软土层厚度3.2～15.8 m，但无不良地质作用	浅表淤泥软土层厚度4.3～19.1 m，但无不良地质作用
5	码头、取水口工程区海床冲淤特征	年冲淤速率-0.5～0.5 m/a	年淤积速率-0.05～0.63 m/a
6	深水离岸条件	近岸水深条件较好，拟建深水泊位离岸距离近	近岸水深条件较差，拟建深水泊位离岸距离较远
7	循环冷却系统取水条件	利用厂址前沿深潭，采用明渠岸边可直取水，用海面积小，且陆域管线短，投资省	同样利用厂址前沿深潭，采用明渠在岸边直取水，用海面积小，但陆域管较长，投资高

序号	比较因素	牛山厂址	洋市涂厂址
8	可建深水码头泊位吨级	3.5万吨级	1万吨级
9	拟建码头平面布置及等级	呈反"F"形平面布置，3.5万吨级和0.3万吨级泊位各一个	呈两个倒"L"形平面布置，分别为2个1.0万吨级和一个0.3万吨级的泊位
10	码头用海情况	用海面积2.7300 hm²，比洋市涂厂址少0.7338 hm²；占用自然基岩岸线79 m，比洋市涂厂址少1022.7 m	用海面积3.4638 hm²和占用自然基岩岸线1101.7 m
11	建设填海造地平面布置	区块状，能符合围填海造地工程平面设计的基本原则	呑湾中部截取片状，似符合围填海造地工程平面设计的基本原则
12	填海造地用海情况	用海面积103.4841 hm²，比洋市涂厂址少61.148 hm²；占自然基岩用岸线3020 m，比洋市涂厂址多301.6 m，但总体比洋市涂厂址（含人工岸线）少679.1 m	用海面积164.6320 hm²，占用岸线3699.1 m，其中自然基岩岸线2718.4 m，人工岸线980.7 m；但不含规划灰场填海造地面积和占用岸线

综上所述，电厂选址在三门湾口西南岸段宫前湾牛山涂适宜、合理，并满足项目用海要求。

关注要点：

对港口火电厂来说煤炭港口运输条件是电厂选址重要考虑因素，因此深水岸线及港口掩护和航道建设条件等是项目重点依托的海域资源条件，另外，取排水口布局、温排水资源环境影响（是否存在温排水敏感海域）及是否满足厂区与灰场建设用地等，也是项目选址的重点考虑因素。

优点：

论证报告从输电条件、厂址工程地质条件、海域资源生态环境对温排水影响的承受状况、周边海域其他开发活动的影响与可协调度等方面，全面分析了项目选址的适宜性，并从港口建设、取排水条件、工程地质、填海造地平面布置与规划的协调性及投资等多角度，列表对比分析了本厂址与洋市涂厂址的优劣。

不足：

项目建设需围填近一半宫前湾滩涂用于建设厂区与灰场，报告书从项目灰场填海宽度与湾口保留宽度比例的合理性以及围填海对官前湾内的水动力和冲淤环境、纳潮量与环境净化能力等影响方面，分析项目选址的合理性略显不足。

3.2.2.2.2 项目用海方式和平面布置合理性

用海方式符合区域社会条件和自然条件。从拟建电厂涉海工程结构和特性分析，项目用海方式有透水构筑物、港池、建设填海造地、废弃物处置填海造地、取水口和排水口等。

（1）取、排水口用海方式与平面布置合理性

取、排水口均是电厂循环水系统的重要组成部分，对电厂安全运营起着很重要的作用。根据工程可行性研究阶段推荐方案，取水口布置在码头下游小牛嘴前沿深潭西部边坡采用明渠方式取水，排水口布置在取水口上游约 1 085 m 处岸段采用敞开式岸边直排。这些涉海工程用海，其中包括排水口温排水引起的温升扩散用海均属其他方式。取、排水口布置岸段均为基岩海岸，其前沿无滩涂发育属于浅水海域，周边陆域又无居民点。排水口位置面临三门湾口，海域较宽敞，潮流顺畅，具有较活跃的水动力交换海域环境，有利于温排水扩散稀释。

项目在工程可行性研究阶段，在考虑二期工程的前提下对取、排水口平面布置进行了多方案的比选。

1）取水口方案。排水口采用分列式或差位式布置，本期与二期取、排水口分开设置。拟定取水口方案一、方案二、方案三 3 个方案，分别位于牛山嘴根部北岸边、码头上游（长拦嘴下游）和码头下游（小牛嘴南侧），见图 3 - 9。

方案一

该方案取水口选址于小牛嘴岸边。排水口布置在码头的上游或下游，采用岸边敞开式排水口或近岸多点排水方式。本方案有以下列八种组合：

a. 取水口布置在小牛嘴岸边，采用明渠（或暗沟）方式取水，本期与二期排水口分开，布置在主厂房东北海域，均采用岸边敞开式排水。

b. 取水口位置、取水方式同 a，本期排水口布置在主厂房东北海域，二期排水口布置在长拦嘴上游，均采用岸边敞开式排水。

c. 取水口位置、取水方式同 a，本期与二期排水口分开，布置在主厂房东北海域，本期采用岸边敞开式排水，二期采用近岸多点式排水。

d. 取水口位置、取水方式同 a，本期与二期排水口分开，布置在主厂房东北海域，均采用近岸多点式排水。

e. 取水口位置、取水方式同 a，本期排水口位于本期厂区围堤外，二期排水口位于扩建端围堤外，均采用岸边敞开式排水。

f. 取水口位置、取水方式同 a，本期排水口布置在主厂房东北海域，二期排

水口布置在扩建端围堤外,均采用岸边敞开式排水。

g. 取水口位置、取水方式同 a,本期排水口位于本期厂区围堤外,二期排水口位于码头下游,本期采用岸边敞开式排水,二期采用近岸多点式排水。

h. 取水口位置、取水方式同 a,本期排水口位于码头下游,二期排水口位于二期扩建端围堤外,本期采用近岸多点式排水,二期采用岸边敞开式排水。

i. 取水口位置、取水方式同 a,本期排水口位于码头下游,二期排水口紧邻本期排水口上游,均采用近岸多点式排水。

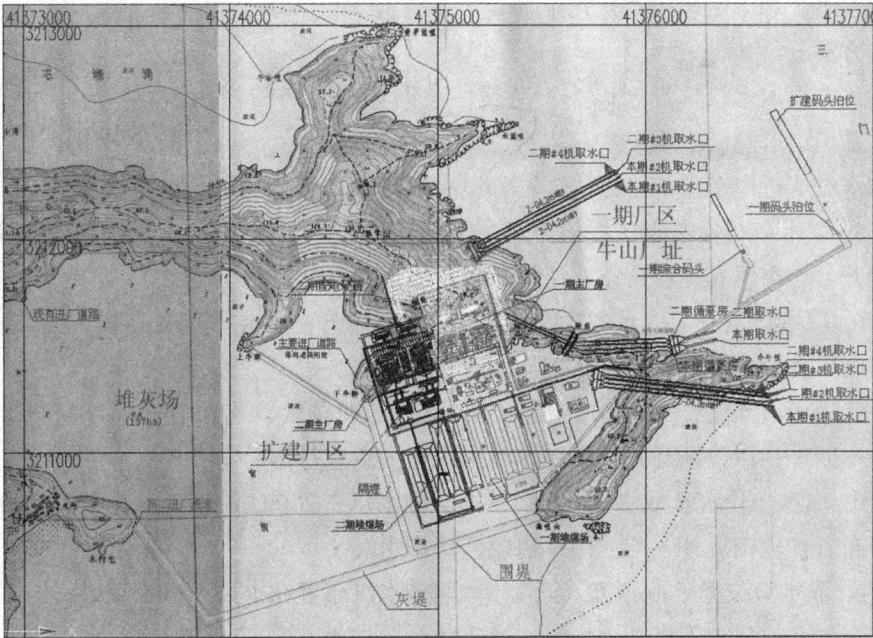

图 3 - 9 电厂初选方案取水口布置方案

方案二

该方案取水口选址于主厂房东北、码头栈桥上游海域。循环水泵房布置在主厂房的东北侧海域,采用引水隧道取水方式,排水口布置在码头栈桥的上游或下游,采用岸边敞开式排水口或近岸多点排水方式,本方案有下列七种组合:

a. 取水口布置在主厂房东北海域,采用引水隧洞方式取水,本期排水口与引水隧洞同位置,二期排水口位于扩建端堤岸外,均采用岸边敞开式排水。

b. 取水口位置、取水方式同 a,本期排水口与引水隧洞同位置,二期排水口位于长拦嘴上游,均采用岸边敞开式排水。

c. 取水口位置、取水方式同 a,采用引水隧洞方式取水,本期排水口位于厂区围堤外,二期排水口位于扩建端围堤外,均采用岸边敞开式排水。

d. 取水口位置、取水方式同 a，本期排水口位于厂区围堤外，二期排水口位于码头栈桥下游，本期采用岸边敞开式排水，二期采用近岸多点式排水。

e. 取水口位置、取水方式同 a，本期排水口位于码头栈桥下游，二期排水口位于扩建端围堤外，本期采用近岸多点式排水，二期采用岸边敞开式排水。

f. 取水口位置、取水方式同 a，本期排水口位于码头栈桥下游，二期排水口紧邻本期排水口上游，均采用近岸多点式排水。

g. 取水口位置、取水方式同 a，本期排水口和二期排水口分开，均布置在牛山嘴上游，均采用岸边敞开式排水。

方案三

该方案取水口选址于码头下游栈桥。循环水泵房布置在小牛嘴与南嘴头之间，采用引水隧洞取水方式，排水口布置在码头栈桥上游或下游，采用岸边敞开式排水口或近岸多点排水方式。本方案有下列六种组合：

a. 取水口布置在码头栈桥下游，采用引水隧洞方式取水，本期与二期排水口分开，均布置在主厂房东北海域，采用岸边敞开式排水。

b. 取水口位置、取水方式同 a，本期排水口布置在主厂房东北海域，二期排水口布置在长拦嘴上游，均采用岸边敞开式排水。

c. 取水口位置、取水方式同 a，本期和二期排水口均布置在主厂房东北海域，本期采用岸边敞开式排水，二期采用岸多点式排水。

d. 取水口位置、取水方式同 a，本期排水口布置在主厂房东北岸段，二期排水口布置扩建围堤外，均采用岸边敞开式排水。

e. 取水口位置、取水方式同 a，本期排水口布置在本期厂区围堤外，二期排水口布置在扩建端围堤外，均采用岸边敞开式排水。

f. 取水口位置、取水方式同 a，本期与二期排水口分开，均布置在主厂房东北海域，采用近岸多点式排水。

2）排水口方案。电厂厂址初选方案排水口的初步布置方案分别考虑岸边排放与深水排放两种形式，提出了 6 个排水口方案，如图 3 - 10、图 3 - 11 所示。

3）取排水口组合方案。根据电厂厂址初选方案拟定的取水口方案一、方案二、方案三分别与 6 个排水口方案优化配置后，形成 3 个方案初选 22 个取、排水口组合。

就本工程一期建设规模 2 × 1 000 MW 机组，取、排水口布置不变，初选 11 个组合。因此，本海域使用论证针对 11 个组合进行比选。在方案比选阶段，浙江省水利河口研究院采用 MIKE 21 平面二维数值模型限于典型小潮条件进行电厂循环冷却水温排水数值模拟。

A. 取水口温升。根据拟建电厂本工程建设规模温排水流量 65 m^3/s 和初始温

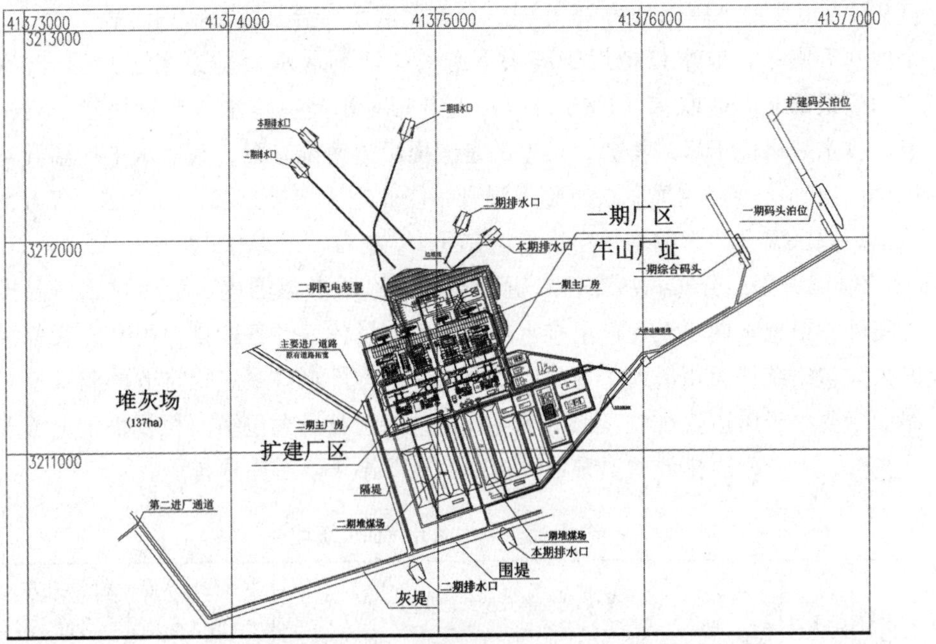

图 3 - 10 电厂初选方案敞开式排水口布置方案

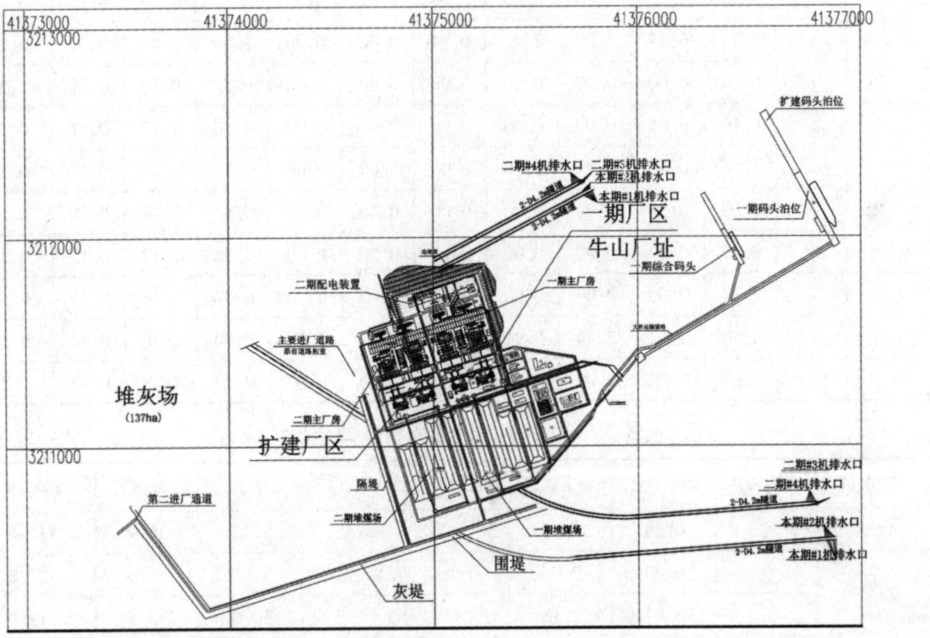

图 3 - 11 电厂近岸多点式排水口布置方案

度9℃模拟典型小潮周日约25小时，各方案取水口温升统计值列于表3-5。在3个取水方案中，取水口拟设于码头下游离岸隧洞取水（即方案三）温升最低，牛山嘴根部北岸边取水（即方案一）温升相对稍高。排水口布置比较，离岸多点式排水效果优于岸边排放，最差的是围堤岸边南排方案，其取水平均温升达到1.1℃，峰值达到3.4℃，接近临界温升，因此岸边南排方案不予考虑。各方案对核电厂取水温升的影响均较小，平均在0.1℃左右，最大0.3℃左右。

　　B. 温升平面分布。从取水口温升角度，除不考虑围堤岸边南排水口温排放方案外，根据本期建设规模温排水扩散范围，具代表性各取排口组合方案各级温升最大包络统计面积值列于表3-6，图3-12。排水口多点式排放的温升最大包络面积要小于岸边直排放，下游多点式排放的温升最大包络面积要小于上游多点式排放，上游岸边排放的温升最大包络面积要小于下游岸边排放。

表3-5　取水温升特征值统计

取水口	排水口	本工程各级取水温升持续时间（h）							本工程取水温升值（℃）		三门核电取水温升值（℃）	
		1.0℃	1.5℃	2.0℃	2.5℃	3.0℃	3.5℃	4.0℃	平均	最大	平均	最大
方案一	a	7.64	3.46	0.00	0.00	0.00	0.00	0.00	0.51	1.83	0.11	0.32
	d	2.66	0.00	0.00	0.00	0.00	0.00	0.00	0.34	1.10	0.11	0.32
	e	8.43	6.35	4.08	2.02	0.94	0.00	0.00	1.09	3.44	0.10	0.28
	h	0.00	0.00	0.00	0.00	0.00	0.00	0.00	0.22	0.50	0.09	0.23
方案二	a	4.19	0.00	0.00	0.00	0.00	0.00	0.00	0.50	1.47	0.13	0.33
	c	1.54	0.52	0.19	0.00	0.00	0.00	0.00	0.57	2.11	0.12	0.30
	e	0.00	0.00	0.00	0.00	0.00	0.00	0.00	0.44	0.71	0.10	0.25
	g	2.63	0.00	0.00	0.00	0.00	0.00	0.00	0.36	1.19	0.12	0.34
方案三	a	2.23	0.00	0.00	0.00	0.00	0.00	0.00	0.32	1.26	0.13	0.33
	e	4.80	3.62	2.44	0.91	0.00	0.00	0.00	0.60	2.70	0.12	0.30
	f	0.64	0.00	0.00	0.00	0.00	0.00	0.00	0.29	1.18	0.13	0.34

表3-6　各级温升最大包络面积统计值　　　　　　　　单位：km²

取水口	排水口	≥4.0℃	≥3.0℃	≥2.0℃	≥1.0℃	≥0.5℃	≥0.3℃	≥0.1℃
方案一	a	0.23	0.45	1.35	6.55	21.2	36.9	111.6
	d	0.00	0.00	0.16	4.91	21.3	36.6	127.8
	e	0.54	1.13	2.00	6.12	20.0	33.1	115.9
	h	0.00	0.00	0.07	1.42	14.5	33.2	119.8
方案二	g	1.13	1.42	2.36	7.25	17.8	31.3	96.8

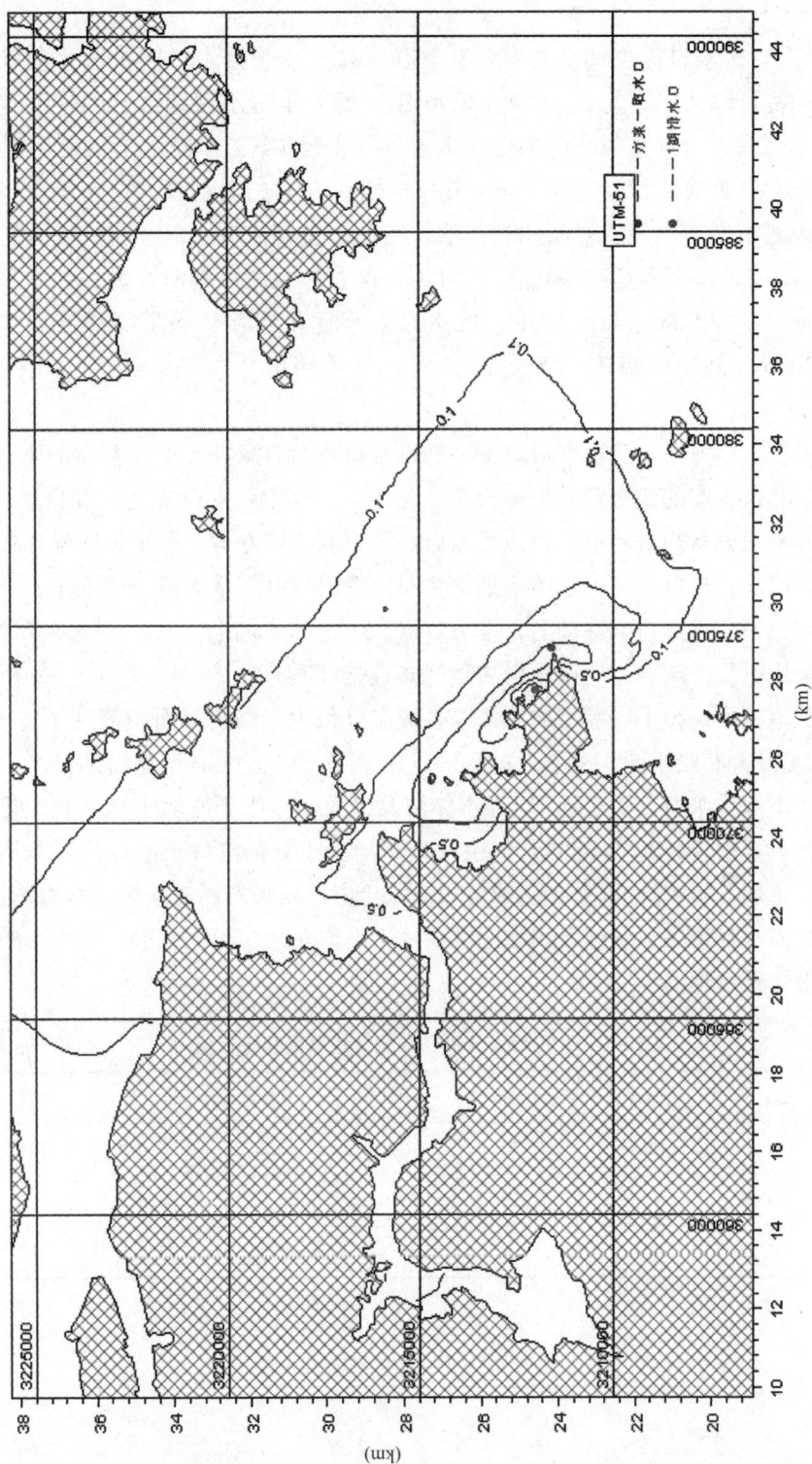

图3-12 电厂初选方案一期工程取水口方案一与排水口方案a组合最大温升分布

4）取、排水口优化调整方案。3个取水口方案受排水口温排放水波及的温升影响都可以接受，但据1964—2006年间的多年份水深地形资料冲淤计算结果显示，取水口方案一冲淤幅度为1.5 m，小于方案二单向淤积幅度2.3 m，更小于方案三单向淤积幅度3.9 m。其中取水口方案二取水头又位于综合码头泊位的内侧附近上游，这对船舶靠离泊位时进出航行或取水口本身的安全均有可能存在一定的风险隐患。因此，在电厂厂区总体规划调整时，为保障电厂取水口安全，从3个取水口方案中，取水口重新优化调整至小牛嘴深潭岸坡从1964—2006年间冲淤幅度1.5 m的位置，并采用电厂一期、二期合用明渠取水。

对于排水口方案，除取水口方案一和排水口离岸隧洞排放组合温升平面分布较小外，其余方案的组合温升平面分布变化不大，其中取水口方案一和排水口d组合温升平面分布相对趋小，但该排水口头部与取水口方案二取水头同样存在安全隐患。因此，在电厂厂区总体规划调整时，考虑到电厂排水口畅通安全，在取水口方案一中的排水口a基础上，排水口重新优化调移向北约100 m处的岸段部位，并采用电厂一期、二期合用岸边敞开式直排。

据数值模型模拟不同潮型的温排水各级温升最大包络统计面积值列于表3-6，最大温升分布绘于图3-13。由表3-7和图3-13显示，调整后的排水口在小潮条件下温排水温升不小于0.1℃水体波及最大面积小于原取水口方案一排水口a组合，其中，≥0.5℃的温升包络线分布局限于健跳港口至电厂厂区东侧南山嘴沿岸水域，≥4℃的温升包络线分布更限于电厂码头内侧的基岩浅水岙湾内，这里不是海水养殖区，属于台州港健跳港区牛山作业区。因此，取、排水调整后的方案总体是合理的。

表3-7　不同潮型各级温升最大包络面积统计值　　　　　　　单位：km^2

潮型	≥4.0℃	≥3.0℃	≥2.0℃	≥1.0℃	≥0.5℃	≥0.3℃	≥0.1℃
小潮	0.31	0.50	1.35	6.30	19.8	36.9	104
中潮	0.25	0.45	0.95	5.00	16.7	43.6	155
大潮	0.29	0.41	1.08	4.59	13.3	35.9	210

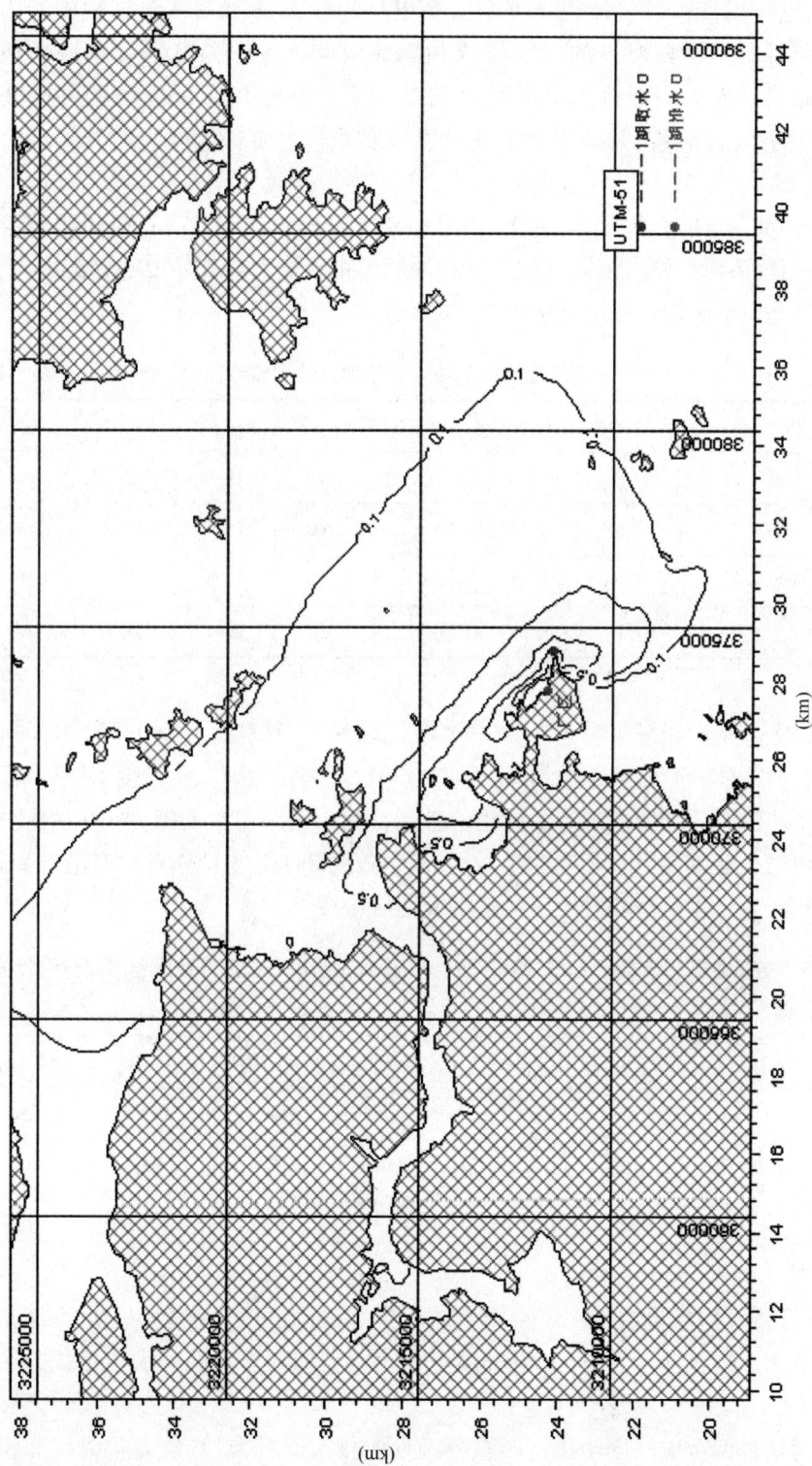

图3-13 电厂本期工程温排放温升包络线分布（典型小潮）

5）电厂取排水口论证优化方案。在电厂厂区总体规划调整过程中，为充分利用项目用海所在海域的深水岸线和滩涂资源，考虑到电厂排水口畅通安全，在取水口方案一和排水口 a 组合的基础上，排水口重新优化调移向北约100 m 处的岸段部位，并采用小牛嘴岸边深取及其上游基岩岸边敞开式直排组合方案。

根据电厂本期建设规模，循环冷却水系统温排水流量 65 m³/s 和初始温度 9℃，采用数值模型模拟不同潮型及其叠加的温排水最大温升分布见图 3 - 14，各级温升最大包络面积特征值列于表 3 - 8。

表 3 - 8　电厂在不同潮型时温排水各级温升最大包络面积统计值　　单位：km²

潮型	≥4.0℃	≥3.0℃	≥2.0℃	≥1.0℃	≥0.5℃	≥0.3℃	≥0.1℃
小潮	0.31	0.50	1.35	6.30	19.8	36.9	104
中潮	0.25	0.45	0.95	5.00	16.7	43.6	155
大潮	0.29	0.41	1.08	4.59	13.3	35.9	210
大、中、小潮叠加	0.31	0.52	1.41	6.74	20.4	45.1	213

根据电厂本期建设规模 2 × 1 000 MW 机组和三门核电厂 4 × 1 250 MW 机组同时运行温排放温升水体扩散结果，在大、中、小潮时温升 ≥1℃ 至 ≥0.1℃ 区间的各级水体波及的分布范围有不同程的扩展，其中两个电厂的温升 1℃ 水体波及的最大包络线范围在大、小潮时单独分布，在中潮时则连片分布，但温升 ≥1℃ 分布面积在大、中、小潮时十分接近（见表 3 - 9）。

表 3 - 9　电厂本期和核电厂 4 × 1 250 MW 机组同步运行时各级温升最大包络面积统计值

单位：km²

潮型	≥4.0℃	≥3.0℃	≥2.0℃	≥1.0℃	≥0.5℃	≥0.3℃	≥0.1℃
小潮	2.26	4.88	11.0	54.9	146	217	529
中潮	2.00	4.27	11.0	55.0	165	245	562
大潮	1.83	3.10	7.82	52.4	194	283	634

6）考虑三门核电温排水影响因素的取排水口论证优化方案。电厂本期工程调整方案和三门核电厂（4 × 1 250 MW）同步运行时温升各级最大包络线分布见图 3 - 15。

针对这种两个电厂同步运行时在中潮期温排水温升 ≥1℃ 最大包络线面积连

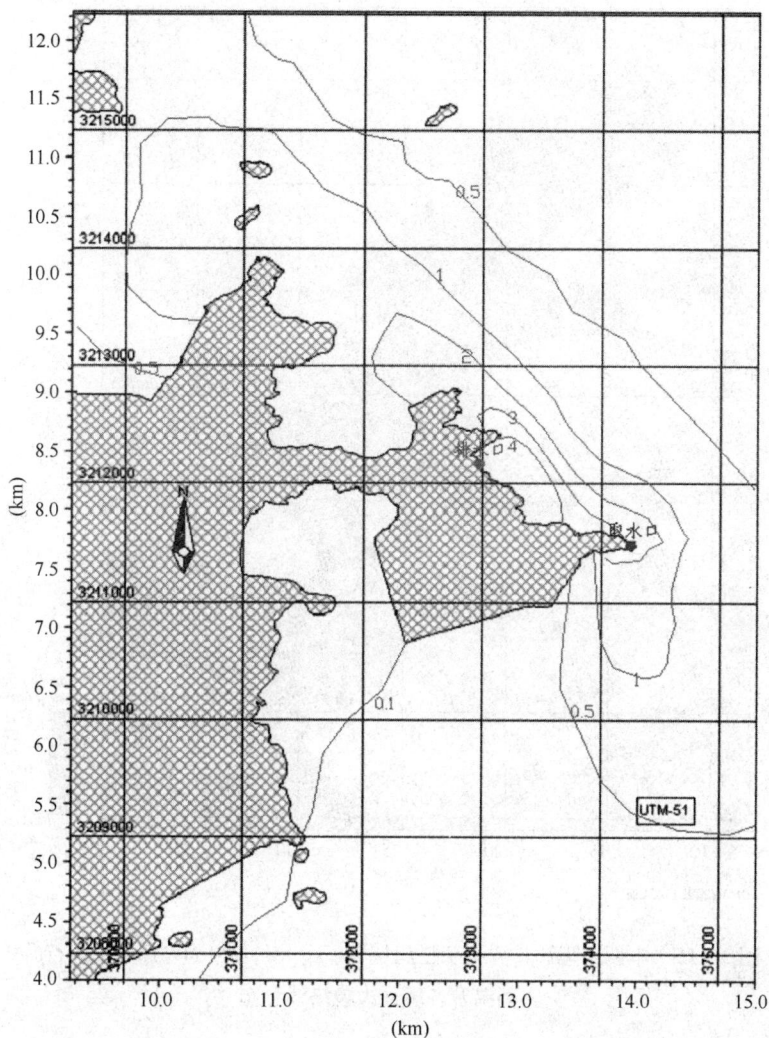

图 3-14　电厂本期工程调整方案温排放温升大、中、小潮叠加包络线分布

片分布的情形，浙江省能源局于 2011 年 1 月 16 日专门组织召开了"电厂循环冷却水温排放数值模拟"等专题研究报告专家评审会，与会专家一致认为："考虑到三门湾内的水动力条件以及核电厂址和台州第二电厂牛山厂址的位置，温升≥1℃最大包络线范围在个别潮型下虽然有所重叠，但时间上不会同时出现。"因此，电厂循环冷却水温排放又进行了深入的数值模拟分析，其结果表明：① 当电厂本期 2×1 000 MW 机组和三门核电厂 4×1 250 MW 机组同步运行时，在大、小潮时三门核电厂温排放温升≥1℃最大包络线分布面积比其单独运行时分别仅增加 1.84 km² 和 0.59 km²，其中≥2℃各级的最大包络线分布面积增加更小（见

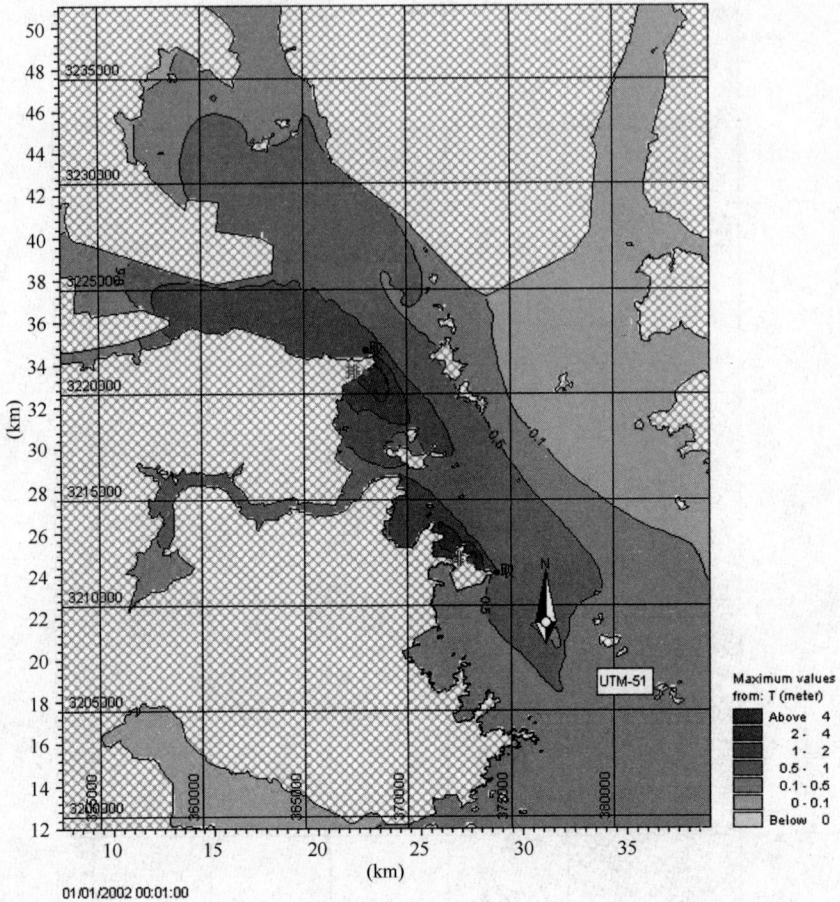

图 3 – 15　本期工程调整方案和三门核电厂（4 × 1 250 MW）同步运行时
大潮温升各级最大包络线分布

表 3 – 10），这在某种意义上说明电厂的温排水扩散对三门核电厂温排放温升水
体的叠加影响范围较小；② 两个电厂在大、中、小潮的涨急、涨平、落急和落
平四个典型潮时刻温排放温升≥1℃包络线均限于各自排水口附近海域且呈不连
续出现（见图 3 – 16），再由表 3 – 11a 与表 3 – 9 比较可知，其面积都明显小于每
个潮型的最大包络线范围；③ 由表 3 – 11b 与表 3 – 7 或由表 3 – 11c 与表 3 – 10
中（电厂本期工程实施前部分）比较可知，无论是电厂还是三门核电厂单独在
大、中、小潮的涨急、涨平、落急和落平四个典型潮时刻温排放温升≥1℃包络
线分布面积都更比每个相应潮型的最大包络线范围趋小。这些温升≥1℃的包络
线面积分布特征已可以说明电厂和三门核电厂同步运行时温排水温升≥1℃的包
络线在时间上不会出现连续分布的事实。另从这两个电厂之间中部区域受健跳港

潮流通道的涨落潮潮流可起到一定阻隔作用的水动力环境角度分析，应该也能佐证这一点。

表 3–10　本期工程实施前后三门核电厂（4 × 1 250 MW）

各级温升最大包络面积及其变幅　　　　　　　单位：km²

温升分布及变幅条件	潮型	≥4.0℃	≥3.0℃	≥2.0℃	≥1.0℃
电厂本期工程实施前	小潮	1.90	4.13	9.29	43.17
	中潮	1.67	3.44	8.61	39.58
	大潮	1.60	2.59	5.56	41.27
电厂本期工程实施后	小潮	1.91	4.16	9.45	43.76
	中潮	1.70	3.54	8.81	*
	大潮	1.64	2.65	6.09	43.11
电厂本期工程实施前后	小潮	0.01	0.03	0.16	0.59
	中潮	0.03	0.10	0.20	*
	大潮	0.04	0.06	0.53	1.84

＊ 两厂联合运行时，中潮 1.0℃线在两电厂中间位置有所连接，不易统计本数据。

表 3–11a　电厂本期和三门核电厂 4 × 1 250 MW 机组

同步运行时典型时刻各温升面积统计值　　　　　　　单位：km²

潮型	时刻	≥4.0℃	≥3.0℃	≥2.0℃	≥1.0℃	≥0.5℃	≥0.3℃	≥0.1℃
小潮	涨急	0.61	0.92	2.55	14.94	75.0	125	311
	涨平	0.42	0.80	1.81	21.49	78.5	135	314
	落急	0.89	2.19	4.93	18.65	73.8	134	320
	落平	0.78	1.50	3.01	13.92	67.6	123	335
中潮	涨急	0.47	0.74	1.62	18.6	67.0	116	297
	涨平	0.29	0.77	1.78	17.0	79.7	124	308
	落急	0.63	1.42	4.79	16.2	77.6	128	340
	落平	0.74	1.24	2.70	15.7	68.9	124	364
大潮	涨急	0.49	0.68	1.16	14.46	66.2	133	338
	涨平	0.09	0.20	0.46	11.98	79.7	137	306
	落急	0.37	0.75	2.65	13.43	77.6	155	366
	落平	0.71	1.24	2.54	7.84	64.0	144	380

表 3 – 11b　两电厂（建设规模同上）

同步运行时本电厂典型时刻各温升面积统计值　　　　　单位：km²

潮型	时刻	≥4.0℃	≥3.0℃	≥2.0℃	≥1.0℃	≥0.5℃	≥0.3℃	≥0.1℃
小潮	涨急	0.08	0.10	0.57	3.06	20.67	39.5	79.5
	涨平	0.09	0.17	0.33	3.56	17.44	38.2	75.4
	落急	0.11	0.21	0.38	5.21	19.88	41.0	66.6
	落平	0.20	0.35	0.58	3.45	25.44	43.6	72.6
中潮	涨急	0.05	0.07	0.12	4.43	30.21	57.8	103.3
	涨平	0.04	0.07	0.17	2.38	10.60	25.4	83.9
	落急	0.07	0.10	0.19	1.33	17.48	40.0	86.0
	落平	0.17	0.27	0.52	1.80	28.65	47.3	67.9
大潮	涨急	0.04	0.07	0.08	3.14	22.83	58.3	99.1
	涨平	0.01	0.02	0.05	0.65	4.53	13.7	74.1
	落急	0.04	0.07	0.11	0.31	5.27	27.9	84.1
	落平	0.13	0.21	0.42	0.94	23.69	43.5	71.9

表 3 – 11c　两电厂（建设规模同上）

同步运行时核电厂典型时刻各温升面积统计值　　　　　单位：km²

潮型	时刻	≥4.0℃	≥3.0℃	≥2.0℃	≥1.0℃	≥0.5℃	≥0.3℃	≥0.1℃
小潮	涨急	0.53	0.82	1.98	11.88	54.33	85.5	231
	涨平	0.33	0.63	1.48	17.93	61.06	96.8	239
	落急	0.78	1.98	4.55	13.44	53.92	93.0	253
	落平	0.58	1.15	2.43	10.47	42.16	79.5	262
中潮	涨急	0.42	0.67	1.50	14.17	36.79	58.2	194
	涨平	0.25	0.70	1.61	14.62	69.10	98.6	224
	落急	0.56	1.32	4.60	14.87	60.12	88.0	254
	落平	0.57	0.97	2.18	13.90	40.25	76.7	296
大潮	涨急	0.45	0.63	1.08	11.32	43.37	74.7	239
	涨平	0.08	0.18	0.41	11.33	75.17	123.3	232
	落急	0.33	0.68	2.54	13.12	72.33	127.1	282
	落平	0.58	1.03	2.12	6.90	40.31	100.5	308

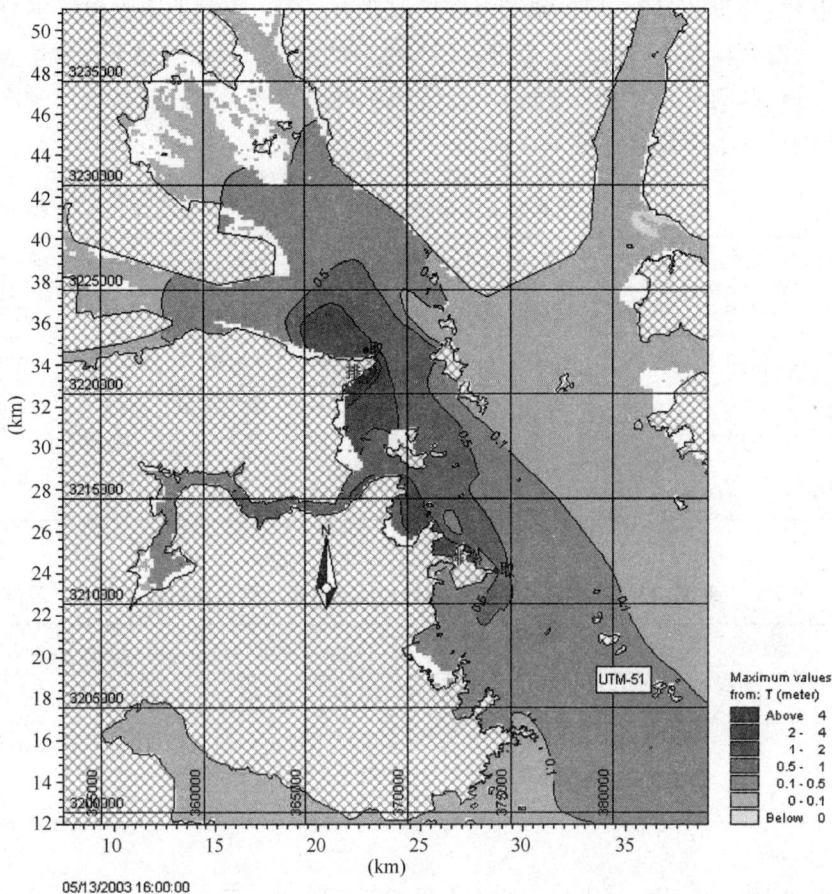

图 3 - 16 电厂本期工程调整方案与核电厂 (4 × 1 250 MW) 同步运行时
(中潮涨急时刻) 温升分布

综合考虑上述因素, 电厂循环冷却水系统从采用海水直流冷却调改为自然通
风冷却塔的二次循环冷却的方式更为稳妥, 据此, 取、排水口方案再次进行了相
应的调改。

调改后的方案电厂取排水口调改方案的循环冷却水系统取水流量从 65 m³/s
减至 2.47 m³/s, 温排水流量从 65 m³/s 减至 1.33 m³/s, 排水口初升温度从 9℃
降至 1℃。据数值模型模拟显示, 电厂取排水口调改方案的温排放温升水体波及
范围大大减少, 尤其是大、中、小潮叠加温升≥1℃包络线面积在有效数内为零,
温升≥0.01℃包络线面积也只有 0.26 km², (见表 3 - 12), 在电厂本期工程建设
规模与三门核 4 × 1 250 MW 机组同步运行时温升≥1℃最大包络线分布面积也只
有增加 0.05 km², 主要出现在小潮 (见表 3 - 13), 在大、中、小潮期温升各级

最大包络线分布见图 3 - 17；温升水体扩散在大、中、小潮期影响电厂本身的取水口最大温升均不足 0.01℃，影响三门核电厂的取水口可以忽略不计。这表明电厂取、排水口调改方案的温排放水，无论对海域环境还是对三门核电厂的取水口温升影响远远小于其他方案。

表 3 - 12　电厂本期工程单独各级温升最大包络面积统计　　　　单位：km^2

潮型	≥4.0℃	≥3.0℃	≥2.0℃	≥1.0℃	≥0.5℃	≥0.3℃	≥0.1℃	≥0.01℃
小潮	0.00	0.00	0.00	0.00	0.00	0.00	0.00	0.24
中潮	0.00	0.00	0.00	0.00	0.00	0.00	0.00	0.25
大潮	0.00	0.00	0.00	0.00	0.00	0.00	0.00	0.25
大、中、小潮叠加	0.00	0.00	0.00	0.00	0.00	0.00	0.00	0.26

表 3 - 13　两电厂同步运行时增加的温升最大包络面积统计　　　　单位：km^2

潮型	≥4.0℃	≥3.0℃	≥2.0℃	≥1.0℃	≥0.5℃	≥0.3℃	≥0.1℃
小潮	0	0	0	0	0.06	0.12	0.09
中潮	0	0	0	0.05	0.11	0.18	0.07
大潮	0	0	0	0	0.11	0.09	0.25

综上所述，电厂取排水口调改方案采用循环冷却水系统冷却塔二次循环冷却方式作为推荐方案更趋合理，电厂取排水口初选方案采用循环冷却水系统海水直流冷却方式中的"取水口方案一和排水口 h 组合"采取适当的工程措施可作为备选方案。

（2）码头用海方式与平面布置

1）码头用海方式。本项目码头用海方式为透水构筑物，是拟建电厂的重要配套基础设施，担负电厂施工期大型设备和运营期煤炭等原材料的输入任务；开放式用海是指码头平台前沿的港池，是船舶靠离泊位必备的海域。因此，拟建电厂本期工程建设规模，需要修建一座 3.5 万吨级卸煤码头和一座 0.3 万吨级综合码头。

卸煤码头采用开放式用海港池，利用牛山嘴矶头前沿深潭的部分海域，属于三门湾湾口开宽海域的西南边缘部分，外围有五子岛、高塘岛、花岙岛及南田岛等岛屿散布，对外海波浪起到一定的阻挡作用，潮流适中、顺畅，泊稳条件较好，港池水深只需局部少量浚深即可满足船舶靠泊要求。综合码头也采用开放式用海港池，充分利用卸煤码头平台内侧的海域，潮流平缓，自然水深即可满足船舶靠泊要求。这两座拟建码头所在及附近岸段基本保持着基岩海岸的原始形态，周边无居民点。

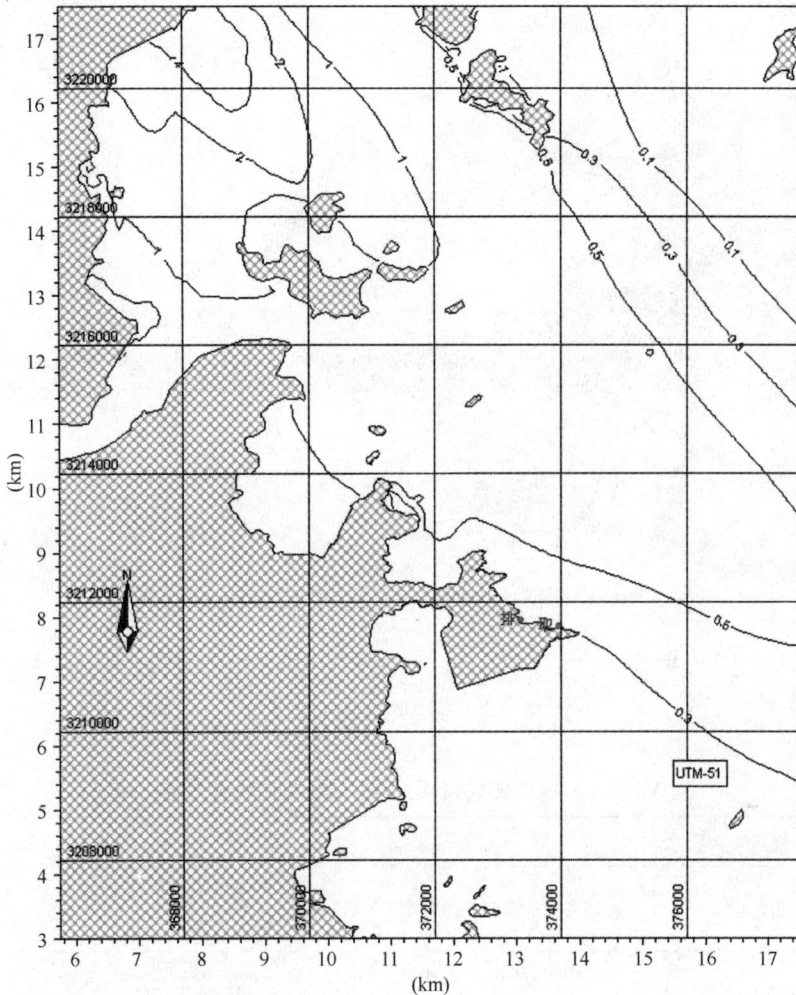

图 3 - 17　电厂本期工程调改方案与核电厂（4 × 1 250 MW）同步运行时
（大潮期）温升各级最大包络线分布

2）码头平面布置。拟建电厂码头经多次优化调整后，提出方案一和方案二作进一步比较，这两个方案分别见图 3 - 18 和图 3 - 19，泊位通过能力相同。从表 3 - 14 中所列的码头平面布置形式、卸煤码头前沿线、用海面积（即卸煤码头栈桥、平台及辅助平台和综合码头栈桥、平台的尺寸）、厂区连接方式、营运管理方式、对取水口淤积的影响、岸线利用长度以及总投资估等诸多因素比较表明，用海面积、岸线占用长度、营运管理以及投资额方案一均优于方案二，因此，在工程可行性研究阶段提出方案一作为推荐方案是合理的。

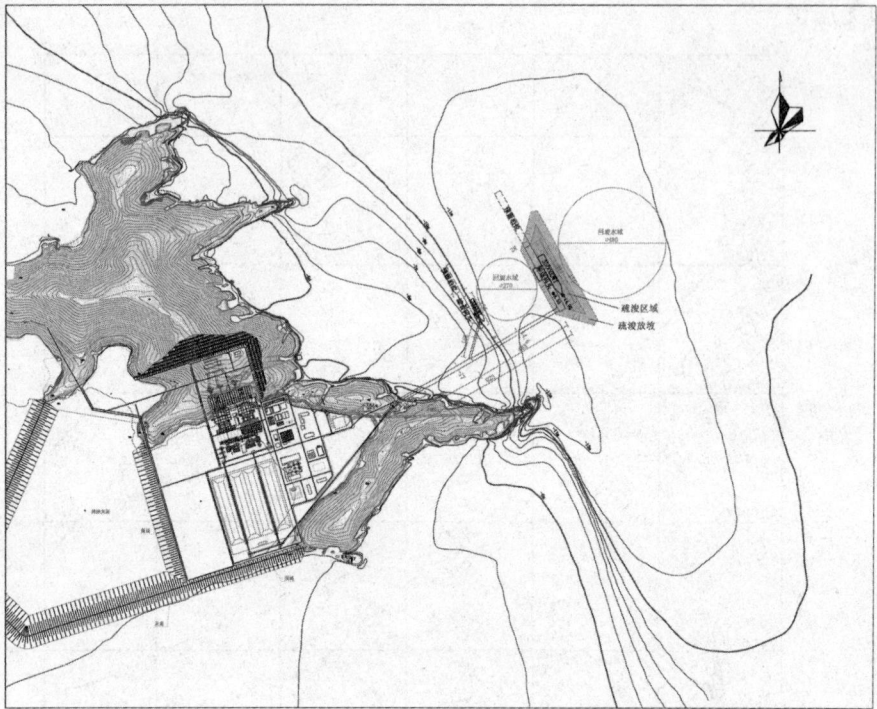

图 3 – 18　电厂码头平面分布（方案一）

表 3 – 14　拟电厂卸煤码头、综合码头平面布置方案比较

因素	方案一	方案二	
平面布置形式	卸煤码头和综合码头呈反"F"形布置	卸煤码头和综合码头分别呈倒"L"形独立布置	
卸煤码头前沿线	由于后侧综合码头回旋水域的影响，卸煤码头前沿线较比方案二伸出 182 m	卸煤码头前沿线离岸较近	
卸煤码头栈桥尺寸	$443 \times 14.6 + 380 \times 9 = 9\,888\ m^2$	$636 \times 14.6 = 9\,286\ m^2$	比方案一多占用海域 2 414 m²
综合码头栈桥尺寸	$152 \times 8 + 380 \times 8 = 4\,256\ m^2$	$909 \times 8 = 7\,272\ m^2$	
卸煤码头平台尺寸	317 m×28 m		
卸煤码头辅助平台尺寸	60 m×15 m		
综合码头平台尺寸	156 m×17 m		
综合码头辅助平台尺寸	15 m×9 m		
厂区连接方式	卸煤码头与综合码头交通通道合一	卸煤码头与综合码头交通通道分开	

续表

因素	方案一	方案二
营运管理方式	集中营运管理	卸煤码头与综合码头单独管理
对取水口淤积的影响	比方案二小0.1 m左右	比方案一大0.1 m左右
岸线利用长度	本期利用79 m	本期利用473 m，比方案一多394 m
总投资估算	45 971万元	46 782万元

图3-19　电厂码头平面分布（方案二）

3）建设填海造地和废弃物处置填海造地。填海造地是完全改变海域属性的一种用海方式，但同时也是缓解人多地少和保护耕地与区域建设用地之间的矛盾，为临港工业发展提供土地资源的有效途径之一。在台州市产业布局规划中，健跳港附近建设电力工业城，主要建设三门核电厂和本电厂，后者选址在三门湾口西南岸段宫前湾的牛山涂滩涂，该滩涂沿岸地貌形态以丘陵为主要特征，几乎无陆域腹地依托。因此，利用牛山涂滩涂资源通过适度的填海造地为拟建电厂提供部分厂区和灰场用地是必要的。

牛山涂滩涂西、北、东三面环山，南面临三门湾湾口海域，属于渔西湾北部滩涂,从牛山南嘴头和炮台山木杓嘴连线以内构成一个相对独立的滩涂湾,属于不正规半日潮海域,潮差大,潮流强度中等,潮流运动以往复流,又是浙江沿海常受台风活动季节风暴潮影响的地区之一。滩涂处于缓慢淤积状态,地貌平面形态呈不规则袋状特征,口宽约 1.5 km,纵深 0.3~0.7 km 不等,沉积物主要为黏土质粉沙,滩面平缓,高程在 -1.5~2.7 m 之间,主要是草头村和木杓村村民经营滩涂养殖的场所,养殖品种主要有缢蛏和紫菜,利用局部隐蔽高滩涂暂养蛏蛏幼苗(暂养期为 11 月下苗,次年 4 月收苗),无珍稀濒危动植物,海岸形态基本保持基岩原始状态,唯在西侧湾顶冲、洪积堆积物前缘已建有简易海堤,以保护草头村民屋。

本电厂厂区和灰场布置在牛山涂滩涂东部,隔牛山嘴紧邻码头区。在围填海区内,沿岸各岙湾顶部涂面较高,其中上、下牛脚之间岙湾顶部涂面高程已高达 1.8 m,往南向海逐渐降低,最低处约 -1.65 m,绝大部分高于平均低潮位 -1.45 m,基本属于中高涂。围填海区除其离草头村最近距离约 1.5 km 和木杓村约 500 m 外,区内及四周无其他民居,无拆迁工作量。

综上所述,电厂厂区和灰场主要通过围填海造地来实现,适宜当地社会条件和自然资源环境。

(3)项目用海方式与资源有效利用相适应

项目用海所在海域小牛嘴前沿深潭发育, -11 m 封闭等高线平面形态呈东南—西北走向不规则椭圆状特征,长轴长约 2 200 m,短轴长约 750 m,底部地形平坦,一般高程多在 11.1~12.7 m,最低为 13.6 m。该深潭相应的岸段可建 3.5万吨级的深水码头泊位,而本项目采用桩基梁板结构拟建一座 3.5 万吨级卸煤码头和 3 000 吨级综合码头均利用其中部西边坡相应的岸段,前者码头平台利用了深潭底部深水区,后者码头平台利用了深潭边坡坡脚较大深水区,两座码头共用栈桥,利用同一个岸段;两座码头的船舶靠泊和回旋水域分别利用了深潭底部和边坡下部的深水区域。这些码头平台、栈桥与船舶靠泊和回旋水域分别采用的透水构筑物和港池用海方式呈直立式分布,充分发挥了深潭边坡和底部的深水资源效应。

建设填海造地和废弃物处置填海造地利用宫前湾牛山涂的东半部滩涂资源,属于渔西湾渔西涂滩涂东北端的一部分,以该湾沿岸基岩岸线为依托,根据滩涂形态特征,围堤轴线按“L”形布置,围填海滩涂面积(103.484 1 hm²),仅占渔西涂(1 660.13 hm²)的 6.23%,三门县三门湾沿岸滩涂(115.133 3 km²)0.90%。在涂面高程 -1.8~1.8 m 处拟建 1 号围(外)堤,堤顶高程 9.0 m,防浪墙高程 10 m;涂面高程 0.0~1.7 m 拟筑侧堤,堤顶高程 7.0 m,防浪墙高程 8.0 m。围区成陆隔堤以东回填至地面标高 5.91 m,用于电厂厂区基础设施建设,其中主厂房大部分布置在基岩区,煤堆场布置在其南面,冷却塔安置在这两区块的东侧并紧邻取水口;以西利用相对低于厂区的原滩涂高程用于灰场建设。在围填海区内,这种区块功能布局不仅适宜地形变化条件,也能满足电厂本期建设规模用地要求。

取水口利用牛山嘴前沿深潭中部的岸坡,通过适当开挖浚深采用明渠方式取水;利用码头上游附近沿岸岙湾无滩涂发育的浅水区(浅滩)基岩岸段,通过岩体预裂开挖连接厂区排水隧洞布置排水口以岸边敞开式直排,其濒临三门湾湾口宽敞海域,有助于排水引起的温升水体扩散稀释,有利于区域生态环境持续发展。

综上所述,项目用海方式针对其所在海域沿岸岸滩、浅水和深潭资源组合特征,不同的用海方式应是有效利用了各自适宜的资源。这说明电厂厂区、灰场、码头及取排水口等各区块功能布置是合理的。

关注要点:

1)从电厂的温水排放对周边海域资源与生态环境、海域开发利用活动影响及对自身取水产生影响、降低电厂运行效率等角度,分析取、排水口平面布置及取、排水方式的合理性;

2)从节约集约占用岸线和海域资源及取排水口安全等角度,分析煤码头及重件码头平面布置方案的合理性。

优点:

1)报告书引用项目初步设计取排水口平面布置方案的专题研究成果,从取、排水口一期与二期、取水方式采用明渠或暗渠、排水采用岸边敞开式还是近岸多点式、排水口布置在码头的上游还是下游以及上述多种方式的不同组合,从减少温排水扩散范围、减少取排水口受冲淤环境影响以及与码头保持一定安全距离等因素进行了综合分析,对取、排水方案进行了比选与优化,初步确定了采用离岸多点式排水方式及初步的取排水平面布置方案。同时,对本项目与其相距 11 km 三门核电项目温排水的相互影响问题进行了数值模拟与分析,并针对模拟分析结果及综合考虑相关因素,电厂循环冷却水系统从原海水直流冷却,调改为自然通风冷却塔的二次循环的冷却方式。取、排水口方案调整后,循环冷却水系统取水流量从 65 m³/s 减至 2.47 m³/s,温排水流量从 65 m³/s 减至 1.33 m³/s,排水口初升温度从 9℃降至 1℃。同时,据数值模型模拟显示,调改方案的温排放温升水体波及范围大大减少,尤其是大、中、小潮叠加温升≥1℃包络线面积在有效数内为零,温升≥0.01℃包络线面积也只有 0.26 km²,在电厂本期工程建设规模与三门核电厂 4×1 250 MW 机组同步运行时温升≥1℃最大包络线分布面积也只有增加 0.05 km²,温升水体扩散在大、中、小潮期影响电厂本身的取水口最大温升均不足 0.01℃，有效解决了温排水可能对三门核电项目的影响，同时极大地减少了温排水对海洋生态与周边养殖用海的影响。而且循环水冷却方式的改变无需过多考虑温排水对本项目取水的影响，将取、排水口布置也进行了相应调整，更靠近厂区位置，整个厂区的平面布置也更加紧凑，减少了对海岸线长度的占用。

2）对卸煤码头和综合码头布置方案在多次优化调整后，优化出反"F"形方案与倒"L"形方案进行进一步比较。综合比较的要素包括码头前沿线离岸距离、用海面积、码头与厂区的连接方式、码头的管理方式、对取水口淤积的影响、岸线占用长度及投资估算等。码头比选论证确定的平面布置方案在充分满足电厂和保障取水口安全运营需求的条件下，更加有利于节约使用岸线及海域资源。

3）海域空间资源的有效利用综合各种因素较为合理。包括：厂区与灰场通过对官前湾牛山涂滩涂资源适度的填海造地为提供部分厂区和灰场用地，利用浅海滩涂提供了项目建设必要的土地资源；项目煤码头与综合码头共用栈桥，前者码头平台利用了深潭底部深水区，后者码头平台利用了深潭边坡坡脚较大深水区，两座码头共用栈桥，利用同一个岸段，两座码头的船舶靠泊和回旋水域分别利用了深潭底部和边坡下部的深水区域，充分发挥了深潭边坡和底部的深水资源效应；取水口利用牛山嘴前沿深潭中部的岸坡，通过适当开挖浚深采用明渠方式取水，同时，利用码头上游附近沿岸舀湾无滩涂发育的浅水区（浅滩）基岩岸段，通过岩体预裂开挖连接厂区排水隧洞布置排水口以岸边敞开式直排，排水口濒临三门湾湾口宽敞海域，有助于排水引起的温升水体扩散稀释，为项目提供了海水资源和有利于温排水扩散的海域资源。

不足：

报告对从采用深排方式优化取排水方案的可行性方面分析论证得不够深入。

3.2.2.2.3　项目用海面积合理性

电厂工程可行性报告对二期建设规划尚未开展研究，海域使用论证不具备条件，因此项目为二期机组预留填海造地面积不尽合理，将二期预留填海面积调整为灰场更为合理，调整后厂区及施工场地的填海面积由 61.385 1 hm^2 减少为 49.582 2 hm^2，现填海造地面积完全满足一期电厂建设用地需求，同时一期的灰场面积为二期的机组建设预留了空间，本着上述观点对项目用海的面积合理性进行方案优化论证。

（1）用海面积的界定

根据《海籍调查规范》，利用浙江省河海测绘院于 2006 年 11 月测量的浙能三门电厂厂址海域水下地形图（1:1 000）为底图，1985 国家高程，高斯 - 克吕格投影，中央子午线 121.5°E，1954 年北京坐标系，采用 Auto CAD 软件量算项目用海面积。宗海界址点选用界址线的拐点作为控制点，确定之后，再由浙江省河海测绘院采用的测量控制点，计算 WGS - 84 和 1954 年北京坐标系之间的转换 7 个参数，据此将坐标从 1954 年北京坐标转换为 WGS - 84 坐标。

1）填海造地用海。包括建设填海造地用海和废弃物处置填海造地两部分用海，前者指电厂厂区及施工场地填海造地用海，后者指灰场填海造地用海。按《海籍调查规范》5.3.1 条规定：岸线以填海造地前的海岸线为界，水中以围堰、堤坝基床或回填物倾埋水下的外缘线为界。在面积量算中，内界址线的自然岸线采用大潮平均高潮位线（2.17 m，1985 国家高程，下同）为界线，外、侧界址线为新建堤坝基床外缘线。宗海位置见图 3 - 20，宗海界址见图 3 - 21。经量算，电厂厂区及施工场地填海造地面积 49.582 2 hm² （743.733 亩），其中厂区主厂房及冷却塔等基础实施区块面积 43.592 9 hm² （653.893 5 亩），界址线在图 3 - 21 中为 1 - 2 - … - 32 - 33 - 76 - 1，厂区西北角厂前建筑区和部分施工场地区块面积 5.989 3 hm² （89.839 5 亩），在图 3 - 21 中为 39 - 40 - … - 59 - 60 - 39；灰场填海造地面积 53.901 9 hm² （808.528 5 亩），界址线在图 3 - 21 中为 33 - 34 - … - 38 - 39 - 60 - 61 - … - 75 - 76 - 33。

2）透水构筑物用海。透水构筑物用海指码头的平台及引桥用海，按《海籍调查规范》5.4.2.5 条（3）款 a）项界定，西北、东北和东南界址线均以码头的平台和引桥的外缘线为界，界址线的自然岸线采用大潮平均高潮位线为界线。宗海位置见图 3 - 20，宗海界址见图 3 - 22。经量算，码头及引桥用海面积为 2.730 0 hm² （40.95 亩），界址线在图 3 - 22 中为 1 - 2 - 3 - … - 29 - 30 - 1。

3）港池用海。根据《海籍调查规范》5.4.2.5 条（3）款 b）项界定，开敞式码头港池应以码头前沿线起垂直向外不少于 2 倍设计船长且包含船舶回旋水域的范围为界（水域空间不足时视情况收缩），参见了其附录 C18 示例，依照此方法界定。本项目港池包括卸煤码头港池和综合码头港池两部，其中卸煤码头港池按西北、东北和东南均以船舶回旋水域的外切线以及西南以码头平台前沿线为界的水域界定；综合码头港池考虑到位于两个码头平台之间，按东北以卸煤码头平台后沿线为界，东南以卸煤码头引桥东北侧沿线为界，西南以综合码头和引桥的外沿线为界以及西北以回旋水域外切线为界的水域界定。宗海位置见图 3 - 20，宗海界址见图 3 - 22。经量算，本项目港池用海面积为 38.931 7 hm² （583.975 5 亩），其中卸煤码头港池用海面积为 26.496 2 hm² （397.443 亩），界址线在图中为 9 - 33 - 34 - 35 - 36 - 10 - 9；综合码头港池用海面积 12.435 5 hm² （186.532 5 亩），界址线在图中为 11 - 12 - … - 22 - 23 - 31 - 32 - 32。

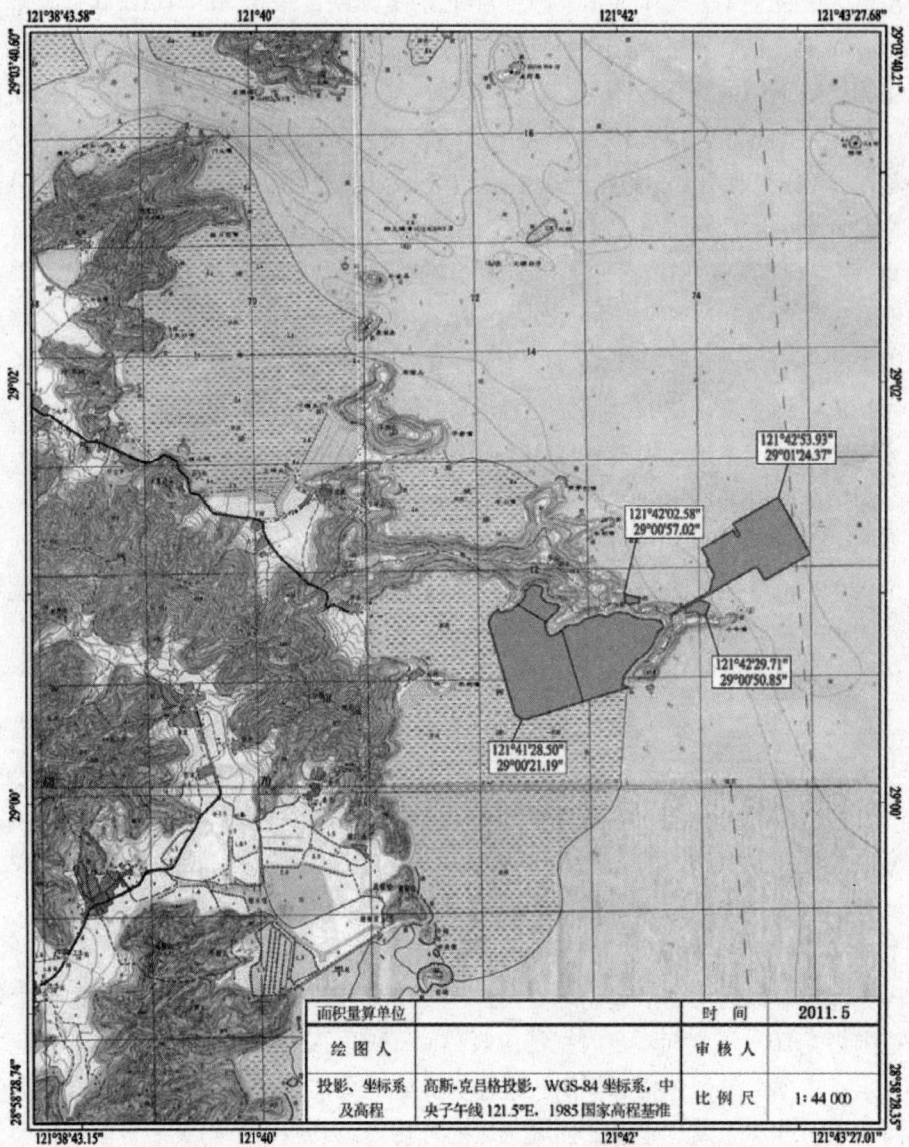

图 3 – 20　浙江浙能台州第二发电厂工程项目宗海位置

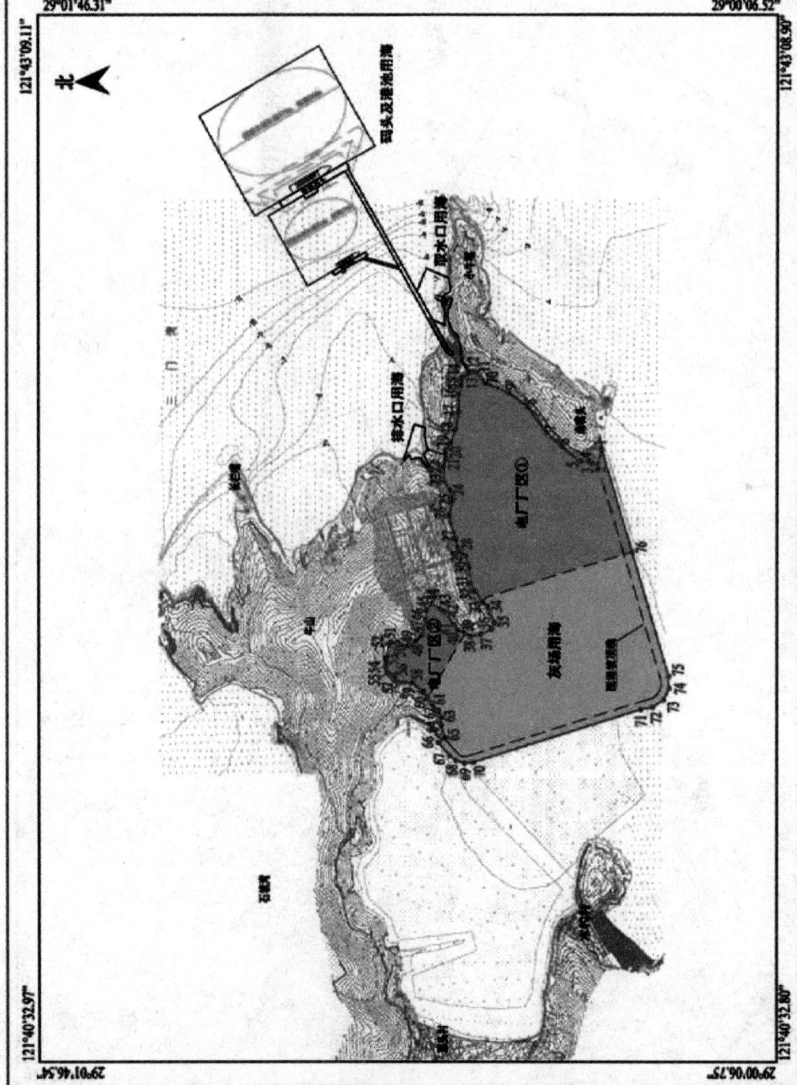

图3-21 浙江浙能台州第二发电厂工程填海造地项目宗海界址

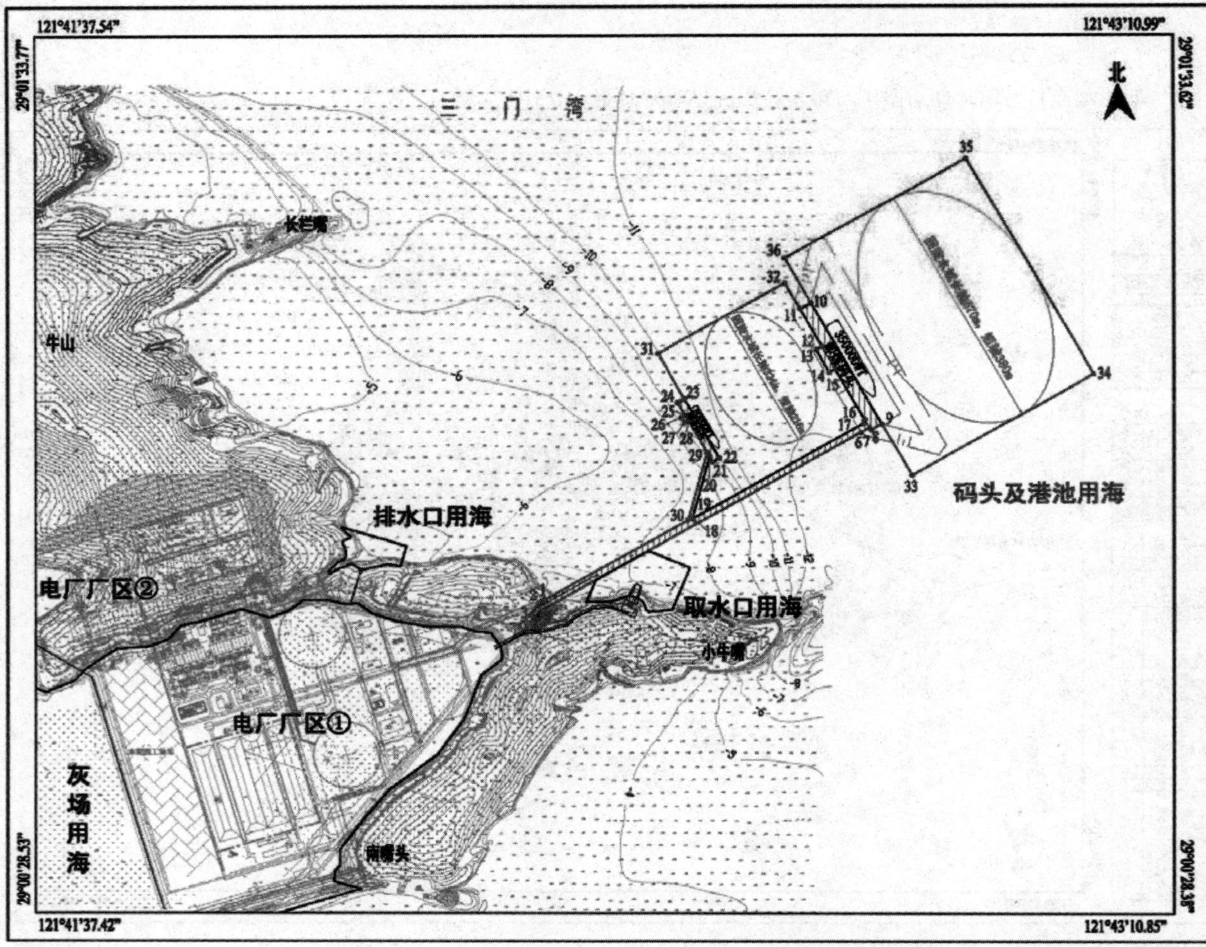

界址点编号及坐标（纬度 | 经度）		
1	29°00′51.60″	121°42′19.21″
2	29°00′51.32″	121°42′18.69″
3	29°00′50.49″	121°42′18.12″
4	29°00′50.30″	121°42′18.35″
5	29°00′50.85″	121°42′18.98″
6	29°01′03.98″	121°42′45.23″
7	29°01′04.33″	121°42′45.94″
8	29°01′04.16″	121°42′46.05″
9	29°01′04.61″	121°42′46.95″
10	29°01′13.56″	121°42′41.16″
11	29°01′13.11″	121°42′40.26″
12	29°01′10.33″	121°42′42.06″
13	29°01′10.09″	121°42′41.58″
14	29°01′08.42″	121°42′42.66″
15	29°01′08.66″	121°42′43.14″
16	29°01′04.94″	121°42′45.55″
17	29°01′04.64″	121°42′45.45″
18	29°00′57.63″	121°42′31.45″
19	29°00′57.70″	121°42′31.40″
20	29°01′02.20″	121°42′32.81″
21	29°01′01.81″	121°42′33.06″
22	29°01′02.09″	121°42′33.60″
23	29°01′06.49″	121°42′30.75″
24	29°01′06.22″	121°42′30.20″
25	29°01′05.28″	121°42′30.81″
26	29°01′05.13″	121°42′30.52″
27	29°01′04.71″	121°42′30.80″
28	29°01′04.86″	121°42′31.09″
29	29°01′02.52″	121°42′32.60″
30	29°00′57.52″	121°42′31.04″
31	29°01′09.83″	121°42′28.59″
32	29°01′15.04″	121°42′39.01″
33	29°01′00.81″	121°42′49.41″
34	29°01′08.27″	121°43′04.34″
35	29°01′24.37″	121°42′53.93″
36	29°00′16.90″	121°42′39.00″

单元	界址点	面积（公顷）
码头	1-2…29-30-1	2.7300
栈桥头港池	9-33-34-35-36-10-9	26.4962
综合利用排海池	11-12…22-23-33-32-11	12.4355
总面积	1-2…-8-9-33-34-35-36-10- / 11-32-31-23-24…-29-30-1	41.6697 / 38.9317

测量员　　　　　时间　2006.11
绘图员　　　　　时间　2001.5
审核人　　　　　比例尺　1:10 000

坐标系及高程：高斯-克吕格投影，WGS-84坐标系，中央子午线121.5°，1985国家高程基准

图3-22　浙江浙能台州第二发电厂工程码头平台、栈桥及港池项目宗海界址

北

三门湾

码头及港池用海

取水口用海

排水口用海

灰场用海

电厂厂区①

电厂厂区②

121°43′10.99″　29°01′33.62″
29°00′28.38″　121°43′10.85″
121°41′37.54″　29°01′33.77″
29°00′28.53″　121°41′37.42″

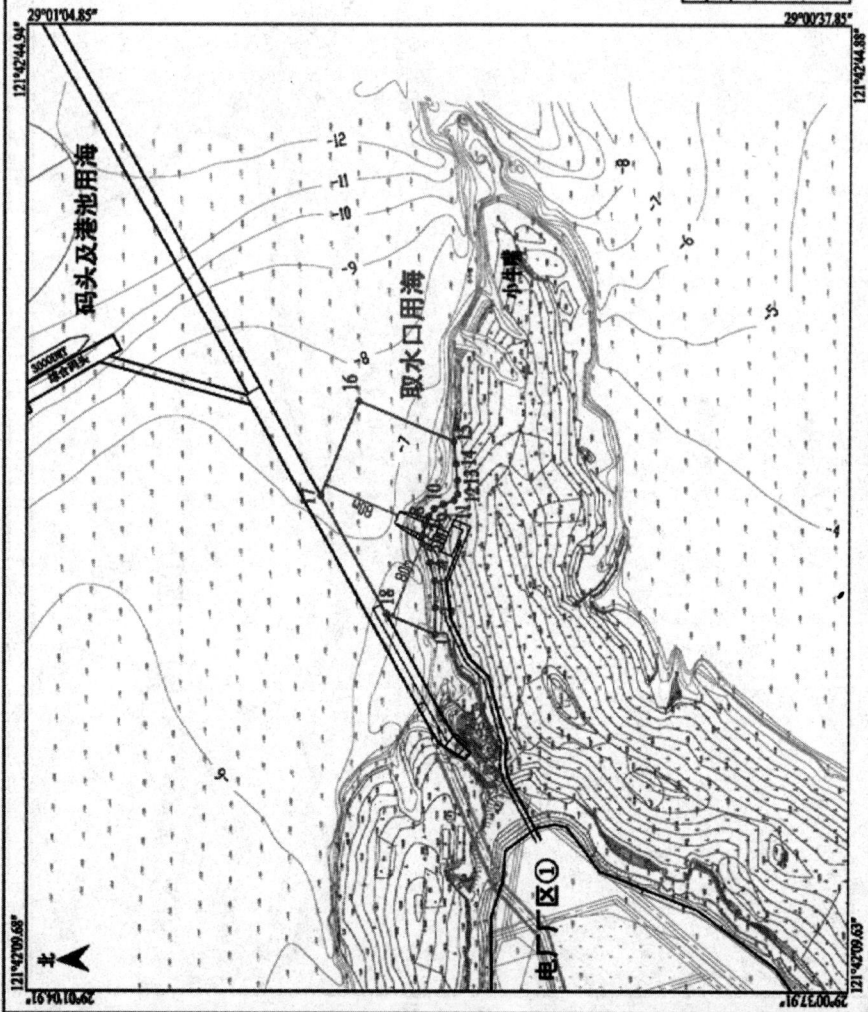

图3-23 浙江浙能台州第二发电厂工程取水口项目宗海界址

	界址点编号及坐标 (纬度 | 经度)	
1	29° 00′ 51.46″	121° 42′ 22.67″
2	29° 00′ 51.44″	121° 42′ 23.65″
3	29° 00′ 51.48″	121° 42′ 24.62″
4	29° 00′ 51.63″	121° 42′ 25.29″
5	29° 00′ 51.85″	121° 42′ 25.99″
6	29° 00′ 51.86″	121° 42′ 26.29″
7	29° 00′ 51.79″	121° 42′ 26.65″
8	29° 00′ 51.67″	121° 42′ 26.96″
9	29° 00′ 51.48″	121° 42′ 27.25″
10	29° 00′ 51.20″	121° 42′ 27.41″
11	29° 00′ 50.84″	121° 42′ 27.56″
12	29° 00′ 50.72″	121° 42′ 27.77″
13	29° 00′ 50.73″	121° 42′ 28.28″
14	29° 00′ 50.78″	121° 42′ 28.89″
15	29° 00′ 50.85″	121° 42′ 29.71″
16	29° 00′ 53.97″	121° 42′ 31.18″
17	29° 00′ 55.23″	121° 42′ 27.73″
18	29° 00′ 53.08″	121° 42′ 23.44″

单元	界址线	面积 (公顷)
取水口	1-2-…-17-18-1	1.8769
宗海	1-2-…-17-18-1	1.8769

底图测绘单位		时 间	2006.11
测 量 人		校 核 人	
面积勘算单位		时 间	2011.5
绘 图 人		审 核 人	
投影、坐标系 及高程	高斯-克吕格投影, WGS-84 坐标系。中 央子午线 121.5°E。1985 国家高程基准	比例尺	1:6 000

界址点编号及坐标	纬度		经度	
1	29°00'	57.02"	121°42'	02.58"
2	29°00'	56.64"	121°42'	02.90"
3	29°00'	56.34"	121°42'	03.28"
4	29°00'	56.20"	121°42'	03.26"
5	29°00'	56.03"	121°42'	02.77"
6	29°00'	55.92"	121°42'	02.65"
7	29°00'	55.71"	121°42'	02.71"
8	29°00'	55.99"	121°42'	02.83"
9	29°00'	55.30"	121°42'	02.91"
10	29°00'	54.88"	121°42'	02.94"
11	29°00'	54.68"	121°42'	02.84"
12	29°00'	54.44"	121°42'	02.28"
13	29°00'	54.03"	121°42'	01.81"
14	29°00'	53.77"	121°42'	01.51"
15	29°00'	53.59"	121°42'	01.60"
16	29°00'	53.80"	121°42'	02.05"
17	29°00'	54.01"	121°42'	02.48"
18	29°00'	54.06"	121°42'	02.74"
19	29°00'	54.26"	121°42'	03.20"
20	29°00'	54.29"	121°42'	03.40"
21	29°00'	54.14"	121°42'	03.70"
22	29°00'	53.91"	121°42'	04.05"
23	29°00'	53.85"	121°42'	04.17"
24	29°00'	53.86"	121°42'	04.25"
25	29°00'	53.99"	121°42'	04.91"
26	29°00'	54.13"	121°42'	05.63"
27	29°00'	54.24"	121°42'	06.35"
28	29°00'	54.18"	121°42'	06.98"
29	29°00'	54.11"	121°42'	07.42"
30	29°00'	55.60"	121°42'	07.93"

单元	界址点	面积（公顷）
排水口	1-2…29-30-1	0.9256
宗海	1-2…29-30-1	0.9256

测量人		时间	2006.11
面积量算单位	校核人	时间	2011.5
绘图人	审核人	比例尺	1:6 000
底图测绘单位			
投影、坐标系 及高程	高斯-克吕格投影，WGS-84坐标系，中央子午线121.5°E，1985国家高程基准		

北

排水口用海

码头及港池用海

电厂区①

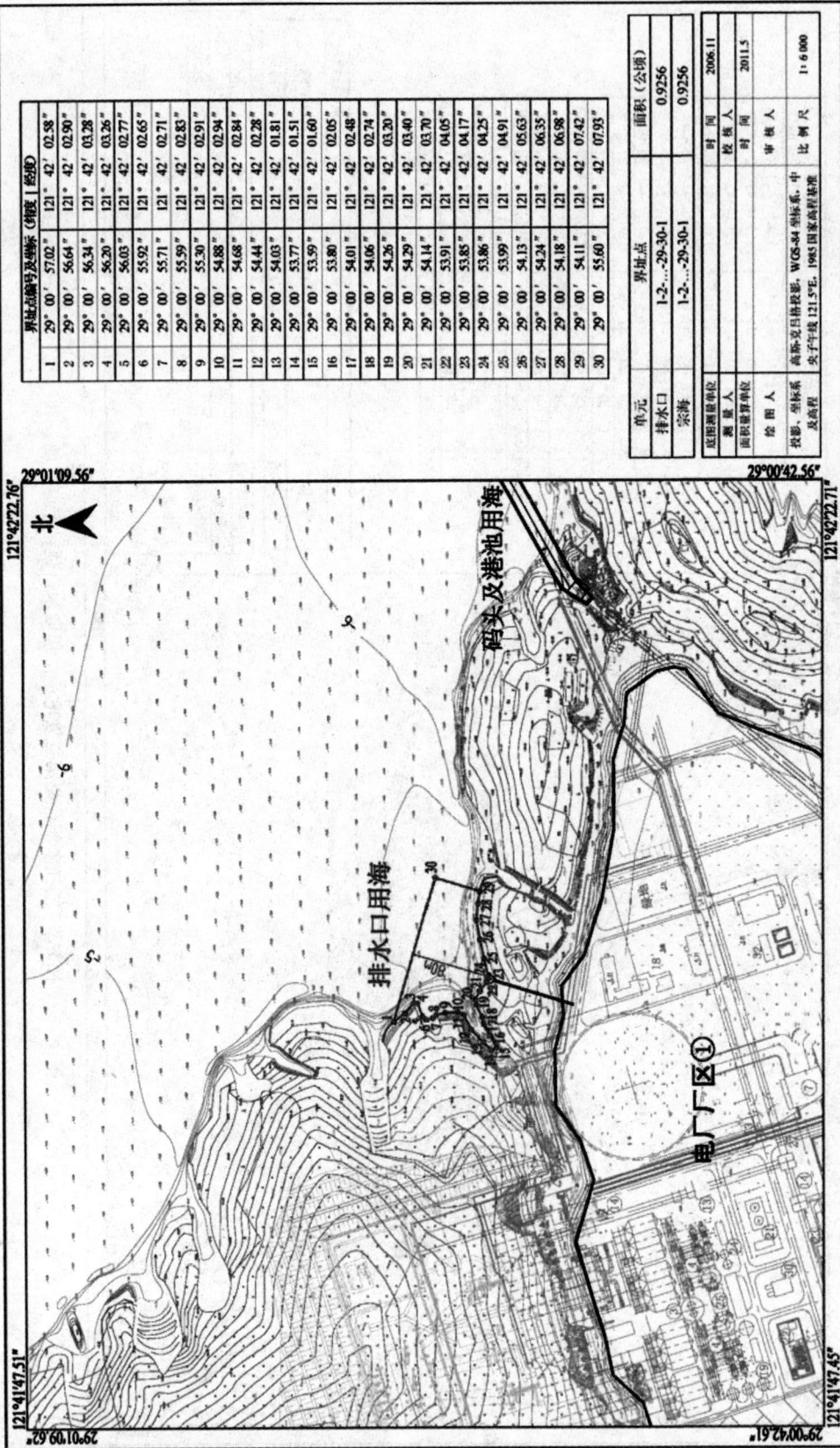

图3-24 浙江浙能台州第二发电厂工程排水口项目宗海界址

4）取水口用海。根据《海籍调查规范》5.4.2.5 条（6）款规定，电厂（站）取排水口，岸边以海岸线为界，水中以取排水头部外缘线外扩 80 m 矩形范围为界。电厂取水口工程采用自然开挖式明渠取水，因此，岸边界址线的自然岸线采用大潮平均高潮位线为界，水中按西北以码头引桥东南侧沿线和其余以明渠外缘线外扩 80 m 范围为界的水域界定。宗海位置见图 3-20，宗海界址见图 3-23。经量算，取水口用海面积为 1.876 9 hm²（28.153 5 亩），界址线在图中为 1-2-3-…-17-18-1。

5）排水口用海。根据《海籍调查规范》5.4.2.5 条（6）款规定，电厂（站）取排水口，岸边以海岸线为界，水中以取排水头部外缘线外扩 80 m 矩形范围为界，电厂排水口采用基岩预裂开挖式岸边直排，因此，岸边界址线的自然岸线采用大潮平均高潮位线为界，水中按取水喇叭口外缘线外扩 80 m 或外扩至岸边不足 80 m 以自然岸线为界的范围界定。宗海位置见图 3-20，宗海界址见图 3-24。经量算，取水口用海面积为 0.925 6 hm²（13.884 亩），界址线在图 2-24 中为 1-2-3-…-29-30-1。但应该指出的是，由于电厂循环冷却水系统从采用海水直流冷却调改为自然通风冷却塔的二次循环冷却方式，温排水温升 ≥1℃ 包络线面积在有效数内为零，因此，温排水用海面积可以忽略不计。

6）用海总面积。本电厂涉海项目包括厂区及施工场地和灰场填海造地、透水构筑物、港池、取水口、排水口及温排水用海，各项目用海面积见表 3-15，项目用海总面积为 147.948 3 hm²（2 219.224 5 亩），比申请面积 181.437 1 hm² 减少 33.488 8 hm²。项目用海占用自然岸线长度为 3 587.4 m，其中 492.5 m 不改变自然岸线形态，2 986.5 m 由自然基岩海岸线改变人工海岸线，108.4 m 自然岸线损失。

表 3-15　项目用海论证面积汇总

序号	用海方式	电厂设施	面积（hm²）	界定方法	备注
1	建设填海造地	厂区、固废物处理中心及施工场地	49.582 2	按《海籍调查规范》5.3.1，以岸线及围堤坡脚外缘线为界	
2	废弃物处置填海造地	灰场	53.901 9		
3	透水构筑物	码头平台及栈桥	2.730 0	按《海籍调查规范》5.4.2.5（3）a)，以码头外缘线为界，参照图 C18	

序号	用海方式	电厂设施	面积（hm²）	界定方法	备注
4	港池	港池	38.931 7	按《海籍调查规范》5.4.2.5（3）b），船舶靠舶及回旋水域的范围为界，参照图 C18	
5	取水口	取水口	1.876 9	按《海籍调查规范》5.4.2.5（6）外扩 80 m 为界，参照图 C34	
6	排水口	排水口	0.925 6		
7	污水达标排放	温排水	0		排水口初升温度 1℃
	电厂本期用海面积		147.948 3		

（2）用海面积合理性分析

电厂本期建设规模总用地面积为 134.110 0 hm²，其中需要围填海面积 103.484 1 hm²。电厂申请用海面积为 181.437 1 hm²，其中厂区及施工场地和灰场的填海造地用海面积分别为 62.589 1 hm² 和 45.775 3 hm²，透水构筑物用海 2.818 6 hm²（码头用海 2.730 0 hm²，取水口 0.008 6 hm²），开放式用海 42.660 8 hm²（港池 39.301 5 hm²，取水口 3.359 3 hm²），温排水用海 27.593 3 hm²。在海域论证过程中，对各用海方式和面积重新界定，其中温排水按排水口和温排水用海进行分别界定，重新界定后的用海总面积为 147.948 3 hm²。各用海项目面积的合理性分析如下。

1）建设填海造地用海面积的合理性。如前所述，拟建电厂选址于三门湾口西南岸段的宫前湾牛山涂滩涂，该湾沿岸受丘陵山体控制，陆域腹地难以拓展。因此，根据宫前湾沿岸地貌形态组合特征，厂区主要布置在牛山涂滩涂东部，除主厂房区和部分施工场地通过下牛脚基岩分别开挖约 5.502 4 hm² 和 4.821 1 hm² 外，其余设施需要利用牛山涂滩涂围填海造地后实施（见图 3-2）。通过厂区平面布置优化调改后，经量算，围填海造地面积为 49.582 2 hm²，可供厂区布置各类功能设施的有效面积为 47.404 6 hm²，堤坝（包括隔堤按一半计算）占用面积 2.177 6 hm²。其中厂区基础设施占用电厂厂区围填海面积 29.407 6 hm²，加上基岩开挖面积 5.502 4 hm²，计面积 34.91 hm²，明显小于《电力工程项目建设用地指标（火电厂、核电厂、变电站和换流站）》规定用地指标 41.425 hm²；施工场地占用电厂厂区围填海面积为 17.997 hm²，加上基岩开挖面积 4.821 1 hm²，计面积 22.818 1 hm²，明显小于《火力发电工程施工组织设计导则（2002 年 11 月

20 日)》规定用地指标 35 hm²。从各类功能区块用海(地)面积来看,电厂厂区基础设施各类功能区块用海(地)面积小于《电力工程项目建设用地指标(火电厂、核电厂、变电站和换流站)》规定用地指标,施工场地各类功能区块用海(地)面积也小于《火力发电工程施工组织设计导则(2002 年 11 月 20 日)》规定用地指标,详见表 3-16。因此,建设填海造地用海面积是合理的。

表 3-16 电厂厂区各类功能区块用海(地)指标   单位:hm²

序号	用海(地)名称	用海面积	用地指标	备注
1	厂区基础设施*	29.407 6	41.425	
(1)	主厂房区	3.857 6	10.49	不含开挖山地面积 5.502 4
(2)	配电装置区	0	0.432	布置在主厂房区域内
(3)	条形煤场区	7.20	7.293	
(4)	化学水处理设施区	0.71	0.85	
(5)	除灰设施区	0	0.57	布置在主厂房区域内
(6)	输煤栈桥	0.70	0.75	利用主厂房区域空间
(7)	石灰石-石膏湿法脱硫设施区	0	1.75	利用主厂房区域空间
(8)	脱硝剂贮存设施区	0.35	0.40	
(9)	自然通风冷却塔	7.21	8.00	
(10)	工业、生活、消防水设施区、海水淡化及其预处理设施区、水预处理设施区	3.30	3.36	
(11)	废、污水处理设施区	1.30	1.50	
(12)	制(供)氢站设施区	0.40	0.45	
(13)	燃油启动锅炉区	0.15	0.30	
(14)	燃油设施区	0.60	1.05	
(15)	其他辅助生产及附属建筑区	2.23	2.52	
(16)	厂前建筑区(西北角的一部分)	1.40	1.71	
2	厂区施工场地**	17.997	35	
(1)	土建施工、安装区	12.997	27	不含开挖山地面积 4.821 1

序号	用海（地）名称	用海面积	用地指标	备注
（2）	施工生活区（其中部分位于西北角）	5	8	
3	合计	47.404 6	76.425	

　　* 厂区用地指标依据住房和城乡建设部、国土资源部、国家电力监管委员会《电力工程项目建设用地指标（火电厂、核电厂、变电站和换流站）》（建标［2010］78 号），2010 年 9 月 1 日起施行。

　　* * 施工场地用地指标依据《火力发电工程施工组织设计导则》，国家电力公司电源建设部编，2002 年 11 月 20 日起实施。

　　2）废弃物处置填海造地用海面积的合理性。电厂灰场布置在厂区西侧，经其平面布置优化调整后围填海造地面积为 53.901 9 hm²，其中可供堆煤灰渣的有效面积 46.584 6 hm²，堤坝（包括隔堤按一半计算）占用面积 7.317 3 hm²，分别少于华能玉环电厂工程和约等于浙能舟山六横电厂工程同等建设规模灰场围填海造地面积 61.060 1 hm² 和 46.081 hm²。根据电厂本期拟建机容量 2×1 000 MW 发电机组按运营 5 500 h/a 计算，设计煤种每年产生的灰渣量、石子煤量和脱硫石膏分别为 867.6 kt/a、21.0 kt/a 和 180.730 kt/a，校核煤种每年产生的灰渣量、石子煤量和脱硫石膏分别为 822.7 kt/a、23.0 kt/a 和 212.740 kt/a。经灰场围区有效面积的滩面平均高程计算结果为 -0.3 m，最终堆灰高程按 2 号围堤路面标高 7.00 m 计算，堆灰相对高度 7.3 m，容量为 340.067 5×10⁴ m³，灰渣和石子煤的容重均按 1 t/m³ 计算，石膏容重按 1.2 t/m³ 计算，在不考虑综合利用的情况下，初期灰场可满足本期工程设计煤种堆灰 3.255 年，校核煤种堆灰 3.324 年。若计入每年海水淡化产生清淤泥量约 1 196 t/a，淤泥密度按 1.3 t/m³，计年产淤泥堆积体为 920 m³/a，初期灰场可满足本期工程设计煤种堆放 3.252 年或校核煤种堆放 3.321 年。由此可见，电厂灰场存放年限明显少于《火力发电厂设计技术规程》规定的 "贮灰场初期征地宜能存放按本期容量及设计煤种计算的 10 年左右"，并符合围填海造地节约、集约用海的要求。

　　3）透水构筑物（码头）、港池用海面积的合理性。根据电厂本期建设规模，所需的一些重件及进口设备通过水路输入，最大件如发电机定子重达 462 t，散件总重超过 9 000 t；运行期每年脱硫所需的石灰石也从水路运入，总量约为 12×10⁴ t，脱硫产生的副产品石膏也考虑部分从水路外运，总量约 10×10⁴ t，设计煤种年耗煤量为 429×10⁴ t/a，校核煤种年耗煤量为 451.6×10⁴ t/a。为满足上述重件及进口设备和石灰石及部分石膏年进出口的运输需求，采用 3 000 吨级的杂货船运输，设计船长 108 m；为满足电厂运营期年燃煤运输的需求，采用常规型

3.5 万吨级散货船运输，设计船长 190 m。因此，电厂本期拟建相应的 1 个 3 000 吨级综合泊位和 1 个 3.5 万吨级卸煤泊位，其中卸煤泊位设计年通过能力 470 × 10^4 t。根据项目用海所在海域地貌形态组合特征，利用小牛嘴基岩岬角挑流作用形成的深潭资源拟建卸煤泊位，利用深潭岸坡资源拟建综合泊位，这两个泊位呈反 "F" 形布置。按这些码头平台和栈桥的设计宽度及长度量算，电厂本期工程建设码头用海面积为 2.730 0 hm^2，能满足码头建成后的电厂货物进出运输所需用海。

考虑码头呈反 "F" 形布置及其中卸煤码头前沿水深局部疏深范围的条件，卸煤码头港池按船舶靠泊宽 84.8 m 和设计船长 2 倍量算，综合码头港池按其平台前沿与卸煤码头平台后沿之间长度量算，电厂本期工程建设卸煤码头和综合码头的港池用海面积分别为 26.496 2 hm^2 和 12.435 5 hm^2，港池用海面积共计 38.931 7 hm^2，能满足码头建成使用时的船舶靠离码头所需用海。

4）取水口用海面积合理性。电厂取水口采用小牛嘴基岩岬角根部北侧岸坡开挖明渠取水，与小牛嘴基岩岬角预裂开挖衔接，用海面积为 1.876 9 hm^2，能满足电厂循环冷却水系统取水所需用海。

5）排水口用海面积合理性。排水口采用基岩浅水岸段陆域山体预裂开挖敞开式，电厂循环冷却水系统温水岸边直排，用海面积为 0.925 6 hm^2，能满足电厂循环冷却温水系统畅通排放所需用海。

6）项目用海界址点及面积量算符合《海籍调查规范》。利用浙江省河海测绘院于 2006 年 11 月测量的浙能三门（本）电厂厂址海域水下地形图（1∶1 000）为底图，1985 国家高程，高斯 - 克吕格投影，中央子午线 121.5°E），1954 年北京坐标系，采用 Auto CAD 软件量算项目用海面积。宗海界址点选取界址边界的拐点用于确定控制点，然后，以浙江省河海测绘院采用的测量控制点为依据，计算 WGS - 84 和 1954 年北京坐标系之间转换的 7 个参数后，通过这 7 个参数再从 1954 年北京坐标转换为 WGS - 84 坐标。

本项目用海类型属于电力工业用海，包括建设填海造地、废弃物处置填海造地、透水构筑物（码头包含平台、引桥）、港池、取水口、排水口等用海方式。

建设填海造地和废弃物处置填海造地用海面积量算，按《海籍调查规范》5.3.1 条界定（下同），内界址自然岸线选用当地大潮平均高潮位线，南（外）、西（测向）界址线分别采用 1 号围堤和 2 号围堤的基床外缘线。界址点按用海范围界线的拐点确定，界址线以用海范围界线的拐点按逆时针方向进行连接（下同）。

码头用海面积量算，按《海籍调查规范》5.4.2.5 条（3）款 a）项界定，内界址自然岸线采用大潮平均高潮位线为界线，西北、东北和东南界址线均以码头的平台和引桥外缘线为界。界址点按用海范围界线的拐点确定。

港池用海面积量算，按《海籍调查规范》5.4.2.5 条（3）款 b）项界定，由于卸煤码头和综合码头呈反"F"形平面形态布置特征，卸煤码头港池以其平台前沿线和船舶回旋水域范围的外缘线为界，综合码头港池东北以卸煤码头平台后沿线，东南以卸煤码头引桥东北侧沿线，西南以其平台及引桥前沿线和西北以船舶回旋水域范围的外缘线为界。界址点按用海范围界线的拐点确定。

取水口用海面积量算，按《海籍调查规范》5.4.2.5 条（6）款界定，由于本电厂取水口采用明渠形式，以明渠外缘线外扩 80 m 的矩形范围为界。界址点按用海范围界线的拐点确定。

排水口用海面积量算，按《海籍调查规范》5.4.2.5 条（6）款界定，由于本电厂排水口选用基岩山体预裂开挖，采用喇叭口形式岸边敞开直排，以喇叭口外缘线外扩 80 m 的喇叭口形范围为界。界址点按用海范围界线的拐点确定。

综上所述，项目用海范围界定符合《海籍调查规范》（HY/T 124—2009），用海界址确定和面积量算方法是正确的。用海面积既能满足项目用海需求，也能达到节约用海和有利于海洋管理的目的。

7）项目利用岸线合理性。本项目用海占用自然基岩岸线长度 3 587.4 m，其中排水口占用岸线 306.6 m 和取水口占用岸线 185.9 m 不会改变自然基岩岸线属性，码头、排水口、取水口和围填海造地分别所占用的 79 m、5.8 m、23.6 m 和 1 995 m 自然基岩岸线将变成人工岸线，但实际占用自然基岩岸线仅为 991.5 m。本项目工程的实施，利用三门湾口西南侧宫前湾牛山涂滩涂基岩自然岸线拟建填海造地工程，对宫前湾未采用堵口取直的形式围填海造地，仍保留一定宽度的湾口和约近半的滩涂基岩自然岸线；利用小牛嘴基岩岬角前沿深潭所在岸段采用拟建反"F"形码头工程；利用小牛嘴基岩岬角根部岸段采用预裂山体开挖明渠方式拟建取水口工程；利用基岩浅水岸段也采用预裂山体开挖敞开式拟建排水口工程。这说明拟建电厂不同涉海项目充分利用了各自相适应的岸线资源。因此，项目利用岸线是合理的。

关注要点：

厂区与灰场建设围填用海面积的合理性；项目围填海、取排水、码头等利用岸线资源的合理性；宗海界址点线确定及宗海图编绘的合理性与规范性；不同用海方式宗海界址点界定的合理性与准确性。

优点：

1）项目原申请用海总面积 181.437 1 hm²，其中厂区及施工场地和灰场的填海造地用海面积分别为 62.589 1 hm² 和 45.775 3 hm²，原申请填海造地用海面积中适度考虑了二期项目厂区主机建设的预留。报告书经深入分析认为项目二期工程目前尚缺少相关审批的支持性文件及规划方面的依据，将二期项目建设的厂区用海填海造地一次性完成，理由不充分。并且电厂工程可行性报告对二期建设规划尚未开展研究，海域使用论证不具备条件，建议本项目不应为电厂二期扩建考虑填海造地面积，二期用地面积可在灰场用海面积中适当考虑。经论证最终确定的项目用海总面积为 147.948 3 hm^2，比原方案面积减少 29.965 hm^2；厂区及施工场地填海面积减少为 49.582 2 hm^2，比原填海面积减少了 11.802 9 hm^2；调整后灰场围填海造地面积为 53.901 9 hm^2，比原方案多 11.802 9 hm^2，填海造地面积更趋合理。并对照大型火电厂用地的相关规范，按照不同用海方式分析论证了各用海单元用海面积的合理性。

2）项目界址点线界定依据充分、界址点位置界定准确，按《海籍调查规范》的相关要求分宗编绘了宗海图，宗海图编绘规范，清晰，比例尺合理。

不足：

在项目申请用海的基础上，对如何合理减少了厂区和灰场建设及项目施工围填海用海面积的理由分析论证得不够充分。

案例 4 核电项目案例评析

4.1 核电项目及用海特点

4.1.1 相关政策规定

核能已成为人类使用的重要能源之一，核电是电力工业的重要组成部分。核电不造成对大气的污染排放，在国际社会越来越重视温室气体排放、气候变暖的形势下，积极推进核电建设，是我国能源建设的一项重要政策。这对于满足经济和社会发展不断增长的能源需求，保障能源供应与安全，保护环境，实现电力工业结构优化和可持续发展，提升我国综合经济实力、工业技术水平，都具有重要意义。

国家有关部门对核电建设、技术要求出台了众多的法律、法规、政策、规定等用以规范核电的建设。其中主要的有《产业结构调整指导目录（2011 年本）》、《能源发展"十二五"规划》、《核安全与放射性污染防治"十二五"规划及2020 年远景目标》、《国家核电中长期发展规划（2005—2020 年）》、《中华人民共和国放射性污染防治法》、《核电厂核事故应急管理条例》（HAF002，1993）、《中华人民共和国民用核设施安全监督管理条例》（HAF001，1986）、《核电厂质量保证安全规定》（HAF003）、《核电厂厂址选择安全规定》（HAF101，1991）、《核电厂设计安全规定》（HAF102）、《核电厂运行安全规定》（HAF103）、《核电厂环境辐射防护规定》（GB 6249—86）、《环境核辐射监测规定》（GB 12379—90）、《核设施流出物和环境放射性监测质量保证计划的一般要求》（GB 11216—89）、《核辐射环境质量评价一般规定》（GB 11215—89）、《环境地表 γ 辐射剂量率测定规范》（GB/T 14583）、《辐射环境监测技术规范》（HJ/T 61—2001）等。

《产业结构调整指导目录（2011 年本）》明确规定"核电站建设"为鼓励类项目。2012 年国务院常务会议讨论通过《能源发展"十二五"规划》，再次讨论并通过《核电安全规划（2011—2020 年）》和《核电中长期发展规划（2011—2020 年）》。对当前和今后一个时期的核电建设做出部署，提出"十二五"时期只在沿海安排少数经过充分论证的核电项目厂址，不安排内陆核电项目。提高准入门槛，按照全球最高安全要求新建核电项目，新建核电机组必须符合三代安全标准。

2012 年国务院批复环保部《核安全与放射性污染防治"十二五"规划及 2020 年远景目标》，提出"十二五"期间核安全及污染防治重点项目投资需求约 798 亿元，分为核安全改进工程、放射性污染治理工程、科技研发创新工程、事故应急保障工程及监管能力建设工程。该规划对核安全提出了明确的要求：在核设施安全水平提高方面，运行核电机组安全性能指标保持在良好状态，避免发生 2 级事件，确保不发生 3 级及以上事件和事故；新建核电机组具备较完善的严重事故预防和缓解措施，每堆年发生严重堆芯损坏事件的概率低于十万分之一，每堆年发生大量放射性物质释放事件的概率低于百万分之一。在安全监管方面，基本建成国家核与辐射安全监管技术研发基地，构建监管技术支撑平台，初步具备相对独立、较为完整的安全分析评价、校核计算和实验验证能力；建成全国辐射环境监测网络，国家、省级辐射环境监测能力 100% 达到能力建设标准。

国务院颁布的《国家核电中长期发展规划（2005—2020 年)》提出到 2020 年，核电运行装机容量争取达到 $4\,000 \times 10^4$ kW，并有 $1\,800 \times 10^4$ kW 在建项目结转到 2020 年以后续建。核电占全部电力装机容量的比重从现在的不到 2% 提高到 4%，核电年发电量达到 $2\,600 \times 10^8 \sim 2\,800 \times 10^8$ kWh。到 2020 年，在引进、消化和吸收新一代百万千瓦级压水堆核电站工程设计和设备制造技术的基础上，进行再创新，实现自主化，全面掌握先进压水堆核电技术，培育国产化能力，形成较大规模批量化建设中国品牌核电站的能力。对于核电厂址的选择和保护，要根据核电厂址的要求，依照核电发展规划，严格复核审定，按照核电发展的要求陆续开展工作。各地区各部门应合理安排核电项目和进度，确保我国核电工业健康有序地发展。

4.1.2　核电项目主要类型

核电站是利用原子核内部蕴藏的能量产生电能的新型发电站，核电站大体可分为两部分：一部分是利用核能生产蒸汽的核岛，包括反应堆装置和一回路系统；另一部分是利用蒸汽发电的常规岛，包括汽轮发电机系统。核电站主要有如下四种类型。

（1）压水堆核电站

水堆为热源的核电站。它主要由核岛和常规岛组成。压水堆核电站核岛中的四大部件是蒸汽发生器、稳压器、主泵和堆芯。在核岛中的系统设备主要有压水堆本体，一回路系统以及为支持一回路系统正常运行和保证反应堆安全而设置的辅助系统。常规岛主要包括汽轮机组及二回等系统，其形式与常规火电厂类似。

（2）沸水堆核电站

以沸水堆为热源的核电站。沸水堆是以沸腾轻水为慢化剂和冷却剂并在反应堆压力容器内直接产生饱和蒸汽的动力堆。沸水堆与压水堆同属轻水堆，都具有结构紧凑、安全可靠、建造费用低和负荷跟随能力强等优点。它们都需使用低富集铀作燃料。沸水堆核电站系统有：主系统（包括反应堆）；蒸汽－给水系统；反应堆辅助系统等。但发电厂房要做防核处理。

（3）重水堆核电站

以重水堆为热源的核电站。重水堆是以重水作慢化剂的反应堆，可以直接利用天然铀作为核燃料。重水堆可用轻水或重水作冷却剂，重水堆分压力容器式和压力管式两类。重水堆核电站是发展较早的核电站，有各种类别，但已实现工业规模推广的只有加拿大发展起来的坎杜型压力管式重水堆核电站。

（4）快中子增殖反应堆

由快中子引起链式裂变反应所释放出来的热能转换为电能的核电站。快堆在运行中既消耗裂变材料，又生产新裂变材料，而且所产可多于所耗，能实现核裂变材料的增殖。

纵观核电发展历史，核电站技术方案大致可以分四代：

第一代核电站为原型堆，其目的在于验证核电设计技术和商业开发前景；

第二代核电站为技术成熟的商业堆，目前在运行的核电站绝大部分属于第二代核电站；

第三代核电站为符合 URD 或 EUR 要求的核电站，其安全性和经济性均较第二代有所提高，属于未来发展的主要方向之一；

第四代核电站强化了防止核扩散等方面的要求，目前处在原型堆技术研发阶段。

4.1.3　核电项目用海特点与要求

（1）核电项目特点

1）国家重点能源项目。核电均是国家重点能源项目。

2）选址严苛：

地质结构：非断层地区、有坚固的基岩；

水文条件：较好的洪水、风暴潮防护，有充足的淡水水源；

气象条件：少极端气象，气态放射物的弥散条件好；

人口密度：人口密度低，易隔离，周边无工业和军事设施；

3）单机装机容量大，总装机容量大。核电站建设占地小，耗材少，能量密度高，一个百万千瓦的核电厂，一年使用的燃料不到 30 t；一般单机装机容量较大，在 100×10^4 kW 以上，总装机容量一般在 $4 \times 100 \times 10^4$ kW 以上，可以实现大功率、稳定供电。

4）工程量大且复杂。核电厂是以核反应堆来代替火电厂的锅炉，以核裂变能代替矿物燃料的化学能。为了确保包容放射性物质的实体屏障的完整性，采取了常规工业中罕见的安全措施，这造成核电厂系统的复杂性。核电厂建设具有一次性的特点，相比火电，核电厂的建造到投产的工期要长很多。

现在使用最普遍的民用核电厂大都是压水反应堆核电厂，主要由核岛和常规岛组成。滨海核电厂一般需要填海；此外，核电的涉海工程一般还包括取排水渠、护岸、大件码头等，同时也涉及温排水用海。

5）核安全工程物项要求非常严格。核电厂与常规火电厂的最大不同在于核电厂的放射性。同时，对核电厂的安全相关系统和设备提出了非常高而严格的工业标准、规范和质量要求。

6）温排影响范围大。核电较火电的装机容量更大，不产生废气，产生的废热都以温排水的形式排放，因此温排水量较火电更大，温排水影响范围也更大，涉及的利益相关者、环境敏感目标一般也会比较多。

（2）核电与火电的对比

核电厂与火电厂各项对比见表 4-1。

表 4-1　核电厂与火电厂对比

	核电	火电
装机容量	大，一般 100×10^4 kW 以上	单机装机容量有 300 MW，600 MW，1 000 MW 等
取、排水口	取、排水量大、取、排水口复杂，安全要求高	取、排水口无特殊要求，温排水量一般
水污染	温排水（排水量大）、含氯废水、低放废水（存在累积性影响）	温排水、含氯废水
大气污染固体废物	没有大气污染，固体废物排放量少	不清洁，会产生二氧化碳、硫和氮的氧化物等污染物；以及大量的煤灰
配备码头	重件码头	大吨位煤码头
风险	风险大，需考虑极端低水位下取水安全、核安全、极端气候下风险、退役期风险等	风险一般，考虑取、排水口安全

续表

	核电	火电
对区域相关规划限制性因素	核电厂周围应设置非居民区，非居民区半径（以反应堆为中心）不得小于 0.5 km，核电厂非居民区周围应设置限制区，限制区的半径（以反应堆为中心）不得小于 0.5 km。在核电厂的征地范围内应没有工业、商业、公共娱乐设施，没有名胜古迹、风景旅游区	无

4.1.4 核电项目论证重点把握

根据《海域使用论证技术导则》，核电项目用海论证重点一般包括：用海必要性、选址（线）合理性、用海方式和布局合理性、资源环境影响及用海风险。针对具体项目应重点关注下述内容。

（1）涉海工程施工方案（涉海工程、施工工艺）

核电项目涉海工程较多，工程相对复杂，一般涉及填海、取排水渠、护岸、大件码头以及温排水用海等。

（2）温排范围确定

温排范围确定要根据潮型特点，考虑不同典型潮时下，温排水范围的叠加影响。

（3）用海风险分析

核电由于风险较大，需特别关注事故的防范和应急响应，在核电厂选址、设计、建造、运行、退役各阶段中，始终将安全放在第一位。一般需要考虑余氯、核素事故排放的风险，极端气候条件下核安全问题，退役期风险等，并需要制定相应的场外应急计划。

（4）选址合理性

核电的选址较火电相比更为严苛，因此应根据核电对选址的要求以及核电运行后对取排水口的冲淤条件以及周边生态敏感目标的影响等方面来分析选址的合理性。

（5）用海方式与平面布置的合理性

核电的用海方式多样，一般有温排水用海、取排水口用海、非透水构筑物用海、填海造地用海等，因此需对项目用海方式合理性进行分析。另外，取、排水口的平面布置直接关系到核电温排水的影响范围以及对周边敏感目标的影响程度，因此需根据取、排水口的平面布置方案比选与优化来分析取、排水口平面布置的合理性。

（6）利益相关者协调分析

核电的温排影响范围大且涉及的利益相关者众多，因此为了保证社会的稳定需对利益相关者的协调进行充分客观的分析。

4.2 案例点评

4.2.1 项目用海基本情况

案例"福建福清核电厂项目报告书"2008年9月完成专家评审，2009年5月完成修改稿。项目于2008年10月31日获得国家发改委核准，2008年11月21日开工建设，1号、2号机组将分别于2013年11月和2014年9月建成投产。

项目用海类型属工业用海中的电力工业用海。用海方式包括填海造地用海（建设填海造地）、构筑物用海（非透水构筑物用海）、围海用海（港池）、开放式用海（温排水等开放式用海）和其他用海方式（工业取、排水口用海）5种方式。案例分析主要选摘了报告书中概述、涉海工程施工方案、开发利用现状分析、资源环境影响分析、海域开发利用协调分析、项目用海面积合理性分析及项目用海风险分析等章节内容，并根据问题分析需要进行了适当的删减与整合。

4.2.1.1 项目位置

福建福清核电厂厂址位于兴化湾东北岸、前薛半岛南端岐尾岬角附近的岐尾山，地域行政隶属于福清市三山镇前薛村。本工程的用海区围绕分布于厂址（岐尾山）三面海域（包括潮间带滩涂、水下浅滩、浅海海域）（图4-1）。

4.2.1.2 建设规模

福建福清核电厂工程规划容量为6×1 000 MW级核电机组（1-6号共6台机组），一次规划、分期建设，一期工程建设2×1 000 MW级核电机组（1号、2号机组）。整个核电项目总投资227.32亿元（不包括配套送变电工程），项目总平面布置见图4-1。

4.2.1.3 项目用海情况

本工程用海内容包括两大块：①该核电厂规划机组容量的所有海域工程构筑物的用海［包括大件码头工程、护岸工程、取水明渠工程（典型断面图见图4-2）、排水明渠工程（典型断面图见图4-3）和护岸内侧的填海工程等］；②温排水的排放用海。海域工程拟在一期阶段一次征用。本项目的用海内容及规模具体见表4-2。

本项目在福清市的位置

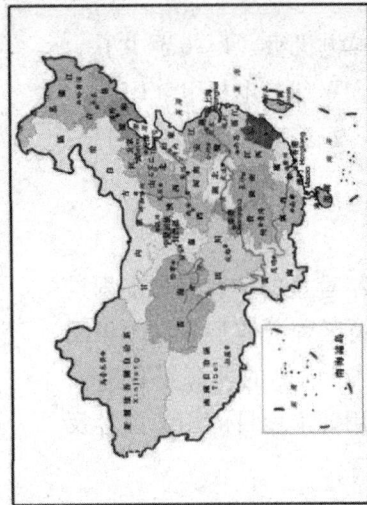

福建省在中国的位置

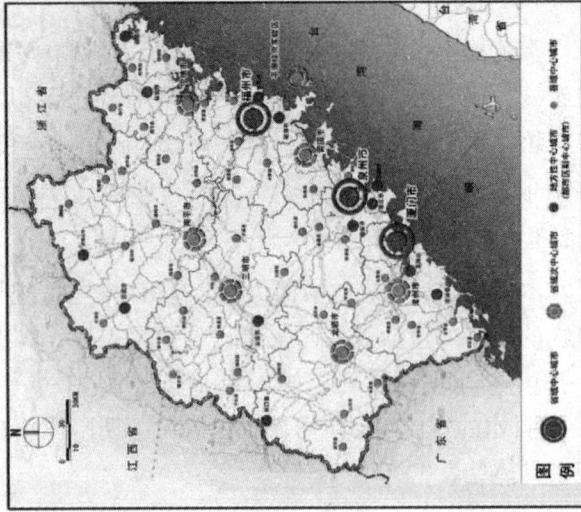

福清市在中国的位置

图4-1　地理位置图

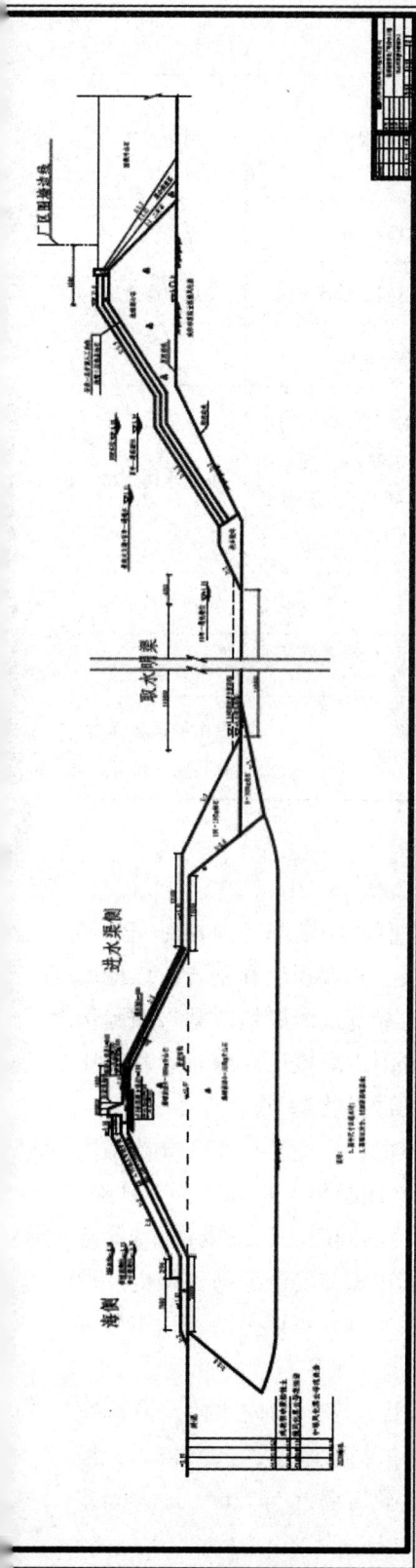

图4-2　取水明渠联合断面图

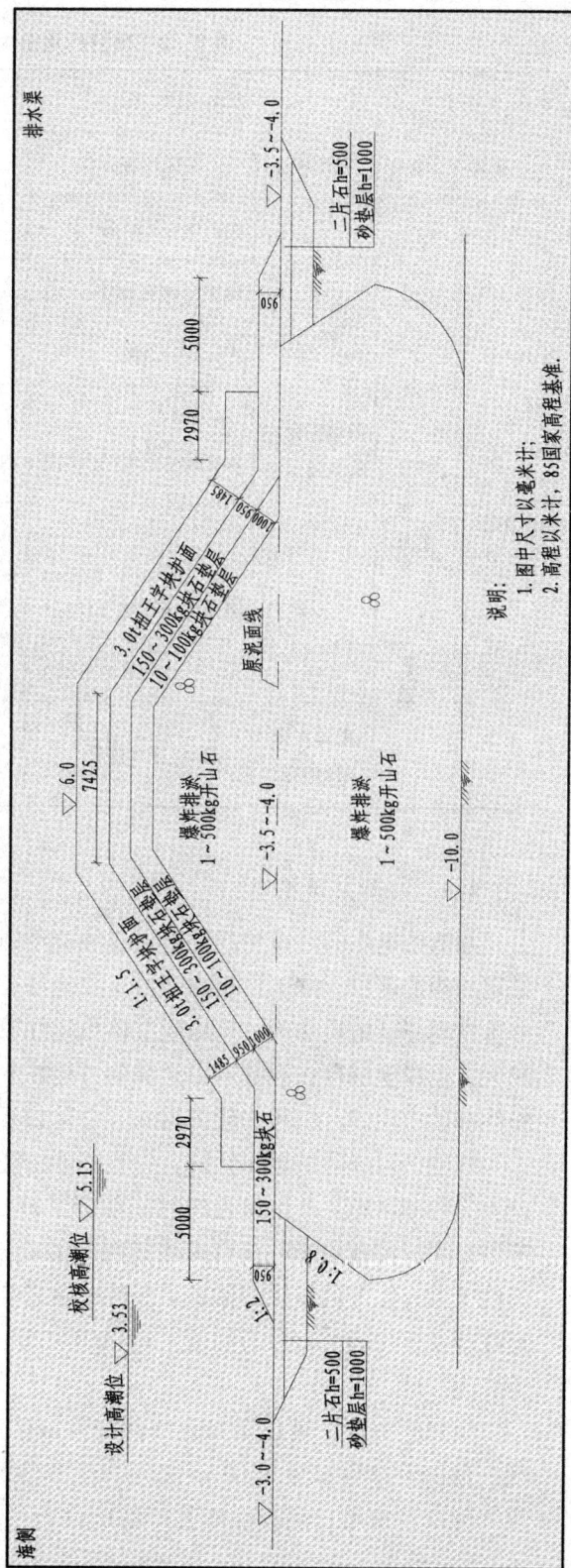

海侧

进水渠侧

取水明渠

校核高潮位 ▽5.15

设计高潮位 ▽3.53

排水渠

▽-3.5~-4.0

二片石h=500
砂垫层h=1000

5000

2970

056

950

3.0цm正字米护面
150~300kg块石垫层
10~100kg块石垫层

原泥面线

爆炸排渣
1~500kg开山石

▽-3.5~-4.0

▽6.0

7425

1:1.5

爆炸排渣
1~500kg开山石

▽-10.0

3.0цm正字米护面
150~300kg块石垫层
10~100kg块石垫层

1485 050 1000

2970

5000

150~300kg块石

056

1:0.8

二片石h=500
砂垫层h=1000

▽-3.0~-4.0

海侧

说明：
1．图中尺寸以毫米计，85国家高程基准；
2．高程以米计，85国家高程基准．

图4-3　排水明渠导流堤断面结构图

表 4-2 项目的用海内容及规模

用海类型		用海内容		用海规模	用海方式
一级类	二级类	两大方面	具体用海内容		
工业用海	电力工业用海	海域工程的构筑物用海	北护岸内侧填海	14.137 5 hm²	建设填海造地
			南护岸内侧填海	56.754 8 hm²	
			大件码头填海	0.945 0 hm²	
			取、排水明渠的两侧防波堤、导流堤	取水明渠南、北防波堤分别长 883 m、1 985 m；排水明渠东、西导流堤分别长 3 660 m、1 925 m	非透水构筑物
			大件码头港池用海		港池、蓄水等
			取、排水明渠内水域		取、排水口
		温排水排放用海	温排水排放		专用航道、锚地及其他开放式

4.2.1.4 自然环境条件

福清核电三面环海。厂址附近区域位于闽东中生代火山断陷带内相对完整和稳定的构造部位。水工构筑物地段主要地层有海积层、残坡积层和基岩。该地段内未发现不良地质作用。该地段整体稳定性较好，但局部近海岸地段基岩面起伏较大，上覆土层存在沿基岩面滑动的可能性。工程区附近海域广泛分布着黏土质粉砂和砂质粉砂，沉积物较为均一，总体处于稳定的冲淤状态中。

核电厂厂址陆域地形狭长，为贫瘠的丘陵地及滩涂，厂址半径 500 m 范围内没有人口和耕地。厂址最近的村庄前薛东林自然村直线距离 1.8 km。厂址 1 km 范围内无村庄和居民，没有因建核电站需要搬迁居民的问题。厂址半径 5 km 范围内无万人以上的城镇、监狱、医院和敬老院。根据国家核安全导则《核电厂厂址选择及评价的人口分布问题》（HAD101/03）进行人口分布评价结果，本厂址为Ⅱ类厂址。

拟建核电厂厂址位于兴化湾湾内海域，湾内岛屿众多，湾内水浅，滩涂宽阔，湾内大部分水深在 10 m 之内。工程海域潮流占主导地位，余流较弱；潮流主要呈正规半日潮流性质，运动形式为往复流，平均潮差 5.1 m，最大潮差

8.06 m。工程海域主要受 SW—S 向浪的影响，常浪向为 SW—S 向，强浪向为SSW 向。区域灾害主要特征：区域灾害主要有台风、风暴潮，并具季节性特征。

4.2.1.5　海域开发现状

工程区及毗邻海域位于养殖密度较大的海域。主要的海洋开发活动有渔业用海（养殖、捕捞及渔业设施）、交通运输用海（简易码头和小麦屿岛陆交通码头和渔船停泊点）、工业用海（国电福建江阴电厂）等（见图 4 - 4）。海水养殖包括围垦养殖、滩涂养殖、浅海养殖。其中，围垦养殖区主要分布在前薛半岛周边海域、沙埔镇西叶村—江厦村沿岸，养殖品种主要是花蛤、紫菜、挂蛎、蛏苗等，养殖面积约 11 240 亩；浅海养殖主要位于岐尾岬角附近、桃仁屿以东—沙埔镇江厦村以北，养殖品种主要为牡蛎（浮蛎/吊蛎）、紫菜、海带等，养殖面积约 7 250 亩。在本项目区附近渔业捕捞主要是定置网捕捞和少量的近海捕捞。其中，定置网主要分布在岐尾岬角北侧定和沙埔镇西叶、西山、赤礁、龙洋、江夏等村。

项目周边主要有前薛村建简易渔业码头、前薛村民自建简易码头、小麦屿岛陆交通码头、目屿岛陆交通码头。另外，在前薛半岛，渔船除了靠泊上述码头外，其余的自然靠泊点主要是三山镇韩瑶、楼前村前沿自然靠泊点。靠泊当地渔民的养殖、捕捞用的小渔船。

4.2.1.6　项目申请用海情况

项目申请用海情况见表 4 - 3、表 4 - 4，宗海位置图和宗海界址图见图 4 - 5、图 4 - 6。

表 4 - 3　福建福清核电厂海工用海面积

使用方式	具体用途与用海面积	具体用海内容项	用海面积（hm²）
建设填海造地	填海造地形成本项目主厂区、施工场地和码头陆域的部分用地23.407 3 hm²	北护岸及其内侧填海［填海（一）］	14.137 5
		南护岸及其内侧填海（本次申请）［填海（二）］	8.324 8
		大件码头填海［填海（三）］	0.945 0
非透水构筑物	取、排水明渠的两侧防波堤/导流堤61.641 1 hm²	取水明渠北防波堤	16.824 7
		取水明渠南导流堤	7.430 3
		排水明渠西导流堤	14.505 8
		排水明渠东导流堤	22.880 3

续表

使用方式	具体用途与用海面积	具体用海内容项	用海面积（hm²）
取、排水口	取、排水明渠内及口门外扩水域 66.999 5 hm²	取水口（取水明渠水域）	35.127 7
		排水口（排水明渠水域）	31.871 8
港池、蓄水等	开敞式的码头前沿的船舶靠泊和回旋水域及外扩水域用海 4.561 2 hm²	大件码头港池用海	4.561 2
合计		以上相加，无重叠重复面积	156.609 1

说明：

1. 南护岸及其内侧填海计 56.754 8 hm²，其中 2007 年"福清核电厂厂平一期工程"已单独申请了 48.43 hm²，这部分填海面积本次不重复申请。

2. "厂平一期工程"用海范围的外侧（南侧）边界是划到南护岸基床外缘处（外坡脚）的原设计尺寸位置，而现阶段南护岸基床外缘处（外坡脚）的设计尺寸位置已向海侧推进 9.72 m，本次申请的排水明渠北侧与南护岸相连处的用海边界就是南护岸基床外缘处（外坡脚）的目前设计尺寸位置，因此，"厂平一期工程"已确权用海范围的外侧边界的与本次申请用海范围边界之间并非界址线紧邻相接（"无缝拼接"）的界址关系，而是有个 9.72 m 宽的"缝隙"。

3. 对于一期工程阶段取水明渠中的缓建段，本报告书按照一步到位的方式处理，即不考虑缓建问题，直接按取水明渠最终要形成的工程尺寸申请相关各项用海。

4. 考虑到本工程目前总体尚处于可行性研究阶段，海工有关设计方案未最终定稿，堤坝等详细断面资料尚缺，取排水工程还有依据后续温排水物模等试验研究结果进行局部微调优化的可能性等因素，故其实际用海面积待将来办理相关管理手续时或待竣工验收测量时再最终确定。

表 4-4　福建福清核电厂一期工程温排水用海面积

使用方式	具体用途	温排水用海面积（hm²）	相关说明
专用航道、锚地及其他开放式	温排水排放的影响范围	1 057.717 4	按数模夏季最大温升 1℃ 线最大包络范围确定

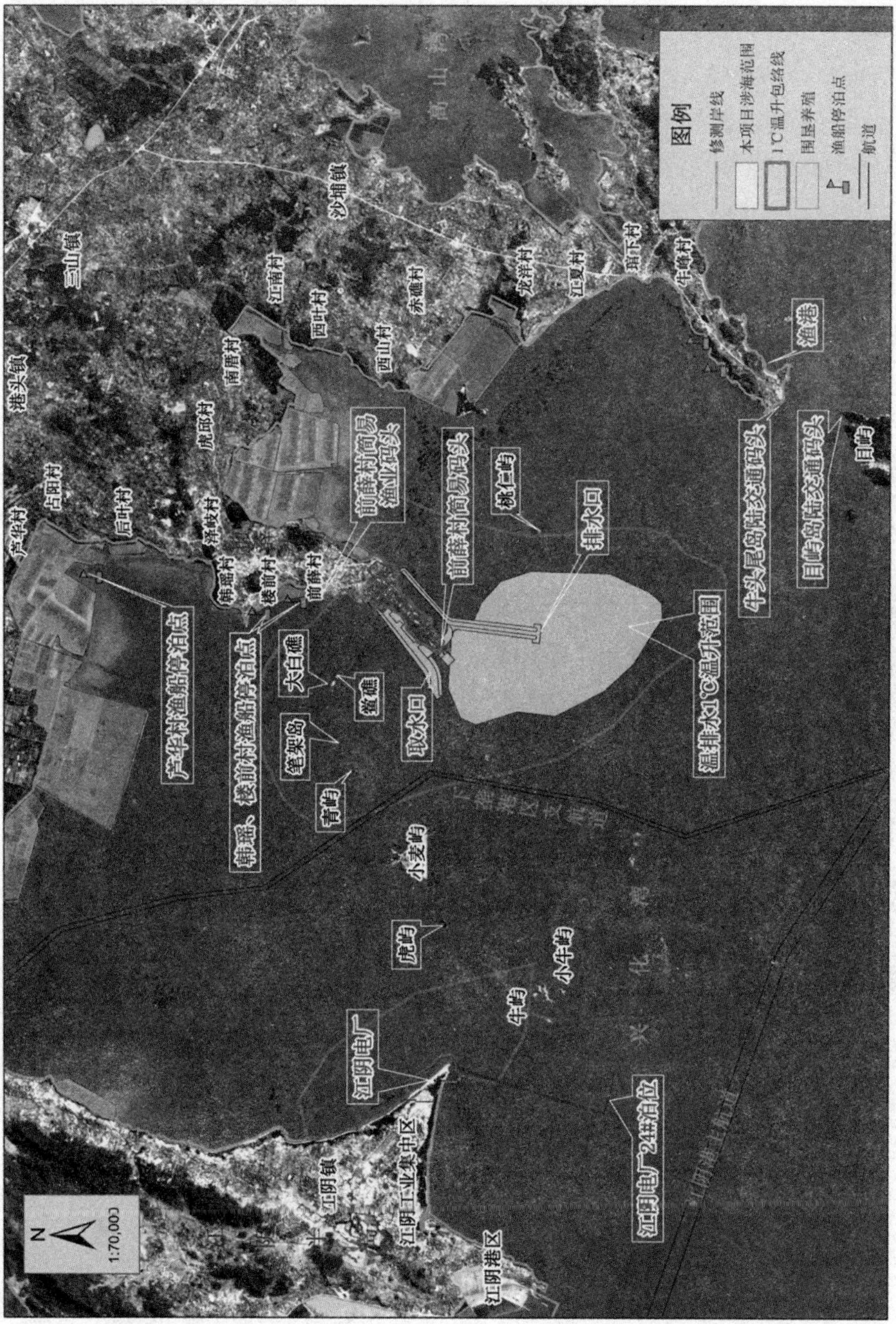

图4-4　开发利用现状图

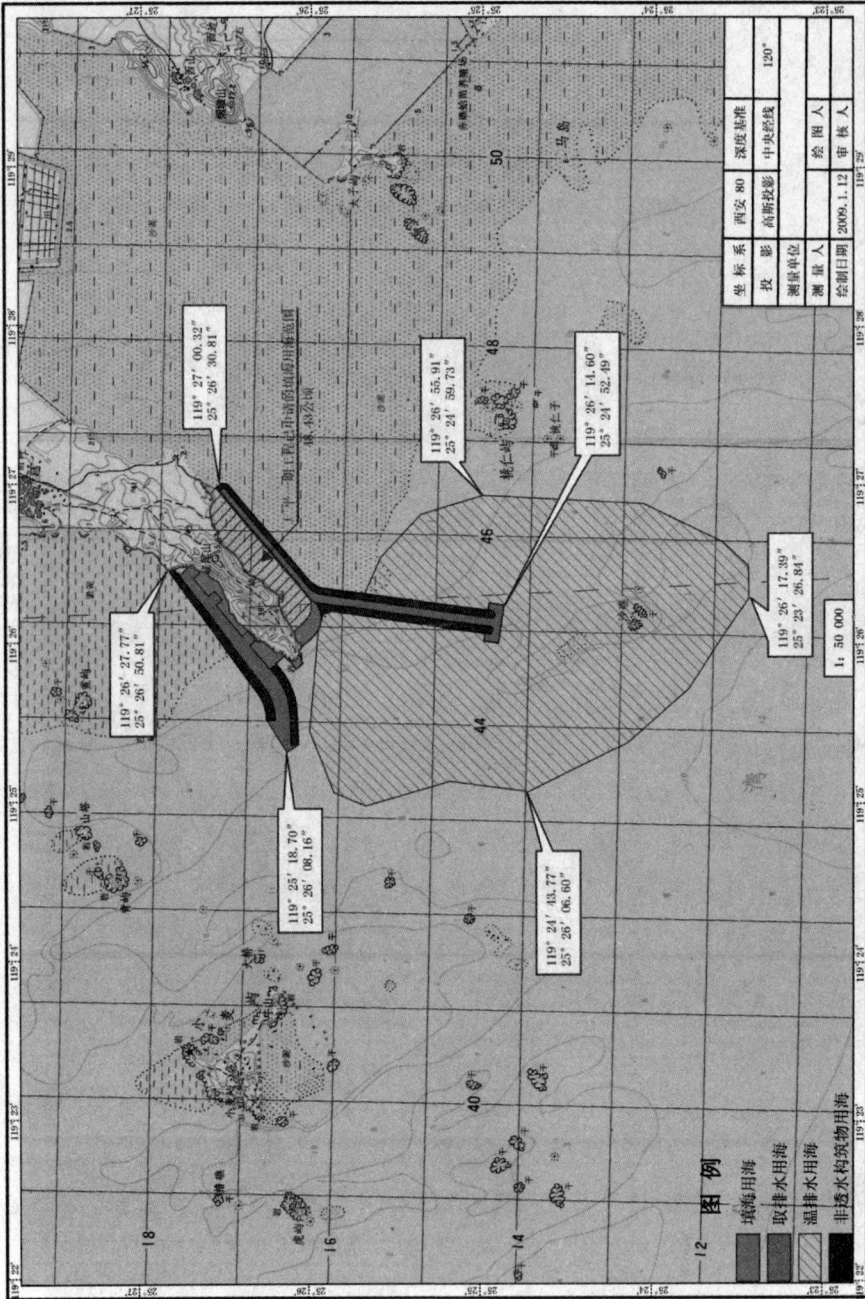

图4-5 宗海位置图

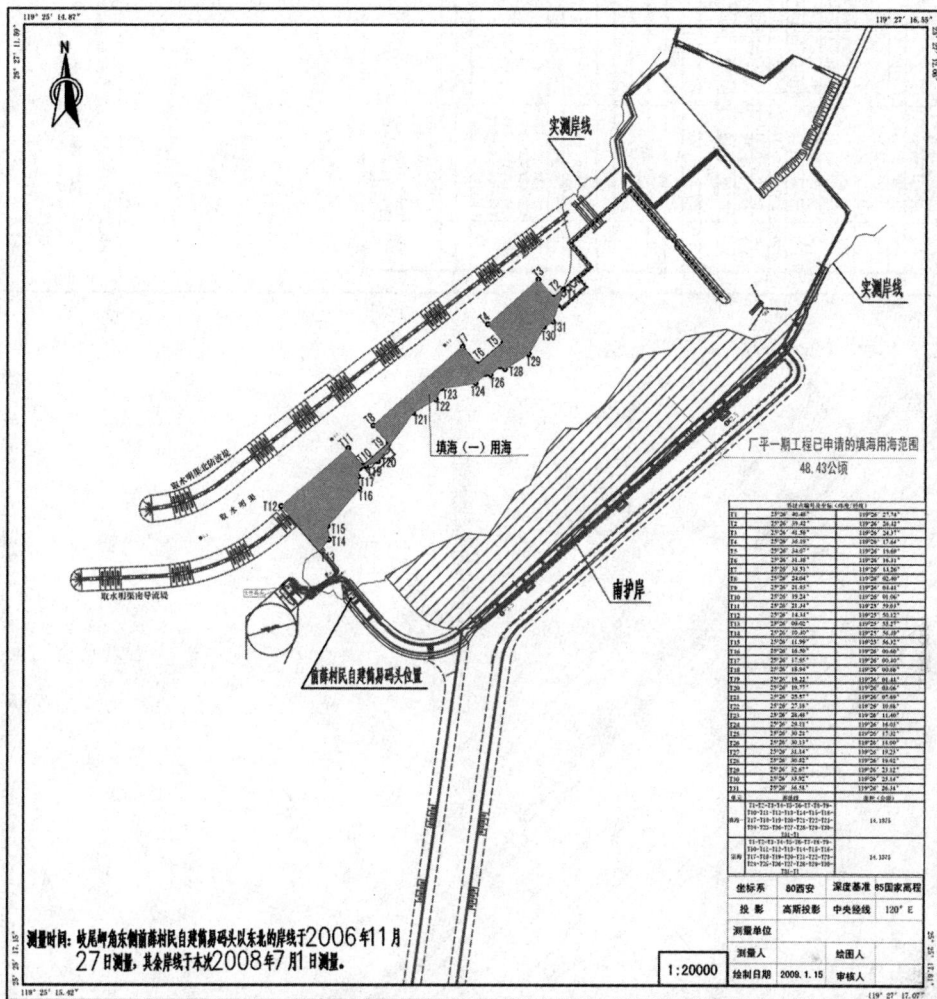

图 4 -6a　宗海界址图（填海一）

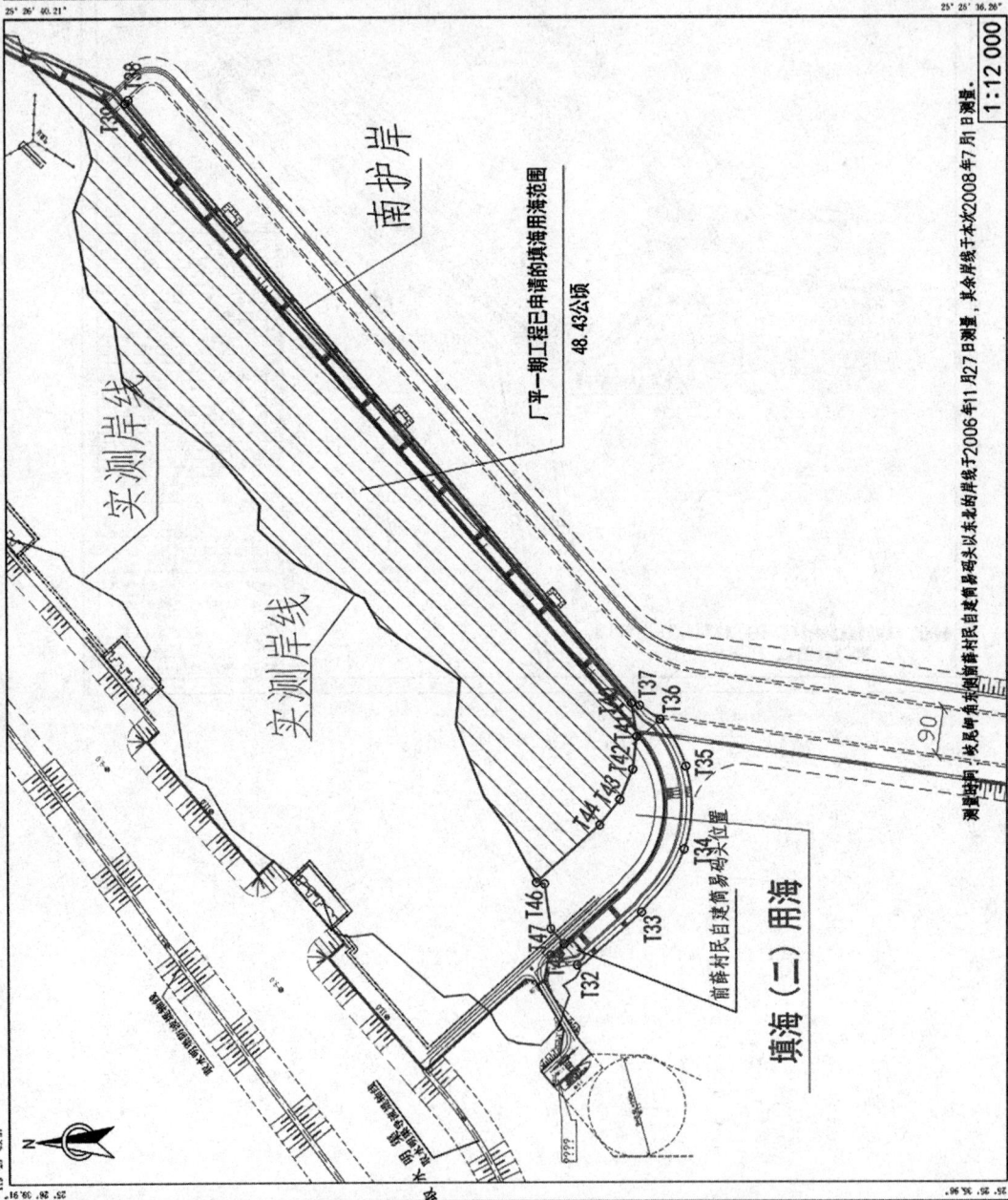

图4.6b 宗海界址图（填海一）

测量时间：岐尼砷角东侧的简易码头以末北的岸线于2006年11月27日测量，其余岸线于本次2008年7月1日测量。

比例尺 1:12 000

界址点编号及坐标（界址/界线）			界线	面积（公顷）
T32	25°25′03.44″	119°25′58.51″	T32-T33-T34-T35-	
T33	25°25′39.36″	119°26′02.11″	T36-T37-T28-T39-	
T34	25°25′56.67″	119°26′06.40″	T40-T41-T42-T43-	
T35	25°25′56.58″	119°26′12.03″	T44-T45-T40-T47-	8.324ξ
T36	25°25′56.21″	119°26′15.22″	T48-T32	
T37	25°25′59.52″	119°26′16.17″		
T38	25°26′32.30″	119°26′57.35″		
T39	25°26′32.53″	119°26′57.12″		
T40	25°26′00.05″	119°26′16.33″	T32-T33-T4-T35-	
T41	25°25′59.70″	119°26′14.04″	T36-T37-T28-T39-	
T42	25°25′59.95″	119°26′11.82″	T40-T41-T42-T43-	
T43	25°26′00.76″	119°26′09.75″	T44-T45-T40-T47-	8.324ξ
T44	25°26′02.03″	119°26′08.03″	T48-T32	
T45	25°26′06.07″	119°26′04.11″		
T46	25°26′05.54″	119°26′04.02″		
T47	25°26′05.13″	119°25′00.96″		
T48	25°26′04.29″	119°25′59.94″		

备注：填海二，宗海

南护岸

厂平一期工程已申请的填海用海范围
48.43公顷

实测岸线

填海（二）用海

前锋村民自建简易码头位置

坐标系	80西安	深度基准	85国家高程
投影	高斯投影	中央经线	120° E
测量单位		绘图人	
测量人		审核人	
绘制日期	2009.1.15		

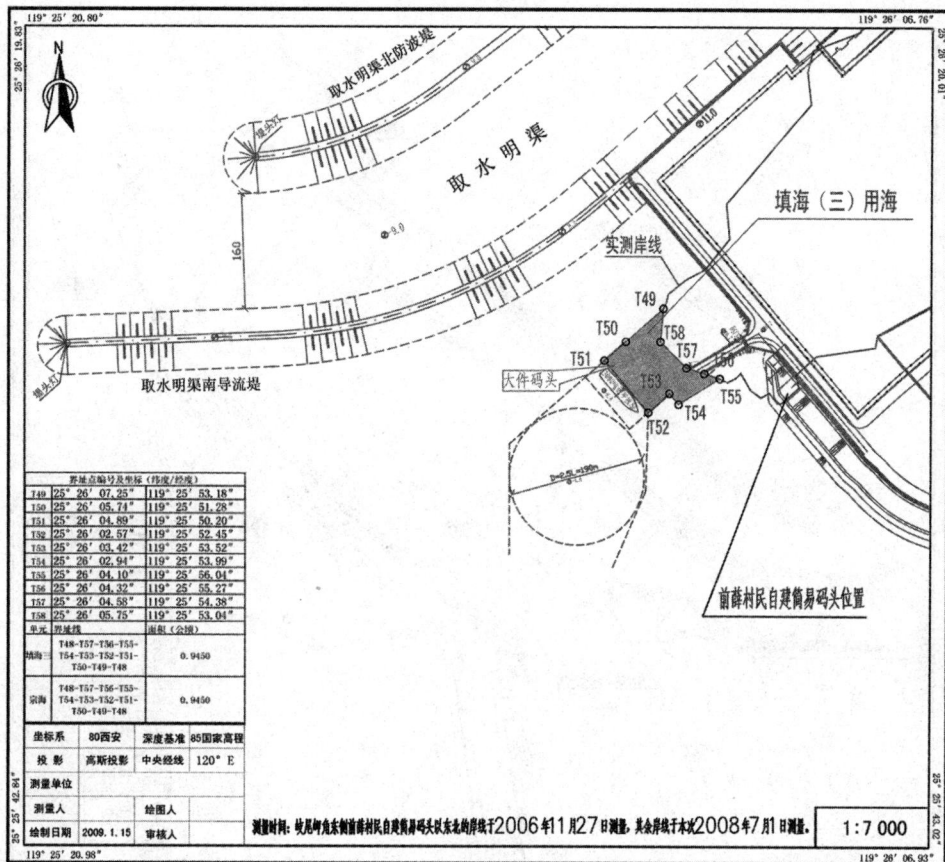

图 4-6c　宗海界址图（填海三）

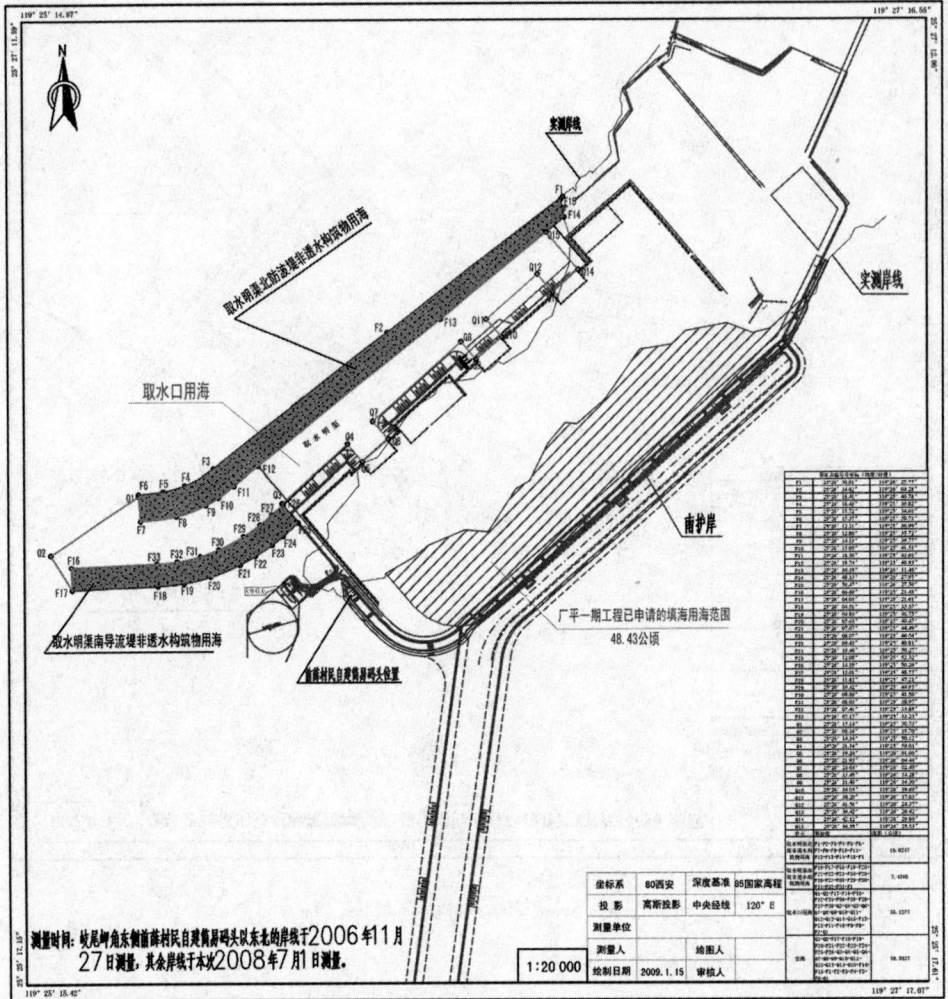

图4－6d 宗海界址图（取水明渠）

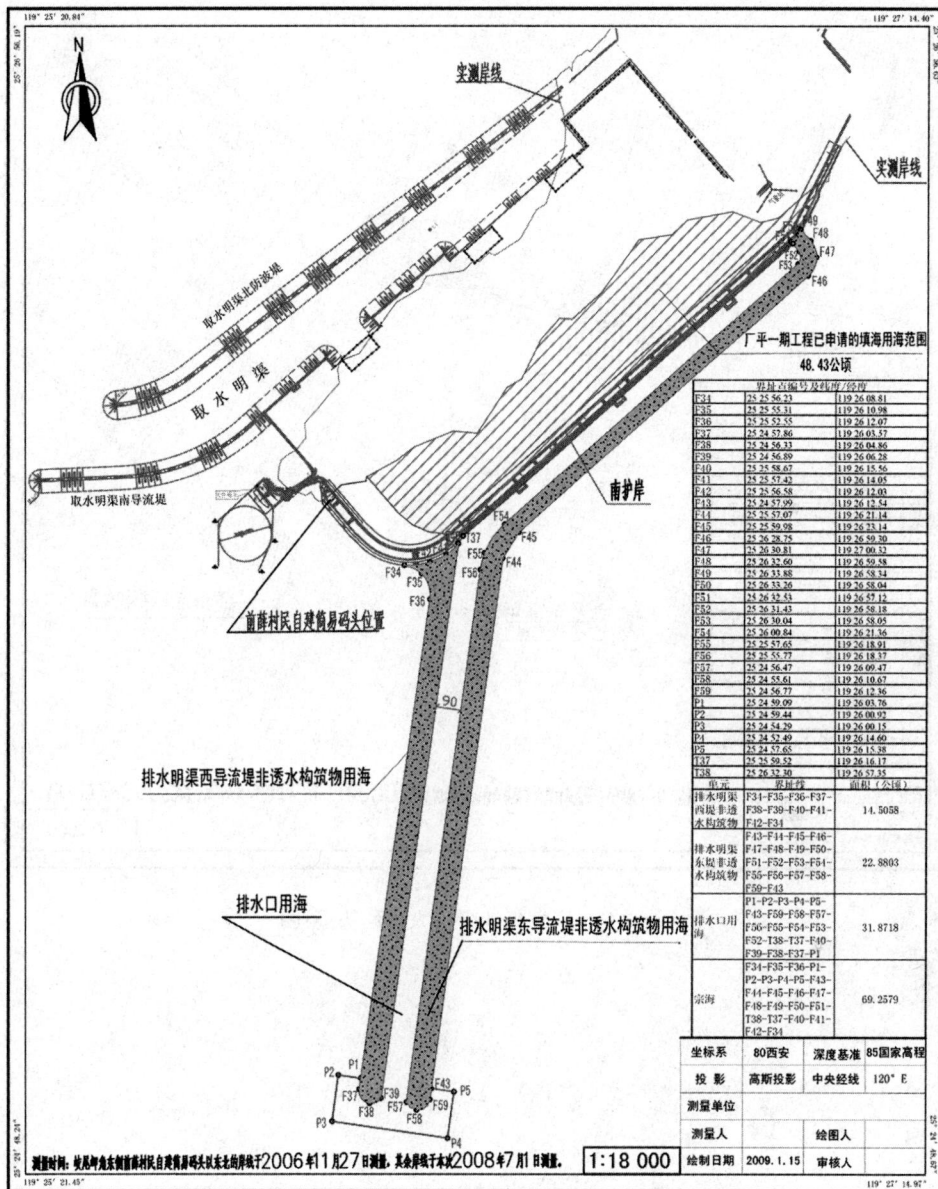

图 4-6e 宗海界址图（排水明渠）

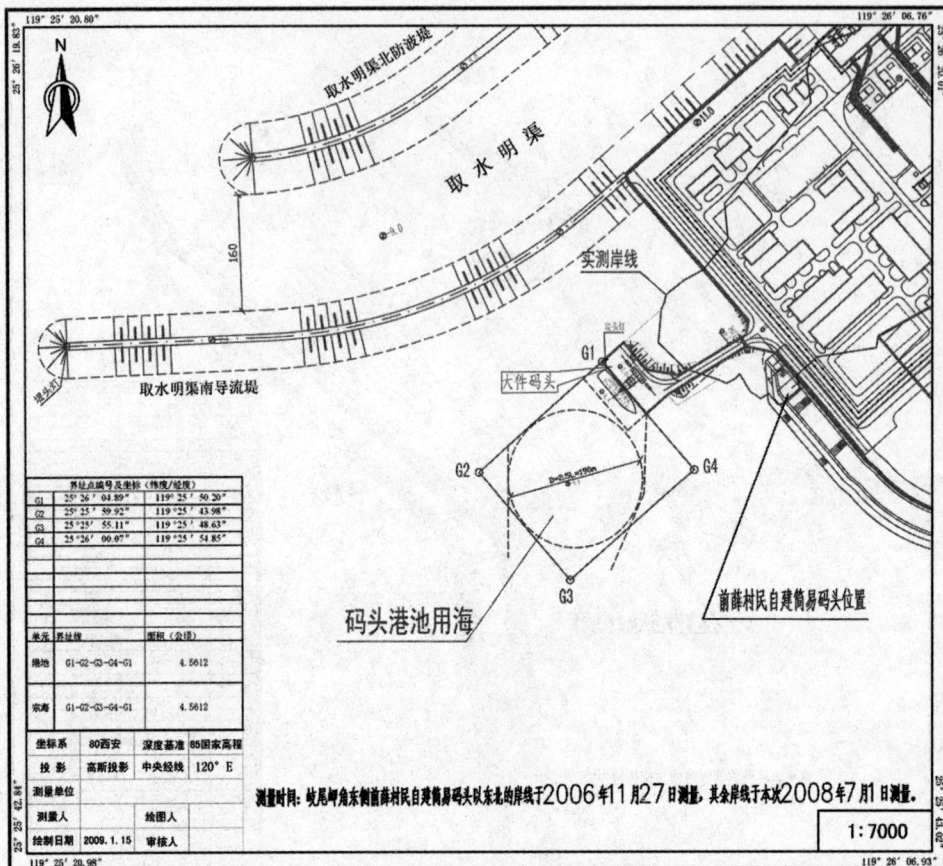

图4-6f　宗海界址图（大件码头港池）

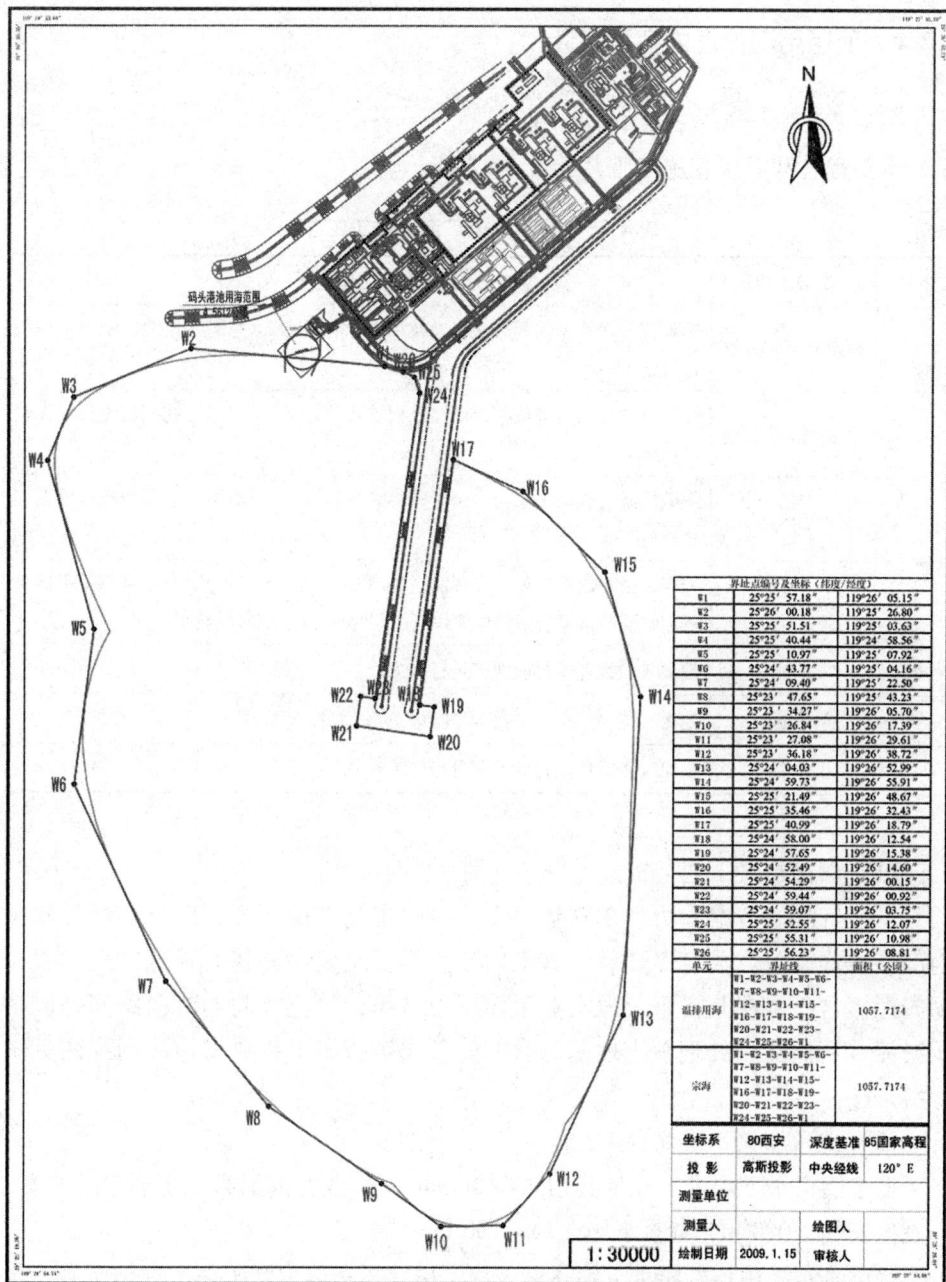

图 4-6g　宗海界址图（温排水）

4.2.2 项目用海论证内容及点评

4.2.2.1 涉海工程施工方案

本工程各涉海工程施工工艺如表 4 - 5 所示。

表 4 - 5 福清核电厂海工施工工艺

序号	海域工程	施工工艺
1	取水明渠防波堤	爆破挤淤（控制加载与深层爆破相结合的方式），挖泥（挖泥船配自航泥驳进行施工）
2	排水明渠防波堤	爆破挤淤（控制加载与深层爆破相结合的方式），挖泥（挖泥船配自航泥驳进行施工）
3	南护岸	爆破挤淤（控制加载与深层爆破相结合的方式），挖泥（挖泥船配自航泥驳进行施工）
4	大件码头	先码头基槽挖泥（岸上导标法，配自航泥驳进行施工），抛、夯、整平码头基床，安装沉箱后回填棱体块石，同时也可陆运陆抛引堤堤心石、开山石
5	港池	挖泥（挖泥船配自航泥驳进行施工）
6	取水明渠	挖泥（挖泥船配自航泥驳进行施工），炸礁
7	排水明渠	挖泥（挖泥船配自航泥驳进行施工）

（1）爆破挤淤工艺

爆破挤淤的基本方法是在软基上先填筑一定高度的石方，向石方坡脚软土内部装入炸药包。药包爆炸后，软土内产生部分空腔，并伴有强烈的振动，扰动淤泥体，石方在其自重及振动能量作用下下压，填充空腔同时向路基外侧挤压淤泥，从而达到处理软土地基的目的。各爆破挤淤工程典型地质剖面图见图4 - 7。

（2）取水明渠水下炸礁工艺

取水明渠水下炸礁工程量共约 43×10^4 m³。炸礁区范围为取水明渠后半段。炸礁区长约 1 090 m，宽窄不均（14 ~ 180 m）。

水下礁石采用炸礁船水下钻孔爆破法，由钻机钻取炮孔，一次性钻至施工设计底标高（设计标高加超钻深度），并且装药至施工设计底标高。每个船位装完药后，将导爆管集结妥当，连接上起爆体，钻爆船只撤离爆区，按照规定的安全警戒方法，在确认全部符合安全条件时，及时引爆。

清礁施工按照礁区的划分分条分层进行。挖泥船定位在礁盘的上方，可以采用铁锚定位清礁，礁渣由自卸开体驳运卸到北护堤进行堤心石抛填施工。

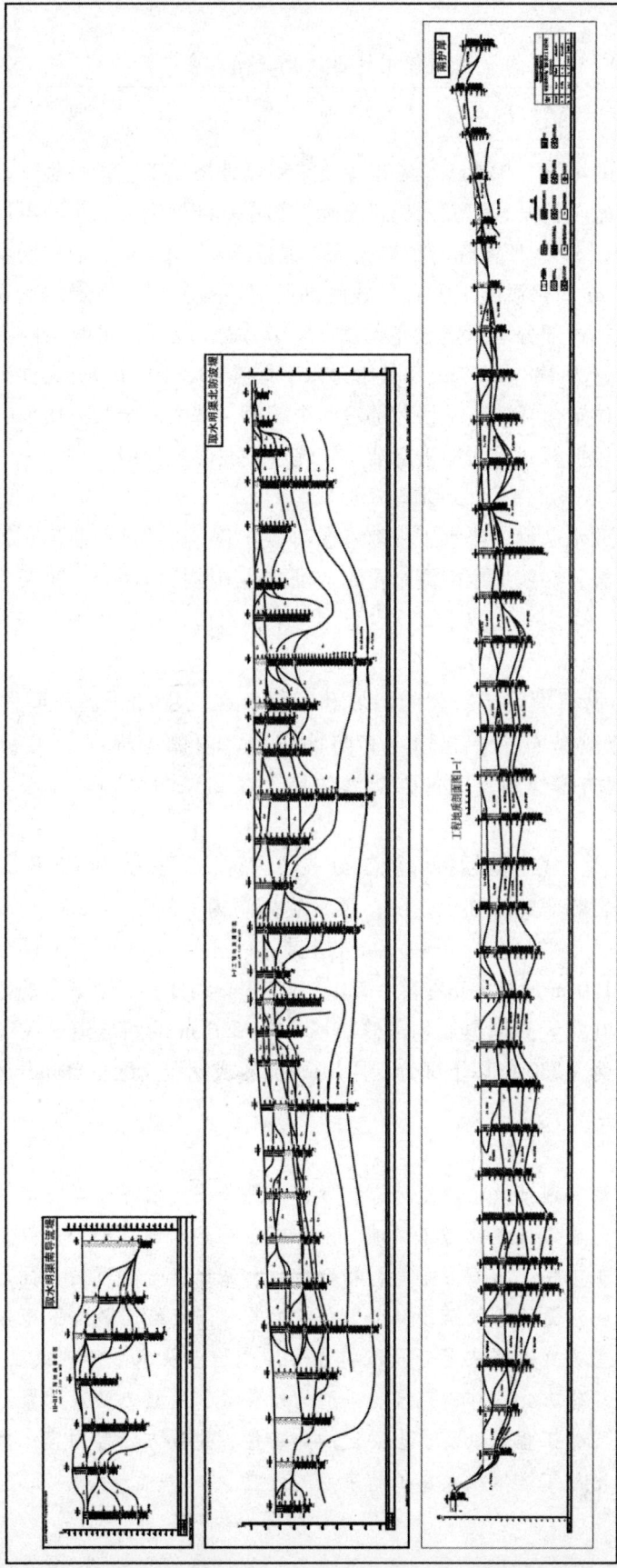

图4-7　各爆破挤淤工程典型地质剖面图

（3）清淤施工

本项目海工的堤坝、护岸工程基础主要采用爆破挤淤工艺进行施工，局部淤泥层较薄段采用抛石挤淤，清淤的位置实际上都在基础外侧：取水明渠厂区内护岸挖泥量 $5.3 \times 10^4 \, m^3$，厂区临时护岸工程挖泥量 $3.4 \times 10^4 \, m^3$，取水明渠导流堤挖泥量 $3.2 \times 10^4 \, m^3$。挤淤施工方式导致底部淤泥层被挤压，在堤内、外侧坡脚处将形成淤泥包，这部分水下清淤量约 $5.2 \times 10^4 \, m^3$。取、排水明渠内水域需要挖泥清淤。清淤量为 $198 \times 10^4 \, m^3$（其中含水下炸礁 $43 \times 10^4 \, m^3$）。大件码头工程的挖泥施工工程位置包括码头基槽和港池两个部分，基槽清淤量为 $0.5 \times 10^4 \, m^3$。

本工程拟采用抓斗式挖泥船进行清淤，疏浚淤泥回填利用。

（4）取水口、排水口施工围堰

循环冷却水取水工程、排水工程都考虑明渠方案：在厂址西北侧布置 6 台机组共用的取水明渠，在厂址东南侧布置 6 台机组共用的排水明渠；每两台机组合用一座联合泵房，合用一个取水口，也合用一个排水口，取、排水口都采用有堰施工方式。

施工围堰由抛石填筑成封闭的主堤和子堤，在主堤和子堤之间回填闭气土方。其中：外侧抛石主要起稳定和防冲作用，内侧子堤起挡土和稳定作用，中间黏土起防渗作用，为加强防渗效果，在黏土两侧各设一层 400 g 防渗土工膜。

围堰拆除工艺：施工围堰拆除施工分三层进行，第一层为 +5.0 m 以上部分，用挖掘机、自卸车配合陆上挖除；第二层标高为 -2.0 ~ +5.0 m 部分，分成两个平台：第一个平台在标高 +5.0m 设挖掘机挖除 +1.0 m 以上部分，第二个平台在标高 +1.0 m 设挖掘机挖除 -2.0 ~ +1.0 m 部分，二个平台的挖机联合倒退趁潮施工，在每天高潮退后均需修筑 +1.0 ~ 5.0 m 的斜坡道，保证车辆正常通行；第三层为 -2.0 m 以下部分，用 8 m^3 抓斗式挖泥船配备自卸开底驳进行拆除。

关注要点：

核电项目涉海一般涉及填海造地、护岸、大件码头、温排水口、取排水管道以及可能涉及临时施工围堰或施工场地。论证中应重点阐述各部分用海工程的主要施工方案、施工方法、土石方平衡、物料来源和施工计划进度表。同时，对于重件码头应重点关注是否涉及疏浚（清淤），如果有，应给出疏浚区范围、疏浚量以及疏浚物处置方式；码头基础及取排水管道是否涉及水下炸礁或爆破挤淤，如果有，应交代炸礁方式、炸礁范围、礁渣的处置量、处置方法及处置地点或爆破挤淤施工的范围、工程量以及挤出淤泥的处置量、处置方法等内容；对于施工围堰，应重点给出施工方案以及施工结束后的处置。

优点：

本核电工程涉及工程主要有取排水明渠防波堤、南护岸、大件码头以及港池疏浚。涉及的施工工艺包括爆破挤淤、炸礁、港池疏浚以及施工围堰等，论证报告对各个涉海工程以及施工工艺介绍较为全面和清楚。

不足：

1）施工工艺缺乏应急和辅助方案，特别是遇到施工过程中的突发事件时。

2）未介绍清楚清淤和爆破挤淤之间的施工顺序。

4.2.2.2 温排范围要考虑潮型特点，考虑不同潮时下的叠加影响

（1）取排水的"评审后最新推荐方案"数学模型

采用丹麦水力学所开发的平面二维数学模型 MIKE21 来研究潮流和温度场分布。数值模拟区域北至闽江口梅花水文站北部，南至泉州湾崇武海洋站，外海至海图水深 −60 m 等深线附近，此计算域长约 160 km，宽约 100 km，面积约 16 000 km^2。大区域网格大小选择 945 m，小区域网格大小选择 315m。另外，为了更好地模拟取排水口的结构，在其附近网格进行加密，最小网格大小为 35 m（图 4 −8）。选定夏季大潮规划一期装机容量（$2 \times 1\,000$ MW）进行稳定性分析，选取兴化湾内总热量作为衡量计算稳定的判别条件，统计兴化湾内物质的总量随潮变化过程。

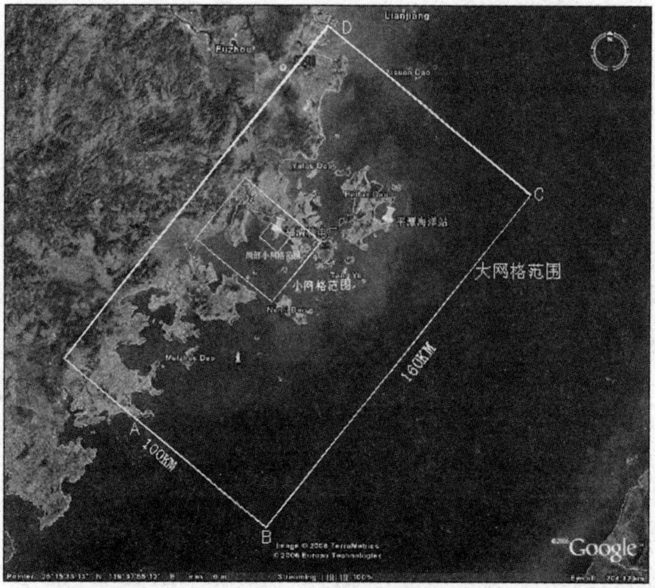

图 4 −8 数值模拟范围

1）计算工况。推荐方案计算工况对照见表 4 - 6。

表 4 - 6　推荐方案计算工况对照表

工况	装机容量（MW）	循环冷却水量（m³/s）	排取水温升（℃）	潮型
1				夏季典型大潮
2				夏季典型中潮
3	2 × 1 000	113		夏季典型小潮
4				冬季典型大潮
5				冬季典型中潮
6			8.5	冬季典型小潮
7				夏季典型大潮
8				夏季典型中潮
9	6 × 1 000	113 + 113 + 113		夏季典型小潮
10				冬季典型大潮
11				冬季典型中潮
12				冬季典型小潮

2）温排水对取水口温升的回归影响。

取水温升：2 × 1 000 MW 装机取水温升平均不超过 0.90℃，最大不超过 1.04℃；6 × 1 000 MW 装机取水温升平均不超过 1.26℃，最大不超过 1.49℃，可满足电厂取水要求。

取水温升随潮过程：从一期 2 × 1 000 MW 容量下，夏季大、中、小潮取水温升随潮过程曲线图可知，不论何种工况，其共性点是：取水温度高峰值一般出现于涨急和落急后一段时间，涨急后出现的峰值又高于落急后，但两者相差不多。低平潮时易出现温升低值。各工况不同潮型取水温升随潮变化规律基本相同。涨潮时温排水主体随潮向西北方向（取水口方向）输移，至高平潮时段（基本为转潮时段），取水温升也基本达到峰值；落潮时，影响取水温升的水体，主要来自涨潮流带往厂址西侧、西北侧水域的二次回归热水，取水温升将逐渐降低。

3）全潮最大、平均等温升线包络面积。从各计算工况全潮统计等温升包络面积图、表可以看出，温升包络面积小潮最大，中潮次之，大潮最小，其原因主要是大潮潮流较强，水流掺混较好，温降较快，影响面积较小。冬季工况和夏季工况相比较，包络面积普遍比较大，主要原因是冬季散热比较弱，另外潮流强度不同也有一定的影响。

夏季工况条件下，2 × 1 000 MW 装机 0.5℃全潮平均温升影响面积不超过

17.4 km²，最大温升影响面积不超过 28.7 km²，6×1 000 MW 装机 0.5℃全潮平均温升影响面积不超过 53.0 km²，最大温升影响面积不超过 80.7 km²；冬季工况条件下，2×1 000 MW 装机 0.5℃平均温升影响面积不超过 25.6 km²，最大温升影响面积不超过 39.7 km²，6×1 000 MW 装机 0.5℃平均温升影响面积不超过 76.9 km²，最大温升影响面积不超过 110.9 km²。

4)"评审后最新推荐方案"温排水影响的最大范围（全潮最大 1℃等温升线最大叠加范围）。2×1 000 MW 和 6×1 000 MW 装机容量的夏季大、中、小潮 1℃最大温升线包络线叠加图中，各再取叠加范围的最大包络线，即可获得温排水最大温升 1℃等温线的最大影响范围（即全潮最大等温升线大、中、小潮叠加的最大包络面积）分别是：10.62 km²；42.81 km²，即可得出各期工程的温排水用海的宗海界址图。

（2）关于福清核电厂与江阴电厂温排范围是否交叉问题

在兴化湾内隔着东港海域相对岸分布着已建的国电福州江阴电厂和在建的本项目福建福清核电厂。福清核电厂规划容量 6×1 000 MW 核电机组（6 台排水量 339 m³/s，排放温升 8.5℃），现一期工程先建 2×1 000 MW；江阴电厂规划容量 4×600 MW 燃煤汽轮机组（4 台排水量 84 m³/s，排放温升 8.5℃），一期 2×600 MW 已建成并营运中。

兴化湾两个电厂之间的温排水影响范围（尤其夏季最大温升影响范围）是否交叉问题值得关注，为此，我们将两个电厂的温排影响范围（均为夏季最大温升）展布在同一张图上（见图 4-4）。图 4-4 中福清核电厂的温排影响范围依据本次"评审后最新推荐方案"的温排水数模成果；江阴电厂的温排影响范围，分别参考了南京水利科学研究院 2004 年 2×600 MW、4×600 MW 的物模及河海大学海洋学院 2007 年 2×600 MW 的数模成果。

从图 4-4 可看出，福清核电厂一期 2 台与江阴电厂的温排范围都不会相交叉；核电厂 6 台机组 0.5℃、1℃线与江阴电厂 4 台机组的也都不交叉，具体情况是，核电厂 6 台机组 0.5℃线与江阴电厂 4 台机组的最小距离 2 050 m，核电厂 6 台 0.5℃线位于虎屿以东 1 040 m 以远，江阴电厂 4 台 0.5℃线位于虎屿以西 750 m 以远。即根据迄今为止所能获得的温排水模型试验成果资料，福清核电厂与江阴电厂夏季最大温升 0.5℃等温线以上的温排影响范围不存在交叉问题。

关注要点：

核电厂一般规划 4 台百万机组或 6 台百万机组，规划容量大，其温排水影响范围也较大。福清核电位于兴化湾中部，周围养殖众多，尤其西侧约 8 km 已有在运行的江阴电厂。论证中应重点关注在不同季节、不同潮时下 0.5℃、1℃、2℃和 4℃温升包络线以及最不利情况下 1℃、4℃温升包络线；同时，应重点关注与西侧江阴电厂的互相影响和叠加影响问题。

优点：

1）项目温排水考虑到所在海域的潮型特点和不同季节气候影响，取叠加范围的最大包络线，取温排水最大温升1℃等温线的最大影响范围，由此得出各期工程的温排水用海的宗海界址。

2）结合项目所在海域开发利用现状，考虑到与本项目可能叠加的其他温排水项目的影响。

3）温排水模型试验经多方案比选，确定"最新推荐方案"：该方案既优化排水工程的距离、水深、排水口高程，大幅度减小温排水对海水生态影响（指海水养殖区）。

不足：

由于各单位各项目所采取不同温排水数模模型，没有对预测模型的各种边界条件进行统一，其可比性较差。

4.2.2.3 用海风险分析

（1）低水位下冷却水供水风险

按照设计资料提供的这些数据，即使遇上百年一遇的极端低潮位，加上备淤厚度，取水明渠进水口处还至少有5 m以上水深。因此，可认为本项目低水位下供水是有保障的。

（2）取水口淤积对冷却水取水保障的影响

1）正常运行工况下取水口淤积对冷却水取水保障的影响。数模计算结果表明，正常天气取水条件下，取水条件明渠内最大淤强都位于取水明渠口门位置；核电厂拟每年清淤一次，每次清淤到−9.0 m。

即使在百年一遇低潮位情况下，仍有4 m多水深的过水断面，即在百年一遇低潮位工况下，仍能满足核电厂的取水要求。

在设计基准低水位工况下，核电厂循环水系统已停止运行，只有重要厂用水系统在运行，仍有将近3 m的过水断面（考虑取水明渠口门发生最大年淤强），即在设计基准低水位工况下，仍能满足核电厂重要厂用水系统的取水要求。

2）恶劣天气工况下取水口淤积对冷却水取水保障的影响。数模计算结果可以看出，福清核电厂发生骤淤的最大淤强和正常运行工况下年最大淤强相差不大。因此，即使在台风期间发生骤淤情况，核电厂的循环水系统和重要厂用水系统仍能满足取水要求。

（3）余氯、核素事故排放对海洋生物的影响

电解海水制氯系统加药失控导致液体活性有效氯大量外排，从而造成对海洋

生物的影响的事故发生率是非常小的。因为电解海水制氯系统均设置有自动控制调节系统，具有余氯分析仪、氢漏检测仪和氯离子分析仪等多种保护设置，同时一般大型电厂均具有高自动化的安全监控系统和严格的安全管理体系。另一方面，电厂仍要提高对余氯事故的防范意识，加强事故防范措施。

（4）核电厂退役期的用海风险

核电厂退役期若管理不善，造成反射性物质泄漏入海，将会对海洋生态安全造成威胁。因此，从用海风险以及对利益相关者影响的角度，要求业主在核电厂退役期严格执行核行业相关技术规定。

（5）核电厂项目用海的风险评估和选址安全分析

1）外部人为事件。厂址半径 15 km 范围内主要为福州港外港——江阴港区和下垄港区及各乡、镇和部分行政村建设的主要用于渔业捕捞及海上养殖活动的简易码头设施。在厂址东南方向是海潭海峡南口，南面有兴化湾航道。江阴港区航线距厂址最近距离为 11 km，因为航线与厂址之间有众多的小岛相隔，在船只失去动力向岸边漂移时可间接地对核电厂址起到防护作用，从而避免对厂址产生不利影响。下垄港区航线距厂址最近距离约 3.3 km，因为厂址所在的半岛东西两侧均为较大范围的滩涂，大型船只不能靠岸，小型船只需乘潮入港，仅半岛尖端处水相对较深，因此，即使有船只失去动力向岸边漂移时，也不会对厂址产生不利影响。随着江阴港 5 万吨集装箱码头投产，下垄港的集装箱业务已转至江阴港。目前，每月有一只运输重油的船只入港，为福耀玻璃企业提供点火重油2 000 t。经计算，运输重油的船只不会对厂址安全构成潜在危险。因此，不存在过往船只对核电厂安全的潜在影响，也不存在因船舶失动事故而导致核电厂失去最终热阱的可能性。

厂址所在位置无军事设施。在福清市龙田镇有一个龙田军用机场位于厂址 N方位 19.0 km，可不考虑飞机坠毁对核电厂安全的影响。

长乐国际机场（厂址 80 km 范围内）飞行航线水平投影距厂址最近距离为30 km。由于在筛选距离 10 km 范围内无机场，空中航线距厂址也很远，按核安全导则 HAD101/04 的规定，可不考虑飞机坠毁对核电站安全的影响。

2）辐射环境影响评价结论。

A. 正常运行的辐射环境影响：一期工程在 2 台机组运行状态（即正常运行和预计运行事件两类工况的统称）下，厂址附近有人居住的地方个人（成人）受到的最大有效剂量如下：

位于厂址 NE 方位 1 500 m 处，前薛村渔民个人（成人）受到的最大有效剂量为 5.23×10^{-6} Sv/a，约占个人年有效剂量控制目标值（0.08 mSv/a）的6.54%。其中，气态途径所致的剂量为 3.57×10^{-6} Sv/a，液态途径所致的剂量

为 1.66×10^{-6} Sv/a。主要照射途径为气态途径的地表沉积外照射,其剂量贡献为 1.79×10^{-6} Sv/a,约占气液态总剂量的 34.23%。主要核素为 Co-60,其剂量贡献为 1.81×10^{-6} Sv/a,约占气液态总剂量的 34.62%。

厂址半径 80 km 范围内公众所受的集体剂量为 0.661 人·Sv/a。其中,气态途径为 0.163 人·Sv/a,占总集体剂量的 24.7%;液态途径为 0.498 人·Sv/a,占总集体剂量的 75.3%。

B. 最大可信事故的辐射环境影响:在核电厂最大可信事故条件下,距前薛厂址 500 m 处,任何个人(成人)在事故发生后 8 h 内所接受的最大有效剂量为 0.138 Sv;甲状腺当量剂量为 0.503 Sv,分别为 GB 6249 中的剂量控制值的 55.24% 和 20.1%。显然,为福建福清核电厂拟定非居住区半径 500 m 是适宜的,符合 GB 6249—86 对非居住区边界的规定。

在核电厂最大可信事故持续期间(30 d),前薛厂址半径 80 km 范围公众群体受到的集体有效剂量为 56.8 人·Sv;集体甲状腺当量剂量为 245.9 人·Sv,分别为 GB 6249—86 中的剂量控制值的 0.28% 和 1.22%。

综上所述,从正常运行和事故影响的角度,前薛厂址作为福建福清核电厂厂址不仅可行,而且是适宜的。

3)实施场外应急计划的可行性。前薛厂址半径 5 km 范围内的人口数较少,厂址半径 15 km 范围内没有大的人口中心城市和城镇,厂址周围交通方便,通信条件良好,不存在核事故应急时的难以隐蔽和撤离的特殊人群,对核电厂制定和实施事故应急计划有利。

厂址半径 15 km 范围内农业以粮食种植为主,社会经济和农业经济不发达,在核电厂实施场外应急和应急响应措施对它影响不大。

这里应当指出的是,由于前薛厂址地处狭长龙高半岛中部,故在拟定不同方向的两条应急撤离路线上有一定的难度。

4)海洪的防护。福清核电厂厂址对海洪的防护是按照《滨海核电厂厂址设计基准洪水的确定》(HAD101/09)进行考虑的。该导则要求在所有时间内确保安全停堆、堆芯冷却和放射性物质的抑制,其中包括防止以后可能发生外部洪水给核设施所带来的不利影响。福清核电厂厂址的设计基准洪水位的组合采用 HAD101/09 附录Ⅱ中的组合实例,其组合洪水如下:

10% 超越概率天文高潮:4.01 m;

可能最大风暴潮增水:4.37 m;

设计基准洪水位:8.08 m;

厂坪标高定为 11.00 m(85 国家高程)。为了防御外海台风浪的影响,在厂区东、西、南方向修筑适当高度的护岸和防波堤以确保在设计基准洪水位

（DBF）时洪水不会产生漫顶而影响厂区核安全物项的安全。

5）可能的最大海啸泛滥。在惠安核电厂的前期工作中对地震海啸曾进行过专题研究。从地理位置看二者相距很近，所以该研究结果同样适用于福清厂址。其结论如下：位于台湾海峡浅滩南缘的 2 号（T2）潜在海啸源对厂址处海啸增（减）水的影响，经数值计算结果：可能最大地震海啸的增水为 31 cm，减水为 -15 cm。由于地震海啸引起的增、减水远小于风暴潮的增、减水值，且两者同时遭遇的几率极低，并且是非线性的，所以《福建福清核电厂厂址安全分析报告（可研阶段）》认为在设计基准洪水位的组合中可以不考虑海啸的影响。

关注要点：

核电项目，尤其在日本福岛核电核泄漏事故发生后，对于地震乃至地震引发海啸造成的风险成为核电项目用海风险分析的重要部分，这也是核电项目与其他临港工业在风险分析中特别的地方之一。同时，核电项目与其他临港工业在风险分析不同之处存在低放废水排放的辐射问题。在常规用海风险分析的基础上，核电项目论证应高度重视海啸和低放废水问题。

优点：

1）对核电相关的各项风险分析比较全面。

2）本项目综合考虑了海啸极端气候条件下的核安全问题，在当时论证时具有一定的前瞻性。

3）本项目分析了辐射环境影响，并对实施场外应急计划的可行性进行分析，并制定了相应的具有可操作性的应急计划及核事故防范措施。

不足：

用海风险缺乏考虑叠加和交叉的影响分析；辐射环境影响评价，应增加对海洋生物的辐射影响分析。

4.2.2.4   选址合理性

本项目对 A - 前薛厂址和 B - 万安厂址进行了各方面的对比分析，具体分析结果见表 4 - 7。

表 4 - 7   厂址比选情况

	评价内容	A - 前薛厂址	B - 万安厂址	单项比较
（1）地形条件		厂区狭长，为贫瘠的丘陵、滩涂地形，山体较小，最高山顶高程 56.78 m。滩涂地标高 -3.2~0 m	厂区为贫瘠丘陵地形，最高山顶高程 130.10 m，山体北部为滩涂，标高在 0~3 m	A > B

	评价内容	A – 前薛厂址	B – 万安厂址	单项比较
(2) 地震	大地构造位置	闽东中生代火山断陷带	闽东中生代火山断陷带	A≈B
	新构造位置	闽东沿海差异活动区的中段上升区	闽东沿海差异活动区的中段上升区	A≈B
	地表断裂	近区域的7条主要断裂的最新活动时代均为中更新世（或其晚期、末期），晚更新世以来不活动或未发现其活动现象，无发现震断裂。厂址附近范围内未发现能动断层	近区域的4条主要断裂的最新活动时代均为中更新世（或其晚期、末期），晚更新世以来不活动或未发现其活动现象，无发震断裂。厂址附近范围内未发现能动断层	A≈B
	厂址的 SL – 2 高值	0.19 g	0.22 g	A＞B
	地震基本烈度	Ⅶ度	Ⅶ度	A≈B
(3) 岩土工程	地质构造	无断层	两条小断层，其对地基的影响有待下一阶段查明	A≈B
	不良地质作用与地质灾害	厂址区内不存在岩溶、地面塌陷、泥石流、滑坡，不存在采空区和地下工程，主厂区无崩塌和基土液化问题	厂址区内不存在岩溶、地面塌陷、泥石流、滑坡，不存在采空区和地下工程，主厂区无崩塌和基土液化问题	
	建筑场地类别	主厂区建筑场地类别为Ⅰ类	主厂区建筑场地类别为Ⅰ类	
	厂坪标高或以下地层	主厂区大部分位置为中等风化、微风化黑云母花岗岩，少部分位置为全风化、强风化黑云母花岗岩和残积土	主厂区位置为微风化花岗岩	
	岩体完整程度与岩体基本质量	岩体大部分为较完整–完整，岩体基本质量等级为Ⅱ—Ⅰ级，少部分地段岩体为较破碎–破碎，岩体基本质量等级为Ⅲ—Ⅳ级	岩体完整，岩体基本质量等级为Ⅰ级	
	地基承载力特征值	中等风化花岗岩承载力特征值为11.7 MPa，微风化花岗岩的承载力特征值为13.0 MPa	微风化黑云母花岗岩的承载力特征值为38.5 MPa，微风化细粒花岗岩的承载力特征值为62.0 MPa	
	地下水	地下水对建筑材料具弱腐蚀性；地下水对建筑物的安全没有影响；厂区地下水与区外的地下水无水力联系，不存在地下水与地表水体之间的水力联系，对环境没有影响	地下水对建筑材料具弱腐蚀性；地下水对建筑物的安全没有影响；厂区地下水与区外的地下水无水力联系，不存在地下水与地表水体之间的水力联系，对环境没有影响	

续表

	评价内容	A - 前薛厂址	B - 万安厂址	单项比较
（4）总平面布置条件	用地适宜性	场地可满足 600×10^4 kW 装机容量建设用地要求，主生产区、辅助生产区、厂前区可布置在山丘上，施工场地布置在滩涂地	场地可满足 600×10^4 kW 装机容量建设用地要求，主生产区、部分辅助生产区、厂前区布置在高程相对较低的山体上，开关站布置在高程相对较高的山体上，施工场地布置在厂区北部的滩涂地上	A > B
	地基适宜性	厂址已有基岩出露，可作主厂房用的地基条件较好，但需落实基岩的埋深及分布范围	作主厂房的地基条件较好，但要注意高边坡的问题	
	场地平整	厂坪标高暂定为 11.0 m，厂区土石方工程挖方 988×10^4 m³，填方 995×10^4 m³，填挖基本平衡	厂坪标高暂定为 11.0 m，厂区土石方工程挖方 $1\ 722 \times 10^4$ m³，填方 $1\ 295 \times 10^4$ m³。拟在厂址附近的滩涂弃置约 427×10^4 m³	
	防护工程	人工边坡高约 20 m	人工边坡高达 60 m	
	占地移民	无耕地、移民	占用少量耕地，无移民	
（5）水文条件	潮位	最高潮位 3.40 m	最高潮位 3.14 m	A < B
		最低潮位 -3.71 m	最低潮位 -3.38 m	
	可能最大风暴潮增水	3.38 m	3.33 m	
	风浪	台风浪：$H_{1\%} = 10.68$ m	台风浪：$H_{1\%} = 10.20$ m	
		厂址百年一遇的 $H_{1\%} = 4.87$ m	厂址百年一遇的 $H_{1\%} = 5.65$ m	
	海水取排水条件	较差（7 m 等深线离岸较远）	表层水温低于薛前 1.6℃	
	淡水取水条件	闽江调水加水库调节	较好（7 m 等深线离岸较近）	
（6）距负荷中心距离及输送电线路条件		电力出线条件较差	电力出线条件较好	A < B
（7）交通运输条件		厂址附近无铁路运输，距西北部的福州火车站直线距离约 71 km；公路运输便利，厂址至前薛村 2 km 为乡村道路，前薛村至三山镇为乡镇公路 12 km，并与省道（福清—三山镇段）连接；江阴港为国际港口，厂址西南 8.5 km 为江阴港航道，由江阴港航道经兴化湾中部水道，通过南日水道进入外海航道。厂址西南部可设 3 000 吨级自备码头一座	厂址附近无铁路运输，距西北部的福州火车站直线距离约 85 km；公路运输便利，厂址至东园村 4 km 为乡村道路、路窄且坑洼不平，东园村至东瀚镇为乡镇公路 10 km，并与省道 202（福清—东瀚镇段）连接；厂址南面有兴化湾航道，通过南日水道进入外海航道。厂址与航道最近距离为 8.5 km 厂址东南部可设 3 000 吨级自备码头一座	A ≈ B

续表

	评价内容	A - 前薛厂址	B - 万安厂址	单项比较
	(8) 应急计划	厂址 15 km 范围内，无难撤离的设施，应急计划简单	厂址 15 km 范围内，无难撤离的设施，应急计划简单	A≈B
(9) 人口及人口分布	最近居民点	距最近的村庄——前薛东林自然村 1.8 km	距最近的村庄——万安高坪自然村 0.7 km	A≈B （厂址 80 km 内人口数以万安厂址少，但万安厂址在建电站时迁移居民多）
	厂址 0.5 km 内人口数	厂址 1 km 内无居民	厂址 0.5 km 内有 546 人。若按厂址建 4 台核电机组考虑，万安自然村在电站非居住区范围内，现有人口 988 人	
	厂址 5 km 内人口数	现有 9 361 人	现有 14 110 人	
	厂址 80 km 内人口数	7 655 843 人（2002 年）	4 839 236 人（2002 年）	
	距厂址最近的城镇方位、距离和人口数	沙埔镇（镇政府所在地为沙埔村）位于厂址 E 方向 8.7 km，2 250 人（2003 年）	南海乡（乡政府所在地为陈厝村）位于厂址 E 方向 6.5 km，1 140 人（2003 年）	
	厂址 0.5 km 内人口数	厂址 1 km 内无居民	厂址 1 km 内有万安和高坪两个自然村，现有 372 户，1 387 人；均在电站非居住区 0.5 km 范围外	
(10) 工业企业	厂址 5 km 内的工矿企业	只有 3 个盐场：华邱制盐有限公司、虎邱盐场、五七盐场	有莲峰皮革厂、徐镜开采石场和小规模的紫菜养殖加工厂	A≈B
	厂址 15 km 内较大的工矿企业	有 22 家年产值 1 000 万元以上的企业，其中融林塑胶五金实业有限公司、贸旺水产有限公司、福建福盛门业制造有限公司年产值达 15 000 万元	有 10 家年产值 1 000 万元以上的企业，其中融林塑胶五金实业有限公司、贸旺水产有限公司、福建福盛门业制造有限公司年产值达 15 000 万元	
(11) 军事和文化设施	厂址 15 km 内军事设施	无	无	A≈B
	厂址 5 km 内学校	小学 4 所，学生 1 645 人，教师 75 人	初级中学 1 所，学生 786 人，教师 46 人；小学 9 所，学生 2 480 人，教师 95 人	
	厂址 5 km 内医疗单位	保健站 10 个，医生 15 人	保健站 12 个，医生 24 人	

续表

	评价内容	A - 前薛厂址	B - 万安厂址	单项比较
(12) 外部 人为 事件	厂址 30 km 内 机场	无	无	A≈B
	厂址 5 km 内空 中航线	无	无	
	厂址 15 km 内操 作、贮存危险品 的工矿企业和 仓库	除 3 个液化气储配站和 9 座加油 站外，无其他危险品的工矿企业 和仓库	除 1 个液化气储配站和 5 座加油站 外，无其他危险品的工矿企业和 仓库	
(13) 淡水水源		闽江调水工程中龙高支线输水管 接入距厂址约 11 km 的总库容 114.9×10^4 m^3 北林水库，可保 证核电厂的淡水供水	闽江调水工程中龙高支线输水管接 入距厂址约 6 km 的总库容 103× 10^4 m^3 的具有多年调节能力的海 尾溪水库，可保证核电厂的淡水 供水	A < B
(14) 大气 弥散	自然条件	地处福清市龙高半岛端部，地形 开阔，主导风向突出秋、冬、春 三季的为 NE，夏季为 SW，年平 均风速较大，在 4.5～5.5 m/s 之间。大气弥散条件较好	地处福清市龙高半岛端部，地形开 阔，主导风向突出秋、冬、春三季 的为 NE，夏季为 SW，年平均风速 较大，在 4.5～5.5 m/s 之间。大 气弥散条件较好 万安厂址地处海潭海峡南口，"因 狭管效应"风速会大于前薛厂址， 另外，从对下风向的居民的可能影 响考虑，万安厂址较有利	A < B
(15) 水体 弥散	自然条件	厂址濒临兴化湾北岸海洋潮汐为 正规半日潮型，潮流为沿岸往复 流，水体弥散条件较好	厂址地处海潭海峡南口，较前薛厂 址更靠外海，环海面阔，水体弥散 条件好	A < B

注：A≈B 表示 A 厂址与 B 厂址条件相当，A > B 表示 A 厂址条件较优于 B 厂址，A < B 表示 A 厂址条件较劣于 B 厂址。

　　整个选址过程严格和适宜，工作方法和程序正确，厂址条件方面各项建厂条件和指标均可以接受，有许多建厂条件和指标是很优越的，从工程本身建设要求而言，本项目工程建设选址合理可行。存在的主要问题如下。

　　1) 工程区附近海域的水深（即温排水掺混散热的海水水体的厚度）对温排水影响范围起很大的作用。本项目厂址所在的前薛半岛南北两侧是兴化湾东北岸的大片潮间浅滩，水体浅，不利于温排水的掺混散热，温排水影响范围较大。尤其最大温升 1℃ 的最大影响面积高达约 10.62 km^2（一期工程）。

2）本项目用海区及周边海域海水养殖密集，本项目用海对当地海水养殖业有较大影响：本项目海域工程建设需占用原养殖海域；温排水用海对海水养殖具有排他性，尤其是，项目用海海域夏季本底水温较高，夏季温排水温升超过2℃就可能造成养殖的紫菜出现部分烂苗；施工工程泥沙入海影响范围也较大。

3）前薛厂址按周边人口分布评价结果，属Ⅱ类厂址。另外，前薛厂址地处狭长的龙高半岛中部海滨，由于地理位置和条件所限，在确定不同方向的两条应急撤离路线也有一定的难度。

关注要点：

核电项目选址合理性应重点关注核岛具有坚固的基岩，厂区及其周围无不良地质结构或活动断层；核电厂周围非居住区的半径（以反应堆为中心）不得小于0.5 km。核电厂非居住区周围限制区的半径（以反应堆为中心）不得小于5 km，对大型临港工业具有一定限制性。同时，取排水应尽量采用深取深排，减少温排水对海洋生态以及海洋养殖的影响。大件码头及取水口海床稳定性较好，避免大冲大淤。

优点：

论证报告在项目选址通过2个选址地壳稳定性、水文、气象条件、社会经济条件等进行选址合理性的全面、客观分析，筛选选址的优缺点。

不足：

项目选址的合理分析较少地考虑海洋生态、海洋资源、渔业生产等相关因素；缺乏核电项目排放的低放废水可能对当地海洋生物存在长期累积影响分析。

4.2.2.5　用海方式与平面布置的合理性

核电的用海方式多样，一般有温排水用海、取排水口用海、非透水构筑物用海、填海造地用海等，因此需对项目用海方式合理性进行分析。另外，取、排水口的平面布置直接关系到核电温排水的影响范围以及对周边敏感目标的影响程度，因此需根据取排水口的平面布置方案比选与优化来分析取排水口平面布置的合理性。

（1）平面布置的合理性

福建福清核电厂厂址位于福清市三山镇西南前薛村的岐尾山前沿。福清核电厂分为核岛、常规岛土建工程和海域工程，其中海域工程包括取水明渠北防波堤、取水明渠南导流堤、排水明渠东导流堤、排水明渠西导流堤、厂区南护岸、厂区北护岸以及为核电厂建设专用的大件码头工程等工程项目。

通过对厂址所在海域水深、波浪、海流、地质等条件分析，核电厂取水工程选在厂区北侧海域，考虑到对其内的泵房、厂区护岸进行掩护，在取水明渠北侧修建取水明渠北防波堤工程。

（2）取排水工程平面布置方案及其适宜性

据厂址三面环水的半岛地貌特点、海域地形地貌特点以及湾内潮流的主体流势特点，取排水工程拟采取"北取南排"、"明取明排"的布置原则，这种布局可显著减轻温排水放热回归影响，提高冷却水循环系统的效率，是适宜的。

1）取水明渠工程。为编制本初步设计阶段的取水平面布置方案，中国核电工程公司和天津市海岸带工程有限公司曾经就福清核电厂取、排水工程平面布置方案进行过多方案的研讨，并根据设计初步推荐的平面布置方案开展了温排水数学、物理模型试验、整体波浪模型试验以及泥沙淤积数学模型试验等各项试验验证工作，并经试验的反复验证，最终获得了能够满足各方条件的推荐方案。

根据本工程海域的自然条件，厂区西侧海域水深条件较好，特别是半岛头部等深线密集，水深可以达到核电厂取水明渠设计水深9.0 m的要求。因此，在各阶段方案设计过程中，结合核电厂总平面的取水泵房布置后，考虑将取水口布置在厂区西侧水域，口门底宽160 m，从口门向东延伸，取水明渠北防波堤与厂区北护岸间距逐渐缩窄，水深变浅，北防波堤根部与厂区北护岸间距约为150 m，泥面标高约为±0.0 m。

取水明渠：本工程主厂区北侧水深均较浅，不能满足取水水深的要求，因此，将取水口门布置在厂区西侧天然水深9 m等深线处，由取水明渠北防波堤和取水明渠南导流堤组成，口门宽度160 m。根据总体院要求，取水明渠一至三期共用段设计底宽为140 m，二、三期共用段设计底宽为100 m，三期独立段设计底宽为60 m，由外向内逐步收缩。根据取水工艺设计，取水明渠的过水断面设计底标高－8.0 m，备淤深度1.0 m，最终取水明渠设计底标高定为－9.0 m。

取水明渠北防波堤：根据总体院总平面布置方案，核电厂一至三期的取水泵房均布置在厂区的北侧，自东北向西南分别为三期、二期和一期取水泵房。为了掩护泵房、泵房两侧护岸以及保证泵房前水面平稳度，在电厂泵房北侧布置了一条取水明渠北防波堤，该防波堤与厂区北护岸夹角约4.3°，并将北防波堤堤头布置在9.0 m水深处，全长约1 919.299 m。根据主体院提供的取水明渠设计底宽（三期独立段60 m，二、三期共用段100 m，一至三期共用段140 m）的要求，同时兼顾考虑到二、三期泵房前取水明渠开挖时需采用爆破的施工方法，取水明渠北防波堤轴线确定采用了控制合理联合断面的方法进行布置。本防波堤主要掩护NW—NE向波浪。

取水明渠南导流堤：取水明渠南导流堤堤头布置在9.5 m水深处，堤坝全长约 883 m。本段导流堤主要作用一是掩护 SE—SW 向波浪，二是起到挑流作用，将由厂区南侧温排水排出的高温水体导向水深较深处，以便降低取水温升对电厂运营期的影响。

2) 排水明渠工程。排水明渠工程平面布置方案是依据温排水数模试验结果得出的，需要考虑两个因素：① 取水温升要尽量低；② 温排水影响范围要尽量小。此外，导流堤还要对近区潮流起到挑流作用，以增强温排水在海水中的掺混散热效果。根据这些要求，排水明渠的走向既要用尽可能短的长度将温排水排放到尽可能深水区，又要尽可能避免温水团直接流向取水明渠口门，因此，排水明渠的走向只能采取与等深线大角度斜交且偏向背离取水明渠的角度。

在满足上述前提条件下，排水明渠工程平面布置方案依据温排水数模试验结果进行合理布设，是合理的。但"评审后最新推荐方案"的排水明渠工程还存在依据下一阶段温排水物模等研究进行局部优化的可能性。

（3）大件码头平面布置及其适宜性

福清核电厂厂址为一半岛，北、西、南三面临海，东北侧与陆地接壤。作为核电厂配套工程的重大件运输专用码头工程，为接卸核电厂全部建设期间所需的重型、大型设备服务。

通过对厂址所在海域波浪、水深、海流、地质等条件分析，核电厂排水口选在厂区南护岸南侧，取水口布置厂区北护岸北侧，形成北取南排的总体格局。由于电厂取排水工程较大件码头工程重要性高，故在厂区北侧和南侧布置大件码头是较困难的。又考虑到厂址西侧水域天然水深较深，且临近厂址有天然山体可供工程使用，因此，在考虑了电厂总体布置及周边自然条件之后，将大件码头布置在厂区西侧贴近山体根部（即前薛半岛前端岐尾岬角前沿）的位置是适宜的。

（4）取、排水口平面布置的优化

1) 比选过程。据电厂海域地形地貌特点以及湾内潮流的主体流势，采取"北取南排"；"明取明排"的分列式布置原则。取排水方案比选和优化是在"北取南排"；"明取明排"的分列式原则布置上进行的。

比选遵循的基本原则如下：所提出的取排水方案可行，可满足电厂安全取排水的要求；尽量减少温排水对环境水域温升等方面的影响，满足工程海域水环境保护的要求。

在上述原则基础上，对电厂取、排水方案进行比选、优化，尽量降低工程造价。最终给出安全、经济、可行的取、排水工程布置方案。

本研究的比选与优化工作分三步进行：

第一轮比选：采用二维数模计算手段。即在获得原始方案研究数据基础上，对所提出的9个改进方案进行数值模拟试验，以其取水温升为基本要素筛选方案。筛选出1~2个较好的方案后，经专家论证会认可，对这些候选方案进行第二轮比选。

第二轮比选：在物理模型试验研究中进行。实际上第二轮比选已包含了对方案的再改进和优化。

通过第一、第二轮的比选和优化的结果，业主方、工程设计单位协商后，最终决定采纳此缩短排水明渠的新方案四作为第二轮比选过程的"最终推荐方案"（本报批版报告书中称为"评审前推荐方案"）。

第三轮优化与比选：因第一、第二轮的比选和优化结果"评审前推荐方案"的温排水影响范围过大，因此重点关注最大温升1℃的影响范围，采用二维数模计算进行研究。后期研究也进行了物模试验，2~4℃温升影响范围和取水口温升等数据均采用物模成果。经过三轮比选后确定的优化方案为"评审后最新推荐方案"。具体过程见表4-8。

表4-8　比选方案

	评价因子	比选方案个数	评价方法	备注
第一轮比选	0.5℃、1℃、2℃、3℃、4℃温升线包络面积	9个比选方案	二维数学模型MIKE21研究潮流场和温度场分布	模拟夏季大、中潮时一期2×1 000 MW、（一+二）期4×1 000 MW与（一+二+三）期6×1 000 MW
第二轮比选	取水温升、0.5℃、1℃、2℃、3℃、4℃温升线包络面积	3个比选方案	物理模型试验研究	模拟夏季中潮时一期2×1 000 MW、（一+二+三）期6×1 000 MW
第三轮比选	保护环境，降低温排水影响面积以及节省工程总投资以及岸滩稳定性等多方面	9个比选方案	二维数模MIKE21研究+后期物模研究	—

2）"评审后最新推荐方案"与"评审前推荐方案"的差别对比见表4-9和图4-9。

表 4 – 9　"评审后最新推荐方案"与"评审前推荐方案"的差别对比

比较项目			"评审前推荐方案"（A）	"评审后最新推荐方案"（B）	备注
工程基本概况	冷却水量、取、排水温升和排放热量		$6 \times 1\,000$ MW 排放热量 $3\,448 \times 10^3$ kcal/s	$6 \times 1\,000$ MW 排放热量约 $2\,882 \times 10^3$ kcal/s	B 方案比 A 方案减少 16%
	排水明渠西导流堤长度（m）		1 345	1 925	—
	排水明渠东导流堤长度（m）		2 530	3 660	—
	口门高程（m）		– 5.0	– 8.3	—
温排水影响范围面积（km²）	大、中、小潮全潮最大温升1℃	$2 \times 1\,000$ MW	37.07	10.62	—
		$6 \times 1\,000$ MW	94.64	42.81	—
	2℃温升	$2 \times 1\,000$ MW	—	—	B/A = 0.35
		$4 \times 1\,000$ MW	—	—	B/A = 0.36
		$6 \times 1\,000$ MW	—	—	B/A = 0.41
	3℃温升	$2 \times 1\,000$ MW	—	—	B/A = 0.32
		$4 \times 1\,000$ MW	—	—	B/A = 0.28
		$6 \times 1\,000$ MW	—	—	B/A = 0.30
	4℃温升	$2 \times 1\,000$ MW	—	—	B/A = 0.18
		$4 \times 1\,000$ MW	—	—	B/A = 0.21
		$6 \times 1\,000$ MW	—	—	B/A = 0.27
与江阴电厂温排水影响范围交叉情况			在 $2 \times 1\,000$ MW 阶段，不交叉；在 $4 \times 1\,000$ MW阶段0.5℃线与江阴电厂 4×600 MW 的 0.5℃线接近于相交；在 $6 \times 1\,000$ MW 阶段，0.5℃线与江阴电厂 4×600 MW 的温排影响范围相交叉，其中，福清核电厂 0.5℃线与江阴电厂的 0.5℃线、1℃线分别交叉 3.0 km²、1.3 km²	两个电厂夏季最大温升 0.5℃ 及以上的温排影响范围都不存在交叉问题	—
取水温升影响			—	—	A 与 B 相近
工程造价			—	—	B 比 A 显著增大

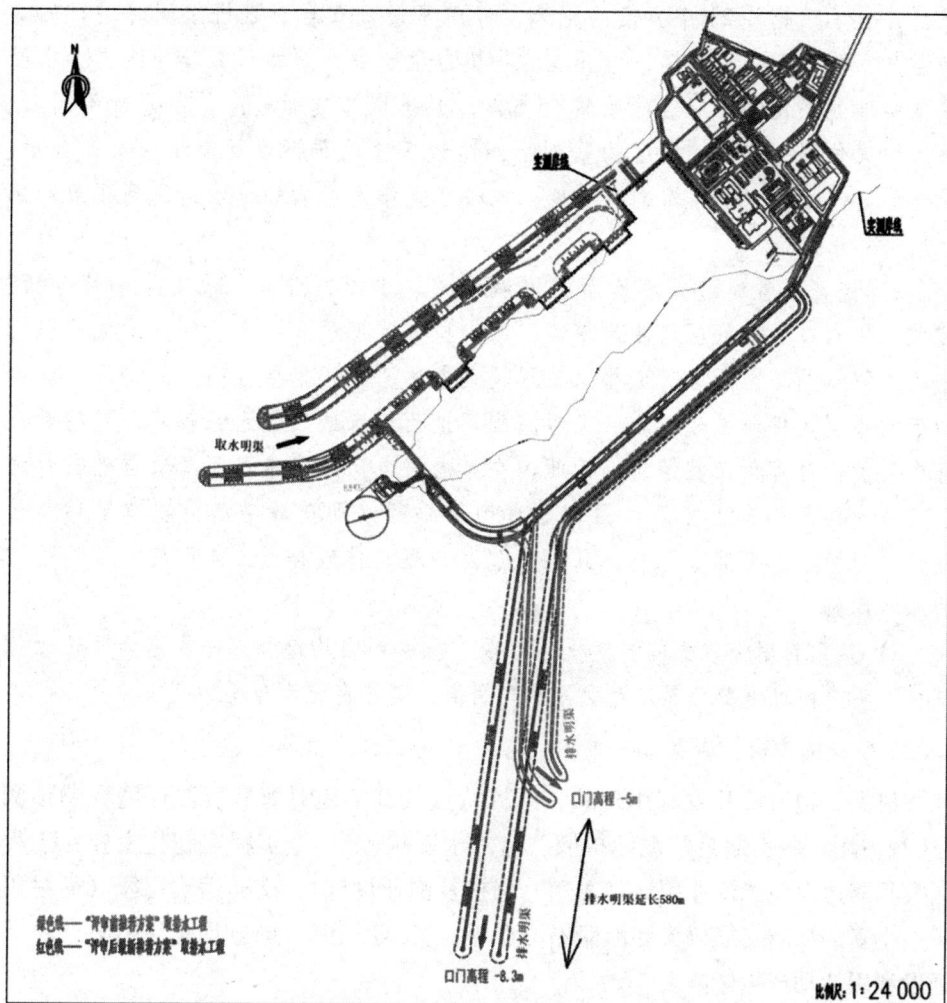

图 4-9　"评审后最新推荐方案"与"评审前推荐方案"对比图

关注要点：

1）核电由于规划容量大，其温排水对海洋环境及海洋生态的影响比一般电厂大，取、排水口的平面布置直接关系到核电温排水的影响范围以及对周边敏感目标的影响程度，因此需根据取排水口的平面布置方案比选与优化来分析取排水口平面布置的合理性。

2）从节约集约占用岸线和海域资源及取排水口安全等角度，分析厂区、护岸和重件码头平面布置方案的合理性。

优点：

1）论证报告书引用项目初步设计取、排水口平面布置方案的专题研究成果，开展了三轮共21个方案的比选，考虑了规划6台百万机组同时运行的最大温升影响。既采用数模，也开展的物模专项研究，总体研究较为透彻。由于核电站地处兴化湾，周边养殖较为密集，温排水影响面较广。在分析不同取、排水明渠位置、走向、长度的基础上，通过多轮的研讨以及海洋专家审查后，优化并延长了排水明渠走向和长度，减少了温排水影响的范围，起到了节约集约用海作用。

2）论证报告通过对厂址所在海域波浪、水深、海流、地质等条件分析，核电厂排水口选在厂区南护岸南侧，取水口布置厂区北护岸北侧，形成北取南排的总体格局。由于电厂取排水工程较大件码头工程重要性高，故在厂区北侧和南侧布置大件码头较困难。又考虑到厂址西侧水域天然水深较深，且临近厂址有天然山体可供工程使用，因此，在考虑了电厂总体布置及周边自然条件之后，将大件码头布置在厂区西侧贴近山体根部（即前薛半岛前端岐尾岬角前沿）的位置。其厂区、取排水工程、码头布置总体较合理，体现集约节约用海的基本原则。

3）该项目用海方式的界定上，将取、排水明渠构筑物部分界定为非透水构筑物，明渠内过水部分界定为取排水口用海，其界定较为合理。

4.2.2.6　利益相关者协调分析

根据工程海域开发利用现状、项目特点及其实施对海域资源环境影响预测（工程占用、施工期悬浮泥沙扩散、温排水影响等），本工程实施将主要对工程区及其周边海域的渔业用海（养殖、捕捞及渔业设施）、交通运输用海（简易码头、小麦屿岛陆交通码头和渔船停泊点等）、工业用海（国电福建江阴电厂）等开发利用活动产生影响。

根据本项目用海对所在海域开发活动的影响分析，按照利益相关者界定原则，确定本项目利益相关者，依据界定的利用相关者及其受影响特征，将各个利益相关者的协调分析内容介绍于表4－10。

表 4 – 10 利益相关者的界定和利益协调分析

序号	海域开发活动	位置	利益相关者名称	利益相关内容	损失程度	协调内容与方法	协调情况
1	海水养殖	工程用海范围内养殖	前薛村渔民	征用清退养殖	永久占用养殖区，丧失养殖功能	2008 年 5 月通过本项目业主单位福建福清核电有限公司与福清市三山镇前薛村民委员会进行协调并签订了《福清核电工程用海区域海洋养殖及简易码头补偿协议》。三山镇前薛村委会于 2008 年 7 月与用海范围内的利益相关者签订了补偿协议	已签订补偿协议
2	海水养殖	在岐尾岬角北侧、本项目取水明渠用海区设置定置网	前薛村渔民	征用清退	需拆除	三山镇前薛村委会已于 2008 年 7 月与该项利益相关者签订了补偿协议，并已将补偿款发放给利益相关者	已将补偿款发放
3	小码头	岐尾岬角	前薛村民	征用	需退让	三山镇前薛村委会于 2008 年 7 月与简易码头利益相关者签订了补偿协议，并已将补偿款发放给利益相关者	已将补偿款发放
4	小麦屿岛陆交通码头	岐尾岬角	江阴镇小麦村村委会、三山镇前薛村村委会	征用	需退让	建议项目业主单位与两村村委会评估对两村居民、渔民的影响程度，并协调处理	正在协调中
5	海水养殖	工程施工泥沙入海影响范围内的海水养殖区	三山镇韩瑶、楼前、前薛村养殖户	受泥沙扩散影响养殖的经济补偿	部分养殖在施工期会受到影响	建议项目业主及时与这些利益相关者协调并给予养殖减产受损的经济补偿	正在协调中
6	海水养殖	本工程施工范围内的养殖	—	经济补偿	部分养殖在施工期暂停养殖	建议项目业主单位敦促设计单位及早制定详细的施工规划设计，主要是确定施工期间需要临时征用的海域范围。在此基础上，及时与需要临时征用并拆除的养殖设施的利益相关者协调并补偿经济损失	正在协调中

序号	海域开发活动	位置	利益相关者名称	利益相关内容	损失程度	协调内容与方法	协调情况
7	海水养殖	组温排水1℃温升范围内养殖的品种有花蛤、海带、挂蛎和紫菜等	三山镇居民	经济补偿	养殖退让	建议业主必须给予这些利益相关者经济补偿。具体协调事宜，需由业主在申请温排水用海之前，与这些养殖利益相关者协商养殖补偿方案并支付补偿款	正在协调中

关注要点：

根据目前海域管理实际，核电站的温排水温升影响应按1℃进行分析，而具体确权根据项目所在地特点进行确权。同时，应区分利益相关者和利益协调部门的不同和关系。

优点：

项目利益相关者界定较清楚，协调方案较全面。

不足：

利益协调部门界定不清。

案例 5　海上风电项目案例评析

5.1　海上风电项目及用海特点

5.1.1　相关政策规定

　　风能在全球范围内的巨大蕴藏量，具有可再生、分布广、无污染的特性，是重要的可再生清洁能源。与常规能源发电及核电相比，风能发电不会产生二氧化碳，且不具有石油或放射性物质泄漏的风险，是世界可再生能源发展的重要方向，并逐渐成为许多国家可持续发展的重要组成部分。目前，世界风力发电正以30%年增长率速度发展。相较陆上风电而言，海上风电因其具有风资源持续稳定、风速高、发电量大、不占用土地资源等优点，且海上风电靠近经济发达地区，距离电力负荷中心近，风电并网和消纳容易，是风电的主要发展方向。

　　为了满足未来海上风电发展的需要，自 2006 年《可再生能源法》出台以来，我国陆续出台了一系列发展海上风电的举措和配套法律法规，包括《可再生能源发电有关管理规定》、《可再生能源发电价格和费用分摊管理试行办法》、《可再生能源电价附加收入调配暂行办法》、《可再生能源中长期规划》、《节能发电调度办法（试行）》、《可再生能源"十二五"规划》等多项扶持风电政策，使国家海上风电得到了较快发展。在此基础上，海上风电的可行性论证和国家规划、技术研究等也陆续展开。

　　我国于 2008 年完成并发布了《近海风电场工程规划报告编制办法》和《近海风电场工程预可行性研究报告编制办法》，2009 年完成并发布了《海上风电场工程可研报告编制办法》和《海上风电场工程施工组织设计编制规定》，印发了《海上风电场工程规划工作大纲》。目前用于规范海上风电项目开发建设管理的文件主要有以下两个。

　　1)《海上风电开发建设管理暂行办法》。为规范海上风电项目开发建设管理，促进海上风电有序开发、规范建设和持续发展，国家能源局和国家海洋局于 2010 年 1 月 22 日联合发布《海上风电开发建设管理暂行办法》（国能新能[2010] 29 号）。此管理暂行办法为规范海上风电项目开发建设管理，促进海上风电健康、有序发展而制定，其内容包括海上风电发展规划、项目授予、项目核准、海域使用和海洋环境保护、施工竣工验收、运行信息管理等环节的行政组织管理和技术质量管理，其中规定：国家能源主管部门负责全国海上风电开发建设管理；沿海各省（区、市）能源主管部门在国家能源主管部门指导下，负责本地区海上风电开发建设管理；海上风电技术委托全国风电建设技术归口管理单位负责管理等。此管理办法的印发，表明我国政府已从国家层面着手海上风电规模化开发的规划与监管。

2)《海上风电开发建设管理暂行办法实施细则》。2011年7月6日，国家能源局与国家海洋局联合下发了《海上风电开发建设管理暂行办法实施细则》。该细则的出台，旨在进一步完善海上风电建设管理程序，促进海上风电健康有序发展。该细则明确提出，海上风电场原则上应在离岸距离不少于10 km、滩涂宽度超过10 km时海域水深不得少于10 m的海域布局。在各种海洋自然保护区、海洋特别保护区、重要渔业水域、典型海洋生态系统、河口、海湾、自然历史遗迹保护区等敏感海域，不得规划布局海上风电场。该细则要求海上风电场建设要向深水离岸布局，这将有利于减轻海上风电场建设对海洋环境的影响，同时有利于规避行业用海矛盾。同时还对海上测风塔建设、海底电缆路由勘测和铺设施工等提出要求，并强调要加强海洋环境保护和监督检查。

5.1.2　海上风电工程特点

海上风电项目是指沿海多年平均大潮高潮线以下海域的风电项目，包括在相应开发海域内无居民海岛上的风电项目。

（1）海上风电工程特点

1）选址布局特点。《海上风电场工程规划工作大纲》（国能新能〔2009〕130号）规定风电场选址需考虑场区水动力、岸线稳定、地形地质等环境条件，应满足风电场建设要求，应符合当地的海洋功能区划及沿海规划，考虑港口、航道、滩涂等海洋开发活动现状及远景规划，同时应避开军事用海、用地限制区域等环境与军事保护区，在不涉及保护区范围，不影响保护区功能的条件下规划风电场场址。

2）主要涉海工程。海上风电的主要涉海工程一般包括：风电机组、海底输电电缆、海上升压站、集控中心等。

风力发电机组的机械结构从外观上大致可分为八个部分：叶轮（包括叶片、轮毂和相应附件）、传动系统（包括主轴、齿轮箱和联轴器）、发电机、液压系统、偏航系统、支撑系统（包括机架、塔架和基础三部分）、电器柜体和其他附件。直接占用海域的部分就是支撑系统的风机基础。目前，应用于海上风电场的风机基础类型主要有桩式基础、重力式基础、吸力式基础三种。桩式基础主要包括单桩、三桩门架、三桩导管架、四桩导管架、高桩承台、低桩承台等形式。风机安装也有分体安装、整体吊装等方案。

海上风电场海底电缆包括场内电缆及送出电缆，场内海缆为35 kV，送出电缆为220 kV，均全程埋设于海床面以下，埋设深度一般不低于2.0 m。

升压站是一个使通过的电荷电压变换的整体系统。我国现有的风电场海上升压站一般为220 kV，共由三部分组成：桩基础、导管架和上部平台。

集控中心是风电场的控制中心，也是工作人员生活办公的场所，一般布置在陆域部分，包括集控楼及生产辅助楼等辅助建筑物。

3）设计、施工及维护技术复杂。海上风电技术远比陆地风电复杂，海上风资源评估、海上风电工程的施工、安装、运输、维护等配套设施的投入和建设是技术的难点。① 海上风电场建设前期工作更为复杂，需要在海上竖立70 m甚至100 m的测风塔，并对海底地形及其运动、工程地质等基本情况进行实地测量；② 海上风电场需要考虑风和波浪的双重载荷，海上风电机组必须牢固地固定在海底，其支撑结构（主要包括塔架、基础和连接等）要求更加坚固；③ 海上气候环境恶劣，天气、海浪、潮汐等因素复杂多变，风电机组的吊装、项目建设施工以及运行维护难度更大；④ 海上风电场一般距离电网较远，所发电能需要铺设海底电线输送，海底敷设电缆施工难度大，建设和维护工作需要使用专业船只和设备；⑤ 海上风电场由于施工难度和集中输变电、建设费用高等经济性问题，难以像陆上建成分布式风场，必须大规模开发，而大规模海上风电场的开发，所发巨大电能难以让电网承受。虽然海上风电场相对于陆上风电场更靠近中国的经济中心，电网容量较大，而且海上风力较为稳定，但是仍然存在谐波污染、电压波动及闪变等问题。

（2）海上风电发展的特点和趋势

1）风电机组趋向大型化、深海化。早期的海上风电场使用的是中小型风电机组，单机容量为220～600 kW，目前3 M～5 MW的大功率风电机组已成为海上风电主流机型，德国和美国已完成了8 M～10 MW风电机组的设计、制造和安装调试。同时，海上风机离岸距离从1990年瑞典Nogersund风场的250 m一直延伸到2008年比利时Thomton Bank风场的30 km，工作水深也由瑞典Nogersund风场的6 m加深到2007年英国Beatrice风场的45 m。海上风机大型化、深海化趋势明显，且步伐不断加快。

2）风电规划规模大、建设进程快。我国有丰富的海上风能资源，随着国家开发沿海风电资源步伐加快，海上风电行业有了实质性的进展，"十二五"能源规划和可再生能源规划中指出，风力发电将作为可再生能源重要新生力量继续获得大力发展。我国海上风电的发展目标是: 2015 年全国投产运行海上风电装机容量 500×10^4 kW, 形成海上风电的成套技术并建立完整产业链; 2015 年后, 我国海上风电将进入规模化发展阶段, 达到国际先进技术水平, 到 2020 年海上风电总装机容量达到 $3\,000 \times 10^4$ kW。在规划布局方面, "十二五" 将重点开发上海、江苏、河北、山东、浙江、广东海上风电, 加快推进福建、广西和海南、辽宁等地区海上风电的规划和项目建设。

5.1.3　海上风电海域使用特点

(1) 风电用海类型、方式及面积界定

根据《海域使用分类》(HY/T 123), 海上风电用海类型为工业用海中的电力工业用海。用海方式主要包括风机透水构筑物用海、电缆管道用海、海上升压站透水构筑物用海, 集控中心一般建在现有海岸线以内或已围海域内, 则属于填海造地。

依据《海籍调查规范》(HY/T 124) 以及《海上风电开发建设管理暂行办法》(国能新能 [2010] 29 号), 海上风电各类用海方式的界定如下。

风机用海界定: 单个风机的用海范围以风机基础中心点至基础最外缘点再外扩 50 m 为半径的圆形区域为界, 风机用海面积为每个风机用海范围之和。

电缆管道用海: 以电缆管道外缘线向两侧外扩 10 m 距离为界。

透水构筑物用海: 安全防护要求较低的透水构筑物用海以构筑物及其防护设施垂直投影的外缘线为界。其他透水构筑物用海在透水构筑物及其防护设施垂直投影的外缘线基础上, 根据安全防护要求的程度, 外扩不小于 10 m 保护距离为界。

(2) 用海特点

1) 海上风电场确权的用海面积小、实际占用的海域面积大。海上风电场采用风电机组成列方式布置 (单列、多列), 风电机组的间距在 600 ~ 1 200 m 之间。风机机组间需通过海底电缆连接实现电力输送, 统计表明装机容量每 100 MW 的海底电缆总长为 50 ~ 150 km。根据海底电缆管道的相关管理要求, 海底电缆管道两侧各 500 m 以内属于保护范围, 禁止挖沙、钻探、打桩、抛锚、拖锚、底拖捕捞、张网、养殖作业, 限制通航, 这就造成风电场各机组之间的海域虽不确权用海, 但实际具有排他性, 风电场实际占用的海域面积为风电机组布置的最外缘包络线。

2) 海上风电用海具有排他性、造成海洋空间的破碎化。因风电场各风电机组之间、风电机组与升压站之间以及升压站与登陆点之间海底电缆的敷设, 除潮间带风电机组之间仍可开展局部的滩涂养殖活动以外, 风电场占用海域无法继续开展捕捞、航运、军事训练等其他活动，海上风电用海具有排他性，无法兼容其他行业用海。

海洋是一个相互连通的生态系统，无论是海底地形地貌、海水运动，还是海洋生物都具有连续性，而海上风电的区块式布置，不仅造成其他的海洋开发活动（例如捕捞、航运、旅游观光等）的连续性被破坏，更直接造成了海洋空间的破碎化。尤其值得关注的是，风电场的建设，尤其是升压站至登陆点海底电缆的敷设，割裂了海岸带地区与外海的联系，制约着海岸带未来可能的开发活动。

（3）资源环境影响分析

施工期：主要包括风机桩基施工、升压站基础施工、海底电缆沟开挖产生悬浮泥沙对海洋生态环境的影响，工程沉桩施工、海缆埋设过程中的开挖、填埋作业对海洋底栖环境造成的影响。

营运期：风电场风机桩基对海域潮流水动力、地形冲淤（含桩基冲刷）的影响以及营运期低频噪声和电磁辐射对生态（尤其是石首科鱼类、鸟类）的影响，桩基防腐产生重金属长期溶出对水质和沉积物环境的影响。

风险分析：存在船舶碰撞溢油、自然灾害、通航环境安全、电缆和海床之间长时期冲刷形成淘空、海上升压站溢油和爆炸等风险。

由于海上风电在我国起步较晚，现阶段国内海上风电处于快速发展，还缺乏海上风电建设对海洋环境、生态和资源影响的实证研究，尤其是风电场电磁辐射和噪声对海洋生物及鸟类的影响研究甚少。随着海上风电项目的陆续建成，将造成沿海地区多个风电场的集中布置，需关注营运期风电场运行可能产生的累积性生态影响、海洋动力场和冲淤环境的影响。

5.1.4　海上风电项目论证重点把握

5.1.4.1　海上风电项目海域使用论证关注要点

海上风电项目海域使用论证需重点关注以下几个部分。

（1）海上风电场工程组成及施工建设

海上风电的主要涉海工程一般包括：风电机组、海底输电电缆、海上升压站、集控中心等。风机基础和升压站等桩基施工、海底电缆沟开挖、风机部件运输、风机吊装等，均需使用船舶施工。

论证报告需在系统了解工程组成和施工工艺的基础上，全面介绍涉海工程组成及概况、主要施工工艺和施工机具等，并提供比例尺适当的工程总平面布置图、风机基础结构断面图、升压站桩基断面图等相关图件，并标注尺度数据。

（2）项目用海必要性

从国家及区域风电产业发展战略与规划、地区电力需求和能源产业结构调整、区域风能资源等方面进行分析论证项目建设必要性。

结合项目所在海域的风能条件、海上风电规划、空间资源、施工条件和建设基础等阐述项目使用海域的理由和必要性。

（3）海洋环境与生态影响

风电场风机及升压站建设对工程海域海洋动力场和泥沙冲淤的影响应通过数学模型等方法给出定量预测，包括影响性质、最大影响范围和影响程度。还需定量预测风机桩基冲刷，并给出防范措施。

施工期环境生态影响重点关注因风电机组基础施工、海上升压站打桩、海底电缆敷设需开挖底床，将产生悬浮泥沙扩散，需根据施工工艺确定悬浮泥沙排放源强，建立扩散模型定量预测悬浮泥沙扩散范围和程度，并分析水体含沙量增加的生态影响、估算由此产生的生态损失量。

分析风电场低频噪声和电磁辐射的影响范围和程度，并重点关注对海洋生物的影响。

（4）海域开发利用协调性

海域使用现状调查应全面覆盖并重点关注海上风电机场工程以及周边可能的影响海域，还需关注周边航道航线、渔业生产场所、海底管线分布情况。根据项目用海的资源环境影响范围和程度，界定分析利益相关者，并根据利益相关关系提出协调意见，重点关注风电机组建设涉及的海底管线、渔业生产场所和通航安全有关的利益相关者或协调部门。

根据工程及周边海域港口、渔业、旅游等行业规划情况，介绍并图示各行业的用海需求，结合项目用海的影响，分析项目用海与其他规划的协调性。

（5）项目用海合理性

海上风电场选址合理是项目用海可行的前提和基础，需从项目选址是否符合相关法律法规和管理要求，是否具备工程建设的自然条件、区划规划的相符性、海洋开发活动的协调性等方面分析论证。

通过不同风机间距、风电场长宽尺度组合的多个风机布局方案比选，按照集约、节约用海和科学用海的原则，优化平面布局方案，控制用海面积。单位风机容量的占用海域面积需满足我国现有风电占海控制指标，并据此分析面积合理性。

5.1.4.2　海上风电项目海域使用论证重点把握

根据《海域使用论证技术导则》，海上风电项目用海论证重点一般包括：用海必要性、选址（线）合理性、用海方式和布局合理性及资源环境影响。

（1）项目用海必要性

从区域经济发展、产业发展和电力需求等方面阐述项目建设的必要性；结合项目所在海域的风能条件、施工条件、空间资源条件，阐述项目使用海域的理由和必要性。

（2）项目选址与布局合理性

风电场选址首先需考虑风能资源和工程建设的可行性；由于风电用海规模较大，因此还应重点分析论证选址与该海域资源适宜开发利用方向的兼容性，项目实施对海上通航、海底电缆管道用海及鸟类迁徙等影响的可接受性，项目选址与周边产业规划的协调性。

需关注风电场平面布局和风机平面布置的合理性分析。从集约、节约用海，生态环境保护，与周边用海活动相协调等角度对平面布局方案进行比选优化。

（3）用海面积合理性

海上风电项目的用海面积合理性主要关注风电场实际占用海域的外包络线面积。重点分析在满足项目设计要求的前提下，优化平面布局，减少占用海域面积；现阶段可按照我国已有的海上风电项目不同单机容量风机单位发电量占用海域的面积实例，控制项目占用海域的面积。

（4）开发利用协调性分析

关注项目实际占用、施工影响对周边养殖、港口航道、航线等现有海洋开发活动的影响及协调，并重点分析项目用海与港口以及周边海洋产业布局等相关规划的协调性。

（5）项目用海影响分析

关注项目用海对潮流水动力和冲淤环境、生态环境的影响，在此基础上重点分析项目用海对海上通航、海底电缆管道用海及鸟类迁徙等的影响。

5.1.5　风电项目宗海图编绘要点

海上风电用海一般包括风电机组塔架、海底输电电缆、海上升压站、电力集控中心等。

风电机组塔架用海方式为透水构筑物；海底输电电缆用海方式为海底电缆管道；海上升压站用海方式为透水构筑物或非透水构筑物；电力集控中心用海方式一般为围填海造地。图 5 - 1 为一海上风电宗海界址图范例。

本海上风电宗海界址图包括风电机组塔架、海底输电电缆、海上升压站与电力集控中心等用途单元，其中风电机组塔架用海方式为非透水构筑物，海底输电电缆用海方式为海底电缆管道，海上升压站用海方式为透水构筑物。

（1）宗海界址图分宗

本范例海上风电用海宗海用途单元由风电机组塔架、海底输电电缆、海上升压站及电力集控中心三种用途单元组成，且以上各个用途单元都具有相邻界址线。按照宗海图分宗原则，具有相邻宗海界址线，且属于同一业主的宗海可不单独设宗。

（2）界址点界定

风电机组塔架宗海界址单元为以风电机组塔架中心为圆心，圆心至基础外缘线再向外扩 50 m 为半径的圆形；海底输电电缆宗海界址单元为电缆外缘线向两侧各外扩 10 m 宽度的闭合区域。

（3）界址点标注

本案例用海单元有风电塔架用海界址点 28 个、海底电缆管线用海界址点 25 个，界址点标注先标注风电塔架用海单元（透水构筑物），后标注电缆管线用海单元（海底电缆管道），从西南方开始，逆时针方向连续顺编，统一采用阿拉伯数字，界址点标注符合《海籍调查规范》规定。

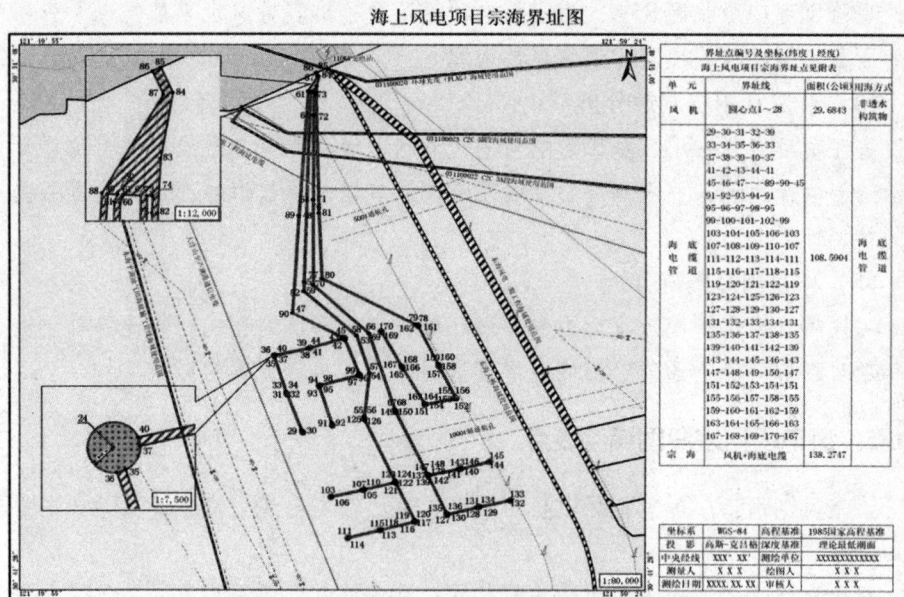

图 5-1　海上风电宗海界址图案例

5.2　案例点评

5.2.1　项目用海基本情况

5.2.1.1　项目位置

本项目风电场位于灌河口与中山河口之间岸外海域，风电场离岸距离 7.2 ~ 11.3 km，场区水深 6 ~ 12 m（见表 5 - 1）。风电场集控中心布置在现状海堤内侧，通过海底电缆与海上升压站连接。工程地理位置见图 5 - 2。

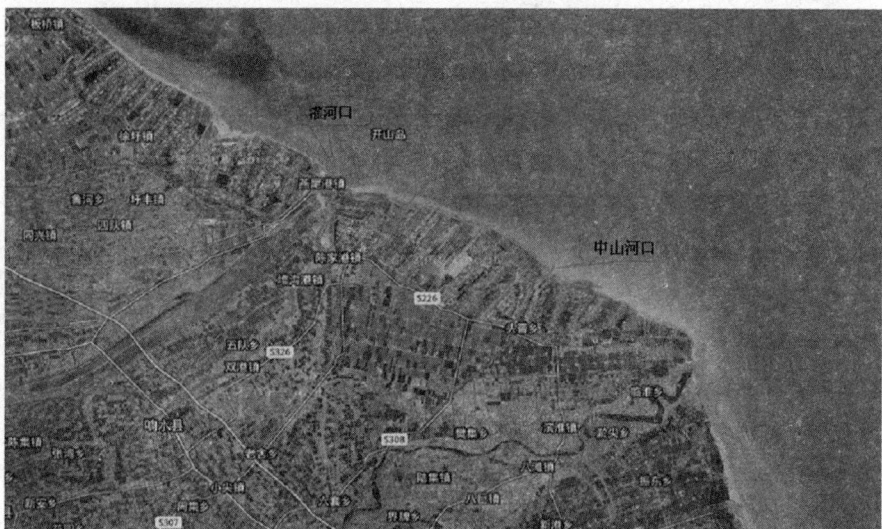

图 5 - 2　工程地理位置示意图

5.2.1.2　主要建设内容

建设工程主要包括 67 个风电机组基础、海上 220 kV 升压站一座、35 kV 场内海底电缆、220 kV 送出海底电缆及集控中心等。

5.2.1.2.1　平面布置

本工程风电场沿海岸线方向长约 12.9 km，垂直于海岸线方向宽约 3.8 km，风电场实际占海面积约 49 km²。风电场风机考虑大致平行于岸线（NW—SE，主风能方向）4 排布置，每排布置风机 16 ~ 17 台，风机排间距 1 250 m（约 12D，D 为转轮直径），排内风机间距 700 ~ 900 m（6 ~ 8D）。

220 kV 海上升压站布置在风电场西侧 35 号风机西侧约 250 m 处。集控中心布置在海堤西侧约 90 m 的海堤内侧区域。风电机出口电力经过风电机组自带升压变压器的升压至 35 kV 后通过海底电缆接入海上升压站,电力升压至 220 kV 后通过海底电缆接入集控中心纳入电网。

风电场海底电缆路由总长 95.412 km,其中 35 kV 场内海缆路由总长 83.931 km,220 kV 送出海缆路由总长 11.481 km。220 kV 海缆穿越响水县新滩港至浦港段海堤,具体坐标 34°27′13.243″N, 119°53′27.538″E。

风电场平面布置见图 5 - 3。

表 5 - 1 项目距海岸线、盐城珍禽保护区等距离

距离	海岸线	盐城湿地珍禽自然保护区
风电场	7.2 ~ 11.3 km	2.5 km
220 kV 海缆	—	503 m
集控中心	90 m	970 m

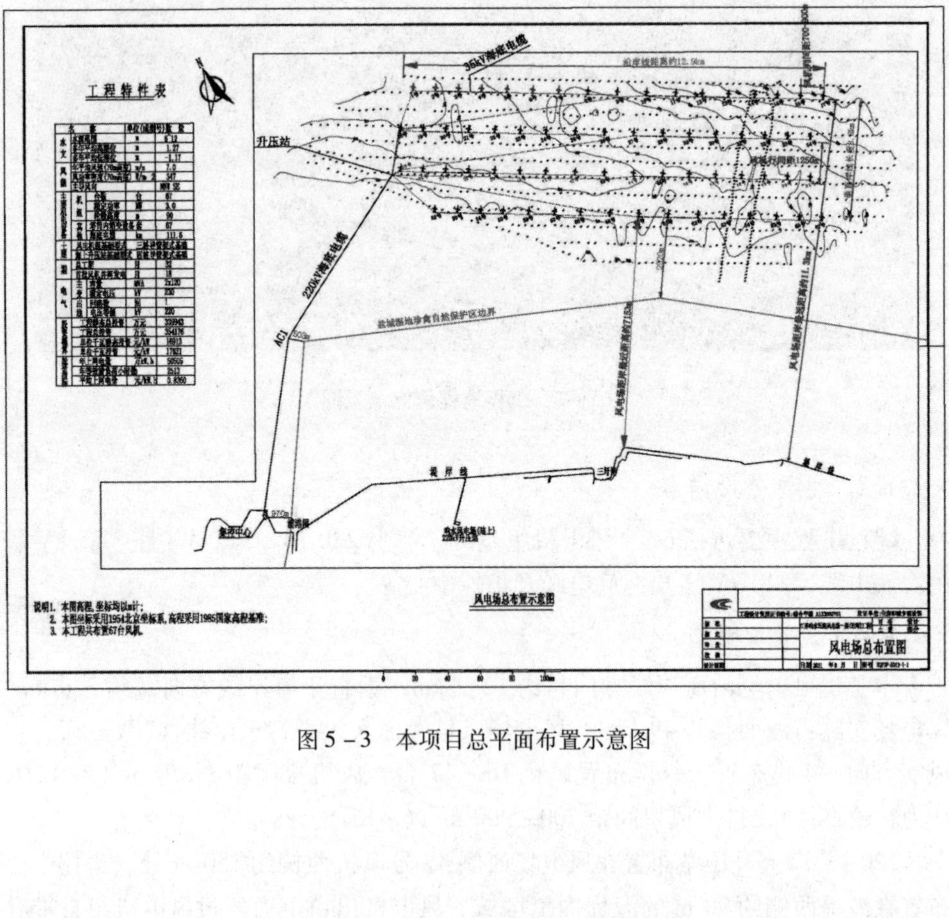

图 5 - 3 本项目总平面布置示意图

5.2.1.2.2　工程设计

（1）风机结构

本工程采用 WTG4 型风电机组，单机容量为 3 MW，风电机组转轮直径 103.9 m，轮毂高度约 90 m。风机桩基基础采用三桩导管架基础（图 5-4），风电机组基础顶高程定为 8.50 m（1985 国家高程基准）。

图 5-4　三桩导管架概念图

（2）海上升压站

海上升压站布置于风电场西南端，采用桩基础，共布置 4 根直径 1.6 m 的钢管桩，升压站为三层建筑，甲板层平面尺寸为 30 m×30 m，一层和二层的平面尺寸为 31 m×34 m。

（3）海底电缆

35 kV 场内海缆和 220 kV 送出电缆均采用 XLPE 绝缘海底电缆，海缆全程埋设，海缆埋设深度 2.0~2.5 m。

5.2.1.2.3　施工方案

（1）施工基地

根据项目布置特点及交通运输需要，施工基地分为两部分布置（见图 5-5），一部分靠近集控中心，即 1 号施工生产区，主要作为集控中心施工的附属设施场地，包括钢筋、木材加工厂、机械修配厂、机械停放场、综合仓库及临时办公生活区等。另一部分为 2 号施工生产区，在连云港或陈家港的可租用港口，作为风机部件堆放场及拼装场地，为海上建筑物施工服务。

（2）施工方案

风机基础施工，钢管桩及导管架在陆域制作后，用 5 000 吨级以上的驳船运输至风场区，用 1 000 吨级的起重船进行沉放调平，用 D220 型柴油打桩锤进行沉桩施工后，再进行导管架、钢管桩之间细部调平与灌浆。

风机安装采用整体吊装。

海上 220 kV 升压站施工为海上钢管桩施打和上部结构钢平台安装。

220 kV 海底电缆在潮间带采用人工和两栖挖掘机乘低潮露滩时挖沟埋设电缆，在浅海区采用施工船利用开沟犁和高压射流水枪敷设，海堤段采用定向钻顶管穿越；35 kV 海底电缆施工全部采用施工船利用开沟犁和高压射流水枪敷设。

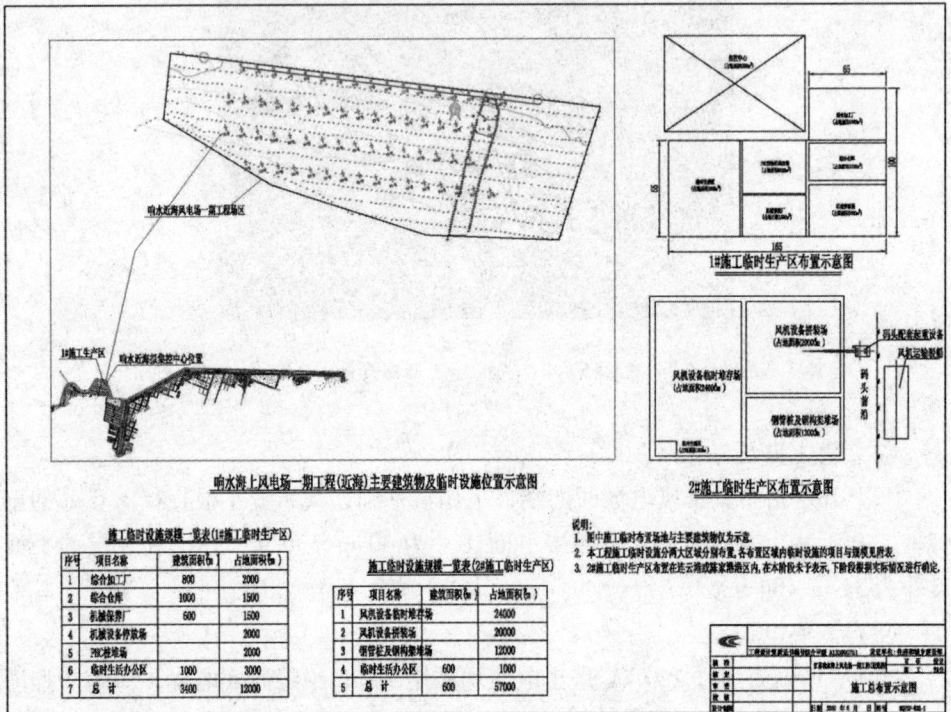

图 5-5　项目施工总平面布置图

5.2.1.2.4　临时用海的基本情况

根据施工总平面布置，本工程临时用海包括 1 号临时生产区和 2 号临时生产区。其中 1 号施工生产区作为集控中心施工的附属设施场地，2 号施工生产区利用租用港口。1 号施工临时生产区用海方式为建设填海造地，总占面积12 000 m²。建设期结束后，施工场地平整后移交给原先的海域使用单位。

5.2.1.2.5　申请用海情况

本项目用海类型为电力工业用海，用海方式为透水构筑物用海（风机和升压站)、海底电缆管道用海（35 kV 和 220 kV 海底电缆）以及其他建设填海造地用海（集控中心和道路）。本项目论证后的用海总面积为 262.315 1 hm²，其中透水构筑物用海面积为 90.686 0 hm²，海底电缆管道用海 171.489 2 hm²。集控中心和进站道路、1 号施工临时生产区用海总面积 1.902 5 hm²，均位于其他业主已确权的填海造地区，通过协商解决，不再重复申请用海。本项目主体工程（风电机组）正常运行期 25 年，施工期 3 年，申请用海期限 28 年。

5.2.1.3 自然环境条件

5.2.1.3.1 海域资源环境概况

灌河口与中山河口之间的近海海域属废黄河水下三角洲地貌，为侵蚀性粉砂淤泥质海岸。工程区地貌包括潮滩、水下缓坡、水下沙脊等，总体地形平缓，等深线基本与海岸线平行，场区水深 6～12 m，由西南向东北微倾。风电场区从西南至东北总体变化趋势均是由淤积转化为冲刷，表现出下冲上淤的分布态势，年冲淤幅度小于 8.7 cm/a。

工程海域潮汐属非正规半日潮海区，潮流以往复流为主，工程区北侧具有旋转流特性。工程海域平均高潮位 1.36 m，平均低潮位 -1.08 m。工程区常浪向 E 向，强浪向为 NW、NNW 向。

根据 2010 年 6 月和 9 月环境质量现状调查结果表明：工程海域水质达不到二类海水水质标准，其中氮、磷酸盐劣于第四类海水水质标准。根据 2010 年 6 月的调查结果：工程海域表层沉积物质量达不到《海洋沉积物质量》中的一类标准，主要超标污染物为铜，可以满足第二类海洋沉积物质量标准。生物体中铜、锌、镉、铬、汞和砷的含量符合第一类生物体质量标准，石油类和铅含量符合第二类生物体质量标准，海洋生物质量满足第二类生物体质量标准。

5.2.1.3.2 海洋生态特征

根据工程海域 2010 年 6 月和 9 月海洋生态调查结果：叶绿素 a 平均值为 1.93 mg/m³；浮游植物 51 种，丰度均值为 804.58 × 10³ ind/m³；浮游动物 34 种，以甲壳动物桡足类占据绝对优势，总生物量 243.38 mg/m³；底栖生物 27 种，平均生物量分别为 16.00 g/m²（春季）和 60.87 g/m²（秋季）；潮间带生物分别为 21 种（春季）和 23 种（秋季），软体动物最多，平均生物量分别为 208.74 g/m²（春季）和 113.76 g/m²（秋季）。2010 年 6 月、9 月和 2011 年 5 月三次调查渔获物尾数和重量密度均值分别为 54.32 × 10³ ind./km² 和 347.95 kg/km²。

海域主要渔业活动为浅海养殖和滩涂养殖，养殖品种为贝类和紫菜。陈家港镇沿海滩涂地区有国家重点保护野生动物丹顶鹤、遗鸥、白琵鹭等。工程海域未发现珍稀或濒危保护海洋生物物种。

5.2.1.3.3 海域自然资源简况

主要有港口、岸线、滩涂、渔业、鸟类和风能资源等。工程区及附近海域有响水港、滨海港、燕尾港。响水县有标准岸线 43.13 km，滩涂面积 1 599 km²。工程区西侧灌河口分布有开山岛。工程区调查拖网和张网渔获物中共出现游泳动物 69 种。陈家港镇沿海滩涂地区有国家重点保护野生动物丹顶鹤、遗鸥、白琵鹭等。响水近海风电场主要受季风影响，风电场空气密度与标准空气密接近，湍流强度较小，不易受热带气旋直接冲击，风向随季节变化，以 NNW 和 SE 风向风能为主，工程海域年平均风功率密度达到 3 级，风能资源较丰富。

5.2.1.4 海域开发现状

工程区附近海域的海洋开发活动主要有港口航道、渔业活动、自然保护区、盐场和海堤等，具体见图 5-6。

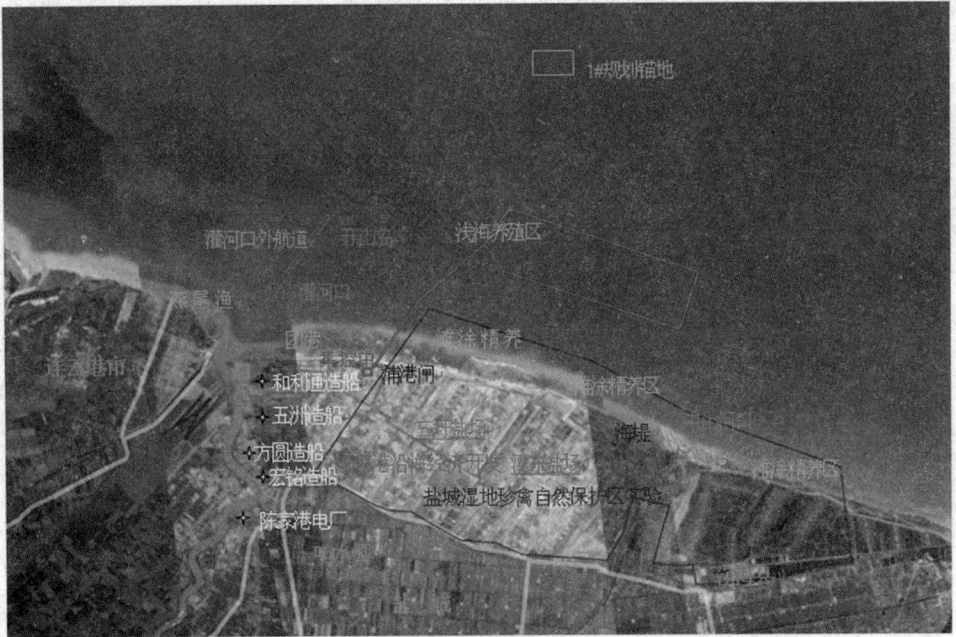

图 5-6　工程区及附近海域开发利用现状

工程区及附近区域的开发活动主要有：多个养殖公司和个体养殖户的滩涂养殖区和浅海养殖区，连云港至射阳、连云港至上海等航线，规划的响水 1 号锚地及响水港区，盐城珍禽自然保护区，灌东盐场和三圩盐场，新滩港至浦港段海堤，江苏响水沿海经济开发区的陈家港工业园区等。目前风电机组区海域主要有紫菜养殖（图 5-7），220 kV 海缆东侧有盐城湿地珍禽自然保护区，潮间带区域有滩涂养殖；集控中心、进站道路、1 号施工临时生产区位于陈家港沿海经济开发区内（图 5 - 8）。

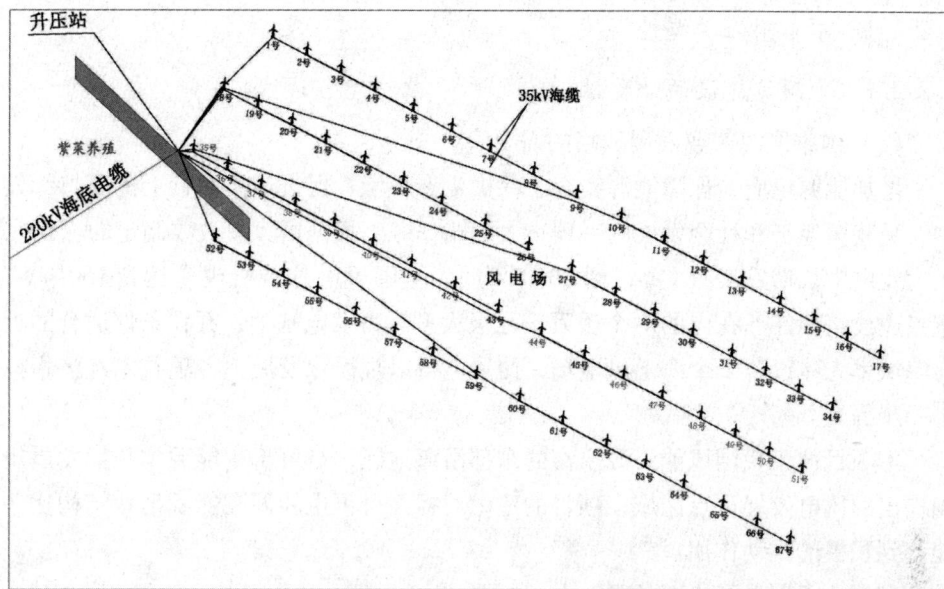

图 5 - 7　风电场及 35 kV 海缆区海域使用权属现状

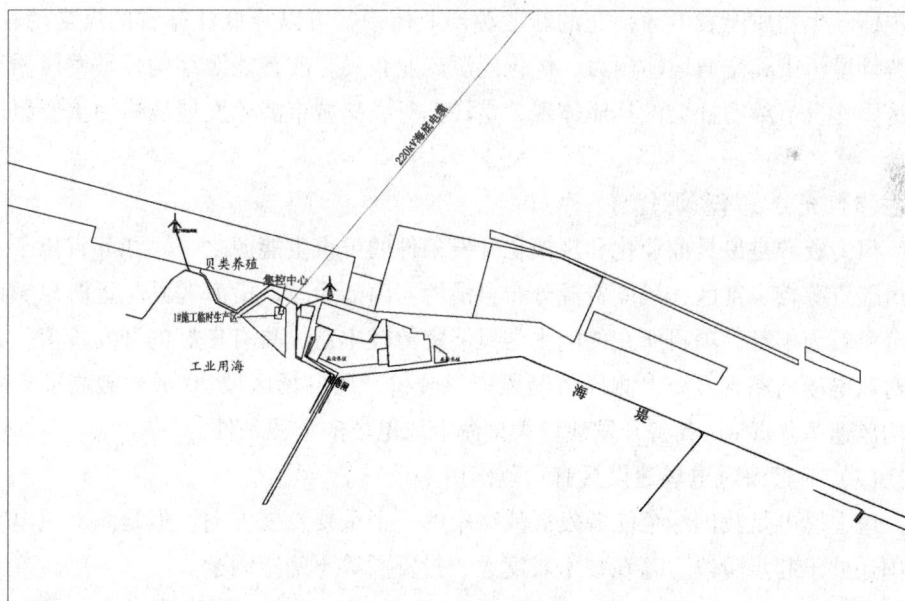

图 5 - 8　集控中心和 220 kV 海缆周边海域使用权属现状

5.2.2　项目用海论证内容及点评

5.2.2.1　项目用海必要性

5.2.2.1.1　项目建设的必要性

（1）国家能源产业发展战略的需要

增加能源供应、保障能源安全、保护生态环境、促进经济和社会的可持续发展，是我国经济和社会发展的一项重大战略任务。根据国家发改委制定的《国家风力发电中长期发展规划》，到 2020 年底，全国风电总装机规模达到 150 GW，重点建设包括江苏在内的 7 个千万千瓦级大型风力发电基地，并在条件适合的近海海域率先建设若干个海上风电场，使风电得以规模化发展，各项技术经济指标进一步提高。

本项目位于我国风能资源丰富的东部沿海地区，是可再生能源中长期发展规划提出的风电发展重点区域，项目的建设对提高可再生能源在能源消费结构比例能起到积极的推动作用。

（2）电源结构优化的需要

江苏电网目前基本由火电组成，电源结构形式单一。因地制宜地开发建设一定规模的清洁可再生能源和清洁能源，替代一部分矿物能源，形成以风电和核电为主体、生物质能发电为补充的新能源产业体系，可以降低江苏省的煤炭消耗、缓解环境污染和交通运输压力、优化能源产业布局，改善能源结构，是发展循环经济、建设节约型社会的具体体现，是江苏省、盐城市能源发展战略的重要组成部分。

（3）充分发挥资源优势

风力资源是最具商业化和规模化开发条件的可再生能源之一。江苏省位于全国风能资源较丰富区，风能资源分布自沿海向内陆递减，沿海尤其是近海海域风能资源较为丰富。项目所在的响水县风能资源较丰富，具有良好的开发价值。根据对风电场南侧 3 号海上测风塔测风资料分析，风电场区域 70 m 轮毂高度处年平均风速 7.0 m/s，具备开发建设大型海上风电场的资源条件。

（4）对近海风电场建设具有示范作用

海上风电是我国绿色能源发展战略中的一个重要发展方向。但是海上风电在我国还处于起步阶段，存在技术难度大、投资高等不确定因素。

响水 200 MW 近海示范风电场，离岸 7.2 ~ 11.3 km 近海海域，水深 6 ~ 12 m，单机容量 3 MW，是严格意义上的近海风电场，承担着近海风电施工技术实验、机组测试运行等海上风电技术研究实验和示范的任务，将为我国海上电力施工和装备进步提供技术积累。同时项目将采用国产大容量风机，为国产海上风电机组走向成熟提供了试验平台。

本项目的建设对我国开发海上风电场风资源评估选址、规划设计、施工建设、运行维护具有积极的指导示范意义，同时将为我国实现海上风电设备制造国产化打下坚实的基础，同时起到环保示范作用。

5.2.2.1.2　项目用海的必要性

响水县无一次性能源储备，现阶段能源供给基本依靠区外，境内现有森达热电厂和正在建设的陈家港电厂，电力供应依靠大电网，电源点较为单一，能源调节能力较差。风力发电是响水县改善电源结构、保证电力供应的主要措施。目前响水陆上风电场已建设完成并网发电，境内可供开发的陆上风电场资源有限，近海风电场开发成为响水县进一步发展风电事业的必由之路。根据《响水近海风电场规划报告》，响水县总体规划近海风电场总容量为 2 000 MW，共有 6 个规划场区，包括 1 个潮间带风电场和 5 个近海风电场，综合考虑风资源、地形、地质、接入电力系统等条件，本项目选择在 H1 号近海风电场规划区内建设，区内海底地形较为平坦，无大的起伏，场区范围内尚未发现制约风电场建设的航道、海底管线、港口区、环境保护区、军事用海等因素，可满足海上风电的建设需要。

近海风电场建设涉及海上风机、升压站、海底输电电缆、集控中心等涉海工程，这些涉海工程建设均需占用一定海域，项目用海必需。

关注要点：

海上风电项目用海的必要性分析包括项目建设必要性和项目用海必要性两部分。项目建设的必要性主要从国家及区域风电产业发展战略与规划、地区电力需求和能源产业结构调整、区域风能资源等方面进行分析论证；结合项目所在海域的风能条件、海上风电规划、空间资源、施工条件和建设基础等阐述项目使用海域的理由和必要性。

优点：

报告书从国家能源发展战略、电源结构优化的需要、区域资源优势和对近海风电场建设具有示范作用等方面阐述了项目建设的必要性，结合响水陆上风电建设情况、近海风电场规划、厂区建设条件阐述项目用海必要性。论证报告根据海上风电项目特点，较全面地分析阐述了项目用海的必要性。

不足：

应结合响水能源结构、风电建设规划、陆上风电建设情况和海上风电场建设规划，完善本项目建设的必要性分析，使项目建设的必要性分析更具针对性。补充响水海上风电场建设规划图并标注本项目选址与建设范围，据此完善项目用海的必要性分析。

5.2.2.2　项目用海资源环境影响分析

5.2.2.2.1　项目用海环境影响分析

（1）项目用海对周边海域潮流场的影响分析

水文动力环境影响预测采用 MIKE21 模型，建立二维潮流数学模型。数模预测结果表明，风电场建成后，桩基对于流速的改变集中于风电场区。风电场东北、西南两侧部分区域流速增大，增大幅度不超过 0.04 m/s；受桩基阻水作用，风电场迎水面、背水面和场区内流速减小，流速减小幅度不超过 0.1 m/s；流速场的改变主要集中于桩基的迎水面和背水面，且背水面的流速改变范围大于迎水面，涨落潮桩基迎水面、背水面约 500 m 范围内，流速减小幅度 0.05 m/s；桩基的存在虽然缩小了过水断面，但并不会在桩基的两侧形成大流速区域。总体上看，工程前后涨、落潮流场变化较小，流速变化以减小为主，流速变化范围主要在风电场区附近（图 5 - 9、图 5 - 10）。

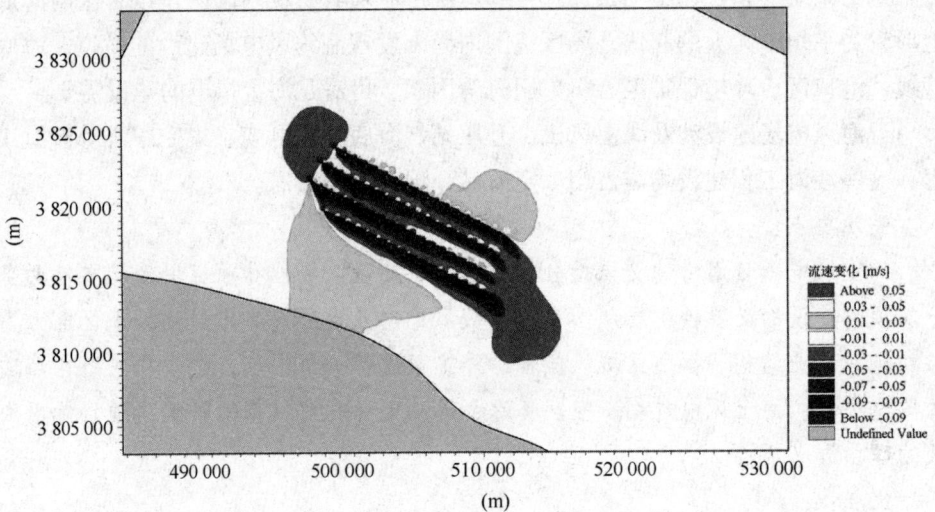

图 5 - 9　工程前后大潮涨急流速变化

（2）项目用海对地形地貌及冲淤环境的影响分析

根据数模结果，风电场建成后第一年，各风机桩基附近均有所淤积，风机桩基迎水面和背水面（NW—SE 方向）约 500 m 范围内淤积幅度超过 0.5 m，风电场东北、西南两侧部分区域冲刷，冲刷幅度不超过 0.2 m。风机附近的第一年淤积幅度不超过 0.8 m，冲刷幅度不超过 0.2 m。

各风机桩基附近均有所淤积，风电场区总体表现为淤积，淤积范围和幅度较第一年有所增加，风机桩基迎水面和背水面约 500 m 范围内淤积幅度超过 0.5 m；风电场东南、西北两侧部分区域冲刷，冲刷幅度不超过 0.4 m。风机附近的最终淤积幅度不超过 1.6 m，冲刷幅度不超过 0.4 m（图 5 - 11，图 5 - 12）。

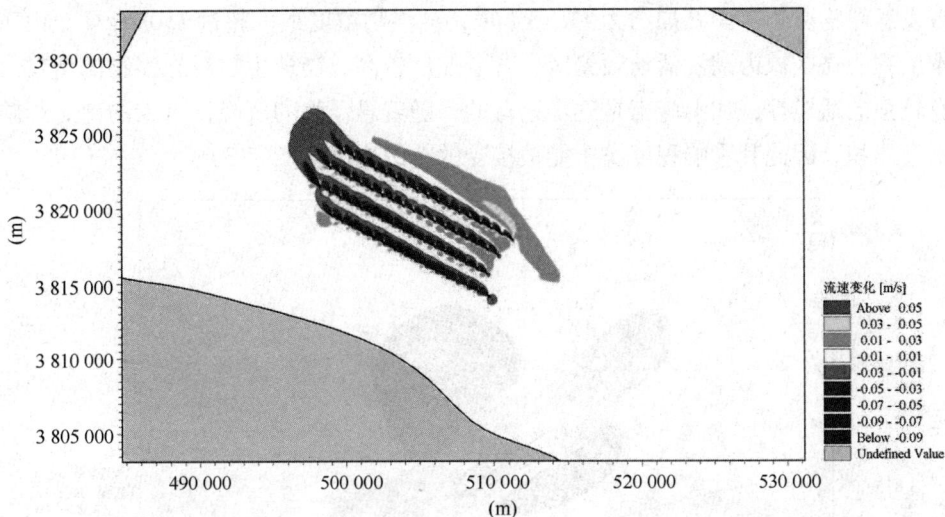

图 5 - 10   工程前后大潮落急流速变化

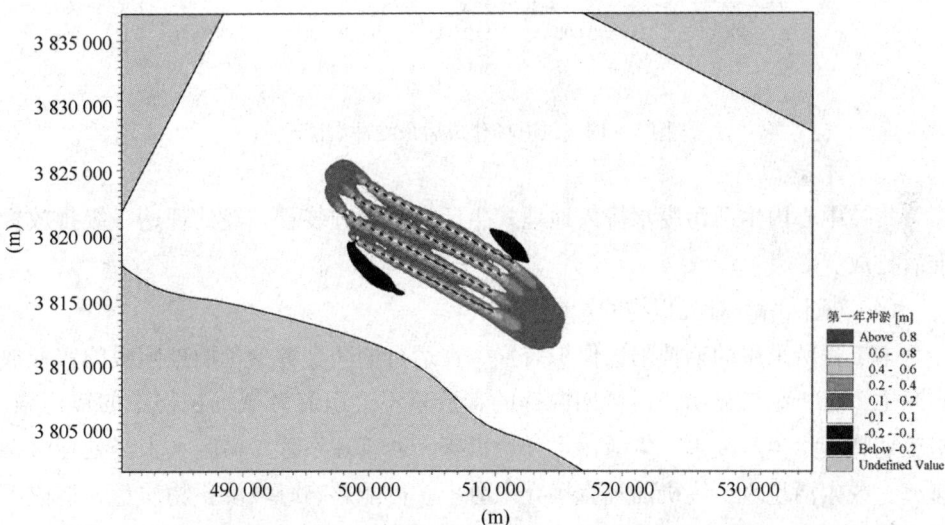

图 5 - 11   风电场建成后第一年冲淤结果

（3）项目用海对水质影响分析

施工期进行桩基施打和电缆敷设时，悬浮物将对周围海水产生一定的影响。

风机基础、升压站基础打桩、电缆挖沟等施工时将产生悬浮物扩散，67 台风机桩基施工悬浮物影响范围叠加约为 6.4 km²，场区 35 kV 电缆敷设悬浮物影响范围叠加约为 108.45 km²，两者最大悬浮物浓度均不超过 100 mg/L。220 kV 电缆敷设悬浮物影响范围叠加约为 71.13 km²，悬浮物浓度最大超过 150 mg/L。由于本工程所在区域为潮汐活动频繁区，背景浊度较高，当地生物对悬浮物的增量会有较强的适应性，加上施工是逐步进行的，随着悬浮物的沉降，每天的施工影响不会累积，因此其影响程度属于能被接受的范围内（图 5 - 13）。

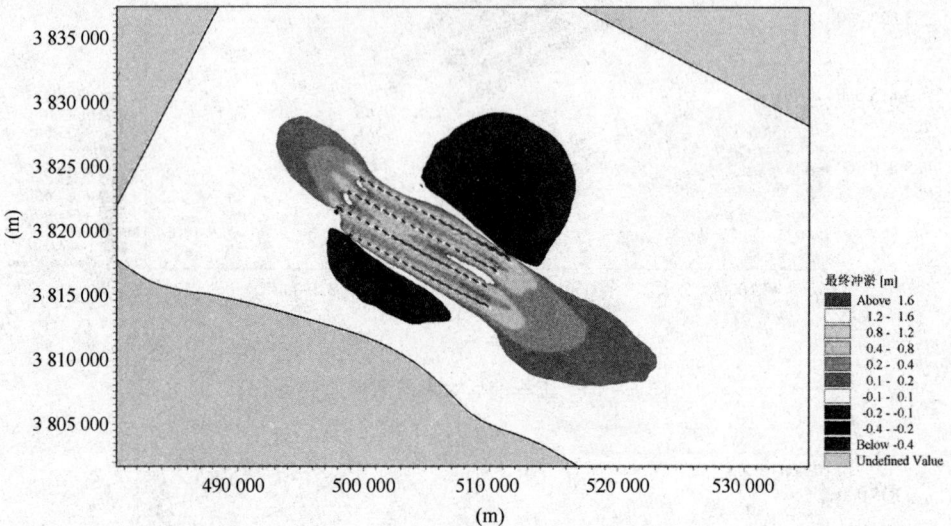

图 5 - 12　风电场建成后最终冲淤情况

集控中心内生活污废水排入地埋式生活污水处理装置，经处理达一级排放标准后排放。

（4）项目用海对沉积物的影响分析

本工程所采用的牺牲阳极保护装置，在运行期间会有少量牺牲阳极的锌释放到海中，分析结果显示，运行期内锌的释放量不会引起海域沉积物中的锌污染。施工期将产生生产废水、生活污水和垃圾等，若管理不善，污废水未经处理直接排海，或生活垃圾、废机油等直接弃入海中，可能影响海域沉积物质量，造成沉积物中酸碱度、有机污染物和石油类等指标超标。

（5）退役期对环境的影响分析

风电场运行达到设计周期后，将对风电场进行拆除工作，风电机组、海上升压站基础钢结构在泥面以下 2 m 处切割，上部吊装上岸拆解，拆除完成后局部恢复，整个过程将会使沉积物有局部扰动，短时期间内造成局部海水悬浮物浓度升高，总体来说扰动范围小、扰动程度低，对周边海洋生态环境影响很小。

退役期对施工船舶机舱油污水纳入海事部门的"铅封"管理，海上各类作业船只产生的施工人员生活垃圾，按要求收集后上岸处理。

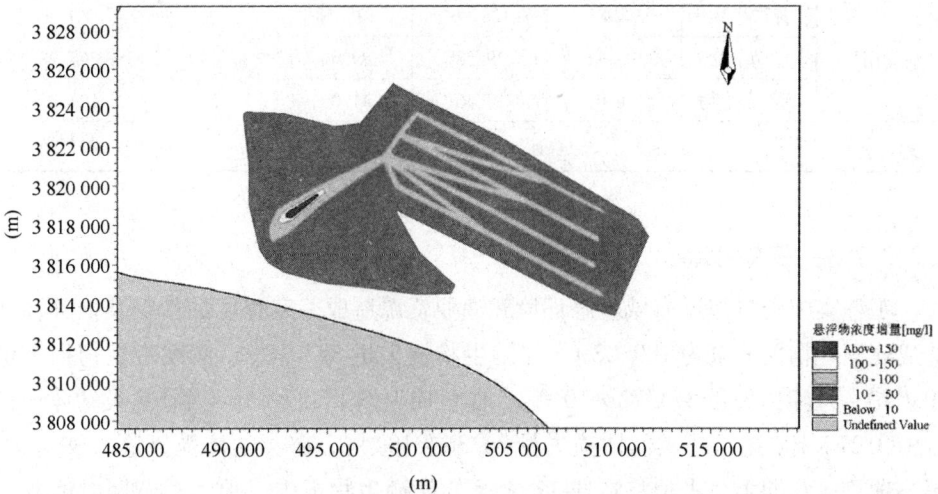

图 5-13　电缆敷设施工悬浮物叠加影响范围

5.2.2.2.2　项目用海生态影响分析

项目施工会局部影响海域生态环境，风机基础、升压站基础、集控中心及进站道路等施工将引起底栖生态环境破坏，35/220 kV 海底电缆施工也将影响近海底栖生态环境，工程建设合计影响底栖生物面积为 101.11 hm²，在该范围内的底栖生态环境全部被破坏，栖息于这一范围内的底栖动物将全部丧失。220 kV 海底电缆约 5.3 km 位于潮间带，潮间带海缆施工机械作业将影响潮间带面积约 10.6 hm²，使作业区域的潮间带生物丧失。桩基、35/220 kV 海底电缆施工引起的悬浮物将分别短期影响到 6.4 km²、123.43 km² 范围内的浮游植物和浮游动物，施工结束可逐渐恢复。集控中心、潮间带电缆施工对鸟类的栖息、觅食有短期影响，项目运营期间存在鸟与风机碰撞的可能性（见表 5-2）。

表 5-2　工程对海洋生态的影响损失情况

性质	影响对象	影响面积 （hm²）	生物量损失 （t/a）	年经济损失 （万元）	年限	累计经济损失 （万元）
永久用海	底栖生物	2.007	0.587	1.94	20	38.8

性质	影响对象	影响面积 （hm²）	生物量损失 （t/a）	年经济损失 （万元）	年限	累计经济损失 （万元）
临时用海	浮游生物	12 983	128.06	125.50	3	376.5
	底栖生物	101.11	29.58	89.66		268.98
	潮间带生物	10.6	13.56	41.09		123.27
合计						807.55

5.2.2.2.3 项目用海资源影响分析

工程实施会对邻近海域生态环境和渔业资源造成一定程度的影响及损失，共造成底栖生物损失量为 189.22 t，浮游生物损失量 384.18 t，潮间带生物损失量 40.68 t，鱼卵损失量 864.72×10^6 粒，仔鱼损失量 17.37×10^6 尾，鱼类幼体损失量 183.27×10^3 尾，虾类幼体损失量 76.36×10^3 尾，蟹类幼体损失量 9.99×10^3 尾。项目运营期永久占地将造成 11.75 t 的底栖生物损失。项目运营期对渔业资源影响较小。项目将占用浅海和滩涂资源分别为 256.775 2 hm^2 和 5.539 9 hm^2，占用岸线资源 100 m。

5.2.2.2.4 项目用海对盐城湿地珍禽自然保护区的影响分析

江苏响水近海风电场西南侧为江苏盐城珍禽自然保护区实验区，风电场区距实验区北边界最近约 2 520 m，220 kV 送出海缆路径位于保护区实验区西侧，距保护区西边界最近约 503 m，工程与保护区位置关系见图 5 - 14。

保护区范围内乃至工程区所在的大范围海域，其悬浮物本底浓度处于较高的状态，本工程施工将在局部范围内增加悬浮物浓度，但仅占本底浓度的 14% ~ 30%，且未改变该海域泥沙悬浮物高的特征，基本不会对海水水质造成影响。220 kV 电缆敷设施工时，涨潮流的作用下电缆敷设产生的悬浮物往东南方向扩散，悬浮物将进入保护区实验区，保护区内悬浮物浓度超过 10 mg/L 的扩散范围为 4.84 km²，扩散进入保护区的悬浮物浓度最大不超过 50 mg/L。

响水县县境内有盐城湿地珍禽自然保护区的实验区，根据保护区多年调查，项目区附近的灌东盐场盐田、三圩港北滩涂、新滩死生港北滩涂等沿海滩涂及人工湿地是各种越冬鸟类的栖息地，也是每年春、秋季候鸟迁徙期间的栖息地和觅食地，在春季和秋季迁徙期，本区域主要鸟类为鸻鹬类、雀形目鸟类以及猛禽三大类群。工程风电场占地属近海海域，距离岸 7.2 ~ 11.3 km，不适宜作为迁飞鸟类的栖息、停歇或觅食地。220 kV 海缆部分区段、集控中心、进站道路和 1 号施工临时生产区位于潮间带区域，所占面积较小，人为活动频繁，鸟类觅食地作用不突出。

　　施工期间，由于人类活动、交通运输工具与施工机械作业，相应施工过程中产生的噪声、灯光等会对在施工区及邻近地区栖息和觅食的鸟类产生一定的影响，但施工是暂时的，施工结束，对鸟类的影响也随之消失。但存在施工期间若因管理不善，存在人为捕捉的风险。

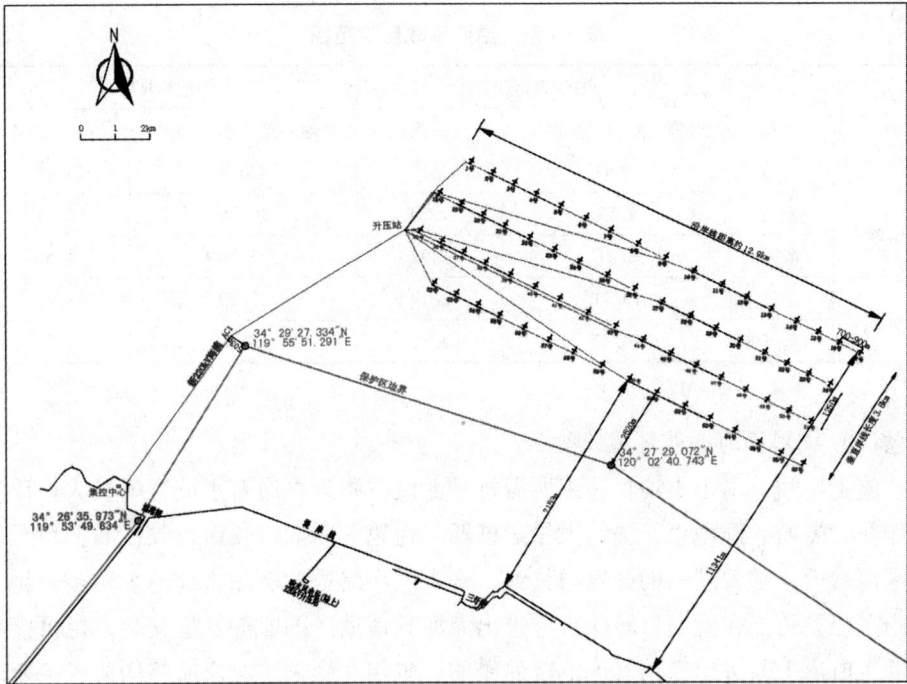

图 5 - 14　项目与盐城湿地珍禽自然保护区的相对位置

5.2.2.2.5　项目用海风险分析

　　本项目为海上风电场，由海上风电机组、电气接线和海上升压平台三部分组成。回顾国外海上风电项目建造、运行经验，并参考国内外相关资料，上述项目组成部分在建设期和运行期均存在潜在的事故风险和环境风险。主要包括施工时船舶碰撞溢油事故，通航环境风险、长时期冲刷造成电缆和海床之间形成掏空的风险和海底线缆突发事故风险、风机遭受雷电、台风等自然灾害风险。

　　（1）溢油风险

　　本工程施工期来往船舶较多，施工区附近有渔船作业，船舶运输施工材料和电缆敷设过程中可能发生碰撞溢油事故。风机打桩和风电场区，施工船舶之间以及施工船舶与渔船可能发生碰撞事故，溢油将对场区施工和周围生态环境造成影响；工程运行期机组检修，海上升压站检修油类的跑、冒、漏、滴，风电场来往渔船，检修作业船与撞击碰撞等事故。

本次溢油预测设置的风险溢油点位于风电场区。外溢物取船舶燃料油作为代表物质，外溢量为10 t。预测工况为涨、落潮期无风和不利风条件下的溢油扩散范围，不利风向取东风，风速为工程区域多年平均风速（表5－3）。

表5－3　溢油事故影响范围

潮时	风况	溢油3 h后		溢油6 h后	
		漂移距离（距溢油点）（km）	扫海面积（km^2）	漂移距离（距溢油点）（km）	扫海面积（km^2）
落潮	无风	7.53	1.70	12.39	2.21
	东风	8.37	1.92	13.56	2.56
涨潮	无风	10.71	2.49	18.29	3.81
	东风	10.32	2.51	16.40	3.84

（2）项目用海通航环境风险

施工期间，由于本项目施工所需打桩船侵占附近可通航水域宽度较大；浮吊船作业时需艏、艉抛设开锚；大量运桩船、拖轮等船舶将频繁行驶在灌河口至风机区海域内，随着灌河的开发与整治，进入灌河航道的船舶将会越来越多，施工期施工船只可能在灌河口转向点与进出灌河其他港区的船舶发生交会，也可能在进港主航道上与进出灌河其他港区的船舶产生相互影响，对通航船舶造成一定的风险和影响。

风电场工程距离连云港至釜山航线、连云港至上海雾季航线、连云港至上海常用航线4.7 km以远，风电场的建设对其几乎没有影响。但在实际航行中，个别船舶可能航行于习惯航线两侧，碰到大雾、暴雨等不利天气时，有可能偏离航线，发生碰撞危险。为此必须采取相应措施以保证船舶航行和风机的安全运行。包括海上风机应涂有醒目的警示色、夜间需采用灯光照射的办法。在风电场场界连线外侧考虑设置一排黄色间距1.0海里的航行警示灯，以警示船舶有效避让；应设计专门机构负责警戒，安装海上风机监视系统，随时掌握风电场设施水域周围的船舶航行动态。

（3）海底电缆及风机基础泥沙冲刷淘空风险

受长期泥沙冲刷的影响，风电场海底线缆和海床之间有形成淘空的可能。根据数模冲淤分析结果，风电场区以淤积为主，最终累计淤积幅度不超过1.6 m，最终累计冲刷幅度不超过0.5 m，因此项目建成后电缆及基础泥沙淘空风险较小。根据风机基础局部冲刷预测结果，工程区风机基础最大冲刷深度为 5.58 m，冲刷坑最大直径为 10.22 m。因此，在潮流和波浪的作用下，风机基础附近存在局部冲刷的可能，最大冲刷深度可达 5.58 m，而风机海缆如埋设在局部冲刷坑范围内则可能出现海缆出露甚至泥沙冲刷掏空的可能。此外，考虑工程海域可能遭受风暴潮的影响，风暴潮带来的强劲潮流和风能共同作用也可能造成海缆及基础处的局部冲刷，威胁基础稳定和海缆安全。

(4) 鸟类飞行碰撞风机风险

在飞行条件较差的时候，如下雨或者起雾时，则有可能发生鸟类与风机的撞击。本工程为离岸 7.2～11.3 km 的海上风电场，已给过境迁徙鸟留存迁徙通道，降低对鸟类迁徙路线的阻断，加上鸟类的趋避行为，因此实际损失的鸟类数量有限。

(5) 风机遭受雷电、台风、地震等自然灾害风险

风机设备遭受雷击受损通常有下列情况：风机直接遭受雷击损坏；雷电脉冲沿与设备相连的信号线、电源线或其他金属管线侵入使设备受损；设备接地体在雷击时产生瞬间高电位形成地电位"反击"而损坏；设备安装的方法或安装位置不当，受雷电在空间分布的电场、磁场影响而损坏。

台风对风电场可能造成的损害包括：台风夹带的细小沙砾造成破坏叶片表面；台风带来的狂风暴雨对输电线路的破坏；台风破坏测风装置；台风施加在设备上的静力效应和动力效应共同作用下不断施加疲劳载荷。

工程区场地总体上是稳定的，且在基础结构设计中已充分考虑地震风险，地震灾害导致风机基础事故的风险较小。

关注要点：

1) 施工期环境生态影响重点关注因风电机组基础施工、海上升压站打桩、海底电缆敷设需开挖底床，将产生悬浮泥沙扩散，需根据施工工艺确定悬浮泥沙排放源强，建立扩散模型定量预测悬浮泥沙扩散范围和程度，并分析水体含沙量增加的生态影响、估算由此产生的生态损失量。

2) 通过潮流和泥沙冲淤数值模拟，定量预测风电场建设对项目所在海域海洋动力场和泥沙冲淤的影响范围及程度；根据经验公式或桩基工程区局部泥沙冲淤数学模型，结合区域现有桩基冲刷情况，预测分析桩基冲刷。

3) 根据项目建设情况，确定风机基础、海上升压站桩基、海底电缆管线占用海床的范围和面积，计算由此产生的生态损失。

4) 结合国内外现有工程相关的实际观测数据和研究资料，根据项目建设规模，预测低频噪声和电磁辐射的影响，重点关注对海洋生物的影响。

5) 突发性环境事故风险应主要关注：项目附近海域通航环境风险以及由此

导致船舶碰撞风机造成溢油风险，电缆和海床之间长时期冲刷形成淘空的风险、海底管线突发事故风险等。

优点：

1）采用潮流、泥沙冲淤、扩散数学模型，定量预测项目建设对潮流水动力、泥沙冲淤的影响范围和程度以及施工期悬浮泥沙扩散的范围和程度。影响分析内容较全面，预测方法合理。

2）分析了风电场工程桩基永久占用和海底电缆临时占用海洋底栖生物、悬浮泥沙扩散对海洋生物的影响，并列表给出了相应的生态损失量，生态影响及损失估算较全面。

3）风险分析溢油风险、通航环境风险，电缆和海床之间长时期冲刷形成淘空的风险、海底管线突发事故风险、自然灾害风险等内容，风险源项识别全面，影响分析较客观。

不足：

缺少风电场低频噪声和电磁辐射的影响分析。

5.2.2.3 海域开发利用协调分析

5.2.2.3.1 利益相关者界定与协调分析

（1）利益相关者界定

根据项目用海对周边海洋开发活动的影响分析结果，项目建设对航道、锚地、盐场等基本没有影响，但风电场建设将直接占用部分养殖区，220 kV 海缆将占用部分养殖区、岸线及响水港水域，集控中心、进站道路（部分）和1号施工临时生产区将直接占用响水县沿海开发投资有限公司厂区用地，220 kV 海缆施工引起的悬浮物将影响滩涂养殖户。据此，本项目的直接利益相关者为养殖户黄耀祥、张学根，响水县沿海开发投资有限公司以及海堤等的相关管理部门（见表5-4）。

表5-4 江苏响水近海风电场 200 MW 示范项目用海利益相关者界定表

可能利益相关者	相对位置	距离	影响程度	是否利益相关者
黄耀祥	风机场区内		项目占其一定面积的养殖区；施工期风机基础打桩、电缆开沟等引起的悬浮物会对紫菜养殖产生影响	是
张学根	穿越		220 kV 电缆占用部分养殖区；电缆施工对区内养殖区造成直接影响	是

可能利益相关者	相对位置	距离	影响程度	是否利益相关者
张金柱、姜和荣、孙加军、杨如军、吴素丽、杨如军、李刚、王方红、翟广金、徐尉建	220 kV 海缆登陆段周边	最近约 90 m	建设对其没有影响，养殖区均为高涂养殖，风电机组基础打桩、电缆开沟等施工产生的悬浮物不影响养殖区，但施工期间应注意避开较近的养殖区	否
响水县海渔水产有限公司、响水县滩涂局驻陈港办事处、响水县近海水产品养殖场、江苏悦达海洋食品有限公司	220 kV 海缆登陆段西侧、东南侧	最近约 197 m		否
响水县沿海开发投资有限公司	集控中心、部分进站道路及 1 号施工临时生产区位于其厂区内		占用部分厂区面积，施工期间亦产生一定影响	是
盐城湿地珍禽自然保护区（实验区）	220 kV 海缆东侧	最近约 503 m	风场区离实验区 2.5 km 以远，220 kV 海缆距实验区 500 km 以远且深埋于海底。海缆施工时间在落潮期施工的条件下 10～14 天完成。运营期有鸟类碰撞风险	否
灌东盐场、三圩盐场	项目后缘	最近约 300 m	项目不影响盐场制盐、养殖	否
海堤	穿越		220 kV 电缆穿越，且占用一定长度的岸线	是
连云港至射阳、连云港至广州等航线	风场北侧	最近约 4.7 km	无影响	否
响水 1 号、2 号锚地	风场西北侧	最近约 7.3 km	无影响	否

（2）利益相关者影响分析及协调

本项目建设涉及的养殖户少，占用养殖区面积不大，施工引起的悬浮物对养殖区影响有限，协调相对简单。海缆穿越海堤采用定向钻方案，对海堤影响较小，但占用岸线及响水港区需取得相关部门的批复。集控中心、进站道路、临时施工生产区需占用其他公司已确权海域，目前已获得响水县沿海开发投资有限公司同意转让其用地的证明书，但建设单位需取得具体用地转让协议后才能开工建设（表 5 – 5，图 5 – 15）。

　　盐城市是江苏省千万千瓦级风电基地的主体，盐城市政府准备成立海上风电开发协调小组，协助建设单位与利益相关者的关系。据此，项目用海与周边利益相关者存在妥善协调的途径，不存在发生重大利益冲突的可能性。

表 5 – 5　江苏响水近海风电场 200 MW 示范项目用海利益相关者

利益相关者	利益相关者情况	利益相关内容	协调方案
黄耀祥	紫菜养殖，面积 1 938 亩，年产值 775.2 万元	占用养殖区 0.739 km²，施工期悬浮物影响整个养殖区	对占用的养殖区，长江新能源开发有限公司应按江苏省对占用渔业水域补偿暂行办法进行补偿，施工期影响应与养殖户按其养殖规模、产值等情况补偿
张学根	贝类养殖，面积 2 000 亩，年产值 60 万元	占用养殖区 0.146 km²，施工期影响养殖	
响水县沿海开发投资有限公司	工业用海，面积 439.9 亩	集控中心占用 0.65 hm²，进站道路（部分）占用 0.052 5 hm²，1 号施工临时生产区占用 1.2 hm²，共需占用响水县沿海开发投资有限公司确权厂区面积计 1.902 5 hm²	响水县沿海开发投资有限公司已同意向长江新能源开发有限公司转让所占海域使用权，建设单位应尽早签订具体转让协议
海堤管理部门	新滩段至浦港段一线海堤，防洪标准 20 年	220 kV 海缆穿堤，占用岸线 100 m	海缆穿堤需征求响水县水务局意见，占用岸线需取得响水县交运与港口局批复

　　关注要点：

　　1）海上风电具有实际占用海域面积大的特点，海域使用现状调查应全面覆盖并重点关注海上风电机组、升压站、海底电缆管线区、登陆点、集控中心以及周边可能的影响海域，还需关注周边航道航线、渔业生产场所、海底管线分布情况。

　　2）结合项目用海的资源环境影响分析结果，通过影响预测与开发现状的叠置，系统分析对工程占用海域、施工期影响海域现有用海的影响，重点关注风电机组建设涉及的海底管线、渔业生产场所和通航安全有关的利益相关者或协调部门，并据此界定利益相关者，根据相关关系提出协调意见以及对协调结果的要求。

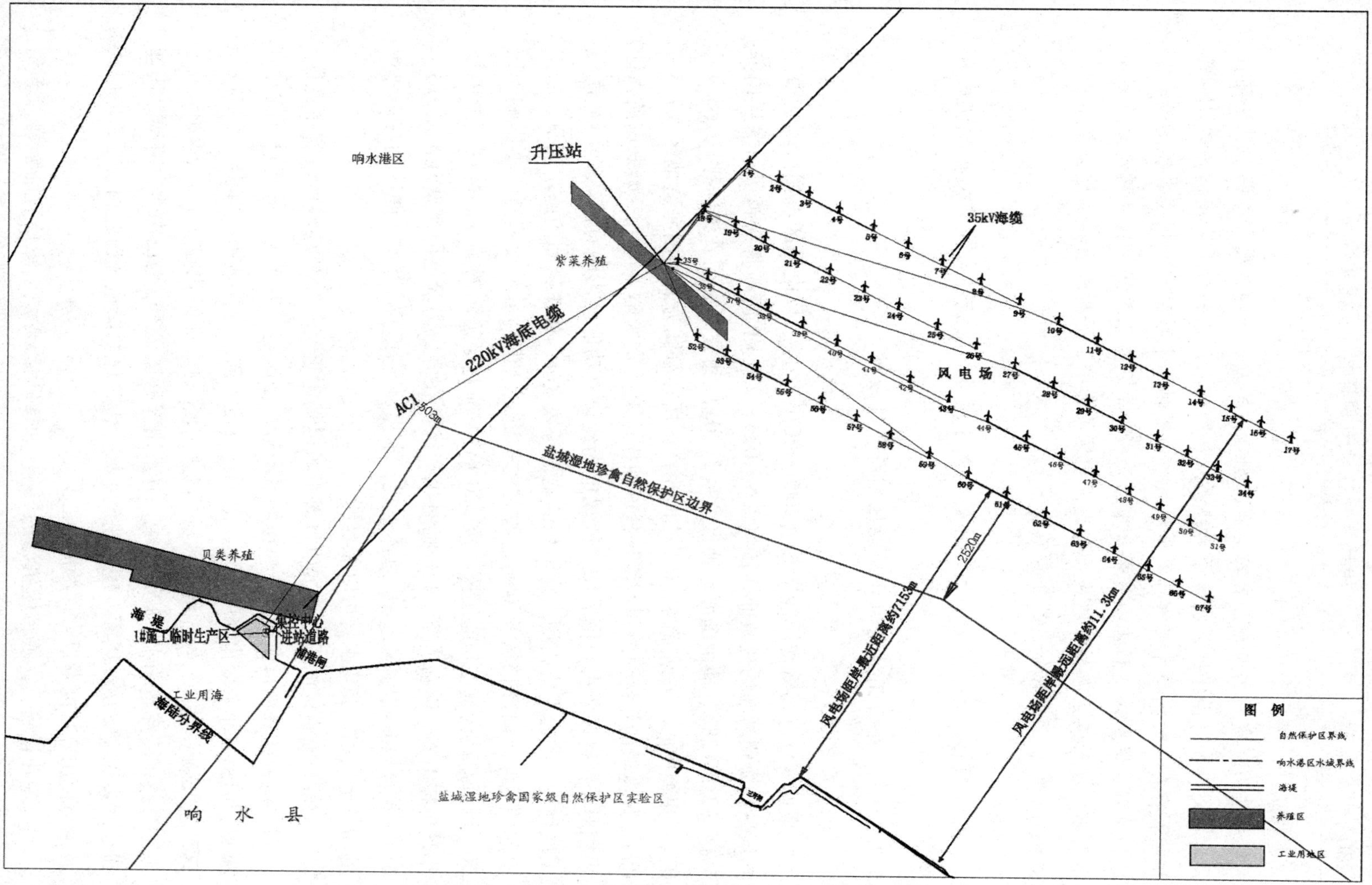

图5-15 江苏响水近海风电场200MW示范项目利益相关者分布图

优点:

报告书界定的利益相关者较全面,利益相关关系分析客观,协调意见和建议具有针对性和可操作性,明确了对协调意见的要求,并分析了协调途径的可行性和是否存在重大利益冲突的可能性。报告书提供了本项目利益相关者界定表、利益相关者一览表以及利益相关者分布图。报告书还重点关注了项目用海对连云港至射阳、连云港至广州等航线、邻近保护区的影响,分析表明项目建设基本不会对现有航线、邻近保护区产生影响。

不足:

缺少项目用海水动力、泥沙冲淤、悬浮泥沙扩散范围与海域使用现状的叠置图。

5.2.2.3.2　项目用海与海洋功能区划符合性分析

(1) 功能区划

根据《江苏省海洋功能区划 (2006—2010 年)》,风电场区占用海域的海洋功能区为海州湾渔场盐城捕捞区 (2.4 - 02);220 kV 海缆将穿越了新蒲堤内养殖区 (2.2 - 28)、蒲港围海造地区 (7.3 - 05) 和灌中贝壳砂堤保护区 (8.3 - 07);集控中心、进站道路、1 号临时生产区所在海域为蒲港围海造地区 (7.3 - 05)。风电场的建设对海州湾渔场盐城捕捞区有一定影响,但由于风电场所占面积相对于捕捞区所占范围有限,故风电场建设对功能区影响有限。220 kV 海缆采取埋设,除海缆需占用一定面积的确权海域之外,施工期间的施工船只、施工引起的悬浮物局部扩散等影响是暂时的,施工结束仍可继续养殖,不影响养殖区、围海造地区基本功能发挥。故 220 kV 海缆对穿越区的海洋功能区划影响较小。集控中心、进站道路、1 号临时生产区所在海域为蒲港围海造地区 (7.3 - 05),符合该海域功能定位。总体来说,本项目与江苏省海洋功能区划在该海域的功能定位和发展要求是可以兼容的。

对港口航道区的影响:本项目海上风电场附近有蟒牛村港口区、响水港区、灌河口航道区等港口航道区,风电场区附近局部流速发生变化,桩基附近均有所淤积,但总体冲淤变化幅度较小,对周边港口、航道水深地形没有影响。风电场区已避开响水港区东侧界线,风机建成后引起的局部淤积幅度不大。220 kV 海缆部分路由将穿越响水港规划水域,并占用部分规划预留港口岸线,海缆采用埋设,埋设深度 2.0 m 以深,项目建设不影响港口区及航道区功能的发挥,但岸线及港口使用应征询港口管理部门的意见。

对渔业设施、养殖与增殖区的影响:项目周边养殖区主要有灌新滩涂养殖区、灌河口、新蒲、中心路、灌东盐场等堤内养殖区以及灌河口浅海养殖区,项目对海堤内养殖区没有影响；灌新滩涂养殖区位于灌河口至新滩港段海堤外侧滩涂，灌河口浅海养殖区位于灌河出海北航道与西航道之间海域，两者均位于项目影响范围之外，项目建设对两养殖区没有影响；新蒲滩涂养殖区位于新滩港至浦港段海堤外侧滩涂，220 kV 海缆穿越该养殖区，施工时产生的悬浮物对其产生的影响随着施工结束，项目建设仅占用少量养殖区，不影响该养殖区养殖功能的发挥。

对度假旅游区的影响：开山岛度假旅游区（4.2 - 07）位于灌河口外开山岛周围。项目建设不影响度假旅游区的使用，相反，风电场建成后将为灌河旅游增添一道亮丽的风景线。

对盐城丹顶鹤自然保护区的影响：盐城丹顶鹤自然保护区地理范围位于盐城湿地珍禽自然保护区内，本项目风电场区距盐城湿地珍禽自然保护区实验区北侧界线约 2.5 km，220 kV 海缆距保护区西侧界线约 503 m，集控中心距保护区西侧界线约 970 m。项目已避开该功能区。

根据数模报告，220 kV 海缆施工使得浓度高于 10 mg/L 的悬浮物影响 18.76 km^2 范围内的保护区水质，如改成落潮期施工，则施工悬浮物将不影响保护区水质。220 kV 海缆施工工期避开鸟类迁徙期；选择在落潮期施工，以避免悬浮物扩散至保护区，保护区管理处对施工进行全程跟踪、监督管理。

对其他海洋功能区的影响：灌东盐田区、三圩盐田区均位于海堤以内，项目建设对其没有影响。两盐场的工业用水区均位于项目南侧 10 km 左右，项目建设仅在施工期引起悬浮物扩散，且扩散范围局限于项目区附近海域，对盐场用水没有影响。

项目建设仅影响局部的潮流，对周边海域水动力基本没有影响，亦不会改变潮汐特性，项目对灌河口潮汐能区不产生影响。

（2）相关规划

本项目位于江苏省响水县，属于国家风电重点发展区域之一，项目符合《可再生能源中长期发展规划》。

江苏响水近海风电场 200 MW 示范项目即为《江苏省风力发电发展规划》（2006—2020 年）中的 H1 号海上风电场，已列入江苏省"十一五"主要风电项目之一，本项目建设符合江苏省风力发展规划。本项目已列入盐城市风电产业发展的重点任务之一，符合《盐城市风电产业发展振兴规划纲要》。

本项目为风电建设，属于江苏省"十二五"期间大力推进发展的新能源产业，符合《江苏省国民经济和社会发展第十二个五年规划纲要》。同时，本项目为响水县"十二五"期间推动的重点项目之一，项目符合《响水县国民经济和社会发展第十二个五年规划纲要》。

《江苏沿海地区发展规划》（2009—2020 年）规划指出，江苏省具有丰富的海洋资源和风力资源，鼓励发展可再生能源和清洁能源，优化能源产业布局，改善能源结构，形成以风电和核电为主体、生物质能发电为补充的新能源产业体系。风电近期以陆地风电为主，同时加快海上风电技术攻关，远期重点发展近海风电。项目建设符合《江苏沿海地区发展规划》。同时，项目建设符合《盐城市沿海发展规划纲要》。

《盐城港总体规划》指出，盐城港将形成以大丰港区为主，射阳港区、滨海港区、响水港区共同发展的总体格局，未来随着连云港南翼港区和灌河沿线经济带的开发建设，响水港区具有较大的发展潜力。本项目风电场区已位于规划响水港区东侧边界线以外，风电场建成后，将引起港区局部淤积，最终淤积厚度 0.1～0.4 m，对港区水深影响不大，基本不影响港区功能的发挥。220 kV 海底输电电缆路由紧邻港区东侧边界穿越港区，由于电缆进行埋设，对港区水域没有影响，但对在港区活动的船只等需要触底的开发活动有一定的限制。

根据《盐城市响水县陈家港沿海经济区总体规划》，以创建具有良好的生态环境、繁荣和谐的港口产业、海洋产业园区，建设成苏北重要的出海门户，建设以能源、船舶制造、环保化工、钢铁、造纸等为主要支柱的现代制造业基地作为其产业发展目标。重点发展能源、化工、钢铁、建材、物流五大产业，其中能源产业以发展火力发电、风电为主。风电产业将依托海岸丰富的风力资源以及 20×10^4 kW 风力发电项目已批准立项的良好时机，积极发展风力发电等新能源产业，建设江苏沿海新能源产业基地。从目前发展形势看，江苏响水近海风电 200 MW 示范项目的建设符合《盐城市响水县陈家港沿海经济区总体规划》的规划布局和产业发展方向。

关注要点：

1）按照《海上风电开发建设管理暂行办法》的要求，海上风电场一般选址于距岸 10 km 以远、水深 10 m 以深的海域。2011—2020 年的新一轮省级海洋功能区划一般以农渔业区兼容风电场的方式确认海洋风电场的选址。因此，海上风电场项目需重点关注风电场所在海域的海洋功能区是否兼容风电、具体的管理要求，并根据工程海域主体功能的用途管制要求和用海方式控制要求，分析与海域主体功能的相容性。此外，还需明确海底电缆管线穿越的海洋功能区，分析对所穿越海洋功能区的具体影响和近岸海洋功能发挥的整体影响，并提出针对海洋功能区的管理要求和措施。

2）重点分析项目与省级海上风电场建设规划的相符性。根据省级海上风电场建设规划，阐述本项目属于规划的哪个区块、规划风电场的建设规模和建设时序。

3）全面收集项目及邻近海域可能涉及的港口交通、养殖、旅游、盐业等相关规划，并分析项目用海与上述规划的相容性分析。

优点：

1）较全面地分析了项目涉及的风电场、海底电缆管线、集控中心、进站道路、1号临时生产区与所在海域海洋功能区划的相符性，并分析了项目用海对其他海洋功能区的影响。

2）根据项目所在海域的开发利用现状与规划，分析了与《江苏省风力发电发展规划》的相符性，与《盐城港总体规划》的相容性。规划相符性分析有针对性，分析结论客观。

不足：

海洋功能区划相符性分析深度不够，缺少针对项目用海与所在海域的海洋主体功能的用途管制、用海方式控制要求的相符性分析，还需根据本海域主体海洋功能区管理要求提出项目用海在设计、施工、营运等方面的管理要求和对策措施。

5.2.2.4 项目用海合理性分析

5.2.2.4.1 项目选址合理性分析

（1）项目用海场址的比选

1）规划依据和场址初选。《江苏省千万千瓦风电基地规划报告》中，在响水海域共规划了1个潮间带风电场及6个近海风电场。规划中的7个海上风电场（见图5-16）C1号规模为100 MW，为潮间带风电场，水深3~5 m，离岸距离约5 km；H1号规模为200 MW，水深5~12 m，离岸距离约10 km；H2号水深为10~12 m，离岸距离约25 km；H3号水深7~14 m，离岸距离约32 km；H4~H6号水深20~30 m，离岸距离约60 km。

响水H1号风电场水深较浅，场区水深在6~12 m之间，离岸距离7.2~11.3 km，是近期开发海上风电的合适场址。而H2号、H3号风电场水深较深，离岸距离较远，施工条件较为困难，并且将增加大量的基础投资和送电线路投资。H4号、H5号、H6号风电场水深较大离岸距离过远，无法采用常规的海缆送出。C1号风电场为潮间带风电场离岸距离较近，水深较浅，不能作为近海风电的示范性场址。

综合以上因素，考虑到现场地形、地质、海洋水文条件，考虑到目前的技术水平和技术性等因素，选择H1号场址作为近海该区域的示范性近海风电场建设场区比较合适。

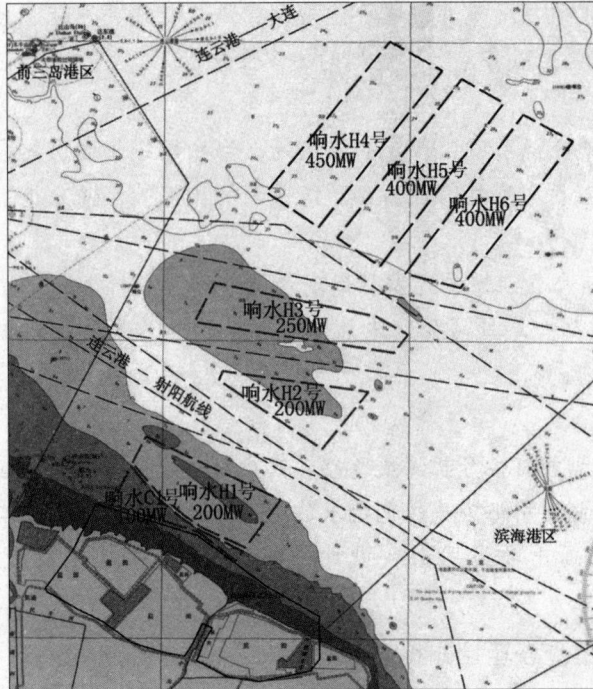

图 5 – 16　响水海域规划风电场分布图

2）场址比选。H1 号场址主要限制因素为离场区最近的连云港—广州、射阳和上海航线的安全距离要求。考虑风电场场址需同时满足对通航安全的要求以及风电场用海应离岸（距离大于 10 km）深水（水深大于 10 m）布置的要求，本阶段在规划场址 H1 号原址方案的基础上，增加了 H1 号场址外移 1.3 km 及外移 2.6 km 三个方案进行比较。比选情况见表 5 – 6 和图 5 – 17。综合对通航安全的要求和经济因素，方案一较优。

为同时响应海洋、海事管理部门的意见要求，将选址方案一的风机间距进行了进一步的优化，将原风机间距 800 m × 1 400 m 缩减为（700 ~ 900）m ×1 250 m，使得方案一垂直于岸线方向的风场宽度缩减了 450 m，即风电场内侧界线向离岸方向缩减 250 m，同时外侧界线向向岸方案缩减 200 m，形成了本推荐场址方案（方案一）。

（2）项目用海选址的合理性

1）区位和社会条件适宜。江苏省是我国经济发达的“长三角”核心成员，各项经济发展指标处于全国领先水平，每年创造的国内生产总值占全国的近 10%。苏北沿海地区目前正处于经济崛起的高速发展时期，项目所在的响水县地处盐城、淮安、连云港三市交汇处，工业经济快速稳步发展，全县经济运行呈现出又好又快发展的良好势态。考虑到盐城经济发展将沿海岸线南北布局，电网规划 500 kV 变电站也相应沿海岸线南北布局，实现对北部的滨海、阜宁、响水以及南部大丰、东台等广大地区的可靠供电。

表 5 – 6　不同选址方案比选

内容	单位	方案一	方案二	方案三
		原址方案	外移 1.3 km	外移 2.6 km
理论发电量	×10⁴ kWh	75 164	76 215	77 214
设计发电量	×10⁴ kWh	69 820	70 881	71 847
尾流影响系数	%	7.11	7.03	6.96
年上网电量	×10⁴ kWh	50 270	51 034	51 730
年利用小时数	h	2 501	2 539	2 586
项目静态投资	万元	340 025	345 995	351 630
单位电度投资	元/kWh	6.76	6.78	6.80
离岸距离	km	7.2 ~ 11.3	8.6 ~ 12.8	9.9 ~ 14.1
离连云港—广州航线最近距离	km	4.7	3.3	1.9
是否在习惯性航路和灌河口出海的航路航迹上		约 85% 的风场面积在航迹上	95% 的风场面积在航迹上	100% 的风场面积在航迹上
结论		推荐		

　　项目所在地区国民经济的快速发展有力地拉动了当地电力需求的增长，本项目建设不会对电网稳定产生较大影响，建成后可补充电网的电力缺口，满足当地的用电需求。因此，江苏响水近海风电场 200 MW 示范项目所在区域有着优越的区位条件和良好的社会经济条件，满足项目选址的需求。

　　2）自然资源环境满足建设需求。响水近海风电场场址区 70 m 高度平均风速约为 7.0 m/s，有效风速（3 ~ 25 m/s）时数 2 513 h，风功能率密度为 182 ~ 574 W/m²，年平均风功率密度等级达到 3 级，风能资源较为丰富。风电场区海底地形平坦，无不良工程地质现象，区域构造稳定性好，属适宜建设场地。风电场区离盐城湿地珍禽保护区 2.5 km，场区亦不是鸟类栖息、觅食地，风电场对自然保护区没有直接的影响。

方案一（原址方案）AIS船舶流航迹

方案二（外移1 300 m）AIS船舶流航迹

方案三（外移2 600 m）AIS船舶流航迹

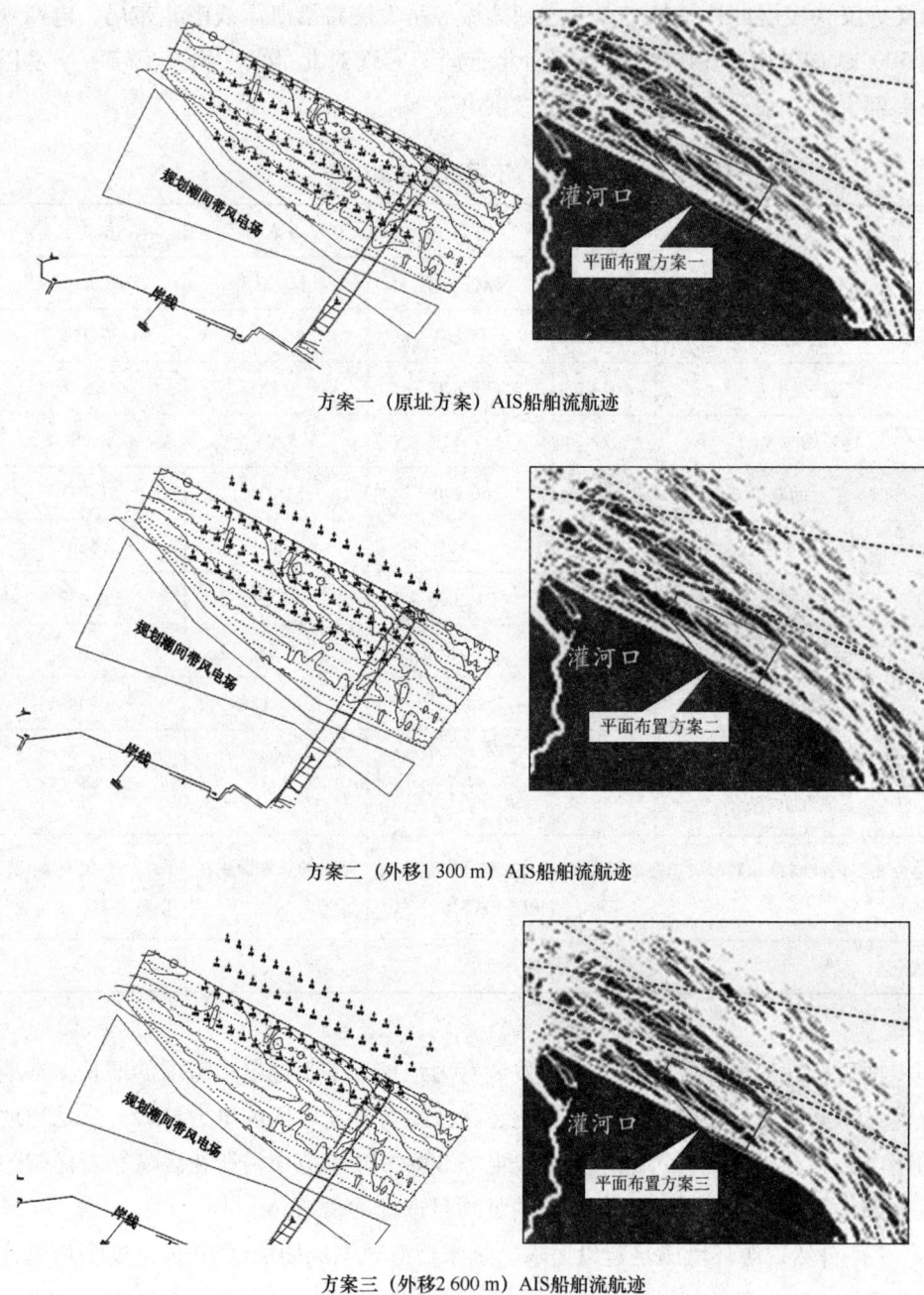

图5-17　不同选址方案比选情况

　　3）项目用海与规划区划相协调。项目位于我国东部沿海的江苏省响水县近海海域，风能资源较丰富区，为国家风电重点发展区域之一，项目的建设已列入省、市风电发展规划和响水县"十二五"期间推动的重点项目,项目选址符合产业发展规划。

根据《江苏省海洋功能区划(2006—2010)》,风电场区功能区划为海州湾渔场盐城捕捞区,由于风电场区所占面积较小,对捕捞区影响有限。且根据《江苏省海洋功能区划(2010—2020)》初步修编成果,风电场区已定位为农渔业区兼容风能区。220 kV 海缆穿越了养殖区、围垦造地区(作为农渔业所用)、自然历史遗迹保护区,220 kV 海缆采取埋设,除海缆需占用一定面积的确权海域之外,与功能区可以兼容;集控中心、进站道路和 1 号临时生产区与所在海域功能定位相符。总体上说,项目与江苏省海洋功能区划在该海域的功能定位和发展要求是可以兼容的。项目建设不会影响所在海域的利用。对于岸线的利用,海缆登陆处属新滩港至浦港段岸线,根据《盐城港总体规划》该段岸线为港口岸线预留区,由于海缆登陆占用长度短,且已紧贴预留区的东侧边界,海缆登陆对岸线的占用不会影响到该段港口岸线的使用。

4)项目用海与周边开发活动的协调性。工程所在区域为潮汐活动频繁区,背景浊度较高,当地生物对悬浮物的增量会有较强的适应性,施工过程中产生的悬浮浓度增大对其影响程度属于可接受范围。风机和升压站基础、电缆等工程用海占地,使得该区域的底栖生物、潮间带生物遭到永久的破坏,但区域内生物量不大,而且工程永久占地占评价区总面积的比例较小,工程对该区域海洋生态环境影响有限。

本项目建设占用养殖区面积不大,海缆登陆对海堤影响小,集控中心、临时生产区建设需占用其他公司已确权海,盐城市委市政府已成立海上风电开发协调小组。目前建设单位正积极与当地政府部门及各利益相关者协商。

综上所述,江苏响水近海风电场 200 MW 示范项目所在区域具有较丰富的风能资源,具备大规模开发条件,场址与相关产业规划、海洋功能区划和岸线利用规划相容,且避开了敏感区域,用海风险小,与各利益相关者的协调也正在积极开展中,协调的可能性也较大。总体来说项目选址合理。

关注要点:

海上风电场选址合理是项目用海可行的前提和基础。项目用海的选址合理性分析需关注以下问题。

1)报告书应给出项目选址的依据和选址确定过程,从海域开发利用的协调性、海洋资源环境影响的可接受性、利益相关者的可协调性、年上网电量、尾流影响系数、工程造价等方面综合比选选址方案。

2)从相关法律法规和管理要求的相符性、区域社会经济发展的电量需求、电网接入、是否具备工程建设的自然条件、区划规划的相符性、海洋开发活动的协调性等方面分析海上风电项目用海选址的合理性。

优点：

介绍了本项目选址的由来，并开展了多个选址方案的比选。项目用海选址合理性分析较全面。

不足：

主要从工程角度开展项目选址比选，应增加海域开发利用的协调性、海洋资源环境影响的可接受性、利益相关者的可协调性等方面的比选因子。

5.2.2.4.2　平面布置合理性分析

（1）220 kV 海底电缆路由方案比选

风机所发电量由 35 kV 海缆输送至 220 kV 海上升压站，再通过 220 kV 海底电缆输送至集控中心并入电网。根据风电场布置、海上升压站布置拟定两个 220 kV 海缆路由方案，并从路由区自然环境条件及海洋开发活动等对路由方案一和方案二进行比选。

两个方案路由区的地质地貌、底质条件、海床冲淤等自然环境条件均适合海底电缆的铺设。方案一 LP1 距离自然保护区实验区西边界约 330 m，避开了盐城湿地珍禽保护区这一敏感区域。但穿越了规划中的灌河口—三圩盐场围垦区南侧的水产养殖与生态用地，因电缆埋设于海底约 2.0 m，不影响该养殖和生态建设。而方案二 LP2 处于盐城保护区的实验区内，部分路由亦穿越保护区。选后采用方案一作为预选海缆路由。为进一步减小对盐城湿地珍禽保护区的影响，将原 220 kV 海缆路由方案一再往西移，新方案海缆（AC1 点）距保护区西边界约 503 m（图 5 - 18）。

（2）风电场平面布置方案的比选优化

从发电量、技术经济两个方面对单机容量分别为 2.0 MW、2.3 MW、2.5 MW、3.0 MW 及 3.6 MW 的典型风电机组进行比较分析。在总装机规模相近的情况下，WTG4 机型（3 MW）单位电度投资最小，发电量居中，单机容量较大，装机台数少，且技术较为成熟。单机容量为 3 MW 机组是现阶段较为成熟的海上机组中单机容量较大的机型，同样的装机规模下，风机台数相对较少，用海面积也较其他机组有所降低。

在规划风电场范围内进行风机布置，拟定多个风电机组布置方案，并采用 WasP 模型计算各方案风电场发电量及尾流影响。风电场平均尾流影响系数不超过 8%，单台风机最大尾流影响系数不超过 10% 控制设计。7 个布局方案对比见表 5 - 7。方案六的风电场整体尾流影响系数为 7.71%，最大尾流影响系数为 9.85%，基本符合现阶段设备厂家允许的尾流控制范围，风电场范围为

48.972 km²，在满足厂家允许尾流影响系数要求的情况下，用海范围最小，且方案六垂直于海岸线方案的风场宽度最小，是以风机尾流系数为控制参数下的最优布置。

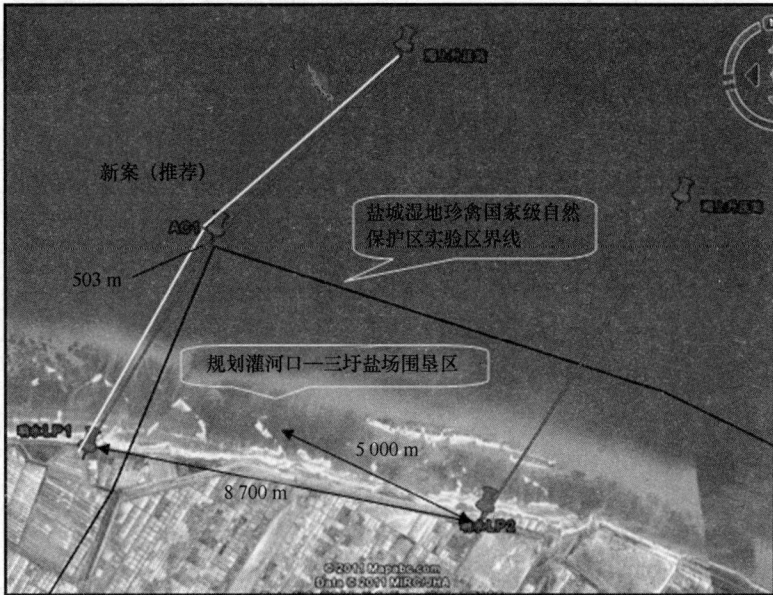

图 5 - 18　220 kV 海底电缆路由比选方案

（3）项目总平面布置的优化

风电场平面布置应充分考虑航道、管线、锚地、保护区等限制条件，同时既要尽量减小风电机组之间的尾流影响，把尾流影响控制在合理范围内，又要尽量缩短风电机组之间的海缆长度，以降低配套工程投资和场内输变电损耗。

为避开盐城湿地珍禽国家级自然保护区实验区这一敏感区域，将原平面布置方案一（图 5 - 19）中 220 kV 海底电缆路由移至新滩港至浦港段海堤，避开了自然保护区。考虑到 220 kV 海缆费用高，为减短 220 kV 海缆长度，综合比较后，升压站布置在风电场西北侧 35 号风机西侧，同时将集控中心亦移至新滩港至浦港段海堤后缘 90 m 处。为使场区集电线路长度最短、线损最小，风电场区同时西移，尾流影响系数控制为 7.71% 左右，风机间间距采用（700 ~ 900）m × 1 250 m，最终确定平面布置。

表 5 – 7　风机布置优化表

规格	单位	原方案				新方案		
		方案一	方案二	方案五	方案三	方案四	方案六	方案七
规格	m	600×1 200	700×1 300	800×1 400	800×1 300	700×1 400	(700~900)×1 250	(700~900)×1 200
理论发电量	×10⁴ kWh	77 338	77 298	76 941	76 924	76 953	76 998	77 073
设计发电量	×10⁴ kWh	69 248	69 480	71 411	71 125	70 605	71 064	70 971
全场尾流影响系数	%	10.46	10.11	7.20	7.55	8.26	7.71	7.92
单台最大尾流影响	%	13.87	13.42	9.50	9.92	10.95	9.85	10.21
年上网电量	×10⁴ kWh	49 858	50 026	51 416	51 210	50 836	51 166	51 099
年利用小时数	h	2 481	2 489	2 558	2 548	2 529	2 546	2 542
垂直海岸方向风场宽度	m	3 600	3 900	4 200	4 200	3 900	3 750	3 600
最近离岸距离	m	7 617	7 047	6 750	7 094	6 770	7 315	7 344
风电场面积	km²	35.683	44.821	55.825	51.642	48.410	48.972	47.077
优点		离岸距离最近,风电场面积最小	风电场面积较小	年上网电量、年利用小时数最大,尾流系数适宜	年上网电量、年利用小时数居中,尾流系数适宜	风电场面积较小	年上网电量、年利用小时数居中,尾流系数适宜,风电场面积居中,离岸距离居中	年上网电量、年利用小时数中,风电场面积较小,离岸距离较远
缺点		年上网电量、年利用小时数最小,尾流系数过大,离岸距离较近	年上网电量、年利用小时数较小,尾流系数过大,离岸距离较近	离岸距离最近,风电场面积最大	离岸距离较近,风电场面积较大	年上网电量、年利用小时数较小,尾流系数过大,离岸距离较近		单台最大尾流影响系数大于10%
结论							推荐	

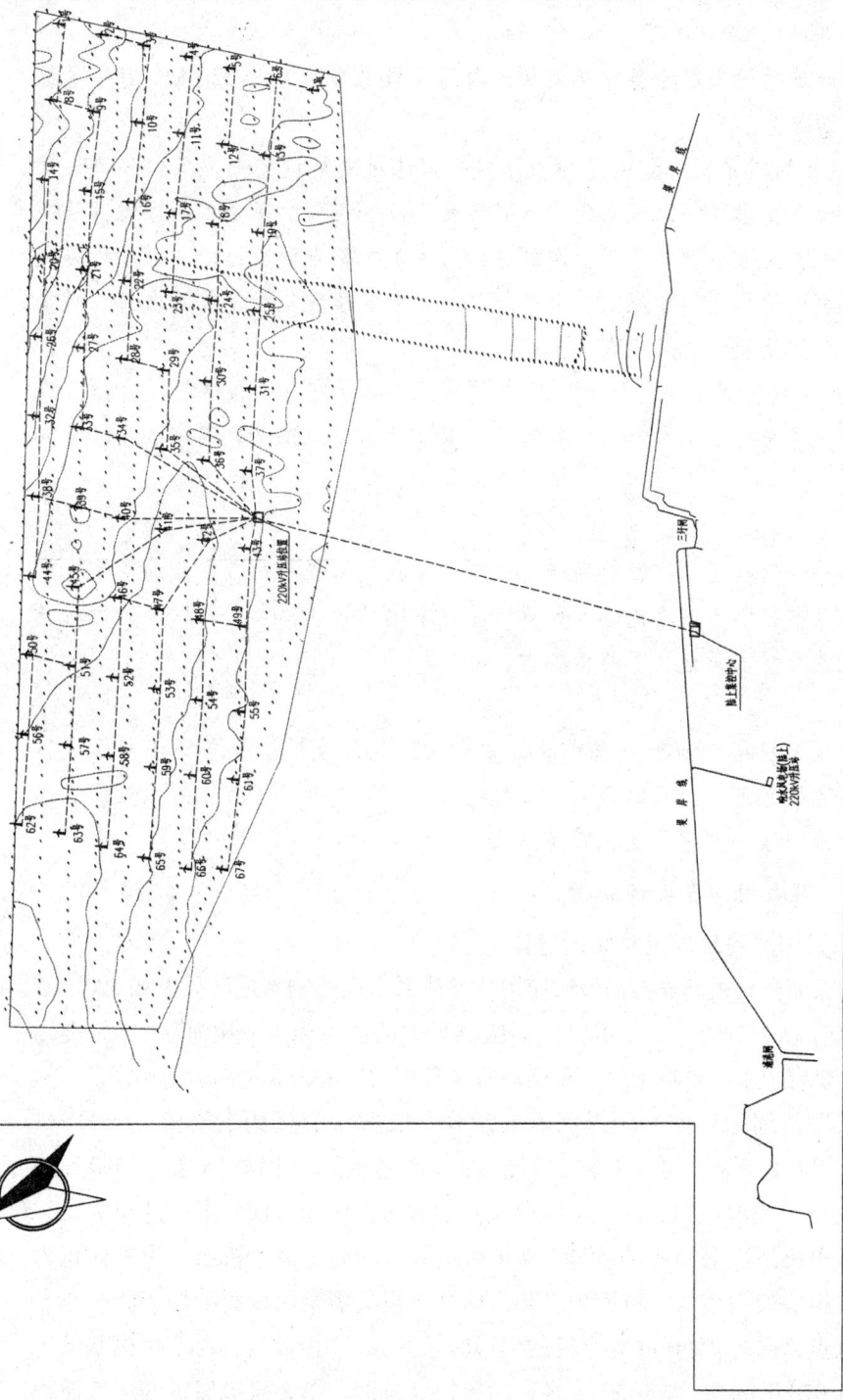

风电场总布置示意图

图5-19 江苏响水近海风电场 200 MW 示范项目总平面布置方案一（原方案）

关注要点：

海上风电场平面布置主要包括风电场内的风机布置方案和220 kW海底电缆的路由方案两部分。

1）在确定风机单机容量的基础上，根据拟选风电场区的地形条件和风机项目的建设规模，提出不同风机间距、风电场长宽尺度组合的多个布局方案，从离岸最近距离、占用海域面积、年上网电量、尾流系数等方面进行比选，重点关注布局方案是否满足我国现有风电占海控制指标，是否体现集约、节约用海和科学用海的原则，并据此优化风机布局方案。

2）从对穿越区海域开发利用的影响、与区域海洋发展的协调性、自然条件的可行性、电缆长度、工程造价、用海风险等方面开展220 kW海底电缆路由方案比选。

优点：

报告书系统吸收了本项目前期研究专题，尤其是工程可行性报告的成果，分别开展了海底电缆路由方案比选和风机布局方案比选，并结合工程区周边的海洋开发利用现状及要求，优化了路由方案。

不足：

主要依据工程指标给出风机布局方案比选结论，风机布局方案并未体现集约、节约用海的原则，建议综合考虑工程指标、布局方案占用海域的单位产能率等，充实比选内容，并据此优化布局方案。

5.2.2.4.3　用海面积合理性分析

（1）项目用海界址确定及面积量算

根据国家海洋局最新颁布的海域使用分类体系，江苏响水近海风电场200 MW示范项目的用海类型为"工业用海"（一级类）中的"电力工业用海"（二级类），用海方式主要有透水构筑物用海（风电塔机和升压站）和海底电缆管道用海。

项目用海范围的界定和用海面积的量算，依据《海籍调查规范》（HY/T 124—2009）以及《海上风电开发建设管理暂行办法》（国能新能 [2010] 29号）中有关海上风电机组、海底电缆以及其他永久设施用海面积量算的规定。

海上风电机组用海面积的量算："非封闭管理的海上风电机组：用海面积为所有风电机组塔架占用的海域面积之和，单个电机组塔架用海面积按塔架中心点至基础外缘点再向外扩50 m为半径的圆形区域计算。"由此得到单个风机基础占用面积约0.070 7 hm²；外扩50 m半径的保护区范围，单个风机保护区用海面积1.256 6 hm²，据此得到单个风电机组基础所占面积1.327 3 hm²，67台风电机组面积共88.930 6 hm²。

电缆用海面积的量算："海底电缆：用海面积按电缆外缘向两侧各外扩 10 m 宽为界计算。"量算过程中，扣除 35 kW 场内电缆用海面积与风电机组用海重叠面积 16.137 2 hm²，据此 35 kV 电缆用海总面积为 148.644 5 hm²；220 kV 送出电缆用海面积为 22.844 7 hm²。

升压站用海面积的量算："透水构筑物：安全防护要求较高的透水构筑物及其防护设施垂直投影的外缘线基础上，根据安全防护要求的程度，外扩不小于 10 m 保护距离为界。"本项目升压站的设计为透水式的海上平台，海上升压站为高电压设备，用海范围不宜太小，故海上升压站平台的用海范围为平台外缘线向四周平行外扩 50 m 为界。由此得到海上升压站平台的用海面积为 1.755 4 hm²。

进站道路（部分）用海面积的量算："填海造地：岸边以填海造地前的海岸线为界，水中以围堰、堤坝基床或回填物倾埋水下的外缘线为界。"进站道路用海方式为建设填海造地，进站道路处于一线海堤（新滩港至浦段海堤）与二线海堤（海陆分界线）之间的潮上带，两者填海造地区不再建设海堤，故用海面积直接按其平面布置最外缘线所围范围进行计算，计算得到进站道路（部分）填海造地用海面积 0.139 9 hm²。

集控中心、进站道路（部分）及 1 号施工临时生产区用海面积：集控中心、进站道路（部分）、1 号施工临时生产区所在区域为响水县沿海开发投资有限公司的确权海域，故集控中心（0.650 0 hm²）、进站道路（0.052 5 hm²）、1 号施工临时生产区（1.200 hm²）共计 1.902 5 hm² 的用海需业主与响水县沿海开发投资有限公司协商转让工程海域使用权证书的方式解决，不再重复申请用海。

（2）项目用海面积合理

占用岸线合理：项目 220 kV 海缆将穿越新滩港至浦港段一线海堤，该岸段为规划港口岸线。220 kV 海缆将占用岸线 100 m 作为确权海域（两侧各 10 m）及海缆保护区范围（两侧各 50 m），符合《海底电缆管道保护规定》，且海缆穿越处为规划港口岸线东端，不影响港口岸线的使用，故其占用岸线长度合理。

风电场区面积合理：项目选用单机容量为 3 MW 的风电机组，装机规模 200 MW，在相同的风机机型、相同的装机规模下，通过 7 个风机间距方案的比选，在确保把风电机组间尾流影响控制合理范围内，保证风机寿命的情况下，选择了风电场所围面积最小（48.972 km²）的方案，即风机间距（700~900）m ×1 250 m 的布置方案，使得风电场区所围海域面积最小。

风电场用海面积的确定主要依据了《海上风电开发建设管理暂行办法》（国能新能 [2010] 29 号）的有关规定，风电场用海面积为 88.930 6 hm²，包括了风机基础用海 47.362 3 hm²，保护区用海 41.568 3 hm²，既满足了项目用海的需求，也符合了集约、节约用海的原则，用海面积合理。

用海范围界定和面积量算合理：项目用海范围的界定和用海面积的量算，依据了《海籍调查规范》（HY/T 124—2009）以及《海上风电开发建设管理暂行办法》（国能新能〔2010〕29 号）中有关海上风电机组、海底电缆以及其他永久设施用海面积量算的规定，用海面积的量算采用 AutoCAD 软件进行，坐标系采用 WGS-84 坐标系，高斯投影，中央子午线 120°，量算过程中按国家征收海域使用金标准扣除了海缆与风机、海缆与升压站的重叠面积，面积量算准确。项目用海面积既能满足项目用海的需求，又不对周边海域环境、利益相关者以及其他海洋开发活动产生太大的干扰，而且便于海洋行政主管部门进行海域管理。

本项目选择单机容量 3 MW 的风机机型，在相同的装机规模下，采用较大单机容量，可减少风机台数，相应地可减少海域使用面积；在确保风机寿命及发电量的情况下，把风电机组间尾流影响控制在合理范围内，尽量减小风机间距，缩短风电机组之间 35 kV 海缆的长度，同时送出电缆采用了一回三芯 220 kV 海底电缆。为减短 220 kV 海缆长度，将升压站布置在风电场西侧。因此，项目在平面布置、机型、风机间距、海缆类型等的选择设计过程中，已考虑了尽可能减少海域使用面积的可能性。因此，项目在平面布置、机型、风机间距、海缆类型等的选择设计过程中，已考虑了尽可能减少海域使用面积的可能性。

综上所述，本项目用海面积合理（表 5-8）。

表 5-8　江苏响水近海风电场 200 MW 示范项目论证后用海面积

涉海工程项目		用海面积（hm²）	备注	用海类型
透水构筑物用海	风电机组用海	88.930 6	风机基础用海 47.362 3 hm²，风机保护区用海 41.568 3 hm²	电力工业用海
	海上升压站用海	1.755 4	—	
	合计	90.686 0	—	
海底电缆管道用海	35 kV 海缆用海	148.644 5	扣除与风机重叠面积 16.137 2 km²	
	220 kV 海缆用海	22.844 7	—	
	合计	171.489 2	—	
填海造地用海	进站道路（部分）	0.139 9		
项目用海总面积		262.315 1		
集控中心		0.650 0	—	
进站道路（部分）		0.052 5	—	
1 号施工临时生产区		1.200 0	临时用海	
总计		1.902 5	由业主与响水县沿海开发投资有限公司协商转让工程海域使用权证书的方式解决	

关注要点：

1）海上风电场项目用海主要包括风电基础和升压站桩基的透水构筑物用海和海底电缆的海底电缆管道用海。各类用海的范围按照《海上风电开发建设管理暂行办法》（国能新能〔2010〕29号）和《海籍调查规范》（HY/T 124—2009）界定。因海上风电场涉及用海范围大、而单个风电机组、海底电缆直径的尺度小，需分别提供海底电缆、升压站、风机机组整体的宗海图，并提供单个风机并含与电缆连接处的宗海界址点界定图。

2）在风电机组平面布局方案比选和合理性分析的基础上，按照上述要求界定各类用海范围，量算用海面积。

优点：

各类用海界定符合规范，以表格形式给出各类用海面积数据，利于清晰全面地展示项目用海总面积及其组成。

案例6 人工岛项目案例评析

6.1 人工岛项目及用海特点

6.1.1 相关政策规定

随着经济的快速发展，我国的人工岛建设迅速发展，河北、山东、江苏、福建、海南等各个沿海省份纷纷将人工岛项目提上议程。人工岛作为海域空间资源开发利用的用海类型，正在被油气开采、交通运输和旅游等行业广泛采用。

目前，国家有关部门出台了相关的规定用以规范人工岛的建设，地方政府部门也相应地制定众多规划支持采用人工岛式的方式围填海。其中主要有《关于加强海上人工岛建设用海管理的意见》（国海管字〔2007〕91号）、《河北省沿海地区发展规划》、《山东省蓝色经济发展规划》、《江苏省"十二五"海洋经济发展规划》、《福建海洋蓝色经济实验区发展规划》和《海南省"十二五"海洋经济发展规划》等。

2007年04月06日，国家海洋局《关于加强海上人工岛建设用海管理的意见》（国海管字〔2007〕91号）指出，从严格控制人工岛建设的数量和密度，从严限制人工岛建设的用海范围和位置，强化对人工岛用海方案的审查，实施对人工岛建设和使用的全过程管理，加强对油气开采人工岛的废弃管理四个方面对人工岛的建设作出明确要求。

《河北省沿海地区发展规划》鼓励秦皇岛开发区人工岛旅游综合开发。《海南省"十二五"海洋经济发展规划》提出：在条件适宜的海域，规划建设人工岛，拓展旅游空间，在海口建设千禧酒店人工岛、海航西海岸人工岛、海口湾灯塔酒店人工岛、海口湾大剧院人工岛、海口如意岛等规划合理、风格各异、景观优美的人工岛群。《山东省蓝色经济发展规划》、《江苏省"十二五"海洋经济发展规划》和《福建海洋蓝色经济实验区发展规划》均提倡人工岛式和区块组团式围填海。

6.1.2　人工岛项目主要类型

人工岛是人工建造而非自然形成的岛屿，是人类出于各种目的，在海上建成的陆地化工作和生活空间。从岛屿构建方式分，人工岛可分为固定式和浮动式两种。浮动式人工岛分为浮式人工岛和半潜式人工岛，顾名思义，人工岛的结构为浮动式，岛屿浮在水面上。固定式人工岛可分为分割式人工岛、填海式人工岛和桩基式人工岛，分割式人工岛即在建设人工水道时将大陆分割而形成的岛屿；填海式人工岛是以填海造地方式建设形成的岛屿；石油平台式人工岛是采用桩基平台方式建造的岛屿（图6-1至图6-4）。

图6-1　填海式人工岛（新加坡马高岛）

图6-2　半潜式人工岛

图6-3　桩基式人工岛（石油平台）

图6-4　浮式人工岛（韩国首尔）

人工岛用途主要有交通人工岛、城市建设人工岛、海上油气开发人工岛等。根据不同用途，选择各种合适的结构形式。交通人工岛和城市建设人工岛多以填海形式构筑，海上油气开发人工岛多为桩基形式构筑。还有少数的旅游人工岛以漂浮、半潜或固定形式构筑的，主要建设酒店和海洋观光场所以及以填埋垃圾为目的的垃圾人工岛等（图6-5至图6-14）。

图 6-5　交通人工岛（日本关西机场）

图 6-6　交通人工岛（美国哈伯岛）

图 6-7　交通人工岛（港珠澳大桥）

图 6-8　交通人工岛（日本神户港）

图 6-9　城市建设人工岛（迪拜棕榈岛）

图 6-10　石油开采人工岛（中国"海洋石油981"）

图 6-11　半潜式酒店

图 6-12　迪拜帆船酒店

图 6-13　城市建设人工岛（三亚
凤凰岛）

图 6-14　城市建设人工岛（漳州
双鱼岛）

目前人工岛的建设以填海方式最为常见，本案例所述人工岛的工程工艺以填海式人工岛为例。

6.1.3　人工岛项目用海特点与要求

6.1.3.1　人工岛工程工艺

人工岛工程主要包括护岸建设、岛体建设和岛陆交通工程三部分。

（1）护岸构筑方法

护岸构筑施工一般工序主要有地基处理、打桩、抛石等。

1）地基处理。在软土地上修建岛堤，需要进行基础处理，改善基础的剪切特性、改善压缩特性、改善透水性能、改善动力特性、改善特殊土的不良地基特性，最终使基床能均匀地承受上部荷载的压力，满足工程设计的要求。地基处理的方法多种多样，根据海底土的厚度不同，处理的方法有抛石挤淤法、沙井排水加固法、置换法、土工布法等等（表 6-1）。

选择合适的基床处理方法将大大节省人工岛工程施工的时间与造价。此处，本文将着重介绍在离岸人工岛基床处理过程中采用的一种较新的技术——铺土工布法。铺土工布法又称铺排，我国于 20 世纪 80 年代采用此种技术，目前应用广泛。土工布法能够快速有效的处理海底软土基床，增加抗滑稳定性，匀化地基沉降。在土工布法需要采用一种重要的施工材料——软体排。软体排是土工布与不同形式压载材料（砂肋或者联锁块）连接在一起，采用专业铺排船铺设的护底材料，其作用是形成水平防护，在护底位置采用软体排防止冲刷，在堤身下减少不均匀沉降。

表 6-1　常用软基加固方法

软基加固的主要方法			适用土质情况	适用建筑物情况
换填法	换填砂垫层		换填软土厚度一般不大于 4 m	码头防波堤等
	土工织物（包括格栅、网络）垫层法		一般软土地基，增加抗滑稳定性，匀化地基沉降	适应变形能力强的防波堤等建筑物
	爆破排淤填石法		适于有下卧硬层的厚度一般为 4~12 m 的淤泥、淤泥质土	适用于防波堤、护岸等建筑物。对软土较深厚工程，需经试验才能确定施工
	抛石挤淤		淤泥或流泥厚度一般小于 3 m	
排水固结法	堆（加）载预压法	设置排水砂垫层	淤泥、淤泥质土等浅层软土加固。最大固结排水距离一般小于 5 m	码头后方堆场、仓库、利用软土人工造陆、人工岛、油罐、道路以及工民建等建筑物地基加固。真空预压及真空预压联合堆载预压尤其适于超软土地基加固
		设置竖向排水体	较深厚的淤泥、淤泥质土、冲填土等饱和黏土地基，但不适于泥炭土	
	真空预压法	设置竖向排水体	适用土质同堆载预压法，还需具备能形成（包括采取密封措施）稳定的负压边界条件	
	真空预压联合堆载预压法	设置竖向排水体	适用情况同真空预压，用于设计荷载大于 80 kPa 的情况	
轻型真空井点法			渗透系数 $1 \times 10^{-4} \sim 1 \times 10^{-7}$ cm/s 的土层	加固基坑边坡、基坑降水
强夯法			松软的碎石土、砂土、低饱和度的粉土和黏性土	码头堆场、道路及其他港工及工民建地基
振冲法	振冲置换法		抗剪强度不宜小于 30 kPa 的黏性土、粉土和人工填土地基	堆场道路及其他港工及工民建地基
	振冲密实法		砂土、低塑性粉土地基	
深层搅拌法			淤泥、淤泥质土和含水量较高且地基承载力不大于 12 kPa 的黏性土地基	水（海）上重力式水工建筑物地基及陆上港工及工民建地基

2）打桩。打桩作为离岸人工岛的第一道施工工序，其目的是防冲刷保护岛壁基础。离岸人工岛的打桩有别于陆上的打桩工序。在离岸人工岛的建设过程中，桩柱不仅作为基础，同时也是重要的主体结构，在离岸人工岛的施工中占有很重要的地位。

人工岛施工过程中所采用的桩一般在专设的预制场制作。预制场在安排生产计划时应根据用桩的先后顺序，分类提前安排生产，保证在打桩的过程中不会因为缺桩而导致作业停工。待预制桩制成后，通过水上驳船装运至施工现场。在具体的工程上选用何种打桩方法，需要根据工程的地理位置、地形、水位、风浪、地质等自然条件以及工程规模、机械设备、材料、动力供应情况，工期长短等进行详细的调查研究和技术经济比较来选定合适的打桩方法。离岸人工岛的桩基作业一般采用打桩船打桩。若海上施工地点风大浪高，打桩船有效作业时间很少，有条件时可以考虑采用海上自升式施工平台打桩，这样可以避免风浪的不利影响。

打桩的方法：通过在振动锤下连接一定长度的桩，将桩打入泥面以下。为保证桩的质量，在船上可将桩锁好拼成 3～5 个一组，以减少水上锁口接头数量。打桩设备要具备一定抗风浪能力，一般宜选用 2 000 吨以上的大型船舶。大型船舶在该区域风力达到 6—7 级时候仍可以择机施工，而 1 000 吨左右船舶因其抗风浪能力和适应外海施工能力差等原因，像打桩这类需精确定位的工作在风力 6 级左右时已无法正常作业。为提高效率，可组建双吊机打桩船（3 000 吨），双吊机船吊机可有 120 吨和 65 吨。双吊机船进场后很快发挥功能，120 吨负责打桩，65 吨负责拼桩，因 120 吨吊机作业半径达 40 m 以上，移一次船可施工 70 根左右。双吊机船工作效率很高，最高日施工达 100 多根；为尽快提供铺排作业面，还采用航工桩七突击打桩，桩七因其打桩架固定，移动很不方便，对锁口、人土深度控制均存在一定缺陷，不如履带吊打桩效率高。

3）抛石。大部分的离岸人工岛施工是先围堤后吹填的形式，在这个过程中抛石发挥着关键性的作用，抛石构建人工岛的岛堤，而岛堤的建设又为后续的施工提供重要的施工平台与安全保障。

在具体的抛石之前，首先确定离岸人工岛的岛壁（护岸）形式，由岛壁形式决定抛石的施工强度，施工设备。离岸人工岛的岛壁建筑占整个工程项目造价的很大成分，目前应用较广泛的岛护岸形式主要有三种：斜坡式、直立式、混合式。

每一种岛堤形式都有其适用条件，根据工程的地理位置、地形、水位、风浪、地质等自然条件以及工程规模、机械设备、材料、动力供应情况，工期长短等进行详细的调查研究和技术经济比较来选定的离岸人工岛岛堤的形式（表 6 －

2）。在确定人工岛岛堤的设计方案后，展开相应的抛石施工。水上抛石的具体施工程序：先粗抛、后细抛，抛至施工标高成形。

表 6 - 2　各式岛堤的特点

岛堤形式	优点	缺点
斜坡式	堤身与地基接触面积大，地基应力较小，能较好地适应滩地软土地地基条件，地基一般不需要进行特别处理，整体稳定性好 消浪效果好，能有效地吸收波能，对强风浪区具有良好的适应性 护面结构及施工技术简单，维修容易	断面大，占地多，所需土料和劳动力较多 外坡比较小，波浪爬坡较大 干砌块石护坡易遭受风浪破坏，须经常维修
直立式	断面小，占地少，所需土料较省 波浪爬高一般较斜坡堤小 加固时对原砌石体翻拆可独立进行，受波浪影响小	堤身与地基接触面小，地基应力较集中，需要较好的地基 波浪对防护墙动力作用强烈，浪花飞溅，防护墙体的薄弱部位容易变形破坏，维修困难，越浪水体易使堤顶和背水坡造成冲刷破坏 反射波大，波浪在墙前反射形成的波浪底层流速大，易引起堤脚掏刷
混合式	当断面组合适当，可以发挥斜坡堤和直立堤两者的优点	边坡转折处，波浪紊乱，波能较集中，容易变形破坏

抛石施工中注意的要点：① 导标标位要正确，要勤对标、对准标，以确保基床平面的位置和尺度。② 粗抛与细抛相结合，抛填过程中控制高差。③ 抛石应在风、浪、流均较小时进行，抛石和移船的方向应与水流一致。④ 抛石前应进行试抛。通过试抛，掌握块石漂流与水深、流速的关系。⑤ 勤测水深，防止漏抛或抛填过多。⑥ 当用开底式和侧倾式抛石船抛石时，一般应控制在 30 ~ 90 s 内抛下，使抛石的石堆厚度比较均匀。⑦ 基床抛石的富余高度应适当，若过大，夯实后基床超高，水下拔除非常困难；若过小，夯实后欠高，尚需补抛、补夯，这些都影响工程的进展。根据实践经验，应掌握宁低勿高的原则，每一层抛石的富余高度控制在抛石层厚度的 10% ~ 15%。

水下抛石的相关设备选择：① 民船运抛是目前常用的抛填方法。它适用于浅水防波堤的抛填和深水防波堤的补抛以及细抛。② 方驳运抛日抛量较大，也是目前较常用的抛填方法。它特别适用于深水防波堤的补抛以及细抛。③ 开底泥驳运抛常用于深水防波堤的粗抛填施工，一次抛填量较高。④ 自动翻石船运抛常用于深水防波堤的粗抛填施工，但其抛填费用高，一般只在无开底泥驳时才采用它。⑤ 吊机 - 方驳运抛，这是一种补助性补抛方法。它的抛填效率低，只有在用民船或方驳补抛不到施工标高时，才采用此法补抛。

在抛填施工时，根据实际情况选用合适的抛填设备，满足施工的工程要求。

在抛填过程中，块石在 200 kg 以下时，水上部分一般用方驳 - 吊机吊盛石网兜，定点吊抛；水下部分用民船或方驳运抛，并尽可能乘高潮多抛，其中以用民船运抛较为经济、方便。块石重 200 kg 以上时，水上、水下部分一般都用方驳 - 吊机运抛。

(2) 岛体构筑方法

由于人工岛建设与一般的填海造地同样需要大量的填料，而人工岛无大陆依托，填料来源大部分只能依靠海洋，其岛体的构筑方法多采用海底泥沙吹填的方式。吹填一般指用挖泥船挖泥，然后通过管道把泥舱中泥水混合物填海造地区，排除淤泥中水分，达到一定标高，使之具有可利用价值。

吹填后是否需要处理和采用何种处理方法，取决于吹填土的工程性质中颗粒组成、土层厚度、均匀性和排水固结条件。现在的吹填土处理方法通常可分为两类，一类是物理的方法，通过对土体进行冲击或者使土体内出现压差，以此排出孔隙水，比较典型的有强夯法、推载预压法、真空顶压法等。另一类的处理手段是化学的方法，通过在吹填土中添加外加剂，外加剂与土体中的物质成分发生反应，使土体固结，比较典型的方法有深沉搅拌法、粉喷桩法等。

在人工岛的吹填过程中，根据实际情况选取相应的填土方法以满足工程的需要，这是全程施工中重要的一环。除此之外，在吹填工程的后期，倒滤层的施工、龙口的施工也将决定着人工岛工程的顺利竣工。

1) 倒滤层施工。倒滤层施工是后期岛堤围堤的一部分，是围堤工程难点，也是质量控制重点，如施工不好将直接造成吹填砂流失形成质量隐患。倒滤层施工难点是防止土工布在内外水头差作用下被顶破形成通道，铺设后土工布被下拉破损，其自身需要具备一定抗拉能力；容易出现的问题是搭接和水下部分的铺设，通过加大土工布幅宽减少搭接头并用潜水员对水下接头质量进行控制。岛护岸施工后，仅有龙口正常进出水，通过护岸渗透水量很少。在涨落潮时内外水位差很大，在具体工程中实测到的最大水位差有的在 0.8 m 以上，在倒滤层土工布铺设后水位差会产生很大压力，将新铺设土工布整体下拉、接缝部位撕裂、中间部位顶破。

处理措施：在土工布外增加压载材料可以很好解决这一问题，施工中逐渐压砂袋，并且在后续工序中靠背砂或吹填过程中及时跟进；最后合龙段，在小潮汛低潮集中吹沙袋完成。

2）龙口施工。龙口是围堤工程重要部分，其功能主要是在护岸形成后内部倒滤层施工过程中为减少内外水头差设置的流水通道，其位置选择与口门宽度特别重要，一般宜选择在受风浪影响比较小和地面比较低的位置，便于排水且流速比较小，而且其滩面标高较高，大潮汛时可以露滩作业，便于铺设龙口软体排，龙口标高逐步抬高；小潮汛时水流流速较小，便于龙口合龙时龙口立堵和大型充填袋的施工，岛壁防护也能够及时跟进，但在龙口处流速相对较大，砂袋铺设较为困难，且容易被流水漂走；合龙时吹填砂施工强度不易保障，故较抛石护岸结构难度大。因充填袋抗风浪能力较差，保护期容易遭受破坏。为了确保龙口在合龙时的稳定和合龙的顺利进行，应使其纳潮量尽可能地减少，也就是尽可能使人工岛岛内的库存海水量尽可能地减少，从而降低龙口处涨落潮的流速和冲刷。因此在进行外护岸施工时，尽可能将已施工完毕的泥面标高抬高，这样在合龙时该部分已经形成陆域，并抬高到一定的高度，从而使整个纳潮量已经大大减少，使龙口流水的流速降低，大大缓解了合龙时对龙口冲刷的压力。

（3）岛陆交通工程

人工岛与大陆的交通方式一般采用海底隧道和跨海桥梁链接，通过公路或铁路进行岛陆运输，也可采用管道或缆车等设备运输。离大陆较远的人工岛常采用船舶运输或航空的运输方式。因此，人工岛与大陆运输工程涉及范围广，主要根据人工岛的离岸距离和人工岛的用途来确定其交通工程。

6.1.3.2　人工岛用海海域使用特点

随着经济的快速发展，我国的人工岛建设迅速发展，漳州、海阳、南通、厦门、上海、天津各个沿海城市纷纷将人工岛项目提上议程。目前我国已建成的洋山人工岛、洋口人工岛、三亚凤凰岛等已产生了良好的经济、社会效益。人工岛拥有巨大的开发潜力，与其他填海造地相比较，人工岛用海不占用岸线资源，且能够增加岛岸线资源；离岸式人工岛对陆地生态的影响较小，如对陆地的自然地形地貌、区域防洪排涝等不产生影响。但是，人工岛四周临海，无大陆依托，海洋水动力对其影响较大，因此其护岸工程要求比一般的顺岸填海造地工程要高。

填海式人工岛用海类型主要是造地工程用海，其用海方式包括建设填海造地和废弃物处理填海造地，其特点是永久或较大程度改变海域自然属性。

人工岛建设施工期对海洋空间资源、生物资源、旅游资源、矿产资源将造成影响。人工岛建设将占用工程区的滩涂资源和水体空间资源以及该区域的海洋底栖生物栖息环境等；施工悬浮泥沙将对工程区附近海域生态环境、沉积环境等造成影响。因此，人工岛施工期应关注工程区域资源状况，预测人工岛占用和影响资源的大小，明确人工岛合理的用海范围；且应了解海洋生态环境状况，预测施工期可能产生的污染物对海洋环境可能造成的影响和程度。人工岛营运期主要应关注海岛营运可能排放的污染物对区域生态环境的影响，包括废水、废气、废渣和可吸入颗粒污染物等排放带来的污染物种类、浓度分布及变化和对生态环境的影响。另外还应关注营运期人工岛的景观建设与改造对区域生态景观的影响。

人工岛项目用海利益相关者应重点把握利益相关者的确定和协调方案的制定。由于人工岛建设区域不与大陆相连，一般离岸也相对较远，水深相对较深，因此区域用海现状调查不仅要进行现场调查，同时也要进行相应的调访和资料搜集，以便界定利益相关者；人工岛建设属于永久性改变海域自然属性的用海项目，对利益相关者的影响也往往是永久性的，因此其协调方案应具备全面、可行、合理、合法性，避免协调不当引起不稳定的社会事件。

功能区划与相关规划符合性分析重点把握人工岛功能定位与区划、规划的功能管护要求的符合性，项目用海对周边相邻海洋功能区的影响以及与产业布局和期限协调性。

人工岛选址要根据海岛的功能定位，充分考虑海域的自然属性，还要考虑与选址的海洋功能区划和城市的总体发展规划的符合性。平面布置分析需重点关注拟建设人工岛区域的水动力条件、海底冲淤状况和海域地形特征。用海面积的确定需重点关注人工岛实际用海需求以及海域的海底地形地貌、水动力环境等自然属性。期限合理性分析应根据海域使用相关法律法规，并结合人工岛工程寿命进行分析。填海式人工岛用海方式为填海造地，永久或很大程度改变海域自然属性的特点。

6.1.4　人工岛项目论证重点把握

根据《海域使用论证技术导则》，人工岛项目用海论证重点一般包括：用海必要性、选址（线）合理性、用海方式和布局合理性、用海面积合理性及资源环境影响。

（1）用海必要性

由于填海式人工岛建设将永久性改变海域自然属性，对海域资源与生态环境影响相对较大，因此其用海的必要性分析显得尤为重要。用海的必要性应根据区域城市发展和项目用海的需要，并结合国家对人工岛相关政策要求，从人工岛项目建设的必要性和项目用海的必要性分析。

（2）用海选址合理性

人工岛的建设位于海域中，四周受海浪、潮流等影响。人工岛的选址关系到人工岛的安全与稳定，选址的合理性应考虑海域的水文条件、海底地形地貌状况以及海洋灾害等，同时也要考虑人工岛建设的物料来源、水电配套条件、施工技术等条件，综合各因素分析和确定用海的具体位置。

（3）用海面积和平面布置合理性

填海式人工岛是填海造地的一种类型，将对海洋生态环境造成不可逆的影响，其面积和平面布置的合理性将关系到影响的程度。因此，应根据人工岛项目的建设规模适宜性、实际用海需要和资源环境影响预测结果，分析人工岛的用海面积和平面布置合理性。

（4）项目资源环境影响分析

填海式人工岛建设将永久改变海域自然属性，且可能利用岛礁作为基础人工扩大海岛范围，需要分析对岛礁资源、生物资源、旅游资源的影响以及项目施工建设与营运期对周围海域水动力、冲淤环境和海洋生态环境造成影响。

（5）用海风险分析

人工岛受区域自然环境条件的约束明显，受海洋水动力、海洋灾害等多方面的影响，人工岛的安全和稳定事故的发生可能性较大。从海岛自身的稳定性和安全性来讲，主要的风险为物理性的风险，如海洋灾害导致的海岛护岸坍塌和建筑物倒塌等事故、海水倒灌导致的土壤盐质化等以及物理性风险事故引起的化学性风险等。风险分析应分析和预测人工岛项目存在的危害和有害因素，项目建设和运营期可能发生的突发性事件，所造成的人身安全与环境影响和损害程度，并提出合理可行的防范对策措施，以减缓风险带来的损失。

6.2　案例点评

6.2.1　项目用海基本情况

项目规划填海用海总面积约 715.05 hm^2。如意岛形成后，规划新形成岸线总长为 20.4 km。规划期限为 10 年，即 2011—2020 年。如意岛功能定位是发展"具有海洋特色的集时尚创意、时尚交流、休闲娱乐、康体疗养、休闲度假、时尚商务商业于一体的低碳、生态、环保型高端旅游度假区"。

海口市如意岛用海规划结构为"一轴两心九功能区"。"一轴"：是指贯穿规划区东西的旅游发展轴；"两心"：是指时尚商业中心和由湿地公园构成的公共绿心；"九功能区"：是指陆上的交通枢纽区以及规划区内部的时尚创意区、时尚交流区、时尚消费区、旅游度假区、低碳风情示范区、度假酒店区、休闲娱乐区和休闲运动区。

根据规划设想，如意岛环岛滨水布置景观带，朝南岸线布置游艇及客轮码头、度假酒店、休闲别墅区，文化娱乐用地、时尚商业区和公共绿地形成中间圈层，内部由疗养中心、休闲运动区、景观河等组成内圈层。规划区用地为611.56 hm²。拟将规划区建设分为近期（形成陆域）、中期（西区开发建设）、远期（东区开发建设）三个阶段。

如意岛规划用海施工的总体思路是：先进行总体围堤建设（施工顺序为从东到西、从北向南），外围堰推荐斜坡堤方案；然后在已建护岸段的基础上建设临时码头，同时根据吹填分区的划分，进行分隔围堰的建设，分隔围堰一般采用分级式充填砂袋围堰结构，共划分为14个吹填区，每个吹填分区形成后，即在预定的采砂区进行开采作业，泥砂通过泥驳、耙吸船、绞吸船等吹填到相应的分区内，吹填量约7 302×10⁴ m³。吹填完成后，对非桩基础且有地基承载力要求的吹填区进行软基处理。最后在规划的海湾内进行游轮、客运码头建设以及港池开挖。整个用海工程采用边围堰、边疏浚、边吹填的施工方式，保障工程按时、有效的完成。

6.2.1.1　项目位置

海口市如意岛用海规划区位于海口市江东组团北侧海域，铺前湾白沙浅滩内，距江东海岸线约4.4 km（图6-15）。规划区区域范围为：20°06 20″—20°0725″N，110°2410″—110°2847″E。

6.2.1.2　自然环境条件

琼州海峡东侧为南海的不正规半日潮海区，西侧为北部湾的正规日潮海区，琼州海峡处于两潮波的交汇处，潮波运动异常复杂，潮汐性质、潮差等潮汐特征沿琼州海峡变化迅速。多年平均潮差为1.18 m，最大潮差为3.60 m 全年以风浪为主，风浪频率占76%～85%，涌浪频率占14%～23%，余流流速4.32～20.38 cm/s，余流流向则以SW、W、NW向为主。海水最大含沙量66.8 mg/L。风浪以冬季出现最多，其他季节风浪略少。出现最多的波高为0.5～1.5 m 范围。

影响工程区附近海域的灾害主要有热带气旋、风暴潮、地震等。以海口风速达6级为影响标准，1975—2004年登陆或影响海口湾的热带气旋（不含热带低气压）共有46个，年平均1.5个。在这50年风暴潮历史资料中，受热带气旋登陆影响，秀英港超过警戒水位达11次，平均4.5年就发生一次风暴潮的最高潮位超过当地警戒水位。50年间共有64个热带气旋引起海口港发生风暴潮增水50 cm以上，平均每年约1.3个。

拟建工程位于多年形成的白沙浅滩之上，使人工岛建设拥有较好的基础条件和施工条件。规划区内部所处水深大部分在4 m以浅，有利于人工岛的吹填和建设。工程地质条件较好，基本适合建设人工岛。工程所在海域海洋环境质量良好，适宜于海岛度假旅游区的建设。

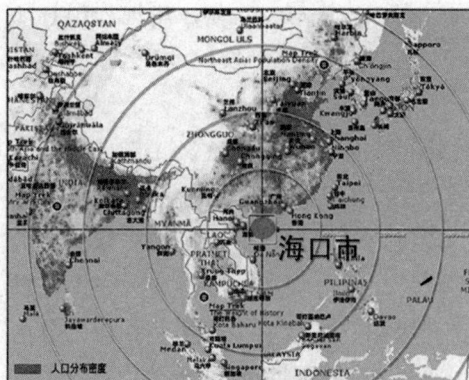

海南岛在中国的位置

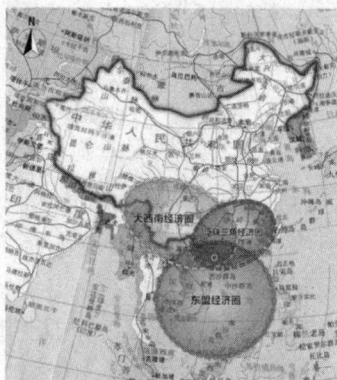

海南岛在中国—东盟的位置

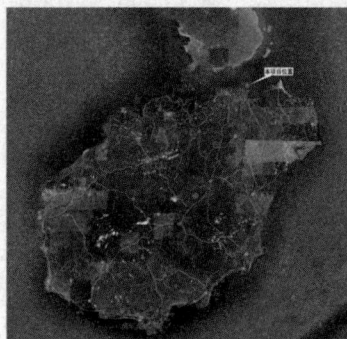

如意岛在海南的位置

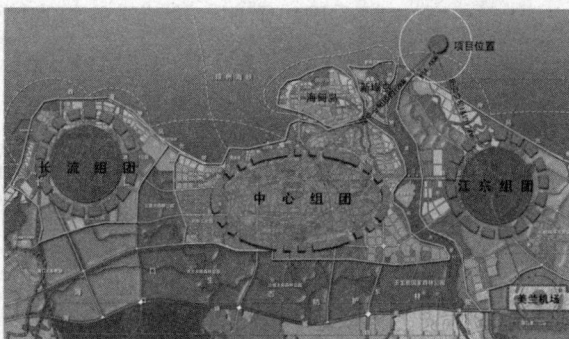

如意岛在海口主城区的位置

图 6 – 15　海口市如意岛用海规划位置图

6.2.1.3　海域开发现状

目前规划区所在的铺前湾海洋开发以滨海旅游业、港口运输业和近海滩涂养殖业为主，近岸用海的类型有滨海旅游、港口交通运输、填海造地、海水养殖业及环保工程。海口市海岸线现开发的旅游项目有新埠岛北岸旅游度假区、东海岸旅游度假区和美丽沙等。

根据调查分析，如意岛区域建设用海周边海域内的利益相关者主要是周围海域内用定置网捕捞的渔民。

6.2.2　项目用海论证内容及点评

6.2.2.1　项目用海基本情况

本案例为人工岛区域用海规划海域使用论证报告，参照海域使用论证摘抄主要内容如下。

6.2.2.1.1 建设内容

如意岛功能定位是发展"具有海洋特色的集时尚创意、时尚交流、休闲娱乐、康体疗养、休闲度假、时尚商务商业于一体的低碳、生态、环保型高端旅游度假区"。海口市如意岛用海规划区规划结构为"一轴两心九功能区"。"一轴":是指贯穿规划区东西的旅游发展轴;"两心":是指时尚商业中心和由湿地公园构成的公共绿心;"九功能区":陆上的交通枢纽区以及规划区内部的时尚创意区、时尚交流区、时尚消费区、旅游度假区、低碳风情示范区、度假酒店区、休闲娱乐区和休闲运动区(见图6-16、图6-17)。

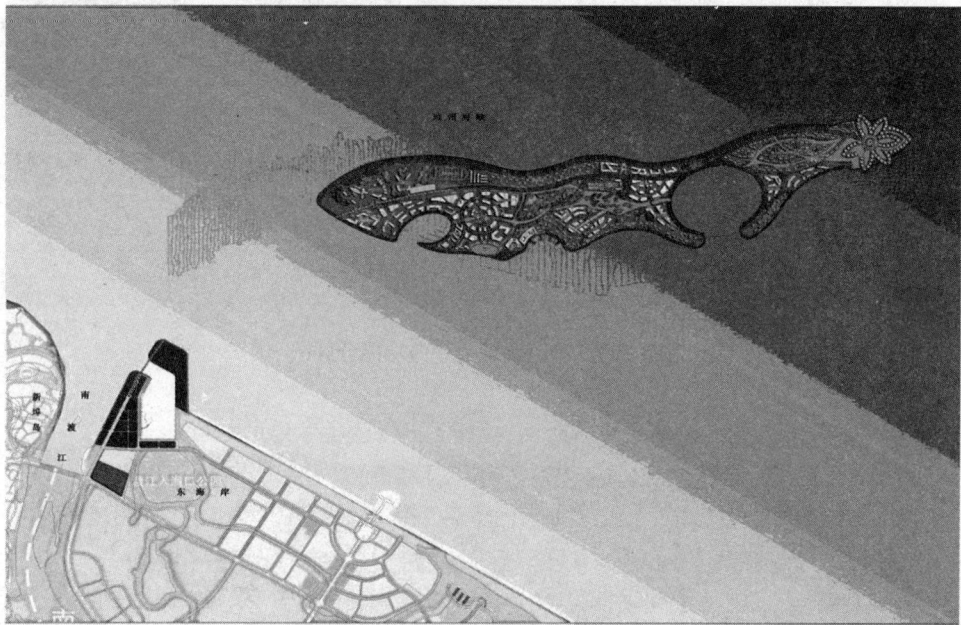

图6-16 如意岛建设用海示意图

如意岛形成后,规划形成岸线总长为20.4 km。规划区所处海域的海洋自然条件特点为:规划区北侧濒临水下峭壁,岛南有条件形成沙滩。根据这一特点,在规划区的北侧和人工港湾处布置为硬质岸线,在规划区南部部分布置为沙滩岸线,同时结合规划区内部水体布置为绿化岸线。硬质岸线首要功能为防浪防潮,同时通过岸线退层式设计,给游客提供近距离亲水空间、中距离休闲步行空间和远距离休闲观景空间。沙滩岸线以休闲娱乐、演艺观赏为主,给游客一个亲水、近水、玩水和沙滩运动等于一体的身心放松空间。绿化岸线是以硬质岸线和绿化植被相结合的岸线类型,提供给游客水岸漫步、水上观光等功能的绿化空间(图6-18至图6-20)。

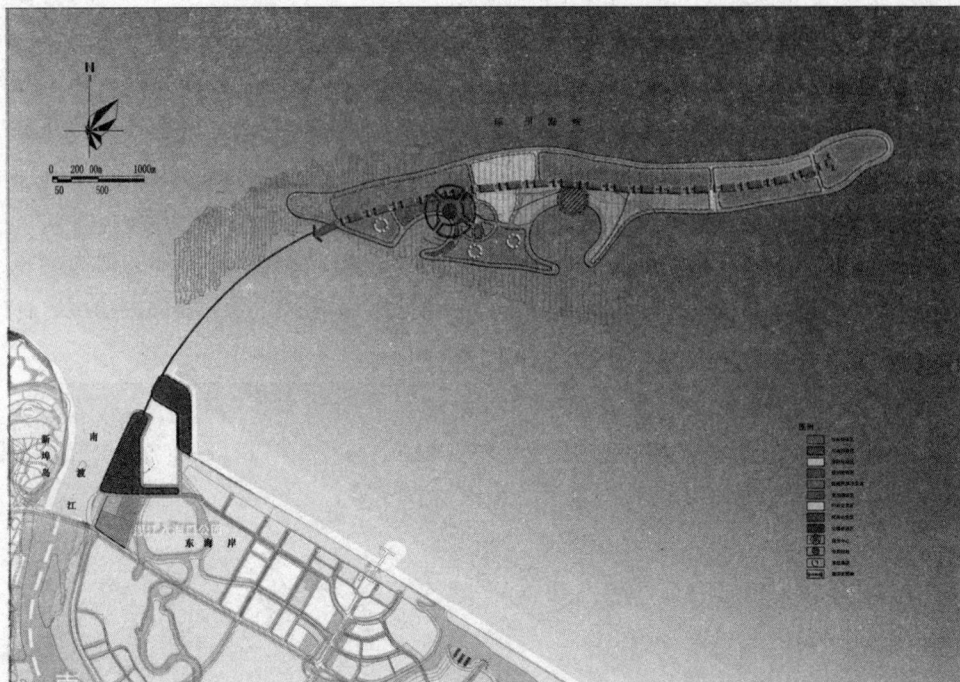

图 6 - 17　如意岛建设用海功能分区图

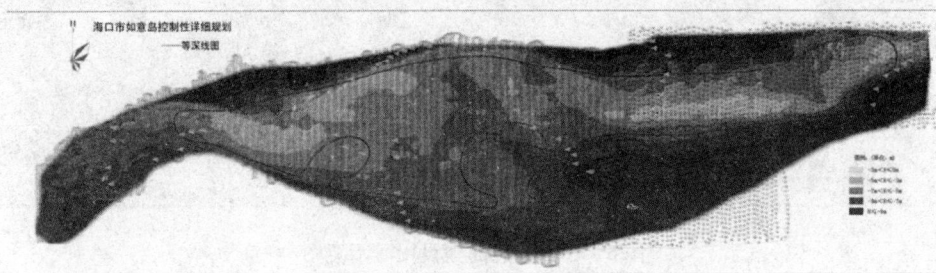

图 6 - 18　如意岛规划用海区域水深图（采用 1985 国家高程基准）

6.2.2.1.2　用海方案

（1）功能分区

本用海规划以高端旅游度假功能为主，功能布局充分考虑土地使用的经济效益和社会效益，优化平面布局，合理规划交通枢纽区、时尚创意区、金融商业区、旅游度假区、海洋休闲娱乐区、疗养会所、景观带等项目，最大程度地突出海口市的海滨环境和景观的美学价值，形成良好的自然环境和投资环境。

图6-19　如意岛规划用海区域水深——北侧3D效果图（采用1985国家高程基准）

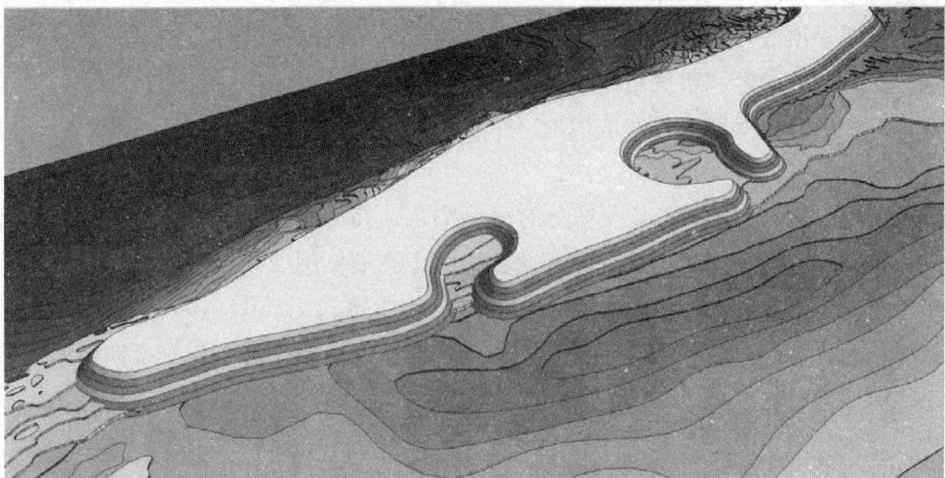

图6-20　如意岛规划用海区域水深——南侧3D效果图（采用1985国家高程基准）

　　1）通枢纽区。交通枢纽区位于南渡江入海口的东侧，为陆上用地区，该功能区主要承担三个方面的功能：陆上交通集散功能、综合服务功能、生态岛的门户景观功能。其中陆上交通集散功能为其核心功能，是实现各种交通方式的换乘的集散地；综合服务功能提供一定量的住宿、购物、餐饮等设施；门户景观功能主要体现在其作为规划区游客的第一印象区，在景观设计等方面有较高要求。

　　2）时尚创意区。时尚创意区位于规划区人工岛西区的中南部，该功能区主要面向设计师和设计团体机构，作为用于设计师的工作场地、研发基地和交流平台，集聚设计界的中坚力量，打造中国极具创意核心力量的时尚设计基地。根据时尚创意区的不同设计类型，细分为时装创意区、珠宝首饰创意设计区、家具家居创意区、平面/影视广告创意区、摄影/模特创意区、跨界创意区、图片创意区、时尚数码创意区等功能区块。

3）时尚交流区。时尚交流区位于时尚创意区的北侧，该功能区内设时尚品牌交流中心、时尚新闻传播中心、时尚演艺中心、时尚博物馆、时尚设计传播学院等内容。其中时尚品牌交流中心主要吸引国际国内各专业机构和协会进驻；时尚新闻传播中心为中国及海外传媒机构而设置；时尚演艺中心举办各种时尚演艺活动，是时尚交流区中人气最高的部分；时尚博物馆收藏及展览国内时尚产业设计精品，见证和记载中国当代设计发展历史；时尚设计传播学院把视觉传达、环境艺术、数码动画等教学实训课堂搬到此处，提升时尚交流区的学术氛围。

4）时尚消费区。时尚消费区环绕人工岛西侧港湾布置，该区主题为国际知名奥特莱斯和国际先锋品牌区，主要作为海口市免税示范基地，将云集中国、欧洲、美洲等顶级设计师的作品，蕴含前沿的流行文化元素，打造中国时尚消费基地，在海口的游客和市民可以大大降低购物消费的成本。本区参照济州岛、冲绳岛等的做法，将海口市打造成内地一个日用消费品的免税区，努力实现海口国际性购物中心目标。

5）旅游度假区。重点发展分时度假酒店、星级商务度假酒店和企业会馆，成为短期度假者、中长期度假者和企业的一个高端休闲度假目的地。

6）低碳风情示范区。低碳风情小镇位于西侧人工岛的东部，小镇从建筑、交通、能源利用、废物处理等各个方面体现低碳、节能概念。建筑方面以海南骑楼建筑作为特色，建筑以多层为主。交通方面小镇通过新城市主义设计手法，以步行、自行车、电瓶车作为核心交通方式。能源利用方面小镇全部能源来源于太阳能、风能，雨水通过收集系统作为花草浇灌、路面清洗的水源。废弃物处理方面通过中水系统、废物真空收集人工堆肥系统，使废弃物实现循环利用、零排放。

低碳风情小镇内有低碳生活示范体验馆、国内外能源利用历史展览馆、低碳生活未来馆、世界低碳建筑展示馆、世界低碳城市展示馆等各类低碳展馆。

7）度假酒店区。人工岛西区的度假酒店区主要以星级商务度假酒店为主，主要面向短期游客；东侧人工岛度假酒店区以全景独栋企业会所为主，主要面向企业客户，成为企业高层会议、休闲、交流的空间。

8）休闲娱乐区。重点发展水上主题游乐公园、休闲竞技体育场、游艇码头、水上运动基地、人工沙滩浴场、滨海步行栈桥、生态长廊、海钓、水下餐厅等项目，给游客提供一个参与性强、选择面广的娱乐空间。

热带海洋文化主题公园和水上主题游乐公园位于人工岛西区的西部，该区最大特点就是提供游客参与性的旅游项目，让游客既能体验到包括航海博物馆、海上丝绸之路等在内的海南热带海洋文化，又能参与各种水上活动，放松身心。游艇布置于人工岛海湾内，为岛上高端游客提供豪华游艇泊位和高休闲度假品质。

9）休闲运动区。休闲运动区位于休闲娱乐区的东侧，为一休闲竞技体育场地，给游客提供一个集宏大场面与刺激的参与空间。

（2）用海规划布局

根据规划设想，如意岛环岛滨水布置景观带，朝南岸线布置游艇及客轮码头、度假酒店、休闲别墅区，文化娱乐用地、时尚商业区和公共绿地形成中间圈层，内部由疗养中心、休闲运动区、景观河等组成内圈层。

规划填海用海总面积约 715.05 hm²，外围坡型防潮堤（根据《如意岛工程咨询报告》本规划区暂按 50 m 放坡考虑）用海面积为 103.49 hm²，规划区用地面积为 611.56 hm²。规划用海布局图见图 6 - 21，用海规划区用地平衡见表 6 - 3。

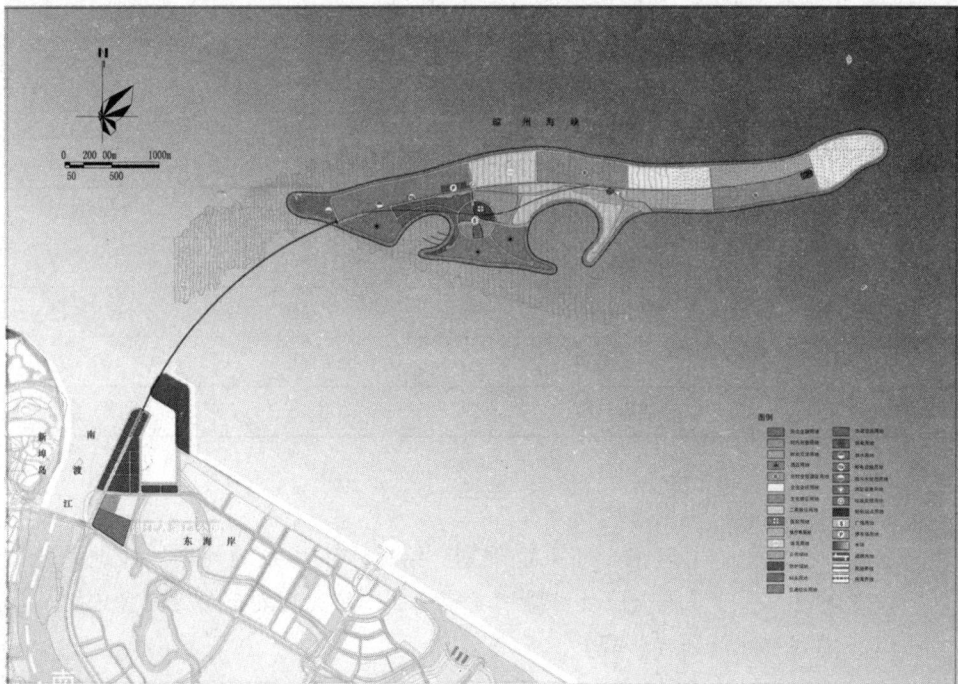

图 6 - 21　如意岛建设用海规划布局图

表 6－3　如意岛规划区用地平衡表

序号	用地名称			用地面积（hm²）	比例（%）
1	商业金融用地			25.25	4.1
2	时尚创意用地			4.6	0.75
3	时尚交流用地			15.25	2.5
4	酒店用地			56.17	9.2
5	旅游度假用地			143.77	23.5
		其中	分时旅游分时度假用地	72.22	11.8
			企业会所用地	71.55	11.7
6	文化娱乐用地			47.82	7.81
7	医院用地			5.18	0.85
8	低碳示范用地			56.39	9.22
9	体育用地			31.23	5.1
10	公共绿地			37.7	6.2
11	防护绿地			99.51	16.3
12	市政设施用地			14.8	2.42
13	码头用地			2.41	0.39
14	轻轨站点用地			1.62	0.26
15	广场用地			0.68	0.11
16	停车场用地			3.02	0.49
17	水体			25.94	4.2
18	道路用地			40.22	6.6
19	总用地面积			611.56	100
20	总用海面积			715.05	

（3）公共配套设施用海规划方案

本案例详细介绍了道路交通系统规划、给排水工程系统规划、绿地系统规划、景观规划、基础设施支撑及可持续发展规划、防灾规划布局等配套规划。

（4）规划实施计划（步骤）

1）近期（2011—2015 年）：以陆域形成为主。第一期主要为人工岛吹填。2011—2013 年主要完成外堤围堰工程，将填海的区域与外围海域隔开，总围堰面积约为 612 hm²；2012—2014 年，以修筑分隔围堰为主，将外堤围堰围成的吹填区分隔成较小的吹填区域；2013—2015 年，以分区吹填为主，形成陆域。采取分区吹填的方式，既便于工程施工，又有利于减少施工对环境的影响。其中，2013—2014 年，主要完成西区的吹填，完成约 440 hm² 的吹填面积；2014—2015 年，主要完成东区的吹填，完成约 172 hm² 的吹填面积，最终填海区形成陆域。

2）中期（2015—2018 年）：西区基础设施建设及开发。第二期主要建设规划区交通中枢、海港码头、时尚交流中心、购物中心、创意街产业园、特色主题酒店等。第三期主要建设海水疗养中心、海洋文化主题公园、休闲竞技体育场、企业会所、星级酒店、景观河、游艇码头等基础设施。

3）远期（2018—2020 年）：东区基础设施建设及开发。第四期（远期）主要为建设低碳风情示范区、企业会所、海景酒店等。

6.2.2.1.3 施工方案

先进行总体围堤建设（施工顺序为从东到西、从北向南），然后在已建护岸段的基础上建设临时码头，临时码头主要用于小型机械上岛施工及部分回填材料的运输；建设临时码头的同时，根据吹填分区的划分，进行分隔围堰的建设，每个吹填分区形成后，即在预定的采砂区进行开采作业，泥砂通过泥驳、耙吸船、绞吸船等吹填到相应的分区内，吹填完成后，对非桩基础且有地基承载力要求的吹填区进行软基处理。最后在规划的海湾内进行游轮、客运码头建设以及港池开挖。整个用海工程采用边围堰、边疏浚、边吹填的施工方式，保障工程按时、有效的完成。

6.2.2.1.4 用海面积

如意岛规划区区域范围为：20°06′14″—20°07′22″N，110°24′18″—110°28′50″E，由东、西两个片区连接而成。规划填海用海总面积约 715.05 hm²。

6.2.2.1.5 用海必要性

1）如意岛是推进海口市重大项目建设，拓展城市发展空间的迫切需要；

2）如意岛是海南建设国际旅游岛的客观需要；

3）如意岛是推动环北部湾特色旅游发展的内在需要；

4）如意岛是拉动系列相关产业发展，培育海口市新经济增长点的需要；

5）如意岛是增强海口市城市竞争力的内在需要；

6）如意岛是整合海口市区域旅游资源，形成旅游发展合力的内在需要；

7）如意岛是对海口市城市发展的升华和集中体现。

综上所述如意岛建设用海是必要的。

关注要点：

应从人工岛的特点出发，全面阐述地理位置、项目建设规模、用海项目平面布置、工程结构和施工方案等项目用海的基本信息，确定项目用海类型和用海方式，确定项目各用海单元的界址点和界址线。重点是要明确离岛交通方式（桥梁或轮渡）、围堰填海施工工艺、软基处理工艺和防波堤设计高程等。

优点：

人工岛建设用海规划概况介绍清楚。

1）地理位置图件清楚。不仅有从全国到地区的项目位置图，还叠置了区域规划图，并增加了水深数据及立体图。

2）本项目的功能定位和布局清晰，相关的配套设施用海规划方案完善。

不足：

1）论证报告缺少规划实施人造沙滩构建海滨浴场方面的建议。

2）本项目填海区域标高一样，相对单一，建议根据防浪要求和临海各区块功能定位及景观人性化适当优化局部区块的填海标高。

6.2.2.2 项目用海资源环境影响分析

6.2.2.2.1 项目用海对资源影响

（1）对海岸线资源影响

规划采用人工岛、多组团式的填海方式，增加了岸线资源，提高了空间资源的利用效率。具体设计采用"水网交错、相互贯通"的布局形式，使人工岛内部和周边海域保持着水网密集、交错、相互贯通的特点，并通过合理安排不同功能区的缓冲空间，保证既实现新增岸线资源景观效果最大化，同时也节约有限的新增岸线资源。

（2）对港航资源的影响

本规划直接依托白沙浅滩形成人工岛，规划人工岛沿途设置水上巴士站点。岛上共设3处轮渡码头，陆上设1处轮渡码头，供游客进出岛使用。人工岛与铺前港航道区、琼州海峡航道区以及海口港锚地距离较远，在建成后对附近船舶通航不会造成大的不利影响。

（3）对滩涂资源影响

工程建成后对海洋生态的影响主要表现在围填区原有湿地生态系统服务功能的改变。

工程围填海造成了填海区域 715.05 hm² 的生态系统的深刻变化，造成以下几个方面生态系统服务功能丧失：① 稳定附近冲淤环境，控制侵蚀和保持沉积物；② 区域生态控制、繁殖与栖息地；③ 区域营养循环等。

（4）对生物资源的影响

在施工期间，由于填海造陆施工作业，改变了生物原有的栖息环境，尤其对底栖生物的影响是最大的。本规划区需填海造地用海的面积为 715.05 hm²，底栖生物损失量：$715.05 \times 10^4 \times 6.72 \times 10^{-6} = 48.05$ t。综上，规划区域建设填海造成底栖生物损失量为 48.05 t。

施工对浮游生物的影响属于短期环境效应，随着施工作业的结束，水质将逐渐恢复，随之而来的便是生物的重新植入，浮游生物和游泳生物群落重新建立，并有可能很快就会恢复到与周围海域基本一致的水平。

渔业资源主要包括游泳生物（主要为鱼、虾、蟹）和鱼卵仔鱼。悬浮物对鱼卵的影响也很大，当悬浮固体物质含量达到 1 000 mg/L 以上时，鱼类的鱼卵能够存活的时间将很短。规划区围填海建设本身会造成该范围内渔业资源的损失，特别是鱼卵仔鱼的损失，规划填海区的面积为 715.05 hm²，平均水深为 4.5 m，根据春秋季渔业资源调查结果，游泳生物的平均资源密度为 1.78 g/m²，鱼卵与仔鱼平均密度分别为 3.70 ind./m³、1.04 ind./m³。据此估算，围填海建设造成其范围内游泳生物的损失量为 12.73 t，鱼卵的损失量为 1.19×10^8 粒，仔鱼的损失量为 3.35×10^7 尾。

（5）对滨海湿地资源的影响

按照本规划功能定位，将建设具有海洋特色的集时尚创意、时尚交流、休闲娱乐、休闲度假、时尚商务商业于一体的低碳节能、生态、环保型高端旅游度假区。可见，本规划为未来的旅游发展建设留下空间。

6.2.2.2.2　项目用海对环境影响

（1）工程实施对水动力影响

根据如意岛用海方案，选取了 25 个对比点，比较规划实施前后各流速对比点的流速、流向变化情况。

综合来看，在工程建设前，如意岛海域潮流走势基本呈现 NW—SE 向走势，东向流时从海峡中部跨越浅滩区域进入铺前湾，西向流时从铺前湾内往西北向经浅滩流入琼州海峡深槽。而工程后，受如意岛边界控制，局部海域的流速和流向发生较大变化（图 6 - 22、图 6 - 23）。

（2）工程实施对波浪影响分析

模拟结果显示，如意岛实施以后，该海域的浪场分布与实施前相似，主要区别为如意岛（工程前的白沙浅滩）背浪面形成大面积的掩护区，该掩护区可延伸至达铺前湾西海岸线，随着入射浪向的变化发生移动，覆盖铺前湾 3/4 以上的水域，且以 NW 向作用下形成的掩护区最大，其次是 N 向浪，以 NE 向浪的掩护区最小。

波浪从如意岛西侧和东侧绕射到达掩护区，浪向发生偏转，N 向浪在掩护区

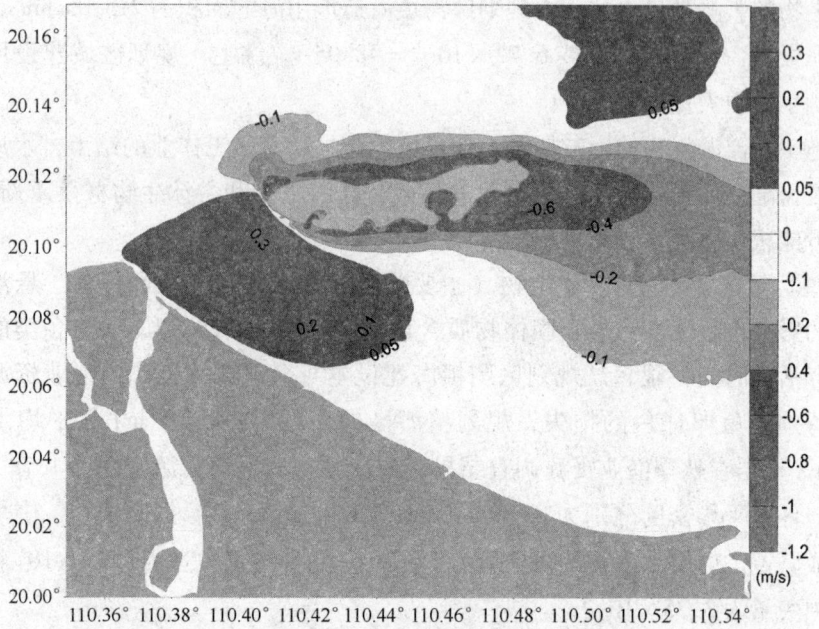

图 6 - 22　东向最大流速时刻工程前后流速变化图

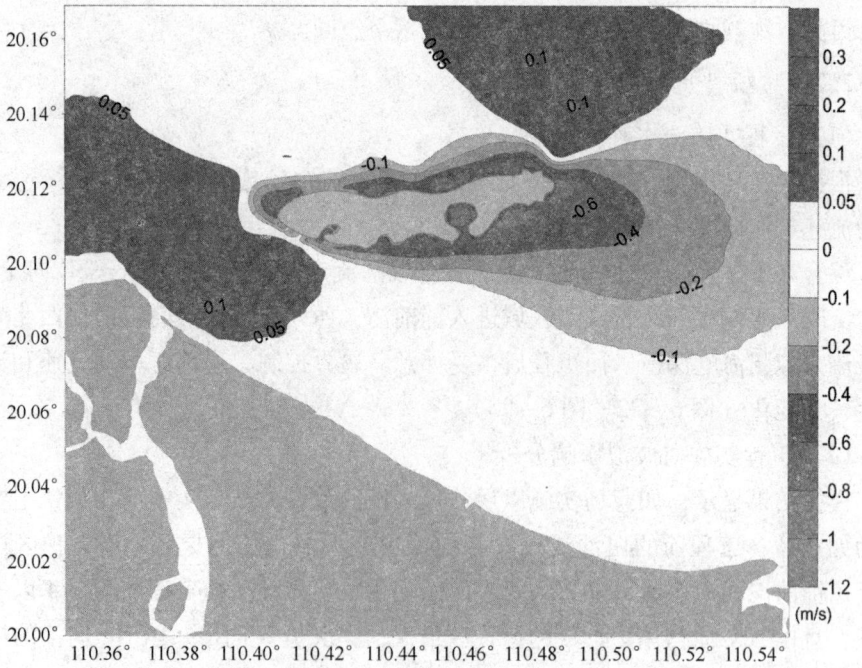

图 6 - 23　西向最大流速时刻工程前后流速变化图

西部偏转为 NW 向,东部偏转为 NE 向,浪高显著减小。人工岛南侧的 50 年一遇浪高小于 1 m,1/2 以上的代表点波高小于 0.3 m,与人工岛北侧代表点形成鲜明对比。铺前湾东海岸线处于掩护区内,以海岸线中段受掩护作用最强,该岸段各向入射浪都受到不同程度的掩护,浪高较工程前减小,50 年一遇和 2 年一遇浪高分别小于 2.5 m 和 1.5 m。

从代表点来看,人工岛北侧前沿(P1—P9)工程前后浪高基本没有变化,但南侧前沿(P10—P17)工程后浪高不到工程前的 50%,大部分站点工程后浪高不到工程前的 30%,相对减小率最大可达 98%(图 6-24)。50 年一遇浪高减小值都在 1.0 m 以上,大部分的代表点浪高减小值大于 1.5 m,最大减小值为 1.9 m。2 年一遇浪高减小值都在 0.5 m 以上,大部分的代表点浪高减小值在 1.0 m 左右,最大减小值为 1.3 m。铺前湾东海岸线沿岸(P18—P26),除 P18、P19 站点工程前后浪高减小小于 0.1 m 之外,其他代表点 50 年一遇浪高减小值集中在 0.4~0.9 m,2 年一遇浪高减小值多在 0.2~0.4 m,大部分代表点浪高减小率小于 20%,最大减小率为 50%。

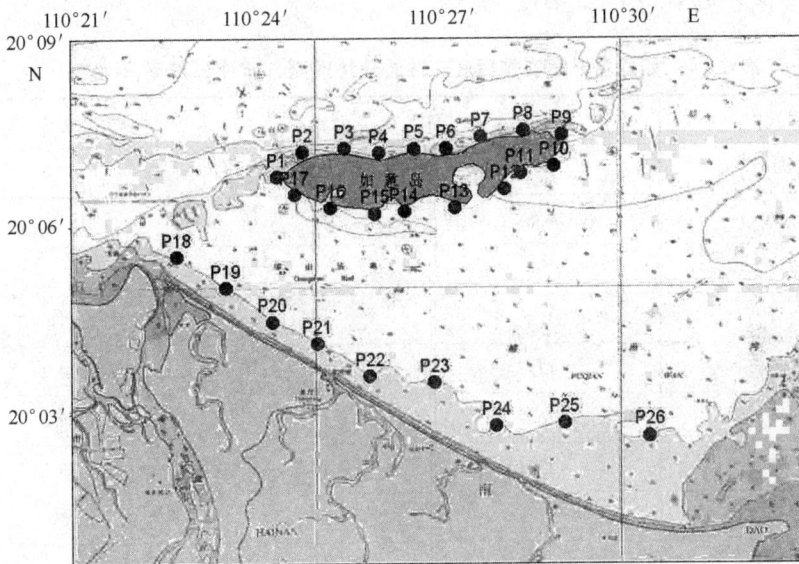

图 6-24　代表点位置图

(3)对海域冲淤变化的影响分析

人工岛海域沿岸为砂质海岸,动态变化是它的重要特征表现之一。修建离岸人工岛会改变岸滩的水动力和泥沙运动,导致周边海域冲淤动态平衡受到破坏,泥沙产生新的迁移途径和趋势。

1）离岸堤作用。人工岛与铺前湾之间的离岸堤作用会引起淤积问题。在波浪作用下，离岸堤可对原有海岸形成波影区。可推断人工岛建成后，由于岛屿离岸距离较远，无法形成连岛坝，但其形成的波影区对于铺前湾至人工岛之间海域有一定的促淤效果，未来该区域将发育沙嘴。

2）堤前冲刷作用。以人工岛北侧水深值以及月平均波高和周期等计算，求得其最大冲刷深度为 0.6～1.4 m 之间，因此对于人工岛北岸需进行有效的堤坝防护并设计相对安全的施工方案。同时，工程后还应加强对周边地形的冲淤状态的监测工作，以了解工程对海域地貌的实际影响和演变规律。

3）周边海域冲淤趋势分析。从人工岛周边区域选取了 22 个关键点位进行冲淤的分析和讨论。综合各个方案的影响情况，可见其中冲刷最强烈的是 16 号、17 号、18 号和 19 号点位，年冲刷幅度接近 50 cm/a 左右；而淤积最强烈的主要是 2 点、3 点、4 点，其淤积幅度在 0.23～0.74 m/a 之间；其他区域的冲淤强度变化相对较弱（表 6-4）。同时，为进一步详细讨论各局部区域的冲淤趋势，可根据计算结果，将人工岛周边分为 A—F 共 6 个区块，来讨论工程对其冲淤趋势的影响（图 6-25、图 6-26）。

表 6-4　如意岛方案实施后底床冲淤趋势预测（年冲淤厚度，cm/a）

对比点	方案实施后	对比点	方案实施后
1	-22.9	12	-2.2
2	74.6	13	18.8
3	32.8	14	10.3
4	23.2	15	18.1
5	-13.3	16	-34.1
6	-26.9	17	-44.5
7	-23.1	18	-33.3
8	-21.1	19	-48.3
9	8.5	20	-6.2
10	17.7	21	7.8
11	6.1	22	6.5

而在人工岛北侧堤岸附近的冲淤效应，通过上面对堤前冲刷作用的分析，可知在近堤坝处，由于波浪的淘蚀作用，其最大冲刷深度可近 1.7 m，因此对该地堤坝设计应充分考虑波浪的侵蚀作用并采用相应的防护措施。

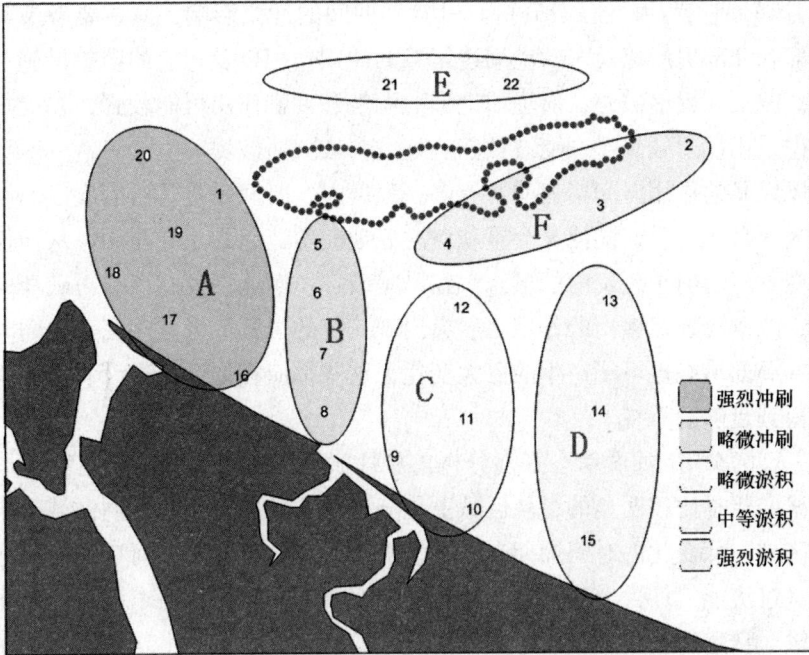

图 6 - 25　如意岛对周边海域冲淤趋势影响分区

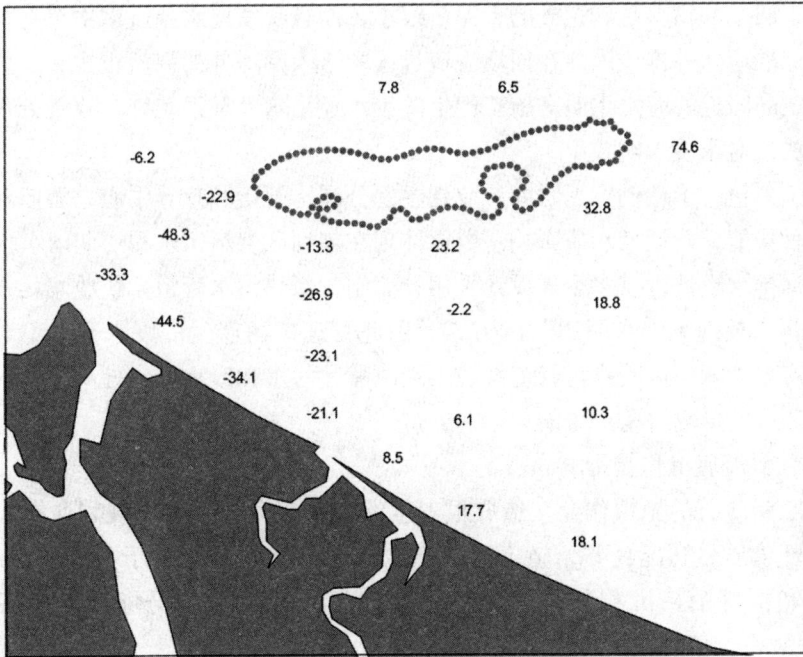

图 6 - 26　如意岛对周边海域冲淤趋势影响（ + 为淤积， - 为冲刷，cm/a）

4）风暴期工程海域骤淤分析。风暴潮期间的冲淤影响，应主要考虑其对如意岛东部和北部堤岸以及东营港周边岸滩的冲刷作用以及相应的防护措施；在风暴期间，波浪在堤前破碎，对堤前地形的淘蚀和冲刷作用可能较强，在堤坝设计时可考虑采用反射较轻微、消波性能较好的斜坡式防波堤。

台风风暴的作用时间毕竟非常有限，强度大、时间短是其对海底形态塑造的重要特征。台风过后，潮流又会重新对海底地貌塑造起到主导作用，从而使得滩槽的演变重新趋向于风暴前的形态。在风暴破坏、潮流恢复至风暴再破坏的循环过程中，滩槽形态在多次的作用之后会出现一定的位移或者形态变化。同时在风暴期间，局部形态也可能产生的巨大变化，这些都应在如意岛建设和工程稳定性等方面得到足够的重视。

5）人工岛周围冲淤动态平衡分析。从冲淤计算的结果分析，工程后周边海域的冲淤变化是比较明显的，从区域上划分，如意岛西南侧为冲刷区域，东南侧为淤积区域。从变化的时间周期来分析，随着如意岛与南渡江河口之间的深槽逐渐刷深且过流能力加大，其侵蚀趋势将逐渐变缓；同时如意岛东南侧的淤积强度也将趋缓。从定性的角度分析，其周边海域的地形演变需要十几年以上的时间才能逐步恢复稳定。

（4）对海水水质影响

由于回填的物料是砂，砂的含泥量很小，而且吹填尾水经过多次沉淀达到一级排放标准后才外排，因此在回填溢流过程中落入围堤外的泥沙很少，不会明显影响人工岛附近的海水水质。施工产生的废水经污水处理系统统一收集处理后再达标排放，对水质影响较小。

人工岛包含了从创意、时尚产业到主题公园，健康和疗养中心，游艇和度假村等各种功能，营运期水质影响主要便体现在规划区生活污水和初期雨水。

根据排水设计，排水工程设计采用分流制，新建污水管道系统收集污水，并采用"污水处理＋中水回用"的方式。因此营运期间产生的废水基本不对海洋水环境产生影响。但若排污管道系统出现故障，污水和废水不经处理直排入海对海洋水环境的影响将是严重的。

（5）对海底沉积物影响

施工期砂石的抛填作业会造成很少量的原位底泥再悬浮，规划所在海域的沉积物环境质量状况良好，施工过程产生的悬浮物主要来自于本海区。因此，经扩散和沉降后，沉积物环境质量不会产生明显变化，仍将基本保持现有水平。

根据营运期间废水影响分析结果，营运期间产生的废水基本不对海洋水环境产生影响。因此，正常营运过程不会对沉积环境质量造成很大影响。

（6）对生态环境影响

规划方案施工物料采用砂石，并非淤泥，最大程度上降低了悬浮泥沙产生量，在采取合理的环保措施的前提下，规划用海实施施工阶段对海域的海洋生态环境产生影响可以局限在较小的范围内，而且随着施工期的结束，对海洋生物的不利影响也将得到逐步缓解。

吹填造地彻底改变施工海域内的底质环境，使得少量活动能力强的底栖种类逃往别处，大部分底栖种类将被掩埋、覆盖，除少数能够存活外，绝大多数将死亡。

营运期间产生的大部分生活污水、含油污水经处理达标排中水回用，多余的中水回输东海岸，不直接排入周边海域，对周围生态环境基本不会产生影响。产生的生活垃圾分类收集，定期运到陆上交予相关资质单位进行处理处置，不会对海洋生态环境产生影响。

（7）对环境敏感保护目标的影响

根据调查分析，人工岛附近的环境敏感保护目标主要有位于人工岛周边的度假旅游区和南渡江河口区。由于规划用海区与周边旅游区距离较远，且规划实施过程对海水不会造成明显的变化影响，因此，对周边旅游区无明显不利影响。白沙浅滩距离南渡江河口东北部的海岸岬角还有一定距离，因此，白沙浅滩人工岛的兴建，不会影响南渡江河口的泄洪功能。

6.2.2.2.3　项目用海风险分析

（1）热带气旋

热带气旋产生的大风，使树木和建筑棚架等构筑物倒塌和溃堤风险，造成严重的财产损失和人员伤害，本规划填海项目均位于临海区域，施工期和营运期必须防范热带气旋侵袭。施工设计方案要合理设计围堤结构，提高抗灾能力等关键内容。

（2）风暴潮

根据水文气象分析，考虑风暴潮期间的冲淤影响，应主要考虑其对如意岛东部和北部堤岸以及东营港周边岸滩的冲刷作用以及相应的防护措施；在风暴期间，波浪在堤前破碎，对堤前地形的淘蚀和冲刷作用可能较强，在堤坝设计时可考虑采用反射较轻微、消波性能较好的斜坡式防波堤，提高设计标准，增强抗灾能力。

（3）台风浪

根据波浪实况资料分析，本海域台风浪成长期以涌浪占主导，成熟期为风、涌浪并存，衰减期风浪占主导，大多数台风过程衰减期比成长期要短一些。历史台风波浪最大波高较多，对工程放浪设计要求较高。

（4）海啸

地震海啸发生的概率极低，但危害极大，从用海风险角度分析，对本人工岛可能产生的风险不容忽视。建议在人工岛的建设中配套建设适当数量的庇护所。

（5）地质灾害风险

由于规划区的底质主要是砂，而且本规划区的北面潮流较急，东面的波浪较大，人工岛的堤坝长期受潮流和波浪的侵蚀作用，可能会造成堤坝底部淘空，造成人工岛堤岸部分坍塌；也有可能造成滑坡、地面沉降等地质灾害。

（6）施工期溢油风险

尽管规划填海施工中不存在重大危险源，但是在施工运作中需要较多的施工船舶，多个环节的施工船舶与琼州海峡来往的运输船存在着船舶碰撞事故风险隐患。主要表现在船舶发生意外的碰撞、倾覆事故时，其中的燃油有可能泄漏，污染海域，并随着水流扩散，对一定范围内的海域环境造成污染。因此，将这些风险事故作为本规划的环境风险。

关注要点：

由于人工岛为离岸填海项目，一般而言应至少关注项目用海对岸线资源、滩涂资源和渔业资源的影响。如果周边有旅游景观资源、港口航运资源、矿产资源等，应分析对它们的影响，并提出项目用海与其他海洋资源协调开发利用的对策建议。

应分析建设对周边海域可能造成的水动力环境、海底冲淤环境、水质环境、沉积物环境、生态环境、环境敏感保护目标等方面的影响。对于人工岛来讲，特别注意会不会形成连岛沙坝以及人工岛会对周围环境带来冲淤影响。

由于人工岛全部是填海形成和四周环海，防潮防浪及地质灾害等风险较大，主要有热带气旋、风暴潮、台风浪、海啸、地震等自然灾害；坍塌、滑坡、地面沉降等地质灾害风险以及施工溢油风险等。对于人工岛，在考虑逃生路线时，应着重分析是否设置抗震或防海啸安全等级足够高地生存自救场所或设施。

优点：

较全面地分析了对海洋环境、资源和风险的影响，采用数模、经验公式和历史资料分析对比等方法进行研究，由此得到的结论可信。

不足：

人工岛围堤长 20.4 km，施工时需要大量施工船同时较长时间施工，由此引起的流失泥沙对海洋环境的叠加、累积影响分析不够充分。

6.2.2.3　海域开发利用协调分析

6.2.2.3.1　项目用海对海域开发活动影响

目前规划区所在的铺前湾海洋开发以滨海旅游业、港口运输业和近海滩涂养殖业为主，近岸用海的类型有滨海旅游、港口交通运输、填海造地、海水养殖业及环保工程。海口海岸线现开发的旅游项目有新埠岛北岸旅游度假区、东海岸旅游度假区和美丽沙等。

人工岛的开发和建设将部分占用定置网，开发活动也将对渔民的捕捞活动产生一定影响。除了周围海域内的定置网外，本规划区距离周边其他开发活动相对较远，根据水质影响分析结果，工程建设和营运过程中基本不对周围海域排放污水，因此规划建设对附近各开发活动的水质影响很小。

6.2.2.3.2　项目用海利益相关者协调分析

根据调查分析，如意岛区域建设用海周边海域内的利益相关者主要是周围海域内用定置网捕捞的渔民。

根据前面分析，本规划区的开发和建设将部分占用周围海域内的定置网，开发活动也将对渔民的捕捞活动产生一定的影响。因此，建议人工岛建设单位在开工建设前就与这些用定置网捕捞的渔民进行友好协商，并对工程建设对渔民造成的损失进行一定的赔偿，从而避免利益冲突。

从以上分析可见，本规划区由于采用离岸人工岛的建设方式，离周边海洋开发活动较远，因此对周围海洋开发活动影响较小，利益相关者也较少。只要在如意岛区域建设用海中采取一定的环保和安全保障措施，并做好与周围渔民的协商和补偿工作，则区域建设用海与周边利益相关者有较好的协调性。

6.2.2.3.3　项目用海对国防安全和国家权益的影响

项目使用海域及附近海域无国防设施和军事设施，其工程建设、生产经营不会对国防产生不利影响。因此，本规划建设，不会违背国防战略要求。规划区用海不涉及领海基点、国家秘密等，不妨碍国家海洋权益。规划用海不存在损害国家权益的问题。

关注要点：

应依据开发利用现状和资源环境影响预测结果，分析项目用海对开发活动的影响方式、影响时间、影响程度和范围等，并绘制资源环境影响范围与开发利用现状的叠置分析图，绘制利益相关者一览表。人工岛一般为较大填海，对海洋资源环境影响较大，需要进行较大区域调查分析。

根据已界定的利益相关者及其受影响特征，分别提出具体的协调方案，明确协调内容、协调方法和协调责任等；分析规划用海与利益相关者的矛盾是否具备协调途径和机制以及引发重大利益冲突的可能性。已达成的协议应作为附件。

优点：

利益相关者的界定较全面，协调方案合理可行。

6.2.2.4　功能区划与相关规划符合性分析

6.2.2.4.1　海洋功能区划符合性分析

（1）用海区功能定位

根据《海南省海洋功能区划》（2004 年），海口市如意岛区域建设用海规划区所在位置为海南岛浅海捕捞区，管理要求为资源利用已过度，应加强保护。海口市如意岛区域建设用海规划区所在海域离大陆岸 4.4 km，距离较远，海南省在编制海洋功能区划时，对于离岸较远、功能不明确、水深 40 m 以浅的海域统一划为捕捞区。本规划要建成低碳、生态、环保型人工岛，制定了相应的实施管理对策和保障措施，在适度开发利用同时对资源进行必要的保护，减小对生态的破坏；施工方式采用先围堰后吹填，分期施工的方式，把工程影响降至最小，待施工结束后，施工引起的水质影响将会随之减小甚至消失。而且，本人工岛建成后主要是发展旅游产业，可以与周边的桂林洋沿岸滨海度假旅游区等旅游区形成旅游产业集聚效应，从而促进周边旅游功能区的发展，对海南建设国际旅游岛有积极的促进作用。可见，本项目的用海方式与所在海域的功能区划主导功能要求是可以相兼容的。

根据国家海洋局《关于开展省级海洋功能区划修编工作的通知》（国海管字〔2009〕660 号）精神，海南省海洋与渔业厅正开展省级海洋功能区划的修编工作。海口市为使新的一轮海洋功能区划更加符合实际情况，根据《海南国际旅游岛建设发展规划纲要》的要求，对 2004 年颁布实施的《海南省海洋功能区划》提出了修编意见。根据调整后的海洋功能区划，本项目所在海域为旅游用海区，本项目建设目标与调整后的海洋功能区划管理要求将完全一致。

（2）用海对周边相邻海洋功能区的影响

海口市如意岛区域建设用海规划用海附近海域功能区主要有：桂林洋沿岸滨海度假旅游区、海口市长堤防风暴潮区、海口市新埠岛防风暴潮区、海口海域排污区、东营滩涂养殖区、琼北港锚地区、琼山水下村庄自然保护区、铺前沙莱浅海养殖区、东寨港浅海养殖区、北港岛防风暴潮区、东寨港滩涂养殖区等。本规划用海区离岸 4.4 km，与周边海域的海洋功能区距离较远，规划区用海对周边海域海洋功能区的影响不大。唯一可能存在的影响是由于人工岛的建设加快了人工岛西南面流速，加快了冲刷速度，从而可能加快桂林洋沿岸滨海度假旅游区、南渡江入海口海岸防护工程用海区沙滩的侵蚀速度。

综上所述，海口市如意岛区域建设用海规划符合《全国海洋功能区划》的要求，并且与现在的《海南省海洋功能区划》相兼容，符合调整后的海洋功能区划，对所在海域的功能维护不会造成大的影响。但必须加强生态环境保护工作，维护海洋生态环境，减少对海洋功能区的影响；同时还要切实加强安全防卫工作，防止风险事故发生，以保护相邻功能区的安全。

6.2.2.4.2　与相关规划符合性分析

（1）与国家及地方宏观政策的相符性

本规划的建设符合《国务院关于推进海南国际旅游岛建设发展的若干意见》和《国民经济和社会发展第十二个五年规划纲要》要求。规划建设是响应国家旅游局旅游转型升级，打造国际度假旅游品牌产品的重要举措。与此同时也是贯彻落实党中央科学发展观，实现以人为本、和谐发展、可持续发展的重要行动。

项目建设对于海南省经济发展具有积极的促进作用，对提升海口市在海南国际旅游岛中心城市的地位具有重要意义。规划区内建设工程的实施，也将成为"十二五"期间海口市经济增长的重要增长极。因此，本项目的建设与国家及地方的宏观发展政策是相符的。

（2）与区域发展规划的相符性

项目建设符合《海南省旅游发展总体规划纲要》中海南旅游业应形成"一省、两中心、三线、五名城、十区"的空间格局，并将海口旅游区的功能定位为热带滨海度假休闲、观光、会展、商务、购物、文化、娱乐等复合型的都市旅游目的地。

因地制宜、因时制宜地对海口市近海人工岛围填海建设，在不破坏生态环境的前提下，采取填海造岛方式，进一步调整产业结构，提升城市竞争力，促进海口市经济的又好又快发展。项目建设与《海口市城市总体规划》（2005—2020年）是相协调的。

本项目的建设可增加海口市的土地面积，为海口旅游业的发展提供更广阔的土地空间，与《海口市土地利用总体规划》（2005—2020年）是相协调的。

（3）与海洋经济发展规划符合性

本项目是建设世界一流的热带海岛海滨度假休闲旅游胜地，提升海口市滨海旅游品味的迫切需求，与地方海洋经济发展规划相协调。可见，本项目建设与《海南省海洋经济发展规划》、《海口市海洋经济发展规划》是相符合的。

从以上分析可见，本项目的建设与国家以及地方的宏观政策、区域发展规划和海洋经济发展规划等相关规划是相符合的。

关注要点：

阐述项目所在海域基本海洋功能；分析项目对海洋功能的利用情况和对周边海域海洋功能的影响；分析项目用海是否对海洋基本功能造成不可逆转的改变，能否落实海洋功能区的管理要求；符合所在功能区的用途管制要求、用海方式控制以及整治与修复要求；给出项目用海是否符合海洋功能区划的结论。

分析项目用海是否符合国家产业规划和政策，同时还应具体分析论证项目产业及规模、用海选址、布局和平面布置等与相关规划的符合性。规划包括海洋经济发展规划、海洋环境保护规划、城乡规划、土地利用总体规划以及港口、渔业、盐业、交通、旅游等相关规划的协调性。应给出人工岛规划用海选址、布局和平面布置相关的规划图件，重点关注人工岛规划用海与城市总体规划、土地利用规划及相关行业规划的符合性和衔接关系。

优点：

海洋功能区划符合性分析和与相关规划符合性分析比较清晰。以后应按照新海洋功能区划的要求分析符合性。

6.2.2.5　项目用海合理性分析

6.2.2.5.1　选址合理性

通过建设项目用海选址方案的社会经济、资源、生态、环境和工程特征等要素的综合分析，论证项目选址的合理性。

（1）项目用海选址与区位条件和社会条件的适宜性分析

1）良好的发展机遇和政策优势。在《国务院关于推进海南国际旅游岛建设发展的若干意见》、《海南国际旅游岛建设发展规划纲要》、海南省"十二五"政策支持下，在"海洋旅游、海岛旅游将成为国际旅游岛旅游的全新领域和重点领域"这一发展机遇下，如意岛建设打造精品旅游景区，以高标准规划建设海洋度假旅游区是现实可行的。

2）海洋功能区划及相关规划的相符性。根据《海南省海洋功能区划》（2004年），海口市如意岛区域建设用海规划填海区所在位置为海南岛浅海捕捞区，管理要求为资源利用已过度，应加强保护。海口市如意岛区域建设用海规划区所在海域离大陆岸4.4 km，距离较远，海南省在编制海洋功能区划时，对于离岸较远、功能不明确、水深40 m以浅的海域统一划为捕捞区。本规划要建成低碳、生态、环保型人工岛，制定了相应的实施管理对策和保障措施，在适度开发利用同时对资源进行必要的保护，减小对生态的破坏；施工方式采用先围堰后吹填，分期施工的方式，把工程影响降至最小，待施工结束后，施工引起的水质影响将会随之减小甚至消失。而且，本人工岛建成后主要是发展旅游产业，可以与周边的桂林洋沿岸滨海旅游区等旅游区形成旅游产业集聚效应，从而促进周边旅游功能区的发展，对海南建设国际旅游岛有积极的促进作用。可见，本项目用海不会对所在海域的功能区划主导功能的发挥产生大的影响，是相兼容的。而且根据正在修编的《海南省海洋功能区划》，本项目所在海域为旅游用海区，本项目建设目标与调整后的海洋功能区划管理要求将完全一致。

根据《海口市城市总体规划（2005—2020年）》，海口市旅游区布局将构建"三带、一轴、一中心"结构。其中"三带"指西海岸旅游带、东海岸旅游带和生态景观旅游带。本项目所在区域位于东海岸旅游带，项目用海是与城市规划总体目标相符的。

3）区位优良，基础设施条件便利。海口市是海南国际旅游岛的极核，规划区位于海口市东海岸北侧海域，规划区宏观区位优势明显；同时规划区距陆地仅4.4 km，且规划区周边有美兰机场、城市道路、规划轨道交通等交通设施与之无缝衔接，规划区微观区位优越。海口地区材料丰富，砂、土、石料供应较为充裕。施工条件可满足工程施工需要。

（2）项目用海选址与自然资源和生态环境的适宜性分析

本规划区位于多年形成的白沙浅滩之上，地基比较稳定，使人工岛建设拥有较好的基础条件和施工条件。规划区内部所处水深大部分在4 m以浅，有利于人工岛的吹填和建设。工程地质条件较好，基本适合建设人工岛。

根据人工岛建设泥沙冲淤专题分析结论，其影响在可接受范围内。

（3）项目用海与区域生态环境适应性

规划区所在海域海洋环境质量良好，适宜于海岛度假旅游区的建设。据估算，规划区域建设填海造成底栖生物损失量为58.26 t，游泳生物的损失量为15.43 t，鱼卵的损失量为 2.24×10^8 个，仔鱼的损失量为 6.31×10^7 尾。因此，建议工程建设单位采取贝类底播增殖和鱼类增殖放流等方式进行适当的生态资源补偿，将用海建设对海洋生态环境外部性影响降到最低。

（4）项目用海选址与周边其他用海活动相适应

如意岛规划用海区所在地区位和自然条件较为优越，开发条件较为成熟，区域建设与所在海域的功能区划是可兼容的，而且符合相关规划的要求，区域建设对海洋环境质量影响较小，对周围海域开发活动影响也较小，并拥有优良的发展条件，可以满足区域用海建设需要。但要注意区域建设对周围海域特别是东海岸岸滩的冲刷、侵蚀作用。

6.2.2.5.2　用海平面布置合理性

人工岛功能定位以高端旅游度假区建设为主，因此其平面布置也主要是从合理利用岸线资源、优化用地布局、景观效果的角度为主出发进行了多次设计和调整。从概念性规划开始，海口东海岸人工岛用海规划主要经历了 7 次方案比选。从合理利用海域资源，充分发挥人工岛旅游功能的角度出发，介绍其中 4 个主要比选方案（图 6 - 27）。

1）4 个方案均采用人工岛式填海方案，对规划用海范围内采取功能分区布局的结构形式。规划方案一填海面积 593 hm²，新增人工岸线 20 km；方案二填海面积 939.06 hm²，新增人工岸线 22 km；方案三填海面积 869.04 hm²，新增人工岸线 21.6 km；方案四填海面积 715.05 hm²，新增人工岸线 20.4 km。规划方案二、方案三、方案四与方案一相比较显著增加了填海面积、人工岸线，而且形成城市有效建设用地面积较大，人工水系适量化且与外界连通，增强水系的对流，用海区域与自然岸线走向整体协调性一致性较好，便于人工岛后期岛上旅游规划布局。方案四相对方案二、方案三位置整体向南偏移，远离北部深水陡坡，区域平均水深比方案二、方案三明显变浅，施工风险降低、投资收益比显著增大。

2）从景观角度分析，规划方案一寓意"绽放双岛"，方案二、方案三、方案四寓意"吉祥如意"。规划方案二、方案三、方案四整体更显紧凑，体现节约用海的原则，其寓意与海口市旅游发展理念更显融洽，但整体规划景观效果略逊色于方案一。因此，从平面布局角度分析更偏向于方案四。

3）水动力及冲淤与工程规划方面比选。《海口市白沙浅滩人工岛水文泥沙与冲淤专题》中针对 4 个方案建成后冲淤影响程度进行了分析比选，方案二和方案三最大的差异在于人工湖开口方向，而周边海域的流场、波浪场和冲淤影响基本一致。对于人工湖开口方向选择朝南或朝北，从偏安全的角度出发，为避免台风和冬季大风条件下波浪对人工湖内建筑和船舶的影响，建议采用人工湖开口朝南的方案三。而方案一由于撤销人工湖保留潮流通道，形成两个小的人工岛，其对浪、流和冲淤的整体影响类似于方案二和方案三，仅强度略偏小。方案四是在方案三的基础上从水文动力、工程可行性等角度考虑进行优化，方案四对周边水沙动力环境的影响相对较小，流场、波浪场变化、冲淤强度和对周边岸滩的影响程度处于可接受范围内。

4）其他方面比选。从填海面积及对海域影响的对比而言，方案一虽然对海域影响略偏小，但其可用建设面积却仅为方案二或者方案三的 63%，为方案四的 82%。从项目实施的单位造价来看，方案一的单位成本最高。方案四相比方案二或者方案三自然条件好，其整体岸线基本都在水深 -6 m 区域以浅，远离北部深水陡坡，地质条件较适宜，方案四大大降低了用海风险，节约了建设成本。综合水文泥沙和工程规划等各方面考虑，建议采用方案四的规划设计。规划方案一、方案二、方案三、方案四的比选情况见表 6 - 5。

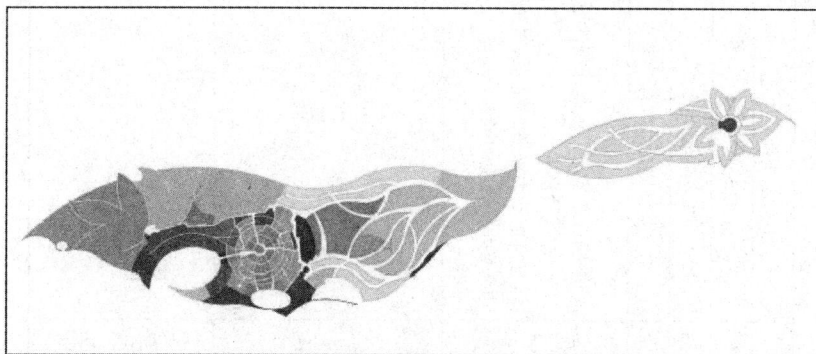
方案一的用海布局

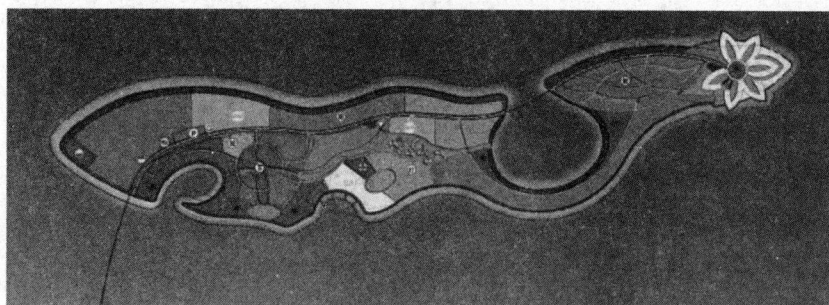
方案二的用海布局

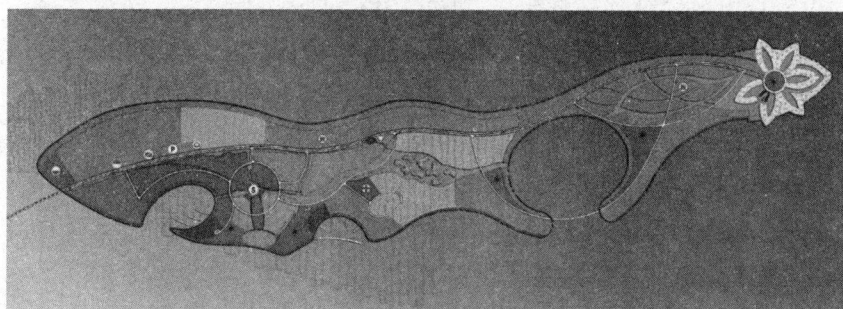
方案三的用海布局

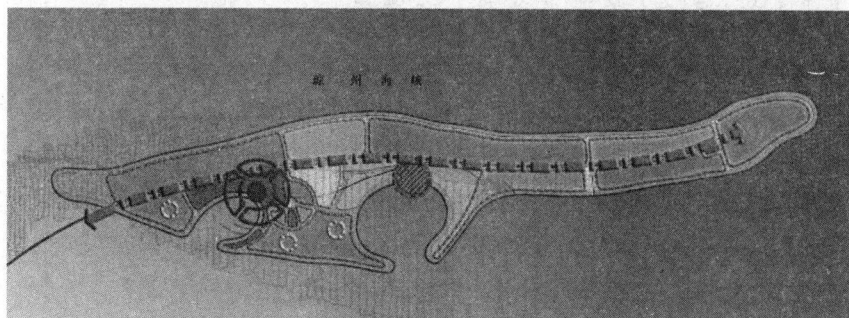
方案四的用海布局

图 6 – 27 如意岛用海方案比选

表6-5　如意岛规划方案一、方案二、方案三、方案四的比选情况表

比选方案	方案一	方案二	方案三	方案四（推荐方案）
平面设计用海方式	人工岛式	人工岛式	人工岛式	人工岛式
填海面积	593 hm²	939.06 hm²	867.04 hm²	715.05 hm²
功能分区　分类	六大功能区	九大功能分区	九大功能分区	九大功能分区
布局合理性	整体协调性一般	整体协调性较好	整体协调性较好	整体协调性较好
水动力及冲淤影响	1. 水道交叉分布，水流较均衡； 2. 人工岛东北部冲刷作用明显； 3. 双岛之间有潮流通道，对浪、流和冲淤的整体影响小于方案二、方案三	1. 水道交叉分布，水流较均衡； 2. 人工岛东北部冲刷作用明显； 3. 岛之间港湾连接，对流场有一定影响	与方案二基本一致，但方案三优化了岸线，北部岸线更加平滑，减少波浪对人工岛的侵蚀	1. 岸线形态依照当地水深条件而设计，岸线较平滑； 2. 与当地动力条件较适应，对周边海域水沙环境的影响较小
平面布置　景观效果	1. 寓意"绽放双岛"，整体感一般，整体景观效果较好； 2. 内部水道分割，不易形成整体景观效果； 3. 绿地面积80 hm²，占城市建设用地面积的13.4%	1. 寓意"吉祥如意"，整体感较强，景观效果略逊于方案二； 2. 内部水道易形成景观长廊，占城市用地； 3. 绿地面积107 hm²，占用地面积的15.5%	与方案二一致	与方案三一致
平面布置　实用性	1. 形成土地规整，但双岛较为独立，不便于总体规划利用； 2. 土地利用率一般； 3. 水网与绿化空间融合较好，可利用性强	1. 形成土地规整，便于规划利用； 2. 土地利用率较高； 3. 水网与绿化空间融合较好，利用性强	与方案二基本一致，但从偏安全的角度出发，减小了台风和冬季的大风条件下波浪对人工湖内建筑和船舶的影响，增强人工岛的实用性	与方案三一致

续表

比选方案 \\ 方案	方案一	方案二	方案三	方案四（推荐方案）
平面布置	工程实施难易程度	东西跨度大，平均水深较浅，整体距岸较近施工期组织实施好，但双岛之间用跨海桥梁连接，施工风险和投资收益比相对较低	东西跨度大，整体距岸较近施工顺岸性好；便于分期组织实施	与方案二基本一致，但与方案二相比，位置整体向南偏移，近离北部水深延提，总体平均水深变浅，施工风险降低，投资收益比相对较高	与方案二、方案三比平均水深最浅，施工条件最为优越，风险和投资收益比最高
规划及围填海面积	规划填海总面积约 593 hm²	规划填海总面积约 939.06 hm²（放坡按 100 m 考虑）。用地面积为 690 hm²	规划填海总面积约 867.04 hm²（放坡按 80 m 考虑）。用地面积为 690 hm²	规划填海总面积约 715.05 hm²（放坡按 50 m 考虑）。形成土地面积为 611.56 hm²	
新增岸线长度	20.6 km	22 km	21.6 km	20.4 km	

综上所述，规划方案采用方案四。本项目区域建设用海规划布局在参考国内外先进城市经验的基础上，结合国家海洋管理政策以及当地经济发展需求、对自然环境的影响程度，综合考虑工程建设成本及景观设计需要，规划布局具有超前性和可操作性，平面布置方案是合理的。

6.2.2.5.3 用海面积合理性

（1）填岛面积吸取了国内外已建人工岛建设的经验

从目前世界范围内人工岛的用地规模来看，大致可以分为小型人工岛、中型人工岛和大型人工岛三种类型。

小型人工岛填岛面积小于 1 km^2，其优点是：① 总投资量小，资金限制较少，容易建成；② 填岛面积小，对所在海域的洋流、潮汐等海洋自然规律的干扰较小。小型人工岛的缺点是：由于填岛面积小，难以提供类型丰富的旅游产品，投资者为快速收回投资，一般选择度假别墅、度假公寓、酒店等项目，因而难以形成规模竞争优势。

大型人工岛填岛面积大于 10 km^2，其优点是：① 旅游产品类型丰富，能满足各类游客期望的各种体验活动；② 由于规模巨大，能够短时期内产生眼球效应，吸引众多游客并带动区域经济发展。大型人工岛的缺点是：① 总投资量巨大，资金限制较多，建设的不确定性较大；② 由于填岛面积巨大，因而对所在海域的洋流、潮汐等海洋自然规律的干扰较大。

综合以上小型人工岛和大型人工岛的特点，规划认为中型人工岛（填岛面积 1 ~ 10 km^2）恰好融合了两者的优点，规避了两者的缺点，不但能给游客提供类型丰富的旅游产品，从而产生规模效应，而且对所在海域的干扰相对较小。因此，如意岛填岛面积应定位于中型人工岛，即填岛面积为 1 ~ 10 km^2。

（2）建设规模充分考虑各板块功能定位发展的要求

如意岛功能定位为"具有海洋特色的集时尚创意、时尚交流、休闲娱乐、康体疗养、休闲度假、时尚商务商业于一体的低碳、生态、环保型高端旅游度假区"。汇总以上功能板块用地规模为 3.45 ~ 4.9 km^2，考虑到规划区沿海一带设置防护绿地、规划区内部设置必要的市政设施、道路、景观水体等用地，这部分用地面积约为 2.5 km^2，则规划区总用地面积为 5.95 ~ 7.4 km^2；除这部分能开发建设用地外，还需要在其外围吹填一定面积的坡型防潮堤（本规划区按 50 m 放坡考虑），根据经验值这部分用地面积约为 1 km^2，则规划区填岛面积为 6.95 ~ 8.4 km^2。海口市如意岛规划区填海面积为 7.15 km^2，其建设规模充分考虑了各板块功能定位发展的要求。

（3）人均用地规模符合城市用地分类与规划建设用地标准的要求

如意岛规划区人口规模包括三个部分：游客数量、居住人口、服务人口。综合分析提出，规划区总人口数量可达 58 100 人。如意岛规划区填海规模为 7.15 km²，用地规模为 6.11 km²，人均建设用地面积 105 m²/人，根据《城市用地分类与规划建设用地标准》（GB 50137—2011）第 4.1.2 条"新建城市的规划人均建设用地指标宜在第Ⅲ级内确定；当城市的发展用地偏紧时，可在第Ⅱ级内确定"。可见本用海规划符合上述规定的要求。

（4）用地规模考虑了旅游环境容量的要求

根据对各类用地日环境容量的计算，得出整个规划区日环境容量为 4.9 万人次，规划区日游客数量为 1.67 万人次，可以看出供求关系相当，说明规划区旅游设施能够得到较充分利用，且不至于使旅游设施超负荷运行。

关注要点：

选址合理性：项目用海所在区位条件和社会条件能否满足项目建设和营运的要求；项目用海与自然资源和生态环境是否适宜；项目用海是否存在潜在的、重大的安全和环境风险；项目用海与周边其他用海活动是否存在功能冲突；项目用海是否有利于海洋产业协调发展。由于人工岛为非常复杂的海洋工程，应重点分析其选址应避免形成连岛沙坝，工程地质不利条件的影响等。对不同选址方案进行综合比选和优化，详细、客观地阐明规划用海选址方案的比选和优化分析结果。

用海平面布置合理性：平面布置是否集约、节约用海；是否最大程度减少对水动力和冲淤环境影响；是否与周边其他用海活动相适应；平面布置方案比选及优化建议。由于人工岛为四周环海，应根据不同方向海洋资源环境条件的不同来分析各部分布置的合理性，应分析是否体现了优化景观布置，增加亲水岸线，提升景观价值的要求。

用海面积合理性：人工岛的建设规划应从人工岛总体定位、发展规模、各板块功能定位与发展需求出发，结合海域自然环境条件适宜性以及工程可行性、技术可行性和经济可行性综合分析，比选优化建设规模方案，分析应阐述用海面积是否符合相关行业的设计标准和规范。

优点：

从合理利用海域资源，充分发挥人工岛旅游功能的角度出发，考虑水动力、泥沙、海底冲淤变化、施工风险、投资收益、景观效果等多方面进行较充分论证比选，优化平面布局方案。

6.2.2.6 海域使用管理对策措施和风险分析

6.2.2.6.1 项目用海的不确定因素分析

为充分发挥海洋资源和环境效益，确保用海安全和海域使用的科学性，需根据区域建设用海的特点和功能定位，合理判定区域建设用海存在的不确定性因素，并针对不确定性因素提出规划实施管理要求、控制要求以及环境保护对策与要求，用海风险对策与要求等。海口市如意岛区域建设用海的不确定因素主要表现在以下几个方面：国内外金融环境、政策及行业发展的不确定性影响；经营不确定性影响；海洋环境的不确定性影响；用海风险不确定性影响；管理的不确定性影响。

6.2.2.6.2 项目用海实施管理要求

加强政策协调落实，实行政府主导下的规划先行战略，加强规划实施管理与监督，开展后续规划编制与专项研究，规划实施适当优化调整。总之，海口市如意岛的区域建设在具体实施过程中不但应遵从上级管理规定，服从相关部门的管理，而且应加强自身用海的综合管理，以求实现未来海口市如意岛经济效益、环境效益、景观效益和生态效益的统一，并推动海口市海洋经济和滨海旅游产业经济又好又快发展。

6.2.2.6.3 项目用海控制要求

区域建设用海应统一规划，逐步实施。分阶段实施可根据项目轻重缓急程度边围填边建设，避免开发周期过长而滞后整个如意岛规划的发展；同时，分阶段发展可减小资金压力，更加灵活地对人员和资金进行调配；并且分阶段实施可随时调整待建项目的功能布局，并可以根据前期项目的运营情况适当改变发展重点，有利于促进整个如意岛的集约化、一体化发展。在实施过程中应加强海域使用面积监控，规划区域建设项目用海的申请审批，规划内容的监控，海域使用用途的监控，海域使用资源环境状况的监控，实施区域建设用海动态监测。

关注要点：

功能区划实施管理对策措施，保证维护项目所在海域和周边海域的基本功能，满足相关功能区管护要求；开发利用协调对策措施；针对项目用海不利影响和风险，提出管理对策和方案；监督管理对策措施，确定监督检查、动态监测、竣工验收的范围和内容。

优点：

风险防范措施和减小生态环境影响的措施较为详细。

案例 7　跨海桥梁项目案例评析

7.1　跨海桥梁项目及用海特点

7.1.1　相关政策规定

随着沿海经济社会的发展，沿海各地投入交通基础设施建设日益增多，为沿海区域经济"增长极"带来新支撑，其中涌现出不少涉及海峡、海湾、河口海域和连接海岛的跨海桥梁项目，为规范跨海桥梁项目的管理，国家有关部门针对跨海桥梁项目的建设、技术要求出台了一些法律、法规、政策、规定。主要依照的法律有：《中华人民共和国公路法》、《中华人民共和国道路交通安全法》、《中华人民共和国海上交通安全法》和《中华人民共和国水上水下活动通航安全管理规定》等。

《中华人民共和国海上交通安全法》第二十条规定在港区内使用岸线或者进行水上水下施工包括架空施工，须附图报经主管机关审核同意。《中华人民共和国水上水下活动通航安全管理规定》第五条规定在取得海事管理机构颁发的《中华人民共和国水上水下活动许可证》后，方可进行相应的水上水下活动。《中华人民共和国海事行政许可条件规定》指出桥梁管理单位应当遵守有关安全生产的法律法规，建立健全安全生产责任制。海事管理机构应当建立健全桥梁水域水上交通安全监督检查制度，并组织落实。

《产业结构调整指导目录（2011 年本）》中"特大跨径桥梁修筑和养护维修技术应用"为鼓励性项目。跨海桥梁项目往往涉及特大跨径修筑，因此，从产业结构上讲，跨海桥梁均属鼓励类项目。从沿海地区的区域发展规划中，几乎大部分区域规划都有将跨海桥梁建设列入其重大或重点工程范畴，如《福建海洋蓝色经济实验区发展规划》在加强海岛基础设施建设方面提出加快推进平潭海峡大桥复桥项目建设；《广东省"十二五"规划纲要》加快建设跨界高速公路、轨道交通及配套工程，重点推进港珠澳大桥、广深港铁路客运专线等重大项目建设；《海南省海洋经济发展规划》积极推进琼州海峡大桥/隧道建设项目；《广东省海洋经济发展"十二五"规划》打造粤东沿海城镇群。对接海峡西岸经济区，积极承接珠江三角洲、台湾等地的产业转移，加快厦深铁路、南澳大桥等基础设施建设。重点发展滨海旅游业，规划建设上下川岛连岛大桥；《浙江海洋经济发展示范区规划》完善重要海岛基础设施配套，将重要海岛海陆集疏运体系建设纳入国家交通和港口规划，加大对桥隧等基础设施建设支持力度等等。

《全国海洋经济发展"十二五"规划》指出，重大海洋基础设施建设取得突破。青岛海湾大桥、杭州湾跨海大桥、舟山跨海大桥、平潭海峡大桥、厦漳跨海大桥、南澳跨海大桥、港珠澳大桥、青岛胶州湾海底隧道、崇明长江隧道、厦门翔安海底隧道等一批跨海桥梁和海底隧道相继建成或开工建设。重大海洋基础设施的不断完善，加快了生产要素流动与区域经济融合，促进和支撑了沿海地区经济发展。规划中要求发展交通运输、物流、海岛开发和公共服务等，也均涉及跨海桥梁的建设。

《中华人民共和国海域使用管理法》中并未提及跨海桥梁的明文规定，但从交通行业来讲，跨海桥梁属公路或铁路基础设施建设，一般纳入了交通规划中，因此，涉及跨海桥梁的交通规划应符合海洋功能区划。在全国海洋功能区划中，路桥建设包含在特殊利用区。《全国海洋功能区划》（2011—2020）要求：在跨海路桥和隧道用范围内严禁建设其他永久性筑物，从事各类海上活动必须保护好道路桥梁和隧道。沿海各省（市）海洋功能区划，有的明确了划定跨海桥梁的功能区。

7.1.2　跨海桥梁主要类型

对于桥梁按结构体系分类是以力学特征为基本着眼点，以主要的受力构件为基本依据，可分为梁式桥、拱式桥、斜拉桥、悬索桥、刚架桥五大类。

（1）梁式桥

梁式桥的主梁为主要承重构件，受力特点是主梁受弯。主要材料为钢筋混凝土、预应力混凝土。梁式桥的跨越能力从 20～300 m，大跨径的梁式桥主要为预应力连续箱型梁桥。梁式桥建造易于就地取材，具有耐久性较好、适应性与整体性强、外形美观、抗震性能好以及便于养护等优点。同时，梁式桥在设计理论与施工技术上发展得都比较成熟，近年来在桥梁建设上应用较多。梁式桥中比较有名的跨海桥梁有跨越高集海峡主桥全长 2 070 m 的厦门大桥，港珠澳大桥的部分非通航孔桥也为预应力连续箱型梁桥。

梁式桥的主要缺点有：结构本身的自重大，而且跨越度越大其自重所占的比值显著增大，限制了其跨越能力。

连续箱梁桥的施工方法比较多，需要因时因地，根据安全经济、保证质量等因素综合考虑选择。一般常用的方法有：桩基基础打设、承台与墩身采用立支架就地现浇或预制拼装、悬臂浇筑、顶推、采用滑膜逐跨现浇施工等。

（2）拱式桥

拱式桥在桥梁发展史上曾占有重要地位，迄今为止已有 3 000 多年的历史。拱式桥中拱肋为主要承重构件。拱式桥的优点是跨越能力较大，耐久性好，外形美观，养护维修费用少，构造简单，有利于广泛采用。拱式桥中典型的跨海桥梁有著名的悉尼海港大桥，大桥桥身长度（包括引桥）1 149 m，桥面宽49 m。悉尼大桥的最大特点是拱架，其拱架跨度为 503 m，而且是单孔拱形，这是世界上少见的。我国跨海大桥中拱式桥有位于厦门岛东北部的五缘大桥，该桥主跨208 m、两个边跨58 m。

拱式桥按建造材料主要有圬工拱桥、混凝土拱桥和钢拱桥等类型。圬工拱桥不利于工厂化施工，施工周期长，相应费用高。由于圬工结构是以砖石作为建筑材料，不适用于建设大跨度桥梁。混凝土拱桥又包含素混凝土和钢筋混凝土两类，它在力学方面性能优越，而且在加工和制作上较为方便。钢拱桥是上部结构采用钢材建造的拱桥类型，它的跨越能力大，结构自重小，目前发展迅速。

拱式桥其发展趋势为拱圈轻型化，长大化以及施工方法多样化。常见的拱式桥施工方法有主支架现浇、预制梁段缆索吊装、预制块件悬臂安装、半拱转体法、刚性或半刚性骨架法等。由于拱式桥为一种推力结构，对地基要求较高。因此对于大跨度桥梁和大型跨海桥梁的造型，拱式桥的竞争力弱于斜拉桥和悬索桥。

（3）斜拉桥

斜拉桥是我国大跨径桥梁中最流行的桥型之一，是由索塔、主梁和斜拉索作为主要承重构件。斜拉桥的主要材料包括预应力钢索、混凝土和钢材。斜拉桥通过选择不同的结构外形和材料可以组合成新颖别致的各种形式。索塔型式有 A型、倒 Y型、H型等，主梁有混凝土梁、钢箱梁、结合梁、混合式梁等，斜拉索的布置有单索面、平行双索面、斜索面等。

斜拉桥的优点是梁体尺寸较小，使桥梁跨越能力增大；受到桥下净空和桥面标高的限制小；抗风稳定性优于悬索桥；便于无支架施工。斜拉桥的主要缺点表现在：由于结构问题，桥梁计算复杂；索与塔或梁的连接构造比较复杂；施工中高空作业较多，且技术要求严格。

斜拉桥的施工方法主要采用悬臂浇筑和预制拼装。斜拉桥作为一种拉索体系，比梁式桥有更大的跨越能力。由于拉索的自锚特性而不需要悬索桥那样巨大的锚碇，加之斜拉桥具有良好的力学性能和经济指标，已成为跨海桥梁最主要的桥型。港珠澳大桥、杭州湾跨海大桥、青岛海湾大桥、湛江海湾大桥等都有采用斜拉桥的型式。

（4）悬索桥

悬索桥由索塔、锚碇、主缆、吊索（或吊杆）和主梁组成。悬索桥主要承重构件为主缆，受力特点为外荷载从梁经过系杆传递到主缆，再到两端锚碇。悬索桥的主要材料是预应力钢索、混凝土、钢材，适宜于大跨径和特大跨径桥梁。悬索桥由于主缆采用高强钢材，受力均匀，具有很大的跨越能力。采用悬索桥型式的著名跨海桥梁有香港的青马大桥，广东的虎门大桥、汕头海湾大桥等。

悬索桥的施工主要为锚碇、索塔、主缆和加劲梁的制作与安装。锚碇是主缆锚固装置的总称，由混凝土锚块（含钢筋）及支架、锚杆、鞍座（散索鞍）等组成；悬索桥索塔结构一般为门式框架结构，中间设若干道横梁，索塔塔柱施工多用爬模施工，索塔的横梁一般采用柱梁异步施工；悬索桥主缆的施工方法常见的有空中送丝法和预制索谷法；加劲梁架设的主要工具是缆载起重机，架设顺序可以从主跨跨中开始，向桥塔方向逐段吊也可以从桥塔开始，向主跨跨中及边跨岸边前进。

悬索桥的缺点是整体刚度小，抗风稳定性不佳，需要极大的两端锚碇，投资费用高，施工难度大。

（5）刚架桥

刚架桥也称刚构桥，是一种桥跨结构和墩台结构整体相连的桥梁。支柱与主梁共同受力，主要承重结构采用刚架。刚架桥的主要材料为钢筋混凝土，适宜于中小跨度的桥梁建设。

刚架桥的类型主要有 T 型刚构、连续刚构、斜腿刚构、V 型刚构等。跨海桥梁中常使用的是连续刚构。预应力混凝土连续刚构桥数跨相连，利用薄壁高墩的柔性来适应各种外力所引起的桥纵向位移，特别适合于大跨度、高桥墩的情况。港珠澳大桥、杭州湾跨海大桥、东海大桥、虎门大桥都采用了这种桥型。

连续刚构桥与连续梁桥的主要区别在于柔性墩的作用，使结构在竖向荷载作用下，基本上属于一种墩台无推力的结构，而上部结构又具有连续梁桥的一般特点。预应力混凝土连续刚构桥的结构特点是主梁连续、墩梁固结，既保持了连续梁无伸缩缝、行车平顺的特点，又有不设支座、无需体系转换的优点，可以较好地满足较大跨径桥梁的受力要求。其缺点是对地基承载能力的要求高，若地基发生较大的不均匀沉降，容易产生裂缝，严重的会造成结构破坏。

7.1.3 跨海桥梁项目用海特点与要求

跨海桥梁是跨越海面，连接海峡、海湾或岛屿供车辆、行人、管道通过的架空建筑物。近年来，为满足日益增长的交通需求，解决陆岛之间和各区域经济体之间的便捷联系，开发海岛深水港口岸线资源以及国防建设的需要，在各大河口、海湾以及海峡相继规划和建设大型的跨海桥梁。东海大桥、杭州湾跨海大桥、舟山连岛工程、青岛胶州湾大桥已经建成通车，港珠澳大桥正在加紧施工，深中跨海通道、琼州海峡跨海通道工程等已经在规划设计中。这些结构新颖、技术复杂、科技含量高的跨海桥梁标志着我国桥梁建设水平已跻身于国际先进行列。

根据《公路工程技术标准》（JTGB 01—2003）对桥涵分类的规定，多孔跨径总长大于 1 000 m 或单孔跨径大于 150 m 规定为特大桥，跨海桥梁一般都为特大桥。

7.1.3.1　跨海桥梁的工程特点

跨海桥梁是交通运输基础设施之一，优点是直达、便捷、快速、通过量大和运营费用低，主要缺点是施工和运营易受台风等特殊天气影响，对海上通航环境存在制约。跨海桥梁具有以下特点：

（1）工程规模浩大

跨海桥梁一般都要穿过某片海域，形成长距离运输通道，因此桥梁长度长，工程量大。受跨海桥梁下部工程施工难度大、投资比例高特点的影响，跨海桥梁一般都具有四车道以上的通行能力才能体现其投资效益。例如我国的东海大桥、杭州湾大桥和港珠澳大桥，其长度均在 30 km 以上，宽度均在 30 m 以上。跨海桥梁工程规模大还体现在跨海桥梁的基础工程上，受海底地质情况影响，跨海桥梁基础工程平均桩长达 70～90 m，东海大桥各种基桩的数量超过 7 000 根，混凝土数量达数十万方。

（2）自然条件复杂

跨海桥梁经过海域的海流、波浪、气象、地质、地形和生态环境等自然条件复杂，工程的结构设计要充分考虑这些条件的影响，桥梁基础结构不但需要承受较大的垂直荷载作用，水中的桥梁基础结构还要直接承受波浪、水流、船舶撞击和海冰压力等水平荷载作用。另外，工程结构位于严重的腐蚀环境中，必须采用高标准的防腐措施来确保桥梁的使用寿命和正常使用功能。

（3）施工条件复杂

跨海桥梁的施工条件复杂，一方面是因为桥梁工程量浩大，受材料供应、作业场地等因素的影响大。另一方面数量众多的施工船舶、工作平台和临时栈桥等给现场的施工组织带来很大困难。此外，海上施工作业又容易受到雨雾、寒流、台风、风暴潮等灾害天气的影响。因此，在桥梁进行施工时，都要有针对性选择恰当的施工工艺。

（4）科技含量高

跨海桥梁是高科技产物，体现着科学技术的进步。为适应复杂的建设条件，跨海桥梁建设必须依靠先进的科学技术和创新的管理理念，才能实现"工程优质安全"的目标。跨海桥梁的建设，不仅需要对工程进行科学的规划、创新的设计，而且需要采用大量新工艺和新技术。以杭州湾跨海大桥为例，在建设中创造了"梁上运架梁"、预制箱梁"二次张拉"、柔性防撞等多项先进技术，共获得250多项技术革新成果，形成了9大系列自主核心技术，因此大桥被誉为我国"海湾桥梁建设的里程碑"。

7.1.3.2　跨海桥梁的用海特点与要求

跨海桥梁的用海涉及海洋功能区划、岸线利用、海洋环境、生态环境、文物、海底管线和航运等各方面。用海选址首先要满足海洋功能区划的要求，选择在海床、地质条件稳定，海流良好，可满足施工安全要求的水域，还需尽量避开繁忙的航路、港口作业区、渡口和锚地等。

跨海桥梁是通过设置桥墩或采用直跨形式架空建设的跨海通道，对海域资源的使用最直接体现在桥墩、承台占用了一定面积的海底资源和海域空间资源。跨海桥梁的主要资源生态环境影响为：桥墩与承台的建设对海洋水动力环境、泥沙运动、海域纳潮量和海洋生态环境带来一定影响，可能影响海底地形的冲淤环境和岸滩稳定性，位于河口海域的跨海桥梁对河口泄洪防潮会产生一定程度的影响。施工期间产生的悬浮物，施工船舶的油污水、生活污水等对海洋生态和海域环境也会产生不利影响。在跨海桥梁的海域使用论证工作中，应根据具体情况判定论证工作等级，对上述影响进行定性或定量的分析。

跨海桥梁建设对海洋开发利用活动的影响体现在：① 对周边港口、航道航运功能的影响；② 对海域通航安全和通航环境的影响；③ 对海域渔业生产的影响；④ 对临近或穿越的生态环境敏感区的跨海桥梁，需要关注桥梁建设对生态环境敏感区的影响。

结合跨海桥梁建成后对资源环境影响预测结果，分析项目用海对所在海域开发活动的影响范围、影响方式、影响时间和影响程度等。

7.1.4　跨海桥梁项目论证重点把握

根据《海域使用论证技术导则》，跨海大桥项目用海论证重点一般包括：选址（线）合理性及用海风险。具体论证时还需根据跨海桥梁用海的特点、所在海域自然环境特征以及开发利用现状，确定跨海桥梁海域使用论证的重点，重点关注内容主要包括以下几个方面。

（1）项目用海的必要性分析

跨海桥梁工程规模宏大，项目投资额巨大，对海域资源、生态环境和周边开发活动影响相对较大，因此其用海的必要性分析显得尤为重要。用海的必要性应根据区域经济发展和项目对海域资源的需要，并结合区域交通规划、城市发展规划等要求，分析跨海桥梁建设的必要性和用海的必要性。

（2）项目用海的合理性分析

跨海桥梁用海合理性分析包括选址合理性分析、用海方式与平面布置合理性分析、用海面积和期限合理分析。其中选址（选线）和登陆点的确定对于跨海桥梁的建设至关重要。跨海桥梁选址合理性的分析要从技术可行性、经济可行性和环境可行性等方面进行综合分析，应在多通道方案同等深度条件下进行比选。合理性分析包括选线选址与区域总体发展规划、海洋功能区划、城市发展规划、交通路网规划，港口总体规划、自然环境条件适应性等方面的内容。

（3）项目用海的资源环境影响分析

跨海桥梁桥墩和承台的建设将永久改变海域属性，需要详细分析桥梁建设和建成运营后对海洋水动力环境、海水水质与沉积物环境、海底地形与地貌冲淤环境、海洋生态环境与渔业资源的影响。

（4）项目用海对利益相关者的影响分析

跨海桥梁通常跨度大，对海水养殖、海砂开采、海底管道、港口通航、锚地停泊以及海洋旅游等用海活动影响大，涉及的利益相关者较多。因此需要根据项目用海对海域开发活动的影响分析结果，分析界定各类利益相关者，重点分析利益相关内容、影响范围和损失程度等。最后根据界定的利益相关者及其受影响特征，提出具体的协调方案，明确协调内容和协调要求等。跨海桥梁穿越或影响自然保护区及其他环境敏感目标的，应设置专题分析内容。

7.1.5　跨海大桥项目宗海图编绘要点

跨海大桥用海一般包括跨海桥梁、人工岛和栈桥、引堤道路等附属设施。按照海域使用方式，跨海桥梁的用海方式为跨海桥梁构筑物，人工岛用海方式多为填海造地，栈桥和引堤道路用海方式多为透水构筑物或非透水构筑物。图 7-1 为一跨海大桥宗海界址图范例。

（1）宗海界址图分宗

范例中的跨海通道由跨海大桥、海上人工岛和海底隧道三个用海单元组成。根据宗海图分宗编绘原则，相互之间互不相邻，但属于同一业主的宗海，分别单独分宗编绘；填海造地用海，无论其是否具有相邻宗海，均单独分宗编绘。范例中跨海大桥与人工岛具有共用界址线，但人工岛属于填海造地，需单独分宗编绘，而跨海大桥与海底隧道虽然属于同一业主，但没有共用界址线，也需要分宗编绘，所以跨海大桥需单独分宗编绘。

××湾跨海通道工程-跨海大桥项目宗海界址图

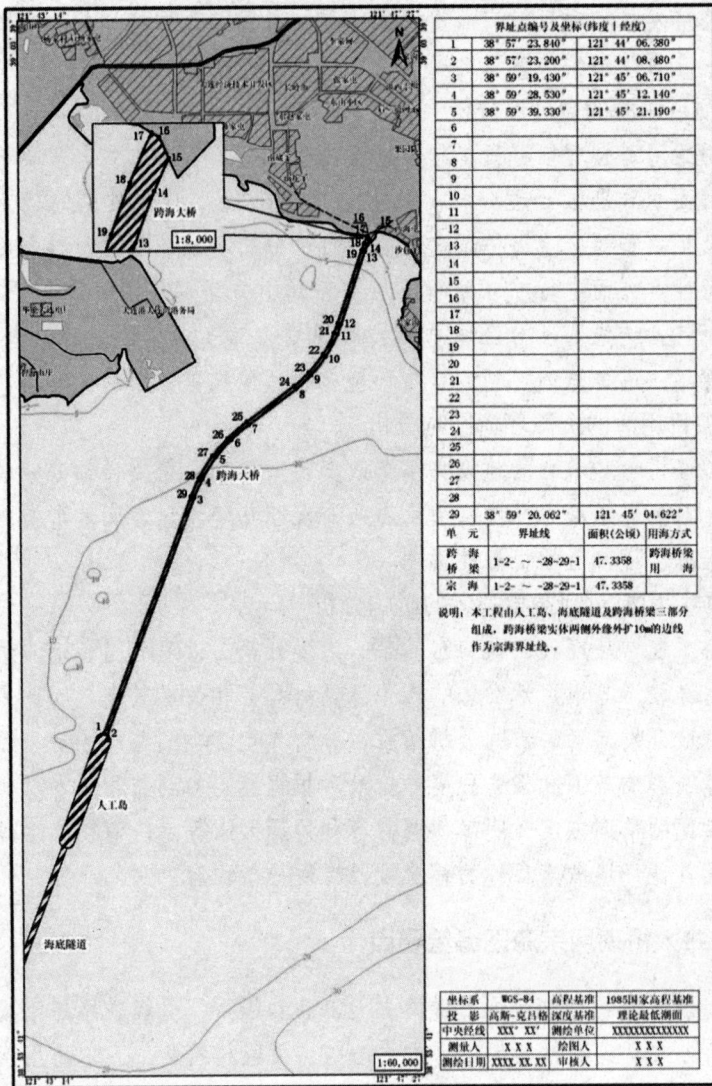

图 7-1　跨海大桥宗海界址图案例

（2）界址点界定

范例中将跨海大桥桥面垂直投影外缘线向两侧平行外扩 10 m 形成的闭合区域作为跨海大桥宗海界址范围，界址范围外围线为界址线，界址线的拐点为界址点。

（3）宗海界址图编绘

范例中的跨海大桥所占用海域跨度较大，为同时反映宗海的形状以及界址点分布情况，宗海界址图编绘采用在整体反映跨海大桥宗海平面分布情况的基础上，对于跨海大桥登陆处的界址点采用局部放大的方式编绘。这种编绘方式既展示了跨海大桥宗海界址的总体空间范围，又详细展示了重要局部区域的界址点分布。

7.2　案例点评

《港珠澳大桥工程海域使用论证报告》（2009 年版）于 2009 年 1 月 10 日通过专家评审。2009 年 10 月 28 日，国务院批复了港珠澳大桥工程可行性研究报告，2009 年 12 月 15 日，工程开工建设。由于工程设计进行了重大的优化变更，需要重新编制海域使用论证报告。《港珠澳大桥工程海域使用论证报告》（2013 年版）于 2013 年 1 月 25 日通过专家评审。

港珠澳大桥工程是包含跨海桥梁、海底沉管隧道、海中人工岛的特大型跨海通道，工程海域使用类型属交通运输用海（一级类）中的路桥用海（二级类），用海内容包括跨海桥梁建设、大型海底隧道建设、隧道人工岛填海建设、口岸人工岛填海建设以及码头建设等。本章选取港珠澳大桥工程中的桥梁部分作为跨海桥梁的典型案例进行介绍。案例分析主要选摘了 2013 年版论证报告中的项目用海基本情况、项目用海资源环境影响、海域开发利用协调分析、项目用海合理性分析及海域使用管理对策措施等内容，并依据案例编制需要进行了适当的删减和整合。

7.2.1　项目用海基本情况

港珠澳大桥工程包括三项内容：一是海中桥隧工程；二是香港、珠海和澳门三地口岸；三是香港、珠海、澳门三地连接线。根据达成的共识，海中桥隧主体工程（粤港分界线至珠海和澳门口岸段，下同）由粤港澳三地共同建设；海中桥隧工程香港段（起自香港石湾，止于粤港分界线，下同）、三地口岸和连接线由三地各自建设。

海中桥隧工程采用石湾—拱北/明珠的线位方案，路线起自香港石湾，接香港口岸，经香港水域，沿 23DY 锚地北侧向西，穿（跨）越珠江口铜鼓航道、伶仃西航道、青洲航道、九洲航道，止于珠海/澳门口岸人工岛，全长约 35.6 km，其中香港段长约 6 km，形成单 "Y" 型走向。粤港澳三地共同建设的主体工程长约 29.6 km。主体工程采用桥隧结合方案，穿越伶仃西航道和铜鼓航道段约 6.7 km 采用隧道方案，其余路段约 22.9 km 采用桥梁方案。为实现桥隧转换和设置通风井，主体工程隧道两端各设置一个海中人工岛，东人工岛东边缘距粤港分界线约150 m，西人工岛东边缘距伶仃西航道约1 800 m，两人工岛最近边缘间距约5 250 m。

海中桥隧主体工程采用双向六车道高速公路标准建设，设计速度采用100 km/h，桥梁总宽33.1 m，隧道宽度采用2 m×14.25 m、净高采用5.1 m。全线桥涵设计汽车荷载等级采用公路-Ⅰ级，同时应满足香港《Structure Design Manual for Highways and Railways》中规定的活载要求，大桥的设计使用寿命120年。其他技术标准应符合原交通部颁发的《公路工程技术标准》（JTGB 01—2003）中的规定。通航标准按交通运输部《关于港珠澳大桥通航净空尺度和技术要求的批复》（交水发［2008］97号）执行。

口岸采用"三地三检"模式分别由各方建设、各自独立管辖，香港口岸区设置在香港境内；内地（珠海）口岸和澳门口岸在澳门明珠点附近内地水域填海同岛设置。内地（珠海）口岸和澳门口岸人工岛填海总面积约216.4 hm^2，分为四个主要区域，包括：港珠澳大桥主体工程管理区、珠海连接线衔接区、珠海口岸管理区以及澳门口岸管理区。

珠海连接线起自珠海口岸人工岛，经湾仔、珠海保税区北，止于珠海洪湾，接拟建的珠江三角洲地区环线高速公路珠海南屏至洪湾段，全长约13.9 km，采用双向六车道高速公路标准建设，设计速度为80 km/h，路基宽度32 m，桥梁总宽31.5 m，隧道宽度2 m×14 m。全线桥涵设计汽车荷载等级采用公路-Ⅰ级，其他技术指标应符合原交通部颁发的《公路工程技术标准》（JTGB 01—2003）中的规定。

本案例针对海中桥隧主体工程中的桥梁工程进行分析（图7-2），桥梁总长约23 km，其中约有13 km的部分穿越了珠江口中华白海豚国家级自然保护区（见图7-2）。

7.2.1.1　项目位置

港珠澳大桥工程地理位置见图7-3。

7.2.1.2　自然环境条件

工程所在的珠江口伶仃洋海域位于北回归线以南，受海洋和季风影响很大，属亚热带海洋性气候。伶仃洋海域包含了珠江口的东部四个口门，根据《广东省水资源》统计，珠江流域水资源总量为3 360×10^8 m^3，其中出海径流3 260×10^8 m^3，经东部4个口门——虎门、蕉门、洪奇门、横门汇入伶仃洋后注入南海。由4个口门进入伶仃洋的平均流量为5 663 m^3/s，径流总量约1 742×10^8 m^3/a，约占珠江入海径流总量的53.4%。港珠澳大桥周边海域潮汐属于不正规半日潮。平均潮差在0.86~1.69 m，潮差特点是由东向西逐渐递减，由湾口向湾顶递增。伶

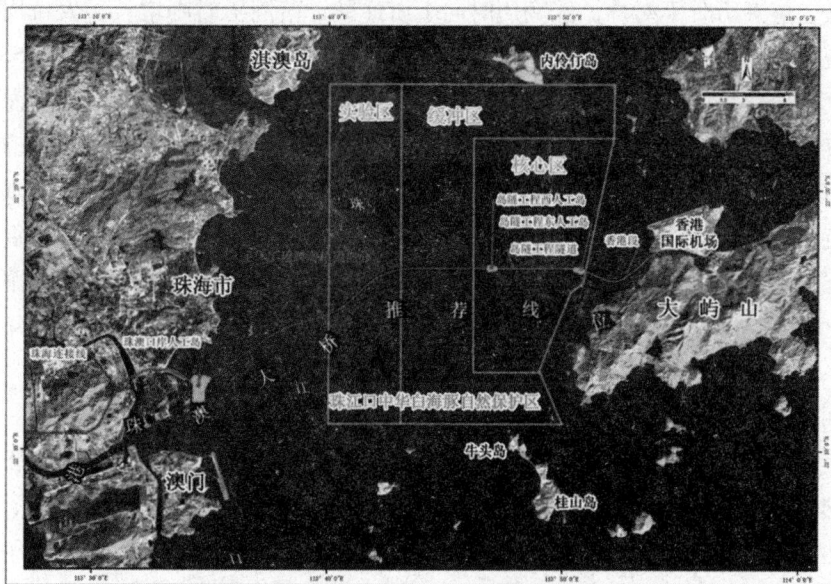

图7-2 工程与珠江口中华白海豚国家级自然保护区关系示意

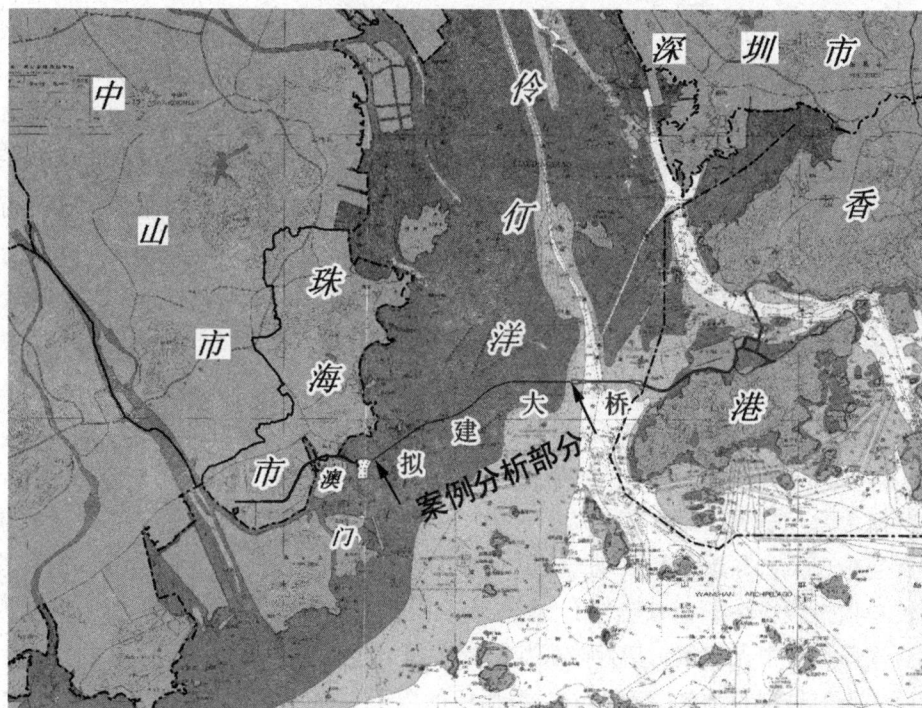

图7-3 项目地理位置示意图

仃洋涨、落潮历时不对称，涨潮历时向上游递减，落潮历时则增长。大桥周边海域潮流基本为沿槽线走向的周期性往复流，内伶仃岛以内流向以 NNW—SSE 向为主，内伶仃岛以外流向转为 S—N 向。落潮流速一般都大于涨潮流速，深槽涨落潮流速大于浅滩，东槽（矾石水道）潮流强于西槽（伶仃水道），同一槽断面东槽落潮流速高于西槽 0.15～0.25 m/s，最大流速可达 2.0 m/s。伶仃洋垂线平均余流流速介于 0.025～0.17 m/s 之间，表层余流较大，随水深的增加而逐渐减小。下泄余流量以表层最大。风浪累年最多浪向为 N 向和 ESE 向，年频率分别为 21% 和 17%；涌浪累年最多涌向为 SE 向，年频率为 57%；平均波高年均值为 1.4 m，秋冬两季稍大，春夏两季略小；各月平均波高为 1.3～1.5 m，多年平均周期为 5.4 s。

工程所在海区的自然灾害主要有热带气旋、暴雨、龙卷、雷击、短时雷雨大风，其中热带气旋具有强度高、频率高、灾害重的特点，是影响工程设计、建设和营运最危险的自然灾害之一。根据 1951—2009 年的统计资料，平均每年对珠海海域有影响的热带气旋有 3～4 个。

工程区附近地形地貌总体上是内伶仃洋三滩两槽的延伸，桥区西段海域处于微淤状态；桥区东段海床近期处于相对稳定的状态。大桥桥位区水下地形总体平坦，水深仅在东部伶仃水道至大濠水道区域较大，港珠澳大桥所处的伶仃洋水下地形具有西部浅、东部深的横向分布趋势和湾顶窄深、湾腰宽浅、湾口宽深的纵向分布特点。地貌类型划分为西北部径流动力 – 沉积地貌体系（淤积最快）、中、北部潮汐通道动力 – 沉积地貌体系（普遍冲刷）、东南部近湾口的陆架水入侵动力 – 沉积地貌体系（暗士敦水道冲淤平衡，伶仃水道淤缩显著）。

调查显示，工程所在海域海水春季 pH、溶解氧、石油类、汞、砷、铜、镉、铬共 9 个要素均符合一类海水水质标准，存在超标现象的因子为无机氮、无机磷、BOD_5、COD、锌、铅。夏季汞、砷、铜、锌、铅、镉、铬等 7 个要素均符合一类海水水质标准，存在超标现象的因子有无机氮、活性磷酸盐、溶解氧、BOD_5、COD、pH 和石油类。秋季 pH、总汞、砷、锌、镉、铅、铜和总铬符合第一类海水水质标准要求，溶解氧、COD、BOD_5、石油类、无机氮、活性磷酸盐存在超标现象。冬季 pH、DO、COD、石油类、总汞、砷、锌、镉、铅、铜和总铬的单项指数均小于 1，符合第一类海水水质标准要求。水质现状评价表明监测海区水质因子中无机氮、活性磷酸盐超标率高，对水质的影响大。

工程海域沉积物各监测因子春季超标的因子为总汞、镉、砷、铜和石油类，其他因子未超第一类海洋沉积物质量标准。夏季超标的因子有镉、砷、铜、锌和石油类，未超第一类海洋沉积物质量标准的因子有硫化物、有机碳、铅、汞和铬。秋季有机碳、硫化物、石油类、总汞和铬的含量均符合第一类海洋沉积物质量标准，铜、砷、锌、铅和镉的含量超出第一类海洋沉积物质量标准。冬季有机碳、硫化物、铅、总汞和铬的含量均符合第一类海洋沉积物质量标准，铜、砷、锌、镉和石油类的含量超出第一类海洋沉积物质量标准。珠江冲淡水输入的重金属向沉积物中迁移是造成调查海域表层沉积物中重金属含量超标的重要原因。

工程所在海域春季底栖鱼类体内的污染物含量均较低，无超标现象。棒锥螺和口虾蛄出现个别污染物超标，分别为棒锥螺体内的石油烃含量以及口虾蛄体内的铅含量。夏季单壳类和甲壳类各污染物的平均标准指数较低，未出现超标现象。底栖鱼类只有铅含量超标的情况，超标率为10.5%，超标程度较轻。双壳类的超标情况较突出，石油烃、砷、铅、镉、铬含量超标。秋季底栖生物体内各污染物的单项标准指数和平均标准指数均较低，大多在0.20以下。本次监测出现污染物超标的样品较少，仅1份双壳类样品和2份鱼类样品的铅超标，鱼类的超标率为22.2%。冬季毛蚶（双壳类）的超标现象较为突出，3份样品的石油烃、砷、铅、镉和锌含量均超标，棒锥螺（单壳类）仅石油烃的含量超标，鱼类样品全部达标。

工程沿线海域空气质量良好，符合空气环境质量一级标准。论证范围内的景观主要包括为珠海情侣路城市景观。论证范围内的自然保护区主要包括珠江口中华白海豚国家级自然保护区和广东内伶仃岛—福田国家级自然保护区。

7.2.1.3　海域开发现状

港珠澳大桥工程区及附近海域的海洋开发利用活动主要有：广州港、深圳港、珠海港、香港港和澳门港等。大桥工程区南侧是珠海港桂山港区，离大桥最近是珠海港九洲港区。珠江口水域分布众多航道、水道、锚地，其中珠江口东部水域有大濠水道、枕箱水道、榕树头航道、伶仃西航道、暗士敦水道等；中、西部水域有青洲水道、九洲航道、澳门航道等。港珠澳大桥跨越的主要航道有大濠水道、榕树头航道、伶仃西航道、铜鼓航道、青洲水道和九洲航道。工程所在海域附近还有海洋渔业、海洋旅游区、海底管线以及各类海洋保护区等，主要有珠江口中华白海豚国家级自然保护区，福田国家级自然保护区和淇澳岛海洋生态系统保护区等。海底管线主要有崖13-1天然气管道和桂山连岛—市区通讯光缆管线等。

7.2.2　项目用海论证内容及点评

7.2.2.1　项目用海基本情况

7.2.2.1.1　用海项目建设内容

港珠澳大桥建设工程的主要内容包括以下部分。

1) 海中桥隧工程：包括桥隧主体工程、香港口岸与大桥的连接立交桥、珠澳口岸与大桥的连接桥及珠海连接线的海中部分。其中，桥隧主体工程包括主航道两端的海中人工岛、海底隧道、青洲航道桥梁、江海直达船航道桥、九洲航道桥、非通航孔桥等。

2) 香港口岸人工岛填海及口岸内设施；

3) 珠澳口岸人工岛填海及口岸内设施；

4) 珠海连接线。

海中桥隧工程总长约 35.6 km，其中香港段长约 6 km，粤港澳三地共同建设的主体工程长约 29.6 km，岛隧工程长 6 834 m，两人工岛之间隧道长 5 584 m（即人工岛口门宽度）。岛隧工程东人工岛结合部非通航孔桥长 385 m，岛隧工程西人工岛结合部非通航孔桥长 249 m；珠澳口岸人工岛与大桥连接桥长 235 m。海中桥隧工程共设 5 处通航孔，大濠水道处采用长 5 990 m 的海底沉管隧道，青洲航道桥采用 458 m 双塔钢箱梁斜拉桥，江海直达船航道桥采用两跨 258 m 钢箱梁斜拉桥，九洲航道桥采用主跨 268 m 钢 – 混组合梁斜拉桥，香港侧预留通航孔采用 3 跨 150 m 的连续梁桥，深水区非通航孔桥采用 110 m 连续梁桥，浅水区非通航孔桥采用 85 m 钢 – 混组合连续梁桥，跨崖 13 天然气管道非通航孔为 150 m。珠海连接线推荐线位长 13.432 km，包括人工岛、隧道建设与桥梁建设，设 4 座立交。推荐桥位方案详见表 7 – 1。

表 7 – 1　港珠澳大桥工程一览表

编号	桩号	工程内容及结构形式	长度	备注
1	K0 + 000 ~ K4 + 200	非通航孔桥推荐 70 m 等跨等截面预应力混凝土连续梁桥	4 200 m	位于香港水域
2	K4 + 200 ~ K4 + 830	香港侧预留航道推荐采用主跨 150 m 的预应力混凝土连续刚构桥	630 m	
3	K4 + 830 ~ K5 + 972	非通航孔桥推荐采用 70 m 等跨等截面预应力混凝土连续梁桥	1 260 m	
4	K5 + 972 ~ K6 + 339	东人工岛结合部非通航孔桥采用 55 m 等跨预应力混凝土刚构桥及道路	385 m	
5	K6 + 339 ~ K13 + 173	伶仃西及铜鼓航道处推荐采用海底沉管隧道，岛隧总长约为 6.9 km，隧道东西入口处各建一座人工岛	6 834 m	人工岛长 625 m，东人工岛横向最宽 230 m，西人工岛横向最宽 191 m

编号	桩号	工程内容及结构形式	长度	备注
6	K13 + 173 ~ K13 + 413	西人工岛结合部非通航孔桥采用 49.8 m 等跨预应力混凝土刚构桥及道路	249 m	
7	K13 + 413 ~ K17 + 633	深水区非通航孔桥采用 110 m 等跨钢箱连续梁桥，其中 K17 + 373 ~ K17 + 523 是一跨 150 m	4 220 m	
8	K17 + 633 ~ K18 + 783	青洲航道桥推荐采用主跨为 458 m 的双塔钢箱梁斜拉桥	1 150 m	
9	K18 + 783 ~ K27 + 253	深水区非通航孔桥采用 110 m 等跨钢箱连续梁桥	8 470 m	
10	K27 + 253 ~ K28 + 247	江海直达船航道推荐采用主跨 258 m 钢箱梁斜拉桥	994 m	
11	K28 + 247 ~ K29 + 237	深水区非通航孔桥采用 110 m 等跨钢箱连续梁桥	990 m	
12	K29 + 237 ~ K33 + 742	浅水区非通航孔桥采用 85 m 钢－混组合连续梁桥	4 505 m	
13	K33 + 742 ~ K34 + 435	九洲航道桥采用主跨 268 m 钢－混组合梁斜拉桥	693 m	
14	K34 + 435 ~ K35 + 370	浅水区非通航孔桥采用 85 m 钢－混组合连续梁桥	935 m	
15	K35 + 370 ~ K35 + 605	珠澳口岸人工岛连接桥采用 3 × 65 + 40 m 的连续梁桥	235 m	
16		珠澳口岸人工岛填海及上部口岸设施及建筑	填海约 240 hm²	
17		珠海连接线包括主线隧道长 6 184.5 m/2 座，桥梁长 5 837 m/4 座，主线路基长度 545 m，沿线设 4 座立交	13 432 m	珠海连接线
18		香港口岸人工岛填海及上部口岸设施及建筑	拟填海面积约 91.7 hm²	口岸工程用地约 82.9 hm²

1) 粤港澳三地共同建设的主体工程总长约 29.6 km，岛隧工程长约 6 834 m。共设五处通航孔，大濠水道处采用长 5 990 m 的海底沉管隧道（其中沉管段

长 5 664 m），与桥梁相接处修建两个各长 625 m 的人工岛，青洲航道桥采用 458 m 双塔钢箱梁斜拉桥，江海直达船航道桥采用两跨 258 m 钢箱梁斜拉桥，九洲航道桥采用主跨 268 m 钢 – 混组合梁斜拉桥，香港侧预留通航孔采用 3 跨 150 m 的连续梁桥，深水区非通航孔桥采用 110 m 连续梁桥，浅水区非通航孔桥采用 85 m 钢 – 混组合连续梁桥，跨崖 13 天然气管道非通航孔为 150 m，岛隧工程东人工岛结合部非通航孔桥采用 7 跨 55 m 连续刚构桥，岛隧工程西人工岛结合部非通航孔桥采用 5 跨 49.8 m 连续钢构桥；珠澳口岸人工岛与大桥连接桥桥跨采用 3×65 +40 m 的连续梁桥。

2）香港口岸与大桥的连接桥长约 12.6 km；与珠澳口岸人工岛连接桥相连的是珠澳口岸收费站暗桥，顺桥长度 298 m，再与人工岛各匝道相接。

3）香港目前口岸选址于大屿山国际机场东侧紧邻海域布置，口岸总用地面积约为 82.94 hm²，人工岛填海面积约为 91.74 hm²。

大桥的珠海口岸借鉴拱北口岸的经验，按客、货"一站式"查验模式进行总体布置。珠海口岸用地面积为 208.874 hm²，人工岛填海 242.748 84 hm²。

4）珠海连接线长 13.432 km，主线隧道长 6 207.5 m/2 座，桥梁长 5 837 m/4 座，主线路基长度 545 m，拟在起点珠澳口岸人工岛、南湾大道、连屏工业区及终点洪湾设置互通立交。

本案例以表 7 – 1 中第 6 项至第 15 项作为分析对象，桥梁总长约 23 km，包括通航航道桥（青洲航道桥、江海直达航道桥、九洲航道桥），非通航孔桥。跨海桥梁工程采用双向六车道高速公路标准建设，设计速度采用 100 km/h。大桥的设计使用寿命 120 年。

目前桥区通航的天然水道和人工航道有大濠水道、榕树头航道、伶仃航道、青洲水道、九洲航道等；近期建设铜鼓航道，未来可开挖青洲航道。根据通航现状、港航规划和桥梁的走线，桥区内地水域需设置 4 个通航孔，其中大濠水道采用隧道，榕树头航道 1 个 5 万吨级双向通航孔，青洲水道 1 个万吨级双向通航孔，珠海近岸 5 km 内设江海直达船航道，为 2 个 5 000 吨级单向通航孔，九洲航道 1 个 1 万吨级单向通航孔。各通航孔的边孔安排吨位较小的船舶通行。各通航孔通航代表船型的尺度见表 7 – 2，通航净空尺度要求见表 7 – 3。

表 7 – 2　各通航孔控制船型尺度

通航孔所在航道	通航船舶吨级	船舶种类	总长（m）	型宽（m）	空载水线以上高度（m）
大濠水道	30 万	油轮	334	59.0	57.5
	15 万	集装箱	400	61.0	68.5
榕树头航道	5 万	集装箱	272	33.0	57.8

续表

通航孔所在航道	通航船舶吨级	船舶种类	总长（m）	型宽（m）	空载水线以上高度（m）
青洲水道	10 000	杂货	150	22.2	37.5
九洲航道	3 000	杂货	108	16.0	28.0
	10 000	客船	148	25.0	35.5
江海直达船航道	5 000	江海直达	105	17.0	20.0
各小船航道	500	客、货	55	8.8	15.6

表7-3 各通航孔净空尺度

通航孔所在航道	通航吨级	通航孔个数	净空高度（m）	净空宽度（m）	备注
青洲水道	10 000	1	42.0	318	双向单孔
九洲航道	3 000	1	40	210	双向单孔
江海直达船航道	5 000	2	24.5	173	单向双孔
各小船航道	500	-	20.0	85	利用边孔
香港侧预留航道	1 500	2	41.0	100	单向双孔
隧道区	人工岛之间最小通航宽度4 100 m，埋深-29 m				

7.2.2.1.2 平面布置和主要结构、尺度

港珠澳大桥工程的主线纵面段示意见图7-4，平面布置图见图7-5。跨海桥梁主体工程按照组成包括青洲航道桥、江海直达轮航道桥、九洲航道桥、非通航孔桥。青洲航道桥、江海直达轮航道桥、九洲航道桥均需满足相应航道的通航要求。

（1）青洲航道桥

青洲航道桥采用双塔钢箱梁斜拉桥方案，桥型布置见图7-6。桥跨布置为110 + 236 + 458 + 236 + 110 = 1 150（m）中跨和次边跨布置斜拉索。桥下净高42 m，通航净空318 m×42 m，可满足通航要求。主梁采用流线型扁平钢箱梁。斜拉索采用扇形式布置，双索面，在外侧锚固。索塔采用横向H形框架。桥面宽度为41.8 m。

1）索塔。

A. 索塔基础。每个承台下采用38根D2.5 m/D2.15 m钢管复合桩，梅花形布置，按支承桩设计，钢管与钢筋混凝土共同组成桩基础结构主体共同受力。整个桩身由2部分组成：有钢管段、无钢管段。

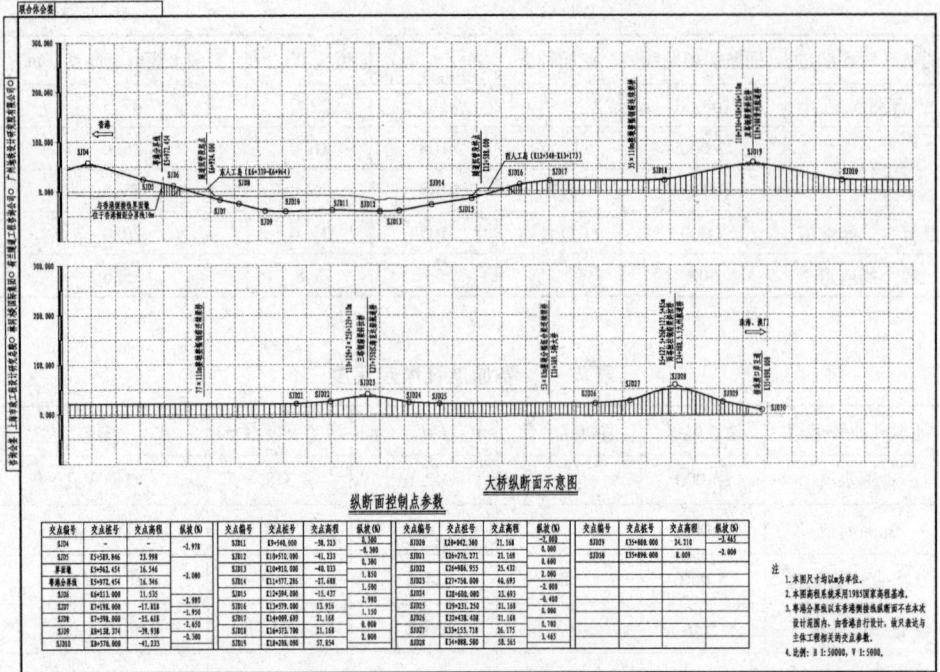

图 7-4 港珠澳大桥主体工程主线纵面段示意

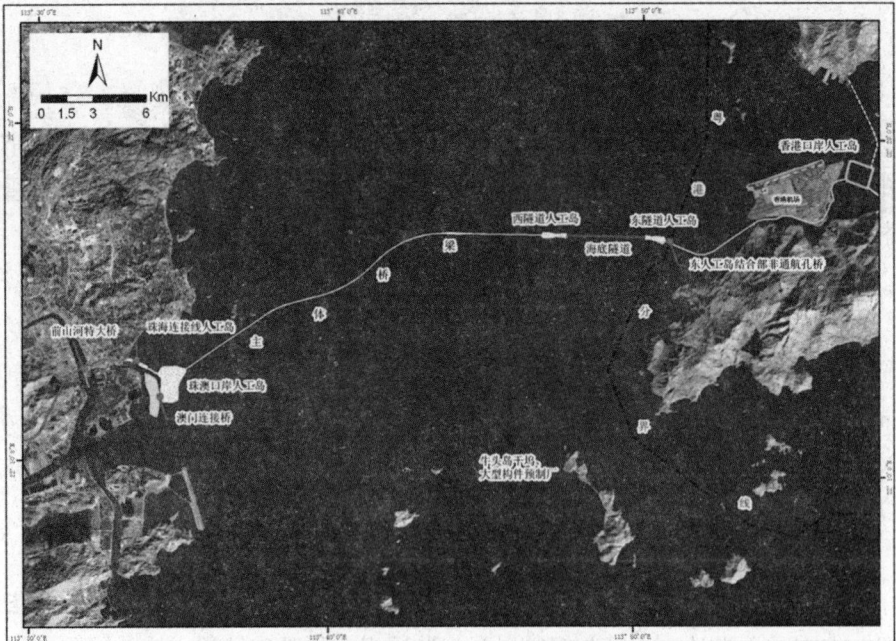

图 7-5 港珠澳大桥平面布置图

　　承台平面呈哑铃形，由 2 个分离的 D36.5 m 的圆形承台通过系梁连接而成。整个承台平面轮廓尺寸横桥向为 83.75 m、纵桥向为 36.5 m，系梁宽 15 m。承台厚度方向可分为两级，一级承台厚度为 5 m，二级承台厚度为 4 m。二级承台顶面为矩形、底面为八边形。承台采用有底钢套箱施工，封底混凝土厚度为 2 m。

　　B. 索塔塔身。索塔采用双柱门形框架塔，包括下塔柱、中塔柱、上塔柱、下横梁和上"结形撑"，塔柱采用空心单箱单式断面，在下衡量处、桥面处、结形撑与塔柱交点处均设置人孔。索塔下横梁设在主梁下方，横梁采用箱形断面。

　　2）辅助墩及过渡墩。辅助墩及过渡墩基础的钢管复合桩与索塔钢管复合桩相同。承台平面呈八边形，平面轮廓尺寸横桥向为 39.5 m、纵桥向为 27.4 m。承台厚度方向可分为两级，一级承台厚度为 3.5 m，二级承台厚度为 2.5 m。二级承台顶面为矩形、底面为八边形。承台采用有底钢套箱施工。

　　青洲航道桥索塔、辅助墩及过渡墩的基础布置图见图 7-7，索塔及基础、辅助墩和过渡墩墩身及基础钢一般构造见图 7-8 至图 7-9。

　　（2）江海直达轮航道桥

　　江海直达船航道桥采用中央单索面三塔钢箱梁斜拉桥，桥跨布置为 110+129+258+258+129+110=994（m），两个中跨和次边跨布设斜拉索（图 7-10）。江海直达船航道处通航要求为单孔双向通航净宽不小于 330 m，单孔单向通航净空宽度不小于 161 m，通航净高不小于 24.5 m。综合考虑满足澳门机场航空限高要求及减少工程造价，选用钢箱梁斜拉桥，设两个通航孔，考虑基础及防撞设施构造尺寸后，主跨跨径确定为 258 m。桥下净高 24.5 m，通航净空 173 m×24.5 m，满足单孔单向通航要求。桥面宽度为 38.8 m。

　　1）索塔及基础。索塔采用独柱形式，中索塔高 108.5 m，边索塔高 109.8 m。承台平面呈近似八边形，平面轮廓尺寸横桥向为 35 m、纵桥向为 26 m。承台厚度方向分为两级，一级承台厚度为 5 m，二级承台厚度为 4 m。二级承台顶面为矩形、底面为八边形。每个承台下采用 20 根 D2.5 m/D2.15 m 的钢管复合桩，近似矩形布置，按支承桩设计，钢管与钢筋混凝土共同组成桩基础结构主体共同受力。整个桩身由 2 部分组成：有钢管段、无钢管段。有钢管段的长度根据地质条件、结构受力、沉桩能力、施工期承载等综合确定。索塔基础平面布置见图 7-11。

　　2）辅助墩及过渡墩。承台平面呈八边形，平面轮廓尺寸横桥向为 33 m、纵桥向为 19 m。承台厚度方向分为两级，一级承台厚度为 3.5 m，二级承台厚度为 2.5 m。二级承台顶面为矩形，底面为八边形。承台采用有底钢套箱施工，封底混凝土厚度 1.5 m。

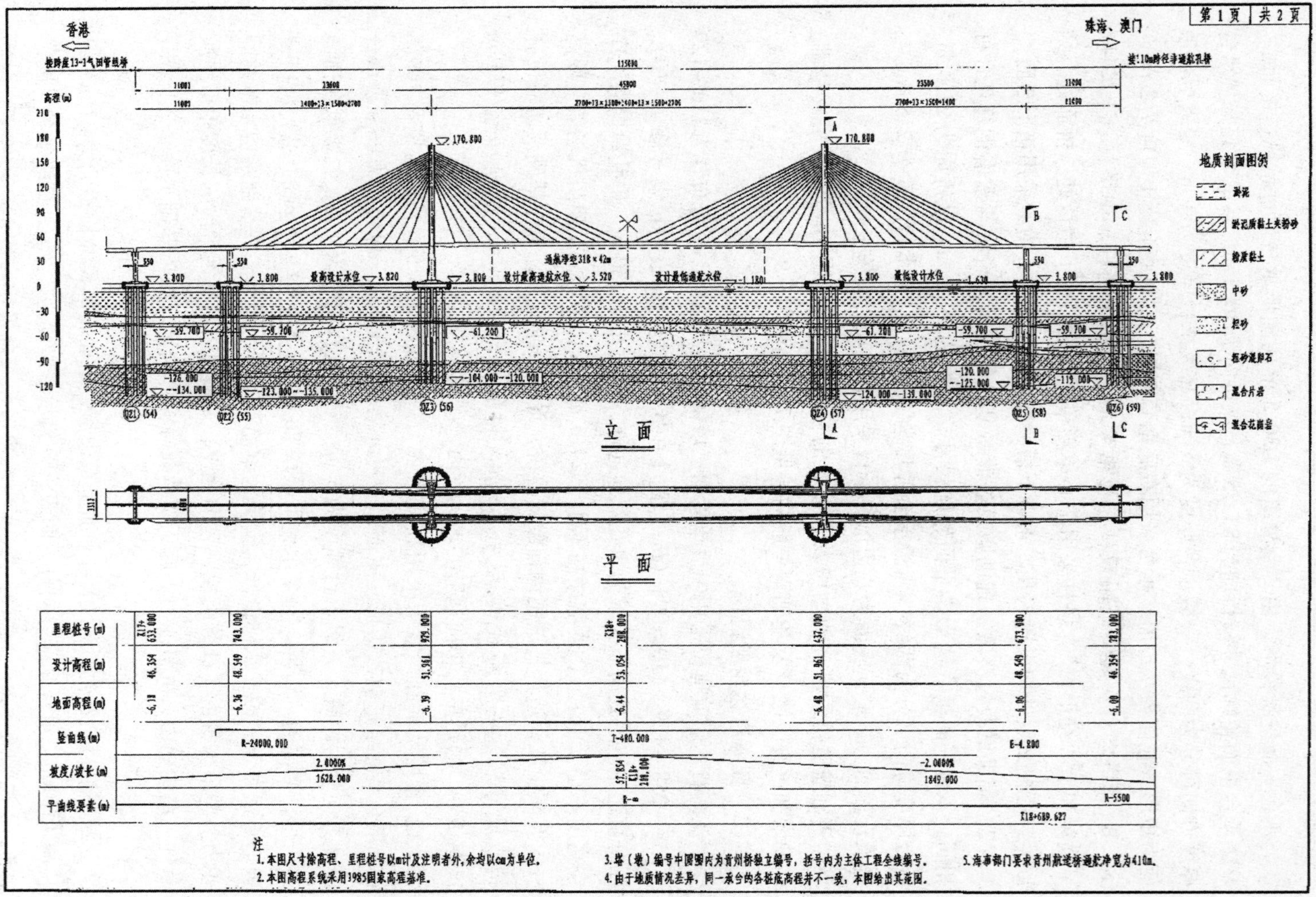

图7-6 青洲航道桥桥型布置

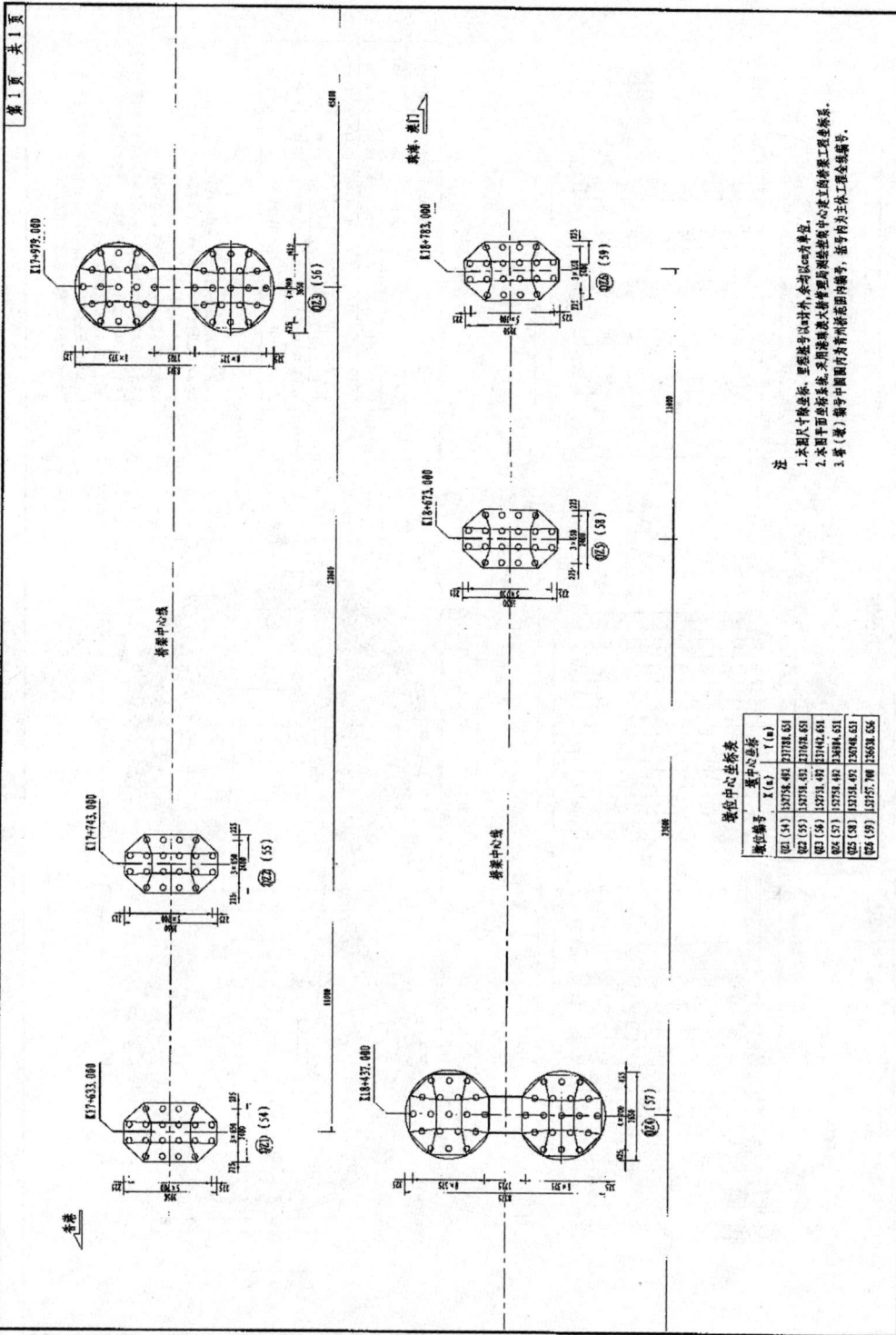

墩位编号	墩中心坐标 X (m)	Y (m)
QZ1 (54)	132758.481	237738.631
QZ2 (55)	132759.483	237672.631
QZ3 (56)	132751.492	237642.631
QZ4 (57)	132758.492	236894.631
QZ5 (58)	132758.492	236748.631
QZ6 (59)	132757.740	236631.656

墩位中心坐标表

注：
1.本图尺寸除高程标、里程按米计以外，余均以mm为单位。
2.本图平面坐标系统采用青洲大桥采用路测绘基准中心建立的桥梁工程坐标系。
3.本图（表）圆图内为青洲岛内各墩的编号，盖子内为主体工程全编号。

图7-7 青洲航道桥基础布置图

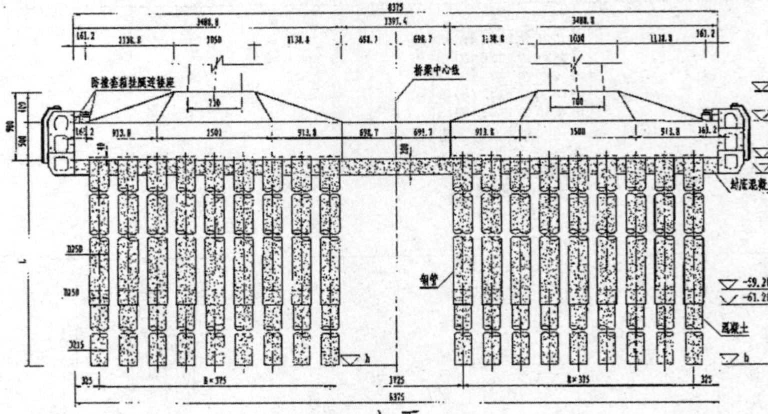

立 面

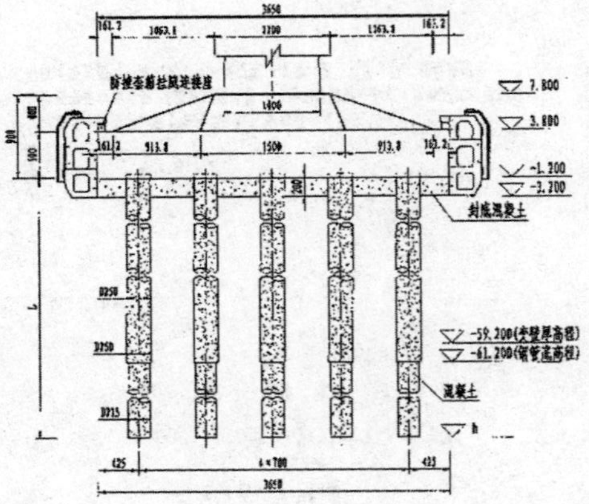

侧 面

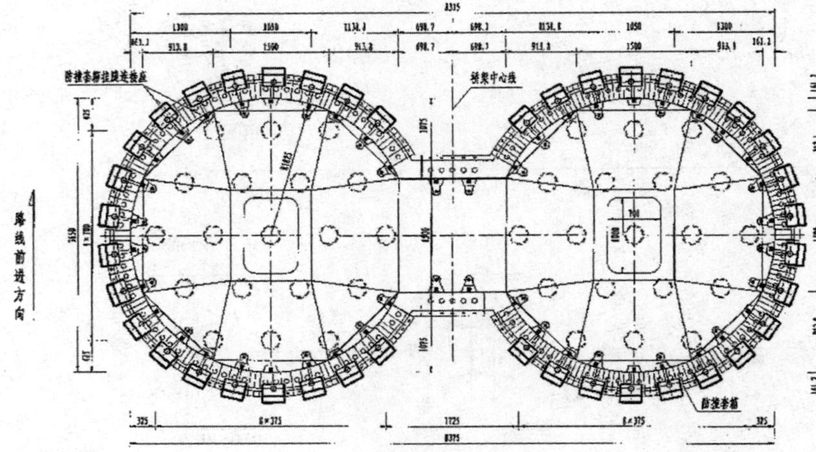

平 面

索塔基础参数表

编号		高程h(m)	桩长L(m)	钢管长(m)
QZ3(56)	1~3	-104.000	102.80	60.000
	4~19	-110.000	108.80	60.000
	1′~19′	-120.000	118.80	60.000
QZ4(57)	1~3 5~6 9~11 14~15 17~19 1′~6′ 8′~11′ 13′~15′	-124.000	122.80	60.000
	4、7~8、12~13、16、7′、12′、16′	-130.000	128.80	60.000
	17′~19′	-139.000	137.80	60.000

注

1. 本图尺寸除高程以m计及注明者外，余均以cm为单位。
2. 本图同时适用于QZ3(56)、QZ4(57)号索塔基础。
3. 钢管复合桩伸入承台内40cm。
4. 防撞套箱构造及防撞套箱挂腿连接座构造另见详图。
5. 应根据桥区地质条件合理选择成孔方法，桩底嵌岩深度应满足设计要求（见说明）。若实际施工至设计标高，发现不满足上述要求或地质条件有较大出入，则应上报相关单位，按监理程序处理。
6. 施工单位应根据套箱设计和施工实际工况，对封底混凝土的强度进行验算。
7. 参数表中的桩基编号及位置详见图“桩位坐标”。

图7-8 青洲航道桥索塔基础一般构造

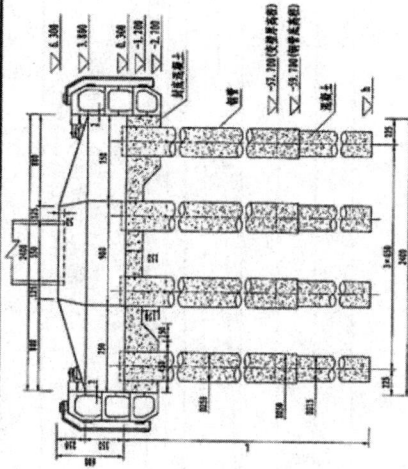

侧面

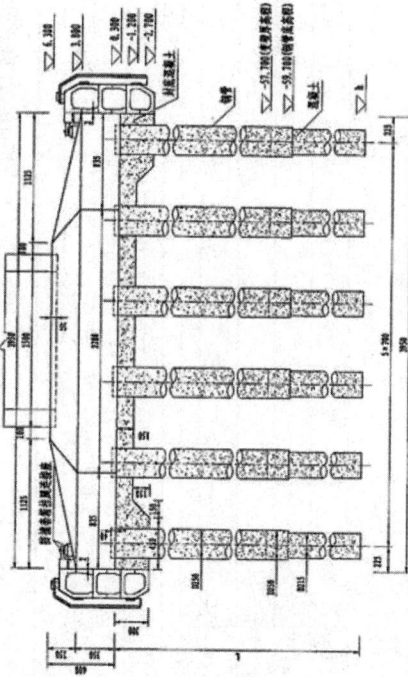

立面

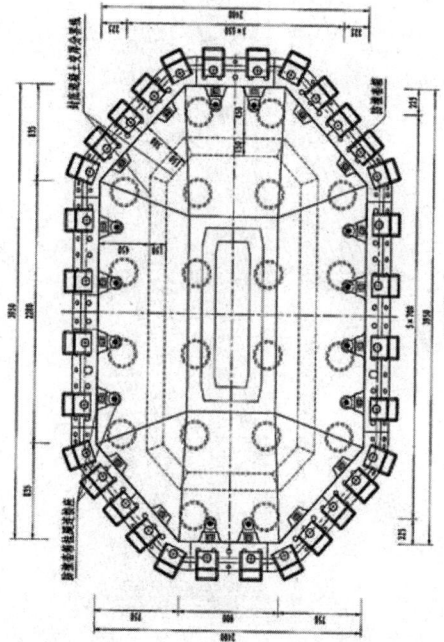

平面

辅助墩、过渡墩墩基础参数表

墩号		承台底(m)	桩长(m)	钻孔桩长(m)
QD1 (54) 基础	1~7 11~13 17~18	-126.600	126.300	64.600
	8~10 14~16 19~20	-134.600	134.300	64.600
QD2 (55) 基础	1~5 8 11 14~16 19~20	-123.600	123.300	64.600
	6~7 12~13 17~18	-135.600	135.300	64.600
QD3 (58) 基础	1 4~6 9~12 15~17 20	-124.600	124.300	64.600
	2~3 7~8 13~14 18~19	-125.600	125.300	64.600
QD4 (59) 基础	1~20	-119.600	119.300	64.600

注:
1. 本图尺寸除标高以m计及另有注明者外,全均以cm为单位。
2. 本图辅助于QD1 (54)、QD2 (55)、QD5 (58)、QD6 (59) 号墩基础。
3. 墩钻长度均入岩50cm。钻孔复合桩嵌入承台40cm。
4. 本图平面图中未示出承台各基础结构钢筋混凝土各个分层。
5. 防撞套构件及防撞护套系统结构连接详见图。
6. 底座基桥区域承桥各个墩台承桥各方法。各基座墩承桥取及各墩复位各设计的基本(见说明),本工及施工设计各标、各及不承桥上连基本及基桥各本各件各本大位入,则各上各标,及要件,桥各各各各开各及。
7. 墩工各台各桥取桥各计设各标各桥工各标及、对各桥各上各桥各各各定标各。
8. 本表格水中的辅助基础及桥各各及各及各各平标各注。

图7-9 青洲航道桥辅助墩、过渡墩基础一般构造

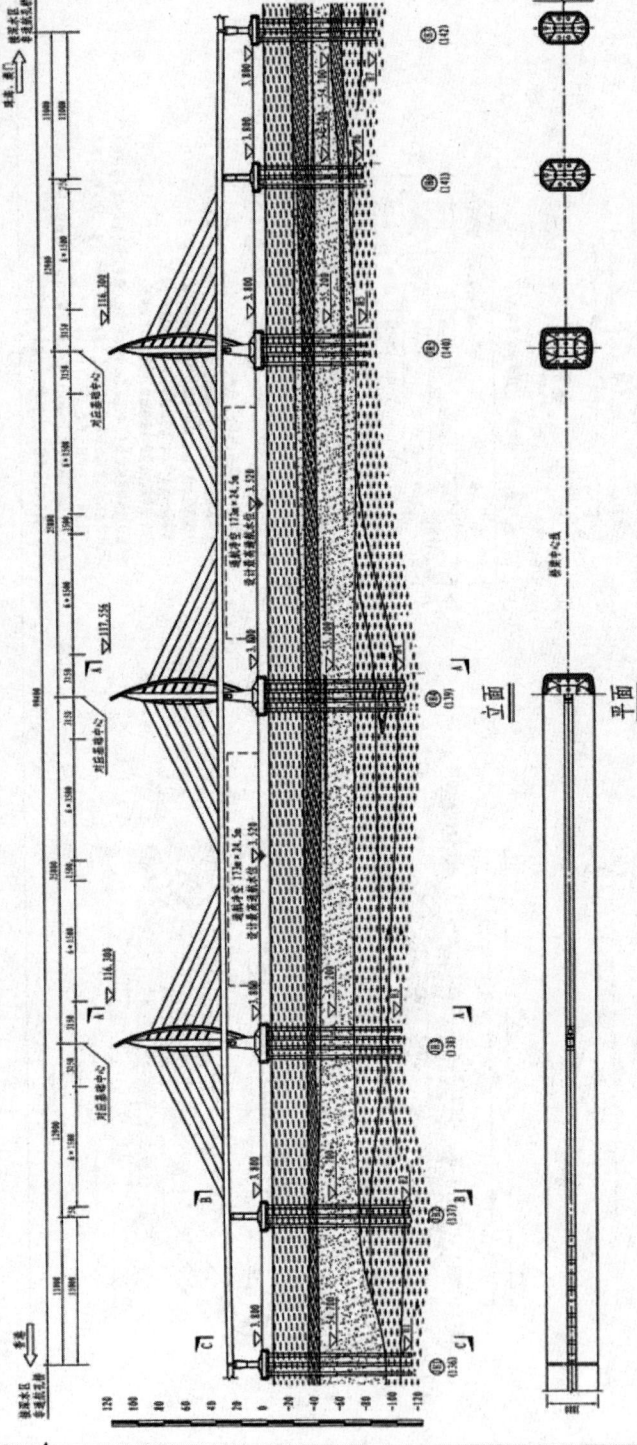

图7-10 江海直达船航道桥桥型布置

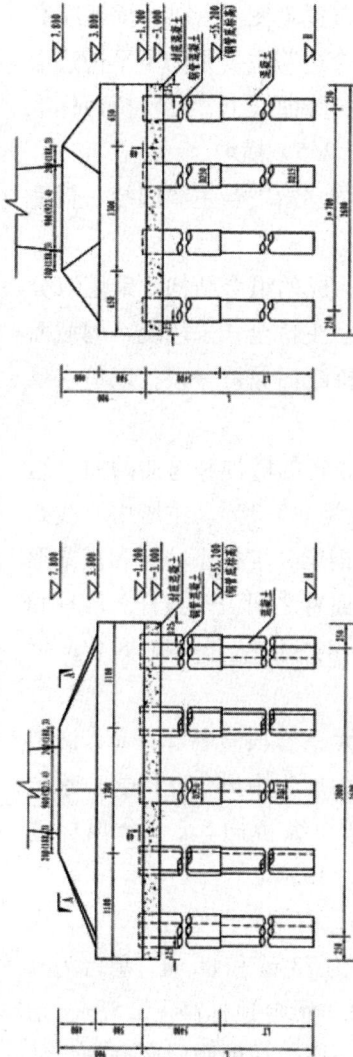

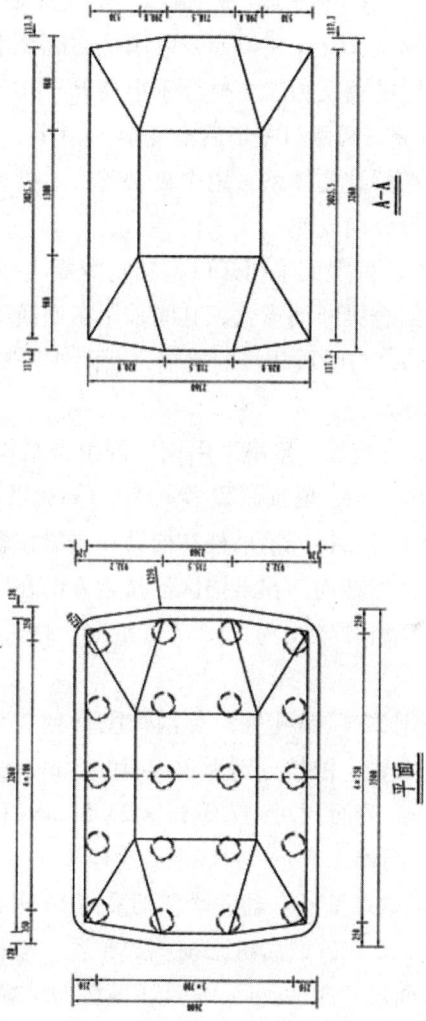

图7-11 江海直达船索塔基础一般构造图

每个承台下采用 13 根 D2.5 m/D2.15 m 的钢管复合桩，梅花形布置，按支承桩设计，钢管与钢筋混凝土共同组成桩基础结构主体共同受力。整个桩身由 2 部分组成：有钢管段、无钢管段。有钢管段的长度根据地质条件、结构受力、沉桩能力、施工期承载等综合确定，见图 7-12 和图 7-13。

(3) 九洲航道桥

九洲航道处通航要求为单孔双向通航净宽 180 m，通航净高不小于 32.5 m。九洲航道桥采用主跨 268 m 钢-混组合梁斜拉桥，主跨设单孔双向通航，桥跨布置为 85+127.5+268+127.5+85=693（m），桥型布置见图 7-14。桥下净高 40 m，通航净空 210 m×40 m，可满足通航要求。两个边跨主要是为了平衡边墩的墩及辅助墩的负反力。主桥位于半径 R=14 500 m 的竖曲线上，主跨桥面标准宽度为 36.8 m，两侧过主塔后渐变至 33.1 m，桥面设 2.5% 横坡。

九洲航道桥结构体系采用中央索塔，主梁 5 跨连续。索塔与主梁固结，辅助墩及过渡墩设竖向支座。

1）主梁。桥主梁采用开口钢箱与混凝土桥面板构成的组合结构，采用双分离式钢-混组合梁断面形式，其间采用箱型横梁连接。主桥全长采用统一的截面高度 4.485 m，与引桥相接的梁端，断面外轮廓与引桥断面保持一致，以追求景观效果的和谐统一。

2）索塔及基础。索塔采用钢-混组合结构，由竖直的塔柱和弯曲的曲臂组成，塔高 114.7 m，塔顶高程为 +120.0 m。塔底高程为 +5.3 m。主塔中心线处桥面高程为 +49.244 m。塔柱和曲臂在主梁位置设置横梁，塔柱、曲臂和横梁形成稳定的三角形结构。在索锚区沿拉索方向在塔柱和曲臂之间设置连杆。塔柱和曲臂自塔底至塔顶依次为：13.7 m 混凝土塔柱、3 m 钢-混结合段和 98.0 m 钢塔柱。

基础采用 22 根钻孔桩，有钢管段直径 2.5 m，无钢管段直径 2.2 m，嵌岩桩，行列式布置，桩长分别为 86 m 和 85 m，桩底持力层为中风化花岗岩。承台为高桩承台，平面尺寸 37.3 m×23.5 m（横桥向×纵桥向）。承台顶标高 +3.8 m，承台厚 5.5 m，封底混凝土厚 2.5 m（图 7-15）。

3）辅助墩及基础。辅助墩基础采用 16 根钻孔桩，有钢管段直径 2.5 m，无钢管段直径 2.2 m，嵌岩桩，梅花式布置，桩长分别为 73 m 和 80 m。承台为高桩承台，平面尺寸 36.5 m×17 m（横桥向×纵桥向）。承台顶标高 +3.8 m，承台厚 5.0 m，封底混凝土厚 2.5 m。辅助墩墩身为空心墩，辅助墩墩底截面尺寸 12 m×4.5 m（横桥向×纵桥向）（图 7-16）。

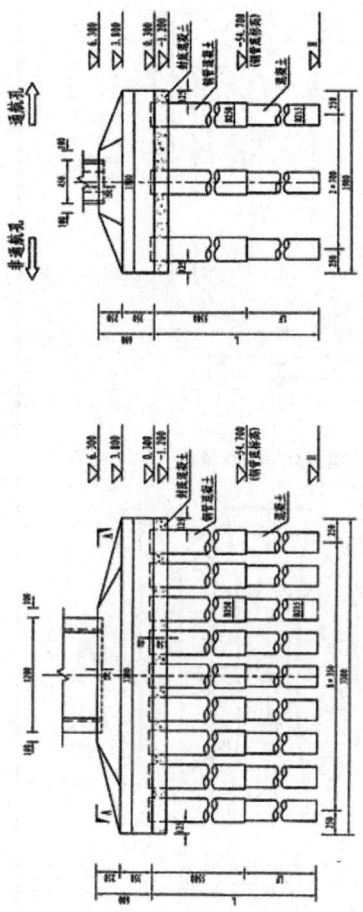

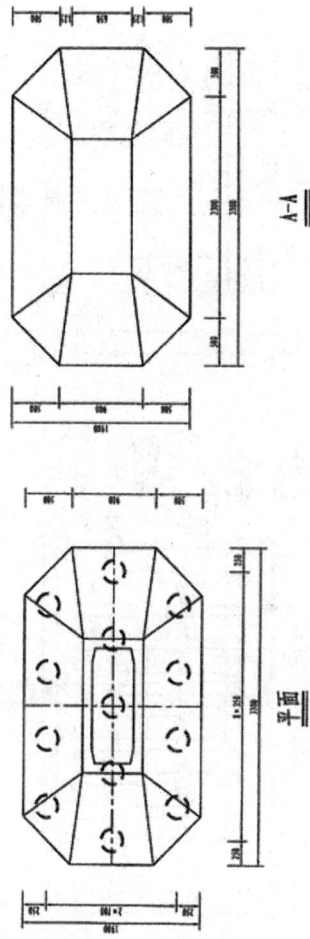

图7-12 江海直达船航道辅助墩基础一般构造图

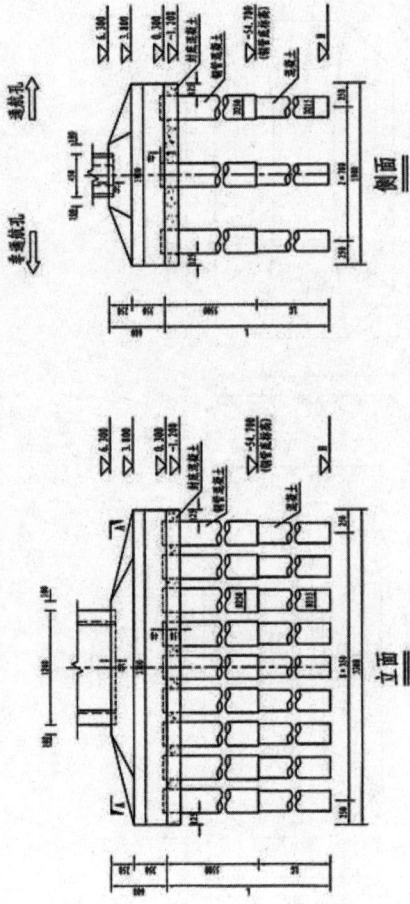

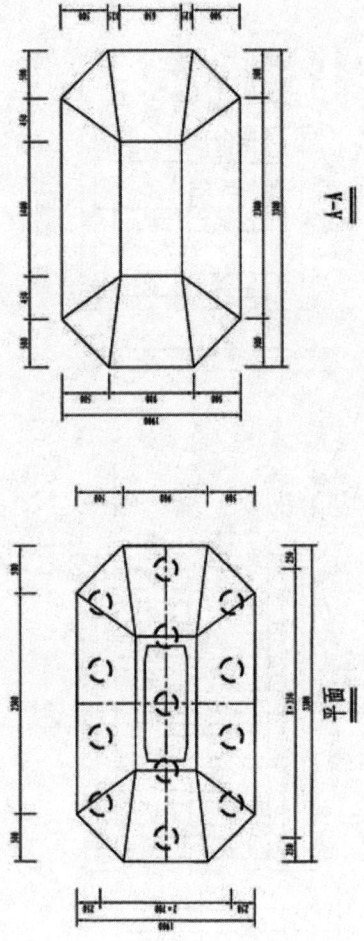

图7-13　江海重达船航道过渡墩基础一般构造图

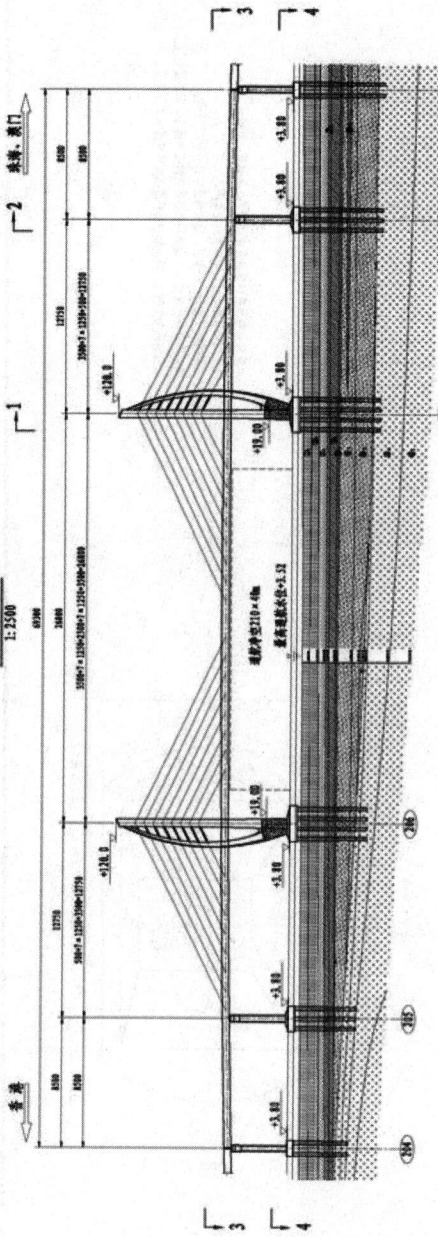

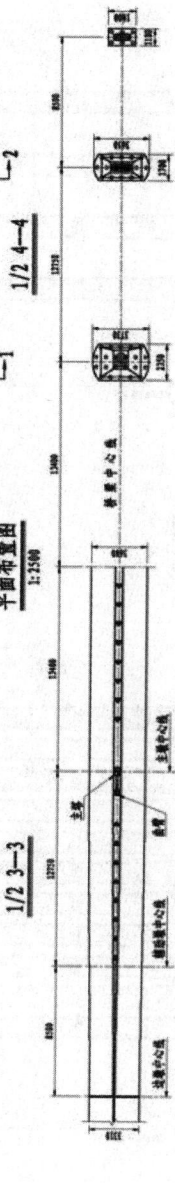

图7-14 九洲航道桥桥型布置总图

附注: 1. 图中尺寸除标高外以cm计,本水位以m计。 2. 高程系统为1985年国家高程基准。

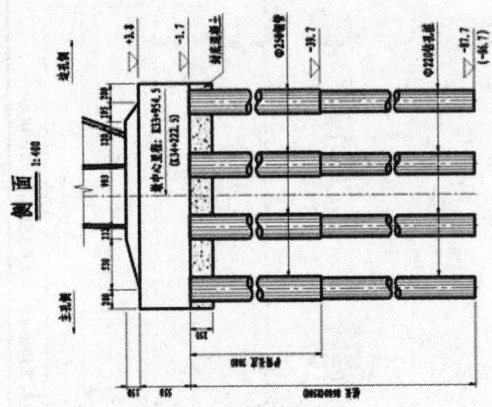

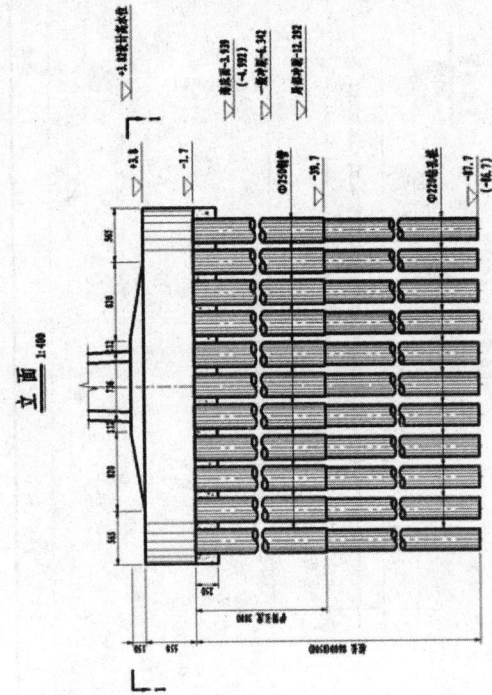

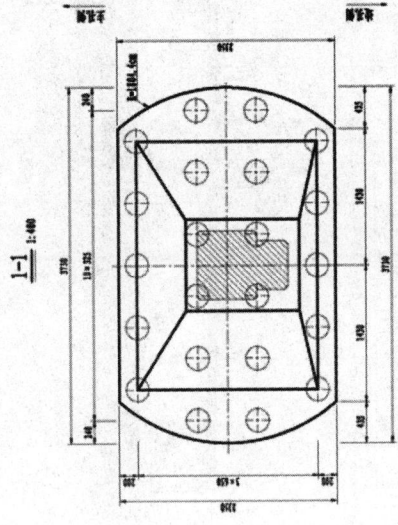

图7-15 九洲航道桥主塔基础一般构造图

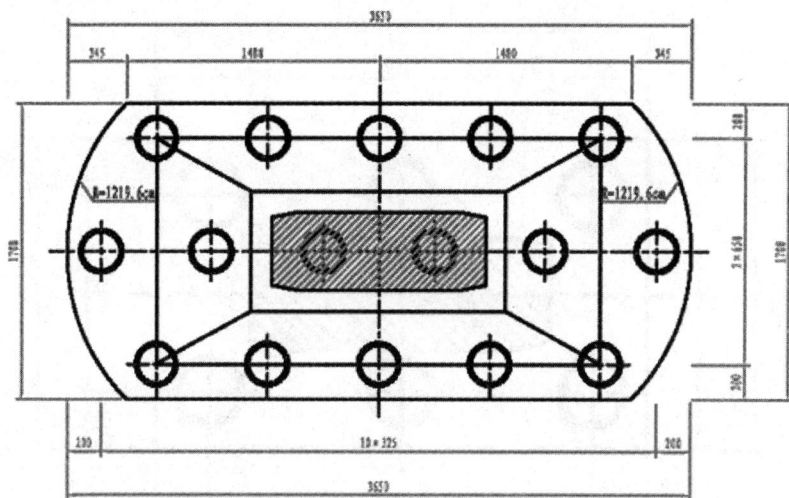

图 7 - 16　九洲航道桥辅助墩基础结构图（数字单位为 cm）

4）边墩及基础。边墩基础采用 6 根钢管复合桩，有钢管段直径 2.5 m，无钢管段直径 2.2 m，嵌岩桩，行列式布置，桩长分别为 65 m 和 73 m。承台为高桩承台，平面尺寸 18 m×11 m（横桥向×纵桥向）。承台顶标高 +3.8 m，承台厚 4.5 m，封底混凝土厚 2.0 m（图 7 - 17）。边墩墩身为空心墩，边墩墩底截面尺寸 11 m×4 m（横桥向×纵桥向），壁厚均为 0.8 m。

（4）非通航孔桥

本主体工程的非通航孔桥桥位处海面宽阔，除了各航道桥外，非通航孔桥占了很大比例，除香港水域外包括：① 东隧道人工岛结合部非通航孔桥；② 西隧道人工岛结合部非通航孔桥；③ 珠澳口岸人工岛连接桥；④ 深水区非通航孔桥（包括跨崖 13 - 1 气田管线桥）；⑤浅水区非通航孔桥。由于非通航孔桥区域无航道通航要求，主要是一些 500 吨级以下的小船通过。

1）东隧道人工岛结合部非通航孔桥。主车道连接段桥梁总长（从粤港分界线 K5 +972.454 至主车道桥台 K6 +339 桥梁中线长度）为 385 m，桥面纵向有两段分别为 1.80% 和 2.98% 纵坡，桥面横向布置为双向 6 车道，主车道桥跨布置为 4 ×55 m +5 ×35 m，主车道直接连到人工岛主桥台，联与联之间设置伸缩缝构造，边跨箱梁末端通过支座与桥墩相连，中间支座采用墩梁固结。桥型布置见图 7 - 18。设计采用分墩分幅预应力混凝土结构桥梁方案，整个连接段桥梁连续截面渐变，桥面最小宽度 32.10 m，最大宽度 38.03 m。

2）西隧道人工岛结合部非通航孔桥。西隧道人工岛结合部非通航孔桥主车道连接段桥梁总长（从隧道敞口段与桥梁的分界线 K13 +173 至 K13 +413 桥梁

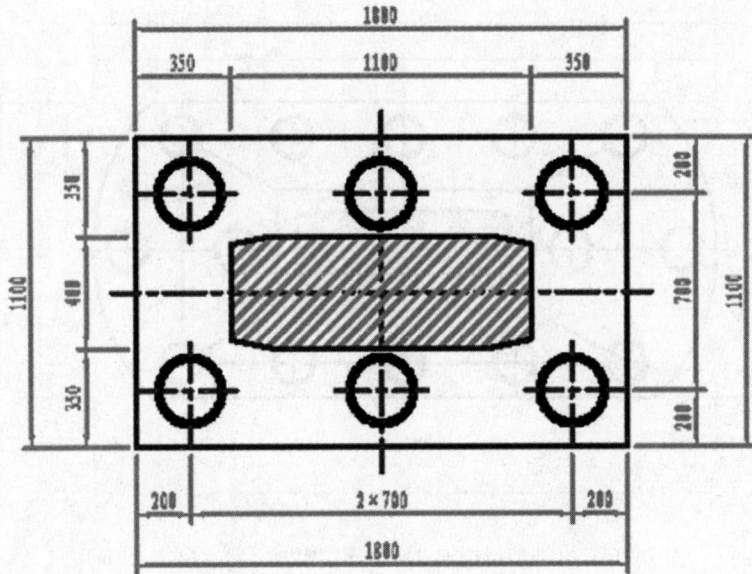

图 7 - 17　九洲航道桥边基础一般构造图（数字单位为 cm）

中线长度）为 249 m，桥面纵向为 2.98% 和 1.602% 的坡度，桥面横向布置为双向 6 ~ 8 车道，主车道桥跨布置为 3 × 49.8 m + 2 × 49.8 m，主车道连接人工岛上的桥台，联与联之间设置伸缩缝构造，边跨箱梁末端通过支座与桥墩相连，中间支座采用墩梁固结。桥型布置图见图 7 - 19。设计拟采用分墩分幅预应力混凝土刚构桥梁方案，整个连接段桥梁连续截面渐变，桥面最小宽度 33.10 m，最大宽度 41.10 m。

3）珠澳口岸人工岛连接桥。珠澳口岸人工岛连接桥桥梁总长为 235 m，桥跨布置为 3 × 65 m + 40 m，4 跨一联，采用预应力混凝土连续箱梁桥（图 7 - 20）。连接桥 220 ~ 222 号墩采用整墩分幅形式，其余采用分墩分幅布置形式，为了与人工岛上暗桥顺畅衔接，连续梁截面采用变宽方式。主梁采用预应力混凝土连续箱梁，采用双幅布置。单幅箱梁顶板宽度由 16.30 m 逐渐变化至 39.204 m，采用平曲线变化方式。

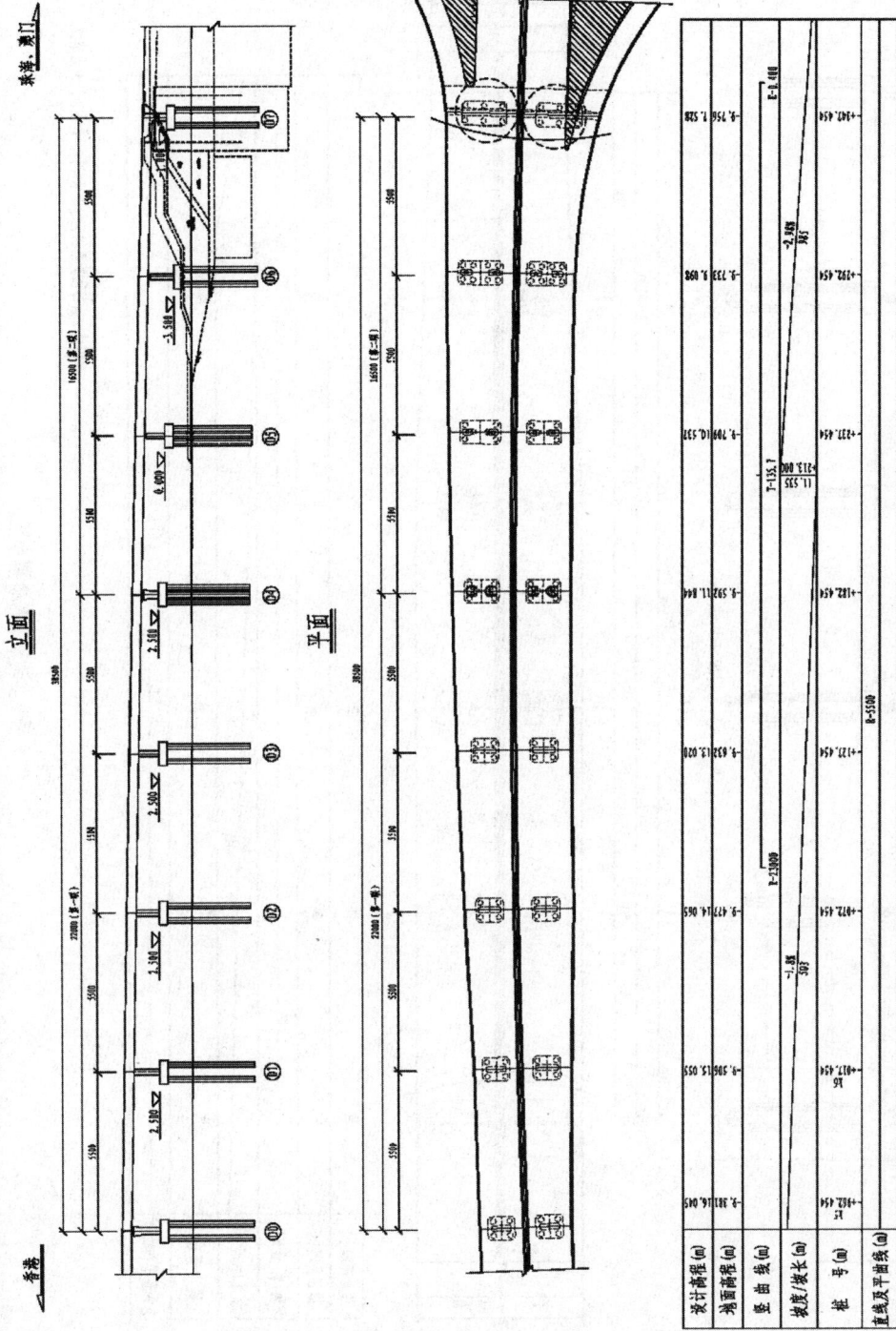

图7-18　东隧道人工岛结合部非通航孔桥桥型布置

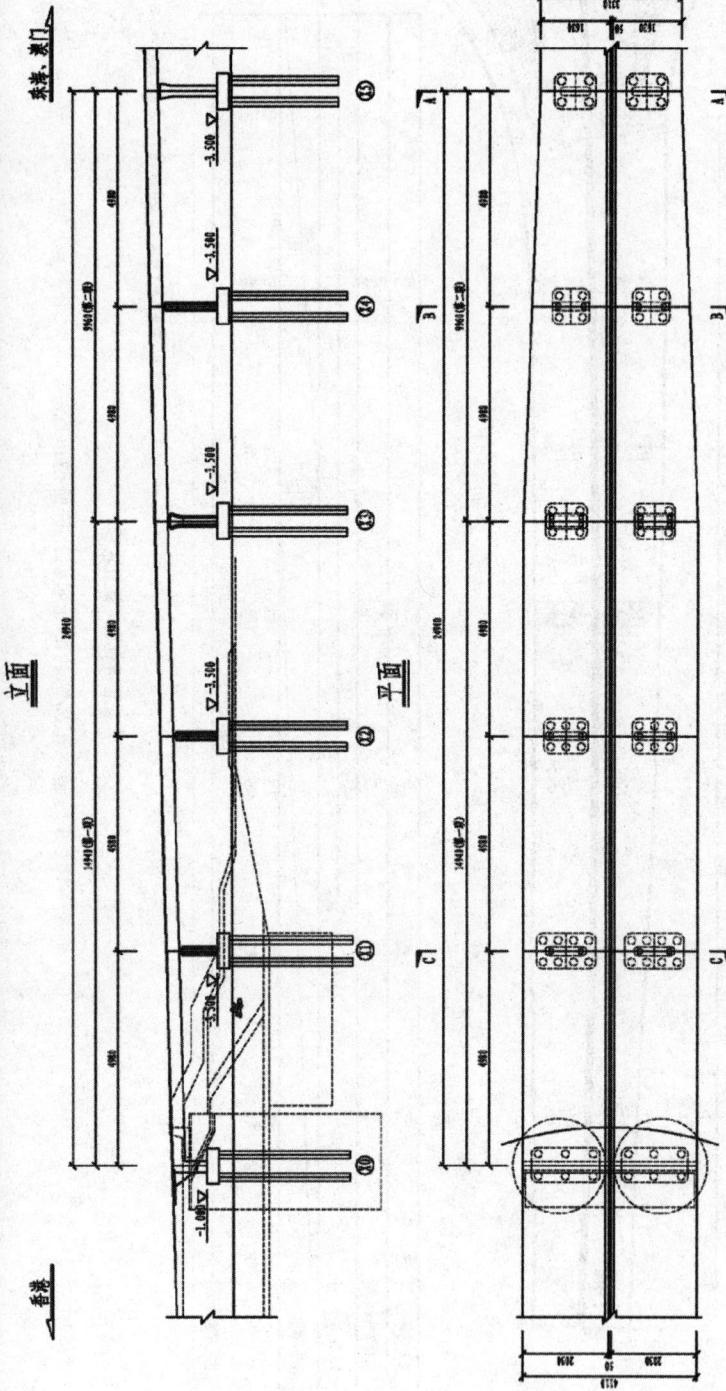

西岛丰通航孔桥桥型布置

注：本图尺寸除高程及里程桩号以米计外，余均以厘米为单位。

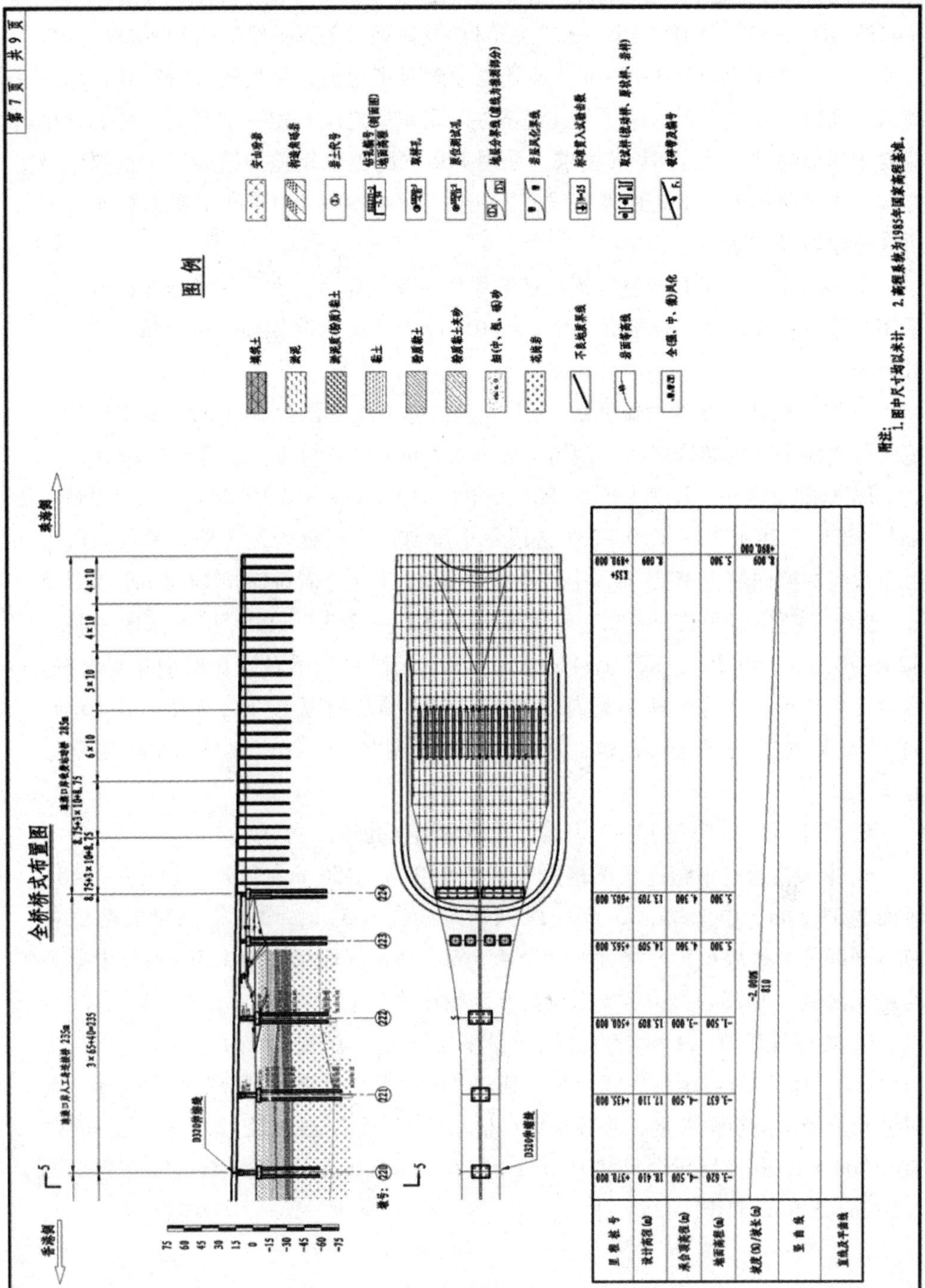

图7-20 珠澳口岸人工岛连接桥桥跨布置平面

4）深水区非通航孔桥。深水区非通航孔桥位于江海直达船航道以东（K13 +413—K17 +633，K18 +563—K27 +363）及以西（K28 +137—K29 +237），水深 5 ~ 8 m，基岩埋深 60 ~ 89 m。该处位于潮流主通道，采用较大跨径并且承台埋入泥面以下以减少阻水率。为在经济性与阻水率之间获得一个平衡，考虑到小船要求通航净宽不小于 85 m 要求，采用 110 m 跨整幅钢箱连续梁桥 + 整幅墩身方案，为了跨崖 13 - 1 天然气管线，采用（110 + 150 + 110）m 整幅钢箱连续梁桥 + 整幅墩身方案。

A. 深水区——110 m 整幅钢箱连续梁桥 + 整幅墩身方案。深水区非通航孔桥采用连续钢箱梁体系，标准联采用 6 × 110 m = 660 m 六跨钢箱连续梁桥（图 7 - 21）。

a. 主梁构造：变宽段梁宽由 33.1 m 三次抛物线变化为 38.8 m，采用整箱变宽 + 分离线变宽的结构形式。钢箱梁梁高 4.5 m，梁高与跨径比值为 1/24.4。

b. 基础及墩身：K13 +413—K16 +60、K19 +443—K22 +083、K22 +083—K26 +703、K28 +797—K29 +237 区段每个承台设 6 根钢管复合桩，承台为六边形，边缘顺桥向宽为 10.3 m，中心顺桥向宽 11.1 m，横桥向长 14.8 m，高 4.5 m。基础一般构造见图 7 - 22。K16 +603—K17 +263、K18 +783—K19 +443、K26 +703—K27 +253、K28 +247—K28 +797 区段每个承台设 6 根钢管复合桩，承台为六边形，边缘顺桥向宽为 11.2 m，中心顺桥向宽 12 m，横桥向长 16 m，高 5 m。墩身采用薄壁空心墩，基础一般构造见图 7 - 23。墩身均采用薄壁空心墩。

B. 深水区——跨崖 13 - 1 天然气管线非通航孔桥。

a. 主梁构造：钢箱连续梁连跨布置为 110 m + 150 m + 110 m（图 7 - 24）。桥面宽 33.1 m，中墩墩顶 5 m 区段钢箱梁梁高 6.5 m，墩顶等高梁段两侧各 37.5 m 区段梁高从 6.5 m 线性变化至 4.5 m，其余区段梁高为 4.5 m，跨中梁高与跨径比值为 1/33.3，中墩支点梁高与跨径比值为 1/23.1。

b. 墩身及基础：中墩与过渡墩墩身采用薄壁空心墩，分为上、中、下三个节段，下节段墩身与承台一起预制。基础采用钢管复合桩，钢管壁厚 25 mm，钢管全长范围内浇筑填芯混；基础采用 6 根基桩，有钢管段直径 220 cm，无钢管段直径 200 cm，过渡墩承台尺寸为 11.2 m × 16 m × 5.0 m，中墩承台尺寸为 11.2 m × 16 m × 5.5 m（图 7 - 25）。

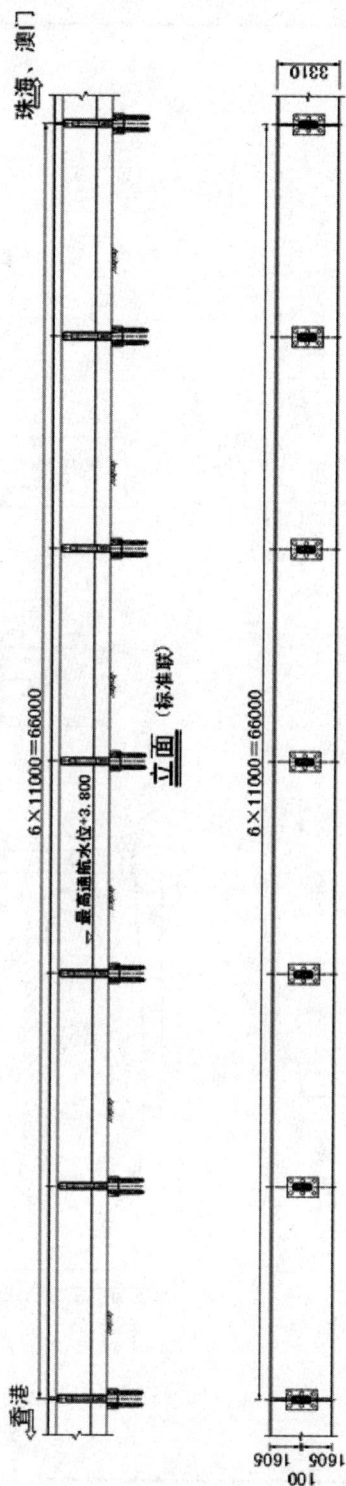

图7-21　深水区桥跨布置图

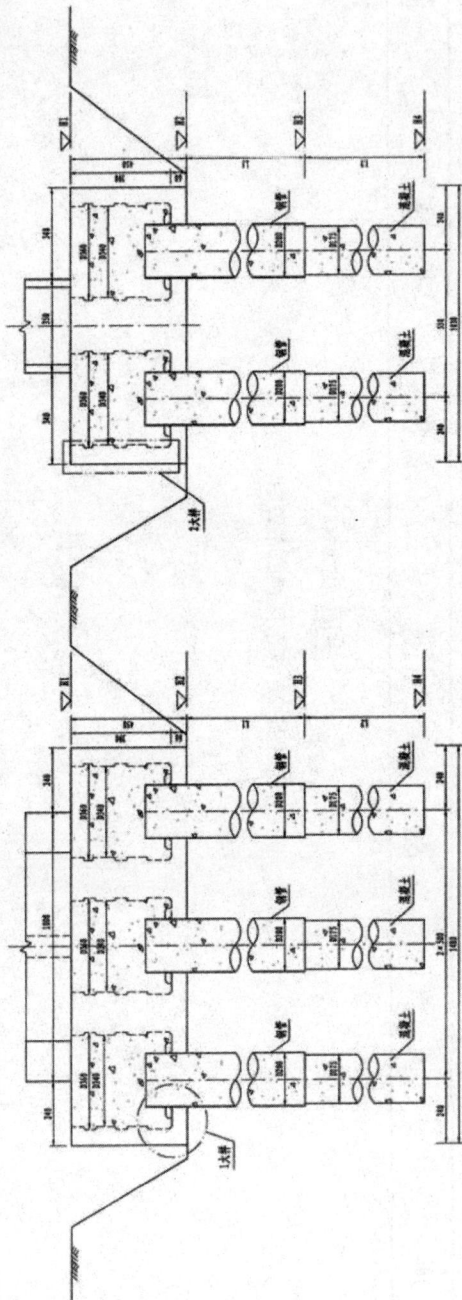

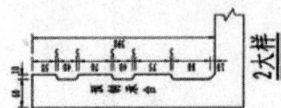

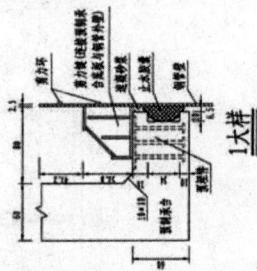

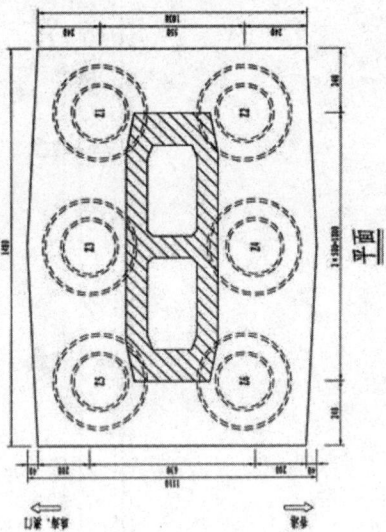

图7-22　基础一般构造

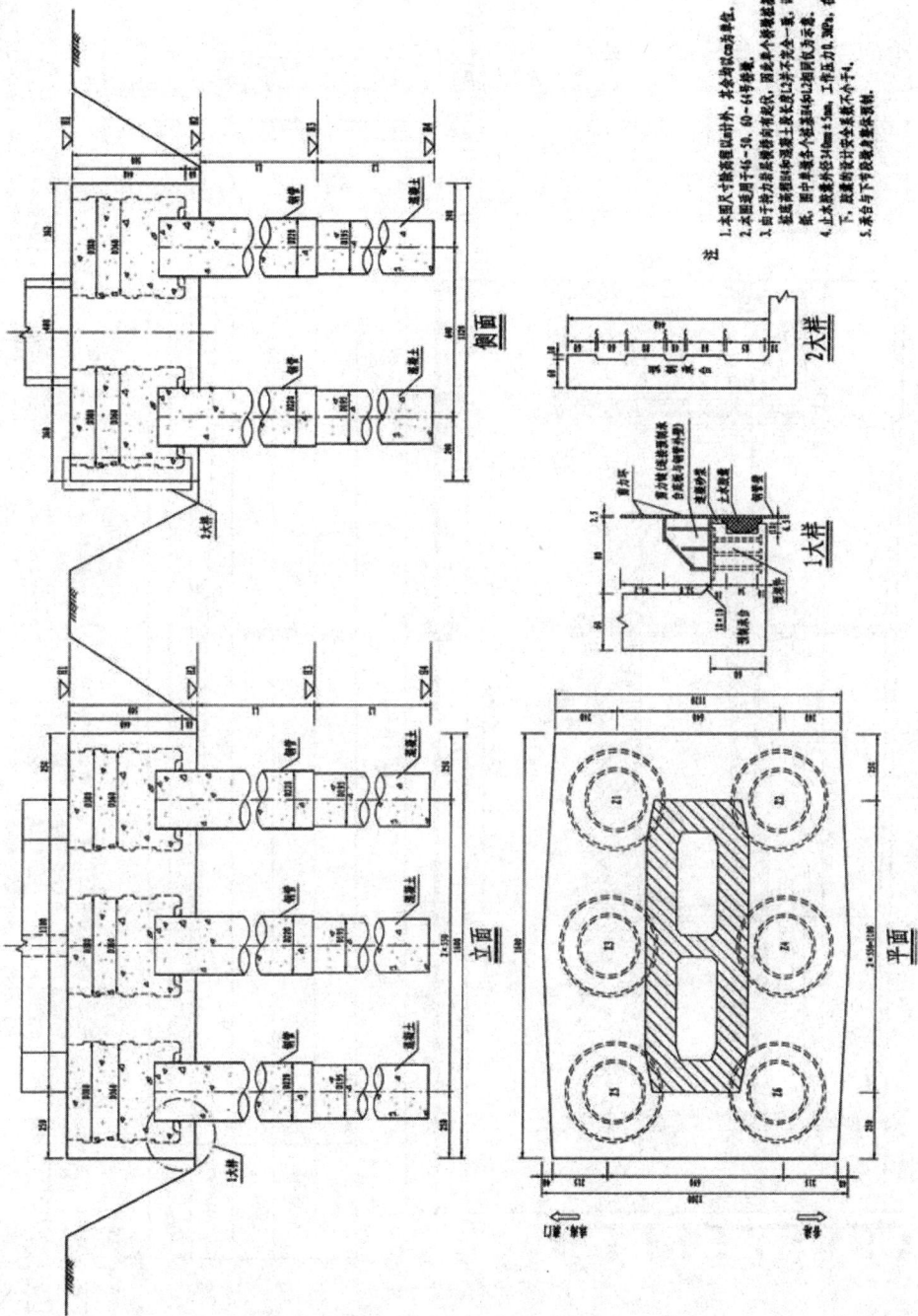

图7-23　基础一般构造图

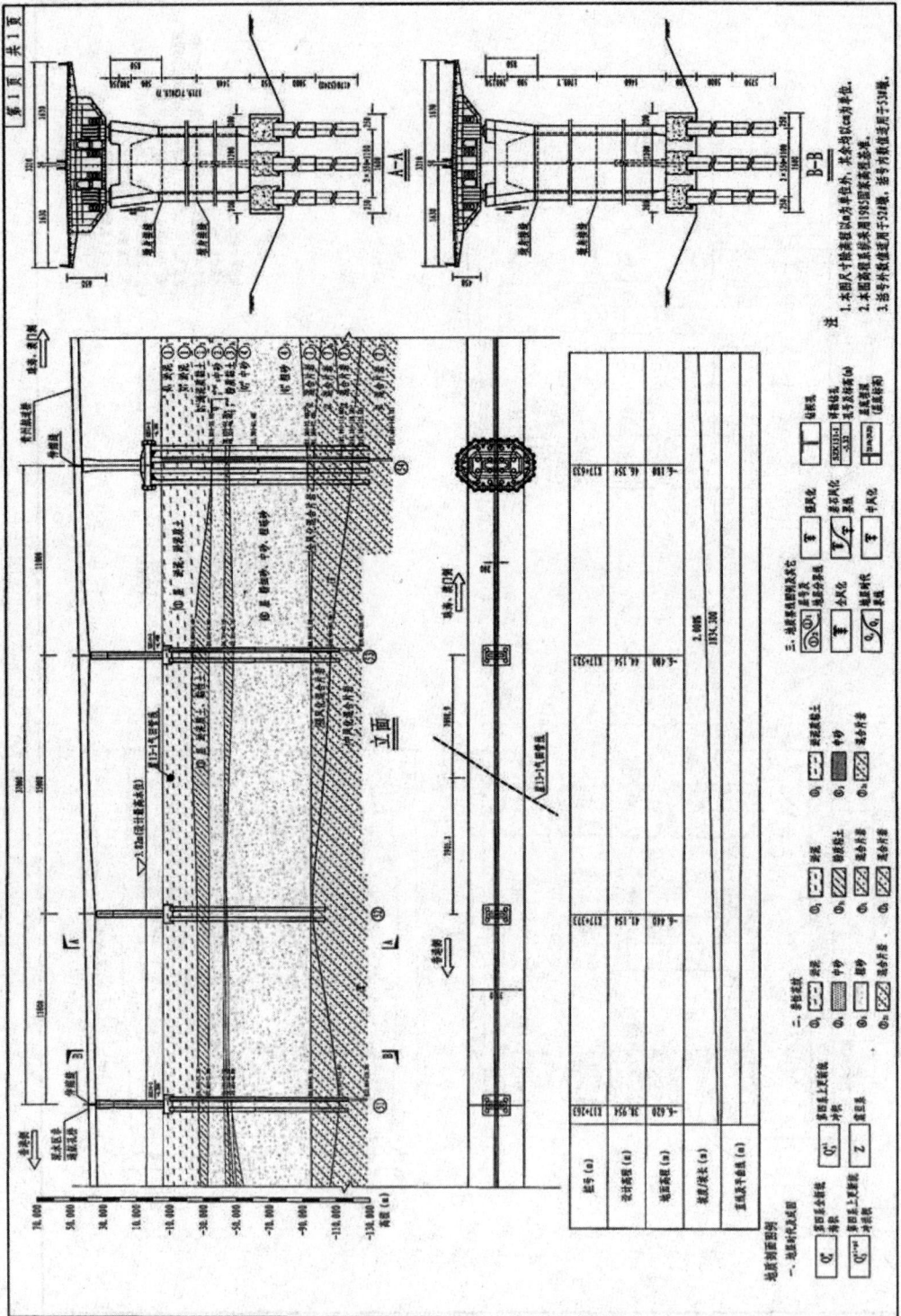

图7-24　深水区跨崖13-1天然气管线非通航孔桥型布置图

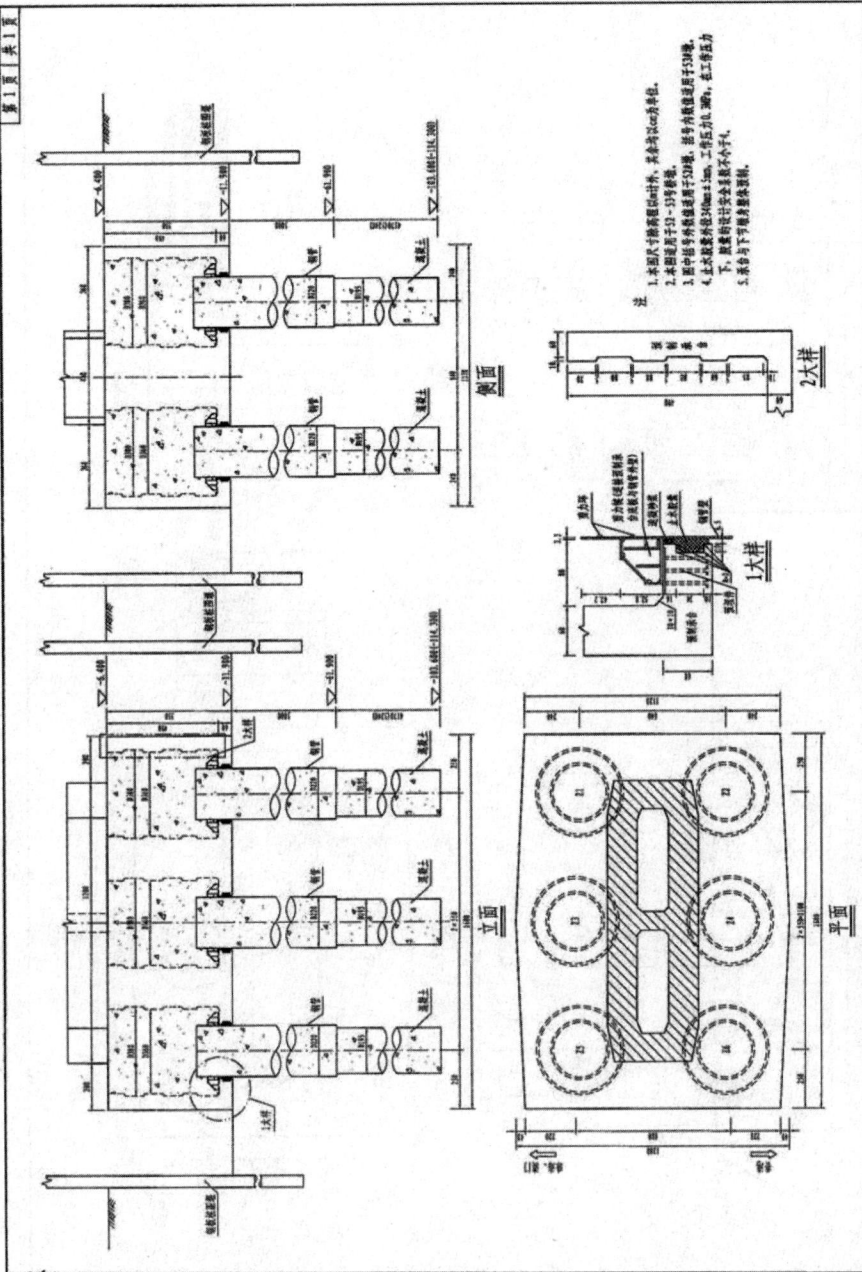

图7-2-5a　深水区跨星墩13-1天然气管线非通航孔一般构造图（中墩承台及基础）

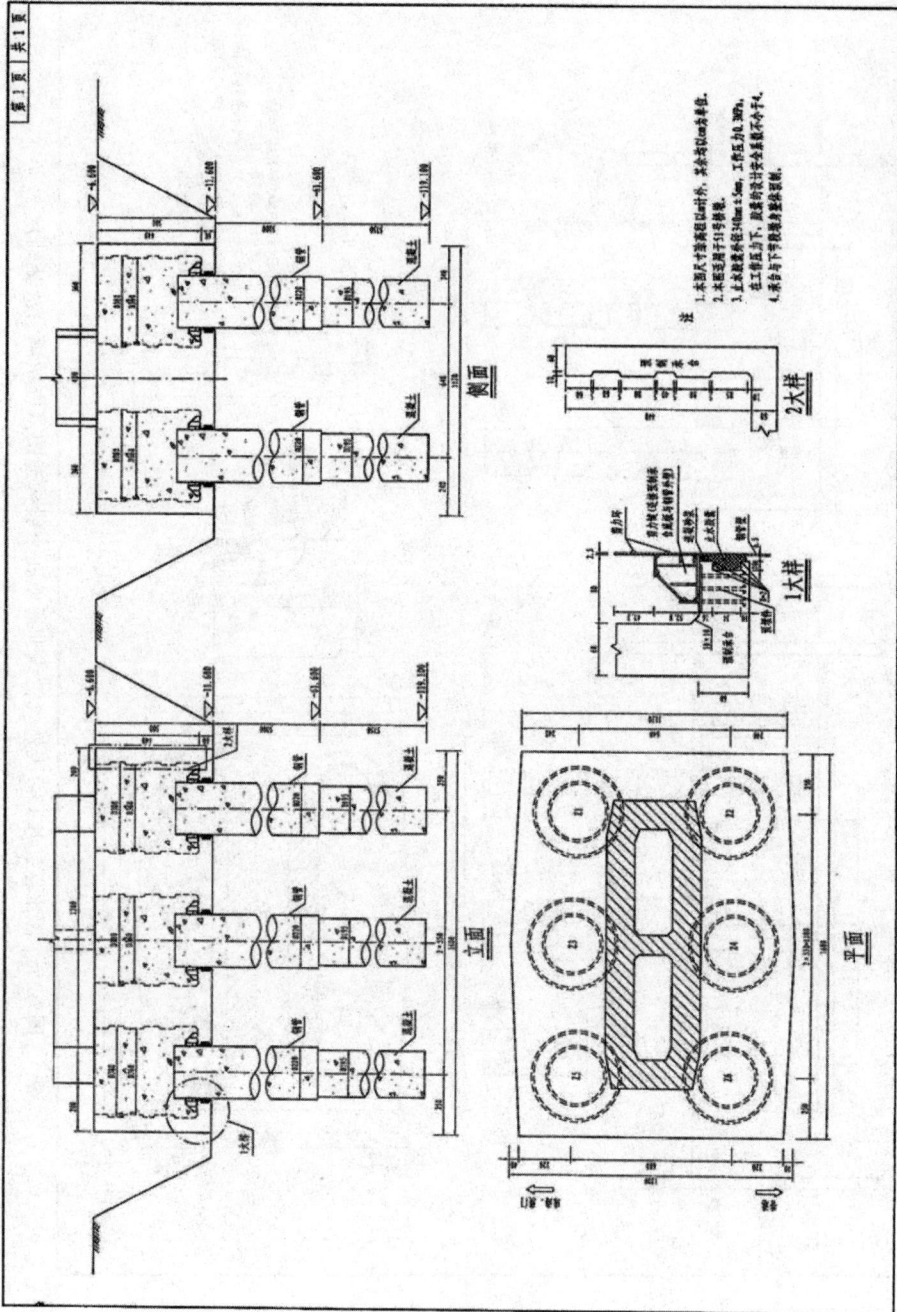

图7-25b　深水区跨礁屋13-1天然气管线非通航孔一般构造图（过渡墩承台及基础）

5）浅水区非通航孔桥。

A. 总体布置：浅水区非通航孔桥采用85 m钢－混组合连续梁，5~6孔一联，全长5 440 m。九洲航道桥以东布置53孔，以西布置11孔。桥面总宽33.1 m，采用整墩分幅组合梁布置型式，两幅主梁中心距16.8 m，桥梁中心线处梁缝宽0.5 m，单幅桥面宽16.30 m，主梁中心处梁高4.3 m，桥面横坡2.5%。主梁采用"U形钢梁＋混凝土桥面板"的组合结构，下部结构采用整体式布置，钢管复合桩基础，埋置式承台。承台和墩身均采用预制施工（图7－26）。

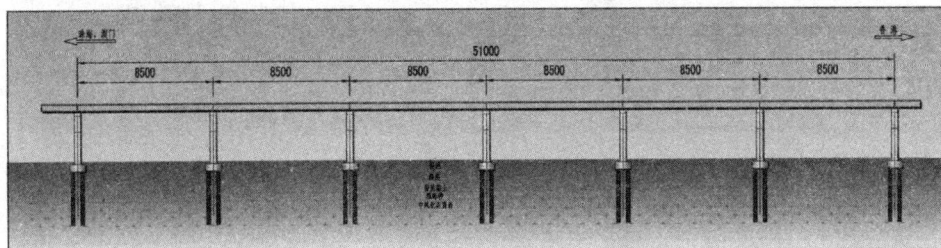

图7－26 85 m连续组合梁桥跨布置图

B. 主梁：主梁采用单箱单室分幅等高组合连续梁，单幅桥宽16.3 m，截面中心线处梁高4.3 m。钢主梁设计成倒梯形结构，钢主梁顶宽9.30 m，底宽6.70 m，腹板斜置。倒梯形钢梁主要由上翼缘板、腹板、底板、小纵梁、腹板加劲肋、底板加劲肋、横隔板以及横肋板组成。

C. 墩身及基础：浅水区非通航孔桥共62个桥墩，墩高19.143~42.974 m，其中墩高不大于27 m桥墩49个，为低墩区；墩高高于27 m桥墩13个，为高墩区。

高墩区基础采用6根钢管复合桩，有钢管段直径220 cm，无钢管段直径200 cm，桩长27~78 m。按行列式布置。为降低阻水比，承台顶埋入海床面；高程＋8 m以下墩身与承台一起预制，预制承台及其底节墩身重量为2 650 t（图7－27）。桥墩为预制空心墩，墩帽为展翅结构，挑臂长度6.25 m；墩底截面尺寸11 m×4 m（横桥向×纵桥向），墩顶截面尺寸23.5 m×4 m，壁厚0.8 m。

低墩区基础采用6根钢管复合桩，有钢管段直径200 cm，无钢管段直径180 cm，桩长12~85 m，钢管壁厚22 mm，钢管长度4.5~35.5 m，桩基按行列式布置。承台尺寸为15.6 m×11.4 m×4.5 m（横桥向×纵桥向×承台厚度），承台顶埋入海床面（图7－28）。高程＋8 m以下墩身与承台一起预制，预制承台及其底节墩身重量为2 350 t。

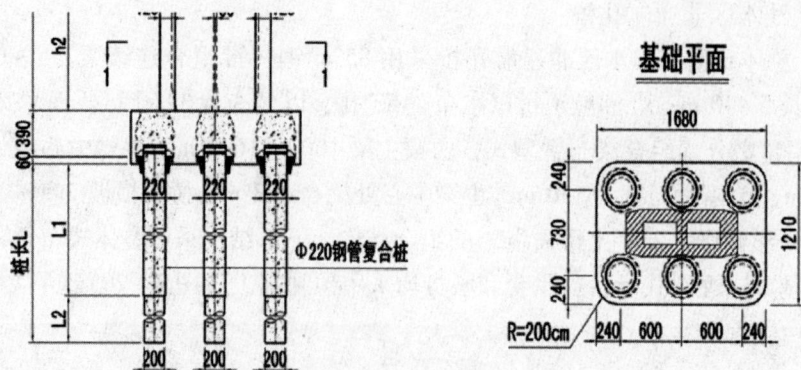

图 7-27　浅水区非通航孔高墩区下部结构图

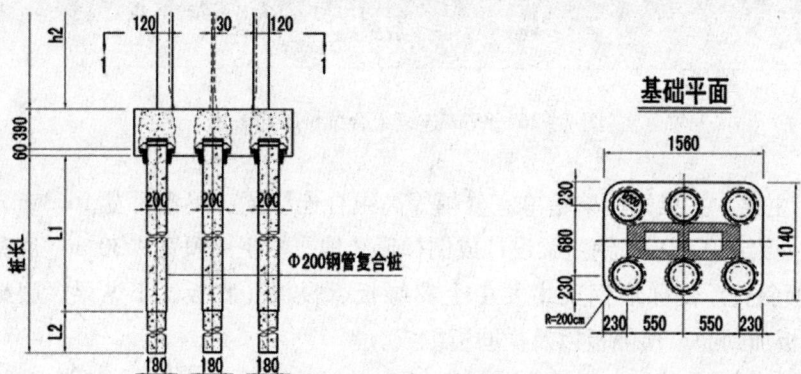

图 7-28　浅水区非通航孔低墩区下部结构图

7.2.2.1.3　主要施工工艺和方法

跨海桥梁施工采用钢护筒钻孔灌注桩、钢管桩、钢套箱浇注承台、爬模现浇墩身和索塔、吊装预制箱梁等方法施工。东、西隧道人工岛结合部非通航孔桥和珠澳口岸人工岛连接桥的施工需要搭设临时施工栈桥，对桥梁下部结构进行施工作业。

7.2.2.1.4　项目用海必要性分析

（1）工程建设必要性分析

1）港珠澳大桥建设是完善国家高速公路网建设的重要关键工程；

2）港珠澳大桥的建设将促进港澳经济持续繁荣和稳定发展；

3）港珠澳大桥的建设将加快珠江三角洲西岸社会经济发展；

4）港珠澳大桥的建设将加速粤、港、澳经济一体化进程，提升大珠江三角洲的综合竞争力；

5）港珠澳大桥的建设将促进粤、港、澳三地物流业和旅游业快速发展；

6）港珠澳大桥建设将推动大珠江三角洲地区快速交通网络的形成，满足两岸三地跨界交通需求不断增长的需要；

7）港珠澳大桥的建设将拉动粤西乃至广大西部地区经济，扩大港、澳经济腹地和辐射范围；

8）港珠澳大桥建设也是进一步扩大内需、促进区域经济平稳较快增长的需要。

综上所述，港珠澳大桥具有重大的政治和经济意义，其建设十分必要且迫切。

（2）项目用海必要性分析

为解决香港与内地（特别是珠江西岸地区）及澳门三地之间的陆路客货运输要求，建立连接珠江东、西两岸新的陆路运输通道，需要新建一座横跨珠江口伶仃洋海域，连接香港、澳门、珠海三地的大型跨海大桥。桥梁用海主要包括跨海桥梁主体、珠海接线、澳门接线、口岸前立交等，大桥横跨广东伶仃洋海域的桥墩总数为 457 根，桥墩下方还有桥桩的施工等，上述工程的建设均需要利用伶仃洋海域的空间资源和海底资源。因此，跨海桥梁用海是必要的。

7.2.2.1.5　项目申请用海情况

随着港珠澳大桥设计的深入和施工过程中对结构和安全性的保障而对设计和施工的不断调整，报告书拟申请港珠澳大桥工程海域使用总面积为 528.600 0 hm^2，其中珠海、澳门口岸与西隧道人工岛间的跨海大桥用海面积124.533 5 hm^2。

大桥设计寿命为120年，申请者提出的申请用海年限50年，海域使用满50年后，再申请续期。建设单位向海洋行政主管部门提交的关于跨海桥梁部分的宗海图见图 7-29。

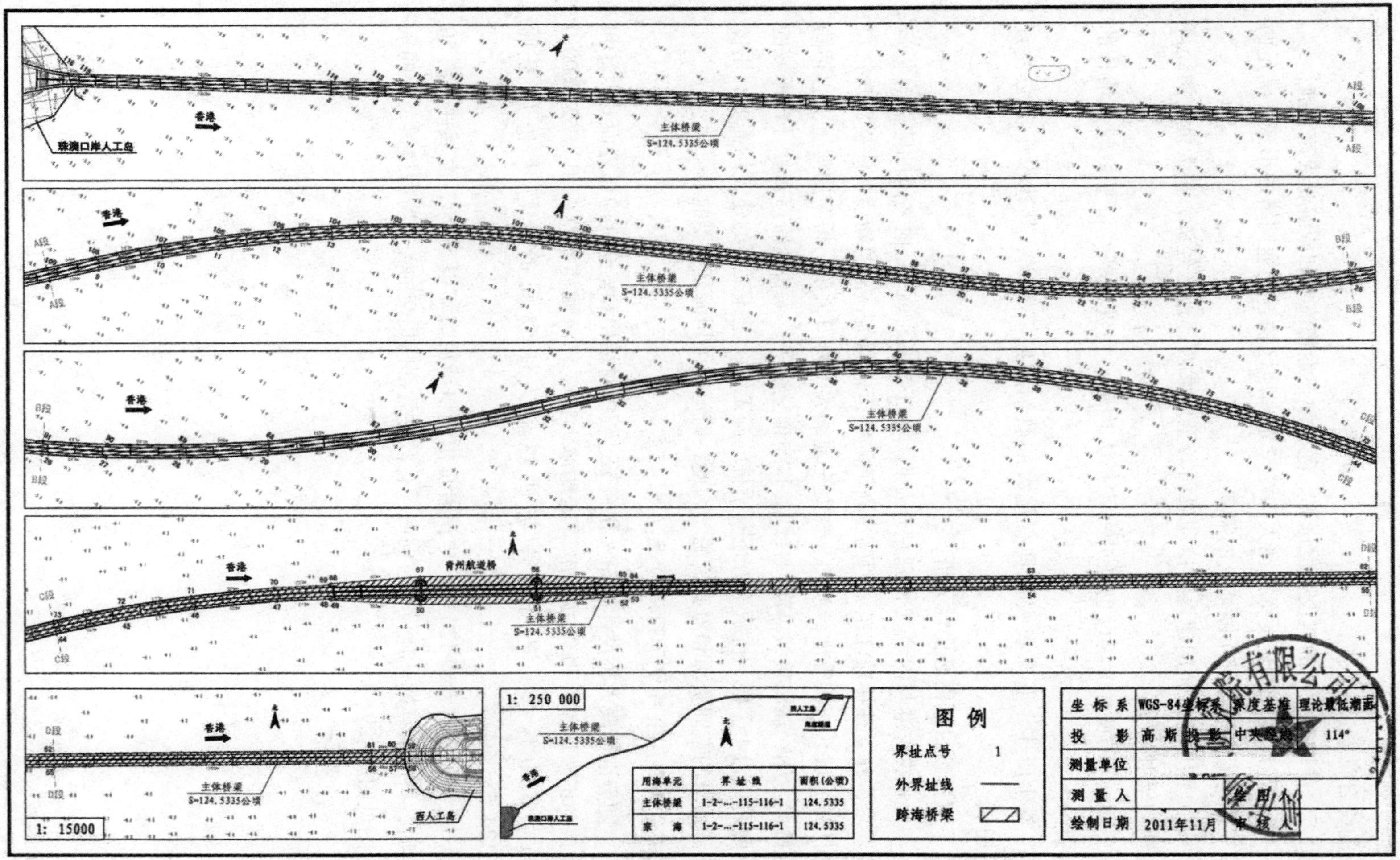

图7-29 珠海、澳门口岸人工岛与西隆人工岛间的跨海大桥用海宗海界地图

关注要点：

港珠澳大桥工程中的跨海桥梁部分规模宏大，组成复杂，桥梁类型多样，既跨越了航道，又与海底管线交叉。应针对桥梁实现不同功能的特点，分类型全面阐述桥梁的建设规模，桥梁的用海平面布置，各工程结构与尺度及相互依托关系，阐述桥梁的基础工程结构与尺度，为确定桥梁用海界址点和界址线奠定基础。需要给出各部分桥梁详细的施工方案，说明桥梁各单元的施工顺序、施工工艺、施工方法、施工机具、工程量、物料平衡关系和工期等基本信息。

还应关注项目临时用海的基本情况，包括施工栈桥、施工码头等，应给出临时工程的平面布置、基本尺度、结构形式、施工方案、用海基本情况等，阐明拆除后的处置方式、处置工程量、拆除物料处置地点等内容。

跨海桥梁对于促进区域经济发展意义重大，港珠澳大桥建设必要性和用海必要性分析也是重点关注内容。

优点：

1）论证报告按照通航桥、非通航桥、口岸连接桥的功能，对港珠澳大桥工程中的跨海桥梁进行了详细介绍，各个桥梁均给出了详细的平面布置和施工方案。

2）对港珠澳大桥工程建设的必要性进行了透彻的分析，从国家的产业政策、区域生产力整体布局中分析，项目建设的社会效益、经济效益等方面，详细分析了项目建设的必要性。

3）对港珠澳大桥工程的用海必要性进行深入分析，从跨海桥梁自身功能和对海洋功能的需求等方面，分析了项目建设具有对海域资源的依赖性，从项目自身的特点考虑其对海域的使用，分析较为深入。

不足：

缺少临时工程，如施工栈桥等的用海基本情况分析。包括平面布置、结构型式和施工工艺等内容。

7.2.2.2　项目用海资源环境影响分析

7.2.2.2.1　项目用海的环境影响分析

（1）对水文动力和地形地貌冲淤环境的影响

港珠澳大桥实施后，工程上游潮位变化总的规律是：高高潮位略有降低，低低潮位有所抬高。潮位变化影响范围主要在伶仃洋河口的潮汐通道，工程对上溯潮流有所阻挡，进潮量减少，致使上游水域潮汐动力呈减弱趋势。风暴潮水文条件下，大桥工程对潮流上溯具有一定抵挡作用，可适当消减台风增水，但消减幅度不大。除隧道以西青洲水道等水域的落潮量有所增加，暗士敦水道涨、落潮量有所增加外，伶仃洋主要滩、槽潮量均以减少为主。工程实施以后，大桥主要结构为透水结构，因此大部分海域波浪不受影响。影响波浪主要在人工岛附近海域。

港珠澳大桥实施后，上游水域潮汐动力有所减弱，伶仃洋东四口门输沙率均有不同程度的减小，中洪水条件下口门输沙率减小 0.01% ~0.71%；伶仃洋水域淤积有所加大，淤积强度增加约 0.02 ~0.16 m/a，大桥上游的伶仃洋浅滩泥沙年淤积强度增加幅度在 0.003 9 m/a 以下，各航道与工程前相比总体上冲淤变化不大，但分布有所差异；桥墩附近最大局部冲刷深度可达 5.6 m；对三角洲河道总体冲淤变化影响较小，工程基本不改变伶仃洋"三滩两槽"的整体沉积动力格局，大范围的地形地貌与冲淤环境变化较小。

(2) 对水质环境的影响分析

采用丰水期、枯水期各 15 天的水动力背景场，深水区模拟 28 小时连续施工情况，浅水区模拟 20 小时连续施工，统计悬沙增量大于某评价指标（大于 10 mg/L、20 mg/L、40 mg/L、50 mg/L、90 mg/L、100 mg/L）的海域面积，获得瞬时最大浓度场，统计各计算网格点在模拟期间的悬沙增量最大值，绘制各点悬沙增量最大值等值线图（简称"包络线浓度场"）。深水区统计结果见表 7 - 4，大于 10 mg/L 包络线仅为一个计算网格（68 m×74 m）；浅水区统计结果见表 7 - 5。图 7 - 30 和图 7 - 31 为 1 个浅水桥墩承台施工悬沙增量包络线浓度场。

表 7 - 4　深水区 1 个桥墩承台施工悬沙增量面积　　　　　单位：km²

季节	指标	>10 mg/L	>20 mg/L	>40 mg/L	>50 mg/L
丰水期	瞬间最大	0.005	0.00	—	—
	包络线	0.005	0.00	—	—
枯水期	瞬间最大	0.005	0.00	—	—
	包络线	0.005	0.00	—	—

表 7 - 5　浅水区 1 个桥墩承台施工悬沙增量面积　　　　　单位：km²

季节	指标	>10 mg/L	>20 mg/L	>40 mg/L	>50 mg/L
丰水期	瞬间最大	0.02	0.00	—	—
	包络线	0.025	0.00	—	—
枯水期	瞬间最大	0.02	0.01	—	—
	包络线	0.025	0.01	—	—

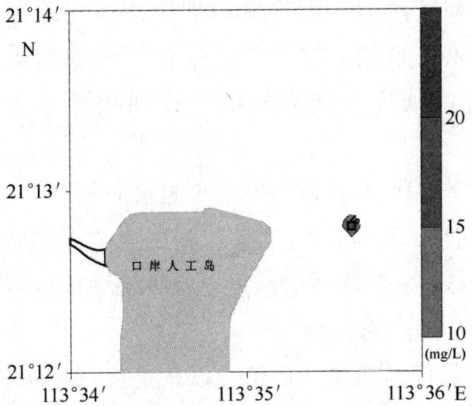

图 7-30　桥墩承台施工丰水期包络线浓度场　　图 7-31　墩承台施工枯水期包络线浓度场

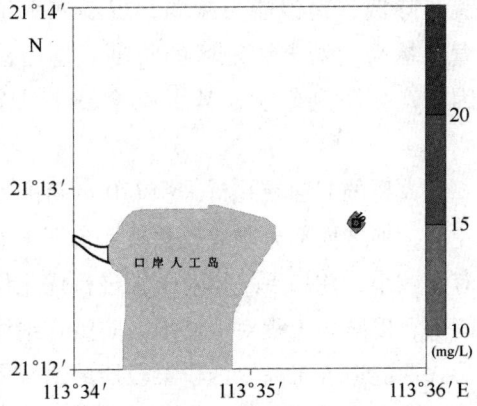

从图和表可以看出，丰水期和枯水期 1 个浅水桥墩承台施工过程中超二类海水水质（包络线悬沙增量大于 10 mg/L）的海域范围面积均为 0.025 km²；未超过三类水质标准。瞬时超二类海水水质（最大影响时刻悬沙增量大于 10 mg/L）的最大范围约 0.02 km²。

总的来看，工程施工将会使工程附近水域的悬浮物浓度有所增大，其影响范围一般集中在工程区，并且施工期段这种影响将随着工程的结束而消失。

（3）对沉积物环境的影响分析

桥梁桩基础和承台施工等扰动海床淤泥，导致施工海域海水中悬浮物浓度增加，这些施工过程产生的悬浮泥沙主要来源于既有海域表层沉积物本身，对既有的沉积物质量环境产生的影响甚微，预期不会引起海域总体沉积物环境的变化。

（4）通航环境影响分析

港珠澳大桥施工期间，桥位附近海域施工船舶和海上作业活动的增加，将可能在一定程度上影响伶仃洋水域的船舶通航。针对青洲航道、香洲航道和九洲港航道的通航要求，分别设计了跨青洲航道桥、跨江海直达船航道桥、跨九洲航道桥，航道桥的主通航孔位置与航道走向基本一致，跨海大桥的建设不会影响桥位线水域船舶的正常通航。对于广州港的出海航道——伶仃航道和榕树头航道，港珠澳大桥方案在跨越珠江口主航道处设置海底隧道，隧道两端为两个人工岛与大桥相连，大桥建成后不会影响广州港出海主航道的正常通航。

（5）对防洪影响的分析

大桥建成后造成伶仃洋过水断面面积减，使工程上游水域及三角洲网河区高高潮位降低、低低潮位抬高，潮动力减弱，潮量减少，会引起上游水域流速降低，输沙能力减弱，容易使水道和潮汐通道泥沙淤积加快，口门地区海床抬高，对上游地区的防洪、口门泄洪、纳潮、排涝及伶仃洋河势稳定等因素产生不利影响，其影响会随着上游网河区及浅海区的淤积加快而逐步明显。

大桥的非通航孔桥采用 110 m 跨的方案将比 70 m 跨方案减少阻水面积约 4%左右，加之大部分非通航孔桥承台埋于泥面以下，这样工程对上游的影响也相应有所减小，建议下一步对工程进行优化设计，如加大桥墩跨度、减少桥墩承台宽度等，以减少工程对上游地区防洪、纳潮及排涝的影响。

西隧道人工岛以西桥梁段所跨海域是伶仃洋的排沙通道，以东是伶仃洋东、西槽主流通道。大桥建成后，大桥以上的伶仃洋海域、虎门—黄埔及沿程入汇水道低低潮潮位抬高在 3 cm 以上，对伶仃洋两岸及上游三角洲网河区的排涝是不利的。青洲航道以西的桥线与水流交角较大，其桥墩承台应下埋至海床以下高程，桥墩宜采用圆柱形，以减少工程的阻水影响。

7.2.2.2.2　项目用海的资源影响分析

（1）海洋生物资源损耗分析

桥墩占用海域将造成底栖生物的生境丧失，导致底栖生物死亡或者被填埋。深水区和浅水区非通航孔桥墩承台基坑开挖面积为 90.415 24 hm^2。深水区和浅水区非通航孔桥墩承台填海面积为 3.057 04 hm^2，青洲航道桥、江海直达船航道桥、九洲航道桥、东隧道人工岛结合部非通航孔桥、西隧道人工岛结合部非通航孔桥、珠澳口岸人工岛连接桥桥墩桩基占用海域面积为 0.199 64 hm^2。

桥梁施工产生的悬浮泥沙对渔业资源的损失：大桥非通航孔桥施工对渔业资源的影响主要是深水区和浅水区桥墩承台基坑开挖产生的悬浮泥沙扩散对渔业资源造成的影响。

参照《建设项目对海洋生物资源影响评价技术规程》中的相关规定，计算桥梁工程施工对底栖生物、鱼卵仔鱼和游泳生物的损失量。

（2）对中华白海豚的影响分析

桥址永久性用地占用海域空间，压缩了中华白海豚的栖息空间。施工期打桩作业产生的强烈噪声震动很容易造成对中华白海豚的伤害。施工产生的悬浮泥沙扩散，水质污染会通过食物链影响海豚健康，同时还容易使海豚的皮肤受感染。

施工船舶油污及碰撞对中华白海豚的影响；桥梁分隔了保护区海域导致栖息地破碎，会对中华白海豚产生不利影响；桥梁施工造成海洋生物的破坏对中华白海豚产生影响。

营运期桥面的车流噪声与振动，对桥墩邻近的中华白海豚活动产生干扰。

7.2.2.2.3　项目用海风险分析

本工程施工期的主要用海风险是在桥位区附近施工船舶发生碰撞或施工船舶与过往船只发生碰撞导致燃料油溢漏入海对海洋生态环境的影响以及施工期泥浆、钻屑事故性排放对海域环境的影响；工程与海底管线交越，存在管线损坏天然气泄漏的事故风险，需采取有效的安全防范措施；运营期的主要用海风险是水上交通船舶与桥墩相撞导致燃料油溢漏入海中对海域生态环境的影响。

船舶碰撞及撞桥引起的溢油事故发生后油膜可能影响大屿山岸滩、内伶仃岛、珠江口的群岛、珠海东岸，会影响到珠江口中华白海豚国家级自然保护区和福田国家级自然保护区。溢油事故发生将造成严重的海洋生态灾难。

关注要点：

跨海桥梁工程规模大，需要重点分析项目实施对周边资源的影响，并提出项目用海与其他海洋资源协调开发利用的对策建议。

需要重点分析项目实施后对周边海域可能造成的水动力环境、海底冲淤环境、水质环境、沉积物环境、生态环境、环境敏感保护目标等方面的影响。对于港珠澳大桥工程，应重点关注桥梁施工和运营期间对中华白海豚的影响。

跨海桥梁施工工期长，动用的施工船舶机械种类数量繁多，施工期间项目用海风险分析应重点关注船舶碰撞导致燃料油溢漏的用海风险；运营期间，由于桥墩数量多，需要关注船舶撞击桥墩引发溢油的风险事故，另一方面桥上车辆特别是运输危险品的车辆事故坠海和泄漏等也应特别关注。

优点：

较全面地分析了对海洋环境、资源和风险的影响，采用数模、经验公式和历史资料分析对比等方法进行研究，论证结论较为可信。

不足：

1）项目用海风险分析中，对于溢油风险计算，应补充不利风向和风速的取值依据。

2）缺少非通航桥墩的船舶碰撞的安全分析内容。

7.2.2.3　海域开发利用协调分析

7.2.2.3.1　项目用海对海域开发利用的影响

项目所在海域的海洋开发利用活动主要有珠海香洲港区、九洲港区、桂山港区、大濠航道、江海直达船航道、铜鼓航道、青洲航道等航道航线，大屿山2号锚地、大屿山 23DY 锚地、九洲港澳小型船舶引航锚地等，崖 13 - 1 天然气海底管线和珠江口中华白海豚国家级自然保护区等。目前已经确权的项目有：澳门特别行政区新城区建设填海项目，海域使用面积 143.594 hm²；中海石油总公司的崖 13 - 1 平台至香港段海底管道 778 km，至海南段海底管道 91 km。

　　本项目用海对各港区没有明显影响；对各航道船舶流量没有影响；施工期间增加了该海域船舶通航，增加了进出大屿山锚地船舶航行、操控与避让难度；增加大屿山锚地锚泊船走锚的概率，对其他锚地影响很小。施工船锚泊对崖 13 - 1 天然气管线具有一定风险影响，应注意避让。本工程占用部分珠江口中华白海豚国家级自然保护区，减少了中华白海豚活动水域。

7.2.2.3.2　利益相关者界定

　　跨海桥梁的利益相关者为中国海洋石油总公司，需要协调的部门为航道、海事主管部门、珠江口中华白海豚国家级自然保护区主管部门。

7.2.2.3.3　利益相关者协调分析

　　本项目设计考虑了桥墩避开天然气管线的要求。大桥施工锚地避开与天然气管线的交汇点及附近海区，施工船舶也不能在天然气管线附近锚泊，避免项目用海对海底管道产生影响。建设单位应提前与崖 13 - 1 天然气管线业主协商，告知本项目的施工计划和进度，并制定事故应急预案。在大桥施工期间应与协调部门及时沟通联系，落实各项环保措施和生态保护措施。

　　建设单位在项目施工建设过程中应与海事主管部门保持沟通联系，优化施工组织设计，减少项目用海对跨越各航道的影响。

　　建设单位与广东省海洋与渔业局签署了《港珠澳大桥工程中华白海豚生态保护补偿协议书》，制定补偿方案，分两期缴纳生态补偿金，第一期补偿额为 8 000 万元，第二期补偿方案拟在大桥建成开通后一年内由双方组织评估确定；农业部渔业局已同意本项目穿越珠江口中华白海豚国家级自然保护区，约 29 km² 的海域在施工期间可临时调整为实验区，施工结束后立即恢复为原功能区。

7.2.2.3.4　国家权益和国防安全影响分析

　　本项目建设所在海域及附近海域无国防、军事设施和场地，其工程建设、生产经营不会对国防产生不利影响。因此，本项目用海不涉及国防安全问题。本项目用海不涉及领海基点和国家秘密，对国家海洋权益无碍。

　　关注要点：

　　利益相关者的协调与分析应依据开发利用现状和资源环境影响预测结果，分析项目用海对开发活动的影响方式、影响时间、影响程度和范围等，并绘制资源环境影响范围与开发利用现状的叠置分析图，列出利益相关者一览表。

港珠澳大桥工程的重要利益相关者有珠江口中华白海豚国家级自然保护区、大桥跨越的航道、崖 13 – 1 天然气管线，需要根据已界定的利益相关者及其受影响特征，分别提出具体的协调方案，明确协调内容、协调方法和协调责任等；分析项目用户与利益相关者的矛盾是否具备协调途径和机制以及引发重大利益冲突的可能性。已达成的协议应作为附件。

优点：

利益相关者的界定较全面，协调方案合理可行。

7.2.2.4　项目用海合理性分析

7.2.2.4.1　项目选址合理性分析

港珠澳大桥所横跨的伶仃洋南部海区，流顺，浪小，水清，滩槽冲淤缓慢，桥区海床冲淤变化较小，处于相对稳定的状态，这对建桥选址是比较有利的。模拟结果表明：北线桥隧方案对伶仃洋港口航道的开发建设和运行维护影响相对较小，工程区附近的滩槽基本保持稳定；用海项目的选址从区域交通的整体布局和工程技术要素来说是合理的。

（1）大桥三地登陆点比选

1）香港侧登陆点。大桥在香港的着陆点及香港侧接线的研究集中于从屯门至大屿山西南部的三个研究区，经综合比选，纳入最后评估阶段的有 8 条线路，对这 8 条线路从工程技术可行性、工程造价、与交通网络的衔接、与用地规划的协调、对环境的影响等方面进行了详细分析，确定大桥香港的着陆点选址在大屿山的西北部，并推荐大屿山的石湾为着陆点。

2）珠海侧着陆点。港珠澳大桥在珠海侧的着陆点对九洲岛、横琴岛、拱北三个方案进行了比选（图 7 – 32）。

九洲岛：该方案海中线路最顺捷，距离最短，海中工作量减少，但由于珠海侧接线需穿越珠海市商业中心，受地形影响，接线只有采用高架桥或下穿隧道通过九洲大道，并连接珠海大道。采用高架桥会严重影响珠海市区的景观，采用下穿隧道，隧道长度将达 10 km 以上，并穿越区域内建筑物，加之市政管线密集，对城市影响太大，因此珠海市反对该方案。

横琴岛：大桥选择横琴为登陆点，存在两站方案：大桥在横琴南端登陆，修建南北向连接线接入太澳高速，通过太澳高速顺利与京珠、粤西沿海、江珠高速公路和珠海大道衔接；大桥在横琴东北洋环登陆，修建东西向的连接线接入太澳高速。

拱北：拱北地区与澳门北部相邻，区域建有澳门与珠海间口岸设施——拱北口岸为珠海的一个交通枢纽。若大桥选择此处为着陆点，则珠海接线将穿过拱北口岸区，向西跨过前山水道，连接到未来的太澳高速，通过太澳高速公路与京珠、粤西沿海、江珠高速公路和珠海大道衔接。沿线拱北口岸区为建筑物密集区，其他地区目前现有建筑不多。

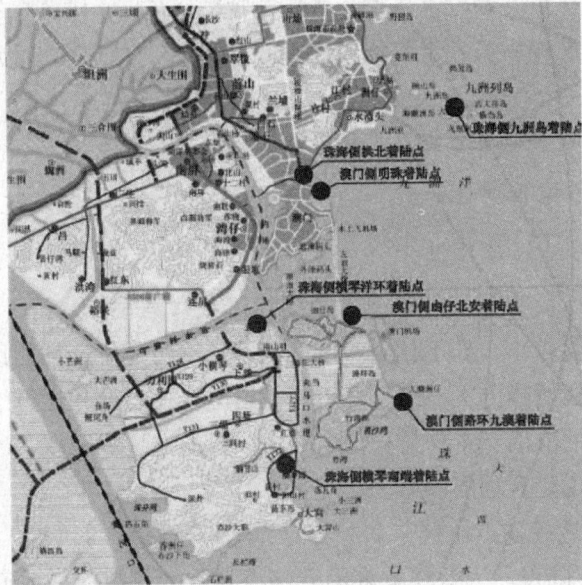

图 7 - 32　港珠澳大桥西侧着陆点位置图

3）澳门侧着陆点。根据着陆点附近地形、地质条件、城市总体规划及配套路网情况等，澳门侧着陆点对路环九澳、凼仔北安和明珠三个着陆点方案进行了比选（图 7 - 32）。

路环九澳：九澳位于澳门路环岛，若大桥选择此处着陆，则总体线路走向为自大屿山石湾跨海在澳门机场南登陆到九澳，然后穿越澳门路环岛、凼仔岛，经莲花大桥或新建桥梁连接到珠海横琴，接入珠海路网。从环保角度考虑，路环岛是澳门的"市肺"，大桥选择在此登陆对澳门仅有的自然海滩和植被环境产生十分不利的影响，因此该方案澳门政府不予考虑。

凼仔北安：北安位于凼仔岛北部，临近澳门国际机场、友谊大桥及沿海的北安工业区。该方案由于受到澳门机场航空限高制约，将采用隧道穿越澳门的外港航道、内港航道连接到北安。采用海底隧道穿越澳门几条大桥后登陆横琴，制约了澳门日后的发展，澳门政府也反对该方案。

明珠：明珠点位于澳门半岛东北角的黑沙环区。大桥在此处登陆会对黑沙环区的发展有新的推动，而且黑沙环的海边尚有空地，可用来满足大桥着陆点与路网衔接的土地需要，也可以配合大桥带来的契机，用作发展工商业或建设轻轨的线路及相应的车站设施。明珠作为大桥的着陆点，使大桥直接和澳门市区交通网相接，方便进入澳门市中心区域，会对澳门产生最直接的消费、旅游效应。

综合粤、港、澳三方对港珠澳大桥着陆点的意见，香港方面确定大桥在香港侧的登陆点在大屿山石湾，要求大桥香港侧接线不进入大屿山陆域。澳门方面反对大桥在路环点登陆，推荐明珠点，不反对北安点、珠海连横琴；要求在明珠方案技术上走不通时再考虑北安，反对大桥穿越澳门登陆后再连接到横琴，反对大桥上跨澳凼一、二、三桥，反对采用水下隧道下穿澳凼一、二、三桥。广东方面认为九洲着陆点实施难度大，对城市影响大，工可研究中不开展深入研究；推荐西岸登陆点为横琴。

工可研究中根据两组着陆点组合形成六个桥位走廊方案进行比选，经过综合比选，并考虑军方在大濠水道处采用隧道方案的要求，原则同意大桥东岸起点为香港碛石湾，西岸终点为珠海拱北/澳门明珠。

（2）大桥桥位方案的比选

本项目为特大型跨海工程，规模宏大，建设条件复杂，路线走向选择要考虑工程技术的可行性及施工风险性，以降低工程难度及风险；线位选择须注重环境保护，坚持建桥修路与保护生态、美化城市环境相统一的原则。

设计单位充分考虑了海洋环境的影响因素，提出三类共6个桥位方案，第一类为石湾北线方案，第二类为石湾南线方案，第三类为极南线方案（共2个桥位2条路线走向方案），对6个桥位方案从工程技术的可行性、经济的合理性及对环境的影响等方面进行综合比选，提出了推荐的线位方案。

7.2.2.4.2　用海方式与平面布置合理性分析

（1）用海方式合理性分析

港珠澳大桥工程用海方式主要包括跨海桥梁、海底隧道等用海（桥梁和隧道）和填海用海（人工岛）。为满足珠江口海上通航和航空净空要求，在大濠水道段不采用跨海桥梁而采用海底隧道的用海方式。

跨海桥梁等构筑物由于具有一定的跨度，较少阻挡沿岸水动力和伶仃洋海域的泥沙输运；其墩柱截面积较小，仅在局部范围内改变水流流场，但对伶仃洋海域流场和波浪场的影响较小。采用构筑物用海中的跨海桥梁的用海方式合理。

（2）用海平面布置合理性分析

本项目的建设横跨过珠江口伶仃洋海域，港珠澳大桥在广东伶仃洋海域的桥墩总数为457根，桥墩下方还有桥桩和承台的施工。桥墩及桥桩的建设均在伶仃洋海域构筑，桥墩的建设占用了海底资源。应遵循尽量少占用海域资源、保护海洋生态与环境的原则，尽量减少非透水构筑物等对海洋资源、环境影响较大的用海方式在整个用海项目中的比例。尽量增大非通航孔桥桥跨以减少对海域资源的占用。

7.2.2.4.3　用海面积合理性分析

跨海桥梁按双向六车道设计考虑，桥梁标准联宽度 33.1 m，海中桥梁中的青洲航道桥、江海直达轮航道桥和九洲航道桥因考虑防洪、船舶防撞设施、通航及景观要求等，宽度有所改变。非通航孔桥的结合部由于考虑人工岛安全的问题，桥梁宽度也存在一定的变化。

跨海桥梁宗海界址线及宗海范围的确定、用海面积量算执行《海籍调查规范》。跨海桥梁的线路长度和宽度决定了跨海桥梁的用海面积。西隧道人工岛至珠澳口岸人工岛桥梁用海面积 124.533 54 hm²，上述面积满足设计需要。

7.2.2.4.4　用海期限合理性分析

港珠澳大桥设计服务年限为 120 年，总工期 6 年。申请用海期限为 50 年，执行了《中华人民共和国海域使用管理法》关于海域使用权最高期限的规定。港珠澳大桥海域使用到期后可申请续期。项目申请用海期限合理。

关注要点：

选址合理性：跨海桥梁登陆点的选择和线位的选择对于工程建设至关重要。需要从经济、技术、环境等角度综合考虑，论证项目选址的合理性。港珠澳大桥工程的选址合理性应关注：项目用海所在的区位条件和社会条件能否满足项目建设和营运的要求；项目用海与自然资源和生态环境是否适宜；项目用海是否存在潜在的、重大的安全和环境风险；项目用海与周边其他用海活动是否存在功能冲突；项目用海是否有利于海洋产业协调发展。

用海方式与平面布置合理性：用海方式与平面布置是否集约、节约用海；是否最大程度减少对水动力和冲淤环境影响；是否与周边其他用海活动相适应；平面布置方案比选及优化建议。

用海面积合理性：跨海桥梁宗海界址线及宗海范围的确定、用海面积量算执行《海籍调查规范》，结合工程可行性、技术可行性和经济可行性综合分析，分析跨海桥梁用海面积是否符合相关行业的设计标准和规范。

优点：

论证报告对大桥的登陆点和线位进行了详细比选，详细介绍各线位和登陆点的优缺点；线位的选择充分考虑了航运、环境保护和海上国防安全等海洋要素，充分考虑了气候条件、水文条件、海床稳定性、地质构造稳定性等因素,分析较为全面。

对用海方式与平面布置的合理性分析全面。论证报告通过未来的车流量确定大桥的通车标准,进而确定桥梁宽度,以此为依据分析了桥梁用海面积的合理性,结论可信。

建议:

核实典型界址点线确定方法,核实通航孔段桥梁的实际用海情况,适当规整界址点线和接线桥梁的用海范围,同时核实用海面积。例如,青洲航道桥索塔基础比桥面钢箱梁宽度大,该处用海面积应以索塔构筑物两侧外扩 10 m 距离为界进行计算。

7.2.2.5 海域使用管理对策措施

(1)区划实施

建设单位在海域使用中严格执行海洋功能区划的要求,不得从事与海洋功能区划不相符的开发活动。工程建设应严格执行功能区的海域使用管理要求和海洋环境保护要求,控制其对周边海域利用功能的影响。

(2)开发协调

正确处理好与利益相关者的关系,切实落实与利益相关者的协调方案,保障用海秩序。落实各项环保、防洪、通航及生态补偿等对策措施,加强中华白海豚保护。

(3)风险防范

建设单位应制定完善的事故防范计划和应急预案,加强对桥墩、船舶碰撞和溢油、危险品泄漏等事故风险的防范,制定风暴潮等引起的事故风险防范措施,建立安全生产管理组织和保障体系。

(4)监督管理

严格按照批准的面积使用海域,不得擅自改变经批准的海域用途;制定具体的海域使用监控计划;严格遵守海域使用期限并接受海洋管理部门监督管理;项目工程完成后,建设单位应积极配合海洋行政主管部门的竣工验收工作。同时加强海域环境监督管理,落实施工期与运营期环境监测计划。

建议:

1)补充恶劣天气条件下施工作业限制要求及作业船舶避风预案;

2)根据项目用海特点,分析现阶段海洋环境监测的监测站位、监测要素和监测频次的合理性,完善监测方案;

3)补充风险防范设施分布地点与本项目风险源的距离及响应时间。

关注要点：

应根据海域使用论证结果及项目用海的内容、方式、影响因素以及管理要求等，研究制定项目用海的管理对策和措施，切实促进海域资源的合理开发，维护好国家和人民利益。对策措施的内容应包括：海洋功能区划实施对策措施、开发协调对策措施、风险防范对策措施和监督管理对策措施。提出的对策措施和建议应切合实际、经济合理，具有针对性，做到科学客观、技术可行。

优点：

海域使用管理对策措施的内容较为全面，海洋环境与生态保护措施较为详细，海域监督管理对策措施具有可操作性，事故风险防范措施具有针对性。

案例 8 海底电缆管道项目案例评析

8.1 海底电缆管道项目及用海特点

8.1.1 相关政策规定

近年来，随着我国海洋资源开发技术水平的提高，全球通信网络技术、海上油气开采和海岛开发利用进程的加快，海底电缆管道用海规模日趋增大。

铺设海底电缆管道需遵守《中华人民共和国海域使用管理法》、《铺设海底电缆管道管理规定》（中华人民共和国国务院令第 27 号）、《海底电缆管道保护规定》（中华人民共和国国土资源部令第 24 号）及《海底电缆管道管理规程实施办法》（国家海洋局令第 3 号）等相关法律法规。

根据相关规定，海底电缆管道在路由调查勘测、铺设施工和海域使用申请时应当提交桌面研究报告、路由调查方案和路由勘测报告和海域使用论证报告。铺设海底电缆管道在路由调查勘测申请经批准后，在申请铺设施工之前，应当向有审批权的部门提出海域使用申请。在取得海域使用和铺设施工许可批准文件，并依法缴纳海域使用金后，方可使用海域进行铺设施工活动。

为减轻海底电缆管道铺设申请者负担，简化行政审批环节，原则上除排污管道之外的独立铺设海底电缆管道项目的海域使用论证，与路由调查勘测一并进行，不再单独编写海域使用论证报告。在路由调查勘测报告的相关章节中，增加论证海域使用可行性，内容主要包括海域开发利用协调分析、项目用海与海洋功能区划及相关规划的符合性分析、项目用海合理性分析等内容。单独铺设海底电缆管道项目在提出海域使用申请时，应当提交经专家评审通过的包含海域使用论证专章的路由调查勘测报告。

排污管道及非独立铺设海底电缆管道项目要单独编写海域使用论证报告，论证内容按照分类型海域使用论证编写大纲中的《海底工程用海海域使用论证报告编写大纲》的要求执行。

8.1.2　海底电缆管道分类

海底电缆管道指为通信、电力、物质等输送，铺设于海底底床的光缆、电缆和水、气、油等物质输送管线等设施。海底电缆管道按用途分为通信光缆、输电电缆、输气管道、输油管道、输水管道、排污管道以及化学品输送管道等类别。主要用途包括：远程通信的海底通信电缆，海岛及近海风电场的输电电缆，海上石油平台的输电电缆和输水、输油管道以及近岸海域污水排放管道等。

8.1.3　海底电缆管道用海特点与要求

工程地质条件。海底电缆管道路由应尽可能避开如大块圆石场、裸露基岩、海底峡谷和陡坡、船舶残骸、弹药倾倒场、强水流区、浅层气、活动性沙波、活动断层等分布区。

海洋资源开发。尽可能避开海洋油气田、含油气构造、砂矿开采区、输油气管道、码头、锚地、自然保护区、军事用海区、人为废弃物等区域，必须穿越时应尽可能直线穿越，尽可能避免与海底电缆管道交越，确需交越时，尽可能垂直交越。

路由区的选择应符合海洋功能区划和相关规划，与其他开发活动交叉较少，有利于电缆管道的施工和维护。

海底电缆管道最好的保护是埋于海底下，埋深 1 ~ 1.5 m 可较好地避免大多数捕鱼作业的威胁。必要时可采用人工覆盖物保护电缆管线，如抛石、加盖混凝土盖板等。

海底电缆管道项目海域使用权一般仅限于使用海床或底土，在符合海底电缆管道管理和保护有关规定的情况下，该海域的其他海域空间资源可确权给其他用海项目，立体化确定海域使用权。

8.1.4　海底电缆管道项目论证重点把握

8.1.4.1　海域使用论证关注要点

1）新修编的海洋功能区划对海底管线没有设立专门的功能区，功能区划的符合性首先应重点分析项目用海是否符合功能区基本功能定位或不会对海域基本功能造成不可逆转的改变，对周边功能区的影响是否在可接受范围内；其次，还应分析项目用海与功能区划的海域使用管理要求和海洋环境保护要求的符合性。具体分析内容主要包括以下几方面。

A. 分析项目是否符合用海方式控制要求。海洋功能区划对各个功能区的用海方式都有明确控制要求，应根据项目用海对海洋功能区划影响分析结果，判定项目用海是否符合用海方式控制要求。

B. 分析项目用海是否符合环境保护管理要求。根据项目用海对资源环境影响分析结果，判定项目用海是否会对重点保护目标产生不利影响；项目用海方案是否支撑本海域和周围海域基本功能的重要自然条件，如高标准的环境质量、重要的地形地貌和水动力条件、重要经济生物物种及其生境等。

C. 判断用海项目是否符合海域整治要求。若功能区管理要求中存在整顿用海秩序、治理海域环境、修复生态系统等方面的整治要求，则应对照具体的整治目标、内容和措施要求等，分析用海方案是否符合海域整治要求。

2）由于海底电缆管道项目用海具有距离长，用海范围广的特点，因此，利益相关者的协调通常是项目论证的重点内容之一。海底电缆管道项目用海的利益相关者协调或相关协调部门通常包括航道、锚地、海砂开采、养殖用海、海洋保护区、军事用海和其他海底电缆管道项目等。与航道或其他海底电缆管线应尽可能避免交叉和穿越，不可避免时，宜采取垂直的方式。对航道和锚地还应依据港口规划，分析本海底电缆管道工程的实施是否对可预期的规划落实具有限制作用，采取必要位置的埋深增加、路由线路的适当调整，有助于实现立体化协调开发利用海域资源。

3）由于地球表面并非平面，通常的平面坐标系采用的是高斯投影，对于海底电缆管道用海项目，由于跨度较大，采用高斯地图投影往往会因为扭曲变形引起较大的面积计算误差。因此，对于跨度较大、距离较长的海底电缆管道用海项目，在面积核算时可采用选择合适投影方式或投影带宽，减少用海面积计算误差，如采用 $1.5°$ 带分别分带统计计算项目用海面积或改用等积投影法计算项目用海面积。采用等积投影法是基于考虑地图投影中产生的扭曲变形，因为高斯－克吕格投影采用的等角投影，投影变形较大，采用等积投影法，投影变形较小，面积计算误差小。选择投影带宽是基于地图投影中产生的扭曲变形随带宽的不同而不同，因此在面积量算时，可首先根据已知面积精度，计算出它的最大长度变形值，再由这个长度变形值来确定投影带宽，从而选择分带。

4）对于石油钻井平台的调整与改扩建项目来说，通常遇到海底电缆、水管及油气管线的重新布置与调整，论证中应清楚分析项目原海底电缆管道的用海面积与新建平台与海底电缆管道之间的位置，并在适当的比例尺下清晰给出本次项目申请用海与原项目用海范围的叠置关系以及用海面积核减情况的图示与分析，清楚给出典型界址点的确定情况。核减掉原申请用海面积，增补新申请用海面积，不应出现交叉重叠与空白，同时还应注意平台式油气开采与海底电缆管道不同用海方式间的转换和项目申请用海期限的准确界定，依托于原钻井平台的新建海底电缆管道用海期限的界定，除需考虑海底电缆管线自身的寿命外，还应考虑其所依托石油平台的使用寿命。

5）由于海底施电缆管道项目通常施工工期较短，为避免或减少对海洋资源环境的影响，项目用海管理对策措施中应提出项目施工应尽量避开3—8月的鱼类产卵、生长期或控制施工进度的相关要求。

8.1.4.2　海域使用论证重点把握

根据《海域使用论证技术导则》，海底电缆管线项目用海论证重点一般包括：选址（线）合理性及海域开发利用协调分析。若涉及海底石油天然气输送、有毒有害及危险品物质输送及海洋排污管道的，应在上述基础上增加对资源环境影响及用海风险的分析和论证。

海底电缆管道项目论证应重点关注下述相关内容。

（1）利益相关者协调性分析

海底电缆管道用海具有穿越距离长、用海面积广的特点，涉及利益相关者范围较大。周边海域开发现状调查应特别关注航道、锚地、其他海底电缆管道路由及传统渔业生产等的空间分布，某些海域还应关注海砂开采、海洋保护区等的调查。宜按照施工期与运营期分别界定利益相关者或利益相关协调部门。

（2）相关规划的符合性

当海底电缆管道不可避免地穿越航道或途经锚地时，还应分析其与港口等相关行业规划的协调情况，分析海底电缆管道路由是否对可预期的规划实施产生限制作用，通过采取增加海底电缆管道穿越段埋深或调整路由路线等方式避免相互影响，实现相互协调立体化用海。

（3）功能区划符合性分析

2011年修编的海洋功能区划编制技术要求中，对海底电缆管道没有设立专门的功能区，海底电缆管道与功能区划的符合性分析，可依据兼容性原则，重点分析海底电缆管道工程用海与海洋功能区划中海域使用管理和海洋环境保护要求的符合性，包括与用海方式控制要求、环境保护限制要求和海域整治要求的符合性等，从而判断其与功能区的兼容情况，相兼容的即认为与海洋功能区划符合。海底电缆管道穿越距离长，涉及海洋功能区划的功能区类型较多，对不同功能区应依据其具体的管理要求进行逐条比对分析，给出客观的符合性判定结论。对于超出省级功能区划范围的海底电缆管线用海，应重点分析其与相邻功能区的符合性情况。

（4）用海面积合理性分析

海底电缆管道用海项目的面积界定一般较为复杂，需依据《海底电缆管道保护规定》、《海籍调查规范》的相关规定合理确定。如：海上石油平台用海项目，会涉及油管、水管、电缆管线3~4条并列海底管线面积的确定以及原海底管线与平台的弃用、新管线与已确权平台的衔接，从而涉及新确权用海面积与原确权面积的调整衔接等问题。

（5）项目用海风险

对输气管道、输油管道用海项目，通常需重点分析项目的用海风险。

8.1.5 宗海图编绘要点

海底电缆管道包括海底输电管道、海底输水管道、海底输油/输气管道、海底通信电缆等。海底电缆管道的用海方式为海底电缆管道。图8-1为一海底通信电缆管道用海宗海界址图案例。

对于海底管线、跨海桥梁、道路等长宽尺寸相差悬殊的用海类型，可根据实际情况，采用局部不等比例方式移位编绘，以清楚反映宗海界址图的界址点分布。

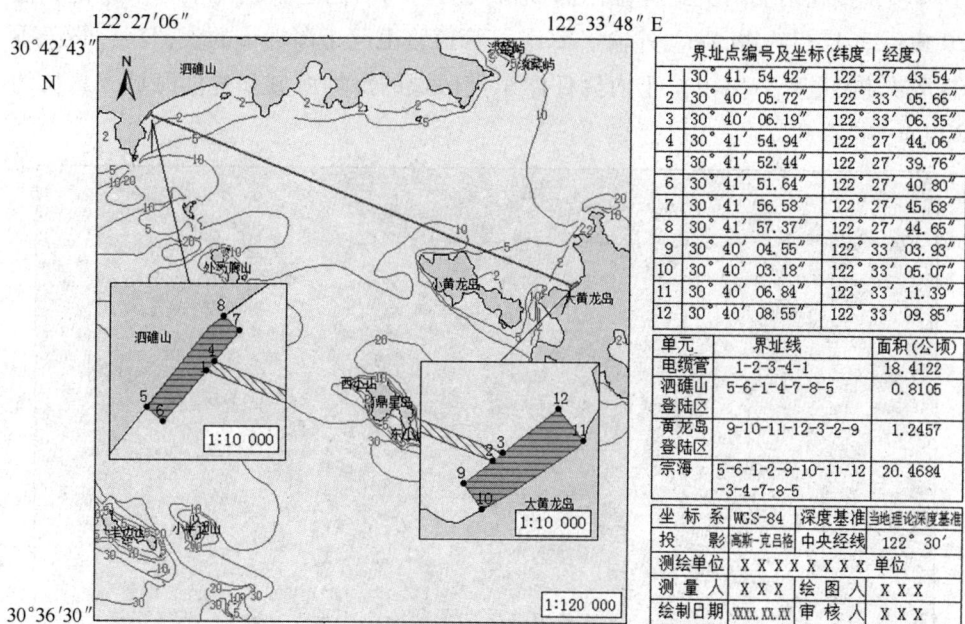

界址点编号及坐标（纬度｜经度）		
1	30°41′54.42″	122°27′43.54″
2	30°40′05.72″	122°33′05.66″
3	30°40′06.19″	122°33′06.35″
4	30°41′54.94″	122°27′44.06″
5	30°41′52.44″	122°27′39.76″
6	30°41′51.64″	122°27′40.80″
7	30°41′56.58″	122°27′45.68″
8	30°41′57.37″	122°27′44.65″
9	30°40′04.55″	122°33′03.93″
10	30°40′03.18″	122°33′05.07″
11	30°40′11.64″	122°33′11.39″
12	30°40′08.55″	122°33′09.85″

单元	界址线	面积（公顷）
电缆管	1-2-3-4-1	18.4122
泗礁山登陆区	5-6-1-4-7-8-5	0.8105
黄龙岛登陆区	9-10-11-12-3-2-9	1.2457
宗海	5-6-1-2-9-10-11-12-3-4-7-8-5	20.4684

坐标系	WGS-84	深度基准	当地理论深度基准
投影	高斯-克吕格	中央经线	122°30′
测绘单位	×××××××单位		
测量人	×××	绘图人	×××
绘制日期	××××.××.××	审核人	×××

图8-1　海底电缆管道用海宗海界址图案例

8.2 案例点评

本项目报告书 2010 年 12 月 17 日完成专家评审,2011 年 5 月完成修改稿。项目于 2012 年 8 月 16 日获得国家发改委核准,于 2012 年 3 月开工建设。

项目用海类型属海底工程用海中电缆管道用海,用海方式包括填海造地用海(建设填海造地)、围海用海(港池)和其他方式(海底电缆管道)用海等 3 种方式。案例分析主要选摘了报告书中概述、开发利用现状分析、海域开发利用协调分析、项目用海与海洋功能区划符合性分析、项目用海面积合理性分析及项目用海风险分析等章节内容,并根据问题分析需要进行了适当的删减与整合。

8.2.1 项目用海基本情况

8.2.1.1 项目位置

项目接收站及码头工程位于深圳市大铲湾湾口附近大铲岛上,水路距香港 20 km,距广州约 40 km。外输(海底)管道路由起于深圳市的大铲岛,终于香港龙鼓滩发电厂,路由位于内伶仃洋东南区域的深圳海域和香港海域,总长约 20 km(图 8 - 2)。

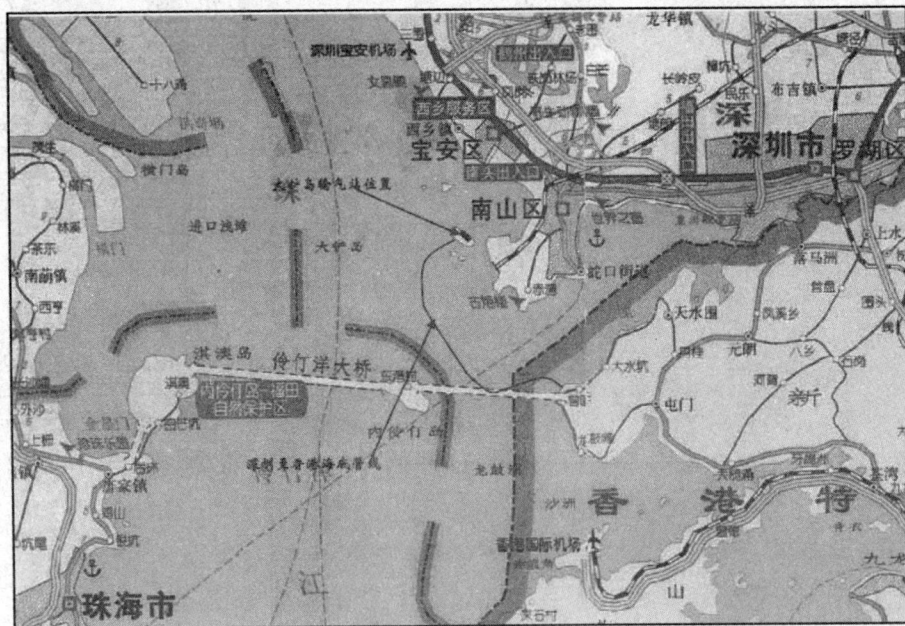

图 8 - 2 西气东输二线香港支线(深圳 LNG 外输海管)推荐设计路由位置图

8.2.1.2　用海事由

香港作为国际性金融、贸易和航运中心,天然气等清洁能源的消费比例日益增长。为了保障香港繁荣发展,国家能源局与香港特别行政区政府于 2008 年 8 月 28 日签署关于供气供电问题的谅解备忘录,支持向香港供应天然气,原则同意利用已规划的西气东输二线,开展向香港供气的可行性研究。为了落实"谅解备忘录"的精神,中国石油与香港青山发电有限公司积极合作,签署了关于加强天然气业务合作的意向书和合作建设西气东输二线工程香港支线的框架协议。中国石油天然气股份有限公司和香港青山发电有限公司共同成立合资公司负责建设、运营管理香港支线,为香港用户供气。并选择具有输气站建设条件的深圳市西部大铲岛,作为向香港和深圳供气的输气枢纽站。

中石油西气东输二线香港支线项目是为了解决香港用户的天然气利用需求和应急调峰的重要项目。国家能源局以《国家能源局关于同意西气东输二线香港支线项目开展前期工作的复函》(国能油气 [2010] 390 号)同意了本项目开展前期工作。

8.2.1.3　项目建设内容和规模

中石油西气东输二线香港支线项目是支持向香港供应天然气工程,属于清洁能源,年供气规模为 $60 \times 10^8 \ Nm^3$,由输气站、码头和外输管线三部分构成。接收站及码头工程位于深圳市大铲湾湾口附近大铲岛上,水路距香港 20 n mile,距广州约 40 n mile。外输(海底)管道路由起于深圳市的大铲岛,终于香港龙鼓滩发电厂,路由位于内伶仃洋东南区域的深圳海域和香港海域,总长约 20 km。

输气站站址选在岛屿西北侧,占地面积约 13.1 hm²,站场主要场地为陆域形成已整平区域内,不足部分需要填海解决。填海区由东北护岸、码头、西北护岸围海与岛上陆地相接,护岸长度约 846 m。填海采用岛上开山土石填筑。最终陆域长约 820 m,宽约 180 m。站址周围设置环形道路。站场东侧是深燃门站预留场地和前湾电厂用地。各站放空火炬区设置在厂区东北侧,满足安全间距,远离办公区域。

码头部分包括一个 500 吨级交通码头和一个 100 吨级滚装码头,码头前沿线平行于东北护岸。交通码头泊位长度为 68 m,宽 25 m,码头面高程为 4.5 m。滚装船码头紧邻交通码头东侧布置,泊位长度为 30 m,码头前沿顶高程为 2.2 m。码头通过长 80 m、宽 7 m 道路与后方厂区相连,道路坡度为 4.37%,该连接道路与码头前沿线平行布置。交通码头停泊水域宽度为 22 m,设计底高程为 -3.4 m,滚装码头停泊水域宽 52 m,设计底高程为 -2.9 m;回旋水域考虑共用,回旋圆直径按 2 倍 500 吨级设计船长设计 100 m,回旋水域设计底高程为 -2.9 m。

　　输气管线包括陆上管线（图8-3）和海底管线两部分，管道工程总长20.8 km（海底管道20.0 km，陆域管道0.8 km），管径为φ813 mm，壁厚为22.2 mm，材质为API5L PSL2X65，推荐选用双面直缝埋弧焊管。管道设计压力为7.0 MPa，运行压力不超过6.3 MPa。

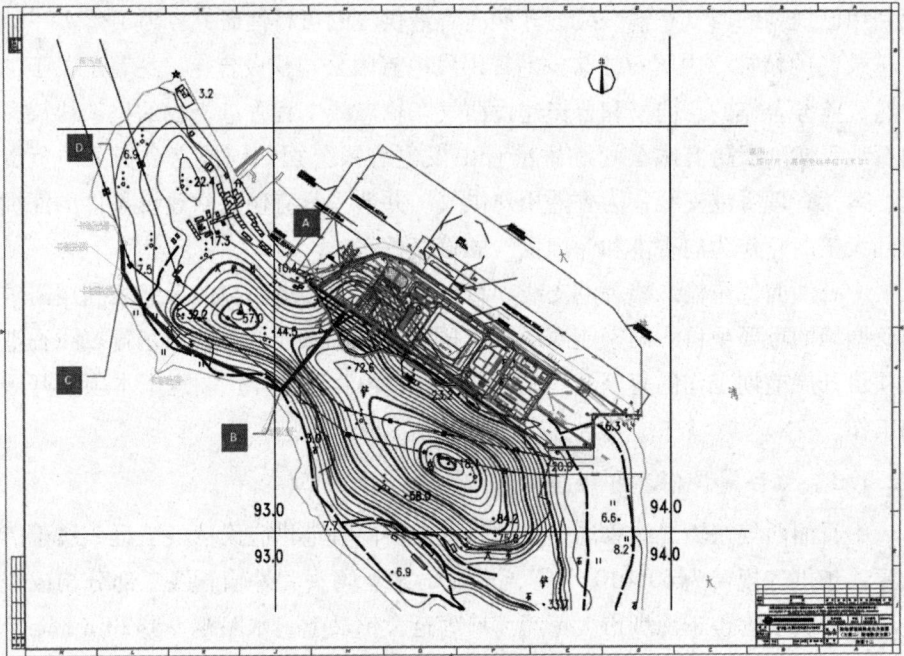

图8-3　本项目陆上管线平面布置图

　　管线路由：陆上管线出输气站后，沿东南向采用隧道铺设方式穿越岛上山体，隧道长度约280 m。出隧道后，管线沿山脚折向西北方向敷设入海。海底管线自大铲岛西北侧入海点入海后，经20 km的海底管线（包括香港段4.745 km）敷设至香港龙鼓滩站。管线全线直穿大铲水道，过矾石滩并直跨铜鼓航道，经深圳湾口登陆香港。

　　码头采用沉箱结构，上部为现浇混凝土胸墙。墙身为预制安装"日"字形沉箱，重约152 t。沉箱内回填中粗砂。码头基槽开挖至标高-10.0 m，基槽挖泥采用8 m³抓斗式挖泥船开挖，开挖后抛填中粗砂至标高-7.3 m，其上再抛填块石基床至标高-4.0 m，块石基床要求夯实。

　　港池水域采用8 m³抓斗式挖泥船开挖后将淤泥外抛到指定的海域抛泥区，疏浚量约为1.02×10^4 m³。

　　西北护岸分为陆域段及海上圆弧段。陆域段紧邻开山山体，地质条件较好，可在原地面上直接浇筑挡土墙。海域段地基淤泥厚 6 m 左右，处理后采用陆上推填法施工。东北护岸淤泥 7 ~ 9 m，处理后，按照不同位置，分段采用陆上推填法施工形成护岸后回填陆域和从陆域现有抛石岸坡往海侧推填开山石形成护岸方式。

输气站陆域形成采用"先开山、后填"的施工顺序，首先进行爆破开山、施工护岸及临时围堰，然后将开山所得到的土石料进行填海，并对填海部分采用强夯方式进行工程处理。

管道铺设深圳段全部采用预挖沟，铺设管线后，人工回填。管线海底部分基槽挖泥采用 8 m^3 抓斗式挖泥船开挖后将淤泥外抛到指定的海域抛泥区。管道基槽清淤为 465. 3 × 10^4 m^3。

项目总投资约为 305 350 万元，建设周期约 12 个月。

8.2.1.4　申请用海面积和用海期限

项目拟申请海域使用总面积为 104. 285 2 hm^2，其中：建设填海造地用海面积 3. 756 3 hm^2，港池用海面积 1. 358 2 hm^2，海底管道用海 99. 170 7 hm^2（图 8 - 4）。用海方式分别为建设填海造地用海、港池用海和海底电缆管道用海。用海类型为工业用海和海底工程用海。项目申请用海期限为 25 年。

8.2.1.5　自然环境条件

该海域受南亚热带海洋性季风气候影响，夏季炎热多雨，冬季温和干燥。强风向为 ESE，最大风速为 33 m/s；次强风向是 ENE 向及 E 向，最大风速为 27 m/s 和 25 m/s。海域潮汐系数在 0. 94 ~ 1. 77 之间，为不正规半日混合潮型，潮周期大约为 12 小时 25 分，日不等现象显著。各验潮站平均潮差均不超过 2 m，属弱潮河口，潮波以驻波为主。潮流属不正规半日潮流，涨潮时流向偏于 NW，流速以枯季为大；落潮时，水流向南先偏东、后偏西，流速以洪季为大。伶仃洋从南到北波浪强度逐渐减弱，常浪向主要为偏南向，最大波高多出现于夏、秋台风影响期间。

拟建项目输气枢纽和交通码头所在的大铲岛，呈北北西向的"一"字形，面积约 70 hm^2，岛长约 1 700 m，宽在 300 ~ 500 m 之间；岛上东南高西北低，最高点为 117. 8 m（黄海高程），由东南向西北地形呈"脊背"形，中间高两侧陡，坡度约 59%，东南方向坡度稍缓约 24%。岛上有较浅的基岩风化层覆盖，大部分为花岗岩。管线位于内伶仃洋东南海域，以流泥为主，靠近登陆点的海域主要有浅滩和沙波。

工程海域的大铲岛浅滩向西北端发展，大铲湾湾口涨潮沟略有淤退，大铲湾口以西，大、小铲岛以东，即近岸涨潮沟范围内存在冲刷，平均下切强度在

0.10 m/a以下；小铲岛周围，特别是其西侧海域，存在较强的冲刷下切区域；大小铲岛之间则淤积，大部分淤积强度在 0~0.10 m/a 之间，平均淤积速率小于0.05 m/a。小铲岛西侧以及大铲岛与孖洲之间都存在冲刷或人为浚深区域，其余地方均有不同程度的淤积，总体上大铲湾水域处于轻微淤积状态。

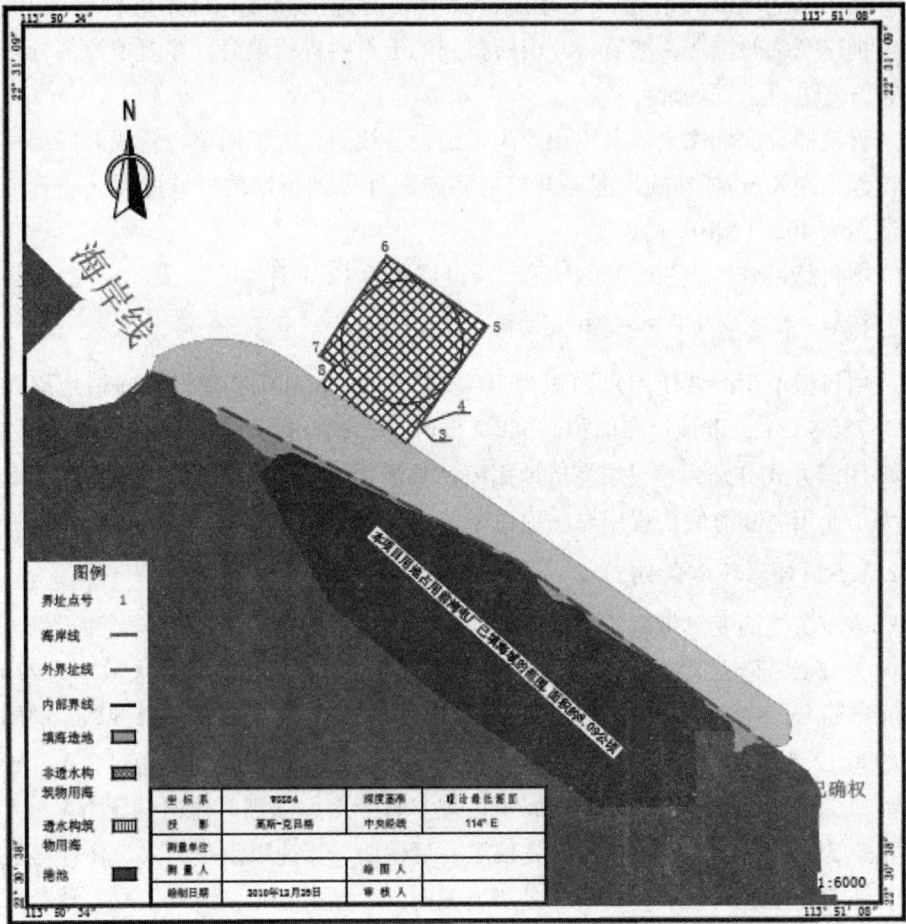

图 8-4　项目用海占用海岛部分平面布局图

8.2.1.6　海域开发利用现状

论证范围内的用海项目主要有港口、航道、海洋养殖、海洋捕捞、海砂开采和油气资源输送开发活动等，距离本项目较近的海域开发利用活动主要有内伶仃岛猕猴自然保护区、珠江口中华白海豚自然保护区、矾石贝类护养增殖区、伶仃洋经济鱼类繁育场、深圳前湾燃机电厂取排水口、海关码头、大铲湾港口投资发展有限公司港口作业区、大铲水道、深圳西部航道、广州港航道、友联修船基地等。

8.2.2 项目用海论证内容及点评

8.2.2.1 项目用海基本情况

8.2.2.1.1 论证工作等级

本工程为输气站和海底管线项目，用海类型属工业用海和海底工程用海，但工程后方输气站区的形成属于建设填海造地。根据《海域使用论证技术导则》的表 5.1（本工程部分摘录见表 8 - 1），确定本工程论证工作等级为一级，详见表 8 - 2。

表 8 - 1 海域使用论证工作等级划分表

填海造地用海	其他建设填海造地用海、农业填海造地	填海造地≥10 hm²	所有海域	一级
		填海造地（5～10）hm²	敏感海域	一级
			其他海域	二级
		填海造地 ≤5 hm²	所有海域	二级
围海用海	港池用海	用海面积≥100 hm²	所有海域	二级
		用海面积＜100 hm²	所有海域	三级
其他用海方式	海底电缆管道	海底石油天然气等输送管道、有毒有害及危险品物质输送管道、海洋排污管道等	长度≥5 km	敏感海域	一级
			其他海域	二级
		长度＜5 km	所有海域	二级

注：等级划分补充规定：

a）1级论证：填海，围海 50 hm² 以上（围海养殖除外），非透水构筑物长度 500 m 以上，连岛堤坝，海上人工岛；

b）2级论证：围海 50 hm² 以下（围海养殖除外），非透水构筑物长度 500 m 以下，透水构筑物。同一项目用海按类型、规模或者方式规定的等级不一致时，采用就高不就低的原则。其他用海根据用海类型、规模、方式，参照本表确定海域使用论证等级。

表 8 - 2 本工程海域使用论证工作等级

填海造地用海	其他建设填海造地	4.748 1hm²	二级
其他用海方式	天然气海底管道用海	20 km，70.339 8 hm²	一级
围海用海	港池用海	0.211 7 hm²	三级
	本工程		一级

8.2.2.1.2　海底管道路由调查及设计情况

（1）路由调查情况

2009年9月15日，国家海洋局以国海管字〔2009〕579号文对本项目海底管道路由调查予以批复。2010年8月，广州南科海洋工程中心、中国科学院南海海洋研究所完成了本项目海底管道的路由调查报告的报批稿。

《中石油深圳LNG项目外输（海底）管道（西气东输二线管道工程香港支线）路由调查报告》（报批稿）的主要结论如下：

1）路由下海点位于砾石滩上，附近地形地貌较复杂，下海段的上空有高压线通过，且保护地线经过邻近两对高压线基座下地，将对管道设计和施工造成一定影响。

2）下海段坡度较大，但相对于附近其他可选下海段，地势相对平缓。下海段的不规则基岩、冲蚀沟和岸边粗砂等不良地质现象对管道设施有直接的影响，设计时需要充分考虑。

3）路由穿越铜鼓水道。铜鼓水道两侧坡度都很大，西侧相对较陡，坡度最大为206.2‰，平均坡度为100‰；东侧相对较缓，坡度最大为101.6‰，平均坡度为86‰。水道浅地层上层流泥厚0.5~2.1 m，其下为粉质黏土。

4）在除下海段和铜鼓水道段的其他路由段，浅部地层上部有3.0~6.7 m的流泥，其下为10~24 m的淤泥，适宜管道铺设，且适合采取后挖沟的埋设方式施工。

5）路由海区潮差较小，是弱潮海区，潮汐为不正规半日潮，潮流较小，余流稍大，波浪动力弱，气象条件较适宜，对海底管道的施工和安全维护总体影响不大。

6）根据海洋功能规划，路由所经区域大部分为伶仃洋经济鱼类繁育场保护区，小部分海域属于蛇口-大铲湾港区和深圳西部航道功能区。海底管道的铺设对伶仃洋经济鱼类繁育场保护区功能区的影响不大，但是对蛇口-大铲湾港区海洋功能区和深圳西部航道功能区的主导功能有影响，海管通过埋设的方式穿越上述功能区，在海管施工图设计满足未来航道规划要求、施工中严格执行国务院铺设海底电缆管道管理规定并采取切实可行的风险防范措施等前提下，本项目建设与功能区无大的冲突，项目用海可行。

7）根据腐蚀因子分析，路由区岸滩高潮带属氧化环境，海底土层属还原环境，腐蚀性中等。

8）路由处于伶仃洋东滩、东槽和矾石浅滩，平均水深6.0 m，最大水深16 m，地形平坦，主要地貌有洼地、沙波、水道；表层沉积物为流泥、淤泥及岸边粗砂等；无断裂破碎带，仅有弱活动断裂，属较弱地震区，地震基本烈度为Ⅶ度；活动性地质灾害类型有浅层气和沙波，限制性地质条件有不规则浅埋基岩、洼地、浅滩。

9）声呐探测结果表明，除大铲岛近岸有少量出露礁石外，路由中心线上无大的障碍物。推荐的设计路由避让了所有的锚地（现有锚地和规划锚地）。利益相关者可协调。

依据路由调查结论得出的主要建议如下。

1）路由下海段有 30 m 左右的暗礁及浅埋礁石，建议施工图设计时，考虑礁石开挖、礁渣处置等方案；施工时注意安全。

2）路由穿越航道段建议采用预挖沟方式埋设，并以粉质黏土为管线持力层，开挖的方式、土层（流泥及粉质黏土）处理方式等需明确。

3）在除下海段、大铲水道和铜鼓水道段的其他路由段，建议采用后挖沟方式埋设海管，并以淤泥为管线持力层，埋设的深度应不小于流泥的厚度。

4）路由区土层有一定的腐蚀性，建议设计时做好防腐方案。

5）根据水文气象条件分析，工程施工期应尽量避开热带气旋和雷暴影响的季节，建议选择在 11 月至翌年 5 月为宜。

6）施工前应预先与地方政府部门进行协调，确保施工安全。

7）海底管道施工期间，业主需要向海事部门申请航行通告，作业区内应禁止各类与作业无关的船只进行航行与抛锚，采取各项安全生产措施，以免发生船舶碰撞等交通意外而引发溢油事故等。

8）推荐的设计路由基本上避开了所有的规划锚地，但是推荐的设计路由仍然穿越航道。建议在管道路由设计阶段与深圳海事局、深圳市交通运输委员会等单位进行充分协商，重点考虑未来航道规划（拓宽、浚深）的要求，确保海底管道的建设不阻隔海上交通运输。

9）在管道附近有锚地区，特别是无动力锚地区会对海底管道的正常施工和运行造成一定的影响。为了保证本海底管道的正常运行，避免锚地对其存在的潜在危害，建议管道设计时加大埋深，管道埋设后需采取保护措施，确保管道运营安全。建议海管施工时，注意航行和施工安全。

10）海底管道在深圳海域穿越大铲水道与铜鼓航道。海底管道穿越航道时，为抵御锚击风险等对管道造成的机械损伤，管道顶部应覆盖至少 3 m 的堆石保护层。管道最终埋深还应兼顾交管部门对航道拓宽、拓深的规划。覆盖石块的粒径配比、边坡稳定等性质经过详细计算确定，以保证堆石层的抗风险能力和海底稳定性。

11）因穿越的航道船舶密度大，建议在航道段施工时，请求海上安全护航和警戒。

12）推荐路由上有待批的海砂申请区域，建议建设方与海洋主管机关及时沟通。

13）由于海管跨深圳、香港两地，建议建设方考虑对接的相关问题。路由调查成果图见图 8-5 至图 8-9。

（2）路由设计情况

本项目从深圳 LNG 项目变更为西气东输二线香港支线项目后重新编制了项目通航安全评估报告，根据通航安全评估报告的专家审查意见，为加大与孖洲西危险品锚地间的距离，保证本项目管道安全，本项目海底管道路由 AC3 至 AC5 段进行向西南向进行了一定的偏移，偏移距离在 0~245 m 之间，仍在项目路由调查有效区域（250 m）范围之内，也符合《铺设海底电缆管道管理规定实施办法》的规定。

关注要点：

通过项目用海概况与工程分析，本项目论证中需特别关注的问题包括：①项目工程比较复杂，用海方式多样，既包括了管线穿越海岛、航道并经过锚地，也包括了开挖部分海岛山体回填海域建设输气枢纽站和滚装船码头等，用海方式包括填海造地用海、围海用海和海底电缆管道用海等。②项目建设部分占用了前湾电厂已确权海域，占用部分包括已填海成陆区和本项目拟实施填海区，项目用海涉及权属变更以及权属与用海方式均需变更等论证内容。

需综合分析与总结推荐设计路由的主要结论意见和建议，包括意见中对路由线路中海底地形地貌、地质灾害、主要开发活动影响及相关区划、规划和保护区分布等分析后给出的结论性意见和建议等，相关内容是论证项目用海合理性分析的重要依据。

项目周边海域开发程度高，项目用海方式、工程内容复杂多样。准确、全面了解项目的平面布置、施工方式方法以及自然条件和开发现状对项目建设的主要限制因素等，是项目用海合理性分析、准确界定项目用海界址点线和面积的基础，也是准确界定利益相关者和分析影响程度的前提。

优点：

1）项目用海论证等级判定过程清楚、明确。根据项目用海方式、用海规模和海域特征，采用列表的方式清楚分析了论证等级的判别过程，准确判定了项目用海的论证等级。

2）针对海底电缆管线路由海域使用论证的目标要求，对路由勘察报告主要结论内容的总结全面、言简意赅。简洁清晰地给出了路由勘察的主要结论和建议，对与海底管道路由选划密切相关的海洋地形地貌、地质灾害和本海域开发现状等主要特征进行了重点说明，为能合理开展项目用海合理性分析、海域开发利用协调分析及资源环境影响分析等论证工作奠定了基础。

3）主要图件内容丰富、清晰。针对海底管线海域使用论证的特点和要求，给出了推荐设计路由位置图、海底地貌特征图、水深地形图、海底管线平面布置图等必要图件，图件主要要素标注清晰。

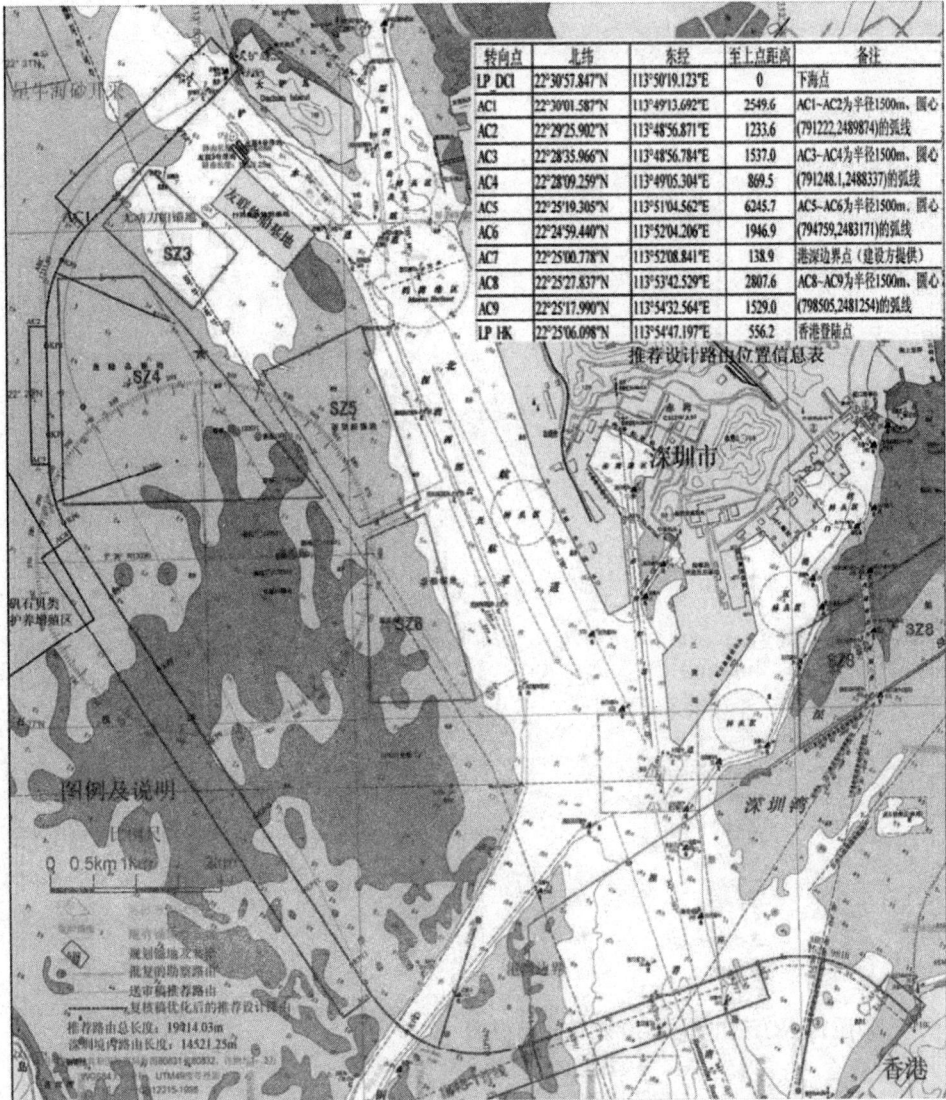

转向点	北纬	东经	至上点距离	备注
LP DC1	22°30'57.847"N	113°50'19.123"E	0	下海点
AC1	22°30'01.587"N	113°49'13.692"E	2549.6	AC1-AC2为半径1500m，圆心
AC2	22°29'25.902"N	113°48'56.871"E	1233.6	(791222,2489874)的弧线
AC3	22°28'35.966"N	113°48'56.784"E	1537.0	AC3-AC4为半径1500m，圆心
AC4	22°28'09.259"N	113°49'05.304"E	869.5	(791248.1,2488337)的弧线
AC5	22°25'19.305"N	113°51'04.562"E	6245.7	AC5-AC6为半径1500m，圆心
AC6	22°24'59.440"N	113°52'04.206"E	1946.9	(794759,2483171)的弧线
AC7	22°25'00.778"N	113°52'08.841"E	138.9	港深边界点（建设方提供）
AC8	22°25'27.837"N	113°53'42.529"E	2807.6	AC8-AC9为半径1500m，圆心
AC9	22°25'17.990"N	113°54'32.564"E	1529.0	(798505,2481254)的弧线
LP HK	22°25'06.098"N	113°54'47.197"E	556.2	香港登陆点

推荐设计路由位置信息表

图 8-5　西气东输二线香港支线（深圳 LNG 外输海管）推荐设计路由位置图

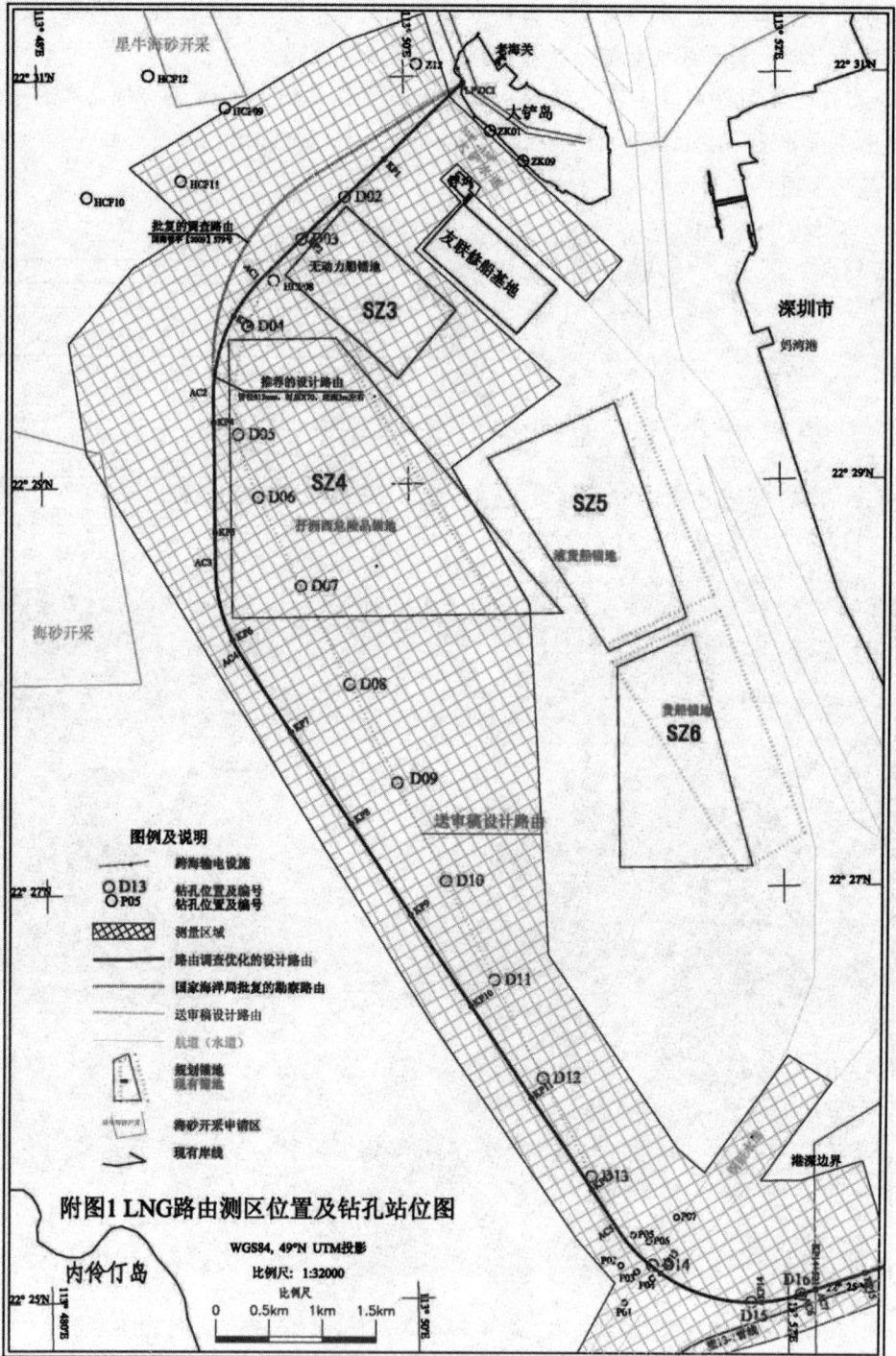

图8-6 本项目海底管道路由测区位置及钻孔站位图

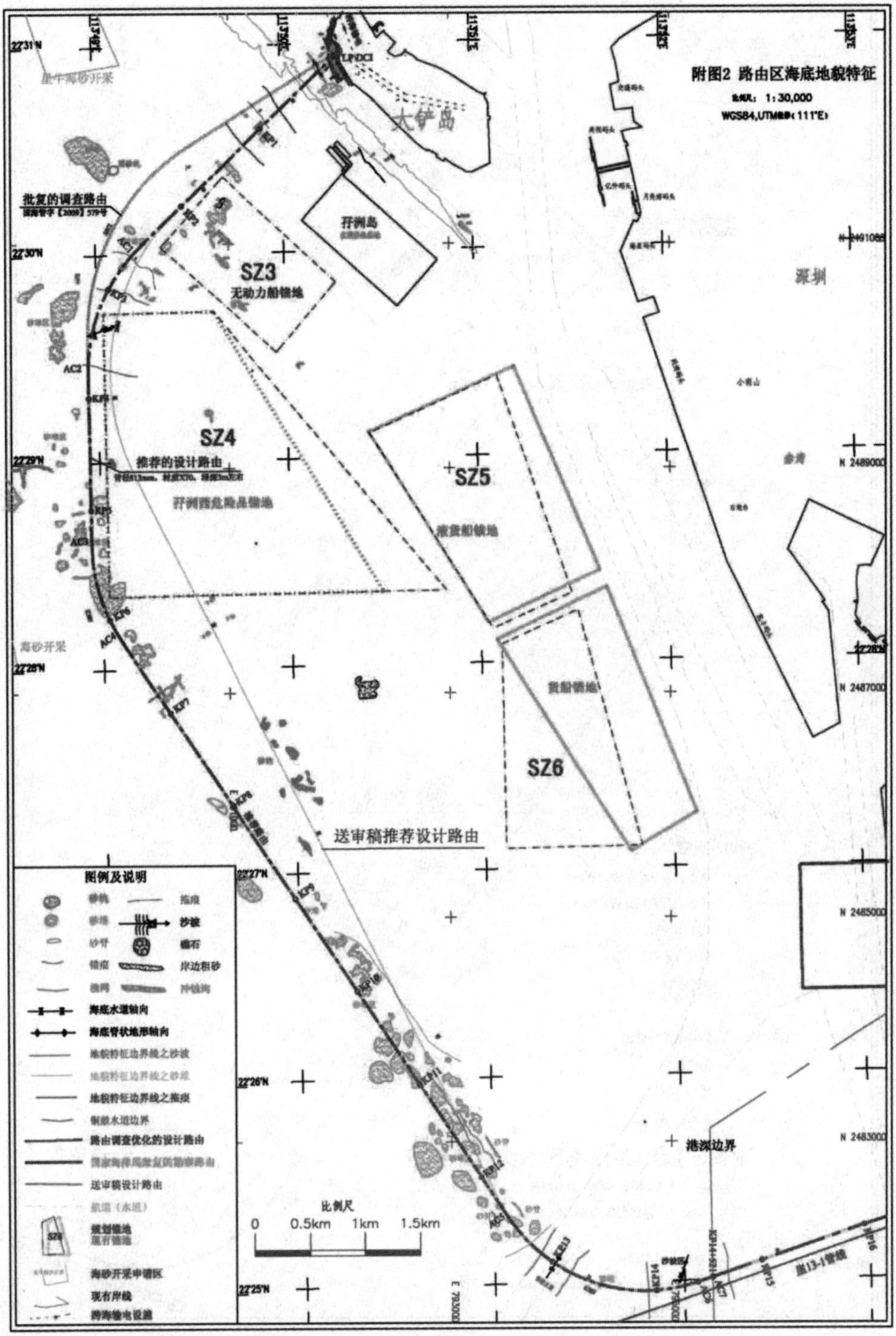

图 8-7　本项目海底管道路由区海底地貌特征

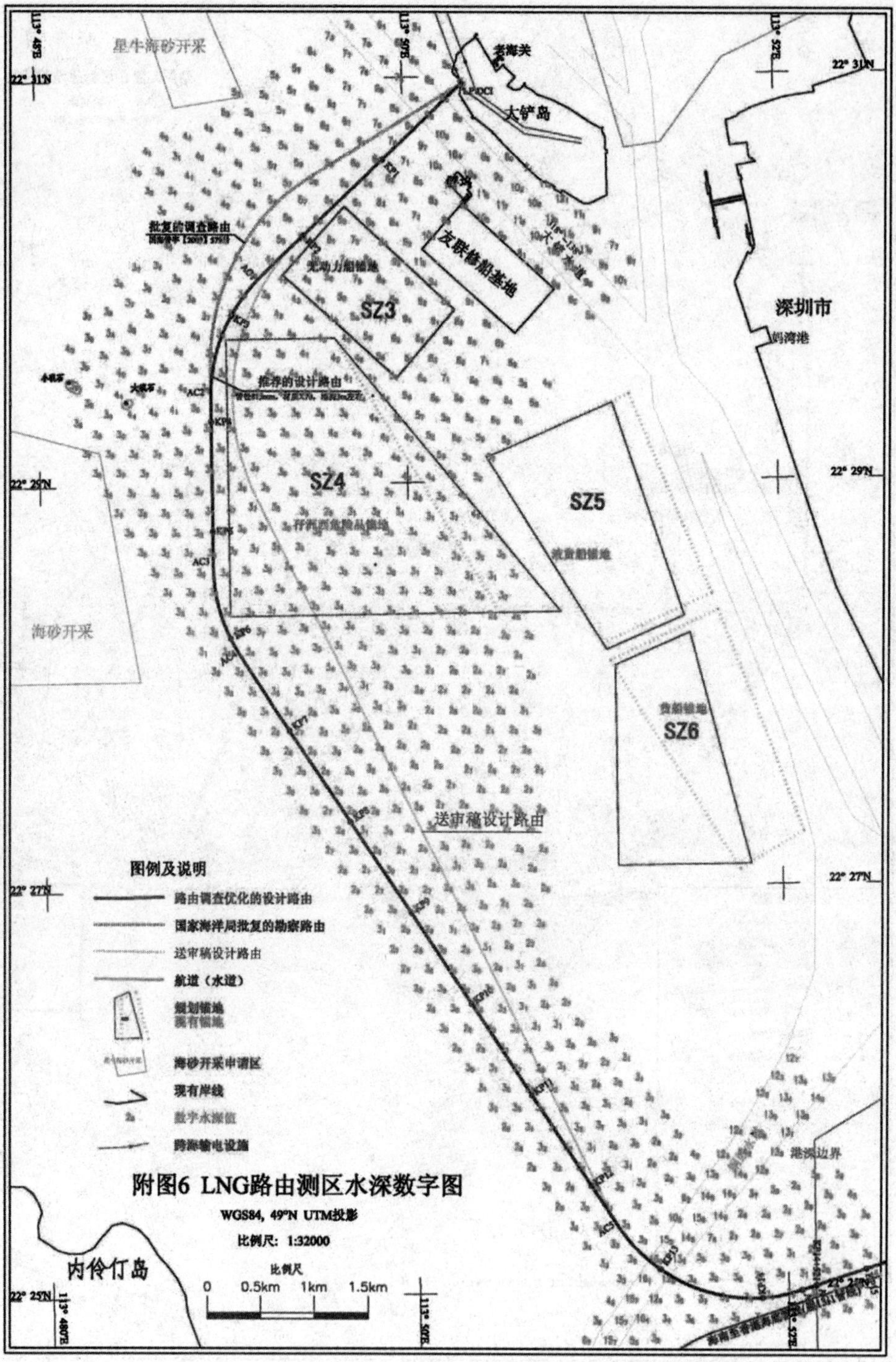

图8-8 本项目路由区水深图

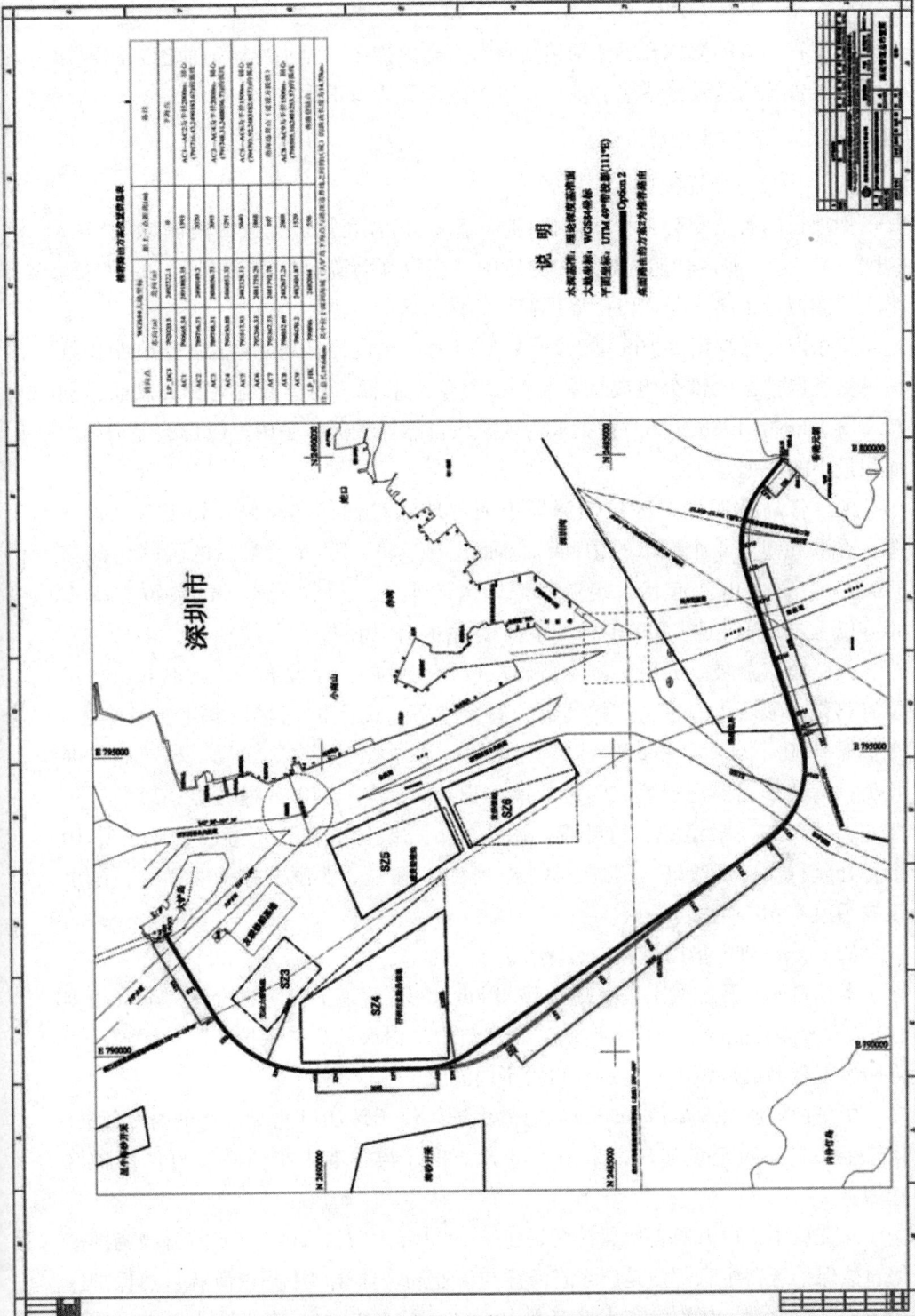

图8-9　本项目海底管线平面布置图

8.2.2.2　开发利用现状

本工程周边的海域开发活动包括自然生态保护区、海水养殖与捕捞、海砂开采、油气资源输送及修造船、港口、电力生产等用海工程。

8.2.2.2.1　自然生态保护区

（1）内伶仃岛猕猴自然保护区

本项目码头及配套工程西南侧约 10.5 km，海底管道工程西南侧约 3.8 km（根据《广东省海洋功能区划》中界定的"内伶仃岛猕猴自然保护区"的边界距本工程的最近距离）是内伶仃岛猕猴自然保护区。

广东内伶仃福田保护区建于 1984 年 10 月，由内伶仃岛猕猴保护区和福田红树林鸟类保护区两部分组成，主要保护对象为猕猴、鸟类和红树林，总面积约 72.213 1 hm²。1988 年 5 月被批准为国家级自然保护区，是国家级自然保护区中面积最小的一个。

内伶仃岛猕猴保护区位于深圳市西部珠江口伶仃洋东侧，处于深圳、珠海、香港和澳门 4 个城市的中间，总面积 447.813 1 hm²。最高的尖峰山海拔 340.9 m。岛上山峦起伏，峭壁峥嵘，水源丰富，植物茂盛，植被覆盖率在 80% 以上。岛有植物 400 多种，主要的乔木有马尾松、台湾相思、椿树、朴树、假苹婆、荔枝、龙眼、木麻黄、桉树、菠萝蜜、青果榕等；其他的植物主要有鸡矢、酸藤果、拔契、蛇葡萄、海金沙等。岛上的动物资源也十分丰富，有猕猴（10 个自然群约 300 只）、穿山甲、果子狸、野猪、黄勋、梅花鹿等哺乳类；鸢、鹜、褐翅鸦鹃、四声杜鹃、秧鸡、斑鸠等 40 多种鸟类；蟒蛇、金环蛇、银环蛇、眼镜蛇、竹叶青、两头蛇、三线闭壳龟、草蜥、石龙子等 10 余种处爬行类；虎纹蛙、沼蛙、泽蛙、姬蛙、树蛙、黑眶蟾蜍等两栖类；昆虫仅蝶类就有 40 多种。

（2）珠江口中华白海豚自然保护区

本项目码头及配套工程南侧约 13.0 km，海底管道工程南侧约 1.8 km（根据《广东省海洋功能区划》中界定的"珠江口中华白海豚自然保护区"的缓冲区边界距本工程的最近距离）是珠江口中华白海豚自然保护区。

中华白海豚（*Sousa chinensis*）自然保护区位于珠江口北端，北至内伶仃岛，南至牛头岛，西至淇澳岛，东至香港大屿山，与香港中华白海豚自然保护区接壤。

珠江口中华白海豚自然保护区始建于 1999 年 10 月，2003 年 6 月升级为国家级自然保护区，主管部门是广东省海洋与渔业局。珠江口中华白海豚自然保护区位于珠江口北端，属珠海市水域范围内，总面积 460 km²，东界线为粤港水域分界线，西界线为 113°40′00″E，南界线为 22°11′00″N，北界线为 22°24′00″N，核心区面积 140 km²，缓冲区面积 19 km²，实验区面积 128 km²。

目前，在珠江口现存有我国资源数量最大的中华白海豚群体，种群世代比较完整，是我国目前数量最大的中华白海豚栖息地。

据最近几十年有关调查资料，中华白海豚在我国分布比较集中的区域有两个，一个是厦门的九龙江口，一个是在广东的珠江口。

珠江口的中华白海豚群体，主要分布在河口的伶仃洋、万山群岛和香港西南部水域。据 1997—2000 年南海水产研究所的调查资料显示，海豚分布的北界在深圳机场对面水域，南界在东澳 - 小蒲台岛一带；东侧的大铲岛、深圳湾、龙鼓洲、香港新机场北部水域和大屿山沿岸，西侧的香洲湾外和澳门对面海面，均有中华白海豚分布，分布范围面积不小于 1 200 km²。白海豚活动的密集区主要在伶仃洋的东南部，其中内伶仃岛周围、马友石至大屿山之间和桂山岛附近，海豚的目击率较高；而从淇澳岛至澳门之间的西部水域，海豚的目击率较低。分布态势呈东高西低，而且差异显著。

另外，珠江口一带也有江豚分布。江豚为国家二级保护动物。江豚的分布位置比中华白海豚稍为偏南，经常在桂山岛附近和香港以南水域活动，其群体规模较小，多以 2 ~ 5 头的小群体出现。

8.2.2.2.2　养殖水域与鱼类繁育场

本项目码头及枢纽站工程西侧约 5.0 km，海底管道工程西南约 0.26 km 是《广东省海洋功能区划》（2008）中界定的"矾石贝类护养增殖区"。矾石贝类护养增殖区位于珠江口内伶仃岛北部矾石浅滩海域，面积 3 044.413 1 hm²，主要以贝类增养殖为主，目前有小面积的养殖。

本项目码头及枢纽站工程西侧约 2.8 km，海底管道穿越伶仃洋经济鱼类繁育场保护区，该保护区现为鱼类繁育场，位于从金星门水道的铜鼓角经内伶仃岛东角嘴至深圳妈湾下角止三点连线以北及番禺的莲花山至东莞新沙二点连线以南水域。农历四月二十日至七月二十日，禁止拖网船、拖虾船以及捕捞幼鱼、幼虾为主的作业船只进入本区生产，防止或减少对渔业资源的损害。

除此之外，位于内伶仃岛北侧尚存部分少数网箱养殖户。

8.2.2.2.3　海洋捕捞

本项目海底管道路由区是从大铲岛到香港，所以在路由区内进行捕捞作业的渔船主要来自广东省和香港特别行政区。根据渔船管理部门的统计，广东省 2006 年拥有机动渔船达到 126 860 艘，香港特别行政区大约有 14 320 艘，其中全长为 10 m 以上的约有 6 259 艘，在外海使用拽网、底延绳钓和流刺网等进行作业。

2006 年广东省海洋捕捞产量为 724×10^4 t。

8.2.2.2.4　海砂开采

根据本项目海底管道路由设计平面图，距离本项目最近的采砂区为星牛海砂开采区（与本项目海底管道最近距离约 2.0 km）、矾石海砂开采区（与本项目海底管道最近距离约 1.0 km）。

8.2.2.2.5　油气资源输送

本项目海底管道靠近香港海区部分与在用的崖 13 – 1 天然气海底管线呈平行状态，两者之间的距离为 100 m。

8.2.2.2.6　工程周边用海工程

（1）前湾电厂

大铲岛东南端已有建成正在运营的深圳前湾燃机电厂一座，岛区中间为低矮山脉，电厂的高压出线走廊沿山顶穿过。本项目南侧与前湾电厂用地相邻。前湾电厂取水口位于大铲岛南端东侧，距离本项目输气站和码头工程 0.5 km，前湾电厂排水口位于大铲岛南端西侧，距离本项目输气站和码头工程 0.75 km，距离管线下海点 1.2 km。

（2）大铲湾港区

本项目东北侧与蛇口港用水域相距 0.2 km。大铲湾港区是大型专业化集装箱港区，以集装箱远洋干线运输为主，兼顾近洋、内支航线和少量内贸运输。港区现有深圳市大铲湾港口投资发展有限公司投资建设的港口作业区，该作业区的水域与本项目港池水域紧邻。

（3）大铲海关

本项目西北侧与大铲海关相邻，该处现有少量办公用房和一座海关码头。

8.2.2.2.7　海上交通

（1）航道

本项目处于经济发达的珠江三角洲地区，船舶来往频繁，航运发达，航线较为复杂，目前伶仃洋内主要航道有伶仃航道（广州港出海航道）、大铲水道、铜鼓航道、龙鼓西水道以及深圳西部公用航道。

大铲水道位于大铲岛西面，大铲岛与孖洲岛之间的水域。水道北起大铲灯桩以西约 0.5 km，连接矾石水道，南至妈湾码头对开，连接妈湾航道（北航道）。宽度约 300 m，水深约 8～10 m，长约 2.4 km。

深圳港铜鼓航道位于珠江口伶仃洋东部铜鼓岛至大濠岛西北海区，是国家"十五"重点交通基础设施建设项目，也是广东省、深圳市重大工程项目。铜鼓航道全长 23.7 km，通航水深 −15.8 m，有效宽距 210 m，可满足 10 万吨级集装箱轮全天候通行。铜鼓航道的开航将使西部港区如虎添翼，成为西部黄金出海通道。根据《深圳港总体布局规划》，拟将铜鼓航道拓宽为 435 m，底标高浚深至 −17.5 m，可满足 15 万吨级和 7 万吨级集装箱船舶全天候双向通航。该工程的实施，将适应船舶大型化发展的需求，有助于提高深圳港的竞争力和服务水平。

深圳港西部港口公共航道，目前已满足 7 万吨级和 15 万吨级集装箱船双向航道标准改造，航道宽度 475 m，设计底标高 −17.5 m，航道走向与现有西部航道一致，分三段，第一段处在铜鼓航道延长线上；第二段自蛇口作业区与大铲水道相接；第三段自妈湾作业区至大铲湾水域。

（2）客运航线

深圳西部海域与路由关系密切的高速客船航线主要有蛇口客运码头至珠海、蛇口客运码头至珠海、福永客运码头至香港、福永客运码头至澳门、蛇口客运码头至澳门、蛇口客运码头至香港等。

（3）锚地

深圳港西部水域的锚地主要供进出港船舶候泊、联检、引航、装卸货物和防台之用。其中与管道路由关系密切的锚地有普通货船待泊锚地、液货船待泊锚地和孖洲西危险品锚地。

根据深圳港总体规划（2009 年 3 月 18 日至 20 日，交通运输部和广东省政府联合审查通过），深圳西部规划的锚地为 10 个，除新增加锚地外，对原有的锚地也进行了局部调整，其中与路由关系密切的有孖洲西危险品锚地（调整，新编号 SZ4），货船锚地（调整，新编号 SZ6）和无动力船锚地（新增，新编号为 SZ3）。

设计路由与航道，锚地及高速船路等位置关系见图 8−10。周边海域开发利用现状见图 8−11、图 8−12、表 8−3。

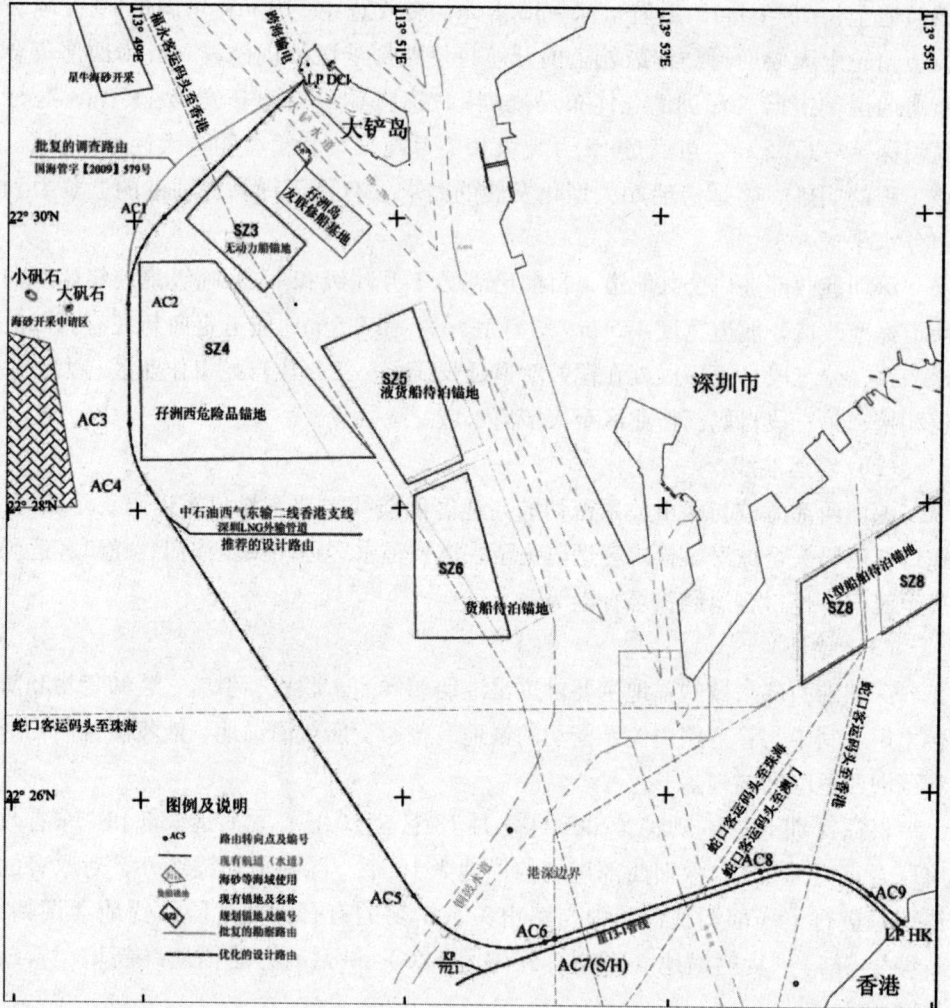

图 8 - 10　设计路由与航道、锚地及高速船路等位置关系图

图 8 – 11　周边海域的开发利用现状

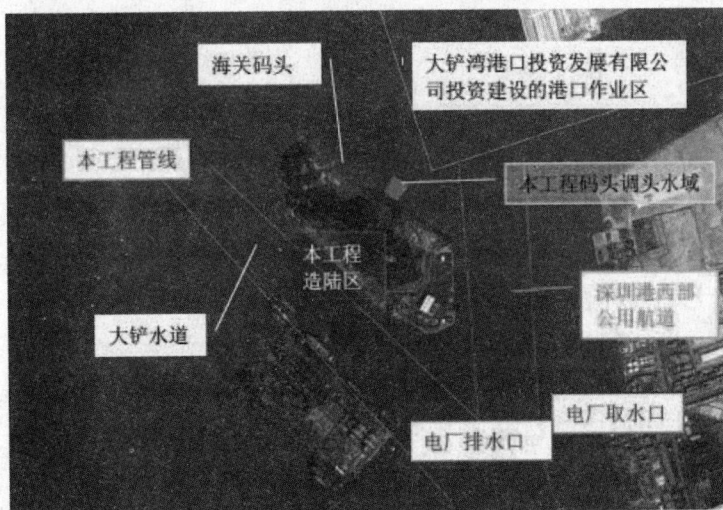

图 8 – 12　周边海域的开发利用现状（枢纽站附近局部）

表 8 - 3　工程区周围相关产业、环境敏感区表

序号	名称	地理位置	枢纽站与码头工程方位	海底管线工程方位	距离码头及配套工程/海底管线工程（km）	类型
1	内伶仃岛猕猴自然保护区	珠江口伶仃洋东侧	SW	SW	10.5/3.8	自然保护区
2	珠江口中华白海豚自然保护区	珠江口水域内伶仃岛至牛头岛之间	S	S	13/1.8	
3	矾石贝类护养增殖区	珠江口内伶仃岛北部矾石浅滩海域	W	SW	5/0.26	养殖区
4	伶仃洋经济鱼类繁育场	珠江口伶仃洋水域	W	穿越	2.8	鱼类繁育场
5	深圳前湾燃机电厂取水口	大铲岛南端东侧	SE	—	0.5	
6	深圳前湾燃机电厂排水口	大铲岛南端西侧	SW	E	0.75/1.2	
7	海关码头	大铲岛西北	NW		紧邻	
8	大铲湾港口投资发展有限公司港口作业区	蛇口大铲湾港区	E	—	0.2	
9	友联修船基地	大铲岛西南侧	SW	—	1.3	
10	大铲水道	大铲岛西南侧	W	穿越	1.0	
11	深圳西部航道	伶仃洋东槽南段至铜鼓水道	E	穿越	—	用海工程
12	铜鼓航道	伶仃洋东部铜鼓岛至大濠岛西北海区	S	穿越	—	
13	蛇口客运码头至珠海客运航线	港深水域界线	S	穿越	—	
14	蛇口客运码头至澳门客运航线	港深水域界线	S	穿越	—	
15	蛇口客运码头至香港客运航线	港深水域界线	S	穿越	—	
16	福永客运码头至香港客运航线	深圳西侧水域	W	穿越	—	

续表

序号	名称	地理位置	枢纽站与码头工程方位	海底管线工程方位	距离码头及配套工程/海底管线工程（km）	类型
17	孖洲西危险品锚地	深圳港西部公用航道西侧	SW	紧邻	2.81/0.13	用海工程
18	无动力船锚地	大铲水道西侧	SW	NW	1.93/0.39	
19	货船锚地	深圳港西部公用航道西侧	S	E	5.09/2.98	
20	液货船锚地	深圳港西部公用航道西侧	S	E	2.95/2.53	

关注要点：

海域开发现状是项目用海利益相关协调分析的基础，对海底电缆管道项目来说，由于其跨度大，用海范围广，利益相关协调分析涉及面较广，类型多样，海域开发现状分析应重点关注航道、锚地、渔业生产、海洋保护区、海砂开采、其他海底电缆管道以及海底管线登陆点周边相关海域开发活动情况。

优点：

项目周边海域开发活动内容、空间布局等分析较为清楚、详尽；采用开发现状分布与遥感影像图叠置和列表的方式，对项目周边海域开发活动的项目及与本项目的位置关系、方位、距离等一一列示，表述方式简洁、清楚，为本项目利益相关者准确界定与协调分析奠定了基础。

不足：

依据现行技术导则，开发利用现状分析应包括社会经济概况、海域使用现状及海域使用权属现状三方面内容，论证报告仅对前两项进行了分析，本项目用海存在占用深圳前湾燃机电厂已确权海域，应进行利益协调和权属变更，报告书在其他章节中对本项目用海与前湾燃机电厂的权属问题给出了一些相关说明，但总体来说表述不够全面。报告应按照导则要求，在本节对与本项目用海存在权属关系的深圳前湾燃机电厂用海项目的权属来源、权属内容（包括用海类型、方式、面积、期限）、界址坐标、宗海图等进行全面分析和说明，并将相关审批要件作为报告书的附件列示。

8.2.2.3　海域开发利用协调分析

8.2.2.3.1　项目用海对海域开发活动的影响

根据工程海域的使用现状，结合前面对本工程各项环境影响的预测分析，对工程建设、周边用海活动的影响进行分析。

（1）对养殖区和鱼类繁育场的影响分析

根据前面分析，本工程建设将引起矾石贝类护养增殖区和伶仃洋经济鱼类繁育场周边水域的水动力和冲淤环境的变化，但影响幅度基本无变化。淤积计算结果表明，养殖区仅靠近工程的西侧受到影响，最大淤积强度变化值为 15 cm/a。工程施工期外输管线施工产生的悬浮物会对养殖区附近水域造成一定影响，但影响是暂时的，随着施工期的结束，影响将消失。工程营运期的各种污水将达标处理后回用，不在工程海域排放。内伶仃岛网箱养殖区域距离本工程较远，不受工程建设影响。因此，本项目的建设不影响上述水域。

（2）对自然生态保护区的影响分析

内伶仃岛猕猴自然保护区距本项目码头及配套工程约 10.5 km，距离本项目外输管道约 3.8 km；珠江口中华白海豚自然保护区缓冲区距本项目码头及配套工程约 13.0 km，距离本项目外输管道约 1.8 km。根据"用海环境影响分析"，本工程建设对其水文动力环境及冲淤环境的影响较小，外输管线施工作业产生 10 mg/L 浓度悬浮物的最大影响距离距作业点约为 1 km，因此本项目的建设不影响上述保护区。

由于本工程海底管道施工涉及大量海上作业，根据历史观测资料，工程所在海域曾有白海豚出没，施工过程中施工噪声对白海豚会造成一定的滋扰（图 8 - 13，图 8 - 14）。

中华白海豚的视觉功能不发达，主要依赖声波来探测周围环境及与同伴沟通，海底管线施工过程产生的噪声会干扰海豚的觅食和社交等行为。重型机器操作及海床挖掘将产生的低频噪声，一般在较低的频段如 20 ~ 1 000 Hz 具有较高的能量，而体长 3 ~ 4 m 左右的小型齿鲸类对于频率在 1 kHz 以下声波的反应不很敏感。中华白海豚的回声定位系统一般利用较高频率的声音（大于 10 kHz），但有时也会使用低频声音与同伴沟通，海底管线施工机械操作所产生噪声的频率大都在 1 kHz 以下，研究表明挖掘工程对小型鲸豚的影响有限，但是当上述的水中噪声长时间存在，或产生的部分低频噪声具有较高的能量，或有的机器零件产生高频率的声波，以上任一情形的出现，工程活动仍有可能影响到海豚的正常生活。

本工程距珠江口中华白海豚自然保护区缓冲区最近距离为 1.8 km，缓冲区内白海豚出现几率较低，施工造成的对其影响较小，且一旦这一带水域活动的中华白海豚受施工影响，将因回避而离开施工区。通常情况下，受到影响的海豚将被迫调整其活动范围，一些个体的活动空间将受到限制或压缩，如果海豚无法忍受滋扰，则将完全改变其活动范围，如迁往较远水域，从而使施工水域作为海豚栖息地的功能下降。但是像许多其他哺乳动物一样，环境滋扰消失或较少时会恢复其原来的生活状态，相信部分海豚会恢复其原来的活动范围，迁移到较远水域的个体一般还会回迁。

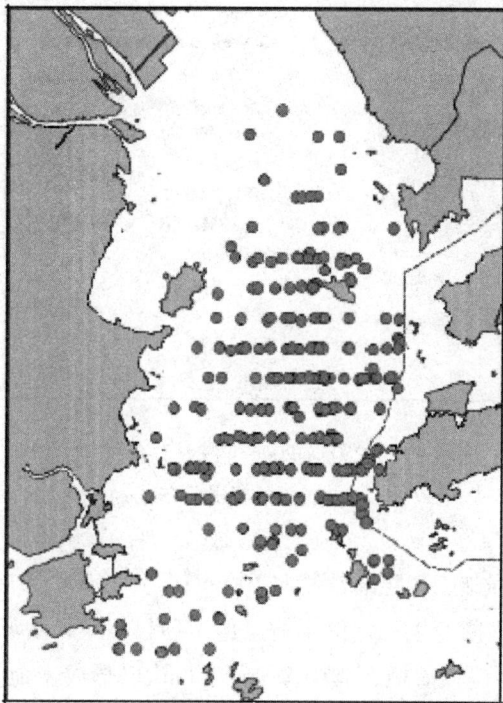

图 8 - 13　1997—2000 年珠江口伶仃洋中华
白海豚的目击分布

（3）对周边用海工程的影响分析

1）深圳前湾燃机电厂。深圳前湾燃机电厂取水口距离本项目码头工程0.5 km，根据"用海环境影响分析"，本工程建设对其水文动力环境及冲淤环境的影响较小，码头及配套工程施工期间产生 10 mg/L 浓度悬浮物的最大影响范围到达取水口附近，按 100 mg/L 浓度悬浮物的影响范围仅为工程附近 220 m范围，对电厂取水口影响很小，且该影响仅存于施工期，随着施工的完成，该影响消失。

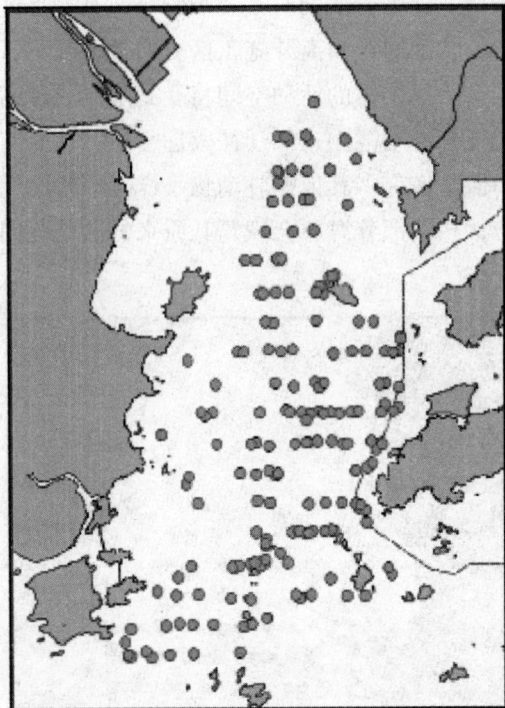

图 8 - 14　2005—2006 年珠江口伶仃洋中华
白海豚的目击分布

　　施工期间本工程施工产生悬浮物（100 mg/L）的最大影响距离为 220 m，不会对前湾电厂取水水质产生一定的影响。但本项目枢纽站站场区域将占用前湾电厂约 8.392 1 hm² 已确权海域，其中 7.964 1 hm² 已形成土地，另有 0.428 1 hm² 为未填海域。具体位置见本项目填海造地宗海界址图。

　　根据前面的预测，本项目各项环境影响与海域开发利用现状分布的叠置分析如图 8 - 15 和图 8 - 16 所示。

　　2）大铲海关码头、训练基地和大铲湾港口投资发展有限公司。根据预测分析，本项目建设对周边海域的水文动力、水质影响有限，不会对二者的生产运行产生影响。施工期项目制定施工计划并报海事部门批准，施工期采取必要的安全保障措施。

　　本项目陆域管线部分穿越海关训练基地，工程施工期间将会对海关基地的正常使用产生一定的影响。本项目在施工期间占用一定的水域，施工船舶将增加码头附近水域的船舶数量，施工船舶锚泊固定在码头附近水域时将占用一定的水域，将对附近的海关码头、大铲湾港口投资发展有限公司港口作业区的船舶操纵

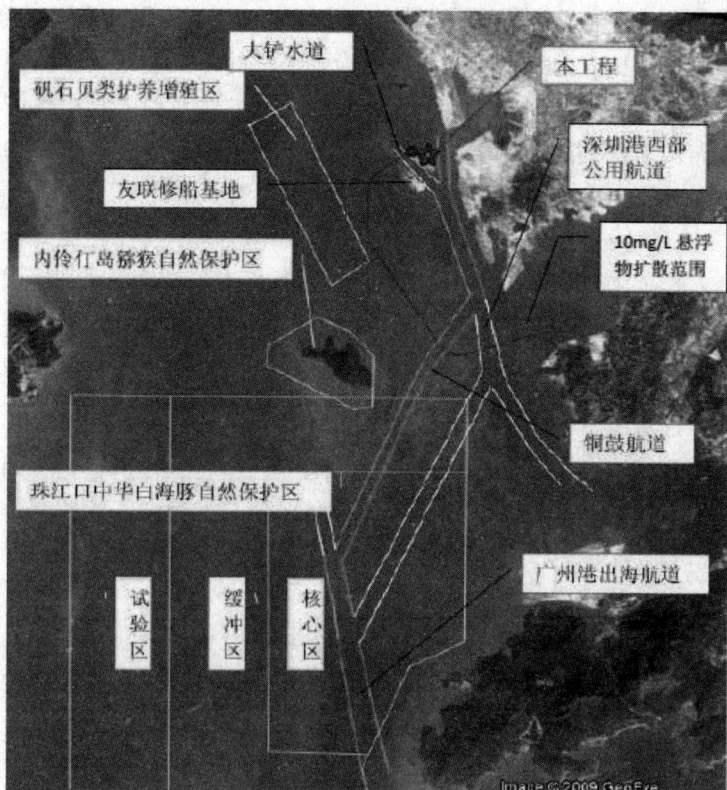

图 8 – 15　本项目环境影响与海域开发利用活动叠置分析图

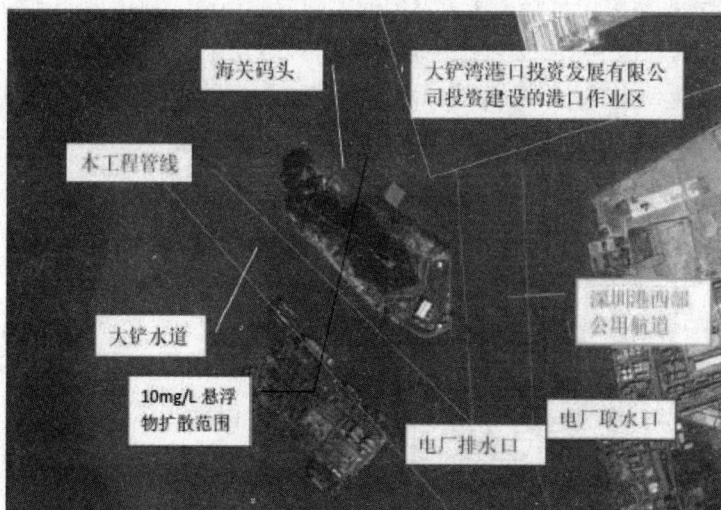

图 8 – 16　本项目环境影响与海域开发利用活动叠置分析图

带来临时性的影响。

　　本工程码头和相应的设施竣工后即成为永久性的水工建筑物，对现有的水域通航环境有一定的改变作用，而对过往船舶的习惯航线及通航安全可能产生永久性的影响。而本项目与海关码头、大铲湾港口投资发展有限公司港口作业区共用航道，因此对二者产生一定影响。

　　3）崖13－1天然气海底管道。本项目天然气海底外输管道与崖13－1天然气海底管道在靠近香港海区部分呈平行布置，距离约为100 m。本项目管道铺设施工时会使崖13－1管道表层覆盖泥沙有一定量的增厚，但不会对其正常运行造成影响。相比较而言，更为重要的是在施工时应做好定位工作。由于海上风浪较大，在管沟开挖过程中，存在由于挖泥船定位偏差，损坏崖13－1管道的可能性；此外，海底管道开挖后应尽快进行铺管施工，然后进行回填，否则由于管沟的长期存在，可能会对崖13－1管道区的冲淤平衡产生影响，致使管道区冲刷过度而造成悬空等安全隐患。

　　（4）海上交通影响分析

　　海底管道部分占用蛇口－大铲湾港区的海底，穿越大铲水道和铜鼓航道，同时路由距离规划的无动力船锚地、孖洲西危险品锚地较近。本海区的海上交通非常繁忙，航线较为复杂，因此管道设计和施工必须考虑对海上交通的影响，主要包括：① 对锚地的影响；② 对航道的影响；③ 对海上船舶（包括快艇）的影响。

　　1）对锚地的影响。桌面研究给出的推荐勘察路由充分考虑了现有锚地的影响。但是推荐勘察路由部分占用新增加的无动力船锚地。新增加的无动力船锚地分东、西两块，分别供30万吨级空船和7万吨级空船防台停泊，勘察路由占用的是供30万吨级空船防台停泊的锚地。考虑大型无动力船舶大风期间走锚对管道的影响，对推荐的设计路由进行了局部优化：设计路由从锚地中间穿过，过无动力船锚地后，直接避让调整的孖洲西危险品锚地。

　　优化后的管道路由对现有锚地的影响主要发生在管道的建设阶段，管道建成以后不影响现有锚地的使用。

　　2）对航道的影响。路由 KP0＋278—KP0＋579 段穿越大铲水道，KP12＋363—KP12＋897 段穿越铜鼓水道，见图8－10。大铲水道位于大铲岛西面、大铲岛与孖洲岛之间的水域。水道北接矾石水道南端，南接北航道。航道以 H2（22°29.367′N、113°51.550′E）和 H3（22°31.200′N、113°49.800′E）点连线为中心线，航向138°/318°，左右各宽150 m，水深8～10 m，长约2.4 km。

　　铜鼓航道工程是深圳西部港区的第二条深水航道，属国家"九五"重点交通建设项目，建设规模为10万吨级（8 000 TEU）集装箱船全天候通航单向航道。航道人工开挖段长 23.7 km，有效宽度 210 m，设计底宽 204.4 m，目前水深 15.8 m，设计底标高 −15.8 m。最大横流 0.93 m/s，纵向流速 0.66 m/s，最大波浪高度为 1 m。规划目标为双向 15 万吨级航道，宽 475 m，设计底标高不小于 −17.5 m。

穿越航道的海底管道建设对现有航道的通航环境、航道的规划等具有较大的影响。建议海管施工图设计阶段，由建设方、设计部门专门针对航道的穿越问题与深圳市交通运输委员会、深圳海事局、航道设计规划等部门进行协商，确保管道建设满足现有航道的通航和未来规划航道的浚深、拓宽要求。本项工作必须由建设方和深圳市人民政府沟通，并由深圳市人民政府牵头解决。

3）对海上船舶（包括快艇）的影响。海管施工期间，施工船与高速客船之间的相互影响较大。

路由所在海区附近深圳港西部从龙鼓水道到警戒区、妈湾航道一带都是船舶密集区。该区域的船舶流量达到每天 500 多艘次，其中 300 吨级以下的小型船舶约占 70%。由于大铲锚地验关的影响，南下船舶经常形成船舶群。管道的施工和运行将对港区和航道的正常活动、船舶航行产生一定的影响，因此必须采取安全保障措施，维护通航与施工的安全，并制定施工作业区域，禁止非施工船舶驶入，必要时可设置临时水上助航标志，由水上安全监督部门派出巡逻艇维护施工区域的交通秩序，根据各个施工期的不同特点制定相应的通航规定和安全措施。在航道中，所有船只应当始终保持航行，因为任何抛锚都很可能导致后来船舶的撞击，所以航道当中发生抛锚事故的可能性不大；而且，管道的位置在航海地图当中都有标识，过往船只都应了解海底管道的位置，正常情况下在有管道的地方抛锚可能性不大。然而，紧急情况下，比如机械故障、撞船、恶劣的天气（逆风、台风、大雾等），船舶也有可能抛锚停船。船舶抛锚区一般用来停泊优先进港船只或者等待领航船的船只，这就存在船舶在抛锚区错误抛锚的可能性；同时，当船舶抛锚区停满以后，经常会有船舶在附近区域抛锚停泊，存在着抛锚损伤海管的风险。

8.2.2.3.2　利益相关者界定

依据利益相关者的界定原则及本工程建设对周围用海项目的影响分析进行利益相关者界定（表 8 -4）。

表 8 - 4　利益相关者界定

序号	类型	名称	权属人者或协调责任人	影响程度	是否作为利益相关者
1	用海工程	海关码头	大铲海关	有一定影响	是
		海关训练基地			
2		大铲湾港口投资发展有限公司港口作业区	深圳市大铲湾港口投资发展有限公司	有一定影响	是
3		前湾电厂排水口	深圳市广前电力有限公司	有一定影响	是
		电厂用地			
4		崖 13 - 1 天然气海底管道工程	中国海洋石油总公司	存在一定风险	是
5		深圳港西部航道	深圳海事局、深圳市交通运输委员会	有一定影响	是
6		大铲水道			是
7		铜鼓航道			是
8		孖洲岛危险品锚地		存在一定风险	是
9		高速客轮航线		有一定影响	是

8.2.2.3.3　相关利益协调分析

（1）深圳市广前电力有限公司

目前本项目建设单位已向前湾燃机电厂的所有人深圳市广前电力有限公司进行了沟通和商谈，该公司已发函表明原则上支持项目的建设，但关于项目占用其已确权海域（包括成陆部分）的问题需在项目实施过程中进一步协商解决。关于海域及已形成陆域部分的权属转让问题有待建设单位与广前电力有限公司关于前湾电厂二期工程供气达成初步协议，目前双方就该问题已有初步意向，但具体方案需进行进一步商业谈判。

（2）大铲海关与大铲湾港口投资发展有限公司

目前，本项目业主就项目建设情况向大铲海关和大铲湾港口投资发展有限公司进行沟通和协商，并已获得大铲海关表示支持的书面函件，但要求业主在制定施工方案及施工过程中应与其做好沟通，避免对其工作生活造成明显影响。但本项目海岛部分管线穿越大铲海关训练基地，本项目业主应就该部分工程当大铲海关提交施工方案，经海关同意后协商制定施工计划，确定具体施工时间，施工后的恢复方案，将项目施工给海关训练基地的影响减少到最小。

大铲湾港口投资发展有限公司则未对本项目码头、输气站工程部分有明确的反对意见，但要求业主就海底管道穿越深圳港航道问题予以重视，与深圳市交通、航运和海事部门加强沟通，保证海底管道的实施不至对深圳西部港区的可持续发展产生影响。

（3）崖 13 - 1 海底管道管理部门

建议本项目业主向该管道的管理部门发函对项目情况进行说明，并在路由勘察报告书评审时征求该单位的书面意见。此外，为保证该管线的安全性，建议本业主在施工完毕后对与本项目邻近的崖 13 - 1 海底管道段（长度约 4.8 km）进行探测，看是否存在悬空等安全隐患。

（4）深圳海事局、深圳市交通运输委员会

本项目海底管线穿越大铲水道、铜鼓航道，邻近孖洲岛危险品锚地。本海区的海上交通非常繁忙，船舶来往较为频繁，目前本工程外输管线施工方案正在勘查设计阶段，可根据本工程外输管线勘查报告提出的方案解决管道的铺设及维修过程中对本海区船舶航行产生的影响。为了避免施工期对通航环境带来不利影响，保证通航安全，建议建设单位在施工期采取如下安全保障措施。

1）建设方在施工单位进入施工水域前向当地海事主管机关呈报施工方案，办理水上水下施工作业许可证，并按规定申请发布航行通告，制定安全措施并认真落实，在规定的施工区域内施工。施工作业期间应申请监督艇维护，保障水上水下施工作业和过往船舶的安全。

2）施工工程船必须具有合格的证书，并处于适航状态，配备符合要求的船员，施工船正确显示施工信号（建议按"操限船"显示号灯号型）。

3）施工作业的强光灯应加遮光罩，并不得向过往船舶或航道上照射。

4）严禁向海中排放含油污水，严格遵守船舶防污的有关规定，同时，施工船应悬挂要求减速的信号。

5）施工船舶应严格值班制度。

6）制定切实可行的防台措施，按时收听天气预报，当预报风力大于船舶抗风等级时，应及时组织船舶到规定水域避风。

7）为了明确施工区范围，防止船舶误进入施工区，建议业主向航道主管部门申请在施工期间在靠近航道侧设专用标志，以保障水上施工和过往船舶的安全。

8）建议业主向当地海事机构申请，在施工期间加强对该水域的监控，尽可能避免大型船在施工水域段会船。

9）对工程前沿流态进行测量，并及时提供给有关部门。

10）沿进出港航道航行的船舶通过施工水域时应加强瞭望，避免与施工船舶发生碰撞。

11）穿越待调整锚地（孖洲西危险品锚地）的管道设计应该满足锚地调整

之前的待泊要求；

12）穿越水道段的管道设计满足未来航道规划的需求。

13）管道施工阶段，管道建设满足通航安全和施工安全。

14）施工前告知高速客船营运商海管施工的作业计划、作业船舶等。

此外，建议业主就本项目建设情况向深圳海事局、深圳市交通运输委员会进行沟通，在协调一致的情况下，获取该部门就本工程建设的意见函作为本项目支撑条件。

关注要点：

论证报告应根据项目的工程内容及海底电缆管道用海方式特点及周边海域开发现状特征，结合报告书前面章节中项目用海对养殖区、保护区等资源环境影响的预测结果，在本章节中有针对性地深入分析项目用海对航道、锚地、海砂开采等开发活动的影响，并依据影响分析结果，准确合理界定利益相关者和协调部门给出的协调责任人、协调方案及协调结果要求等是否全面合理。

针对海域开发活动类型的不同，应按照施工期和运营期分别界定利益相关者，重点关注航道、锚地、海砂开采及其他海底电缆管道用海等的利益相关情况。对航道和锚地还应依据港口规划，分析本海底电缆管道工程的实施是否对可预期的规划落实具有限制作用，并给出合理的解决方案。

优点：

1）针对项目涉及的海域养殖、自然生态保护区、相关用海工程、其他海底电缆管道、海上交通安全等开发利用活动的影响分析较为全面详细。

2）采用图件和列表相结合的方式分析和界定了利益相关者，利益相关者界定合理、清楚、准确。

不足：

1）报告对利益相关者和利益相关协调部门界定不够明确。航道、锚地等公共利益的管理部门和机构应界定为利益相关协调部门，不应界定为利益相关者。

2）报告对个别利益相关者协调方案中的协调结果要求不够具体。如项目用海占用了部分前湾燃机电厂已确权海域（包括已成陆部分），报告书只进行了与前湾电厂协调进展情况的分析，没有针对实际情况，提出项目确权审批前必须达成协调意见的明确协调结果要求。

8.2.2.4　项目用海与海洋功能区划及相关规划符合性分析

8.2.2.4.1　工程位置与海洋功能区划的符合性分析

根据《广东省海洋功能区划》（2008），本项目枢纽站及码头工程位于海洋功能区划划定的港口区内，该部分工程的建设与海洋功能区划的主导功能相符合。

本项目海底外输管线穿越以下海洋功能区：① 深圳西部航道（大铲水道）；② 蛇口－大铲港区；③ 伶仃洋经济鱼类繁育场保护区。该部分工程的建设与现有的海洋功能区不符合，但是埋设的海底管道是海底用海，正常运行下不会对现有的功能区用海产生重大的影响。对现有功能区的影响主要表现在航道（水道）和锚地。如果跨航道、过锚地的海底管道的埋设深度能够满足管道本身的安全运营要求和《深圳港总体规划》中通航及锚泊要求，也不会对航道、锚地功能区产生明显影响。因此，本项目外输海底管道部分与海洋功能区划相兼容。

8.2.2.4.2　工程建设对相邻功能区目标管理的影响分析

（1）枢纽站与码头工程对相邻功能区目标管理的影响分析

根据"项目用海资源环境影响分析"中针对施工作业的水环境影响进行的预测结论，码头、枢纽站施工作业产生的悬浮物的最大影响距离在 110 m 以内，影响范围基本位于港口区范围内，除深圳西部航道（大铲水道）的部分范围会受到轻微影响（10 mg/L）外，不会对其他相邻的各功能区产生直接影响。总的来说不会影响相邻功能区的管理目标。

根据"项目用海资源环境影响分析"中对"水文动力环境"和"泥沙冲淤及岸滩演变"的分析，本项目枢纽站填海和港池水域浚深将会造成一定范围内（西侧边界与原有岸线之间）水文动力和冲淤环境的变化，但影响范围不大，枢纽站工程东北侧水流流速轻微增大，增大幅度为 5% ~ 7%，最大影响距离为 1.5 km；西侧边界与原大铲岛岸线之间形成一个弱流区，流速减小 5% 以上的最大影响距离约为 1.5 km；西侧边界与原有岸线之间的弱流区域内将需形成新的水沙平衡，此区域内泥沙淤积强度将增加，最大增幅约为 15 cm/a，最大影响距离（0 ~ 5 cm/a）为 0.2 km。根据图表可以看出这些影响范围均位于港口功能区内，不会对相邻各功能区产生直接影响，对港口功能区内的邻近单位前湾电厂取排水口的功能不会产生影响，对海关码头的影响处于可接受程度之内，可通过协调的方式解决。

（2）海底管道工程对相邻功能区目标管理的影响分析

本项目海底管道工程除穿越①深圳西部航道（大铲水道）；②蛇口－大铲港区；③伶仃洋经济鱼类繁育场保护区等功能区外，邻近的功能区见表 8－5。

表 8-5　本项目海底管线工程邻近海洋功能区

编号	海洋功能区划	与海底管道相对位置和最近距离	简况
1	矾石贝类护养增殖区	西南，0.26 km	现为增殖区
2	内伶仃岛猕猴自然保护区用海	西南，3.8 km	保护区
3	珠江口中华白海豚自然保护区	南方，1.8 km	生物物种自然保护区
4	崖 13-1 天然气海底管线区	南方，0.1 km	现为管线区
5	孖洲西危险品锚地	东方，0.1 km	危险品锚地
6	液货船待泊锚地	东方，2.56 km	液货船待泊锚地
7	货船待泊锚地	东方，0.54 km	货船锚地

注：5、6、7 源自《深圳市海洋功能区划》（2004）。

根据"项目用海资源环境影响分析"中的预测分析，本项目海底管道工程铺管作业产生的悬浮物增量达 10 mg/L 的最远扩散距离为 1 km，100 mg/L 的最远扩散距离为 0.35 km。由此可见，本项目海底管道的施工不会对内伶仃岛猕猴自然保护区用海、珠江口中华白海豚自然保护区的水质和生态产生直接影响，但会对矾石贝类护养增殖区的部分水域的水质和生态产生一定影响。管道运营后除产生少量的海底沉积物外，不会产生其他污染物，也不会对周边功能区产生影响。

根据本项目海底管道路由桌面研究报告，在海底管线实施时谨慎施工，应不会对崖 13-1 天然气海底管线区内的管线安全产生影响。

船只下锚，其铁锚能穿过海底的软沉积物，会危及管道安全，其穿越深度取决于铁锚的重量、大小、形状和被掷下时的高度等；而下锚后的拖曳，特别是在强季候风的情况下，其影响更大。铁锚对正常埋深 3 m 的管道有很大的威胁，如果必须在锚区内铺设管道，其埋藏深度必须增加。外输管道需经过锚区或可能受走锚影响的区域时，应采取预挖沟埋设，并回填石块保护。本项目海底管道在埋设深度满足管道安全及锚地的锚泊要求，并经互保措施后，应不会影响孖洲西危险品锚地、液货船待泊锚地、货船待泊锚地等功能区的使用产生影响。

说明：本案例为 2011 年论证项目，功能区划符合性分析采用的是 2008 年《广东省海洋功能区划》，与现海洋功能区划编制的技术要求存在差异。因此，这里只针对项目的用海特点，分析项目用海与现海洋功能区划符合性分析应关注的主要问题，不对案例本章节论证的优缺点进行点评。

关注要点：

新修编的海洋功能区划对海底管线没有设立专门的功能区，不同于其他用海项目类型，首先从功能区与项目用海类型上直接评判项目用海与功能区划的符合情况，而应依据项目用海是否符合功能区基本功能定位或不会对海域基本功能造成不可逆转的改变以及项目用海与功能区划的海域使用管理要求和海洋环境保护要求的满足情况，分析项目用海与功能区的兼容性，相兼容的即认为与海洋功能区划符合，反之，与功能区划不符。

本项目海底电缆管线穿越了深圳西部航道（大铲水道）、蛇口－大铲港区和伶仃洋经济鱼类繁育场保护区，并与矾石贝类护养增殖区、内伶仃岛猕猴自然保护区、珠江口中华白海豚自然保护区、崖 13－1 天然气海底管线区、孖洲西危险品锚地、液货船待泊锚地、货船待泊锚地相邻，海洋功能区划类型包括保护区、航道与锚地区和增养殖区等，项目用海与功能区划的管理要求具有较高相关性，应针对功能区划各功能区在海域使用管理与环境保护要求方面，从用海方式控制、环境质量要求等方面，逐一对照深入分析其与相关管理要求的符合性，判断与各功能区的兼容性情况，给出项目用海与功能区划符合性的合理分析结论。

8.2.2.5   用海面积合理性分析

8.2.2.5.1   本次论证的宗海图

本项目业主上报的海域使用申请书中所附的宗海图是根据本项目原设计的用海需要申请的，部分用海内容不太合理、规范，分列如下。

1）填海造陆外界址线（非码头部分）应以护岸坡脚线为准，项目设计过程中护岸各个断面发生一定变化。

2）本项目工作船码头为连片式沉箱结构，与接收站后方陆域连成一体成为建设填海造地一并申请，项目设计过程中码头长度发生变化，由原来（84＋30）m 更改为（68＋30）m，因此码头部分填海造陆外界址线发生变化。

3）本项目海底管线的设计路由发生了一定的变化，此外，深圳段海底管线作业方式也变更为全部采用预挖沟，海底管线用海应以保护设施两侧的外缘线各外扩 10 m。

本次论证根据现行的海域使用分类、管理和调查的法律及规范文件对本项目各用海单元的用海范围进行了重新界定，并重新绘制了宗海位置图（图 8－17）和界址图（图 8－18 至图 8－20）。

8.2.2.5.2   宗海图绘制

（1）界址点确定的合理性

根据本项目各用海单元的平面布置和断面结构，下面对本次论证中各类用海的典型宗海界址点的确定进行说明。

1）建设填海造地。根据《海籍调查规范》5.3.1 节，建设填海造地"岸边

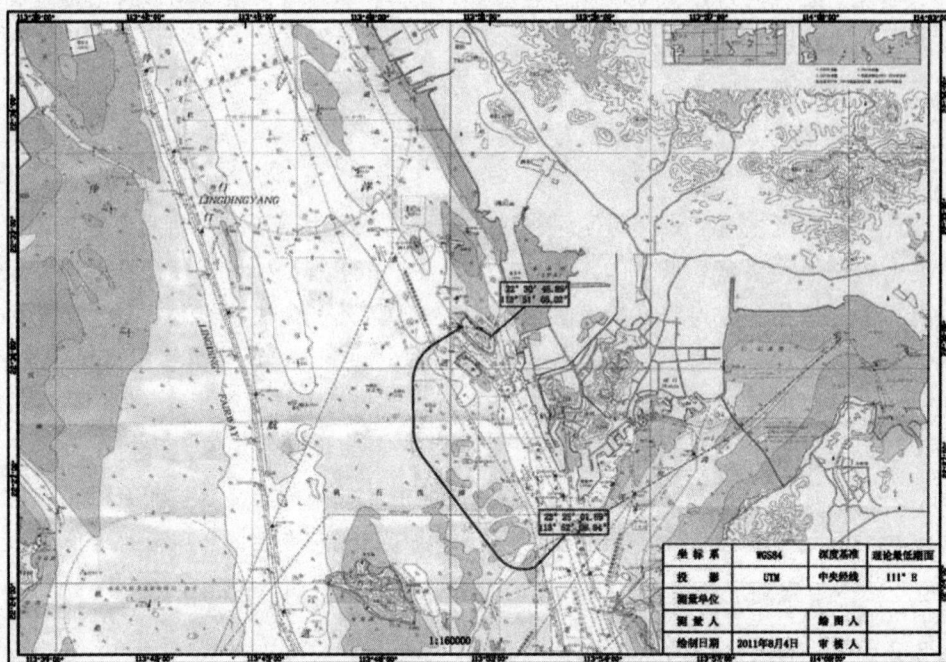

图 8 – 17　本项目宗海位置图

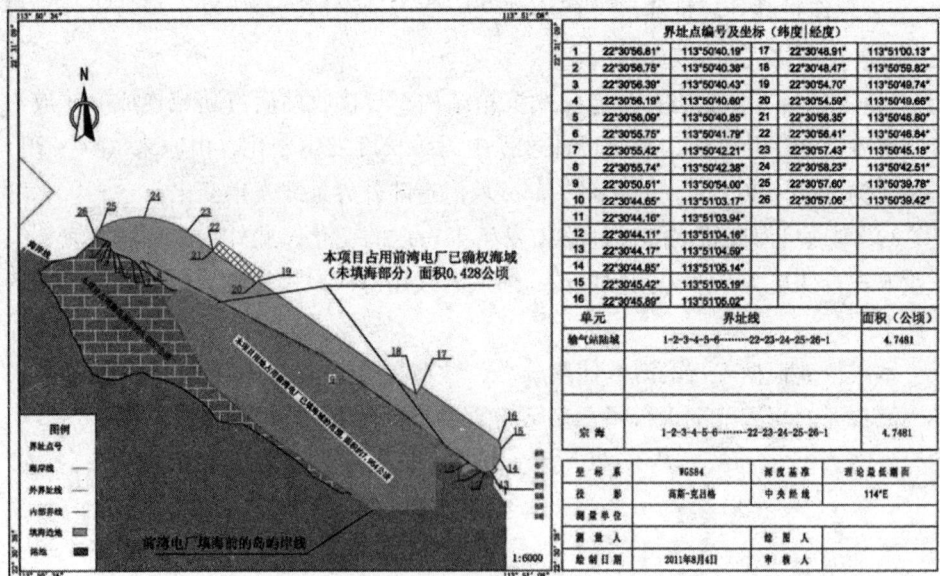

图 8 – 18　本项目填海造地用海宗海界址图

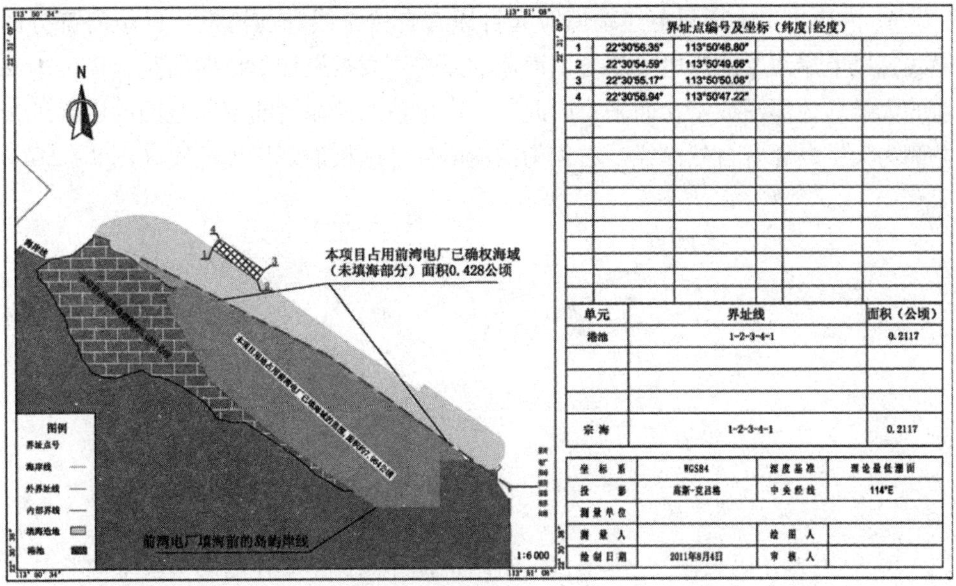

图 8 - 19　本项目非填海造地用海宗海界址图

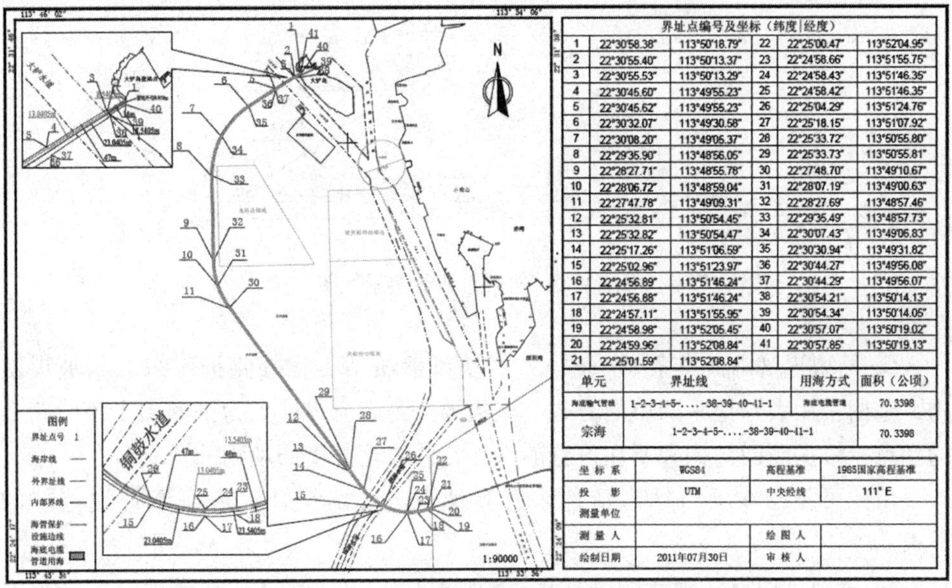

图 8 - 20　本项目海底管线工程用海宗海界址图

以填海造地前的海岸线为界，水中以围堰、堤坝基床或回填物倾埋水下的外缘线为界"。本项目建设填海造地用海包括枢纽站区陆域、护岸及交通、滚装码头等用海单元。

A. 内边界：本项目枢纽站填海起自原有自然岸线和前湾电厂已填海部分的岸线，以上岸线及前湾电厂后方填海前的原有岸线按设计单位四航院提供的填海前的大铲岛地形图数字化而来，因此，本次申请的填海造陆宗海范围的内界址线左侧为大铲岛原有自然岸线，右侧为前湾电厂已确权的宗海界址线（图8-21）。

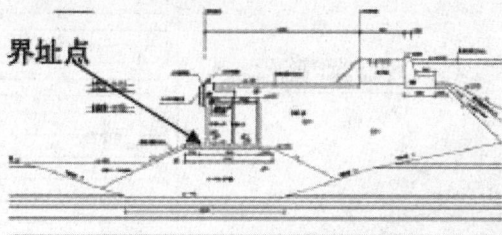

图8-21　内界址点界定示意图

B. 外边界（码头段）：本项目枢纽站工程外侧护岸工作船码头段采取直立式重力结构，该边界上的宗海界址点为码头前沿线上的点在海床面上投影点（图8-22）。

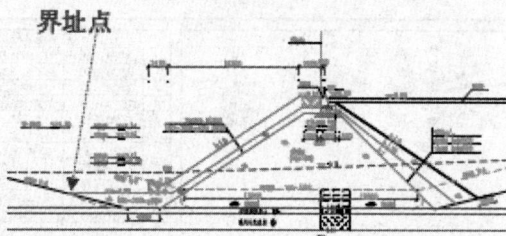

图8-22　外界址点界定示意图

C. 外边界（非工作船码头段）：本项目枢纽站工程外侧护岸采取斜坡堤结构，基槽采用大开挖＋回填的方式，该边界上的宗海界址点为平面图上该线路上的拐点，根据断面结构和所在位置的水深，放坡至基槽回填物的顶端。

由此可见，本项目填海造地宗海界址点的确定符合《海籍调查规范》的要求。

2）港池。根据《海籍调查规范》5.4.3.1节，"开敞式码头港池（船舶靠泊和回旋水域），以码头前沿线起垂直向外不少于2倍设计船长且包含船舶回旋水域的范围界界（水域空间不足时视情况收缩）"。

A. 内边线：本次论证中码头的港池内边线上的界址点为码头前沿线两端的端点。

B. 外边线：由于本项目码头前沿水域较为狭窄，不足150 m即为深圳西部公共航道，西侧邻近的海关码头经常有待检船舶也需要使用码头前沿的调头水域，因此按照规范，本项目港池水域须进行收缩，本次论证仅申请船舶所需的停泊水域（码头前沿 2 倍设计船宽的水域），调头水域则仍保持公用水域属性。

因此本项目港池外边线上的界址点为与码头前沿线垂距 2 倍船宽的平行线与码头两端所做的码头前沿线垂线的交点。

C. 两侧边线：码头两端作码头前沿线的垂线与外边线的交点。

由此可见，本项目港池宗海界址点的确定符合《海籍调查规范》的要求和项目实际使用情况。

3）海底管线。根据《海籍调查规范》5.4.5.1 节，"以电缆管道外缘线向两侧外扩 10 m 距离为界"。而根据《海籍调查规范》附录 "C.32 电缆管道和海底隧道用海"，"用海特征：占用海床和底土空间铺设的电缆管道或海底隧道等"，宗海范围 "为电缆管道或海底隧道及其防护设施的外缘连线向两侧平行外扩 10 m 的边线"。

由于本项目海底管道（深圳段）全线采取预挖沟后人工回填块石的方式进行保护，因此按照上述条款，本项目海底管道（深圳段）应以人工回填物的两侧外边缘外扩 10 m（图 8-23）。

A. 两侧边线：本次论证中海底管线两侧边线应为管道各段人工回填物的外缘线基础上向两侧各外扩 10 m 安全距离。

B. 两端边线：大铲岛入海端，以大铲岛陆域边界为入海端边线；深港界线处，应以深港界线作为本项目海底管线另一端边线。

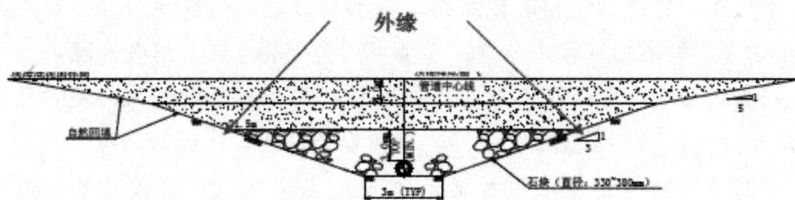

图 8-23 海底管道界址点界定示意图

（2）界址线与宗海范围确定的合理性

宗海界址点的连线即为界址线，界址线封闭的区域即为各用海单元的宗海范围。根据上节的论述，本工程宗海界址点的确定符合《海籍调查规范》，并符合工程营运的需要，宗海界址点的确定是合理。因此，本工程宗海界址线和宗海范围的确定也是合理的。

（3）项目用海面积量算

海域使用范围图的绘制及用海面积的测算以建设单位提供的工程总平面布置图为底图。经实地测量复核无误后，在工程总平面布置图基础上依据相关规定绘出项目用海界址线，利用计算机辅助软件 AutoCAD 计算涉海工程用海面积。计算方法为坐标解析法，计算公式为：

$$S = \frac{1}{2} \sum_1^n x_i(y_{i+1} - y_{i-1})$$

式中：S——宗海面积（m^2）；

　　　x_i，y_i——第 i 个界址点坐标（m）。

据此计算得本项目海域使用面积为 75.299 6 hm^2，其中包括填海造地用海面积 4.748 1 hm^2，港池围海用海面积 0.211 7 hm^2，其他方式用海（海底电缆管道）70.339 8 hm^2。

项目用海面积的量算符合《海域使用面积测量规范》。

关注要点：

1）项目用海权属和用海方式的变更与转换，不同用海方式界址点线的界定、宗海图的分宗等。

2）依据相关要求规范编绘不同用海方式宗海图。

3）合理确定海底电缆管线宗海面积核算方法，准确界定宗海面积。

优点：

1）客观分析了项目申请用海的宗海界址点线及项目用海面积确定存在的问题及产生问题的原因。

2）通过图示典型构筑物断面结构，对填海造地、码头和海底管线等典型界址点的界定方法和依据进行了分析，界址点判定依据、方法清楚合理。

3）项目海底电缆管道宗海图在图面设计、界址点标绘、局部要素放大显示等方面处置得当，宗海位置图、宗海界址图编绘清晰、规范。

4）宗海图清晰标示了本项目填海造地与前湾电厂需权属变更的用海范围（包括已填和未填），宗海图编绘规范、清晰。

不足：

报告直接采用高斯投影平面坐标系统计算项目海底管道用海面积。由于本项目海底管线长 20 km，采用高斯投影平面变形较大，针对长距离海底管线项目，报告书应综合分析并合理选取投影方式与面积计算方法。

案例9 海砂开采项目案例评析

9.1 海砂开采项目及用海特点

9.1.1 相关政策规定

海砂是一种重要的矿产资源，具有重要的工业价值和经济价值。我国开采利用海砂历史悠久，20世纪90年代以来随着建筑用砂和填海造陆的需求增加，海砂开采活动日益频繁。海砂除了作为矿产资源外，还是海底生态系统的重要组成部分。海砂开采在一定程度上改变原有的生态环境，使依赖这种生态环境的生物洄游、水产养殖、旅游观光等受到影响，严重时会造成海岸侵蚀后退的生态灾害。另外，由于海砂的可移动性，某些海域的海砂开发可能会造成邻近海域设施（如航道、锚地、海底电缆管道、水利设施等）的破坏或妨碍其他海上活动（如渔捞作业、船舶航行、军事活动等）的正常进行。针对海砂资源和生态环境特点，为实现海砂开采活动的科学化和规范化、开采活动的动态监管和有效引导，使海砂开采走上有序、有偿、有度的轨道，国家资源部、国家海洋局和地方管理部门出台了一系列法律法规和管理文件。

2004年，国务院发出《关于进一步加强海洋管理工作若干问题的通知》（国务院发〔2004〕24号）。通知指出："开采海砂必须依法取得采矿许可证"，"……开采海砂是改变海域自然属性的行为，必须严格管理。……距离岸线12海里以内的海域限制采砂，军事用海区、海底电缆管道保护范围、航道、锚地、船舶定线制海区和重要海洋生物的产卵场、索饵场、越冬场及栖息地禁止采砂……"

2007年8月10日，国土资源部下发了《关于加强海砂开采管理的通知》（国土资发〔2007〕190号）。通知中的海砂（砾）为不含其他金属矿产的普通天然石英砂（建筑、砖瓦用）。依据矿产资源法律法规及有关的管理规定，针对海砂（砾）资源储量具有动态补给性、开采方式特殊性的特点，通知规定：对海砂（砾）实行采矿权固定年限出让制度和开采总量控制制度、海砂（砾）采矿权由国土资源部委托省级人民政府国土资源主管部门以招标拍卖挂牌方式出让。

2012 年 12 月 28 日，国家海洋局印发了《关于全面实施以市场化方式出让海砂开采海域使用权的通知》。通知要求自 2013 年 1 月 1 日起，海砂开采全面进入市场化配置。通知规定，海砂开采海域使用权由沿海省（区、市）海洋行政主管部门以拍卖挂牌等市场化方式依法出让；海砂开采海域使用权一次性出让，年限最长不超过 3 年。沿海各省（区、市）海洋行政主管部门在编制出让方案前，应当对拟出让海域加强选址合理性分析，开展实地测量，组织开展海域使用论证和海洋环境影响评价工作。通知中确定了禁止和严格限制海砂开采用海活动的区域，同时鼓励和引导发展深海海砂开采技术，促进海砂开采向深远海区域发展。

为加强对海砂开采活动的动态监测，及时、准确地了解和掌握海砂开采区及其附近海域的生态、环境等要素的变化情况，防止对海洋资源、生态环境、海洋设施以及海岸、海底地形等造成损害。2000 年 3 月 29 日，国家海洋局下发了《海砂开采动态监测简明规范（试行）》（国海发〔2000〕11 号）。规范明确了海砂开采动态监测内容、项目、范围和技术要求以及监测报告的主要内容。

为进一步提高海域使用论证的针对性，加快使用论证的工作时效，实施分类论证，国家海洋局组织编制了开放式养殖用海、旅游娱乐用海、海底工程用海、油气开采用海和海砂开采用海 5 个类型的海域使用论证报告编写大纲，并于 2009 年 1 月 15 日下发（海办管字〔2009〕20 号）。

《全国海洋功能区划》（2011—2020）要求：禁止在海洋保护区、侵蚀岸段、防护林带毗邻海域开采海砂等固体矿产资源，防止海砂开采破坏重要水产种质资源产卵场、索饵场和越冬场。固体矿产区执行不劣于四类海水水质标准。

9.1.2 海砂资源主要类型

海砂是一种重要的矿产资源。作为工业原料，现已探明具有工业开采价值的海砂矿物有 13 种。我们这里所讨论的海砂资源专指不含其他有用矿产的建筑用砂，主要用于建筑用砂和填海造地。

我国的海砂资源按分布位置大致可以分为两类，一类是分布在海岸和近岸海域的海岸砂，另一类是分布在陆架浅海的浅海砂。海岸砂主要分布在辽宁、山东、福建、广东、广西、海南等省（区）；浅海砂主要分布在台湾浅滩、琼州海峡东口、珠江口外。其中台湾浅滩砂占全国浅海 60% 以上中砂以粗的海砂资源，为我国最大的海砂资源区。

9.1.3　海砂开采项目用海特点与要求

9.1.3.1　海域使用类型

根据《海域使用分类》（HY/T 123—2009），海砂开采海域使用一级类型为工业用海（编码 2），二级类为固体矿产开采用海（编码 22）；用海方式一级类为其他方式（编码 5），二级用海方式为海砂等矿产开采（编码为 54）。

9.1.3.2　用海面积的确定

《海籍调查规范》（HY/T 124—2009）规定，a）通过陆地挖至海底进行固体矿产开采的用海，以实际设计或使用的范围外扩 10 m 距离为界。b）海砂开采用海，以实际设计或使用的范围为界。

9.1.3.3　海砂开采资源环境影响

（1）海砂开采过程中的悬浮物影响

悬浮物产生的主要环节：① 在射流管和吸砂管插入预定采砂层时，对表层沉积物的冲射，将导致大量细粒悬浮物再悬浮；② 高压射流扰动拟开采海砂形成砂水混合物的过程中，细粒悬浮泥沙会随海流扩散；③ 滚筛分选和砂水分离过程中产生的淤泥、细砂与分离出的海水混合形成泥水混合物溢流至海水水体所产生的悬浮物。

悬浮泥沙的产生量与海砂粒径组成、淤泥粉砂等细粒物质含量、开采效率、开采方式等有关。

（2）对水动力及冲淤环境的影响

海砂开采会在海底形成深坑，导致潮流场及波浪场的改变，可能影响海底及海岸的冲淤平衡，甚至会引发严重的海岸侵蚀。

（3）占用海底资源所产生的影响

海砂开采的特点是采砂期间占用海底资源，并可能影响到已有的海底电缆管线等海底设施。采砂将直接破坏底栖生物的生存环境，破坏采砂区生物的生存环境甚至导致部分生物的死亡。

（4）采砂期间大量作业船舶可能对航行安全产生一定影响

海砂开采要配备采砂船、与采砂能力匹配的运砂船、消防船、指挥船、海上加油船、生产应急救护船等。大量船舶的海上活动，有可能对周边海域的航行安全产生影响。

9.1.4　海砂开采项目论证重点把握

根据《海域使用论证技术导则》，海砂开采项目用海海域使用论证重点一般包括用海面积合理性及资源环境影响。

海砂开采海域使用论证报告书的编制按照《关于印发分类型海域使用论证报告编写大纲的通知》（海办管字〔2009〕20号）中海砂开采海域使用论证报告书编制。海域使用论证中应重点关注下述几方面内容。

（1）海砂开采后对潮流动力场、波浪要素的影响分析

目前，通常采用二维数学模型计算或物理模型试验的手段，计算海砂开采后海域流速、流向的变化、泥沙回淤情况等。

在选用数学模型或物理模型试验作为研究手段时，模型参数的选择应合适，通常应采用1~2次实测水文资料对模型的参数进行率定和验证。另外，模拟采砂前后流场变化、泥沙回淤规律时选用的水文条件应具有代表性，通常应包含台风条件、高潮条件和低潮条件等3种不同水文系列。

（2）采砂对岸滩和海底冲刷稳定性的影响

关注水动力环境变化而引发的海岸及海域冲淤环境的变化，尤其要关注对海岸侵蚀的影响。利用沉积物粒度、海流、水深地形、工程地质、波浪资料，运用数学模型模拟潮流、波浪作用条件下工程周围海域岸滩、海底地形的演化。

（3）采砂区选址、面积的合理性分析

采砂区选址应符合《关于全面实施以市场化方式出让海砂开采海域使用权的通知》的有关要求；海砂开采项目是以海砂资源的存在为先决条件，选址应重点关注海砂资源情况及海砂开采条件，其次要关注海砂开采与周边开发现状的协调性以及与海洋功能区划的兼容性，一般来说，应避免在距岸12海里以内的近岸进行海砂开采，有海岸侵蚀的海域应慎重选址。重点从资源分布、公司开采计划等方面论述用海面积的合理性。

（4）海域开发利用协调性分析

关注项目实际占用、施工影响对海底管道（线）设施等海底工程设施、周边增养殖、港口航道、航线等现有海洋开发活动的影响及协调。

（5）海域使用管理对策措施

海砂开采用海具有其特殊性，管理对策措施主要针对以下几方面：

1）落实国家海洋局《海砂开采动态监测简明规范（试行）》的有关规定；

2）针对海砂开采范围、开采强度、作业时段的管理等；

3）针对重要的保护目标提出必要的保护措施；

4）依据《海上交通安全法》和海域通航环境安全，提出相应的管理措施；

5）对风险事故的应对措施；

6）在海岸侵蚀区或结合航道疏浚的采砂应给出切实可行且有效的管理对策；

7）针对采砂所在海域资源环境的特点，给出有针对性的其他对策措施。

9.2 案例点评

2010 年 10 月 12 日，该项目海域使用论证报告书通过了由国家海洋局海洋咨询中心组织的专家评审会。

项目用海一级类为工业用海，二级类为固体矿产开采用海；一级用海方式为其他方式，二级用海方式为海砂等矿产开采。案例选取了报告书中项目用海基本情况、项目用海资源环境影响分析、海域开发利用协调性分析及项目用海合理性等章节，并根据编写需要，对有关内容进行了适当的调整和删减。

9.2.1 项目用海基本情况

9.2.1.1 项目位置

某公司海砂开采项目申请位置位于辽宁省兴城市六股河口东侧兴城市娘娘顶海域，距岸 7 km 左右，水深在 11～13 m 之间，具体位置详见图 9-1。

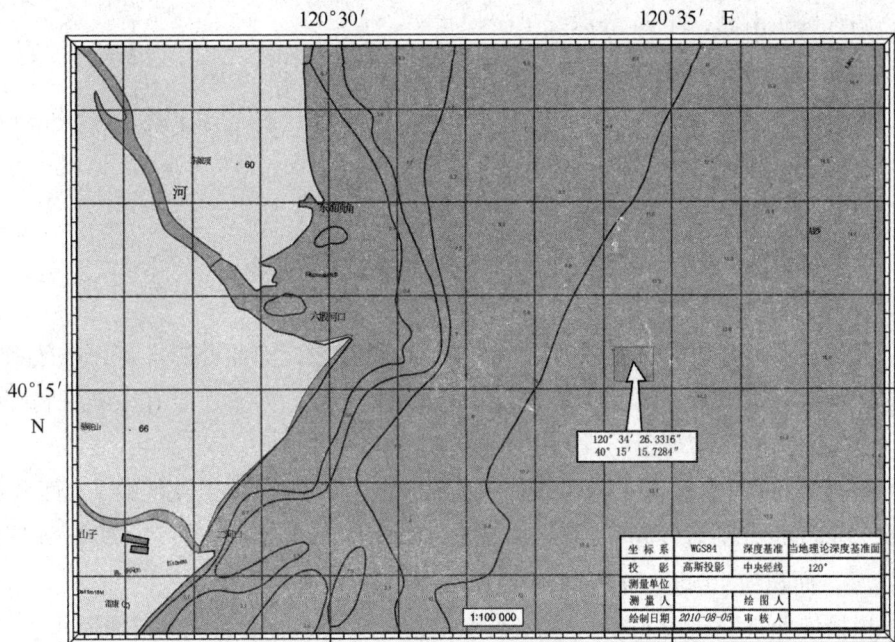

图 9-1 项目申请地理位置示意图

海砂主要用于渤海湾周边工业区填海造地用砂。

9.2.1.2 海洋资源环境特点

本海域为正规半日潮流，潮流运动形式以往复流为主。涨潮平均流速在 0.32 ~ 0.54 m/s 之间，流向在 29° ~ 62° 之间；落潮平均流速在 0.36 ~ 0.48 m/s 之间，流向在 194° ~ 223° 之间，涨落潮流速相差不大。本区风以 S—WSW 与 N—NE 方向频率较多，波浪以风浪为主。风浪与涌浪方向多出现在 SSW，该浪向为常浪向，SSE—SE 与 SSW—SW 为强浪向。

20 世纪 50 年代以来，由于河流入海携带泥沙量的减少、河流上游拦河筑坝工程的建设、海岸工程的建设以及河口、海域无序、无度的采砂活动，导致部分海岸处于侵蚀状态。一般侵蚀速率在 0.5 ~ 1.0 m/a，个别严重地段为 2.0 ~ 3.0 m/a，最大侵蚀速率达 4.0 ~ 5.0 m/a。

通过 1998 年和 2006 年由海军航保部出版发行的海图进行对比可以看出，六股河口沙滩向南位移，六股河以北 2 m 等深线比较稳定，5 m 等深线向陆方向移动了 300 m 左右，呈微冲蚀状态；六股河以南地区，2 m 等深线在二河口附近向陆方向偏移，呈冲刷状态，5 m 等深线基本稳定。整个海区 10 m 等深线基本稳定，调查区东南侧，20 m 等深线呈淤积状态。

9.2.1.3 海域开发利用现状

拟采砂附近海域内主要有小型渔港、养殖和盐业，航道和采砂区，其开发利用现状详见图 9 - 2。

（1）港口资源开发利用现状

六股河口两侧 10 km 范围内分布有二河口港和兴城港。

（2）海洋渔业资源开发现状

养殖渔业：六股河口海域为河口咸淡水交汇海域，渔业资源丰富，本区为沙滩或泥沙滩，潮间带宽阔、滩面平坦，底质以泥、粗砂为主，兼有小砾石和碎贝壳，是贝壳类栖息的理想场所，也是对虾养殖的有利地区。

六股河口两侧 10 km 范围分布有 23 处底播增殖区（杂色蛤），面积约 1 360.783 hm²；围海养殖（海参）5 处，面积约 130.204 hm²；浮筏养殖 2 处（扇贝），面积约 46.599 hm²。

捕捞渔业：据现场了解，当地渔民一般在 20 ~ 30 m 水深区进行捕捞作业。

（3）盐业资源开发现状

六股河口北侧沿岸分布老盐田，总计面积为 9.16 hm²。

（4）海砂资源开采现状

在本采砂区的西北部 0.78 km 处有 A 公司采砂区，本采砂区 2002—2008 年进行海砂开采，2008 年后停止，现又重新申请海砂开采，已获批准。

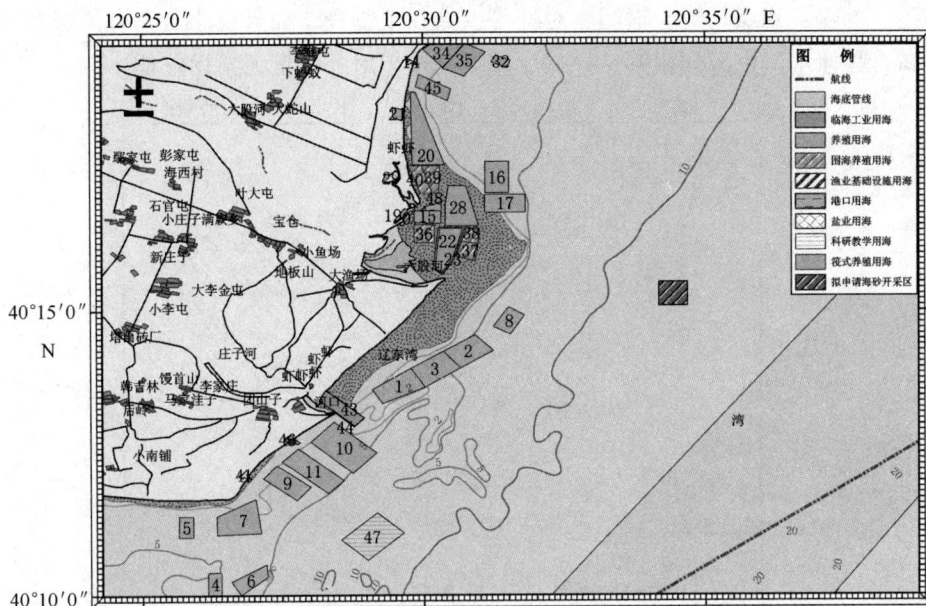

图9-2　工程周边产业现状分布示意图

（5）海底管线

拟申请采砂区东南海域有为绥中36-1海底管线区，采砂区距海底管线的中心距离为5.8 km，距边线最近距离约2.6 km。

（6）海上航线

拟申请采砂区东有葫芦岛—秦皇岛航线、葫芦岛—天津航线，采砂区距航线最近距离约7.5 km左右，在水深25~30 m的区域。

（7）辽东湾、渤海湾、莱州湾国家级水产种质资源保护区

该保护区成立于2007年12月12日（农业部公告947号），被列入国家级水产种质资源保护区名单（第一批）。

保护区面积为9 935 km^2，其中核心区面积为1 755 km^2，实验区面积为8 180 km^2。核心区是由4个点依次连线围成的海域，实验区是由7个点顺序连线与海岸线（即大潮平均高潮痕迹线）所围成的海域，最西侧点（40°15′45″N，122°30′15″E）位于六股河河口（图9-3）。

保护区的主要保护对象为小黄鱼、蓝点马鲛、银鲳等主要经济鱼类及三疣梭子蟹，其他物种包括中国对虾、黄鲫、刀鲚、凤鲚、鳀、赤鼻棱鳀、黄姑鱼、鲅、鲈鱼、斑鰶、半滑舌鳎、银鱼、文蛤、毛蚶、脊尾白虾等。

（8）六股河河口外海域主要保护对象分布特征

根据水产资源调查结果，六股河河口外海域主要保护物种有小黄鱼、黄鲫、

鲈鱼、舌鳎、蓝点马鲛、银鲳、对虾等少数几个物种，而且仅小黄鱼资源量相对较高，其他水产资源如银鲳、虾蛄、蓝点马鲛、对虾等资源量均较低。

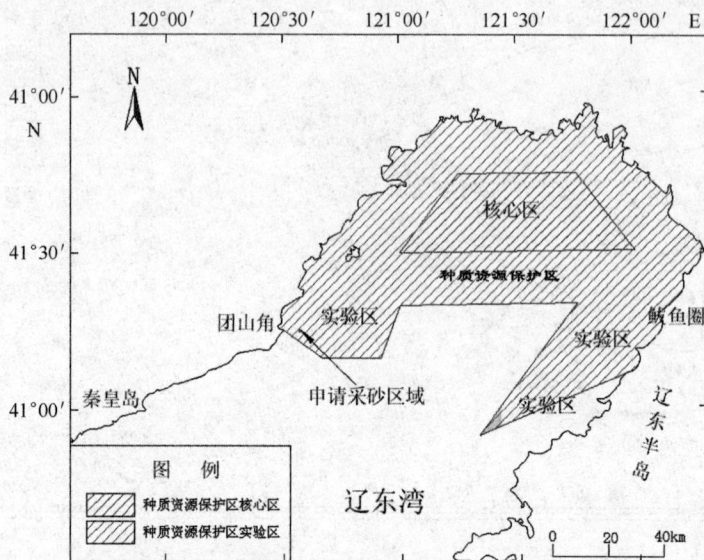

图 9 - 3　种质资源保护区和申请采砂区域位置示意图

9.2.2　项目用海论证内容及点评

9.2.2.1　项目用海基本情况

9.2.2.1.1　采砂地点与海砂资源情况

业主申请的海砂开采区位于辽宁省兴城市六股河口东侧兴城市娘娘顶海域，距岸 7 km 左右，水深在 11～13 m 之间，具体位置详见图 9 - 4。钻孔勘探资料显示，该区域表层为淤泥质黏土、粉土等沉积层，其最大厚度达 16 m。

项目组通过资料收集分析，并经业主同意后，调整了采砂区位置范围（见图 9 - 5），根据 ZK100、ZK101、ZK102、ZK103 钻孔资料，该区域表层以砾砂为主，下部为中粗砂，探测厚度分别为 16.1 m、15.2 m，17.4 m 和 15.4 m，可开采砂层厚度超过 15.2 m。

（1）ZK100

0～1.1 m，砾砂，含少量淤泥，灰褐色，松散 - 稍密，砾石主要成分为石英砂岩，粒径 5～30 mm，个别在 30 mm 以上，呈磨圆状。

1.1～16.1 m，中粗砂，黄褐色，松散 - 稍密，主要成分为石英，局部含砾石、砾砂。

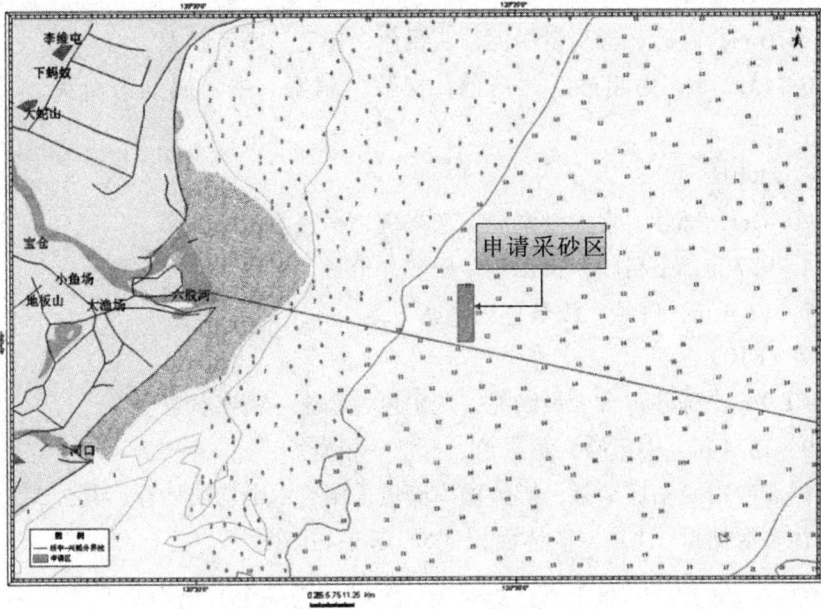

图 9-4　业主初申请采砂区位置图

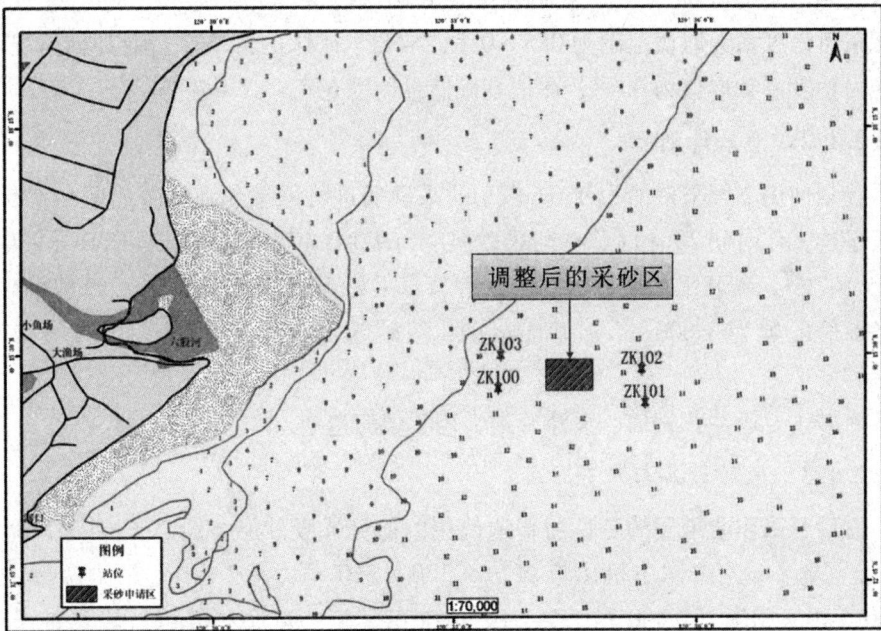

图 9-5　调整后的采砂区位置及地质钻孔站位图

（2）ZK101

0～0.6 m，砾砂，含少量淤泥，灰褐色，稍密－密实状态。

0.6～15.2 m，中粗砂，黄褐色，松散－稍密，主要成分为石英，局部含砾砂。

（3）ZK102

0～0.4 m，砾砂，含少量淤泥，灰褐色，稍密－密实状态。

0.4～9.7 m，中粗砂，黄褐色，松散－稍密，主要成分为石英。

9.7～17.4 m，砾砂，浅黄色，稍密。

（4）ZK103

0～0.9 m，砾砂，含少量淤泥，灰褐色，稍密－密实状态。

0.9～15.4 m，中粗砂，黄褐色，松散－稍密。

根据海砂资源钻探结果，矿体资源储量采用算术平均法计算，其公式为：

矿体资源储量（V）＝矿体面积（S）×平均厚度（H）。

综合考虑海砂资源储量及公司开采计划等，确定采砂区为长 804 m、宽 680 m 的长方形区域，面积为（S）54.680 0 hm^2，矿体平均厚度（H）按 15.2 m 计算，则拟开采区内矿体的资源储量为 831×10^4 m^3。

按照国土资源部《关于采矿权评估和确认有关问题的通知》的有关规定，资源量可信度系数取值范围为 0.5～0.8，结合本矿床的特性、企业计划情况等，资源可信度系数取值为 0.78，评估基础储量约为 648×10^4 m^3。

9.2.2.1.2　开采计划

计划使用 2 艘采砂能力 450 m^3/h 的采砂船进行采砂作业，每艘吸砂船保证每天平均工作时间 20 小时，单船采砂强度为 9 000 m^3/d。2 艘采砂船日开采量为 1.8×10^4 m^3，年开采日期按 120 天计算，年采砂强度 216×10^4 m^3。每艘采砂船配备 6 艘舱容为 3 000 m^3 运砂船运砂，运砂船每航次（含装砂、卸砂）约需 2 天。

海砂主要运往曹妃甸、天津等地，用于填海造地。

9.2.2.1.3　采砂设备与工艺

海砂开采作业采用的是目前普遍使用的射流式吸砂船，船总长 63 m，宽 12 m，型深 3.8 m，船舶主机山东潍坊 6 170（520 马力×2 台），马力吸砂主机 SQ60 美国康明斯（2 400 马力）G4。单洗双排斗：斗长 1.65 m；输送带长度：左带 10 m，右带 8.5 m，输送带宽 1.6 m，输送带高度水位线与输送带高度 4 m；船舶总吨 1 580 t，净吨 860 t，设计最大吸深 30 m。

根据生产纲领和海上采砂技术要求，本项目规划购置各种吸砂船和辅助船只

6 艘，其中：购置射流式吸砂船 2 艘，每艘吸砂船配 6 艘运输船，共 12 条运输船，运输船全部租赁。吸砂船结构主要由船体、抽沙输送系统、冲沙系统、排空系统、移动系统等组成。抽沙输送系统包括动力（电机或柴油机）、离合器、抽沙泵、吸沙管、排沙管、输送管道、浮筒等。冲沙系统包括高压水泵、高压水泵管、吸沙龙头等。排空系统包括抽真空装置。移动系统包括吊杆、绞车、卷扬机等。射流式吸砂船是一种具有自航能力，船体结构形式为钢质单底单甲板，横骨架式结构，分双头整体形，全船设备由喷射吸砂系统、轮机系统、供电系统、航行、系泊系统、砂水分离、输送系统及其他辅助设备组成。

购置生产作业指挥船 1 艘，生产应急救护船 1 艘，500 吨级加油船 1 艘。

购置消防船 1 艘。消防船分别设置海水高压消防泵系统和低倍数泡沫灭火系统。低倍数泡沫灭火系统主要用于机电系统、加油船等船只灭火，配置 2 个 10 m³ 泡沫原液罐，每罐配两个比例泡沫混合器。购置主要设备参见表 9 – 1。

表 9 – 1　项目购置和租用主要采砂设备一览表

序号	设备名称	技术参数	单位	数量	备注
1	购射流式吸砂船	5 000 t	艘	2	
2	购置指挥船		艘	1	
3	购置消防船		艘	1	配置高压水和低倍数泡沫灭火系统
4	生产应急救护船		艘	1	
5	海上加油船	500 t	艘	1	
	合计		艘	6	

9.2.2.1.4　开采期限

根据《中华人民共和国海域使用管理法》的规定："盐业、矿业用海最高年限为 30 年。"按照申请的采砂强度，年采砂强度 216×10^4 m³，预计可连续开采 3 年。

业主拟申请采砂项目用海期限为 3 年。

9.2.2.1.5　海砂成因分析

海陆变迁的大量研究成果表明，六股河三角洲同毗连的大凌河、辽河、滦河等三角洲一样，均具有相似的古地理过程，即在低海面时期经历过河流物质充填建造阶段以及冰后期海侵转为河流 – 海洋共同作用的堆积 – 冲刷阶段。

距今 15 000 年前的晚玉木冰期最盛时期，渤海全部露出成为广大的陆相环境，当时各入海河流携带大量沙石从北部山区浅溢而出，形成山前洪积扇群或冲洪积相砂砾石为主的河流平原。这时，辽东湾内有数条水下河谷（古河道）——溺谷。其中，以大凌河—辽河口外溺谷最明显。六股河、滦河水下谷向东南延伸，经过长 27 km 和 112 km 汇聚到现今辽东湾中部水深 30 m，昔日具有湖沼的"辽中洼地"之中。上述古河道，目前已被现代沉积物覆盖，谷形平缓。

显而易见，当时六股河沿途堆积大量砂砾、砂泥等河流输出物。在现今辽东湾两岸水深 20 m 的浅水区，常分布与岸平行或斜交的长条形沙堤或斑块状沙丘（以下统称沙脊）这些沙脊与冲刷槽相伴，形成沙脊－冲刷槽系列。滦河口外、浮渡河口外、熊岳河口外均有发育。水下沙脊一般分布在 20 m 水下阶地面上，距河口 10 km 以上。现代河流和海岸已无力为其提供物质来源。显然，这些沙脊都是冰后期海侵被淹没的古河流相或滨海相堆积体，后经水动力（主要是潮流）塑造而成今天的形态轮廓。

9.2.2.1.6　项目用海必要性

（1）缓解填海用砂的供需矛盾，满足区域社会经济发展的需求

近年来，我国的经济建设步伐进一步加快，全国掀起了工业化、城市化建设热潮。沿海地区作为国家经济的主要增长区域，城市扩张规模，各类开发区、经济区、工业区开发建设全面铺开，形成了不断增长的用砂需求。

天津滨海新区，位于天津市的东部临海地区，规划面积 2 270 km²。大批建设项目南港区域、临港工业、核心城区、中心商务区、中新天津生态城、东疆保税港区、滨海旅游区、北塘区域、西部区域、中心渔港的开发等，需要填海造地建设；曹妃甸位于唐山南部沿海、渤海湾中心地带，工业区初步规划面积为 310 km²，将按照国家"十一五"规划，关于加快唐山港、曹妃甸循环经济产业示范区和钢铁基地建设的要求，大力构筑现代港口物流、钢铁、石化和装备制造等产业集群。填海工程建设对土石方的需求日益增加。

上述两大经济区填海造地、港口工程和公民建筑工程用砂量在 2.2×10^8 t 左右。因此，本项目海砂开采可在一定程度上缓解填海用砂的供需矛盾，满足天津滨海新区和曹妃甸沿海工程建设的需要，对于促进海洋经济的开发活动，促进辽宁省、天津市、曹妃甸等地区的进一步繁荣发展都具有重要的意义和作用。

（2）合理有效利用海洋矿产资源，促进地区经济发展

辽东湾是我国生产优质海砂的砂砾质海岸段集中地区之一，其中葫芦岛市海砂资源量占全省总量的 20% 左右。目前，珍贵的海砂资源尚未得以较好利用，自然资源尚未转变为经济优势。在确保海洋生态环境的前提下，进行有序有度的海砂开采，对于促进海洋矿产资源的合理有效利用，满足沿海经济建设的用砂需求，培育海洋经济新的经济增长点都具有十分重要的意义。

（3）地理位置优越，区位优势明显

申请的海砂开采区位于渤海西部海洋经济区内，可就近为天津滨海新区和曹妃甸临海建设项目提供海砂资源，具有海上通航条件较好、海砂销售输送距离短的地理优势，可降低海上运输成本和风险。

综上所述，通过本项目的实施，满足渤海西部沿岸天津滨海新区和曹妃甸地区工程项目建设的砂石需求，另一方面变闲置的海砂资源为经济资源，实现了海洋矿产资源的合理有效利用，社会效益显著，资源效益突出。

因此，本项目的用海是必要的。

关注要点：

应明确开采地点、开采范围、开采量、开采方式及开采期限；说明海砂的成因及品位、储量（可开采量）、用途等；分析项目用海的必要性。

海砂开采的选址应着重关注以下几方面：首先，作为填海造地用砂，中粗砂、砂砾等粗颗粒物质含量越高越好；其次，应尽量选择埋深浅的砂体进行开采；另外，还应尽量选择在离岸较远的浅海。这样既可以避免因为海砂开采而导致的海岸侵蚀，也可以避开近岸海洋开发活动如海底管线区、海上航线等较为密集的地区。目前，也有很多海砂开采项目选址结合航道的疏浚，既可以维护航道也同时实现了海砂资源的合理利用。

海砂开采方案：为保证海上作业安全，提高工作效率，海砂开采必须配备专业的海上采砂船以及与开采能力和运距相匹配的运砂船。报告书中应翔实介绍各类施工船的数量，明确采砂船船长、船宽、型深、总吨位、吸砂功率等基本参数以及运砂船吨位、往返一次的时间等。

海砂品位：根据《关于加强海砂开采管理的通知》（国土资发［2007］190号），海砂（砾）为不含其他金属矿产的普通天然石英砂（建筑、砖瓦用）。因此，海砂开采前，应对其成分进行分析，对于硅砂、石英砂、锆砂、镁砂、铬铁矿、刚玉等含量较高的海砂不得用于填海造地或建筑用砂。

优点：

1）业主申请的采砂区上覆细颗粒沉积层较厚，本案例根据海砂资源的分布情况，将采砂区调整到了表层没有细粒沉积物的位置。这样既方便海砂开采，也大大减少了悬浮物的产生。

2）本章节内容较为全面，对各类海上作业船只数量及有关参数介绍的较为翔实。

不足：

缺少各钻孔柱状样的粒度分析及海砂矿物成分分析内容。

9.2.2.2　项目用海资源环境影响分析

9.2.2.2.1　潮流场影响预测

（1）影响预测方法与内容

采用平面二维数值模型 MIKE21FM 来研究工程海域的潮流场运动。预测内容为采砂活动对水动力环境的影响程度和影响范围。

（2）预测结果分析

为了解工程结束后对附近海域潮流场的影响，在工程周边 4 个方向共选取 16 个代表点进行潮流流速流向对比，对比点与工程距离由近至远依次为 200 m、500 m、1 000 m 和 1 500 m，通过工程前后代表点的潮流计算结果和预测结果对比，说明该工程附近海域潮流场的变化。

根据以上分析预测，工程对海砂开采区 1 km 范围的潮流场会产生一定的影响，距离工程 200 m 的流速最大变化为 4.9%；距离工程 500 m 的最大流速变化为 3.0%；最大流速对应流向变化较小，均小于 5°。对 1 km 范围以外海域的潮流场没有明显影响。

9.2.2.2.2　水质环境的影响预测与评价

（1）水质预测模型

潮流是海域污染物进行稀释扩散的主要动力因素，在获得可靠的潮流场基础上，通过添加水质预测模块（平面二维非恒定的对流－扩散模型），可进行水质预测计算。

1）二维水质对流扩散控制方程：

$$\frac{\partial}{\partial t}(hc) + \frac{\partial}{\partial x}(uhc) + \frac{\partial}{\partial y}(yhc) = \frac{\partial}{\partial x}\left(hD_x\frac{\partial c}{\partial x}\right) + \frac{\partial}{\partial y}\left(hD_y\frac{\partial c}{\partial y}\right) - Fhc + s$$

式中：D_x、D_y——x、y 方向的扩散系数；

　　　　c——污染物浓度；

　　　　F——衰减系数，模型中取 $F=0$；

　　　　s——污染物源强，$s=Q_sC_s$，式中 Q_s 为排放量，C_s 为浓度。

2）边界条件

岸边界条件：浓度通量为零；

开边界条件：

入流：$C\mid\Gamma=P_0$

式中：Γ——水边界；

　　　　P_0——边界浓度，模型仅计算增量影响，取 $P_0=0$。

出流：$\dfrac{\partial C}{\partial t} + U_n \dfrac{\partial C}{\partial n^w} = 0$，

式中：U_n——边界法向流速；

　　　n——法向。

3）初始条件　　$C\,(x,\,y)\,|_{t=0}=0$。

（2）悬浮泥沙源强及发生点位置

1）入海悬浮泥沙源强。

A. 高压水射流冲开盖层、塌陷产生的悬浮泥沙量。高压水射流冲开盖层时会搅动产生悬浮泥沙，并引起采砂区周边塌陷。采砂区表层沉积物以砾砂为主，含极少量淤泥。该部分悬浮泥沙为瞬时源强，影响很快消失。

B. 射流采砂和溢流悬浮泥沙源强。采砂作业采用射流抽沙和溢流工艺：高压射流把水和砂混合、沙泵把沙浆抽到运输船，砂粒沉到船舱，细颗粒物质沿回流管溢流到采沙坑。由上述工艺环节可知，高压射流扰动底质悬浮泥沙未被吸到船上而随海流扩散；滚筛分选和砂水分离过程中产生的淤泥、细砂与分离出的海水混合形成泥水混合物溢流至海水水体。因此，射流产生的悬浮物和溢流环节产生的悬浮泥沙，是采砂作业过程中主要的污染因素。

一般来讲，射流激起的泥沙中约有3%～5%发生再悬浮。溢流带走的泥沙量按5%计，由此确定，射流采砂再悬浮和溢流产生的悬浮泥沙源强合计为26.55kg/s。

2）入海悬浮泥沙发生点位置。入海悬浮泥沙发生点为整个采砂区。模拟时首先选择海砂开采区西北角和东北角两个控制点同时进行悬浮泥沙扩散预测，然后选择开采区西南角和东南角两个控制点同时进行悬浮泥沙扩散预测。然后将各典型控制点的10 mg/L、100 mg/L和150 mg/L悬浮泥沙包络线叠加在同一张图上，连接各控制点悬浮泥沙包络线的最外缘线即为海砂开采施工产生的最大外包络影响范围。

（3）预测悬浮泥沙浓度增量分布

海砂开采期间搅动产生的悬浮泥沙最大增量为850 mg/L，超二类水质标准面积最大为35.07 km²，超三类水质标准面积最大为4.43 km²，超四类水质标准面积最大为2.55 km²。搅动产生海砂开采期间搅动产生的悬浮泥沙最大增量为880 mg/L，超二类（10 mg/L）水质标准面积最大为42.62 km²，50 mg/L悬浮泥沙包络面积为10.46 km²，超三类（100 mg/L）水质标准面积最大为4.88 km²，超四类（150 mg/L）水质标准面积最大为2.81 km²。搅动产生10 mg/L浓度悬浮泥沙主要在SW—NE方向上扩散，向SW方向最大可能扩散距离约为9.1 km，向NE方向最大可能扩散距离约为9.5 km。悬浮泥沙最大影响范围包络图见图9-6。

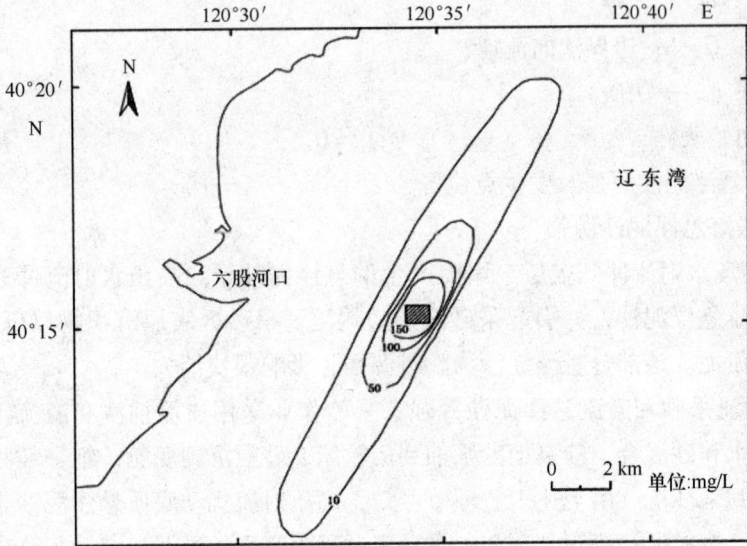

图9-6　工程悬浮泥沙增量范围图

采砂期间所产生悬浮泥沙对海洋环境的影响主要位于采砂区 SW—NE 方向上的一条狭长带上，该狭长带最大长度约 19.6 km，最大宽度约 2.5 km，对距离采砂区其他海域的影响较小。同时，随着采砂的结束，悬浮泥沙污染会很快消失。

9.2.2.2.3　波浪场影响预测

（1）预测方法与内容

模型：波浪数模软件采用由丹麦 DHI 水力研究所研制的 MIKE21 软件中的 SW 波浪模块进行计算。

计算参数：最小时间步长 1 s，能量传递系数取 0.25。根据当地风统计结果，选择 8 级 NE、6 级 E、8 级 SSE 和 9 级 SSW 大风作用 6 小时后，提取工程附近海域的最大波高，对比工程前后海域的波高变化。

预测内容：海砂开采后各主要浪向的变化范围和变化程度。

（2）计算结果

NE、E、SSE 和 SSW 向波浪数值模拟结果表明，海砂开采后对采砂区 1 km 范围的波浪场有一定影响，波高变化一般小于 0.3 m。采砂区距海岸线最近距离约 5.4 km，对六股河口等近岸海域的波浪场没有影响。

9.2.2.2.4 地形地貌与冲淤环境影响预测评价

（1）预测方法

研究利用沉积物取样分析、海流观测等方法，结合水深地形、工程地质、波浪资料，运用 MIKE21 模型模拟潮流、波浪作用条件下工程周围海域海底地形的演化。

（2）泥沙运动控制方程

MIKE21FM 采用标准 Galerkin 有限元法进行水平空间离散，在时间上，采用显式迎风差分格式离散动量方程与输运方程。

泥沙控制方程为：

$$\frac{\partial \bar{c}}{\partial t} + u\frac{\partial \bar{c}}{\partial x} + v\frac{\partial \bar{c}}{\partial y} = \frac{1}{h}\frac{\partial}{\partial x}\left(hD_x\frac{\partial \bar{c}}{\partial x}\right) + \frac{1}{h}\frac{\partial}{\partial y}\left(hD_y\frac{\partial \bar{c}}{\partial y}\right) + Q_L C_L \frac{1}{h} - S$$

式中：$\bar{c}$——水深平均悬浮泥沙浓度（g/m³）；

　　　u，v——水深平均流速（m/s）；

　　　D_x，D_y——分散系数（m²/s）；

　　　h——水深（m）；

　　　S——沉积/侵蚀源汇项（g/m³/s）；

　　　Q_L——单位水平区域内点源排放量（m³/s/m²）；

　　　C_L——点源排放浓度（g/m³）。

（3）沉积物沉积和侵蚀计算公式

1）黏性土沉积和侵蚀。

A. 沉积速率。根据 Krone（1962）等提出的方法计算黏性土沉积，公式如下：

$$S_D = w_s c_b p_d$$

式中：S_D——沉积速率；

　　　w_s——沉降速度（m/s）；

　　　c_b——底层悬浮泥沙浓度（kg/m³）；

　　　p_d——沉降概率；

沉降速度计算公式：

$$w_s = \begin{cases} kc^{\gamma}, & c \leqslant 10 \text{ kg/m}^3 \\ w_{s,r}\left(1 - \dfrac{c}{c_{gel}}\right)^{w_{s,n}}, & c > 10 \text{ kg/m}^3 \end{cases}$$

式中：c——体积浓度；

　　　k——系数，γ 取值介于 1~2 之间；

　　　$w_{s,r}$——沉降速度系数；

$w_{s,n}$——组分能量常数；

c_{gel}——泥沙絮凝点。

沉降概率公式：

$$P_1 = \begin{bmatrix} 1 - \dfrac{\tau_b}{\tau_{cd}}, & \tau_b \leqslant \tau_{cd} \\ 0, & \tau_b > \tau_{cd} \end{bmatrix}$$

式中：τ_b——海底剪应力（N/m²）；

τ_{cd}——沉积临界剪应力（N/m²）。

B. 泥沙浓度分布。泥沙浓度分布计算包括 2 种方法：

a. Teeter 公式

$$c_b = \bar{c}\beta$$

式中：$\beta = 1 + \dfrac{P_e}{1.25 + 4.75 p_b^{2.5}}$；$p_e = \dfrac{w_s h}{D_z} = \dfrac{6 w_s}{k U_f}$

k——Von Karman 常数（0.4）；

U_f——摩擦速度，$\sqrt{\tau_b / \rho}$。

b. Rouse 公式

$$- \varepsilon \frac{\mathrm{d}C}{\mathrm{d}z} = w_s C \varepsilon = k U_f z \Big(1 - \frac{z}{h} \Big) C = C_a \Big[\frac{a}{h-a} \frac{h-z}{z} \Big]^R, a \leqslant z \leqslant h$$

$$R = \frac{w_s}{k U_f}$$

底层悬浮泥沙浓度公式：$\qquad c_b = \dfrac{\bar{c}}{RC}$

式中：ε——扩散系数；

C——悬浮泥沙浓度；

z——垂向笛卡儿坐标。

h——水深；

Ca——深度基准面处的悬浮泥沙浓度；

a——深度基准面；

c——水深平均浓度；

R——Rouse 参数。

C. 底床侵蚀。根据底床密实程度，侵蚀计算可以分为 2 种方式：

a. 密实、固结底床侵蚀计算公式

$$S_E = E \Big(\frac{\tau_b}{\tau_{ce}} - 1 \Big)^n, \qquad \tau_b > \tau_{ce}$$

式中：E——底床侵蚀度（kg/m²/s）；

　　　τ_b——底床剪切力（N/m²）；

　　　τ_{ce}——侵蚀临界剪切力（N/m²）；

　　　n——侵蚀能力。

b. 软、部分固结底床侵蚀计算公式

$$S_E = E\exp[\alpha(\tau_b - \tau_{ce})^{1/3}], \quad \tau_b > \tau_{ce}$$

式中：α——参考系数。

2）非黏性土沉积和侵蚀。

A. 无量纲颗粒参数的确定。根据 Van Rijn（1984）等提出的方法计算非黏性土再悬浮，公式如下：

$$d^* = d_{50}\left[\frac{(s-1)g}{v^2}\right]^{\frac{1}{3}}$$

式中：S——颗粒比重；

　　　g——重力加速度；

　　　v——黏滞系数；

　　　d_{50}——中值粒经。

B. 底床临界起动流速。泥沙悬浮的判定通过实际摩擦流速 U_f 和临界摩擦流速 $U_{f,cr}$ 的比较得以实现。其主要通过两种方式，一种是利用泥沙运移阶段参数 T；另一种是利用临界摩擦流速 $U_{f,cr}$ 和沉降速度的比值。

a. 泥沙运移阶段参数 T

$$T = \begin{cases} \left(\dfrac{U_f}{U_{f,cr}}\right) - 1, & U_f > U_{f,cr} \\ 0 & U_f \leqslant U_{f,cr} \end{cases}$$

$$U_f = \sqrt{ghI} = \frac{\sqrt{g}}{C_z}|\vec{V}|$$

式中：I——能量梯度；

　　　C_z——谢才系数（m^{1/2}/s）[$= 18\ln(4h/d_{90})$]；

　　　$|\vec{V}|$——流速（m/s）。

b. 临界摩擦流速 Uf, cr 和沉降速度的比值

$$\frac{U_{f,cr}}{w_s} = \begin{cases} \dfrac{4}{d^*}, & 1 < d^* \leqslant 10 \\ 0.4, & d^* > 10 \end{cases}$$

C. 沉降速度。非黏性土沉降速度公式：

$$w_s = \begin{cases} \dfrac{(s-1)gd^2}{18v}, & d \leqslant 100 \ \mu m \\[2ex] \dfrac{10v}{d}\left\{\left[1 + \dfrac{0.01(s-1)gd^3}{v^2}\right]^{0.5} - 1\right\}, & 100 < d \leqslant 1\ 000 \ \mu m \\[2ex] 1.1\left[(s-1)gd\right]^{0.5}, & d_b > 1\ 000 \ \mu m \end{cases}$$

式中：d——非黏性土颗粒粒径；

s——非黏性土密度；

v——黏滞度；

g——重力加速度。

D. 悬移质运移。悬移质泥沙平衡浓度计算公式：

$$\overline{c}_c = \frac{q_s}{uh} \quad q_s = \int_a^h c \cdot \mathrm{d}y, \quad a = k_s = 2d_{50}$$

式中：$\overline{u}$——水深平均流速（m/s）；

q_s——悬移质运移量 [kg/（m/s）]；

c——距离底床 y（m）处的悬浮泥沙浓度（kg/m^3）；

u——距离底床 y（m）处的流速（m/s）；

h——水深（m）；

a——底床分层厚度（m）；

k_s——等效粗糙高度（m）；

d_{50}——中值粒径。

E. 非黏性土浓度分布。非黏性土浓度分布主要取决于湍流扩散系数 ε_s 和沉降速度 w_s。

a. 湍流扩散系数计算公式为：

$$\varepsilon_s = \beta\phi\varepsilon_f$$

$$\beta = \begin{cases} 1 + \left(\dfrac{w_s}{U_f}\right)^2, & \dfrac{w_s}{U_f} < 0.5 \\[2ex] 1, & 0.5 \leqslant \dfrac{w_s}{U_f} < 0.25 \\[2ex] 不悬浮, & \dfrac{w_s}{U_f} \geqslant 2.5 \end{cases}$$

式中：β——扩散因子；

ϕ——阻尼系数。

b. 非黏性土浓度分布

非黏性土浓度分布由 Peclet 系数 P_e 确定：$P_e = \dfrac{C_{rc}}{C_{rd}}$

式中：C_{rc}——Courant 对流系数（ $= w_s \Delta t/h$ ）；

　　　C_{rd}——Courant 扩散系数（ $= \varepsilon_f \Delta t/h^2$ ）；

　　　ε_f——水深平均流体扩散系数。

F. 非黏性土沉积

$$S_d = -\left(\frac{\bar{c_e} - \bar{c}}{t_s}\right), \qquad \bar{c_e} < \bar{c}$$

$$t_s = \frac{h_s}{w_s}$$

$$\bar{c_e} = 10^6 \cdot F \cdot C_a \cdot s$$

$$F = c/c_a$$

式中：$\bar{c_e}$——平衡浓度；

　　　s——相对密度，取 2.65。

G. 非黏性土侵蚀

$$S_e = -\left(\frac{\bar{c_e} - \bar{c}}{t_s}\right), \qquad \bar{c_e} > \bar{c}$$

（4）参数确定

1）沉积物类型、粒度特征参数

根据 2001 年表层沉积物粒度分析结果以及该区沉积物历史资料输入模型。

2）风的资料输入

根据风资料的统计结果，模拟时选取了静风、NE、E、SSE 和 SSW 大风作用下工程周边海域的冲淤变化情况。

NE、SSE 向风况为 6 级以上大风作用 24 小时、最大 8 级风；E 向风况为大于 5 级以上风作用 24 小时、最大 6 级风；SSW 风况为大于 6 级风作用 24 小时，最大 9 级风。

3）其他输入参数

根据该海域沉积物粒度特征，侵蚀临界剪应力取值介于 0.75 ~ 1.5 N/m^2 之间；根据海底沉积物组成和粒度特征，曼宁系数取值介于 45 ~ 58 m$^{1/3}$/s。

（5）海砂开采对冲淤环境的影响分析

1）静风条件下冲淤状况。

A. 海砂开采前：静风条件下，工程区附近六股河口整体上以淤积为主，淤积量一般在 0.005 ~ 0.06 m/a 之间；六股河口南侧的海岸主要以侵蚀为主，侵蚀量一般在 0.01 ~ 0.15 m/a 之间，最大侵蚀量可达 0.18 m/a；六股河口南侧海域局部呈淤积状态，淤积量一般在 0.01 ~ 0.07 m/a 之间。海砂开采区现状呈淤积状态，淤积量在 0.02 ~ 0.04 m/a 之间。

B. 海砂开采后：静风条件下，海砂开采后，采砂区内淤积量较采砂前有所增加，淤积量在 0.04 ~ 0.06 m/a 之间。海砂开采对周边 1 km 范围以外海底的冲淤没有明显影响。

2）NE 向大风条件下冲淤状况。模拟了大于 6 级 NE 向风作用 24 小时、最大 8 级情况下的冲淤状况，结果如下。

A. 海砂开采前：NE 向大风条件下，工程区附近六股河口外海域整体以淤积为主，淤积量一般在 0.005 ~ 0.02 m 之间；六股河口南侧海域以侵蚀为主，侵蚀量一般在 0.005 ~ 0.04 m 之间，最大侵蚀量 0.05 m。海砂开采区现状呈淤积状态，淤积量在 0.005 ~ 0.015 m 之间。

B. 海砂开采后：海砂开采后，NE 向大风作用下，采砂区内淤积量较采砂前有所增加，淤积量在 0.015 ~ 0.02 m 之间。海砂开采对周边 1 km 范围以外海底的冲淤没有明显影响。

3）E 向大风条件下冲淤状况。模拟了大于 5 级 E 向风作用 24 小时、最大 6 级情况下的冲淤状况，结果如下。

A. 海砂开采前：E 向大风条件下，工程区附近六股河口外海域整体以淤积为主，淤积量一般在 0.015 m 以下；六股河口南侧海域以侵蚀为主，侵蚀量一般在 0.005 ~ 0.04 m 之间。海砂开采区现状呈淤积状态，淤积量在 0.01 ~ 0.015 m 之间。

B. 海砂开采后：海砂开采后，E 向大风作用下，采砂区内淤积量较采砂前有所增加，淤积量在 0.015 ~ 0.02 m 之间。海砂开采对周边 1 km 范围以外海底的冲淤没有明显影响。

4）SSE 向大风条件下冲淤状况。模拟了大于 6 级 SSE 向风作用 24 小时、最大 8 级情况下的冲淤状况，结果如下。

A. 海砂开采前：SSE 向大风条件下，工程区附近六股河口外海域整体以淤积为主，淤积量一般在 0.005 ~ 0.025 m 之间，最大淤积量约为 0.032 m；六股河口南侧海域以侵蚀为主，侵蚀量一般在 0.005 ~ 0.04 m 之间；六股河口南侧海域局部呈淤积状态，淤积量一般在 0.01 ~ 0.03 m 之间。海砂开采区现状呈淤积状态，淤积量在 0.015 ~ 0.02 m 之间。

B. 海砂开采后：海砂开采后，SSE 向大风作用下，采砂区内淤积量较采砂前有所增加，淤积量在 0.02 ~ 0.025 m 之间。海砂开采对周边 1 km 范围以外海底的冲淤没有明显影响。

5）SSW 向风条件下冲淤状况。模拟了大于 6 级 SSW 向风作用 24 小时、最大 9 级情况下的冲淤状况，结果如下。

A. 海砂开采前：SSW 向大风条件下，工程区附近六股河口外海域整体以淤积为主，淤积量一般在 0.01 ~ 0.03 m 之间；六股河口南侧海域以侵蚀为主，侵蚀量一般在 0.005 ~ 0.05 m 之间；六股河口南侧海域局部呈淤积状态，淤积量一般在 0.01 ~ 0.03 m 之间。海砂开采区现状呈淤积状态，淤积量在 0.015 ~ 0.025 m之间。

B. 海砂开采后：海砂开采后，SSW 向大风作用下，采砂区内淤积量较采砂前有所增加，淤积量在 0.025 ~ 0.040 m 之间。海砂开采对周边 1 km 范围以外海底的冲淤没有明显影响。

关注要点：

海砂开采的资源环境影响应重点关注水动力环境变化而引发的海岸及海域冲淤环境的变化。我国沿海省份出现过多起由于不合理海砂开采所引起的海岸侵蚀现象，有的已经造成了极其严重的后果，经济损失巨大。山东登州浅滩不合理采砂导致大范围、高强度海岸侵蚀，是我国海岸带地区人类活动引发自然环境变化的一个典型案例。

另外，还要关注海砂开采过程中的悬浮物影响。我国采用最多的是射流式采砂船，悬浮物主要在射流冲开海砂时产生的再悬浮和溢流环节产生，其中尤以射流产生的再悬浮为主。射流产生的悬浮量与开采功率、海砂比重、海砂的粒径组成等有关，悬浮物源强的确定一定要综合考虑这些因素，给出合理的数值，这样才能保证数模预测的准确，从而为利益相关者及生态补偿等提供科学依据。需要特别说明的是，不同的开采方式其产生的悬浮物数量或环节是不同的，在论证时应加以注意。

优点：

报告书从潮流、悬浮物浓度场、波浪场及地形地貌三方面分析预测了项目用海对环境的影响，内容较为全面；所采用的方法模型、参数较为合理；尤其是对冲淤环境的影响预测，分别从该海域的强浪向、常浪向进行了分析预测。

9.2.2.3　海域开发利用协调分析

9.2.2.3.1　利益相关者的界定

根据《海域使用论证技术导则》，利益相关者指受到项目用海影响而产生直接利益关系的单位和个人。

通过对本项目周围用海活动现状的调查（项目周边用海活动有：渔业基础设施用海、养殖用海、盐业用海、科研教学用海、相邻海砂开采区等），分析项目用海对周边开发活动的影响情况，按照利益相关者的界定原则，来确定本项目的利益相关者。

（1）A公司海砂开采区

通过分析可以看出，采砂期间所产生悬浮泥沙对海洋环境的影响主要位于采砂区SW—NE方向上的一条狭长带上，该狭长带最大长度约15.9 km，最大宽度约2.0 km，A公司海砂开采区位于本项目的西北0.78 km处，距离较近。因此，作为利益相关者。

（2）辽东湾水产种质资源保护区

本采砂区位于辽东湾水产资源保护区的实验区，应列为利益相关者。

9.2.2.3.2　利益相关者影响分析

（1）对相邻采砂区所属公司运营的影响

A公司海砂开采区位于本项目的西北0.78 km处，距离较近。如果不采取防范措施，可能会影响其正常运营。

根据对水环境影响预测结果，海砂开采期间搅动产生的悬浮泥沙最大增量为640 mg/L，超二类（10 mg/L）水质标准面积最大为27.95 km²，搅动产生10 mg/L浓度悬浮泥沙主要在SW—NE方向上扩散，向SW方向最大可能扩散距离约为7.3 km，向NE方向最大可能扩散距离约为7.6 km。会对A采砂区有一定的影响。

（2）对辽东湾水产种质资源保护区的影响

根据种质资源保护区与拟申请采砂区的区位关系，拟申请采砂区位于辽东湾西南部，处在该种质资源保护区实验区的边缘，该保护区的核心区位于辽东湾北部，其主要保护物种也主要分布在辽东湾北部，从区位以及主要保护物种的分布上，拟申请采砂区在该种质资源保护区整体功能区划中处于次要的位置。

因此，考虑到六股河口海域及辽东湾北部海域的地形、潮差以及河流入海水量等的差异，六股河口的咸淡水交汇面积主要受潮流和地形因素的影响，相比辽东湾北部海域而言，其范围十分有限，局限于河口三角洲附近的狭小海域。因此，六股河河口海域所能支撑的适合于在咸淡水环境下生存的浮游生物、底栖生物、初级生产力水平较为有限，现场生态调查结果也证实了这一点。

从工程分析来看，对保护区主要的影响是悬浮物扩散，施工期悬浮泥沙最大影响的范围主要在工程周边范围内，其对海域生态环境影响的结果主要是造成部分鱼卵仔鱼、底栖生物以及游泳生物的损失，这可以通过主要品种的繁殖和产卵期控制开采强度以达到减少损失的目的。采砂结束后，还可以通过人工放养等方式促进底栖生境的恢复。

综合以上生境要素的分析，并结合辽东湾水生生物调查资料中揭示的种质资源的时空分布格局，拟申请采砂区海域在辽东湾国家级种质资源保护区中的生态作用较为有限，决定辽东湾种质资源保护区生态质量的关键在于辽东湾北部海域。

另外，根据六股河口附近海域渔业资源量调查结果及统计资料分析，拟申请采砂附近海域，在保护区主要保护物种中，只有小黄鱼资源量较大，2005—2008年间葫芦岛海域小黄鱼年渔获量占辽东湾总渔获量最高比例为8.46%。

根据对小黄鱼生物特性的分析，小黄鱼是一种分布于黄海和东海（台湾海峡以北）的温水性近海土著鱼类。分布水深，越冬场约为50~80 m，产卵场约为6~30 m。产卵适温约为10~16℃。小黄鱼的产卵期在春季的3—5月，南早北晚。产浮性卵，受精卵在海水中需6天才能孵化。在辽东湾中部分布有两个小黄鱼产卵场（见图9-7），这两个产卵场均位于纬度较高的海域，因此，工程的运行对小黄鱼资源的影响可忽略不计。

综上所述，根据种质资源保护区与拟申请采砂区的区位关系，拟申请采砂区海域自身在辽东湾种质资源保护区内的生态功能以及工程运行对六股河河口海域、种质资源保护区海域及辽东湾海域生境要素及主要保护物种的影响程度综合分析，工程运行对辽东湾种质资源保护区的影响较小。

9.2.2.3.3 与利益相关者的协调方案

（1）与相邻采砂区所属公司的协调方案

为了减少本采砂区与相邻采砂区之间的相互影响和对周围海域的影响叠加，把对这个海域的环境影响降到最低，建议采取以下措施和协调方案：

1）建议与A公司就海沙开采的作业方式进行统一协调，可考虑共同按照从东往西的顺序进行作业，将海沙开采过程中对海洋环境产生的叠加影响降至最低限度。

2）两个采砂区的采砂作业的开采时间一致时，各个采砂区造成的污染物是否会形成叠加，是否会超过该海域的环境容量，对海洋环境造成影响，需要进一步进行研究，因此建议海洋行政主管部门进一步加强采砂区的监管和动态监测工作。

3）本项目在采砂中应严格按水上安全规定抛设锚缆标志，夜间施工应设置锚灯标志。

4）各海砂开采公司须对采砂船只的活动时间及活动范围进行控制和规范，并上报交通部门审批，发出航行通告。在海事部门的统一协调下合理安排生产作业。

5）各海砂开采公司须在采砂时设置相应的施工警示标志，严格控制开采范围，严格遵守海上交通安全规程，做到互不干扰。

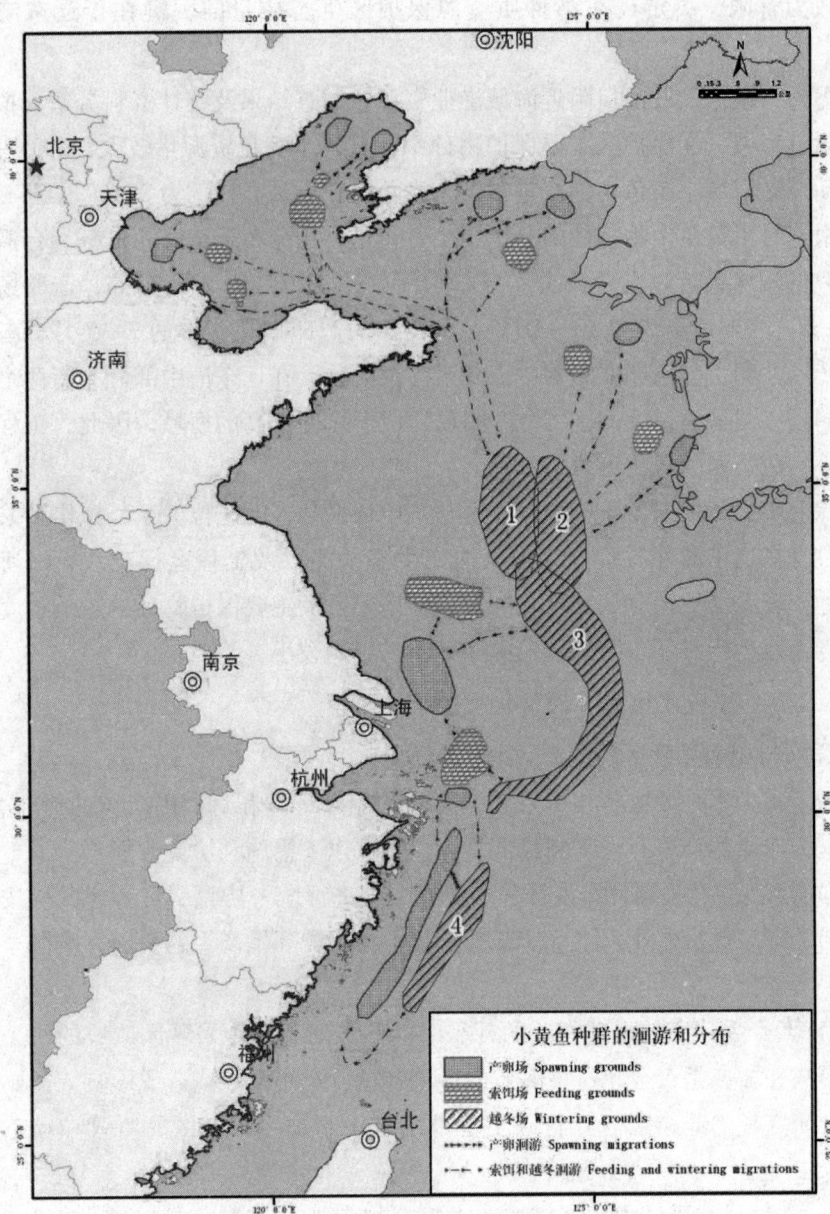

图 9-7　小黄鱼种群的洄游和分布

6）各采砂区现场负责人多沟通协调，避免集中在紧邻地点同时施工。

7）采砂船及运砂船悬挂警戒标志或警示灯，一旦有不利情况，及早通知对方船只规避。

8）严格按照批准的范围开采施工，严禁越界开采行为。

（2）与辽东湾水产种质资源保护区的协调方案

为了减少本采砂区对水产种质资源保护区的影响，把对这个海域的环境影响降到最低，建议采取以下措施和协调方案。

1）运行期环境保护措施。本工程运行后，需定期进行水质监测，随时掌握水质动态，及时发现问题，采取相应对策措施。

调查区的主要保护渔业资源是小黄鱼，5 月是小黄鱼的主要产卵期；休渔期6 月上旬辽东湾海蜇增殖放流期，为保障较好的海域环境质量和鱼卵及海蜇苗的生长，建议在 5 月停止海上采砂活动。海蜇苗放流活动一般 6 月在种质资源保护区的核心区内进行，如果在采砂区周围有放流活动，应停止海上采砂活动。

2）渔业资源增殖放流措施。虽然拟采砂工程运行对辽东湾水产种质资源保护区影响轻微，但毕竟对周围海域的生境要素造成一定的轻微影响，为履行对辽东湾水产种质资源的保护义务，应采取河口生物增殖放流措施来对辽东湾水产种质资源保护区实施补偿，选取适当海洋物种进行增殖放流。

增殖放流场地应选择在交通便利、通讯通电条件优越，同时适宜海洋生物放流的地方。根据对六股河海水上溯特征的调查，拟将增殖放流站设在小渔场。增殖放流对象可以选择中国对虾、海蜇、梭鱼和鲈鱼。

建设方应与辽宁省海洋与渔业厅、辽东湾国家级水产种质资源保护区主管部门、葫芦岛市海洋与渔业局协商在该海区实施增殖放流。建议放流价值不得低于432.91 万元。放流时间与地点可协商确定。

关注要点：

海砂开采会产生大量悬浮泥沙，由此可能对周边其他海域使用活动造成不利影响而形成利益相关者。受悬沙影响的海洋开发活动主要包括海水增养殖、海洋保护区等；另外如果拟申请采砂区附近已经存在正在开采的海砂作业区，会由于相邻海砂开采作业之间的影响成为利益相关者；对于海砂开采项目来说，海砂开采由于破坏海床及海底，还可能对海底电（光）缆管道、海底输油（水）管道及其他海底工程设施等产生影响。而大量运砂船参与海上运输，可能对固有的海上航线产生一定的影响，因而，海事管理部门可能成为协调部门。

优点：

利益相关者分析较为全面，协调方案清晰，具有可操作性。

9.2.2.4　项目用海的合理性分析

9.2.2.4.1　选址合理性分析

（1）项目选址与社会条件的适宜性分析

所申请采砂区地理位置优越，位于渤海西部海洋经济区，现在正处于高速发展阶段，周边海岸工程建设，尤其是天津滨海新区和曹妃甸填海工程对海砂需求量大。海砂开采项目的开展可以支援渤海西部经济区的建设，就近提供海砂资源，满足建设项目的砂石需求。拟采砂区与周边地区通航条件好、海砂销售距离短、运输成本低，具有较大的区位地理优势。

因此，本项目的选址符合项目所在区域地理优势等的社会条件。

（2）项目选址与自然资源、环境条件适宜性分析

本海域自然环境条件良好，属于温带半湿润大陆性季风气候，平均风速为3.2 m/s，大风日数较小；潮流为正规半日潮，潮流往复运动的主流向为 NE—SW，潮流流速较小，小于 0.88 m/s；波浪以风浪为主，波浪以风浪为主，平均波高为 0.5~0.7 m。本区自然条件优势明显，有利于海砂开采活动，保证采砂作业的天数。

根据钻探结果，在拟申请采砂区和其东侧 2 km 左右区块砂质品位比选结果表明，最终确定的采砂区海砂资源丰富，可采砂层厚度在 15 m 以上，海砂储量达 831×10^4 m^3 以上，评估基础储量超过 648×10^4 m^3。根据项目所在海域水深现状调查，本项目所在海域水深较浅，且本海区海砂矿位于高潮位以下。根据其矿床特征，该海砂属于低海面时期六股河等河流携砂沉积形成的冲洪积相沉积海砂矿床，适合海砂开采。

从海底地形冲淤变化可以看出，10 m 等深线以外的区域，地形稳定，变化不大，潮流场和波浪场预测表明工程对海砂开采区 1 km 范围内会产生一定的影响，对 1 km 范围以外海域的潮流场没有明显影响，海砂开采后，1 km 以外的点流速变化均小于 2%。海砂开采周围 1 km 以外的波高变化小于 0.2 m，海砂开采对缓中原生沙质海岸及生物多样性自然保护区及岸滩稳定性没有明显影响，不会对岸线侵蚀产生明显影响。

因此，从采砂区自然条件、海砂品位和对海域周围的环境影响程度方面，其选址是适宜的。

（3）选址与区域生态系统的适宜性分析

本项目所在海域近岸为养殖区，主要为鱼类、贝类的繁育和增殖。

在该区域内进行海砂采砂项目，对区域生态系统产生的主要影响是抽砂、运砂环节中引起的悬浮物，其次是船舶污水以及溢油等影响。一些咸、淡水鱼类的鱼卵在含有悬浮泥沙 1 000 mg/L 以上的水中能存活的时间是很短暂的；并且，在悬浮固体浓度达到 75~100 mg/L 以上的水环境中，一些咸、淡水鱼类繁殖速率明显降低。同样，采砂时水体中形成过高浓度的颗粒物对贝类会产生一定的负面效应，会影响到贝类的生长和繁育，悬浮颗粒物对滤食性贝类的摄食生理有显著的影响。

本区底质沉积物主要为粗砂及砾砂，细粒级含量较低，悬浮泥砂的量较少，对环境的影响范围较小。根据对水环境影响预测结果，海砂开采期间搅动产生的悬浮泥沙最大增量为 88 0mg/L，超二类（10 mg/L）水质标准面积最大为 42.62 km^2，50 mg/L 悬浮泥沙包络面积为 10.46 km^2，超三类（100 mg/L）水质标准面积最大为 4.88 km^2，超四类（150 mg/L）水质标准面积最大为 2.81 km^2。搅动产生 10 mg/L 浓度悬浮泥沙主要在 SW—NE 方向上扩散，向 SW 方向最大可能扩散距离约为 9.1 km，向 NE 方向最大可能扩散距离约为 9.5 km，对其他海域的影响较小。在采取相应的对策后，可以最大程度地减少采砂对海洋生态环境带来的不良影响。

因此本项目的选址与所在区域的典型生态系统是相适宜的。

（4）选址与周边其他用海活动的适应性分析

根据项目所在海域及邻近海域用海现状，辽东湾西部主要有港口运输、滨海旅游、海水养殖等开发活动，均与申请采砂区距离较远。

综上所述，从区位地理优势、砂源分布情况、作业自然条件、用海协调性和生态环境可行性等方面而言，本项目的采砂选址是合理的。

9.2.2.4.2　用海面积合理性分析

（1）项目用海面积与相关规范等的符合性分析

根据《海籍调查规范》（HY/T 124—2009）规定："海砂开采用海，以实际设计或使用的范围为界。"

本项目宗海位置图、宗海界址图的绘制及用海面积的测算以海军航保部 2006 年出版的 1∶50 000 的海图为底图，确定界址点的坐标，依据相关规定绘出项目用海界址线，坐标解析法进行面积计算，即利用已有的各点平面坐标计算面积，借助于 MapinfoProfessional 的软件计算功能直接求得用海面积为 54.680 0 hm^2。

（2）项目用海面积与用海需求的协调性分析

根据业主的销售计划，本项目的主要目标市场为天津滨海新区和唐山曹妃甸工业区，用作国家级大型填海造地项目和港口建设。目前，上述两大经济区正在全面开发，海砂的消耗量预计每年在 2 000×10^4 t 上下。

在调整后的海砂开采区范围内，海域砂源丰富，属于易采的砂矿，以中砂和粗砂为主。矿产资源勘查表明，采砂区 4 个钻孔（ZK100、ZK101、ZK102、ZK103）粗、中砂层平均厚度为 15 m 以上，储量较丰富。

本项目进入满负荷运行的正常年份内，年开采海砂 216×10^4 m^3，产品销售率按 100% 计算，海砂在作业区提交价格按 21.3 元/m^3 考虑。本项目年可实现产品销售收入 4 600 万元，上缴增值税 782 万元，去除总费用 3 400 万元，年可实现利润418万元左右。

因此从经济成本、拟采砂区海底地形、砂层厚度分布以及采砂单位资金能力情况进行分析，拟申请的采砂区面积为 54.680 0 hm^2，可以满足公司开采计划，给企业带来一定的经济效益，并可向国家交纳一定数额的资源费和营业税，同时促进当地海洋产业的发展。申请用海面积可以满足本项目用海需求。

9.2.2.4.3　用海期限合理性分析

根据《中华人民共和国海域使用管理法》的规定："盐业、矿业用海最高年限为30年。"根据计算，拟申请采砂区评估基础储量约为 648 × 10^4 m^3。本项目的拟开采量为每年 216 × 10^4 m^3，因此该海砂开采区可开采年限为3年。

业主拟申请采砂区用海期限为3年。由于海砂开采实行年审制，且每年需要进行动态监测，根据监测结果确定是否申请延期。因此，本项目海砂开采期限调整为1年是合理的。

关注要点：

项目用海的合理性应分别从以下几方面分析：

1）项目选址合理性。项目选址首先要落实《关于全面实施以市场化方式出让海砂开采海域使用权的通知》的有关要求，避免在一些重要和敏感海域进行海砂开采；在此基础上应重点从资源储量、开采难易程度、社会经济发展对海砂资源的需求、海域自然环境条件、与海域开发利用现状的适宜性等方面进行分析。

2）用海面积的合理性。重点从资源分布、公司开采计划等方面论述用海面积的合理性。

3）用海期限的合理性。海砂开采实行年审制，因此，海砂开采用海期限只能为1年。1年到期后是否可以延期，要根据海砂开采动态监测结果，报国家海洋局申请。

优点：

分别从区域社会经济发展对海砂资源的需求、项目选址与自然资源及环境条件的适宜性、项目选址与海域生态系统的适宜性、项目选址与周边其他用海活动的适应性等方面分析论述了选址的合理性，论述较为全面、客观。项目用海面积的合理性分别从海砂资源分布情况、开采计划等方面进行了分析，结论可信。

不足：

在进行项目选址与周边其他用海活动的适应性分析时，不能只分析与功能区划的符合性，还应该重点补充分析与周边海域使用现状，尤其是与海底工程和海上航线的协调情况。

案例 10 围海养殖项目案例评析

10.1 围海养殖项目及用海特点

10.1.1 相关政策规定

随着沿海地区社会经济快速发展，涉海工程大量挤占渔业水域和滩涂资源，渔业资源衰退和水域环境恶化趋势加剧，养殖资源环境的刚性约束日益突出。同时，由于我国围海养殖规模化、集约化和组织化程度仍然较低，也制约了养殖产业的优化升级。国内外渔业发展形势和产业发展规律都要求围海养殖活动发展趋势要面向规模化经营、标准化生产、科学化管理。

通过规模化经营，可以进一步提升和优化区域布局、有利于充分发挥地区资源优势，推动养殖活动产业化发展，促进产业链条的延伸，发挥产业集聚的规模效应，提高产业综合竞争力。标准化生产有利于推动生态健康高效水产养殖模式的普及推广，推动渔业管理现代化，加强水生动物防疫体系和水产品质量安全管理体系建设，推进现代渔业建设。通过科学化管理，优化养殖的区域结构、品种结构、模式结构，推动渔业适度规模经营，合理规划养殖容量，改善养殖水域环境。

2011 年农业部发布了《全国渔业发展第十二个五年规划（2011—2015年)》，规划中指出要大力发展生态健康的水产养殖业。加快水产养殖标准化创建，推广应用健康养殖标准和养殖模式。合理控制、科学规划养殖容量。强化疫病防控和质量安全监管。

2004 年《中华人民共和国渔业法》完成修订并颁布实施。其中第十条指出：国家鼓励全民所有制单位、集体所有制单位和个人充分利用适于养殖的水域、滩涂，发展养殖业。国家发展改革委 2011 年颁布的《产业结构调整指导目录（2011 年本)》中明确规定"海水养殖及产品深加工，海洋渔业资源增殖与保护"为鼓励性项目。

为促进海洋渔业持续健康发展，2013 年国务院发布了《国务院关于促进海洋渔业持续健康发展的若干意见》（国发〔2013〕11 号)，指出要科学发展海水养殖，按照《全国海洋功能区划（2011—2020 年）》等相关涉海规划，制定并落实水域、滩涂养殖规划，引导渔民依法规范养殖。

地方海洋管理部门结合地方管理实际，出台了一系列与围海养殖相关的管理文件，如山东省海洋与渔业局"关于加强养殖用海管理的若干意见"、《北海市养殖用海管理暂行办法》、《钦州市养殖用海管理暂行办法》等。

《全国海洋功能区划（2011—2020 年）》要求：确保传统养殖用海稳定，支持集约化海水养殖和现代化海洋牧场发展。加强海洋水产种质资源保护，严格控制重要水产种质资源产卵场、索饵场、越冬场及洄游通道内各类用海活动，禁止建闸、筑坝以及妨碍鱼类洄游的其他活动。防治海水养殖污染，防范外来物种侵害，保持海洋生态系统结构与功能的稳定。养殖区、增殖区执行不劣于二类海水水质标准。

10.1.2　围海养殖项目主要类型

围海养殖是指筑堤围割海域进行封闭或半封闭养殖生产的用海行为。沿海地区通过围垦滩涂开展养殖，可充分发挥沿海滩涂的资源优势，拓展沿海渔民生产空间，提高滩涂养殖对自然灾害的防御能力，改良滨海养殖的品种结构，提高养殖经济效益。科学合理有序地开展围海养殖，有利于促进滩涂经济由粗放型经营向集约高效利用转变，并可在增加水产品供应能力的同时形成土地后备资源。随着围海养殖活动向生态、高产、高效、优质的方向发展，通过渔业现代化和生态保护紧密结合，可促进沿海地区生态环境的改善。

围海养殖项目按工程规模一般分为大型化产业化工厂养殖和渔民个体养殖两种类型；其中，大型化产业化工厂养殖规模在万亩以上，渔民个体养殖规模在千亩以下。按养殖工艺一般分为淡水养殖和海水养殖两种类型。

10.1.3　围海养殖项目用海特点与要求

大规模围海养殖的工程建设内容主要包括围堤、隔堤、取排水系及水闸等。个体养殖的工程建设内容相对简单，主要包括围堤、取排水暗管或涵洞。

围堤是围海养殖的主要工程建设内容，通过建设围堤匡围海域方能形成围海养殖区，开展养殖活动。围堤承受来自海潮、波浪的作用，其工程建设关系着围区内养殖活动的安全。围堤建设需根据当地资源环境条件，按照《水利水电工程等级划分及洪水标准》（SL 252—2000）、《海堤工程设计规范》（SL 435—2008）和《滩涂治理工程技术规范》（SL 389—2008）等相关标准进行设计实施，确保有效防御风暴潮和风浪袭击，满足围区防潮、防浪等工程安全需要。养殖围堤工程不仅直接占用海域，还形成一定面积的围海海域，并部分改变了工程区的海域性质。当围海养殖项目规模较大时，需结合围垦工程布局特点设置隔堤。隔堤可作为内部小围区的围堤，同时也可以兼做施工道路和营运场区道路。隔堤设计标准需根据垦区施工和养殖活动需要确定。

取排水系及水闸是满足围区养殖活动引水、排水的基本条件。取排水系及水闸的布置需根据当地资源环境条件、围区养殖工艺和平面布局进行规划。取排水系及水闸设计标准根据围区养殖取排水需求量、邻近区域为满足养殖活动需通过本工程水系的取水量以及邻近区域养殖排水甚至流域泄洪的排水量测算而综合确定。

养殖工艺安排主要包括养殖品种配置、养殖投饵与饲药、养殖废水处理与排放等。不同海域的地形、水温、水质等自然条件以及养殖传统和基础千差万别，围海养殖的品种也十分多样。不同的养殖品种其养殖方式不同，饲料品种、数量、投饵和饲养、养殖取排水量和换水周期、生产过程产生的污染物类别和数量都不尽相同。此外，不同养殖品种和养殖规模需要的养殖面积也有较大差异。养殖废水排放量大，而且通常都是不经处理直接排放，对周边海洋水环境影响较大。值得注意的事，我国沿海不少近岸海域水污染状况十分突出，尤其是营养盐超标，水体富营养化。围海养殖的取水安全和养殖废水排放的环境影响都需要重点关注。对于规模较大的围海养殖项目必要时需开展工程近岸海域的水环境容量研究，以论证项目建设的可行性。

为尽可能减轻养殖废水排放对海洋生态环境的影响，在养殖模式设计上，需根据各养殖品种的生物学特点，合理配置养殖品种，控制药物使用，提高饲料的利用效率，促进饲料和生物废弃物的循环利用，提高养殖系统自净能力，最大限度地降低养殖水体的自身污染，减少排放水体中污染物的含量。提倡养殖生产中的养殖排放水生态化处理，使养殖排放水达到循环再用或达标排放目标，以最大程度降低养殖活动对环境的不利影响。

根据《海域使用分类》（HY/T 123），围海养殖项目的用海类型界定为渔业用海中的围海养殖用海，用海方式为围海中的围海养殖用海。根据《海籍调查规范》（HY/T 124），围海养殖用海界定方法为："岸边以围海前的海岸线为界，水中以围堰、堤坝基床外侧的水下边缘线及口门连线为界。"

围海养殖需对大范围海域进行匡围，围海工程将对工程及其周边海域的潮流动力场、岸滩冲淤产生影响，造成潮流流速、流向的改变，并导致局部区域海床发生冲刷或淤高。同时，围海工程占用滨海湿地，并因养殖生产将滨海自然湿地改变为人工湿地，造成湿地生态系统的环境条件、生物群落、生态功能等的改变。围海工程施工期还会因取土、筑堤等工程建设造成悬浮泥沙扩散，影响海洋水环境和生态环境。如果围海工程需使用船舶施工，还需关注船舶溢油的风险预测和防范措施。

围海养殖生产的主要影响是养殖废水排放对海洋水环境和生态的影响。养殖废水中的氮、磷以及残留药物排放入海将造成一定范围内的海水水质污染，进而对海洋生态环境产生影响。

围海养殖项目选址的海域，岸滩地形相对稳定，海洋生态环境较优越，具备开展养殖的自然条件。在围海养殖项目实施前，工程选址海域一般都有开放式养殖活动或低标准养殖围塘，而且围海工程周边也会有其他的养殖活动。因此，围海养殖项目需关注围海工程占用海域、施工期悬浮泥沙影响海域、围海工程实施后潮流动力场和海床冲淤发生较大变化海域、营运期养殖废水排放影响海域的养殖活动影响范围和程度，并提出具有针对性的协调方案。

10.1.4 围海养殖项目论证重点把握

10.1.4.1 围海养殖项目海域使用论证关注要点

围海养殖海域使用论证需重点关注以下几个方面：

（1）围堤工程与养殖方案

围堤工程布置及典型断面结构是界定用海范围的基础，工程施工方案是分析施工期环境影响分析的依据。因此，围海养殖项目首先需根据围垦工程特点，系统介绍工程组成，包括围堤、隔堤、引排水河道及水闸等，提供典型工程总平面布置图和典型结构断面图，详细介绍施工工艺，包括施工机具、施工组织方案等。

养殖品种、规模、模式及取排水方案是筛选主要污染因子、估算测养殖废水量，预测污水排放影响范围和程度的依据，因此项目概况部分需重点介绍养殖方案，包括养殖品种选取与养殖模式、养殖规模、养殖水系布置、污水处置方法与排放等。

（2）工程海域现状

拟围海域的滩面高程、岸滩动态、工程海域特征潮位和海洋动力条件等是围海工程的基础，并直接关系到工程是否可行、安全，应在海洋自然条件部分重点介绍地形、岸滩动态、潮汐、潮流等。

围海养殖需通过围区内水系保障正常的养殖用海，工程海域的海洋水环境质量是围海养殖的制约因素，主要体现在现有水环境质量能否符合养殖水质要求以及工程海域是否具备满足养殖废水排放的水环境容量。因此，海域环境生态现状部分水环境现状的调查和评价是重点。

工程海域的开发利用现状是界定项目用海利益相关者的基础，也需通过现场调查核实论证范围内的用海现状，包括用海人、用海项目、用海面积和期限、权属等。

（3）海洋环境与生态影响分析

围海养殖用海对海洋环境的影响重点关注围堤工程建设对周边水文动力场和泥沙冲淤的影响；营运期养殖废水排放以及围堤施工产生的悬浮泥沙扩散。如污水排放区水环境现状不佳，还需研究其环境容量，论证排放方案的适宜性和可行性。

围海养殖对海洋生态的影响需重点关注占用滨海湿地并形成人工湿地产生的生境变化和栖息生物变化；养殖废水排放对海洋生态环境的影响以及可能造成的富营养化问题。施工期还需关注施工产生的悬浮泥沙对海洋生态环境的影响。

（4）利益相关者的界定与协调分析

根据论证报告前文预测项目用海所造成的各类影响范围、程度和时间，结合用海现状分析并界定利益相关者，并提出协调意见或建议。重点关注围海养殖占用海域、养殖废水排放可能影响海域、水动力场和泥沙冲淤变化影响海域以及悬浮泥沙扩散影响海域的现状用海人和用海方式以及围堤工程建设可能涉及的现有海堤或其他工程用海。

（5）用海合理性分析

因围海养殖用海规模相对较小，用海方式也十分明确，因此主要关注项目用海选址的合理性。

围海养殖用海项目选址的合理性分析需重点论证项目选址与所在海域的功能定位的相符性；是否具备围海及养殖生产的条件。

10.1.4.2　围海养殖项目海域使用论证重点把握

根据《海域使用论证技术导则》，围海养殖项目用海论证重点一般包括：选址（线）合理性、用海面积合理性、海域开发利用协调分析及资源环境影响。

根据围海养殖项目用海特点，其海域使用论证重点内容一般包括以下几方面。

（1）选址及规模的合理性

围海养殖用海的选址及规模的合理性重点论证选址及规模的自然条件和环境生态可行性；选址与周边其他用海活动的协调性；围垦规模与养殖的生产方式及生产工艺是否协调等。

围海养殖用海选址与规模合理性分析的首要问题是围海工程的可行性，重点关注是否具备适宜围垦的滩涂资源、岸滩演变动态、海洋动力条件和工程地质条件，影响工程安全的灾害和防范措施，围垦及养殖的海洋环境生态影响是否可接受。

　　围海养殖生产需取清洁水体作为养殖用水，并排放养殖废水。选址海域必须有达到养殖水质标准、并满足取水量需求的水源供给。若为淡水养殖，需论证围海养殖区内侧的淡水资源量和现状水质能否满足项目需求；若为海水养殖，需分析围海养殖外侧的海水水质能否满足要求。此外，还需根据工程区周边海域的水质现状分析论证该海域是否具备实施本项目养殖排水的海洋水环境容量。如果该海域已不具备容量，则需分析养殖工艺能否改进，实现养殖废水的零排放。

　　根据围海养殖用海选址海域的用海现状及相关行业的用海需求，结合项目用海对资源环境的影响范围和程度，分析本项目建设对其他用海的可能影响并提出协调途径，综合论证项目选址与规模的合理性。

　　（2）围海养殖的环境生态影响

　　围海养殖用海对环境生态的影响重点关注：围海工程建设对海洋水动力、泥沙冲淤和海洋生态的影响，围堤及水闸施工产生的悬浮泥沙影响，养殖废水排放对海洋水环境及生态环境的影响。

　　规模超过 $10\ hm^2$ 的围海养殖用海，需通过数学模型、物理模型或经验公式计算定量或半定量预测工程建设对潮流动力场、地形冲淤的影响程度和范围；定量估算围海工程造成的生态损失；定量预测围堤和取土施工产生的悬浮泥沙扩散范围，并分析由此产生的生态影响；预测养殖废水排放的扩散范围和影响程度，分析评估生态影响。

　　（3）利益相关者的协调性分析

　　开展必要的海域使用现状调查和测量，尤其需要了解围海养殖工程及周边可能影响海域的养殖现状，包括现有用海人、用海位置与范围、权属、养殖品种、养殖方式及工艺、产量及产值等。根据项目用海对资源环境和生态的影响预测，客观系统分析项目用海对现有用海的影响，提出切实可行的协调方案和要求。

10.1.5　养殖用海项目宗海图编绘要点

　　渔业用海包括渔港、围海养殖、开放式增养殖、人工渔礁等。渔港又包括渔业码头、港池、航道等。围海养殖的用海方式为围海，开放式增养殖用海和人工渔礁用海为开放式用海。图 10-1 为一养殖用海宗海界址图范例。

　　（1）用海方式确定与宗海图分宗

　　图 10-1 中有围海养殖和底播养殖两种养殖方式，其中围海养殖的用海方式为围海，底播养殖的用海方式为开放式养殖。图中围海养殖用海和底播养殖用海属于同一业主，且围海养殖和底播养殖拥有公用的界址线，因此宗海界址图可以不分宗编绘。

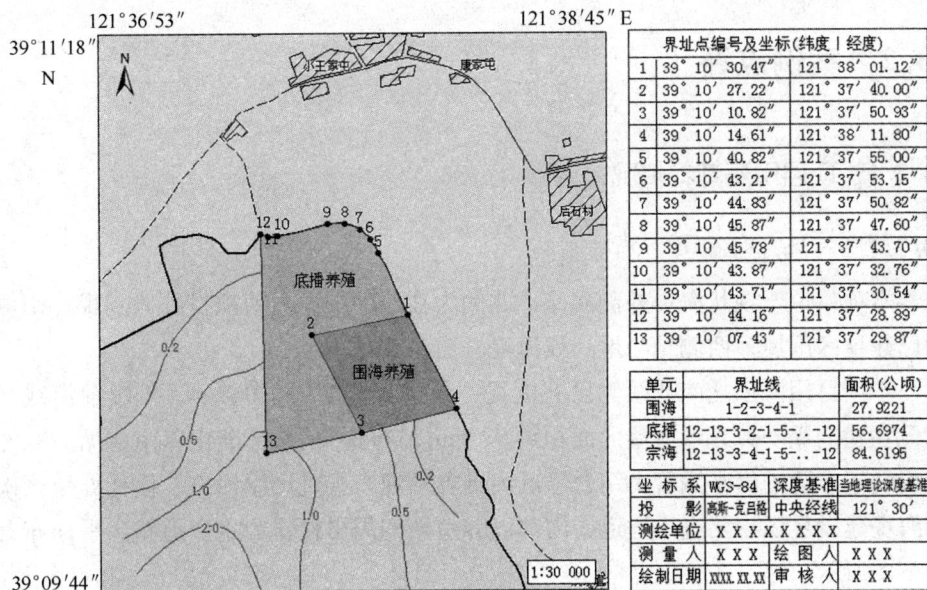

图 10 - 1　养殖用海宗海界址图

（2）界址点界定与标注

图中界址点为各个界址线的拐点，在底播养殖用海的弧形界址线区域，加密了界址点设置，以减少界址点直线连线产生的界址面积误差。界址点的标注采用先围海用海，后开放式用海的标注顺序，并且统一采用阿拉伯数字，从 1 开始，逆时针顺序标至 13。但图中界址点标注从东北角开始标注，不符合《海籍调查规范》规定的"从西南角开始标注"的要求。

（3）工作底图

图中的工作底图信息丰富，标注清晰，陆域、海域分层设色，陆域标注了居民点、交通线等信息，海域标注了等深线信息，工作底图编绘符合专题图编绘要求。

（4）比例尺

本案例比例尺确定适宜，清晰地反映了宗海界址信息及毗邻的海、陆域信息。

10.2　案例点评

10.2.1　项目用海基本情况

10.2.1.1　地理位置及平面布置

本项目位于现状海堤外侧高涂，北侧为在建的围海养殖项目外侧围堤，南侧为已建垦区围堤，西侧是当地一线海堤（管理岸线）。

本项目用海依托南北两侧已有围堤，新建东侧围堤 1 068 m，围堤前沿线与北侧在建围堤一致，形成垦区面积约 92 hm²，布置 29 个标准化养殖池塘。东侧围堤北端布置进出水涵管，结合垦区内部养殖塘布置进出水河道。依托养殖区南侧海堤建设垦区主要进出通道，内部以养殖塘四周格梗作为生产道路。平面布置如下图所示。

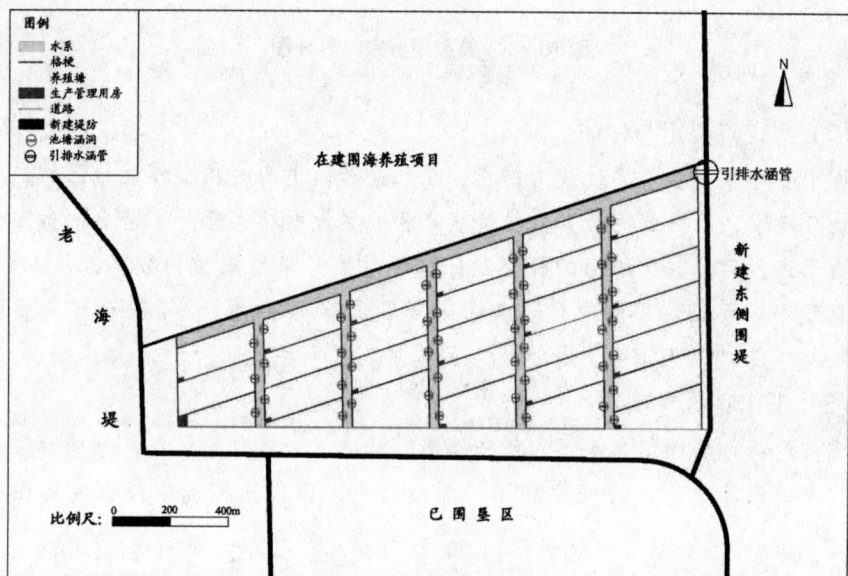

图 10 - 2　平面布置图

10.2.1.2　工程设计

本项目围堤按 2 级堤防设计，其设计标准为 50 年一遇高潮位及 10 级风速。围堤堤顶宽 5.0 m，堤顶高 7.0 m（1985 国家高程，理论基面 10.87 m），防浪墙高 1.2 m，墙顶高程 8.2 m，围堤外坡在高程 5.3 m 处设置了宽 3.5 m 的戗台。围堤内侧采用草皮护坡，外围堤迎浪面护坡采用灌砌块石或混凝土人工块体，内、外边坡分别为 1:2.5 和 1:3。堤身为充填大砂袋斜坡式结构，共需土方约 21 × 10⁴ m³，取自围区内部养殖塘和引排水河道开挖。

引排水涵管作为引排水通道，结构为 2 根 φ1 000 的 HDPE 双壁波纹管。

10.2.1.3　养殖模式

垦区养殖品种包括三疣梭子蟹、脊尾白虾、缢蛏。采用虾蟹混养、虾贝混养，形成不同养殖方式相互循环水的生态养殖方式。

10.2.1.4　自然环境条件

本工程区位于黄海近岸潮间带，工程区滩面标高 5.9~8.1 m（理论基面）。

工程区附近海域的潮流属正规半日潮流，深槽区涨、落潮流为沿深槽走向运动的往复流，近岸浅滩区主要为涨潮漫滩和落潮归槽的回流。

根据 2011 年环境现状调查，工程附近海域主要海水污染因子是无机氮，随着季节的变化出现不同程度的超标。沉积物调查中除 TOC 之外均达到一类海洋沉积物质量标准。生物质量调查中所有调查生物中镉、铅、铬均超一类海洋生物质量标准。

10.2.1.5　海域开发现状

本项目周边海域的海洋开发活动主要有海水养殖、围海养殖、填海造地、港口航道、海堤等，详见海域开发现状图 10-3。与本工程相邻的南北两侧均为围海养殖，东侧为贝藻类海水养殖，西侧为现状海堤。

10.2.2　项目用海论证内容及点评

10.2.2.1　项目概况及用海界定

（1）项目概况

本项目位于现状海堤外侧潮间带滩涂，依托南北两侧已有围垦工程，新建 1 068 m 南北向围堤，匡围形成养殖区。新建围堤轴线走向与南北侧已有围堤前沿走向一致，围堤平面布置图、断面结构见图 10-4。本项目在东侧围堤北端新建引排水涵管，以满足垦区引排水需求。

围堤和道路结合垦区内鱼塘、河道开挖取土建设，无需从外界取土。根据工程可研报告计算，土方开挖量约 21 × 10⁴ m³，土方回填约 21 × 10⁴ m³，土方能够实现内部平衡。工程内容主要为围堤，围堤施工包括基础清理、堤身填筑、护坡工程、龙口合拢以及堤顶结构等。

垦区养殖品种包括三疣梭子蟹、脊尾白虾、缢蛏。采用虾蟹混养、虾贝混养的养殖方案，两种养殖方式之间的养殖水体循环，实现生态养殖。共布置 29 个标准化养殖池塘。垦区每年春节后引水一次，春节前排水一次，期间根据需要补充引水，不排水。

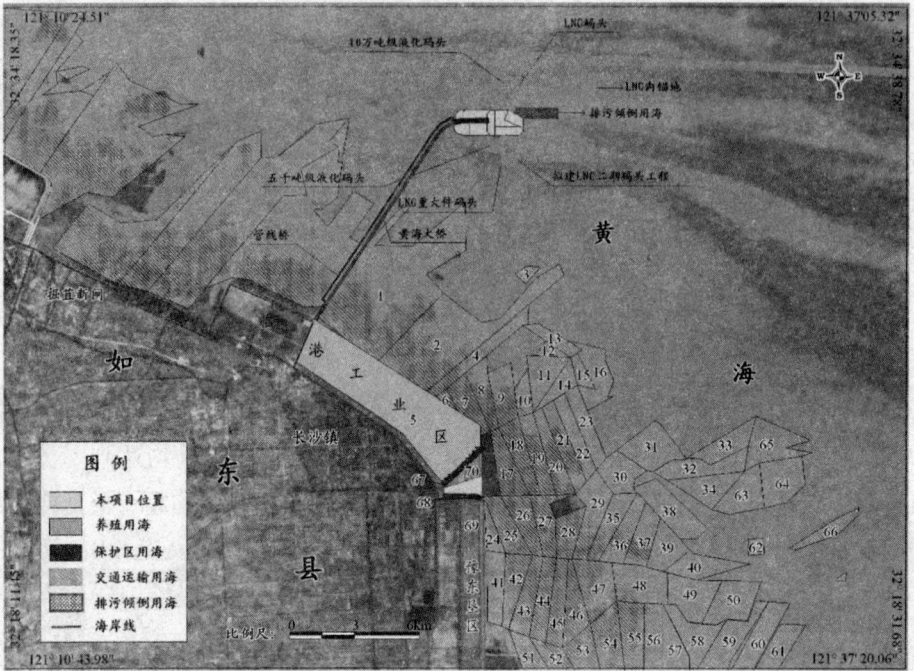

图 10 - 3　工程周边海域开发利用现状

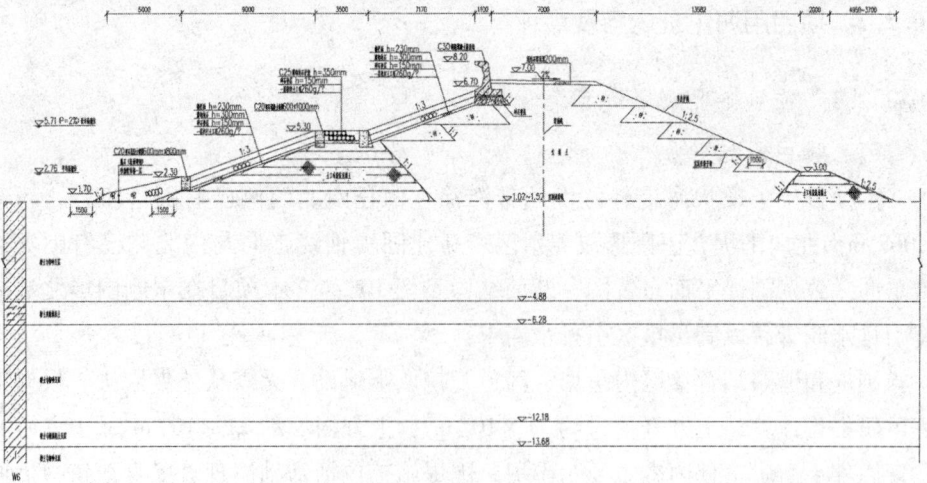

图 10 - 4　围堤断面结构图

（2）用海界定

本项目用海类型为渔业用海中的围海养殖用海，用海方式为围海用海中的围海养殖用海。本项目东侧界址线以东侧围堤的外侧水下边缘线为界，南侧界址线以如东县水务局水利工程堤防用海的北侧界址线为界，西侧以已领土地证的水利工程用地外侧界址线为界，北侧以拟建如东洋泰围海养殖项目申请的南侧界址线为界。由此确定本项目围海养殖用海的范围和界址点坐标。

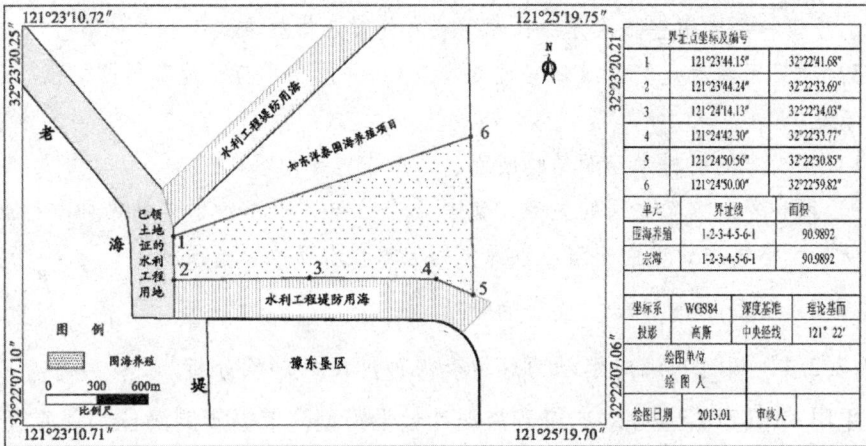

图 10 - 5　项目用海宗海界址图

关注要点：

围海养殖用海的项目用海基本情况应包括项目建设内容和养殖方案两部分。项目建设内容主要包括围堤、隔堤、取排水水系、水闸等，重点介绍项目用海地理位置、相邻周边的主要海洋工程、拟围海域的滩面地形及动态、特征潮位、起围高程；工程总平面布置和典型断面结构，附比例尺适宜、含水深地形的工程总平面布置图，并标注主要工程尺寸；土石方来源和取土区；施工工艺、施工机具和施工组织设计等。养殖方案包括养殖池塘和配套设施的布置；养殖品种和数量；投饵和主要病害防治方法；养殖废水处置及排放。

项目用海界定包括用海类型、方式、面积和期限等。围海养殖用海类型和方式界定十分明确，用海类型为渔业用海中的围海养殖用海，用海方式为围海用海中的围海养殖用海。用海面积界定需在清晰掌握工程建设内容的基础上，按照《海籍调查规程》以海岸线、围堤和水闸工程与滩面相交的外缘线界定围海养殖的用海范围，并据此量算用海面积。需要指出的是：①围海养殖通常需修建取水和排水闸（涵洞），但鉴于其取水规模较小，且排放区可能存在开放式养殖活动，所以一般不界定取排水口用海和排污达标排放用海；②水闸施工采用围堰施工且超过三个月的，需申请临时用海；③围堤工程依托其他已建工程修建的，需明确项目用海与依托工程的用海界址线或点划分依据。

优点：

1）报告较全面地介绍了项目位置、工程概况、养殖方案等内容，并根据项目围堤建设的特殊性，介绍了相邻工程情况。

2）养殖方案介绍较清晰，明确了养殖池塘和配套设施的布置、养殖品种和数量、投饵和主要病害防治方法、养殖废水处置及排放方式等相关内容。

3）项目用海界定依据《海籍调查规范》，并注意了与已建工程的衔接。

不足：

1）缺少东侧引排水涵洞结构断面、施工布置等内容。

2）两种养殖方案之间的关系，尤其是养殖方案中养殖水体的循环和净化工艺不明确，将影响营运期养殖废水源强的估算和水环境影响预测。

10.2.2.2　项目用海资源环境影响分析

10.2.2.2.1　项目用海对水动力环境和泥沙冲淤的影响分析

采用 MIKE21 模型建立二维潮流泥沙数学模型，依据实测潮位、潮流资料、大潮全潮含沙量过程对工程区域模型进行了验证。

（1）工程对海域潮流水动力的影响

本工程新建围堤前沿与已有围堤走向一致，且工程区处于近岸高滩，围垦工程没有改变该海域流场特征，其影响区域主要集中在围堤前沿附近海域。围堤走向基本与涨落潮流的方向垂直，仅在较高潮位时段，围堤前沿出现阻水现象。

工程实施引起局部潮流动力的变化主要表现在围垦区前沿涨、落潮流速略有减小，并以落潮时相对明显。距围垦区前沿 0.5 km 附近涨、落潮平均流速减小的量值不超过 0.10 m/s；围垦区前沿 1 km，平均流速减小的量值不超过 0.02 m/s；围垦区前沿 2 km 附近最大流速和平均流速最大减少 0.01~0.02 m/s；围垦区 2 km 以外的流速变化已相当微弱。围垦引起局部纳潮量减少导致围区前沿流速略有减小，但对流场影响的范围局限在围填前沿 2 km 以内，即主要在潮间浅滩，对水道深槽和周边港口区的水动力没影响。

（2）工程对周边海域潮通量的影响

由于围垦区高程较高，占用的纳潮水体体积较小，工程实施前后各水道大潮流量变化率小于 0.01%，工程建设对周边水道总体潮量和分流比没有直接影响，不会导致水道间潮流动力此消彼长的变化。

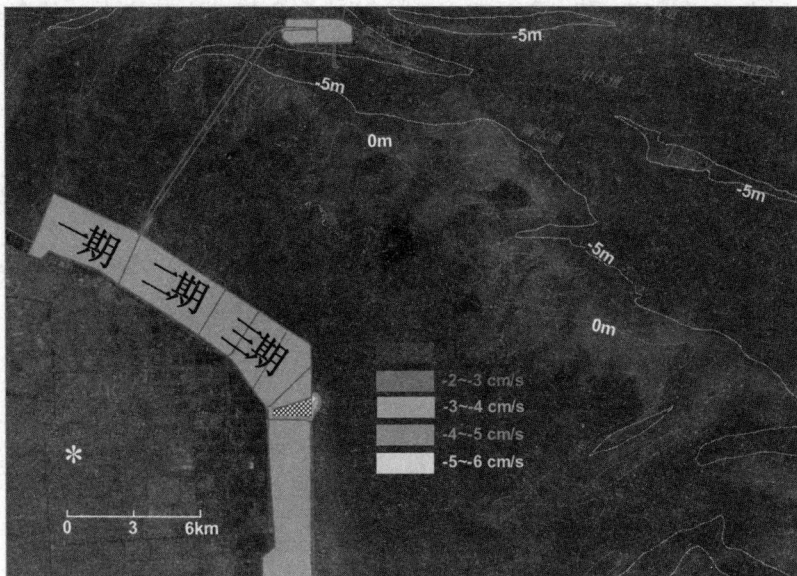

图 10 - 6　围垦工程前后涨潮平均流速变化等值线图

图 10 - 7　围垦工程前后落潮平均流速变化等值线图

（3）工程对岸滩冲淤的影响

根据泥沙模型的计算结果，并类比本工程北侧已建围填海工程对岸滩冲淤的实际影响，本工程实施匡围后，围区东侧前沿 2.0 km 范围内年淤积幅度为 0.2 ~

0.8 m/a,但随着淤积过程的深入和地形向适应工程后动力环境方向的调整,其淤积强度将逐年较小。工程实施后 2～3 年后即可达到冲淤平衡,淤积幅度在 1.5 m以内,淤积影响的范围限于围堤前沿潮间带浅滩,对外部水道深槽及港口海域冲淤动态均没有影响。

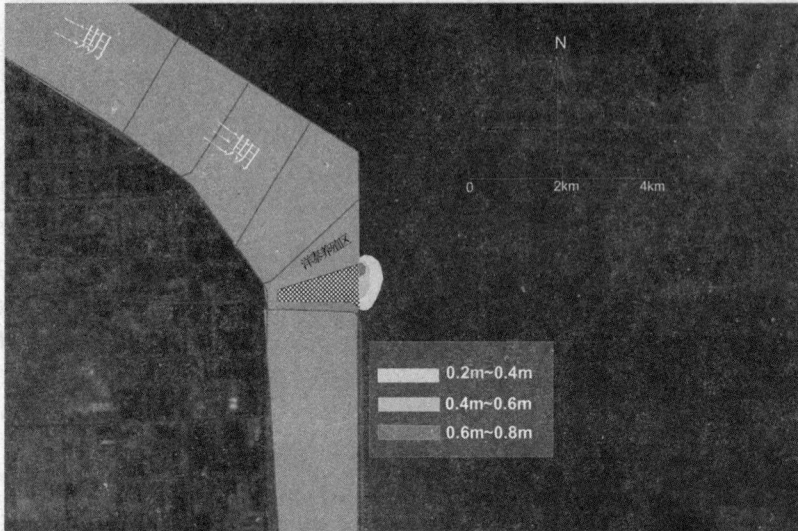

图 10 - 8　工程实施后的年冲淤变化

关注要点:

围堤工程建设后对周边水文动力场和泥沙冲淤的影响是围海养殖用海环境影响分析关注的重点之一。一般应建立潮流数值模型开展工程建设对水动力场影响的定量预测,如具备条件,推荐潮流泥沙数模方式定量预测冲淤环境变化,如工程区存在可类比的已建相似工程,亦可采用类比方式或利用经验公式预测冲淤环境变化。在此基础上,还需分析工程建设对水道、保护区、重要养殖区等周边敏感保护目标以及通航、泄洪、养殖、旅游等开发活动的影响范围和程度。

优点:

报告采用二维潮流泥沙数学模型,并结合已建工程的实际影响,定量预测了围堤工程建设对海洋水动力场、泥沙冲淤环境的影响范围和程度,并提供了相关图表,内容全面完整,预测结果合理可信。根据工程海域特点,报告还分析预测了项目建设对潮通量的影响,并且注意分析对周边水道和港口区的影响。

不足:

需进一步补充说明潮流泥沙数学模型情况,包括计算方法、模型范围、网格布置、参数取值。

10.2.2.2.2　项目用海对海洋水环境的影响

（1）施工期

施工期对水环境的影响主要包括围堤施工产生的悬浮泥沙入海、施工生产生活废水。

围堤施工产生的悬浮泥沙主要来源于取土和吹填工序。本工程围堤采用泥浆泵施工，取土区位于围堤内侧滩涂，吹填筑堤的泥浆水流经充填袋沉淀后经排水口排出。由于项目海域滩面较高，露滩时间较长，本项目取土及吹填筑堤选择在落潮期实施，施工产生的悬浮泥沙形成漫滩流，影响范围在围堤附近，部分高浓度悬浮物泥浆水汇入附近小潮沟，沿潮沟蔓延。总体上，施工产生的悬浮物对周边海域水环境影响较小。

生产废水主要是混凝土预制材料的水喷洒以及机械冲洗废水，生产废水主要含悬浮固体，经过沉淀池沉淀处理后排放。生活污水经临时生活污水处理设施处理达标后排放。经处理后施工生产生活废水对水环境影响较小。

（2）营运期

营运期对水环境的影响主要为养殖废水以及少量的生活污水。

为研究排放口附近海域污染物浓度场分布，在二维潮流数学模型的基础上，建立了工程区海域二维水质模型。根据工程海域海水现状，结合海水养殖排放经验增量，确定养殖废水污染因子浓度分别为 COD 2.18 mg/L、总氮 0.986 mg/L、总磷 0.029 mg/L。根据养殖水体交换要求和排放时间确定垦区涵管排放流量 0.93 m³/s。

计算结果显示，由于排污口区域滩面较高，水深较浅，潮流速小，水稀释能力也较弱，因此在排水口附近浓度较大，扩散速度也比较慢，污染物主要顺落潮流向东扩散及随涨潮流向西南（图 10-9 至图 10-11）。其中 COD 浓度大于 2.0 mg/L 离排水口最远距离及包络面积分别为 0.9 km、0.042 km²；总氮浓度大于 0.097 mg/L 离排水口最远距离及包络面积分别为 0.74 km、0.026 km²；总磷浓度大于 0.026 mg/L 离排水口最远距离及包络面积分别为 1.4 km、0.091 km²。

生活污水经地埋式生活污水处理装置处理达标后排放。

表 10-1　COD 扩散特征统计

统计量	扩散浓度（mg/L）				
	>1.2	>1.4	>1.6	>1.8	>2.0
包络面积（km²）	3.52	0.55	0.22	0.077	0.042
距离（km）	3.3	2.0	1.7	1.3	0.9

表 10 - 2　总氮扩散特征统计

统计量	扩散浓度（mg/L）		
	>0.095	>0.096	>0.097
包络面积（km²）	0.56	0.12	0.026
距离（km）	2.19	1.43	0.74

表 10 - 3　总磷扩散特征统计

统计量	扩散浓度（mg/L）		
	0.022	0.024	0.026
包络面积（km²）	0.733	0.262	0.091
距离（km）	2.3	1.9	1.4

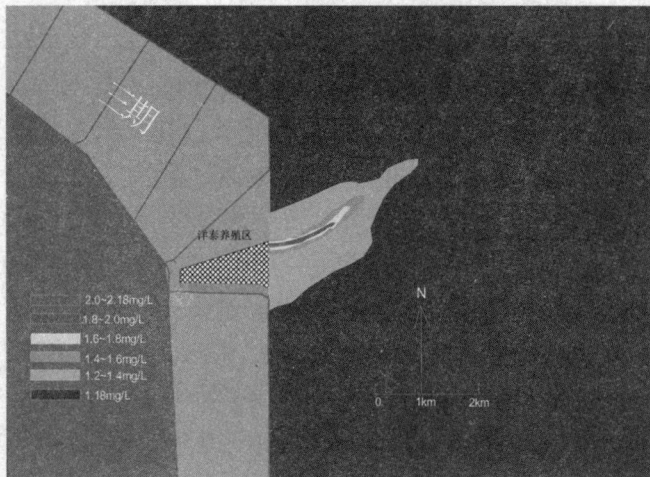

图 10 - 9　本项目养殖区废水排放 COD 扩散影响范围

关注要点：

围海养殖对海洋水环境的影响主要关注营运期养殖废水排放以及围堤施工产生的悬浮泥沙扩散。根据养殖规模、养殖废水总量、处理和排放方式、排放区水环境现状等因素，可选取污水扩散模型定量预测、经验估算、定性描述等预测其影响范围和程度。如污水排放区水环境现状不佳，还需研究其环境容量，论证排放方案的适宜性和可行性。

如围堤工程施工在取土、吹填等工艺阶段存在悬浮泥沙扩散现象的，还需预测悬浮泥沙扩散对海洋水环境的影响。预测方式视施工工艺和悬浮泥沙源强可选

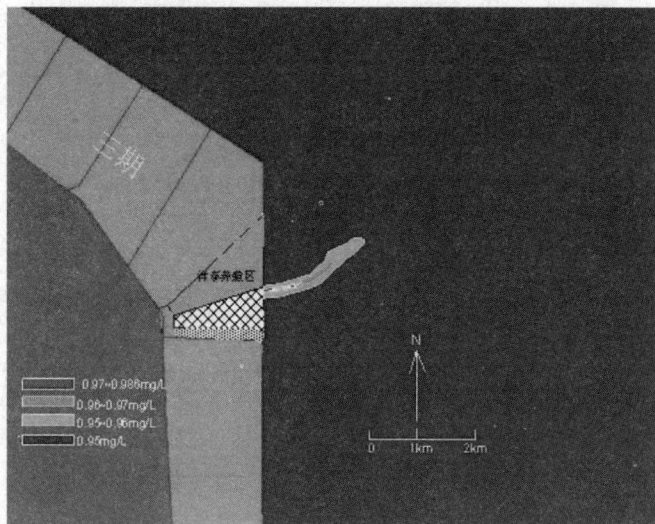

图 10 – 10　本项目养殖区废水排放总氮（TN）扩散影响范围

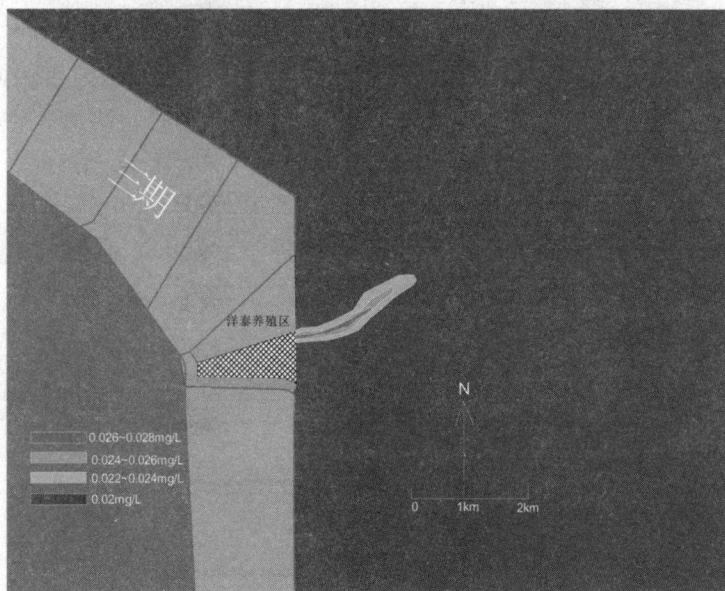

图 10 – 11　本项目养殖区废水排放总磷（TP）扩散影响范围

择定性描述法、经验估算法、类比法或扩散模型预测法。

优点：

1）报告全面分析预测了施工期和营运期可能产生的水环境影响，包括悬浮泥沙扩散、施工生产生活污水、养殖废水排放和营运期生活污水，根据工程实际情况分别采用水质模型、定量估算等方法。采用的预测方法恰当，水环境影响分析全面。

2）重点分析预测了养殖废水排放的水环境影响，以图表形式给出了养殖区产生的 COD、总氮、总磷的不同浓度影响距离和范围。重点选择合理，预测成果以图表方式呈现形象全面。

不足：

缺少养殖废水排放源强的预测方法介绍。

10.2.2.2.3　项目用海生态影响分析

工程永久占用海域对生态环境（底栖生物）的影响：围堤、道路对占用海域栖息生物生境的破坏是永久性的，不可逆转的；养殖塘、河、渠将改变原有生境，形成新的人工养殖生态系统。按照《建设项目对海洋生物资源影响评价技术规程》（SC/T 9110—2007）有关规定并参考专家建议，对于围堤、道路等永久占地范围的底栖生物损失量按 20 年计算，考虑到养殖塘、河、渠等对鸟类觅食具有一定的补偿作用，因此对于该部分的永久占地造成的底栖生物损失量按临时损失进行计算（即按 3 年计算）。根据现状监测资料，工程区域潮间带底栖生物生物量为 80 g/m²。本项目用海总面积 92 hm²，其中围堤及道路占用面积约 12 hm²，养殖塘、河、渠等占用面积约 80 hm²。项目建设所造成底栖生物的总损失量为 120 000 m² × 80 g/m² × 20 + 800 000 m² × 80 g/m² × 3 = 384.00 t。

施工引起悬浮泥沙对海洋生态环境的影响：对浮游生物的影响主要反映在悬浮泥沙入海将导致海水混浊度增大，透明度降低，不利于浮游植物的繁殖生长。影响正常食物链的传递，从而导致水域可利用生物资源量下降。在取土区和吹填溢流口外围悬浮泥沙含量较高的局部区域，大量悬浮物的沉积可能引起底栖生物，特别是蛤、蛏等双壳类动物水管受到堵塞致死。悬浮物增加可能将对游泳鱼类的正常生理行为产生影响，由于海洋生物的"避害"反应，垦区附近海域自然生长的游泳动物也将变少。悬浮泥沙颗粒会直接对海洋生物鱼卵、仔幼体造成伤害，主要表现为影响胚胎发育，悬浮物堵塞生物的鳃部造成窒息死亡，大量悬浮物造成水体严重缺氧而导致生物死亡，悬浮物有害物质二次污染造成生物死亡等。

营运期生态环境影响主要是由于养殖废水中大量 COD 以及氮、磷等营养物质排放造成的。残饵、粪便中所含的氮、磷营养物质以及悬浮颗粒物和有机物会成为水体富营养化的污染源，从而威胁养殖鱼类、虾类和贝类的安全。在水产养殖中常使用化学药物来防治病害，清除敌害生物，消毒和抑制污损生物等。这些药物会有相当一部分直接散失到环境中，造成环境短期或长期的退化。对于一些低浓度或性质稳定的药物的残留，可能会在一些水生生物体内产生累积并通过食物链放大，对整个水体的生态系统乃至人体造成危害。水产养殖对海洋生物的另一影响是养殖逃逸的鱼类对其邻近海洋生物的影响。海水养殖逃逸的鱼类可能在疾病的传播、野生群体遗传组成的改变等方面产生副作用，将地方流行病传给野生种群。养殖鱼类的活动能力不如野生种群，逃逸后会对野生种群的数量变动、产卵场产生影响。

工程建设占用潮间带滩涂，改变潮滩生态系统，进而造成滨海湿地生态服务价值的损失。拟用海域主要的滨海湿地生态服务功能包括食品提供、气体调节、水质净化、干扰调节、生物多样性维持、休闲娱乐、科研文化，根据已有的生态系统服务功能价值研究成果，计算围垦造成的原有的天然湿地生态服务价值的损失为 322 万元/a，单位面积损失为 3.5 万元/（$hm^2 \cdot a$）。

关注要点：

围海养殖对海洋生态的影响需重点关注占用滨海湿地并形成人工湿地产生的生境变化和栖息生物变化；养殖废水排放对海洋生态环境的影响以及可能造成的富营养化问题。施工期还需关注施工产生的悬浮泥沙对海洋生态环境的影响。

优点：

报告较全面地分析了项目用海对滨海湿地生态服务功能的影响、围堤和养殖造成的底栖生物损失、养殖废水排放和施工期悬浮泥沙对海洋生态的影响。报告还定量计算了底栖生物损失量和滨海湿地生态服务价值损失量。

不足：

1）生态影响分析的重点不突出，尤其对于因养殖生产造成的滨海湿地生态系统变化分析较少，滨海湿地生态服务价值的损失计算没有给出依据，对于因养殖生产造成的食品提供价值增加缺少计算。

2）缺少养殖废水排放对海水富营养化影响的分析内容。

10.2.2.2.4　项目用海资源影响分析

项目围垦占用了岸外滩涂，造成天然湿地和滩涂生物损失。实施对周边水道和港区潮流水动力没有影响，不会影响港口资源的开发。施工期产生悬浮泥沙扩散将在一定范围内形成高浓度扩散场，由于本海域悬浮泥沙浓度背景值较高，工程实施对海洋渔业资源影响较小。

关注要点：

重点关注项目用海对岸线资源、滩涂资源的占用；施工和营运对海洋生物资源（包括渔业资源）的影响；围堤工程对周边港口、航道等资源的可能影响。

优点：

报告较全面地分析了项目用海对滩涂资源、港口资源、生物资源、渔业资源的影响。

不足：

对占用岸线资源和滩涂资源的分析比较空泛，缺少针对性和定量评价。

10.2.2.2.5　项目用海风险分析

项目所在海域海洋灾害主要包括台风、风暴潮、寒潮等，均可能对工程产生一定危害，主要表现在恶劣天气对施工及构筑物的影响。本工程采用干法施工，施工期不存在船舶溢油风险。营运期采用生态养殖模式，养殖废水定期通过垦区涵管排放，污水排放风险较小。

本规划海堤直接面向开敞海域，堤身主要由抗冲刷强度较低的粉砂筑成，强台风导致的海域超高潮位、风暴潮正面袭击海堤等均可能导致溃堤事故，危及垦区养殖渔民的生命与财产安全。项目围堤施工应选择在冬季小潮汛期间进行，一般潮位较低，便于施工。且冬季受台风影响较小，但冬季寒潮形成的风浪和壅水不容忽视。特别是在海堤未合拢或堤顶高程未达到冬季可能高潮位时，寒潮不但可对工程半成品造成破坏，而且可能造成施工设备的损毁和人员伤亡。

关注重点：

因台风、风暴潮和寒潮等产生的强动力条件而造成的围堤和涵管损毁、养殖废水的事故排放以及施工期的围堤溃坝等是围海养殖用海的主要用海分析，需预测上述风险产生的概率，预测风险影响的程度和范围。

优点：

报告对项目用海可能存在的诸多风险均进行了影响分析，并提出了相应的防范对策措施。

不足：

应补充工程海域自然灾害发生的类型和频率，并据此分析自然灾害发生的概率。

10.2.2.3　海域开发利用协调分析

10.2.2.3.1　利益相关者界定与协调分析

本工程实施造成的潮流水动力主要局限围堤前沿 2 km 以内海域，引起冲淤变化主要局限围堤前沿 1 km 以内海域。围堤施工会产生悬浮泥沙扩散入海，但由于项目海域滩面较高，露滩时间较长，本项目取土及吹填筑堤选择在落潮期实施，影响范围在围堤附近。本项目引起的潮流水动力、冲淤变化、悬浮泥沙影响主要集中在围堤附近，有可能对临近海水养殖活动产生不利影响，对周边其他用海无不利影响。建议业主单位在工程实施过程中应加强对悬浮物扩散和水动力影响范围的监测，根据实际影响的范围和程度，确定利益相关的养殖户并达成补偿协议、落实补偿措施。

营运期养殖废水的排放将可能对周边的养殖生产活动产生一定的影响，废水影响范围内的养殖户是本项目的潜在利益相关者。养殖废水主要的污染因子是COD、总磷、总氮，目前的污染物影响范围是依据数值模拟计算得出。污染物实际影响范围，主要污染因子对养殖生产的影响情况和影响程度以及污染物长期排放的累积性影响，有待于实测验证和试验研究。一旦垦区养殖废水排放对周边其他养殖生产活动产生影响，应根据实际影响情况，确定利益相关的养殖户并达成补偿协议、落实补偿措施。

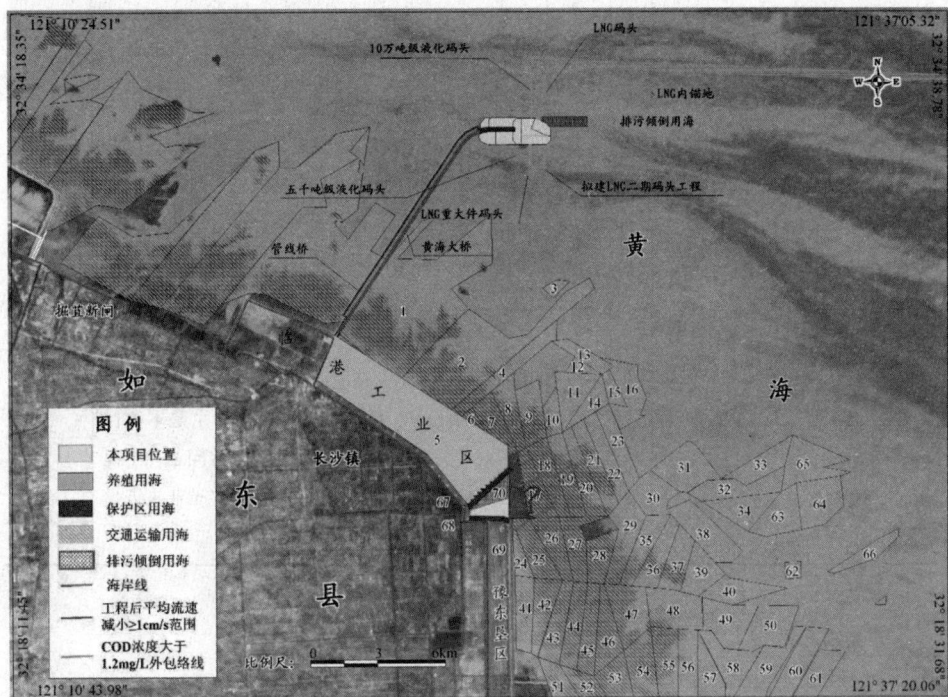

图 10 - 12　利益相关者界定图

本工程依托南北两侧已有围垦工程，新建东侧围堤匡围形成养殖区，且南北两侧堤防与已有围垦工程共用，因此本工程南侧、北侧围海养殖区业主是本项目的利益相关者。建设单位就工程衔接问题和工程营运期的管理问题与南北两侧围海养殖业主进行协商，达成一致意见，并做好项目施工进度安排，保障施工安全，避免重大利益冲突。

施工和营运期需依托后方紧邻海堤作为进出通道，因此海堤管理部门是本项目需协调的管理部门。业主单位需在施工前获得管理部门的许可，并做好项目施工进度安排，保障施工安全。

表 10 - 4 项目用海周边海域利益相关者界定表

序号	项目名称	用海人/管理部门	方位	用海类型	影响分析与协调意见	是否利相关者
17—20、24—26	贝藻类养殖	养殖渔民	东	海水养殖	根据数模计算分析，本项目引起潮流水动力、冲淤变化、悬浮泥沙影响以及营运期污水排放可能对上述渔民的海水养殖活动产生不利影响 建议业主单位在工程实施和营运过程中应加强监测，根据实际影响的范围和程度，及时与受影响养殖户进行协调	是
—	西侧海堤	海堤管理部门	西	—	施工和营运期需依托紧邻海堤作为进出通道，工程建设过程可能造成上述区域的破坏损毁，因此海堤管理部门所是本项目需协调的管理部门。业主单位需在施工前获得管理部门的许可，并做好项目施工进度安排，保障上述区域的安全	是
68	水利工程堤防用海	如东县水务局	北	特殊用海		是
69	豫东垦区围垦工程	如东县土地复垦开发整理中心	南	围海养殖	本工程南北两侧堤防与已有围垦（69、70 号）工程共用，东侧新建围堤需依托南北两侧围区的围堤，因此 69、70 号围海养殖区业主是本项目的利益相关者。建设单位就工程衔接问题和工程营运期的管理问题与南北两侧围海养殖业主进行协商，达成一致意见	是
70	如东洋泰围海养殖项目	江苏洋泰置业有限公司	北	围海养殖		是

关注要点：

围海养殖可能涉及的利益相关者主要包括：① 围海养殖占用海域的现有养殖或其他用海人；② 养殖废水排放可能影响的工程周边养殖或其他用海人；③ 受围堤工程建设产生的水动力场和泥沙冲淤变化影响的周边养殖或其他用海人，以及航道、港池、泄洪等管理部门；④ 围堤工程施工过程因悬浮泥沙扩散等影响的养殖或其他用海人；⑤ 围堤工程建设可能涉及的现有海堤或其他工程用海。应根据论证报告前文预测项目用海所造成的各类影响范围、程度和时间，逐个界定利益相关者，分析相关关系，提出有针对性和操作性的协调意见或建议。

优点：

利益相关者界定较全面，利益相关分析恰当，协调意见和建议较明确。

不足：

协调意见和建议需增加针对性，并补充对协调结果的要求。

10.2.2.3.2　项目用海与相关区划规划符合性分析

（1）海洋功能区划

根据《江苏省海洋功能区划（2011—2020）》，本工程用海位于通州湾城镇与工业用海区（A3-18）。工业与城镇用海区是指适于发展临海工业与滨海城镇的海域，包括工业用海区和城镇用海区。本项目海域目前主要为岸边高滩，在该区域围填海造地项目实施之后，开展高涂围垦蓄水养殖，不影响今后该区域海洋主导功能的发挥，且本项目实施后能够将滩涂资源的自然优势转化为现实的经济优势，有利于提高海域资源的综合利用水平和生产力水平。因此，本项目与《江苏省海洋功能区划（2011—2020）》关于本工程海域的功能定位相兼容。

对旅游休闲娱乐区的影响：本工程西北约 14.48 km 处为刘埠港旅游休闲娱乐区，本项目的建设不会影响到刘埠港旅游休闲娱乐区旅游、娱乐功能的发挥。

对如东农渔业区的影响：本工程西北约 8.89 km 为如东农渔业区，工程建设对海洋水动力环境、水环境的影响范围有限，不会对如东农渔业区的养殖产生不利影响。

对港口航运区及腰沙冷家沙及北侧保留区的影响：本工程北侧 9.34 km 有洋口港港口航运区（1），东南侧 6.01 km 有金牛港口航运区，区南侧 1.35 km 为腰沙冷家沙及北侧保留区。工程实施引起局部潮流动力和泥沙冲淤影响主要表现在围填区前沿，不会对以上功能区产生不利影响。

表 10-5　项目与周边海洋功能区距离表

代码	名称	方位	距离（km）
A3-18	通州湾工业与城镇用海区	占用	0
A5-11	刘埠港旅游休闲娱乐区	西北	14.48
A1-13	如东农渔业区	西北	8.89
B2-11	洋口港港口航运区（1）	北	9.34
B3-04	西太阳沙工业与城镇用海区	北	13.81
B8-04	腰沙冷家沙及北侧保留区	南	1.35
B2-17	金牛港口航运区	东南	6.01

（2）相关规划

与《江苏沿海地区发展规划》的符合性分析：《江苏沿海地区发展规划》在

"滩涂开发与利用"中提出：依法科学编制滩涂围垦开发规划，根据滩涂资源和近岸海洋条件，进一步深化研究沿岸海洋物理环境的变化趋势，在不破坏生态环境、不改变辐射沙洲总体动力格局、不影响深水航道的前提下，依法合理确定围垦的范围、时序。近期重点对海岸潮间带和潮下带滩涂、高程在理论基准面 2 m 以上的滩涂进行围垦开发。到 2020 年，规划围垦 270 万亩滩涂。本项目位于已建围区之间的岸外高滩（理论基面 +5.9 ~ +8.1 m），具备良好的匡围条件，工程实施后不影响辐射沙洲的动力格局、对周边水道和港区无不利影响，有利于规划中提出滩涂围垦目标的实现。因此，本项目用海符合《江苏沿海地区发展规划》的滩涂开发与利用要求。

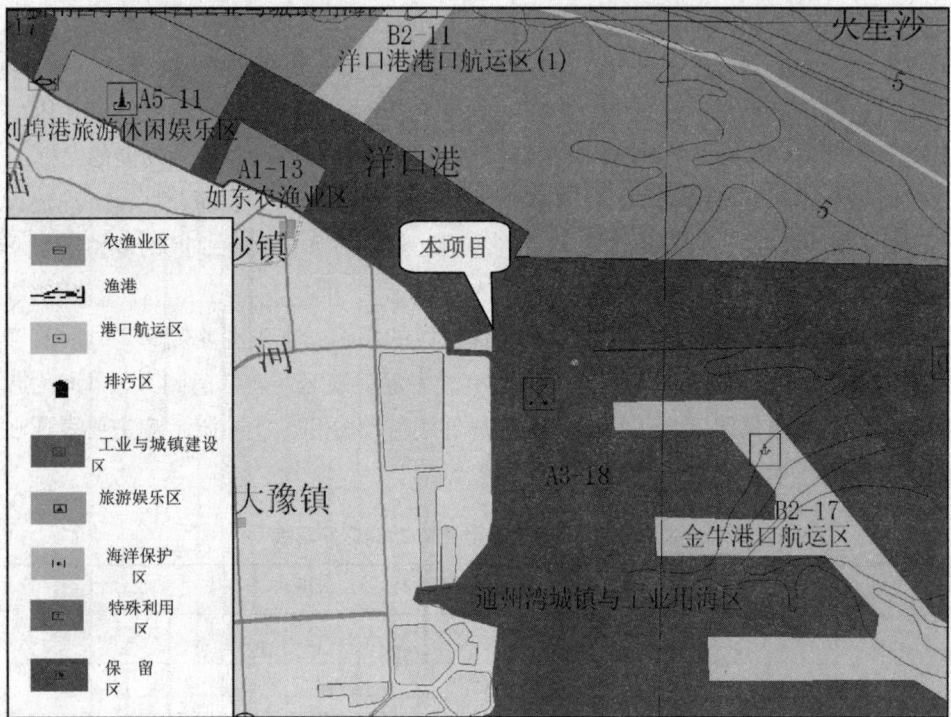

图 10 - 13　项目用海区附近海域海洋功能区划图

与《江苏沿海滩涂围垦及开发利用规划纲要（2010—2020）》的符合性分析：根据规划，2010—2020 年，江苏沿海滩涂围垦总规模 270 万亩。充分发挥沿海滩涂资源和区位优势，优化生产力布局和产业结构，以现代农业、港口航运、临港产业、城镇建设、滨海旅游等为重点，全面提高沿海滩涂经济发展的规模和综合效益。本工程位于规划中的"掘苴口—东凌港口围区（A15）"，工程南北两侧已建成围垦区，工程区现阶段通过匡围发展高涂蓄水养殖业，符合规划中提出

的匡围计划，有利于提高沿海滩涂经济发展的规模和综合效益。因此，项目用海
与《江苏沿海滩涂围垦及开发利用规划纲要（2010—2020）》相符。

　　与《南通市"十二五"沿海滩涂围垦及开发利用规划》的符合性分析：根
据规划的总体目标，2011—2015 年，南通沿海滩涂围垦总规模 90.9 万亩，实施
园区式综合开发，提高滩涂围垦开发效益，建设新型港口工业区、现代农业基
地、新能源基地、生态休闲旅游区和宜居的滨海新城镇。本项目位于规划中的
"掘苴口—东凌港口围区（A04）"范围内，工程实施有利于充分利用滩涂围垦，
扩大产业发展空间。因此，项目用海符合《南通市"十二五"沿海滩涂围垦及
开发利用规划》。

图 10 - 14　2009—2020 年江苏省沿海围垦规划——南通市区域图

关注要点：

　　根据现行省、市（县）海洋功能区划，说明项目用海占用海域的海洋功能
区，并根据该功能区的管理要求，分析论证围海养殖是否符合该功能区的用途管
制要求和用海方式控制要求，并且主体功能能否相容，同时分析项目用海对周边
海洋功能区的影响。

　　选择与围海养殖相关的规划，包括围垦规划、农渔业规划等以及项目周边海
域相关的行业或产业规划，例如港口、旅游等规划，重点论述项目用海在选址、

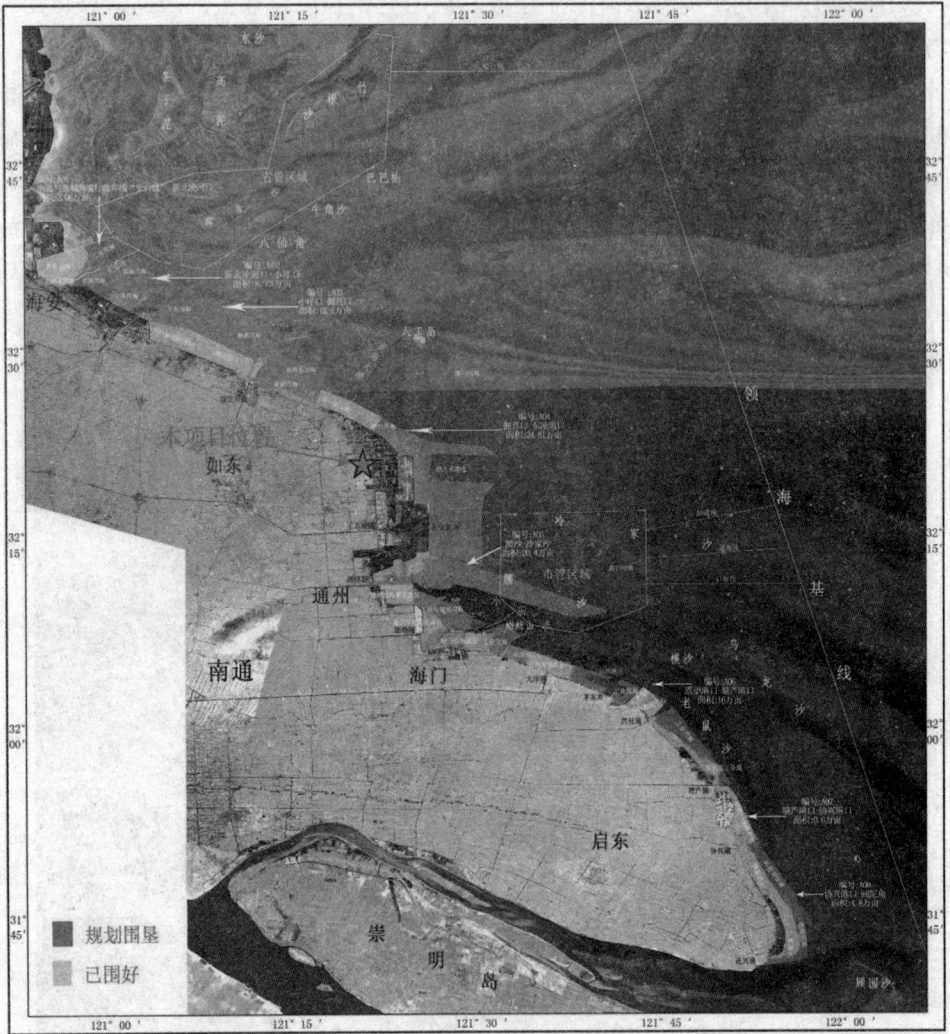

图 10-15　南通市"十二五"沿海滩涂围垦及开发利用规划图

功能定位上与相关规划的相符性或协调性。

优点：

1）项目占用海洋功能区的情况阐述客观，对周边海洋功能的影响分析全面。

2）选择《江苏沿海地区发展规划》、《江苏沿海滩涂围垦及开发利用规划纲要（2010—2020）》和《南通市"十二五"沿海滩涂围垦及开发利用规划》进行规划相符性分析具有针对性。

不足：

1）补充《江苏沿海滩涂围垦及开发利用规划纲要（2010—2020）》和《南

通市"十二五"沿海滩涂围垦及开发利用规划》中工程海域围垦区的功能定位，并完善规划相符性分析内容。

2）由于本工程与洋口港区、吕四港区通州作业区相邻，需补充本项目与港口规划的相符性分析。

10.2.2.4　项目用海合理性分析

用海选址合理性分析如下。

工程占用滩涂均位于 5 m 等深线（理论基面）以上，属高滩围垦。本工程围垦对水动力及冲淤环境影响较小，围垦施工难度小，场区属基本稳定场地，适宜进行围垦养殖。工程附近海域水体无机氮超出二类水质标准，本工程围垦区内需通过优化引排水设计，在垦区内侧设置水质净化工程，水体净化达标后用于养殖生产。

如东县具有发展海水养殖产业的良好区位条件和产业基础，社会条件适宜。

本项目位于《江苏省海洋功能区划（2011—2020）》中的通州湾工业与城镇用海区（A3–18），本项目通过围垦近岸高滩发展围垦养殖，不影响该区域后续海洋功能的发挥，能够与本项目用海区的工业与城镇用海功能兼容。项目用海符合《江苏沿海地区发展规划》、《江苏沿海滩涂围垦及开发利用规划纲要（2010—2020 年）》及《南通市"十二五"沿海滩涂围垦及开发利用规划》等相关规划提出的滩涂围垦规划。

本项目用海涉及的利益相关者主要为围塘养殖垦区业主，利益关系具有可协调途径。

关注要点：

围海养殖用海项目选址的合理性分析需重点关注项目所在海域的功能定位和利用现状；是否具备围海条件和养殖生产条件；围堤工程建设对周边海域环境生态资源和其他用海活动的影响是否可以接受；与当地养殖规划是否相符，与其他行业规划是否协调等。

优点：

报告结合工程区地形地貌特征分析了围垦工程的可行性，针对现状海水环境质量存在问题提出了海水利用方案，从区划规划和周边开发活动的可协调性角度分析了选址的合理性。

不足：

应根据当地养殖规划补充分析选址的合理性；结合工程海域水环境容量和养殖工艺中的污水处置，补充分析选址的可行性。

案例 11　旅游娱乐用海项目案例评析

11.1　游艇项目及用海特点

11.1.1　相关管理政策

现代游艇产业始于第二次世界大战后，美国、英国和意大利均为游艇制造业的先驱国，亚太地区游艇制造业于 20 世纪 70 年代迅速崛起，日本、中国台湾和美国成为世界三大游艇出口地。当前世界游艇工业的市场规模约占整个船舶工业的 1/3，世界游艇产业的产值每年已达 400～500 亿美元。我国于 20 世纪 70 年代中期开始制造游艇，经过多年发展，游艇经济已经初具规模。据《2012—2013中国游艇产业报告》显示，截至 2013 年 4 月底，国内共有游艇制造厂家 440 家，成立游艇俱乐部 46 家，游艇运动休闲服务机构 54 家，建成泊位 6 000 多个。游艇产业在全国呈全面开花之势。2012 年中国游艇产业的整体市场规模达到人民币 17.5 亿元，其中，豪华游艇市场的销售额约为人民币 7.8 亿元，占整个游艇产业的 44.6%。游艇作为一种新的海上休闲方式，已逐步在经济发达、生活富裕的沿海地区流行。目前，华北（青岛、大连）、华东（上海、苏州、无锡等）、华南（广州、深圳、厦门、三亚等）是我国游艇活动最为集中的区域。

不仅如此，游艇经济本身产生高经济附加值，也会对大量上游产业及配套服务形成拉动，包括游艇研发、制造、销售、维护、管理、旅游、餐饮、酒店等。隐藏在游艇身后的配套产业的经济总量巨大。海外研究报告显示，在游艇上 1 美元的投资可以引发 6.5～10 美元的经济效应。可见，发展游艇产业对于促进海洋经济发展，加快产业结构优化升级具有积极的作用。为了促进游艇产业的发展，《国务院关于加快发展旅游业的意见》（国发〔2009〕41 号）明确提出"支持有条件的地区先发展邮轮游艇旅游"、"把邮轮游艇等旅游装备制造业纳入国家鼓励类产业目录"。国家发改委《产业结构调整指导目录》（2011 本，2013 年修正）明确将"豪华游艇开发制造及配套产业"列为鼓励类项目。国务院《全国海洋经济发展"十二五"规划》（国发〔2012〕50 号）中明确提出要"发展新型高性能远洋渔船、海洋调查船、冰区船舶，培育豪华邮轮、旅游观光游艇等品牌产品"以及"建设游艇基地,规范游艇市场秩序,发展以游艇和帆船为主体的海上运动休闲旅游"。

为了规范游艇港项目的管理,国家和部分地区针对游艇项目的建设、运营、管理相继出台了一些法律、法规、政策、规定。其中国家相关的有《海上交通安全法》、《游艇安全管理规定》(中华人民共和国交通运输部令 2008 年第 7 号)、《中华人民共和国海事局关于加强游艇管理的通知》、《防治船舶污染海洋环境管理条例》(国务院令第 561 号)、《海事行政许可条件规定》(交通部令 2006 年第 1 号) 等。地方的相关管理规定主要有海南省的《关于印发〈海南省游艇管理试行办法〉的通知》(琼府〔2010〕85 号文印发)、《转发海南海事局关于海南省游艇安全管理暂行办法的通知》(琼府办〔2010〕177 号文印发)、天津市的《天津市游艇管理暂行办法》(津政办发〔2013〕47 号) 等。其中,《游艇安全管理规定》中明确指出:游艇的专用停泊水域或者停泊点,应当符合游艇安全靠泊、避风以及便利人员安全登离的要求。游艇停泊的专用水域属于港口水域的,应当符合有关港口规划。游艇不得违反有关防治船舶污染的法律、法规和规章的规定向水域排放油类物质、生活污水、垃圾和其他有毒有害物质。

《全国海洋功能区划 (2011—2020 年)》中对"文体休闲娱乐区"生态环境管理要求为"不应破坏自然景观,严格控制占用海岸线、沙滩和沿海防护林的建设项目和人工设施,妥善处理生活垃圾,不应对毗邻海洋生态敏感区、亚敏感区产生影响,海水水质不劣于二类水质量标准,不劣于一类海洋沉积物质量标准,不劣于一类海洋生物质量标准"。游艇用海项目必须符合海洋功能区划的相关管理要求,不得对海域基本功能造成不可逆转的改变,并兼顾相邻功能区之间的协调性。

11.1.2　游艇项目主要类型

游艇是集航海、运动、娱乐、休闲等功能于一体的水上船舶。游艇有多重分类方式,按其船长可分为 36 英尺 (1 英尺 = 0.305 m) 以下的小型游艇、36 ~ 60 英尺的中型游艇和 60 英尺以上的大型豪华游艇,另外也可分为小型艇 (6 m 以下)、小型游艇 (6 ~ 10.5 m)、中型游艇 (10.5 ~ 18 m)、大型游艇 (18 m 以上) 和大型豪华游艇 (分为 35 ~ 40 m、41 ~ 44 m、45 ~ 49 m、50 ~ 54 m 和 55 ~ 60 m 五个等级);按其功能划分包括运动型游艇、休闲型游艇和商务型游艇;按其动力类型划分包括无动力艇、帆艇 (包括无辅助动力帆艇和辅助动力帆艇)、机动艇 (包括舷外挂机艇和艇内装机艇);按其材质划分包括木质艇、玻璃钢艇、凯芙拉纤维增强的复合材料艇、铝质艇和钢质艇。

随着世界经济的普遍发展和游艇技术的进步,游艇拥有者日渐增多,游艇活动得以广泛开展，游艇俱乐部已经成为世界发达国家和地区的高档休闲消费项目，它与高级跑车、私人飞机一起也正成为显示身份和尊贵的一种象征。我国当前的游艇俱乐部，也已经从原有停泊、修缮、补给等简单功能发展到集餐饮、娱乐、住宿、商务、船只停泊、维修保养、补给、驾驶训练等多功能于一体的休闲场所，是海洋旅游业的重要组成部分。

游艇项目一般包括水域和陆域两部分。水域部分主要为游艇码头（固定式、浮动式）、游艇上下水滑道、港池以及为港池提供波浪掩护的防波堤和码头护岸等；陆域部分主要为游艇俱乐部、游艇管理中心、游艇维修场、游艇存放场地、游艇补给设施（加油站、抽污站等）、辅助配套设施（给水、供电、照明、通信、助航等）以及度假酒店、娱乐中心等休闲娱乐区和商务中心（办公、会务）、餐饮区、商场等配套商务区。

游艇项目大致可以分为远郊乡野型、城市中心型和屋船三种类型。远郊乡野型是一种比较常见的形式，多位于远离闹市尘嚣的风景优美地段，管理上多采用会员制，各类休闲、住宿、娱乐设施自成一体，与外界较少来往；城市中心型是已一种比较常见的形式，多位于城市滨水地带中心区，尤其在欧美城市较为常见，它已经成为城市公共景观的一部分；屋船是一种结合游艇码头的滨水别墅建筑形式，它不设公共的游艇码头，而是使每户别墅直接临水，每户有单独的游艇停靠码头，这种形式在欧美国家的高档滨水住宅区中正在大量普及。我国大连、青岛和深圳的游艇码头多属于远郊乡野型，上海的游艇码头多为城市中心区型，屋船作为一种游艇码头的独特形式在滨水高档度假区域的开发中越来越普遍，如厦门香山迪布国际游艇俱乐部和天津中心渔港别墅区都采用了屋船的形式。

11.1.3 游艇项目用海要求与特点

11.1.3.1 选址要求与特点

（1）区位要求

游艇项目在选址方面，要求具有便利的交通条件。一般距离城市中心的车程最好在1~2小时之内。其坐落地点多在海滨岸线、港湾、湖滨，那些拥有国际航线和进出口岸通道的港口，更方便周围城市的游艇爱好者进出，并吸引他们云集。

（2）环境要求

游艇项目周围的环境要求十分优美，既要求俱乐部内部有幽美的环境，同样也要求周围的风景绿化、景观配置、休闲氛围水准高。所以，海湾屏蔽、海面平静、海潮区域、风力等条件适宜与否是游艇项目选址要考虑的重要因素。

（3）水体条件

对于通常的客、货运码头，泊位允许停泊波高一般为 1.0 ~ 2.0 m，风力小于或等于九级。风、浪超过停泊要求时，船舶应离开码头。而游艇码头通常要求游艇在港内避风、浪，而且通常在正常条件下，停泊的游艇摇晃频率会很快调整到与波浪频率一致，这将使在艇上长时间停留，尤其是在艇上过夜的游人难以忍受。因此，在风浪、海浪较大的地方要求筑有防波堤，防波堤内还要求港池平静和水域宽阔。

（4）场地要求

游艇码头的选址应该根据码头停泊的船型、地形、地质、地震、水文、水域、陆域条件等综合情况进行全盘的考虑。码头适宜选择在地质条件好、岸坡稳定的地带；水域水流平顺、有足够水深；陆域有足够的岸线长度与纵深，留有足够空间以布置前方作业区域，包括干仓（游艇陆上停放仓库）道路、会所功能区、维修和保养场地等。码头一般不宜选在易发淤积的区域，以免增加项目投资费用，造成通航不便。

11.1.3.2　平面布置要求与特点

要根据项目的建设规模、预留发展要求，当地自然条件，并结合游艇靠泊、航行等各功能水域的实际要求进行总体布置，以确保游艇码头整体的安全性、便利性及使用效率。

1）游艇港区一般包括港池、系泊水域、航道、回旋水域等。考虑到游艇的使用特点，上述各功能水域一般不考虑乘潮。

2）防波堤口门的方向、位置设计应充分考虑常风向、波浪、潮流、泥沙运动的影响，注意避免游艇受横浪作用，同时考虑到小型帆船不能顶风直线前进，口门方向最好与常风向保持 45° ~ 90°的夹角。

3）航道宽度取决于风、浪、流等自然条件、设计船型及游艇基地规模。一般游艇基地应按双向航道设计，口门处航道的最小宽度为 20 ~ 30 m 之间。大型游艇基地（拥有超过 1 000 个游艇泊位）口门处航道宽度达 90 m。

11.1.3.3　用海类型、方式及面积界定

根据《海域使用分类》（HY/T 123—2009），游艇港项目的海域使用类型为"旅游娱乐用海"中的"旅游基础设施用海"。一般来讲，典型的游艇项目用海方式涵盖"填海造地"中的"建设填海造地"、"构筑物"中的"非透水构筑物"和"透水构筑物"、"围海"中的"港池、蓄水等"等种类。其中，固定式游艇码头多为重力式结构或桩式结构，用海方式为"非透水构筑物"或"透水构筑物"；用于游艇上下水的设施（如滑道）根据实际设计情况判定用海方式为

"非透水构筑物"或为"透水构筑物";浮动式游艇码头多为锚碇结构,其用海方式为"透水构筑物";防波堤和独立于填海区域的护岸,其用海方式为"非透水构筑物";港池水域的用海方式为"港池、蓄水等";填海造地区的用海方式为"建设填海造地"。

根据《海籍调查规范》(HY/T 124—2009),游艇码头和港池用海,按以下方法界定:有防浪设施圈围的旅游专用港池用海,外侧以围堰、堤坝基床的外缘线及口门连线为界,内侧以海岸线及构筑物用海界线为界,参见《海籍调查规范》附录 C.6 中的港池部分;开敞式旅游码头港池(船舶靠泊和回旋水域)用海,以码头前沿线起垂直向外不少于 2 倍设计船长且包含船舶回旋水域的范围为界(水域空间不足时视情况收缩),参见《海籍调查规范》附录 C.7—C.19 中的港池部分。

游艇码头用海,按以下方式界定:① 以非透水方式构筑的游艇码头用海,按游艇码头和游艇停泊水域分别界定。非透水式游艇码头以码头外缘线为界;游艇停泊水域以设泊位的码头前沿线、码头开敞端外扩 3 倍设计船长距离为界(水域空间不足时视情况收缩)。② 以透水方式构筑的游艇码头用海,游艇码头和游艇停泊水域作为一个用海整体界定,以设泊位的码头前沿、码头开敞外扩 3 倍设计船长和码头其他部分外缘线外扩 10 m 距离为界(水域空间不足时视情况收缩)。参见《海籍调查规范》附录 C.21。

11.1.4　游艇项目论证重点把握

根据《海域使用论证技术导则》,旅游基础设施用海,如旅游码头、游艇基地等海域使用论证重点包括:项目选址(线)合理性,用海方式和布置合理性、用海面积合理性、资源环境影响。

根据游艇项目的特点,结合实践经验,其海域使用论证重点内容一般包括以下几方面。

(1) 项目用海的必要性

游艇项目应根据区位条件、区域社会经济发展现状、游艇产业发展和对游艇泊位需求的预测分析内容,说明项目建设的必要性,并结合游艇项目各组成部分对海域资源的需求,分析项目用海的理由与必要性,需填海造地用于陆域建设的,应结合所依托陆域的开发利用状况,分析围填海的理由和必要性。

(2) 项目用海资源环境影响

主要包括游艇项目用海对水动力环境(位于天然海湾内的游艇港项目,还应考虑水体交换能力)、泥沙冲淤环境和岸滩稳定性、波浪场的影响,施工期产生悬浮泥沙对海水水质环境、沉积物环境和海洋生态环境的影响,填海造地(含非透水构筑物）、港池疏浚对海洋生物原有栖息环境的破坏以及运营期可能发生的船舶碰撞溢油风险等。其中，应重点论证对水动力环境、波浪场的影响。

（3）项目用海合理性分析

从区位和社会条件、自然资源和生态环境适宜性、是否存在安全和环境风险、与周边其他用海活动是否存在功能冲突等方面，论证选址合理性。其中，应重点关注波浪、工程地质、海流、水深、岸线长度与陆域纵深等自然条件。

从游艇项目防波堤布置、港池口门方向等方面，结合对水动力环境、泥沙冲淤环境、通航安全和游艇泊稳条件的影响等方面，论证游艇港水域平面布置的合理性；从填海形成有效陆域面积、占用岸线长度、形成岸线长度、填海造地区平面形态、景观效果和海域的有效利用等方面，论证填海区平面布置的合理性。

从对海洋环境的影响、占用海域面积、对周边用海活动的影响等方面，论证游艇项目主要水工构筑物——防波堤用海方式的合理性。

根据相关港工设计标准、规范，分析论证防波堤、护岸等水工构筑物用海面积的合理性；由于我国游艇产业起步较晚，国内至今还未发布专门的游艇码头设计规范，可根据游艇项目的设计规模，所在海域的资源环境状况，参考国外的相关设计标准、规范，或对国内外同类项目进行类比的方法，论证港池内停泊水域、航行水域、港池用海及填海面积的合理性。

11.2　案例点评

广州南沙游艇俱乐部码头工程建设方案于 2009 年 12 月获得水利部珠江水利委员会的批复，2010 年 8 月 29 - 30 日，广东省海洋与渔业局在广州市主持召开了报告（送审稿）的专家评审会。2010 年 9 月修改完善后形成报批稿。

案例为典型的旅游基础设施类型用海论证项目，包括非透水构筑物用海方式的防波堤建设用海，透水构筑物用海方式的防波堤和码头建设用海以及港池、蓄用海等 3 种用海方式。案例主要选取了报告书中项目用海基本情况、海域开发利用协调分析、项目用海合理性分析进行评析，并根据编写的需要对原报告书内容进行了适当的整合和删减。

11.2.1　项目用海基本情况

11.2.1.1　项目位置

广州市南沙区位于广州的东南部，地处省港澳（大珠三角）几何中心，东距深圳 27 n mile，东南距香港 38 n mile，南距珠海 19 n mile，西南距澳门

42 n mile，水运交通便利。

　　广州南沙游艇俱乐部项目位于南沙经济技术开发区虎门大桥以南、蒲州高新科技园以北，南沙港前大道东侧，虎门水道西侧，北距虎门大桥约 200 m，属于广州港南沙港区芦湾作业区。本项目东侧面对珠江出海口虎门水道，南侧紧靠蒲洲开发园会展中心及中华总商会、世贸大厦，西侧背靠连绵的山体，北侧虎门大桥横贯珠江。工程地理位置见图 11 - 1。

图 11 - 1　拟建工程地理位置

11.2.1.2　建设内容

　　根据本项目初步设计方案，游艇会规模参考国内外游艇会相关规模及本项目定位确定。项目建设透水结构南防波堤 401 m、北防波堤 332.26 m（均为直立式），建设非透水结构临时防波堤 97.65 m（斜坡式），内护岸 272.91 m，港池护岸 468 m。拟建游艇泊位 352 个，摩托艇泊位 24 个，其中游艇泊位包括 165 英尺泊位 1 个，130 英尺泊位 2 个，100 英尺泊位 2 个，80 英尺泊位 17 个，60 英尺泊位 19 个，50 英尺泊位 30 个，40 英尺泊位 170 个及 30 英尺泊位 111 个。

陆域布置分为会所区和技术服务区，中间以绿化带相隔。建设内容包括会所、停车场、游泳池、提升机承台、坡道、游艇停放场油污水处理场等。本项目主要建设内容见表 11 - 1。

表 11 - 1　主要建设项目、生产及生活辅助设施表

编号	项目名称	单位	数量	备注
1	游艇泊位	个	352	
	其中：165 英尺泊位	个	1	底标高 -4.5 m
	130 英尺泊位	个	2	底标高 -4.5 m
	100 英尺泊位	个	2	底标高 -4.5 m
	80 英尺泊位	个	17	底标高 -3.5 ~ -4.5 m
	60 英尺泊位	个	19	底标高 -3.5 m
	50 英尺泊位	个	30	底标高 -1.5 ~ -2.5 m
	40 英尺泊位	个	170	底标高 -1.5 ~ -2.5 m
	30 英尺泊位	个	111	底标高 -1.5 ~ -2.5 m
2	摩托艇停泊位	个	24	
3	浮式栈桥	座	10	宽 3 ~ 4.28 m，局部拓宽至 8.45 ~ 13.28 m
4	水上平台	座	1	与浮式栈桥相连
5	活动引桥	座	4	长 18.3 m，宽 2.03 ~ 3.2 m
6	南防波堤	m	401	直立式，宽 7 m；外侧胸墙顶高程 5.90 m，堤顶路面高程 4.80 m
7	北防波堤	m	332.26	直立式，宽 7 m；外侧胸墙顶高程 5.90 m，堤顶路面高程 4.80 m
8	临时防波堤	m	97.65	斜坡式，顶宽 6 m，顶高程 5.50 m
9	内护岸	m	272.91	高桩承台式，顶高程 5.17 m
10	港池护岸	m	394.32	斜坡式，顶高程 5.17 m
11	观光路	m	394.32	高程 5.17 m 宽 6 m
12	提升机承台	项	1	高程 5.17 m
13	坡道	项	1	长 23.5 m，宽 5 m，坡度 1:4
14	工具房及办公室	m²	240	工具房、办公室
15	干仓	m²	693	游艇存放、修理、保养等
16	游艇停放场	m²	2 900	游艇存放、修理、清洗等
17	变电所	m²	184.96	

编号	项目名称	单位	数量	备注
18	加压泵房	m²	118.73	
19	生活水池	m³	300	
20	消防水池	m³	300	
21	电设备房	m²	56.35	
22	油污水处理场	m²	32.78	6.9 m×4.75 m，埋地
23	风机房	m²	44.85	6.9 m×6.5 m
24	门卫	m²	20	
25	电动道闸	座	2	电动道闸1宽7 m，通往会所正门及技术服务区；电动道闸2宽8 m，通往会所前方及观光路
26	围墙	m	905.5	
27	港区道路	m²	5 980	
28	技术服务区场地	m²	5 100	
29	助航设施	项	1	
30	陆域面积	×10⁴ m²	3.63	
31	陆域填方量	×10⁴ m³	1.33	
32	水域面积	×10⁴ m²	13.49	
33	水域疏浚量	×10⁴ m³	53.4	已包含施工期回淤量
34	港区定员	人	180	装卸工人4人，司机7人，维修工人4人，加油工人5人，俱乐部服务人员130人，管理人员30人
35	绿化面积	×10⁴ m²	1.5	
36	会所及附属设施	项	1	会所、停车场、游泳池及其他附属设施由业主另行委托设计

11.2.1.3　自然环境条件

项目所在海域气候条件较好，受灾害性天气影响比较小，作业天数高。工程附近海域的潮汐性质属于不正规半日潮，潮流以往复流形式为主，落潮流速大于涨潮流速，落潮流历时大于涨潮流历时。珠江口外海传入波浪受沿程众多岛屿、河床地形及水深等因素影响，传至伶仃洋湾顶大虎附近波能已大为衰减，虎门以内基本不受外海域波浪影响。勘察区域场地未发现区域性断裂构造及破碎带存在，区域地质构造稳定。泥沙基本难以横向进入堤内侧游艇港区，南北防波堤交叉布置的全掩护方案，在防波堤外侧产生轻微的淤积，基本不改变现状。泥沙基本难以横向进入堤内侧游艇港区，利于减少内域港区泥沙回淤。

工程所在海域及其周围海区海水中无机氮、溶解氧和石油类超标率较高，对水质影响较大。珠江冲淡水的影响是造成 pH 超标的重要原因，水体化学需氧量和水温较高是造成溶解氧超标的重要原因，而化学需氧量、活性磷酸盐、无机氮和石油类超标主要是受陆源污染物排放的影响。表层沉积物中污染物含量超出一类标准的现象较为普遍；铜和石油烃这两种污染物的最大超标程度较高，已经超出三类标准。本海区的甲壳动物和鱼类的生物质量状况较好，只有部分样品的石油烃超标，但超标不严重。贝类的生物质量状况较差，主要的影响因子是重金属铅、镉、锌和石油烃，大部分样品的铅、镉、锌和石油烃的含量超过《海洋生物质量》国家标准中规定的贝类的第一类标准值，其中铅和石油烃的超标倍数最高。

11.2.1.4　海域开发利用现状

拟建项目位于南沙经济技术开发区虎门大桥以南、蒲州高新科技园以北，港前大道东侧，属于广州港南沙港区芦湾作业区。通过对本项目周围用海现状的现场踏勘和对项目周围申请用海情况的了解，其周围海域主要用海为：虎门大桥、上下横挡岛风景区、采砂码头、5 万吨重力码头、舢板洲沙角浅水西 1、2 号锚地。如图 11 - 2 所示。

图11-2 项目周边海域开发利用现状示意图

（1）虎门大桥

虎门大桥位于广东省珠江三角洲中部，跨越珠江干流狮子洋出海航道，大桥全长 15.76 km，主桥长 4.6 km，主跨 888 m，单跨双铰简支悬索桥，矢跨比 1/10.5，扁平闭合流线型钢箱梁，35.6 m，双向六车道，中央设 1.5 m 的分车带，桥下通航净空 60 m，1997 年 5 月建成通车。与威远炮台遥相呼应的虎门大桥是由我国自行设计建造的第一座特大型悬索桥，是东莞标志性的建筑物以及旅游景点。以跨度大且不用钢索吊住的高难度造桥技术闻名。虎门大桥的建成通车，跨海连接了虎门、番禺两地，使东莞成为沟通穗、港以及珠江两岸和深圳、珠海两个特区的交通枢纽。

图 11-3　虎门大桥

（2）上下横挡岛旅游区

上下横挡岛旅游区（图 11-4）位于狮子洋珠江出口虎门水道主航道西侧，占地 132.1 hm²，可利用岸线 4 000 m，用海区域面积 5 500 hm²。横挡岛砥柱中流，是狮子洋入口的咽喉。

图 11-4　上下横挡岛风景区

（3）采砂码头

位于本工程的上游，现为采砂码头（图11-5），主要是停靠采砂船舶用。

（4）舢板洲沙角浅水西1、2号锚地

1号锚地以22°47′04″N、113°36′05″E 坐标点为圆心，半径370 m的海域；2号锚地以22°46′46″、113°36′23″E 坐标点为圆心，半径370 m的海域。管理要求不得在锚地区内设置碍航物和进行水产养殖、捕捞及设置渔网、渔栅等。

图11-5　采砂码头

（5）5万吨重力码头工程

位于本工程的外侧有20世纪90年代建设的重力式码头（未完成，图11-6），由水利部珠江水利委员会勘测设计研究院（现中水珠江规划勘测设计有限公司）设计，交通部二航局施工。码头于1995年初开始施工，在施工过程中部分圆筒发生倾斜，其后因种种原因于1996年停工，且未办理验收手续。在建设南沙游艇俱乐部时，考虑将该码头作为游艇俱乐部的防波堤，并靠泊大型游艇。

图11-6　重力码头

由于该码头出现部分倾斜，整体结构尚未完成，也未曾验收，且十多年来未曾得到有效维护，目前部分圆筒出现了倾斜、移位，许多混凝土结构出现了裂缝、露筋、破损等现象，目前码头安全性能、使用性能和耐久性能未知。为了合理、有效地利用原护岸结构，因势利导，需对曾未完工的旧码头进行续建、加固或改造。

11.2.2 项目用海论证内容及点评

11.2.2.1 项目用海基本情况

11.2.2.1.1 项目总平面布置

本项目总平面布置图见图 11 -7。

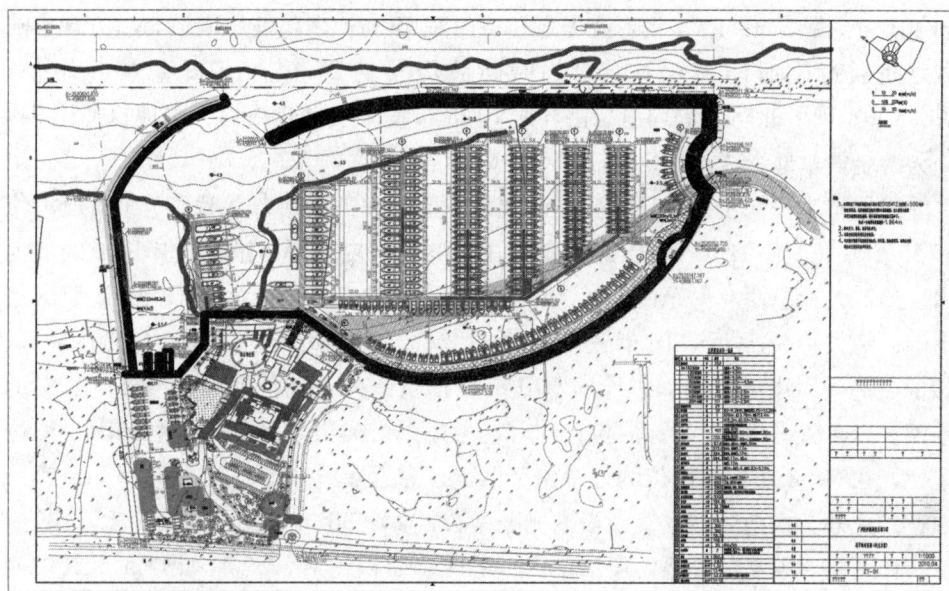

图 11 -7 本项目总平面布置图

（1）陆域平面布置

本工程所处岸线段邻近广州港主航道，游艇项目陆域布置在西侧现有陆地上，水域布置在东侧，并从美观角度考虑将水域大致呈椭圆形布置，水域及陆域均一次性形成。本游艇码头外侧为南、北防波堤。陆域布置分为会所区和技术服务区，中间以绿化带相隔。会所区包括会所、停车场、游泳池及周边休闲设施等；技术服务区布置在会所区北侧，包括提升机承台、坡道、游艇停放场、干仓、工具房及办公室、变电所、加压泵站、油污水处理场等。

会所区靠近 1 号、2 号栈桥根部，包括会所、停车场、游泳池、景观水池、网球场及周边休闲设施等。

辅建区布置在会所区北侧，包括提升机承台艇库、维修车间、游艇停放场及地下油罐、变电所、加压泵房、生活水池、消防水池、油污水处理系统（埋地）及设备间等。

提升机承台用于游艇的上下岸措施；艇库及游艇停放场用于游艇存放、清洗、喷漆、涂防蚝油、冷气维修、水电维修、木工、玻璃纤维维修等；辅建区东北角（北防波堤根部）布置有埋地的油罐，为北防波堤内侧的加油机供油。

(2) 水域平面布置

港区共布置三段防波堤，其中北防波堤自现有陆域北侧往东延伸 177.35 m，并以圆弧形向南延伸 154.91 m，北防波堤总长 332.26 m，宽 7 m；南防波堤总长约 401 m，宽 7 m；南、北防波堤之间口门宽 50 m；南防波堤南端与后方现有陆域之间通过临时防波堤连接，临时防波堤长约 97.65 m，顶宽 6 m，底宽 33.88 m。南、北防波堤均退后治导线 10 m 布置。项目建成后，本项目使用 348 m 为游艇俱乐部岸线。

根据本工程初步设计研究，本游艇俱乐部码头工程共布置有 317 个游艇泊位和 55 个摩托艇停泊位。游艇码头布置在防波堤与内护岸、港内护岸围成的港池内。港池大致呈西北—东南走向，口门位于港池的东北角。为便于大型游艇的进出港，将大泊位靠近口门布置于港池西北部，自西北往东南依次布置 50 m、30 m、24 m、18 m、15 m、12 m、10 m 长泊位，并在港池西南侧沿椭圆弧形的港池护岸布置一排 12 m 长泊位；同时，考虑到游艇俱乐部起步工程的大小泊位配比，在 50 m、18 m 泊位的近岸侧（西侧，靠近陆域）分别布置有 15 m、12 m 泊位；此外，在南防波堤直线段内侧顺岸布置 2 个 30 m 长泊位及 8 个 15 m 长泊位，作为相对独立的外籍游艇泊位区。港区总面积约 14.287 1 × 10^4 m^2，其中陆域面积约 3.45 × 10^4 m^2，用海面积为 10.837 1 × 10^4 m^2。

本工程进港航道自口门往外垂直口门方向延伸至 −5 m 等深线处，为便于港内水上航行管理，结合游艇泊位平面布置、游艇作业条件及船行波的影响等对港内水域水深分区设计，包括港内支航道、回旋水域及停泊水域。港内支航道按 40 英尺、50 英尺汽艇的双向航道设计，航道宽分别为 26 m、31 m，同时可作为 65 英尺汽艇的单向航道。165 英尺豪华游艇泊位前方布置直径 90 m 的回旋圆，水域底标高 −4.5 m；65 ~ 100 英尺汽艇泊位附近布置直径 60 m 的回旋圆，水域底标高 −3.5 ~ −2.5 m；其他小船泊位前方为共用调头水域，水域底标高 −1.5 m；此外，在港内航道拐角处布置直径 50 ~ 60 m 的回旋圆，水深 −2.5 ~ −1.5 m 不等。

本工程进港航道宽度按 100 英尺汽艇双向航道设计，航道宽度为 41 m（可作为 165 英尺豪华游艇的单向航道）；设计底标高按 165 英尺豪华游艇设计，航道底标高取 −4.5 m。由于口门外天然水深可以满足船舶进出港航行要求，进港航道无需疏浚。

游艇码头采用浮式结构，港内共布置 12 座栈桥，具体布置如下：1 号栈桥靠近内护岸凸出段的北侧布置，并向东侧水域延伸，宽 2～4 m；2 号栈桥位于 1 号栈桥南侧垂直内护岸布置，为港内的主栈桥，宽 3～5 m；3 号栈桥自 2 号栈桥中部垂直向南引出，宽 5 m；4—8 号栈桥均自 3 号栈桥垂直向东、西两侧引出，宽 3 m；9 号、10 号栈桥均呈圆弧状靠近港池护岸布置，宽 3 m；11 号栈桥贴近南防波堤内侧由南往北平行南防波堤布置，宽 4 m。1 号、2 号、10 号、11 号栈桥均通过 1 座活动引桥与陆域或防波堤相连，9 号栈桥通过两端的两座活动引桥与陆域相连。浮式码头呈树枝状布置在栈桥一侧或两侧，各游艇泊位通过栈桥与陆域（游艇俱乐部）相连。12 号栈桥布置在北防波堤圆弧段内侧，宽 4 m，作为预留。此外，在 1 号、2 号栈桥中间布置一座水上平台，长 30 m 宽 20 m，通过 2 号栈桥与陆域相连。栈桥、浮码头及水上平台均用锚桩固定在水中。

11.2.2.1.2　水工建筑物结构与尺度

本工程的主要水工建筑物结构包括游艇泊位、水上平台、栈桥、防波堤、港池护岸、内护岸、挡土墙、上下岸坡道、提升机承台、俱乐部会所等。

（1）泊位、水上平台、栈桥及活动引桥

采用浮箱结构。栈桥结构分段长度为 10 m，分段间以固定式连接，栈桥与泊位间以半固定式连接，锚桩采用直径 600 mm 的钢管桩及 PHC 桩。浮箱采用高密度聚乙烯浮箱结构。浮箱与锚碇桩之间采用滑轮组相连，允许水位涨落时浮箱随之涨落，面板上设置系船栓等附属设施。

活动引桥采用简支钢板桥结构形式：主梁采用焊接 H 形钢，并设置横向连接系与纵向连接系，桥面系统采用钢格板，扶手采用钢管。

（2）防波堤

本项目的防波堤工程包括南防波堤、北防波堤和临时防波堤。

1）南防波堤。采用高桩墩式结构，宽 7 m，顶高程为 4.8 m。分 19 个结构段，每一标准结构段 22.06 m，设 8 根 φ800C 型 PHC 桩，斜率均为 4∶1，桩横向间距 3.2 m，纵向间距 6 m。

安装预制挡浪板后现浇混凝土墩台胸墙，其上回填中粗砂，并铺设路面结构，靠近堤内侧铺设绿化带以增加美感。

2）北防波堤。采用高桩墩式结构，宽 7 m，顶高程为 4.8 m。分 15 个结构段，每一标准结构段 22.06 m，设 8 根 φ800C 型 PHC 桩，斜率均为 4∶1，桩横向间距 3.2 m，纵向间距 6 m。对于岩面较浅的结构段二至结构段六，每段设 10 根 φ800C 型 PHC 桩，斜率均为 4:1，桩横向间距 3.2 m，纵向间距 4.5 m。

其上部结构与南防波堤一致。

3）临时防波堤：采用斜坡式防波堤，结构断面见图 11 - 8。

开挖淤泥至 - 1.5 m 标高，防波堤底部抛填二片石垫层及砂垫层。

堤心抛填 10 ~ 100 kg 块石。堤外侧采用 600 mm 厚的 0.2 ~ 0.4 t 的块石护面，并铺设 300 mm 厚的 50 ~ 100 kg 的块石垫层，护面坡度为 1: 2。堤内侧依次铺设 300 mm 厚的 50 ~ 100 kg 块石垫层和 450 mm 厚的 100 ~ 200 kg 块石护面，护面坡度为 1:2。顶部设 C30 混凝土胸墙，胸墙顶宽 0.5 m，高 2.13 m，胸墙顶高程 5.97 m，胸墙底部铺设 300 mm 厚的碎石垫层。

防波堤底部插设塑料排水板，间距 1 m，正方形布置。排水板插至淤泥底。利用淤泥层上部的砂垫层作为排水通道。

（3）内护岸

采用斜坡式与高桩梁板式结合的混合结构方案。内护岸顶高程 5.17 m，桩基础采用 φ600PHC 管桩（AB 型）。内护岸断面见图 11 - 9 所示。

1）斜坡式护岸结构部分。

A. 基槽开挖：基槽开挖需在全部工程桩完成并相隔若干天后进行，严禁边打桩边开挖基坑，挖土需分层均匀进行，挖土过程中桩周土体高差不宜大于 1 m，严禁集中一处开挖。饱和黏性土、粉土地区的基坑，开挖宜在打桩全部完成 15 天后进行。

B. 1—1 至 4—4 断面从护岸前沿线起，按 1:7 放坡至后方陆域，放坡水平距离约为 70 m，5—5 断面从护岸前沿线起，按 1:5 放坡至后方陆域，放坡水平距离约为 45 m。

C. 基槽开挖完成之后，需在开挖边坡表面至下而上铺筑 10 ~ 50 mm 碎石倒滤层，厚 600 mm；二片石垫层，厚 300 mm；最上面铺 200 ~ 300 kg 块石，厚 800 mm。坡脚用 200 ~ 300 kg 块石压脚，厚度 1 m。

D. 挡土墙：暂时在 1—1 断面后方约 44 m 的位置做"L"形挡土墙，挡土墙顶宽为 1.0 m，底宽为 2.2 m，墙高约 2.8 m，挡土墙具体设计需根据现场施工情况作相应调整。

2）高桩梁板式平台结构部分

A. 1—1 断面：平台宽度为 15 m，由基桩、帽梁、"π"型板组成。排架间距为 6 m，每一排架设 5 根 φ600PHC 桩（壁厚 110 mm），桩进入强风化岩层的深度不小于 2 m。桩上采用倒"T"型横梁，下横梁宽 1.2 m，高 0.8 m；上横梁宽 0.8 m，高 1.0 m。"π"型板的纵梁部分宽 0.45 m，高 1.0 m，板厚 400 mm。

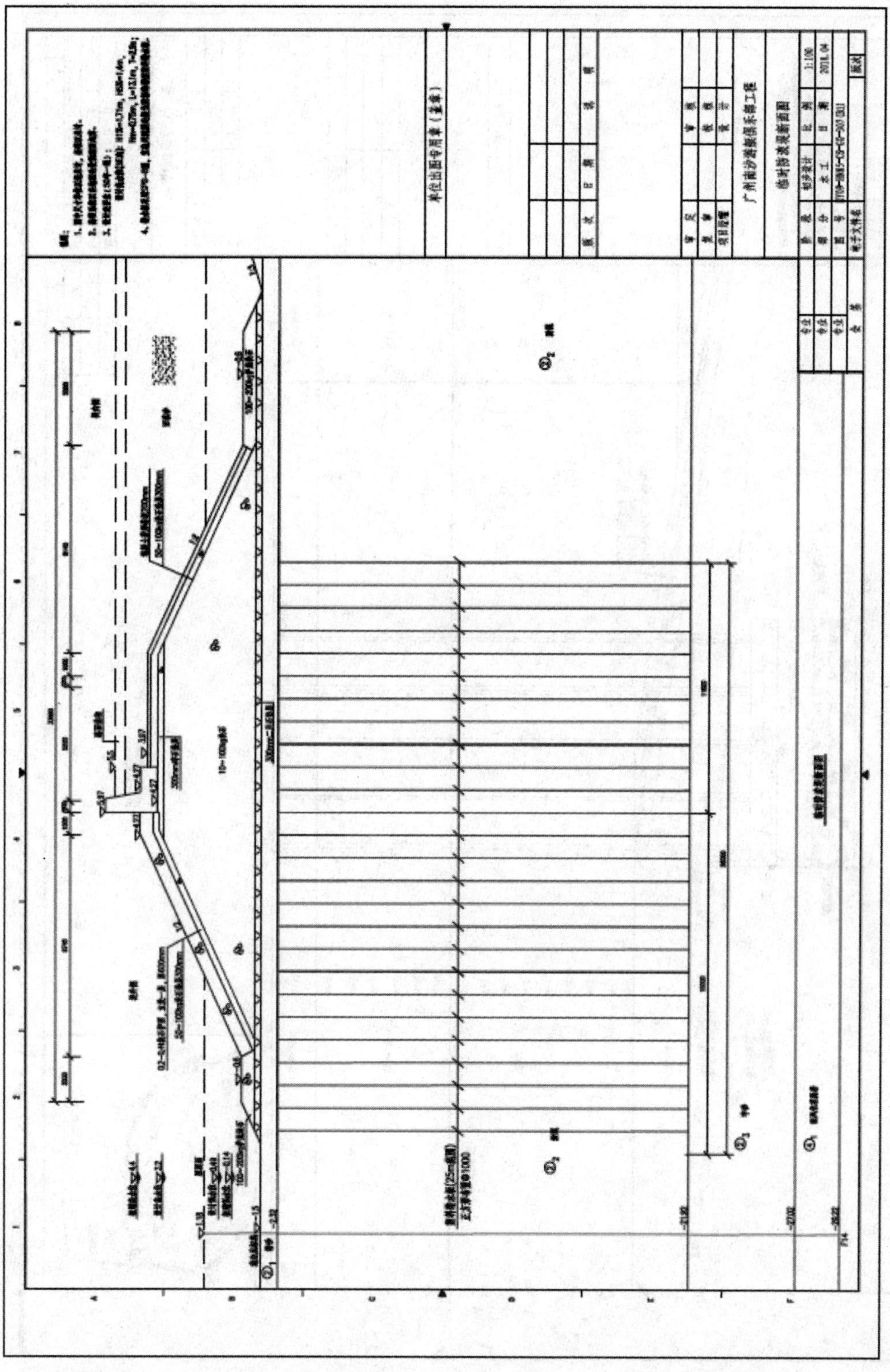

图11-8　临时防波堤断面图

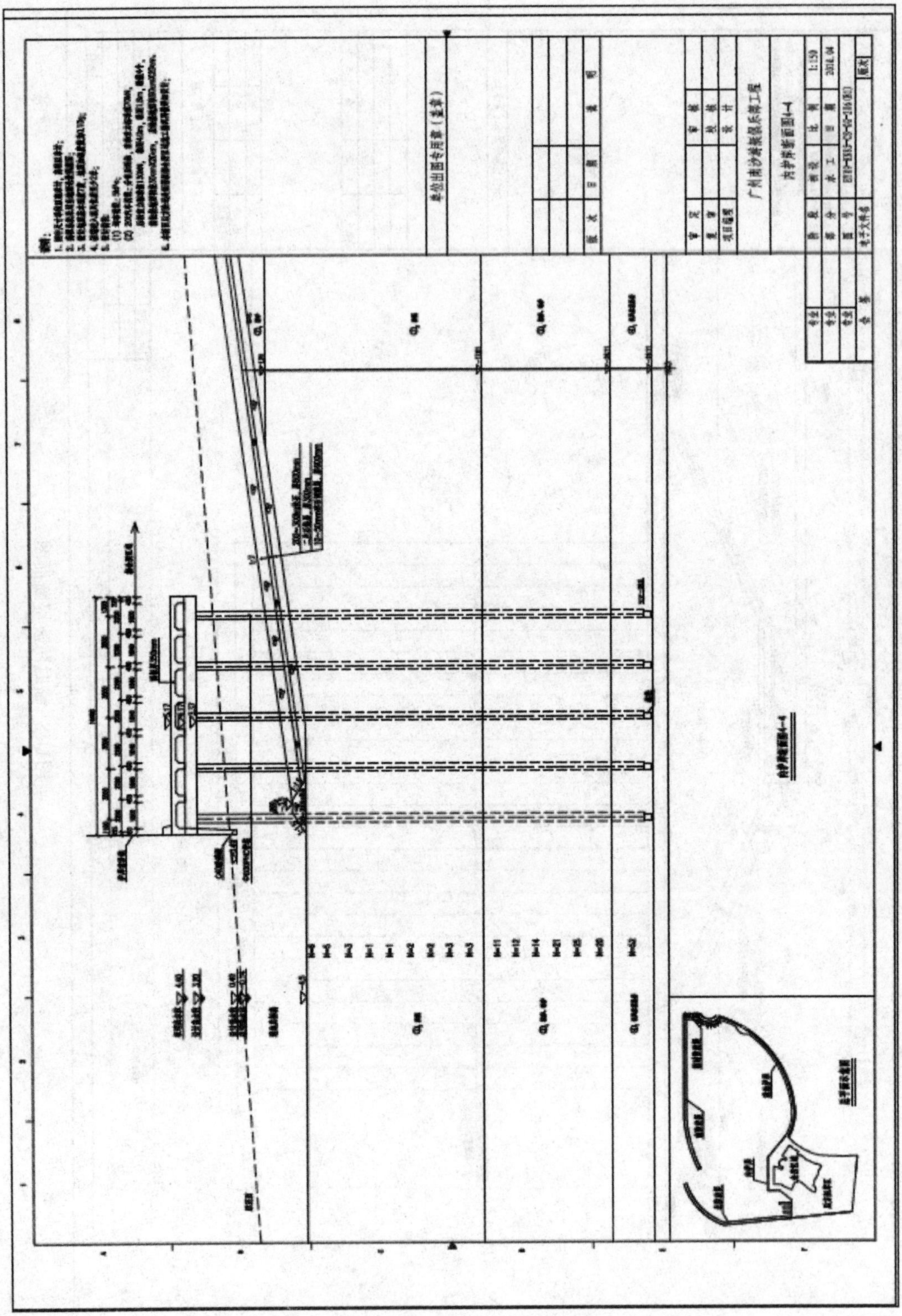

图11-9 内护岸断面图

B. 2—2，5—5 断面：平台宽度为 15 m，由基桩、帽梁、"π"型板组成。排架间距为 6 m，每一排架设 4 根 φ600PHC 桩（壁厚 110 mm），桩进入强风化岩层的深度不小于 2 m。桩上采用倒"T"型横梁，下横梁宽 1.2 m，高 0.8 m；上横梁宽 0.8 m，高 1.0 m。"π"型板的纵梁部分宽 0.45 m，高 1.0 m，板厚 350 mm。

C. 3—3，4—4 断面：平台宽度为 16.4 m，由基桩、帽梁、"π"型板组成。排架间距为 6 m，每一排架设 5 根 φ600PHC 桩（壁厚 110 mm），桩进入强风化岩层的深度不小于 2 m。桩上采用倒"T"型横梁，下横梁宽 1.2 m，高 0.8 m；上横梁宽 0.8 m，高 1.0 m。"π"型板的纵梁部分宽 0.45 m，高 1.0 m，板厚 350 mm。

D. 后方艇库区标准断面宽 25 m，由基桩、帽梁、"π"型板组成。排架间距为 6 m，每一排架设 8 根 φ600PHC 桩（壁厚 110 mm），桩进入强风化岩层的深度不小于 2 m。桩上采用倒"T"型横梁，下横梁宽 1.2 m，高 0.8 m；上横梁宽 0.8 m，高 1.0 m。"π"型板的纵梁部分宽 0.45 m，高 1.0 m，板厚 400 mm。

码头前沿挡板采用预制结构，板底标高 0.49 m。板厚 30 mm。上部结构采用全现浇。

（4）港池护岸

采用抛石斜坡式结构。由于地基土淤泥层较厚，为满足沉降及稳定等要求，拟采用插塑料排水板加堆载预压的方法对软土进行加固处理。塑料排水板以正方形布置，间距 1 米，插至淤泥层底，顶部设 1 000 mm 厚的粗砂层作为其排水通道。其上铺设 300 mm 厚的二片石垫层。港池护岸堤心石抛填 10～100 kg 块石。外坡坡度为 1:2，高程 2.0 m 以下护面依次铺设 300 mm 厚的 50～100 kg 块石垫层和 450 mm 厚的 100～200 kg 块石护面，高程 2.0 m 以上护面依次铺设 300 mm 厚的 50～100 kg 块石垫层和 450 mm 厚的浆砌块石护面，内坡依次回填 300 mm 厚二片石垫层和 500 mm 厚混合反滤层。上部采取"L"形 C30 现浇混凝土胸墙，顶高程为 5.79 m。胸墙顶宽 0.5 m，后方陆域高程 5.17 m。

（5）坡道与提升机承台

1）坡道：采用高桩结构，宽 6 m，坡道顶高程 −0.83～5.17 m，坡比 1:4。排架间距 3.8 m，每一排架设 2 根 φ600B 型 PHC 桩，桩距 4 m，其上现浇梁板结构。

2）提升机承台：采用高桩梁板式结构。承台宽度为 4 m，由基桩、帽梁、"π"型梁组成。排架间距为 6 m，每一排架设两根 B 型 PHC 桩，桩径为 800 mm，入强风化岩不小于 3 m。两承台内侧竖向布置 SA200H × 2000 橡胶护舷。

11.2.2.1.3　主要施工工艺和方法

本项目主要涉海工程内容有：游艇码头、防波堤、挡土墙及护岸、港池疏浚、陆域形成及地基处理。主要工程施工顺序如下：陆域形成－地基处理－护岸－防波堤－港池疏浚－游艇码头。

（1）陆域形成与地基处理

1）陆域形成：

根据本工程 2008 年 12 月最新测图，本工程规划陆域范围内，大部分区域已成陆，陆域地面高程介于 2.2～3.70 m 之间，低于地面设计高程 5.17 m，需进行填筑造陆。

结合本工程实际情况，陆域形成陆上推填施工工艺。综合考虑陆域设计高程、铺面结构方案和地基处理方案等因素，确定陆域回填高程为 3.5 m。

本工程规划的港区陆域总面积为 3.37×10^4 m^2。结合地基处理方案，陆域回填面积需向南北两侧进行拓宽，陆域回填实际面积为 4.16×10^4 m^3（其中 3.15×10^4 m^3 属于本工程用地范围）。回填范围内的填方总量为 1.33×10^4 m^3，挖方总量为 0.24×10^4 m^3。

2）地基处理：

本工程地基软土厚度大、压缩性高、强度低，必须进行加固处理才能满足场地的使用要求。

本工程地基处理的对象是淤泥性土，主要目的是控制沉降。港口工程常用的地基处理方法主要有置换法、排水固结法、复合地基法和振密、挤密法四大类，对于处理深厚软土，采用排水固结法或者复合地基法比较经济有效。其中排水固结法用于大面积软基加固时具有造价低、加固效果好、施工工艺成熟的优势。复合地基法外加荷载小，对周边环境影响小。

本工程大面积地基处理适合采用排水固结法进行地基处理。排水固结法根据不同的施压方式分为堆载预压和真空（联合堆载）预压两种方案。地基处理平面布置如图 11－10 所示。

对于本工程而言，保证施工期护岸的整体稳定是本工程重点之一。堆载预压方案通过控制加载速率或反压长度，可解决堆载地基失稳的问题。结合本工程实际情况，本工程地基处理推荐采用堆载预压方案。

3）护岸施工：对内护岸采用软基处理→搅拌桩施工→开挖→抛填基床→沉箱安装→胸墙块体现浇。

4）防波堤施工：

对南、北防波堤，沉桩→抛填块石棱体→安装下挡浪板→现浇挡承台及胸墙

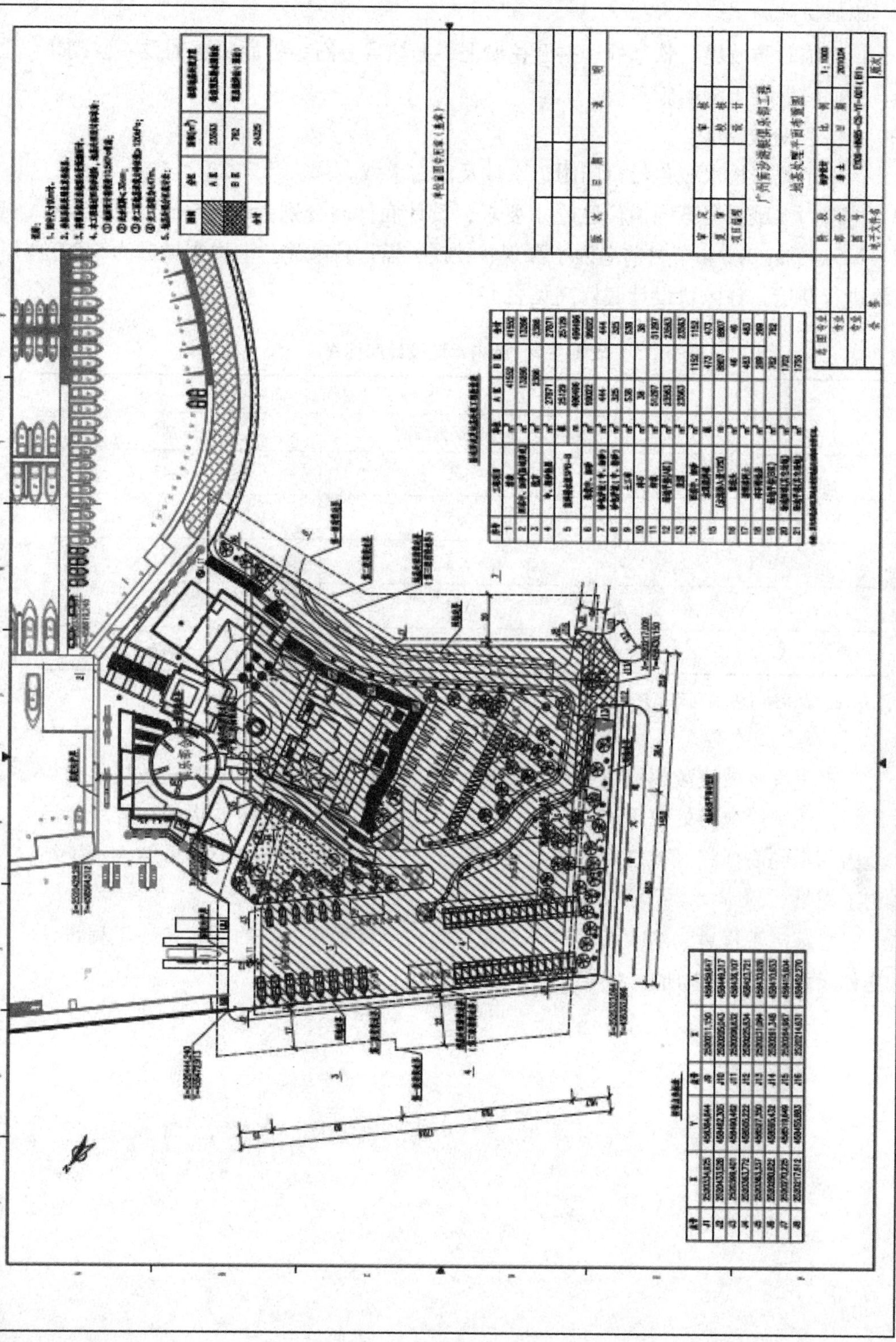

图11-10　地基处理平面布置图

→附属设施施工。

对临时防波堤,软基处理→开挖淤泥→抛填堤心石→护面垫层铺设→浆砌块石护面→混凝土胸墙施工。

(2)疏浚施工

本工程开挖水域包括口门附近水域及港内水域。

港内水域根据不同泊位区吃水要求,设计底标高分别为 -4.5 m、-3.5 m、-2.5 m 和 -1.5 m。目前港内水深现状较浅,需进行疏浚。港内水域分为 5 个区块进行开挖,各区块设计底标高见表 11 -2。

表 11 -2　港内水域设计底标高

代表船型	设计底标高（m）	
	当地理论最低潮面	珠江基面
①	-4.5	-6.47
②	-3.5	-5.47
③	-2.5	-4.47
④	-2.5	-4.47
⑤	-1.5	-3.47

注:表中两个基面高程值转换关系如下:珠江基面 = 当地理论最低潮面 -1.964 m。

本工程水域疏浚超宽按 3 m 计,超深按 0.4 m 计;港池与临时防波堤、内护岸、港池护岸交界处按垂直开挖计算工程量,港池与南、北防波堤的交界线及港池内部不同底标高区域之间的疏浚边坡取 1:5,分界线以外的工程量纳入水工结构工程量。

总疏浚工程量为 534 125 m³,未考虑测图至今及施工期的回淤量。工程量计算如设计图 11 -11 所示。

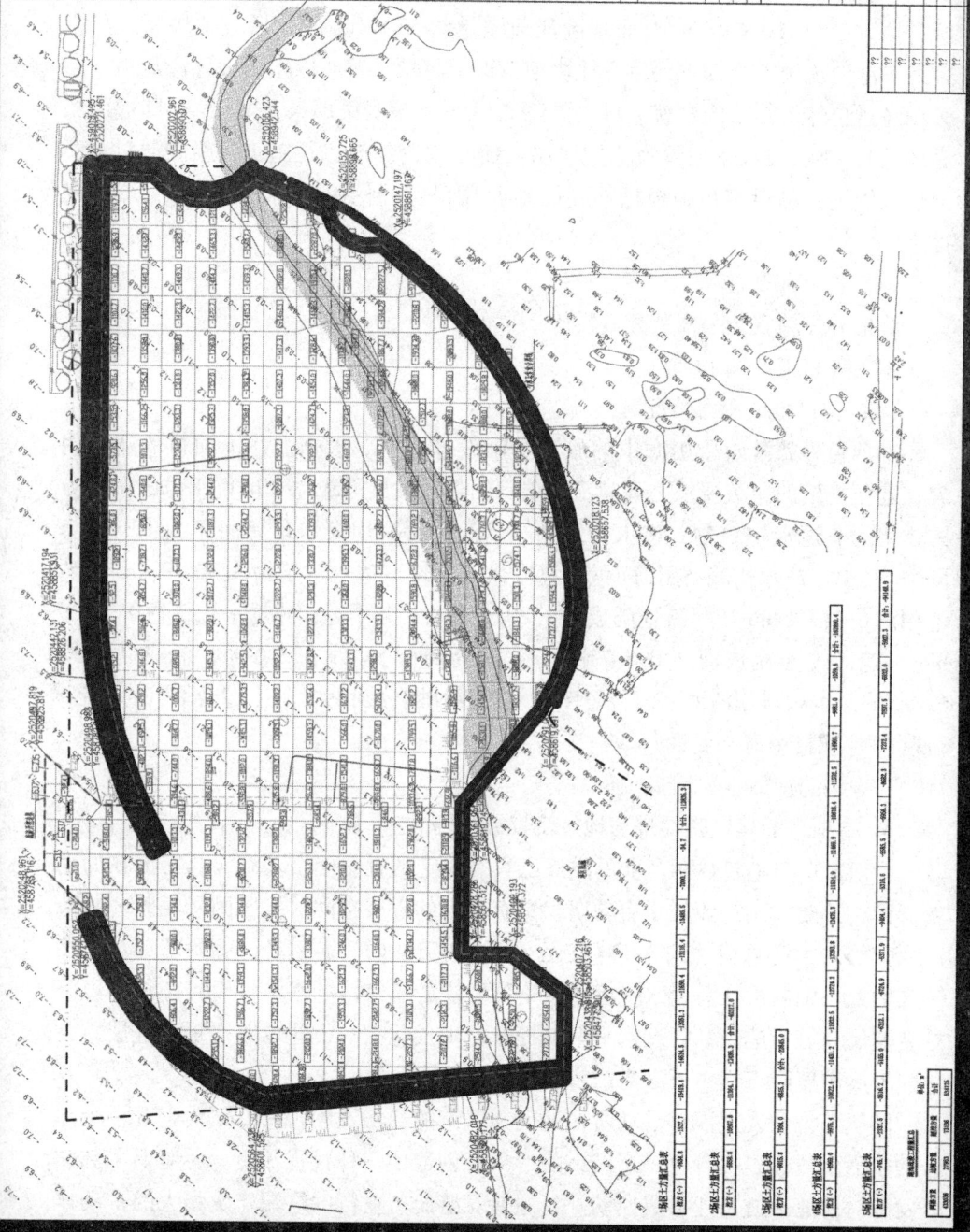

图11-11 港池疏浚计算图

　　疏浚土质主要为淤泥质土及淤泥混砂，为了加快本工程的建设工期，暂不考虑将疏浚土用于本工程的陆域形成。由于本工程后方地块均为业主建设用地，故考虑将本工程疏浚土处置于此，该地块面积约 1 000 亩，0.5 ~ 2.5 m 左右（珠基高程），按规划要求，此区域规划高程为 3.2 m，因此，回填高度为 2 m 左右，所需填方量约 120×10^4 m³，而现港池疏浚量约 53×10^4 m³，后方地块完全可以容纳。港池疏浚泥全部填到后方地块中，由于容量足够所以不用设置溢流口。疏浚泥经过自然沉淀后的水就近排入九王庙河涌（接明渠那条）、仔涌（即虎门桥底那条）。本次设计采用绞吸式挖泥船及抓斗式挖泥船进行施工，船舶通过 GPS 定位系统进行测量定位，根据不同的地面高程及开挖深度进行分段、分层控制推进。

　　（3）游艇码头施工

　　沉桩→浮箱安装→安装配套设施。

　　本工程总工期约 14 个月。

　　（4）项目申请用海情况

　　本项目为旅游娱乐用海中的旅游基础设施用海，根据上述本项目的建设内容，建设规模的相关要求，为满足本项目的建设发展需求，本项目所需的用海方式主要为非透水构筑物、透水构筑物、港池用海。用海申请总面积为 10.467 5 hm²，其中非透水构筑物用海面积为 0.390 2 hm²，透水构筑物 3.362 9 hm²，港池用海 6.714 4 hm²。另有挖陆成海 1.893 6 hm²，其中挖入式透水构筑物 0.794 9 hm²，挖入式港池成海 1.098 7 hm²。占用已有的岸线 573.6 m，形成新岸线 696.5 m。本项目用海的宗海位置图和宗海界址图分别见图 11 - 12 至图 11 - 14。

　　（5）项目用海必要性

　　1）项目建设的必要性。

　　A. 本项目的建设是促进当地经济发展的需要。

　　目前，广州港口休闲产业的发展已具有一定的社会经济基础，具有潜在的消费群体，游艇休闲产业处于启动期，具有较大的发展空间。按照国际经验，当地区人均国内生产总值达到 3 000 美元至 5 000 美元时，游艇经济开始萌芽。广州现在的人均国内生产总值水平已完全达到发展游艇经济的水平，而且广州的经济社会发展与城市建设和管理水平全面提升，现代化大都市建设取得重大进展，为广州发展游艇经济提供了必需的市场条件。

　　游艇经济的发展能够推动所在地区和城市的经济发展，它不仅代表着一个地区的生活素质，也提升着一个城市的形象，创造了一种投资环境。游艇俱乐部的开发除对游艇上游产业形成拉动外，主要对游艇产业链的终端产生强大的带动作用，同时对劳动力也将产生超强吸纳能力。凡是消费游艇的人一般都是拥有巨大

广州南沙游艇俱乐部码头工程宗海位置图

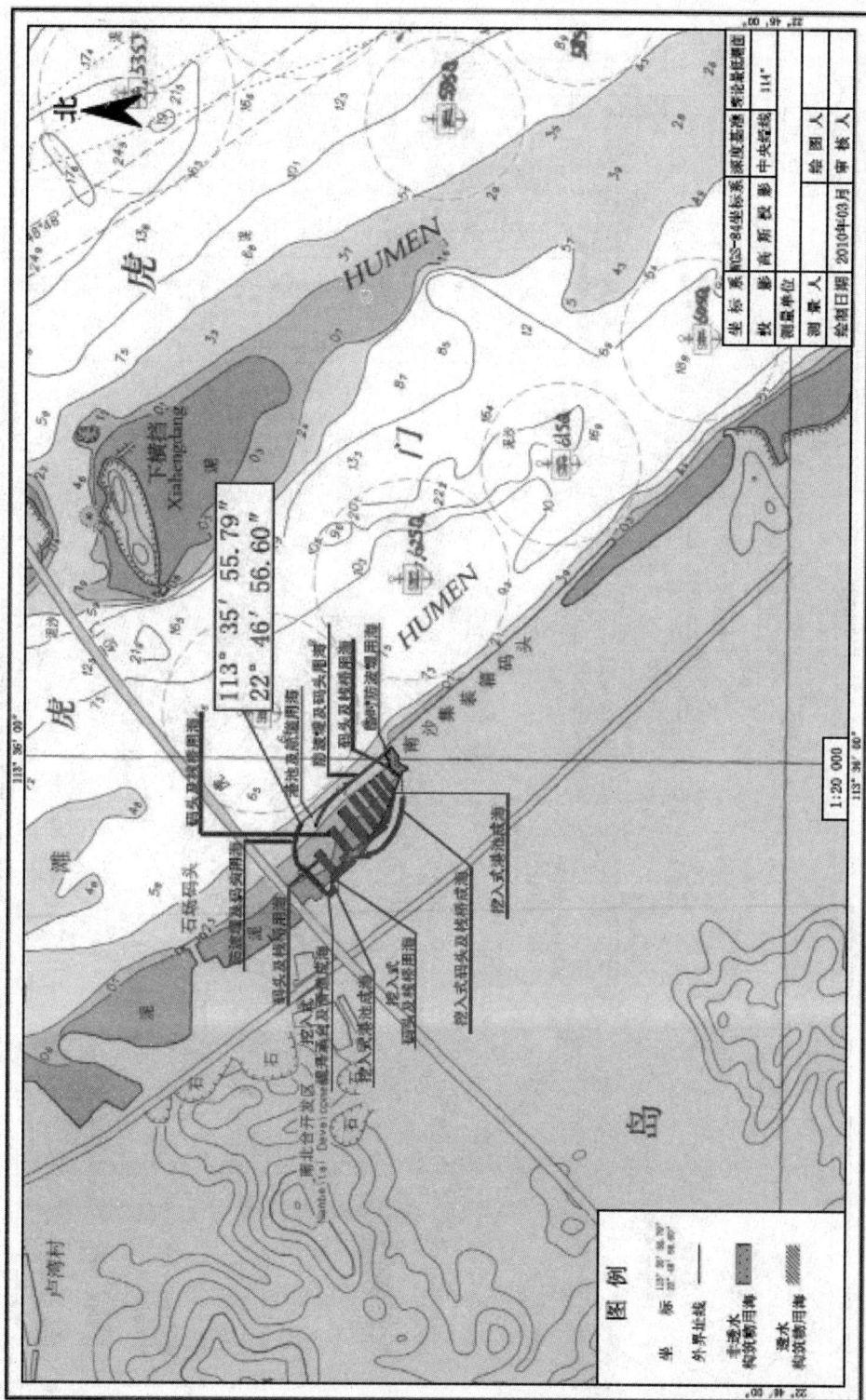

HUMEN

虎

门

HUMEN

HUMEN

下横档
Xiaohengdang

滩

虎

南沙集装箱码头

石碣码头

广州南北合开发区
Guangzhou Davelopment Zone 艇架游艇系列及结构用海
挖入式

挖入式游艇系列及结构用海

挖入式码头及水池形成海

挖入式码头及水池形成海

南北水池及结构用海

内湾村

岛

113° 35′ 55.79″
22° 46′ 56.60″

放坡及码头用海
码头及引桥用海

港池及航道用海

码头及引桥用海

放坡及码头与桥用海

坐标系	WGS-84坐标系	深度基准	零位基面起算
投影	高斯投影	中央经线	114°
测图单位			
测绘人		绘图人	
绘图日期	2010年03月	审核人	

1:20 000

图11-12　本项目宗海位置图

图 例

单	座			外界址线	———

透水
构筑物用海

透水
构筑物用海

广州南沙游艇俱乐部码头工程使用海域宗海界址图

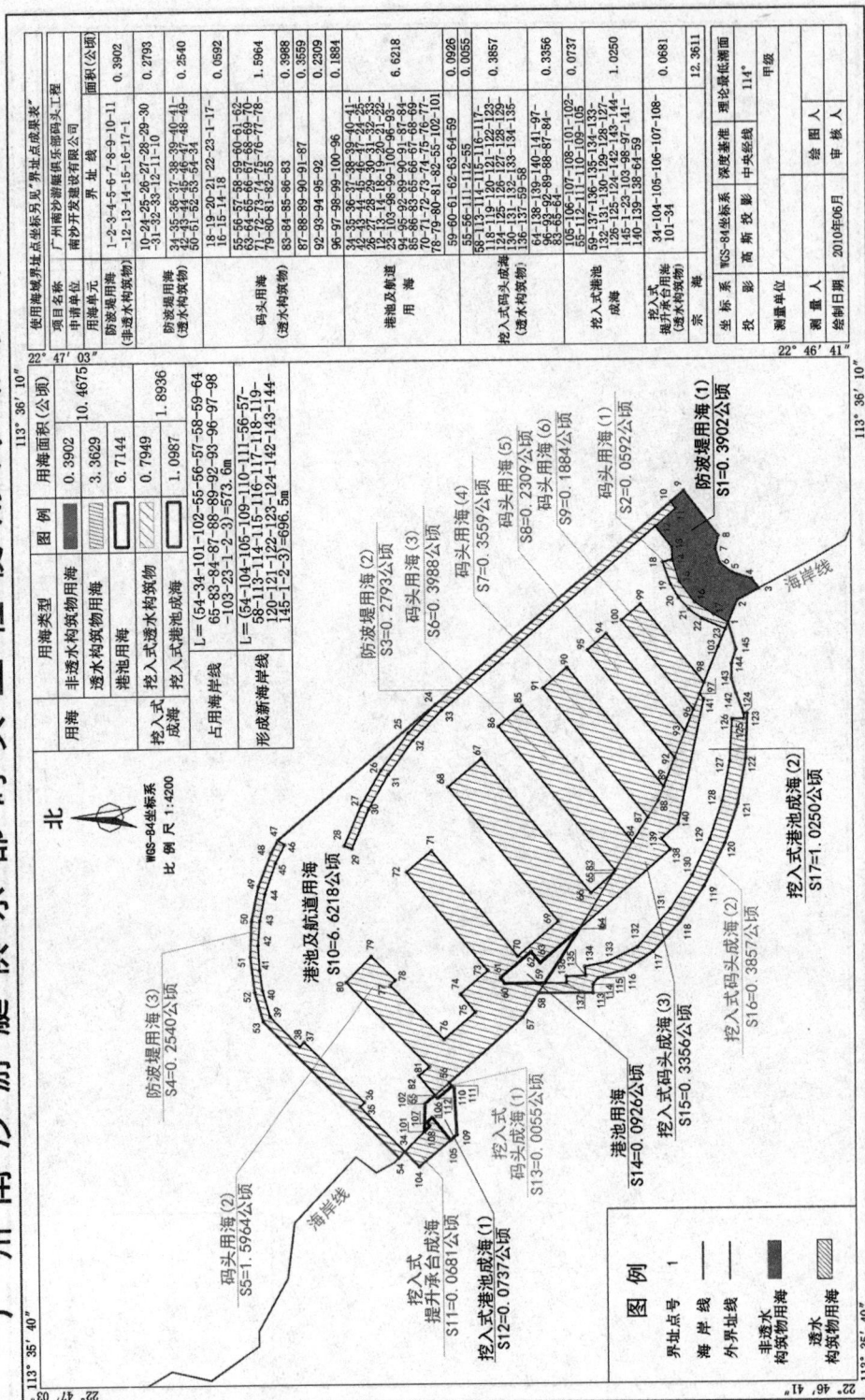

使用海域界址点成果表

用海单元	界址线	面积(公顷)
项目名称	广州南沙游艇俱乐部码头工程	
申请单位	南沙开发建设有限公司	
防波堤用海（非透水构筑物）	1-2-3-4-5-6-7-8-9-10-11-12-13-14-15-16-17-1	0.3902
	10-24-25-26-27-28-29-30-31-32-33-12-11-10	0.2793
防波堤用海（透水构筑物）	34-35-36-37-38-39-40-41-42-43-44-45-46-47-48-49-50-51-52-53-54-34	0.2540
码头用海（透水构筑物）	18-19-20-21-22-23-1-17-16-15-14-18	0.0592
	55-56-57-58-59-60-61-62-63-64-65-66-67-68-69-70-71-72-73-74-75-76-77-78-79-80-81-82-55	1.5964
	83-84-85-86-83	0.3988
	87-88-89-90-91-87	0.3559
	92-93-94-95-92	0.2309
	96-97-98-99-100-96	0.1884
港池及航道用海（透水构筑物）	34-35-36-37-38-39-40-41-42-43-44-51-50-49-48-47-46-45-35-103-98-99-100-96-93-94-95-90-89-91-86-85-83-86-67-68-69-70-77-71-72-73-74-75-76-136-137-59-58	6.6218
	59-60-61-62-63-64-59	0.0926
	58-113-114-115-116-117-118-125-130-127-128-129-136-137-59-58	0.0055
挖入式码头成海（透水构筑物）	64-138-139-140-141-97-96-99-92-98-88-87-84-63-65-64	0.3857
挖入式港池成海	59-117-136-135-134-133-132-131-130-127-128-129-137-59	0.3356
	59-107-108-101-102-109-110-107-108-109-105	0.0737
挖入式港池成海	34-104-105-106-107-108-101-34	1.0250
宗海	101-34	0.0681
合计		12.3611

坐标系　WGS-84坐标系　深度基准　理论最低潮面
投　影　高斯投影　中央经线　114°
测量单位　　　等级　甲级
测量人　　　　绘图人
绘制日期　2010年06月　审核人

用海类型图例

用海类型	图例	用海面积(公顷)	界址线
用海	非透水构筑物用海	0.3902	L=(54-34-101-102-55-56-57-58-59-64-65-83-84-87-88-89-93-96-97-98)
	透水构筑物用海	3.3629	
	港池用海	6.7144	
挖入式成海	挖入式透水构筑物成海	0.7949	L=(54-104-105-109-110-111-56-57-58-113-114-115-116-117-118-119-120-121-122-123-124-142-143-144-145-1-2-3)=573.6m
	挖入式港池成海	1.0987	=696.5m

占用岸线　65-83-84-87-88-89-93-96-97-98
形成新海岸线　58-113-114-115-116-117-118-119-120-121-122-123-124-142-143-144-145-1-2-3

WGS-84坐标系
比例尺 1:4200

图例

界址点号	1
海岸线	
外界址线	
非透水构筑物用海	
透水构筑物用海	

防波堤用海(3) S4=0.2540公顷
码头用海(2) S5=1.5964公顷
港池及航道用海 S10=6.6218公顷
挖入式提升承台成海 S11=0.0681公顷
挖入式港池成海(1) S12=0.0737公顷
挖入式码头成海(1) S13=0.0055公顷
港池用海 S14=0.0926公顷
挖入式码头成海(3) S15=0.3356公顷
挖入式码头成海(2) S16=0.3857公顷
挖入式港池成海(2) S17=1.0250公顷
防波堤用海(2) S3=0.2793公顷
码头用海(3) S6=0.3988公顷
码头用海(4) S7=0.3559公顷
码头用海(5) S8=0.2309公顷
码头用海(6) S9=0.1884公顷
码头用海(1) S2=0.0592公顷
防波堤用海(1) S1=0.3902公顷
海岸线

113°35'40"　113°36'10"
22°47'03"　22°46'41"

图11-13　本项目宗海界址图（总图，含挖陆成海部分）

广州南沙游艇俱乐部码头工程使用海域宗海界址图

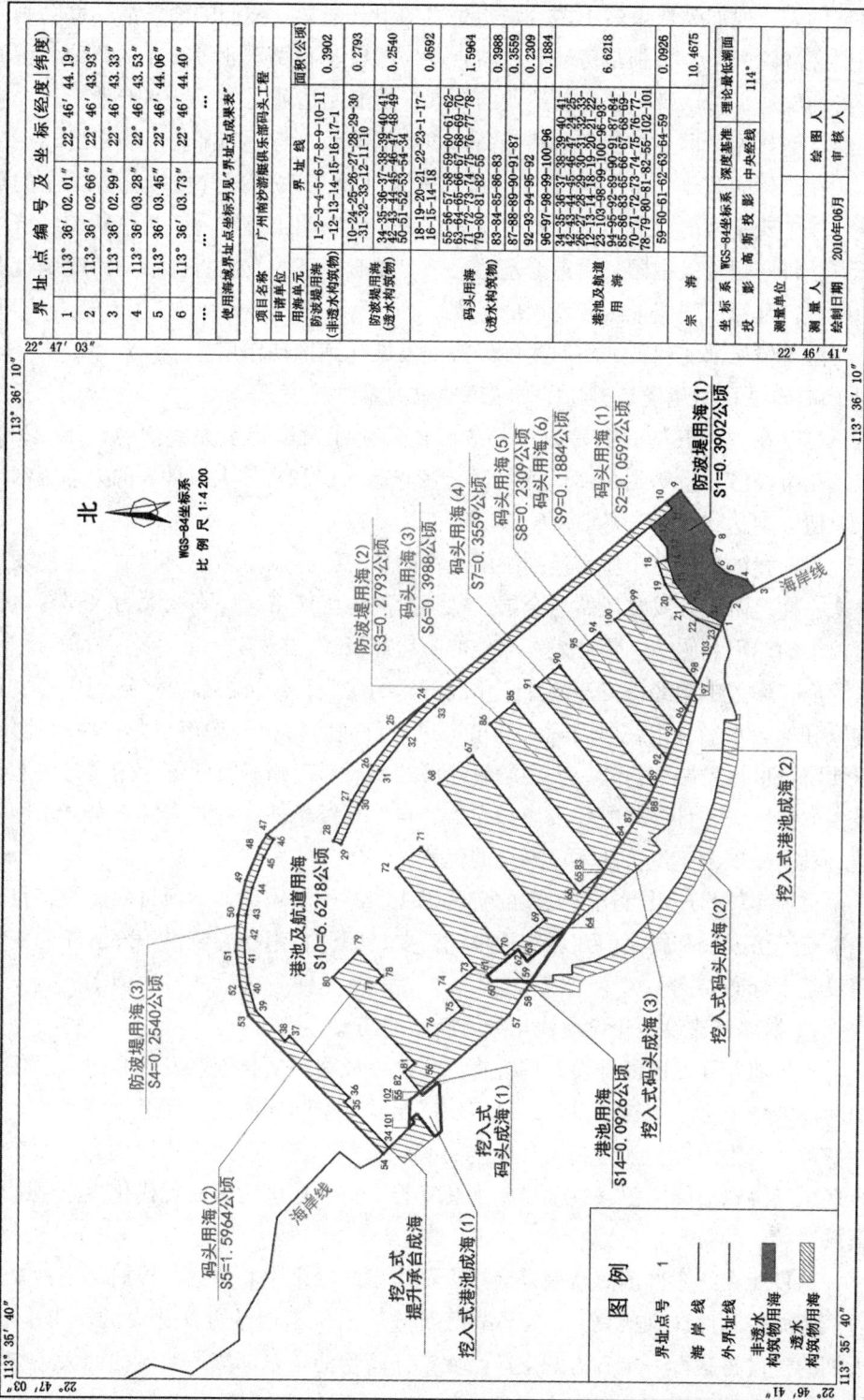

界址点编号	坐标(经度|纬度)	
1	113° 36′ 02.01″	22° 46′ 44.19″
2	113° 36′ 02.66″	22° 46′ 43.93″
3	113° 36′ 02.99″	22° 46′ 43.33″
4	113° 36′ 03.28″	22° 46′ 43.53″
5	113° 36′ 03.45″	22° 46′ 44.06″
6	113° 36′ 03.73″	22° 46′ 44.40″
⋯	⋯	⋯

使用海域界址点坐标另见"界址点成果表"

项目名称	广州南沙游艇俱乐部码头工程	
申请单位		
用海单元	界址线	面积(公顷)
防波堤用海(非透水构筑物)	1-2-3-4-5-6-7-8-9-10-11 -12-13-14-15-16-16-17-1	0.3902
防波堤用海(透水构筑物)	10-24-25-26-27-28-29-30 -31-32-33-12-11-10-9	0.2793
	34-35-36-37-38-39-40-41 50-51-52-53-54-34	0.2540
	16-15-14-18	0.0592
码头用海	55-56-57-58-59-60-61-62 63-64-65-66-67-68-69 70-71-72-73-74-75-76-77-78 79-80-81-82-55	1.5964
	83-84-85-86-83	0.3988
	92-93-94-95-92	0.3559
	96-97-98-99-100-96	0.2309
		0.1884
港池及航道用海		6.6218
	59-60-61-62-63-64-59	0.0926
宗海		10.4675

坐标系	WGS-84坐标系	深度基准	理论最低潮面
投影	高斯投影	中央经线	114°
测量单位		绘图人	审核人
测量人		绘制日期	2010年06月

WGS-84坐标系
比例尺 1:4 200

北

图例
界址点号　1
海岸线
外界址线
非透水构筑物用海
透水构筑物用海

防波堤用海(2) S3=0.2793公顷
防波堤用海(3) S4=0.2540公顷
码头用海(2) S5=1.5964公顷
码头用海(3) S6=0.3988公顷
码头用海(4) S7=0.3559公顷
码头用海(5) S8=0.2309公顷
码头用海(6) S9=0.1884公顷
码头用海(1) S2=0.0592公顷
防波堤用海(1) S1=0.3902公顷
港池及航道用海 S10=6.6218公顷
港池用海 S14=0.0926公顷
挖入式码头成海(1)
挖入式港池成海(1)
挖入式码头成海(2)
挖入式港池成海(2)
挖入式码头成海(3)
挖入式提升承台成海

图11-14　本项目宗海界址图(不包含挖陆成海部分)

财富的人，他们人数虽然不多，其购买力却十分强大。他们的消费活动都会刺激当地经济的繁荣，特别是房地产，酒店业，零售业和娱乐业等行业的繁荣。游艇经济的发展，可以带动游艇制造业的发展，游艇制造业是一个新兴产业，一个新的经济增长点。世界游艇年消费额高达 400 亿美元，与万吨邮轮市场相当。

在广州的"十一五"规划中，将船舶工业作为改造提升传统优势工业的重点，以中船集团南沙造船基地的建设为龙头，使船舶工业成为广州市新的经济增长点，将广州建成中国三大造船基地之一。游艇经济的发展将会带动游艇制造业的发展，是对广州船舶工业发展的补充。

游艇俱乐部的建设，将对南沙经济的发展起到推动作用。

B. 本项目的建设是提高广州城市地位的需要。

广州在"十五"时期是改革开放和现代化建设取得重大成就的 5 年。2005年，全市经济总量达到 5 115.75 亿元，按户籍人口和常住人口计算的人均国内生产总值分别达到 8 393 美元和 6 520 美元。

目前我国沿海多个城市达到游艇经济的这一临界点，和中国其他行业的发展模式一样，游艇开发之风席卷全国，中国沿海地区城市无一不在大力兴建专供游艇停泊的船坞和码头，借此发展当地的游艇经济。

广州作为中国经济发达的珠三角经济区的龙头，经济发展已经达到中等发达国家和地区水平，正在向国际大都市迈进。目前亟待提升城市形象、城市地位，以便跻身世界名城的行列，大型游艇经济的发展对广州城市的形象的提升将起到极大的作用。并且广州毗邻港澳和先天的自然气候条件，海岸资源丰富，水网发达，具有发展游艇经济的不可多得的优势。

目前，广州还没有比较大型的游艇码头和游艇俱乐部，本项目的建设将是未来游艇经济发展和提高广州城市地位的需要，因此，南沙游艇俱乐部游艇码头的建设是十分必要的。

C. 本项目建设是建设现代化滨海新城的需要。

广州南沙开发区的开发，围绕将广州建设成为最适合创业发展和生活居住的国际性区域中心城市这一目标，以实现广州城市空间的南拓，促进经济增长，引导城市发展为前提，充分利用其优越的区位条件，将南沙地区建设成为产业布局合理、经济辐射能力强、基础设施配套完善、自然环境优美的现代化生态型海滨新城区。

项目所在的东部滨海新城是南沙近期建设的城市中心位置，根据《南沙东部海滨新城控制性详细规划》，东部滨海新城被定位为南沙近期建设的城市中心，近期的建设将获得一定有力的支撑。旅游休闲功能是东部滨海新城的四大主导功能之一，本项目周边分布有大山乸公园、南沙高尔夫球场、4A 景区黄山鲁森林公园、大角山天后宫、南沙客运港、南沙大酒店等丰富的休闲度假资源，对于本项目游艇会的发展带来有效支持，同时，本项目的建设也将强化东部滨海新城的旅游休闲功能。

2）项目用海的必要性。广州南沙游艇俱乐部项目属于滨海娱乐活动的用海，用海方式为非透水构筑物、透水构筑物及港池用海，该项目的海域使用是由其场地的建设条件和工程建设的特殊要求决定的。

码头工程的建设需要使用部分海域进行码头主体工程建设，本游艇码头采用浮式栈桥结构，锚桩采用直径 600 mm 的钢管桩及 PHC 桩。浮箱采用高密度聚乙烯浮箱结构。

A. 游艇靠岸需要码头，码头建设需要用海；同时，保证游艇航行安全必须要有航道、停泊水域。港区的码头泊位建设，港池、航道的运营应具备相应的深水条件，以满足游艇的停靠要求。目前现有的自然岸线及水深条件不能满足其陆域和海域的要求。因此，为满足要求，须对部分海域进行必要的浚深，才能有效利用港区所在区域的深水条件，合理开发港口资源，满足港口的运营要求。

B. 本工程紧邻珠江出海口虎门水道，水域宽阔，为阻断波浪的冲击力、围护港池、维持水面平稳以保护港口免受坏天气影响，以便港内停泊的游艇安全，港池外需设防波堤。防波堤可以保证即使在异常天气的波况条件下，港内也能获得所需的平稳度，确保游艇安全航行对视野的要求和不妨碍游艇航行。综合考虑项目用海区域的水深、潮差、波浪、地质等自然条件以及使用要求和施工条件等因素，需要占用海域建设防波堤以确保港池内船舶的泊稳和安全，因此其用海也是必要的。

C. 结合现状地形，将陆域布置在港区西侧现有陆地上，水域布置在港区东侧，并从美观角度考虑将水域大致呈椭圆形布置。参考现今知名游艇俱乐部的规划布局，结合本项目游艇泊位的规模等实际情况，整个游艇俱乐部需有会所、艇库、游泳池、停车场等配套设施，而且艇库、维修间、上下码头、游艇停放场、供水、供电、排污等规划在本项目西北角，有利于运营管理，规划设计时充分考虑了这一点并且基本上是沿着海岸线进行布置。

D. 本项目在做策划时是按整个地块来考虑的，根据已投入使用国内外游艇俱乐部的情况来看，一般游艇俱乐部需有 250 个泊位以上才可以产生规模效应，项目经济分析才可行。而且按珠江水利委员会要求项目不能超治导线，在治导线内现有海域无法布置所需泊位数，而且现有海岸线不规则，所以需挖入后方陆地来扩大港池面积，满足泊位的布置规模。

综上所述，本项目的用海是必要的。

关注要点：

项目用海基本情况应包括项目用海平面布置情况（水域布置、陆域布置），说明各组成部分的相互关系，提供附有水深信息的项目位置图，给出主要水工构筑物的典型结构型式、尺度等，并附典型结构断面图，给出游艇港各部分用海工程的主要施工方案、施工方法和施工进度，项目用海申请情况，并全面分析论述项目用海的必要性。

优点：

1）从水工设施平面布置（包括防波堤、护岸等）、水域平面布置（包括港池水域、浮式游艇码头等）、陆域平面布置（包括会所区、道路和技术服务区）等三个方面，清晰介绍了项目总平面布置情况。

2）水工构筑物结构、施工工艺和方法介绍全面、清楚，相关图件齐全。

3）从项目所在区域的社会经济发展、提高城市地位、建设现代化滨海新城等方面，阐述了项目建设的必要性；从游艇水上娱乐项目需要利用水域的性质以及满足项目泊稳条件、项目通航安全、项目功能发挥、项目规模需求等角度，分析本项目用海必要性，尤其是结合依托陆域资源环境现状、岸线条件以及相关管理要求，阐述了项目采用挖陆成海的必要性。

4）项目建设需要挖陆成海用于港池、码头的建设，项目宗海图中对挖入式用海部分进行了清晰的展示。

不足：

1）项目用海必要性中，项目建设规模确定的依据说明不够充分，项目建设对当地产业结构优化的论述还可以进一步完善。可以借鉴项目工可资料，必要时进行实地行业调查，并在此基础上，给出广州市及珠三角地区游艇港的现状、游艇泊位数量，结合整个地区游艇经济发展预测，进一步论证项目建设必要性。

2）没有给出游艇浮式栈桥码头、提升承台的结构断面图。

3）应附具有水深等要素的项目地理位置图。

11.2.2.2　项目用海合理性分析

11.2.2.2.1　选址合理性分析

针对本项目的用海特点，拟从社会经济条件、自然环境条件、海洋资源分布、与区划和规划的符合性及与周边海洋开发活动的适宜性、选址方案比选等方面分析本项目选址的合理性。

（1）社会经济条件适宜性

近年来，广州利用外资水平呈现快速上涨趋势，广州的国际化程度在不断提升，目前世界500强大企业累计已有160家进入广州。外资投资的快速增加，跨国公司的陆续进入，外企高管、高级技术人员等高端外籍消费者对游艇消费的需求将逐步呈现。目前，广州港口休闲产业的发展已具有一定的社会经济基础，具有潜在的消费群体，游艇休闲产业处于启动期，具有较大的发展空间。因此，本项目游艇会定位为以服务广州市为主，同时考虑到广州市作为珠三角的核心城市，与周边城市以及澳地区商贸往来频繁，存在周边有游艇消费需求的用户到广州消费的情况，可考虑部分珠三角周边地区及港澳消费需求。大型游艇经济的发展将带动广州市与珠三角周边地区甚至港澳、东南亚的商贸、休闲旅游活动，对广州城市的形象的提升将起到极大的作用。同时，广州南沙开发区的开发将充分利用其优越的区位条件，将南沙地区建设成为产业布局合理、经济辐射能力强、基础设施配套完善、自然环境优美的现代化生态型海滨新城区。因此，本游艇俱乐部项目的建设是适应和促进地区经济发展、提高广州城市地位及建设现代化滨海新城的需要。

（2）自然环境条件的适宜性

1）区位条件适宜性。本项目处于南沙港前大道东侧，虎门水道西侧，北距虎门大桥约200 m。本项目位于广州港南沙港区芦湾作业区。目前港址仍保持自然状态，为近岸浅滩和浅水区。目前陆域为天然的滩涂，长满野草，仅近虎门大桥桥脚小范围区域为临时堆砂场地。本港区风化岩层埋深约 −25 m，上覆土层为淤泥层、粗砂层和黏性土层。港池开挖无需炸礁。

南沙的对外交通体系完善，便捷的对外交通体系，能够使各城市的高端消费者方便到达南沙，为项目游艇会影响范围的扩大奠定了良好的基础：① 水路。本项目东侧是广州港出海主航道，能直接出海到达香港、澳门周边海域；本项目南侧的南沙客运港有水路航线可直达香港，且工程地处珠江口、珠三角河网中心区，可以借助珠江口汇集东江、西江、北江的地利优势直接上溯至三江内陆地区。② 陆路。陆路交通通过南沙港快速路、京珠高速公路、江中高速公路、虎门大桥、广州地铁 4 号线等快速便捷的交通设施与周边主要城市（区）相连，可便捷到达广州市区、番禺、佛山、深圳、东莞、珠海、中山、江门等城市。

2）具有可供利用的岸线资源和深水航道资源。码头区临近珠江主河道，前方水域有珠江电厂航道、广州港小船推荐航道、广州港出海航道，通航条件较好，导助航设施配置完善。因此本码头船只进出比较方便。同时，本项目所处岸线段邻近广州港主航道，岸线外侧水深条件良好，从充分利用岸线资源的角度考虑，本项目采用挖入式港池布置，并预留防波堤外侧未来建设港区公共泊位的空间，满足港口未来发展建设的需要。

3）气候条件及水文地质条件的适宜性。项目所在海域南亚热带季风气候显著，雨量充沛，干湿季明显；多年平均气温22.8℃，平均年降水量 1 784.9 mm；

冬夏的风向季节变化比较明显，常风向为东风；雾一般出现在春季和冬季，5—11 月一般无雾；近年来年平均相对湿度为 73℃，近年来年平均雷暴日约为72 天。

工程附近海域的潮汐性质属于不正规半日潮，潮流以往复流形式为主，落潮流速大于涨潮流速，落潮流历时大于涨潮流历时。相关资料表明，珠江口外海传入波浪受沿程众多岛屿、河床地形及水深等因素影响，传至伶仃洋湾顶大虎岛附近波能已大为衰减。

本项目所在海域为狮子洋。狮子洋水道总体稳定，多年来深槽基本维持在现有航道走向范围内，平面变化缓慢。拟建游艇码头由外侧护堤掩护，口门宽度仅50 m，外侧基本无水域开挖，对现有河道地形水动力条件影响小。项目南北防波堤交叉布置的全掩护方案有利于减少内域港池泥沙回淤，从泥沙淤积角度来看，对工程建设影响较小。根据本项目地址勘察报告，勘察区域场地未发现区域性断裂构造及破碎带存在，区域地质构造稳定。

本海区的海洋自然灾害主要是热带气旋、风暴潮和地震等。本区地震基本烈度为Ⅶ度。在按照相关设计要求进行施工建设，并采取切实有效的防控对策措施的前提下，自然灾害带来的相关影响在可接受范围内。

综上可知，拟建港址自然条件良好，气象、水文和地质等因素都能满足本码头建设和使用要求；外协条件优良；航行安全便利；施工地点水陆交通便捷，水源、电源等条件具备。同时项目附近地材丰富，砂石料供应充裕，施工条件良好。

（3）与周边海洋资源的协调性

本项目周边的海洋资源主要包括：港口资源（包括港口资源、航道与锚地资源）、滨海旅游资源、渔业资源等。

1）本项目所在海域可以充分利用现有的航道资源，利用天然水深条件来建设以旅游观光和海上娱乐、休闲为主要功能游艇码头项目。现有的港口资源可以为本项目提供较好的发展条件和优势资源，同时本项目的发展有利于促进港口资源的发展。

2）本项目周边旅游资源丰富，对促进本项目游艇会的发展具有重要作用。本项目所在的东部滨海新城是南沙近期建设的城市中心位置，本项目与东部滨海新城可以相互促进，共同推动周边旅游资源的发展。

3）本项目建设期间，疏浚施工将造成一定渔业资源的损失，但一般不会对该水域的生物资源造成长期的不良影响；施工作业完成后其影响也将消失，浮游动物、鱼类等水生生物又可游回。工程施工建设及运营过程中，应采用有效的环保措施，尽量减轻海洋环境影响程度，尽量避免对周边渔业资源的正常繁殖、生长产生负面影响。

（4）与区划和规划的符合性

根据《广东省海洋功能区划》（2008），本项目所在海域的海洋功能区为南沙城市景观用海，同时与伶仃洋经济鱼类繁殖场保护区重叠。项目建设可以利用所在海域自然景观和岸线、航道、锚地等资源，实现海洋资源的合理利用与开发。同时，根据本项目数值模拟结果，施工期疏浚工程引起的悬沙会对该海域的水质产生一定影响，但这种影响是暂时的。只要严格按照审批的范围施工，则本项目对伶仃洋经济鱼类繁殖场保护区的影响较小。同时，本项目建设对周边的舢板洲沙角浅水西锚地、狮子洋保留区、南沙港区、旅游区、广州港航道等海洋功能区的影响较小，并且会随着工程的结束而逐渐减小，总体来看，是可以接受的。因此，本项目与《广东省海洋功能区划》的主要功能定位是符合的。

本项目建设符合《广东省国民经济和社会发展第十一个五年规划纲要》、《广州城市建设总体战略概念规划纲要》、《南沙地区发展规划》、《广州海域开发利用与保护（2006—2020 年）》、《广州港总体规划》及其他相关规划。同时，项目建设有利于提高南沙地区的市场综合竞争力，加快珠江三角洲经济区的发展。因此，该项目的建设与该区域的产业布局和相关规划是相适应的，而且还可以相互促进。

（5）与周边海域开发活动的适宜性

本项目周围海域的用海活动主要为：虎门大桥、上下横挡岛风景区、采砂码头、5 万吨重力码头、舢板洲沙角浅水西 1 号、2 号锚地等。其中，距离本项目较近且与本项目有利益关系的用海活动主要为采砂码头、舢板洲沙角浅水西 1 号、2 号锚地和 5 万吨重力码头，本项目占用采砂码头所使用海域并对锚地有一定影响。根据分析可知，本项目与周边海域的开发活动具有可协调性。

（6）项目用海选址备选方案

项目另有一个备选选址，即大角山海滨公园港址。南沙开发区大角山海滨公园港址位于虎门大桥下游约 8 km 外的凫洲水道与虎门水道相连处，其西侧陆域紧邻南沙科技园。大角山海滨公园港址整个港区布置约 130 个游艇泊位，工程陆域面积约为 4×10^4 m²，水域面积约为 7×10^4 m²，详见图 11 - 15。进出港池水域的游艇将通过枕箱水道的左槽航段出入伶仃洋，乃至香港，由于此航段近港址区域水深较浅，最小水深为 2.0 m，需进行航道疏浚。考虑到现代游艇码头的要求，游艇码头设置成浮式结构。为了能给游艇码头以有效的掩护，修建两条环抱式防波堤，两防波堤在南端形成有效宽度为 50 m 的口门，为形成陆域，布置有港内护岸。考虑游艇上岸修理的需要，在引桥登陆处设一上岸码头，用于起吊游艇上岸修理。结合大、小泊位的布置情况，港内水域同时考虑游艇的作业条件及

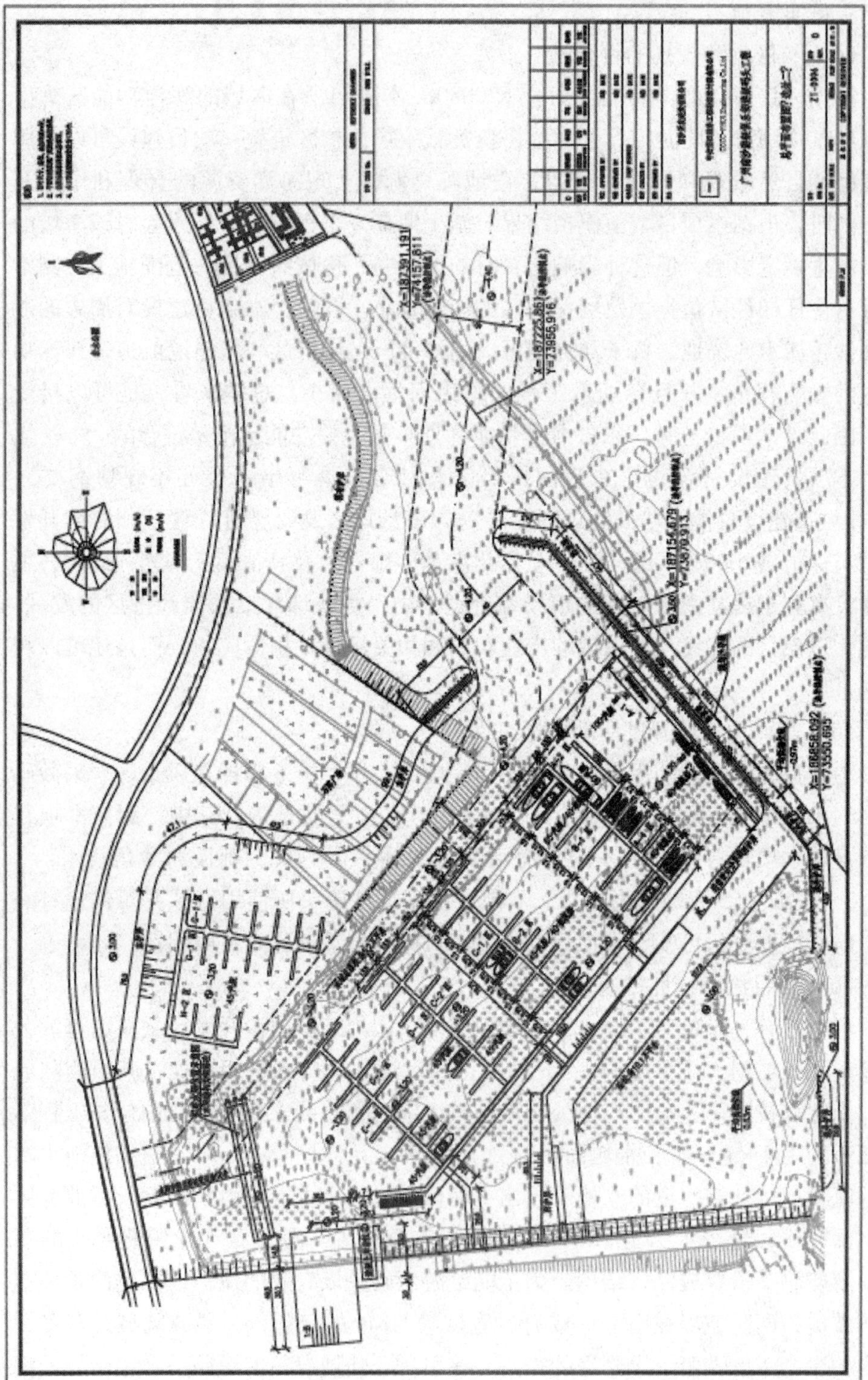

图11-15　备选选址方案总平面布置图

船行波的影响等进行布置。65 英尺以上游艇或 40 英尺机帆船泊位前方水域设计底标高为 −4.2 m（珠基），其他 45 英尺以下游艇泊位前方水域设计底标高为 −3.2 m（珠基）。港内航道长共约 540 m。分两个区，靠口门处的水域设计底标高为 −4.2 m，其余航道水域的设计底标高为 −3.2 m。港外航道利用凫洲航道的左槽，外航道长约为 1 400 m（至天然水深 5 m 处），设计底标高为 −4.4 m（珠基）。港外航道与凫洲航道整治推荐方案的右槽航道之间的距离为 1.3 ~ 2.2 km。两航道之间隔有凫洲岛，并均延伸至广州港出海主航道。

大角山海滨公园港址的优点：① 独立性高，更适合游艇私密性要求；② 外侧水域较宽阔，视野较广；③ 对滨海公园起到配套功能。

大角山海滨公园港址的缺点：① 现有水域水深较浅，在珠基 = 0.01 m 左右，港池开挖工程量大；该处回淤量大，港池、航道维护费用大；② 港池内有约 1.0 × 10^4 m^3 的炸礁工程，施工难度大，投资大；③ 占用已建滨海公园用地，对公园造成不利影响；④ 目前在大角山南坡的排水通道道口建设有水闸，该水闸排水产生的水流流速大，流况复杂，将影响到港池内游艇的泊稳条件；⑤ 港址用地面积较虎门大桥港址少，可建设泊位约 130 个；⑥ 此位置是台风风口，防风、安全工作难度大。

综上分析，本项目推荐方案和备选选址方案的距离较近，自然条件均适宜，但从项目的功能分析，本项目推荐的虎门大桥港址规模较大，发展空间大，适应性较强，其天然水深条件较好，周边无对港址有影响的建筑物。同时，虎门大桥港址具有地理位置优越，水域条件、陆域条件较好，符合港区总体规划，有良好的发展扩建前景等优点。因此，经综合分析比较，本项目推荐方案的港址方案是合理的。

11.2.2.2.2　用海平面布置及用海方式合理性分析

（1）用海平面布置合理性分析

1）总平面布置方案一和方案二比选。本项目在初步设计阶段，设计了两个总平面布置方案（总平面布置方案一见图 11 − 16，总平面布置方案二见图 11 − 17）。两方案的主要区别在于浮式码头大小泊位布置、俱乐部区的不同。两个方案的比选内容见表 11 − 3。

表 11 – 3　平面布置方案比较表 1

序号	比较项目	方案一	方案二
1	泊位数量	共布置游艇泊位 317 个，摩托艇泊位 55 个，水域利用率较高；此外，方案一游艇俱乐部突出港池布置，具有更好的亲水景观效果	共布置游艇泊位 304 个，摩托艇泊位 55 个，水域利用率较方案一低
2	陆域填方量	$1.35 \times 10^4 \ m^3$	$1.96 \times 10^4 \ m^3$
3	有效停泊水域	$12.54 \times 10^4 \ m^2$	$12.52 \times 10^4 \ m^2$
4	船舶进出港池及靠、离泊操作	将 165 英尺豪华游艇泊位靠近口门布置于港池西北部，其余泊位从大到小依次往东南布置，大小泊位分开，有利于船舶操纵的安全	港池西北部大小泊位混合布置，可能对小船操纵安全有一定影响
5	对海洋环境的影响	少许填海，减少对海洋空间资源的利用	有少许填海，减少对海洋空间资源的利用
6	海域集约利用程度	较好，充分利用空间，安排了较多的泊位	比方案一稍显不足
7	综合效益	较好	比方案一稍差

另外总平面布置方案一还具有以下优势：

A. 符合《广州港总体规划》，并结合港口发展要求，注重与周边岸线的开发相协调，岸线利用充分考虑游艇码头及外侧岸线未来建设港区公共泊位的预留空间，满足各自发展的需要；

B. 充分考虑了当地的现状地形条件，合理布置水陆域，尽量降低工程投资；

C. 水域布置充分考虑了当地水深地质状况和风浪流等自然条件，不但合理布置了防波堤、港池水域及航道，而且有利于保证船舶的航行和靠、离泊操纵安全；

D. 陆域布置功能分区明确，避免相互干扰和影响，并适应未来发展的需求。

经上述比选可知，总平面布置方案一不但能满足拟建项目的生产及生活要求，而且在提高水域利用率、利于船舶操纵安全方面具有较好的经济技术可行性；同时，总平面布置方案一的水域与陆域衔接较自然，且充分利用了现有陆域和拟申请海域，体现了集约节约用海理念，因此，初步设计阶段确定总平面布置方案一为推荐方案。

2）总平面布置方案三背景及概况。在初步设计确定推荐方案后，2010 年 3 月，由于水利部门的审批意见以及业主方关于游艇项目经营要求的改变等导致工程游艇泊位、栈桥、陆域用地、会所建筑等平面布置及内护岸的型式等均有变化或调整。设计部门在原"初步设计"推荐方案一的基础上对方案进行了补充修改和完善，并以"优化与局部变更"的形式确定了初步设计阶段的最终推荐方案，现将最终方案确定作为总平面布置方案三（图 11 − 2）。方案三共布置了 352 个游艇泊位、24 个摩托艇停泊位及 10 座浮式栈桥。总平面布置方案三已于 2010 年 5 月 10 日通过由广州港务局组织的评审会，并按照评审意见进行了修改完善，施工图阶段的设计工作也将以该方案作为依据。

3）总平面布置方案三与方案一的比较分析。总平面布置方案三是按照项目建设的最新功能需求，在总平面布置方案一的基础上做了优化和局部变更，与总平面布置方案一的不同之处主要在于泊位、栈桥、内护岸、会所区及技术服务区的布置。

两个方案在用海方面的比选内容见表 11 − 4。

表 11 − 4　平面布置方案比较表 2

序号	比较项目	方案一	方案三
1	填海	部分用海涉及填海	根据项目工期要求，内护岸修改为高桩承台式，不再填海。为辅助工程加固海岸，采用斜坡式对内护岸和会所邻近海域部分进行加固
2	有效停泊水域	$12.54 \times 10^4 \ m^2$	$13.49 \times 10^4 \ m^2$
3	泊位数	共布置游艇泊位 317 个，摩托艇泊位 55 个	共布置游艇泊位 352 个，摩托艇泊位 24 个。利用率比方案一高
4	对海洋环境的影响	有部分填海，对海洋环境有影响	无填海，对海洋环境的影响比方案一小
5	用海安全	无防洪通道，不利于防洪	内护岸前沿线往后 15 m 作为防洪通道，有利于防洪
6	海域集约利用程度	较好，充分利用空间，安排了较多的泊位	较好，充分利用空间，安排了尽可能多的泊位
7	综合效益	较好	较好

A. 方案三平面布置与游艇行业发展需求的适宜性分析。本项目建设可以充分地利用南沙港区自然岸线和近岸海域资源，通过适度和有效开发进行滨海旅游活动，不仅能够保障交通、旅游等相关建设项目和相关行业的用海需求，同时能够有效缓解广州市海洋经济迅速发展与游艇行业的时代发展需求不相适应的矛盾。根据《广州南沙游艇俱乐部码头工程（水工工程）初步设计优化与局部变

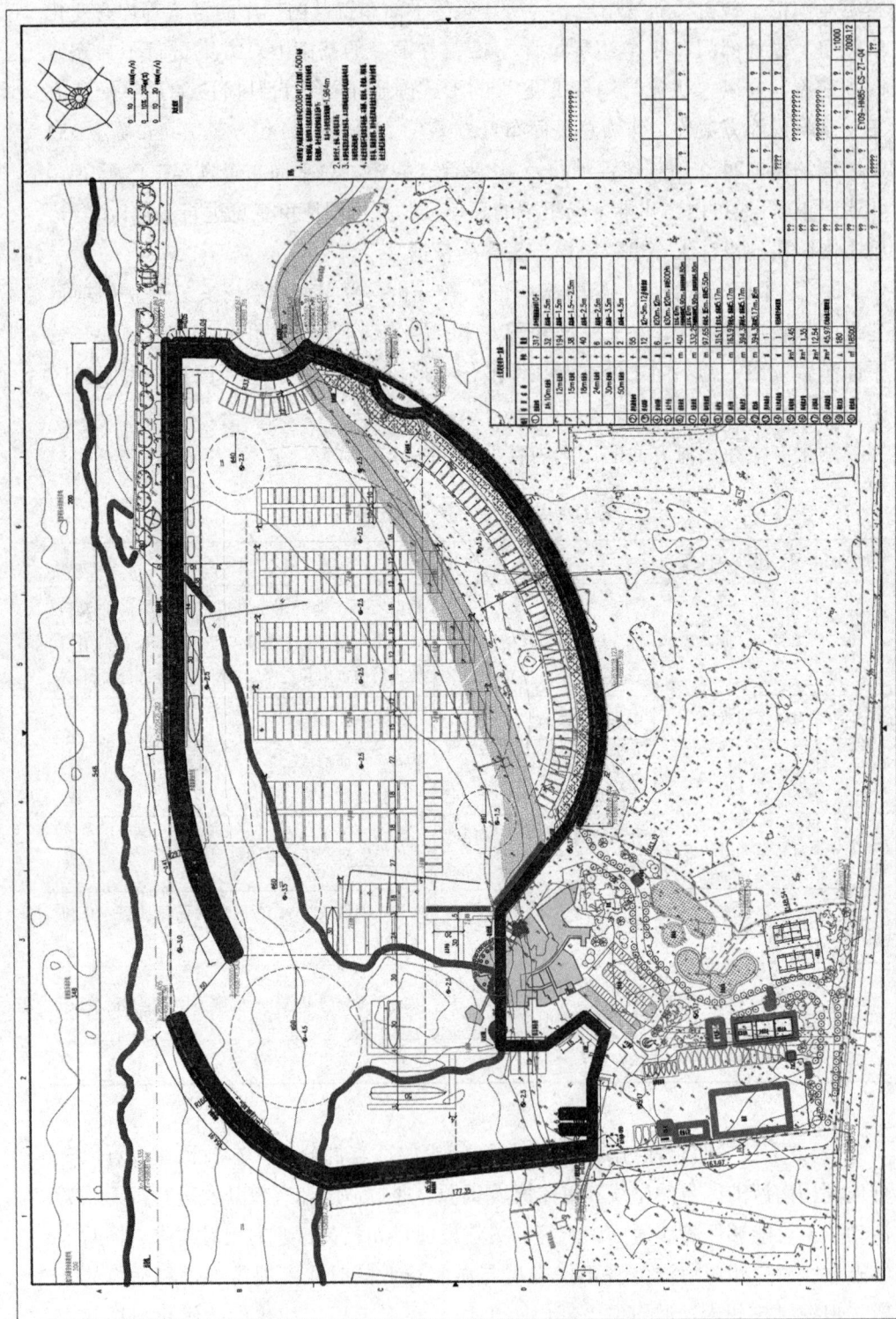

图11-16　平面布置方案一

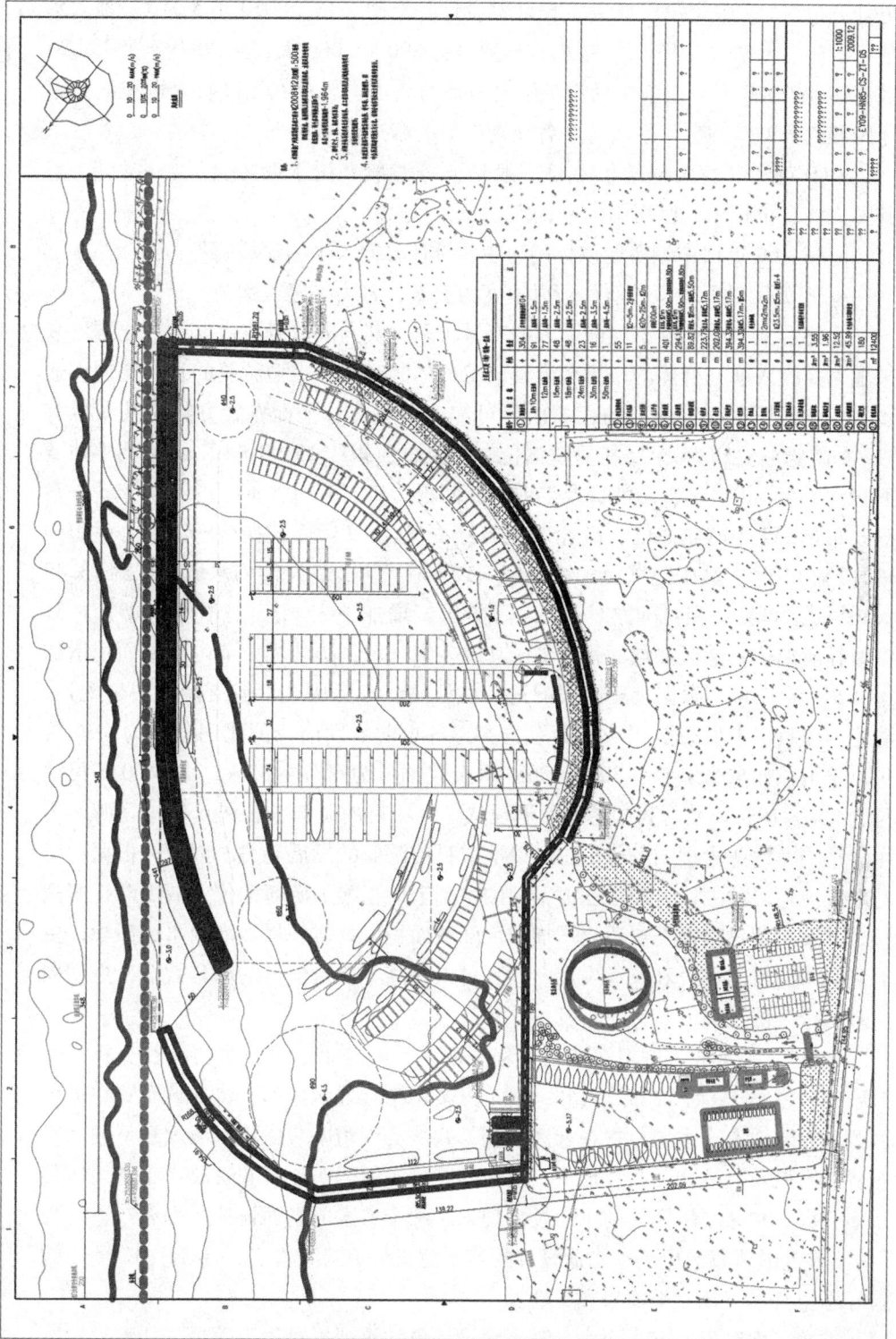

图11-17　平面布置方案二

更补充报告》（中交第二航务工程勘察设计院有限公司，2010 年 5 月），预测本项目游艇会近期（2015 年）吸引客户数量为 800 ~ 1 000 人；到 2020 年吸引客户数量达到 1 500 人。当前国内市场游艇消费的需求主要存在于高收入群体的私家休闲和商务群体的会议活动等，各级别游艇的客户需求如下。

　　a. 60 英尺以上大型豪华游艇一般是商务游艇，用于商务会议、名流聚会，其私人拥有量较少，以租用为主；

　　b. 36 ~ 60 英尺中型游艇以休闲为主要设计方向，多为家庭购买；

　　c. 36 英尺以下小型游艇一般以速度为卖点，多为年轻人购买。

　　由此看来，中小型游艇的私人拥有量较多，其到港数量将占据绝对比重。未来随着高收入家庭群体的增长和港澳消费群体的增加，中型游艇的私有比例将逐步增长。根据本报告前面的相关内容可知，本项目总平面布置方案一共布置有 317 个游艇泊位和 55 个摩托艇艇泊位，港区总面积约 15.99 × 10^4 m^2，其中陆域面积约 3.45 × 10^4 m^2，防波堤及港内水域面积约 12.54 × 10^4 m^2。总平面布置方案三共布置 352 个游艇泊位、24 个摩托艇停泊位及 10 座浮式栈桥，港区总面积约 17.12 × 10^4 m^2，其中陆域面积约 3.63 × 10^4 m^2，防波堤及港内水域面积约 13.49 × 10^4 m^2。可见，相对于方案一而言，方案三增加了 35 个游艇泊位，减少了 31 个摩托艇泊位，港区陆域面积增加了 0.18 × 10^4 m^2，防波堤及港内水域面积增加了 0.95 × 10^4 m^2。根据游艇码头的适应性原则，参考国内外游艇港的泊位配比，确定本项目以中型游艇码头的布置为主，各长度级别泊位的比例分别为：36 英尺以下泊位比重为 10% ~ 30%，36 ~ 60 英尺泊位为 60% ~ 85%，大于 60 英尺泊位为 5% ~ 10%。结合我国游艇发展现状，本项目的游艇泊位设计以中型游艇为主，适当考虑些大型的游艇泊位，以适应目前游艇的发展趋势。因此，根据游艇行业发展情况预测，方案三在方案一的基础上适当增加游艇泊位、减少摩托艇泊位，并按照项目建设需要适当增加港区陆域面积以及防波堤和港内水域面积，更有利于本项目的建设和长远发展，而且可以提高本项目建设的综合效益，推动周边社会经济的发展。

　　B. 与《关于改进围填海造地工程平面设计的若干意见》的协调性分析。由方案一和方案三的平面布置可知，两个方案均结合现状地形，将陆域布置在港区西侧现有陆地上，水域布置在港区东侧，并从美观角度考虑将水域大致呈椭圆形布置，水域及陆域均一次性形成。两个方案的游艇码头泊位和防波堤布置均体现了多突堤式和区块组团式的平面设计理念，两个方案的平面设计和平面布置均与《关于改进围填海造地工程平面设计的若干意见》（国海管字〔2008〕37 号）的指导思想基本一致，平面布置合理。

　　方案三相对于方案一而言，其平面设计更加重视提高景观效果，并着力营造人与海洋亲近的环境和条件，因此，方案三与国家海洋局《关于改进围填海造地工程平面设计的若干意见》是相协调的。

C. 方案三的可行性分析。根据《广州南沙游艇俱乐部码头工程（水工工程）初步设计、施工图设计优化与局部变更专家评审会评审意见》可知，方案三确定的建设规模、设计代表船型、码头泊位布置、水域尺度、工艺设备及其他配套工程基本满足业主提出的最新功能需求。防波堤口门有效宽度优化为 50 m，可满足相关规范规定；口门外新布置的导航浮标，有利于游艇安全进出；增加布置的上下岸斜坡道，可更好地满足使用要求。可见，平面布置方案三是可行的。

综上分析，总平面布置方案三不但能满足本项目生产及生活的要求，而且在提高水域利用率、利于船舶操纵安全方面具有较好的经济技术可行性；同时，总平面布置方案三的水域与陆域衔接较自然，且充分利用了现有陆域和拟申请海域，体现了集约节约用海理念，因此，本项目方案三的用海平面布置是合理的。

（2）用海方式合理性

本项目水工结构包括游艇泊位、水上平台、栈桥、防波堤、内护岸、港池护岸、挡土墙、提升机承台等。泊位、水上平台及栈桥采用浮箱结构；活动引桥采用简支钢板桥结构形式；南、北防波堤采用高桩墩式结构；临时防波堤采用斜坡式防波堤；内护岸采用斜坡式与高桩梁板式结合的混合结构方案；港池护岸采用抛石斜坡式结构；提升机承台采用高桩梁板式结构；坡道采用高桩结构；挡土墙采用抛石斜坡式结构。

本项目用海方式包括：非透水构筑物、透水构筑物、港池等。现分别简述各用海方式的合理性。

1）非透水构筑物用海方式合理性。本项目设置的临时防波堤为斜坡式防波堤，其用海方式为非透水构筑物用海。南防波堤南端与后方现有陆域之间通过临时防波堤连接，临时防波堤长 97.65 m，顶宽 6 m，底宽 33.88 m，顶高程为5.50 m。沿港池西南边界即港池护岸顶部布置一条 6 m 宽的观光路，观光路北端与会所南侧道路相连，南端与临时防波堤相连。临时防波堤采用斜坡式防波堤。开挖淤泥至 −1.5 m 标高，防波堤底部抛填二片石垫层及砂垫层。临时防波堤内、外侧的护面坡度均为 1:2。防波堤底部插设塑料排水板，间距 1 m，正方形布置。排水板插至淤泥底。利用淤泥层上部的砂垫层作为排水通道。

游艇码头基地的建设除了要有优良的深水条件，同时要有适宜项目正常施工和正常运营的外部条件。因此，在本项目临时泊位（含活动引桥）东南侧紧邻位置设置了连接现状陆域和南防波堤的临时防波堤。临时防波堤将根据待建的邮轮用海情况，适时进行改造，以满足本项目用海与邮轮用海的共同需要。临时防波堤的作用一方面是便于离岸的海上建筑物的顺利施工，施工期间可作为施工便道运输建筑材料；另一方面是可以为游艇基地形成优良的安全靠泊条件；同时，临时防波堤为防洪提供了较好的外部条件，有利于项目基础设施的稳定和项目的正常运营。因此，临时防波堤形成的非透水构筑物的用海方式是合理的。

2）透水构筑物用海方式合理性。根据《广州南沙游艇俱乐部码头工程（水工工程）初步设计优化与局部变更补充报告》，本项目水工结构包括游艇泊位、水上平台、栈桥、防波堤、内护岸、港池护岸、挡土墙、提升机承台等。其中，泊位、水上平台及栈桥采用浮箱结构。浮箱采用高密度聚乙烯浮箱结构。浮箱与锚碇桩之间采用滑轮组相连，允许水位涨落时浮箱随之涨落，面板上设置系船栓等附属设施。活动引桥采用简支钢板桥结构形式。防波堤的布置主要考虑珠江治导线要求、外侧岸线的利用、进出港内游艇的风、浪、流等条件要求及港池泥沙淤积因素综合确定。港区共布置三段防波堤，包括北防波堤、南防波堤北段和南防波堤南段。南、北防波堤为带挡浪板的高桩梁板式结构，按直立式结构将其外侧胸墙顶高程取为 5.90 m，堤顶路面高程 4.80 m。

本项目平面布置方案三泊位总数为 352 个，港内共布置 10 座浮式栈桥，A 栈桥位于北防波堤垂直段内侧，B、C、D、E、F、G、H 共 7 座栈桥位于港池中部，J、K 栈桥均呈圆弧状靠近港池护岸布置。此外，在 B、C 栈桥中间布置一座水上平台，长 30 m、宽 23.78 m。浮式栈桥、浮码头及水上平台均用锚桩固定在水中。

根据珠江水利委员会的要求，本项目建设不能超过治导线，为满足项目建设规模、发展思路和游艇基地正常运营的需要，需挖入后方陆域建设透水的挖入式提升机承台及坡道、挖入式码头等。内护岸采用斜坡式与高桩梁板式结合的混合结构方案，内护岸底部海岸按 1:7 块石护坡处理，延伸至与会所首层结构梁板交接，块石护坡与内护岸及会所首层梁板之间为透空式。港池护岸采用抛石斜坡式结构；提升机承台采用高桩梁板式结构；坡道采用高桩结构；挡土墙采用抛石斜坡式结构。

根据前述分析，结合平面布置图及项目宗海界址图可知，内护岸和会所向海一侧、水上平台、活动引桥、南北防波堤、上下岸坡道、提升机承台、栈桥及码头属于在海上建筑的透水构筑物。鉴于本项目用海离岸部分受到珠江治导线的限制，因此要满足本项目游艇码头的泊位设计需要，需通过在现毗邻陆域岸段"挖陆成海"建设相应透水构筑物，满足提升机承台及港池护岸附近的码头建设的需要。

透水构筑物用海方式除施工会对项目所在海域及周边海域的资源与环境产生一定负面影响外，在正常运营条件下，有利于保护区域的海洋生态系统，与周边其他用海活动的适应性较强，有利于促进海域资源的有效利用，同时，该用海方式符合区域的社会条件和自然条件。因此，透水构筑物用海是合理的。

3）港池用海方式合理性。回旋水域是为保证游艇在靠离码头、进出停泊区时进行掉头或改向操作而设置的水域。码头前沿应有足够的回旋水域以保证船舶正常旋回和掉头作业。游艇泊位停泊水域布置应根据当地水深地质状况和风浪流等自然条件，合理布置防波堤、港池水域及航道，保证船舶的航行和靠、离泊操纵安全。

本项目游艇码头布置在防波堤与港内护岸、护坡围成的港池内。港池大致呈西北—东南走向，口门位于港池的东北角。本项目平面布置方案三泊位总数为352 个，包括 165 英尺泊位 1 个，130 英尺泊位 2 个，100 英尺泊位 2 个，80 英尺泊位 17 个，60 英尺泊位 19 个，50 英尺泊位 30 个，40 英尺泊位 170 个及 30 英尺泊位 111 个。港内支航道按 40 英尺、50 英尺汽艇的双向航道设计，航道宽分别为 26 m、31 m，同时可作为 65 英尺汽艇的单向航道。165 英尺豪华游艇泊位前方布置直径 90 m 的回旋圆，水域底标高 −4.5 m；65～100 英尺汽艇泊位附近布置直径 60 m 的回旋圆，水域底标高 −3.5～−2.5 m；其他小船泊位前方为共用调头水域，水域底标高 −1.5 m；此外，在港内航道拐角处布置直径 50～60 m 的回旋圆，水深 −2.5～−1.5 m 不等。根据已投入使用的国内外游艇俱乐部的情况来看，一般游艇俱乐部需有 250 个泊位以上才可以产生规模效应，项目经济分析才可行。而且按珠江水利委员会要求，项目不能超越治导线，在治导线内现有水域无法布置 250～300 个泊位，而且现有海岸线不规则，所以需挖入后方陆地来扩大港池面积，满足泊位的布置规模。同时，本工程所处岸线段邻近广州港主航道，岸线外侧水深条件良好，从充分利用岸线资源的角度考虑，本工程采用挖入式港池布置，并预留防波堤外侧未来建设港区公共泊位的空间，满足港口未来发展建设的需要。

由上可知，无论是在海域范围内由防波堤和栈桥包围形成的港池，还是在陆域范围内通过"挖陆成海"形成的港池，都是为了满足南沙游艇基地建设和正常运营的需要而设立的特定用海区，不仅是游艇停靠的港湾，而且有利于保证船舶的航行和靠、离泊操纵安全，同时，可以促进广州市旅游业的发展。因此，港池用海方式合理。

综上可知，本项目平面布置及用海方式较合理。

（3）用海面积合理性分析

本节项目用海面积的合理性分析的基础是推荐方案三的平面布置和结构尺度设计。

本节将从本项目各用海方式的合理性分析等方面，具体分析用海面积与实际需求的适宜性。另外，因为项目的实际需求、工程方案设计、游艇俱乐部的经营要求以及客运量与船型等基本决定了配套设施的结构、尺度和相关布置。

1）宗海测量相关说明。采用广东省人民政府公布的海岸线数据，利用委托方提供的、交通部海上安全监督局海图绘制的数字化地形图作为宗海平面图的基础，在 AutoCAD 2008 界面下，形成有地形图、项目用海布置图等为底图，以用海界线形成不同颜色区分的用海区域。

宗海位置图采用航保部 2001 年 12 月出版、图号为 15461 的海图，图式采用 GB 12319—1998，北京 54 坐标系，深度（米）为理论最低潮面，高程（米）为 1985 年国家高程基准，比例尺为 1：25 000（22°47′）。将上述图件作为宗海位置图的底图，根据海图上附载的方格网经纬度坐标，将用海位置叠加之上述图件中，并填上《海籍调查规范》上要求的其他海籍要素，形成宗海位置图。

A. 宗海界址点坐标的计算方法。根据数字化宗海平面图上所载的北京 54 平面坐标，利用相关测量专业的坐标换算软件，将各界址点的平面坐标换算成以高斯投影 3 度带、114°为中央子午线的 WGS84 大地坐标。

B. 宗海面积的计算方法。本次宗海面积计算采用坐标解析法进行面积计算，即利用已有的各点平面坐标计算面积。借助于 AutoCAD 2008 的软件计算功能直接求得用海面积。

C. 宗海面积的计算结果。根据《海籍调查规范》及本项用海的实际用海类型，共分为 17 个宗海。

2）用海面积合理性分析。

A. 非透水构筑物用海面积合理性。根据《海域使用分类》，"采用非透水方式构筑的不形成围填海事实或有效岸线的旅游码头、游艇码头、堤坝、游乐设施、景观建筑及旅游用人工岛等所使用的海域，用海方式为非透水构筑物。"本项目拟建的临时防波堤为斜坡式结构，长约 97.65 m，顶宽 8 m，底宽 33.88 m，顶高程为 5.50 m。开挖淤泥至 -1.5 m 标高，防波堤底部抛填二片石垫层及砂垫层。临时防波堤内、堤外侧护面坡度为均 1：2。堤顶部设 C30 混凝土胸墙，胸墙顶宽 0.5 m，高 2.13 m，胸墙顶高程 5.97 m，胸墙底部铺设 300 mm 厚的碎石垫层。防波堤底部插设塑料排水板，间距 1 m，正方形布置。排水板插至淤泥底。利用淤泥层上部的砂垫层作为排水通道。

根据《海籍调查规范》，"以非透水方式构筑的游艇码头用海，按游艇码头和游艇停泊水域分别界定。非透水式游艇码头以码头外缘线为界。"根据项目工可设计图，界定出临时防波堤形成的非透水构筑物用海面积为 0.390 2 hm²。

B. 透水构筑物用海面积合理性。本项目透水构筑物用海包括占用海域形成的透水构筑物用海和通过"挖陆成海"形成的透水构筑物用海。根据《海域使用分类》，"采用透水方式构筑的旅游码头、游艇码头、引桥、游乐设施、景观建筑、旅游平台、高脚屋、潜堤，以及游艇停泊水域等所使用的海域，用海方式为透水构筑物"。根据前述章节可知，内护岸、会所向海一侧部分区域、水上平台、游艇码头泊位、栈桥、南北防波堤、上下岸坡道、挖入式提升机承台、挖入式跨海桥梁及码头、挖入式码头等属于透水构筑物。

根据《海籍调查规范》，"以透水方式构筑的游艇码头用海，游艇码头和游艇停泊水域作为一个用海整体界定，以设泊位的码头前沿线、码头开敞端外扩 3 倍设计船长和码头其他部分外缘线外扩 10 m 距离为界（水域空间不足时视情况收缩）"。根据本项目的工可设计图，结合透水构筑物水工结构和尺度相关设计内容，界定出透水构筑物的用海面积 4.157 8 hm² （其中占用自然海域形成的透水构筑物用海面积为 3.362 9 hm²，挖入式透水构筑物成海面积为 0.794 9 hm²）。

C. 港池用海面积合理性。根据《海域使用分类》，"有防浪设施圈围的旅游专用港池、开敞式旅游码头的港池（船舶靠泊和回旋水域）等所使用的海域，用海方式为港池、蓄水等。"本项目港池用海包括占用海域形成的港池用海和通过"挖陆成海"形成的港池用海。

根据《广州南沙游艇俱乐部码头工程（水工工程）初步设计优化与局部变更补充报告》，本项目设计代表船型尺度情况详见表 11 -5。

表 11 -5　本项目设计代表船型尺度表　　　　　　　　单位：m

代表船型	总长 L	型宽 B	吃水 T	备注
165 英尺豪华游艇	50	8.6	2.5	
100 英尺汽艇	31	6.2	1.8	
65 英尺汽艇	21	5.3	1.3	
50 英尺汽艇	15	4.9	1.2	
45 英尺汽艇	12	4.1	1.1	
30 英尺汽艇	9	3.9	1.1	
40 英尺机帆船	12	3.9	2.1	
25 英尺机帆船	8.0	3.0	1.6	

本工程进港航道自口门往外垂直口门方向延伸至 -5 m 等深线处，进港航道宽度按 100 英尺汽艇双向航道设计，航道宽度为 41 m（可作为 165 英尺豪华游艇的单向航道）；设计底标高按 165 英尺豪华游艇设计，航道底标高取 -4.5 m。港

内支航道按 40 英尺、50 英尺汽艇的双向航道设计，航道宽分别为 26 m、31 m，同时可作为 65 英尺汽艇的单向航道。165 英尺豪华游艇泊位前方布置直径 90 m 的回旋圆，水域底标高 -4.5 m；65~100 英尺汽艇泊位附近布置直径 60 m 的回旋圆，水域底标高 -3.5~-2.5 m；其他小船泊位前方为共用调头水域，水域底标高 -1.5 m；此外，在港内航道拐角处布置直径 50~60 m 的回旋圆，水深 -2.5~-1.5 m 不等。

本项目拟建 352 个游艇泊位、24 个摩托艇停泊位及 10 座浮式栈桥；但按珠江水利委员会的要求，本项目用海前沿线不能超过治导线，而在治导线内现有水域无法布置项目拟建的泊位，也无法满足建设规模和远期发展的要求，所以需挖入后方陆地来扩大港池面积，满足泊位的布置规模。

根据《海籍调查规范》，"有防浪设施圈围的旅游专用港池用海，外侧以围堰、堤坝基床的外缘线及口门连线为界，内侧以海岸线及构筑物用海界线为界，参见附录 C.6 中的港池部分；开敞式旅游码头港池（船舶靠泊和回旋水域）用海，以码头前沿线起垂直向外不少于 2 倍设计船长且包含船舶回旋水域的范围为界（水域空间不足时视情况收缩），参见附录 C.7—C.19 中的港池部分。"根据本项目工可设计图，结合停泊水域的尺度形式，利用上述方法并结合本项目用海实际界定出的本项目的港池用海的面积为 6.714 4 hm²（其中占用自然海域形成的港池用海面积为 6.714 4 hm²，挖入式港池成海面积为 7.813 1 hm²）。

综上可知，本项目用海面积的界定符合《海港总平面设计规范》和《海籍调查规范》，项目用海总面积 12.361 1 hm²（其中占用自然海域的总面积为 10.467 5 hm²，挖入式成海总面积为 1.893 6 hm²）是合理的。

（4）用海期限合理性分析

本项目用海类型为旅游娱乐用海中的旅游基础设施用海和游乐场用海，用海方式包括：非透水构筑物、透水构筑物、港池等，同时还有挖入式的透水构筑物和港池成海。根据《中华人民共和国海域使用管理法》第二十五条规定，海域使用权最高期限按照不同用途确定，其中旅游、娱乐用海的最高用海期限为 25 年。因此，本项目申请用海期限为 25 年，符合《中华人民共和国海域使用管理法》的规定。

关注要点：

项目用海必要性分析是游艇项目海域使用论证重点，《国务院关于加快发展旅游业的意见》（国发〔2009〕41 号）明确提出"支持有条件的地区先发展邮轮游艇旅游"。显然，地区经济发展水平和周边社会环境是衡量游艇港建设是否必要的重要指标。

项目平面布置合理性也是论证重点之一，应根据建设规模、预留发展要求，根据自然条件和周边海域使用现状，并结合游艇靠泊、航行等实际要求，从确保游艇港整体的安全性、便利性及使用效率的角度分析平面布置的合理性。

项目用海面积合理性应从建设规模入手，根据国外经验，一般游艇港最好设300～1 000个泊位。低于300个泊位，从经济的角度是不可行的。目前国内还没有专门的游艇码头建设设计标准，在分析论证时可参考国外同样规模的码头用海面积。

游艇项目选址合理性分析应关注区域经济发展水平、游艇的服务对象以及周边的自然环境和交通条件。一般来说，经济发展到一定水平才具备建设游艇基地的基础。此外私密性强的会员制游艇会宜选择在自然风景优美、远离闹市、离开大众视线的区域；而普及型、大众化（社会经济高度发展）的游艇会则可选在闹市中的一角。另外，自然环境如波浪条件、地质条件也是选址合理性应关注的。

优点：

1）从社会经济条件、气象、水文和地质条件、周边开发利用协调性、规划区划等几个方面，对项目用海选址方案的合理性进行了定性分析，并从建设成本、自然条件、项目安全等几个方面与大角山选址方案进行了比选，较好地说明了问题。

2）在项目选址方案比较基础上，结合码头建设规模、虎口水道整治要求，较为详细地对各个平面布置方案进行了介绍，并说明了各方案之间的关系，解释了平面布置方案间差别产生的原因，比较了各自的优缺点，比选指标"涉海性"强，具有较好的说服力。

3）清晰交代了海域使用面积量算基础，如海岸线的确定、工作底图、坐标系、高程等。根据《海籍调查规范》，对各用海单元逐一进行面积界定，论述较为全面。

不足：

1）应从所在区域经济发展水平对游艇运动的带动、游艇港基础设施的现状，说明对游艇港等基础设施的需求，论证选址的区位和社会条件是否适合项目建设；可以从景观、水质、波浪、工程地质、海流、水深、岸线长度与陆域纵深等方面，细化选址的自然条件是否适合项目建设。

2）论证报告从自然条件、项目用海对水动力环境和冲淤环境的影响等方面，对用海选址方案进行了定性比选，若能进一步采用定量方法，并且从对周边用海活动的影响、对海水水质和生态环境影响和占用岸线长度等方面完善比选内容，则更能说明选址方案的合理性。

3）应结合游艇港项目需建设防波堤的特点，在满足港池内泊稳条件需求的前提下，对斜坡堤和直立堤、实体堤和透空堤（含浮堤），从海域使用面积、对海洋环境的影响、港池淤积情况以及对周边用海活动的影响等方面，完善防波堤用海方式合理性分析内容。

4）在用海方式合理性、用海面积合理性分析方面，过多地介绍了项目的尺度、结构、布置后，进而介绍用海方式、面积是如何确定的，未给出上述用海方式、用海面积确定的依据，在是否合理的分析上较为单薄。

5）该游艇项目港池用海面积占本项目总的用海面积比例很大，对其用海面积合理性分析过于简单，鉴于国内缺乏相应的游艇设计标准，可以考虑借鉴国外相关设计标准及同类项目的经验情况用类比的方法来说明其面积的合理性。

案例 12　排污项目案例评析

12.1　排污项目及用海特点

12.1.1　相关政策规定

污水海洋处置在国外已有较长的历史，最早可以追溯到 19 世纪末，20 世纪至今，污水海洋处置已广泛为美国、英国、法国等国家滨海城市所采用。国内污水海洋处置虽起步较晚，但发展很快，如浙江省嘉兴市 2002 年建成的污水外排系统，有效解决了嘉兴市 55×10^4 t/d 城市污水的出路问题。另外海南洋浦、大连、天津、绍兴、宁波等城市也建设了不同规模的排海管道，对当地的经济建设和城市居民生活做出了较大贡献。国务院制定的《中国海洋 21 世纪议程》中指出："合理利用海洋自净能力，深水管道排污可以减少污水治理费用，利用海洋自净能力净化污水。沿海城市应逐步推广污水深水管道排海工程。"

迄今，国家有关部门对污染物排海项目的建设、技术要求出台了一些法律、法规、政策、标准等以规范其建设和布局。其中主要的有《中华人民共和国防治陆源污染物污染损害海洋环境管理条例》（国务院令 第 61 号）、《中华人民共和国海洋环境保护法》、《污水海洋处置工程污染控制标准》（GB 18486—2001）、《污水排海管道工程技术规范》（GB/T 19570—2004）、《污水综合排放标准》（GB 8978—1996）等。

《中华人民共和国海洋环境保护法》明确规定：在海洋自然保护区、重要渔业水域、海滨风景名胜区和其他需要特别保护的区域，不得新建排污口；在有条件的地区，应当将排污口深海设置，实行离岸排放。设置陆源污染物深海离岸排放排污口，应当根据海洋功能区划、海水动力条件和海底工程设施的有关情况确定。

《污水排海管道工程技术规范》（GB/T 19570—2004）明确规定：污水排海管道工程应通过全面、科学地论证，达到保护海洋环境，技术先进，经济合理，安全可靠的要求；污水排海管道工程设计应坚持"以海定陆"的原则，即实行污水排放的总量控制；不允许在海洋特别保护区、海洋自然保护区、重要渔业水域、海洋风景名胜区及其他需要特殊保护的珍稀物种，珊瑚礁、红树林、海草床等重要生态环境区域建设污水排海管道工程；污水排海管道不允许排放有害有毒污水。

《全国海洋功能区划》（2011—2020）要求：对于污水达标排放用海，要加强监测、监视和检查，防止对周边功能区环境质量产生影响。

12.1.2　排污项目特点

（1）工程相对简单

污水排海工程一般相对简单，它的涉海工程主要包括海底管道和排污口。其用海类型包括海底工程用海中的电缆管道用海和排污倾倒用海中的污水达标排放用海；用海方式分别为其他方式中的海底电缆管道、取、排水口和污水达标排放。

根据《污水排海管道工程技术规范》（GB/T 19570—2004），污水排海管道：指敷设于海中用于排放污水的管道，它由放流管和扩散器组成。其中，放流管，是由陆上污水处理设施将污水经调压井输送至扩散器的管道；扩散器，是在海域分散排放污水的管道。

污水排海管道严禁排放有毒有害污水。进入放流管的水污染物浓度限值按《污水海洋处置工程污染控制标准》（GB 18486—2001）及相关法律法规技术标准中的相关规定执行。工业废水和生活污水至少经污水处理厂（站）一级处理后排海。

（2）以污水排放量来确定排放管的规模

根据《污水排海管道工程技术规范》，城镇污水排放量应根据城镇规划分别按近期和远期进行设计。近期污水排放量的计算时段为 10 年，远期污水排放量计算时段最少为 20 年。在上述规划的基础上，确定污水排海工程的规模及排污管管径。工程建设可分期进行。排海管的污水排放能力应按远期污水量设计。

（3）选择排放口应考虑的因素

排放口的选择：考虑稀释扩散能力（水深、水动力等）、环境容量、污染物排放总量；路由的选择：考虑冲淤环境和底质；登陆点的选择：要求地质稳定。

排放口的选择应从以下几个方面综合考虑：

1）必须符合法律法规的有关规定。《海洋环境保护法》第 30 条规定："入海排污口位置的选择，应当根据海洋功能区划、海水动力条件和有关规定，经科学论证后，报设区的市级以上人民政府环境保护行政主管部门审查批准。""在海洋自然保护区、重要渔业水域、海滨风景名胜区和其他需要特别保护的区域，不得新建排污口。""在有条件的地区，应当将排污口深海设置，实行离岸排放。

设置陆源污染物深海离岸排放排污口，应当根据海洋功能区划、海水动力条件和海底工程设施的有关情况确定，具体办法由国务院规定。"《防治海洋工程建设项目污染损害海洋环境管理条例》第二十三条指出："污水离岸排放工程排污口的设置应当符合海洋功能区划和海洋环境保护规划，不得损害相邻海域的功能。""污水离岸排放不得超过国家或者地方规定的排放标准。在实行污染物排海总量控制的海域，不得超过污染物排海总量控制指标。"

2）排放口的选址须符合海洋功能区划的管理要求，符合近岸海域环境功能区划，海洋环境保护规划、并且与港口旅游、海水养殖等相关规划不矛盾；且污染物排放量必须在该海域环境容量的允许范围内。

3）从污水对海域的影响范围考虑，排放口需选择在水深和水动力条件较好、污染物稀释扩散能力较强的海域，《污水排海管道工程技术规范》7.5.10条要求"进行埋设的污水排海管道，其上缘埋设深度不应小于1.0 m。扩散器所在海域应在10 m等深线以下，并使立管一喷口型扩散器的立管在大潮低潮时也不露出水面。"同时排放口的设置应远离海域环境保护目标，使污水正常与事故排放下对环境保护目标的影响较小。

4）工程上的可行性。排放口、管道路由、登陆点的选择需考虑当地的环境自然要素，从而保障工程的安全性，如登陆点和管道路由的底质需稳定，管道路由不能有较大的冲刷环境等；同时选址应具备施工条件。

5）经济上的可行性。

（4）排放管和排放口应关注时效性

排放管和排放口的海域使用期限的确定除了需考虑《中华人民共和国海域使用管理法》、管道设计使用期限等，还需要特别考虑污水排放的实际情况。因此，排放管和排放口的海域使用期限需先确定一个短期运营的期限，在期满后开展海洋环境影响后评估工作，评估是否改变用海。在环境影响后评估结果认可的前提下，建设单位可在管道设计使用期限内申请续期使用。

12.1.3　排污项目论证重点把握

12.1.3.1　排污项目海域使用论证关注要点

本项目在排海入海口源头的污染源强和入海口污染物排放浓度的相关法律法规、规范标准和污染物排放控制标准等选择方面有明确的目标和规定。可视为同类项目的规划和示范作用。福炼化工乙烯一体化污水排海工程涉及海洋环境的诸多因素，逐一进行分析，作为排污项目的海域使用论证案例是合适的，并具有相应的代表性。

（1）排污相关法律法规和标准规范

1）法律法规

《中华人民共和国海洋环境保护法》

《中华人民共和国海域使用管理法》

配套管理条例和法规：《防治陆源污染物污染损害海洋环境管理条例》等

2）标准规范

《污水综合排放标准》GB 8978 及系列行业排放标准

《海洋功能区划技术导则》GB 17108

《污水海洋处置工程污染控制标准》GB/T 18486

《海洋工程环境影响评价技术导则》GB/T 19485

上述法律法规和标准规范对入海排污口的排放标准、排污口设置及排污方式、入海污水处理、排污申报、禁排事项等以及邻近海域环境质量目标等都做了相关规定。

（2）污染物排放控制标准的选择

污水海洋处置工程：《污水海洋处置工程污染控制标准》GB 18486—2001

工业和市政直排口：行业排污标准

其他：《污水综合排放标准》GB 8978—1996

排放标准执行级别的确定依据：邻近海域功能区类型；入海排污口的建设时间。具体的污染物排放控制标准的选择情况见表 12-1。

12.1.3.2　排污项目海域使用论证重点把握

根据《海域使用论证技术导则》，排污项目用海论证重点一般包括：选址（线）合理性、用海面积合理性及资源环境影响。若涉及低放射性废液、造纸废水或大型温排水的，应在上述基础上增加对用海方式和布局合理性、用海风险的分析和论证。

1）重点关注实际采取的施工方案及其影响、临时施工场地施工后（施工设施拆除后）的生态恢复。

表 12 – 1　污染物排放控制标准的选择情况一览表

排污口类型		建成日期	所采用标准
工业排污口	污水海洋处置工程	无规定	污水海洋处置工程污染控制标准 （GB 18486—2001）
	造纸厂排污口	2009 年 5 月 1 日前 （监测日期）	制浆造纸工业水污染物排放标准 （GB 3544 – 2001）
		2009 年 5 月 1 日后 （监测日期）	制浆造纸工业水污染物排放标准 （GB 3544—2008）
	纺织染整排污口	1989 年以前	纺织染整工业水污染物排放标准 （GB 4827—92）
		1989 年至 1992 年 6 月 30 日	
		1992 年 7 月 1 日以后	
	电镀厂排污口	无规定	电镀污染物排放标准 （GB 21900—2008）
	碱业排污口	1989 年以前	烧碱聚氯乙烯工业水污染物排放标准 （GB 15581—95）
		1989 年至 1996 年 6 月 30 日	
		1996 年 7 月 1 日以后	
	其他工业排污口	1998 年以前	污水综合排放标准 （GB 8978—1996）
		1998 年以后	
市政排污口	城镇污水处理厂排污口	无规定	城镇污水处理厂污染物排放标准 （GB 18918—2002）
	其他市政排污口	1998 年以前	污水综合排放标准 （GB 8978—1996）
		1998 年以后	
其他		1998 年以前	污水综合排放标准 （GB 8978—1996）

　　由于排污工程申请用海程序的特殊性——在工程实施完毕后方进行论证（这是福建省用海审批程序，沿海各省有所不同）；因此，海域使用论证过程中，相应地应重点关注实际采取的施工方案及其影响。其中，工程概况部分应重点介绍工程建设过程实际采取的施工方案，而非工可或者初设中的设计方案；资源环境影响部分，也应就实际采取的施工方式、作业时间和范围对资源环境造成的影响，进行回顾性的总结分析，这是与其他项目在施工前进行的海域使用论证进行资源环境影响预测的不同之处，应特别注意。施工中若涉及临时施工场地的，还应关注施工完毕后，是否落实了环评中提出的施工后的生态恢复措施；未进行生态恢复的，应提出具体的生态恢复要求。

　　2）关注海底管道的实际铺设情况以及与污水处理厂（站）、陆域管网的衔接，陆域接管的水质，污水厂处理工艺、杀菌消毒、服务范围及其规划。

污水排海工程属于被动受水排放工程，为污水处理系统中的末端工程，不是孤立工程，其对海域环境的影响程度取决于所接纳水质情况，所以应关注与污水处理厂（站）和陆域管网的衔接。

在工程概况部分，应关注海底管道的实际铺设情况；介绍陆域管道的布置及敷设情况以及与工程的衔接情况；污水处理厂（站）的概况，包括接管水质（应同时关注服务范围内现状的污水排放情况和区域规划、今后拟入驻的企业类型及拟纳入管网的污水水质特征，以分析现状接管水质、预测未来接管水质情况），排水水质，污水处理工艺，杀菌消毒情况，设计规模，近、远期处理规模，服务范围等。此外，污水排海工程应对污水处理厂（站）出水水质提出严格的环保要求，尤其是事故防范措施和应急预案。

3）混合区范围的确定（需考虑常规污染物和特征污染物，考虑非正常或事故排放的范围、不同潮时、是否处在敏感或重点海域）。

混合区范围的确定一般只考虑常规的污染物，但是排放污水中含有特征污染物（一般为有毒、有害、难降解的污染物，如二噁英等）的需考虑特征污染物的排放范围；特征污染物的选择，一般根据不同类型工业项目的特点经分析后确定。另外，混合区范围的确定一般是以不同潮时的正常排放的影响范围来确定的，而当环境敏感、风险较大时，可适当考虑非正常或事故排放的范围。

4）关注营运期的长期累积性影响，尤其是有特征污染物的，要做跟踪监测。

污水排海工程建成后，排放口的污水排放一般为长期的连续式排放，排放的污染物在附近海域内的积累及其污染生态效应不可忽视，应关注营运期的长期累积性影响（尤其是重金属、有机污染）；加强营运期排污口附近海域的水质、沉积物和底栖生物生态的环境监测与管理；尤其是有特征污染物的，要将特征污染物纳入监测指标进行跟踪监测。

5）用海风险（污水厂事故排放风险、管道事故风险），应提出事故风险应急预案。

由于排污项目较为敏感，应特别关注用海风险，尤其是运营期的污水厂事故排放风险（此为主动风险，如污水处理系统无法正常运转、污水非正常排海/应急排放，污水厂发生尾水消毒系统失效事件等造成海洋环境污染）和管道事故风险［此为被动风险，如冲刷损坏、地基不均匀沉降、锚害、排放口冲刷及堵塞、管道年久失修、管道腐蚀以及地质灾害（如地震或塌陷）等都可能引起管道破损或破裂］，并提出相应的应急预案，通过环境管理和公众监督等有效预防风险。

6）用海合理性分析［重点关注排污口比选、排放方式的选择（是否设置扩散器）、平面布置合理性、用海面积的界定及合理性］。

　　排污口的比选、排放方式以及平面布置等直接关系到污水排放的影响范围以及对周边敏感目标的影响程度，因此需根据比选与优化来分析合理性。另外，要根据混合区的确定来分析用海面积的合理性。

　　7）利益相关者协调分析（关注养殖、保护区等生态敏感目标及相邻海洋工程）；涉及保护区的，应设置专题研究，要有保护区主管部门或地方政府意见。

　　《海洋环境保护法》第 30 条规定："环境保护行政主管部门在批准设置入海排污口之前，必须征求海洋、海事、渔业行政主管部门和军队环境保护部门的意见。"

　　污水的排放会影响海域生态环境和水质、底质，从而对海水养殖和保护区等产生较大的影响，因此涉及保护区的，应设置专题研究，要有保护区主管部门意见，地方政府有出台保护区相关管理规定的，应征求地方政府意见；涉及养殖以及港口、航道等其他海洋开发利用活动的，要对利益相关者的协调做好充分的分析，防止纠纷的产生；涉及军事用海的，还应注意征得军事主管部门的同意。

12.2　案例点评

　　本项目报告书 2010 年 7 月 23 日完成专家评审，2010 年 8 月完成修改稿。项目于 2008 年 12 月开工建设，2009 年 3 月投入使用。

　　项目用海类型属海底工程用海中电缆管道用海和排污倾倒用海，一级用海方式为其他方式，二级方式为海底电缆管道，取、排水口和污水达标排放用海。案例分析主要选摘了报告书中概述、开发利用现状分析、海域开发利用协调分析、项目用海面积合理性分析及项目用海风险分析等章节内容，并根据问题分析需要进行了适当的删减与整合。

12.2.1　项目用海基本情况

12.2.1.1　项目位置

　　项目位于湄洲湾南岸中部，泉港区东部海域（图 12-1）；排放口位于峰尾突出部以东偏北离岸边约 2.2 km，排放水深 -12 m。本工程排污管道西侧约 40 m 为已铺设福炼原油海底输油管道，原油输送管线全长 13.1 km，其中海底管线长 12.7 km，两端陆域管线长 0.4 km，管道设计输量为每小时 2 400 m^3/h；排放口位于峰尾污水处理厂排污口附近，近期建设规模为 5×10^4 t/d，远期（至 2020 年）建设规模为 15×10^4 t/d，海底管道长度总长约 2.953 km。

12.2.1.2　自然环境条件

　　湄州湾位于长乐-南澳北东向断裂带与漳平-仙游东西向构造带的交汇处。

但本项目工程区一带没有断层出露。该区具有区域地质稳定且残积层和强风化层的花岗岩埋深较浅等优点，可作为强度高的持力层。场地地震基本烈度综合评定为Ⅶ度。拟建管道穿越近海海底，管线通过的某些地段分布有厚度较大的饱和淤泥性土，在Ⅶ度烈度地震作用下上部淤泥性土有产生震陷的可能，地基的稳定性相对较差。

在路由调查区内中轴线上，从福炼油码头由北向南，水深总体趋势逐渐变深，最大 15.5 m（见图 12 - 2）。

（1）路由起点 A 至拐点 B 段海底地形

该段路由海底地形由西北向东南倾斜，从起点至拐点，水深由浅变深，等深线较为稀疏，等深线走向大致为 NE—SW 向；中轴线最大水深，在 B 点，达11.7 m 左右，本段路由区最大水深12.0 m，出现在路由区东边界拐点处。该段海底坡度平缓，平均坡度约为7‰。

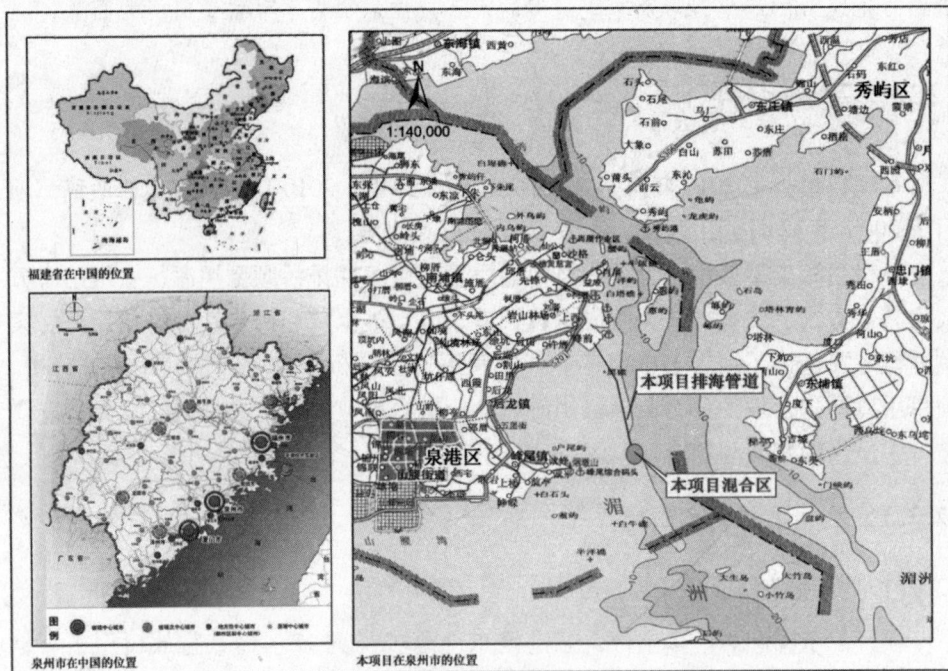

图 12 - 1　项目地理位置图

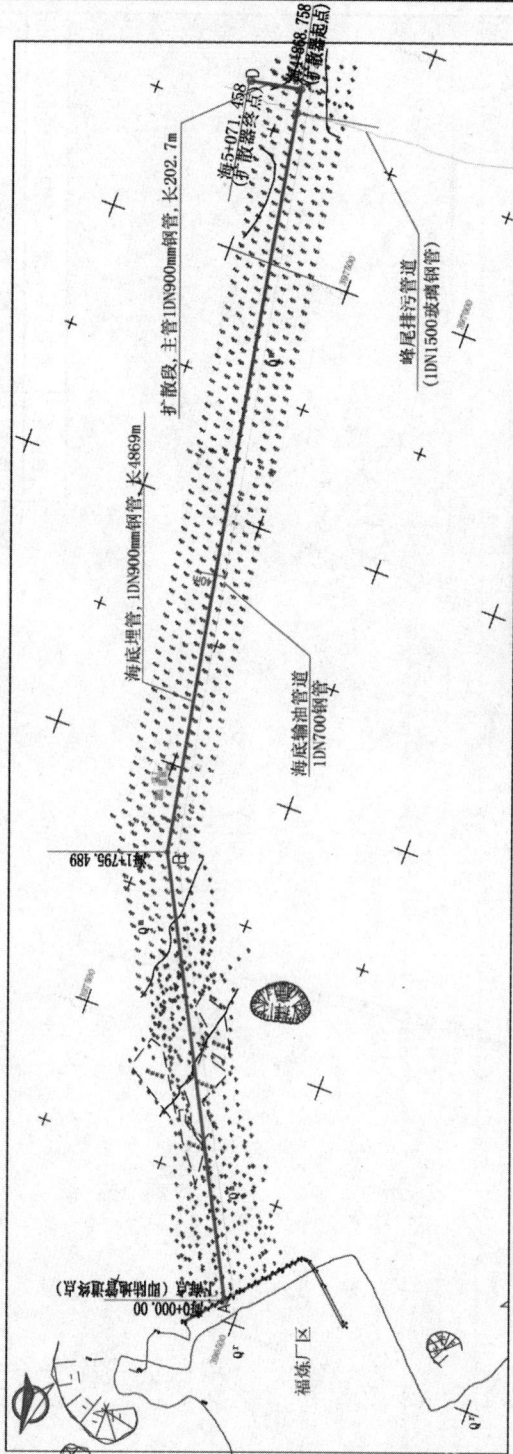

图12-2 海底管道平面布置图

海底管道控制点坐标表

控制点	X坐标	Y坐标	距离(m)	走向
A	2784922.204	40396564.309	1795.489	S27.74258° E
B	2783333.109	40397400.107	3073.269	S10.32380° E
C	2780309.594	40397950.869	202.7	E10.32380° N
D	2780345.920	40398150.287		

说明:
1. 本图尺寸单位:桩号km,高程及尺寸m。
2. 图中坐标系为北京坐标系,高程为黄海高程系。
3. 本套图桩号按平面投影长度推算。
4. 平面图中高程表示水深高程。
5. 海底管道线路总长为5071.4m,其中排污管长4868.7m,扩散器长202.7m。

平面布置图

海5+071.458D
(扩散器终点)

海4868.758
(扩散器起点)

扩散段,主管1DN900mm钢管,长202.7m

海底埋管,1DN900mm钢管,长4869m

峰尾排污管道
(1DN1500玻璃钢管)

海底输油管道
1DN700钢管

福炼厂区

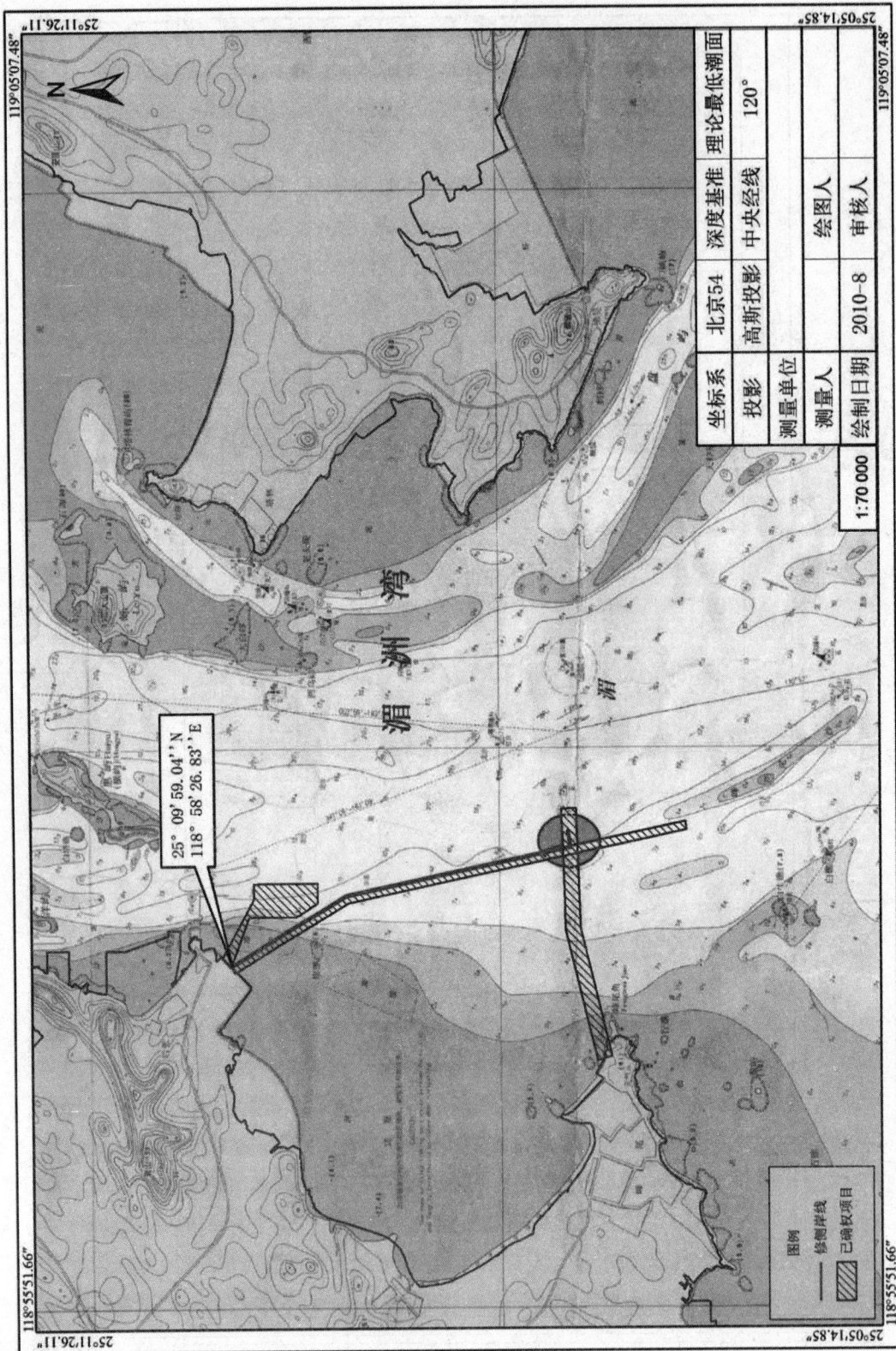

图12-3 宗海位置图

坐标系 北京54 深度基准 理论最低潮面
投影 高斯投影 中央经线 120°
测量单位
测量人 绘图人
绘制日期 2010-8 审核人

1:70 000

25°09′59.04′′N
118°58′26.83′E

湄洲湾

图例
—— 经测岸线
▨ 已确权项目

福炼厂区

黑礁

福炼一体化污水排海管道海底管道用海

福炼海底原油输油管线用海

福炼一体化污水排海达标排放用海

峰尾污水厂尾水排污管道用海

峰尾污水厂污水达标排放混合区范围（未确权）

峰尾

峰尾角

行礁

界址点编号及坐标（纬度/经度）		
1	25°09′59.04″	118°58′26.83″
2	25°09′58.50″	118°58′26.30″
3	25°09′07.24″	118°58′56.47″
4	25°07′41.63″	118°59′14.34″
5	25°07′42.05″	118°59′15.01″
6	25°07′07.47″	118°59′57.18″
7	25°07′32.73″	118°59′16.94″
8	25°07′33.19″	118°59′30.62″
9	25°07′40.75″	118°59′26.41″
10	25°07′39.39″	118°59′11.91″
11	25°07′35.79″	118°59′09.82″
12	25°07′32.46″	118°59′08.92″
13	25°07′32.61″	118°59′13.33″
14	25°07′25.97″	118°59′09.26″
15	25°07′21.02″	118°59′11.62″
16	25°07′17.21″	118°59′16.54″
17	25°07′26.15″	118°59′14.68″
18	25°07′26.27″	118°59′18.28″
19	25°07′16.59″	118°59′20.30″
20	25°07′19.90″	118°59′27.21″
21	25°07′26.69″	118°59′30.63″

单元	界址线	面积（公顷）
海底管道用海	1-2-3-4-5-6-1	9.3506
污水达标排放用海一（S1）	5-7-8-9-5	10.6992
污水达标排放用海二（S2）	10-11-12-13-10	1.5095
污水达标排放用海三（S3）	14-15-16-17-14	2.9922
污水达标排放用海四（S4）	18-19-20-21-18	7.2844
宗海一	5-7-8-9-5	10.6992
宗海二	10-11-12-13-10	1.5095
宗海三	14-15-16-17-14	2.9922
宗海四	18-19-20-21-18	7.2844

说明：

1. 根据环评报告结论，混合区面积为40.3006公顷。

2. 排污管道拟申请用海东侧边界在海底输油管道用海已批用海东侧边界约0.5m，用海范围基本落在原油输油管道用海范围内，考虑到误差等原因，本次排污管道不另行申请用海。

坐标系	北京54	深度基准	56黄海
投影	高斯投影	中央经线	120°
测量单位			
测量人		绘图人	
绘制日期	2010.8	审核人	

1:25000

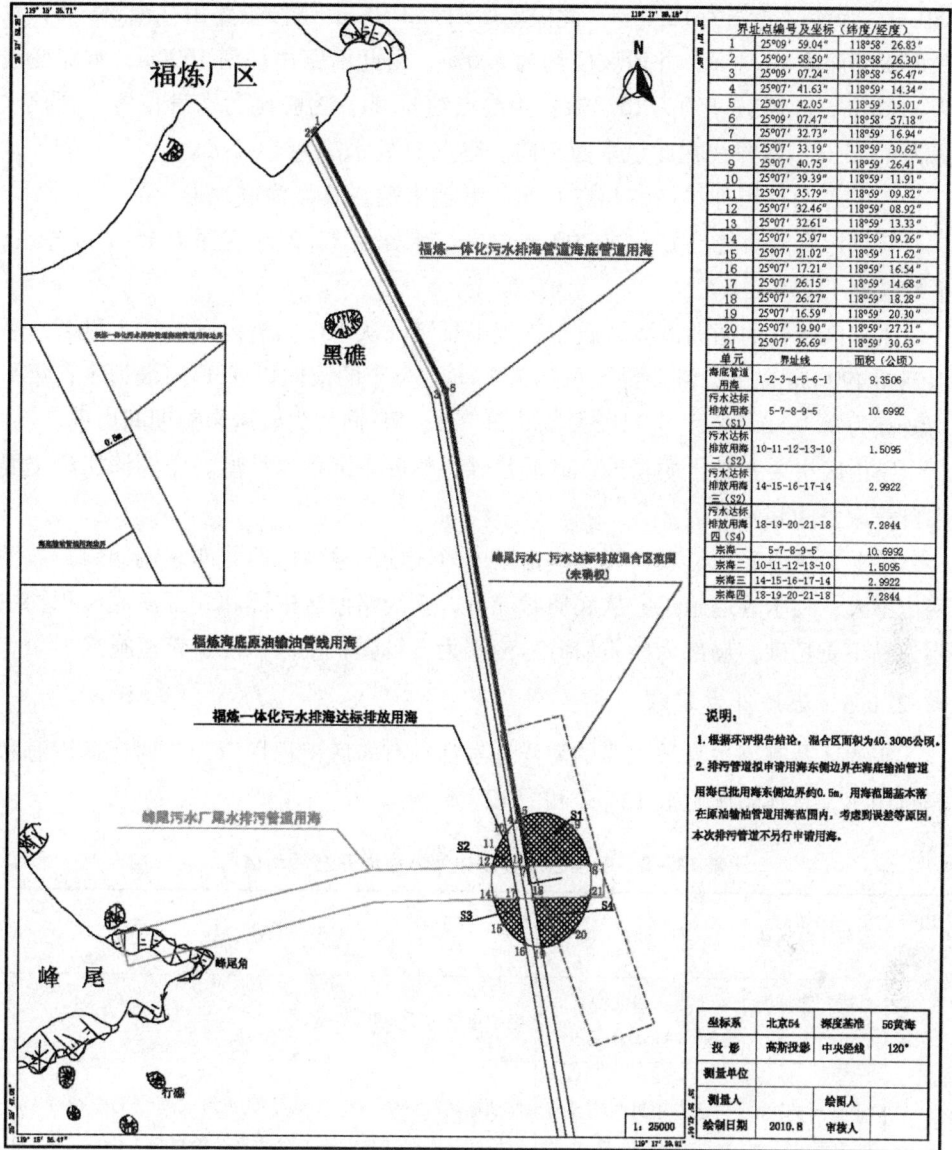

图 12-4　宗海界址图

（2）拐点 B 至终点 C 段海底地形

该段路由水深大致介于 10.6～14.5 m 间，本段中轴线最大水深出现在 C 点北 424 m，达 14.5 m。海底平坦平均坡度约为 1‰。10～15 m 等深线大致平行东南向排列，间距 90～150 m，往东南等深线间距变大。从拐点 B 沿路由中轴线往南约 1 311 m 水深由 11.7 m 变深为 14 m 左右，平均坡度 1.7‰；再往南约

680 m，水深又变浅为 12.0 m，此段坡度约为 2.9‰；继续沿路由往南 399 m，水深再次变深为 14.4 m，此段坡度约为 6.0‰；由此沿路由往南 169 m，水深变浅为 11.8 m，此段坡度约为 15.3‰；距终点约 86 m，为峰尾污水管位置，管顶水深 13.5 m，等深线在此呈东西走向。终点 D 处水深为 13.2 m。

（3）路由终点即扩散器起点 C 至扩散器末端点 D 段海底地形

从排污管路由终点 C 往东 200 m 左右，水深由 13.2 m 变深为 15.1 m 左右，平均坡度 11.5‰。

工程区所在的湄洲湾海域属于正规半日潮，从湾口向湾内潮差增大显著，平均潮差 490 cm 以上，潮差最大可达 759 cm，全年的浪向以 ESE 向浪为主，年平均波高为 0.4 ~ 0.5 m。实测最大波高 2.7 m、NE 向，为台风影响期间出现。

路由区主要有黏土质粉砂、砂质粉砂、粉砂等沉积物类型。湄洲湾泥沙主要来自海岸侵蚀和外海。

综上，从海底地形看，管线路由区内海底地形总体由西北向东南倾斜。坡度变化不大，利于管道施工；从底质状况看，管线路由区中部和北部海底沉积物主要为黏土质粉砂，局部为砂质粉砂。南端为含贝壳粗中砂，便于管道施工。

12.2.1.3　海域开发现状

工程区及其周边海域主要的海洋开发活动有海底工程用海、交通运输用海和养殖用海，具体情况见表 12 - 2 和图 12 - 5。

表 12 - 2　工程区及其周边海域海洋开发活动情况

用海类型	海域开发活动	位置	备注
海底工程用海	肖厝 - 惠屿海底电缆	位于本项目北面，距离约 3 km	电力电缆，于 2003 年建成
	福炼一体化项目海底输油管道	位于本项目西侧，与本排污管道基本平行，距离约 40 m	原油输送管线全长 13.1 km，其中海底管线全长 12.7 km，两端陆域管线长 0.4 km，管道设计输量为 2 400 m³/h。工程于 2006 年 10 月开工建设，于 2008 年 8 月正式投入使用
	峰尾排污管道	管道大部分位于本项目西侧，与本排污管道走向近垂直，在末端与本项目有交叉	为污水排污管道，2007 年 3 月动工建设，2007 年 12 月建成。由于种种原因，于 2009 年 8 月初才得以进入试运行阶段。近期建设规模为 5 × 10⁴ t/d；远期（至 2020 年）建设规模为 15 × 10⁴ m³/d。海底管道长度约总长 2.953 km

续表

用海类型	海域开发活动	位置	备注
交通运输用海	鲤鱼尾福炼油码头作业区	工程区北侧	包括福建炼油厂专用的 10 万吨级原油码头，5 000、3 000、1 000 吨级的成品油泊位和工作船泊位各一个；在福炼油码头北侧的福建泰山石化仓储发展有限公司正在建设的 10 万吨级油码头 1 座，其北侧的泉州肖厝海洋聚苯树脂有限公司正在规划建设的 5 万吨级液体化工码头一座
	航道	工程区东北侧	湄洲湾 10 万吨级主航道和肖厝港 5 万吨级支航道
	峰尾锚地	工程区东侧	路由中轴线 BC 段平行锚地边界，距离 210 m 左右
渔业用海	后张至后龙湾一带水产养殖	工程区两侧	面积 4 000 亩左右，养殖品种为紫菜、海蛎、海带
	码头以南养殖	工程区西北侧	约有 5 000 亩左右，其中诚平村有 1 400 亩、峥嵘有 300 亩，主要养殖紫菜、吊蛎

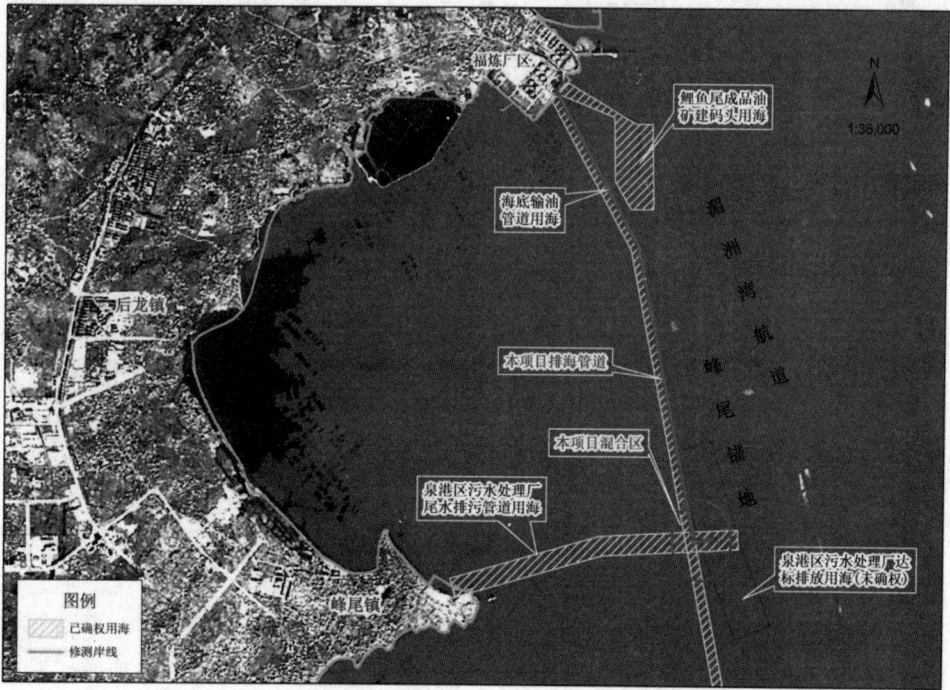

图 12-5　开发利用现状图

12.2.2　项目用海论证内容及点评

12.2.2.1　施工方案及其影响

（1）施工方案

1）陆上管线施工。破路反铲开挖，部分盘运堆放在沟槽边，坑槽及少量修坡采用人工开挖，以便回填之需，部分余土需装 5 t 自卸汽车运输出渣；一般石方采用钻爆法开挖，1.0 m³ 反铲挖掘机挖，堆于单侧。基础砂碎石垫层由 5 t 自卸汽车运至现场，由 0.5 m³ 反铲挖掘机铲入坑，由人工夯实。钢管在加工厂焊接后，运至现场，由轮胎吊吊装就位。明管施工直接由轮胎吊吊装就位。镇墩混凝土由设在作业面附近的拌和机供料。双胶轮车运输或经导管入仓或直接入仓，钢模施工，振捣器振密。

2）近岸段（水深 1.6 ~ 4.0 m）海底管线施工。管道采用浮拖法进行施工。水下先预挖管沟，淤泥处采用抓斗式挖泥船，挖沟深度 2.9 m，管沟断面见图12 - 6。浮拖法管道施工，将铺管船锚泊在 4 m 左右水深处，岸上设绞车，管道在铺管船上焊接后，捆绑漂浮物，下放海面上，由岸上绞车通过钢绞线拖拉至岸边管道陆上连接处，然后向管内注水，拆除漂浮物，辅以潜水员，沉管到管沟位置。海上混凝土镇墩由搅拌机岸上拌制混凝土，由导管法浇筑水下混凝土，使用砂袋模板。

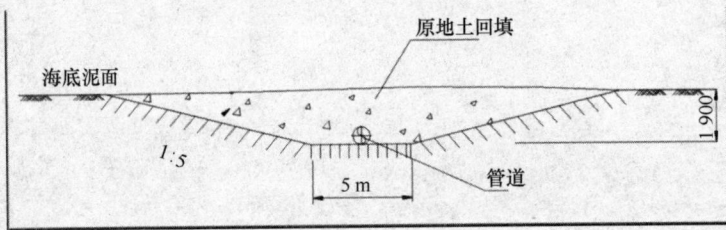

图 12 - 6　近岸段预挖管沟及回填断面示意图

3）离岸段海底管线施工。敷管采用普通铺管船进行施工。在岸上设钢管制作加工区，将各钢管先焊接成便于设备铺设施工的长段，加快施工进度。通过陆上及海上运输设备运输钢管至铺管船上。而铺管船施工，可完成焊接、定位、开挖管沟、铺管、回淤、探伤等工序，保证敷管进度满足要求。挖沟埋管使用胜建驳 1 作挖沟母船，载 TW702 - W20 型链式自行履带式挖沟机，配两艘拖轮就位、起抛锚，在铺管船铺过 4 km 之后开始进行。

（2）施工场地布置

场内外交通：本工程线路靠近通往油库区和生活区公路。施工时，除利用上述现有道路外，尚需新修部分临时便道，方便到达施工现场。排污管道下海点附近设置交通栈桥码头，方便陆地与海上设备连接。

附加布置：本工程项目主要在海上进行作业。根据布置特点及施工条件，考虑在岸上设置一个钢管拼装储存厂，附加布置有生活福利设施、停车场、仓库机修站等设施。混凝土拌和系统、砂碎石堆料场均布置在近海岸边。根据建设单位的安排，施工地点将设在本厂区排污管下海点右侧一空地处。防腐、水压试验均可在陆上钢管加工厂完成，部分工作需在铺管船上补充完成。管道全线安装完毕后再进行全线水压验收。

（3）施工期海洋环境的影响分析

1）管道铺设泥沙入海对海洋水质及对浮游生物、鱼卵仔鱼的影响。简化二维扩散方程解析式预测表明，采用 8 m³ 抓斗式挖泥船挖泥时，散落泥沙入海 SPM 增量超过 10 mg/L 的范围（第一、二类海水水质标准），在挖泥点两侧顺涨落潮方向长各 500 m，宽约 120 m，面积约 0.24 km² 的范围内。在挖泥点周围 0.24 km² 范围内，将对浮游生物和鱼卵、仔鱼产生一定的影响。

2）悬浮泥沙对贝类海水养殖的影响。根据泥沙入海对海域环境的影响预测，路由区内福炼油码头登陆端 A 点至黑礁之间海域约 1.2 km 范围内有海带和紫菜养殖，滩涂上有紫菜和海蛎养殖，低潮时出露。施工泥沙在该段管线两侧 500 m 左右的范围，对贝类养殖会产生一定的影响。根据有关法规，建设单位应预留海域生态恢复的补偿费。

3）管道铺设对底栖生物的影响。在海底铺设管道，对底栖生物的危害较大，由于挖沟作业，管道路由区的底栖生物将被破坏，同时由于挖起的沉积物堆放于沟槽两侧，导致沟槽两侧的部分贝类等底栖生物被掩埋而死亡，但这种损害只是出现沟槽及其两侧 20～30 m 宽的范围内，当施工作业结束后，由于沉积物变化不大，底栖生物将逐步得到恢复。

4）对鱼类生物的影响。在悬浮微粒过多时将导致水的混浊度增大，透明度降低现象，不利于天然饵料的繁殖生长。其次水中大量存在的悬浮物也会造成鱼类呼吸困难和出现窒息现象。

关注要点：

考虑到实际施工过程中，污水排海工程海底排污管道的敷设情况与设计方案常常存在不一致的情况，为了保证该类项目用海确权的准确性，福建省在海域管理中一般要求这一类型项目在工程施工结束后，根据实际的管道敷设情况和污水达标排放用海情况进行海域使用论证，并据此确权。

相应的，海域使用论证过程中，应重点关注实际采取的施工方案及其影响。其中，施工方案部分应介绍工程建设过程实际采取的施工方案和工艺，并以此作为分析资源环境影响的基础；资源环境影响部分，应就实际采取的施工方式、作业时间和范围对资源环境造成的影响，进行回顾性的总结分析，而非直接引述环评报告依据工程设计情况预测得出的影响结论。施工中若涉及临时施工场地的，还应关注施工完毕后，是否落实了环评中提出的施工后的生态恢复措施；未进行生态恢复的，应提出具体的生态恢复要求。

优点：

对排污管线的陆上和海上的实际施工方案介绍详细，并对施工场地布置介绍清楚，同时对施工过程重点产生海洋环境影响一一做了分析介绍，无缺漏。

不足：

对项目用海对资源环境影响分析不够深刻；对施工后场地的处置和恢复措施不到位。

12.2.2.2　工程概况

（1）福建炼油公司污水排放现状

福建联合石油化工有限公司位于南埔镇先锋村，内部排污分为三部分：第一部分为生产主厂区污水：经各装置分别处理后进入厂区污水处理厂（处理规模为450 m³/h），包括生产废水和生活污水，生产废水经隔油、破乳、絮凝、爆气、气浮等工艺处理，污水量约300 t/h左右；第二部分为炼油厂码头、南北库区污水约200 t/h左右；第三部分为炼油厂生活区的生活污水，排污量为100 t/h左右，有专门的污水处理厂（一级处理）。上述第一、二部分污水经泵站提升沿炼油厂管廊送至位于库区码头处的污水氧化塘与油库区污水混合经氧化塘进一步净化处理，待退潮时，排至鲤鱼尾以东海域，采用深水扩散器排放。排放方式为穿孔管带压扩散，水深20 m，日污水排放量约7 000 t。

（2）拟建污水处理厂概况

根据《福建炼油化工有限公司炼油乙烯合资项目乙烯工程环境影响报告书》，拟建污水处理场分为前处理部分和生化处理部分，即在原厂区污水处理厂的基础上改造扩建为污水处理厂的前处理部分，并建设生化处理部分，总处理规模为1 500 m³/h。前处理部分：采用隔油、浮选工艺。生化处理部分：采用二级生化处理方式。

（3）排污管道设计及实际布置

污水排海排污管线设计全长5 541 m（实际铺设5 437.4 m），涉及陆域和海域两部分。

1）陆地明管

尾水自鲤鱼尾原油码头区现有氧化塘抽水泵房出水口，沿油库区墙外道路向西南延伸，至距福炼一体化项目青兰山海底输油管道（下称青兰山管道）下海点约 60 m 处穿出围墙下海。陆地管道长 571 m（实际铺设 573 m），管径为 900 mm，其中明管 207 m，埋管 366 m。陆地管道平面布置图、陆地管道纵剖面图分别见图 12-7、图 12-8。

2）海底管道

海底管线设计总长 4 850 m（实际铺设 4 864.4 m，水深在 1.6~12 m），布置在青兰山管道外海侧，与之相距 40 m 平行敷设，至峰尾排污海区 12 m 水深处，采用埋管敷设。海底管道平面布置图、海底管道纵剖面布置图、管道典型断面图、管道下海段剖面结构图、扩散器段结构剖面图分别见图 12-2、图 12-9 至图 12-12。

近岸段（水深 4 m 以下）：长约 1 100 m，海底表层未见基岩出露，为 3 m 以上黏土质粉砂为主的沉积物。管顶覆盖厚度大于 1.2 m，采用浮拖法施工，管沟预挖再采用原状砂土回填。为了满足管道在施工期稳定性的要求，钢管外包厚 45 mm 的混凝土配重层。

离岸浅海段（水深大于 4 m）：长约 3 975 m，BC 段北部表层沉积物为黏土质粉砂，沉积厚度 4~10 m。南部局部隆起为砂质粉砂，沉积厚度为 3~7 m。管身用砂土回填至管顶以上 300 mm 再铺碎石。由于该段管道从泉港区峰尾排污管道上部穿越，造成埋深较浅。须在运行期加强对该处的检查，以防出现严重的冲刷。为了满足管道在施工期稳定性的要求和防止锚区航道的外部冲击，离岸浅海段钢管外包厚 75 mm 的混凝土配重层。管道沿线设闸阀 1 处、流量计 1 处、排气阀 3 处、排泥阀 1 处。

扩散器结构设计：海底管道末端接长 120 m 扩散器（实际 208 m），走向垂直潮流方向，为近似东西方向布置，扩散器末端位于峰尾排污管以南 55 m 处，采用单根 DN900 mm 的钢管。采用管顶抛石防护，抛石厚 1.5 m。

(4) 污染源强、污水量、水质和排放方式

1）排海污水量 3 000 t/h，日排放 3.6×10^4 t/d，水排放方式为退潮排放，排放口位于峰尾突出部以东偏北离岸边约 2.2 km，排放水深 -12 m。

2）排放浓度。

A. 正常排放浓度及源强：CODCr：100 mg/L（相当于 CODMn：40 mg/L、日排放量 CODMn：1.44 t/d）；

石油：10 mg/L、日排放量 0.36 t/d。

B. 非正常排放浓度：

CODCr：200 mg/L（相当于 CODMn：80 mg/L；日排放量 CODMn2.88 t/d）；

石油类：20 mg/L；日排放量 0.72 t/d。

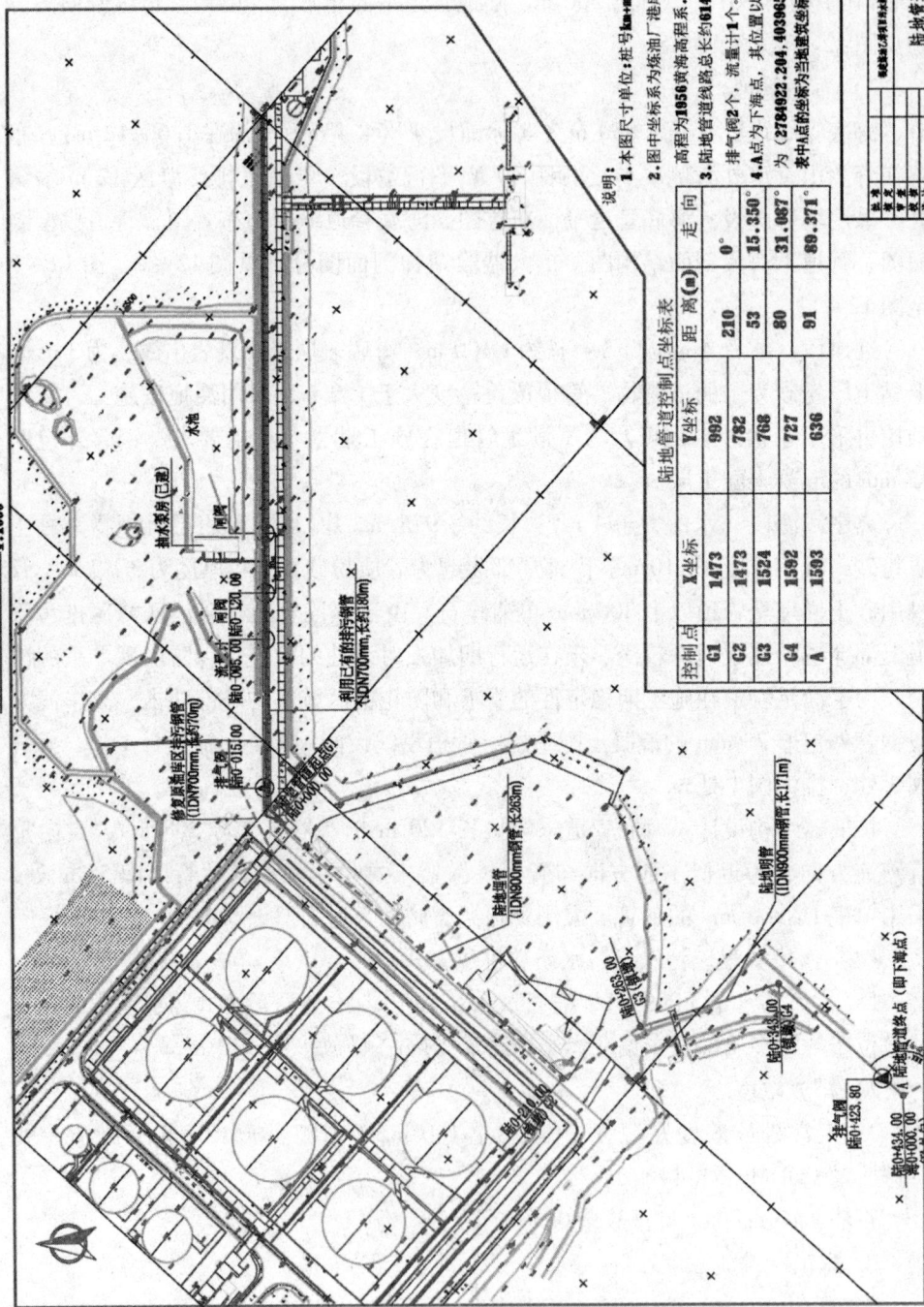

图12-7 陆地管道平面布置图

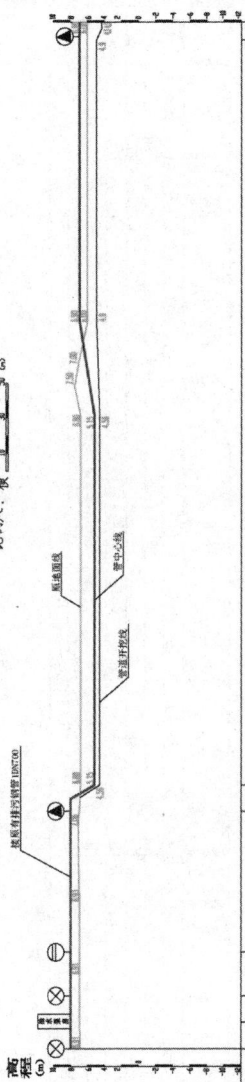

图12-8 陆地管道纵剖面图

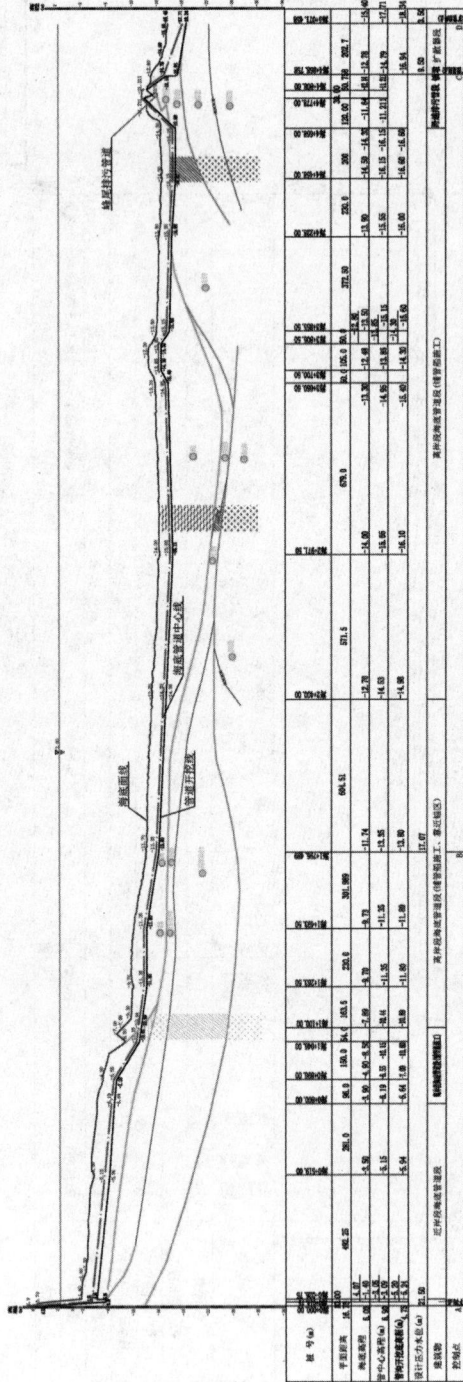

图12-9 海底管道纵剖面布置图

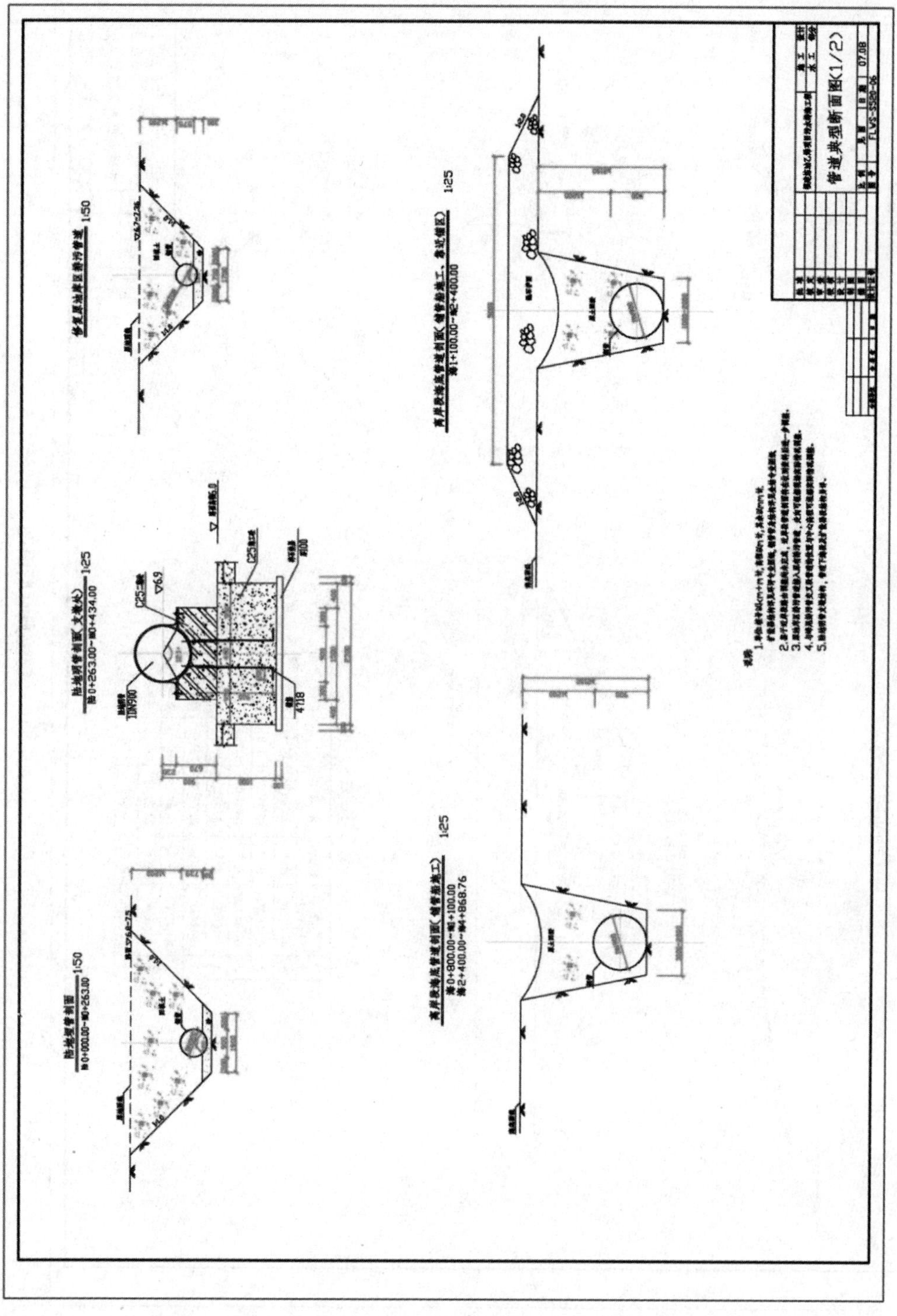

图12-10a 管道典型断面图

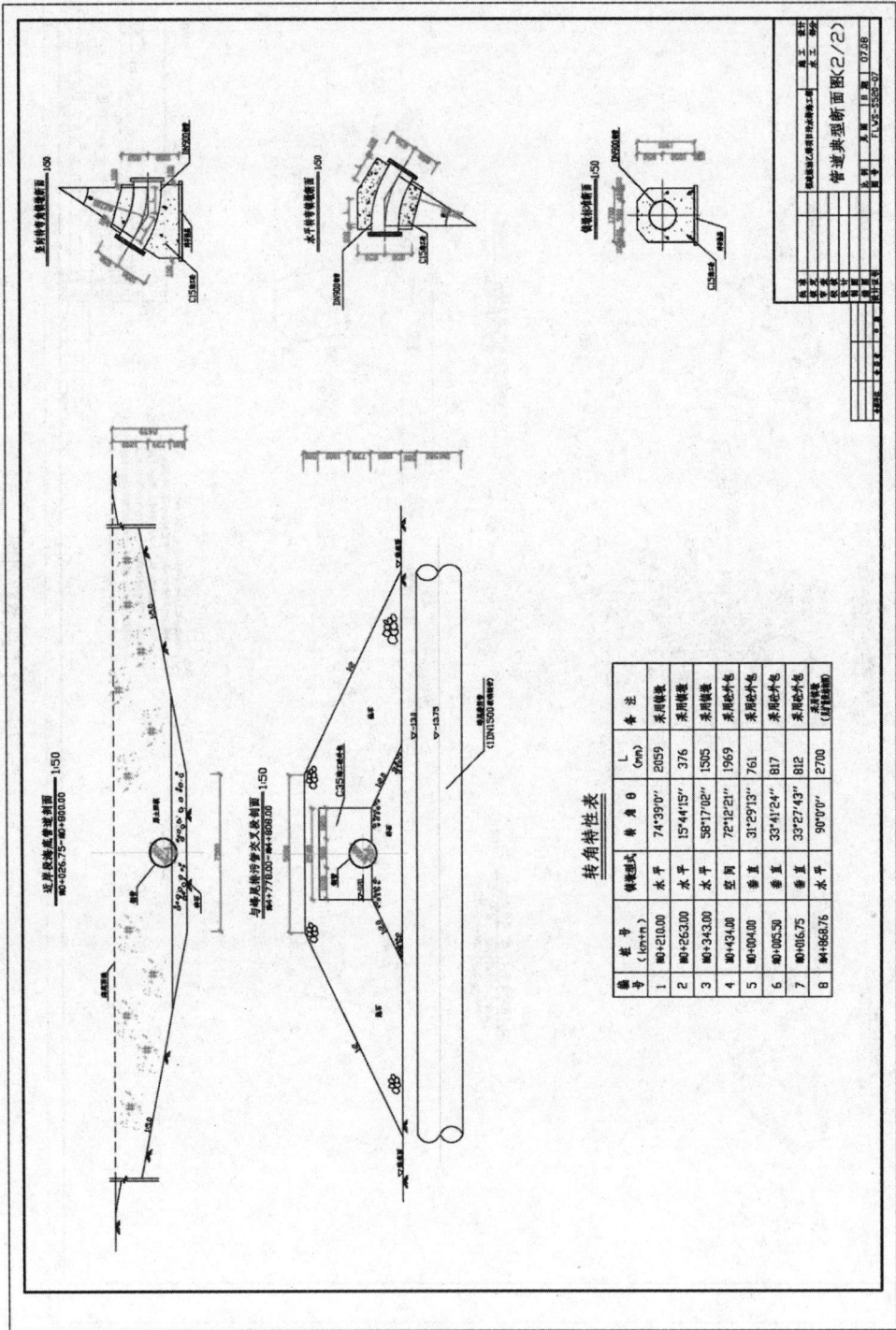

编号	里 程 (km+m)	转 角 形 式	转 角 θ	L (mm)	备 注
1	M0+210.00	水 平	74°39′0″	2059	柔用钢板
2	M0+263.00	水 平	15°44′15″	376	柔用钢板
3	M0+343.00	空 间	58°17′02″	1505	柔用钢板
4	M0+434.00	空 间	72°12′21″	1969	柔用软件卡也
5	M0+004.00	垂 直	31°29′13″	761	柔用软件卡也
6	M0+005.50	垂 直	33°41′24″	817	柔用软件卡也
7	M0+016.75	水 平	33°27′43″	812	柔用软件卡也
8	M4+868.76	水 平	90°0′0″	2700	柔用钢板 (M为主线位)

转角特性表

图12-10b　管道典型断面图

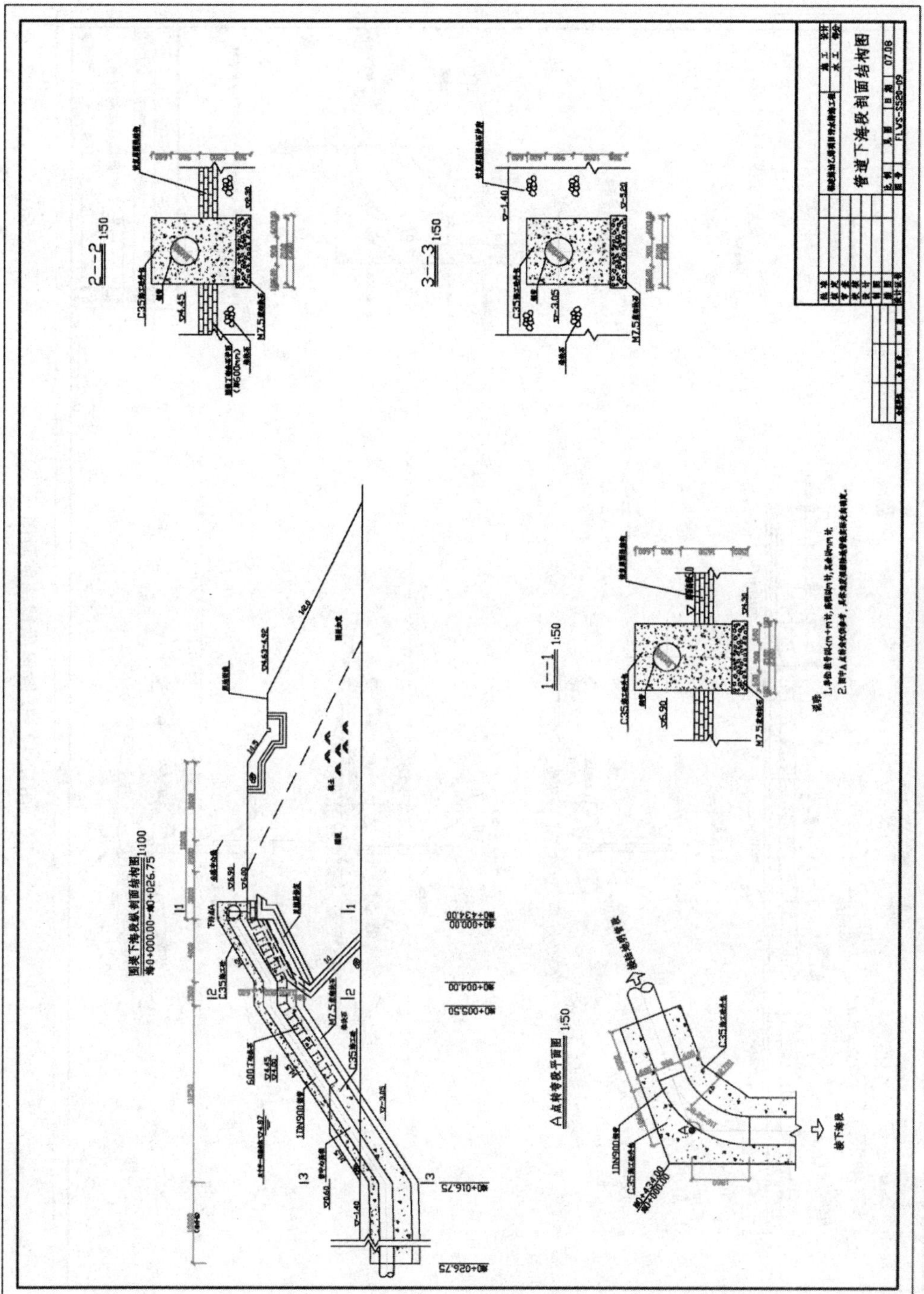

图12-11　管道下海段剖面结构图

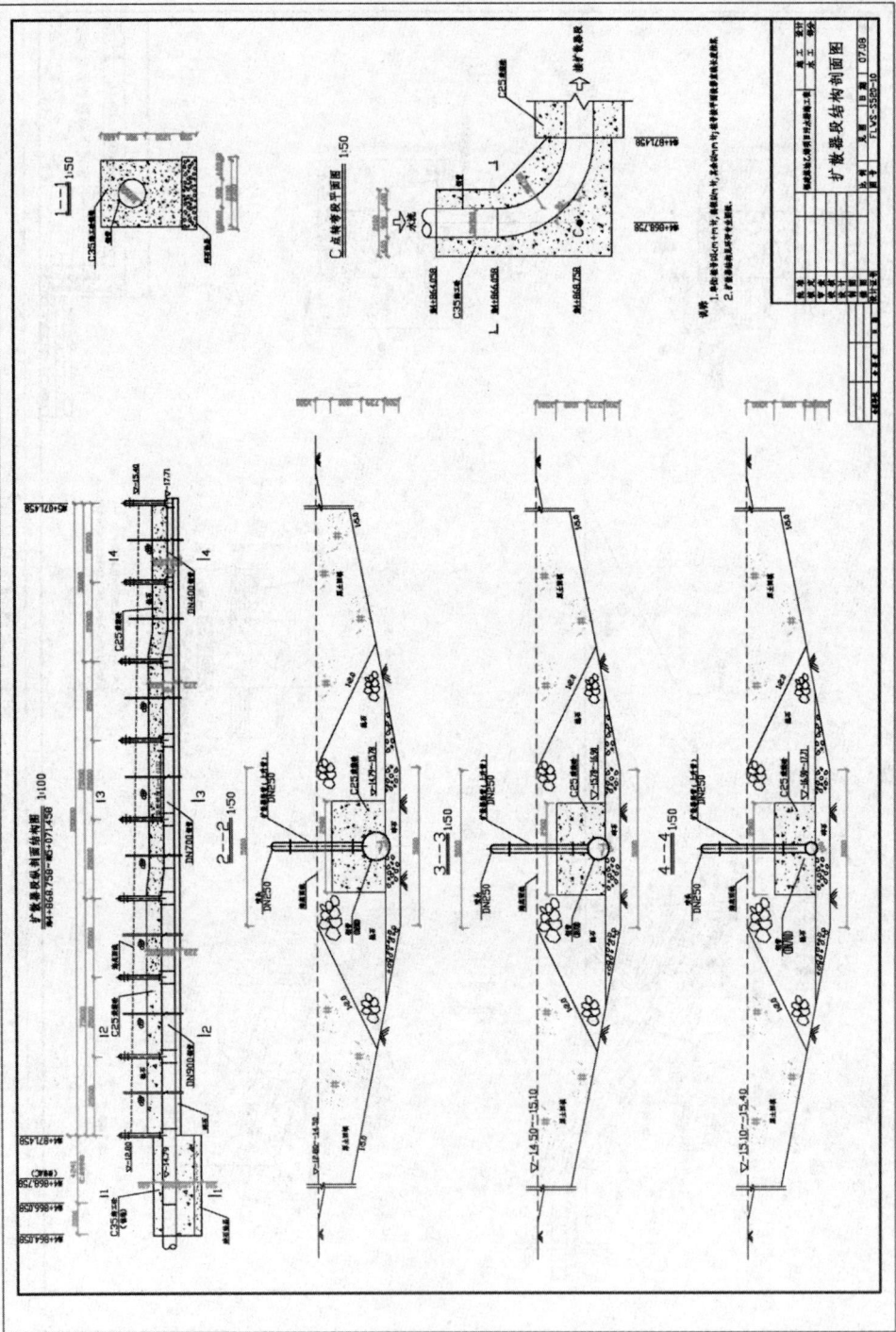

图12-12　扩散器段结构剖面图

挥发酚作为特征污染物，参考 CODCr、石油类污染物非正常排放浓度与正常排放的浓度取值，从保守起见，取挥发酚非正常排放浓度为 5 mg/L，日排放量 0.18 t/d。

关注要点：

污水排海工程的工程内容一般相对简单，其涉海工程主要包括海底管道和排污口，其中，污水排海管道，一般又由放流管和扩散器组成；工程规模一般依据污水排放量和海洋排污管道的长度进行确定。

另一方面，污水排海工程并不是孤立的工程，而是污水处理系统中的末端工程，属于被动受水排放工程；其对海域环境的影响程度取决于所接纳水质情况，所以应关注与污水处理厂（站）和陆域管网的衔接。具体到工程概况部分，除了介绍工程本身的排污管道情况，排放污水量、污染源强、水质和排放方式等情况（包括进出水水质情况及污染源强，污水正常及非正常排放下的浓度及源强，污水排放量及排放方式，排放口位置及水深等）以外，还应关注与污水处理厂（站）、陆域管网的衔接，包括陆域接管的水质，污水厂处理工艺、杀菌消毒、服务范围及其规划等。

此外，考虑到污水排海工程用海的特殊性，一般在工程施工结束后，根据实际的管道敷设情况和污水达标排放用海情况进行论证，并最终确权；因此，介绍工程概况及平面布置时，对于海底管道的设计与实际铺设情况不一致的，要对其设计变更的情况进行说明，并重点关注实际铺设情况。

优点：

对海底管道的实际铺设工程介绍全面，与污水处理厂、陆域管网的衔接介绍清晰，对排海污染源强、污水量、水质和排放方式有明确交代，所附的工程图件齐全清楚。

不足：

未给出拟建污水处理厂的相对位置。

12.2.2.3　混合区范围的确定

计算污/海水混合区范围的预测因子为 COD 和石油类，约束条件如下：

1）污水处理厂建成试运行时，或污水排放系统常规大检修时，不能要求完全不出现非正常或事故排放，所以从管理上考虑，选择的污水排放口处海域应能允许已收集的污水在短时间内未经处理直接排海的纳污能力。

2）以非正常或事故排放影响范围的计算结果确定污/海水混合区范围。

3）考虑到在涨潮或落潮过程的不同时段，潮流方向并非一直保持同一方向不变，以及从管理上考虑，污/海水混合区范围应比上述计算结果适当扩大。

4）根据《污水海洋处置工程污染控制标准》，若污水排往小于 600 km² 的海湾，混合区面积必须小于按以下两种方法计算所得允许值（An）中的小者：

A. $A_n = 2\,400\ (L + 200)\ (m^2)$

式中：L——扩散器长度（m）。

B. $A_n = (A_0/200) \times 10^6\ (m^2)$

式中：A_0——计算至湾口位置的海湾面积（m²）。

对于重点海域和敏感海域，划定污水海洋处置工程污染物的混合区时还需考虑排放点所在海域的水流交换条件、海洋水生生态等。

依据上述所确定的污/海水混合区的约束条件，并考虑拟建排放口的水动力条件，确定混合区范围，混合区面积约 0.4 km²，控制坐标为：

A. 25°07′42.7″N，118°59′17.8″E   B. 25°07′29.1″N，118°59′28.7″E

C. 25°07′15.9″N，118°59′17.4″E   D. 25°07′29.4″N，118°59′06.6″E

该范围内水域的水质不能满足第二类海水水质标准要求，不执行任何水质标准。

关注要点：

依据《海籍调查规范》5.4.6.1 条，污水达标排放用海，依据海洋功能区划和保护目标，以其所排放的有害物质随离岸距离浓度衰减，达到海水水质标准要求时水体所波及的最大包络线为界。"污/海水混合区"范围，即为水质不能满足相应水域海水水质标准要求的范围，因此，污水达标排放用海范围以数模确定的混合区范围计算界定。

混合区范围的准确界定，对污水排海工程十分重要，是进行污水达标排放用海范围界定的基础。混合区范围的界定，需综合考虑常规污染物和特征污染物、非正常或事故排放的影响范围、不同潮时的排放范围、所处海域的敏感程度等多种因素。一般情况下，混合区范围的界定，是依据常规污染物不同潮时的正常排放的影响范围来确定；但是排放污水中含有特征污染物的（一般为有毒、有害、难降解的污染物，如二噁英等），还需同时考虑特征污染物的排放范围，以较大的影响范围为界；而当环境敏感、风险较大时，可考虑适当扩大混合区的范围，或以非正常或事故排放的影响范围作为混合区的范围。

优点：

根据相关文件按照排海污水量以正常排放浓度及源强、非正常排放浓度、特征污染物来确定混合区范围是科学准确的。

12.2.2.4　营运期的长期累积性影响

（1）污水排海对海域生态环境影响分析

　　污水厂尾水正常排放下，废水中所含的污染物对海洋生物的影响很小，但对长期排放的污染物在湾内的积累及其污染生态效应却不可忽略。随着污水排放，排污口附近水域生态环境会缓慢出现恶化，生物多样性也可能逐步减少，底栖生物的种类组成上耐污种的数量将增加，鱼、虾、贝类生物体内污染物质的残留量也会逐渐增加，此外，水域中的夜光藻、中骨肋条藻、裸甲藻等赤潮生物在适宜的水温、光照、营养盐等条件综合因素作用下，会加快异常繁殖导致赤潮发生。所以应加强营运期排污口附近海域的水质、生物的环境监测与管理。

　　污水事故排放的情况，引起 COD 浓度超过第二类海水水质标准的范围在排放口附近有限范围内；引起石油类浓度超过第二类海水水质标准的全潮最大包络面积在正常排放时为 0.34 km²，在事故排放时为 1.6 km²。对海域生态的影响考虑长期排污的污染物在湾内的积累及其污染生态效应。污水事故排放会对排放口周边区域的海洋生态造成较大影响，因此应加强对污水处理厂日常的管理和监测，防止污水事故排放。

　　（2）已开展的跟踪监测

　　本污水排海工程，于 2008 年 12 月 18 日正式开工建设，并于 2009 年 3 月 22 日交工投入使用。国家海洋局厦门海洋环境监测中心站 2009 年 10—12 月对福建炼油乙烯一体项目污水排海管线工程海洋环境跟踪监测项目实施了 6 个航次的跟踪监测。监测结果可以看出，各监测点的水温随着季节变化而变化，各航次各监测站位的盐度变化不大，在正常范围内；各航次的 pH、溶解氧、化学需氧量、石油类含量均符合第一类海水水质标准。

　　（3）海域使用管理对策措施

　　鉴于本项目为海底排污管道用海工程，本项工程建成运营期间，应进行排入口周围海域环境定期监测和评估，重点监测排污口附近海域水质质量。控制沿岸各类污染源的排放总量，加强工业废水、生活污水的治理力度，提高污水排放达标率。

　　污水处理厂应建立污水的水量、水质在线监测系统，在尾水排海前对污水的水质和数量进行在线监测，以及时发现问题，避免污水事故排放。

　　关注要点：

　　污水排海工程建成运营后，正常排放情况下，废水中所含的污染物对海洋生物的影响一般很小；但是考虑到排放口排放污水一般为长期连续式排放，因此长期排放的污染物在附近海域内的积累及其污染生态效应就不可忽视。

　　在分析资源环境影响时，应关注营运期的长期累积性影响，尤其是重金属、有机污染等累积效应较为明显的污染物。相应地，在对策措施方面，应加强营运期排污口附近海域的水质、沉积物和底栖生物生态的环境监测与管理；项目有特征污染物的，要将特征污染物纳入监测指标进行跟踪监测。

优点：

重视排污口海域长期累积性影响；并提出对该海域进行跟踪监测的建议，特别是对特征污染物的监测。

不足：

没有明确跟踪监测计划。

12.2.2.5 用海风险分析

（1）项目施工期用海的风险

影响或登陆工程区海域台风相对较频繁，工程区海域受台风袭击或影响年均6~7次。本工程施工期间，如突遇台风正面袭击，可能引起沙石流失，沟槽被掩或挖到海底输油管道，造成原油泄漏，影响周围海洋环境，因此施工期间应尽量选择避开台风季节，以避免相关用海风险和对环境的影响，在台风季节，应做好防台抗台各项措施，尽可能减少因为台风对工程带来的损失。

本项目与海底原油输油管道距离只有40 m，与已铺设的峰尾排污管道存在交叉，施工若有不慎，将影响或破坏已铺设管道安全，进而影响管道正常运行，建设单位在管道施工前应收集工程区周边现有管道铺设基本情况，建设单位应制定好周密的施工方案并做好与相关单位和部门的协调，保证工程建设不影响输油管道及峰尾排污管道的正常使用。

（2）项目营运期用海的风险

一类是受突发事故、外力作用导致工程结构破坏而引起污水处理系统无法正常运转、污水非正常排海/应急排放，污染海域环境。可能的突发事故、外力包括地震破坏、台风暴浪冲击管道和遇沉船等意外海难事故破坏。据地质勘查报告，拟建管道穿越近海海底，管线通过的某些地段分布有厚度较大的饱和淤泥性土，在Ⅶ度地震作用下上部淤泥性土有产生震陷的可能，地基的稳定性相对较差，可能使管道发生变形乃至破裂或断裂。

另一类是污水处理未达标排放或经常非正常排放造成海洋环境污染。其中包括外部原因（如停电等）和内部原因（如管理松懈或操作不当、违反作业程序等）。

现有的峰尾排污管道、原油输油管道与本项目的排污管道距离太近，大部分用海存在交叉，今后不同管道运营期维护维修可能对其他管道造成破坏，建设单位应在管道铺设后设立警示标志，加强管线路由区管理，进行维护维修时，应做好互相通报制度，落实协调人和协调机制，避免管道破坏。

关注要点：

考虑到污水排海工程对环境比较敏感，一旦发生污水事故排放或管道事故，未经处理或处理未达标的污水将直接排入海域或管道破裂处，对涉及范围内的环境敏感目标造成直接影响。因此，此类项目应特别关注用海风险，主要包括污水厂事故排放风险和管道事故风险。其中，前者为主动风险，如污水处理系统无法正常运转、污水非正常排海/应急排放，污水厂发生尾水消毒系统失效事件等造成海洋环境污染；后者为被动风险，如冲刷损坏、地基不均匀沉降、锚害、排放口冲刷及堵塞、管道年久失修、管道腐蚀以及地质灾害（如地震或塌陷）等可能引起的管道破损或破裂；并应提出相应的事故风险应急预案。

优点：

对本项目的施工期、运营期的风险分析全面。

不足：

污水厂事故排放风险、管道事故风险分析深度不够，没有事故风险应急预案。

12.2.2.6 项目用海合理性分析

（1）选址及用海方式合理性分析

本项目用海选址是在开展了岸滩地形测量、路由区海底地形测量、海底障碍物探测、浅地层结构探测、流速流向测量、漂流试验、海底底质调查和工程地质钻探等调查以及有关区域环境因素的资料收集等工作基础上，进行多方案比选最终确定，因此其推荐路由比较合理可行。

1）项目用海选址位于福建省中部湄洲湾南岸的泉州市泉港区内，湄洲湾的中西部海域。从海底地形看，管线路由区内海底地形总体由西北向东南倾斜。坡度变化不大，利于管道施工；从底质状况看，管线路由区中部和北部海底沉积物主要为黏土质粉砂，局部为砂质粉砂。南端为含贝壳粗中砂，便于管道施工。

2）项目用海选址符合《福建省海洋功能区划》，同时该选址与"湄洲湾航道区"、"峰尾锚地区"等周边海洋功能区均保持一定的距离，说明本项目用海选址与海洋功能区划和海洋开发规划是相协调的。

3）本工程管线方案充分利用现有的管线，设于厂区内的氧化塘作为污水调节池，厂区远离居民居住场所，符合污水处理厂建设的环保要求，可减少厂群纠纷；污水管线沿平行于青兰山海底输油管道外侧走线方案，投资省，线路短，选择的路由区不需炸礁，淤泥开挖量较少，减少施工难度，可最大限度地减轻施工期对海域生态、浅海滩涂的养殖影响。

4）排污口位于峰尾突出部以东偏北离岸边约 2.6 km 处。排放口所处海域水面开阔，平均水深 12 m。潮流较急，大潮时，表层最大涨潮流速 0.91 m/s，最大落潮流速 1.23 m/s，落潮流速大于涨潮流速，有利于污染物的扩散。

　　5）排放口底质以贝壳砂和黏土质粉砂为主。排放口靠近湄洲湾主航道——中央深槽。据有关研究成果，中央深槽位置及水深较稳定。因此，从海底沉积环境角度考虑，该处设为排放口是适宜的。沿线管道穿过海堤入海，管道的铺设不会影响海床的稳定性，管道铺设后对海床稳定性和冲淤变化影响很小。管道铺设后对湄洲湾的流场基本没有影响。

　　因此，排污管道工程的选址及用海方式是合理的。

　　（2）用海面积合理性分析

　　本项目用海面积主要有排污管道用海、排污口用海和污水达标排放混合区用海。

　　1）根据《海籍调查规范》中"5.4.5.1　电缆管道用海，以电缆管道外缘线向两侧外扩 10 m 距离为界"和国土资源部《海底电缆管道保护规定》（2004年 1 月 9 日）第七条：管道保护区范围的规定（湾内在管道两侧各取 100 m）；本着节约用海的原则和工程区周边用海实际，侧界址线按 10 m 确定排污管道使用的用海面积。

　　2）根据《海籍调查规范》（HY/T 124—2009）中 5.4.6.1 条污水达标排放用海：依据海洋功能区划和保护目标，以其所排放的有害物质随离岸距离浓度衰减，达到海水水质标准要求时水体所波及的外缘线为界。根据本项目数模确定的混合区范围计算排污影响范围，确定本项目排放口污水混合区用海面积为40.300 6 hm²。

　　扣除混合区用海与排水口用海以及管道用海重叠部分，本项目总用海面积为49.651 2 hm²。因此，本项目用海面积的计算是合理的。

　　由于本项目排污管道与输油管道基本平行，排污管道拟申请用海东侧边界在海底输油管道用海已批用海东侧边界约 0.5 m，用海范围基本落在原油输油管道用海范围内，考虑到误差等原因，本次未交叉的部分未申请用海。

　　本项目污水达标排放用海范围也基本落在峰尾排污范围内，二者用海可兼容，但由于峰尾污水达标排放混合区用海尚未确权，拟申请用海面积为扣除峰尾排污管道交叉部分的用海面积，面积22.485 3 hm² 是合理的。

　　（3）用海期限合理性分析

　　本项目中海底排污管道和排污口为港口、修造船厂等建设工程用海，根据《中华人民共和国海域使用管理法》第二十五条（六）款的规定及《中华人民共和国海域使用管理法释义》第四章"海域使用权"中第二十五条（六）款港口、修造船厂等建设工程用海海域使用权最高期限为 50 年，指建造各类客运、货运港口、码头和制造、维修各类军用、民用船只以及铺设海底电缆、管道等建设项目的用海。鉴于本项目与外方签订时间为 2007 年，因此申请的用海期限取 47

年，海域使用权期限届满前，可根据有关规定申请续期使用。

因此，上述确定的项目用海期限是合理的。

关注要点：

1）排污口的选择是污水排海工程用海选址合理性分析的重点，相关法律法规对于排放口的选择做出了很多具体的规定，包括尽量离岸深水排放，应符合海洋功能区划，需考虑海水的动力条件（稀释扩散能力）、污染物总量控制指标，管道路由底质的稳定性等等。新修编的海洋功能区划没有设置专门的污水达标排放用海的功能区，应从项目用海与功能区划的海域使用管理要求和海洋环境保护要求的符合性方面分析海洋功能区划的符合性，据此分析项目用海与功能区的兼容情况，相兼容的即认为与海洋功能区划符合。此外，排污口的设置应符合海洋环境保护规划，不得损害相邻海域的功能。

然而，由于福建省污水排海工程申请用海程序的特殊性，一般都是在施工完毕后方进行海域使用论证；因此，污水排海工程的海域使用论证应秉承早期介入的原则，在排污口的选址比选阶段即参与进项目中来，重点关注排污口的比选。

2）平面布置的合理性，应关注排放方式的选择。根据所在海域的稀释扩散条件和计算得出的初始稀释度，确定是否设置扩散器。

3）依据混合区范围来界定用海面积界定及其合理性。

优点：

从关注排污口比选、排放方式的选择、平面布置是否合理等方面分析用海合理性。

不足：

在用海期限的界定上应考虑污水的实际排放情况，应先确定一个短期的运营时间，在期满后开展海洋环境影响后评估工作，评估是否改变用海。在环境影响后评估结果认可的前提下，建设单位再根据管道设计使用期限申请续期使用。

12.2.2.7 利益相关者协调分析

根据工程海域开发利用现状、项目特点及其实施对海域资源环境影响预测（工程占用、运营期污水排放等），本工程实施将主要对工程区及其周边海域的海底工程用海（海底管线）、交通运输用海（码头、航道、锚地等）、渔业用海（养殖）等开发利用活动产生影响。

根据本项目用海对所在海域开发活动的影响分析，按照利益相关者界定原则，确定本项目利益相关者，依据界定的利用相关者及其受影响特征，将各个利益相关者的协调分析内容介绍如表 12-3 所示。

表 12 - 3 利益相关者的界定和利益协调分析一览表

用海类型	海域开发活动	位置	利益相关内容	协调内容与方法	协调情况
海底工程用海	峰尾排污管道	管道大部分位于本项目西侧，与本排污管道走向近垂直，在末端与本项目有交叉	与工程区用海有交叉	施工过程有可能对峰尾锚地区船舶锚舶、起航及峰尾污水排放管的排放安全造成一定的影响。应采取相应的防护措施，避免损害海底管线	已制定协调方案
交通运输用海	鲤鱼尾福炼油码头作业区	工程区北侧	与工程区用海有交叉	与本项工程建设单位为同一业主，二者不存在利益冲突问题，但在建设中应采取相应工程措施，避免对已建原油输油管道、码头造成破坏或影响	
	峰尾锚地	工程区东侧	不影响峰尾锚地功能的正常使用，但工程建设存在潜在影响		
渔业用海	后张至后龙湾一带水产养殖	工程区两侧	不直接影响，但工程建设存在潜在影响		

关注要点：

污水排海工程可能涉及的利益相关者主要包括：① 污水达标排放用海占用海域现有的养殖；② 工程占用海域涉及保护区的，保护区主管部门应列为利益协调单位；③ 工程区位于港区的，应视排放口距港区、航道区的远近，关注运营期污水排放对航道边坡的冲刷，通航船舶抛锚对排污管道的撞击或拖曳可能导致的排污管损坏或对排污管的在位稳定性的影响；④ 与工程区有交叉的管道用海或其他用海的，其业主单位也应列为利益相关者。

由于污水排海工程的环境敏感性，特别需要关注的是养殖、保护区等生态敏感目标；涉及保护区的，应设置专题研究、并要有保护区主管部门意见。

论证报告应根据项目的工程内容及污水排海工程用海方式特点及周边海域开发现状特征，结合论证报告前文预测的项目用海对养殖区、保护区等资源环境影响的程度、范围和时间等，准确合理界定利益相关者和利益协调部门，分析利益相关内容，给出具体的协调方案、说明其落实情况，或者给出具有可操作性的协调意见或建议。

优点：

本项目用海对周边的海域开发活动分析详细，关注相关利益并注意协调。

不足：

对于利益相关者的协调分析特别是对养殖的协调分析还不够到位，没有给出养殖户的利益协调方案。报告中提到对锚地和养殖存在潜在影响，没有分析潜在影响的内容以及协调方案。

案例 13　海底隧道工程（盾构式）项目案例评析

13.1　海底隧道工程（盾构式）项目及用海特点

13.1.1　海底隧道发展现状

（1）发展现状

海底隧道是为了解决横跨海峡、海湾之间的交通，建造在海底之下供人员、车辆和管线等通行或穿越的构筑物。发达国家从 20 世纪 30 年代起就开始修建海底隧道，目前已建造了近百条海底隧道，还有许多正在或计划修建中。1940 年日本在关门海峡用盾构法修建了世界上最早的海峡铁路隧道。1988 年日本在津轻海峡建成了迄今为止世界上最长的海峡隧道——青函隧道，长 54 km，海底埋深为 100 m，于 1964 年开始启动，历经 24 年的施工建设，于 1988 年 3 月 13 日正式投入运营，实现了本州和北海道之间的铁路运输。1994 年，英法两国用盾构法和硬岩掘进机法建成了英法海底铁路隧道，长 50.5 km，仅次于日本青函隧道，其中海底长度 39 km，为世界最长的海底隧道。北欧国家修海底隧道较多，其中挪威修建海底隧道已有 80 多年的历史，修建了 18 座，总长度超过 45 km，最长的一条为 4.7 km，最大水深达 180 m。

我国跨河、跨江的水下隧道已建成多条，而跨海隧道较少，且多数集中在港澳台地区。2005 年开始施工建设的厦门翔安海底隧道是我国大陆第一条海底隧道，采用钻爆法施工，全长 8.695 km，历时 4 年多的建设期，于 2010 年 4 月 26 日建成通车，双向六车道的厦门翔安海底隧道通道是厦门岛第五条出入岛通道，兼具公路和城市道路双重功能，它的建成通车使厦门出入岛形成了从海上到海底的全天候立体交通格局。胶州湾海底隧道是我国大陆开工建设的第二条海底隧道，隧道全长 7 800 m，是我国目前最长、世界第三长的海底隧道，分为路上和海底两部分，海底部分长 3 950 m。该隧道位于胶州湾湾口，连接青岛和黄岛两地，双向 6 车道。于 2006 年 12 月开工建设，2011 年 6 月 30 日正式开通运营。

目前我国大陆已建成和正在建设的海底隧道还有厦门海沧海底隧道、港珠澳大桥海底隧道、广州虎门的狮子洋海底铁路隧道、上海崇明隧道等。这些工程的建设标志着我国海底隧道建设的全面展开。海底隧道不仅有利于推动国与国、地区与地区之间的经济发展，对建设区域一体化有着不可替代的作用，而且具有不占地，不妨碍航线，不影响海洋生态环境的特点，是一种非常安全的全天候的海底通道。随着沿海地区建设的加快，提高海湾和海峡的交通能力问题也会日益突出，渤海湾、杭州湾、珠江口、琼州海峡、台湾海峡，这些地方真正要实现全天候、大流量的快捷交通，要靠海底隧道来实现。

（2）主要修建方法

1）钻爆法。主要用钻眼爆破方法开挖断面而修筑隧道及地下工程的施工方法。用钻爆法施工时，将整个断面分部开挖至设计轮廓，并随之修筑衬砌。我国大陆目前已建成的海底隧道如厦门翔安隧道，青岛胶州湾海底隧道，均是采用钻爆法施工。

2）沉管法。沉管法是在水底建筑隧道的一种施工方法。沉管隧道就是将若干沉管预制段分别浮运到海面（河面）现场，并一个接一个地沉放安装在已疏浚好的基槽内的水下隧道修建方法。香港多条海底隧道采用沉管法施工。

3）掘进机法。掘进机法是挖掘隧道、巷道及其他地下空间的一种方法。简称 TBM（tunnel boring manchine）法，是用特制的大型切削设备，将岩石剪切挤压破碎，然后，通过配套的运输设备将碎石运出。连接英国及法国的英法海峡隧道就是采用掘进机法开挖。

4）盾构法。盾构法（Shield Method）是暗挖法施工中的一种全机械化施工方法，它是将盾构机械在地中推进，通过盾构外壳和管片支承四周围岩防止发生往隧道内的坍塌，同时在开挖面前方用切削装置进行土体开挖，通过出土机械运出洞外，靠千斤顶在后部加压顶进，并拼装预制混凝土管片，形成隧道结构的一种机械化施工方法。日本东京湾海底隧道是采用盾构法施工的。

（3）主要工程类型

按照海底隧道布置形式主要可划分为三种：① 修建在海底岩土体内，如暗挖法隧道、TBM/盾构隧道；② 修建在海床表，如沉管隧道、明挖隧道；③ 修建在水中，如悬浮隧道，该类隧道目前正处在研究阶段。

（4）海底隧道修建的难点

1）渗流问题是海底隧道的最大威胁，隧道区域被海水覆盖——高水压决定隧道最小岩石覆盖厚度；

2）经常会遇到断层软弱带，而且不确定性比较大；

3）水源无穷补给；

4）两端都向下倾斜——对排水和出渣造成困难；

5）渗流水为盐水——受含盐海水长期浸泡、易腐蚀;

6）海域地质勘查准确性差——相对于陆地隧道勘察，海底隧道地质勘查难度更多，在很大程度上依赖于间接方法，成本也比陆地隧道大很多。

13.1.2　海底隧道工程（盾构式）关键技术

盾构法一般限制在港湾下的浅水区和沿海地带，在深堆积层等软弱的不透水黏土中最为适用。采用盾构法修建了很多海底隧道，典型的工程有：日本德山港海底隧道、东京湾渡海公路隧道、丹麦大海峡隧道等，其中东京湾公路隧道为迄今为止直径最大的盾构隧道，盾构直径为 14.14 m。盾构法施工的三大要素为：稳定掘进工作面、机械开挖和衬砌安装。关键技术有如下几方面。

（1）盾构机的选择

盾构机的种类很多，有全敞开型、部分敞开型（闭胸式）、密闭型（泥水式和土压式）。正确选用盾构机是工程成功的重要因素，主要根据隧道线形、地下水压力、流动性黏土层、易坍塌的砂砾层、大块砾石层和含软硬土质的地层等条件选择机种。

（2）掘进工作面的稳定

目前常用的盾构有泥水式和土压式。泥水式盾构主要是利用输送的泥水压来平衡掘进工作面的土压和水压，并形成一层泥膜，同时泥水向围岩渗透使围岩保持黏性，因此对泥水压力的大小、压力变化以及泥水性状的控制十分重要。土压式盾构主要是利用腔室内充满开挖的土砂来平衡掘进工作面的土压和水压，同时可加入一定的添加材料使土砂更易流动，因此保持腔室一定土压的排土作业非常重要，同时必须减少腔室内压力变化。

（3）防水技术

用盾构法建造海底隧道，防水尤显重要。隧道防水通常由三个环节组成：① 地层及衬砌壁后压浆；② 衬砌结构本身及其接缝的防水；③ 内衬防水。具体方法有：及时注浆，有效控制地面沉降，且使衬砌稳定，减少变形和接缝张角，并在衬砌壁后形成密实层，有助于防水；对装配式钢筋混凝土衬砌来说，提高管片精度是隧道防水的主要措施；对混凝土衬砌的接缝，以弹性密封垫为主，采用多道防线效果良好。

（4）隧道衬砌

盾构隧道初衬十分重要，二衬一般用于补强、加强防水或装饰等。初衬一般为装配式钢筋混凝土管片，组装时应避免管片破损及密封垫剥离，应使用真圆保持装置，提高精度。

（5）背衬注浆

目的是防止围岩松动并提高防水性。施工时应控制好注浆压力、注浆量和注浆材料质量。

13.1.3 海底隧道工程（盾构式）项目用海要求与特点

（1）海底隧道工程用海类型、方式及面积界定

根据《海域使用分类》（HY/T 123—2009），海底隧道用海是指建设海底隧道及其附属设施所使用的海域，包括隧道主体及其海底附属设施以及通风竖井等非透水设施所使用的海域。用海方式：① 隧道主体及其海底附属设施所使用的海域，用海方式为跨海桥梁、海底隧道；② 通风竖井等非透水设施所使用的海域，用海方式为非透水构筑物。

根据《海籍调查规范》（HY/T 124—2009），① 通风竖井等海底之上的设施用海，以通风竖井及其防护设施的水下外缘线为界；② 隧道主体及其海底附属设施用海，以隧道主体及其海底附属设施的外缘线向两侧外扩 10 m 距离为界，参见附录 C.33。

（2）工程特点

海底盾构隧道与一般陆地的地铁、地下市政管线盾构隧道相比有其自身特点。

1）隧道施工过程中承受较大水、土压力，盾构设计、施工需克服高水压，尤其是大直径盾构推进中需克服顶底压差，以保持工作面稳定，施工难度较大。

2）隧道出露海底后两端斜坡段类型复杂，盾构在人工岛、海堤或河堤中穿越，且存在软硬围岩的交界面。因此，纵坡转换和地层突变处盾构推进难度较大。海中盾构隧道设计包括人工岛的结构及功能、满足桥隧转换功能和环保要求。

3）海底盾构隧道需着重考虑隧道抗浮、耐久性、防水、抗渗等关键技术的设计、施工及效果评估。

4）受航道及海（江、河）口天然口门宽度控制，海底隧道一般较长，盾构机设计需考虑长距离掘进、海底检修和海中对接等因素；隧道结构设计需充分考虑通风、照明、消防、防灾等因素。

5）环境评价、风险性评估也是海底盾构隧道建设的突出特点。

6）海底盾构隧道具有良好的防御自然灾害和战争破坏的功能。

13.1.4 海底隧道工程（盾构式）项目论证重点把握

盾构式海底隧道的用海类型为海底工程用海，用海方式为跨海桥梁、海底隧

道用海。根据《海域使用论证技术导则》（国海发〔2010〕22 号）附录 D "论证重点参照表"，将选址（线）合理性列为论证重点。

2009 年 1 月 16 日，为进一步提高海域使用论证的针对性，加快论证工作时效，实施分类论证，国家海洋局发布了开放式养殖用海、旅游娱乐用海、海底工程用海、油气开采用海和海砂开采用海等 5 个类型用海的海域使用论证报告编写大纲。其中，根据《海底工程用海海域使用论证报告编写大纲》要求，对海底隧道项目用海报告书的内容进行了简化，突出了重点。

随着近年来海域论证工作的不断开展，海底隧道项目用海的案例不断增加，海域使用论证工作者和管理者对此类项目海域论证有了更为全面的认识，普遍认为海底隧道项目用海项目的论证工作重点应包括以下三个方面。

1）项目建设的必要性；

2）项目选址（选线）的合理性；

3）管理对策措施。

此外，根据项目的特点，海底隧道项目用海面积的合理性、项目用海风险分析以及项目用海方式的合理性等内容，也可能被列为论证重点。

13.2　案例点评

本项目于 2009 年 1 月 19 日由大连市发改委正式立项，论证报告书于 2010 年 5 月 30 日完成专家评审，2010 年 6 月完成报告书修改，2010 年 10 月批复用海。

案例为典型的盾构式海底隧道工程论证项目，项目用海包括海底隧道用海、隧道出口建设填海造地用海和风塔非透水构筑物用海，案例分析主要选摘了报告书中概述、项目用海基本情况、项目用海必要性、项目用海合理性和海域使用对策和措施分析等章节内容，并依据案例编制需要进行了适当的删减和整合。

13.2.1　项目用海基本情况

13.2.1.1　项目位置

大连市长兴岛与西中岛之间的葫芦山湾海域。

13.2.1.2　用海事由

大连长兴岛临港工业区坐落在我国的内海——渤海湾东缘、辽东半岛西侧中部的瓦房店市西南部海域，面积 349.5 km²，由长兴岛、西中岛、凤鸣岛、交流岛和骆驼岛 5 个岛屿组成。其中，长兴岛面积 252.5 km²，排名全国第五、北方第一。长兴岛临港工业区内宜港和工业岸线长 130 km，海岸线长，水深湾阔，是渤海湾中最为优良的深水港口岸线资源。

2005 年 6 月，辽宁省作出开发长兴岛的重大决策，同年 11 月 26 日，长兴岛临港工业区正式挂牌，拉开了长兴岛开发建设的序幕。经过四年多的开发建设，长兴岛已累计投资 130 多亿元建设重大基础设施项目，累积签约项目 108 个，已投产项目 16 个，在建项目 24 个；到位内资 258.4 亿元人民币，实际使用外资 52.48 亿美元。长兴岛临港工业区建设已经初见端倪。

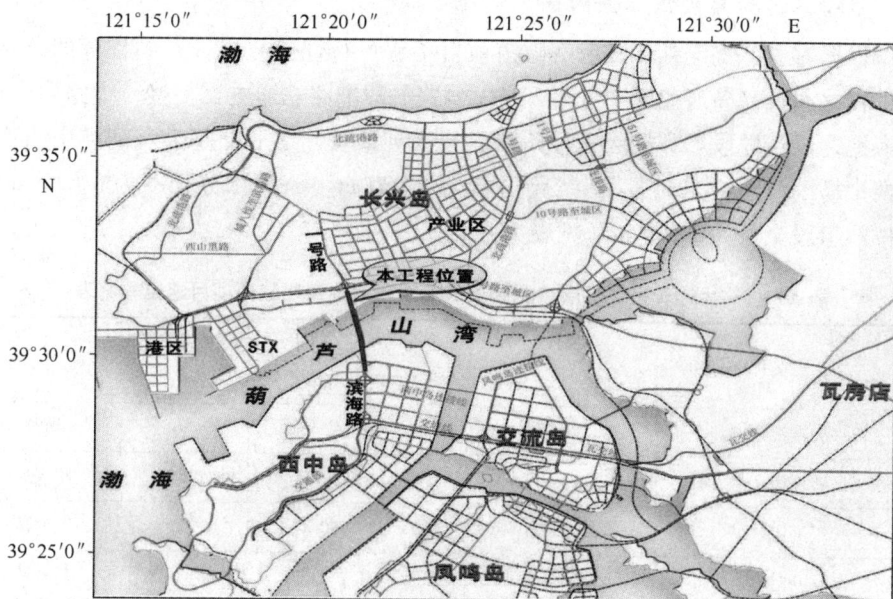

图 13-1　大连长兴岛临港工业区长兴岛至西中岛海底隧道项目位置示意图

2009 年 8 月 27 日，国务院批准实施《辽宁沿海经济带发展规划》，大连长兴岛临港工业区位于辽宁沿海经济带"主轴"位置内，既是"一核"的重要组成部分，更是整个辽宁沿海经济带的龙头，地位重要，作用突出。根据规划要求，未来 10～15 年大连长兴岛临港工业区将要建设成为具有大型综合性深水港口、新型现代化临港工业体系和综合服务体系的具有新加坡城市规划特点的新兴港口城市，人口规模将达到 100 万人。

然而，由于长兴岛临港工业区下辖 5 个岛屿，受海湾阻隔，交通不便，尤其是长兴岛来往于西中岛等岛屿需通过其他县乡道路绕行，行驶距离长，且道路等级低，交通往来不便，使得西中岛等岛屿的整体发展大大落后于长兴岛，在招商引资中显现出不利的影响，从而也影响到了整个临港工业区的发展建设速度。

在此背景下，根据《长兴岛临港工业区总体规划》，为加快振兴长兴岛临港工业区及辽宁省沿海经济带发展的步伐，结合长兴岛临港工业区路网布局及区域交通特点，拟建长兴岛至西中岛海底隧道，实现长兴岛与西中岛的道路连接，形成一条快速通道。

根据国家海域使用的有关规定，受上海市隧道工程轨道交通设计研究院委托，国家海洋环境监测中心承担本项目的海域使用论证工作。

13.2.1.3　项目建设主要规模和设计标准

13.2.1.3.1　项目建设主要规模

根据《长兴岛至西中岛海底隧道项目工程可行性研究报告》中推荐的线路，本工程北起长兴岛产业区1号路，与1号路—疏港路互通立交衔接，线路向南迅速入地，以暗埋段下穿港区3号路和沿线规划地块，之后穿越渤海葫芦山湾后，至西中岛滨海路（东北段），线路全长为3 900 m（跨海部分长度为3 625 m），其中隧道段全长为3 600 m（见表13-1）。

表13-1　大连长兴岛临港工业区长兴岛至西中岛海底隧道项目组成一览表

工点名称	里程（m）	尺寸（m）	底板埋深（m）	施工工艺
长兴岛接线道路段	WK0+500—WK0+540	40	—	填筑
长兴岛暗埋段、敞开段	WK0+540—WK1+374	834	0~20	明挖法
长兴岛工作井	WK1+374—WK1+400	50×26	27	明挖法
盾构隧道段	WK1+400—WK3+720	2160	24~38	盾构法
西中岛工作井	WK3+720—WK3+746	50×26	27	明挖法
西中岛暗埋段、敞开段	WK3+746—WK4+300	554	0~20	明挖法
西中岛接线道路段	WK4+300—WK4+400	100	—	填筑
长兴岛平行式匝道	WK0+960—WK1+374	414	0~18.5	明挖法

海底隧道主体：海底隧道工程中间穿越海域段采用盾构掘进，盾构段长约2 160 m，采用平行双洞结构；两侧往陆域段分别设置暗埋段和敞开段。长兴岛一侧主线暗埋段下穿港区3号路后接疏港路立交，长达669 m，主线敞开段为165 m；西中岛一侧暗埋段长324 m、敞开段为230 m。

匝道：长兴岛一侧在港区3号路南侧设置一对平行式匝道接港区3号路，以利于交通疏解。其中，出口匝道采用双车道布置，暗埋段长140 m，敞开段长170 m；进口匝道采用单车道布置，暗埋段长125 m，敞开段长165 m。西中岛一侧不设进、出口匝道。

工作井（通风竖井）：工程于长兴岛、西中岛两岸各设置一盾构工作井，长各为 26 m，宽各为 70 m。工作井待隧道建成后，进行设备安装，作为通风竖井长期使用。

本项目推荐方案工程投资估算总金额为 318 489 万元，技术经济指标为 81.66 万元/m。经分析经济内部收益率为 9.85%，经济净现值为 69 951 万元，经济效益费用比为 1.75。

13.2.1.3.2　项目建设主要设计标准

1）规划道路等级：城市快速路；

2）设计行车速度：60 km/h；

3）隧道规模：主体采用双洞结构，每洞为单向 3 车道，两洞间距一倍洞直径；

4）车道宽度：隧道主线取用三根 3.75 m 车道宽度；

5）净空高度：隧道限界高度取 5.0 m，通行限高取 4.8 m；

6）设计荷载：公路 - Ⅰ级；

7）抗震设防标准：按Ⅶ度抗震设防，重要性修正系数 1.3；

8）设计基准期：100 年；

9）航道标准：隧道满足深水航道宽不小于 300 m，水深不小于 - 15 m 要求。

13.2.1.4　海底隧道方案简述

13.2.1.4.1　海底隧道总平面布置

本隧道主体为双向六车道盾构法隧道。隧道主体全长 3 600 m，其中盾构段 2 160 m；长兴岛暗埋段为 669 m，敞开段长度为 165 m；西中岛暗埋段 324 m，敞开段长度为 230 m；暗埋段与盾构段交接处均设置 26 m 长工作井。长兴岛侧有一对匝道，匝道暗埋段为 220 m，匝道敞开段长度为 140 m。西中岛不设进出口匝道。

13.2.1.4.2　海底隧道主体工程

（1）海底隧道纵断面形式

大连长兴岛临港工业区长兴岛至西中岛海底隧道工程纵剖面主要控制因素有：葫芦山湾海域地形、规划航道要求、隧道抗浮安全要求、工作井设置要求、两岸的接线道路和铁路线、地下管线等影响控制，长兴岛、西中岛两岸规划立交布设和交叉口渠化等。

海底隧道主体：盾构法隧道方案在长兴岛港区 3 号路南侧以 4% 的纵坡入地，过港区 3 号路以满足管线的最小覆土要求，由于长兴岛一侧暗埋段较长，为减少土石方开挖量，采用反向坡上行，至规划地块中段才开始以 3.5% 纵坡下行，同时在规划地块内部设置工作井，在工作井处预留出 0.6D 的覆土，海域段纵坡采用较为平缓的"V"形坡，以适应葫芦山湾海域地形和远期规划航道 - 15.0 m 的要求，同时也满足盾构掘进最小覆土要求。穿过航道后，隧道以 3% 的坡度爬升一段，接一段 0.8% 的缓坡穿过海域段后，隧道以 3.5% 的坡度向地面逐渐爬出地面。线路主线纵剖面最大纵坡 4.0%，最小纵坡 0.41%，最大坡长 870 m，最小坡长 240 m，最小凸型竖曲线半径为 2 500 m，最小凹型竖曲线半径为 5 000 m，均满足规范要求，也满足盾构推进要求。

匝道：长兴岛侧出口匝道采用 4.0% 的纵坡上行接地，接地后距离交叉口有 240 m，可供交叉口车道渠化布置；进口匝道则按 4.5% 纵坡，可缩短敞开段长度。

（2）海底隧道横断面形式

本项目工程横断面分为三种基本形式：即盾构段圆隧道横断面、暗埋段矩形隧道横断面和敞开段横断面。

1）盾构段圆隧道横断面。盾构段隧道横断面为圆隧道断面。隧道拱顶上方设置排烟风道，与建筑限界之间的空间布置各种专业设备。设备包括车道信号灯、射流风机、扬声器、照明灯具、监控摄像机、可变情报板、漏泄电缆等。车道两侧侧墙布置设备箱孔。车道板下的空间被分作三个部分。一侧是电缆通道，中间为纵向安全通道，另一侧为安置滑梯空间。

2）暗埋段矩形隧道横断面。矩形隧道基本断面采用两孔一管廊的形式，中间管廊设置上部为排烟通道，中间为电缆通道，下部为安全通道。

3）敞开段横断面。敞开段横断面采用"U"型结构形式，中央为道路分隔带，设备箱布置在隧道两侧。

13.2.1.4.3　海底隧道附属工程

本项目海底隧道附属工程包括工作井、雨水泵房、海底泵房、管理中心和风塔。

（1）工作井

海底隧道在长兴岛和西中岛回填区域各设置一个工作井。本项目的工作井是一个综合设施，工作井为地下四层建筑，工作井的外包尺寸为 50 m × 26 m，底板埋深 29 m。包含变电所、直流屏室、照明配电间、消防泵房、通风机房、小通风机房、废水泵房等，这些设施具体布置位置如下。

1）工作井下一层：为设备用房，结合暗埋段上部扩大的空间设置设备用房，主要有：变电所、直流屏室、照明配电间、消防泵房、通风机房等。

2）工作井地下二层：为车道层，并在此层内设置车行横通道，以供隧道发生事故时，车辆可以调头。

3）工作井地下三层：主要功能为救援、疏散空间，并设有小通风机房、废水泵房一座。圆隧道下层安全通道与工作井下三层连通，并可由至地面楼梯进行疏散、救援。

4）工作井地下四层：主要满足盾构安装空间要求，并可作为管线过渡使用空间。

（2）雨水泵房

为了排除隧道引道段的雨水，隧道暗埋段洞口处各设置一个雨水泵房。雨水泵房挂于暗埋段结构体外，内净尺寸为 9.0 m×5.0 m。

（3）海底泵房

在海域段隧道竖曲线最低处设海底泵房，主要负担排除隧道暗埋段、盾构段的渗漏水、冲洗水及消防水。

（4）管理中心

根据隧道运营管理的需要，设置隧道管理中心。管理中心人员编制的规模控制在 80 人左右。隧道的管理中心大楼设置在长兴岛区域离隧道接地点 100 m 处（不占用海域），用地面积：4 429 m²。管理中心内的主要建筑为管理中心大楼，另外设一定规模的供工程车、抢险车、牵引车、处警车、违章车、故障车停放的停车场，小车停车位若干个，大车停车位 5 个，设有两个出入口，四周消防车道环通，整个基地布置紧凑合理。

管理中心大楼为地面二层，建筑高度 11.55 m。一层设门厅、生产班组、消防控制室、变电所、维修间、交警办公、快餐厅等用房；二层为中控室及配套的设备室、办公室和一些生产班组用房等；局部地下一层为变电所电缆夹层。

（5）风塔

风塔位于工作井上方，体形是圆柱形，顶部斜切，做钢结构竖向线条，下面做清水混凝土外墙，并做弧形凹线条，整个造型像徐徐升起的船帆，形象生动流畅，富有韵律，造型寓意为扬帆之舟。其主要功能为高空稀释排放隧道内的废气。

13.2.1.5　项目申请用海面积和用海期限

13.2.1.5.1　申请用海面积

本项目用海类型为海底隧道用海，用海方式包括"跨海桥梁、海底隧道"、"建设填海造地"和"非透水构筑物"三种。项目申请用海总面积为 22.190 8 hm²。其中，包括跨海桥梁、海底隧道用海为 21.367 0 hm²，建设填海造地用海 0.813 7 hm², 非透水构筑物用海 0.010 1 hm²。

13.2.1.5.2　申请用海期限

本项目申请用海 50 年。

13.2.1.6　海域开发利用现状

本项目选址位置穿越葫芦山湾海域, 北接长兴岛, 南连西中岛。在长兴岛临港工业区开发建设以前, 在葫芦山湾内, 海域开发活动主要以渔业、养殖业、盐业为主。

长兴岛临港工业区开发建设以来, 整个葫芦山湾沿岸发生了巨大的变化, 从原来以渔港、围海养殖、底播养殖及晒盐为主的半自然岛屿, 已经逐步转变为以大型综合港口、重型临港工业、船舶修造企业为主的临港城市, 发展速度可谓日新月异。

为清晰介绍海底隧道周边海域及沿岸开发利用现状, 项目组将以海底隧道的走线为主线, 通过表格和图片的形式进行分析 (见表 13 - 2 和图 13 - 4 至图 13 - 10)。

表 13 - 2　海底隧道经过海域及沿岸开发利用现状分析统计表

序号	海底隧道经过区域	海域及沿岸开发利用现状	与海底隧道相对位置	与海底隧道建设的关系
1	长兴岛侧沿岸陆域	(1) 沿岸已建港区三号路	—	与隧道的西匝道对接
		(2) 垂岸已建港区一号路	—	与隧道的主体敞开段对接
		(3) 已建疏港路跨线桥	北侧约 300 m	与隧道的东匝道对接
		(4) 周边土地正在开发建设	后方	—
2	长兴岛侧回填海域	(1) 已部分投产的 STX 修造船厂	西侧约 910 m	现距本项目西侧最近企业
		(2) 未被规划的已回填区域	—	正在考虑隧道基础上规划
		(3) 在建的万阳重工	东侧 1.43 km	现距本项目东侧最近企业
		(4) 在建的万邦修造船厂	东侧 1.74 km	—
3	葫芦山湾海域	(1) 已建 STX 舾装码头及水域	西侧约 910 m	—
		(2) 在建万邦舾装码头及水域	东侧 1.74 km	—
		(3) 航道用海海域, 宽 300 m	—	海底隧道上方海域穿过, 是其设计时重点考虑对象
		(4) 西中岛侧尚未开发利用水域	尚不能确定	
4	西中岛侧回填海域	(1) 正在回填的船舶产业配套区	—	被隧道盾构段穿过
		(2) 已回填的国际综合物流园区	—	隧道峒口出口

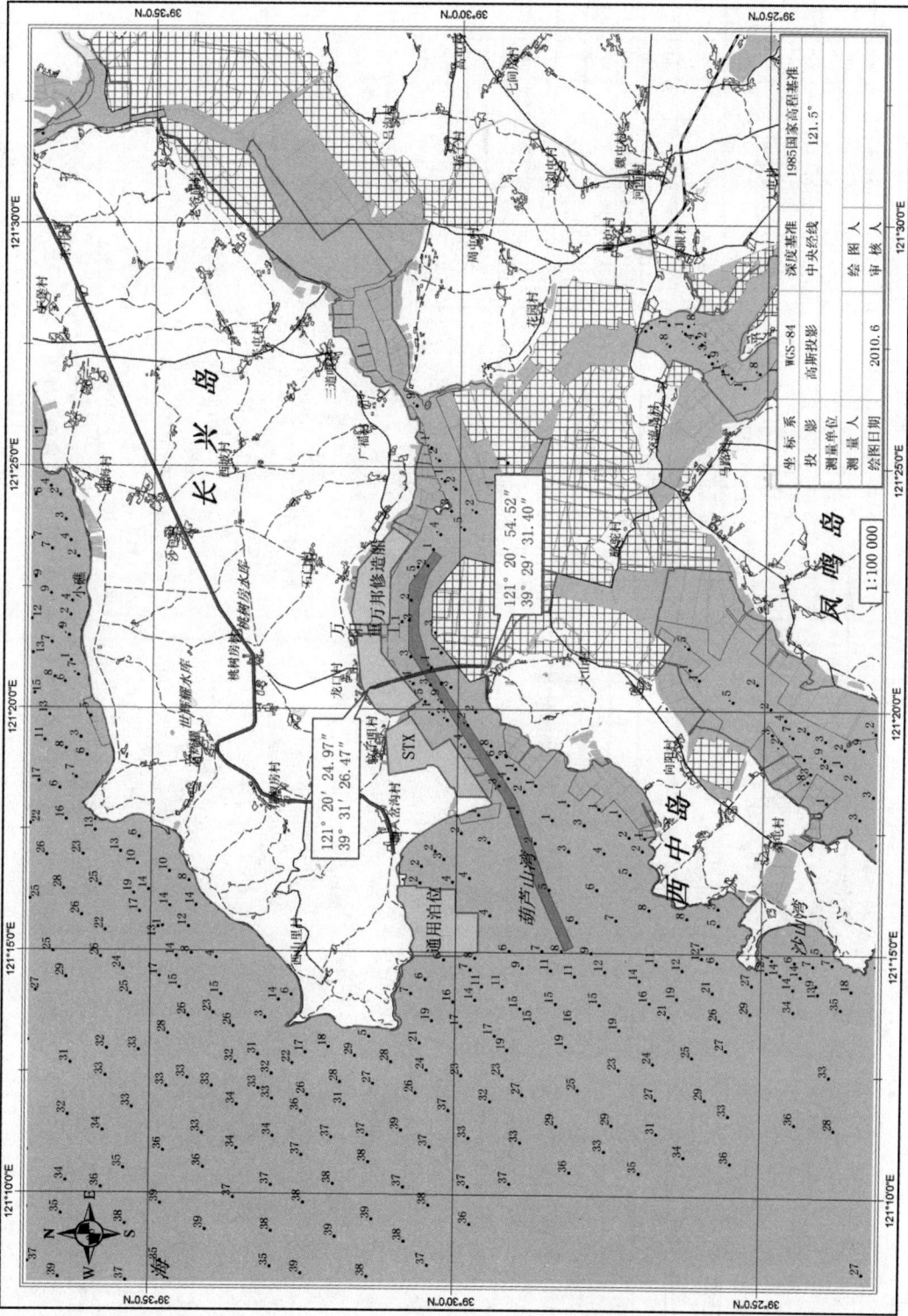

图13-2 大连长兴岛临港工业区长兴岛至西中岛海底隧道项目宗海位置图

界标点编号	经度坐标	纬度坐标		界标点编号	纬度坐标	经度坐标
1	121°20'25.35"	39°31'26.65"		24	39°29'57.83"	121°20'54.97"
2	121°20'24.97"	39°31'26.47"		25	39°30'07.23"	121°20'53.96"
3	121°20'26.10"	39°31'23.47"		26	39°30'13.21"	121°20'52.98"
4	121°20'25.70"	39°31'23.38"		27	39°30'18.90"	121°20'51.80"
5	121°20'26.51"	39°31'23.56"		28	39°30'31.19"	121°20'48.41"
6	121°20'29.33"	39°31'13.73"		29	39°30'38.02"	121°20'46.02"
7	121°20'30.84"	39°31'10.74"		30	39°30'50.20"	121°20'41.44"
8	121°20'34.95"	39°30'59.89"		31	39°31'00.39"	121°20'37.51"
9	121°20'38.83"	39°30'49.59"		32	39°31'06.24"	121°20'35.00"
10	121°20'43.38"	39°30'37.46"		33	39°31'09.74"	121°20'34.02"
11	121°20'45.96"	39°30'29.93"		34	39°31'09.98"	121°20'30.10"
12	121°20'49.05"	39°30'18.66"		35	39°31'19.89"	121°20'29.70"
13	121°20'50.31"	39°30'12.78"		36	39°31'27.38"	121°20'26.88"
14	121°20'51.33"	39°30'06.95"		37	39°31'27.18"	121°20'26.45"
15	121°20'52.46"	39°29'57.75"		38	39°31'19.79"	121°20'29.23"
16	121°20'53.03"	39°29'48.87"		39	39°31'05.86"	121°20'34.05"
17	121°20'52.94"	39°29'36.33"		40	39°31'05.81"	121°20'33.81"
18	121°20'53.36"	39°29'36.33"		41	39°31'05.54"	121°20'33.92"
19	121°20'53.27"	39°29'31.76"		42	39°31'05.60"	121°20'34.16"
20	121°20'54.52"	39°29'31.40"		43	39°29'52.97"	121°20'54.18"
21	121°20'54.61"	39°29'36.30"		44	39°29'52.96"	121°20'53.87"
22	121°20'55.02"	39°29'36.29"		45	39°29'52.74"	121°20'53.88"
23	121°20'55.31"	39°29'48.86"		46	39°29'52.75"	121°20'54.20"

用海类型	界址线	面积（公顷）	备注
填海造地	1-2-3-4-5-1	0.0999	面道
	18-19-20-21-18	0.4366	面道
	35-36-37-38-35	0.2772	风塔
非透水构筑物	39-40-41-42-39	0.0051	风塔
	43-44-45-46-43	0.0050	
海底隧道	1-5-3-4-6-7~18-21-22~35-38-37-1	21.3670	海底隧道
宗海	1-2-3-4-6-7~37-1	22.1908	

坐标系	WGS84	深度基准	1985国家高程基准
投影	高斯投影	中央经线	121.5°
测量单位		绘图人	
测量人		审核人	
绘图日期	2010年04月		

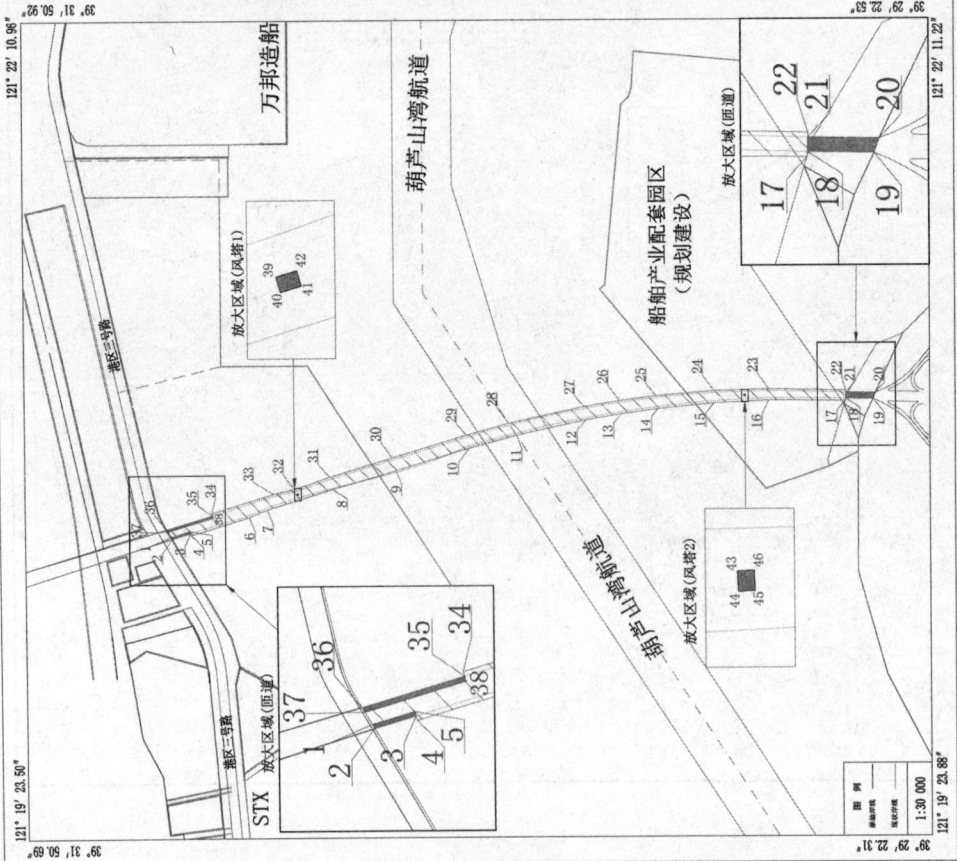

图13-3 大连长兴岛临港工业区长兴岛至西中岛海底隧道项目宗海界址图

图 13 - 4   一号路及疏港路跨线桥

图 13 - 5   港区三号路

图 13 - 6   长兴岛海底隧道所在的已吹
填区

图 13 - 7   STX 修造船基地已建厂区

图 13 - 8   西中岛对岸接口已吹填区

图 13 - 9   西中岛滨海路

图13-10 海底隧道周边海域及沿岸开发现状利用分布图

13.2.2　项目用海论证内容及点评

13.2.2.1　海底隧道建设与用海的必要性

（1）海底隧道建设的必要性

1）海底隧道的建设是加速长兴岛临港工业区开发建设的需要。长兴岛临港工业区的城市发展总体目标：经过 20 年左右的发展建设，规划区形成综合服务功能基本完善的中等规模港口城市。建立起以临港产业和港行物流业为主导的产业集群，成为仅次于大连主城区的新经济中心。近期一起步阶段，进一步推进以港口为中心的基础设施建设，加快重大临港产业项目的引进，构建经济发展的坚实基础。重点发展葫芦山湾两岸船舶修造及装备制造产业并形成产业集群。远期——高速发展阶段。到 2025 年左右，建设以大型综合型深水港和现代临港工业体系为支撑，现代产业协调发展的港口型工业城市，成为大连国际航运中心的重要组成部分。

长兴岛至西中岛海底隧道项目的建设，对于拉动长兴岛临港工业的大规模发展，助推大连东北亚国际航运中心建设，促进辽宁和东北老工业基地振兴及国家发展战略和产业调整转移具有重要意义。

长兴岛至西中岛海底隧道项目的建设，将极大促进长兴岛临港产业又好又快发展。依托临港资源，坚持以港口开发为先导，带动大规模临港产业发展，是把长兴岛打造成为东北新型产业基地和经济重要增长区域及建设大连东北亚国际航运中心重要组合港的必然要求。

长兴岛至西中岛海底隧道项目的建设，对于树立长兴岛临港工业区对外形象，优化投资环境，提高地区核心竞争力，带动临港产业集聚发展具有里程碑意义。

2）海底隧道的建设是沟通长兴岛和西中岛等岛屿的需要。为全面落实辽宁省委、省政府关于开发建设长兴岛临港工业区的战略决策，着眼于长兴岛临港工业区长远发展，充分发挥交流岛乡岸线和土地资源优势，进一步扩大长兴岛临港工业区发展空间。2007 年 5 月 24 日，大连市委、市政府决定把交流岛乡管辖的西中岛、凤鸣岛、交流岛、骆驼岛纳入工业区统一开发建设，成为长兴岛临港工业区重要组成部分。2007 年 12 月 26 日，经省、市政府批准，交流岛乡正式撤乡建立街道。2008 年 1 月 2 日，大连长兴岛临港工业区交流岛街道正式挂牌成立，这对完善长兴岛临港工业区功能，推进交流岛街道城市化进程，实现临港工业区内各岛之间资源互补、利益共享、建设同步的目标具有重要意义。

长兴岛临港工业区在城市用地总体布局结构上，将形成"二轴二廊，三区多点"的城市空间结构。"双轴"系指长兴岛现代装备制造业发展轴和交流岛现代服务业发展轴;"二廊"即形成皇城山—交流岛—凤鸣岛的生态廊道和横山至西中岛的生态廊道;"三区"系指港区 – 园区 – 城区;三大功能区。"多点"系指在区域内设置多个城市职能中心。从以上城市布局来看,规划将长兴岛临港工业区的 5 个岛屿不可分割地融为一体。

目前,受渤海葫芦山湾的天然阻隔,长兴岛来往西中岛、交流岛等岛屿需通过滨海路绕行,行驶距离约 25 km,沿线道路狭窄,交通往来较为不便,这使得葫芦山湾南部的西中岛等四个岛屿发展大大落后于长兴岛。与对岸长兴岛如火如荼的开发建设相比,西中岛等岛屿的建设仍处于起步阶段,对长兴岛临港工业区的城市功能的完善造成很大的制约。究其原因,交通不便是制约葫芦山湾南部四岛发展的主要因素。

海底隧道工程的实施建设,将大幅度缩短长兴岛和西中岛之间的行驶距离,突破葫芦山湾的阻隔,时间和空间得以缩短和拉近,同属于临港工业区的南部四岛和长兴岛同城化效应更加明显,使得整体发展步伐加快,并将有效促进长兴岛临港工业区的整合,方便岛屿之间的联系,尤其是对于西中岛等岛屿的建设和开发起到良好的促进作用。

3)海底隧道的建设是完善区域路网的需要。长兴岛临港工业区基础设施配套建设的投融资工作取得了显著成果。29 km 的省级快速公路连接沈大高速公路东西贯穿全区;建设中的沈大高速至长兴岛高速公路将于次年建成通车,届时大连主城区至长兴岛临港工业区行车时间将缩短至 50 分钟;未来 10 年大连市主城区至长兴岛临港工业区的城市快速轨道客车将建成通车;连接哈大铁路的由中国铁道部主导投资的入岛铁路于 2010 年建成通车。今后几年大连长兴岛临港工业区继续加快基础设施建设,要在前三年累计投入 130 亿元的基础上,今后三年中每年投入 100 亿元左右,继续加快基础设施建设。

从目前长兴岛的交通现状看,城八线是进出长兴岛街道的唯一陆路通道,交通仍以线状分布为主。海底隧道工程是长兴岛"三横三纵"组团间骨架道路的一部分,在实现两岛连接的同时,海底隧道工程将使全岛骨架道路形成体系,对实现各城区的功能意义重大,其两端均与城市主干路相接,并与东西走向的疏港高速公路形成节点,通过立交进行流量的转换,可以快速地疏解交通,形成一体化的路网。海底隧道的建成将使长兴岛临港工业区与陆域交通由单线交通变为网络化交通,交通出行将更加便捷。本项目作为长兴岛临港工业区道路规划中的一条越海通道,符合城市规划的需要,其建设也是完善区域路网的需要。

4)海底隧道的建设是长兴岛临港工业区招商引资的需要。长兴岛临港工业区聚集着世界的目光,成为中外客商竞相投资的热土。临港工业区成立以来,累计签约项目 108 个。已投产项目 16 个，在建项目 24 个。随着 STX、万邦、中集、中石油等重大产业项目的入驻，奠定了长兴岛临港工业区产业发展的框架，奠定了地区发展的档次，形成了临港工业区的临港产业特点，有力地推动了配套基础设施建设的步伐，凝聚了配套产业的发展核心，产业的集群化发展态势已经显现。规划在长兴岛临港工业区建设的大连船舶配套产业园已有 19 家企业入园并开工建设。日本工业园、韩国工业园已有 45 家企业签订入园协议。

海底隧道的建设势必更大地优化长兴岛临港工业区投资环境，缩短长兴岛与西中岛等岛屿之间的绕行距离，为葫芦山湾南部四岛的招商引资创造良好的条件，本工程建设能进一步促进岛内经济均衡发展，推进长兴岛临港工业区各岛屿的城市化进程，为长兴岛临港工业区的建设和招商引资增添动力。

（2）海底隧道方式用海的必要性

纵观现今连接水、陆交通，穿越水域的方式，不外乎桥梁和隧道两种形式，为说明本项目采取隧道方式用海的必要性，下面将对采取桥梁方案和隧道方案建设连接长兴岛和西中岛的跨海通道进行对比。

桥梁方案分析：在葫芦山湾航道上架设桥梁，净高方面存在很大的困难，这是由于葫芦山湾内主航道通航宽度 300 m，要满足湾内船舶进出通航所需净空高度较高。参照相关工程的要求，通航万吨级的船舶专用航道，上方架设桥梁净高要求大于 39 m；通航 5 万吨级集装箱船和 4.8 万吨级大型船队，净高要求大于 62 m。长兴岛临港工业区以港口、造船产业为主导，本项目内侧分布着万邦、大船等大型造船企业，葫芦山湾通航标准应满足新一代集装箱船要求，桥面标高至少应达到 70 m 左右，按照 3.5% 的平均纵坡计算，桥梁段长度达 4.3 km 左右。根据测算，该段海域段宽度约 2 km，如果架设桥梁，一方面在长兴岛一侧，会造成与疏港路立交衔接困难，更无法与港区三号路接顺，布置匝道进行分流；另一方面，在西中岛一侧也无法和规划的滨海路衔接布置互通立交。此外，在桥梁施工期间，葫芦山湾内侧的修造船舶无法通过施工区，也会严重影响湾内企业的生产活动。显然，桥梁方案不适合长兴岛至西中岛跨海通道工程的要求。

隧道方案分析：海底隧道从渤海葫芦山湾海域海床下穿越，不管是施工期间还是运营期间对航运都无影响，和两岸的接线道路衔接良好。同时由于海域段宽度较小，且国内外海底隧道建设成功经验很多，所以海底隧道方案是本项目理想的跨海方案。

桥隧比较的结论在预可研专家评审时也得到了普遍的认可，在专家评审意见中指出："若采用桥梁方式跨越海峡，由于净高要求高，与两侧路网衔接十分困难，工程可行性差。隧道方案符合规划，优势明显，推荐隧道方案是合适的。"

综上，连接长兴岛和西中岛的跨海通道选择海底隧道的形式建设是必要的。

关注要点：

项目用海必要性分析是海洋行政主管部门和评审专家判断项目用海是否可行的重要依据之一。由于海底隧道工程社会影响范围较广、经济投入较高，且此类项目多选址于海洋开发活动密集的区域，因而准确论述项目用海必要性更显得尤为重要。

从项目自身特点考虑，海底隧道项目用海是个相对"微观"的用海类型，针对海底隧道项目用海建设必要性主要从区域交通网络发展和区域经济发展需求两个角度论述。与其他用海项目不同，海底隧道方式用海必要性的论述应该纳入项目用海必要性分析中，且应重点论述，因为通常海底隧道工程项目投资大，建设难度高，在修路、架桥等改善交通条件方式中属受"较多"限制条件的选择。

优点：

报告书论证思路清晰，论证依据充分，繁简得当。

1）项目建设必要性紧扣项目对区域经济发展、交通网络建设的作用进行了有针对性的论述。

2）海底隧道方式用海必要性分析从海湾通航条件要求出发，分析阐述了海底隧道用海方式的优越性和必要性。

不足：

为保护海洋环境，在特定情况下，"绕道"修路也可能不失为一种正确的选择，因此，如果能在用海方式选择的必要性分析中补充关于"绕道"修路是否可行的论述，那么整个必要性分析就显得更加完善。

13.2.2.2 选址合理性分析

（1）区域地质地貌和场地稳定性分析

1）区域地质地貌资料分析。大连市位于新华夏系第二隆起与天山—阴山东西向巨型构造带的复合部位。区域内最大断裂为金州—普兰店—瓦房店—熊岳断裂。该断裂长约150 km，断续出现，走向北北东，倾向西北，倾角40°～80°；形成于距今2.3亿～2亿年间（印支运动期间）。隧址离此断裂较远，区内未发现有明显构造活动迹象。

长兴岛所处大地构造位置为华北地台东端，胶辽台隆的辽东半岛南部，复州台陷上的复州—大连凹陷的北西部。岛内出露地层为上元古界，下古生界和新生界第四系松散堆积物，褶皱和断裂构造皆较发育。长兴岛的成因类型为大陆岛。基底以古老的石英岩和石灰岩为主，周边大部分为港湾型基岩海岸，东北部和东南沿海部分为泥质或沙滩海岸，滩涂较宽。

2）场地稳定性和适宜性评价。根据《大连长兴岛临港工业区长兴岛至西中岛海底隧道工程岩土工程可行性研究勘察报告》（上海市隧道工程轨道交通设计研究院，2010 年 3 月）结论：工程场地所属区域无全新活动断裂，区域地质构造较稳定。且目前渤海岸坡也基本处于相对稳定状态，场地内不存在能引起场地滑移、大的变形和破坏等的不良地质，属稳定场地，适宜工程建设。

（2）浅部地层及其工程性质适宜性分析

下面主要在工程地层岩性特征、地层物理力学性质指标、工程地质剖面三项资料的支持下，分析工程特点对沿线岩土层适宜性。此外，讨论特殊性岩土及不良地质对本工程的影响。

1）工程地层岩性特征。根据区域地质和《大连长兴岛临港工业区长兴岛至西中岛海底隧道工程岩土工程可行性研究勘察报告》资料，拟建场区勘探深度范围内前第四系地层主要为寒武系中统灰岩（∈2）、青白口系细河群南芬组石英砂岩和页岩（Qnn）；上部第四系地层主要为海积淤泥质粉质黏土、粉细砂和冲洪积粉土、黏土、角砾、卵石等。各岩土层的岩性描述与特征分述如下。

① 填土（Q4 ml）：黄褐色 – 灰褐色，结构松散，土质不均，主要由碎石和建筑垃圾组成，硬物质含量约占 60%，粒径 0.5 ~ 5 cm，大者 10 cm；余者为黏性土。吹填区填土主要由灰色粉细砂组成，混少量淤泥和黏性土。场区填土回填时间短，欠固结。陆域遍布，层厚 2.20 ~ 9.00 m，层底标高 – 5.48 ~ 2.05 m。

③ –1 粉细砂（Q4 m）：灰黑色，饱和，松散 – 稍密，成分主要为石英、长石，局部含有黏土和圆砾，中压缩性。在长兴岛 CZ8，海域 CZ14、CZ17，以及西中岛 CZ25、CZ26、DZ3、DZ4 孔有揭示，层厚 2.40 ~ 7.50 m，层底标高 – 13.18 ~ – 1.39 m。

③ –2 淤泥质粉质黏土（Q4 m）：灰黑色，饱和，软塑 – 流塑，局部混粉细砂，稍有光泽，无摇振反应，干强度中等，韧性中等，高压缩性。在长兴岛 CZ8 和海域 CZ11、CZ17 孔有揭示，层厚 1.80 ~ 12.40 m，层底标高 – 1.69 ~ – 22.55 m。

③ –3 粉细砂（Q4 m）：黄褐色 – 灰色，饱和，稍密 – 中密，成分主要为石英、长石，局部混黏土和圆砾，中压缩性。在长兴岛 CZ3、CZ8 和海域 CZ14、CZ17 孔有揭示，层厚 2.40 ~ 16.90 m，层底标高 – 27.88 ~ – 4.09 m。

④ 粉土（Q4apl）：黄褐色，很湿，中密，手捻有砂感，局部混有碎石或卵石。无光泽，摇振反应中等 – 迅速，干强度低，韧性低，中压缩性。在长兴岛 CZ1 和西中岛 CZ25、CZ26、DZ3、DZ4 孔有揭示，层厚 4.20 ~ 12.70m，层底标高 – 4.99 ~ – 18.18m。

⑤ 黏土（Q4 apl）：黄褐色，硬塑，局部含砾石或砂土。有光泽，无摇振反应，干强度高，韧性高，中压缩性。在海域 CZ14、CZ17 孔有揭示，层厚 1.40 ~

5.20 m，层底标高 -31.81 ~ -29.28 m。

⑥ 角砾（Q4apl）：灰色 - 黄褐色，松散 - 稍密，成分主要为石英、长石，呈次棱角状，粒径 0.2 ~ 1.0 cm，含量约占 60%，充填物为中粗砂及黏土。在长兴岛 CZ3、CZ8 和海域 CZ11、CZ14 孔有揭示，层厚 0.90 ~ 7.30 m，层底标高 -31.08 ~ -6.89 m。

⑦ 卵石（Q4apl）：灰色 - 黄褐色，饱和，松散 - 稍密，成分主要为石英、长石，呈次圆状，粒径 0.5 ~ 4.0 cm，大者 8.0 cm，含量占 60% ~ 65%，充填物为黏土。在西中岛 CZ25、CZ26、DZ4 孔有揭示，层厚 4.40 ~ > 7.20 m，层底标高 < -21.29 ~ -20.52 m。

⑧ -1 强风化灰岩（∈2）：红褐色，泥质结构，块状构造，主要矿物成分为方解石、白云石和长石等，岩石节理裂隙发育，岩芯呈碎块状。岩石坚硬程度分类为较软岩，岩体完整程度为破碎，岩体基本质量等级为Ⅴ级。仅长兴岛 DZ1 孔有揭示，层厚 5.60 m，层底标高 -9.69 m。

⑧ -2 中风化灰岩（∈2）：红褐色 - 灰黑色，泥质或隐晶质结构，块状构造，主要矿物成分为方解石、白云石和长石等，岩石节理裂隙较发育，岩芯呈块状、短柱状，锤击不易碎。岩石坚硬程度分类为较软岩，岩体完整程度为较破碎，岩体基本质量等级为Ⅳ级。仅长兴岛 CZ1 和 DZ1 孔有揭示，层厚 > 13.5 m，层底标高 < -23.2 m。

⑨ 中风化石英砂岩（Qnn）：灰白色，碎屑结构，薄层状构造，硅质胶结，碎屑成分主要为石英。岩石节理裂隙较发育，岩芯呈块状、短柱状，锤击不易碎。岩石坚硬程度分类为较硬岩，岩体完整程度为较破碎，岩体基本质量等级为Ⅳ级。仅西中岛 DZ3、DZ4 孔有揭示，层厚 2.70 ~ > 8.30 m，层底标高 < -26.48 ~ -23.22 m。

⑩ -1 强风化页岩（Qnn）：红褐色，泥质结构，薄叶状构造，主要矿物成分为石英、云母、黏土矿、长石、菱铁矿、方解石等。岩石节理裂隙发育，岩芯呈碎块状、碎片状。岩石坚硬程度分类为较软岩，岩体完整程度为破碎，岩体基本质量等级为Ⅴ级。仅交流岛 CZ3 和西中岛 DZ4 孔有揭示，层厚 1.10 ~ 1.40 m，层底标高 -24.62 ~ -17.17 m。

⑩ -2 中风化页岩（Qnn）：红褐色，泥质结构，薄叶状构造，主要矿物成分为石英、云母、黏土矿、长石、菱铁矿、方解石等。岩石节理裂隙较发育，岩芯呈块状、片状。岩石坚硬程度分类为较软岩，岩体完整程度为较破碎，岩体基本质量等级为Ⅳ级。仅长兴岛 CZ1、DZ1 和西中岛 CZ25、CZ26、DZ3 孔未揭示，层厚 > 38.4 m，层底标高 < -65.15 m。

2）地层物理力学性质指标分析。根据岩土层划分情况，以各岩土层为统计单元，进行物理力学性质指标的统计分析。

3）工程地质剖面分析。推荐方案拟采用盾构法隧道施工，其中穿越渤海葫芦山湾以盾构法施工，隧道底板埋深约 24~38 m，隧道掘进范围内土层主要为③-2 层淤泥质粉质黏土、③-3 层粉细砂、⑤层黏土、⑥层角砾和⑩-2 层中风化页岩；两岸工作井、暗埋段、敞开段和匝道均拟采用明挖法，拟建工程基坑开挖深度范围内地层主要为①层填土、③-1 层粉细砂、③-2 层淤泥质粉质黏土、③-3 层粉细砂、⑥层角砾和⑩-2 层中风化页岩等。

4）工程特点对沿线岩土层适宜性分析。下面引用《大连长兴岛临港工业区长兴岛至西中岛海底隧道工程岩土工程可行性研究勘察报告》内容，对工程特点与沿线岩土层特性适宜性分析如下。

A.①层填土中硬物质含量高，土质极不均匀，对隧道基坑围护和开挖非常不利。吹填区填土吹填时间短，欠固结，吹填土的后期沉降会对基坑围护结构产生负摩阻力，对隧道基坑开挖、盾构掘进和接线道路填筑均会有一定不利影响。

B.③-1 和③-3 粉细砂层以及④粉土层，渗透性较强，为含水层，在一定水头差作用下易发生流土或管涌。

C.③-2 淤泥质粉质黏土层呈软塑-流塑状，具有压缩性高、强度低、渗透性小和灵敏度高等特性。⑤黏土层呈硬塑状，工程性质较好。

D.⑥角砾层和⑦卵石层为第四系冲积层，成分主要为石英、长石，粒径0.2~4.0 cm 不等，渗透性强，为含水层，基坑开挖过程中易发生坍塌。

E. 下伏基岩中灰岩和页岩为较软岩，岩体基本质量等级为Ⅳ—Ⅴ级，石英砂岩为较硬岩，岩体基本质量等级为Ⅳ级。

5）特殊性岩土及不良地质对本工程的影响分析。

A. 吹填土：工程沿线近海区域原为养殖海参的浅海滩涂，目前大部分已进行过吹填处理或正在吹填。吹填土以粉细砂为主，混淤泥和黏土，吹填时间短，且厚度大（据吹填后填土区域地面高程推算，吹填土厚达 5 m 左右）。此类大面积高填土的固结沉降历时周期长，隧道设计施工时需注意其对本工程的影响。

B. 软土：拟建场区分布的③-2 淤泥质粉质黏土层，呈软塑-流塑状，具有含水量高、孔隙比大、强度低、压缩性高等不良工程地质特性，同时软土还有低渗透性、触变性和流变性等特点。工程建成后，软土引起的工后沉降往往较大，对工程的安全运营影响很大；同时在上部荷载和震动的长期作用下，软土的触变特点往往会使其强度降低，从而进一步加大构筑物的变形量。

C. 流土、管涌或坍塌土层：大量工程实例表明，在地下空间开发过程中，粉土、砂土、角砾或卵石在一定水头压力差作用下会发生流土、管涌或坍塌，容易引发重大工程事故。拟建工程沿线分布的③-1 和③-3 砂土层、④粉土层、

⑥角砾层以及⑦卵石层易发生流土、管涌或坍塌。

D. 岸坡稳定性：拟建工程所穿越海域岸坡为自然岸坡，基本处于相对稳定状态，在自然状态下发生岸坡坍塌或滑塌的可能性较小。但岸边工程建设常会影响到海岸的稳定性，如两侧工作井深基坑的开挖、降水工程的实施、建筑材料的大量堆放、海域取沙活动等。因此，本工程建设过程中仍需注意工程建设活动对海岸稳定性的影响。

E. 浅层气：勘探过程中，各勘探孔孔口均未发现有明显的浅层气溢出现象。

(3) 海底面现状及开发规划适宜性分析

1) 海底面现状分析。随着长兴岛临港工业区的开发建设，为了保证长兴岛港区、修造船区、装备制造区的海上运输的通畅，对葫芦山湾内进行了大规模的航道疏浚。因此，葫芦山湾内的海底面受到了人为的改变，主要表现在海底面深度的增加。

目前，葫芦山湾内湾公共航道分三部分组成［资料引自《大连长兴岛临港工业区海底隧道工程工程建设区域水运航道分析报告》（大连理工大学土木建筑设计研究院有限公司，2009 年 9 月)］：

第一部分（0 +000—1 +937）长约 1.94 km，走向为 65°00′ ~245°00′。航道北侧底标高为 -14.9 m，底宽为 181 m；南侧底标高为 -8.6 m，底宽为 87.5 m；两深度之间以 1∶5 的坡度过渡，航道总底宽为 300 m。

第二部分（1 +937—4 +724）长 2.79 km，航道走向为 69°46′ ~249°46′。航道底宽为 300 m，底标高为 -8.6 m。

第三部分（4 +724—14 +985）航道总长度 10.26 km，航道底宽为 300 m，底标高为 -8.6 m。由于航道轴线及邻近北岸水域水深不同，大致分为 6 段。

第 1 段位于 STX 项目范围内，由 4 +724—8 +492，航道长度 3.77 km，走向为 56°19′—236°19′，其北侧邻近的 STX 项目水域底高程为 -7.0 m；

第 2 段由 8 +492—10 +110，航道长度 1.62 km，走向与前一段相同；

第 3 段由 10 +110—11 +924，航道长度 1.81 km，走向为 90°00′ ~270°00′；

第 4 段由 11 +924—13 +141，航道长度 1.22 km，走向为 125°18′ ~305°18′；

第 5 段由 13 +142—14 +722，航道长度 1.58 km，走向与前一段相同；

第 6 段由 14 +722—14 +985，航道长度 0.26 km，走向为 N77°2′ ~257°2′。

第 2 段至第 4 段邻近的北侧水域位于原中集、万邦项目范围内，其水域底高程为 -8.6 m；第 5 段至第 6 段邻近的北侧水域位于大船项目范围内，其水域底高程为 -9.2 m。

目前，内湾公共航道已疏浚至第三部分第 4 段。

拟建海底隧道项目位于第三部分第 2 段范围。

2）海底面开发规划分析。近期葫芦山湾内的航道通航密度相对较小，因此规划航道为单向航道，船舶乘潮进出港。轴线长度 18.1 km，航道的轴线布置与湾内天然深槽位置基本吻合，有利于减少土方开挖及保持航槽稳定。湾内浚深深度为 -8.6 m。

远期当葫芦山湾南北两岸以及内湾分支水域全面开发，船流密度大幅增长时，航道可进一步浚深，浚深深度为 -15.0 m，以减少乘潮通航的船舶艘数。另外对于中小型船舶（3 万 ~ 5 万吨级以下）可采用双向通航的组织方式，以增加船舶通过数量。

此外，长兴岛一侧海底隧道穿越的已回填区域尚未有详细规划，西中岛一侧海底隧道穿越的船舶产业配套园区具体项目也未落实，沿岸形成的人工岸线是否建设码头工程还不能确定，这部分项目的开发需要在确保海底隧道安全的基础上开展。

3）海底隧道与海床面距离的控制因素分析。从上述分析可知，航道的开发是改变海底面现状的主要方面，因此，可以确定航道的最大浚深要求，锚击入土的安全深度，海底隧道设计安全埋深，海床可能冲刷的深度四个方面是海底隧道与海床面距离的控制因素。具体分析如下。

A. 航道的最大浚深要求：葫芦山湾内的海底面已经被人工开发，开发的目的主要满足湾内船舶通航。规划要求近期要求浚深至 -8.6 m（已经基本完成），远期要求浚深至 -15.0 m。

B. 锚击入土安全深度要求：根据设计单位提供的资料，通常情况下锚击深度取 1.5 m。由于本项目穿越的是航道，正常情况下船舶不得在此处抛锚。

C. 海底隧道设计安全埋深：通常大于盾构直径的 0.6D，本工程应在 7 m以上。

D. 海床可能冲刷的最大深度：根据泥沙数学模型对区域规划方案实施后泥沙冲淤情况进行的计算和分析，近期和远期规划方案中隧道工程轴线上各观测点没有出现冲刷现象，均表现为轻微淤积状态。

根据上述 4 条可计算出，在该区域内修建海底隧道与海床面的安全距离需大于 14.9 m，本次推荐的海底隧道方案与海床面的埋深均大于 22 m。

综上，本次海底隧道的设计方案与海底面现状及开发规划具有较好的适宜性，海底隧道的开发不会限制区域海洋资源的开发利用。

值得注意的是，长兴岛一侧海底隧道穿越的已回填区域尚未有详细规划，西中岛一侧海底隧道穿越的船舶产业配套园区具体项目也未落实。如果在进一步建设中，岸边需要修建码头工程，应将海底隧道列为重点关注对象，首先确保海底隧道的安全。

（4）地质灾害评估及项目适宜性分析

关于地质灾害分析内容，本报告引用《辽宁省大连市长兴岛临港工业区长兴岛至西中岛海底隧道工程地质灾害危险性评估报告》（辽宁地质海上工程勘察院，2009 年 12 月）进行阐述和分析。

本项目地质灾害危险性预测评估包括工程建设引发、加剧地质灾害危险性预测评估和工程建设本身遭受地质灾害危险性预测评估两个方面，评估范围为工程建设规划用地范围，预测评估面积 269 390 m^2。

1）建设引发、加剧地质灾害危险性预测评估

在工程建设过程中可能引发加剧地面塌陷和地裂缝、砂土液化、隧道突水、软土触变、基坑坍塌、坑道坍塌等地质灾害。

A. 地面塌陷和地裂缝。本次长兴岛至西中岛海底隧道工程净高 15 m、宽 53 m，全长约 3.9 km，拟采用盾构法施工。施工过程若隧道支护结构局部坍塌，将易产生地裂缝；若坍塌范围较大，水土流失较严重，则会产生地面塌陷，后果较为严重。其发生地面塌陷和地裂缝地质灾害可能性中等。

B. 砂土液化。海底隧道的主体结构将穿越软弱粉细砂层。施工过程中盾构机的强烈振动，易引发砂土液化，若产生流砂将会对隧道的防水及施工产生极其不利的影响。其发生砂土液化地质灾害可能性中等。

C. 隧道突水。隧道工程穿越海域拟采用盾构法，盾构段长约 2 160 m，由于在海底施工且距离较远，水压力较大，同时隧道施工比较隐蔽，海底地质条件比较复杂，施工过程中可能会有突发事件发生。当隧道开挖过程中发生流砂、突水时，将会对施工产生极其不利的影响，甚至于危及施工人员的生命安全。其发生隧道突水地质灾害可能性中等。

D. 软土触变。海底隧道工程施工过程中，施工机具对淤泥质粉质黏土的扰动，易产生软土触变，该层土的工程性能将会急剧降低，从而对施工产生不利影响。其发生软土触变地质灾害可能性中等。

E. 基坑坍塌。隧道工程的长兴岛工作井及西中岛工作井深度较大，范围较小，且地下水量较大，施工过程中若支护结构失稳，极易产生坑壁坍塌现象，从而对施工产生不利影响，甚至危及施工人员的生命安全。其发生基坑坍塌地质灾害可能性中等。

F. 坑道坍塌。海底隧道工程线路较长，盾构段约 2 160 m，底板埋深 24～38 m，压力较大，施工过程中若支护结构失稳，极易产生坑壁坍塌现象，从而对施工产生不利影响，甚至危及施工人员的生命安全。其发生坑道坍塌地质灾害可能性中等。

综上所述，在工程建设过程中有可能引发地面塌陷和地裂缝、砂土液化、隧

道突水、软土触变、基坑坍塌、坑道坍塌等地质灾害。但若隧道支护、防水等设计方案科学合理、施工方法得当，则地面塌陷和地裂缝、砂土液化、隧道突水、软土触变、基坑坍塌、坑道坍塌等地质灾害可以避免。整个评估区地质灾害可能性中等。

2）工程建设本身可能遭受的地质灾害的危险性预测评估。根据本项目现状地质灾害和工程建设可能引发、加剧的地质灾害预测评估结果，隧道工程施工过程中可能遭受的地质灾害为地面塌陷和地裂缝、砂土液化、隧道突水、软土触变、基坑坍塌、坑道坍塌等，亦即工程建设可能引发的地质灾害。其地质灾害程度、危害性分级亦趋同。

3）地质灾害及项目建设适宜性评估结论。

A. 地质灾害危险性分区、分级。评估区现状地质灾害危险性小；工程建设引发、加剧地面塌陷和地裂缝、砂土液化、隧道突水、软土触变、基坑坍塌、坑道坍塌等地质灾害可能性中等；工程建设可能遭受地质灾害危险性中等。根据上述现状和预测评估结果，把整个规划用地范围划分为地质灾害危险性中等区。

B. 建设用地的适宜性评估。根据上述现状和预测评估成果，把整个规划用地范围划分为地质灾害危险性中等区。若隧道支护、防水等设计方案科学合理、施工方法得当，工程建设引发、加剧地面塌陷和地裂缝、砂土液化、隧道突水、软土触变、基坑坍塌、坑道坍塌等地质灾害可以避免，则该场地建设用地适宜性可确定为基本适宜。

（5）海底稳定性分析

根据《大连长兴岛临港工业区海底隧道工程工程建设区域水运航道分析报告》（大连理工大学土木建筑设计研究院有限公司，2009 年 9 月）的分析，葫芦山嘴以西的外湾 -20 m、-10 m、-5 m 等深线冲淤变化不明显，岸滩保持稳定；近岸的 -2 m 线有所后移，显示略有冲刷；海湾外侧深水区 -30 m 深槽，局部有冲淤变化，基本保持稳定；整体来说葫芦山湾外湾整体海床保持稳定，没有发生大的趋势性冲淤变化。工程区所在的葫芦山湾内湾，0 m 线下水槽有所缩窄，水槽东端向南有所偏移。葫芦山嘴峡口处浅滩略有冲刷，两侧 -2 m 线连通，峡口以东的 -2 m 线下水槽有所缩窄，这可能与两侧围垦导致内湾整体收缩有关，整体而言，工程区附近海床保持稳定状态。

从 2009 年 9 月初现场调查情况来看，涨潮时，葫芦山湾外侧水体很清，显示出外海泥沙来源有限；葫芦山嘴以东的内湾中部，由于航道疏浚，水深加大，底部泥沙难以起动，水体含沙量也很小；内湾湾顶交流岛大桥西侧为未开挖的浅滩，高潮时水深在 30 cm 以下，水体十分浑浊。退潮时内湾中部水体很清，落急时葫芦山嘴峡口的水体也很清。这说明葫芦山内湾为较为封闭的海湾，水动力条件微弱，浅滩泥沙多在原地运动，基本不会向湾外搬运，因此内湾的海床能保持长期的稳定状态。

综上所述，海底隧道经过处海床将保持长期的稳定状态。

（6）项目选址合理性结论

通过对上述五个方面的分析论述，有关于本次海底的选址合理性结论如下。

1）工程场地所属区域无全新活动断裂，区域地质构造较稳定。且目前渤海岸坡也基本处于相对稳定状态，场地内不存在能引起场地滑移、大的变形和破坏等的不良地质，属稳定场地，适宜工程建设。

2）本次海底隧道底板埋深约 24～38 m，其掘进范围内土层主要为③－2 层淤泥质粉质黏土、③－3 层粉细砂、⑤层黏土、⑥层角砾和⑩－2 层中风化页岩；两岸工作井、暗埋段、敞开段和匝道均拟采用明挖法，拟建工程基坑开挖深度范围内地层主要为①层填土、③－1 层粉细砂、③－2 层淤泥质粉质黏土、③－3 层粉细砂、⑥层角砾和⑩－2 层中风化页岩等。

3）海底隧道穿越的地层地质情况如下：③－2 淤泥质粉质黏土层呈软塑－流塑状，具有压缩性高、强度低、渗透性小和灵敏度高等特性。⑤黏土层呈硬塑状，工程性质较好。③－3 粉细砂层渗透性较强，需要注意防控流土或管涌。⑩－2 中风化页岩（Qnn）：岩石节理裂隙较发育，岩芯呈块状、片状。岩石坚硬程度分类为较软岩，岩体完整程度为较破碎，岩体基本质量等级为Ⅳ级，较易于施工。

总体来看，海底隧道穿越的地层地质状况较好，比较利于施工。回填土部分的暗埋段、敞开段，吹填区填土吹填时间短，欠固结，吹填土的后期沉降会对基坑围护结构产生负摩阻力，对隧道基坑开挖、盾构掘进和接线道路填筑均会有一定不利影响。根据工可和初步设计，已经对这部分不利影响采取了必要的防范措施，根据国内外海底隧道的施工经验，这些措施可以起到较好的防控效果。

4）航道的开发是改变海底面现状的主要方面，可以确定航道的最大浚深要求、锚击入土的安全深度，海底隧道设计安全埋深，海床可能冲刷的深度三个方面，是海底隧道与海床面距离的控制因素。由计算推出，在该区域内修建海底隧道与海床面的安全距离需大于 14.9 m，本次推荐的海底隧道方案与海床面的埋深均大于 22 m。因此，论证项目组认为本次海底隧道的设计方案与海底面现状及开发规划具有较好的适宜性，海底隧道的开发不会限制区域海洋空间资源的开发利用。

5）地质灾害评估区现状地质灾害危险性小。工程建设引发、加剧地面塌陷和地裂缝、砂土液化、隧道突水、软土触变、基坑坍塌、坑道坍塌等地质灾害可能性中等；工程建设可能遭受地质灾害危险性中等。根据上述现状和预测评估结果，把整个规划用地范围划分为地质灾害危险性中等区。若隧道支护、防水等设计方案科学合理、施工方法得当，工程建设引发、加剧地面塌陷和地裂缝、砂土液化、隧道突水、软土触变、基坑坍塌、坑道坍塌等地质灾害可以避免，则该场地建设用地适宜性可确定为基本适宜。

6）海底隧道选址区域所在的葫芦山湾内湾为较为封闭的海湾，水动力条件微弱，浅滩泥沙多在原地运动，基本不会向湾外搬运，因此内湾的海床能保持长期的稳定状态。

关注要点：

海底隧道工程项目用海选址合理性的论述是建立在众多专题报告基础上，此类项目用海选址合理性应从区位和路网建设分析入手，重点针对海底地形地貌、海底面现状与规划，浅部地层及其工程性质，灾害地质因素和海底稳定性以及通航安全等进行详细论述。由于海底隧道工程大多是所在地方政府的重点工程，前期技术勘察、调查工作相对充分，相关资料丰富，"科学、客观、准确"的引用与分析这些专题报告的内容和结论，是此类项目海域使用论证工作的重要工作，也是准确判断海底隧道项目用海是否可行的重要依据。

优点：

1）选址合理性论证全面。报告书从区域地质地貌和场地稳定性、浅部地层及其工程性质适宜性、海底面现状及开发规划适宜性、地质灾害评估及项目适宜性、海底稳定性共计五个方面，综合分析论证了项目选址的合理性。

2）科学、客观、准确的引用了相关专题报告的结论，且详略得当。报告书引用了《大连长兴岛临港工业区长兴岛至西中岛海底隧道工程岩土工程可行性研究勘察报告》、《大连长兴岛临港工业区海底隧道工程工程建设区域水运航道分析报告》、《辽宁省大连市长兴岛临港工业区长兴岛至西中岛海底隧道工程地质灾害危险性评估报告》中的相关结论，并辅之相关内容的分析，充分地论证说明了项目选址的适宜性。

3）海底面现状分析充分，合理考虑了规划需求，并据此确定了海底隧道与海床面距离的控制因素。一般情况下，航道的开发是改变海底面现状的主要方面。另外，由于海底隧道的选址多数位于建成区或开发区，规划项目密集，因而在海底隧道选址过程中合理考虑城市、区域规划要求也是必要的。确定海底隧道与海床面距离的控制因素，是整个分析的点睛之笔，为隧道获批后海域使用管理对策措施的制定提供了科学依据。

4）海洋地质灾害的评估具有针对性。

不足：

1）对海底地形地貌分析，应充分引用专题报告内容，这是海底隧道项目必备的专题报告之一，区域性的资料代表性不强。对岸滩稳定性分析，应收集多年的海图和水深资料，绘制成图，进行长期岸滩稳定性的分析。

2）从远期海洋空间资源利用的角度考虑，应建议对隧道加深造成的工程成本的增加情况进行具体核算，确定合理的建设深度，最大程度上考虑有利于葫芦山湾内长远发展的需要。

13.2.2.3 面积合理性分析

（1）海底隧道用海面积合理性分析

1）海底隧道主体用海面积合理性分析。

A. 海底隧道主体设计规模。大连长兴岛临港工业区长兴岛至西中岛海底隧道项目规划道路等级为城市快速路，设计行车速度60 km/h，双向6车道，隧道主线为三根3.75 m车道宽度，隧道限界高度取5.0 m，通行限高取4.8 m。

B. 海底隧道功能定位分析。《长兴岛临港工业区总体道路网规划》（以下简称"规划"）将本工程的功能定位为：长兴岛临港工业区"三横三纵"组团间骨架道路的组成部分，实现长兴岛与西中岛连接的重要通道；同时具有疏港功能，增强两岛港区对外的辐射能力和服务功能。因此，本项目按照城市快速路标准设计是准确的，设计行车速度60 km/h可以满足要求。

C. 海底隧道交通量预测分析。下面关于交通量预测分析内容，引用自《大连长兴岛海底隧道交通量分析预测报告》（辽宁省交通规划设计院，2009年2月）（以下简称"报告"）。

依据施工及营运时间安排，报告中将2014年、2024年和2034年被定为预测特征年。交通量预测结果显示，项目建成初年推荐方案全段交通量达到3 827辆小客车/d，2024年为27 339辆小客车/d，2034年为53 667辆小客车/d。其中，2014—2024年增长迅速，年平均增长率在21.72%。2024—2034年增长趋于平稳，年平均增长率为6.98%（见表13-3）。

D. 海底隧道车道数目合理性分析。根据《城市快速路设计规程》（CJJ 129—2009）（以下简称"规程"）中对通行能力及服务水平的要求，快速路不同设计车速的一条车道基本通行能力可参见表13-4。

根据规程，服务水平是衡量交通设施提供运行质量好坏的定性指标，服务水平被分为四级，依次为自由流状态、稳定流中间范围、稳定流下限和交通运行处于不稳定状态。

快速路设计时应采用三级服务水平，交通量与道路容量比率应符合表13-5的规定。

考虑车道折减系数，自道路中心一条车道为1.0，二条车道为1.85，三条车道为 2.60，四条车道为 3.25。经计算，隧道的服务水平评价见表 13-6。

表 13-3　拟建项目各特征年预测交通量

年份	2014	2024	2034
趋势型交通量（小客车/d）	369	724	1149
诱增型交通量（小客车/d）	59	439	807
规划交通量（小客车/d）	3 399	26 175	51 711
总预测交通量（小客车/d）	3 827	27 339	53 667
增长率（%）	21.72		6.98

表 13-4　快速路不同设计车速的一条车道基本通行能力

设计车速（km/h）	100	80	60
基本通行能力（pcu/h）	2 200	2 100	1 800

表 13-5　快速路不同设计车速的交通量与道路容量比率

等级	交通运行特征	设计车速（km/h）		
		100	80	60
三级	稳定流状态	0.91	0.83	0.77

表 13-6　海底隧道段服务水平评价

单向车道数	基本通行能力（pcu/h）	2014 年		2024 年		2034 年	
		高峰小时交通量（pcu/h）	饱和度（V/C）	高峰小时交通量（pcu/h）	饱和度（V/C）	高峰小时交通量（pcu/h）	饱和度（V/C）
2	3 330	299	0.09	1 706	0.51	3 349	1.01
3	4 680	299	0.06	1 706	0.36	3 349	0.72

根据以上评价分析，远期 2034 年隧道段高峰小时单向断面流量为 3 349 pcu/h，隧道采用双向 4 车道的设计规模，单向路段饱和度（V/C）为 1.01，处于强制流状态，为四级服务水平，交通运行处于不稳定状态。而采用双向 6 车道的设计规模，远期 2034 年单向路段饱和度为 0.72，V/C 比小于 0.77，为三级服务水平，交通运行状况良好，隧道设计通行能力能满足远期交通量增长

的需求。

由于本项目设计基准期100年，20年后的交通量仍将持续增长，双向4车道规模在20年后将达到饱和，而双向6车道规模仍可维持较长的时间。

另外，本工程主要服务于长兴岛与交流岛街道间的客货运交通及两岛港区对外的疏港交通，其中货运交通占据了相当的比例。而跨海隧道工程一旦实施，几乎没有可能扩容改造；同时，大连长兴岛临港工业区尚属起步阶段，考虑交通流量预测中存在的不确定因素，适当地预留交通量增长空间，为今后地区交通发展留下空间是非常必要的。

因此，本项目设计选择双向6车道规模是合理的。

E. 海底隧道车道宽度合理性分析。根据《城市道路设计规范》（CJJ 37—90）第4.3.1条，各级道路的机动车车道宽度见表13-7。

表13-7　机动车车道宽度

车型及行驶状态	计算行车速度（km/h）	车道宽度（m）
大型汽车	≥40	3.75
或大、小型汽车混行	<40	3.50
小型汽车专用线		3.50
公共汽车停靠站		3.00

《城市快速路设计规程》（CJJ 129—2009）第5.3.1条规定，设计车速60 km/h时，当大型车、货车或混行车交通状况下，主路车道宽度应选用3.75 m。

而从本项目的流量特点看，货运交通和大型车辆占据了相当的比例，从预测交通量来看，远期2034年时，货运交通占总流量的53.7%，而大型车辆占总流量47.0%，这是由于本项目所在港口运输、造船企业众多的特点所决定的。

因此，本项目采用的车道宽度均为3.75 m是合理的。按照规定，两侧路缘带宽度均采用0.5 m也是合理的。综上，可确定隧道内的路面宽度12.25 m是合理的。

F. 海底隧道隧道内、外径的确定合理性分析。隧道内径的确定主要取决于车道限界，同时还要考虑施工误差、测量误差、衬砌结构排版轴线拟合误差、不均匀沉降等因素。根据建筑布置的需要，同时按已有的设计、施工经验，综合考虑，海底隧道的内径定为13 700 mm是合理的。

根据国内已建道路隧道接头试验、夹片试验、衬砌圆环水平整环试验及类似工程的经验，经初步计算，衬砌环厚度暂定为650 mm。

因此，本项目单管盾构直径选择为 15 m 是合理的。

G. 盾构面间距合理性分析。根据可研报告，本次海底隧道主体设计为两个独立的圆形隧道洞，分别行驶不同方向的车辆，中间距离为隧道直径的一倍。

依据《公路隧道设计规范》（JTGD 70—2004）要求，采用矿山法隧道两洞最小距离为一倍直径宽度。参照此条判定，本项目海底隧道两洞间距确定为15 m 是合理的。

这样，整个海底隧道的截面宽度应为 45 m，考虑到隧道设计的弧度、变形率和沉降条件等综合因素，海底隧道截面平均宽度确定为 45.7 m 是合理的。

2）保护范围用海面积合理性分析。本项目的保护范围是在隧道实体外缘线外扩 10 m 的基础上划定的。

《海籍调查规范》（HY/T 124—2009）对海底工程用海范围的界定如下：隧道主体及其海底附属设施用海，以隧道主体及其海底附属设施的外缘线向两侧外扩 10 m 距离为界，参见附录 C.33。

综上，本项目保护范围用海的界定是合理的。

3）海底隧道用海面积合理性综合结论。通过上述分析，可得出 4 条结论如下。

A. 海底隧道设计规模合理，车道宽度和数目满足远期要求，隧道断面直径合理，符合《城市快速路设计规程》和《城市道路设计规范》要求；

B. 海底隧道两洞之间间距为一倍直径，符合《公路隧道设计规范》要求；

C. 海底隧道保护范围为主体外缘线外扩 10 m，符合《海籍调查规范》要求；

D. 海底隧道的选线符合海底实际地形的变化和设计要求。

根据上述 4 条，项目组利用绘图软件，对海底隧道用海类型的用海面积进行了核算，并经复核，判定其用海 21.367 0 hm^2 是合理的。

（2）隧道接线及匝道填海面积合理性分析

1）隧道接线及匝道敞开填海造地面积的划定。根据《海籍调查规范》（HY/T 124—2009）对海底隧道的界定，应为隧道两侧登陆点之间的距离。对于本项目而言有如下部分。

A. 长兴岛一侧：海底隧道有主洞口一个，匝道洞口两个。其中，主洞口的接地点位于陆域，因此其登陆点界定至海岸线向海一侧，不涉及填海造地。而两个匝道洞口接地点位于海域，未到达海岸线，所以从匝道接地点到长兴岛海岸线段的用海应界定为路桥用海，属填海造地范畴。

B. 西中岛一侧：海底隧道仅有主洞口一个，无匝道洞口。主洞口的接地点位于海域，同理，其从隧道主动口接地点到西中岛海岸线的接线工程用海应界定为路桥用海，也属填海造地范畴。

2）隧道及匝道敞开段填海造地面积合理性分析。

A. 长兴岛一侧：两个匝道分别为进、出隧道的匝道，上文已经对整个隧道主体的通行量进行了分析，隧道匝道的通行量是在总量基础上布置的，宽度分别为 10.2 m 和 11.6 m，满足单向单排大型车道加紧急停车带、单向双排大型车道通行的要求，符合《公路隧道设计规范》（JTGD 70—2004），满足隧道分流车辆至疏港 3 号路的要求。其用海道路长度为匝道接地点至海岸线（向海一侧），长240.5 m。综上分析，长兴岛两侧匝道用海面积是合理的。

说明：长兴岛海底隧道主体的保护范围（隧道主体外扩 10 m）和匝道填海部分的范围有重合部分。参照《海籍调查规范》（HY/T 124—2009）第 5.3.6.3条"用海方式重叠范围的处理"原则，"重叠部分的用海方式按照现行海域使用金征收标准较高的确定"。所以，本次将重叠部分归入匝道填海造地是合理的。

B. 西中岛一侧：隧道敞开段一侧的路面接地宽度为 29.8 m，基本等于两个盾构圆形隧道直径的宽度和，用来满足整个隧道车辆的进出，由于西中岛一侧不再另设匝道，这种设计也是符合隧道使用要求的，也符合《公路隧道设计规范》（JTGD 70—2004）。其用海道路长度为隧道接地点至海岸线（向海一侧），长150.2 m。综上分析，西中岛隧道敞开段用海面积是合理的。

根据上述 2 条，项目组利用绘图软件，对填海用海类型的用海面积进行了核算，并经复核，判定其用海 0.813 7 hm² 是合理的。

（3）风塔（通风竖井）面积合理性分析

本项目的风塔主要承担海底隧道日常的通风任务，保持其内部空气质量的重要设施。符合《海籍调查规范》（HY/T 124—2009）通风竖井的定义。

本次风塔用海面积的划定严格依据了通风竖井的划定原则，选择了其外缘线为界 ［参照《海籍调查规范》第 5.4.5.2 条 (2)］。

因此，本项目风塔（通风竖井）用海面积分别为 0.005 0 hm²（南侧风塔）和 0.005 1 hm²（北侧风塔）是合理的。

关注要点：

海底隧道工程面积合理性分析，可按照主体工程的组成部分逐一进行论述。其中，盾构段海底隧道用海面积合理性为论述重点；其次是匝道和通风竖井用海面积的合理性分析。当存在接线工程用海时，应按照相关技术标准进行论述。

1）海底隧道主体用海面积的合理性分析：应从海底隧道主体设计规模入手，结合海底隧道功能定位资料和海底隧道交通量预测资料，就海底隧道车道数目、车道宽度、盾构面间距等内容的合理性进行分析。同时，分析保护范围用海面积合理性。

在海底隧道用海面积合理性论述中，通常引用的资料包括道路网规划、交通量预测报告、城市道路设计规范、城市快速路设计规程、公路隧道设计规范等资料。

2）海底隧道匝道和接线工程用海合理性分析：海底隧道工程的匝道用海部分是整个项目用海的重要组成部分，应严格依据工程设计资料、与海岸线关系等，准确划定匝道涉及的用海面积。一般情况下，连接线工程位于陆域，但也不排除存在位于规划用海区域或填海造地区域内的情况，此时应将其界定到海底隧道用海范围内。

3）通风竖井（风塔）用海面积分析：通风竖井主要承担海底隧道日常的通风任务，保持其内部空气质量的重要设施。通风竖井的用海面积的划定可依据《海籍调查规范》第 5.4.5.2 条（2）海底隧道通风竖井界定原则，选择其外缘线为界进行划定。

此外，当海底隧道主体的保护范围（隧道主体外扩 10 m）和匝道填海部分的范围有重合，应参照《海籍调查规范》（HY/T 124—2009）第 5.3.6.3 条"用海方式重叠范围的处理"原则，将重叠部分的用海方式按照现行海域使用金征收标准较高的确定。

优点：

论证报告层次分明，思路清晰，抓住了海底隧道项目用海的特点，合理地引用了相关资料和相关设计规范，论证具有针对性。

不足：

在用海面积合理性分析中，欠缺项目用海减少海域使用面积的可能性分析。

13.2.2.4　海域使用管理对策与措施

（1）海洋功能区划管理

根据《辽宁省海洋功能区划》（2011—2020），本次海底隧道项目用海共计穿越两个海洋功能区，分别为港口功能区、工业和城镇区。

由前面的分析可知，海底隧道主体部分将从海洋底土空间中穿越港口航运区，因而不会对港口功能的发挥造成影响，与主导功能具有较好的兼容性。海底隧道项目的暗埋段、敞开段和匝道将穿越或部分占用工业和城镇区，该区域已经完成回填，海底隧道作为公共交通基础设施，属于工业和城镇区用海的范畴，因而属于开发主导功能。

考虑到海底隧道用海的形式较之其他用海比较特殊，项目组对未来的海洋功能区划的管理提出如下建议。

1）建立海洋功能区空间管理的概念。海底隧道用海主要利用海洋底土的空间资源，与传统意义上海域水面、水体、海床等海洋空间资源开发利用不同。随着海底隧道等海底工程的发展，海洋功能区管理将从原来的平面化、单一化，向着立体化、多层次发展。有效控制不同空间层面用海是它们具有兼容性，将成为未来海洋管理的重点。

2）海底隧道用海批复后，需要着重监控功能区内新建码头、回旋水域用海申请，关注那些与海底隧道用海相邻的项目，在审核其用海申请时，需要特别关注是否疏浚、浚深深度和面积、是否进行爆破等内容。重点监控范围包括长兴岛一侧原中集规划用地沿岸和西中岛一侧船舶产业配套园及国际综合物流园区沿岸。

3）为了配合长兴岛临港工业区的发展，葫芦山湾湾内沿岸已经实施了大规模的填海造地，并由STX、万邦、万阳等进行了开发建设，《大连市海洋功能区划》规定养殖区实际功能已经消失。建议大连市海洋主管部门应根据该海域实际开发利用情况，并结合批复后的《辽宁省海洋功能区划》（2011—2020）对其内容和相应图件进行修改。

（2）海域使用面积监控

1）根据《中华人民共和国海域使用管理法》相关规定，工程建设用海应在管理部门批准使用的海域内进行。在项目用海实施工程之前，应明确海域使用界限、海域使用用途，强制海域使用严格按照确定的界限施工。

2）由于海底隧道施工难度较高，受到地质因素和现有勘测技术手段限制，施工前期，详细的地质勘察之后，其具体用海位置还可能做出细微调整。建议在最终施工图纸确认后，应向海洋行政主管部门提交工程最终的施工图纸和具体设计方案，以便海洋行政主管部门检查工程建设是否超出用海规划范围规定界限。

3）建设单位应制定具体的海域使用监控计划，严格遵守海域使用期限并接受海洋主管部门的监督管理。重点监控施工期的污水排放和施工弃渣排放。

4）海底隧道暗埋段的施工需要设置土石临时堆放场，用于收集暗埋段挖出的土方，以备施工暗埋段结构施工完成后，进行土方的回填。现阶段，这部分临时土石堆放场的位置暂时未确定，如果堆放场需要设置在未被规划的已回填海域，需要向海洋主管部门提交申请，并对使用位置、使用面积、使用时间、维护条件等进行书面说明。具体使用情况由海洋主管部门负责监督和检查。

（3）海域使用风险防范

1）《中华人民共和国海域使用管理法》第二十四条要求，海域使用权人发现所使用海域的自然资源和自然条件发生重大变化时（主要是风险事故），应当及时报告海洋行政主管部门，并做好应急响应。

2）建设单位应制订完善的风险事故防范计划和应急预案，加强对施工事故风险的防范。施工前，可依据区域资源配置情况，制定联动措施，不但可以有效防范风险和可以节省大量投资，避免资源浪费。

（4）海域使用区域环境监控

由于海底隧道的大部分施工在海床以下进行，所以其对海域区域环境的影响较小，重点需要监控的内容与其他用海项目有一定差别。

1）考虑到海底隧道盾构段和敞开段的施工弃渣计划填海处理，所以在这些土石填海之前，应该对填海土石作必要的理化检测，检验合格后，方可进行填海造地施工。

2）重视海底隧道施工期废水的收集和排放，特别是隧道盾构段机械施工的泥浆废水，应经过初级处理后统一收集，排放至长兴岛污水处理二厂。海洋主管部门应严格监控，禁止施工期产生的废水就近排入葫芦山湾海域，污染湾内水体。

3）重点监控施工期土石临时堆放场地。监控是否采取必要的环境保护措施，譬如：对土石堆放场地的全面围挡，防止扬尘的产生等。

4）风塔周围控制高大建筑物的建设，避免降低风塔烟气扩散的效果，根据环评报告控制高度为不超过 25 m，范围为 120 半径内。

（5）工程开工、竣工管理要求

工程开工前，建设单位应向海域使用管理部门提交如下资料：

1）详细的用海工程设施图；

2）海域使用管理计划；

3）应急预案等材料。

工程竣工后，海洋行政主管部门应针对以下内容进行验收。

1）海域权属：对工程建成后用海面积、用途、权属等进行核查。全部工程完成后，应立即进行海籍测量，再一次确认海域使用范围和界限。

2）海洋功能区：对海洋利用状况及执行情况进行验收检查。

关注要点：

海底隧道用海不同于其他的用海项目，它是对海洋底土空间资源的占用，以满足区域交通空间需求的用海形式，故此类用海的海域使用管理对策与措施有着明显的特殊性与针对性，应从保障项目空间用海的需求和安全、协调好其他项目用海与长远规划用海的角度提出。海洋功能区管理、海域使用面积监控、海域使用区域环境监控亦是管理对策措施应关注的重点，在针对上述内容提出管理对策和措施时，应该着重强调海洋空间资源管理的概念。

优点：

报告书针对海底隧道用海的特点，从海洋空间资源综合优化与利用管理的角度，对海洋功能区划管理、海域使用面积监控等内容提出了具有针对性与可操作性的管理对策措施，其中提出的"海洋功能区管理向着立体化、多层次发展，通过有效控制不同空间层面用海，使它们具有兼容性"，"协调好海底隧道与海床面距离的控制因素"等建议，体现了较好的针对性。

不足：

项目竣工管理要求内容应参考《填海项目竣工海域使用验收管理办法》进行编制。

案例 14　油气开采项目案例评析

14.1　油气开采项目及其项目用海特点

14.1.1　海洋油气开发工程特点

我国海上石油勘探开发活动开始于 20 世纪 60 年代，1960 年在南海开始钻探作业，1965 年在莺歌海村距岸 4 km 水深 15 m 处发现并钻探了第一口油气井。1966 年在渤海湾建起了第一座固定式钻井平台，并钻探了渤海第一口探井——海 1 井；1967 年喷出原油，从此开始了中国海上油田开发生产活动；到 1982 年中国海洋石油总公司成立，渤海已有 4 口油井投入开发生产。

近十年来，陆上油气勘探程度较高，发现油气田规模渐小，新增储量对世界油气储量增长的贡献降低。相比之下，世界海洋油气勘探开发迅速发展，不断获得重大发现，发现的油气田规模大、产能高，其油气总产量占世界总产量比例不断增加。海上油田开发技术的选择根据不同海域、不同储量、不同水深确定，合适的海工方式是保证油气田开发是否成功的关键。

14.1.1.1　海上油气田生产特点

海上油气生产具有技术复杂、投资高、风险大等特点。平台一般布置紧凑，自动化程度高，必须配备可靠完善的生产生活供应系统，独立的供电/配电系统。油气的生产与集输必须满足以下要求。

（1）适应恶劣海况

海上平台或其他海上生产设施要经受各种恶劣气候和风浪的袭击，经受海水的腐蚀等。工程设计时通常要考虑的因素包括：离岸距离、海域水深、潮汐、风、海浪、流、海冰、地震、雷暴、雨、雪、雾、气温、泥温、海水盐度、腐蚀、海洋生物、海床地形地貌及工程地质等因素。要针对不同海域环境特点，各有侧重地考虑重点环境要素。如海冰和地震是渤海重要的灾害性环境要素，而东海和南海海域重点要考虑夏季台风和冬季寒潮等。

（2）满足海洋环境保护要求

油气生产过程可能对海洋造成污染。主要包括正常作业情况下油气生产污水以及其他污水排放以及事故造成的原油泄露等。因此，海上油气生产设施必须配备污水处置设备以及原油泄露的处理设施。

（3）满足安全生产要求

油气是易燃易爆危险品，发生事故的风险大，同时受平台空间的限制，油气处理设施、电气设施和人员住房可能集中在同一平台。因此，对平台的安全生产提出了极为严格的要求。

14.1.1.2　海上油气开发的基本模式

（1）全海式开发模式

全海式是指油气田的油气生产、处理及产品储存与外销全部在海上进行的开发模式。海上平台还有电站、热站、生活和消防等生产生活设施，在距离海上油田适当位置的港口，租用或建设生产运营支持基地，负责海上钻井期间、建造安装期间和生产运营期间的生产物资、建设材料和生活必需品的供应。

（2）半海半陆式开发模式

半海半陆式是指油气生产在海上进行，油气处理在海上或陆上进行，而产品储存与外销在上岸后进行。

目前，我国海上开发的天然气田，均采用了半海半陆式模式，如渤海的锦州9-3气田、东海的平湖气田以及南海的崖13-1气田、东方1-1气田；这些气田生产的天然气在海上平台完成气液分离及天然气脱水后，均通过长输海底管道输送到陆上油气终端进行处理后销往陆地用户。渤海大部分油田以及南海开发的油田基本上采用了全海式工程模式，如渤海的秦皇岛32-6油田、南海的惠州油气田等，这些油田工程设施基本由平台、海管和浮式生产储油装置组成，在平台生产的油气通过海底管道混输到浮式生产储油装置上进行处理、储存、外销。在渤海和北部湾油田群开发中，近年来也开始采用半海半陆式形式，如渤海的绥中36-1油田、南海的涠洲油田，这些油田生产的油气在平台上进行油气分离和脱水后，通过长距离海管道将原油输送到陆上终端处理、储存，并通过码头或单点外销。

对于某个相对独立的海上油气开采工程一般由海上石油平台及海底油（气）管道组成。图14-1是我国某油田群联合开发海洋工程示

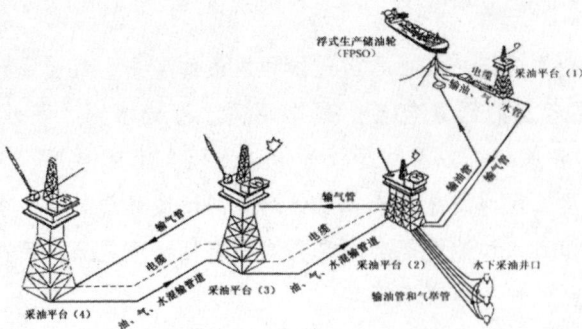

图14-1　某油田群联合开发海底管道示意图

意图。

14.1.1.3 油气开采主要设施

（1）油气开采平台

海上油田的开采一般以固定式油气平台为基础。固定平台的工作年限较长，一般在 15 年以上，且在使用期内不能移动，所以固定平台的安全性和可靠性非常重要，它要承受在使用期限内该海域可能出现的最大环境载荷，而且要在最恶劣的环境条件下能够生存和继续工作。

固定平台由于海洋水深及海况的差异、油藏面积不同、开采年限不一，按其结构形式可以分为：桩基式石油平台、重力式石油平台、人工岛及顺应塔平台；按其用途可以分为井口平台、生产处理平台、储油平台、生活动力平台以及集钻井、井口、产生处理生活设施于一体的综合平台。另外，还有一种被称为简易平台的固定设施，也显示出良好的应用前景。

1）桩基式平台。桩基式平台技术作为海上油田开发的传统结构物，经过几十年的海上油田开发实践，已经证明是一种技术上相对成熟、安全可靠的海上油气钻探生产方式，由于其完善的设计和使用多样化，广泛应用于钻井、修井、生产、生活居住和动力平台，许多大中型海上油田都采用桩基式平台或桩基式平台与其他生产设施相结合的海工方式来钻井和生产。如我国的平湖、春晓油气田采用独立的导管架固定平台技术开发，而我国南海珠江口盆地的惠州（HZ）油田采用了固定式平台与浮式生产储油轮（FPSO）相结合的海工方式。

桩基式石油平台主要由导管架、桩和甲板组块三部分组成。

导管架：系钢架结构，是由大直径、厚壁的钢管焊接而成。导管架可以是三根的塔式，也有四柱式、六柱式、八柱式等，视平台上部模块尺寸大小和水深而定。

桩：导管架依靠桩固定于海底，桩结构有主桩式，即所有的桩均由主腿内打入；也有群桩式，即在导管架底部四周布置群桩套管，群桩通过套管打入，群桩一般是水下桩。桩的尺寸主要取决于桩的数量、上部设施与设备荷载、海底土质性状、水深、环境条件及沉桩方法。

除桩基和导管架外，石油平台还包括甲板组块、生活模块、直升机甲板、栈桥、火炬臂等。

2）重力式平台。重力式平台指完全依靠本身的质量直接稳定在海底的重力式固定设施。按照材料的不同，又分为混凝土重力式平台和钢质重力式平台两大类。

混凝土重力式平台：主要由底座（或沉垫）、甲板和立柱三部分组成。该类

图 14-2　钢质固定平台

平台可以把底座做成六角形、正方形、圆形等，也有把立柱做成三腿、四腿、独腿等各种形式。底座是整个建筑物的基础。为抵抗巨大的风浪推力，实现平台的稳定，要求平台具有很大的底座结构，而较大的底座结构还可以用来储存原油，这就使得平台具备了钻、采、储兼顾的功能。甲板通过立柱与底座相连。

钢质重力式平台：一般由沉箱、支承框架和甲板三部分组成。沉箱可以兼做储油罐。一般先把各个沉箱、支承框架、甲板分别预制，而后在岸边组装成整体，再拖运至井位下沉安放。

在储油量要求不大的情况下，该平台具有较高的经济效益，同时由于其质量较轻，所以预制过程中不需要较深的施工水域，使用中对地基承载力的要求也不高。但在节省钢材、耐腐蚀、储油量、隔热等方面都不及混凝土平台。

图 14-3　混凝土重力式石油平台

3）人工岛式平台。是在海上建设的人工陆域。常见的有斜坡式、沉箱式和钢管式三种形式。

4）顺应塔式平台。是指在海洋环境荷载作用下，围绕支点可发生允许范围内某一角度摆动的深水平台。这种平台一般由细长的框架结构，沿高度方向的横截面一般不变。

另外还有海上简易平台、筒型基础平台等。

（2）浮式生产储油轮

浮式生产储油轮（FPSO）是一种集生产、储存和卸油为一体的生产设施，在海上油田开发生产中发挥了重要作用。FPSO 常与水下井口组成一套生产系统，生产的原油由穿梭油轮外输。由于深水油田的开发需要，FPSO 的发展日趋成熟，90 年代后得到了飞速发展。FPSO 技术是世界海上石油开发的创新技术，其装置投资省，便于迁移，可重复使用，建造周期短，对于深海海域和边际油田的开发更具经济效益，是目前海洋

图 14-4　顺应塔石油平台

石油技术发展的热点之一，在我国南海、渤海海上油田开发中都有使用。

（3）浮式平台

浮式平台生产技术主要有半潜式平台、张力腿平台、单柱体平台，浮式平台生产技术是 20 世纪 70 年代发展起来的深水油田平台技术，一般是由浮式平台与水下井口组成生产系统。其中半潜式平台技术的使用水深已达到 2 146 m，是迄今为止水深最深的平台生产技术；张力腿平台技术主要见应用于国外的墨西哥湾、英国北海、挪威等，水深从 305 m 到 1 432 m。

（4）水下进口

水下井口生产技术的发展为开发深水油田提供了一种经济有效的手段，它包括水下采油树、水下分离器、水下增压泵、水下管汇、输油气管线、水下控制系统等。水下井口生产技术是固定式平台技术、浮式生产储油轮技术、浮式平台生产技术的一种补充，通常与其他生产技术组合成不同的开发技术形式，尤其适用于深水油田开发。如 1997 年投产的南海陆丰 22-1 油田采用了汇集多项世界尖端技术的水下井口生产系统进行开发，陆丰 22-1 油田水深 333 m，也是国内迄今开发的最大水深油田。

（5）海底管道

油气田内部管道通常用于输送油、气田开发过程中产出的流体，包括油、气、水或它们的混合物，生产所需的燃料气，用于注水的海水，地下水或处理合格的生产水。常用的输送工艺为油、气、水三相混输。管道连接井口平台（水下

井口）和处理平台或浮式处理设施。管道按流体分类可分为输油管道、输气管道、油气输管道、油水混输管道、油气水混输管道、输水管道。按结构可分为单层管加配重层结构、双层保温管结构、单层保温管加配重层结构。

在我国近30年的海上油气田开发中，从最初的油气田内部短距离海底管道发展到各类长距离平台至陆地海底管道，其设计、施工技术有了长足发展。

我国第一条长距离海底管道是1992年建成投产的锦州20-2天然气凝析油混输管道，该管道全长48.6 km，管径为304.8 mm，是第一条由国内铺管船敷设的海底管道。我国第一条长距离稠油输送海底管道是2001年建成投产的绥中36-1油田中心平台至绥中陆上终端海底管道，该管道长70 km，为双重保温管道。尽管近年来我国海上敷设了2 000 km以上的海底管道，但目前国内设计、施工能力及水平与国际先进水平相比还有很大差距。

14.1.1.4　主要涉海工程施工工艺

海上油气开采涉海工程主要包括固定油气平台、海底管（线）道和水下井口等。

导管架一般采用打桩的方式进行安装，基础安装后再进行上部组块的安装。导管架安装前应进行现场海底和水深的测量，以确认海床上是否有不规则的地形、碎石、废弃物和其他障碍物，必要时应先进行清理或平整。

沉箱在陆地预制后可以采用湿拖法靠沉箱自身浮力将其拖到安装海域，也可以干拖法用半潜驳船运送到安装海域。准确定位后应打定位桩，以保证沉箱抵抗风浪流的冲击。沉箱安装后还要进行灌浆。安装地面不平整有较大的坑时，要事先对地基进行处理（例如抛砂等）。

海底管道安装方法主要有铺管船法和拖拉法。铺管法是利用安装在铺管船上的专用设备进行安装的方法。拖拉法是在管道上绑扎浮筒，使其漂浮在水中，再通过船舶等工具，将这段管道拖航到管道设计路线，最后将管道放在海底。海底管道一般采用后挖沟的方式埋设管道。后挖沟一般是将挖沟设备（挖沟机或挖沟犁）放置在已铺好的海底管道上方或侧面，将海底支撑管道的临近土壤挖出满足设计深度的管沟，使管道在重力作用下沉到沟内。

14.1.2　油气开采项目海域使用特点

（1）海域使用特点

平台式油气开采用海和海底电缆管道用海基本不改变海域的海洋属性，相比人工岛式开采对环境影响较小。

海上石油开采位置相对开阔，一旦发生溢油事故，对海洋的影响程度和范围大。

区域泥沙冲淤环境会对管线稳定性造成不利影响，因此管线建设前应该充分论证区域的泥沙冲淤环境，若所处海区泥沙冲刷可能影响到管线的稳定性，则应该在设计阶段针对海域特点对管线采取一定的防止冲刷的措施。

（2）海域使用类型、方式及面积的界定

根据《海域使用分类》（HY/T 123—2009），油气开采用海为二级类，属于工业用海。其用海方式主要包括平台式油气开采、人工岛式油气开采、非透水构筑物、透水构筑物以及海底电缆管道等。

根据《海籍调查规范》（HY/T 124—2009），油气综合生产平台、井口平台用海以平台外缘线向四周平行外扩 50 m 距离为界；管道用海以管道外缘向两侧外扩 10 m 为界。

石油开采项目大多在开发程度较低的开阔海域，在实际工作中，可以结合海域特点及安全生产需要，适当调整确权范围和面积。

（3）资源环境影响

油气平台工程施工期间对海洋环境的影响主要为钻完井过程产生的钻屑、泥浆排海影响和管线铺设过程的悬浮物扩散影响。运营期间的环境影响主要为生产污水和平台工作人员产生的生活污水排放对海洋环境的影响。施工过程中的环境影响主要集中在钻完井和管线铺设两个过程，钻完井作业主要为钻井平台完成，钻井过程中产生的钻屑、泥浆可循环使用，产生的钻屑、泥浆处理方式有回注、完成钻井后一次性排放或运回陆地处理三种方式。管线铺设主要采用射流式挖沟机或挖沟犁进行挖沟埋设，此过程产生的污染物主要为铺管过程产生的悬浮物。另外，在平台建设安装过程中，打桩或进行基地抛砂处理的过程中会产生少量的悬浮物。

石油平台项目运营阶段所采石油基本是通过管线运送至陆上终端进行处理。部分船舶拉油平台或者浮式生产性储油轮则直接将所采石油在海上进行处理。此过程会产生生产污水，此部分生产污水经过处理回注或排海，会对海洋环境和地下水环境造成影响。油气开采过程中天然气的处理方式主要有通过管线输送至陆上终端和在海上通过火炬燃烧处理，火炬燃烧会对大气环境造成不利影响。

油气开采因其特殊性需特别关注项目溢油等风险分析。

14.1.3　油气平台项目论证重点把握

14.1.3.1　海域使用论证关注要点

1）当管线路由遇有海底斜坡角度、冲刷较强烈或障碍物较多等复杂地形地貌区时，应对管线运营期是否存在因受海底冲刷使管线裸露海底，遭受渔船拖网、抛锚的破坏或自身发生结构失稳、断裂事故等方面，给出海管路由的可能优化调整方案，或合理可行的工程预防措施等分析论证内容。

2）油气平台项目工程施工期间对海洋环境的影响主要包括：钻完井过程产生的钻屑、泥浆排海和管线铺设过程挖沟的悬浮物扩散以及在平台建设安装过程中，打桩或进行基地抛砂处理的过程中会产生少量的悬浮物。论证报告应依据项目工程分析的工程地质条件、施工工艺等，通过数值模拟给出悬浮物扩散平面范围图和扩散浓度、距离和面积等定量预测结果。

3）当油气平台项目遇有海底管线经过或穿越航道锚地时，应关注分析其与港口相关规划的协调性，依据规划中的航道、锚地规模、船型级别等要素，深入分析项目选线和埋深与可预期港口规划的协调性。

4）石油平台项目一般应按施工期与运营期分别给出项目的用海风险分析内容。

5）施工应尽量避开3—8月的鱼类产卵、生长期或控制施工进度，减少工程施工排污对附近渔业资源的损害。

6）对于石油钻井平台的调整与改扩建项目来说，通常遇到海底电缆、水管及油气管线的重新布置与调整，论证中应清楚分析项目原海底电缆管道的用海面积与新建平台与海底电缆管道之间的位置，并在适当的比例尺下清晰给出本次项目申请用海与原项目用海范围的叠置关系以及用海面积核减情况的图示与分析，清楚给出典型界址点的确定情况。核减掉原申请用海面积，增补新申请用海面积，不应出现交叉重叠与空白。

7）由于地球表面并非平面，通常的平面坐标系统采用的是高斯投影，对于石油平台管线用海，由于跨度较大，采用高斯地图投影往往会因为扭曲变形引起较大的面积计算误差。因此，对于跨度较大、距离较长的海底管线用海，在面积核算时可选择采用合适投影方式或投影带宽，减少用海面积计算误差。如采用等积投影法，投影变形较小，面积计算误差小；选择投影带宽是基于地图投影中产生的扭曲变形随带宽的增大而加大，如采用 1.5° 带分别分带统计计算项目用海面积，或在面积量算时，先根据已知面积精度，计算出它的最大长度变形值，再由这个长度变形值来确定投影带宽，从而选择分带。

8）平台式油气开采项目采油平台及海底管线用海期限的确定，应综合考虑平台和海底管线的寿命、油田的可开采年限及项目用海类型相关管理政策规定的最高用海期限确定，对于调整油气平台开采项目来说，还应综合考虑其所依托石油平台或管线的使用寿命。

9）油气平台宗海图编绘。当油气平台与海底管线在同一宗海图中，受比

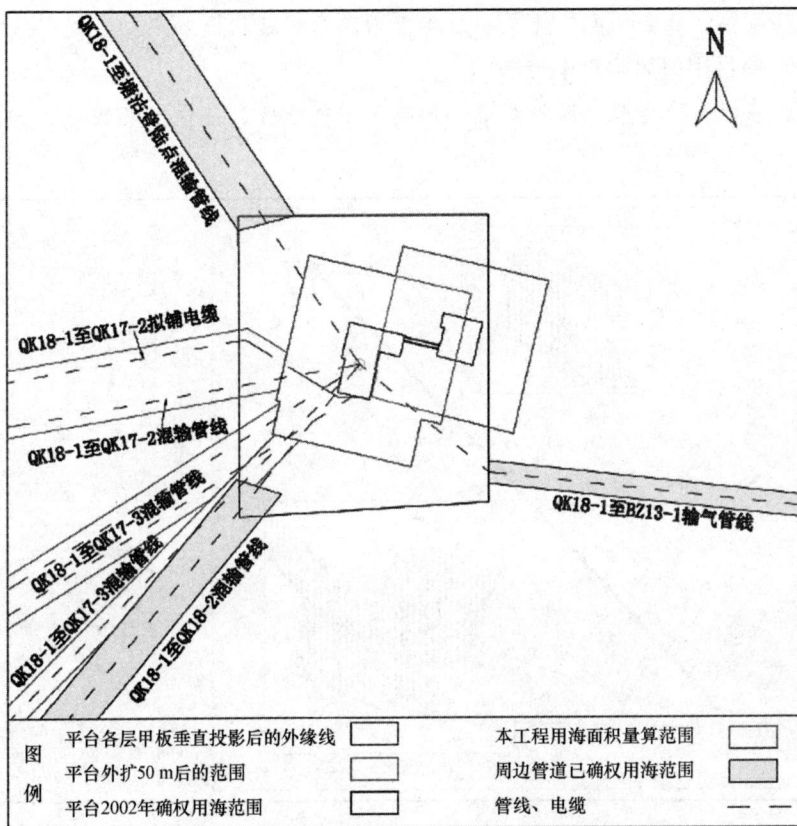

图 14 - 5　调整与改扩建油气平台用海面积量算示意图

例尺限制油气平台界址点、线不清楚，应将海底管线与平台连接段的界址图局部放大（见图 14 - 6），以清楚显示出界址点、线。当属于改建项目时，应在适当的比例尺下，清晰给出本次项目申请用海与原项目用海范围的叠置关系以及用海面积核减情况的图示与分析（参见图 14 - 5），清楚给出典型界址点的确定情况。

14.1.3.2　海域使用论证重点把握

（1）项目用海资源环境影响分析

施工期主要关注平台、管道建设产生的悬浮物扩散对海洋水环境及生态环境的影响。运营期则主要关注污水排放对海洋环境的影响、回注水对地下水环境的影响、火炬燃烧对大气环境的影响。

（2）用海方式和平面布置合理性分析

浅海油田开发用海方式主要有人工岛、平台式油气开发、海底电缆管道、栈桥式油气管道、突堤式油气管道、进海路等，关注项目所在海域基本功能、海域自然环境条件、社会环境依托及项目本身需求来优选用海方式。

（3）项目用海风险影响分析

重点分析风险类型、风险概率、影响范围和程度，并提出切实可行的风险防范措施。

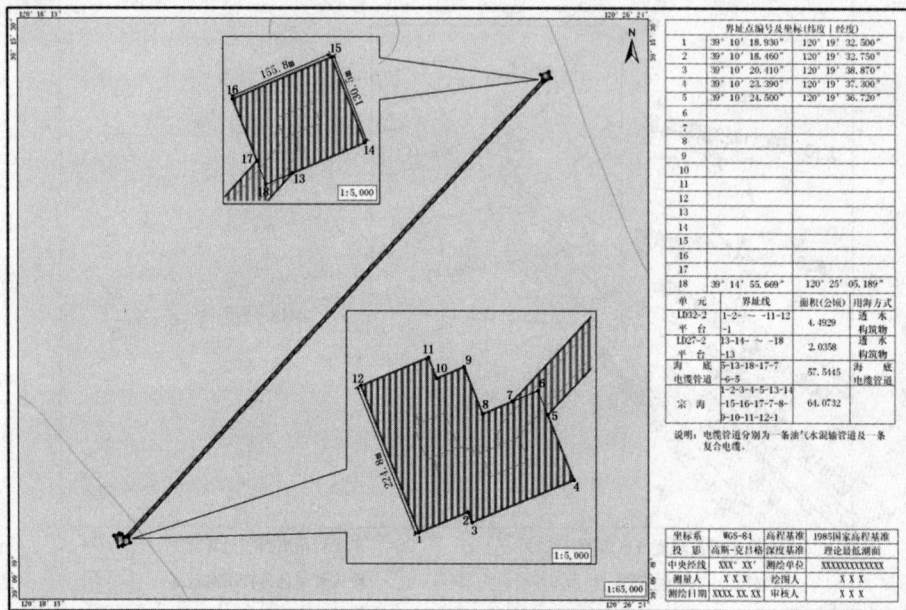

图 14 - 6　油气开采平台用海宗海图示例

14.2　案例点评

案例为"绥中 36 - 1 油田 II 期调整开发工程项目"。

项目用海类型属工业用海，用海方式包括平台式油气开采和海底电缆管道 2 种方式。案例分析主要选摘了报告书中概述、项目用海资源环境影响分析、海域开发利用现状与协调分析及项目用海风险分析等章节内容，并根据问题分析需要进行了适当的删减与整合。

14.2.1　项目用海基本情况

14.2.1.1　项目位置

绥中 36 - 1 油田位于渤海辽东湾南部海域，39°52′—40°12′N，120°43′—121°05′E 的范围内，油田西距绥中市约 50 km，西南距旅大 4 - 2 井口平台约

8 km；东北距锦州 25 - 1 南油气田中心平台约 37.3 km，油田所处海域水深为 30 ~32 m。油田含油面积 42.5 km²，石油地质储量 2.9788×10^8 m³。

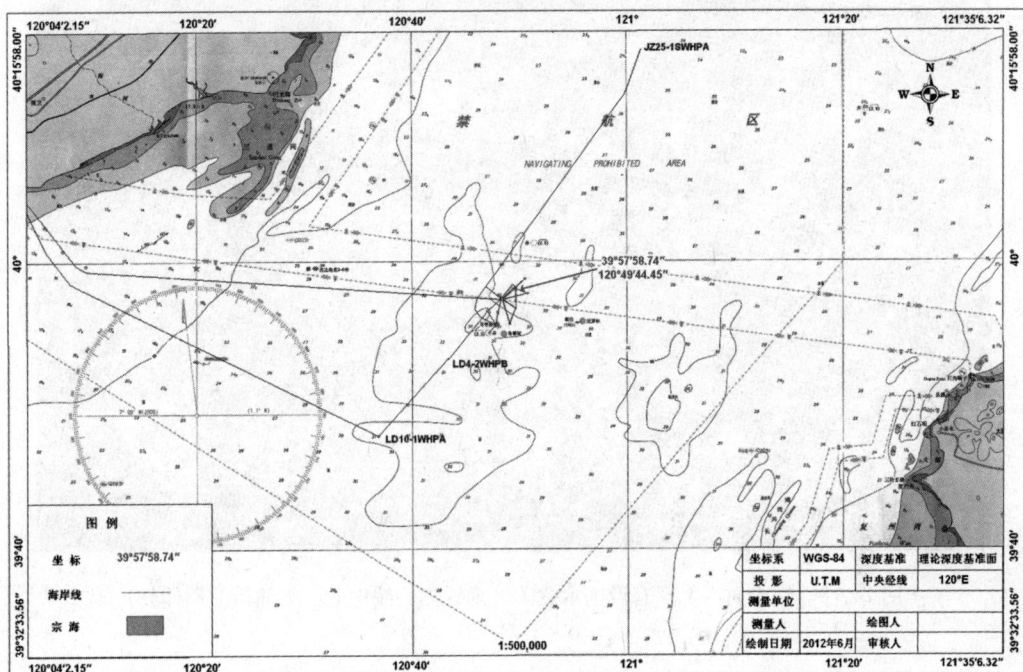

图 14 - 7　项目用海位置图

14.2.1.2　用海事由

绥中 36 - 1 油田采取滚动式开发模式，Ⅰ期从 1993—1997 年陆续投产，2008 年进行了调整和改造；Ⅱ期从 2000—2001 年陆续投产。绥中 36 - 1 油田Ⅱ期调整开发工程的开发思路是依托现有的绥中 36 - 1 油田，充分利用现有海上生产设施、海管和终端等资源，通过加密井网及新建平台，达到提高绥中 36 - 1 油田采收率的目的。

14.2.1.3　项目建设内容和规模

工程充分依托绥中 36 - 1Ⅱ期现有平台设施及海底管线，在老平台旁边搭建新平台，与老平台通过栈桥相连，共建设 2 座井口平台、1 座油气处理平台、1座生产水处理平台，铺设 3 条混输管线、2 条注水管线、1 条输气管线以及 2 条海缆。同时对Ⅱ期现有的 8 座平台（CEP、EDP、WHPD、WHPC、WHPE、WH-PF、WHPG、WHPH）进行局部改造，形成以现有 CEP 和新建的 CEPN、CEPO为Ⅱ期处理中心的格局。项目建设不占用岸线。

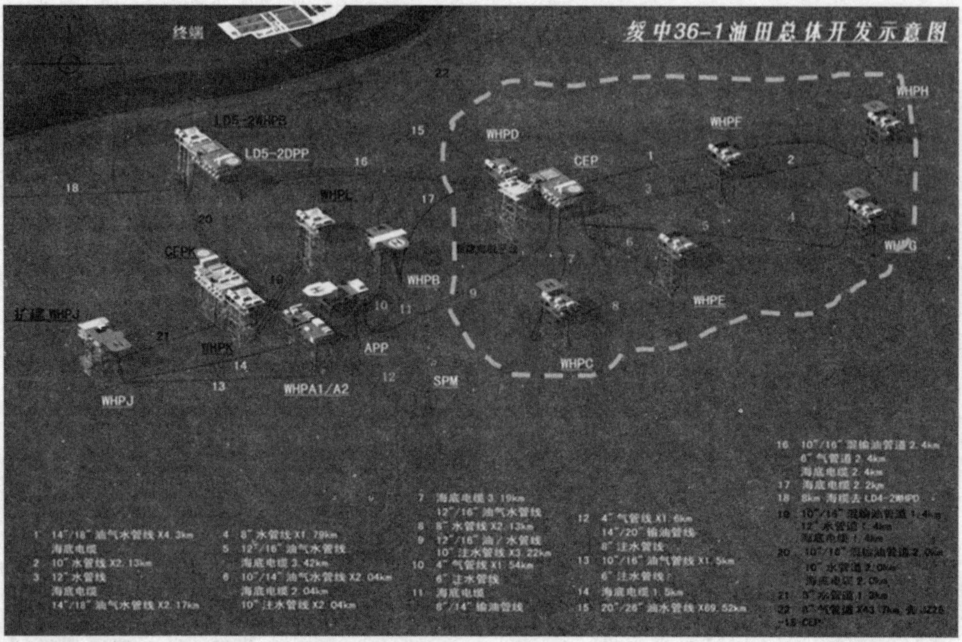

图 14 - 8　绥中 36 - 1 现有设施示意图（虚线内为绥中 36 - 1 油田Ⅱ期部分）

14.2.1.4　申请用海面积和用海期限

调整工程的海上施工/安装作业内容包括钻井完井作业、平台导管架和上部设施的安装、海底管道铺设等工程。工程施工期为 1 年。

项目投资：工程静态总投资为人民币 94.2 亿元，其中开发投资 83.4 亿元，弃置费 10.5 亿元。

根据项目建设单位提出用海申请，本次申请用海时将 SZ36 - 1EDP 至 WHPG 平台间海底电缆、SZ36 - 1CEP 至 WHPE 间海底电缆、SZ36 - 1CEP 至 WHPC 间海底电缆与本工程一起申请用海，上述三条电缆不在本工程论证范围内，仅在用海面积量算时将其考虑在内。

项目用海类型属于工业用海中的平台式油气开采用海，海底工程用海中的海底电缆管道用海；用海方式为其他方式中的平台式油气开采与海底电缆管道。申请用海期限为 24 年。申请用海面积为 55.6227 hm²，其中平台式油气开采用海 4.8147 hm²，海底电缆管道用海 50.8080 hm²。

14.2.1.5　自然环境条件

根据《绥中 36 - 1Ⅱ期平台场址和管线路由工程物探和工程地质调查报告书》，海底地貌资料色度显示基本均匀，反映海底平整，在工程区域内无明显海底底质变化，海底底质为松散的褐灰色黏质粉土。

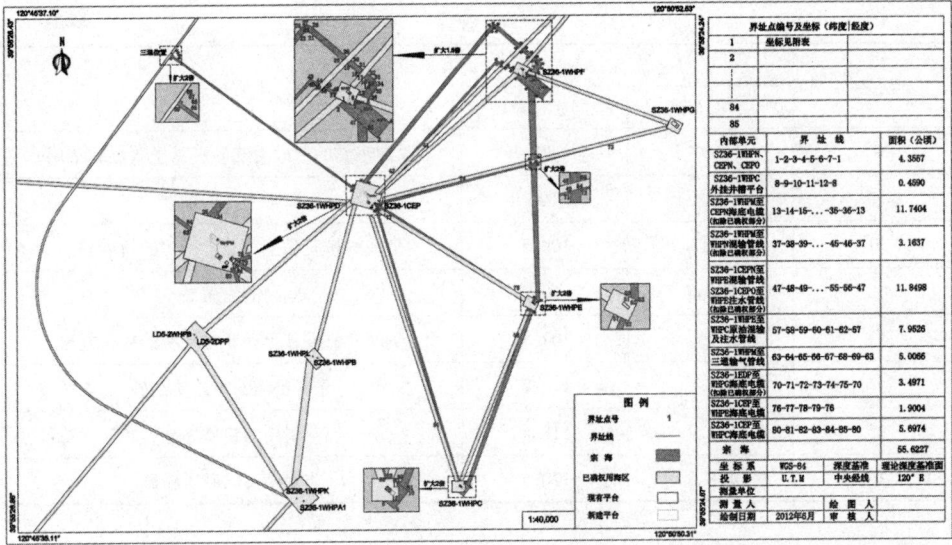

图 14 - 9　绥中 36 - 1 油田 Ⅱ 期调整开发工程申请用海宗海界址图

　　调查区域范围内海底基本平坦，地貌特征主要是平台和管道施工留下的一些人工地貌特征，如锚沟等。在已有平台设施附近有轻微冲刷，冲刷深度一般在 0.2 ~ 0.4 m 之间。根据现有的地貌资料可知，在预定平台位置周围，除了已建平台、已建管道和电缆外，未发现有其他对平台就位安装和作业有潜在危害的地貌特征以及遗弃物和障碍物体。

　　工程海域海底地质类似，现以 SZ36 - 1CEPK 平台场址工程地质钻孔资料为参考，分析该海域土壤类型及分层特征。钻孔中遇到的土层综合概括如表 14 - 1 中所列。

表 14 - 1　钻孔遇土层（以 SZ36 - 1CEPK 平台厂址为参考）

层名	深度		土质描述
	层项（m）	层底（m）	
1	0	4	松散的黏质粉砂
2	4	12	软到稍硬的粉质黏土与黏质粉砂互层
3	12	17	中密实的粉砂质细砂
4	17	19	中密实到密实的黏质砂质粉砂
5	19	27	密实的粉砂质细砂
6	27	51	硬到非常硬的黏土和粉质黏土
7	51	57	非常密实的粉砂与非常硬的粉质黏土互层
8	57	69	非常密实的粉砂质细砂

续表

层名	深度		土质描述
	层项（m）	层底（m）	
9	69	80	非常密实的粉砂质细砂夹黏土薄层和细层
10	80	93	非常密实的细砂
11	92.7	100.5	坚硬的粉质黏土和非常密实的粉砂叠层
12	100.5	105	坚硬的粉质黏土
13	105	107.8	坚硬的粉质黏土和非常密实的粉砂叠层
14	107.8	112.7	非常密实的粉砂质细砂
15	112.7	118.8	坚硬的粉质黏土
16	118.8	120.5	非常密实的砂质粉砂

海底泥面以下 120.5 m 深度范围内的土层主要由粒状土组成，其间夹有一些黏性土层。海底表层 12.0 m 深度范围内为古河道沉积，土质主要为非常软到稍硬的中塑性粉质黏土夹黏质粉土薄层和细层；入泥深度 27.2 ~ 57.0 m 范围内黏性土为硬到非常硬的中到高塑性粉质黏土和黏土；入泥深度 92.7 m 以下至终孔深度范围内的黏性土为坚硬的中到高塑性粉质黏土和黏土。

在地质钻孔揭露深度范围内粒状土主要为黏质粉砂、黏质砂质粉砂、粉砂、砂质粉砂、粉砂质细砂和细砂。根据 PCP 资料解释和室内实验室试验结果，拟定平台场址海底以下 19.2 m 深度范围内粒状土的相对密度一般为松散到中密实，该深度以下粒状土的相对密度一般为密实到非常密实。

工程地质和物探调查资料以及其他已有资料分析表明，管线/电缆路由区，地形比较平坦，浅层沉积物主要为黏性，土地质和海洋环境相对比较稳定，一般不会发生冲刷和重力作用下的滑移。而且海管/电缆将挖沟埋设，因而发生滑移的可能性很小。

主要海洋灾害包括热带气旋、寒潮、地震以及海冰。SZ36 - 1 油田海域属"规定"中的 4 冰区。有效冰期（全天有冰）最长 29 天，最短 5 天，平均 16 天。初冰日平均在 11 月 23 日，终冰日平均在 3 月 8 日，海冰漂移速度平均为 0.4 m/s，最大为 1.3 m/s。

14.2.1.6 海域开发利用现状

绥中 36 - 1 油田 II 期调整开发工程位于辽东湾内，西北距六股河口 43.3 km，东南距温坨子 57.8 km。项目所在海域周边主要海洋开发活动有石油开采业、航运业、海砂开采、保护区、渔业、旅游业等。

14.2.2　项目用海论证内容及点评

14.2.2.1　项目用海资源环境影响

14.2.2.1.1　工程建设产污环节及污染源核算

绥中 36 - 1 油田 II 期调整开发工程在海上建设、生产和工程废弃各阶段均会产生一定量的污染物，各阶段的产污环节和产生的污染物种类、数量有所不同，对工程周围海域环境造成不同程度的影响。

（1）施工期对海水水质的影响要素

绥中 36 - 1 油田 II 期调整开发工程海上施工阶段的主要工作内容主要包括钻完井、海底管线铺设及海上设施安装改造等。产生的污染物主要包括钻完井产生的钻屑、泥浆，铺设海管搅起的海底沉积物以及设施安装产生的金属下脚料等工业垃圾。此外还有参加施工的船舶和人员所产生的生活污水、生活垃圾和机舱含油污水等。工程海上施工主要污染源及处理排放方式见表 14 - 2。

表 14 - 2　本工程施工期主要污染源及处理方式

污染物	污染物产生量		主要污染因子	处理或排放方式
钻屑	新井（含预留）| 23 762.5 m³	WHPM：7 333.2 m³	悬浮砂	间歇式点源排放
			WHPN：8 341.9 m³		
			WHPC：5 548 m³		
			WHPE：2 539.3 m³		
	调整井	1 524.9 m³	WHPC：381.2 m³		
			WHPD：381.2 m³		
			WHPE：381.2 m³		
			WHPF：381.2 m³		
	其中含油钻屑：3 397.2 m³			石油类	全部运回陆地处理
泥浆	新井（含预留）| 2 963.6 m³	WHPM：910.7 m³	悬浮砂	间歇式点源排放
			WHPN：980.1 m³		
			WHPC：711.5 m³		
			WHPE：361.3 m³		
	调整井	1 914.1 m³	WHPC：478.5 m³		
			WHPD：478.5 m³		
			WHPE：478.5 m³		
			WHPF：478.5 m³		
	其中含油钻屑：981.9 m³			石油类	全部运回陆地处理

污染物	污染物产生量	主要污染因子	处理或排放方式
铺管挖沙	6 615 m³	悬浮砂	移动源连续排放
工业垃圾	366.2 t	-	全部运回陆地处理
船舶机舱污水	598 m³	石油类	全部运回陆地处理
生活污水	29 253 m³	COD≤300 mg/L	处理达标后排放
生活垃圾	209 t	食品废弃物、包装等	全部运回陆地处理

（2）生产运营期对海水水质的影响要素

在油田生产运营期，主要污染物为生产水、机舱含油污水、生活污水、生活垃圾、工业垃圾及少量伴生天然气等。主要污染因子为石油类、COD 等。生产运营期主要污染源及处理排放方式见表 14 - 3。

表 14 - 3　本工程生产运营期主要污染源及处理方式

污染物种类	污染物产生量	主要污染因子	备注
生产水	最大 62 881 m³/d	石油类	处理达标后回注地层
甲板设备冲洗水	少量	石油类	经开、闭排收集后，打入原油处理系统
船舶机舱污水	72 m³/a	石油类	全部运回陆地处理
生活污水	新增：11 498 m³/a	COD≤300 mg/L	各平台处理后排放
生活垃圾	新增：82.1 t/a	食品废弃物等	全部运回陆地处理
工业垃圾	最大产油年 580.8 t/a	废弃零件、器材、油棉纱、空容器等	全部运回陆地处理
放空天然气	少量	CO_2、NO_X 等	火炬系统燃烧排放
溢油	-	海面浮油	按溢油应急计划处理

（3）废弃阶段对海水水质的影响要素

废弃阶段基本上为海上施工/安装阶段的反过程，主要工程内容包括工艺设备及输油海底管道的扫线处理、上部组块及相关设备和设施的拆卸、导管架的拆除、油井的地下封堵和水下井口的切割等。具体工程内容因废弃方式或程度不同而有所差异，需届时根据废弃工程具体方案进行详细分析。但一般来讲，废弃阶段的主要污染物包括设备和管线清洗液、拆除的废旧设施和钢材、电缆等工业垃圾以及施工船舶产生的机舱含油污水、施工人员产生的生活污水和生活垃圾等。

14.2.2.1.2　工程建设对海水水质的影响

绥中 36 - 1 油田 II 期调整开发工程正常施工建设期，主要污染物为泥浆、钻屑、铺设海底管道时掀起的海底悬浮物；在生产运营期，主要的污染物为非正常工况下排放的含油生产水，平台生活污水 COD。下面引用《绥中 36 - 1 油 II 期综合调整工程环境影响报告书》中对污染物进行的预测结果，分析评价其对海洋环境的影响。

（1）建设阶段对海水水质的影响

1）泥浆对海水水质的影响。泥浆中含有少量颗粒态物质。颗粒态物质在随海水运动的同时，尚在海水中发生沉降，并最终淤积于海底，这一特性决定了它的影响范围和影响时间是有限的。WHPM、WHPN、WHPC、WHPE 平台排放泥浆对水质的影响主要在表层主流向上。四个平台超二类水质海域的最大包络线面积约为 1.14 km^2，离排放点的最大距离为 1.47 km。恢复到一类水质所需最大时间为 12.3 h（停止排放后 10.3 h）。超三、四类水质海域的最大包络线面积为 0.049 km^2 和 0.021 km^2，相对较小。

2）钻屑对海水水质的影响。钻屑的成分主要是地下砂岩和石灰岩的碎屑，其粒径远大于泥浆中的黏土，沉降速度快，扩散范围小，WHPM、WHPN、WHPC、WHP 平台钻屑对水质的影响主要在表层主流向上。四个平台钻屑预测结果区别不大。超二类水质海域的最大包络线面积为 0.217 km^2，离排放点的最大距离为 0.43 km。恢复到一类水质所需最大时间为 3.9 h，整个海域可恢复到一类水质。超三、四类水质海域的最大包络线面积为 0.003 km^2 和 0.002 km^2，相对较小。钻屑覆盖厚度不小于 2 cm 的区域面积为 0.041 km^2，离排放点最大距离为 180 m。

表 14 - 4　　拟铺设管线情况一览表

管线编号	性质	起点	终点	长度（km）
P1 管线	混输管线	WHPC 平台	WHPE 平台	2.2
P2 管线		WHPE 平台	CEPN 平台	2.22
P3 管线		WHPM 平台	WHPN 平台	2.55
P4 管线	注水管线	CEPO 平台	WHPE 平台	2.22
P5 管线		WHPE 平台	WHPC 平台	2.22
P6 管线	输气管线	WHPM 平台	管线预留三通	3.00
C1 电缆	海底电缆	CEPN 平台	WHPM 平台	2.22
C2 电缆		CEPN 平台	WHPM 平台	2.22

3）悬浮沙对海水水质的影响。铺设管线作业对水质的主要影响是悬浮沙浓度增大和降低海水透光度。根据预测结果可知，在铺管作业期间，超一类水域影响面积最大为底层，其次为中层和表层，而最大影响距离由表层至底层逐渐减小。管线/电缆铺设对水质的影响参见表 14 – 5。

由表 14 – 5 可知，管线施工导致超一（二）类水质海水最大面积的范围为 10.87 ~ 18.36 km²，最大距离为 1.34 ~ 3.83 km 之间。施工停止后最多 19.1 h 内，海水水质可恢复一类水质标准。

由此可见，悬浮沙虽对管线路由区的海域水质有一定的影响，但由于铺设海底管线是一次性的，海水环境的环境容量较大，随着施工完毕后时间的推移，经过一系列环境的物理、化学和生物过程，能够在一定的时间内减少甚至消除这种影响。因此铺管悬浮沙对海水水质的影响是一次性的、短期的和可恢复的。

表 14 – 5　管线铺设对水质影响

管线电缆编号	超二类水质		超三类		超四类		施工停止后恢复一类水质最长时间（h）	悬浮沙覆盖 2 cm 最大面积（km²）
	最大面积（km²）	最大距离（km）	最大面积（km²）	最大距离（km）	最大面积（km²）	最大距离（km）		
P1/P5	14.86	1.27	1.95	0.41	1.02	0.26	19.1	0.065
P2	15.36	2.41	2.30	0.69	1.15	0.66	19.1	0.081
P3	10.87	1.34	1.21	0.40	0.60	0.20	19.1	0.063
P4	11.71	1.76	1.71	0.68	0.80	0.34	19.1	0.079
P6	18.36	3.83	1.46	0.65	0.73	0.33	18.0	0.108
C1、C2	10.87	1.34	1.21	0.40	0.60	0.20	19.1	0.063

（2）生产阶段对海水水质的影响

油田在生产阶段排放的主要污染物为非正常工况下排放的生产水、生活污水等。为保护渤海海洋环境，油田生产水全部回注地层。只有在油田地层压力变化、注水水质配伍性差出现井筒结垢或水质杂质过多堵塞井筒等非正常情况下，含油生产水无法全部回注，此时含油生产水需短期内达标排放入海。

1）非正常排放的含油生产水对水质的影响预计每年含油生产水非正常排海天数最大约为 15 d，但这种非正常情况出现概率非常低。在非正常工况下，含油生产水最大排放量约为 14 000 m³/d，达标连续排放。经预测可知，超一类水质的海域最大包络面积 4.55 km²，离排放点最大距离 2.06 km；超三类水质的海域面积控制在排放点周围 100 m 范围内，超三类水质水域最大面积在 0.01 km² 内。

2）生活污水 COD 对海水水质的影响。由于 COD 排放量不大，因此，影响面积并不大，WHPM 平台与 CEPO 平台两个排放点无论何时排放，超标水域影响的距离都在 30 m 范围内，超标的海域基本在排放点周围 1 个网格（30 m）的范围内。COD 排放对海洋环境的影响不大。

（3）工程建设对海洋沉积物的影响

1）平台对沉积环境影响分析。由于平台均采用钢导管结构，因此对沉积物环境的影响较小，但平台桩腿部分由于深插入海中，因此该部分沉积物环境全部改变。

2）海底电缆、管道施工对沉积环境影响分析。在铺管期间，挖起来的沉积物被堆积在管沟两侧，在挖沟结束后，在海水运动作用下将逐渐回填于管沟。因此，对底质的直接影响就是挖起和覆盖，改变了原有的沉积环境。

油田开发工程预计铺设 6 条海底管线，总长共计为 14.3 km；两条海底电缆总长共计 4.4 km。根据《绥中 36 - 1 油田 II 期综合调整工程环境影响报告书》预测结果可知，悬浮沙覆盖 2 cm 厚度的范围主要分布在海底管道两侧，施工期间覆盖面积一直增大，施工结束后覆盖面积不再增大，覆盖 2 cm 厚度的面积合计为 0.461 km²。在此范围内，原海底沉积物将受到一定程度的覆盖和破坏。

3）泥浆/钻屑排放对沉积物环境影响分析。泥浆与钻屑排入海后，在海水运动的作用下，钻井泥浆和钻屑会在海底一定的范围内形成聚集。钻井泥浆和钻屑的沉积及分布范围受排放量、海流、水深等因素的影响。

绥中 36 - 1 油田 II 期调整开发工程钻屑泥浆将分别在 WHPM、WHPN、WH-PC、WHPE 平台排放。根据各个平台钻屑的排放量估算出，钻屑排海后覆盖厚度大于 2 cm 的区域面积见表 14 - 6。钻屑与泥浆的排放所覆盖区域的沉积物类型会有所变化，并可能使沉积物中有机质等污染物的含量稍有升高。

表 14 - 6　钻屑覆盖厚度大于 2 cm 的区域面积　　　　单位：km²

	WHPM 平台	WHPN 平台	WHPC 平台	WHPE 平台
覆盖厚度大于 2 cm 的面积	0.041	0.039	0.022	0.025

4）牺牲阳极对海洋沉积物的影响。海底管道外防腐采用安装手镯型铝基牺牲阳极方式。海底管道阳极块间隔约 110 m，每个阳极块的质量 50 kg 左右。阳极块主要成分为铝，其中锌的质量含量为 3% ~ 5%。锌在发生原电池反应后，将以锌离子形态释放到海洋环境中，使管道周围环境中锌含量略有增加。由于阳极块间隔很远，锌离子向环境释放的影响不会相互叠加，所以把每个阳极块当做

一个单独的释放源。阳极块中锌含量按4%考虑，则每个阳极中锌含量约为2 kg，海底管道设计寿命为25年，假设25年完全溶解，则单个阳极块每年释放到环境中的锌量为0.08 kg。若考虑以阳极块为中心，周10 m内的海底沉积物环境，取沉积物密度为 2.5×10^3 kg/m³。秋季现状调查沉积物中的锌含量平均背景值（44.6×10^{-6}），叠加后数值参见表14 – 7。则海底管道在25年后周围沉积物中锌含量最大为 45.0×10^{-6}，远小于海洋沉积物质量标准的第一类标准150 $\times 10^{-6}$，因此海底管道防腐采用的牺牲阳极不会引起沉积物中的锌污染。

表14 – 7　阳极块周围沉积物中锌含量

	时间（a）				
	5	10	15	20	25
沉积物中锌增量（$\times 10^{-6}$）	0.077	0.154	0.230	0.307	0.384
叠加背景值锌含量（$\times 10^{-6}$）	44.7	44.8	44.8	44.9	45.0

14.2.2.1.3　建设阶段对海洋生态的影响

（1）对浮游植物的影响分析

本工程在钻井、完井阶段所产生的钻屑和泥浆，使钻井平台周围海水中悬浮物增大，增加海水浑浊度。一方面影响浮游植物的光合作用，在一定程度上影响水体的浮游植物的生长与繁殖，降低了海洋初级生产力；另一方面，由于悬浮物快速下沉，有部分浮游植物被携带而随之下沉，使水体中浮游植物遭受一定的损害。根据预测结果，泥浆排放超一、二类水质海域的最大包络线面积约为1.14 km²，钻屑超一、二类水质海域的最大包络线面积约为0.217 km²，由于钻井阶段时间较短，随着施工作业结束，停止泥浆、钻屑的排放，其影响将会逐渐降低以至消失。

本工程铺设6条海底管线，总长共计为12.6 km；两条海底电缆总长共计4.4 km。管线施工导致超一、二类水质海水最大面积的范围为10.87 ~ 18.36 km²，最大距离为1.34 ~ 3.83 km。由于海底管道铺设采用喷射挖沟作业，掀起的小颗粒轻物质悬浮于水中，使海水浑浊度增加，透明度降低，致使光合作用降低，影响浮游植物的繁殖生长，基础生产力将受到影响。但由于底质多以粉砂质为主，沉积物粒径较粗，水中悬浮物沉降速度快，运移规模也小，沉积物悬浮时间较短，因此挖沟而引起的海水透明度会很快得到恢复。

（2）对浮游动物的影响分析

浮游植物生产的产物基本上要通过浮游动物这个环节才能被其他动物所利用，浮游动物通过摄食影响或控制初级生产力，同时其种群动态变化又可能影响许多鱼类和其他动物资源群体的生物量。钻井过程增加海水的浑浊度，减少了透光层的厚度，使生物合成量减少，同时使整个水层的浮游植物的生产力水平下降，对浮游植物生长繁殖造成不利，进一步影响了浮游动物的摄食能力和摄食量，从而也影响了浮游动物的生长和繁殖。但这种影响是短时期的，完成作业之后，通过一系列的稀释、吸附、沉淀或扩散等海洋环境的物理过程，从而恢复浮游生物的正常生存环境。

（3）对底栖生物的影响分析

1）泥浆、钻屑对底栖生物的影响。国外的研究结果表明，钻井泥浆和钻屑的排放对鱼、蟹等移动性生物没有明显的不利影响，其主要会通过以下几种方式对底栖生物产生不利影响：① 直接掩埋和覆盖沉积区内的底上和底内动物；② 沉积层化学和构造上的改变对某些底栖生物的掘穴与索食产生影响；③ 沉积区内高耗氧量有机物的富集造成沉积层缺氧从而影响生物的生存；④ 沉积区内或附近底栖动物体的石油烃和重金属等有毒物质的含量增加。但一般而言，钻井泥浆和钻屑对底栖生物产生明显影响的范围局限在平台周围 500 m 以内，最大不超过 1 000 m。

钻井泥浆和钻屑排入海中以后，由于受海水的作用，黏土粒子会迅速发生絮凝、形成大颗粒下沉。钻井泥浆和钻屑的沉积及分布范围受排放量、海流、水深和排放深度等因素的影响。

基于上述分析，并根据预测结果：钻屑覆盖厚度不小于 2 cm 的区域均不超过 0.217 km^2，等效半径为 260 m。可以做出如下预测：① 在平台周围 260 m 以内，底栖生物将受到钻屑排放的明显影响，尤其是 130 m 以内，大型底栖生物将难以生存。② 除活动能力很小的底栖鱼类外，钻屑的排放不会对本渔场活动能力较强的中上层鱼类及底层、近底层鱼类造成明显的危害。③ 本次工程在钻井阶段排放的钻屑大部分可能沉积于平台周围 260 m 范围内，因而其对底栖生物造成影响的覆盖范围是有限的，不会对油田开发区周围的整个底栖生态系统稳定性和生物种类多样性造成明显危害。钻屑停止排放后，沉积区的底栖生态将会逐渐恢复。

2）海管/电缆铺设挖沟作业对底栖生物的影响。挖沟所破坏的海底面积及在沟两侧所堆积的挖沟泥沙对底栖生物造成毁灭性破坏，并对其周围底栖生物的生长造成一定的影响，使底栖生物量减少，在一定时间内会破坏施工现场周围海底部分底栖生物并影响沿管线一带的海底生态环境，对底栖生物的影响主要是对底栖生物的掩埋作用。

本油田开发工程预计新铺 6 条海底管线，总长共计为 14.3 km，2 条海底电缆，长度约为 4.4 km。则需开挖海底管沟总长度为 18.7 km。该施工阶段对底栖生物主要的影响是挖沟所破坏的海底对底栖生物的直接破坏及作业时所搅起的沉积物引起悬浮物超标。按管沟上宽 2 m，挖起的泥沙在沟两边堆积的宽度为各 10 m 计。由此可大致推算出，铺设海底管线挖沟时，对海底破坏总的影响面积为 0.41 km^2，在此面积范围内底栖生物可认为被掩埋致死。

堆积在管沟两侧的沉积物，在海水运动作用下部分将很快回填于管沟。但挖沟所破坏的海底海床以及在沟两侧所堆积的泥沙对底栖生物的掩埋造成严重的破坏，并对其周围底栖生物的生长造成一定的影响，使底栖生物量减少，在一定时间内会破坏周围底栖生物并影响沿管线一带的海底生态环境。但随着施工结束以及时间的推移，管线路由区的底栖生态会逐渐得到恢复。

3）运营阶段对海洋生态的影响。

A. 对浮游植物的影响分析。浮游植物是海洋有机质的初级生产者，石油烃污染往往会破坏初级生产者。不同浓度的油对浮游植物将产生不同影响。据 Karydis 的研究，低浓度的石油烃对浮游植物的生长无影响或有促进作用，而高浓度的石油烃对藻类产生危害。Patin 研究表明，低浓度的石油烃（0.024 mg/L）可促进浮游植物的光合作用，1.45 mg/L 的溶解石油烃对其有明显的抑制作用。Mironov 曾作过石油烃对几种黑海单细胞藻影响的浓度范围，经过 5 天的实验培养表明，未对黑海单细胞藻产生影响的浓度范围为 0.01～100 mg/L。根据工程分析，本油田含油生产水在正常生产条件下回注地层，对于浮游植物不会产生影响。在非正常条件下，所排放含油生产水的石油类浓度约为 20 mg/L（小于 100 mg/L）。由此可见，排放的含油生产水对浮游植物的生长繁殖产生的抑制作用较小。

B. 对浮游动物的影响分析。经济动物卵子、幼体是整个生命周期中对各种污染物最敏感的阶段，原油对其毒性效应主要有抑制孵化、滞缓发育、生理功能低落以及导致畸形和死亡等。鱼卵、仔稚鱼、虾类幼体及底栖生物浮游幼虫等属于浮游动物范畴，石油污染会损害这些海洋生物繁殖能力和幼体的生长与发育，直接影响种群补充能力，从而对海洋渔业资源产生潜在和长期的影响。

在正常生产条件下，对于浮游动物不会产生影响。在非正常生产条件下，根据含油生产水预测结果，超一、二类水质的最大影响面积约为 4.55 km^2，在此范围内，可导致部分鱼卵、仔稚鱼、虾类幼体及底栖生物浮游幼虫等畸变、死亡，成体浮游动物由于具有一定的逃避能力，受石油类污染的影响较小。总体而言，对混合区内浮游动物幼体有一定的不利影响，对混合区外水域中的浮游动物不会产生明显的毒性作用。

C. 对底栖生物的影响分析。底栖生物生活在海底，一般活动范围较小，多数底栖生物是底层鱼类等高营养层次的食物来源。底栖生物对丰富海域食物链结构，提高海洋生物多样性和生态系统的稳定性具有重要作用，是海洋生物生态系统的主要组成类群。海水和沉积物中的石油对底栖生物均可产生影响。据有关研究结果，石油对底栖动物成体致死浓度为 1～500 mg/L，可溶性烃类对底栖甲壳类的致死浓度为 1～10 mg/L，腹足类的致死浓度为 10～100 mg/L，瓣鳃类的致死浓度为 5～500 mg/L，其他底栖动物的致死浓度为 1～10 mg/L。另有研究结果表明，不同种类的底栖生物对石油类的抵抗力有所不同，大多数底栖生物对石油类污染有较强的抵抗力，石油类对底栖生物的毒害性影响主要发生在异常情况和溢油事故之后，而低浓度的石油类对底栖生物的影响主要在幼体发育期。

根据含油生产水排放环境影响预测结果，由于石油类密度小于海水，石油类主要分布海水表层，表层以下基本无超标现象，因此，含油生产水的排放对底栖生物的影响很小。

生物资源损失量：本工程建设对海洋生物资源的影响主要是泥浆钻屑排放以及铺设海底管道和电缆过程中产生的影响。根据《绥中 36－1 油田 II 期综合调整工程环境影响报告书》中的计算结果，本项目建设造成的生物资源损失量见表14－8。

表 14－8　工程建设造成的生物资源损失量

影响因素	泥浆钻屑排放造成的损失量	海底管线/电缆铺设造成的损失量	合计
底栖生物（t）	6.2	34.7	40.9
鱼卵（×10^4 粒）	230.0	5 041.1	5 271.1
仔鱼（尾）	39.8×10^4	872.5×10^4	912.3×10^4
游泳生物（t）	0.06	1.39	1.45
浮游植物（×10^{12} 个）	3.1	68.2	71.3
浮游动物（t）	1.9	41.9	43.8

4）工程建设对水动力环境影响。拟建油田主要工程设施为海上平台和海底管线，拟建工程平台为透水式结构，平台只对周围局部海流有一定影响，平台腿会改变局部的流速和流向，但是不会改变所处海域的潮波系统，对所处海域的水交换能力没有影响；海底电缆、管道埋于海底以下 1.5 m，挖起的泥沙在底层流作用下自然回填管沟，基本恢复原来的海底沉积物环境，对底层流没有影响。

　　5）工程建设对海底冲淤影响。从工程分析可知，拟建工程钻屑排放量较小，排放钻屑主要沉降在平台周围 260 m 范围之内；海管/电缆铺设作业挖起的海底泥沙短时间堆积于管沟两侧，在底层流作用下将逐渐回填于管沟。工程不会对邻近海域的海底地形地貌以及冲淤环境造成明显的不良影响。

　　本工程新建扩建平台属透水式，桩腿占用海域面积较小，建成后会对桩腿局部海域流场造成轻微改变，对海洋原有地形和地貌的改变很小。类比已建渤海平台的冲刷情况，桩腿冲刷坑一般呈不规则圆形，直径大小在 18～35 m 之间，深度在 0.2～0.4 m 之间变化。

　　为了减少冲刷对平台桩腿的影响，施工时在桩腿上加盖了有足够强度的抗冲刷 FS 浆垫，即一种多重聚酯纤维织成的土工织物。在工程运营后定期检查时，若发现有冲刷坑，在坑内抛填沙袋或水泥压块，来保护平台桩腿的稳定性。

　　关注要点：

　　依据海上油气平台工程内容与施工工艺特点，工程主要资源环境影响分析内容包括：新建、扩建平台钻井，完井阶段产生的钻屑，泥浆对周边海洋环境的影响；管线所用外防腐层可能导致的对周边海水水质的重金属污染；海底管道施工海底开挖悬浮泥沙扩散对工程区及邻近海域浮游植物、浮游动物等海洋生物的影响，一定量的鱼卵仔鱼的损失以及挖沟区域内现存底栖生物的损失等。

　　悬浮泥沙扩散影响范围与程度，需依据工程区底质条件、施工方式和强度等，采用数值模拟方法给出预测分析结果，图示并定量给出污染物（含悬浮物）扩散距离、包络面积及其平面分布；需估算出造成的生物资源的损失量和渔业资源损失的价值量。

　　优点：

　　针对油气平台工程内容和施工方式等特点，对该类型项目用海资源环境影响分析内容把握准确、全面，资源环境影响分析也较为清楚、详尽。

　　不足：

　　资源环境影响分析内容引用了环评报告书的主要结论，但应采用典型图表的方式，给出项目主要环境影响（施工期海底管线铺设挖沟悬浮泥沙扩散）最大包络线范围的平面分布图以及扩散距离、面积等定量数据的列示，再结合相关文字给出环境影响的分析结论。

14.2.2.2　项目所在海域开发利用现状及利益相关者协调分析

14.2.2.2.1　海域开发利用现状

　　绥中 36-1 油田 II 期调整开发工程位于辽东湾内，西北距六股河口 43.3 km，东南距温坨子 57.8 km。项目所在海域周边主要海洋产业有石油开采业、渔业、旅游业、航运业等。

（1）石油开采业

渤海是一个油气资源十分丰富的沉积盆地，滩涂和浅海勘探面积达 1×10^4 km²，10 余个生油坳陷，都是陆域主要生油坳陷向海延伸部分，预测石油资源量 30×10^8 t。海上油田与陆地的胜利、大港、冀东和辽河四大油田一脉相承，构成我国第二产油区。渤海海上油田是我国海洋石油开发的尖子区，随着国民经济的快速发展，渤海石油勘探开发活动日益活跃，新的油气储藏不断发现，勘探开发的区块越来越多。目前，在渤海已正式投产海上油田（群）20 个，勘探钻井、作业平台有 36 座，海上采油平台 155 座，储油装置 6 座，人工井场（岛）2 个，生产油井 1 187 口；海底油气管道 176 条，总长 895 km。海上石油年产量突破 $2\,000 \times 10^4$ t。

目前，渤海已建成若干个油气田开发体系：辽北开发体系，有锦州 9 - 3 油田和锦州 20 - 2 凝析气田；辽中开发体系，绥中 36 - 1 油田；渤西南开发体系，包括歧口 18 - 1 油田、歧口 17 - 2 油田、歧口 17 - 3 油田、埕北油田、渤中 28 - 1 油田、曹妃甸 11 - 1 油田、曹妃甸 18 - 2 油气田、渤中 25 - 1 油田、渤中 26 - 2 油田等；石臼坨开发体系，主要是秦皇岛 32 - 6 油田、南堡 35 - 2 油田；另外还有蓬莱 19 - 3 油田和蓬莱 25 - 6 油田等开发体系。

绥中 36 - 1 油田 II 期调整开发工程位于辽中开发体系，是绥中 36 - 1 油田的一部分。

（2）滨海旅游业

辽东湾沿岸的旅游区较多，主要分布在辽东湾西岸的葫芦岛、兴城、绥中、秦皇岛以及东岸的营口、大连，具体景区见表 14 - 9 和图 14 - 10。

1）兴城海滨国家风景名胜区。位于葫芦岛兴城市，与绥中 36 - 1 油田 II 期的距离为 71.3 km，共有疗养院 60 余处，年接待游客约 100 万人次，面积约 4 200 hm²。

2）绥中省级碣石旅游度假区。位于葫芦岛市绥中县万家镇，与绥中 36 - 1 油田 II 期的距离约 79.1 km，面积约 8 483 hm²，主要有秦汉遗址、浴场及旅游度假区。

3）绥中旅游度假区。位于葫芦岛市绥中县万家镇洪家屯海滨，与绥中 36 - 1 油田 II 期的距离约 79.0 km，面积约 39.3 hm²，主要有海滨浴场、海滨泳池、旅游码头等，年接待能力 3 万余人次。

4）北海风景旅游区。位于营口市盖州市团山镇，面积约 400 hm²，有 6 个景点，是营口 5 大风景旅游区之一，距绥中 36 - 1 油田 II 期的距离约 127.7 km。

5）熊岳金沙滩风景旅游区。位于营口市盖州市熊岳镇，面积约 3 050 hm²，与绥中 36 - 1 油田 II 期的距离约 106.5 km，有 21 栋欧式建筑，5 处旅游景点。

　　6）仙人岛风景区。位于营口市盖州市九垄地，与油田区域紧邻，有 6 处旅游景区。与绥中 36 - 1 油田 II 期的距离约 103 km。

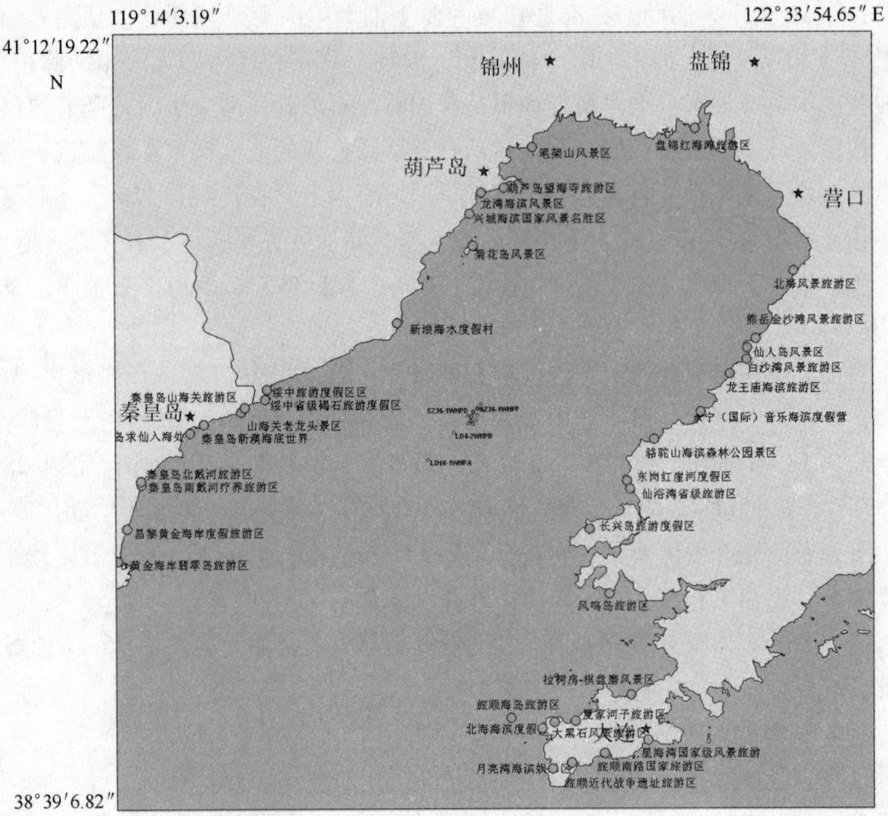

图 14 - 10　工程周边旅游区分布图

　　7）菊花岛风景区。觉华岛曾名菊花岛，位于辽宁省兴城觉华岛，与绥中36 - 1油田 II 期的距离为 59.8 km，为渤海湾最大的岛屿。该岛两端高耸，中间凹陷，南端有张家山岛和杨家山岛，北端有状如磨盘的磨盘山岛，三岛如影随形，美丽壮观。岛上碑碣林立，塔幢参列，人烟繁盛，成为闻名遐迩的佛教圣地。

　　8）龙王庙海滨旅游区。位于瓦房店市浮度河口——华铜沟，面积约 1 060 hm²，与绥中 36 - 1 油田 II 期的距离约 94.6 km，3 个景区，建有几十处度假村。

　　9）永宁（国际）音乐海滨度假营。位于瓦房店市永宁镇望海楼村，面积约 450 hm²，与绥中 36 - 1 油田 II 期的距离约 82.3 km，6 处旅游景区。

　　10）骆驼山海滨森林公园景区。位于瓦房店市西杨将军石—驼山大孤山，面积约 2 400 hm²，与绥中 36 - 1 油田 II 期的距离约 66.1 km，3 处景区。

11）东岗红崖河度假区。位于瓦房店市东岗镇温坨子—仙浴湾镇北端，面积约 1 070 hm²，与绥中 36 - 1 油田 II 期的距离约 60.9 km，2 处景区在建。

12）长兴岛旅游度假区。位于瓦房店市长兴岛海滨，面积约 5 000 hm²，与绥中 36 - 1 油田 II 期的距离约 60.2 km，5 处旅游景区。

表 14 - 9　工程周边旅游区一览表

序号	旅游区名称	方位	与工程区的距离（km）
1	昌黎黄金海岸度假旅游区	西南	138.9
2	秦皇岛南戴河疗养旅游区	西南	129.6
3	秦皇岛北戴河旅游区	西南	129.5
4	秦皇岛山海关旅游区	西	87.7
5	绥中省级碣石旅游度假区	西	79.1
6	绥中旅游度假区	西	79.0
7	新浪海水度假村	西北	43.5
8	菊花岛风景区	北	59.8
9	兴城海滨国家风景名胜区	北	71.3
10	龙湾海滨风景区	北	79.6
11	葫芦岛望海寺旅游区	北	81.7
12	笔架山风景区	东北	97.7
13	盘锦红海滩旅游区	东北	130.2
14	北海风景旅游区	东北	127.7
15	熊岳金沙滩风景旅游区	东北	106.5
16	仙人岛风景区	东北	103.0
17	白沙湾风景旅游区	东北	101.5
18	龙王庙海滨旅游区	东北	94.6
19	永宁（国际）音乐海滨度假营	东	82.3
20	骆驼山海滨森林公园景区	东	66.1
21	东岗红崖河度假区	东南	60.9
22	仙浴湾省级旅游区	东南	63.6
23	长兴岛旅游度假区	东南	60.2
24	凤鸣岛旅游区	东南	82.6
25	拉树房—棋盘磨风景区	东南	119.4

（3）港口航运业

1）油田所在海域沿岸港口航道和锚地区本区岸线类型是基岩港湾海岸、砂质海岸等，岸线曲折，岬湾相间，深入陆地的港湾较多，有得天独厚的港址，如葫芦岛港、绥中港、兴城港、菊花岛港等。绥中36-1油田附近海域存在的主要港口、航道及锚地区如下。

A. 葫芦岛港及航道。葫芦岛港位于油田区北部，距离本次调整工程新建设施约100 km，建有万吨级泊位2个，5 000吨级泊位2个，属于国家二类口岸。航道长500 m，宽150 m，走向105°~285°，航道淤积。

B. 绥中港及其航道、锚地。绥中港位于油田区西部的葫芦岛市绥中县，紧邻绥中36-1油田基地输油专用码头，建有3 000吨级泊位2个，属于辽宁省重点港口。航道走向6°30′~186°30′，长度650 m，宽70 m。锚地面积4 200 hm²。

C. 兴城港。兴城港位于油田西北部的葫芦岛兴城市，距绥中36-1油田海底管线最近距离约43 km，防波堤长390 m、宽8 m，港区设计年吞吐能力为20×10^4 t。

D. 菊花岛港。菊花岛港位于绥中36-1油田北部的葫芦岛兴城市菊花岛，距离本次调整工程新建设施约58 km，防波堤90 m，堤头段内侧有码头长70 m，宽6.6 m。

E. 锦州港及其航道、锚地。锦州港位于油田北部的锦州市，距离本次调整工程新建设施约120 km，建有8个万吨级以上泊位，吞吐能力710×10^4 t。规划区内可建泊位60个。航道7 500 m，底宽120 m，水深11.9 m，走向5°~185°。锦州港一锚地距绥中36-1油田Ⅱ期工程设施约94 km，锦州港二锚地距绥中36-1油田Ⅱ期工程设施约88 km，锦州港三锚地距绥中36-1油田Ⅱ期约60 km。

F. 盘锦港。盘锦港位于绥中36-1油田Ⅱ期东北部的辽河入海口永远角凹岸，距离本次调整工程新建设施约115 km，现有陆域面积23 hm²，仓库面积5 000 m²，拥有3 000吨级多功能码头一座，3 000吨级专用油码头一座，4 000吨浮趸码头三座，货场2 hm²，储油罐区12×10^4 m³。盘锦港毗邻沈大高速、京沈高速、盘海营高速，8车道疏港公路直通码头前沿。装卸的主要货种有：各种型号汽油、柴油、渣油、润滑油、沥青以及液体化工品等液态产品；各种化工原料、粮食、建材、煤炭、非矿等；大型设备、钢结构件、集装箱等。

G. 营口港及其航道、锚地。营口港现辖营口港区、鲅鱼圈港区和正在建设中的仙人岛港区，目前港区主体是鲅鱼圈港区。

营口港现拥有陆域面积20.39 km²，水域面积92.5 km²，现有生产性泊位61个。其中营口港区19个，鲅鱼圈港区42个。营口港现有货物堆场总面积500×10^4 m²，物流园区面积200×10^4 m²，集装箱堆场400×10^4 m²，成品油及液体化工品码头后方灌区总库容 $53 \times 10^4 \mathrm{m}^3$，散粮筒仓仓容 $40 \times 10^4 \mathrm{t}$。营口港现已建成的专业化码头有：集装箱专用码头、煤炭专用码头、矿石专用码头、粮食专用码头、商品汽车专用码头、油品及液体化工品专用码头、大件设备专用码头、散杂货专用码头等。

航道：鲅鱼圈港区航道长 8.5 km，单向航道，设计底宽为 110 m，底标高为 -8.7 m，口门宽度 324 m，有效宽度 210 m。老港区航道全长 39 km，分外航道和内航道。外航道有一段拦门沙浅滩，长超过 3 000 m，最浅端水深 -1.7 m。3 000 吨级船舶可乘潮出港，3 000 吨级以上船舶需在锚地过驳减载后乘高潮进港。外航道东西各有一个导流堤。内航道最小水深 -4 m。

锚地：营口港有锚地 2 处，一为过驳锚地，水深 $9 \sim 12$ m，可锚泊船舶吨位 3 万载重吨；一为联检及候潮锚地。航道沿辽河走向，外航道乘潮水深 5.56 m，可通航 3 000 吨级满载船舶；内航道乘潮水深 7.06 m。鲅鱼圈港区有联检候泊锚地 1 处，乘潮水深 11 m，万吨级以上船舶可乘潮进出港。

表 14 − 10   工程区周边港口航运区一览表

序号	港口航运区名称	方位	与工程区的距离（km）
1	秦皇岛港	西南	105.5
2	绥中港	西北	68.6
3	兴城港	西北	48.5
4	菊花岛港	北	63.2
5	葫芦岛港	东北	84.0
6	锦州港	东北	96.6
7	盘锦港	东北	137.6
8	营口港老港区	东北	138.5
9	营口港鲅鱼圈港区	东北	113.8
10	营口港仙人岛港区	东北	101.8
11	秦皇岛港锚地	西南	77.0
12	绥中港临时锚地	西	65.3
13	绥中港规划锚地 1	西	55.1
14	绥中港规划锚地 2	西南	36.3
15	锦州港 1 号锚地	东北	86.6
16	锦州港 2 号锚地	东北	81.1

序号	港口航运区名称	方位	与工程区的距离（km）
17	锦州港规划3号锚地	东北	50.9
18	锦州港规划4号锚地	东北	47.1
19	营口港老港区过泊锚地	东北	111.2
20	营口港老港区灯船候泊锚地	东北	105.7
21	鲅鱼圈港1号锚地	东北	100.1
22	鲅鱼圈港2号锚地	东北	87.5
23	鲅鱼圈港3号锚地	东北	79.8
24	鲅鱼圈港4号锚地	东北	74.9
25	鲅鱼圈港5号锚地	东北	74.1
26	鲅鱼圈港6号锚地	东北	58.1
27	鲅鱼圈港7号锚地	东北	47.7
28	鲅鱼圈港8号锚地	东北	68.8

2）附近的主要航线。辽东湾内的交通航运较密集，航线主要有葫芦岛—营口、秦皇岛—营口、天津—营口等航线。

A. 葫芦岛—营口航线。位于辽东湾东北部，走向285°～105°之间；从营口灯船处行至葫芦岛高角，航线长43.1 n mile，宽0.1～0.2 km，水深6.4～13.4 m。绥中36-1油田距此航线约80.7 km。

B. 秦皇岛—营口航线。位于辽东湾中部，从营口灯船处行至246°至绥中团山角75°，距离16.5 km处，转向255°到秦皇岛角灯塔。航线长102.7 n mile，宽0.1～0.2 km，水深9.2～28.0 m。此航线位于绥中36-1油田Ⅱ期调整方案北侧4.78 km。

C. 天津—营口航线。纵穿辽东湾、渤海中部、渤海湾，按237°～57°走向行至曹妃甸灯桩0°，距离14.8 km处，转航向287°至天津大沽口灯浮。航线长214 n mile，宽0.2～0.3 km，天然水深9.2～32.0 m，万吨级船舶可同时对开。此航线位于绥中36-1油田Ⅱ期调整方案北侧4.78 km。

此外，还有锦州—营口、葫芦岛—秦皇岛、葫芦岛—天津、大连—营口、金州—营口等航线，上述航线与拟建工程的距离见表14-11和图14-12。

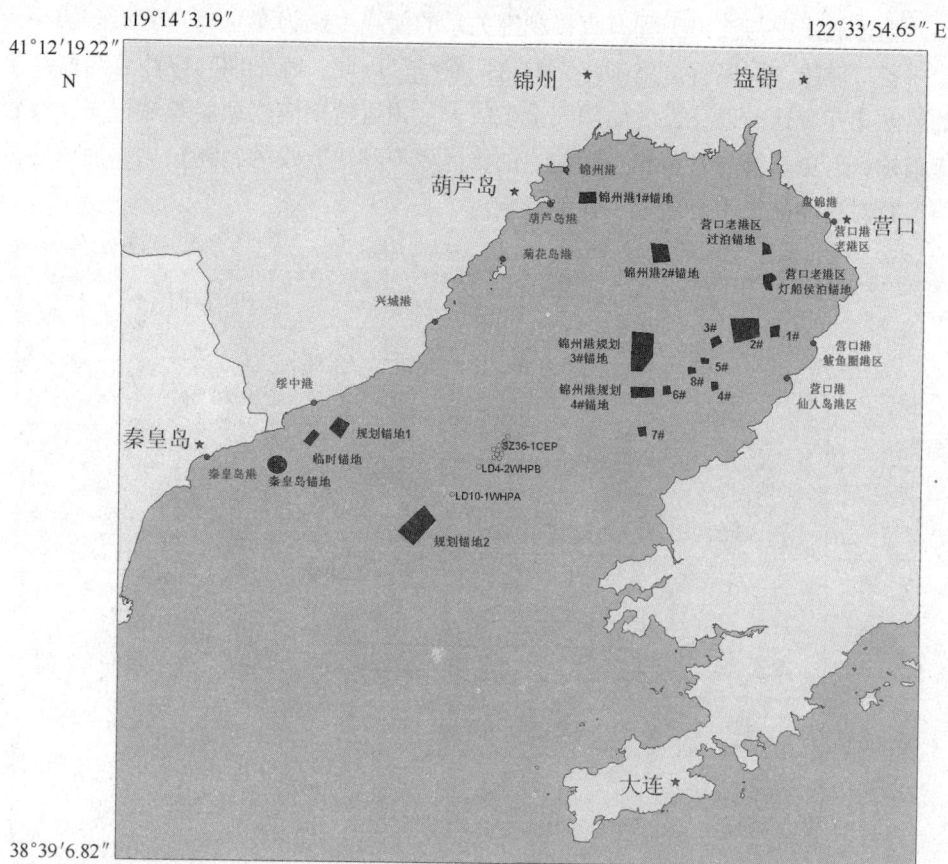

图 14 - 11　工程周边主要港口、锚地分布图

表 14 - 11　工程区周边航线一览表

序号	航线名称	方位	与工程区的距离（km）
1	锦州—营口	东北	90.2
2	葫芦岛—营口	东北	80.7
3	葫芦岛—秦皇岛	西北	31.4
4	葫芦岛—天津	西北	31.4
5	秦皇岛—营口	北	4.78
6	天津—营口	北	4.78
7	大连—营口	东南	30.8
8	金州—营口	东南	39.5
9	大连—复州湾	东南	90.0
10	秦皇岛—大连	西南	98.0

　　上述航线中与油田工程有直接利害关系的航线主要为秦皇岛—营口航线、天津—营口航线，海底管道施工将影响这些航线，因此，施工期间应注意与航线上的船舶相互避让，以免发生船舶安全事故；油田运营期应注意船舶航行安全及管道维护，以免航行与管道相互影响，油田区域与其他航线的距离较远，油田建设与运行对这些航线不会造成不良的影响。

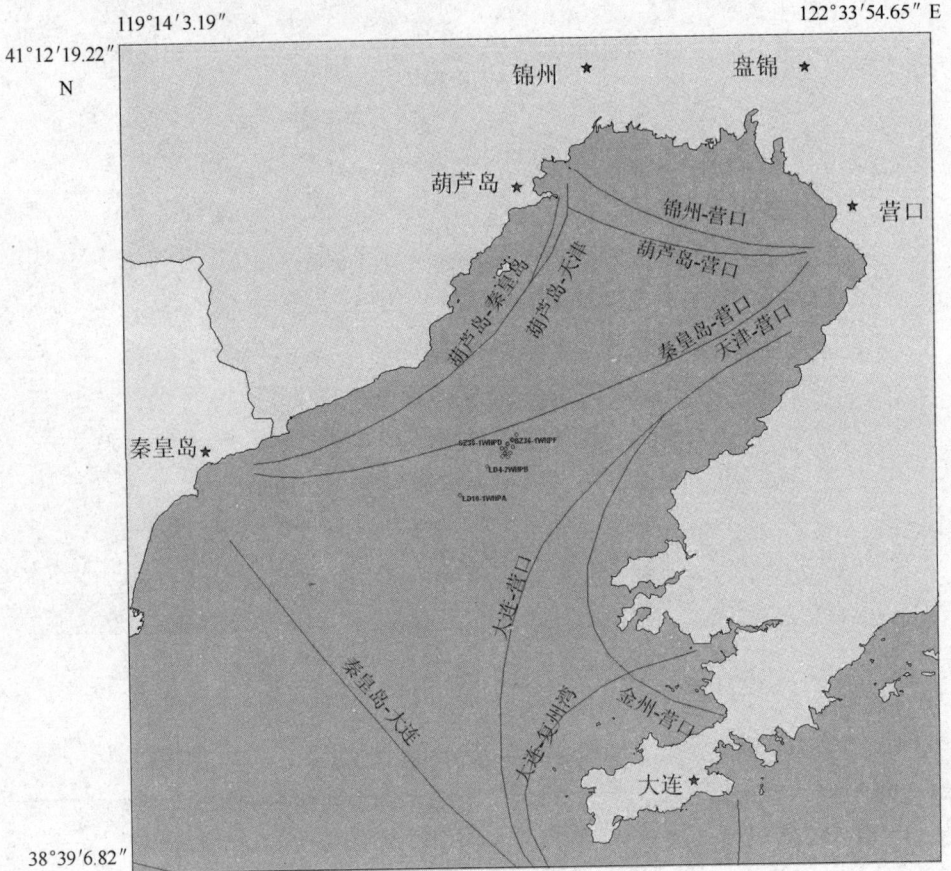

图 14-12　项目周边海域航线分布图

（4）养殖业

绥中 36-1 油田Ⅱ期附近沿岸主要有以下养殖区：

1）绥中浅海养殖区。主要位于绥中县刘台子乡海域，面积约 2 232 hm²，绥中 36-1 油田已建的上岸管线部分经过此养殖区，与绥中 36-1 油田Ⅱ期的最近距离为 31.3 km，用途为贝类管养。

2）兴城浅海养殖区。主要位于海滨乡至兴城河口沿岸及浅海海域，以文蛤、杂色蛤等贝类为主，小海山内侧为沙蚕和海马，面积共约 7 755 hm²，与绥中

36-1油田Ⅱ期的最近距离为59.7 km。

3）葫芦岛浅海养殖区。主要位于葫芦岛近海海域，以文蛤、杂色蛤等贝类为主，与绥中36-1油田Ⅱ期的最近距离为73.7 km。

4）锦州开发区浅海养殖。位于锦州市天桥经济技术开发区海域，面积为333 hm²，与绥中36-1油田Ⅱ期的最近距离为88.3 km，用途为贝类管养。

5）盘锦浅海养殖区。主要位于营口市大辽河口东侧，与绥中36-1油田Ⅱ期的最近距离为116.7 km，面积7 533 hm²，用途为贝类管养。

6）营口沙岗子养殖区。位于营口市团山镇西部沿海，与绥中36-1油田Ⅱ期的最近距离为108.0 km，面积3 138 hm²，已养殖贝类。

7）熊岳-温坨子养殖区。位于瓦房店市大西山—西杨乡长嘴子，面积为796 hm²，用途为养殖沙蚬子、文蛤、牡蛎、对虾等，与绥中36-1油田Ⅱ期的最近距离为66.0 km。

8）复州湾养殖区。位于瓦房店市长兴岛西部鲍鱼肚子及葫芦湾—盐场八分场，与绥中36-1油田Ⅱ期的最近距离为56.7 km，面积为1 174 hm²，用途为养殖对虾、沙蚬子、文蛤、海螺、黄蚬和牡蛎等。

表 14-12 工程周边养殖区一览表

序号	主要敏感目标	方位	与工程区的距离（km）
1	乐亭滦河口养殖区	西南	114.7
2	昌黎新开口养殖区	西南	107.6
3	止锚湾养殖区	西	70.7
4	绥中浅海养殖区	西北	31.3
5	兴城浅海养殖区	北	59.7
6	葫芦岛浅海养殖区	东北	73.7
7	锦州市浅海养殖区	东北	88.3
8	盘锦浅海养殖区	东北	116.7
9	营口沙岗子养殖区	东北	108.0
10	熊岳—温坨子养殖区	东	66.0
11	复州湾养殖区	东南	56.7
12	西中岛—凤鸣岛养殖区	东南	60.8
13	普兰店湾养殖区	东南	93.1
14	金州湾养殖区	东南	101.8

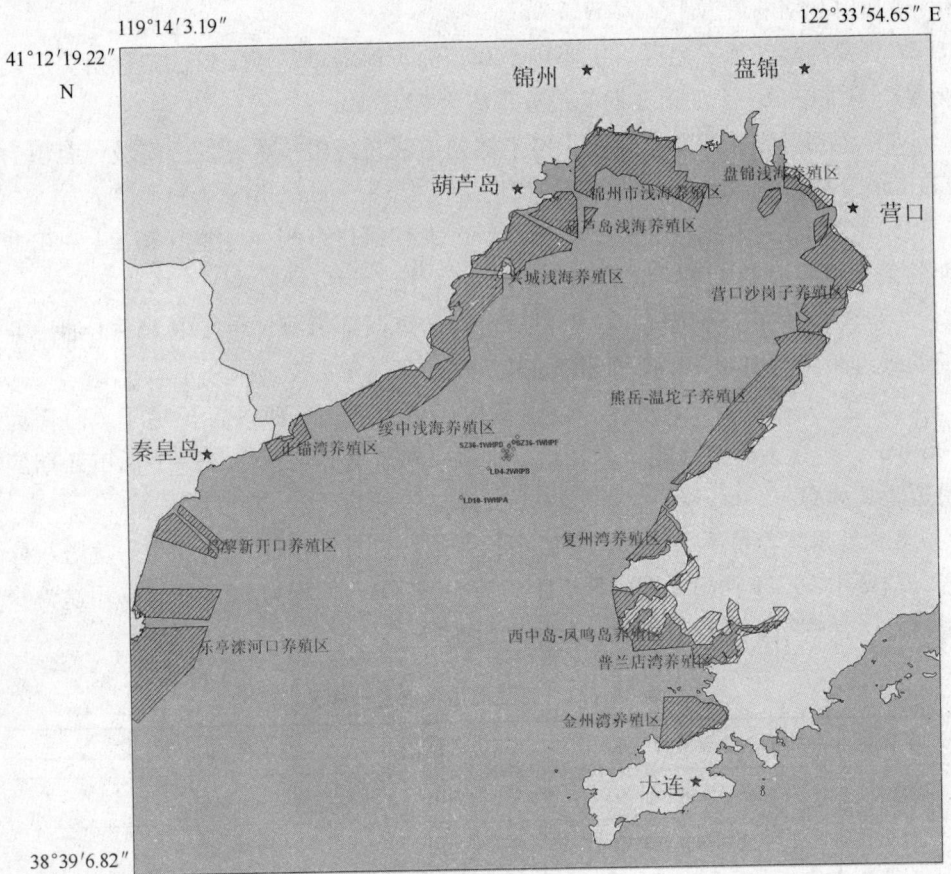

图 14 - 13　工程周边养殖区分布图

（5）海砂开采

项目所在的辽东湾海域海砂资源丰富，主要采砂活动有北京鸿大华海投资有限公司海砂开采项目、南昌县昌大沙石有限公司海砂开采项目、浙江红运电力燃料有限公司海砂开采项目、瓦房店市巨恒建筑材料有限公司海砂开采项目和瓦房店市盛达土石方工程有限公司采砂项目等。

（6）海洋自然保护区

绥中 36 - 1 油田 II 期调整开发工程周边的自然保护区主要有蛇岛—老铁山国家级自然保护区、大连斑海豹国家级自然保护区、双台河口国家级自然保护区、绥中原生沙质海岸及生物多样性海洋自然保护区以及昌黎黄金海岸国家级自然保护区等，见表 14 - 13 和图 14 - 14、图 14 - 15。

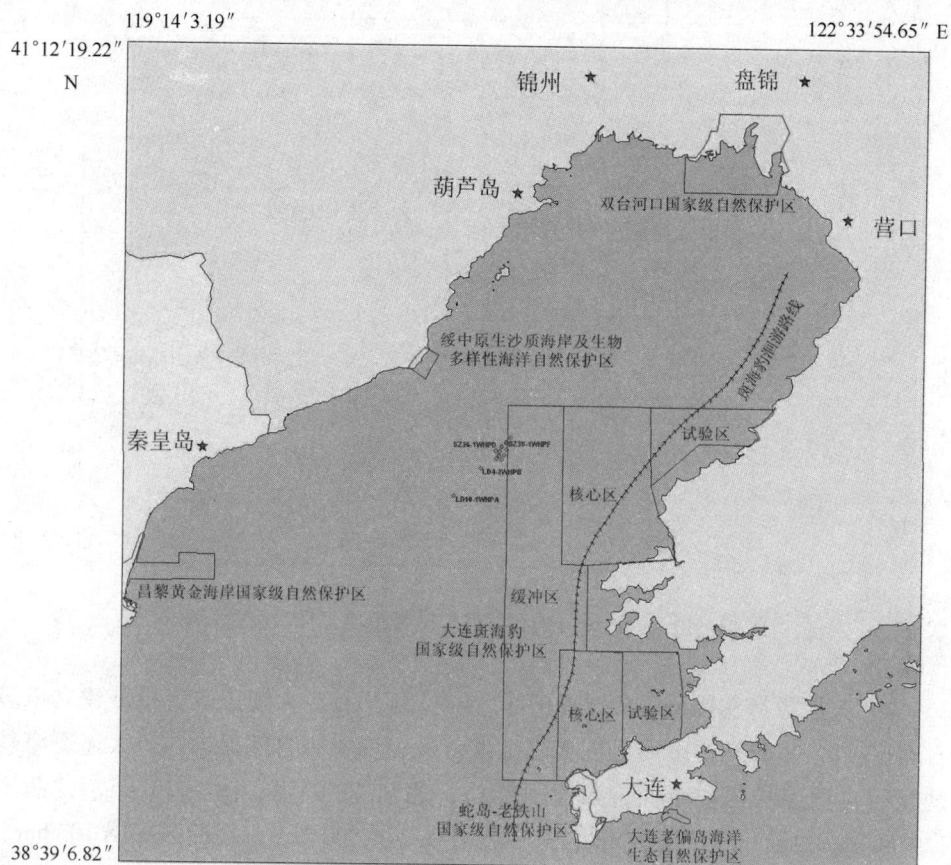

图 14-14 工程周边自然保护区分布图

表 14-13 工程周边自然保护区一览表

序号	主要敏感目标	方位	与拟建工程区的距离（km）	备 注
1	大连斑海豹国家级自然保护区	东	距离缓冲区最近0.45 km，距离核心区最近19.9 km，距离实验区最近50.7 km	距离新建工程中最侧的CE-PO平台
2	绥中原生沙质海岸及生物多样性海洋自然保护区	西北	36.0	距离新建工程中最西侧的WHPM平台
3	双台河口国家级自然保护区	东北	106.9	距离新建工程中最北侧的WHPN平台
4	蛇岛—老铁山国家级自然保护区	东南	115.5	距离新建工程中最南侧的WHPM平台
5	昌黎黄金海岸国家级自然保护区	西南	108.3	距离新建工程中最西侧的WHPM平台

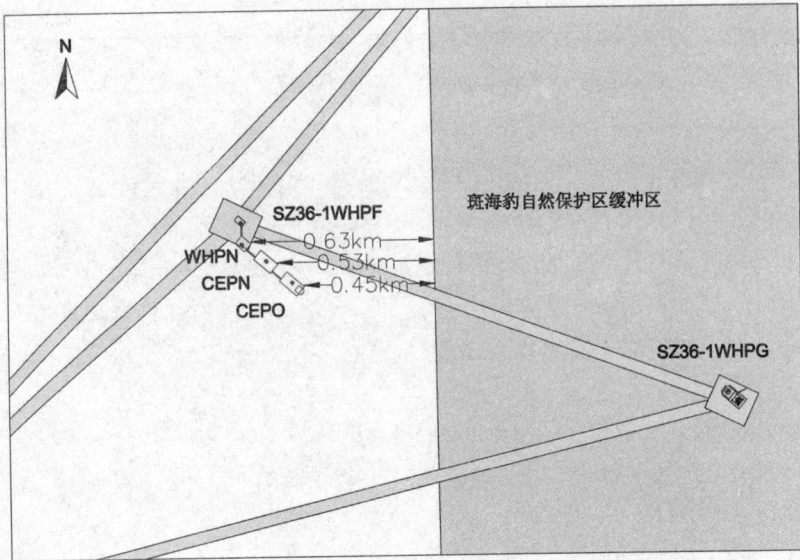

图 14 - 15　大连斑海豹自然保护区与拟建工程的位置关系

1）大连斑海豹国家级自然保护区。1992 年 9 月经大连市政府批准建立市级自然保护区，1997 年 12 月经国务院批准晋升为国家级自然保护区。大连斑海豹国家级自然保护区位于大连市渤海沿岸，北至 40°05′N，南至 38°45′N，西至120°50′E。总面积 909 000 hm^2，其中核心区 279 000 hm^2，缓冲区 32 × 10^4 hm^2，实验区 31 × 10^4 hm^2。主要保护对象为斑海豹及其生存环境。本次调整工程新建CEPO 平台距该保护区缓冲区约 0.45 km，距核心区约 19.9 km。

2）绥中原生沙质海岸及生物多样性海洋自然保护区。绥中原生沙质海岸及生物多样性自然保护区，位于辽宁省绥中县南部，东起六股河入海口，西至万家开发区红石礁，保护区岸线总长 75 km，面积 2 077 km^2，其中陆域面积 402 km^2，海域面积 1 675 km^2。

绥中原生沙质海岸及生物多样性自然保护区是 1996 年 12 月经绥中县人民政府批准建立的，绥中原生沙质海岸海洋生态结构完整、地貌类型齐全，子系统发育完善，海滩、河口、三角洲、潟湖、岩脊滩、沙性植物、防护林、文昌鱼、碣石宫遗址，元代沉船等共同为保护区增添了观赏价值、科研价值及生态价值。保护区的主要保护对象有原生砂质海岸及海岸防护林带，即六股河—团山角；天然生长的刺参、魁蚶等海珍品栖息地及环境；文昌鱼、芷锚湾及姜女坟礁石区。本次调整工程新建 WHPM 平台距该保护区约 36.0 km。

3）双台河口国家级自然保护区。双台河口国家级自然保护区位于辽宁省盘锦市境内，距市区约 30 km，地处渤海辽宁湾顶部双台子河入海处，地理坐标位于 40°45′—41°10′N，121°30′—122°00′E，总面积 12.8 × 10⁴ hm²。是目前世界上保存最好，面积最大，植被类型最完整的生态地块。作为自然保护区于 1985 年始建，1988 年国务院以国发 30 号文件确定为国家级自然保护区。主要保护丹顶鹤、黑嘴鸥等世界珍稀濒危水禽及双台河口湿地生态环境，是综合性自然保护区。本次调整工程新建 WHPN 平台距该保护区约 106.9 km。

4）蛇岛—老铁山国家级自然保护区。蛇岛—老铁山国家级自然保护区位于辽宁省大连市旅顺口区，保护区由蛇岛和老铁山两个部分组成，面积 1.7 × 10⁴ hm²，1980 年经国务院批准建立，本区属暖温带湿润季风气候，气候温和，年降水量约 600 mm。主要保护对象为黑眉蝮蛇、蛇岛特殊生态系统及候鸟。保护区范围是南起老铁山镇的老铁山，北至双岛镇台北 25 km 长、东西宽约 7 km 的长方形范围。总面积 17 073 hm²，其中核心区 4 000 hm²。本次调整工程新建 WHPM 平台距该保护区约 115.5 km。

5）昌黎黄金海岸国家级自然保护区。昌黎黄金海岸国家级自然保护区于 1990 年 9 月 30 日国务院批准建立，位于河北省东北部秦皇岛市昌黎县沿海。区内海滨因受潮汐、风、海流及河流的作用，形成宽约 4 km、长约 30 km 的沙带和沿海数道沙堤及潟湖等沿海沉积地貌。区内海滨沙细、滩缓，沿岸水清，潮差小，是难得的旅游资源。后滨有宽 800 m 左右的人工林带和一些成片的野生植被，林间有高达 20 ~ 40 m 的金黄色沙丘。主要保护对象为沙丘、沙堤、潟湖、林带和海洋生物等构成的沙质海岸自然景观和沿岸海洋生态系统。总面积 300 km²，分陆域和海域两部分，陆域北起大蒲河南岸，南至滦河口北岸，东起低潮线，东西纵深 2 ~ 4 km，面积 91.5 km²。岸线全长 47.22 km，纵深 3 km，划分为核心区、缓冲区和实验区；海域部分北起 39°37′N，南至 39°32′N，西起低潮线，东至 119°37′E，面积 208.5 km²。本次调整工程新建 WHPM 平台距该保护区约 108.3 km。

（7）种质资源保护区

绥中 36 - 1 油田Ⅱ期调整开发工程周边的种质资源保护区主要有辽东湾国家级水产种质资源保护区、秦皇岛海域国家级水产种质资源保护区、南戴河海域国家级水产种质资源保护区以及昌黎海域国家级水产种质资源保护区等（见表 14 - 14 和图 14 - 16）。

表 14 - 14　工程区周边种质资源保护区一览表

序号	主要敏感目标	方位	与工程区的最近距离（km）
1	辽东湾国家级水产种质资源保护区	北	22.2

序号	主要敏感目标	方位	与工程区的最近距离（km）
2	秦皇岛海域国家级水产种质资源保护区	西南	106.1
3	南戴河海域国家级水产种质资源保护区	西南	106.5
4	昌黎海域国家级水产种质资源保护区	西南	105.8

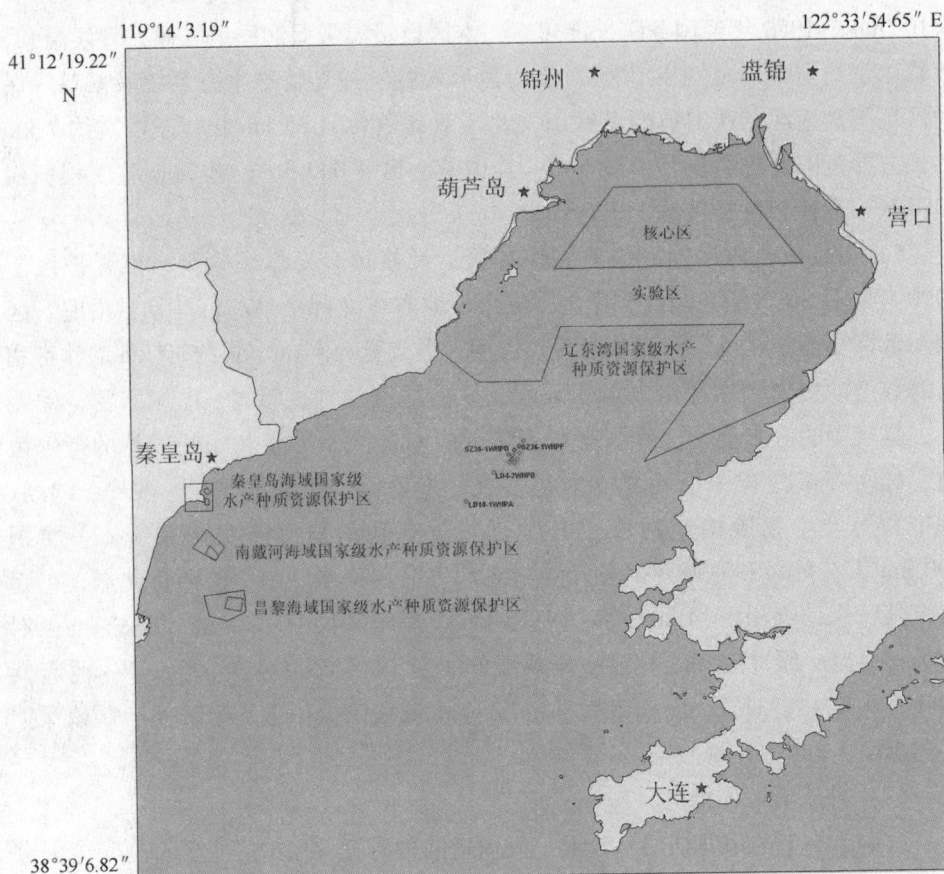

图 14-16　工程区周边种质资源保护区分布区

1）辽东湾、渤海湾、莱州湾国家级水产种质资源保护区。辽东湾、渤海湾、莱州湾国家级水产种质资源保护区总面积为 23 219 km²，其中核心区面积为 9 625 km²，实验区总面积为 13 594 km²。核心区特别保护期为每年的 4 月 25 日至 6 月 15 日。保护区位于渤海的辽东湾、渤海湾和莱州湾三湾内，范围在 37° 03′—41°00′N，117°35′—122°20′E 之间。其中辽东湾保护区的主要保护对象和具体范围如下：辽东湾保护区面积为 9 935 km²，其中核心区面积为 1 755 km²，实验区面积为 8 180 km²。核心区是由 4 个拐点顺次连线围成的海域，拐点坐标分别为 40°45′N，121°15′E；40°45′N，121°45′E；40°30′N，122°00′E；40°30′N，121°00′E。实验区是由 7 个拐点顺次连线与北面的海岸线（即大潮平均高潮痕迹线）所围的海域，拐点坐标分别为（40°15′45″N，120°30′15″E；40°10′00″N，120°40′00″E；40°10′00″N，120°55′00″E；40°20′00″N，121°00′00″E；40°20′00″N，121°45′00″E；39°55′00″N，121°20′00″E；40°06′40″N，121°57′37″E）。

海岸线西起绥中县和兴城市的交界点六股河入海口，向东北经葫芦岛连山河入海口、锦州的大笔山为折点，向东经大凌河入海口、大鱼沟，双台子河口为拐点，向东南经二界沟、辽河口、东至大清河口，向西南经大望海寨、鲅鱼圈、仙人岛，南至营口市和大连市交界点浮渡河入海口。

主要保护对象有小黄鱼、蓝点马鲛、银鲳等主要经济鱼类及三疣梭子蟹。栖息的其他物种包括中国明对虾、黄鲫、青鳞沙丁鱼、鲚、凤鲚、鳓、鳀、赤鼻棱鳀、玉筋鱼、黄姑鱼、白姑鱼、叫姑鱼、棘头梅童、鲛、花鲈、鲻鱼、鲕、斑鰶、鮟鱇、半滑舌鳎、银鱼、文蛤、毛蚶、脊尾白虾、脉红螺等。

绥中 36 - 1 油田 II 期调整开发工程距离辽东湾、渤海湾、莱州湾国家级水产种质资源保护区辽东湾保护区南边界最近直线距离约 22.2 km，距离核心区最近距离为 61.6 km。

2）秦皇岛海域国家级水产种质资源保护区。秦皇岛海域国家级水产种质资源保护区总面积 3 125 hm²，其中核心区面积 613 hm²，实验区面积 2 512 hm²。特别保护期为 3 月 1 日至 7 月 31 日。保护区位于河北省秦皇岛市北戴河海域，北侧为亚运村和新奥海底世界，西侧为森林公园、鸟类湿地保护区和鸽子窝公园，南侧为金山嘴、老虎石公园和中直疗养院。保护区距岸边 0.9 ~ 4.6 km，范围在 39°47′—39°52′N，119°27′—119°34′E 之间。核心区分为两个，第一核心区位于天然礁区大石山，面积 340 hm²，其拐点坐标为 39°50.764′N，119°31.675′E；39°51.267′N，119°32.581′E；39°50.000′N，119°32.453′E；39°50.442′N，119°33.683′E）。第二核心区位于金山嘴外侧，面积 273 hm²，其拐点坐标分别为（39°49.352′N，119°32.208′E；39°49.120′N，119°33.116′E；39°48.112′N，119°32.968′E；39°48.270′N，119°31.963′E）。保护区内除核心区外为实验区。主要保护对象为褐牙鲆、红鳍东方鲀、刺参，其他保护对象包括三疣梭子蟹、日本蟳、长蛸、短蛸、黑鲷、文蛤等。绥中 36 - 1 油田 II 期调整开发工程距离秦皇岛海域国家级水产种质资源保护区东边界最近直线距离约 106.1 km。

3）南戴河海域国家级水产种质资源保护区。南戴河海域国家级水产种质资源保护区总面积 6 268 hm²，其中核心区面积为 1 200 hm²，实验区面积为

5 068 hm^2。特别保护期为每年的 4 月 1 日至 7 月 31 日。保护区位于河北省抚宁县南戴河海域，东南距洋河口渔港码头（39°46′38.48″N，119°25′03.64″E）20.6 km，西南距洋河口渔港码头 21.2 km，西北距洋河口渔港码头 11.9 km，东北距洋河口渔港码头 13.0 km。保护区是由 4 个拐点顺次连线围成的海域，拐点坐标分别为：39°40′18.15″N，119°36′53.19″E；39°37′49.81″N，119°34′31.78″E；39°40′13.80″N，119°28′45.40″E；39°43′38.44″N，119°32′25.10″E。其中核心区是由以下 4 个拐点顺次连线围成的海域，拐点坐标分别为：39°38′58.31″N，119°31′55.32″E；39°40′36.30″N，119°33′01.15″E；39°38′46.10″N，119°35′25.80″E；39°37′55.54″N，119°34′37.23″E。实验区为保护区除去核心区以外的海域。主要保护对象为栉江珧和魁蚶，其他保护对象包括毛蚶、竹蛏等。绥中 36－1 油田 II 期调整开发工程距离南戴河海域国家级水产种质资源保护区东边界最近直线距离约 106.5 km。

4）昌黎海域国家级水产种质资源保护区。昌黎海域国家级水产种质资源保护区总面积 11 568 hm^2，其中核心区面积 2 393 hm^2，实验区面积 9 175 hm^2。特别保护期为每年的 3 月 1 日至 10 月 31 日。保护区位于河北省昌黎县黄金海岸东南部海域，近岸点 21.3 km，远岸点 34.3 km。保护区是由 5 个拐点顺次连线围成的海域，拐点坐标分别为：39°31′20.02″N，119°31′29.90″E；39°32′17.07″N，119°41′38.29″E；39°28′17.42″N，119°41′56.59″E；39°26′45.32″N，119°37′22.03″E；39°27′33.21″N，119°32′44.98″E。核心区是由 4 个拐点顺次连线围成的海域，拐点坐标分别为：39°31′05.54″N，119°37′29.45″E；39°30′46.18″N，119°41′19.72″E；39°28′25.29″N，119°40′41.83″E；39°28′59.90″N，119°36′42.07″E。实验区为保护区除去核心区以外的海域。主要保护对象是三疣梭子蟹、花鲈和假睛东方鲀。绥中 36－1 油田 II 期调整开发工程距离昌黎海域国家级水产种质资源保护区东边界最近直线距离约 105.8 km。

14.2.2.2.2　利益相关者界定及影响分析

(1) 工程建设对周边海域主要用海活动的影响

1）工程建设对周边油气开采活动的影响。拟建工程周边的油气开采活动主要为绥中 36－1I 期和 II 期油气开采项目。拟建工程是对现有绥中 36－1 油田 II 期工程的改造和调整，对 II 期工程现有油田设施的正常运营会造成一定的影响。

2）工程建设对周边旅游活动的影响。工程所在海域的旅游项目主要分布在沿岸，其中辽东湾西岸的主要有绥中省级碣石旅游度假区、绥中旅游度假区、新浪海水度假村等；分布在工程区北侧的有菊花岛风景区、兴城海滨国家风景名胜区、龙湾海滨风景区、葫芦岛望海寺旅游区、笔架山风景区、盘锦红海滩旅游区等；分布在辽东湾东岸的有北海风景旅游区、熊岳金沙滩风景旅游区、仙人岛风景区、白沙湾风景旅游区、龙王庙海滨旅游区、永宁（国际）音乐海滨度假营、骆驼山海滨森林公园景区、东岗红崖河度假区、仙浴湾省级旅游区等。上述旅游项目中距离工程区较近的为菊花岛风景区和新浪海水度假村，其距离分别为59.8 km 和 43.5 km。其他滨海旅游项目距离工程区均在 60.0 km 以上。

因此，本工程距离沿岸的旅游区较远，施工期和生产营运期间的污染到达不了近岸的旅游区。可见，正常生产营运期间不会对工程海域沿岸的旅游项目产生影响，但是一旦发生溢油事故，油膜在各种风的作用下，漂移到岸边，则会对沿岸的旅游区产生严重的影响。

3）工程建设对周边港口航运活动的影响。拟建工程距离周边的秦皇岛港、绥中港、兴城港、菊花岛港、葫芦岛港、锦州港、盘锦港、营口港等较远，最近的为兴城港，距离为 48.5 km，距离其他的港口区均在 60.0 km 以上。拟建工程距离绥中港临时锚地 65.3 km，距离绥中港规划 1 号锚地 55.1 km，距离绥中港规划 2 号锚地 36.3 km；距离锦州港 1~4 号锚地中的 4 号锚地最近为 47.1 km；距营口港老港区过泊锚地 111.2 km，距营口港老港区灯船候泊锚地 105.7 km；距离鲅鱼圈港 1~8 号锚地最近的为 7 号锚地，距离为 47.7 km，距离其他锚地均在 50 km 以上。

可见，拟建工程距离近岸的港口较远，施工作业基本上都在油田开发区范围内进行，施工船舶数量不多，由于电缆铺设时间较短，因此不会对海上航运造成很大的干扰。油田正常生产时只有值班船运送平台所必需物资，间断往来航行，与航道上的船舶发生碰撞可能性很小，对交通航运影响较小。因此，本工程建设基本不会对周边的港口航运活动产生影响。

4）工程建设对渔业用海活动的影响。

A. 工程建设对近岸养殖区的影响。工程海域周边的养殖区主要分布在近岸，距离较近的有绥中浅海养殖区、兴城浅海养殖区、复州湾养殖区等，其距离分别为 31.3 km、59.7 km 和 56.7 km，拟建工程距离周边其他的养殖区较远，均在 60.0 km 以上。由于距离较远，且工程施工期和生产营运期产生的污染物主要集中在工程区附近，在正常的生产营运期对近岸的养殖区不会产生影响。但是一旦发生溢油事故，油膜在各种风的作用下，漂移到岸边，则会对沿岸的养殖区产生严重的影响。

B. 工程建设对捕捞活动的影响。工程所在的辽东湾海域为传统的捕捞作业区，沿岸的大部分居民世代以渔业生产为主，捕捞方式主要以浅海定置渔具为主。

从海洋资源的空间利用角度看，海洋油田开发用海影响渔船或航运船舶在海底管道区抛锚、拖锚、渔船拖网等作业活动。因此，本次调整项目的实施仅对附近海域渔民的海洋捕捞活动有一定的影响，经现场调查核实，工程海域内无定置网具捕捞区。

5）工程建设对海砂开采活动的影响。工程区周边共分布有 5 处海砂开采项目区，其中西北侧分布有 3 处海砂开采项目区，距离工程区最近的为南昌县昌大沙石有限公司海砂开采项目，其距离为 15.2 km；东北侧分布有 2 处海砂开采项目区，距离工程区均在 80 km 以上。由于距离较远，工程建设对周边的海砂开采活动没有影响。

6）工程建设对海洋自然保护区的影响。工程区周边的海洋自然保护区主要有蛇岛—老铁山国家级自然保护区、大连斑海豹国家级自然保护区、双台河口国家级自然保护区、绥中原生沙质海岸及生物多样性海洋自然保护区以及昌黎黄金海岸国家级自然保护区等。其中大连斑海豹国家级自然保护区位于工程区东侧，拟建工程中最东侧的 CEPO 平台距离该保护区缓冲区最近 0.45 km，距离核心区最近 19.9 km，距离实验区最近 50.7 km；绥中原生沙质海岸及生物多样性海洋自然保护区位于工程区西北 36.0 km，其他的保护区与工程区的最近距离均在 100 km 以上。

斑海豹的食性以鱼类为主，在辽东湾主食梭鱼、小黄鱼、鲱鱼等。油田的开发，可能直接或间接地引起斑海豹食物的减少，从而对本海域斑海豹产生不利的影响。本工程开发过程中尽可能少地对海域环境造成扰动。根据预测结果，从钻屑排放点至超一（二）类水质海域的最大距离为 0.43 km，对缓冲区保护区影响不大。从泥浆排放点至超一（二）类水质的海域的最大距离为 1.47 km，会影响保护区缓冲区内的海洋生态，进而影响斑海豹的食物。

海底管道挖掘、平台安装等会造成相关水域水体悬浮物的增加。斑海豹是用肺呼吸的水生哺乳动物，它呼吸时头部露出水面直接呼吸空气，浑浊的水体对其呼吸没有影响。斑海豹可以较长时间生活在水体浑浊的河口水域，如双台子河口附近，悬浮物的增加对斑海豹的正常活动可能会造成轻微影响，但水体的浑浊度不会影响斑海豹的分布和移动。但是，悬浮物增加可能会增加斑海豹感染细菌的机会。管线施工导致超一（二）类水质海水海域最大距离为 1.34～3.83 km 之间。因为距离保护区最近的 CEPO 至 WHPE 间注水管线距离保护区缓冲区 0.52 km，距离核心区 19.9 km，距离实验区 50.7 km，因此管线施工会对保护区缓冲区内的斑海豹产生影响，但对核心区和实验内的斑海豹没有影响。

可见，本工程建设对大连斑海豹国家级自然保护区会产生一定的影响。

7）工程建设对水产种质资源保护区的影响。工程区周边的种质资源保护区主要有辽东湾国家级水产种质资源保护区、秦皇岛海域国家级水产种质资源保护区、南戴河海域国家级水产种质资源保护区以及昌黎海域国家级水产种质资源保护区等。其中距离最近的为辽东湾国家级水产种质资源保护区，其距离最短为20.2 km，其他水产种质资源保护区距离工程区均在 100 km 以上。由于距离较远，工程建设对周边的海水产种质资源保护区没有影响。

（2）利益相关者的界定

本工程对绥中 36 – 1 油田 II 期工程现有油田设施有一定的影响，由于受影响的油田与本工程均属于中海石油（中国）有限公司开发建设，同属于一家用海单位，相互之间的影响可通过内部协调解决，因此不作为利益相关者。拟建工程距离辽东湾沿岸的旅游区、港口航运区、养殖区以及海砂开采区较远，不会对上述用海活动造成影响。拟建工程建设对周边的捕捞活动影响很小，且在该海域从事捕捞作业的渔民流动性强，非固定用海者，因此，在此作业的渔民也属于非利益相关者。

拟建工程距离周边的水产种质资源保护区和除大连斑海豹国家级自然保护区之外的海洋保护区较远，正常施工和生产运营期不会对上述用海项目产生影响。但是，根据前述分析，本项目建设对大连斑海豹国家级自然保护区的缓冲区会造成一定的影响，因此大连斑海豹国家级自然保护区管理处为本工程的利益相关者。

由此可以分析得出，本工程需要协调的的利益相关者为大连斑海豹国家级自然保护区管理处。

（3）与利益相关者的协调方案

项目建设单位正与利益相关者进行积极的沟通、协调。总体上看，本工程用海与周边的用海活动具备妥善协调的途径和机制，项目用海与周边开发利用者不存在发生重大利益冲突的可能性。建议项目建设单位针对工程区周边的斑海豹制定如下保护措施：

1）施工干扰的缓解措施。施工现场监视：由于施工噪声声源的复杂性，建议在管道两侧设立不少于 500 m 的监视缓冲区，以缓解对斑海豹的影响。在进行施工时，安排至少 1 名斑海豹观察员在船上视野开阔无遮挡处值班，使用望远镜及肉眼搜索船周围 360°范围的海面，以确定视野范围内是否有斑海豹出没。在施工前，由斑海豹观察员监视施工船周围 360°范围海面 5 分钟，如果 500 m 范围内有斑海豹出没，应等待斑海豹游离监视范围方可开工。在施工过程中，如发现有斑海豹出没，施工船应减速，并尽量减少施工机器的开动量，以减轻施工噪声对斑海豹的干扰。

合理安排施工进度、位置和控制施工船速：为了减少施工噪声的累加效应，应尽量减少邻近区域同时作业的施工船数量，并尽量避免因机械操作而产生噪声，所有施工机械均应保持良好的性能状态。将航船的速度限制在 10 kn 以下，可以有效防止航船撞击斑海豹和降低噪声滋扰，因此在保护区范围内与本工程有关的施工船只应限速在 10 kn 以内。如果有斑海豹出现在平台和施工区内，施工船应减速或暂停以避让斑海豹，直到斑海豹游离施工区后方可施工，以避免其被机器或船只螺旋桨撞伤。

在斑海豹繁殖的敏感季节减少或避免施工：海底管道铺设段处于斑海豹自然保护区北侧 1 km，在 11 月至翌年 2 月的斑海豹交配与繁殖高峰季节，为了不影响斑海豹的繁殖行为，应尽量避免敏感的施工活动或者减少工作量，以保护斑海豹和经济鱼类的繁殖活动。

2）污染物影响的缓解措施。根据《渤海碧海行动计划》以及《渤海海域船舶排污设备铅封程序规定》的要求，施工船舶必须事先经海事部门对其排污设备实施铅封，因此施工船舶不会直接向施工海域排放含油污水。施工期船舶产生的污水须由终端环保船接收后运至终端污水处理厂统一处理。

施工人员产生的生活污水由施工船舶上的生活污水处理装置处理，其排放浓度满足《船舶污染物排放标准》（GB 3552—83）中的要求。

对施工过程中产生的生活垃圾和工业垃圾等，禁止排入海中，将集中装箱运回陆地，并按照《中华人民共和国固体废物污染环境防治法》的要求进行回收利用或处置。

3）航船影响的缓解措施。由于快速行驶的船只对在水面上活动的斑海豹造成较大的威胁，通航船只应实施限速，船速应至少限制 10 kn 以内。同时，管理部门应尽早成立应急应变小组，制订应急程序及预案，一旦在工程附近水域发生溢油等事故，救援队伍能在 2 小时内到现场清理。配合斑海豹自然保护区管理部门建立斑海豹救护中心和救护队伍，以便在斑海豹被航行船只撞伤时能得到及时救护。

关注要点：

1）油气平台项目通常包括海底管线，用海范围较大，利益相关者涉及范围较广，通常涉及的利益相关对象包括：港口航道与锚地、养殖区、海砂开采、保护区、旅游区及其他海底电缆管线等。

2）应将油气平台项目主要资源环境影响的数值模拟预测结果与开发现状进行叠置分析，清晰给出悬浮物扩散对周边开发现状的影响范围及程度等，并据此分析，准确界定施工期项目用海的利益相关者。

优点：

报告针对油气平台项目用海特点，广泛收集了周边海域旅游、交通航运、海沙开采、海洋保护区和养殖用海等开发现状资料，并采用图表与文字相结合的方式，分析了项目用海对周边海域开发现状的影响情况。

不足：

应采用施工期悬浮泥沙扩散范围的数值预测影响范围与斑海豹保护区范围的叠置图方式，清晰给出并深入分析项目用海施工对斑海豹保护区的影响程度。

14.2.2.3　项目用海风险分析

14.2.2.3.1　项目用海风险的种类

用海风险指用海项目因人为或自然因素引起的突发、意外事故对海域功能或相邻开发利用活动可能造成损害、破坏的风险。

（1）建设阶段主要风险事故

在绥中 36 – 1 油田 Ⅱ 期调整开发工程钻/完井阶段，参加钻/完井作业的设备有钻井船、值班船、供应船和直升机。在此阶段可能发生的溢油事故包括井涌或井喷、输油软管破裂、船舶碰撞和直升机坠落等。

（2）生产阶段主要风险事故

绥中 36 – 1 油田 Ⅱ 期调整开发工程新建油气处理平台 CEPN（以下简称 CEPN）、生产水处理平台 CEPO（以下简称 CEPO）、井口平台 WHPN、WHPM 及 2 条油水混输管线、1 条输气管线、6 条立管。此阶段可能发生的事故包括井涌/井喷、平台容器泄漏、火灾爆炸、海管与立管泄漏、地质性油气泄漏事故、船舶碰撞和直升机坠落等。

（3）废弃阶段主要风险事故

油田废弃阶段的溢油事故主要是由于作业船碰撞或爆炸所导致的燃料油泄漏，这阶段的作业期很短，作业船发生碰撞或爆炸的可能性小，且溢油量小。

14.2.2.3.2　事故概率分析

本次事故概率以《国际油气生产商协会 OGP（International Association of Oil &Gas Producers）风险评估数据目录》（2010 年 3 月）为依据进行分析，中海石油（中国）有限公司是国际油气生产商协会的主要成员之一。该风险评估数据主要对石油开采过程井喷、储存设施事故、海管/立管管道泄漏、船舶碰撞等事故概率进行了统计分析。该数据主要基于挪威科学和工业研究基金会（SINTEF）、挪威船级社（Det Norske Veritas）等机构统计和收集的数据，不同事故类型的概率基于不同的机构和数据进行分析和统计。

（1）井涌或井喷

挪威科学和工业研究基金会（SINTEF）海洋石油井喷数据库（SINTEF OffshoreBlowout Database）统计分析了从 1980 年 1 月 1 日到 2005 年 1 月 1 日在美国墨西哥湾外大陆架、英国大陆架、挪威海域等海洋石油开发过程中发生的事故数据。常规井的井涌或井喷概率见表 14 – 15。

表 14 – 15 井涌和井喷事故概率

作业阶段	井类别	事故频率			
		井涌	井喷	单位	水下事故比重
钻井	常规油井	3.9×10^{-4}	4.8×10^{-5}	次/每钻一口井	33%
完井	常规油井	2.2×10^{-4}	5.4×10^{-5}		
生产	常规油井	2.9×10^{-6}	4.2×10^{-5}	次/（井·年）	12.50%

绥中 36 – 1 油田 II 期调整开发工程新钻 75 口井及 5 年内将钻的 40 口调整井均属于常规井。据此估算，钻/完井过程中发生井涌的概率为 7.01×10^{-2} 次，发生井喷的概率为 1.17×10^{-2} 次/a，其中水下事故比重为 33%。在生产阶段，由于调整井均为原有生产井关井后侧钻，不会新增事故概率，本次调整开发工程新钻的 75 口井发生井涌的概率为 2.18×10^{-4} 次/a，井喷的概率为 3.15×10^{-3} 次/a，其中水下事故比重为 12.50%。

（2）平台容器泄漏

平台上的容器通常分为常压容器和压力容器，常压容器主要有柴油罐、开式排放罐等；压力容器主要有分离器、闭式排放罐等。主要泄漏概率见表 14 – 16。

表 14 – 16 容器泄露概率统计

罐类别	事故类型	泄漏频率	单位
常压罐	固定项罐破裂	3.0×10^{-6}	次/（罐·a）
带压罐	罐破裂	4.7×10^{-5}	

本项目新建 CEPN 和 CEPO。CEPN 平台上建有 2 套原油处理系统、1 套燃料气处理系统、1 套柴油系统及 1 套开闭排系统，CEPO 平台采用一级斜板隔油器、两级气浮、双介质过滤器处理含油污水。计算得出 CEPN 平台上有 4 个常压罐、7 个带压罐；CEPO 平台上有 4 个常压罐，本项目平台容器泄漏事故概率为 3.5×10^{-4} 次/a。通常容器泄漏可进行自动关断，通过及时收集和清理泄漏现场，可避免泄漏物入海。因此，由容器泄漏引发的溢油入海事故发生的概率将低于 3.5×10^{-4} 次/a。

（3）平台火灾、爆炸

根据 S. Fjeld 和 T. Andersen 等人通过对北海油田的事故分析，给出了海上生产设施各区的火灾事故发生频率：

油气传输区 3×10^{-4} 次/a

油气处理区 4×10^{-3} 次/a

储油区 2×10^{-3} 次/a

本项目新建 CEPN（油气处理平台）、CEPO（生产水处理平台）及井口平台 WHPN、WHPM。由此估算绥中 36 - 1 油田 II 期调整开发工程新建设施发生平台火灾事故的概率为 5.2×10^{-3} 次/a。由火灾引起溢油事故概率至少比火灾事故概率低一个数量级，因此，泄漏溢油事故概率不高于 5.2×10^{-4} 次/a。

（4）海底管道及立管泄漏

根据莫特麦克唐（Mott McDonald）公司 2003 年出版的报告《PARLOC 2001: The update of Loss of containment Data for Offshore Pipeline》，该报告中统计了相关海域 1 567 条海管，共 24 837 km，328 858 km·a。同时，挪威船级社（Det Nor-skeVeritas，DNV）的《Riser/Pipeline Leak Frequencies，2006》对 PARLOC2001 报告进行了修正。具体概率见表 14 - 17。

表 14 - 17　海底管线及立管管道泄露概率

管道	类别	频率	单位
海底管线 （开阔海域）	井流管线以及输送未处理流体的小管线	5.0×10^{-4}	次/（km·a）
海底管线 （平台周围安全区内）	管径 ≤16 in	7.9×10^{-4}	次/a
	管径 >16 in	1.9×10^{-4}	次/a
立管	钢管—管径 ≤16 in	9.1×10^{-4}	次/a
	钢管—管径 >16 in	1.2×10^{-4}	次/a

除注水管线外，本次调整开发工程共新建 3 条海底混输管道、1 条输气管线和 7 条立管，以平台周围 500 m 范围内作为安全区，则新建管道情况见表14 - 18。

表 14 - 18　新建管道概况

序号	管线名称	内径 （in）	长度 （km）	安全区外内长度 （km）
1	WHPC 平台至 WHPE 平台混输管线	14	2.2	1.2
2	WHPE 平台至 CEPN 平台混输管线	20	2.2	1.2
3	WHPM 平台至 CEPN 平台混输管线	16	2.5	1.5
4	水下三通至 WHPM 平台输气管线	8	3	2.5

根据上表和项目工程情况，本项目海管发生泄漏事故的概率为 5.76×10^{-3} 次/a，立管发生泄漏事故的概率为 4.79×10^{-3} 次/a。

（5）地质性油气泄漏事故

从注水压力、钻井液和钻屑回注、断层分布、井身结构和套管程序四个方面综合分析，绥中 36 - 1 油田 II 期调整开发工程钻/完井过程中和后续生产过程中，不可能发生地质性油气泄漏事故。

A. 注水压力分析。绥中 36 - 1 油田 II 期调整开发工程为常规注水开发油田，油田注水后油藏压力维持在 12.5 MPa 附近（见图 14 - 17），为原始地层压力（14.28 MPa）的 89%，该压力是地层破裂压力（23.7 MPa）的 52%。油田注水开发达到了保持油藏压力和提高油藏采收率的作用。

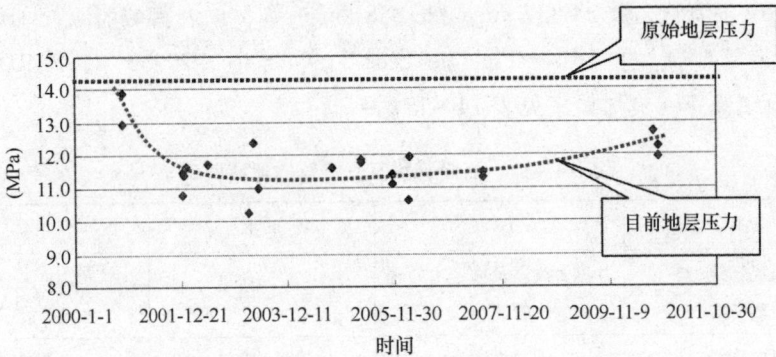

图 14 - 17　绥中 36 - 1 油田 II 期地层压力变化图

目前注水井井口注入压力平均为 9.2 MPa 左右，根据井口注入压力考虑岩层损失、水嘴损失以及井眼污染折算至井底的注入流压为 17.5 MPa，比井底地层压力 5.0 MPa，比地层破裂压力低 6.2 MPa。折算注水井初期平均井底流压为 16.0 MPa，随着注水时间增加，流压维持在 17.5 MPa 附近后保持稳定，总体变化范围 16.0 ~ 17.5 MPa 之间。

其中靠近边界断层注水井的井口平均注入压力为 9.0 MPa，考虑磨阻后折算至井底流压为 17.3 MPa，比地层破裂压力低 6.4 MPa，注水压力远低于地层破裂压力，可以保证地层压力稳定，符合行业规范或惯例。

油田投产至今已生产 18 年，随着注水工作的深入，地层压力基本维持平稳，目前保持在原油泡点压力附近，但仍在原始地层压力之下，原始地层压力与泡点压力之差为 2 MPa。油田注水井的压力状况显示，多数井的注入压力均保持在井口允许的最大注入压力之下，比地层破裂压力平均低 6.2 MPa。如果井口注入压力接近允许的最大注入压力，对于此类注水井油田历年采用酸化等解堵措施（平均每年实施 25 井次，占注水井总数的 23%），取得较好的效果（措施后井口注入压力比措施前平均下降 4~5 MPa），能够有效地缓解注水井的注入压力高问题，在保持地层压力的同时也确保安全生产。

油田初期采用衰竭开采，造成地层能量亏空，为补充地层能量，提高油田开发效果，近几年的注采比呈逐步上升的趋势，目前年注采比可达到 1.0，但是油田累计注采比仍较低，截至目前油田累计注采比仅为 0.78，地层仍处于亏空状态。因此，地层压力虽稳中有升，但仍只达到原始地层压力（14.28 MPa）的 89%。在满足注水需求的同时，合理控制油田注采比，使油田地层压力维持在合理安全的范围之内。

根据油藏方案，绥中 36 - 1 油田注入水水源主要为油田产出水及馆陶组水源井水源。目前根据行业标准《碎屑岩油藏注水水质推荐指标及分析方法》（SY/T 5329—94）的规定，本油田推荐水质控制指标为 C1 级，指标见表 14 - 19 所示。

表 14 - 19　绥中 36 - 1 油田注水水质控制指标（CI 级）

空气渗透率（μm^2）	悬浮物固体含量（mg/L）	悬浮物颗粒直径中值（μm）	含油量（mg/L）	平均腐蚀率（mm/a）	点腐蚀	SRB 菌（个/mL）	铁细菌（个/mL）	腐生菌（个/mL）
>0.6	<5.0	<3.0	<15.0	<0.076	试片各面均无点腐蚀	0	$n \times 10^4$	$n \times 10^4$

B. 泥浆钻屑回注分析。本油田钻完井过程中不使用油基钻井液，未进行过钻井液和钻屑回注，不存在因钻井液和钻屑不恰当注入导致底层破裂或压力异常的可能。

C. 断层分布分析。根据绥中 36 - 1 油田的地质调查资料，绥中 36 - 1 油田范围内断层按照发育规模及特征可分为三类，分别为边界大断层（辽西一号断层）、靠近边界断层的伴生断层、油田内部不同规模的次生断层，其中辽西一号断层存在沟通海底的风险。

目前绥中 36 - 1 油田内直接钻遇边界断层的生产井有 3 口（A12、B10、B11），分别于 1993 年、1995 年、1995 年实施，在钻遇过程中无漏失及压力异常等情况，并且钻遇断层的位置均为非生产层段。其余生产井无钻遇边界断层的情况，在平面上距离边界断层均有一定距离（最近约 50 m）。回顾绥中 36 - 1 油田 18 年的生产历史表明，所有生产井都没有出现过产量、注水量及压力等异常情况。

本次调整开发工程设计井位在平面上与辽西一号断层最近距离也超过100 m，无钻遇该断层的风险。

D. 井身结构和套管程序分析。根据绥中36 - 1 油田环境条件和油藏实施要求，本次调整开发工程均采用导管架钻井方式，其中 WHPM 和 WHPN 平台钻井使用悬臂自升式钻井船，后期调整井由"4 000 m 井架式修井机"和支持船完成；WHPC 和 WHPE 平台使用悬臂自升式钻井船，后期调整井由悬臂自升式钻井船完成。

完井设备均采用自升式钻井平台进行完井作业；仅新建 WHPM 平台的注水井采用修井机进行完井作业。根据该油田油藏地质和流体特点、油藏方案、生产要求、钻井工艺、邻井钻完井及目前生产情况，并且此次定向井要求分层开采，储层之间有水层、泥岩层等夹隔，综合考虑推荐定向井采用套管射孔完井；水平井考虑到水平段固井及射孔的施工作业风险以及水平井开采周期内暂没有增产措施计划，推荐水平井水平段采用裸眼完井。

分析表明，表层套管鞋下深可以满足正常地层压力体系下的钻井井控要求。每口井实钻前，需依据油藏提供该井可能钻遇的最大地层压力和深度，进行单井井控分析，校核井身结构及套管程序；同时要求作业期间，严格执行《海上钻井作业井控规范》（Q/HS 2028—2010）的相关规定，做好井控预案，切实保证钻井安全。

（6）船舶碰撞事故

平台附近主要有供应船、值班船等。此外，在该海域航行的外来航船也有可能与平台设施发生碰撞。船舶与平台等油田设施发生碰撞的概率见表14 - 20。

表 14 - 20　船舶碰撞概率

船舶类型	碰撞频率 ［次/（装置·a）］	亚洲地区分配系数	严重、重大损伤	合计
本油田船舶	8.8×10^{-5}	0.17	26%	3.9×10^{-6}
航船	2.5×10^{-5}	0.17	26%	1.1×10^{-6}

本次调整项目新建 WHPN 井口平台、WHPM 井口平台、CEPN 油气处理平台和 CEPO 污水处理平台，船舶碰撞产生严重损伤的概率为 2.0×10^{-5} 次/a。发生严重损伤不一定引起溢油事故，因此，引发溢油事故的概率将更小。

（7）直升机坠落

直升机主要用来运送作业人员和急需物资，在我国海上油气田开发过程中，在渤海、南海西部海区和南南海东部海区均发生过直升机坠落事故，根据英国民用航空局（UKCAA）的统计资料，直升机坠毁的事故频率为 7×10^{-5} 次/往返航次。

据统计，绥中 36 - 1 油田 II 期每年直升机飞行约 89 次，直升机坠毁的事故概率估计为 6.2×10^{-3} 次，因储油设施远离直升机平台，由此导致原油泄漏的可能性将低于 6.2×10^{-3} 次。

14.2.2.3.3　溢油风险事故分析（略）

14.2.2.3.4　风险防范措施

溢油防范工作作为油田开发和生产的工作重点，油田工程自概念设计阶段就应将溢油的防范内容纳入油田各个专业的设计当中。将溢油风险最大限度地减少在设计阶段，并对可能出现的溢油状况制定详尽的应急措施。

（1）设计阶段防范措施

严格按照设计标准进行精心设计，正确应用设计规范和建造安装规范是绥中 36 - 1 油田 II 期调整开发工程各系统结构强度、稳性和抗疲劳程度的基本保证。为此，绥中 36 - 1 油田 II 期调整开发工程的设计将严格执行国家有关法规、规范和标准以及遵循国际通用规范和标准，实施这些规范和标准可以保证工程设计、建造和安装质量，是确保安全生产的关键。

海底管道和立管的设计，将以国际上认可的规范和标准为依据，选用大于设计寿命的环境条件重现期。海底管道及立管外管的外防腐采取防腐涂层与阴极保护的联合保护方法，还留有一定的腐蚀裕量，在输送流体中加入缓蚀剂、杀菌剂进一步阻止海管腐蚀。作为应急措施，设置有应急安全阀，在紧急情况下可以进行紧急关断保护。海底管道为双层钢管，内层为输送管，外层为套管，中间为保温层，可以对输送管进行有效的保护。

（2）施工阶段防范措施

为防止钻井阶段井喷事故的发生，油田作业者应采取如下措施：

严格实施钻井作业规程；

在钻台、泥浆池和泥浆工艺室等场所设置通风系统和烃类气体探测器，自动探测可能聚集的烃类气体；

油管强度设计采用较高的安全系数；

井口控制安全屏蔽由机械或液压控制的监测装置组成，用来控制井喷；

选择优质封隔器并及时更换损坏元件；

在开钻之前制定周密的钻井计划；

配备安全有效的防喷设备和良好的压井材料及井控设备；

对关键岗位的操作人员进行专业技术培训，坚持持证上岗，建立健全井控管理系统；

加强钻时观测，及时发现先兆，按正确的关井程序实行有效控制，并及时组织压井作业；

设置二氧化碳灭火系统；关键场所设手提灭火器；

制定严密的溢油应急计划，一旦发生井喷便采取相应的应急措施。

（3）生产阶段防范措施

1）井喷事故防范措施。为防止钻井阶段井喷事故的发生，油气田作业者应采取如下措施：

严格实施生产作业规程和安全规程；

井口控制安全屏蔽由机械或液压控制的监测装置组成，用来控制井喷；

选择优质封隔器并及时更换损坏元件；

配备安全有效的防喷设备和良好的压井材料及井控设备；

对关键岗位的操作人员进行专业技术培训，坚持持证上岗，建立健全井控管理系统；

加强生产时的观测，及时发现先兆，按正确的关井程序实行有效控制，并及时组织压井作业；

设置二氧化碳灭火系统；关键场所设手提灭火器；

制定严密的溢油应急计划，一旦发生井喷便采取相应的应急措施。

2）海底管道事故防范措施。作业者将制定相应的管线保护和检测程序，由值班船对管线沿途进行巡视，驱散在安全区范围内作业的渔船，对海底管道进行不定期局部检测和定期全面检测，确保海底管道的安全性。

油气储运系统中的主要设备和管线均设置相应的压力、液位和温度报警系统与安全泄压保护装置，对易于发生泄漏的管路全部根据最大压力和最高温度设计，重要生产装置和单元均设置相应的应急关断系统。

每年定期对油田各条管线进行清管作业，以减少腐蚀等原因对管线的影响。严格按照设计要求进行施工，并在施工中保证海底管道焊接质量。管道铺设完成，要进行扫线、清管和试压。作为应急措施，在海底管道两端设置应急关断阀，紧急情况下可以进行应急关断保护。

3）平台容器泄漏事故防范措施。为确保生产阶段的安全生产，在设计中将针对各生产设施采取充分的安全防护措施；精心考虑各部分的合理布放，对危险区采用防火、防爆设备，并采取有效的隔离措施来降低危险程度。

主要设备、生产装置和单元均设置相应的压力、液位和温度报警系统与安全泄压保护装置及应急关断系统。在生产工艺区装备火焰和气体探测器，以监测工艺流程中的火情和可燃气体浓度，发现异常及时报警。

4）船舶碰撞事故防范措施。作业者将制定相应的保护和检测程序，由值班船对平台周围进行巡视，驱散在安全区范围内作业的渔船，确保平台设施的安全性。按照《海上固定平台安全规则》的要求在平台上设置助航标识灯、障碍灯、雾笛、平台标志牌等。

5）地质性油气泄漏事故防范措施建议。为避免发生由于不恰当注入引起的地质性油气泄漏事故，建议从如下几个方面进一步加强对钻/完井作业和注水作业的管理，预防类似事故的发生：

A. 钻、完井方案采取的安全措施。根据地质研究结果优化钻井轨迹设计，事先识别并尽可能使注入井避开延伸到海底或接近海底的地质断层；

事先识别压力异常地层，合理设计套管程序，制定有针对性的井控预案并加强随钻监测；

在钻完井作业过程中备足钻井液材料，以备及时、妥善地处理可能遇到的溢流和井涌。

B. 注水井采取的安全措施。海上注水井安全井控措施主要由井下安全阀、井口安全阀、封隔器、注水井口、井口控制盘等构成。井口安全阀安装于注水井口上。井下封隔器用来封闭油管和套管环空；井下安全阀安装在油管上，在海底泥线 80 m 以下的位置，用于紧急情况下封闭油管。井口、井下安全阀由安全阀井口控制盘统一控制。

严格按设计注入压力和注入量进行注水作业。制定注水系统日常作业和监控程序，进行注水压力和注水量的监测，一旦发现注水压力和流量异常立刻停止注水，查明原因并采取相应措施。

优化注入水量和采出液量，实现注采平衡，从而保持地层压力稳定。

对于因水质或措施导致的注入压力高的注水井及时实施解堵等措施，缓解注入压力高的问题。

对于注水井实行分层注水、精细注水管理措施，维持每一井区、每套储层的注采平衡，杜绝局部超注超压。

制定注水系统日常作业和监控程序，设置注水压力和流量自动监测报警装置，并进行注水压力和注水量的监测，一旦发现注水压力和流量异常，立即停止注水，待查明原因并采取相应措施后再恢复注水作业。

采取上述措施后，注水方案风险是可控的。

6）其他防范措施。在设计、施工、运营中应严格落实法律法规和要求，制定严格的各项操作和管理规程，采取严格的防范措施，确保设施安全正常的运行。

（4）溢油应急措施可行性分析

1）对大连国家级斑海豹自然保护区的影响。在对大连国家级斑海保护区影响最不利的风况条件下（风向 SW、风速 12.9 km/h），调整工程距离大连国家级斑海豹自然保护区最近的平台发生溢油时，油膜到达保护区缓冲区的最短时间为 21 min，到达保护区核心区的最短时间为 13.5 h。因此，建设单位必须通过加强平台设备管理、严格遵守操作规程、减少人为误操作等措施，将发生事故的可能性降到最低，将防范事故的发生放到第一位。当距离最近的新建平台在最不利风况下发生小型溢油事故时，现有的 CEP 平台、新建的 CEPN 平台和 CEPO 平台上人员应尽快做出有效的应急反应，对油膜进行控制，尽量减小油膜对保护区的影响。

2）追赶油膜的时间。在最不利条件下，即溢油发生在距离 CEPN 约 4 km 的新建 WHPC 井口平台处，同时处于海面 15.7 m/s 的风速下，浮油以约 1.79 km/h 的漂移速度向远离 CEPN 的方向漂移。若溢油应急船舶以平均巡航速度 12 kn 航行，人员动员和设备装船时间需 2.5 h，则当发生溢油后 2.91 h 内工作船就可以赶到浮油所在位置，此时浮油漂移到距溢油点 5.21 km 海域，此时浮油已进入大连斑海豹国家级自然保护区的缓冲区，未进入核心区。

综上所述，绥中 36-1 油田 II 期调整开发工程在现有应急设施的基础上，配备了足够的应急设施，并对应急预案进行了完善和修改。由于工程距离大连国家级斑海豹自然保护区较近，在最不利风况下距离最近的平台发生小型溢油事故后，油膜最快在 21 min 内进入保护区的缓冲区，作业人员应尽快做出有效的应急反应，对油膜进行控制，尽量减小油膜对大连国家级斑海豹自然保护区的影响。当发生中大型溢油事故时，可借助中海油服等区域性溢油应急设备进行应急处理，基本可在 24 h 内做出有效反应，但根据风向，不同溢油可能会对大连国家级斑海豹自然保护区产生影响。

关注要点：

油气开采项目石油平台和相配套的管道等附属设施，具有海域使用面积较小，且平台为透水构筑物、管线占用海域底土，对海域自然属性的改变很小，项目用海对海洋资源环境的影响程度相对较小，且在施工过后是可恢复的；而在油气的开发、存储和运输过程中，由于存在大量易燃、易爆、高温、高压介质和有毒、活性物质，项目建设存在台风、风暴潮、事故溢油及不恰当注水引起的地质性油气泄漏等用海风险，且一旦发生溢油事故危害较大。近年来，随着我国油气开采数量的增多，也发生了多起生产事故。因此，分析油气平台建设项目对资源环境的影响时，应重点关注风险分析，并制定切实可行的防范对策措施和应急预案。

不足：

1）事故概率分析需补充我国海上油田生产、建设等过程中发生的各种事故的综合统计分析内容；

2）应分析项目用海的风暴潮、海冰等自然灾害风险及其防范措施内容；

3）根据项目为改建工程的特点，应给出与其相关的海域使用管理对策与措施内容。

案例 15 农业围垦项目案例评析

15.1 农业围垦项目及用海特点

15.1.1 相关政策规定

关于农业围垦方面，国家发改委、国土资源部、农业部、国家海洋局等，针对各时期的认识及存在问题提出具体要求。主要如下。

1) 2006 年 4 月 20 日，国家海洋局印发《关于加强区域建设用海管理工作的若干意见》（国海发〔2006〕14 号）。文件要求加强区域建设用海整体管理；编制区域建设用海总体规划；严格区域建设用海总体规划的审查；做好区域建设用海总体规划的论证；规范区域内建设项目用海的申请审批；实施区域建设用海动态监测管理。

2) 2006 年 5 月，国家海洋局印发《关于淤涨型高涂围垦养殖用海管理试点工作的意见》（国海管字〔2006〕245 号）。

3) 2008 年 1 月 24 日，国家海洋局印发《关于改进围填海造地工程平面设计的若干意见》（国海管字〔2008〕37 号），文件指出充分认识改进围填海造地工程平面设计的重要意义；改进围填海造地工程平面设计的基本原则：保护自然岸线的原则、延长人工岸线的原则、提升景观效果的原则；围填海造地工程平面设计的主要方式：人工岛式围填海、多突堤式围填海、区块组团式围填海；改进围填海造地工程平面设计的管理措施。

4) 2009 年 11 月 24 日，国家发改委和国家海洋局联合下发《关于加强围填海规划计划管理的通知》（发改地区〔2009〕2976 号）。文件要求抓紧修编海洋功能区划，科学确定围填海规模；建立区域用海规划制度，加强对集中连片围填海的管理；实施围填海年度计划管理，严格规范计划指标的使用；依托规划计划制度，切实加强围填海项目审查；切实加强围填海规划计划执行情况的监督检查，确保海域资源的可持续利用。

5) 2011 年 12 月 5 日，国家发改委、国家海洋局关于印发《围填海计划管理办法》的通知（发改地区〔2011〕2929 号）。文件要求围填海计划是国民经济和社会发展计划体系的重要组成部分，是政府履行宏观调控、经济调节、公共服务职责的重要依据；围填海计划实行统一编制、分级管理；围填海活动必须纳入围填海计划管理，围填海计划指标实行指令性管理，不得擅自突破。

6）2012年2月27日，国家海洋局印发《关于加强区域农业围垦用海管理的若干意见》（国海发〔2012〕9号）。文件要求充分认识区域农业围垦用海管理的重要性；建立完善科学的区域农业围垦用海管理制度；规范规划范围内用海项目的管理。

《全国海洋功能区划》（2011—2020）要求：农业围垦要控制规模和用途，严格按照围填海计划和自然淤涨情况科学安排用海。农业围垦区执行不劣于二类海水水质标准。

15.1.2 农业围垦项目用海特点与要求

我国海域使用分类体系中未有"农业围垦用海"这一类型，而称为"农业填海造地用海"。"农业围垦用海"和"农业填海造地用海"两者内涵不完全一致，"农业围垦用海"涵盖范围更广。

农业属于第一产业：利用土地资源进行种植生产的部门是种植业；利用土地上水域空间进行水产养殖的是水产业，又称渔业；利用土地资源培育林木的是林业；利用土地资源培育或者直接利用草地发展畜牧的是畜牧业；对这些产品进行小规模加工或者制作的是副业。广义农业是指包括种植业、林业、畜牧业、渔业、副业五种产业形式；狭义农业是指种植业，包括生产粮食作物、经济作物、饲料作物和绿肥等农作物的生产活动。

由于本案例教材中将渔业用海（围垦养殖工程）项目单独列章节描述，因此本章节农业围垦用海类型是指除"纯渔业用海"外的农业围垦用海。此类项目用海主要有围海和填海造地两种用海方式。

15.1.2.1 农业围垦工程

15.1.2.1.1 工程组成

农业围垦工程主要包括海堤、水闸和填海造地工程，海堤和水闸形成农业围垦用海封闭区，保护农业区不受潮水和风浪影响，以确保农业区安全。海堤一般采用石料、砂、土构筑，填海造地采用海域泥沙吹填构筑或外购沙土石填筑。通过土地开发整理及土壤淡化等措施，配套布设农田水利等相关设施形成农业用地，以满足农业生产要求。

15.1.2.1.2 海堤

海堤是围海工程的主体，也是海岸防护的主要工程措施。它是保护海岸、河口地区不受暴潮、风浪、洪水侵袭的一种水工建筑物。在浙江、江苏一带亦称为海塘，在河北、天津一带称为海挡。

海堤的断面，按其迎水坡外形通常可分为斜坡式、陡墙式（含直立式）和混合式三类。

斜坡式海堤的优点是：迎水坡较平缓，反射波小，大部分波能可在斜坡上消耗，防浪效果较好；地基应力分布较分散均匀，对地基要求较低；稳定性好；施工较简易，便于机械化施工；便于修复。其主要缺点是断面大，占地多；波浪爬高较大，需较高的堤顶高程。斜坡式海堤一般用于风浪较大堤段。

陡墙式（含直立式）海堤的优点是：断面小、占地少，工程量较省；波浪爬高较斜坡堤小，堤顶高程可略低；施工时采用"土石并举、石方领先"的方法，以石方掩护土方，可减少土方因潮流海浪冲刷的流前波流失。陡墙式海堤的缺点是：堤基应力较集中，沉降较大，对地基要求较高；堤较大，容易引起堤脚冲刷，需采取护脚防冲措施；波浪破碎时对防护墙的动力作用强烈，波浪拍击墙身，波浪随风飞越溅落堤顶及内坡，对海堤破坏性较大，因此，对海堤的砌石结构要求较高，堤顶及内坡也要采取适当防护措施；防护墙损坏后维修较困难。陡墙式海堤一般适宜用于波浪不大、地基较好的堤段。

混合式海堤迎水面由斜坡和陡墙联合组成，主要有两种形式：一种是上部为斜坡，下部为陡墙；另一种是上部设陡墙，下部为斜坡。混合式海堤具有斜坡式和陡墙式两者的特点。混合式海堤一般在滩面较低水深较大的情况下采用。

海堤的断面结构形式和使用材料，既要经济合理，安全可靠，又要因地制宜，就地取材。选择堤型要根据各种堤型的特点和当地自然条件（地形、地质、潮汐、风浪、水流等）、当地材料、施工条件、运用和管理要求、工程造价及工期等因素，进行综合分析研究和技术经济比较，必要时还需做模型实验后才能确定。

（1）堤软基处理方法

根据《港口工程地基规范》（JTS 147-1—2010），海堤工程软基加固方法一般有换填法、排水固结法（又称预压法）、轻型真空井点法、强夯法及强夯置换法、振冲法、水下深层水泥搅拌法。

换填法主要有换填砂垫层法、土工合成材料（包括土工织物、格栅、土工网等）垫层法、爆破排淤填石法以及抛石挤淤法。

排水固结法方法很多种，一般是两种或多种方法的组合。排水固结法包括排水和预压两个不可分离和缺少的部分。按排水系统可分为竖向排水体与（普通沙井、袋装沙井及塑料排水板）水平排水体（砂垫层）两类；按加载系统可分为利用堆积重物的重量进行压载法、利用大气压力进行预压的真空预压法、真空联合压载预压法、电渗法以及降水预压法。堆载预压法在建筑物施工前，在地基表面分级堆土或其他荷载，达到预定标准后再卸载，使地基土压实、沉降、固结，从而提高地基强度和减少建筑物建成后沉降量。真空预压法是通过对覆盖于竖井地基表面的不透气薄膜内抽真空，利用真空压力或真空联合堆载压力，使土体排水固结加固软土基的方法。

轻型真空井点法为真空—重力排水法。主要由井管（插入土体的立管）、卧管（铺设在地面上用于连接井管和真空泵的 PVC 管）及真空泵、排水设备组成。真空泵把井点管、卧管及贮水箱内的空气吸走，形成一定的真空度（即负压）。由于管路系统外部地下水承受大气压力的作用，为了保持平衡状态，由高压区向低压区方向流动。地下水被压入至井点管内，经卧管至贮水箱，然后用抽水泵抽走，从而水位下降，孔隙比减小，土体发生固结，地基承载力有所提高，轻型井点降水经常作为强夯法加固地基、基坑开挖的辅助工艺。

强夯法指的是反复将夯锤提到高处使其自由落下，给地基以冲击和振动能量，将地基土夯实的地基处理方法。强夯法适用于处理碎石土、砂土、低饱和度的粉土与黏性土、湿陷性黄土、素填土和杂填土等地基。强夯置换法是在强夯法的基础上发展起来的，将重锤提到高处使其自由落下形成夯坑，并不断夯击坑内回填的砂石、钢渣等硬粒料，使其形成密实的墩体的地基处理方法。强夯置换法适用于高饱和度的粉土与软塑－流塑的黏性土等地基上对变形控制要求不严的工程。

振冲法是在振冲器水平振动和高压水的共同作用下，使松砂土层振密，或在软弱土层中成孔，然后回填碎石等粗粒料形成桩柱，并和原地基土组成复合地基的地基处理方法。主要有振冲置换法以及振冲密实法。

水下深层水泥搅拌法采用专用的水下深层搅拌机，将预先制备好的水泥浆等材料注入水下地基中，并与地基土就地强制搅拌均匀形成拌和土，利用水泥的水化及其与土粒的化学反应获得强度而使地基得到加固的方法。

海堤工程软土地基处理具体采用哪种施工方法，通常根据土质条件及加载方式、建筑物类型及适应变形能力、施工条件、材料来源、地下水条件、处理费用和工期等因素选定，必要时可联合应用多种地基处理方法。一般情况下主要采用换填法、排水固结法（又称预压法）。

（2）海堤施工方案

海堤主要施工方案如下：测量定位→运石抛填→堤头爆炸→侧爆→大石块护脚→海堤内坡石渣垫层和加筋土土布铺设→内坡坡脚小石坝抛填→闭气土方填筑→外坡石渣垫层、护面结构→混凝土扭王块护坡→外坡细骨料混凝土灌砌石挡墙→混凝土挡浪墙→堤顶石渣垫层→堤坝顶水泥稳定层→堤坝顶沥青混凝土路面→

内坡干砌块石护坡铺设。

（3）海堤堵口工程

堵口工程（又称龙口工程）是围垦工程进行到最后阶段的重要工程，又称堵坝工程。在围垦工程中，当海堤修筑到最后阶段，要预留一个或几个口子作为潮流进出的通道，称之为龙口或口门。选择在合适的时期内，集中力量在龙口段用块石封堵口门，割断内外海域，此项工作称为堵口或合龙。海堤堵口后仍有部分水流在堆石截流堤孔隙中流动，即堆石流。为完全截断堤内外水流通道，要在截流堤内侧或外侧填筑防渗土料，形成海堤的防渗体（称之为闭气土体）。由于截流堤和闭气土体不构成海堤全部断面，在海堤堵口和闭气工作完成后，还必须继续加高培厚堤身，按龙口段海堤设计断面完成整个海堤填筑工作。

15.1.2.1.3　水闸

一般情况下水闸具有挡潮、排水、灌溉等功能。水闸一般选择建于港道较短，地基条件较好的地段。

15.1.2.1.4　工程等级与标准

根据国家1999年颁布的《堤防工程设计规范》、2009年颁布的《海堤工程设计规范》、《滩涂治理工程技术规范》和《水闸设计规范》等技术标准要求，确定海堤工程等别、海堤工程设计标准、水闸工程等别。

表 15 – 1　围海工程等别划分表

保护对象		等别				
		I	II	III	IV	V
耕地（万亩）		>100	100 ~ 30	30 ~ 5	5 ~ 1	≤1
养殖、高新农业基地（万亩）		>25	25 ~ 5	5 ~ 1	1 ~ 0.2	≤0.2
城市、工业开发区	重要性	特别重要	重要	中等	小型	–

注：1. 表中防护对象系指海堤工程溃堤后受到潮浪威胁需加以保护的对象；

　　2. 如有多类防护对象，其工程等别按要求最高的确定；

　　3. 如工程同时满足同一等别内的2 ~ 3项指标，则经过论证其等别可提高一等；

　　4. 上表中未包括的防护对象，其工程等别可参照该表进行类比分析确定。

表 15 – 2　海堤工程设计标准

建筑物级别	设计重现期（a）		安全加高（m）
	高潮位	波浪	
1	≥200	≥100	1.0

建筑物级别	设计重现期（a）		安全加高（m）
	高潮位	波浪	
2	200～100	100	0.8
3	100～50	50	0.7
4	50～20	20	0.6
5	20～10	10	0.5

15.1.2.1.5　填海造地工程

填海造地工程施工可分为吹填法和干填法（陆域回填）两类。吹填法是采用挖（吹）泥船挖（吸）海底泥沙，通过水上（下）及陆上排泥管线进行填海造地。干填法是在陆地开挖运输土石方填海，需要挖掘、运输、推进填筑、整平碾压等。

15.1.2.2　农业围垦用海特征

农业围垦用海一般情况下具有如下特征：① 用海规模较大；② 一般选址于淤涨型海域，主要围垦区域多数在潮间带，对于底标高比较低的潮间带，还需要回填造地，一般采取将围垦区外围附近的淤泥吹填至回填区；③ 由于作为农业生产区需要对围垦区的土地进行土壤脱盐淡化，需要淡水资源，为此在围垦选址时需综合考虑；④ 为了更好地发挥围垦效益，农业围垦区一般由农业种植区、水产养殖区、综合服务区和滞洪区或水库（也可兼顾水产养殖）组成。

15.1.2.3　农业围垦项目的发展趋势

国家每年都以中央一号文件的形式提出扶持农业发展的政策措施。特别是2005—2011 年，加大了对农业综合生产能力、社会主义新农村建设、农业发展、农民增收、基础设施和水利设施等重点领域的支持。

随着沿海社会经济建设发展，耕地面积逐年减少，人多地少矛盾与日俱增，耕地面积的减少已制约了社会经济的发展，为了增加土地资源，落实土地占补平衡，科学开发和有效利用滩涂资源，是缓解土地供需紧张矛盾，实现社会、经济和生态的可持续协调发展的重要途径。

农业围垦项目用于农业种养殖，一般需要在围垦后经过一段时间的土壤淡化，并配套布设农田水利等相关设施形成农业用地，以满足农业生产要求。为了提高农业围垦的综合效益，农业围垦项目的发展趋向于综合化、规模化、产业化。围垦区开发利用包括农业种植、水产养殖、畜牧养殖、滨海旅游、工业与城镇建设、港口航运等，多为综合化发展，单一类型的开发利用方向较少；围垦工程技术即经济技术条件较为成熟，能开展大规模围垦；农业围垦项目一般由地方政府或企业实施，国家和各级地方政府给予政策鼓励和资金补助，同时积极吸收民间资本；实行统一规划，分期分区开发，功能分区与发展目标明确，实现产业化。

15.1.2.4　海域使用特点

农业围垦项目用海类型主要是造地工程用海和围海，其用海方式包括农业填海造地和围海，其特点是永久或较大程度改变海域自然属性。

农业围垦工程施工期对海域资源的影响重点把握：是否占用工程区的海岸线资源、岛礁资源、滩涂资源；是否造成渔业资源、矿产资源和生态旅游资源丧失等；其影响方式是否属于自然海岸线改变成人工海岸线、岛礁灭失或属性与景观改变情况；工程建设改变局部海域水动力条件、附近海域冲淤变化和施工泥沙流失入海对周围海域的环境与渔业资源影响程度，其影响程度与围垦工程规模大小、围垦用海平面布局、海域自然环境和资源条件密切相关，需深入论证分析，并提出围垦优化方案及减缓影响对策措施。工程营运期对海域资源的影响主要是农业种植过程中使用农药、化肥残留流失入海对周边海域环境与渔业资源的影响。需重点关注工程建设和营运对工程周边海域的自然保护区、水产种质资源保护区、海洋典型生态系统以及珍稀濒危物种等敏感目标的影响。

农业围垦用海一般规模较大，项目用海利益相关者重点关注水产养殖户和捕捞渔民。

海洋功能区划与相关规划符合性分析重点把握项目用海与海洋功能区定位及功能管理要求的符合性，项目用海对周边相邻海洋功能区的影响以及与相关规划产业布局和期限协调性。

项目用海选址分析要关注拟围垦区滩面冲淤状况、滩面地形标高、周边淡水资源供给情况等，平面布置分析需重点关注海域的水流方向及波浪方向和海域地形特征，用海面积和期限合理性分析需重点关注农业围垦用海规模大，用海方式为填海造地或围海，永久或很大程度改变海域自然属性的特点。

15.1.3　农业围垦项目论证重点把握

根据《海域使用论证技术导则》，农业围垦项目用海论证重点一般包括：用海必要性、选址合理性、用海平面布置和面积合理性及资源环境影响。

（1）用海必要性

从国家和地方关于扶持农业发展的政策措施、调整农业产业结构、缓解土地供需紧张的需要、提高沿海防灾减灾能力以及发展规模化、产业化、综合化、特色生态农业种植的发展需要等角度，分析项目用海是否合理开发利用滩涂资源，增加土地资源，扩大耕地面积，缓解土地供需紧张矛盾实现耕地占补平衡，保障土地资源可持续利用等，论述项目建设必要性及用海必要性。

（2）选址合理性

农业围垦项目用海一般用海规模较大，适宜选址于淤涨型海域，滩面标高一般要求较高，可能还需要淡水资源，为此，在进行项目选址合理性分析时需要重点关注上述条件。

（3）用海平面布置和面积合理性

从拟围垦区地形条件、水流与波浪特征、岸线形态等方面综合分析项目用海平面布置合理性。从农业围垦生产需求及淡水资源供给能力等方面论证用海面积合理性。

（4）资源环境影响分析

农业围垦用海规模较大，通过围填海形成农业用地，永久或很大程度改变海域属性，且可能利用岛礁作为基础连接围垦海堤，需要分析对海岸线资源、滩涂资源、岛礁资源、渔业资源、旅游资源的影响以及工程建设对周围海域水动力和冲淤环境以及对区域防洪排涝造成的影响。

（5）用海利益相关者协调分析

农业围垦项目用海一般紧邻海岸，开发利用条件相对较适宜，多有当地群众从事养殖和捕捞，涉及渔民群众较多，为此需要加强调查分析，开展现场调查和收集资料，落实论证范围内海域的开发利用现状及海域权属关系，尤其是围填用海可能影响到的海域范围内的海域使用现状及权属现状，绘制清晰的海域开发利用现状及权属情况分布图，根据项目用海影响方式、范围、程度等界定利益相关者，给出利益相关者影响表，明确其影响方式、范围、程度等，提出协调处理方案。另外由于农业围垦用海规模较大，通过围填海形成农业用地，永久或很大程度改变海域属性，还需进行专门的防洪排涝影响论证，并征求水利部门的相关意见。

15.2　案例点评

15.2.1　项目用海基本情况

15.2.1.1　项目位置

三门县洋市涂淤涨型海涂区域农业围垦用海规划（以下简称"农业围垦用

海规划")位于三门湾健跳港口南侧的洋市湾（洋市涂），东濒三门湾，南靠平岩山，西靠健跳镇洋市村，北与龙山相望，距三门县城海游镇约25 km，离健跳镇约5 km，其地理位置如图15-1所示。洋市湾呈内凹型，湾口北起高湾山，南至平岩山东嘴头，洋市涂属三门湾滨海平原区，地形为西南高、东北低，涂面地势自西向东缓缓倾斜。根据洋市涂岸滩冲淤稳定性初步分析，近10年来，由于三门湾内大面积围垦造地，淤涨速度略有加快，淤积速率约6 cm/a左右，涂面沉积物以黏土质粉砂及粉砂质黏土为主。目前，农业围垦用海规划区大部分涂面高程为-2.5~1.2 m（1985国家高程基面，下同），滩涂处于缓慢淤涨状态，是三门湾沿岸的淤涨型滩涂资源之一。

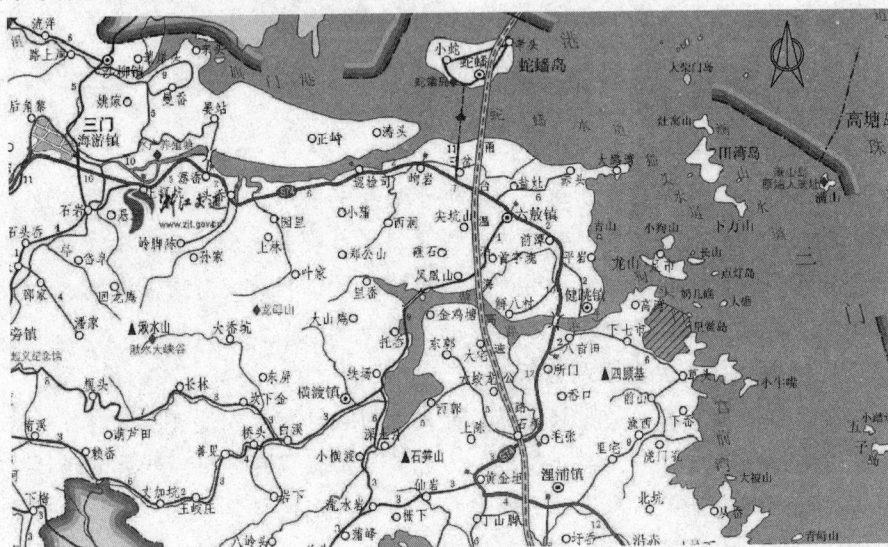

图15-1 三门县洋市涂淤涨型海涂区域农业围垦用海规划地理位置

15.2.1.2 工程平面布置、主要建筑物及工程规模

工程总平面布置方案（推荐方案）中围垦工程主要建筑物由1条海堤、2条堵坝，2座排水闸组成，海堤和堵坝形成农业围垦用海规划封闭区，保护种植区不受潮水和风浪影响，以确保种植区安全。其中海堤长1 161 m，外鲎岛至里鲎岛堵坝长455 m，里鲎岛至东嘴头堵坝长307 m，堤坝总长为1 923 m，排水闸布置在柴爿花嘴和东嘴头。区域农业围垦用海规划面积为406.541 3 hm²，申请用海面积为406.541 3 hm²（6 098.12亩），其中357.178 8 hm²用海方式为农业填海造地；49.362 5 hm²用海方式为蓄水（用于农业灌溉），申请用海期限50年。规划用海总平面布置如图15-2所示。

工程主要建筑物（海堤、堵坝和排水闸）为3级建筑物，次要建筑物为4

级，施工道路等临时建筑物为 5 级。海堤和堵坝按 50 年一遇潮位叠加 50 年一遇
风浪组合标准设计；堵口按非汛期 5 年一遇潮位设计，龙口度汛按 10 年一遇潮
位设计；施工道路按 5 年一遇潮位设计。

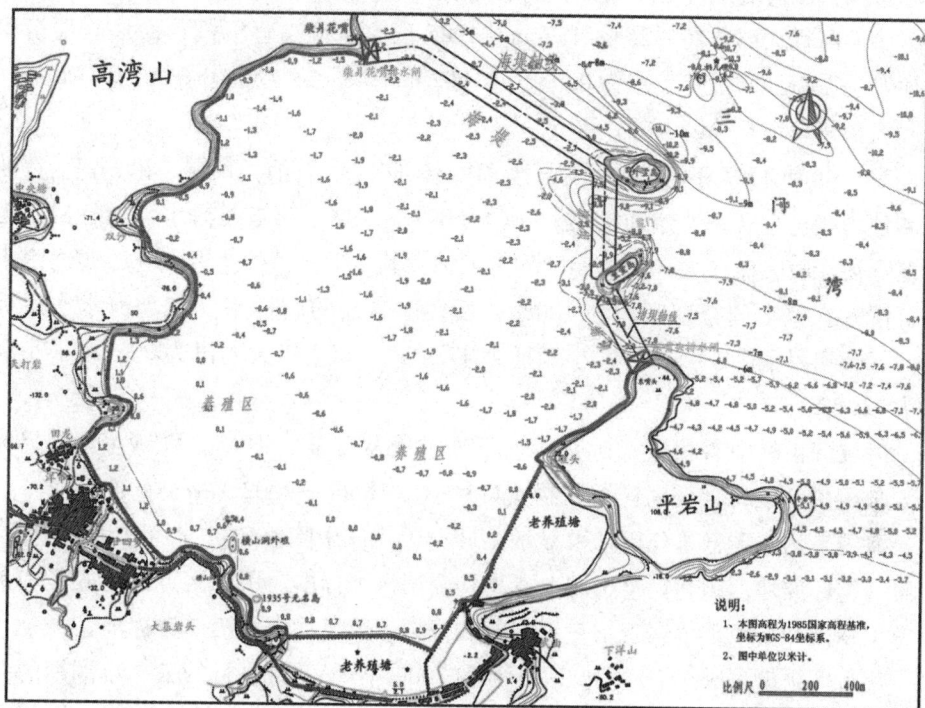

图 15 - 2　区域农业围垦用海总体布置

　　工程投资估算内容主要包括：主体建筑工程（海堤和堵坝），规划区填海造
地，东嘴头和柴爿花嘴排水闸，交通工程、房建工程、其他建筑工程、电气设备
及安装工程、交通设备购置费及临时工程投资估算和独立费用估算等。经估算，
规划用海区工程总投资约为 4.38 亿元。

15.2.1.3　自然环境条件

　　项目用海所在区域地处亚热带季风气候区，受季风气候影响，四季分明，气
候温和，冬、夏长，春、秋短。风向主要表现为季风特征，冬季盛行偏北风，夏
季盛行偏南风。全年空气湿润，雨量充沛，总的气候条件较优越。但受冷暖空气
交替影响，天气变化复杂，四季均会遇到各种不同程度灾害性天气袭击。

　　潮汐性质为正规半日潮类型。离规划项目约 3 km 处的健跳水文站（长期站）
资料统计：最高潮位为 550 cm，最低潮位 -373 cm（1985 国家高程基准）；平均
潮差 416 cm，最大潮差达 723 cm，年平均涨潮历时长于落潮历时 10 min。调查

海域的实测最大涨、落潮流速分别为 133 cm/s 和 139 cm/s，全潮平均含沙量为 0.362 1 kg/m³，垂线平均含沙量在 0.058 2～0.480 3 kg/m³ 之间。

拟围垦区海底属于滨海淤积地貌，涂面较平坦，涂面地势自西向东平缓倾斜，涂面高程大部分在 −2.5～1.2 m（1985 国家基准高程）间，海底表层沉积物属黏土质粉沙，优势粒级为 0.032～0.002 mm，核心粒级为 0.016～0.008 mm。海底淤积速率约 6 cm/a 左右。

2008 年和 2009 年海域水体中 pH、DO、COD_{Mn}、石油类及铜、铅、锌、镉的监测值均能符合《海水水质标准》（GB 3097—1997）第二类海水水质标准，无机氮和活性磷酸盐在大、小潮期间均有超标，其中无机氮的超标率（二类海水水质标准）在整个调查期间均为 100%，活性磷酸盐的超标率（二类海水水质标准）2008 年大潮期为 5.0%，小潮期为 47.4%；2009 年大潮汛为 27.1%，小潮汛为 11.9%。

海域沉积物中有机碳、硫化物、石油类以及重金属铜、铅和镉（除锌超标外）监测值均能符合《海洋沉积物质量》（GB 18668—2002）一类评价标准。

海域生物体重金属分析结果显示：贝类生物体中除铅超过《海洋生物质量》中第一类标准外，铜和镉重金属含量均符合第一类标准。用海区近域甲壳类和鱼类等生物体样品中重金属残留量铜、铅和镉评价因子均符合第一类标准。

用海区附近海域于 2008 年 3—4 月和 2009 年 4—5 月进行的大、小潮期的海洋生物调查结果显示：浮游植物多样性指数值属于中等偏低，多样性指数在 0.608～1.556，平均值在 1.079。春季小潮，调查海区浮游植物多样性指数值属于中等，多样性指数在 1.015～1.785，平均值在 1.503。浮游动物多样性指数值属于中等偏高。春季大潮，浮游动物多样性指数在 2.008～3.083，平均值在 2.690。春季小潮，浮游动物多样性指数为 1.574～2.907，平均值为 2.407。浅海底栖生物多样性指数为 1.096～2.391，底栖生物多样性指数属于中等水平。调查海域附近潮间带底栖生物平均栖息密度从高到低依次为中潮区、高潮区、低潮区；平均生物量为中潮区、低潮区、高潮区。

15.2.1.4 海域开发现状

项目用海区域及周边海域开发利用现状主要包括港口、航道、锚地、海洋渔业、海洋旅游业、临港工业（三门核电厂和牛山火电厂）和围涂等。

规划用海区域海域开发利用现状主要为水产养殖，养殖品种主要有紫菜、蛏等，其中紫菜养殖户 73 户，蛏蜻养殖户有 227 户。用海区涉及 4 个无居民海岛，里鲨岛和外鲨岛 2 个位于口门，横山洞外礁和 1935 号无名岛 2 个位于内侧。在用海区南侧为原老养殖塘，养殖品种主要为对虾和青蟹等，渔民用于养殖的小渔船大部分时间停泊在老海塘周围。

15.2.2　项目用海论证内容及点评

15.2.2.1　项目用海基本情况

本案例为区域农业围垦用海规划海域使用论证报告,参照海域使用论证报告摘抄主要内容如下。

15.2.2.1.1　用海项目建设内容

根据已获批准的《三门县洋市涂围垦工程项目建议书》,结合规划区功能开发和地形条件,初步确定洋市涂围垦工程主要建筑物由 1 条海堤、2 条堵坝,2 座排水闸组成。

根据区域地理位置和自然环境特点,规划区将建成沿海特色生态农业区、观光农业集聚区,同时满足区域防灾减灾和生态环境保护的要求。加大土壤淡化、改良及排水蓄洪系统、道路和防风林带等基础设施的建设力度,选择种植棉花、黄秋葵、西兰花、西瓜、辣椒等当地的优势农作物。加大农业设施投入力度,提升农业生产水平、科技含量和抗灾能力,打破传统农业的季节性,实现农产品反季节上市,进一步满足多元化、多层次消费需求,实现高投入高产出。适度发展农产品加工产业:加快农产品深加工产业升级,有力促进农业产业化进程,提高农产品利润,增加农民收入。规划区主要的建设内容包括以下方面。

综合服务区:面积约 129.5 hm², 其中管理区 12.3 hm², 加工区 56.0 hm², 育苗区 61.2 hm² 位于地块中部,为整个地块提供行政管理、农产品加工、育苗等配套服务功能。其中管理区与育苗区和加工区均相连,且东、西分别有两个出入口,以便于规划区的管理。加工区有单独的次入口,便于加工产品的运输。

农业示范区:面积约 64.2 hm², 紧邻综合服务区,发挥生产示范和科技研发功能,同时可适当提供对外参观考察。

农产品种植区:包括西兰花、西瓜、辣椒轮作区,面积约 63.7 hm²;棉花、黄秋葵种植区,面积约 67.1 hm²。

水库:解决规划区防涝防灾及灌溉兼养殖,面积约 47.9 hm²。

15.2.2.1.2　平面布置和主要结构、尺度

(1) 工程平面布置

根据浙江省三门县洋市涂围垦工程项目建议书和工可报告,工程总平面布置方案(推荐方案)主要包括海堤、堵坝和排水闸,海堤和堵坝形成农业围垦用海规划封闭区,保护种植区不受潮水和风浪影响,以确保种植区安全。其中堤坝长 1 161 m,外鲎岛与里鲎岛堵坝长 455 m,里鲎岛与东嘴头堵坝长 307 m,堤坝

总长为 1 923 m，排水闸布置在柴爿花嘴和东嘴头。

海堤轴线布设：堤坝轴线沿围区北面高程 -2.7 ~ -2.4 m 的涂面布置，轴线始于围区西北角高湾山东侧山脚下的柴爿花嘴，向东布置约 200 m 后转向东南，直线布置至外鲨岛山坡坡脚，海堤长 1 161 m，堤顶宽 6.0 m，堤顶高程 8.0 ~ 8.3 m，防浪墙顶高程 8.8 ~ 9.1 m，堤高 10.2 ~ 10.8 m。

堵坝轴线布设：布置在围区东面滩涂上，外鲨岛—里鲨岛堵坝轴线紧邻外鲨岛—里鲨岛布置，在外鲨岛—里鲨岛山坡坡脚之间，堵坝长 455 m，坝顶宽 6.0 m，坝顶高程 8.3 m，防浪墙顶高程 8.9 m，最大坝高 16.9 m；里鲨岛—东嘴头堵坝始于里鲨岛南侧山坡坡脚，向南直线布置，与平岩山东嘴头相接，堵坝长 307 m，堤顶宽 6.0 m，坝顶高程 8.1 m，防浪墙顶高程为 8.9 m，最大坝高 15.0 m。

排涝工程布设与规模：为使规划区及其上游的洪水及时排出，保证规划区正常的农业生产，需建设排水闸和排涝河道等配套设施，排水标准取 20 年一遇 3 日暴雨 4 日排出。

东嘴头排水闸：排水闸建在东嘴头岩基上，与里鲨岛—东嘴头堵坝相接，闸室采用平底板开敞式带胸墙结构。闸孔总净宽 9 m，设 3 孔，每孔净宽 3.0 m，孔口 3.0 m × 4.5 m，最大下泄流量 46.1 m³/s。闸底槛高程 -2.0 m，闸顶高程 12.0 m。闸室前后开挖排水渠连接围区水库及外海。

柴爿花嘴排水闸：排水闸建在柴爿花嘴岩基上，与海堤相接，闸室采用平底板开敞式带胸墙结构。闸孔总净宽为 15 m，共设 5 孔，每孔净宽 3.0 m，孔口 3.0 m × 4.5 m，最大下泄流量为 76.8 m³/s。闸底槛高程为 -0.5 m，闸顶高程 12.0 m。闸室前后开挖排水渠连接围区及外海。

（2）工程结构形式

海堤结构形式：根据工程地形地质条件，海堤结构采用迎潮面上部直立、下部斜坡的混合式土石结构形式。迎潮面采用石坝挡潮，内侧采用海涂泥防渗闭气。海堤迎潮面在 4.5 m 高程设一宽为 5.0 m 的消浪平台，上部为 1∶0.4 的陡墙，下部以 1∶2.0 边坡至 1.0 m 高程平台，平台宽为 14.0 m，平台接大石块护脚。迎潮面直立陡墙采用 C20 细骨料混凝土灌砌块石结构，消浪平台和斜坡采用干砌块石上安放扭王块护面。内坡采用厚 30 cm 干砌块石护面。海堤内侧闭气土体顶宽 3.0 m，顶高程 6.2 m，内坡设二级边坡，第一级边坡自高程 6.2 m 至高程 4.0 m 平台为 1∶3，该级平台宽 10.0 m；第二级边坡自高程 4.0 m 以 1∶14 边坡至抛石子堤。

堵坝结构形式：堵坝采用上部直立、下部斜坡的混合式土石结构型式，迎潮面采用石坝挡潮，内侧用海涂泥防渗闭气。

外鲨岛—里鲨岛堵坝顶高程 8.3 m，内坡设三级边坡，防浪墙顶高程 9.1 m，坝顶宽度 6.0 m，最大坝高 16.9 m。堵坝迎潮面高程 4.0 m 处设一宽为 3.6 m 的消浪平台，平台上部为 1:0.4 的陡墙，下部以 1:2.0 消浪斜坡至 0.0 m 高程平台接大石块护脚，平台宽为 12.6 m。

里鲎岛—东嘴头堵坝坝顶高程 8.1 m，内坡设三级边坡，防浪墙顶高程 8.9 m，坝顶宽度 6.0 m，最大坝高 15.1 m。堵坝迎潮面高程 4.0 m 处设一宽为 3.6 m 的消浪平台，平台上部为 1:0.4 的陡墙，下部以 1:2.0 消浪斜坡至 0.0 m 高程平台接大石块护脚，平台宽为 12.6 m。

15.2.2.1.3　项目主要施工工艺和方法

（1）海堤地基处理

经综合技术经济分析比较表明：海堤和堵坝地基处理推荐采用爆炸置换法。其中海堤爆炸置换至高程 $-9.4 \sim -7.5$ m，爆填堤心石底高程 $-11.8 \sim -9.8$ m，控制最大腰宽 $49.27 \sim 54.35$ m；外鲎岛—里鲎岛堵坝爆炸置换最大深度至高程 -24.3 m，控制最大腰宽 65.9 m；而里鲎岛—东嘴头堵坝的基础处理分为：外侧基础淤泥深度为 $1.0 \sim 3.4$ m，采用自然挤淤法处理，内侧淤泥深度最大为 6.0 m，采用爆炸置换最大深度至高程 -11.8 m，控制最大腰宽 59.95 m。

爆炸挤淤置换法施工方法：根据设计断面形状和堤身结构特点在爆炸处理软基施工时，抛填采用"堤身先宽后窄"方法，爆炸采取"堤头爆炸加两侧爆炸、外侧爆炸（夯）"工序施工。根据同类工程施工影响类比分析，拟建工程堤头爆填对堤身的影响距离约 50 m，施工组织设计中堤头爆填段长度一般最少留 50 m，即堤头爆填推进长度大于 80 m 后才可进行侧向爆填。侧向爆填后即可进行外侧坡脚爆夯。侧向爆填和坡脚爆夯一次处理长度为 50 m。外侧坡脚爆夯后可进行理坡和护底块石抛填。

爆炸挤淤置换法施工工艺：测量放线，堤身抛填，堤头爆炸，爆炸后循环，两侧爆炸，坡脚平台爆夯，堤心整理成型及护面施工对水下平台不足的部分补抛大块石，用挖掘机理坡，挖除多余的石料。然后抛填护底石和进行护面施工，完成堤身施工。施工检测，在每次爆炸前后进行堤身断面测量和抛填量统计，采用自沉和爆沉累计算法及体积平衡法等分析，及时调整抛填和爆炸参数。根据设计要求，全部堤身爆炸完成后进行钻孔探摸及探地雷达检测验收。

堵坝在无居民海岛处施工工艺：海堤和堵坝基础采用爆炸挤淤置换法进行地基处理，但在海堤和堵坝接近无居民海岛及外鲎岛和里鲎岛处，由于在岛屿周边海岛基岩向周围以一定的坡度倾斜，在堵坝（海堤）与海岛交界处基岩埋藏较浅、表层软土层厚度较薄，该区域可采用抛石自然挤淤的施工方法达到海堤和堵坝的稳定要求，无需进行爆炸处理。

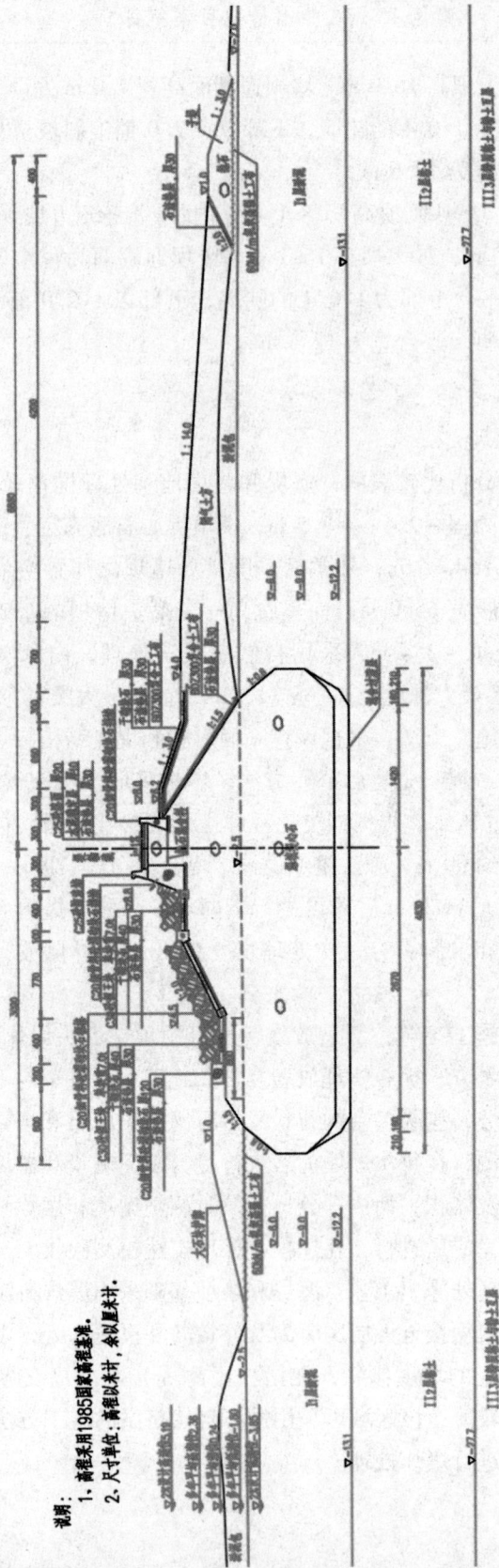

图15-3 海堤结构断面图

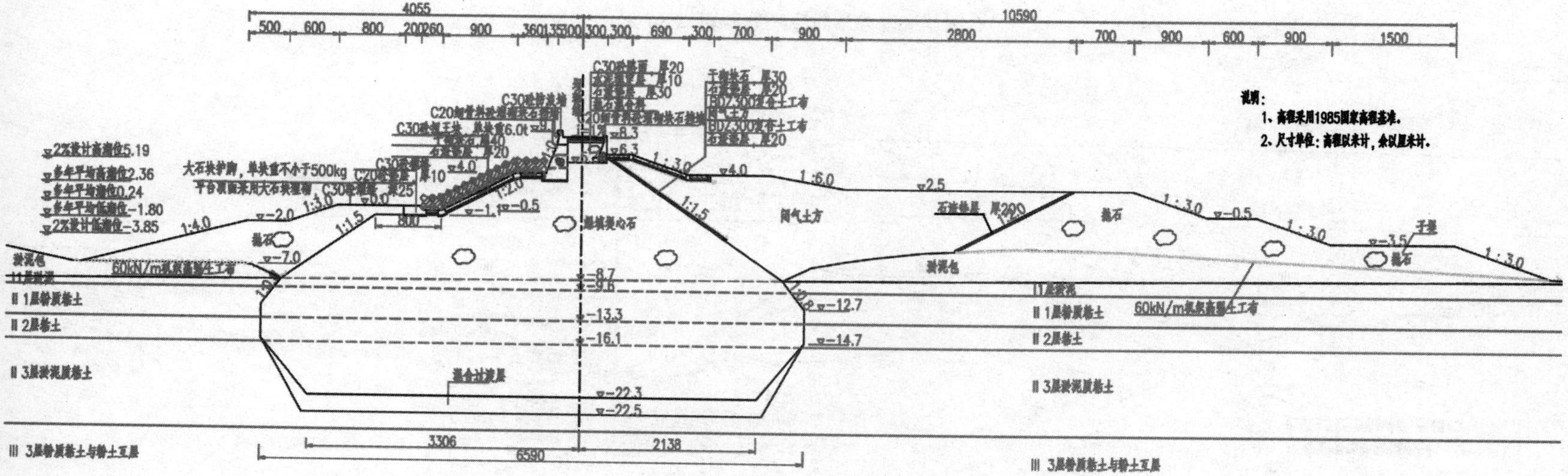

图15-4 外礁岛—里礁岛堵坝断面图

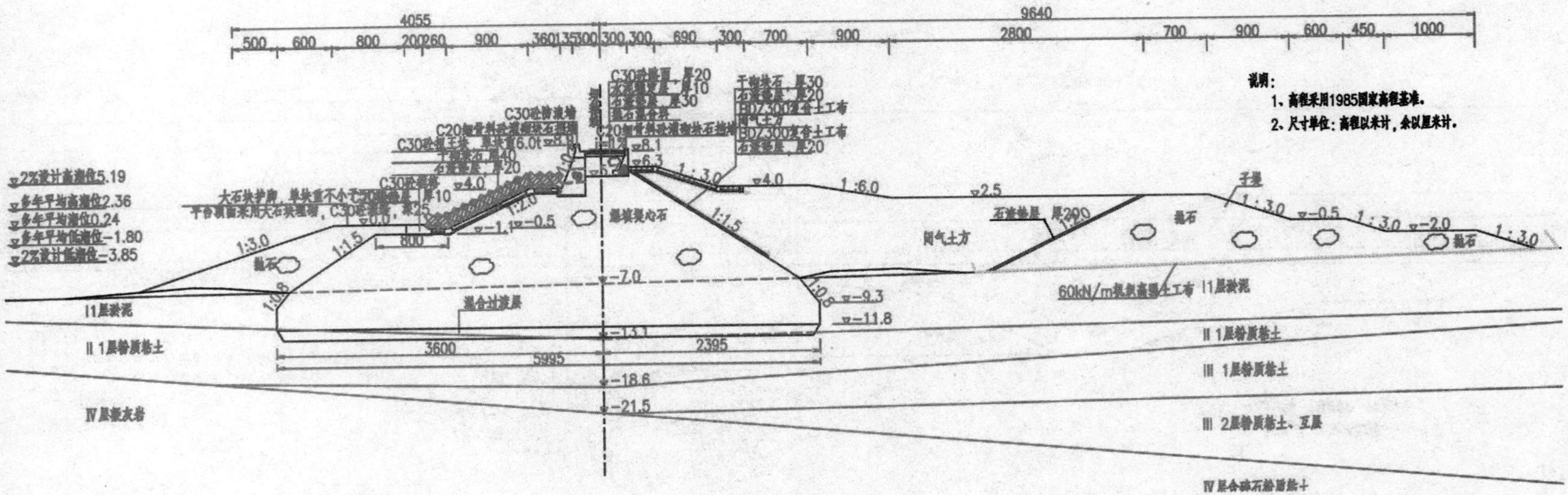

图15-5 里礁岛—东嘴头堵坝断面图

龙口和堵口：根据围区和周边地形条件，龙口布置在里鲎岛—东嘴头堵坝位置。里鲎岛—东嘴头堵坝两侧为山体，中间水深略深，地基自上而下为淤泥和粉质黏土，地质条件良好。在里鲎岛—东嘴头间布设龙口，施工方便，宽度适宜。龙口底槛高程取 −3.0 m，龙口宽度 260 m。结合堵坝断面形式，堵口采用立堵方式进行，采用天然通道度汛，堵口截流堤采用抛石结构，截流坝顶高程 4.5 m，顶宽 10.85 m。迎潮面边坡 1:2，内侧边坡 1:1.5。

东嘴头排水闸：排水闸室采用平底板开敞式带胸墙结构形式。闸室总净宽 9.0 m，分 3 孔，每孔净宽 3.0 m，孔口 3.0 m×4.5 m，闸底槛高程 −2.0 m，闸顶高程 12.0 m，闸室长 15 m。闸室采用现浇 C30 钢筋混凝土整体式结构，胸墙采用内置式 C30 钢筋混凝土结构，墙底高程 2.5 m，墙顶高程 12.0 m。闸室上部围区侧设有交通桥，沟通堵坝和陆域交通；外海侧布置有检修平台、启闭平台，检修平台高程 6.0 m，启闭平台高程 12.0 m。工作闸门采用 C35 钢筋混凝土平板门，采用手、电两动螺杆启闭机启闭。

柴爿花嘴排水闸：排水闸室采用平底板胸墙式结构形式。闸室总净宽 15.0 m，设 5 孔，每孔净宽 3.0 m，孔口 3.0 m×4.5 m，闸室长 15 m，闸底槛高程 −0.5 m，闸顶高程 12.0 m。闸室采用现浇 C30 钢筋混凝土整体式结构，胸墙布置采用内置式 C30 钢筋混凝土结构，墙底高程 2.5 m，墙顶高程 12.0 m。工作闸门采用 C35 钢筋混凝土平板门，采用手、电两动螺杆启闭机启闭。闸室上部围区侧设有交通桥 1 座，沟通海堤和高湾山的交通；外海侧布置有检修平台、启闭平台，检修平台高程 6.0 m，启闭平台高程 12.0 m。采用手、电两动螺杆启闭机启闭。闸室上部围区侧设有交通桥 1 座，沟通海堤和高湾山的交通；外海侧布置有检修平台、启闭平台，检修平台高程 6.0 m，启闭平台高程 12.0 m。

两座排水闸建于弱风化基岩上，闸基工程地质条件较好，闸基局部岩石破碎和裂隙发育部位进行固结灌浆处理。

（2）工程施工

1）海堤和堵坝工程施工。海堤和堵坝采用土石混合型式，需抛石 20.6×10^4 m³，大块石护脚 11.1×10^4 m³，爆填堤心石 134.0×10^4 m³，石渣垫层 4.17×10^4 m³，干砌块石 2.4×10^4 m³，细骨料混凝土灌砌块石 3.47×10^4 m³，混凝土 0.88×10^4 m³，7 t 扭王块 6 151 块，闭气土方 92.2×10^4 m³，土工布 9.65×10^4 m²。

海堤和堵坝施工方案：海堤和堵坝主要施工方案如下：测量定位→运石抛填→堤头爆炸→侧爆→大石块护脚→海堤内坡石渣垫层和加筋土土布铺设→内坡坡脚小石坝抛填→闭气土方填筑→外坡石渣垫层、护面结构→混凝土扭王块护坡→外坡细骨料混凝土灌砌石挡墙→混凝土挡浪墙→堤顶石渣垫层→堤坝顶水泥稳定层→堤坝顶沥青混凝土路面→内坡干砌块石护坡铺设。

坝身混合料抛填：堵坝石料取自东嘴头石料场，先船抛至 1.5 m 高程，再采用车抛，坝身抛石应分层均衡施工。

石渣垫层和土工布铺设：石渣采用 5 t 自卸汽车运输，堤顶卸料经人工装双胶轮车运至工作面铺垫。BDZ300 复合土工布铺设在石渣垫层上，人工铺设，铺设后应及早加荷，填筑闭气土方。

闭气土方施工：闭气土方取自围区内海涂，堤坝身石方填筑后，闭气土方应尽早进行填筑，土方施工加荷一般每层控制在 0.5 m 以下，并且有足够的间隙固结时间，以防止塌滑，不允许在同一地点连续不断往上加土，必须贯彻"石方领先、土方跟上、薄层轮加"的原则。平均潮位以下闭气土采用船抛的施工方式，平均潮位以上采用桁架式筑堤机填土。平均潮位以下闭气土施工通过挖泥船开挖，开底驳运输到位后抛填。平均潮位以上闭气土施工时将筑堤机移至取土区域，用抓斗抓取土方并通过桁架上的小车将土方运至海堤和堵坝内侧闭气土填土区进行抛填。闭气土方施工时，应预留足够沉降固结量，待经过一段时间固结达到一定承载力后，采用人工进行修坡。

砌块石施工：砌块石施工石料选用强度高、质地新鲜坚硬、耐风化、具有良好抗水性的块石。块石由自卸汽车运至施工点，双胶轮车运送结合人工抬挑、撬移至施工作业面。干砌块石施工由坡脚自下而上随铺石渣垫层随砌块石，坡面应平顺美观，不得有凹陷凸肚现象，接缝应相互交错，块石间咬合紧密。细骨料混凝土灌砌块石要求分层灌砌，先砌面石再砌腹石，上下层面石和腹石之间应错缝砌筑，不允许形成通缝。细骨料混凝土采用移动式拌和机就近拌制，人工推双胶轮车运送，灌砌块石采用人工混凝土铺底、抬运块石摆放和混凝土灌缝，插入式振捣器振捣密实。

混凝土施工：混凝土在拌和点采用混凝土搅拌机生产，混凝土浇筑前进行细致的检查，将钢筋上的泥土和油污，模板内的杂物等消除干净，缝间堵严，分层厚度 30 ~ 40 cm，合理留设工作缝。混凝土浇筑完成后，12 ~ 18 h 开始洒水养护，炎热天气时施工应提前养护，保持表面湿润，同时避免阳光的暴晒，上面覆盖草袋加以养护；气温低时采取保温措施，覆盖保温膜加强保温。

堤顶路面：为避免施工干扰和施工损坏，海堤路面在海堤工程基本完成后进行浇筑。施工中，石渣垫层采用汽车运料，压路机压实，水泥碎石稳定层可在现场拌制，压路机压实后浇筑混凝土路面。

龙口和渡口：根据本工程布置、围区地形特点、建筑材料来源、水流条件等因素，拟定本工程龙口布置在里鲨岛—东嘴之间，龙口宽度 260 m。

海堤已达到堵口高程要求时进行堵口，堵口合拢时间安排在第三年 11 月至第四年 4 月内。堵口拟采用立堵的施工方法。

2）排水闸施工。两座排水闸工程量主要有土石方开挖 $7.64 \times 10^4 \ m^3$，混凝土和钢筋混凝土 $0.41 \times 10^4 \ m^3$。考虑在闸址附近设置临时堆料、钢筋加工厂和安置混凝土拌和机施工场地及预制钢筋混凝土闸门场地。水闸基坑石方开挖采用风钻钻孔、炸药爆破，装载机装，自卸汽车直接运至海堤施工区抛填。混凝土由设在闸址附近空地的 2 台移动式拌和机拌制，人推双轮胶车运至浇注点。通过架设栈桥人推双胶轮车进行混凝土水平运输，基础部分通过溜槽入仓浇筑，上部混凝土通过卷扬机垂直运输入仓浇筑，人工平仓，垫层混凝土采用平板式振捣器振捣，其余混凝土采用插入式振捣器振捣，启闭机排架应一次浇筑到位，启闭机平台应整体浇筑。钢筋混凝土闸门的安装用启闭机吊装就位。

3）填海造地工程施工。规划区地面高程：根据《浙江省土地开发整理工程建设标准》（试行，2008 年 10 月）的划分，规划区一级类型区属于浙东南沿海岛屿丘陵港湾平原类地区，二级类型区属滨海盐化低地平原工程类型区。根据规定，规划区排渍标准 $0.6 \sim 1.2 \ m$，排涝标准取 20 年一遇 3 日暴雨 4 日排出。据此标准，初拟填海区地面高程（田面高程）1.0 m，在海堤和堵坝内侧设置水库 $47.9 \ hm^2$，水库作为滞洪区和灌溉水源地。

施工方案：规划区土方回填采用吹泥的施工工艺。

A. 施工工艺：针对本工程吹距较远、施工强度大、取土区掩护条件略差、风浪影响较大等特点及土质情况，拟采用的吹填工艺为"斗式船—泥驳—吹泥船"工艺，施工机械为"$8 \ m^3$ 抓斗式挖泥船—$2\ 000 \ m^3$ 自航泥驳—$1\ 000 \ m^3/h$ 吹泥船"吹填工艺（"挖、运、吹"施工工艺）。

B. 施工船机配备：考虑工程的工期和质量等相关要求，结合施工区的地理、气象、水文等因素及取料场的范围、水深等现状，并参照以往类似工程的施工经验，本着高效、高质、安全等原则，对取砂、取泥、运输、吹泥施工的船机设备进行了筛选匹配。

（3）物料来源

海堤和堵坝工程建筑材料来源：海堤和堵坝采用石坝挡潮，闭气土防渗的形式。海堤和堵坝筑堤石料取自柴爿花嘴石料场和东嘴头石料场，规划区附近 2 个石料场，即围区西侧的柴爿花嘴 1 号料场和东侧的东嘴头 2 号料场，勘探总储量约 $1\ 300 \times 10^4 \ m^3$，运距 $0.1 \sim 3.0 \ km$，可作为堤坝填海石料。工程区附近无合适砂石料场供开采，粗骨料可取上述料场轧制，砂建议外购。海堤闭气土料在整个海堤内外两侧均有出露，储量丰富，能满足工程要求。

土石方平衡：经估算，本工程挖方为 $7.43 \times 10^4 \ m^3$，填方为 $267.94 \times 10^4 \ m^3$，自采 $258.86 \times 10^4 \ m^3$（石料和闭气土料），外购 $1.65 \times 10^4 \ m^3$（黄砂）。填方包括石方填筑 $175.74 \times 10^4 \ m^3$ 和土方填筑 $92.2 \times 10^4 \ m^3$，石方填筑主要修建海堤、堵

坝和水闸的抛石料、块石料、碎石和石渣等，土方填筑主要用于海堤内侧的土方闭气。可在柴爿花嘴石料场开采 128.96×10^4 m³，东嘴头石料场开采 46.78×10^4 m³，水闸基坑开挖约 7.43×10^4 m³，闭气土方 92.2×10^4 m³ 取自围区内海涂及海堤外测涂面隆起淤泥包。施工中应控制工程土石方挖、填方总量平衡，无弃渣产生，从而达到土石方平衡。

农田形成方式及物料来源：洋市涂农业围垦用海规划形成农业用地的方式是通过填海造地形成土地，通过土地开发整理及采取相应措施，主要包括工程措施、农艺措施和生物措施等进行土壤淡化，并配套布设农田水利设施形成农田，以满足农业种植要求。

农业围垦用海规划区回填采用海涂泥吹泥填筑，由于填海区域面积较大，吹泥填筑施工采用分区施工，分区间围埝（施工道路）结合整个规划区的田间道布置。根据规划用海区的天然建筑材料分布情况，结合现状涂面高程、农业种植对土壤要求及考虑填海工程量等因素，农业种植区的填海材料拟采用土料（海涂泥），田间支路采用抛石填筑。土料取自海堤、堵坝外侧的海涂泥，取土区域距离海堤堤脚和堵坝坝脚不得小于 300 m；石料取自柴爿花嘴石料场。规划区地面高程填至 1.0 m 高程，据估算，所需回填土料总方量约为 800×10^4 m³，石料总量约为 60×10^4 m³，料源充足。

15.2.2.1.4　项目申请用海情况

根据《海籍调查规范》（HY/T 124—2009）有关规定，按照浙江省水利河口研究院 2007 年 3 月测的三门县洋市涂水下地形图，据《海籍调查规范》5.3.1 条填海造地用海："岸边以填海造地前的海岸线为界，水中以围堰、堤坝基床或回填物倾埋水下的外缘线为界。"确定规划用海面积界址线为：岸边以填海造地前的人工岸线（老养殖塘）为界，部分自然岸线按照多年大潮平均高潮位（2.36 m）起算（浙江省海岸线暂时没有公布），水中以堤坝基床水下的外缘线为界计算面积。经量算：规划申请用海面积为 406.541 3 hm²（6 098.12 亩）。

15.2.2.1.5　项目用海必要性

1）项目用海实施面临良好的发展机遇；

2）项目用海实施是满足三门现代农业发展新格局的需要；

3）项目实施是科学开发利用滩涂资源，缓解土地供需紧张的需要；

4）项目实施是提高沿海防灾减灾能力的需要；

5）项目实施是加快渔民转产转业、提高经济效益的需要。

洋市涂区域农业围垦用海规划主要是在淤涨型海涂上进行填海造地，用海规划实施后主要用于发展沿海特色生态农业。根据《三门县洋市涂淤涨型海涂区域

界址点编号及坐标（纬度/经度）		
1	29°02′47.565″	121°39′56.249″
2	29°02′47.016″	121°39′56.391″
3	29°02′45.992″	121°39′56.270″
4	29°02′45.394″	121°39′55.471″
5	29°02′45.998″	121°39′54.094″
6	29°02′46.058″	121°39′51.206″
…	…	…
150	29°02′48.464″	121°40′06.069″
151	29°02′48.747″	121°40′04.344″
152	29°02′49.034″	121°40′04.344″
153	29°02′49.146″	121°40′02.626″
154	29°02′49.060″	121°40′01.880″
155	29°02′48.723″	121°40′00.591″
S1	29°02′44.431″	121°39′55.243″
S2	29°02′45.140″	121°39′55.070″
S3	29°02′45.643″	121°39′53.991″
S4	29°02′45.694″	121°39′51.352″
S5	29°02′45.282″	121°39′48.403″
…	…	…
S21	29°02′31.192″	121°40′29.252″
S22	29°02′45.053″	121°40′04.660″
S23	29°02′45.660″	121°40′03.322″
S24	29°02′45.643″	121°40′01.743″

说明：具体宗海界址点见附表

单元	界址线	面积（公顷）
填海	3-4-5…-128-133-134…-140-144-145-3	397.9815
蓄水	S1-S2-S3-S4-S5-S6…-S24-S1	48.8716
基床		8.5598
宗海	1-2-3…-154-155-1	406.5413

说明：填海397.9815hm²含蓄水48.8716hm²，实际填海349.1099hm²

坐标系	WGS-84	深度基准	1985国家高程基准
投影	高斯投影 中央经线		121°30′
测量单位			
测量人		绘图人	——
绘制日期	2011.7	审核人	——

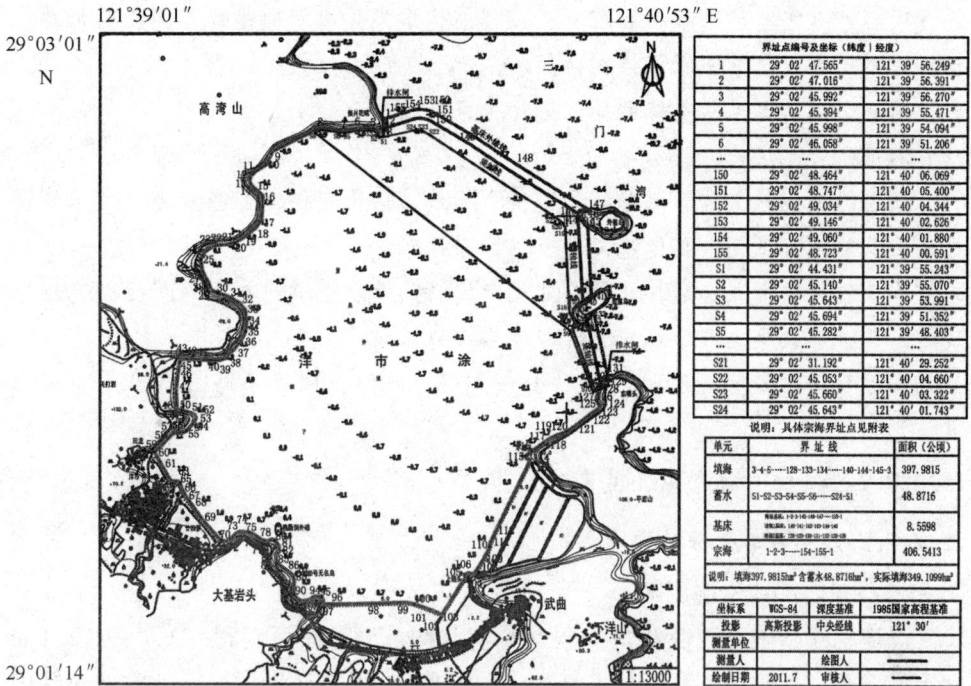

图 15-6　项目用海宗海界址图

农业围垦用海规划》功能定位：力争将规划区建成沿海特色生态农业区、观光农业集聚区，同时满足区域防灾减灾和生态环境保护的要求。规划用海区的功能结构布局主要包括：农业种植区、农业示范区、综合服务区、水库（排水、蓄洪和灌溉）、道路和防风林等。规划区用海类型：农业填海造地用海（二级类）；用海方式：农业填海造地。规划用海项目主要包括围堤、排水闸，规划区内的填海造地等均布置在滩涂和海域上，需占用一定面积的海域。因此，三门县洋市涂淤涨型海涂区域农业围垦用海规划用海必要。

关注要点：

项目用海基本情况应从项目地理位置、项目建设内容和规模、用海项目平面布置、工程结构和施工方案等全面阐述项目用海的基本信息，尤其应详细介绍海堤工程结构及其施工方案、水闸尺度和规模、填海工艺、土壤淡化工程措施等；从产业政策、区域发展需要、市场需求、企业自身发展需要、项目总体布置以及海域特征等方面论述项目用海必要性；确定项目用海类型和用海方式，确定项目各用海单元的界址点和界址线。

优点：

本案例从工程组成和规划区组成的角度清晰地介绍了建设内容。

项目用海方案从工程平面布置、工程结构形式、海堤地基处理、物料来源以及工程施工方案等方面做了详细介绍。

项目用海必要性从整体到局部进行论证,依据充分。

不足:

项目的工程施工方案除总体上进行介绍外,应重点描述可能对海洋生态环境造成影响的施工工艺,其他施工环节可适当简略。

本项目通过吹泥造地,开展农业生产,必然涉及土壤淡化措施。应补充土壤淡化工程方案以及吹填造地施工时泥沙溢流口的设置方案。

项目申请用海情况应明确项目用海类型,并细化确定不同用海单元的用海方式。

15.2.2.2　项目用海资源环境影响分析

15.2.2.2.1　项目用海对资源影响

（1）对海岸线资源影响

海堤轴线始于围区西北角的柴爿花嘴北侧,沿海涂面高程 -2.7 ~ -2.4 m 向东南布置至外鲎岛,海堤长 1 161 m;外鲎岛—里鲎岛堵坝始于外鲎岛南侧山坡坡脚与里鲎岛北侧相接,堵坝长 455 m;里鲎岛—东嘴头堵坝始于里鲎岛南侧山坡坡脚与平岩山东嘴头相接,堵坝长 307 m,堤坝总长为 1 923 m,将自然岸线变成了人工岸线,对自然岸线资源产生一定影响。但海堤和堵坝按 50 年一遇潮位叠加 50 年一遇风浪组合标准设计,可提高规划区的防灾抗灾能力。

（2）对滩涂资源影响

规划用海填海造地工程实施后,将减少滩涂面积 406.541 3 hm²,这部分滩涂将转变为陆地、堤坝占用地及部分蓄水占用。据初步统计,三门县滩涂资源面积约 140.0 km²（21 万亩）,规划区填海造地面积仅占三门县滩涂面积的 2.90%。但本工程的建设改变了天然湿地属性,不利于湿地水鸟栖息。

（3）用海对无居民海岛的影响

根据三门县洋市涂淤涨型海涂区域农业围垦用海规划平面布置,对堤坝轴线进行了 3 个方案的比选优化,经技术经济综合比较分析,堤坝轴线推荐采用方案三。按照方案三堤坝轴线,用海规划区范围内涉及 4 个无居民海岛,分别为湾内的横山洞外礁和 1935 号无名岛,湾口的里鲎岛和外鲎岛,而里鲎岛和外鲎岛两岛位于堤坝路由轴线上,作为围垦工程堤坝的连接点,其岛屿分布如图 15 - 7 所示。

用海规划的实施需填海造地用于农业种植,使横山洞外礁和 1935 号无名岛将完全消失,而里鲎岛和外鲎岛两岛作为堤坝工程的连接点,不开山取石,海岛

图 15 - 7 三门县洋市涂淤涨型海涂区域农业围垦用海规划区内岛屿分布

保持原始自然状态，但两岛将成为半岛。因此，用海规划的实施将对海岛资源造成一定损失，使 4 个无居民海岛基本消失。根据《中华人民共和国海岛保护法》和相关规定办理申请手续。

（4）对渔业资源影响

工程实施悬沙含量增加对生态环境的影响：工程实施使局部范围内的水体混浊，造成部分鱼类回避并影响浮游植物的光合作用，造成对海域生态环境的影响和底栖生物损失。而上述包络范围是在小潮汛条件下的预测结果，计算表明：3 个方案中爆破悬浮物浓度增量扩散范围，其中推荐方案三爆破悬浮物浓度增量（100 mg/L 和 150 mg/L）扩散范围包络面积最小。如爆破作业在大潮汛进行，则比小潮汛作业影响程度小得多。预测表明爆破挤淤工程实施，悬沙增量较大的区域仅局限在工程附近小范围海域。据海域现状调查表明，工程附近海域悬浮泥沙背景值较高。表明工程实施造成悬沙增量对海域环境影响较小。

水下爆破对海洋渔业资源的影响。鱼类损失量估算：工程附近海域渔获物尾数中，鱼类相对资源密度约为 240 万尾/km^3，其中石首科鱼类的相对资源量约为 14.1 万尾/km^3。根据爆破对水下海洋生物影响半径及相应的死亡率数据，经拟合计算，在影响范围内鱼类（石首科除外）的平均死亡率为 34.9%，石首科鱼类的平均死亡率为 74.7%。据估算，爆破工程对鱼类（石首类除外）的影响半径是 430 m，爆破施工天数为 12 个月，拟建工程爆破作业每天爆破一次。据此推算，工程施工造成成鱼（石首科除外）损失量22.44万尾，造成石首科鱼类损失为3.00万尾。

　　鱼卵及仔鱼损失估算：根据调查，规划区海域鱼卵平均分布密度为6个/m²，仔鱼平均分布密度为12.5尾/m²。按鱼卵及仔鱼的致死率65.7%计算，爆破工程对鱼卵仔稚鱼的影响半径是460 m，工程施工造成的鱼卵和仔鱼损失量分别为255.74万个和532.79万尾。

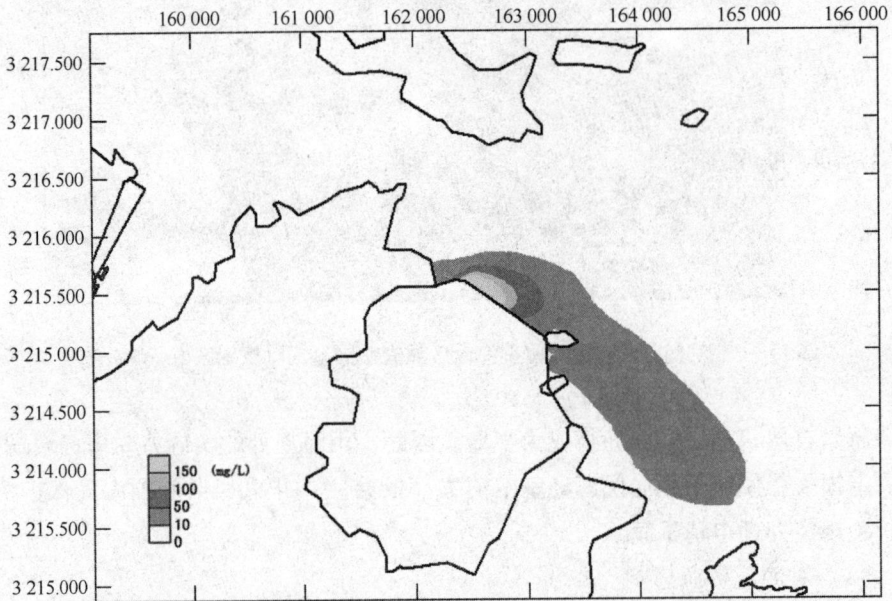

图15-8　落潮方向上爆破悬浮物浓度增量扩散范围（方案三）

　　虾类损失量估算：工程附近海域渔获物中，虾类相对资源密度约为12 561万尾/km³。据爆破对水下海洋生物影响半径及相应的死亡率数据，经拟合计算，爆破挤淤作业对于虾类的影响半径约为393 m，在影响范围内虾类的平均死亡率是35.5%。工程施工造成的虾类损失量约为1 066.77万尾。

　　为减小爆破施工对海洋鱼类的影响，施工单位应在施工前先进行小剂量炸药爆破，以驱赶鱼群远离爆破区域。由于鱼类趋利性回避，在小剂量爆破时，鱼类会游离爆破区域，从而减小影响与损失。爆破施工时，鱼类会远离施工区域，待施工结束后，海域影响消失，鱼类又会洄游回来。可见施工对鱼类的影响是暂时性的、小区域的、且可恢复的，随着施工结束海域将恢复正常。

　　底栖生物损失量估算：工程在爆破挤淤过程中将在海堤附近形成淤泥包，造成工程区底栖生物遭到破坏和掩埋，对底栖生物产生较大影响。另外爆破产生的冲击波也将对底栖生物产生影响。

底栖生物的冲击波最大峰压值按虾类的最大峰压值计算。据估算，爆破挤淤工程实施的影响半径约为 76.3 m。根据类似工程类比可知，拟建爆破挤淤作业产生的淤泥包对底栖生物的影响范围小于 60 m，小于爆破挤淤冲击波的影响范围，因此，不再另行估算。

根据调查，项目所在海域底栖生物平均生物量约为 33.01 g/m²，施工天数为 12 个月，拟建工程爆破作业是每日爆破一次。据计算，工程施工造成的底栖生物损失量约 4.72 t。

爆破挤淤作业实施造成的生物总损失：经计算，工程施工造成的成鱼损失量为 25.44 万尾，鱼卵和仔鱼损失量分别为 255.74 万个和 532.79 万尾，虾类损失量为 1 066.77 万尾，底栖生物损失量为 4.72 t。

15.2.2.2.2　项目用海对环境影响

（1）工程实施对水动力影响

工程后潮流变化预测分析：围堤工程后的流态变化，工程后使围区内纳潮量基本损失，使从外鲎岛与里鲎岛之间、里鲎岛与东嘴头之间进入的"过境潮流"全部由工程区前沿潮流主通道进入健跳港及三门湾。外鲎岛—里鲎岛堵坝和里鲎岛—东嘴头堵坝使进入规划区的潮流通道被截断，因而在两条堵坝外侧形成了潮流"隐蔽区"，此处潮流动力变弱。柴爿花嘴—外鲎岛海堤外侧潮流将沿人工堤线走向较为平顺，堤坝附近相对工程前流向有所改变，但堤坝前沿主通道上流态变化不大。总体而言，堤坝附近局部区域流态变化不大，规划区前沿潮流主通道及以外水域的流态变化则更小。

围堤工程后流速变化，涨潮流速变化如图 15 - 9 所示。由图可见，在两个堵坝外侧的潮流"隐蔽区"潮流动力变弱，距堵坝东南 2 km 范围内流速减小 5% 以上，距堵坝 1 km 范围内流速减小 20% 以上。柴爿花嘴—外鲎岛海堤外侧的潮流将沿着人工堤线走向，堤坝附近 200 m 范围内受堤坝边界摩擦阻力作用，涨潮流速减小 5% ~ 20%；而堤坝前沿 200 m 范围外，涨潮流速略增大约 5% 左右。外鲎岛外侧的涨潮流速增大，流速增大幅度 5% ~ 18% 不等。落潮流速变化如图 15 - 10 所示，在两个堵坝的落潮流"隐蔽区"，距堵坝东南 1.6 km 范围内流速减小 5% 以上，距堵坝 1 km 范围内流速减小 40% 以上。柴爿花嘴—外鲎岛海堤外侧落潮流顺堤流向，堤坝附近 100 m 范围内受堤坝边界摩擦阻力作用，落潮流速减小 5% ~ 15% 不等；而堤坝前沿 100 m 范围之外，落潮流速略有增大约 5% ~ 17%。外鲎岛外侧的落潮流速增大，流速增大幅度 5% ~ 23% 不等。

（2）对沿岸海域泥沙冲淤的影响

工程后第一年冲淤变化预测：工程后年冲淤变化和潮流流速变化的分布基本

吻合，年冲淤变化分布见图 15 - 11。两个堵坝（外鲎岛—里鲎岛堵坝；里鲎岛—东嘴头堵坝）外侧的“隐蔽区”内淤积较大，在堵坝围成的三角区内第一年淤积幅度达 0.8 ~1.0 m，距离堵坝东南 1.5 km 的范围内淤积幅度在 0.10 ~ 0.20 m。柴爿花嘴—外鲎岛海堤外侧堤坝附近 100 m 范围内的堤脚附近有一定程度淤积，第一年淤积幅度在 0.2 ~0.3 m。柴爿花嘴—外鲎岛海堤前沿 100 m 范围之外的航道上略有冲刷，但冲刷幅度不大，年冲刷幅度为厘米级。外鲎岛外侧有一定程度冲刷，第一年冲刷幅度为 0.05 ~ 0.15 m 不等。工程附近的其他区域冲淤变化不大。

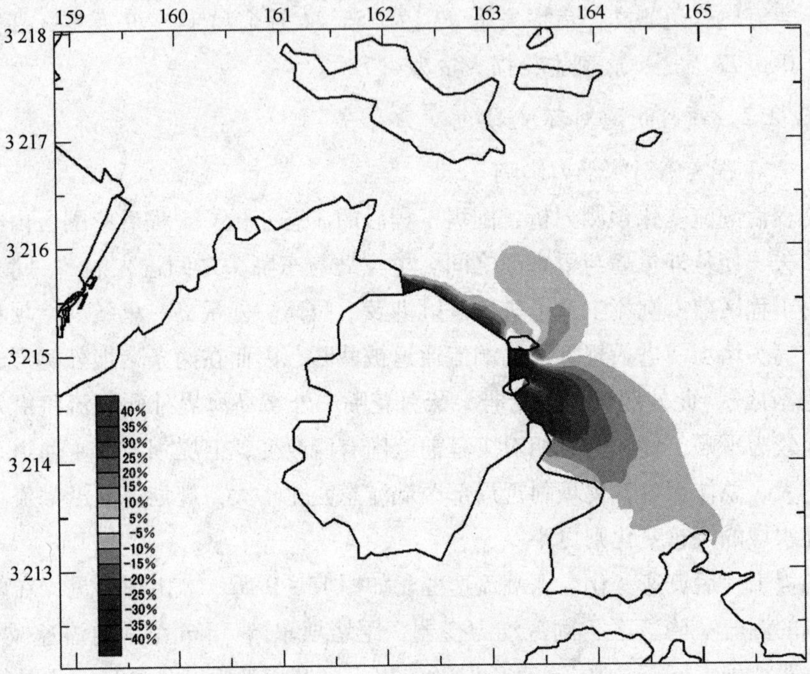

图 15 - 9 工程后涨潮流速变化率

工程后最终冲淤变化预测：工程后约 5 ~6 年左右达到冲淤平衡状态，最终冲淤变化分布如图 15 - 12 所示。

两个堵坝（外鲎岛—里鲎岛堵坝；里鲎岛—东嘴头堵坝）外侧的“隐蔽区”内淤积较大，最终淤积幅度可达 1.6 m 以上，局部靠近堵坝的深槽内淤积可达数米。距离堵坝东南 2.0 km 范围内最终淤积幅度在 0.30 m 以上。柴爿花嘴—外鲎岛海堤外侧堤坝附近 100 m 范围内的堤脚附近有一定程度淤积，最终淤积幅度在 0.5 ~0.7m。柴爿花嘴 - 外鲎岛海堤前沿 100 m 范围之外的航道上略有冲刷，但冲刷幅度不大，最终冲刷幅度为 0.2 ~0.4 m 不等。外鲎岛外侧的有一定程度的

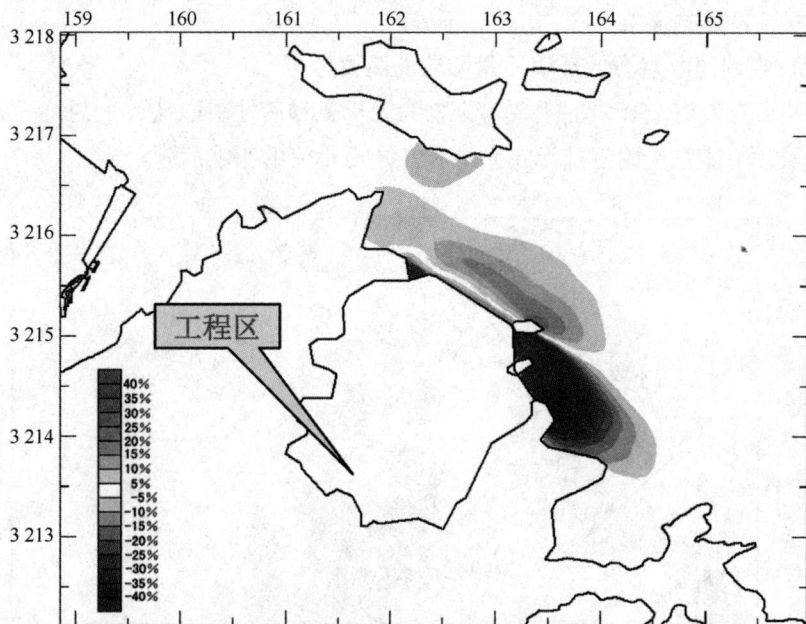

图 15 - 10　工程后落潮流速变化率

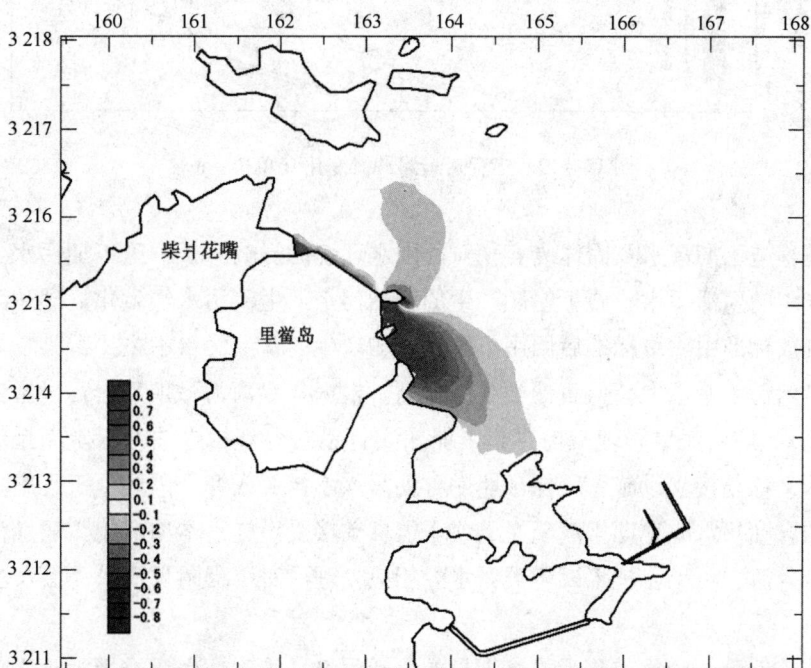

图 15 - 11　工程后第一年冲淤变化（单位：m）

冲刷，最终冲刷幅度为 0.3 ~ 0.6 m 不等。

（3）规划用海对海域环境质量影响的简要分析

台州市近岸海域环境的主要污染物为无机氮和活性磷酸盐，三门湾为较严重污染海域，可能是受附近陆源污染源和江浙沿岸流的影响所致。

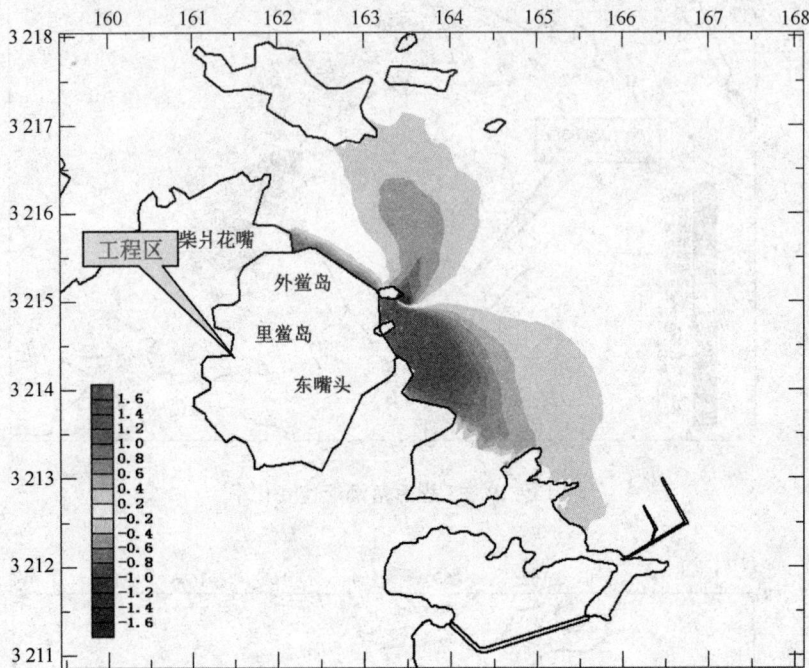

图 15 - 12　工程后最终冲淤变化（单位：m）

工程施工期污水及固体废弃物对周围水环境的影响分析：施工期污水主要有员工产生的生活污水、施工船舶产生的含油污水。生活污水经生化处理达到污水综合排放标准中一级标准后回用。施工船舶产生的含油污水中主要污染物为石油类，虽然污水量不大，但石油类浓度较高。根据《沿海海域船舶排污设备铅封管理规定》，应由海事管理机构对施工船舶实行铅封管理，含油污水定期排放至岸上或水上移动接受设施，以保证船舶含油污水不排放入海。因此，工程施工船舶产生的含油污水应定期排放至岸上或水上移动接受设施，本项目施工船舶油污水不外排入海。可见，施工期各类污水经相应处理后对工程附近海域不会产生明显影响。

施工期固体废物主要为施工人员的生活垃圾。施工期生活垃圾随意丢弃对周围景观产生一定影响，因此在施工过程中，生活垃圾应集中收集，统一存放，委托当地环卫部门定期清理。经处理后固体废弃物对周边环境基本不会产生影响。

海堤工程施工对海域环境的影响：海堤在建造过程中抛石作业使沉积物再悬浮，导致大量泥沙流入海域，使近区海水悬浮物含量最大超过 100 mg/L。但这种影响是暂时且为局部范围，施工结束后影响也随即消失。根据类比分析，海堤施工过程中产生的悬浮物增量大于 150 mg/L 的区域约在施工点外侧 50 m 范围之内，增量大于 10 mg/L 的区域约在施工点外侧 100 m 范围之内。经计算，悬浮物增量大于 10 mg/L 的影响区域面积较小，且施工结束悬浮物影响就不存在。因此，围堤施工引起悬浮物对海水水质影响相对较小。工程实施要严格按照水土保持方案提出的防治措施执行，以最大程度减少对海域环境的影响。

（4）规划用海对沉积物影响的简要分析

根据现场踏勘，工程前沿发育较宽的潮滩，退潮时滩涂露出涂面。该滩涂濒临潮流通道发育。滩涂为淤泥质潮滩，滩面宽 1 800 ~ 2 200 m，地形平坦，涂面高程大部分为 −2.5 ~ 1.2 m，底质为黏土质粉砂。根据测区海底表层沉积物样品粒度分析表明，海底表层沉积物类型属黏土质粉沙，优势粒级为 0.032 ~ 0.002 mm，核心粒级为 0.016 ~ 0.008 mm。海底表层沉积物主要特征多为黏土质粉砂。根据工可报告，拟建工程海堤基础处理采用爆破挤淤法施工。爆破施工将对工程附近局部区域的微地形地貌产生一定影响。根据资料综合分析表明，拟建工程爆破挤淤法施工对海底地形的影响范围为海堤两侧约 100 m 范围内。在影响区域内，爆破挤淤使海底沉积物将向海堤两侧堆积，海底地形将发生一定的变化。深层沉积物可能被翻至表层，致使原有表层沉积物类型发生变化，由于氧化还原环境的改变，深层沉积物也将释放出一定量的污染物。由于爆破造成的再悬浮沉积物大部分将在海堤附近区域很快沉降，少部分表层沉积物在潮流的作用下将扩散到较远区域。预测结果表明工程区爆破挤淤法海堤基础施工产生的悬沙增量在涨潮方向上 10 mg/L 的包络范围为 2.146 km^2，在落潮方向上为 1.941 km^2。

15.2.2.2.3　项目用海对生态影响分析

农业围垦用海规划实施需建筑海堤和填海造地，使这部分滩涂成为永久性堤坝，彻底改变了部分滩涂的自然属性，造成潮间带生物永久性损失。同时工程施工期使附近水域含沙量增加，引起底栖生物覆盖死亡及影响浮游生物生长，但这影响在工程施工结束后一定时期内可恢复。筑堤工程后，通过采取相应措施，对填海区内土壤进行淡化与改良，以适宜进行农业种植。因此，农业围垦规划用海由原来的滩涂湿地改变为农业种植用地，对滩涂湿地生态环境将产生一定影响。

15.2.2.2.4　项目用海风险分析

（1）风暴潮灾害风险

由热带气旋引起的风暴潮灾是对沿岸海塘造成的最大风险之一，而三门县沿海是受热带气旋影响最为严重的区域之一。规划区所在的洋市湾口朝东北，面临三门湾，海面开阔，常受热带气旋的侵袭，特别是受东北大浪冲击时，对海堤造成巨大威胁。

施工期风险：截流坝顶高程为 4.5 m，未达到设计高程，此时如遇台风暴潮，则存在较大风险，这阶段防汛工作特别重要。在堤顶背水坡应铺设编织布，上压块头保护，以防海浪越过坝顶造成破坏。因此，在施工过程中，要加强管理，做到按设计程序和方法精心施工，以防风险发生。

运行期风险：运行期风险主要是由风暴潮灾发生淹没种植区，造成种植区内农作物的破坏与损失。根据工可报告，工程主要建筑物海堤、堵坝、排水闸为 3 级建筑物，海堤和堵坝按 50 年一遇潮位叠加 50 年一遇风浪组合标准设计。海堤和堵坝设计均满足相应规范要求。

当遇到超强台风侵袭而引发的风暴潮灾发生时，特别是当最大增水出现在天文大潮高潮时刻，会产生溢流（部分海水越过海堤），对海堤造成不同程度的毁坏及造成对围区内的农作物的损失。

（2）洪涝灾害风险

为满足暴雨期排涝的要求，根据河网调蓄计算和暴雨排涝计算，规划区内设有两座排水闸。两座排水闸分别布置在东嘴头和柴爿花嘴，近期排水标准取 20 年一遇 3 日暴雨 4 日排出，按设计洪峰遭遇排涝潮型设计高潮位确定排水闸规模。当受灾害性天气系统严重影响时，有可能引发排涝不畅甚至造成严重内涝灾害。

（3）排水闸下淤积风险

规划区拟在柴爿花嘴及东嘴头分别建造 2 座排水闸，排水闸前沿区域将有一定程度的淤积。因此，项目建设单位应高度重视排水闸的使用情况，进行排水闸闸下冲淤动态监测，以便采取相应措施，使种植区内排水通畅，确保农作物的丰收。

（4）陡坡地形及不良工程地质对海堤风险

规划区堤线在里鲨岛、外里鲨岛和东嘴头之间水深较深，地形较陡，陡坡地形及不良工程地质会造成海堤沉降及滑坡风险，新建海堤需提防滑坡风险发生。

（5）堤坝地基处理风险

地基表层淤泥层厚 3～9 m，地质条件适宜使用爆破挤淤法，施工进度快、沉降小，堤顶高程容易得到保证。爆破有害效应安全分析如下。

1）爆破振动。工程实施封闭式工区施工，按照国家标准《爆破安全规程》和交通部行业标准《爆炸法处理水下地基和基础技术规程》规定，爆破地震速度不得超过建筑物的地面安全振动速度，按照表 15-3 取用。本工程按抛填石料地基处理，经计算得出不同距离处爆炸的同时起爆最大允许药量如表 15 - 4 所示。

2）个别飞散物。根据类似工程经验，个别飞散物距离一般不超过 100 m。本工程堤头、堤侧爆炸时最小安全距离取 300 m，能保证安全。拟建工程现场距居民点 1 000 m 以上。因此，爆破飞散物对附近村庄居民基本没有影响。

3）冲击波。由于是在海上爆炸，且药包埋入泥下，故空气冲击波的危害可不作考虑。水中冲击波安全距离，根据《爆破安全规程》分析确定。采取爆破挤淤法处理堤坝地基，在加强管理、确保施工安全的基础上，对附近村庄居民及施工人员造成的风险相对较小。

表 15 - 3　爆破地震速度计算参数

爆破方式	爆破挤淤填石		爆破夯实	
爆区地质	K	α	K	α
天然岩石地基	400	1.35	280	1.51
抛填强夯地基	500	1.43	530	1.82
抛填石料地基	450	1.65	550	1.85

表 15 - 4　不同距离处爆炸同时起爆最大允许炸药量　　　　单位：kg

爆破方式	距离（m）								
	120	130	150	170	200	250	300	320	350
爆破填石	26	33	50	74	112	234	404	491	642
坡脚爆夯	62	79	121	176	288	562	971	1 179	1 543

关注要点：

农业围垦项目往往用海规模大，一般而言应至少关注项目用海对岸线资源、滩涂资源和渔业资源的影响。如果涉及连岛堤坝等，应分析对海岛资源的影响；如果周边有旅游景观资源、港口航运资源、矿产资源等，应分析对它们的影响，并提出项目用海与其他海洋资源协调开发利用的对策建议。

农业围垦项目对海洋环境的影响重点分析水动力环境、海底冲淤环境、水质环境的影响。

农业围垦项目应分析对海洋生态系统的影响。

农业围垦项目风险主要包括风暴潮灾害、洪涝灾害、不良工程地质灾害和软基处理安全等风险。

优点：

对受影响的海洋资源列述全面、定量化。

通过数值模拟研究项目用海对水动力环境、海底冲淤环境的影响，数据资料翔实可信。

风险分析全面，具有较强的针对性。

不足：

根据土壤淡化措施方案，补充分析对海洋生态环境的影响；补充减少对海洋资源、海洋环境影响的对策建议。

15.2.2.3　海域开发利用协调分析

15.2.2.3.1　项目用海对海域开发活动影响

用海规划区域及周边海域开发利用现状主要包括港口、航道、锚地、海洋渔业、海洋旅游业、临港工业（三门核电厂和牛山火电厂）和围涂等（图15-13）。项目用海对周边海洋开发活动的影响，主要是施工期施工船舶增大了航道船舶通航密度以及对海洋水产养殖活动的影响。

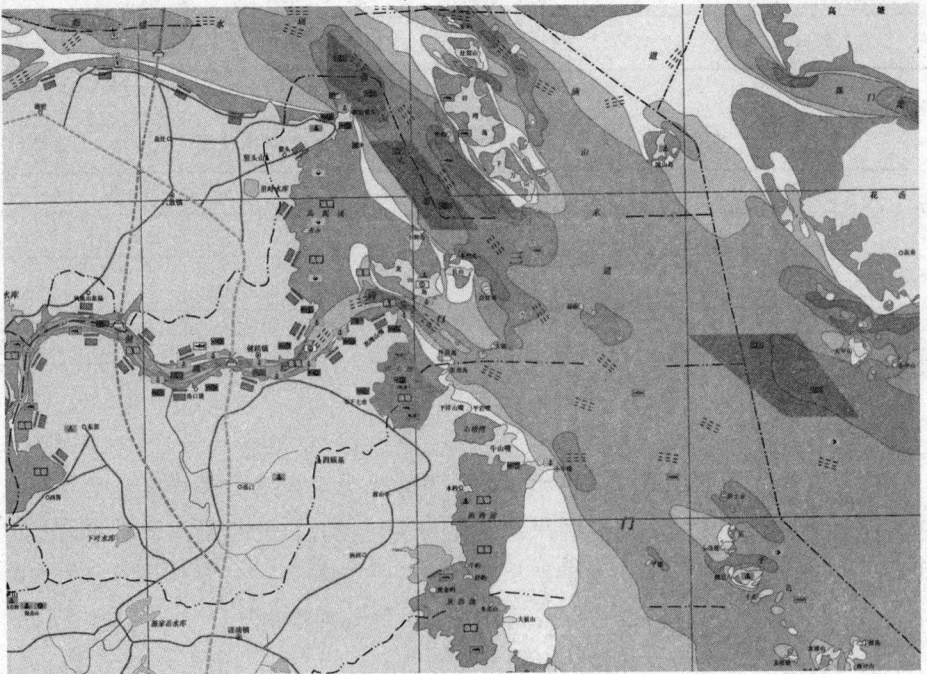

图15-13　洋市涂淤涨型海涂区域农业围垦用海规划附近区域开发利用现状

15.2.2.3.2　项目用海利益相关者协调分析

项目用海对狗头门航道的影响与协调：工程后对狗头门航道基本没有影响。但在项目建设期，由于运输船只增多，将在一定程度上略影响海上交通，建设单位应与港航、海事部门保持联系，加强管理，做好相关通航等安全措施，尽量减少施工期对航道通航的影响。

项目用海对海洋渔业生产的影响与协调：用海规划的实施将使规划区内的滩涂养殖户失去了原有的养殖场所。据现场调查，规划区内有滩涂养殖面积219.705 9 hm^{2}已取得海域使用权证书，其中洋市村 142.812 9 hm^2，上洋村20.373 9 hm^2，武曲村 56.519 1 hm^2，主要养殖紫菜、缢蛏和青蟹。另有小量的滩涂养殖有渔民进行的自发养殖。此外，在规划区东南侧有两个面积为28.20 hm^{2}养殖塘，用海规划实施后将对老养殖塘内的取排水产生影响，使其难以进行养殖。三门县人民政府已委托县滩涂围垦指挥部负责解决协调本规划用海所涉及海域内的利益相关者事宜。据此，三门县滩涂围垦指挥部经与浬浦镇上洋村、武曲村村民委员会，健跳镇里七市村、外七市村、上七市村、洋市村村民委员会双方友好协商，目前利益相关者事宜均已协调处理好。

项目用海对牛山火电厂的影响与协调：用海规划区距牛山火电厂址约3.5 km。据工程后数模预测分析，规划用海实施不会影响牛山火电厂的正常取水及运行。

15.2.2.3.3　项目用海对国防安全和国家权益的影响

本规划用海项目周边 15 km 范围内没有军事基地，也没有重要的军事设施，因而不存在与国家权益、国防安全冲突的问题。

关注要点：

对海域开发活动影响应关注：结合图表清晰表述海域开发利用现状；结合项目用海对资源环境影响预测结果，分析项目用海对所在海域开发活动的影响范围、影响方式、影响时间和影响程度，给出受影响的开发活动；绘制资源环境影响范围与海域开发利用现状叠置图和利益相关者一览表。

优点：

利益相关者界定清晰、全面。

15.2.2.4　功能区划与相关规划符合性分析

15.2.2.4.1　海洋功能区划符合性分析

（1）用海区功能定位

根据《浙江省海洋功能区划（2007 年）》用海规划所在海域的主导功能为台

州北围海造地区。

根据《台州市海洋功能区划（2009年)》用海所在海域的主导功能为三门湾围海造地区（7.3.1），主要分布于蛇蟠岛、三门湾东北部沿海地区，近期将建设的工程有洋市涂围海工程等。规划用海区位于浙江省、台州市和三门县海洋功能区划围海造地区范围内，符合省、市、县海洋功能区划的主导功能。

（2）用海对周边相邻海洋功能区的影响

用海规划对周边海洋功能区的影响主要可分为两类，一类是相互依赖或互补关系及兼容关系，另一类则为互损关系。

相互依赖或互补及兼容关系：根据浙江省海洋功能区划，用海规划区的主导功能为台州北围海造地区（7.3.10），规划用海区域及周边有三门湾风景旅游区和围海造地区等。用海规划实施后主要用于农业种植，规划区将建成沿海特色生态农业区和观光农业集聚区。规划实施将建筑50年一遇的标准海塘及排水闸，不仅可提高防灾减灾能力，且可丰富风景旅游区的活动内容。因此，本规划实施不仅与周边风景旅游功能区相兼容，而且相互依赖，起互补作用。

互损关系：用海规划周边有港口区、航道区、锚地区和科学研究试验区等功能区，但均离本项目有一定距离。根据工程后数值模拟计算表明，规划用海实施后造成的淤积区主要位于海堤前沿局部区域，而周围海域能维持目前的水深条件。因此，项目用海对周边的港口区、航道区、锚地区和科学研究试验区基本无影响。但规划实施将填海造地，使规划区内的养殖户失去原有的养殖场所；另在规划区东南侧有两块面积为 28.20 hm^2 的养殖塘，规划实施后将使老养殖塘难以养殖。因此，当规划用海实施起，规划实施单位需采取相应措施，确保养殖渔民的利益。

15.2.2.4.2　与相关规划符合性分析

区域农业围垦用海规划实施，合理开发利用滩涂资源及无居民海岛资源，不仅是缓解土地供需紧张矛盾的重要途径，也是推进陆海经济联动的有效措施，符合《浙江海洋经济强省建设规划纲要》的总体布局和发展方向。符合《浙江海洋经济发展示范区规划》发展导向。

用海规划实施，是合理开发利用滩涂资源，增加土地资源，扩大耕地面积，缓解土地供需紧张矛盾的需要，同时，可实现耕地占补平衡，保障土地资源可持续利用，用海规划实施符合《浙江省土地利用总体规划》和《三门县土地利用总体规划》的具体布局。

《浙江省滩涂围垦总体规划》提出：根据台州市海岸带资料丰富，具有多宜性和综合性等特点，将台州市沿海滩涂划分六个岸段（第九至第十四），其中洋市涂所在的三门湾围垦造地区属第九岸段,按照全市耕地总量动态平衡的要求和"宜围则围,宜养则养"的原则,该区社会经济发展较快,土地资源紧缺,可围涂发展工业建设和养殖业。

《浙江省无居民海岛保护与利用规划》用海规划区内涉及的 4 个无居民海岛(外鲎岛、里鲎岛、横山洞外礁和 1935 号无名岛)属于三门龙山岛群(V-05),岛群内共有 17 个无居民海岛。岛群内部分岛屿处于高泥块涂、洋市涂等围垦工程建设范围内。岛群类型为重点利用型,其发展导向为:实行利用优先、适度保护的总体方针。岛群内岛屿宜以港口与工业类为主以及为港口建设配套的围海(涂)类、工程类用岛,应注重在利用过程中尽量减少对海岛环境的破坏,注重海岛水土防治。

关注要点:

阐述项目所在海域基本海洋功能;分析项目对海洋功能的利用情况和对周边海域海洋功能的影响;分析项目用海是否对海洋基本功能造成不可逆转的改变,能否落实海洋功能区的管理要求;给出项目用海是否符合海洋功能区划的结论。

分析项目用海是否符合国家产业规划和政策,论证项目产业及规模、用海选址、布局和平面布置等与相关规划的符合性。

优点:

全面分析了项目对周边海域海洋功能的影响。

不足:

缺少项目用海是否符合海洋功能区的管理要求分析内容。

15.2.2.5　项目用海合理性分析

15.2.2.5.1　选址合理性

通过建设项目用海选址方案的社会经济、资源、生态、环境和工程特征等要素的综合分析,论证项目选址的合理性。

(1)项目用海选址与区位条件和社会条件的适宜性分析

三门县区位条件优越,位于温台沿海产业带,为浙江东南沿海的新兴城市,是浙江省海洋经济发展的重要阵地。便捷的交通为三门县现代农业发展和用海规划实施创造了得天独厚的"硬环境"。规划用海区配套工程设施完善,施工条件较好,周围已围工程经验丰富。因此,规划用海区选址社会条件适宜。

(2)项目用海选址与自然资源和生态环境的适宜性分析

滩涂处于缓慢淤涨状态,适宜规划用海实施:洋市涂滩涂资源丰富,平均大潮高潮线至理论深度基准面以上面积约 400 hm²,85 高程 0 m 线以上滩涂面积约 135 hm²,滩涂较发育,涂面平坦而宽阔,涂面宽 1 800~2 200 m,处于缓慢淤涨状态。近年来淤积速率为 6 cm/a 左右，属淤涨型滩涂。地形轮廓适合围垦：规划用海区位于洋市湾，洋市湾呈内凹型，湾口小、湾内腹地大，具新建海堤短、围垦面积大、单位面积投资省等优点，地形轮廓适宜围涂。

（3）项目用海是否存在潜在的、重大的安全和环境风险

用海区所在的洋市湾口朝东北，面临三门湾，海面开阔，常受热带气旋的侵袭，特别是受东北大浪冲击时，对海堤造成巨大威胁。堵坝区在里鲨岛、外里鲨岛和东嘴头间水深略深，地形较陡，陡坡地形对堤坝安全存在风险。上述潜在风险需加强防范，在工程设计、施工、建设、营运过程中采取相应对策措施。

（4）项目用海选址与周边其他用海活动相适应

项目用海区周边海洋功能区划的功能定位主要有港口区、航道区、锚地区、养殖区、捕捞区、风景旅游区、围海造地区和科学研究试验区等 8 种海洋功能区，目前项目用海区域及周边海域开发利用现状主要包括港口、航道、锚地、海洋渔业、海洋旅游业、临港工业（三门核电厂和牛山火电厂）和围涂等。规划用海区域海域开发利用现状主要为水产养殖，养殖品种主要有紫菜、缢蛏等，项目用海选址与周边用海活动相适应。

15.2.2.5.2　用海平面布置与用海方式合理性

（1）平面布置方案比选

堤线方案比选：洋市涂围垦工程位于洋市湾，呈内凹型，湾口北起高湾山，南至平岩山东嘴头，湾口有里鲨岛、外鲨岛。围区涂面高程介于 −2.5～1.2 m，由西南向东北海域倾斜，坡比约为 1：800，至柴屿花嘴与外鲨岛外侧 100 m 外涂面较陡，坡比陡于 1：30。根据项目工可报告和三门县洋市涂淤涨型海涂区域农业围垦用海规划数模试验研究报告，按围区地形、地质等条件，目前工可阶段对 3 个堤线方案进行综合比较分析（图 15 – 14、表 15 – 5）。

表 15 – 5　堤坝轴线方案综合比较

项目		方案一	方案二	方案三
围垦面积（亩）		5 169	5 337	5 935
海堤	堤顶长度（m）	1 728	1 374	1 161
	堤顶高程（m）	8.0	8.0	8.0
	堤高（m）	10.2～10.7	10.2～11.0	10.4～10.7
	涂面高程（m）	−2.7～−2.2	−3.0～−2.2	−2.7～−2.4

续表

项目		方案一	方案二	方案三
堵坝	坝顶长度（m）	—	312	762
	坝顶高程（m）	—	8.1	8.3、8.1
	涂面高程（m）	—	-2.0～-7.6	-2.0～-8.6； -2.0～-7.6
	坝高（m）	—	10.1～15.7	10.3～16.9； 10.1～15.7
主要工程量	闭气土方（×10⁴ m³）	46.25	53.61	68.17
	抛石混合料（×10⁴ m³）	115.28	109.3	87.26
	爆填堤心石（×10⁴ m³）	119.91	109.16	125.00
	石渣垫层（×10⁴ m³）	2.83	2.73	3.18
	干砌块石（×10⁴ m³）	1.62	1.57	1.73
	混凝土灌砌块石（×10⁴ m³）	1.96	1.99	2.45
	混凝土及钢筋混凝土（×10⁴ m³）	1.83	1.79	2.43
	6 t 混凝土扭王块（万块）	1.01	1.01	1.17
	土工布（×10⁴ m²）	19.65	18.05	20.79
可比性投资（万元）		14 063	13 419	15 765
每亩可比性投资（万元）		2.72	2.51	2.66
结论		不推荐	不推荐	推荐

方案一

海堤轴线始于围区北面的柴丬花嘴，沿 -2.7 ～ -2.2 m 高程涂面直线布置至围区东南角的平岩山东嘴头，围垦面积 5 169 亩，海堤长 1 728 m，堤顶高程为 8.0 m。两座排水闸分别布置在东嘴头和柴丬花嘴。

方案一的优缺点：

优点：①海堤轴线涂面高程较高，施工条件较好；②工程投资较小。

缺点：① 局部堤段海堤堤身不稳定，海堤濒临里鲎岛 - 东嘴头深潭，该段堤坝位于深潭陡坡上，深潭最深处达 -7.0 m，坡度达到 1:10，且海堤轴线平行等深线。极不利于海堤本身稳定，容易造成海堤滑坡风险；② 根据数模计算表明：里鲎岛距堤坝轴线为 142 m，此处"潮流隐蔽区"内淤积大，最终淤积幅度可达 1.6 m 以上，靠近堤坝附近可能淤积为潮滩，最终的淤积可能导致堤坝与里鲎岛相连，里鲎岛也将成为半岛；③ 围垦面积小，滩涂利用不尽合理，投资不够经济。

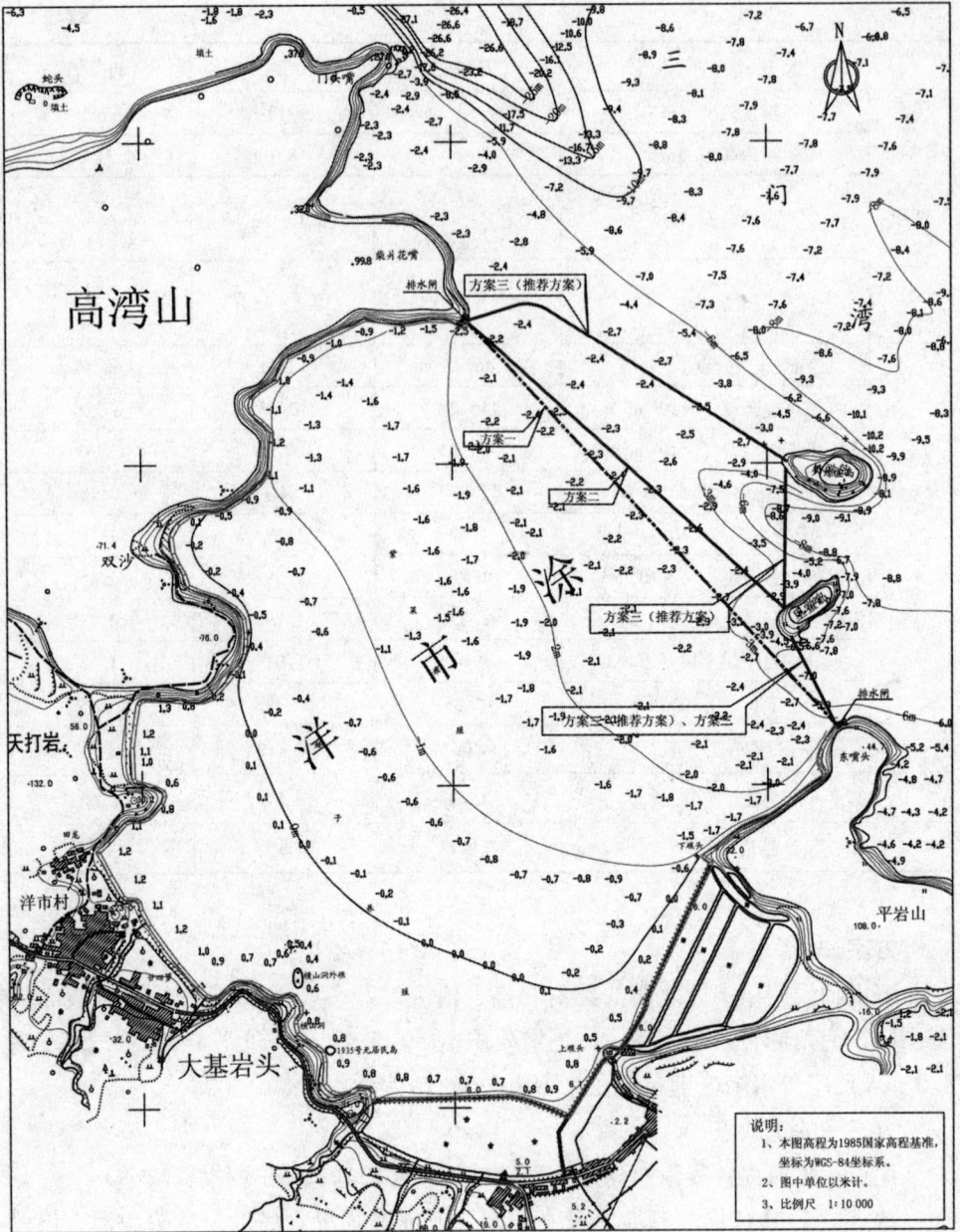

图 15 – 14　项目用海方案比选图

方案二

　　海堤轴线始于围区北面的柴爿花嘴，沿 – 3.0 ～ – 2.2 m 高程涂面直线布置至里鲨岛山坡坡脚，海堤长 1 374 m，堤顶高程为 8.0 m；堵坝轴线位于里鲨岛 – 平岩山东嘴头之间，堵坝段最深处高程为 – 7.0 m，堵坝长 312 m，坝顶高程为

8.1 m。围垦面积 5 337 亩，堤坝总长 1 686 m。两座排水闸分别布置在东嘴头和柴爿花嘴。

方案二的优缺点：

优点：① 地形条件较好，海堤堤基涂面高程相对较高，施工条件较好；② 工程总投资较小，每亩投资省。

缺点：① 地质条件相对较差，海堤地基上部淤泥和淤泥质土层厚度相对较厚，堤基爆炸挤淤处理深度较深；② 海堤与外海波浪夹角相对较大，对海堤堤身结构安全不利；③ 围垦面积较小，滩涂利用率低；④ 根据数模计算表明：里鲎岛 - 东嘴头堵坝外侧的"潮流隐蔽区"内淤积较大，在堵坝与岛屿围成的三角区域内最终淤积幅度可达 1.6 m 以上，靠近堤坝附近可能淤积为潮滩，局部靠近堵坝的深槽内淤积可达数米。也就是说，按方案二堤线布置，最终的淤积可能导致堤坝与里鲎岛相连，同样里鲎岛也将成为半岛。

方案三（推荐方案）

海堤轴线始于围区北面的柴爿花嘴北侧，沿海涂面高程 -2.7～-2.4 m 向东布置约 200 m 后转向东南，直线布置至外鲎岛山坡坡脚，海堤长 1 161 m，堤顶高程为 8.0 m；外鲎岛—里鲎岛堵坝长 455 m，坝顶高程 8.3 m；里鲎岛—平岩山东嘴头堵坝长 312 m，坝顶高程 8.1 m，堤坝总长 1 923 m，围垦面积 5 935 亩（到堤轴线）。两座排水闸分别布置在平岩山的东嘴头和柴爿花嘴。

方案三的优缺点：

优点：① 地质条件相对较好，海堤地基上部淤泥和淤泥质土层厚度相对较薄，地质条件有利于堤身稳定，堤基爆炸挤淤处理深度较浅；② 地形条件：海堤堤基涂面高程相对较高，施工条件较好；③ 运行条件较好：海堤与外海波浪夹角相对较小，有利于海堤堤身结构安全；④ 围垦面积较大，可合理利用滩涂资源，满足滩涂围垦总体规划要求；⑤ 总投资较小，每亩建筑工程投资较小。

缺点：外鲎岛—里鲎岛堵坝通道紧邻外鲎岛内缘布置，堵坝坝基涂面高程较低。

综上所述，经技术经济等综合分析比较论证，最终推荐方案三作为堤坝轴线的总平面布置方案。

推荐总平面布置方案的可行性分析：推荐方案符合海域使用论证技术导则关于填海造地平面设计合理性和优化要求。同时符合国家海洋局《关于改进围填海造地工程平面设计的若干意见》（国海管字〔2008〕37 号）文件中改进围填海造地工程平面设计的基本原则：即避免采取截弯取直等破坏自然岸线的围填海造地方式；延长人工岸线的原则：围填海形成土地的价值主要取决于新形成土地的面积和新形成人工岸线的长度。人工岸线越长，则形成土地的价值越大。因此，围填海工程的平面设计要尽量增加人工岸线曲折度，延长人工岸线的长度，提高新形成土地的价值。分析表明：本规划用海的新建海堤和堵坝遵循了延长人工岸线的原则，使得新建海堤和堵坝轴线呈现曲折形状，提高了新形成土地的价值。同时尽量保持东嘴头和柴爿花嘴的岬角地貌，尽量减小工程对海域流场和生态环境影响。既保证用海需求，又尽量减少用海的不利影响。分析可见，围堤总平面布置方案三是合理的。

方案三规划区内涉及4个无居民海岛开发利用，符合《浙江省无居民海岛保护与利用规划》，其开发利用方案已经获得浙江省人民政府批复同意。

分析表明，总平面布置方案三是可行的。

（2）用海方式

用海项目符合海洋功能区划的功能定位，不影响周边海域海洋功能区的功能发挥，对水文动力环境、冲淤环境的影响程度在可接受范围内。用海项目实施后，可提高工程保护区防灾减灾能力，保护围区及沿岸人民的生命财产安全，促进当地的经济发展。

15.2.2.5.3　用海面积合理性

据量算，三门县洋市涂淤涨型海涂区域农业围垦用海规划面积406.541 3 hm²，用海方式为农业填海造地。填海造地后逐步建成沿海特色生态农业区和观光农业集聚区，构建具有田园风光特色的城乡生态环境，以满足三门现代农业发展的新格局，使规划区的生态、经济和社会效益大大提高。引导部分渔民转产转业，提高渔民生活水平，对调整渔业产业结构及构建和谐社会，促进经济社会全面协调可持续发展具有重要意义。同时，堤坝按50年一遇潮位叠加50年一遇风浪组合标准设计，可提高沿海防灾减灾能力，有利于海洋经济的可持续发展。显然，规划用海面积符合区域社会经济发展的需求。

15.2.2.5.4　用海期限合理性

规划区用海类型为农业填海造地用海（二级类）；用海方式包括农业填海造地和蓄水（用于农业灌溉）；用海期限确定为50年。根据《海域法》第三十二条规定，"填海项目竣工后形成的土地，属于国家所有。海域使用权人应当自填海项目竣工之日起三个月内，凭海域使用权证书，向县级以上人民政府土地行政主管部门提出土地登记申请，由县人民政府登记造册，换发国有土地使用权证书，确认土地使用权"。规划区填海造地工程竣工后，将海域使用权证书到相关部门换成国有土地使用权证书，按土地管理法和相关规定进行管理。

关注要点：

项目用海选址合理性：项目用海所在区位条件和社会条件能否满足项目建设

和营运的要求；项目用海与自然资源和生态环境是否适宜；项目用海是否存在潜在的、重大的安全和环境风险；项目用海与周边其他用海活动是否存在功能冲突；项目用海是否有利于海洋产业协调发展。

用海平面布置合理性：平面布置是否体现集约、节约用海；是否最大程度减少对水动力和冲淤环境影响；是否与周边其他用海活动相适应；平面布置方案比选及优化建议。

用海方式合理性：是否维护海域基本功能；是否最大程度减少对水动力和冲淤环境影响；是否有利于保持自然岸线和海域自然属性；是否有利于保护海洋生态系统。

用海面积合理性：是否满足项目用海需求，淡水资源需求量和供给能力是否相适宜；是否符合相关行业设计标准和规范；占用岸线的合理性；农业围垦用海面积更多关注围垦区各功能区比例与面积合理性。

用海期限合理性：是否满足项目使用，与项目设计年限之间的关系；是否符合法律法规要求。

优点：

本项目从社会条件适宜性、自然条件适宜性、安全风险和与周边海洋开发活动适宜性等方面较全面地论证了项目用海选址合理性。

不足：

用海方式合理性的分析过于简单；用海面积合理性还需从土壤淡化、农业生产所需淡水资源量及其供给能力的角度分析项目用海规模的适宜性，分析减少海域使用面积的可能性。

15.2.2.6　海域使用管理对策措施和风险分析

开发利用海洋必须保护海洋资源，促进经济发展必须强化环境保护。为维护海洋健康、保护海洋生态环境，确保海洋资源和海洋经济可持续发展，必须加强海洋综合管理。使合理开发海洋资源、建设良性循环的海洋生态系统与海洋经济持续发展相协调。

本规划用海项目必须严格执行和实施海洋功能区划，坚持把海洋功能区划作为拟建项目海域使用管理的依据。开发利用海洋资源时，保证依据海洋功能区划，采取严格的海洋生态保护措施，不造成海洋地形、岸滩以及海域空间的浪费和破坏，不造成海洋环境、海洋生态和海洋渔业资源的破坏。

规划用海主要用于农业种植用海。为保护用海区域的环境质量，实现经济和环境的协调发展，应结合当地环境保护目标和工程特性、海洋生态保护的要求、当地环境承载能力、生态修复技术和管理水平等具体情况，确定规划用海的监控、跟踪、管理的对策和环境保护措施，使之具较强的科学性、先进性、实用性和可操作性。

建设单位应根据环评报告书的要求，尽早制定安全施工措施。同时按照国家、地方相关政策与规定，认真落实好与利益相关者的协调工作，保障渔民利益，以确保正常的用海秩序，促进海洋资源的永续利用。

落实减小爆破挤淤对海洋生态环境影响风险防范对策措施。海堤和堵坝按50年一遇潮位叠加50年一遇风浪组合标准设计，海堤工程虽能有效抵御风暴潮增水的袭击，但受强台风影响时，要充分做好防台抗台工作。特别是在海堤施工过程遇台风汛期，需在各级防汛指挥部统一领导下，积极做好防台抗台应急预案，以抵御和降低热带气旋造成的灾害与损失。

实施种植业"肥药双控"措施，尽量减少有机污染物和营养物质排入海域。严禁施用剧毒农药，特别是残留大的农药。同时，合理设计的排水系统，在围涂区主排水系统尾端、低洼地带拟建立尾水滞留净化区，并拟建立水生物圈湿地净化系统，减轻农业种植对周围海域水质的影响。

区域农业用海规划实施将对渔业资源造成一定的损失，建设单位应进行适当的生态补偿。补偿方式可采用底播增殖方式。

规划用海项目建设期间要及时掌握海域环境质量与生态情况，定期了解有关机构对项目所在海域进行的环境质量监测和海洋生态调查方面的情况，通过对海水水质、沉积物质量、海洋生态情况的监测和调查，掌握海域污染状况，以便及时采取有效措施，改善海域环境质量，保护海域生态环境。

关注要点：

功能区划实施管理对策，保证维护项目所在海域和周边海域的基本功能，满足相关功能区管护要求；针对项目用海不利影响和风险，提出管理对策和方案；对项目设计、施工、营运过程中存在的其他问题提出建议和解决方案；明确海域使用动态监视监测的范围和内容。

优点：

有详细的风险防范措施和减小生态环境影响的措施。

案例 16 区域建设用海规划海域使用论证项目案例评析

16.1 区域建设用海规划(交通运输用海类型)项目及用海特点

16.1.1 相关政策规定

关于区域建设用海规划,国家发改委、国土资源部、国家海洋局等,针对各时期的认识及存在问题提出了具体要求。

1)2006年4月20日,国家海洋局印发《关于加强区域建设用海管理工作的若干意见》(国海发〔2006〕14号)。文件要求加强区域建设用海整体管理;编制区域建设用海总体规划;严格区域建设用海总体规划的审查;做好区域建设用海总体规划的论证;规范区域内建设项目用海的申请审批;实施区域建设用海动态监测管理。

区域建设用海应按照文中的有关规定,区域建设用海总体规划实施后,国家海洋局对工程建设进行动态监测和跟踪管理,如发现在总体规划实施过程中,因累积效应对环境和生态产生明显不良影响的,应尽快查清原因,采取改进措施,必要时要及时修改和完善区域建设用海总体规划。

2)2007年6月11日,国家海洋局下发《填海项目竣工海域使用验收管理办法》(国海发〔2007〕16号)。区域建设用海应按照文中的有关规定,填海项目竣工后,海洋行政主管部门应对海域使用权人实际填海界址和面积、执行国家有关技术标准规范、落实海域使用管理要求等事项进行的全面检查验收。

3)2008年1月24日,国家海洋局印发《关于改进围填海造地工程平面设计的若干意见》(国海管字〔2008〕37号)。文件要求充分认识改进围填海造地工程平面设计的重要意义;改进围填海造地工程平面设计的基本原则:保护自然岸线的原则、延长人工岸线的原则、提升景观效果的原则;围填海造地工程平面设计的主要方式:人工岛式围填海、多突堤式围填海、区块组团式围填海;改进围填海造地工程平面设计的管理措施。

4)2009年3月26日,国家海洋局下发《关于进一步加强海洋环境监测评价工作的意见》(国海环字〔2009〕163 号)。区域建设用海应按照文中的有关规定,在施工及运营过程中,应制定严格的规划保障措施,采用科学合理的环保措施,选择有监测资质的单位进行动态监测,评估海洋生态环境变化,确定生态受损程度,为生态修复及补偿工作奠定基础。

5) 2009 年 11 月 24 日,国家发展改革委和国家海洋局联合下发《关于加强围填海规划计划管理的通知》(发改地区〔2009〕2976 号)。文件要求抓紧修编海洋功能区划,科学确定围填海规模;建立区域用海规划制度,加强对集中连片围填海的管理;实施围填海年度计划管理,严格规范计划指标的使用;依托规划计划制度,切实加强围填海项目审查;切实加强围填海规划计划执行情况的监督检查,确保海域资源的可持续利用。

区域建设用海应按照文中的有关规定,加强区域建设用海管理,严格按照用海建设进度和分步实施步骤进行年度填海规模安排及施工进度安排,区域用海规划范围内的围填海项目,应当根据围填海项目用海批准情况在规划期限内逐年核减围填海计划指标。

6) 2011 年 1 月 6 日,国土资源部和国家海洋局联合下发《关于加强围填海造地管理有关问题的通知》(国土资发〔2010〕219 号)。文件要求加强规划、区划对围填海造地的引导和管理,进一步强化围填海造地计划的管理,明确围填海造地项目审查相关要求,规范围填海造地的供地方式,明确围填海造地形成土地的调查登记有关事项,明确围填海造地的监督检查。

区域建设用海应按照文中的有关规定,围填海造地用于区域开发建设的,由同级政府作为实施主体,编制区域用海规划,具体项目依法履行围填海审批手续后组织实施。

7) 2011 年 12 月 5 日,国家发改委、国家海洋局关于印发《围填海计划管理办法》的通知(发改地区〔2011〕2929 号)。文件要求围填海计划是国民经济和社会发展计划体系的重要组成部分,是政府履行宏观调控、经济调节、公共服务职责的重要依据;围填海计划实行统一编制、分级管理;围填海活动必须纳入围填海计划管理,围填海计划指标实行指令性管理,不得擅自突破。

8) 本区域建设用海规划属于交通运输用海类型,按照《全国海洋功能区划(2011—2020 年)》,港口航运区的海域开发利用应"深化港口岸线资源综合,优化港口布局,合理控制港口建设规模和节奏,重点安排全国沿海主要港口的用海。堆场、码头等港口基础设施及临港配套设施建设用围填海应集约高效利用岸线和海域空间。维护沿海主要港口、航运水道和锚地水域功能,保障航运安全。港口的岸线利用、集疏运体系等要与临港城市的城市总体规划做好衔接"。

16.1.2　区域建设用海规划项目用海特点与要求

区域建设用海是指在同一围填海形成的区域内建设多个建设项目的用海规划。用海面积一般不少于 50 hm²。对区域建设用海进行整体管理是在继续强化对单个用海项目管理的基础上，对区域建设用海实行总体规划管理，其目的就是要对区域内的建设项目进行整体规划和合理布局，确保科学开发和有效利用海域资源。同时也有利于解决单个项目用海论证可行而区域整体论证不可行的问题。

16.1.2.1　区域建设用海规划项目发展背景

近年来，随着我国经济的快速发展，土地紧缺的矛盾日益突出，为了满足社会经济发展的需求，沿海各地陆续实施了大规模的围填海工程来缓解工业及城镇建设用地供需紧张的矛盾。为了加强海域使用管理，尤其是对围填海工程的管理，实现科学用海，国家先后出台了一系列政策法规，建立了海洋功能区划及海域使用论证制度，取得了一定的成绩，但随着众多填海造地项目的不断开展，一些问题逐渐暴露。由于在项目用海过程中各自为政，缺乏合理有效的规划，论证过程中通常是就事论事，缺乏用海的整体性和协调性的科学论证，对区域内多个项目用海的累积效应未能进行充分考虑，即当一个区域内出现多个项目的大规模围填用海时，就出现了"单个项目用海可行而整体用海不可行"的问题，这造成了海域资源未能得到充分合理的利用，同时也造成了对海洋环境的逐步破坏。

为贯彻落实《国务院关于进一步加强海洋管理工作若干问题的通知》（国发〔2004〕24 号）精神，加强围填海管理工作，国家海洋局 2006 年 4 月下发了《关于加强区域建设用海管理工作的若干意见》（国海发〔2006〕14 号），出台了编制区域建设用海总体规划的一系列指导性意见，试图通过对区域建设用海实行总体规划管理，实现区域内的建设项目合理布局，确保科学开发和有效利用海域资源，同时解决单个项目用海论证可行而区域整体论证不可行的问题。可见，区域建设用海规划工作的开展对于引导区域建设用海合理规划，促进科学、有序使用海域以及实现海域资源的可持续发展具有重要意义。

16.1.2.2　区域建设用海规划项目特征

（1）基本特征

区域建设用海一般指沿海连片开发需要整体围填的海域，通常表现为位于同一海湾、河口、岛屿、生态敏感区和功能区等区域范围内，连片布置且集中了 3 个或更多的围填海建设项目，一般都是大规模的围填海项目，用海面积通常大于 50 hm²。可见，区域建设用海不同于一般的建设项目，它主要具有以下几个基本特征。

1）四个组成要素。区域建设用海具备四个基本的组成要素：区域、连片、整体、围填，概括起来区域建设用海是指沿海连片开发且需求整体围填的用海，只有具备了上述基本要素的用海才称之为区域建设用海。

2）三个代表特性。区域建设用海规划对整个区域用海进行合理规划，对区域内建设用海项目体现出了项目用海的整体性、系统性和连续性。

3）两个规划尺度。开展区域建设用海规划工作的核心内容就是对区域用海开展空间上和时间上的合理布局与规划，科学规划用海规模和平面布局，确定规划实施建设时序。

4）一个根本问题。开展区域建设用海规划工作的根本就是避免产生单个项目用海论证可行而区域整体论证不可行的问题，实现科学用海。

（2）区域建设用海与单个建设项目用海的区别

区域建设用海不同于单个建设项目用海，它们主要有以下几个区别。

1）地理空间上：区域建设用海较单个建设项目用海涉及的海域空间范围大，规划层次更高。

2）时间尺度上：区域建设用海比单个建设项目用海更强调时间上的连续性，通常规划实施时间较长，要综合考虑累积效应。

3）宏观层面上：区域建设用海更体现综合性，考虑的规划要素及用海影响问题多而全，而单个建设项目用海则考虑得更具体、细致。

4）结构体系上：区域建设用海规划与单个建设项目用海相比更强调系统性、协调性，既要综合考虑用海与周边自然环境、社会经济条件等外部协调性，也要考虑规划用海区域内的功能布局、平面形态和项目布置等内部协调性。

16.1.2.3　海域使用特点

区域建设用海规划项目用海，着重于以下 3 个问题。

（1）**区域建设用海的必要性**

进行区域建设用海需求分析，分析区域建设用海的必要性与可行性。从区域位置、当地社会经济状况、产业结构及发展方向、区域用海项目建设规模及规划需求、土地空间资源开发现状及海域资源开发潜力等方面，阐述清楚区域建设用海的需求性及必要性；从自然环境条件的适宜性、上层次规划的符合性、预期的社会经济效益及其影响方面，总体判断区域建设用海规划实施的社会、经济合理性与可行性。

（2）**区域建设用海的合理性**

开展区域建设用海空间上和时间上的规划。空间尺度上，对规划用海布局方案进行详细介绍，包括规划用海在区域经济发展中的功能定位，规划用海总体布局与功能分区，海域使用类型、方式、范围及面积。同时区域建设用海规划中"三条线"需明确，应明确填海形成的道路（广场）及市政公用设施用地"红线"、绿化用地"绿线"和规划区内应保留的公共水域"蓝线"的范围和面积。时间尺度上，明确规划用海（尤其是围填海）分步实施的计划进度安排、实施方式、阶段控制方法与内容等，同时应明确规划区内已确定项目及近期拟实施建设项目的具体情况，包括项目的名称、具体位置、用海类型、用海方式及面积和建设规模等。

（3）区域建设用海的实施方案

合理确定规划用海的实施条件及保障措施。主要包括规划用海施工方案和填海物料来源，规划实施可能造成的资源环境影响情况及对策防范措施，规划实施保障措施等内容。

此外，区域建设用海规划项目应加强规划用海平面布局方案优化工作。海域及岸线资源是有限和宝贵的，按照建设节约型社会的要求，海域及岸线的使用应当厉行节约。根据国家海洋局《关于改进围填海造地工程平面设计的若干意见》（国海管字〔2008〕37号）的要求，围填海造地工程平面设计要体现离岸、多区块和曲线的设计思路，最大限度地减少对海岸自然岸线、海域功能和海洋生态环境造成的损害，以实现科学利用岸线和近岸海域资源。区域建设用海属于大规模的围填海工程，更要注重规划用海平面设计方案的合理性，做到科学规划用海，充分利用资源。因此，区域建设用海规划编制阶段应开展多个平面设计方案比选工作，依据集约、节约用海及保护海洋生态环境的原则，从规划用海方式、功能分区、总体平面布置、围填海面积、占用及新增岸线长度、提升景观效果和主要经济技术指标等方面对多个用海规划方案进行比选分析，推选出岸线及近岸海域资源利用率高、景观效果好、工程建设规模及经济成本适宜等方面有较好结合的平面布局方案。

对于交通运输用海类型的区域建设用海规划，围填海的实施方案则更侧重于在保障项目用海基本需求及经济技术可行性的基础上，选择能合理利用岸线、提高港口岸线利用率和集疏运效率、保障航运安全的实施方案。

16.1.3 区域建设用海规划项目论证重点把握

开展区域建设用海规划工作的目标是通过对区域用海进行空间上和时间上的合理规划，来满足社会经济不断发展的用海需求，实现科学用海和海域资源的可持续利用。要保障用海规划的科学、合理，就需要对区域建设用海方案的合理性与可行性进行充分论证。

根据区域建设用海规划方案，通过科学的调查、调研、计算、分析和预测，对区域建设用海方案的合理性与可行性做出判断，针对用海方案中不合理的地方，提出合理可行的方案修改和优化建议，从而指导区域建设用海规划方案不断调整、优化。同时，科学合理的海域论证也是区域建设用海规划审批的重要依据，是国家科学用海、规范用海的集中体现，是合理有序开发海洋资源、保护海洋生态环境的重要体现。

做好区域建设用海的海域使用论证工作，关键是要把握论证工作的重点，区域建设用海论证工作应从必要性、合理性与可行性3个层次上进行充分论证。

1）论证区域建设用海的必要性，即论证规划提出的用海需求是否合理、是否符合区域经济发展和产业发展的要求；

2）论证区域建设用海的合理性，即对用海规划提出的选址、规模、平面布局和实施计划的合理性进行充分分析；

3）论证区域建设用海方案的可行性，即分析规划（围填海工程）实施后对区域水动力环境、沿岸泥沙运动和岸滩冲淤变化造成的影响以及由此引发的社会、经济、资源和生态等影响问题，评估区域建设用海方案影响下的资源承载力和生态环境可持续发展潜力，结合区域建设用海的资源效益、经济效益、社会效益和生态效益得出区域建设用海的可行性结论。

当发现区域建设用海对环境、资源产生重大影响时，或者发现区域建设用海平面布置、用海规模及实施方案等存在不合理或需要调整的地方时，提出方案调整或优化建议，从而完善和优化区域建设用海规划。

16.2 案例点评

16.2.1 规划用海基本情况

16.2.1.1 规划概况

根据2010年6月山东省人民政府上报的《董家口港口物流产业聚集区（青岛港董家口港区）区域建设用海规划》，本规划用海基本情况如下：

用海规划名称：董家口港口物流产业聚集区（青岛港董家口港区）区域建设用海规划（以下简称"用海规划"）。

用海规划范围：自董家口半岛往东，包括琅琊台湾至胡家山前嘴的西侧，规划范围为董家口嘴作业区和琅琊台湾作业区西侧岸线的北一突堤、北二突堤、北三突堤和顺岸码头区。

规划用海面积：3 761.5 hm²（其中填海造地及非透水构筑物填海面积共约

1 376 hm^2）。经论证后的规划用海范围发生变化，原规划中的东防波堤不列入规划用海范围，规划用海总面积由 3 761.5 hm^2 调整为 2 408.941 5 hm^2。

截至2012 年5月，规划用海范围内已确权项目面积326.571 8 hm^2，已预审、评审通过的项目填海面积共 251.798 3 hm^2。

规划用海性质：交通运输用海类型，用海方式包括填海造地、构筑物和港池等。

规划功能定位：重点为临港工业服务的杂货、干散货、液体散货等提供运输服务，逐步发展成为青岛港南翼的大型综合性港区和大宗干散货运输基地。

规划期限：2010—2014 年（根据区域建设用海实际情况，经论证后规划期限调整为 2011—2015 年）。

16.2.1.2　规划位置

董家口港口物流产业聚集区（青岛港董家口港区）区域建设用海规划用海区域则位于青岛市西南胶南市辖区的琅琊台湾海域。地理坐标为：35°35′48.6″N，119°47′16.3″E。"用海规划" 地理位置见图 16 – 1 和图 16 – 2。

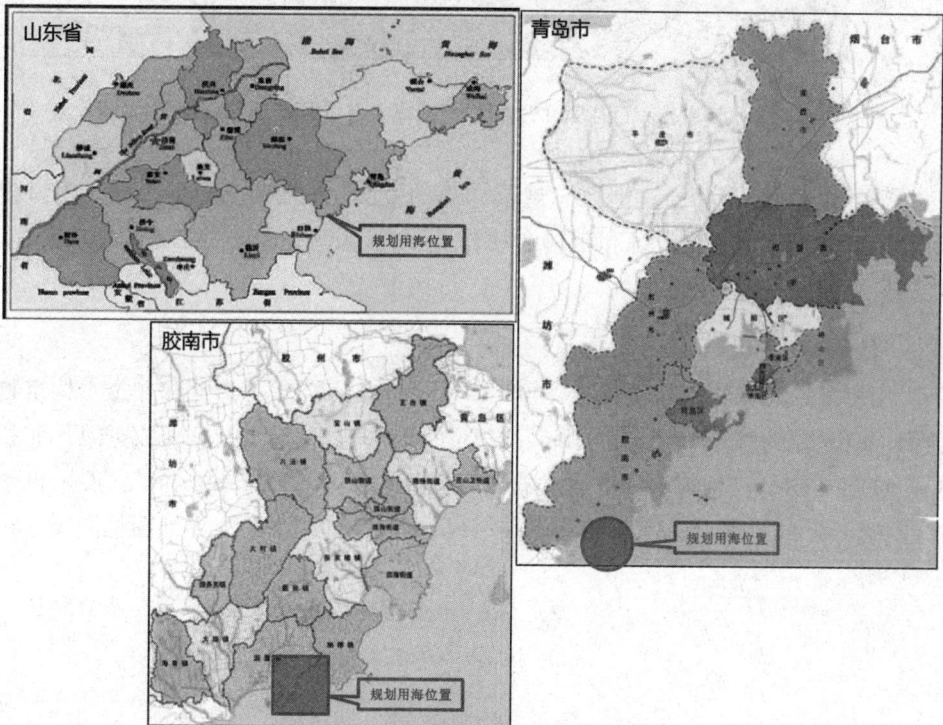

图 16 – 1　"用海规划" 地理位置图

图 16 - 2 　"用海规划"范围及面积（底图为 2012 年 1 月 5 日 Landsat 卫星图片）

　　"用海规划"与董家口港区总规及详规的叠置示意图见图 16 - 3，"用海规划"范围为董家口嘴作业区和琅琊台湾作业区西侧岸线的北一突堤、北二突堤、北三突堤和顺岸码头区。

16.2.1.3　规划用海情况

　　用海规划海域使用面积共约 2 408.941 5 hm²，其中填海造地和非透水构筑物填海面积共约 1 345.857 4 hm²，填海面积包括港内已确权项目面积 326.571 8 hm²，已预审、评审通过的项目填海面积共 251.798 3 hm²。占用自然岸线约16.4 km。用海面积情况见表 16 - 1。填海造地用海宗海界址图见图16 - 4。

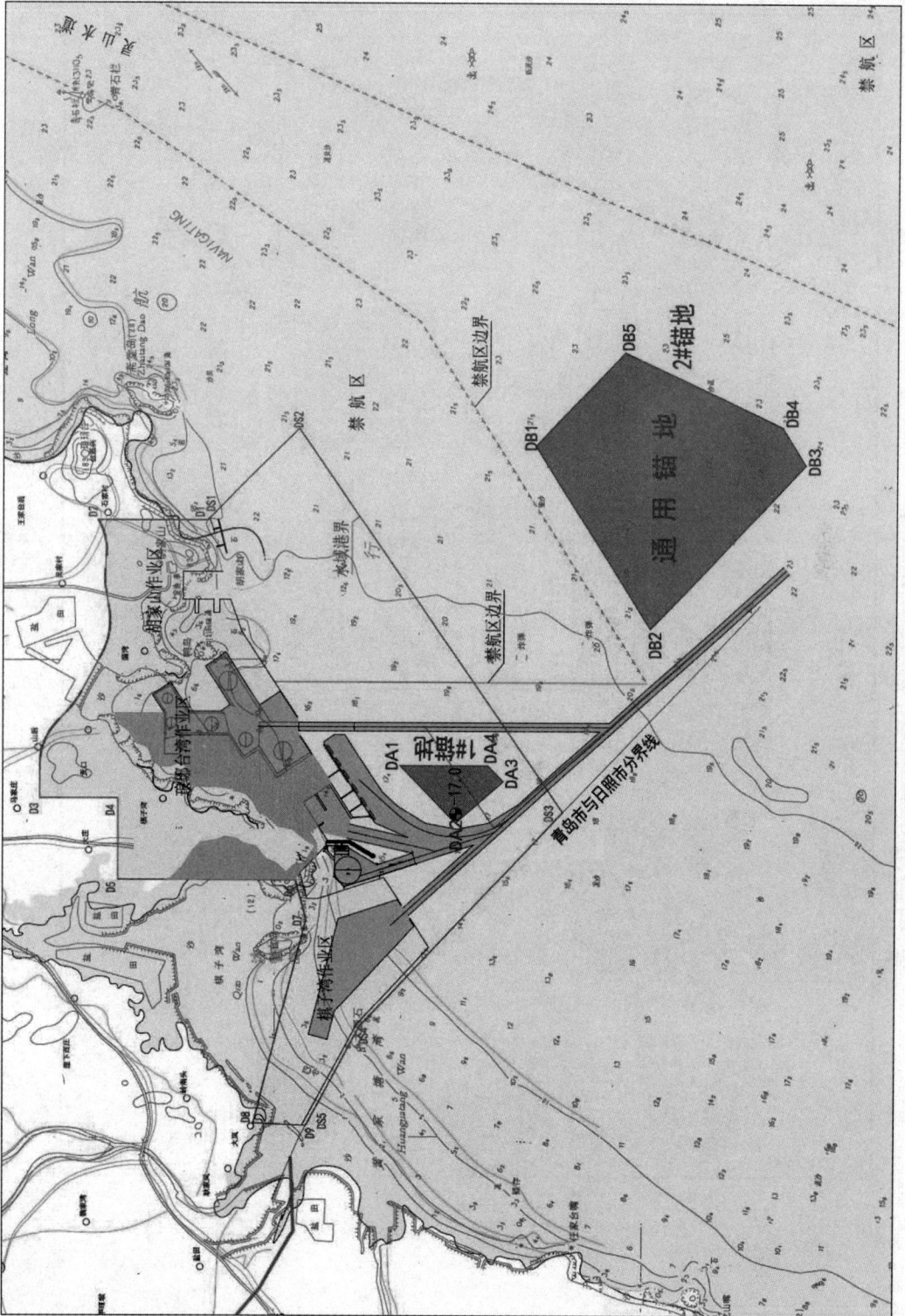

图16-3a "用海规划"填海造地与港区总规位置

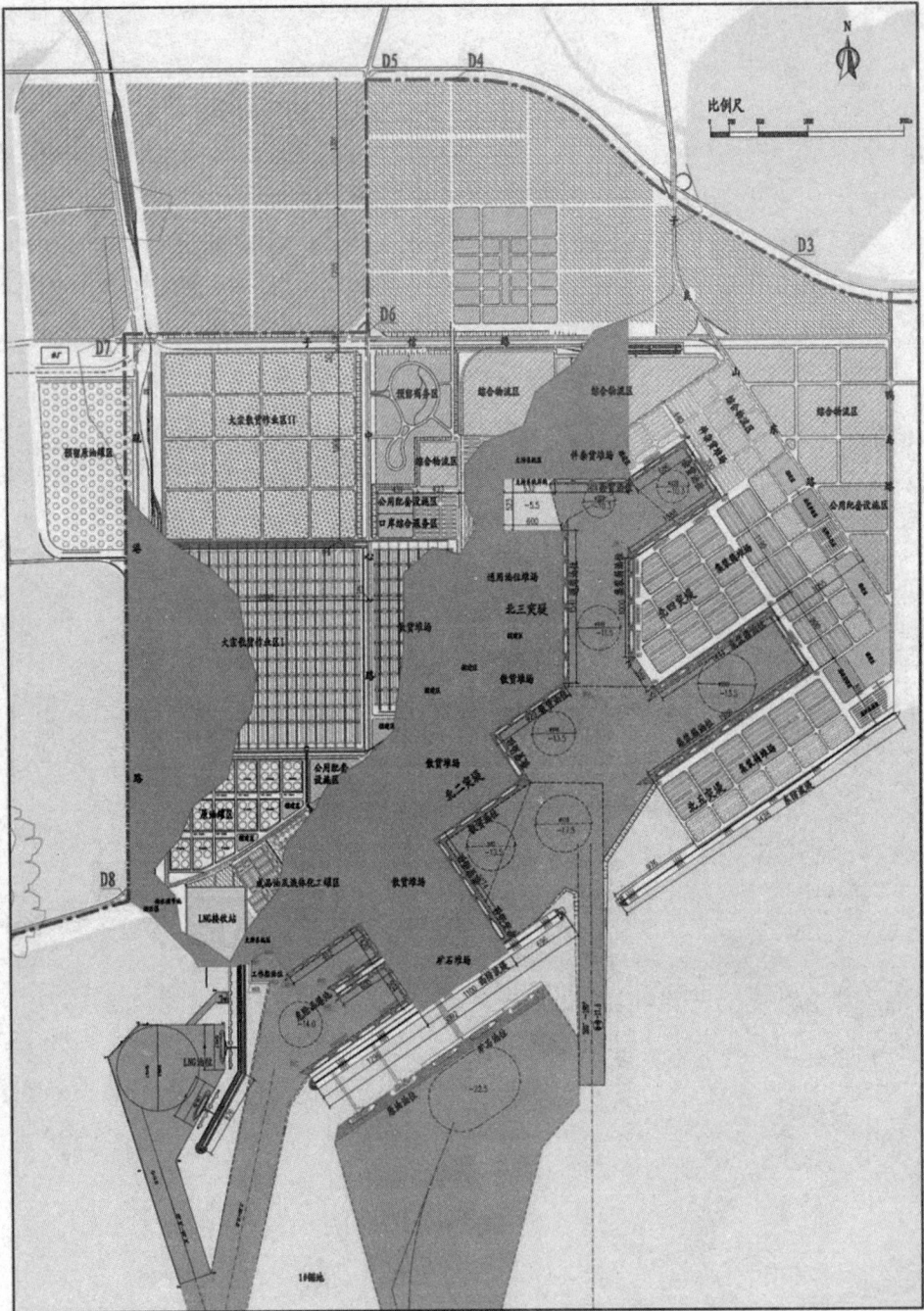

图 16－3b　"用海规划"填海造地与港区详规位置

表 16 – 1　规划用海面积

序号	项目		面积 （hm²）	合计 （hm²）
1	围填海	码头结构、后方陆域	1 302.54	1 302.54
2	非透水构筑物用海	LNG 防波堤兼码头	18.33	43.31
		LNG 工作船码头	0.12	
		董家口嘴作业区工作船码头	0.84	
		董家口嘴作业区突堤码头	3	
		董家口嘴作业区防波堤兼码头	16.98	
		琅琊台湾作业区西防波堤	4.04	
3	透水性构筑物用海	LNG 栈桥码头	3.95	14.16
		30 万吨级油码头 a	1.2	
		30 万吨级油码头 b	1.2	
		矿石码头	7.82	
4	港池用海	琅琊台湾作业区港池	525.51	1 048.93
		油、矿石码头港池	194.46	
		董家口嘴作业区港池	166.58	
		LNG 码头港池	162.38	
总计				2 408.94

注：填海面积包括已确权、已评审项目面积共 578.370 1 hm²。

16.2.1.4　自然环境条件

本规划海域东南濒临黄海，属海洋性气候。本区年平均气温 12.2℃。年平均降水量 794.9 mm，降水多集中于 6—9 月份。年平均雾日数 16.9 天。

本区强风向为 ENE 向，最大风速 12.8 m/s，次强风向为 NE 向，风速 11.8 m/s。常风向为 NW 向，频率 11.2%，次常风向为 NNW 向，频率 8.5%。据调查历史上本区曾出现过 23 m/s 的大风，20 m/s 以上的大风多由台风造成。

本海区多以涌浪为主的风涌混合浪，外海传入的波浪对本海区的影响大于风成浪，波向分布率最高的是 ESE—SSE 向，常浪向为 SE 向。

以董家口理论最低潮面起算，董家口海域最高高潮位为 5.185 m，最低低潮位为 -0.145 m，平均高潮位为 4.265 m；平均低潮位为 1.455 m，最大潮差为 4.79 m；平均潮差为 2.94 m；平均海平面为 2.825 m。董家口海域属正规半日潮型。涨落潮流基本集中在 NE 向和 SW 向上，潮流表现为往复流性质。受董家口嘴突出岬角影响，该区域海流流速较大，本海区最大可能潮流速为 1.2 m/s

左右。

　　工程海域沉积物主要有粉砂质砂（TS）、砂质粉砂（TS）、黏土质粉砂（YT）等细颗粒物质，且在整个海区都有分布，粗颗粒物质仅在局部海域分布，此外工程东侧海域海底沉积物较粗，为砾砂。本区泥沙来源有河流输沙、海岸侵蚀来沙、残留沉积和海底侵蚀来沙等。

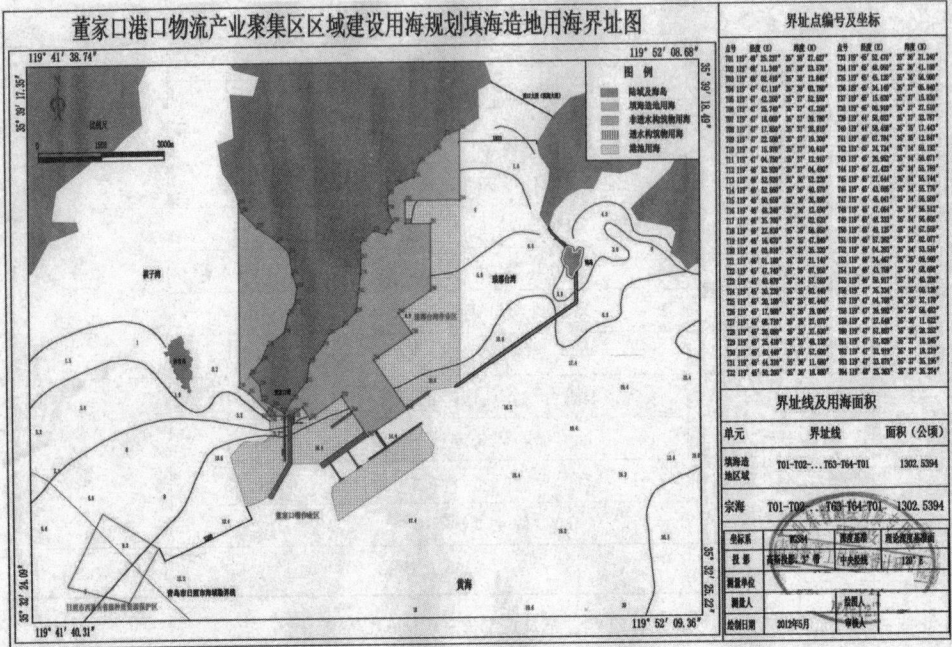

图 16 - 4　填海造地用海宗海界址图

　　工程区域地处鲁东南丘陵区的边缘，地势北高南低，但起伏不大，以高程 50 ~ 60 m 之下的波状剥夷准平原为主要特征；海岸蜿蜒曲折、岬湾相间，是较典型的岬湾式海岸。琅琊台湾及其周边在大地构造上处于新华夏第二隆起带次级构造——胶南隆起的东部，南黄海盆地的西部。出露地层仅有元古界胶南群和第四系更新统、全新统。出露的岩浆岩是元古代的酸性和中性岩体。中生代燕山运动的侵入岩体。

　　根据地质勘察结果，该区域岩土层分布较有规律，自上而下主要分为四大层。第一大层为海相沉积层，即①淤泥质粉质黏土；第二、三大层为陆相沉积层，其中第二大层包括②₁粉质黏土、②₂粉土两个亚层，第三大层为③残积土；第四大层为基岩：④强风化岩。勘察结果表明规划区属稳定区域，未发现与工程建筑有关的不良地质现象，适宜建筑。该区内基岩埋藏深度适宜，为重力式码头良好的持力层。综合岩面高程及风化程度看，区内具备建设大、中型泊位的条件。由岩面等值线图看出，该区域岩面大体呈东西两侧埋藏较浅，中部埋藏较深，北部埋藏较浅，南部埋藏较深的趋势；鸭岛东、南部岩面变化较大。整个规划区内淤泥质土较厚，近岸渐薄。若形成陆域需清淤或做专门的软基处理。

工程拟建场地陆区和海区未来50年超越概率10%的地表加速度峰值分别处于0.05 g区和0.10 g区，对应的地震烈度分别为Ⅵ度和Ⅶ度。

16.2.1.5　海域开发利用现状

"用海规划"海域内和海域周边用海活动主要有养殖用海、港口用海、旅游用海等，具体情况如下。

（1）海水养殖开发利用现状

根据胶南市海洋与渔业局普查资料，规划区域周边海域（琅琊台湾、棋子湾等）包括池塘养殖、底播增殖、筏式养殖和网箱养殖等几种养殖方式。港区内已进行部分海上养殖区清点补偿，养殖区及清点范围现状见图16-5。

琅琊台湾湾顶贡口大坝北侧主要为虾池及盐田，分别为青岛西海岸渔业科技有限公司的虾池2 450亩（163.3 hm²）、青岛瑞滋海珍品发展有限公司的虾池2 180亩（145.3 hm²）及青岛龙泉盐场3 000亩（200 hm²）。琅琊台湾东岸大沟村有1处养殖码头为西杨家洼渔港，码头泊位长约80 m，主要为附近海域网箱养殖卸货渔船服务。琅琊湾东邻杨家洼湾内有1处东杨家洼渔港，码头长380 m，可停靠30吨以下渔船300条，年进出港渔船28 000条，年吞吐量1.4×10⁴ t，港区内建有渔船修造、供油、供水、供冰等设施。

棋子湾沿岸胶南至日照一线分布有大量盐田，其中棋子湾东岸盐田已由规划建设的西护岸工程征用。

（2）港口资源开发利用现状

青岛港董家口港区三面环海，近海水深平均12 m，具备建设深水大港的条件。目前，青岛港董家口港区规划区域内已有多个项目正在进行施工或相关的前期工作：青岛港董家口港区防波堤工程、青岛港董家口港区北一突堤东围堰兼西防波堤施工引堤工程、青岛港董家口港区北二突堤后方围堰及堆场吹填工程（一期、二期）、青岛港董家口港区北一突堤后方围堰及堆场吹填工程（一期、二期）、青岛港华能通用码头工程、山东液化天然气（LNG）工程、贡口船厂、青岛港矿石码头项目、青岛董家口大唐码头工程、西护岸及堆场回填工程一期工程、西护岸及堆场回填工程二期工程—散货堆场回填区、西护岸及堆场回填工程二期工程——物流园回填区以及航道、锚地等。

（3）滨海旅游资源开发利用现状

琅琊台风景名胜区的景观包括琅琊台、琅琊台下的龙湾、环台沿海风景带及台前斋堂岛上的古迹和自然风光。"用海规划"距离斋堂岛最近约 9 km,距琅琊台及附近海滨在 7 km 以上。

此外,根据山东省海洋功能区划,"用海规划"距离日照海滨旅游区最近约 9 km。

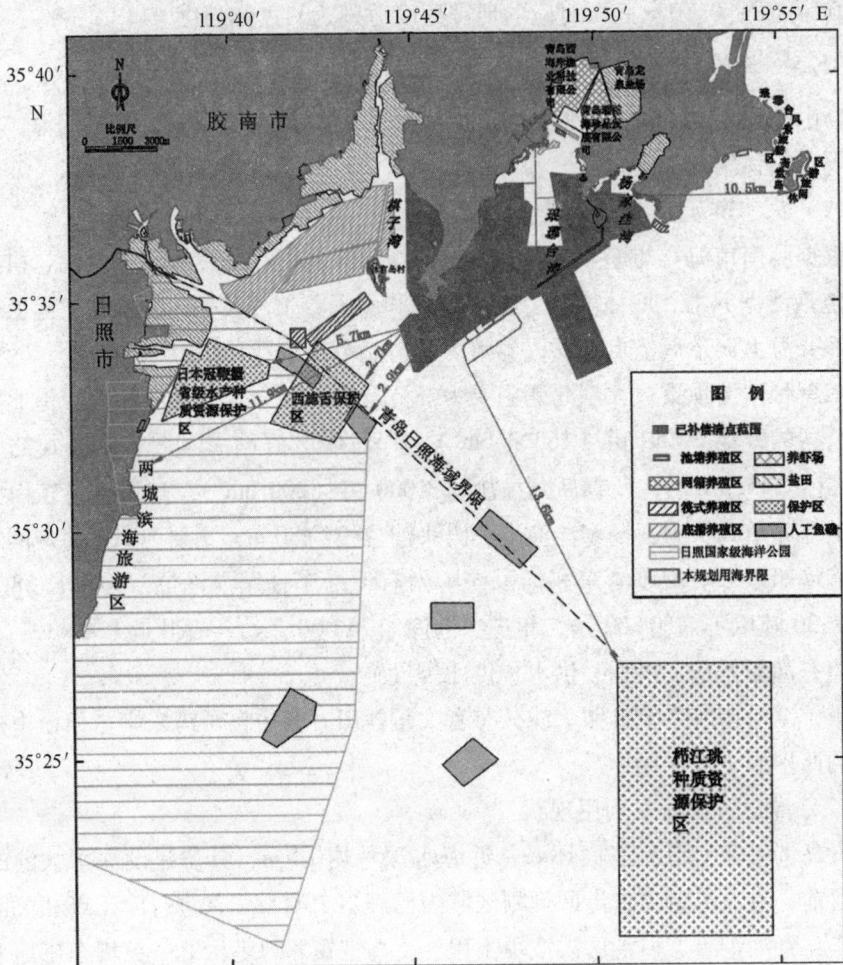

图 16 - 5　"用海规划"附近海域现状

(4) 海岛开发利用现状

"用海规划"临近海岛有沐官岛和鸭岛,其中鸭岛为无居民海岛。

(5) 水利资源开发利用现状

"用海规划"所在琅琊台湾顶贡口大坝始建于 20 世纪 60 年代,大坝以北内湾现为养殖池,根据《青岛市琅琊港城总体规划(2009—2020 年)》,贡口大坝以北内湾规划为城市内湖。

"用海规划"西侧棋子湾，根据《青岛市琅琊港城总体规划（2009—2020年)》，棋子湾水域将规划建设水库，规划沐官岛水库将为南部规划区提供水源，南部工业区分布于横河两侧，以高新技术产业和临港产业为主，主要包括海洋高新科技产业、物流产业、钢铁冶金、石化产业、装备制造业等。

（6）日照市北部海域开发利用现状

根据日照市海洋局提供的相关资料，日照北部海域内用海项目包括海水浴场、桃花岛风情园、万宝池塘养殖、万宝滩涂养殖、东港北部浅海养殖、渔港码头、修造船厂、帆船比赛场地、太公岛游乐园项目、排污区等。其中滩涂养殖用海面积 23.43 hm^2；浅海养殖用海 124 个，面积约 9 511.00 hm^2；渔港用海 5 个，排污区用海 1 个，污染防治区 1 个，科学实验区 1 个，海水浴场 7 个，旅游用海 5 个。

日照北部海域内还分布有日本冠鞭蟹省级水产种质资源保护区、日照海域西施舌国家级水产种质资源保护区、栉江珧种质资源保护区及多块人工鱼礁区。

16.2.1.6　海域使用权属现状

截至 2012 年 5 月，"用海规划"区域内及周边已开展项目用海情况见表 16-2、表 16-3，填海项目分布见图 16-6、图 16-7。

表 16-2　开放式用海情况

编号	项目名称	用海面积（hm^2）	审批情况
1	华能通用泊位和续建泊位港池	55.159	用海已批复
2	琅琊台湾作业区北航道	111.7	用海已批复
3	董家口嘴进港航道	636.432 7	用海已批复
4	贡口船厂	44.59	用海已批复
5	大唐码头（一期）港池	28.185 9	用海已批复
6	青岛港矿石码头港池	60.579 8	已预审通过
7	LNG 项目港池	132.078 8	已预审通过
8	港投通用泊位一期工程	62.843 3	已评审通过
9	港投通用泊位二期工程	2.299 1	已评审通过
	合计	1 133.868 6	

表 16-3 董家口已开展填海项目情况

编号	项目名称	填海面积（hm²）	审批情况
1	东西防波堤	46.734 1	用海已批复
2	西防波堤二期工程	18.522 0	用海已批复
3	西防波堤施工引堤	22.466 8	用海已批复
4	北一突堤堆场一期工程	31.030 0	用海已批复
5	北二突堤堆场一期工程	33.966 9	用海已批复
	西护岸堆场一期工程	33.453 0	用海已批复
6	鲁能通用泊位和续建泊位	59.518 3	用海已批复
7	贡口船厂	8.388	用海已批复
8	大唐码头（一期）	14.471 0	用海已批复
9	北一突堤堆场二期工程	25.449 0	用海已批复
10	北二突堤堆场二期工程	32.572 7	用海已批复
已批复项目填海面积小计		326.571 8 hm²	
11	LNG 项目	29.931 5	已预审通过
12	青岛港矿石码头	91.906 0	已预审通过
13	西护岸堆场二期工程—物流区项目	45.740 0	已预审通过
14	西护岸堆场二期工程—散货堆场项目	47.883 6	已预审通过
15	港投通用泊位一期工程	23.437 3	已评审通过
16	港投通用泊位二期工程	12.899 9	已评审通过
已评审通过项目填海面积小计		251.798 3 hm²	
合计		578.370 1 hm²	

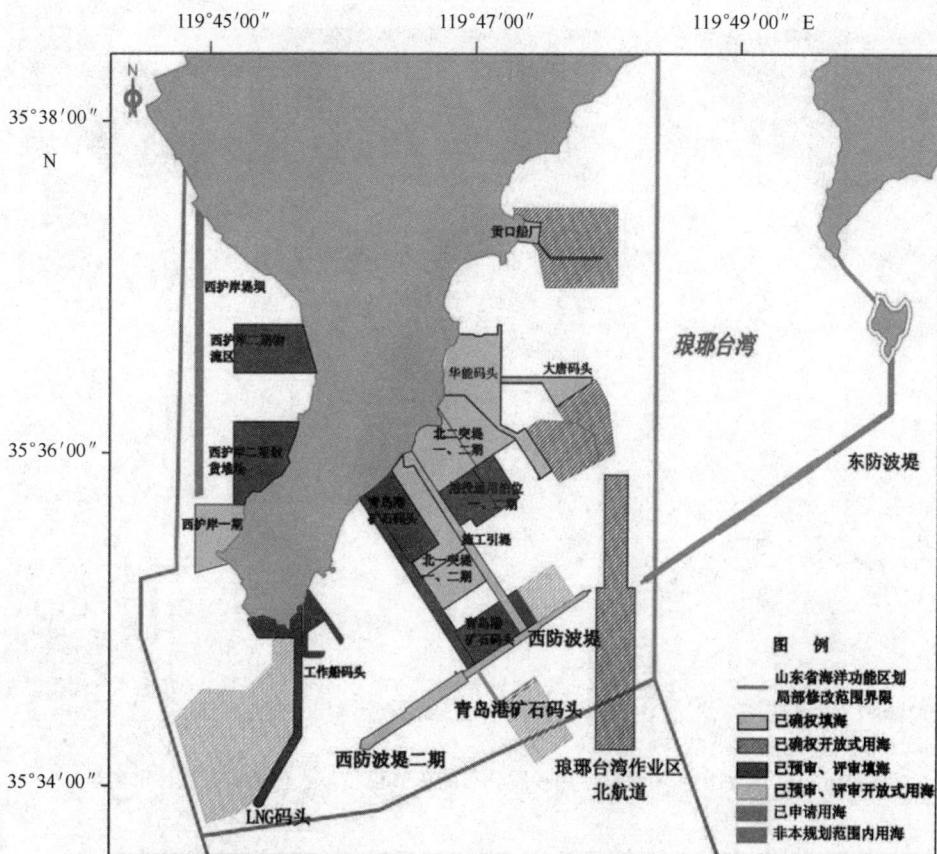

图 16 - 6　海域使用权属现状（已批复、已预审及已评审项目）

16.2.2　规划用海论证内容及点评

16.2.2.1　规划用海必要性

16.2.2.1.1　区域建设用海需求

董家口港区直接经济腹地包含山东省、青岛市和胶南市三个层次。作为青岛港可持续发展的重要港区，董家口港区具有青岛港相同的间接腹地，主要包括河北南部、河南北部、山西南部、陕西北部等地区。腹地经济发展对港口的运输需求主要表现在如下几个方面：

1）满足胶南董家口重工业基地物资运输需求；

2）适应山东省制造业发展和青岛市产业调整的需要；

3）满足腹地外贸铁矿石进口运输需求；

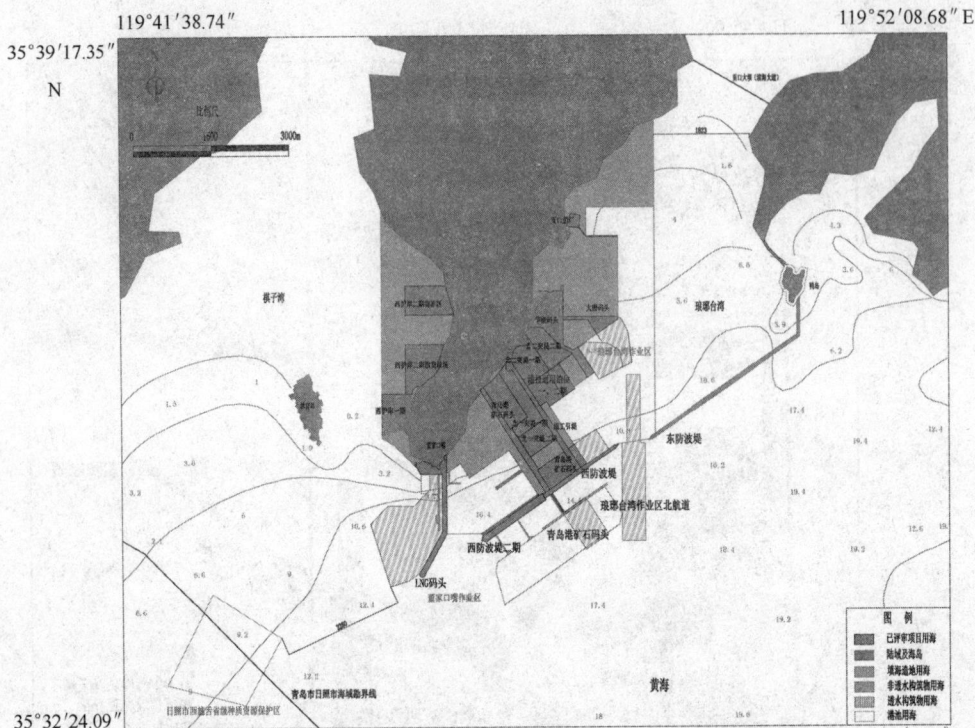

图 16-7　规划用海中海域使用权属分布情况（已批复、已预审及已评审项目）

4）满足中西部地区经济发展的对外运输需求；

5）承担腹地能源大省出海的运输需求。

16.2.2.1.2　区域建设用海实施的必要性

（1）青岛港的发展需求

青岛港是山东省最大的沿海港口、长江以北最大的外贸口岸、我国"北煤南运"出海口、外贸铁矿石进口枢纽和集装箱国际主干线港。但是近年来，青岛港也面临着内外双重压力。

1）面临周边港口激烈的竞争，青岛港仅仅依托黄岛区发展起来的集装箱港区、油港区和散货作业区，发展空间受到极大限制。

2）2007 年青岛港综合能力适应度达到 1∶1.6，特别是金属矿石和集装箱两大货种的吞吐量远远超出泊位通过能力。青岛港综合通过能力表现严重不足。

3）青岛港的矿石、煤炭和外贸集装箱码头几乎全部布置在前湾港区，运输组织方式决定了这三大类货物需要采用陆路运输集疏。前湾港区拥堵的集疏运通道不但增加了港口和货主的运输成本，还加剧了港区的堆存压力，严重影响到港区周边的社会环境。

总之，青岛港是我国沿海主要港口，是我国综合交通运输体系的重要枢纽，是山东沿海港口群的核心，随着港口规模的不断扩大，启动董家口港区开发建设，是顺应区域经济发展的需求的。

（2）董家口港区的发展需求

1）董家口港区区域建设用海，是优化和调整青岛港口功能布局，实现青岛港可持续发展的战略决策和百年大计。

2）董家口港区区域建设用海，是充分利用青岛港独特地理位置，优化城市职能，实现产业布局调整乃至升级换代，增强经济发展后劲的需要。

3）董家口港区区域建设用海是满足临港产业区物资运输需求的需要。

4）董家口港区区域建设用海是顺应目前港区招商引资和开发建设形势需要。

"用海规划"的实施与运营，将充分带动区域经济的发展，增强城市核心竞争力，同时，港区的建设需要一定数量的职工，可给当地居民提供就业机会，减轻社会就业压力，促进社会安定，有良好的社会效益。由于上述建设项目需要配套大面积港区陆域，结合港口规划围填海形成陆域已是迫在眉睫，"用海规划"建设虽然会对部分环境资源特别是海洋生态环境资源带来一定影响，但通过拆迁补偿、生态补偿和落实环保措施后，可在一定程度上减轻对环境资源的损害，且"用海规划"的实施对区域社会、经济的不断发展具有良好的效益。

16.2.2.1.3　规划用海必要性

本区域建设用海所在海域海洋功能区划为港口及临港工业区，用海类型属于交通运输用海，用海方式包括填海造地、构筑物用海、港池围海等。

由于交通运输用海的特殊性，港口物流产业聚集区的建设必须依托港口，不能脱离离港区，这也是港区的性质和区域自然条件共同决定的。用海规划必要性主要体现在以下几个方面。

1）港口及临港工业的发展必须邻海。由于临港经济具有产业集聚度高、产业影响力深、经济拉动力强等特点，临港工业区与港区的发展是相辅相成的，因此为形成港区和临港工业区的有机结合，减少商流、物流、资金流、信息流在区域内的损耗成本，规划用海需考虑到港区和临港工业的协调一致，因此为满足港口及临港经济的用海需求，在后方陆域土地有限的现状下，只有通过填海造地才能满足港区建设和发展的需求。

2）现有土地资源紧张。本"用海规划"位于董家口海域，董家口半岛三面环海，规划码头后方土地资源局限于狭长半岛内，规划北侧边界内的现有土地面积约 1 435 hm^2，土地资源的现状无法满足港区规划陆域 2 738 hm^2 的建设需求。因此，需要通过填海造地来保证港区规划的实施和港区的发展。

3）推荐港区规划岸线采用多突堤、多折线的布置方式，可有效利用有限的海湾资源，通过合理的布置，可形成利用率较高的土地资源，不仅可以减少单一取直填海所带来的经济、生态环境压力，还可通过防波堤等非透水构筑物用海，形成合抱式港湾，增加泊位数量和形成良好泊稳条件，因此，防波堤、码头等构筑物用海是必需的。同时港口和临港工业的用海，必然不能离开海上船舶的交通航行及相关辅助用海设施，因此港池用海是必要的。

4）港区规划岸线主要采用多突堤、多折线的布置方式，但董家口港区靠近棋子湾一侧填海区域规划为平直岸线。根据港区总体规划，港区规划铁路及道路需满足"尽量靠近规划区域边缘"及"尽量减少铁路与港区、临港产业区内公路、皮带长廊、管廊等公共设施的交叉干扰"的规划原则，并综合考虑规划铁路接入口位置及规划作业区分布等情况，最终将港区规划铁路港湾站及疏港一路南段布置于棋子湾东侧填海区域沿岸。同时，为满足规划铁路及疏港一路的使用要求，并使得车流能在港区顺畅运行，根据港区规划铁路"直进直出"的规划思路，将该段岸线布置为平直岸线，符合港区总体规划。棋子湾东侧填海区域采用平直岸线的用海方式是必要的。

5）目前董家口港区内开发建设项目日益增多，为规范港区项目用海、加强围填海计划管理，做到集约、节约用海，规划用海的实施也是非常必要的。

总而言之，本"用海规划"实施后，港口物流产业聚集区可形成一定作业规模，且相关辅助用海均可满足日后用海需求，可实现港区功能布局的客观要求，并保障港区的建设和有效运行。因此董家口港口物流产业聚集区（青岛港董家口港区）区域建设的用海是必要的。

关注要点：

从产业政策、区域发展需要、市场需求、自身发展需要、规划总体布置以及海域特征等方面论述规划用海必要性，港口建设类规划用海的必要性应分别从港口腹地经济发展等方面分析论述，从港口建设的特点阐述规划用海的必要性。

优点：

从青岛港口布局的整体要求、港口腹地经济发展对港口的运输需求两个方面，分析了董家口港区建设的必要性；从董家口港区及临港产业区发展需求、青岛港口布局调整要求方面分析了港口建设的紧迫性和必要性；结合港区用海特征及所在海域特征，分析了规划用海的必要性。由腹地经济到自身发展需求逐一分析阐述，项目建设必要性分析比较全面。

不足：

规划用海必要性的论述重点、层次尚需进一步梳理完善，应突出港址区位及自然条件、港口在全国港口布局中的地位、青岛市产业布局调整及港口总体布局完善的有关论述。

16.2.2.2　规划用海平面布置、实施方案

16.2.2.2.1　规划用海平面布置

（1）"用海规划"调整情况

1）预审用海规划。2010 年 1 月 23 日，山东海洋与渔业厅在青岛胶南主持召开了《董家口港口物流产业聚集区（青岛港董家口港区）区域建设用海规划》预审会，预审的用海规划用海范围见图 16－8。

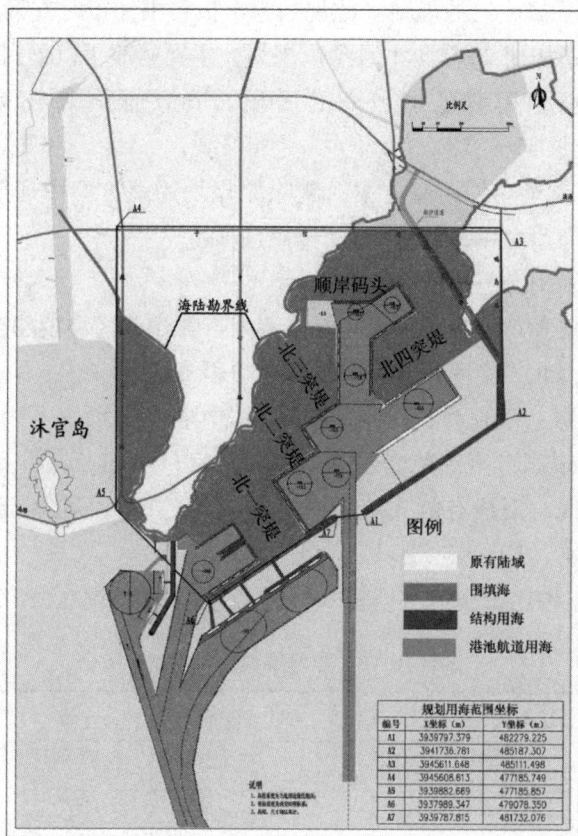

图 16－8　2010 年 1 月预审后"用海规划"范围

本次用海规划主要包括码头作业区（北一、北二、北三、北四和顺岸码头作业区）、物流区、综合服务区。规划填海面积为 18.86 km²，占用岸线情况见表 16－4。

表 16 - 4　自然岸线利用情况

	棋子湾岸线	董家口半岛岸线	贡口—鸭岛岸线	鸭岛—胡家山前嘴岸线	总计
岸线总长	8.8 km	9.6 km	4.6 km	6 km	29 km
预审后规划利用	6.8 km	9.6 km	3.77 km	0	18.05 km

2）国家海洋局审查修改后用海规划。2010 年 4 月 8 日，国家海洋局对规划进行了审查，青岛市人民政府对用海规划进行修改后，山东省海洋与渔业厅于 2010 年 6 月上报了修改后的规划（此规划为本报告书评审时方案）。

此次用海规划相比 2010 年 1 月预审规划，主要修改了以下内容。

A. 缩减了规划用海区围填海的面积，填海面积由 18.86 km^2 缩减到 13.03 km^2，缩减了 31%；

B. 进一步优化了规划用海方案，删除原规划用海方案中远期用海区，调整方案避开了鸭岛周边海域，避免了对鸭岛的破坏。

修改后的规划用海范围见图 16 - 9。

本次用海规划青岛港董家口港区规划董家口嘴作业区和琅琊台湾作业区西侧岸线的北一突堤、北二突堤、北三突堤和顺岸码头区。

本次规划用海总面积为 3 761.5 hm^2，其中填海面积约 1 303 hm^2，填海形成的作业区包括琅琊台湾作业区西侧岸线和董家口嘴作业区，用海规划占用自然岸线约 16.4 km，形成有效人工岸线总长约 19.0 km，共可形成货运泊位数 52 个。

"用海规划"占用岸线情况见表 16 - 5，用海面积情况见表 16 - 6。

表 16 - 5　自然岸线利用情况

	棋子湾岸线	董家口半岛岸线	贡口—鸭岛岸线	鸭岛—胡家山前嘴岸线	总计
岸线总长	8.8 km	9.6 km	4.6 km	6 km	29 km
修改后规划利用	6.8 km	9.6 km	0 km	0	16.4 km

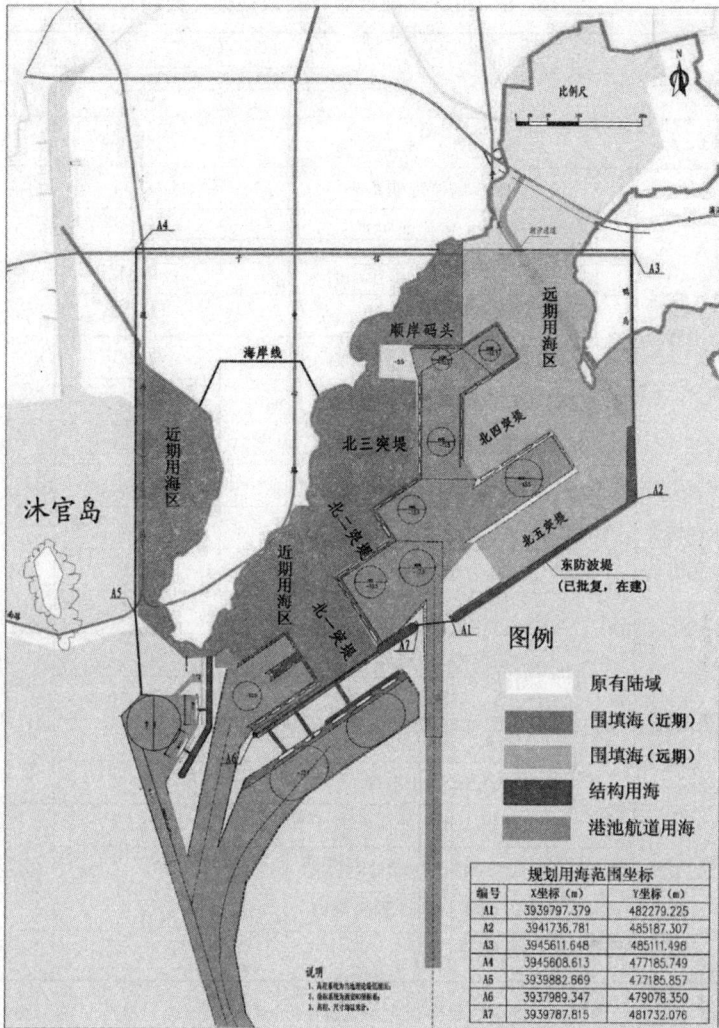

图 16 – 9　2010 年修改版"用海规划"范围

表 16-6　2010 年修改版"用海规划"面积

序号	项目		面积 （hm²）	合计 （hm²）
1	围填海	码头结构、后方陆域	1 302.54	1 302.54
2	非透水构筑 物用海	LNG 防波堤兼码头	18.33	73.86
		LNG 工作船码头	0.12	
		董家口嘴作业区工作船码头	0.84	
		董家口嘴作业区突堤码头	3	
		董家口嘴作业区防波堤兼码头	16.98	
		琅琊台湾作业区西防波堤	4.04	
		琅琊台湾作业区东防波堤	30.25	
3	透水性构筑 物用海	LNG 栈桥码头	3.95	14.16
		30 万吨级油码头 a	1.2	
		30 万吨级油码头 b	1.2	
		矿石码头	7.82	
4	港池用海	琅琊台湾作业区港池	525.51	1 048.93
		油、矿石码头港池	194.46	
		董家口嘴作业区港池	166.58	
		LNG 码头港池	162.38	
5	航道用海	琅琊台湾作业区航道	51	1 322
		董家口嘴作业区、30 万吨级油码头、 矿石码头、LNG 码头航道	1 271	
总计				3 761.5

注：填海面积包括已确权、已评审项目面积共 578.370 1 hm²。

3）最终"用海规划"情况。按照 2012 年 1 月 8 日的《董家口港口物流产业聚集区（青岛港董家口港区）区域建设用海规划海域使用论证报告书评审意见》（以下简称"评审意见"）要求，"用海规划"进一步进行了优化和调整。调整内容主要包括以下几点。

A. 按照国家海洋局批复的《山东省海洋功能区划局部修改方案》要求，删除 2010 年修改版"用海规划"范围中的东防波堤用海；

B. 按照"评审意见"的要求，删除 2010 年修改版"用海规划"范围中的航道用海。

最终优化后的"用海规划"范围包括：青岛港董家口港区规划董家口嘴作

业区和琅琊台湾作业区西侧岸线的北一突堤、北二突堤、北三突堤和顺岸码头区。

最终"用海规划"海域使用面积共约 2 408.941 5 hm², 其中填海造地和非透水构筑物填海面积共约 1 345.857 4 hm², 填海面积包括港内已确权项目面积 326.571 8 hm², 已预审、评审通过的项目填海面积共 251.798 3 hm²。占用岸线情况与 2010 年修改版"用海规划"相同, 占用自然岸线约 16.4 km。

（2）功能布局

《青岛港董家口港区总体规划》中, 董家口港区是青岛港的重要组成部分, 是青岛港优化港口布局和实现可持续发展的重要依托, 是胶南市及腹地经济和临港产业发展的重要支撑。董家口港区以大宗散货、液体化工品及杂货运输为主, 逐步发展成为服务腹地物资运输和临港产业开发的综合性港区。

《青岛港董家口港区控制性详规》中, 董家口港区划分为琅琊台湾作业区、董家口嘴作业区和预留发展的棋子湾作业区、胡家山作业区。琅琊台湾作业区以大宗干散货和通用散杂货运输为主; 董家口嘴作业区以液体散货运输为主。

本"用海规划"是依据《青岛港董家口港区总体规划》、《青岛港董家口港区控制性详规》而确定的, 规划范围包括: 青岛港董家口港区规划董家口嘴作业区和琅琊台湾作业区西侧岸线的北一突堤、北二突堤、北三突堤和顺岸码头区。在港区总体规划的基础上, 本次用海规划功能区布局按照以码头作业区为核心, 物流区和港口预留发展区为依托的原则, 依照辐射带理念, 自海向陆依次布置为码头作业区、物流区和综合服务区。

1）码头作业区。码头作业区是港口核心功能区, 主要包括码头前沿作业地带、堆场及仓库, 还包括生产辅助设施、其他配套设施等。码头作业区分为散货码头作业区、通用码头作业区、杂货码头作业区、液体散货码头作业区等。

A. 散货（大宗干散货）码头作业。规划琅琊台湾作业区北一突堤北侧、北二突堤、北三突堤南侧、外侧 3 个开敞式码头为散货作业区, 岸线根据岩面埋深情况布置为折线状, 共布置 3.5 万吨级以上散货泊位 18 个（其中开敞式码头 3 个）, 18 个散货码头生产作业区面积为 918 hm²。

B. 通用码头作业区。规划琅琊台湾作业区北三突堤东侧为通用码头作业区, 岸线布置为直线, 共布置 3.5 万吨级以上通用泊位 6 个, 码头岸线总长度为 1 541 m。码头作业区纵深为 1 058.8 m。通用码头生产作业区面积为 193.1 hm²（含在建贡口船厂地块）。

C. 杂货码头作业区。规划琅琊台湾作业区北侧顺岸码头为杂货码头作业区, 岸线布置为直线, 共布置 1 万吨级以上杂货泊位 4 个, 码头岸线总长度为 764 m。码头作业区纵深为 410 m。码头生产作业区面积为 31.4 hm²。

D. 液体散货码头作业区。规划董家口嘴作业区为液体散货作业区,共布置原油、成品油、液体化工、LNG 泊位 23 个,码头岸线总长度为 6 815 m。作业区后方中心路两侧共布置液体散货作业区二块,分别为原油作业区,成品油、液体化工、LNG 作业区,其面积分别为 135 hm², 223.6 hm², 总计 358.6 hm²。

2) 物流区。根据港区功能的定位,主要设置大宗干散货物流区、综合物流区、铁路作业区等。

A. 大宗散货物流区 。规划大宗散货物流区位于后方散货作业区 I 以北、子信路以南、中心路以西,占地面积约 395 hm²。

B. 综合物流区。规划综合物流园区一块位于杂货码头作业区和子信路之间、一块位于中心路、子良山东路和鸭岛路之间,占地面积约为 154 hm²。

C. 铁路作业区。铁路装卸作业区将为整个琅琊台湾作业区和董家口作业区的铁路集疏运需求服务,紧临码头作业区和物流区布置。铁路装卸作业区占地面积共约 130 hm²。

3) 综合服务区。综合服务区将服务于琅琊台湾作业区和董家口嘴作业区,包括公用配套设施区、港口商务区、支持系统区、口岸综合服务区等。

A. 公用配套设施区。主要设置有变电站、给水调节站、沉淀池、污水处理站、消防站、加油站、换热站等。公用配套设施区占地面积共约 56.6 hm²。

B. 港口商务区。主要设置综合办公、金融服务和通信信息服务等设施。布置在中心路东侧,在建贡口船厂西北侧,占地面积共约 77 hm²。

C. 支持系统区。集中布置海事、导助航、安监、救捞、海上消防等港口管理或服务部门。布置在湾底贡口船厂北侧,紧邻顺岸杂货泊位布置。另在董家口作业区 LNG 码头引堤根部北侧,规划工作船码头。支持系统区占地面积共约 21.3 hm²。

D. 口岸综合服务区。主要设置海关、检验检疫、边防等部门的监管设施和办公场所,设置在中心路东侧、在建贡口船厂西侧的公用配套设施区南侧。口岸综合服务区总占地面积共约 9 hm²。

各功能分区位置见图 16 - 10。

(3) 用海规划专项规划

"用海规划"还包括岸线利用规划、集疏运规划、绿化系统规划、市政设施规划、水域用海规划、给排水规划及港口支持系统规划等专项规划。

16.2.2.2.2 规划实施方案

(1) 用海规划实施计划

1) 分步实施计划。董家口港区的建设是一个庞大的工程,不可能一蹴而就,

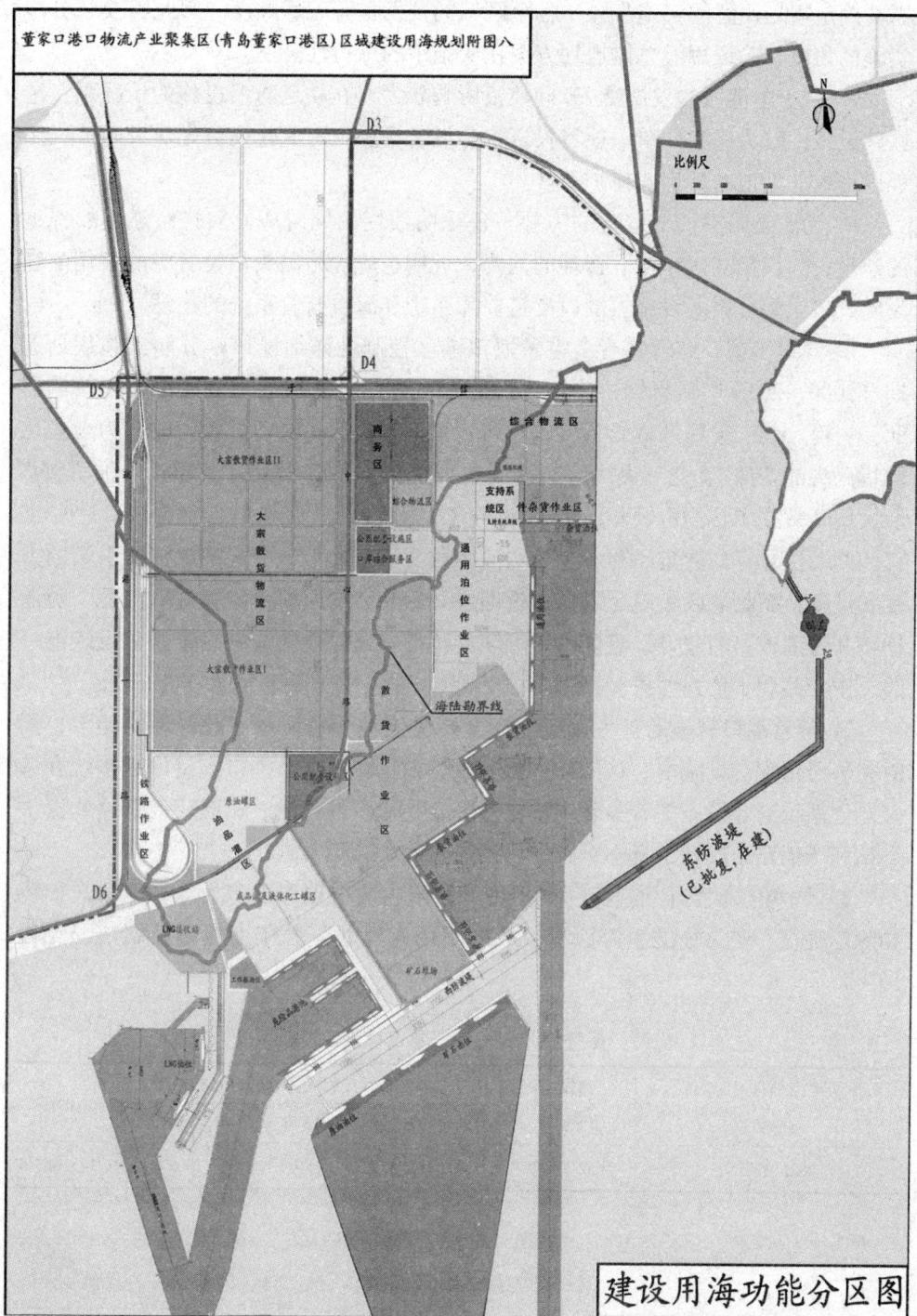

图 16 - 10　功能分区布局

需要确定规划用海的实施步骤，各个区域的开发也有先后顺序。因此需要从分步实施的角度，验证用海总体规划方案在实施中的可行性。

A. 由于本港区的发展受 SE 向波浪影响较大，在缺乏防浪设施的情况下，港区建设条件较为恶劣，单一项目投资将会显著增加，因此建议首先建设防波堤工程以形成北港池的环抱式掩护条件。

B. 为满足码头安全运营的需要，建设防波堤的同时应同时进行航道、锚地的建设；为满足港区生产、管理的需要，近期也应开始码头泊位对应的公用配套设施、口岸综合服务设施、港口支持保障系统和海事监管系统的建设。

C. 建设步骤：结合《青岛港董家口港区控制性详细规划》分期实施规划近期（2009—2015 年）目标，首先建设董家口嘴作业区和琅琊台湾作业区西侧的北一突堤、北二突堤散货码头（泊位可以按照通用码头建设并预留改造为专业化散货码头的条件）、北三突堤、顺岸码头西侧区域的建设；适时建设防波堤外 3 个大型开敞式矿石泊位及相应矿石堆场（大宗散货作业区 I）、物流园、LNG 工程一期泊位、青岛港集团和港投公司液体散货泊位。为进一步扩大招商引资的力度和进度及满足港区集疏运需求，近期应开始相应的回填或吹填造陆工程、疏港铁路和疏港道路的建设，建议铁路近期沿疏港一路建设港湾站，公路建设疏港一路、中心路和子信路西段。

D. 随着港口规模的扩大，应完成全部防波堤、航道及主要锚地的建设；同时完善公用配套设施区、口岸综合服务区、港口商务区、港口支持保障系统和海事监管系统的建设。随着集装箱泊位和综合物流园的建设，相应建设铁路物流中心站和子信路东段及子良山东路，以满足货物集疏运需求。

2）围填海年度计划。实际规划用海年限内的需填海面积为规划填海总面积扣除已确权、中央核准填海面积，最终"用海规划"分年度填海计划情况见表 16 – 7。

表 16 – 7　最终"用海规划"年度计划填海面积分配

中央核准项目填海面积（hm²）	已确权用海（hm²）	年度填海计划用海面积（hm²）					合计
		2011 年	2012 年	2013 年	2014 年	2015 年	
121.837 5	326.571 8	280	250	150	150	67.45	1 345.857 4

（2）主要施工方案

1）主要工艺流程如下。

填海的工艺流程：围堰→港池、航道疏浚→吹填、陆上回填→地基处理→码头工程

疏浚吹填的工艺流程：绞吸→泥泵→排泥管线→吹填区→沉淀→溢流，耙吸→泥驳→吹泥船→排泥管线→吹填区→沉淀→溢流

码头施工流程：基础挖泥→方块、沉箱预制→抛基床块石→方块、沉箱安装→抛后方棱体块石→现浇混凝土胸墙→二片石倒滤层施工→混合碎石倒滤层施工→后方回填→上部附属设施安装。

2）主要施工方法

A. 围堰。围堰顶高程取 6.0 m，采用抛石斜坡式结构，主要包括堤心、垫层石及压脚棱体、护面结构、挡浪墙等部分。围堰采用水、陆并进方式抛填形成。

B. 港池、航道挖泥、陆域吹填。港池、航道疏浚范围及吹填区见图 16-11，挖泥近岸部分采用大型绞吸式挖泥船挖泥。一般挖泥效率为 980 ~ 3 500 m³/h，最大排距约 6 ~ 7 km。

对于远离成陆区域的疏浚，由于风浪较大，开挖狭长的航道，可采用耙吸式船自挖自吹工艺。在疏浚区取土，装仓运送至成陆区域附近，然后利用自带的吹填设备吹填。

C. 陆域形成。陆域形成采用陆上推进抛石回填和部分港池航道挖泥吹填相结合的方案，围堰采用陆上推进回填开山料。吹填施工方式为绞吸或耙吸式疏浚吹填施工。结合规划岸线布置，建造永久性及临时性护岸，按计划形成多个封闭区域，吹填形成标高 6.0 m 的陆域。

D. 地基处理。陆填部分：采用强夯法进行加固。采用二遍点夯一遍普夯的工艺，经强夯加固后地基承载力达到不低于 120 kPa。整个陆域经过强夯处理后推平、碾压至陆域设计高程 6.2 m。

吹填部分：采用真空联合堆载预压法进行加固。

E. 码头施工方案。码头施工本着先水工后配套，先水下后陆上的原则进行。

F. 防波堤施工方案。防波堤均采用常规的抛石斜坡堤结构，护面结构采用扭王字块体。防波堤施工以陆上推进为主，水上补抛为辅，对堤底需要进行地基处理的防波堤段，先由抓斗挖泥船做清淤处理，抛填砂垫层，然后水上打设塑料排水板，铺设土工格栅，在抛设碎石垫层后抛填块石形成堤心。

3）物料来源及挖填量平衡

规划用海区域共分四个吹填区，四个区域总需要的纳泥量约 14 006 × 10⁴ m³。

董家口港区进港主航道（南航道）及 LNG 水域疏浚量约 3 183.2 × 10⁴ m³，大型开敞式码头港池疏浚约 1 000 × 10⁴ m³ 琅琊台湾作业区港池疏浚量为 3 070 × 10⁴ m³，全部用于吹填，吹填总量 7 253.3 × 10⁴ m³。考虑到疏浚土吹填损失及压缩固结，可作为回填的量的数值约 6 528 × 10⁴ m³。

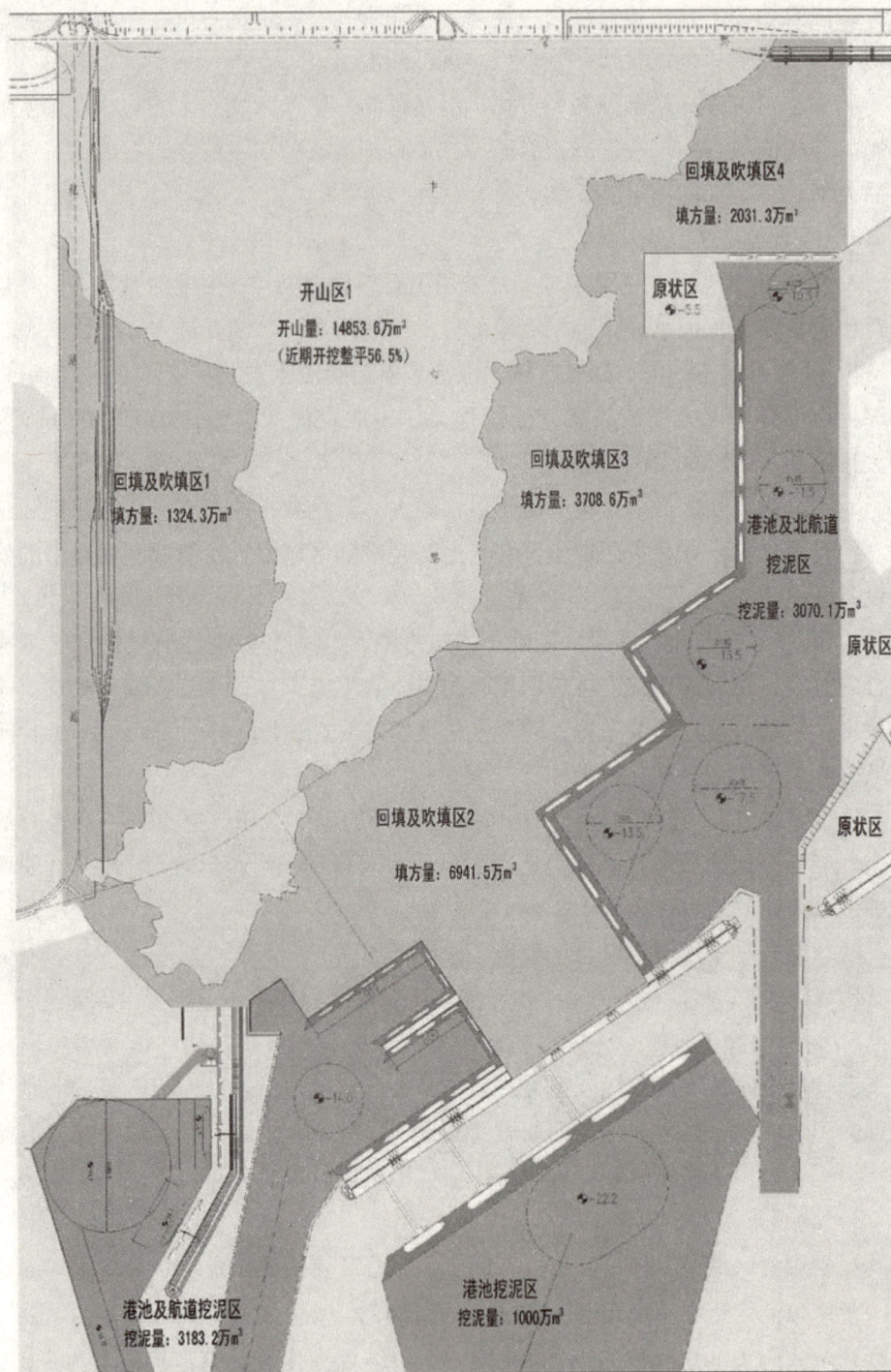

图 16 – 11　规划用海挖填平衡示意图

表 16 - 8　港区挖填平衡表

分　类	土方 (1×10^4 m³)	用于回填土石方 (1×10^4 m³)	备　注
疏浚量			
港池及南航道挖泥区	4 183.2	4 183.2	拟全部吹填
港池及北航道挖泥	3 070.1	2 047	拟全部吹填
合计		7 253.3	考虑损失和固结 10% 后为 $6\,528 \times 10^4$ m³
开山量			
开山区 1	14 853.6		开挖 43.78%，松散系数扩大后为 $7\,478 \times 10^4$ m³
回填量			
回填及吹填区 1		1 324.3	
回填及吹填区 2		6 941.5	
回填及吹填区 3		3 708.6	
回填及吹填区 4		2 031.3	
合计		14 006	
疏浚土全部吹填，开山区开挖 43.78%，土石方平衡，不需外抛			

所需土石方缺口 $7\,478 \times 10^4$ m³，需要陆域开挖土石方 $6\,503 \times 10^4$ m³（考虑松散系数为 1.15）。所缺土石方利用开山区 1 进行部分整平开挖，开挖量占到开山区 1 可开山量的 43.78%，基本上能满足近期建设用海的土石方需求。

考虑到港区现有倾倒区容量仅 480×10^4 m³，无法满足抛泥需求。建议在具体项目施工时，根据疏浚土质情况，尽量用于港区陆域形成，减小外抛，必须外抛时应按照相关要求申请抛泥区。

4）规划实施进度安排

根据最终"用海规划"实施期限，规划实施主要包括围堰、疏浚及吹填、陆上回填及地基处理和码头建设等内容，具体实施进度计划见表 16 - 9。

关注要点：

规划用海基本情况应从规划地理位置、规划内容和规模、规划功能分区、用海专项规划、规划分步实施计划、围填海年度计划等方面阐述；明确规划用海类型、用海方式、规划用海期限，给出规划各用海单元的界址点和界址线；给出具有水深的规划平面布局图；主要海工构筑物典型结构形式、尺度等，附典型结构

表16-9　规划实施进度安排

项目		年份 2011	2012	2013	2014	2015
施工准备		▓				
围堰	抛石	▓▓▓▓▓▓▓▓▓▓▓▓▓▓				
	护面预制安装				▓	
港池航道挖泥吹填					▓	
陆上回填			▓▓▓▓▓▓▓▓	▓▓		
地基处理					▓	
码头	基槽开挖与基床抛石	▓▓▓▓▓▓▓▓▓▓▓▓▓				
	预制沉箱	▓▓▓▓▓▓▓▓▓▓▓▓▓				
	安装沉箱	▓▓▓▓▓▓▓▓▓▓▓▓▓			▓	
	上部结构		▓▓▓▓▓▓▓▓▓▓▓			▓
安装附属设施						▓
竣工验收						▓

断面、剖面图。

用海规划实施方案中应明确拟采取的填海造地、疏浚、炸礁等作业方式，说明不同用海方式的施工作业流程、施工区域，给出拟采用的施工作业机械、船舶类型及作业效率，分析规划用海土石方来源合理性及平衡性，对于规划用海范围内已有项目用海情况时，应说明实施方案与已有用海项目的兼容性。

优点：

本案例从港区规划、用海规划的相关关系，用海规划的平面布置及调整情况、功能分区、规划实施方案等方面做了详细介绍。

不足：

棋子湾东岸填海区采用平直岸线填海，造成岸线利用率偏低是由于港区作业对铁路、道路安全的需要，但报告中的规划平面布置方案中未能突出铁路、公路特点描述。

16.2.2.3 规划用海资源环境影响分析

16.2.2.3.1 规划用海对资源影响

（1）对自然资源的影响

1）岸线资源。规划用海区域岸线类型主要为基岩岸线和粉砂淤泥质岸线，由于养殖用海和港口建设，基本都已形成人工岸线。规划用海拟占用的岸线长度共约 16.4 km，规划用海实施后可新形成有效人工岸线长度约 19 km。

2）湿地资源。规划用海填海造地、非透水构筑物用海等将占用岸边湿地等，按照 6 m 以浅进行计算，占用湿地面积共约 12.28 km^2，此范围内的湿地资源将失去自然生态功能。

3）海岛资源。规划用海不占用海岛，但由于沐官岛、鸭岛岛上及沿岸目前均有较多养殖池等，港区开发建设及运营势必将影响到沿岸养殖，因此为避免对养殖用海造成更大损失，同时也为了今后合理保护、开发和利用海岛资源，应对周边海岛加强管理，并对养殖功能予以调整。

（2）对港口资源的影响

本规划用海属交通运输用海类型，其所在海域自然条件优越、地质条件优良，适宜建设大型深水港区，规划用海与港口资源的开发、利用和保护是一致的。

规划用海实施后，为保障港区运营安全，原琅琊台湾内渔船需另行安置，并由此可能产生周边渔港的靠泊压力增加，对此应由当地政府统筹协调进行合理安排。

（3）对旅游资源的影响

规划用海距离斋堂岛最近约 9 km，距琅琊台及附近海滨在 7 km 以上。根据山东省海洋功能区划，规划用海距离日照海滨旅游区最近约 9 km。

由于规划用海距离琅琊台景区、日照滨海旅游区均较远，不会破坏周边旅游资源。正常情况规划实施和运营过程中也不会影响到旅游区，只有发生较大溢油风险，才会对旅游区产生不利影响。

16.2.2.3.2　规划用海对环境影响

（1）规划实施对水动力影响

规划实施前、后潮流场变化主要出现在琅琊台湾作业区港池口门处、沐官岛与董家口嘴之间水道区域。相比于规划实施前，规划实施后由于填海造成湾内纳潮量减小，涨、落急时流速普遍呈减弱趋势。

（2）波浪场影响分析

根据项目所在海域波浪概况和平面布置，对设计高水位情况下规划实施前、后的波浪场进行了计算，计算结果显示：规划实施后，波浪场变化区域主要集中在棋子湾东岸、董家口嘴作业区、琅琊台湾内，对"用海规划"范围外的波浪场影响很小。

其中董家口嘴作业区、琅琊台湾作业区港池内受人工构筑物反射影响，波浪影响整体加强，棋子湾东岸由于岸线地形变化，波浪影响略有减弱。

（3）悬浮泥沙扩散对水质环境影响分析

悬浮泥沙扩散计算结果显示，在琅琊台湾港池、董家口嘴港池绞吸式挖泥船10 mg/L 悬浮泥沙最大扩散距离约 400 m，围堰溢流口在琅琊台湾内 10 mg/L 悬浮泥沙最大扩散距离约 1 km，在棋子湾内 10 mg/L 悬浮泥沙最大扩散距离约2 km。

结合 LNG、青岛港矿石码头和防波堤工程悬浮泥沙影响预测结果，规划用海实施过程中产生的悬浮泥沙 10 mg/L 最大影响范围见图 16 – 12。

（4）琅琊台湾水交换影响分析

为研究规划用海平面布置情况的水交换影响分析，共设计了 5 种工况来比较不同工况下琅琊台湾的水交换率。

这 5 种工况分别是：工况一：现状岸线；工况二：防波堤与鸭岛相连方案；工况三：防波堤与鸭岛开口 50 m 方案；工况四：防波堤与鸭岛开口 100 m 方案；工况五：规划子良山东路东侧潮汐通道方案：通道宽度为 120 m 左右，深度为– 2 m，且鸭岛南北两侧与防波堤开口 50 m。

根据各工况下 3 ~ 21 天的水交换的计算结果得出：潮汐通道方案下琅琊台湾内水交换最好，现状岸线下琅琊台湾内水交换较好，防波堤引堤实堤方案下、防波堤引堤开口方案一下、防波堤引堤开口方案二等三种工况下琅琊台湾内水交换

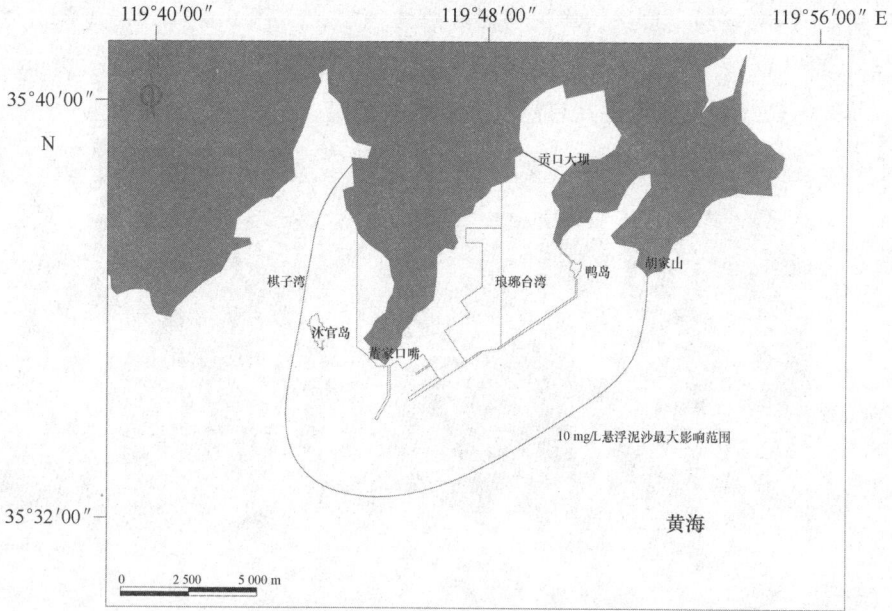

图 16 – 12　悬浮泥沙 10 mg/L 最大影响范围

较差，尤其是湾顶水体交换能力很差。其中潮汐通道方案岸线下的水体交换率整体上比现状岸线下更好，潮汐通道很大的提高了湾顶水体水交换能力，对于琅琊台湾作业区水质改善作用显著。

不同方案下棋子湾内水交换改变较小，湾顶水交换能力稍有减弱，而湾口海域由于流速增加，水交换能力有所增加。

琅琊台湾内由于规划用海实施后形成封闭港区，水交换能力与规划实施前均有较大弱化，水交换能力平面分布上从湾口到湾顶逐渐减弱，其中以工况一减弱最大，推荐方案（工况二）与其他工况相比差别较小，潮汐通道开通后（工况五）对湾顶海域的水交换有明显改善；规划实施前岸线下湾顶水交换约需 9 天，工况五下湾顶水交换约需 10 天，而工况二、工况三和工况四湾顶水交换周期约在 20 天左右。

杨家洼湾海域由于防波堤建设，湾内水体交换也将发生明显弱化，除潮汐通道方案（工况五）弱化较小外，其余工况下湾内水体半交换周期均增加约 2 倍。

（5）泥沙冲淤环境影响分析

1）岸滩冲淤现状。董家口嘴附近岸段为基岩岬湾岸，在自然状态下基本稳定，但近年来由于工程建设和围海养殖，"用海规划"周边岸线已发生较大变化。根据 1962 年测量的海图以及规划海域 2007 年的水深测量资料对比，近 40

多年间，"用海规划"周边近岸海域海底总体稳定，2 m、5 m、10 m 等深线基本吻合，仅20 m 等深线局部有所西移，但总体侵蚀幅度仍较小，为10～50 cm。

　　总体而言规划海域海底在自然状态下基本稳定。

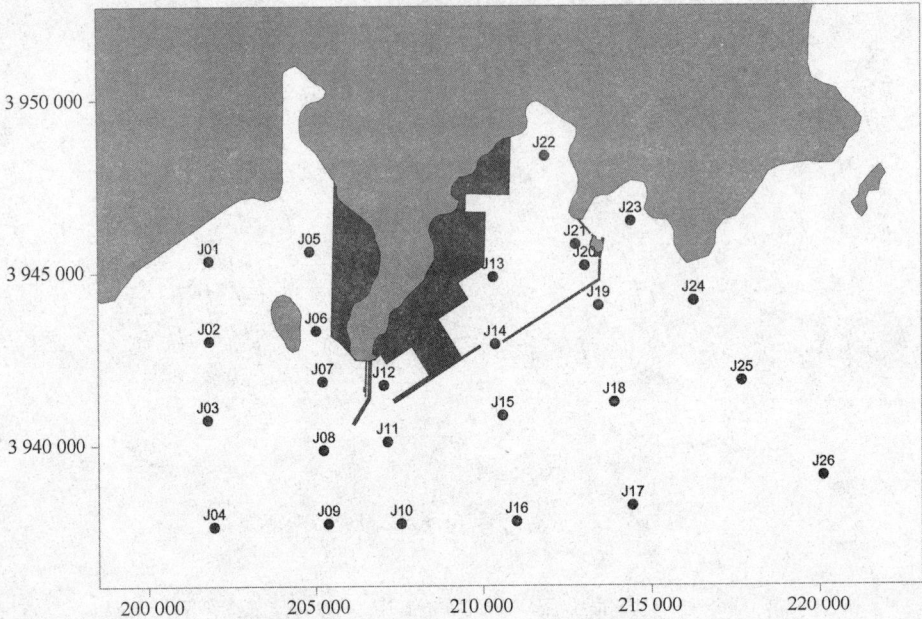

图 16 – 13　水体半交换周期统计特征点

　　2）规划用海实施后影响预测。考虑到"用海规划"范围内的 LNG 项目已获批复，且该项目海域使用论证已对工程前后的泥沙冲淤影响进行了预测和分析，因此对 LNG 项目建设前后的泥沙影响分析直接引用《山东液化天然气（LNG）项目海域使用论证报告》的结论。

　　结果显示，LNG 项目建设对其附近海域的冲淤趋势发生一定改变，但其影响范围不大，仅在项目防波堤东西两侧邻近海域和堤头处，对西侧棋子湾、东侧琅琊台湾及外侧海域影响较小。

　　本论证报告按照海域使用现状情况，对规划实施前后，潮流作用下和风浪作用下（6级风，作用1天）的冲淤环境进行了模拟。

　　预测结果显示：

　　A. 工程区位于基岩岬湾岸段，泥沙来源少，沿岸输沙量小，规划用海实施后对区域泥沙运动趋势和海底冲淤总体态势影响较小。

　　B. LNG 项目建设对其附近海域的冲淤趋势发生一定改变，但其影响范围不大，仅在项目防波堤东西两侧邻近海域和堤头处，对西侧棋子湾、东侧琅琊台湾

表 16-10　规划前后不同岸线下各特征点附近水交换半周期表

单位:d

	棋子湾海域						琅琊台湾海域																杨家洼湾海域			
	J1	J2	J3	J4	J5	J6	J7	J8	J9	J10	J11	J12	J13	J14	J15	J16	J17	J18	J19	J20	J21	J22	J23	J24	J25	J26
工况一	3	<0.5	<0.5	<0.5	5	3	<0.5	<0.5	<0.5	<0.5	<0.5	<0.5	1	<0.5	<0.5	<0.5	<0.5	<0.5	<0.5	4	5	6	3	1	<0.5	<0.5
工况二	3	<0.5	<0.5	<0.5	3	<0.5	<0.5	<0.5	<0.5	<0.5	<0.5	<0.5	2	<0.5	<0.5	<0.5	<0.5	<0.5	<0.5	8	7	18	2	<0.5	<0.5	<0.5
工况三	3	<0.5	<0.5	<0.5	3	1	<0.5	<0.5	<0.5	<0.5	<0.5	<0.5	2	1	<0.5	<0.5	<0.5	<0.5	1	6	6	17	3	<0.5	<0.5	<0.5
工况四	3	<0.5	<0.5	<0.5	3	1	<0.5	<0.5	<0.5	<0.5	<0.5	<0.5	2	<0.5	<0.5	<0.5	<0.5	<0.5	1	5	5	17	3	<0.5	<0.5	<0.5
工况五	3	<0.5	<0.5	<0.5	3	1	<0.5	<0.5	<0.5	<0.5	<0.5	<0.5	2	1	<0.5	<0.5	<0.5	<0.5	1	6	6	7	3	<0.5	<0.5	<0.5

及外侧海域影响较小。

C. 规划实施前后工程海域附近冲淤变化较小，仅沐官岛西侧附近局部海域冲刷范围、强度略有减小，LNG 码头西侧回旋水域淤积范围、强度略有增加。建议规划用海实施后加强沐官岛周边进行侵淤监测。

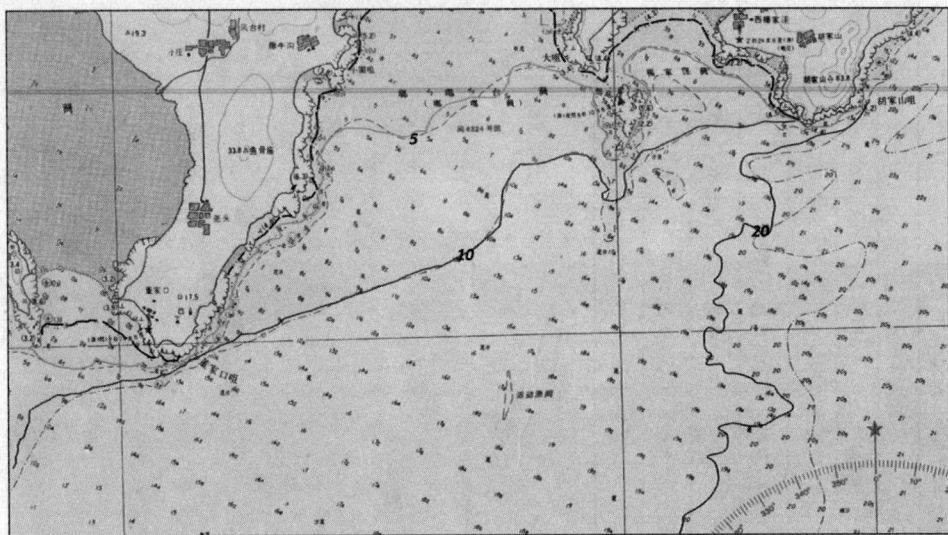

图 16 - 14　1962—2007 年水深对比图

(6) 规划用海生态影响分析

1) 规划用海实施期间生态影响。规划用海实施期间的生态环境影响包括填海造地及构筑物填海、港池疏浚等造成的直接和间接生态损失，主要包括对底栖生物、浮游生物、渔业资源和生物质量等影响。

规划用海实施造成浮游植物损失 6.63×10^{13} 个，浮游动物损失 3 361.8 t，底栖生物及潮间带生物损失 1 027.5 t，渔业资源损失 209.7 t。

由于规划用海建设会对海洋生态环境造成一定的影响，对此应建立海洋生态补偿机制，落实海洋生态补偿措施。

2) 规划用海实施后生态影响。规划用海形成后，除了港池、航道等维护性疏浚将对生态环境产生影响外，码头在卸船和运输中将产生煤、矿粉尘，如果在相应的风向作业下，向海面漂移，将对水环境和生态环境也会产生不利影响。其中码头附近底泥中的有机碳和硫化物含量会有所增加。重金属和其他污染物质含量增加，这对附近海域底栖生物也是有害的。同时绝大部分粒径大的粉尘在码头作业区附近沉降，会使海水中悬浮物量稍有增加，但随着海水的稀释扩散，悬浮物在水中的浓度会逐渐降低，对海洋生物的影响较小。

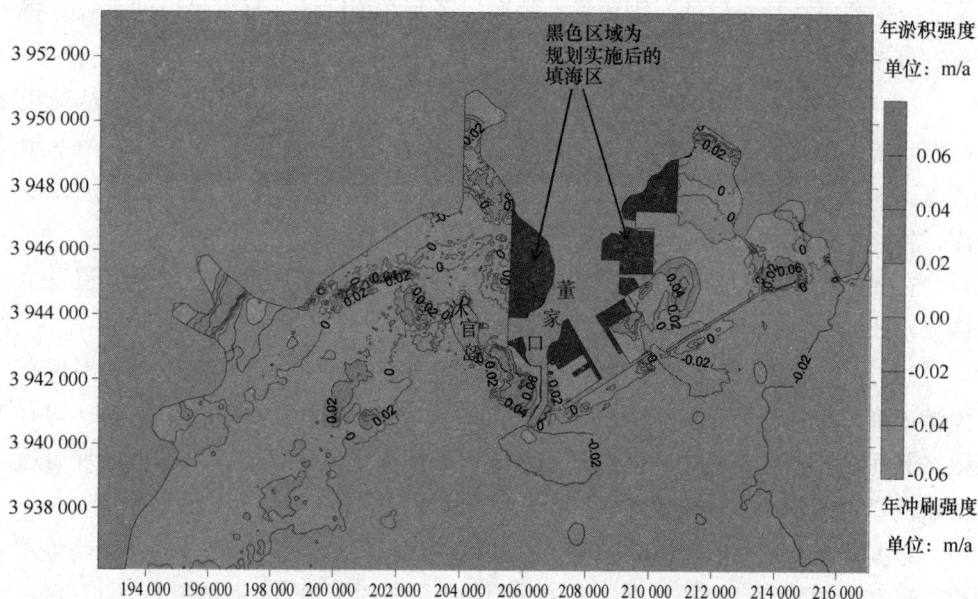

图 16 - 15　规划实施后工程区附近潮流作用下海底地形变化图

16.2.2.3.3　项目用海风险分析

对于本规划而言，用海风险主要包括以下几个方面。

（1）海洋灾害引起的风险

规划用海所在海区强风暴潮多因台风影响而发生。特别是在天文大潮与风暴潮增水叠加时，往往会产生较高的水位。而一般的寒潮或冷空气过境时所产生的风暴潮增水强度较弱。

当风暴潮发生时，狂风夹着巨浪引起风暴潮增水，巨浪对海岸工程会造成严重的破坏，可能发生部分岸段受毁，施工期将引起填海工程区内沙石流失，运营期对构筑物及港区泄洪造成不利影响。

（2）用海规划实施本身引起的风险

1）溢油事故。本用海规划将采用海上施工作业形成，规划港区建设规模大、工期紧，海上施工作业的船舶航行将极为繁忙，因此在施工过程中可能出现施工船舶之间或与其他船舶发生碰撞事故的风险，造成船体损坏，燃油及船舱内油污水泄漏。虽然事故发生的概率低，但是一定要引起足够的重视。

根据现场调查，周边海域养殖方式包括底播养殖、筏式养殖和围堰养殖等，且南部日照海域有西施舌海洋特别保护区。养殖品种主要包括贝类、鱼类，岸边围堰养殖主要是海参、鲍鱼。

由于养殖物种对溢油污染敏感性较高，因此在该区域一旦发生溢油事故，将会对海洋养殖产生较大的影响。

2）吹填管道破损事故。海上疏浚船舶吹填作业期间，由于吹填管道从疏浚船到吹填区通常需有一段距离，受天气或设备自身等原因影响，可能会发生吹填管道破损事故，一旦发生破损事故，短时间内将有大量高浓度悬浮泥沙进入海洋，将会对海洋生态环境及浅海养殖区产生不利影响。

在加强施工管理和设备维护的情况下，本规划用海实施期间，吹填管道发生破损事故的风险较小。

3）岸滩冲淤变化。由于规划用海主要位于琅琊台湾内，规划用海利用现有海湾地形，依托海湾两侧岬角进行规划布置，对湾外的泥沙冲淤变化影响均有限，其泥沙影响主要集中在湾内港池水域，即使在大风作用下，也不会出现周边海域及岸段的骤冲、骤淤现象。

根据大风天泥沙冲淤影响分析结论，LNG 项目建设对其附近海域的冲淤趋势发生一定改变，但其影响范围较小，仅在项目防波堤东西两侧邻近海域和堤头处，对西侧棋子湾、东侧琅琊台湾及外侧海域影响较小，不存在骤冲、骤淤的风险。

而"用海规划"实施前后工程海域附近冲淤变化较小，其中沐官岛西侧附近局部海域冲刷范围、强度略有减小，LNG 码头西侧回旋水域淤积范围、强度略有增加。

因此本"用海规划"的实施，产生岸滩骤冲、骤淤的用海风险较小，但仍应在规划用海实施后加强沐官岛周边进行侵淤监测。

4）液体化工品泄漏风险。LNG 泄漏的风险分析引用《山东液化天然气（LNG）项目海域使用论证报告》的相关结论：虽然天然气是易燃易爆物质，但液化天然气（LNG）运输时处于常压、低温的液体状态，加之 LNG 船舶具有双层船壳安全性极高的特点，船舶管理、操作和维修保养均严格执行了科学的规章制度，因此，LNG 船舶投入海上运输 40 余年来没有发生重大事故。目前，世界上拥有 154 艘 LNG 船舶，均具有良好的安全航行记录。1965 年造的第一艘 LNG 船 CINDERELLA 号使用至今仍安然无恙。同时，由于液化天然气几乎不溶于水，急性毒性较低，偶尔事故，对海洋环境产生的影响较小。LNG 泄漏产生的环境风险较小。

由于化工品通常为易燃气体和易燃液体，或者具有较高的毒性和火灾爆炸的危险特性，因此一旦发生火灾爆炸或海上泄漏事故均可能对规划用海周边海域产生较大风险。

按照国际海事组织 73/78 防污公约要求，目前运营的化工品运输船船体多为双层，降低了船体碰撞导致泄漏事故的几率，故化工品泄漏事故主要来自靠港作业期间操作性不当，由于化工品装卸过程中自动化控制程度较高，发生泄漏事故后能够较快采取反应措施。按照《船舶污染海洋环境风险评价技术规范》（试行）规定，液体化工船舶装卸作业期间 1 万吨级以下码头按 5 分钟关闭泵阀、1 万吨级以上码头按 3 分钟关闭泵阀考虑，则操作不当导致的泄漏量可控制在 10 t 以内。

5）罐区、管道泄漏风险分析。根据规划，港内布置有成品油及液体化工罐区，库区油罐的风险类型为火灾爆炸，目前我国国内石油化工行业风险值为 8.33 $\times 10^{-5}$，世界化工行业平均风险值 6.75 $\times 10^{-5}$。

管道泄漏风险通常是由于外力、腐蚀和误操作等原因而导致出现的，资料表明输油管道的总事故概率为 0.552 次/（1 000 km·a），根据本规划作业区内危险品管道管线的总长度不超过 10 km，输油管道事故概率小于 0.005 次/a，事故发生概率较小。

由于港区未来集疏运货种主要是大宗散货，相比于船舶事故溢油风险的发生概率和危害，罐区、管道泄漏风险相对较小，但仍应制定相应应急预案，企业在物料运输、贮存、生产操作过程中应采取必要的风险防范措施，防止各种事故发生。罐区周围设有围堰和排水沟管及事故水池，防止发生泄露等事故污染水环境和土壤环境。一旦发生事故，立即采取措施，把事故损失降到最低。

关注要点：

交通运输用海类型用海规划，其用海规模、用海范围均较一般项目大，需占用、使用的资源也较多，通常需关注资源类型包括：岸线资源、岛礁资源、滩涂资源、渔业资源、矿产资源、旅游资源、港口航运资源等，并对受影响资源进行定量或定性分析，提出规划用海与海洋资源协调开发利用的对策建议。

规划项目对海洋环境的影响重点分析水动力环境、岸滩及海底冲淤环境、水质环境、海洋生态系统的影响。

规划项目风险除需关注自然灾害（风暴潮灾害、洪涝灾害、不良工程地质灾害和软基处理安全等）等引起的风险，对用海规划实施本身引起的风险（如溢油、施工期吹填管道泄露、大风骤淤、化工品泄露及罐区管道泄露等）。

优点：

对受影响的海洋资源列述全面、定量化。根据规划用海项目大部分位于已形成的防波堤围成水域或湾内水域的特点，重点关注施工期、营运期污染影响和风险事故对环境及功能区影响，通过数值模拟方法研究项目用海对水动力环境、水交换、海底冲淤环境的影响，预测分析全面、可信。风险分析全面，具有较强的针对性。

不足：

由于用海规划中污水工程规划未考虑排污口的布置，对于用海规划实施后的污水无法回用需排放时的环境影响分析缺失。

16.2.2.4　开发利用协调分析

16.2.2.4.1　利益相关者界定

由于规划用海范围内已有部分项目开始施工，虽然各项目之间也存在相互影响，但由于其均属于规划用海的内容，因此港区内不同建设项目之间不再作为利益相关者进行界定，仅考虑整体规划用海所影响的相关用海单位、个人。以此确定本规划实施过程中及实施后可能涉及的利益相关者见表16-11，利益相关者分布图见图16-16。

表16-11　规划用海利益相关者识别

序号	用海单位	距离	影响因素	影响程度
1	棋子湾、琅琊台湾养殖区、杨家洼湾养殖区（泊里镇水产办公室、青岛胶南琅琊水产开发公司）	0	占用、施工期悬浮泥沙影响	■
	贡口大坝以北养殖区（青岛西海岸渔业科技有限公司、青岛瑞滋海珍品发展有限公司及青岛龙泉盐场）	北，1.4 km	水交换影响	
2	养殖码头（西杨家洼村）	东，2.1 km	渔船航行	■
3	养殖码头（东杨家洼村）	东，4.4 km	泥沙淤积	●
4	西施舌保护区（日照两城）	西南，2.7 km	施工期悬浮泥沙影响、泥沙冲淤积、运营期风险影响	▲
5	日照人工鱼礁	西南，2.9 km		
6	日本冠鞭蟹省级水产种质资源保护区	西南，5.7 km	运营期风险影响	●
7	栉江珧种质资源保护区	东南，13.6 km		
8	日照国家级海洋公园	西南，2.9 km		
9	日照滨海旅游度假区	西，11.3 km	运营期风险影响	●
10	琅琊台风景名胜区	东，10.5 km	运营期风险影响	●
11	鸭岛养殖区	东，2.6 km	施工期悬浮泥沙影响	▲
12	沐官岛养殖区	西，1.0 km	施工期悬浮泥沙影响运营期大气、风险影响	●
13	港区村庄	0	占用、运营期噪声、大气、风险影响	■

注：不利影响　■：较重；▲：一般；●：较小。

　　本规划涉及的利益相关者主要为工程周边海域现存的养殖业主、养殖码头、村庄、日照西施舌保护区及养殖区、规划港区范围内村庄、琅琊台及日照滨海旅游区和海岛等。

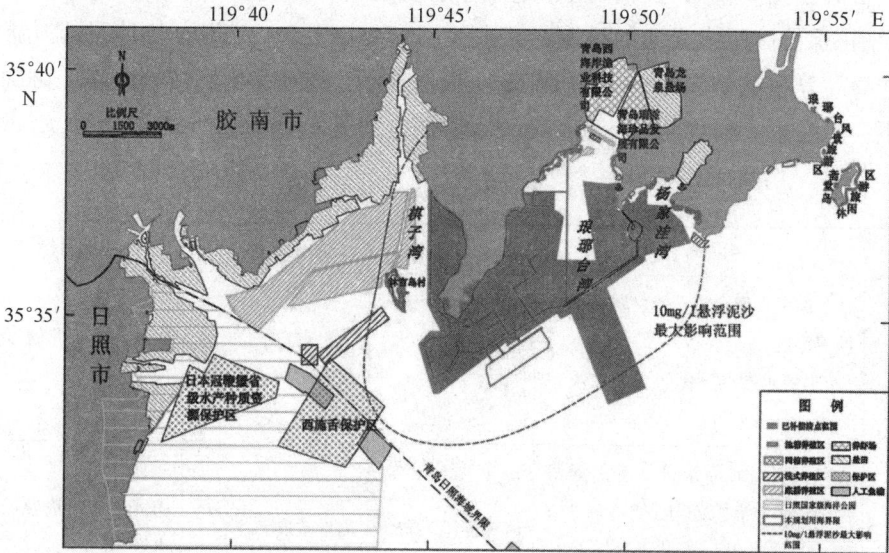

图 16 - 16a　周边村庄分布图 1

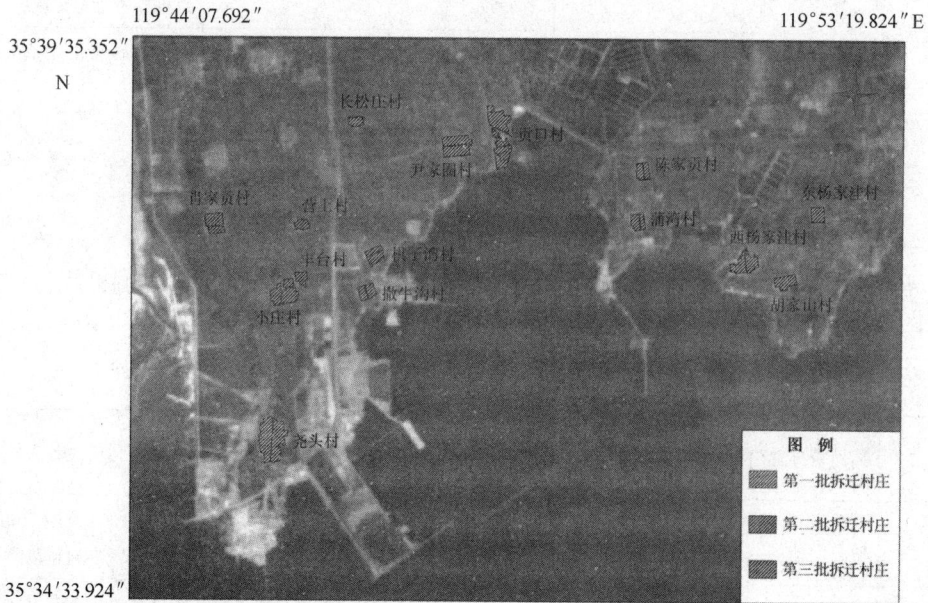

图 16 - 16b　周边村庄分布图 2

16.2.2.4.2 相关利益协调分析

在加强港区管理、海上通行安全管理，落实相关补偿、环保和应急措施后，本项目对工程周边海域现存的养殖业主、养殖码头、村庄、日照西施舌保护区（包括该保护区两侧交叉的日照人工鱼礁）、港区村庄、琅琊台及日照滨海旅游区和海岛等利益相关者的影响可控制在最低限度，规划采用的协调方案、协调机制不会引发重大利益冲突。利益相关者协调方案见表 16-12。

表 16-12 利益相关者协调方案

序号	用海单位	协调处理措施	协调责任者	协调目标
1	棋子湾、琅琊台湾养殖区、杨家洼湾养殖区（泊里镇水产办公室、青岛胶南琅琊水产开发公司）	清理补偿	规划实施单位当地政府	用海范围内养殖区清理完毕
	贡口大坝以北养殖区（青岛西海岸渔业科技有限公司、青岛瑞滋海珍品发展有限公司及青岛龙泉盐场）	清理补偿	当地政府	内湾功能调整为景观水域
2	养殖码头（西杨家洼村）	协调补偿	规划实施单位	减少进入琅琊台湾内靠泊作业渔船影响
3	养殖码头（东杨家洼村）	加强监测及时清淤	当地海洋主管部门	减少对码头作业条件的影响
4	日照海域西施舌保护区及养殖区	加强监测增殖、放流补偿	规划实施单位青岛、日照海洋主管部门	减少风险影响恢复生态损失
5	日照滨海旅游度假区	加强监测落实环保和应急措施	规划实施单位当地海洋主管部门	减少风险影响
6	琅琊台风景名胜区	加强监测落实环保和应急措施	规划实施单位当地海洋主管部门	减少风险影响
7	鸭岛管理部门	清理补偿	规划实施单位当地政府	保护、利用鸭岛
8	沐官岛	加强环境监测落实环保措施	规划实施单位当地政府	减少用海冲突减少运营期环境影响和风险
9	港区村庄	拆迁安置	当地政府规划实施单位	港区范围内的村庄拆迁安置完毕

16.2.2.4.3　规划用海对国家权益、国防安全的影响分析

规划用海范围内没有国防设施，其东侧的特殊用海区，经协商也同意规划港区防波堤、码头等的建设。

港区管理部门应严格控制规划实施中和实施后的船舶作业，按照规定航线、锚地进行作业。在加强海上通行、港区作业管理的前提下，本规划用海不会对国家权益、国防安全产生不利影响。

关注要点：

规划项目由于用海影响范围大，影响涉及的周边海域开发活动数量多、性质复杂，规划用海开发利用协调分析应在海域开发利用现状全面调查的基础上进行。

海域开发利用现状应给出清晰的范围分布、用海特征等图表，利益相关者应根据资源、环境影响的分析结果，结合海域开发利用现状资料进行界定，给出规划用海对不同利益相关者的影响范围、影响方式、影响时间和影响程度结果，绘制资源环境影响范围与海域开发利用现状叠置图和利益相关者一览表。根据利益相关者影响分析，给出利益相关者协调方案及建议，并明确是否存在引发重大利益冲突的可能性。

优点：

本案例中海域开发利用现状的调查全面、完整，对利益相关者的界定清晰、全面，提出的协调方案、协调机制不会引发重大利益冲突。

16.2.2.5　功能区划与相关规划符合性分析

16.2.2.5.1　海洋功能区划符合性分析

（1）用海区功能定位

根据《山东省海洋功能区划（2011—2020 年）》，规划用海功能区为董家口港航区，规划用海类型属交通运输用海，陆域形成采用多突堤式填海方式，符合董家口港航区的用途管制、用海方式要求，规划用海符合《山东省海洋功能区划（2011—2020 年）》。

（2）用海对周边相邻海洋功能区的影响

1）青岛市所辖海域功能区影响分析。根据《山东省海洋功能区划（2011—2020 年）》，本规划用海位于董家口港航区，其邻近海域功能区包括棋子湾水库预留区、董家口航道、董家口锚地、白马河口预留区、海洋捕捞区、董家口嘴排污区、胡家山保留区、海岛保留区和陈家贡湾预留区等。

A. 对捕捞区、养殖区的影响分析。规划用海区域内没有养殖、捕捞区，规划用海与养殖区不存在直接用海矛盾。

B. 对航道、锚地等的影响分析。规划用海为交通运输用海，与航道锚地功

能兼容，不存在冲突。

C. 对保留区的影响分析。胡家山保留区位于琅琊台湾的东侧，与规划用海不存在直接用海冲突。根据已经批复的《青岛港董家口港区总体规划》，胡家山保留区在规划的港口建设范围内，是董家口港区远期发展用地，因此项目建设与该功能区的使用是相兼容的。

D. 对排污口的影响分析。规划用海与董家口嘴排污口临近，该排污口规划为胶南琅琊镇的工业废水和生活污水，由于废水为二级处理后深海排放，因此规划用海对排污口不会产生影响。

E. 对海岛保留区的影响分析。由于规划用海不包括鸭岛、沐官岛的开发利用，保持海岛现状，推荐规划用海方案不会对海岛保留区产生影响。

F. 对水库预留区的影响分析。本规划用海与水库预留区相邻布置，规划用海位于棋子湾东侧填海区域，将用于港区疏港路、疏港铁路、大宗散货作业区等，规划用海形成护岸可作为规划水库东护岸使用。

由于本规划用海棋子湾东侧护岸、填海等已开展建设，并将先于规划水库建成，因此规划用海实施过程中不会对水库预留区产生影响。而规划用海实施后，通过采取防尘、截污等环保措施可将对水库预留区的环境影响控制在最小程度。

2）日照市所辖海洋功能区影响分析。根据《山东省海洋功能区划（2011—2020 年)》，本规划用海南侧日照海域的邻近海洋功能区包括日照两城镇外侧农渔业区、黄家塘湾盐业区、两城滨海旅游区、山海天旅游度假区、黄岛—日照东近海农渔业区和排污区等。

A. 旅游区。规划用海区域距离两城滨海旅游区最近约 8 km，由于规划用海范围主要位于琅琊湾内和棋子湾东侧近岸，仅已批复的 LNG 项目位于董家口嘴海域，根据前文水动力、泥沙冲淤影响分析，规划用海实施后对琅琊台湾以外海域的水动力、泥沙冲淤变化改变有限，湾外影响范围主要集中在 LNG 项目附近海域，规划用海实施后不会改变日照海域近岸泥沙冲淤现状，因此正常运营情况下，从自然环境角度方面不会对旅游区产生影响。

B. 养殖区、盐业区。两城滩涂养殖区、万宝池塘养殖区及黄家塘湾盐业区位于规划用海西侧 7 km 以外近岸海域，秦楼海珍品增殖区位于规划用海西南侧 13 km 处近岸海域，根据《山东液化天然气（LNG）项目海域使用论证报告》中环境影响分析，LNG 码头施工过程产生的悬浮泥沙最大影响范围 S 向为 2.9 km，W 向为 3.3 km。施工期的影响范围不会超出青岛市海域。

根据"港区详规"和"用海规划"，董家口港区生活、生产污水将全部回用不外排，正常运营情况下从海洋环境质量角度不会对养殖区产生影响。但在港池防波堤外发生船舶溢油风险时，将会对养殖区产生较大影响。

C. 特别保护区。规划用海中的 LNG 项目施工过程中会对西施舌保护区产生影响，主要是施工期悬浮泥沙的暂时影响，可采用增殖放流的方式进行补偿。

综上所述，由于规划用海范围距离日照市所辖海域尚有一定距离，本规划实施过程和实施后所产生的环境影响对周边海洋功能区的影响有限，在落实环保、应急措施后，与相邻海洋功能区不存在直接用海冲突。

16.2.2.5.2 与相关规划符合性分析

规划用海符合山东半岛蓝色经济区发展规划、《青岛市城市总体规划》（2006—2020）、青岛市土地利用总体规划纲要（2006—2020）、青岛市琅琊港城总体规划（2009—2020）及《胶南市城市总体规划》。

规划用海符合全国沿海港口布局规划、山东沿海港口布局规划、《青岛市"十一五"交通发展建设规划》及《青岛市城市综合交通规划》，规划用海符合《青岛港总体规划》、《青岛港董家口港区总体规划》及《青岛港董家口港区控制性详细规划》。

规划用海符合《山东省环境保护"十一五"规划》及《青岛市"十一五"生态建设和环境保护规划》。

关注要点：

阐述用海规划所在海域基本海洋功能，给出规划用海与海洋功能区划的位置叠置图；分析用海规划对海洋功能的利用情况和对周边海域海洋功能的影响；分析规划用海是否对海洋基本功能造成不可逆转的改变，能否落实海洋功能区的管理要求；给出规划用海是否符合海洋功能区划的结论。

分析规划用海是否符合国家产业政策和相关规划，论证规划用海规模、选址、布局等与相关规划的符合性。

优点：

由于论证阶段正处于功能区划调整阶段，本案例中，完整全面分析了用海规划对周边海域海洋功能区的影响，给出不同阶段的海洋功能区影响分析结论。根据用海规划属于交通运输用海类型的特点，对用海规划与港口规划的关系进行了详细的论证。

16.2.2.6 规划用海合理性分析

16.2.2.6.1 规划用海选址合理性分析

（1）规划用海与区位条件的适宜性

规划用海位于青岛市西南部，海上距日照港约有 20 n mile，距青岛前湾港区约有 45 n mile；附近公路纵横交错，董家口以北 8 km 为青岛滨海大道，距离"同三"高速公路泊里入口也只有 14 km，距离 204 国道 12 km。区位条件非常优越。

附图2 董家口港区总体规划总平面布置图

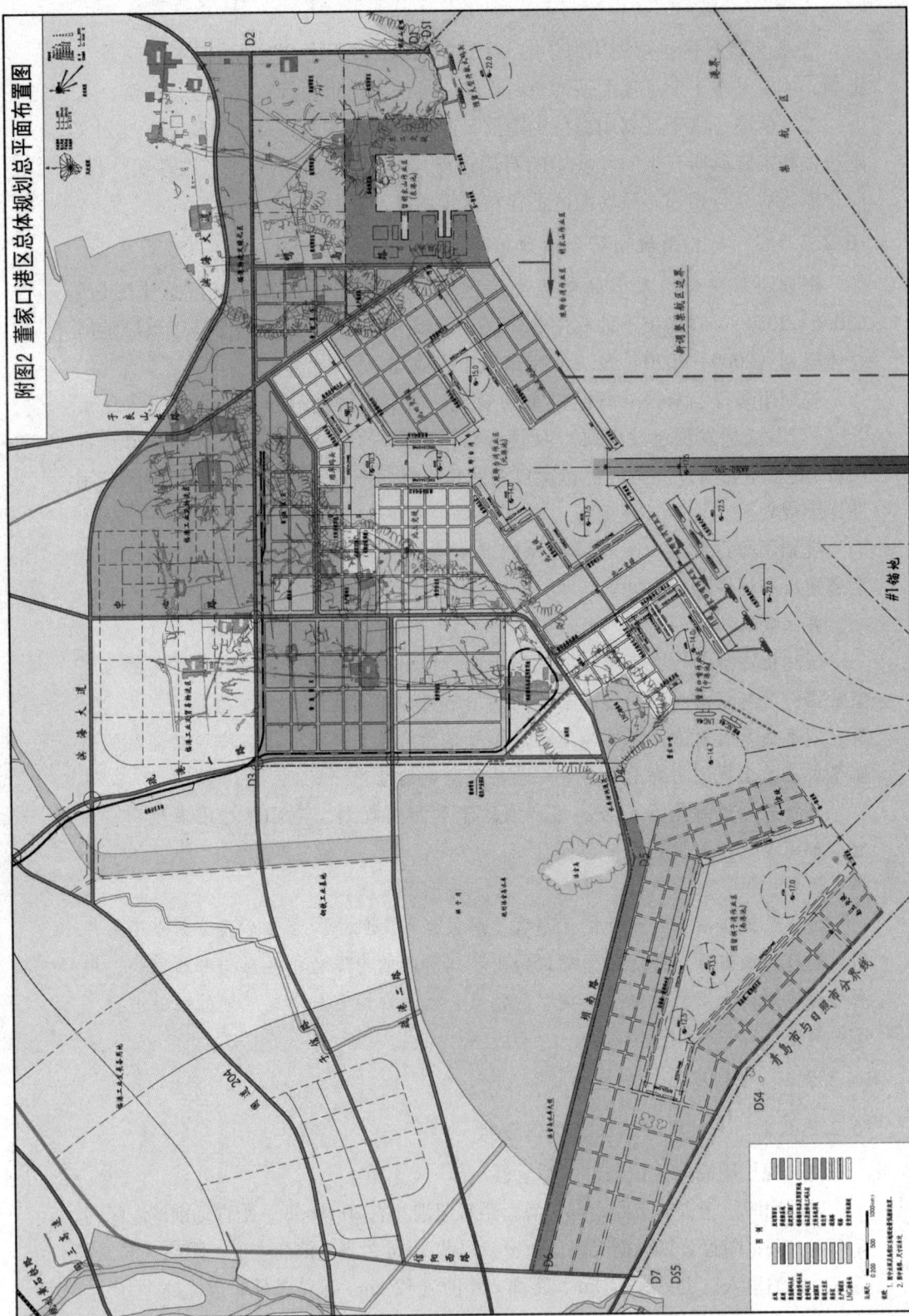

图16-17 董家口港区总体规划

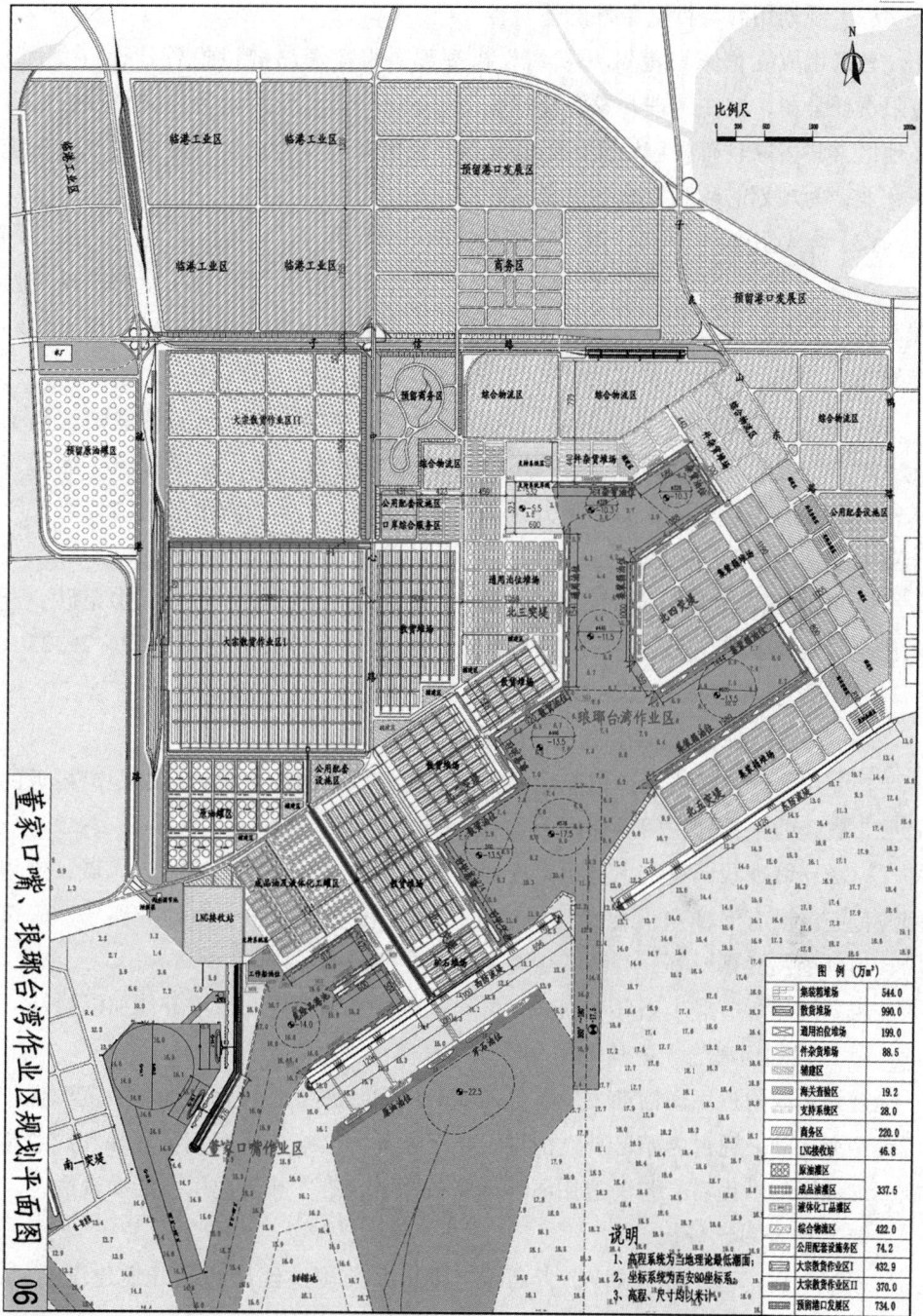

图 16-18　董家口港区控制性详规

（2）规划用海与社会条件的适宜性

青岛市成立董家口港区开发建设指挥部，组建青岛港口投资建设（集团）有限责任公司，旨在合理开发海洋资源，统一开发建设董家口港区建设项目。青岛地区常驻多家具有相应资质，经验丰富并且配备大型专用施工设备的专业化施工企业，为规划的顺利实施提供了良好的保障。

（3）规划用海与自然资源、环境条件的适宜性

A. 深水岸线条件。董家口港区是青岛西海岸为数不多的未开发的优良天然深水港址，有着得天独厚的建港自然资源，具备建设大型散货码头的条件水深和岸线条件。

B. 水文气象条件。从该海区气象条件分析，降水、雾、风对卸船泊位码头作业的影响分别为 10 天、17 天、18 天，满足本码头的年作业天数 309 天的需求；对散货泊位码头作业的影响分别为 3 天、3 天、3 天，满足散货泊位码头年作业天数为 320 天的要求。

C. 本地区岩土层分布为：淤泥质粉质黏土、粉质黏土、粉土、中粗砂、全风化花岗岩和强风化花岗岩。其中强风化花岗岩分布连续，层顶高程 –29.25 ~ –24.75 m，揭穿厚度 0.25 ~ 1.80 m，有利于大型水工建筑物的建设。

（4）规划用海与区域生态系统的适宜性

规划用海所在海域为港口航运区，规划用海范围内没有保护区，距离最近的日照市省级西施舌种质资源保护区也有 2 km。

海洋环境现状调查结果显示，规划用海主要集中在琅琊台湾附近海域，规划用海范围内没有海洋自然保护区、生态脆弱区和重要海洋生物的产卵场、索饵场、越冬场及栖息地等，对海洋生态系统不会造成明显影响。

规划用海所造成生态环境损失，可通过区域资源补偿和生境补偿加以弥补。

（5）规划用海与周边其他用海活动适宜性

规划用海附近用海活动主要是养殖、港口和临海工业、旅游和种质资源保护区等用海活动。通过养殖区补偿清理、生态恢复等措施，落实相关环保和应急措施、加强海洋管理后，与周边用海活动利益冲突较小，与周边用海活动较适宜。

（6）选址对比分析

根据《青岛港总体规划》，青岛市老港区及前湾港区岸线已开发建设殆尽，而适宜建设大型港区仅有董家口区域和鳌山湾区域，其中鳌山湾区域港口总体规划尚未完成，且该区域现有基础设施和前期工作深度远未达到董家口区域，因此从青岛市区域选址考虑，在董家口区域进行本规划用海是综合考虑区域社会、经济和自然条件后的最佳选择。

16.2.2.6.2　规划用海方式合理性分析

根据"用海规划"，本规划用海类型为交通运输用海，用海方式包括填海造地、非透水构筑物、透水构筑物和港池等。其中填海造地用海将用于董家口港区后方陆域基础设施用地，非透水构筑物用海将用于港区防波堤、码头，透水构筑物用海将用于码头，港池用海将用于各作业区港池水域。

根据《关于改进围填海造地工程平面设计的若干意见》（国海管字〔2008〕37 号）的要求，围填海造地的平面设计应遵循以下基本原则：① 保护自然岸线；② 延长人工岸线；③ 提升景观效果。

围填海造地工程平面设计的主要方式，要由海岸向海延伸式围填海逐步转变为人工岛式和多突堤式围填海，由大面积整体式围填海逐步转变为多区块组团式围填海。平面设计要体现离岸、多区块和曲线的设计思路。主要方式包括：① 人工岛式填海；② 多突堤式填海；③ 区块组团式填海。

董家口港口物流产业聚集区规划用海，需要后方陆域具有充足的物流场地和完善的物流网络，由于规划用海依托琅琊台湾布置，琅琊台湾作业区港池需使用湾内水域，从区域自然条件出发，采用人工岛或区块组团式填海方式不利于港口物流的快速聚散，不利于合理、高效利用海域资源，因此规划用海推荐方案采用多突堤式填海方式。

同时规划用海方案通过合理优化突堤、防波堤布置，在减少填海造地面积的前提下，增加了泊位岸线长度和岸线曲折度，提高了港池水域利用效率和整体布局景观效果，符合集约、节约的用海要求。

16.2.2.6.3　海洋产业用海指标合理性

根据海洋产业用海指标的相关研究课题成果，对规划区的海域利用率及岸线利用率等指标进行计算：

本规划的海域利用率为 81.2%，岸线利用率为 1.16。

虽然港区规划岸线是按照多突堤、多折线的方式布置，但新形成人工岸线比率仍然不是太高，主要是由于董家口港区靠近棋子湾一侧填海区域规划为平直岸线。棋子湾东侧填海区域采用平直岸线是基于港区规划铁路的规划要求而布置的，虽然降低了港区的岸线利用率，但是有利于港区的生产与安全，是符合港区总体规划的。

16.2.2.6.4　区域建设用海平面布置合理性分析

（1）布局方案比选

在明确了功能区总体布局后，考虑到琅琊台湾作业区内码头岸线布置及其航道位置的不同，"用海规划"中共提出了两个平面布置方案进行对比分析。

1）对比方案。本方案琅琊台湾作业区按形成环抱式北港池规划设想，在琅琊台湾东、西两侧规划建设北五、北六突堤及堤端部的北二、北一防波堤，形成环抱式北港池。在港池内，自西向东依次规划布置北一、北二、北三、北四突堤，北四突堤正对口门，突堤走向，北一——北五突堤北段为 SE—NW 向；突堤宽度，北一——北五突堤北段分别为 1 178 m、622 m、1 103 m、942 m、963 m；北五突堤南段和北六突堤宽度分别为 674 m 和 188 m。

本方案既减小了北港池的水域面积，又通过各突堤端部的护岸有效解决了波浪传播对正对口门泊位的影响。考虑到船舶操纵安全距离，口门内侧设公共过渡水域，中间突堤长度与船舶操作安全距离协调布置。董家口嘴作业区通过引堤形成有掩护港区，预留棋子湾南作业区通过双堤形成有掩护港区。

基于岸线利用规划和作业区划分，琅琊台湾作业区码头岸线主要分为散货码头岸线、通用杂货码头岸线、集装箱码头岸线、支持系统岸线、贡口船厂岸线（在建、远期功能调整）；董家口嘴作业区主要为油品及液体化工码头岸线、大型油品码头岸线、LNG 码头岸线。

对比方案中规划用海平面布置见图 16 – 19。

2）推荐方案。琅琊台湾作业区西侧近岸水深较深，而后方可供开发的土地资源较为丰富，应尽量减小填海造陆面积以降低港区开发建设的投资成本，充分利用现有陆域建设，这样，可以增加琅琊台湾作业区东侧突堤的岸线长度，既增加了岸线长度，又减少了无用水域面积。

结合琅琊台湾岩面埋深分布及便捷操船要求，在保持外围顺流思路的基础上，进一步优化琅琊台湾作业区内平面布置。

本方案琅琊台湾作业区按形成环抱式北港池规划设想，在琅琊台湾东、西侧规划布置北五、北一突堤，与突堤端部的北二、北一防波堤形成环抱式北港池。在北港池内，港池北侧自西向东依次规划布置北二、北三突堤和顺岸码头，北港池东侧规划布置北四突堤。北一突堤—北三突堤的突堤宽度分别为 1 100 m、1 068 m、1 541 m。港池口门及航道位置较方案一平行西移 1 266 m，距新调禁航区边界约 1 266 m。这样港池水域更加顺畅，有利于船舶进出港的操纵；同时增加了有掩护岸线长度、有利于对 SE 向波浪的掩护。

北港池西侧码头基本顺自然岸线布置，由于近岸岩面较浅（经钻探揭示，北港池西侧 – 15.0 m 岩面线之外岩面变化平缓，但 – 15.0 m 岩面线到 – 10.0 m 岩面线间岩面变化较快），为保证泊位吨级，选择在 – 15.0 m 岩面线左右进行台阶式布置，这样既尽量增加岸线长度，又可充分利用后方未开发陆域作为西侧岸线的堆场陆域。

推荐方案中规划用海平面布置见图 16 –20。

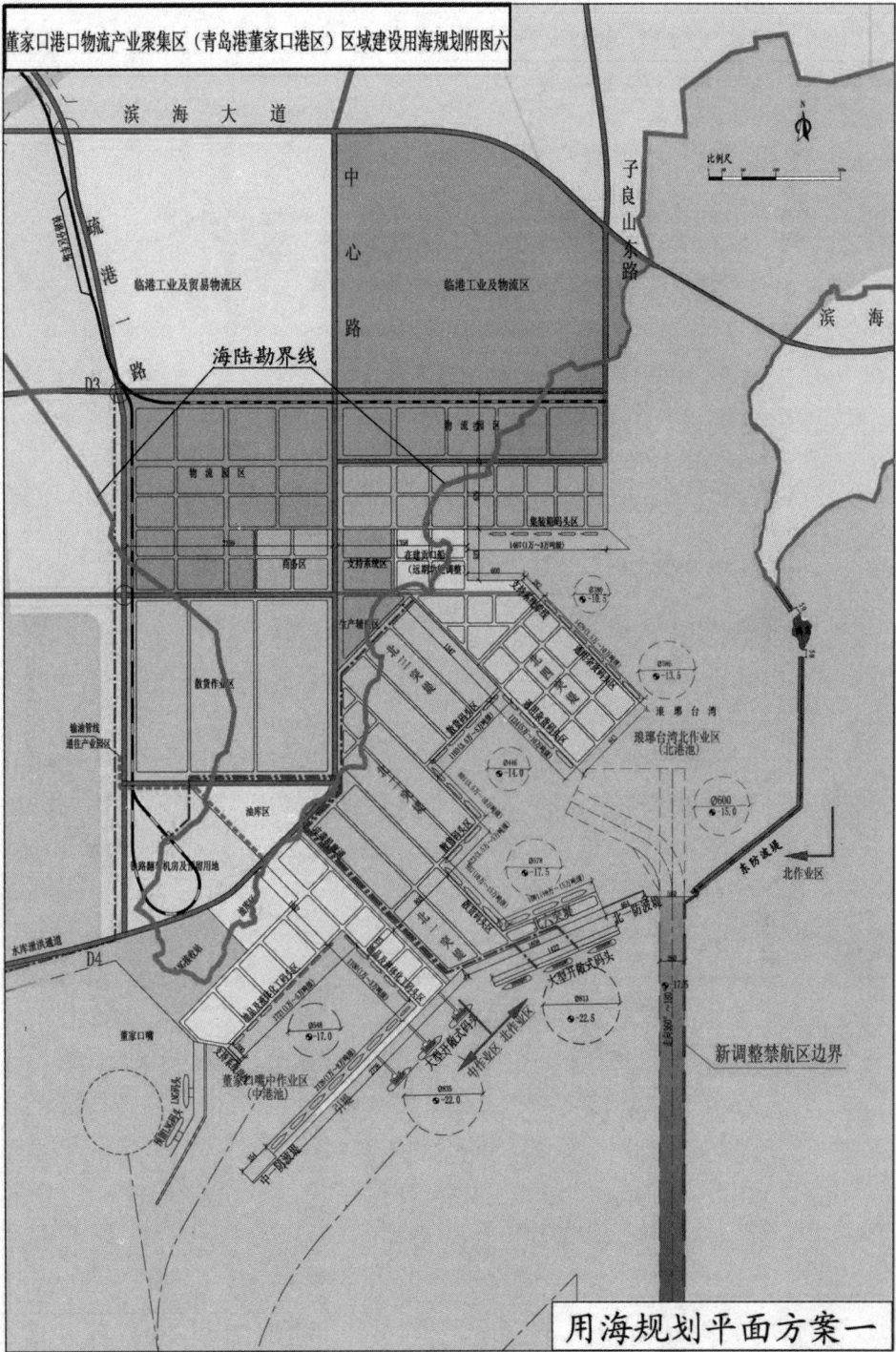

图 16 – 19   用海规划对比方案

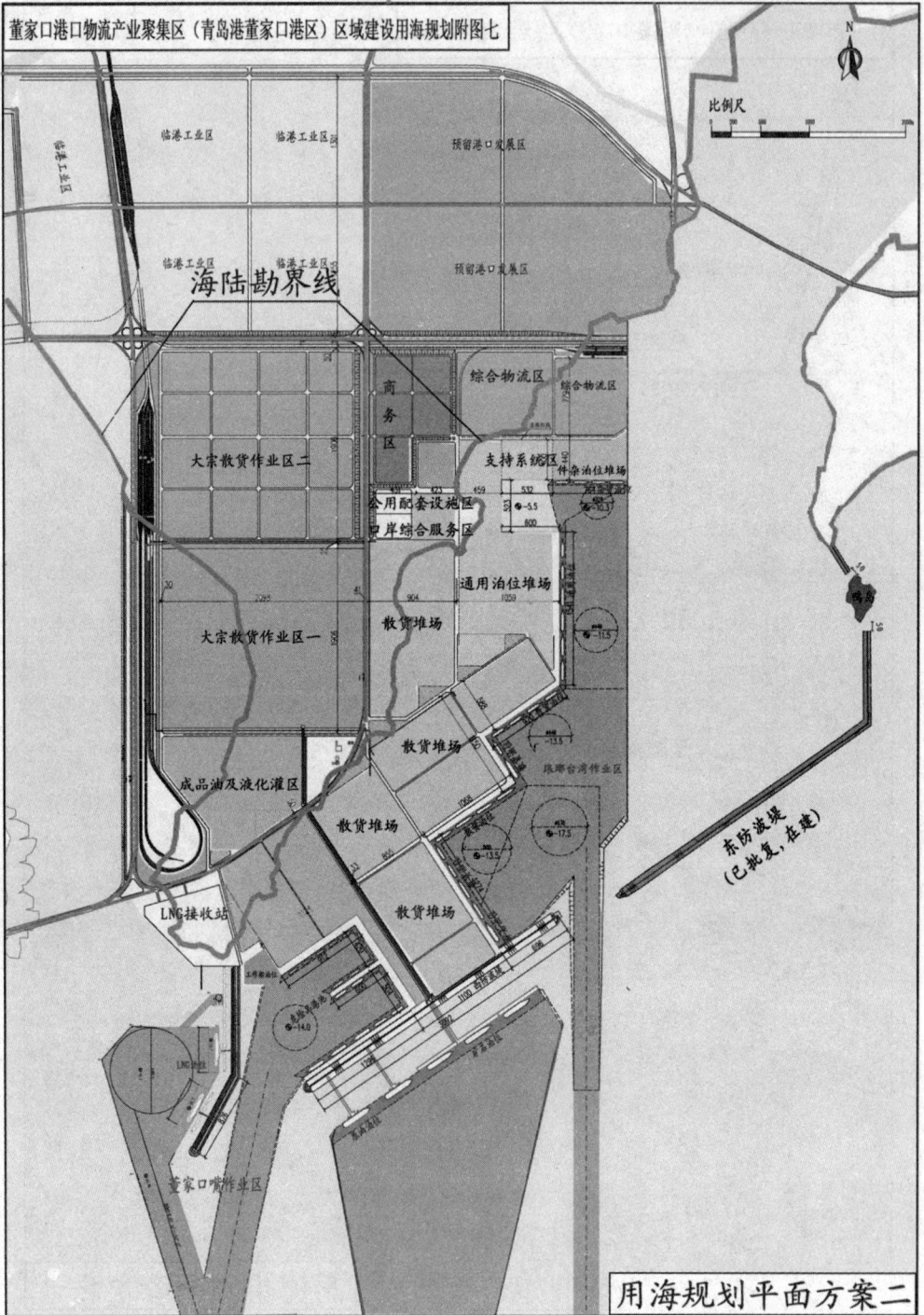

图 16 - 20 用海规划推荐方案

3）方案比选。对比方案与推荐方案相比，董家口嘴作业区布置模式大体一致，外部规划走向均为顺流向布置，所不同的是琅琊台湾北港池及其与中港池中间的突堤布置存在差异，但是从波浪掩护、海流流场来看，两个方案差异较小。

规划用海方案对比情况见表 16 – 13。

由于围填海形成土地的价值主要取决于新形成土地的面积和新形成人工岸线的长度。人工岸线越长，则新形成土地的价值越大。从节约及集约用海、船舶航行条件、提高景观效果、岸线利用、基岩水深条件、后方陆域利用、分期实施等方面综合分析，推荐方案优于对比方案，且推荐方案也符合批复的董家口港区总体规划方案。

表 16 – 13　规划方案比较表

项目	对比方案	推荐方案
新增码头岸线	18 657 m	16 500 m
新增泊位数	59 个	52 个
陆域面积	$2\ 814 \times 10^4\ m^2$	$2\ 738 \times 10^4\ m^2$
围填海总面积	$1\ 456 \times 10^4\ m^2$，围填海面积较大	$1\ 303 \times 10^4\ m^2$，围填海面积较小
北港池船舶航行条件	船舶进出北港池西侧水域较为不便，且距离禁航区距离太近	船舶进出北港池较为便捷
景观效果	推荐方案为多个突堤结构，岸线曲折，景观效果较好	
北港池有掩护岸线长度	对比方案东防波堤建设长度更长，且推荐方案北港池码头岸线长度比对比方案多，岸线利用更为充分	
北港池规模	推荐方案压缩中港池规模，提高北港池水域空间利用效率，有利于董家口港区的功能安排需要	
琅琊台湾基岩埋深利用	推荐方案更加切合岩面等值线布置，北四突堤充分利用北港池东侧岩面凸出的特点，对增加岸线长度和泊位吨级更有利	
后方陆域的利用	推荐方案充分发挥董家口半岛后方陆域优势，减小北港池与中港池之间突堤的陆域形成，有利于港区开发	
北港池防波堤	推荐方案北二防波堤堤头处水深比对比方案深，建设成本高一些	
分期实施时序	两个方案北港池的开发建设均需要防波堤的掩护；在不建防波堤的情况下，推荐方案难以从西侧起步建设有掩护码头，但从东侧起步较对比方案有利	

（2）棋子湾西护岸堤坝的方案合理性分析

根据港口总体规划，西护岸区域主要是青岛董家口港区疏港铁路工程及疏港一路，堤坝方案与铁路、公路工程的平面布置有关。2010 年铁路的项目建议书

得到批复（《关于青岛董家口港区疏港铁路工程项目建议书的批复》（铁计函
2010）），目前其规划研究报告《青岛港（董家口港区）疏港铁路规划研究报告》
（铁道第三勘察设计院集团有限公司）均已编制完成；2009 年青岛市人民政府对
疏港一路项目建议书进行批复；另外西护岸区域的填海工程已经部分得到批复或
已经预审通过。故西护岸堤坝段无方案比较。

　　棋子湾西护岸堤坝新形成岸线为平直岸线。根据港区总体规划，港区规划铁
路及道路需满足"尽量靠近规划区域边缘"及"尽量减少铁路与港区、临港产
业区内公路、皮带长廊、管廊等公共设施的交叉干扰"的规划原则，并综合考虑
规划铁路接入口位置及规划作业区分布等情况，最终将港区规划铁路港湾站及疏
港一路南段布置于棋子湾西护岸堤坝沿岸。同时，为满足规划铁路、公路的使用
要求，并使得车流能在港区顺畅运行，根据港区规划铁路、公路"直进直出"
的规划思路，将该段岸线布置为平直岸线。从上述内容来看，棋子湾东侧填海区
域采用平直岸线是合理的，有利于港区的生产与发展，符合港区总体规划。

　　综上所述，由于规划用海区域自然水深条件优良，根据"深水深用、浅水浅
用"的原则，将大型开敞式码头布置在防波堤外侧，同时按照各功能区分工明
确、相互独立、有机联系的原则，将散货码头布置在琅琊台湾作业区南侧岸线，
通用码头布置在琅琊台湾作业区中部岸线，杂货码头由于船型较小，布置在琅琊
台湾作业区北侧岸线。从港区功能布局而言，规划方案可以实现不同货类分别集
中布置、不同功能区互扰最小。因此，本项目平面布置合理。

16.2.2.6.5　规划用海规模合理性分析

　　（1）规划港区吞吐量预测

　　采用定量分析与定性分析相结合的方法，根据入园企业和拟入园企业的潜在
运输需求，同时考虑由此产生的诱发运量，在此基础上预测各货类水平；另一方
面，综合考虑董家口在青岛港结构调整、优化布局中的作用，分析可能承担的货
类水平。董家口港区吞吐量预测见表 16 – 14。

　　根据"用海规划"，规划实施完成后共形成货运泊位 52 个，近期规划设计年
吞吐量约 $8\,200 \times 10^4$ t，最终规模年吞吐量约 $18\,400 \times 10^4$ t。根据港口总体规划吞
吐量预测 2015 年、2020 年、2030 年董家口港区吞吐量将分别达到 $7\,600 \times 10^4$ t、
$14\,100 \times 10^4$ t、$19\,200 \times 10^4$ t。本次用海规划规划用海泊位建设规模与青岛港董
家口港区总体规划匹配，满足 2015 年 $7\,600 \times 10^4$ t 的吞吐量需求，具有较大的社
会经济效益。

　　根据港口吞吐量预测，"用海规划"区域内不同功能区的用地面积预测需求
见表 16 – 15。

表 16－14 董家口港区分货类吞吐量预测表

单位:1×10⁴ t

	2015 年						2020 年						2030 年					
	合计	外贸	出口	外贸	进口	外贸	合计	外贸	出口	外贸	进口	外贸	合计	外贸	出口	外贸	进口	外贸
总计	7 600	7 200	350	60	7 250	7 140	14 100	9 600	4 000	800	10 100	8 800	19 200	12 400	6 200	1 580	13 000	10 820
1. 煤炭	2 100	2 000	100		2 000	2 000	4 000	2 000	2 000		2 000	2 000	5 000	2 000	3 000		2 000	2 000
2. 石油及制品	320	305	10		310	305	550	510	20		530	510	1 100	1 030	30	10	1 070	1 020
其中:LNG	300	300			300	300	500	500			500	500	1 000	1 000			1 000	1 000
3. 金属矿石	4 900	4 800	100		4 800	4 800	5 900	5 800	100		5 800	5 800	6 800	6 800			6 800	6 800
其中:铁矿石	4 500	4 400	100		4 400	4 400	5 100	5 000	100		5 000	5 000	5 700	5 700			5 700	5 700
铝土矿	400	400			400	400	800	800			800	800	1 100	1 100			1 100	1 100
4. 钢铁	100	20	70	20	30		300	100	250	100	50		500	200	400	200	100	
5. 集装箱							3 000	1 000	1 500	600	1 500	400	5 000	2 000	2 500	1 200	2 500	800
其中:箱量	180	75	70	40	110	35	300	100	150	60	150	40	500	200	250	120	250	80
6. 其他	80	25	30	10	50	15	350	190	130	100	220	90	800	370	270	170	530	200
其中:液体化工品							150	70	60	50	90	20	400	120	120	90	280	30

表 16 - 15　不同功能区的用地面积需求

单位：hm²

分类	分项	规模	占总用地比例（%）
码头作业区	散货码头作业区	918	54.8
	通用码头作业区	193.1	
	杂货码头作业区	31.4	
	液体散货作业区	358.6	
物流区	大宗散货作业区Ⅱ	395	24.8
	综合物流园区	154	
	铁路装卸作业区	130	
综合服务区	公用配套设施区	56.6	6
	港口商务区	77	
	支持系统区	21.3	
	口岸综合服务区	9	
道路		270	9.9
绿化		124	4.5
规划陆域面积合计		2 738	100

（2）码头作业区规模合理性分析

1）码头作业区规模需求。根据"用海规划"，码头作业区分为散货码头作业区、通用码头作业区、杂货码头作业区、液体散货码头作业区等。

表 16 - 16　码头作业区规模需求估算表

序号	货种	泊位等级	泊位个数	通过能力（×10⁴ t）	堆场容量（×10⁴ t）	面积或纵深	堆存期
1	矿石	300 000	3	5 400	1 670	96 hm²	60 d
2	散货	35 000 ~ 100 000	6	2 500	260	40 hm²	20 d
	煤炭	35 000 ~ 50 000	8	6 000	620	90 hm²	20 d
	矿石	100 000	1	1 000	—	—	
3	杂货	20 000	10	800	/	纵深 350 ~ 500 m 考虑	
	通用	35 000 ~ 50 000	6	1 200	125	60 hm²	20 d
4	原油	300 000	3	5 500	760 × 10⁴ m³	93.6 hm²	30 d
5	成品油	10 000 ~ 50 000	10	1 700	300 × 10⁴ m³	88 hm²	30 d
6	化工品	10 000 ~ 20 000	8	800	142 × 10⁴ m³	68 hm²	30 d

注：用地需求按 2015 年预测吞吐量进行估算。

2）码头作业区规划布置：

A. 散货（大宗干散货）码头作业区。区内主要设置有码头前方作业地带、散货堆场、通道、生产辅助设施等。

B. 通用码头作业区。以普通散、杂货物的装卸、中转堆存、换装等功能为主。区内主要设置有码头前方作业地带、散杂货堆场、仓库、通道、生产辅助设施等。

C. 杂货码头作业区。以普通杂货物的装卸、堆存、换装等功能为主。区内主要设置有码头前方作业地带、杂货堆场、仓库、通道、生产辅助设施等。

D. 液体散货码头作业区。以原油、成品油、液体化工、LNG 等液体散货的装卸、储存、转运等功能为主。区内主要设置有码头前方作业地带、罐区、LNG 接收站、通道、生产辅助设施等。

表 16 – 17　码头作业区用地规模分析

分项	用地需求（hm^2）	用地规划（hm^2）	填海面积（hm^2）	填海所占比例（%）
散货码头作业区	>250	918	474. 2	51. 7
通用码头作业区	>60	193. 1	179. 2	92. 8
杂货码头作业区	—	31. 4	31. 4	100
液体散货作业区	>250	358. 6	186. 3	52
合计		1 501. 1	871. 1	58

可以看出"用海规划"中的码头作业区填海所在规划利用土地面积比例约 58%，规划用海符合码头作业区用地布置规划，填海面积与现有陆域面积可满足近期、远期的码头前沿作业地带、堆场及仓库，生产辅助设施和其他配套设施等用地需求。

（3）物流区规模合理性分析

1）物流区规模需求。

A. 大宗散货物流区。初步估算，董家口港区大宗干散货所需要的物流操作场地面积不小于 $1\,000 \times 10^4\,m^2$，建成了大部分基础设施和物流技术设施，构建成以煤炭、焦炭、矿石等散货货物为支柱货类的，可实现交易、运输、仓储、配送、分拨和服务等功能的现代化散货物流基地。

B. 综合流园区。根据国内主要集装箱港口规划、设计的经验，综合物流园区与码头作业区用地比例不宜低于 1:1，每百万 TEU 吞吐量至少需配套 0.4 ~

0.6 km² 港口物流用地，按董家口港区 970×10⁴ TEU 通过能力推算，物流园区需用地面积约 5 km²。

C. 铁路作业区。铁路作业区主要包括散货装卸作业区、通用杂货装卸作业区、集装箱装卸作业区几个不同的铁路装卸线。散货装卸主要通过装车楼、翻车机房等方式进行作业，通用货、杂货、集装箱主要通过装卸桥、吊车等方式进行作业。

2）物流区规划布置。根据"用海规划"，为满足码头集疏运需求，部分综合物流园区和铁路装卸作业区需进行填海造地，填海面积占规划利用土地面积的 28.3%。

表 16 – 18　物流区用地规模分析

分项	用地需求 （hm²）	用地规划 （hm²）	填海面积 （hm²）	填海所占比例 （%）
大宗散货作业区 II	>1 000	395	0	0
综合物流园区	500	154	72.3	46.9
铁路装卸作业区	—	130	125	96.2
合计		679	197.3	28.3

需说明的是，用海规划中虽未包括集装箱码头作业区，但根据港口规划，综合物流区需布置在本次用海规划的杂货码头作业区和支持系统区后方，考虑到港区未来发展用地需求，同时也是为减少港区未来填海施工作业对现有功能区的影响，本规划用海填海造地范围内的综合物流园区用海是合理的。

（4）综合服务区规模合理性分析

按照《工业项目建设用地控制指标》要求，工业项目所需行政办公及生活服务设施用地面积不超过总用地面积的 7%，则本规划中综合服务区用海面积应不超过 191.7 hm²。本项目综合服务区包括公用配套设施区、港口商务区、支持系统区、口岸综合服务区等，用地规划总面积为 163.9 hm²，其中填海面积 48.9 hm²（填海所在比例 29.8%）。综合服务区用地规划面积符合《工业项目建设用地控制指标》要求，因此规划综合服务区规模是合理的。

（5）绿化和道路合理性分析

本次绿化系统主要集中在原陆地区域，绿化系统总面积为 124×10⁴ m²，其中填海面积为 15.2×10⁴ m²（填海所在比例 12.3%）。公路交通规划总面积为 270×10⁴ m²，其中填海面积为 170.5×10⁴ m²（填海所在比例 63.1%）。根据数据分析，绿地和道路规模合理。

本规划用海填海形成陆域主要用于码头作业（填海面积占总填海面积66.8%）和港内物流（填海面积占总填海面积15.1%），生活服务（填海面积占总填海面积3.8%）、绿化（填海面积占总填海面积1.2%）和道路（填海面积占总填海面积13.1%）的占地比例均较低，填海造地用海规模可以满足规划港区预测集疏运量的需求，用地结构符合港口物流产业用地的特点。

（6）水域规模合理性

1）水域规模需求：

A. 泊位。根据董家口港区琅琊台湾作业区和董家口嘴作业区的功能定位，琅琊台湾内有掩护散货码头建设标准为 3.5 万 ~ 15 万吨级（最大兼顾 20 万吨级），通用码头建设标准为 3.5 万 ~ 10 万吨级，杂货码头建设标准为 1 万 ~ 3 万吨级，集装箱码头建设标准为 2 万 ~ 10 万吨级。琅琊台湾外侧开敞式码头泊位吨级为 30 万吨级（兼顾最大 40 万吨级以上船舶）。不同船舶需要的泊位长度情况见表 16 – 19 和表 16 – 20。

表 16 – 19　有掩护码头单泊位码头长度控制表

船型	载重量（t）	总长（m）	富裕长度（m）	中间泊位（m）	端部泊位（m）
成品油船	50 000	229	50	279	304
	40 000	185	50	235	260
	10 000	141	35	176	193.5
化学品船	50 000	50 000	183	50	233
	30 000	30 000	183	40	223
	10 000	10 000	127	35	162
	5 000	5 000	114	35	149
液化天然气船	$20 \times 10^4 \ m^3$	315	95	410	457.5
	$15 \times 10^4 \ m^3$	298	89	387	431.5
	$12.5 \times 10^4 \ m^3$	281	84	365	407
散货船	200 000	312	30	342	357
	150 000	289	30	319	334
	100 000	250	30	280	295
	70 000	228	25	275	287.5
	50 000	223	25	253	265.5
杂货船	30 000	192	20	210	220
	20 000	166	20	212	222
	10 000	146	15	181	188.5
	5 000	124	15	161	168.5

表 16 – 20　开敞式码头单泊位码头长度控制表

船型	船长（m）	泊位长度（m）	备注
30 万吨级散货船	339	474.6 ~ 508.5	
38.8 万吨级典型散货船	360	504 ~ 540	
30 万吨级原油码头	334	467.6 ~ 501	

注：根据规范经验公式计算，具体需要根据系缆和系泊设计明确。

B. 回转水域。码头前停泊区宽度为设计船型宽度的 2 倍计算。有掩护港区内各种货类船舶回旋圆直径均按照 2 倍船长考虑。外侧开敞式码头船舶回旋椭圆短轴直径按照 2 倍，长轴直径按照 3 倍设置。

2）水域规模布置

根据"用海规划"，共形成码头岸线长度约 16 500 m，各作业区码头岸线长度分布见表 16 – 21。

表 16 – 21　各作业区码头岸线长度分布

作业区位置	码头类型	船舶类型	泊位数量	形成码头岸线长度（m）
琅琊台湾作业区	小计	–	28	9 274
	散货码头	3.5 万 ~ 15 万吨级（开敞式码头 25 万 ~ 30 万吨级）	18	5 314
	通用杂货码头	3.5 万 ~ 10 万吨级	10	2 305
	集装箱码头	2 万 ~ 10 万吨级	0	0
	贡口船厂岸线	远期功能调整	–	1 123
	支持系统岸线	–	–	532
董家口嘴作业区	小计		24	7 226
	液体散货码头	1 万 ~ 8 万吨级	20	4 332
	大型开敞式油品码头	25 万 ~ 30 万吨级	2	1 000
	LNG		2	910
	支持系统岸线		–	984

各作业区回转水域尺寸见表 16 – 22。

表 16 – 22 各作业区回转水域尺寸

港池	水深（m）	船型	回旋水域直径（m）
琅琊台湾作业区港池	– 10.3	1 万 ~ 3 万吨级杂货船	328
	– 11.5	3.5 万 ~ 5 万吨级散货船，集装箱船	446
	– 13.5	3.5 万 ~ 10 万吨级散货船，	446/500
	– 13.5	3 万 ~ 10 万吨级集装箱船	600
	– 17.5	15 万吨级散货船	578
董家口嘴作业区港池	– 14	5 万吨级油船	458
	– 14.7	10 万吨级 LNG 船	863
开敞式	– 22.5	40 万吨级散货船	1 002 × 668
	– 23.7	30 万吨级油船	1 000 × 668

根据以上尺寸最终确定本规划用海中，各作业区的港池用海面积情况见表 16 – 23。

表 16 – 23 各作业区港池用海面积

港池位置	港池用海面积（hm²）
琅琊台湾作业区港池	525.511 9
董家口嘴作业区港池	166.580 2
开敞式码头港池	194.458 8
LNG 码头港池	162.374 5
合计	1 048.925 4

由于受军事禁航区的影响，航道、锚地的用海方案目前仍存在不确定性，且相关方案也未得到主管部门批准，本论证报告不对外航道、锚地的相关用海尺度及合理性进行分析。

16.2.2.6.6 规划用海面积合理性

根据《海籍调查规范》的规定，岸线以山东省人民政府批复的海岸线修测成果（鲁政字［2008］174 号）为准，本次规划用海面积共约 2 408.941 5 hm²，其中填海造地和非透水构筑物填海面积共约 1 345.857 4 hm²，填海面积包括港内已确权项目面积 326.571 8 hm²，已预审、评审通过的项目填海面积共 251.798 3 hm²。

规划用海占用自然岸线长度共约 16.4 km，规划新形成有效人工岸线共约 19 km。

推荐方案用海平面分布、规划用海范围内已确权、预审及评审通过项目填海区域见图 16-21。不同用海方式的用海面积情况见表 16-24。

表 16-24　规划用海面积情况

序号	用海方式	用海面积（hm²）	具体用途
1	填海造地	1 302.539 4	码头作业区、物流区及综合服务区
2	非透水构筑物	43.318 0	码头、防波堤
3	透水构筑物	14.158 7	码头
4	港池	1 048.925 4	港池、泊位
合计		2 408.941 5	

注：填海面积包括已确权、预审及评审项目填海面积共 578.370 1 hm²。

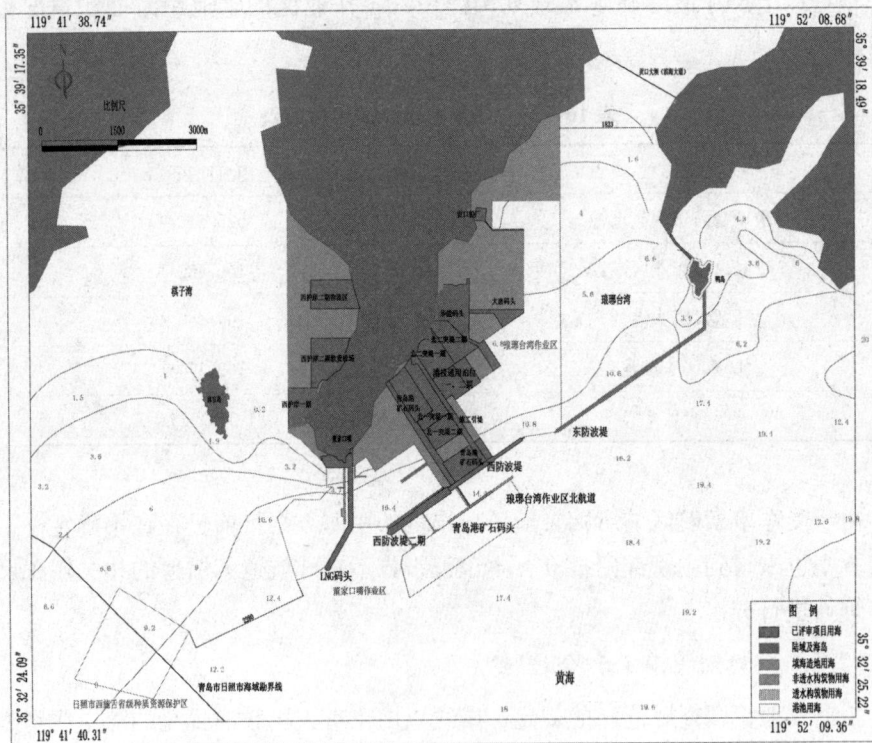

图 16-21　用海平面位置分布

16.2.2.6.7 项目入驻率合理性分析

（1）拟入驻项目布局

1）拟入驻项目情况。

A. 琅琊台湾作业区西侧岸线。截至 2012 年 5 月，青岛港董家口港区琅琊台湾作业区已确定或有意向的项目有 8 个。包括：青岛港集团矿石码头项目、加蓬贝林加铁矿石接卸工程项目、万邦集团码头项目、大唐煤炭码头项目、华能集团码头项目、港投集团码头项目、贡口船厂、支持系统区工作船码头项目。

B. 董家口嘴作业区。截至 2012 年 5 月，青岛港董家口港区董家口嘴作业区已确定或有意向的项目有 4 个。包括：中石化 LNG 项目、吉宝液体化工码头、青岛港集团 30 万吨级原油码头和 10 万 ~ 15 万吨级原油转水码头、港投集团 30 万吨级原油码头和 10 万 ~ 15 万吨级原油转水码头

除上述项目之外，在港区规划方面，港区详规、临港产业规划、城区规划等工作正在顺利推进，供水和供电近期工程已经完工。在港区基础设施建设方面，港投集团作为董家口港区的主要开发建设单位，中心路、疏港路、子信路等路网建设全面启动，其中中心路一期工程已经通车；铁路港湾站装卸用地及疏港一路用地项目已经开始；琅琊台湾作业区东西防波堤工程水下主体已完成；琅琊台湾作业区航道工程、董家口嘴港区航道建设已完成海上钻探勘测；口岸查验、雷达站等港口公用基础配套设施论证工作也全面展开。

2）布局方案。

已落实项目情况见表 16 - 25 和表 16 - 26 及图 16 - 22。

表 16 - 25 落实项目岸线利用情况

序号	项目	码头岸线	泊位数	通过能力 ($\times 10^4$ t)	总投资 （亿元）	建设时间	备注
1	青岛港集团项目	40 万吨级矿石泊位 510 m	1	2 000	47	2010—2013 年	基本确定
		10 万吨级矿石转水码头 334 m	1				基本确定
		原油码头及原油转水码头 815 m	2	1 800	40	2011—2014 年	基本确定
2	加蓬矿石码头工程项目	30 万吨级矿石泊位 474 m	1	2 000	48	2011—2014 年	基本确定
3	华能集团码头项目	煤炭下水 516 m	2	1 000	11	2010—2012 年	基本确定
		通用泊位 562 m	2	300	9	2009—2010 年	在建

序号	项目	码头岸线	泊位数	通过能力（×10⁴ t）	总投资（亿元）	建设时间	备注
4	大唐集团项目	大唐煤炭下水 460 m	2	1 000	30	2010—2014 年	基本确定
		大唐煤炭通用泊位 532 m	2	300			基本确定
5	万邦矿石码头项目	40 万吨级铁矿石泊位 510 m	1	2 000	40	2011—2013 年	基本确定
		10 万吨级散货泊位 319 m	1				基本确定
6	港投集团项目	1 个 30 万吨级原油码头及 2 个 10 万～15 万吨级原油转水码头 1 130 m	3	1 800	60	2010—2015 年	基本确定
		煤炭下水泊位 1 659 m	6	3 000	25.7		基本确定
		散货通用泊位 460 m	2	300	8		基本确定
		琅琊台湾作业区公务船码头 532 m	/	0	1.8	2010—2012 年	基本确定
7	中石化 LNG 码头项目	LNG 码头岸线 910 m	2	300	71	2010—2012 年	基本确定
8	吉宝液体化工项目	油品（液体化工）码头 280 m	1	150	4.6	2011—2013 年	基本确定
9	贡口船厂	舾装码头及船坞等岸线 1 123 m	/	0	2	2009—2011 年	在建
	合　计		29	15 950	398.1		

3）投资强度分析。根据区域建设用海控制指标的相关研究课题成果，对规划区的平均投资强度进行计算。规划拟入驻项目共计 9 个，总投资 398.1 亿元，填海面积合计 971.29 hm²。

平均投资强度 = 总投资额/填海面积（万元/hm²）

经计算得出本规划的平均投资强度为 4 098.67 万元/hm²。

(2) 拟进驻项目的入驻率合理性分析

根据区域建设用海的审批要求，编制区域建设用海规划时，应充分论证建设项目的用海需求，已确定的项目实际填海面积不得少于规划填海面积的 50%。

根据前文中用海面积合理性分析结果，本规划用海面积共约 2 408.941 5 hm²，其中填海造地和非透水构筑物填海面积共约 1 345.857 4 hm²。

表16-26　已落实项目海域使用情况

分块		项目	规划面积（hm²）	需填海面积（hm²）
琅琊台湾作业区	北一突堤	青岛港集团矿石码头项目	162	60
		港投集团煤炭下水项目	55	55
		万邦铁矿石接卸工程项目	129	27
	北二突堤	港投集团煤炭下水项目	122	119.1
		华能集团码头项目	102	81.8
	北三突堤	大唐煤炭下水及通用泊位项目	97	97
		港投集团煤炭下水及通用泊位	75	75
		港投集团物流用地	80	46.2
	其他	加蓬贝林加铁矿石接卸工程项目	102	55.5
		港投集团矿石物流用地	93	86.4
		铁路港湾站装卸用地及疏港一路用地（港投集团）	/	171.5
		贡口船厂	31	8.39
		琅琊台湾作业区公务船码头	21.3	21.3
董家口嘴作业区		吉宝液体化工灌区	15	10.2
		LNG用地	51	19.7
		港投集团原油灌区	88	2.2
		青岛港集团原油灌区	40	35
合　计			1 263.3	971.29

注：统计数据截至2011年底。

根据"用海规划"，目前已落实项目的填海面积为971.29 hm²，占规划填海总面积的70.6%。截至2012年5月，港区内已确权、预审及评审通过项目的填海面积有578.370 1 hm²，占规划填海总面积的42%。

规划区内项目的入驻率符合开展区域建设用海规划的要求。

（3）拟进驻项目的投资强度指标要求

根据平均投资强度计算结果，本规划拟入驻项目总投资398.1亿元，填海面积合计971.29 hm²，平均投资强度为4 098.67万元/hm²。

根据区域建设用海控制指标的相关研究课题成果，区域建设用海控制指标中平均投资强度的指标要求见表16-27。

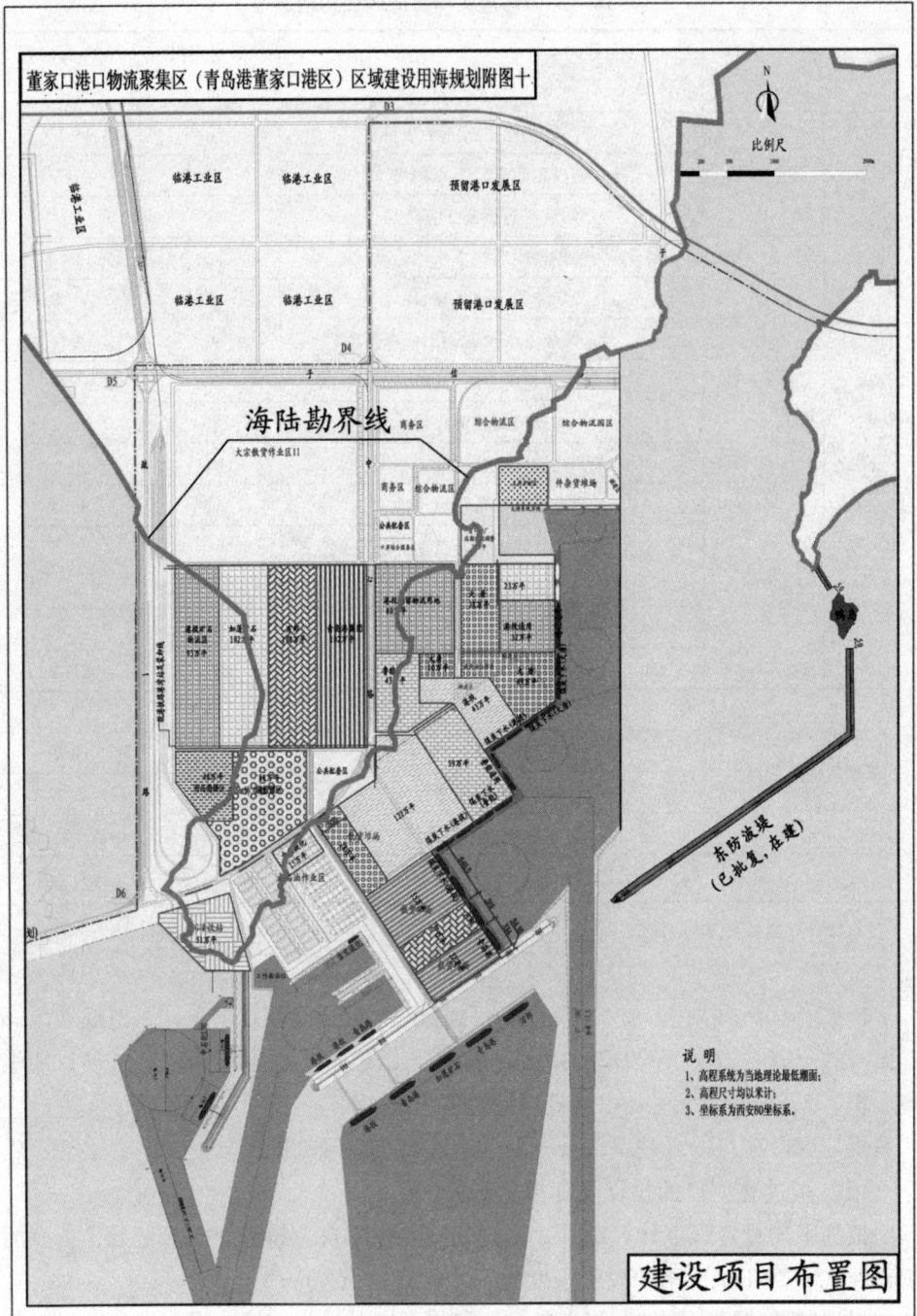

图 16-22　拟入驻项目平面布局

表 16 - 27　平均投资强度的指标要求　　　　单位：万元/hm²

海域等别	一、二等	三、四等	五、六等
指标值	4 000	3 000	2 000

本规划位于胶南市滨海海域，属于上述区域建设用海控制指标对应的三等海域等别，本规划平均投资强度为 4 098.67 万元/ hm²，远大于表 16 - 27 中 3 000 万元/hm²的指标要求。

关注要点：

对于规划用海，除需关注选址、平面布置、面积、用海方式和用海期限的合理性外，还需关注用海规模、主要规划指标的合理性。

用海选址合理性：规划用海所在区位条件和社会条件能否满足要求；与自然资源和生态环境是否适宜；是否存在潜在的、重大的安全和环境风险；与周边其他用海活动是否存在的功能冲突；是否有利于海洋产业协调发展。

用海平面布置合理性：平面布置是否体现集约、节约用海；是否最大程度减少对水动力和冲淤环境影响；是否与周边其他用海活动相适应；平面布置方案比选及优化建议。

用海方式合理性：是否维护海域基本功能；是否与周边用海活动相协调；是否最大程度减少对水动力和冲淤环境影响；是否有利于保持自然岸线和海域自然属性；是否有利于保护海洋生态系统。

用海面积合理性：用海规模是否满足规划需求，用海面积是否符合相关行业设计标准和规范；占用岸线是否合理；规划用海范围内已有项目用海面积是否已扣除。

用海期限合理性：是否满足规划用海需求，是否与规划用海的实施计划相协调；是否符合法律法规要求。

优点：

本案例从港口吞吐量、港区布局、不同规划功能区的用海需求、规划区内项目布局及指标等多方面，完整地论证了规划用海规模、用海平面布置、用海面积的合理性。

16.2.2.7　区域建设用海管理要求与对策措施

（1）区域建设用海管理要求

国家海洋局《关于进一步加强海洋环境监测评价工作的意见》、国家发改委和国家海洋局《关于加强围填海规划计划管理的通知》、国土资源部和国家海洋局《关于加强围填海造地管理有关问题的通知》、国家海洋局《填海项目竣工海域使用验收管理办法》、国家海洋局《关于加强区域建设用海管理工作的若干意见》对于区域建设用海均提出针对性的管理要求。此外，针对本规划用海的特点，关于海洋功能区划管理也提出 4 条管理措施及建议。

1）根据本地区海洋功能区划管理的具体要求，针对本规划用海海域利用形式和作业方式，按照区域建设用海总体规划论证所确定的面积和范围，制定规划用海实施后海域功能区划的管理重点和要求。

2）海域功能区划应保证港口、临港工业的主导功能的作用，对影响主导功能的其他用海活动，海域使用管理部门应责令其停止生产作业活动。

3）严格控制违章用海和超范围用海，严格遵守海洋主管部门已颁布的相关管理规定，提高合理、安全用海意识，预防突发事故的发生，避免和减少对其他功能区海域的不利影响。

4）本着"以防为主、综合治理、以管促制、管治结合"的原则，以环境科学的理论为基础，用技术的、经济的、法律的、教育和行政的手段对本区进行科学的环境管理，协调好社会经济发展与环境保护之间的关系。

（2）区域建设用海管理措施

针对本规划用海的特点，分别提出规划实施保障措施（法律保障、行政保障、技术保障、资金保障、社会保障）、规划用海实施总量控制要求、海域使用动态管理、海洋环境监测计划、海洋生态恢复措施、施工期的环境保护措施、运营期间污染防治措施等区域建设用海管理措施。

（3）开发协调对策与措施

针对规划用海范围内养殖区的清理补偿问题、规划用海实施过程中和实施后可能存在的船舶碰撞事故、规划用海中 LNG 项目对日照市省级西施舌种质资源保护区的影响问题、规划用海可能对琅琊台景区、日照滨海旅游区产生的不利影响、风险情况下对南侧日照海域环境的不利影响、对沐官岛沿岸养殖及海岛生态环境可能产生的不利影响、港区拆迁安置工作等问题提出建议。

总之，在加强港区管理、海上通行安全管理，落实相关环保、应急和协调措施后，规划用海对利益相关者的影响可控制在最低限度。

（4）风险防治对策与措施

根据报告风险识别分析和风险影响分析，规划实施中及实施后的风险主要包括燃料油泄漏、化工品泄漏、火灾爆炸事故，船舶停靠和装卸作业等多方面，风险防范应从源头控制，在码头设计时就应考虑，针对本规划用海的特点提出以下风险防范和污染事故管理对策。

1）风险防范管理对策。主要包括台风和风暴潮事故防范措施、地震事故的防范与应急措施、海岸蚀淤灾害的防范措施和对策等。

以上风险防范管理对策应在规划用海实施前进行落实，并在规划用海填海期间和形成后执行。

2）风险防范措施。主要包括船舶作业安全防范措施、装卸作业风险防范措施、输送工艺监控风险防范措施、溢油风险防范措施、化工品泄漏风险防范措施、化工品火灾事故防范措施、溢油事故的防范措施等。以上风险防范措施应在规划实施后，港内具体项目建设前落实相关内容，并在项目运营时执行。

3）事故应急预案。本次"用海规划"范围属于规划青岛港董家口港区，其风险事故应急依托当地应急组织，对码头和输运过程发生的突发性泄漏事故，及时启动相应应急预案。

事故应急预案主要包括船舶燃料油或化工品海上泄漏应急预案（化学品泄漏应急预案、溢油应急预案）、管线泄漏应急预案及火灾、爆炸事故应急措施，此外，还制定了应急疏散、个人防护及医疗救助预案、应急监测方案及风险事故应急组织。

目前港区应急预案尚未制定，考虑到港内部分项目已建成并投入使用，建议港区管理部门尽快制定和完善应急预案，并与青岛市船舶污染事故应急预案衔接。

关注要点：

功能区划实施管理对策，保证维护项目所在海域和周边海域的基本功能，满足相关功能区管护要求；针对项目用海不利影响和风险，提出管理对策和方案；对用海规划实施过程中存在的其他问题提出建议和解决方案；明确海域使用动态监视监测的范围和内容；给出规划用海实施总量控制要求、分年度填海计划要求。

优点：

本案例中，根据用海规划的特点及海域使用动态监测的要求，给出了详细的监视监测内容及方法。给出详细的环境保护、监测及风险防范措施及其实行建议。